W0231061

CZESANY

# EUROPA IM BOMBEN-
# KRIEG 1939-1945

Stocker
StV

Maximilian Czesany

# EUROPA
## im
# BOMBEN-
# KRIEG
# 1939-1945

Leopold Stocker Verlag
Graz – Stuttgart

Schutzumschlag: Mag. Ursula Wöss, Graz
Photo der Schutzumschlagvorderseite: Ullstein Bilderdienst, Berlin
Photos: Bildarchiv des Autors, Archiv Kurowski, Dortmund;
Bibliothek für Zeitgeschichte Stuttgart; Archiv des Verlages;
Photo-Kulturinstitut Worms; Stadt- und Kreisarchiv Kassel;
Studio Schmidt, Hamburg; Hagner, München; Archiv Göbel, Düren;
Stadtarchiv Düren; Bildstelle der Stadt Dresden;
Landesmuseum Graz; Theresianische Militärakademie Wiener Neustadt;
Pfarrblatt „Die Brücke", Knittelfeld; Dr. Ivan Pataky, Budapest;
Karl Braune, Lübeck; Rat der Stadt Magdeburg;
Stadtbildstelle Bremerhaven; Landesbildstelle Berlin; Mestn Muzej Laibach;
Ludovico Gallo, Brescia; Richard Platzer, Graz; Fantur Narvik;
Büro Voorlichting en Publiziteit, Rotterdam

Karten: Kartographische Werkstatt Hattersheim, Archiv des Autors
und des Verlages und lt. Quellenangabe

Die zweite Auflage dieses Buches erschien 1986
im Druffel-Verlag, Leoni am
Starnberger See, unter dem Titel „Alliierter Bombenterror"

**Hinweis:**

Dieses Buch wurde auf chlorfrei gebleichtem Papier gedruckt.
Die zum Schutz vor Verschmutzung verwendete Einschweißfolie ist aus Polyethylen
chlor- und schwefelfrei hergestellt. Diese umweltfreundliche Folie verhält sich
grundwasserneutral, ist voll recyclingfähig und verbrennt in Müllverbrennungs-
anlagen völlig ungiftig.

ISBN 3-7020-0813-6

# Inhaltsverzeichnis

Laß es genug sein, Herr! *Muß* es noch sein?! –
Doch alle Himmel bleiben stumm wie Stein.

In Millionen Augen lischt das Licht! –
Doch sind darum die Tage dunkler nicht.

In Millionen Herzen friert das Blut! –
Doch ungezählte sind voll Lebensglut.

Verheert sind viele Städte, Flur und Feld! –
Ein bißchen Erde ist noch nicht die Welt.

Ströme von Tränen quellen bitterschwer! –
Ein bißchen Salz ist lang noch nicht das Meer.

Doch dem Gesetz, dem deinen, spricht es Hohn! –
Was weiß denn solch ein Menschenkind davon?

Anton Wildgans

# Vorwort zur 3. Auflage

Nach einem Bericht der Neuen Züricher Zeitung vom 22. 11. 1997 hat der in England lebende deutsche Schriftsteller W. G. Sebald in einer Poetik-Vorlesung an der Universität Zürich festgestellt, daß die Luftangriffe des Zweiten Weltkrieges in der deutschen Literatur fast inexistent sind. Die Zerstörung der deutschen Städte, eine „in der Geschichte bis dahin einzigartige Vernichtungsaktion" scheint bei den Deutschen kaum eine „Schmerzensspur hinterlassen" zu haben. Auch der Spiegel widmete dieser Thematik Anfang 1998 einen Artikel und stellte dabei die Schwierigkeit fest, „die Deutschen überhaupt als Opfer, etwa in den Luftschutzkellern, darzustellen, sich in ihre Leiden einzufühlen, ohne im Sinne einer politischen Korrektheit gleich im Nebensatz eine Einschränkung und Relativierung mitzuliefern".

In dieser Situation geht mein Buch unter dem Titel „Europa im Bombenkrieg 1939–1945" in die 3. Auflage. Als erfreulich ist zu melden, daß allenthalben auf lokaler Ebene Bücher, Broschüren und Videofilme erscheinen, die die Auswirkungen der völkerrechtswidrigen Flächenbombardements auf Berlin und Hamburg, Bochum, Rostock und Wuppertal, Kassel, Pforzheim, Dortmund und München, auf Graz oder Wien und viele andere Städte beleuchten. Dennoch ist dieses Buch das umfassendste geblieben, da es einerseits auch die völkerrechtlichen und militärstrategischen Voraussetzungen der Luftkriegsführung im Zweiten Weltkrieg ausführlich schildert, andererseits nach einem chronologischen Teil die Auswirkungen zusätzlich nach Ländern gegliedert darstellt und dabei siebzehn verschiedene europäische Staaten behandelt.

Um dem Leser ein für den Umfang des Werkes möglichst kostengünstiges Buch liefern zu können, wurde von umfangreichen Aktualisierungen Abstand genommen, zumal die Ergebnisse wissenschaftlich nicht überholt sind. Einige seit dem Erscheinen der 2. Auflage vor zehn Jahren veraltete Teile wurden allerdings herausgenommen, dafür konnten wir das Literaturverzeichnis aktualisieren und einige neue Graphiken und Statistiken einfügen, vor allem die ausführliche Beschreibung der fünf wichtigsten Bombertypen in Bild und Text.

Dieses Buch versteht sich als Friedensbuch, es will, wie ich das auch deutlich in den letzten Sätzen der Schlußbetrachtung auf Seite 663 zum Ausdruck bringe, ein Appell zur Aufrechterhaltung des Friedens und eine Warnung vor den Auswirkungen jedes Krieges, besonders aber völker- und menschenrechtswidriger Kriegsführung sein.

Die Psychologie lehrt uns, daß jeder einzelne Mensch sich über seine Vorzüge und Fehler im klaren sein soll, daß Selbstüberschätzung wie Minderwertigkeitskomplexe schädlich und krank machend sind. Gleiches gilt auch für die Völker. Wenn sich ein Volk nur mehr als Täter und nicht mehr auch als Opfer sehen kann, ist dies ein krankhafter Zustand, aus dem niemandem, weder diesem Volk noch seinen europäischen Nachbarn etwas Gutes erwachsen kann. Zu Eingang dieses Vorwortes war von einem offenbaren Tabu, nahezu einem „Trauerverbot" die Rede. Dieses müssen wir durchbrechen, im Sinne der historischen Wahrheit, wie auch im Dienste einer Zukunft in Frieden.

Meinen Dank für das Zustandekommen dieses Werkes konnte ich meinen vielen Mitarbeitern und Helfern schon in der 2. Auflage aussprechen. Ihnen gilt mein neuerlicher Dank, wie auch den folgenden Personen: Frau Herta Schmutt, den Familien Czesany, Lippitsch, Jettmar und den Herren Dipl.-Ing. Fritz Engau, Franz Hofer, Walter Hutterer, Alfred Semlitsch, Anton Pfeifer und Anton Maßwohl, Dennis R. Bols, Siegfried Magele, Dr. Ferdinand Rossmann, Oberst Franz Schweighofer und OSR Engelbert Thaller, Oberst.

Graz, im Jänner 1998

# Vorwort

Dieses allen zeitgeschichtlich interessierten Lesern und der studierenden Jugend vorzulegende Buch über den Luftkrieg 1939–1945 verdanke ich dem Vorbild von zwei Rechtslehrern und zwei Geschichtswissenschaftlern, die meine Arbeit daran mit väterlichem Rat, aufmunternder Tat und mit kritischer Beurteilung unterstützt haben.

Die Universitätsprofessoren für Kirchenrecht und Völkerrecht Dr. Heinrich Brandweiner und für Volkswirtschaftslehre und Finanzwissenschaft Dr. Anton Tautscher approbierten meine der KARL-FRANZENS-UNIVERSITÄT GRAZ im Jahre 1959 unterbreitete Dissertation mit dem Thema „Der Luftkrieg 1939–1945 – Eine kriegsrechtliche Untersuchung".

Der „Vater der deutschen Heimatvertriebenen" und Ehrendoktor der theologischen Falkultät unserer Grazer ALMA MATER Father Emanuel Reichenberger förderte mit zahlreichen bibliographischen Hinweisen und mit der Besorgung damals kaum erhältlicher revisionistischer Bücher die Herausgabe der ersten Auflage 1961 und der zweiten Auflage 1964 meines Buches „NIE WIEDER KRIEG GEGEN DIE ZIVILBEVÖLKERUNG – Eine völkerrechtliche Untersuchung des Luftkrieges 1939–1945."

Schließlich ermunterte mich der bedeutende britische Militärhistoriker, der unerschrockene Apologet der zwei Jahrhunderte lang bis zu den „Europäischen Bürgerkriegen 1914–1918 und 1939–1945" gültigen zivilisierten Kriegführung und streitbare Jurist F. J. P. Veale bereits vor vielen Jahren zur Drucklegung dieser um zahlreiche neue Forschungsergebnisse und um die alliierte Luftkriegsführung gegen die Zivilbevölkerung von sechzehn europäischen Ländern umfassend erweiterten Buchneuausgabe.

Jene Leser, die an mehr oder minder theoretischen Fragen der Luftkriegsführung weniger Interesse zeigen, mögen die ersten Kapitel der Einleitung ohne weiteres überblättern. Beim Lesen des Hauptteiles dieses Buches kann dann immer noch auf die darauf bezugnehmenden theoretischen Erörterungen zurückgegriffen werden.

Mögen die Aussagen des vorliegenden Buches dazu beitragen, die verantwortlichen Politiker unserer Erde vor einer neuerlichen Auslösung eines Luftkrieges gegen die Zivilbevölkerung zu warnen. Die Folgewirkung eines weiteren Luftkriegs-Circulus-vitiosus (Teufelskreises) würde nicht mehr – wie 1940–1945 – in der Tötung von Millionen europäischer und asiatischer Zivilpersonen sowie in der Zerstörung eines großen Teiles von zwei Kontinenten, sondern in der „Ausrottung" der ganzen Menschheit bestehen.

# A. Einleitung

## 1. Luftkrieg und Luftkriegsrecht

### Die Entwicklung des Luftkrieges

Zum ersten Male wurde in der Kriegsgeschichte ein Luftfahrzeug, und zwar ein mit Wasserstoffgas gefüllter Fesselballon, im ersten Koalitionskrieg gegen Frankreich im Jahre 1794 eingesetzt. In einigen der darauffolgenden Kriege fand eine weitere Verwendung von Fesselballonen zu Aufklärungs- und Transportzwecken statt.[1] Da diese Luftfahrzeuge nicht lenkbar und daher sehr stark von der Luftströmung abhängig waren, blieb ihre militärische Verwendungsmöglichkeit verhältnismäßig gering. Anders wurde dies jedoch mit der Erfindung der Luftschraube.

Einen der ersten Versuchsflüge mit einem lenkbaren Luftschiff unternahm der Franzose Giffard im Jahre 1858. Größere Fortschritte auf diesem Gebiet machten dann der damalige französische Handelsschiffahrtskapitän Renard und Hauptmann Krebs, denen es im Jahre 1884 gelang, mit ihrem Luftschiff eine geschlossene Acht zu fliegen und wieder zum Startplatz zurückzukehren. Als Antriebsmaschine diente ihnen dabei ein Elektromotor.

Die grundsätzliche Wende in der Entwicklung der Luftfahrt brachte schließlich die Erfindung des leichten Benzinmotors, die Gottlieb Daimler im Jahre 1883 gelungen war. Am 2. Juli 1900 erhob sich das erste starre, von Daimler-Motoren betriebene Luftschiff des Grafen Zeppelin in die Luft.

Im Ersten Weltkrieg wurden diese Luftfahrzeuge bereits zur Durchführung militärischer Aufgaben eingesetzt. Den ersten Bombenangriff führte in der Nacht zum 6. August 1914 der Zeppelin Z. 6 gegen die Festung Lüttich durch. Im späteren Verlaufe des Krieges kam es auch schon zu größeren Einsätzen, an welchen jeweils bereits mehrere Luftschiffe beteiligt waren. Trotzdem büßten diese Luftfahrzeuge noch während des Ersten Weltkrieges stark an

Bedeutung ein. Inzwischen hatte nämlich ein neues Luftfahrzeug, das im Gegensatz zum „leichten Luftschiff" zwar schwerer als Luft, in der kriegerischen Verwendung aber wesentlich vielseitiger war, größeres Aufsehen erlangt: das Flugzeug.

Mit dem Problem des vogelartigen Fliegens hatten sich die Menschen schon seit urdenklichen Zeiten beschäftigt. Streng wissenschaftlich befaßte sich damit Leonardo da Vinci. Später taten es unter anderem Henson (1843), Penaud (1871), Kreß (1877), Langley (1896) und Otto Lilienthal (abgestürzt am 9. August 1896), die auch schon flugfähige Modelle bauten. Insbesondere Otto Lilienthal kann als der Schöpfer der Grundlagen für das heutige Flugzeug angesehen werden. Die Geburtsstunde für den modernen Motorflug brachte aber erst der 17. Dezember 1903. An diesem Tage führten die Gebrüder Wright die ersten Flüge mit motorischer Kraft durch. Von da an kam es zu einer zunächst noch langsamen, dann aber sprunghaft schnell ansteigenden Entwicklung der Flugtechnik. Bald begannen sich, wie könnte es auch anders sein, die militärischen Stellen für das neue Luftfahrzeug zu interessieren.

Zu Beginn des Ersten Weltkrieges standen bereits allen beteiligten Staaten Flugzeuge, wenn auch nur in beschränkter Anzahl, zur Verfügung, die den Forderungen der ersten Kriegszeit voll gewachsen waren. Die Flugzeuge wurden zunächst zur taktischen Luftaufklärung und operativen Fernaufklärung verwendet. Bald aber kam es zu einer Erweiterung der Einsatzmöglichkeiten. So gab es schon um die Jahreswende 1914/15 Artilleriebeobachter aus der Luft und Jagdeinsitzer. Ab dem Jahre 1916 fanden auch schon Bombenflugzeuge Verwendung. Im Jahre 1918 verfügten sowohl die Alliierten als auch die Deutschen über sogenannte „Riesenflugzeuge" mit großen Reichweiten. Die Briten wären mit einem solchen Flugzeug bereits in der Lage gewesen, mit genügender Bombenlast nach Berlin und zurück zu fliegen. Ein „Riesenflugzeug" konnte eine Bombenlast bis zu 3000 kg mit sich führen. Bei Kriegsende erreichten die Bomber eine Geschwindigkeit bis zu 140 km/h und eine Gipfelhöhe von 4000 bis 5000 Meter.

Die Fortschritte in der Flugtechnik hielten nach Beendigung des Ersten Weltkrieges weiter an. Die Höchstgeschwindigkeit der schweren Bomber erhöhte sich ab 1918 von ursprünglich 125 km/h auf 300 bis 400 km/h. Die Dienstgipfelhöhen stiegen auf 6000 bis 8000 Meter. Die mittleren Bomber erreichten eine Geschwindigkeit von 360 bis 440 km/h und Dienstgipfelhöhen von 7000 bis 9000 Meter. In Großbritannien wurden bereits einige Jahre vor Beginn des Zweiten Weltkrieges besonders schwere Bomber für die Durchführung des strategischen Luftkrieges entworfen und zum Teil auch schon in Dienst gestellt. Darunter fanden sich auch Entwürfe und Vorbereitungen für den Bau jener viermotorigen, schweren Bomber, die seit 1941 im strategischen Luftkrieg gegen Deutschland eingesetzt wurden. Die Deutschen verfolgten dagegen vor dem Ausbruch des Zweiten Weltkrieges einen in den USA entstandenen Grundgedanken zum Bau von Sturzbombern. Zu Beginn des Krieges verfügte die deutsche Luftwaffe bereits über eine größere Anzahl solcher Flugzeuge.

In der Entwicklung der Jagdwaffe waren zwischen den beiden großen Kriegen ebenfalls große Fortschritte erzielt worden. Allerdings mußten beim Bau von Jägern verschiedene Anforderungen, wie größte Höchstgeschwindigkeit, beste Steiggeschwindigkeit, größte Gipfelhöhe, wirksamste Bewaffnung und höchste Wendigkeit, miteinander in Einklang gebracht werden, was nicht ganz einfach war.

Diese Vielfalt der Anforderungen führte in der Entwicklung der Flugwaffe zu einer immer größeren Spezialisierung. Bald gab es Land- und Seeaufklärer, Nah- und Fernaufklärer, Jagdein- und Jagdmehrsitzer, Zerstörer (Zweisitzer), Nacht- und Tagjäger, Rad- und Schwimmerflugzeuge, Hub- und Tragschrauber, leichte, mittlere und schwere Bomber und Nachschub-, Truppen- sowie Bombertransporter.


## Die Entwicklung des Luftkriegsrechtes

In der ersten Zeit der Luftkriegsgeschichte schien die Aufstellung luftkriegsrechtlicher Bestimmungen überhaupt nicht notwendig zu sein, da die damals alleinherrschenden Luftfahrzeuge, die Fesselballons, nicht lenkbar waren und auch nur über eine verhältnismäßig unbedeutende Tragkraft verfügten.[2] Mit dem Bau der ersten lenkbaren Luftschiffe entstand jedoch eine neue Lage, welcher man auf der I. Haager Friedenskonferenz von 1899 mit der I. Deklaration vom 29. Juli 1899 Rechnung zu tragen suchte. „Diese erste luftkriegsrechtliche Vereinbarung überhaupt wurde von allen Teilnehmerstaaten außer England angenommen und begründete ein auf fünf Jahre befristetes Verbot, Geschosse und Sprengstoffe aus Luftschiffen oder auf ähnlichen neuen Wegen abzuwerfen."[2] Diese erfreuliche und für heutige Verhältnisse kaum glaubhaft schnell zustande gekommene Einigung war wohl darauf zurückzuführen, daß man die militärischen Einsatzmöglichkeiten der damals noch neuen Waffe unterschätzte. Trotzdem hatten sich die Staaten noch eine Hintertüre durch eine Befristung des Abkommens auf fünf Jahre offengelassen, um nicht auf die sich später womöglich doch wirksam erweisende Waffe für alle Zukunft verzichten zu müssen.

Nach Ablauf der Frist für das genannte Verbot wurde auf der II. Haager Friedenskonferenz von 1907 dessen Erneuerung vorgeschlagen. Der Vorschlag fand aber nur die Annahme durch eine schwache Mehrheit von Teilnehmerstaaten. Acht Staaten, darunter die meisten der damaligen Militärmächte, stimmten nicht wieder zu. Das neuerliche Verbot sollte bis zum Schluß einer bereits geplanten dritten Friedenskonferenz Gültigkeit besitzen. Durch den Kriegsausbruch im Jahre 1914 wurde die Einberufung dieser inzwischen bereits im Vorbereitungsstadium befindlichen Friedenskonferenz verhindert. Sie fand bis heute nicht statt. Das Bombenabwurfverbot würde für die Unterzeichnerstaaten daher formell noch in Kraft sein. Da aber sowohl im Ersten Weltkrieg als auch in den darauffolgenden Kriegen Luftangriffe zur Ausführung kamen, hat dieses Verbot seine ursprüngliche Bedeutung verloren und muß auf Grund entgegengesetzter Praxis der Vertragsstaaten als aufgehoben betrachtet werden.[3] Dieses Abkommen besaß aber auch deshalb nur geringe Bedeutung, weil ihm die wichtigsten Mächte nicht mehr beigetreten waren. Darüber hinaus wurde seine Wirksamkeit auch noch durch die Allbeteiligungsklausel sehr stark eingeengt. Diese Klausel macht ein Abkommen nur zwischen Vertragsmächten und auch nur dann anwendbar, wenn sämtliche Kriegführende Vertragsparteien sind. Durch den Kriegseintritt einer Nichtvertragspartei fällt die Bindung aller übrigen Kriegsparteien an den Vertrag weg. Es wäre daher schon aus diesem Grunde kaum ein Krieg denkbar, in welchem die Deklaration noch Bedeutung erlangen könnte, da sicherlich zumindest eine Partei daran beteiligt sein würde, die im Jahre 1907 dem Verbot nicht wieder zugestimmt hat.

Nach dem Ersten Weltkrieg wurden mehrere Versuche zur

16

Schaffung eines allgemeinen positiven Luftkriegsrechtes unternommen, die jedoch alle fehlschlugen. So kam es auf der Washingtoner Konferenz zur Beschränkung der Rüstungen (vom 12. November 1921 bis 6. Februar 1922), an welcher Großbritannien, Frankreich, Italien, Japan und die Vereinigten Staaten teilgenommen hatten, zwar zu einer Verurteilung des Luftkrieges als solchem, aber nicht zum Abschluß eines luftkriegsrechtlichen Vertrages. Immerhin wurde durch die Bestellung einer Juristenkommission, die sich mit luftkriegsrechtlichen Fragen beschäftigen sollte, die Notwendigkeit einer Ergänzung und Modernisierung des Kriegsrechtes anerkannt.

Diese Juristenkommission tagte vom 11. Dezember 1922 bis 6. Februar 1923 in Den Haag und arbeitete einen Entwurf, die sogenannten „Haager Luftkriegsregeln" aus, der jedoch von keiner Regierung angenommen wurde. Obwohl also die „Haager Luftkriegsregeln" nicht geltendes Völkerrecht geworden sind, können sie weitgehend als Ausdruck des damaligen Gewohnheitsrechtes angesehen werden. Der Hauptgrund für die Nichtannahme dieser Regeln lag in der Ansicht der französischen Regierung, daß eine besondere Gesetzessammlung für den Luftkrieg nicht notwendig sei, weil das Land- und Seekriegsrecht zur Deckung dieses Gebietes ausreiche.[4]

Desgleichen führten auch verschiedene Vorschläge, die von deutscher Seite in den Jahren 1929 bis 1936 gebracht, und Grundsätze, die vom englischen Premierminister im Jahre 1938 aufgestellt wurden, zu keinem Ergebnis hinsichtlich der Fortbildung des positiven Luftkriegsrechtes. Die deutschen Vorschläge erstrebten entweder die völlige Abschaffung des Luftkrieges oder zumindest die Begrenzung der Luftkriegsführung auf das eigentliche Frontgebiet. Diese Vorschläge wurden insbesondere von Hitler in der Regierungserklärung vom 21. Mai 1935 und vor dem Reichstag am 21. Juli 1935 vorgetragen und waren auch in einer Note an die englische Regierung vom 1. April 1936 enthalten. Die vom englischen Premierminister am 21. Juni 1938 im englischen Unterhaus aufgestellten Grundsätze besagten, daß der absichtliche Bombenwurf auf die Zivilbevölkerung verboten sei und ein Angriff nur auf erkannte militärische Ziele durchgeführt werden dürfte. Aber auch bei derartigen Luftangriffen müsse mit der nötigen Vorsicht vorgegangen werden, um jede fahrlässige Beeinträchtigung benachbarter Zivilpersonen unbedingt zu vermeiden. Als absolut völkerrechtswidrig betrachtete Chamberlain dabei den Versuch, einen Krieg durch Demoralisierung der Zivilbevölkerung zu gewinnen.

Leider zeitigten auch die von den einzelnen Völkerbundsorganen und der Abrüstungskonferenz des Völkerbundes in der Zeit von 1929 bis 1938 unternommenen Bestrebungen um einen luftkriegsrechtlichen Vertragsabschluß keinen Erfolg, obwohl alle Beteiligten von der Notwendigkeit eines solchen überzeugt schienen. So lehnte im Jahre 1929 die vorbereitende Abrüstungskommission des Völkerbundes einen deutschen Antrag ab, der ein Verbot jedes Kampfmittelabwurfs aus Luftfahrzeugen, des Einsatzes ferngelenkter unbemannter Flugzeuge als Gas-, Explosiv- und Brandstoffträger und der Vorbereitung dieser Kriegführung gefordert hatte. Ausdrücklich wurde von dieser Kommission dabei jedoch die Rechtswidrigkeit eines Luftbombardements gegen die Zivilbevölkerung betont. Auf der Abrüstungskonferenz des Völkerbundes von 1932 bis 1934 selbst befaßten sich verschiedene Vorschläge mehrerer Staaten mit Verboten oder Beschränkungen des Abwurfs von Kampfmitteln und der Vorbereitung hiezu sowie der Unterhaltung von Luftstreitkräften, zumindest von Bombenflugzeugen. Doch diese Konferenz, die im „Bewußtsein der Gefahr, die der Zivilisation . . . durch den Bombenabwurf aus der Luft droht . . .“, unter anderem ein absolutes Verbot jedes Luftangriffs auf die Zivilbevölkerung und eine Verpflichtung der Staaten zur völligen Abschaffung des Luftbombardements forderte, blieb letzten Endes ergebnislos. Ohne vertragsrechtliche Verbindlichkeit blieben schließlich auch die Resolutionen der Völkerbundversammlung und des Völkerbundrates aus dem Jahre 1938. In der Resolution der Völkerbundversammlung war die militärisch unnötige und völkerrechtswidrige Bombardierung der Zivilbevölkerung verurteilt und eine Regelung des Luftkriegsrechtes sowie die Wiederaufnahme der Arbeiten der Abrüstungskonferenz gefordert worden.

Neben diesen „amtlichen" Bemühungen um die Bildung eines positiven Luftkriegsrechts wurden noch viele, rein wissenschaftliche Versuche in der gleichen Richtung unternommen. So brachte die „International Law Association" im Jahre 1922 in Buenos Aires einen Luftkriegsrechtsentwurf zustande, den sie im Jahre 1924 in Stockholm weitgehend den Haager Luftkriegsregeln anglich. Damit war ein neuer Beweis für die Übereinstimmung der letzteren mit dem damaligen Gewohnheitsrecht erbracht worden. Im Jahre

1938 legte die 40. Konferenz der genannten Vereinigung in Amsterdam einen Konventionsentwurf „zum Schutz der Zivilbevölkerung gegen neue Kriegsmittel" vor. Außerdem befaßte sich das „Comité juridique international de l'aviation" in den Jahren 1921, 1922, 1923, 1924 und 1934 mit luftkriegsrechtlichen Fragen. Schließlich sind auch noch die Arbeiten zahlreicher Gelehrter zu nennen, von denen einige, wie z. B. Spaight, mit eigenen Luftkriegsrechtsentwürfen hervortraten.

Zu erwähnen sind ferner die humanitären Bestrebungen, welche, einer alten Tradition entsprechend, besonders vom „Internationalen Komitee vom Roten Kreuz" in die Wege geleitet wurden. Insbesondere bemühte sich das Komitee um das Verbot der Bombardierung von friedlichen Objekten und Wohnstätten, um die Ausarbeitung spezieller Schutzbestimmungen für die Zivilbevölkerung und um die Förderung des Beitritts noch unbeteiligter Staaten zu bestehenden Abkommen. Diese Bemühungen fanden ihren Niederschlag auf „den internationalen Rot-Kreuz-Konferenzen, in Vorschlägen an den Völkerbund und an die Regierungen, in Denkschriften, Gutachten und Rundschreiben, in Zusammenarbeit mit anderen humanitären Organisationen und in der Literatur."[5]

Auch das „Ständige Komitee der Militärärzte und Juristen", die „Internationale Vereinigung für Kinderhilfe" und das „Internationale Informationskomitee für den Schutz der Zivilbevölkerung im Kriege" befaßten sich mit luftkriegsrechtlichen Entwürfen.

Obwohl keiner der genannten Versuche zum Abschluß eines luftkriegsrechtlichen Vertrages führte, waren sie insgesamt für das Kriegsgewohnheitsrecht doch von großer Bedeutung. So ziemlich übereinstimmend hielten nämlich alle diese Bestrebungen an dem kriegsrechtlichen Grundsatz der Schonung der friedlichen Zivilbevölkerung und ihres Eigentums fest. Man könnte in dieser Beziehung daher von einer gemeinsamen Rechtsüberzeugung der Staaten sprechen.

## Die Anwendung land- und seekriegsrechtlicher Bestimmungen für den Luftkrieg

Da ein eigenes luftkriegsrechtliches Vertragswerk fehlt, muß bei der völkerrechtlichen Behandlung von Fragen des Luftkrieges auf bereits vorhandene Verträge zurückgegriffen werden, auch wenn diese zu einem bedeutenden Teil formell für den Land- oder Seekrieg geschaffen wurden. Ein solches Zurückgreifen ist deshalb berechtigt, weil zwischen der Luftkriegsführung und der Land- und Seekriegsführung ein wichtiger Zusammenhang besteht: Die Kampfobjekte befinden sich meistens entweder auf der Erde oder auf der hohen See. Lediglich bei der ausgesprochen selbständigen Luftkriegsführung befinden sich die Kampfobjekte in der Luft. Da sich diese Kampfhandlungen fast durchwegs zwischen Kombattanten (z. B. Luftkämpfe zwischen Jagd- und Kampfflugzeugen) abspielen, ergeben sich hiebei kaum kriegsrechtliche Probleme. Aber sogar die wenigen kriegsrechtlichen Probleme, die sich bei Kampfhandlungen in der dritten Dimension ergeben, wurden noch nach den Zweiten Weltkrieg in formell für den Land- und Seekrieg geschaffenen Abkommen behandelt. So enthalten die beiden Genfer Abkommen zur Verbesserung des Loses der Verwundeten der Land- und Seestreitkräfte vom 12. August 1949 Bestimmungen, nach welchen Sanitätsluftfahrzeuge nicht angegriffen werden dürfen. In diesem Verbot sind zweifellos auch Angriffe aus der Luft eingeschlossen.

Besonders gute Vergleichsmöglichkeiten ergeben sich mit jenen seekriegsrechtlichen Bestimmungen, die bereits auf eine sich auf zwei Kriegsschauplätzen abspielende Kriegführung Bedacht nehmen, wie das „Abkommen betreffend die Beschießung durch Seestreitkräfte in Kriegszeiten" von 1907. Zwischen der Luftkriegsführung und der Seekriegsführung können auch deshalb Vergleiche vorgenommen werden, weil sowohl in der Luft als auch auf hoher See Kampfeinheiten zur Verfügung stehen, die im Gegensatz zu den auf dem Lande verwendeten viel schneller, beweglicher und umfassender im Einsatz sind. Trotzdem darf jedoch keine allgemeine Analogie zwischen Flugzeugen und Kriegsschiffen vorgenommen werden.

Einige kriegsrechtliche Verträge sind von vornherein für die gesamte Kriegführung gemeinsam anwendbar, andere wiederum enthalten eine mehr oder minder große Anzahl gemeinsamer Bestimmungen. Für die gesamte Kriegführung gemeinsam gelten die völkerrechtlichen Verträge über die Kriegsmittel, so vor allem das Genfer Protokoll 1925. Viele gemeinsame Bestimmungen sind z. B. im „Abkommen betreffend die Gesetze und Gebräuche des Landkriegs" von 1907 und in der „Ordnung der Gesetze und Gebräuche des Landkriegs" von 1907 (Haager Landkriegsordnung) enthalten.

Zu berücksichtigen ist im Luftkrieg jedoch auch die Einsatzart der Flugzeuge. Werden Flugzeuge nämlich im Zusammenwirken mit Land- oder Seestreitkräften zum Einsatz gebracht, so gelten für die Luftkriegsführung auch solche Bestimmungen des Land- und Seekriegsrechtes, die sonst nicht hiefür angewendet werden können. So darf z. B. eine unverteidigte Ortschaft im Zusammenwirken mit Land- oder Seestreitkräften zum Zwecke der Einnahme nicht, im selbständigen Luftkrieg unter bestimmten Voraussetzungen aber doch bombardiert werden.

Im allgemeinen sind daher die folgenden kriegsrechtlichen Verträge und Bestimmungen für die Beurteilung des Luftkrieges verwendbar:[6]

1. völkerrechtliche Verträge, die für die gesamte Kriegführung gelten;
2. die in Land- und Seekriegsabkommen enthaltenen Bestimmungen gemeinsamen Inhalts;
3. die sonstigen in Land- und Seekriegsabkommen enthaltenen Vorschriften, wenn Flugzeuge im Zusammenwirken mit Land- oder Seestreitkräften eingesetzt werden.

Im einzelnen sind dies insbesondere folgende völkerrechtliche Verträge:

1. die Haager Abkommen über die Gesetze und Gebräuche des Landkrieges von 1899 und 1907, denen die Haager Landkriegsordnungen (HLKO) beigeschlossen sind;
2. das II. Haager Abkommen betreffend das Verbot der Verwendung von Geschossen mit erstickenden oder giftigen Gasen von 1899 (inzwischen ersetzt und erweitert durch das Genfer Protokoll 1925)
3. das III. Haager Abkommen betreffend das Verbot von Geschossen, die sich leicht im menschlichen Körper ausdehnen oder plattdrücken, von 1899;

4. das IX. Haager Abkommen betreffend die Beschießung durch Seestreitkräfte in Kriegszeiten von 1907;
5. das Genfer Protokoll über das Verbot des chemischen und bakteriologischen Krieges von 1925;
6. die zentralamerikanische Konvention von Washington aus dem Jahr 1923 und die Resolution der panamerikanischen Konferenz von Santiago (1923), die beide den Gaskrieg verbieten;
7. die Genfer Abkommen zur Verbesserung des Loses der Verwundeten und Kranken und zum Schutz der Zivilpersonen.

Die Anwendbarkeit der genannten Verträge hängt jedoch auch davon ab, daß keine entgegenstehende Vertragsklausel oder Ausnahmebestimmung des Kriegsrechtes wirksam wird.

## Die Haager Landkriegsordnung vom Jahre 1907

Die Haager Landkriegsabkommen von 1899 und 1907 mit der jeweils beigeschlossenen Haager Landkriegsordnung sind als Abschluß einer langen und erfolgreichen Arbeit an der Entwicklung eines positiven Rechtes der Landkriegsführung anzusehen. Darüber hinaus stellen sie eine der bedeutendsten Regelungen des Kriegsrechtes dar und wurden sowohl im Ersten als auch im Zweiten Weltkrieg als allgemein verbindlich betrachtet, obwohl sie ihre formelle Gültigkeit durch Wirksamwerden der Allbeteiligungsklausel eingebüßt haben.

## Der Artikel 25 der Haager Landkriegsordnung

Von der HLKO scheint der Artikel 25 für den Luftkrieg besonders bedeutungsvoll zu sein. Dieser Artikel lautet: „Es ist untersagt, unverteidigte Städte, Dörfer, Wohnstätten oder Gebäude, mit welchen Mitteln es auch sei, anzugreifen oder zu beschießen." Die Worte „mit welchen Mitteln es auch sei" wurden im Jahre 1907 in die aus dem Jahre 1899 stammende I. Haager Konvention eingefügt, um damit auch den Bombenwurf aus Luftfahrzeugen auf unverteidigte Städte usw. verbieten zu können. Wie schon erwähnt, war in diesem Jahre eine allgemeine Erneuerung der Deklaration von 1899, betreffend das absolute Verbot, Geschosse usw. aus

22

Luftschiffen oder auf ähnlichen neuen Wegen abzuwerfen, nicht erreicht worden, so daß nur durch diese Einfügung in den Artikel 25 der HLKO wenigstens eine relative Beschränkung der Luftangriffe erzielt werden sollte. Aber gerade diesen Zweck hatte der neugefaßte Artikel 25 nur in geringem Ausmaß erreicht.

Es haben sich nämlich insbesondere bei der Auslegung des Begriffes „unverteidigt" für den Bereich des strategischen Luftkrieges Schwierigkeiten ergeben. Eine für den Landkrieg aufgestellte Definition besagt etwa, daß als verteidigt jede Ortschaft anzusehen ist, „in der entweder kampfbereite Truppen untergebracht sind oder sich zur Kampfleitung berufene Stäbe[7], auch wenn diese nicht an Kampfhandlungen teilnehmen, befinden". Im Luftkrieg ist der Begriff Verteidigung jedoch wesentlich weiter auszulegen. Zu den genannten Merkmalen kommt nämlich noch die Luftverteidigung hinzu. So gibt es neben der Flakabwehr die Luftabwehr durch Jagdflugzeuge. Solange letztere zur Verfügung stehen, ist die Abwehr im Luftkrieg nicht auf einzelne Ortschaften beschränkt. Demgemäß wird sich der verteidigte Raum sogar, je nachdem, wie viele Jagdflugzeuge vorhanden sind, auf ein kleineres oder auch größeres Gebiet erstrecken und oft sogar den gesamten Land- und auch Seekriegsschauplatz umfassen. So betrachtet, gäbe es im Luftkrieg dann überhaupt keine unverteidigten Städte, Dörfer usw. mehr.

Daraus ergibt sich, daß der Art. 25 den „Erfordernissen der modernen Kriegführung besonders schlecht angepaßt ist".[8]

Es wird daher seit Beginn des Zweiten Weltkrieges einhellig die Ansicht vertreten, „daß der Art. 25 HLKO und das Moment der Verteidigung für die völkerrechtliche Beurteilung selbständiger Luftangriffe ausscheiden"[9]. In den Vordergrund trat dagegen immer mehr die Bedeutung des militärischen Objektes oder Zieles, auf die wir unten noch näher eingehen werden. Auf die militärischen Objekte wurde bereits im Artikel 2 des schon erwähnten Abkommens über die Beschießung durch Seestreitkräfte von 1907 hingewiesen: „In diesem Verbot (nämlich unverteidigte Häfen, Städte usw. zu beschießen) sind jedoch nicht einbegriffen militärische Werke, Militär- und Marineanlagen, Niederlagen von Waffen oder von Kriegsmaterial, Werkstätten und Einrichtungen, die für die Bedürfnisse der feindlichen Flotte oder des feindliches Heeres nutzbar gemacht werden können..."

Der Artikel 25 HLKO besitzt demgemäß für den selbständigen Luftkrieg keine Bedeutung, wohl aber für das Zusammenwirken von Luft- und Land- oder Seestreitkräften im taktischen Einsatz. Ist nämlich die Einnahme einer unverteidigten Ortschaft usw. im Kampfgebiet beabsichtigt, so darf diese weder durch Land- und Seestreitkräfte noch durch Flugzeuge beschossen oder bombardiert werden. Die Bombardierung von militärischen Anlagen einer unverteidigten Ortschaft erübrigt sich in diesem Fall überhaupt, weil solche Objekte im Bedarfsfalle nach der Einnahme besser und nachhaltiger zerstört werden können.

## Der Artikel 27 der Haager Landkriegsordnung

Eine große Bedeutung für die Luftkriegsführung hat auch der Artikel 27 HLKO, der den Schutz von nicht militärisch genutzten Gebäuden vorsieht, die der Krankenpflege, Wohlfahrt, Kunst, Wissenschaft, Religion und Kultur gewidmet sind. Zweifellos gilt dieser, ursprünglich nur für den Landkrieg geschaffene Artikel, der sich jedoch mit Art. 5 ABS völlig deckt, auch für die Luftkriegsführung, sei es bei selbständigen oder bei gemeinsam mit Land- oder Seestreitkräften durchgeführten Kampfhandlungen. Sicherlich wird die Einhaltung dieser Bestimmungen im Luftkrieg schwieriger als im Land- und Seekrieg sein. Wichtig ist aber, daß bei Bombardierungen und Beschießungen aus der Luft die zu schützenden Gebäude, wie es die genannte Bestimmung vorschreibt, „so viel wie möglich" geschont werden. Keineswegs dürfen daher Bombardierungen, ohne auch nur einen solchen Versuch der Schonung zu unternehmen, durchgeführt werden. Grundsätzlich verboten ist danach auch das unterschiedslose Bombardieren von Städten, da in einem solchen Fall die Einhaltung des Art. 27 HLKO nicht einmal beabsichtigt sein kann.

## Der Artikel 22 der Haager Landkriegsordnung

Gemäß Artikel 22 HLKO haben die Kriegführenden „kein unbeschränktes Recht in der Wahl der Mittel zur Schädigung des Feindes". Diese Bestimmung ist zweifellos als eine für alle Kriegsschauplätze gemeinsam geltende anzusehen. Ihr kann daher auch die Ablehnung einer über den Kriegszweck hinausgehenden und unnötige Leiden verursachenden Luftkriegsführung entnommen werden.

## Der Artikel 23 der Haager Landkriegsordnung

Genauere Angaben über die Art der Einschränkungen, denen die Kriegführenden bei der Wahl der Schädigungsmittel unterworfen sind, enthält Art. 23. So ist nach diesem Artikel laut lit. a) „die Verwendung von Gift oder vergifteten Waffen" und laut lit. b) „die meuchlerische Tötung oder Verwundung von Angehörigen des feindlichen Volkes oder Heeres" verboten. Erstere Bestimmung kann, wie wir noch zu untersuchen haben werden, hinsichtlich bestimmter Wirkungen bei der Verwendung atomarer Waffen von Bedeutung sein und letztere bei der Durchführung bestimmter Arten von Luftangriffen. Darüber hinaus untersagt Artikel 23 e) den „Gebrauch von Waffen, Geschossen oder Stoffen, die geeignet sind, unnötig Leiden zu verursachen". Die Betonung liegt in diesem Satz auf „unnötig", d. h., daß der Gebrauch von Waffen, Geschossen oder Stoffen dann als verboten anzusehen ist, wenn dadurch über einen ausgesprochen militärischen Zweck hinausgehend noch Leiden verursacht werden. Nach Art. 23, lit. g), ist „die Zerstörung... feindlichen Eigentums außer in den Fällen, wo diese Zerstörung... durch die Erfordernisse des Krieges dringend erheischt wird", untersagt. Demnach kann eine Luftkriegsführung ohne Rücksichtnahme auf das nichtmilitärische Feindeigentum, sei es privater oder staatlicher Herkunft, nicht als erlaubt angesehen werden, außer bei Vorliegen dringender militärischer Gründe. Gemäß Art. 23, lit. g), muß vor allem die Zerstörung von nichtmilitärischem Feindeigentum zu Terrorzwecken verurteilt werden. Dazu schreibt auch Castren: „Wenn derartige Methoden erlaubt wären, würde diese Regelung (des Art. 23, lit. g, HLKO) jeden Sinn verlieren und nur der Vervollkommnung von Willkür und Mißbrauch Platz geben."

## Der Artikel 46 der Haager Landkriegsordnung

Im Art. 46 HLKO wird nochmals auf den Schutz des feindlichen, diesmal lediglich des privaten Eigentums hingewiesen. Darüber hinaus wird darin auch die Achtung des Lebens der Bürger verlangt. Die Anwendbarkeit dieser Bestimmung wird für den Bereich der Kampfhandlungen in Frage gestellt, weil er nicht im zweiten, die „Feindseligkeiten" betreffenden, sondern im dritten Abschnitt der HLKO steht, welcher sich lediglich mit der „militärischen Gewalt auf besetztem feindlichem Gebiet" befaßt. Das Leben der Bürger und deren Eigentum bedarf jedoch nicht nur im feindbesetzten Gebiet, sondern auch auf dem gesamten Kriegsschauplatz eines kriegsrechtlichen Schutzes. Insbesondere ist dies im Hinblick auf die Luftkriegsführung notwendig, die an sich überhaupt keine gebietliche Begrenzung kennt. Die Frage der Ausdehnung der Bestimmungen des Art. 46 auf den Bereich der Kampfhandlungen wird auch überwiegend bejaht.

## Das Genfer Protokoll vom Jahre 1925

Wie schon erwähnt, enthält das Genfer Protokoll von 1925 gemeinsame, für die gesamte Kriegführung geltende Verbotsnormen. Mit dem Abschluß dieses Vertrages wurde für fast alle europäischen und einige außereuropäischen Staaten ein partikularrechtliches Verbot der sogenannten chemischen Kriegführung zu Lande, in der Luft und auf hoher See rechtswirksam.[10] Die Vereinigten Staaten von Amerika und Japan sind am Genfer Protokoll 1925 jedoch nicht beteiligt. Für die amerikanischen Staaten kamen, in ihrer Wirksamkeit nur auf Amerika beschränkt, durch die zentralamerikanische Konvention von 1923 und die Resolution der panamerikanischen Konferenz von Santiago im gleichen Jahr ebenfalls partikularrechtliche Gaskriegsverbote zustande.

So gibt es, obgleich ein positives luftkriegsrechtliches Vertragswerk fehlt, in den vorhandenen Abkommen bedeutsame Bestimmungen, die für eine Beurteilung der Luftkriegsführung heranzuziehen sind. Leider wird aber die Bedeutung vieler kriegsrechtlicher Verträge durch verschiedene abschwächende Vertragsklauseln oder durch deren partikularrechtlichen Charakter stark vermindert. Daher wird man im Kriegsrecht sehr häufig auf gewohnheitsrechtliche Normen angewiesen sein, ein Umstand, der nicht allzu schwer wiegt, weil ja die meisten kriegsrechtlichen Verträge ein Abbild des im Zeitpunkt des Vertragsabschlusses gültigen Gewohnheitsrechtes darstellen.

## Das Gewohnheitsrecht

Wie kommt es zur Bildung des Gewohnheitsrechtes? Das Völkergewohnheitsrecht wird durch eine vom Rechtsgefühl oder Rechtsbewußtsein der Staaten begleitende Übung begründet. Diese Auffassung kommt insbesondere im Statut des Internationalen Gerichtshofes (IG) zum Ausdruck, nach dessen Artikel 38 b) „nur jene Übung Gewohnheitsrecht bildet, die von der Staatenpraxis ‚als Recht angenommen‘ wurde".[11] Eine bestimmte Zeitspanne ist danach für eine solche Übung nicht vorgeschrieben, so daß sich eine gewohnheitsrechtliche Norm u. U. auch rasch herausbilden kann. Zur Bildung des Völkergewohnheitsrechtes kommt es nun entweder dadurch, daß die Staatenpraxis einen noch nicht positivierten Rechtsgrundsatz einfach anwendet oder aber dadurch, daß zu einer vorhandenen Übung die gemeinsame Rechtsüberzeugung tritt.

Nun ergeben sich im Kriegsvölkerrecht beim Erfassen und Darstellen der gemeinsamen Rechtsüberzeugung der Staaten größere Schwierigkeiten als im Friedensvölkerrecht. Häufig ist schon das Feststellen der historischen Wahrheit schwierig, denn nicht selten hat eine Kriegspartei großes Interesse an der unrichtigen Darstellung eines kriegsrechtlich wichtigen Vorganges. Historisch genaue und richtige Darstellungen sind aber für die Feststellung der gemeinsamen Rechtsüberzeugung der Staaten außerordentlich wichtig. Aber auch historisch eindeutige Vorgänge geben nicht immer die dahinter wirksamen Wertvorstellungen und gemeinsamen Rechtsüberzeugungen wieder.

Vielfach wird man daher auch im Völkergewohnheitsrecht auf die in den Verträgen enthaltenen gewohnheitsrechtlichen Normen angewiesen sein. Darüber hinaus haben viele wichtige kriegsrechtliche Verträge über den Kreis der Vertragsstaaten hinaus gewohnheitsrechtliche Anerkennung gefunden. Darunter befinden sich vor allem die Haager Land- und Seekriegsabkommen, das Genfer

Protokoll 1925 und die verschiedenen Genfer Abkommen über die Verwundeten, Kranken, Kriegsgefangenen und Zivilpersonen.

## Die allgemeinen Grundsätze

Für die luftkriegsrechtliche Beurteilung sind ferner die allgemeinen Grundsätze des Kriegsrechtes von Bedeutung. Hier ist vor allem der Grundsatz, daß militärische Kampfhandlungen direkt nur gegen Kombattanten und gegen militärische Objekte gerichtet sein dürfen, anzuführen. Von großer Wichtigkeit sind aber auch die in der Präambel der Landkriegsabkommen von 1899 und 1907 enthaltenen allgemeinen Grundsätze. Demgemäß sind alle vom geschriebenen Recht nicht ausdrücklich geregelten Angelegenheiten nicht der Willkür der Kriegführenden überlassen, sondern dem Völkergewohnheitsrecht, „den Gesetzen der Menschlichkeit" und den „Forderungen des öffentlichen Gewissens" unterworfen. Dieser Grundsatz trägt die Bezeichnung: Martens'sche Klausel, weil er im Jahre 1899 auf Vorschlag des russischen Delegierten Professor Martens in die Präambel des LKA aufgenommen wurde.

## Rechtsprechung und Völkerrechtslehre

Schließlich sind noch die Rechtsprechung (Judikatur) und die Völkerrechtslehre (Doktrin) zu erwähnen. Die Meinungen, ob und wie weit Judikatur und Doktrin als Völkerrechtsquellen zu betrachten sind, gehen bereits hinsichtlich des Friedensvölkerrechtes auseinander. Nach dem Statut des schon erwähnten Internationalen Gerichtshofes sind sie gemäß Art. 38 d) nur „als Hilfsmittel zur Bestimmung der Rechtssätze heranzuziehen", so daß sie nur „Hilfsrechtsquellen" darstellen. Vielfach wird zumindest die Doktrin als selbständige Völkerrechtsquelle angesehen. Die Rechtsprechung wurde früher vor allem vom Ständigen Internationalen Gerichtshof (errichtet auf Grund der Völkerbundsatzung im Jahre 1920) und wird heute vom Internationalen Gerichtshof, der ein Organ der Vereinigten Nationen bildet, ausgeübt.

In diesem Zusammenhang erweist es sich als notwendig, auf die Rechtsprechung eines anderen Gerichtshofes, nämlich des Internationalen Militärtribunals von Nürnberg, hinzuweisen. Damit soll jedoch nicht versucht werden, diesen Gerichtshof mit den obenerwähnten internationalen Gerichtshöfen auf die gleiche Stufe zu stellen; dazu fehlten diesem zu viele Merkmale der „Internationalität".[12] Wichtig erscheinen uns dagegen die Stellungnahmen des Nürnberger Militärgerichtshofes zu Fragen des Kriegsgewohnheitsrechtes zu sein.

Im Urteil dieses Gerichtshofes vom 1. Oktober 1946 hieß es unter anderem: „... jedenfalls seit 1939 wurden diese in der (Haager) Konvention niedergelegten Regeln von allen zivilisierten Nationen anerkannt und als Ausdruck der geltenden Gesetze und Gebräuche des Krieges betrachtet ...".[13]

Denselben Standpunkt nahm auch der auf Grund des Kontrollratsgesetzes Nr. 10 in Nürnberg tätig gewesene US-amerikanische Gerichtshof am 27. Oktober 1948 im Urteil des Prozesses der Vereinigten Staaten gegen Wilhelm von Leeb und andere („OKW-Prozeß") und am 31. Juli 1948 im Urteil des Prozesses der Vereinigten Staaten gegen Alfried Krupp von Bohlen und Halbach und andere ein.

Auch der Internationale Militärgerichtshof für den Fernen Osten erklärte: „Mögen auch die Vorschriften der Konvention als eines bindenden Vertrages durch Verwendung der ‚Allgemeinen Teilnahmeklausel' oder anderswie beiseite geschoben worden sein, so bleibt die Konvention selbst doch ein guter Beweis für das Völkergewohnheitsrecht, das vom Gerichtshof zusammen mit allen anderen verwertbaren Beweisen zur Feststellung des Gewohnheitsrechtes beachtet werden muß, welches in irgendeiner gegebenen Lage anzuwenden ist."[14] Aus diesen in den Urteilen der Internationalen Militärgerichtshöfe von Nürnberg und dem Fernen Osten enthaltenen Feststellungen ist zumindest eine gemeinsame Rechtsüberzeugung hinsichtlich der gewohnheitsrechtlichen Bedeutung der Haager Konvention von 1899 und 1907 (LKA und HLKO) unter vier Staaten ersichtlich, nämlich:

dem Vereinigten Königreich von Großbritannien und Nordirland,

den Vereinigten Staaten von Amerika,

der Französischen Republik und

der Union der Sozialistischen Sowjet-Republiken.

Da die übrigen Staaten gegen die von den genannten Gerichtshöfen auch in ihrem Namen getroffenen Feststellungen keinen Einspruch erhoben haben, kann die nachträgliche Billigung dieser Vorgangsweise durch diese Staaten angenommen werden. Demgemäß scheint es hinsichtlich der gewohnheitsrechtlichen Gültigkeit der Haager Konventionen von 1899 und 1907 tatsächlich zu einer gemeinsamen Rechtsüberzeugung aller Staaten gekommen zu sein.

## Zusammenfassung

Bei der Beurteilung der Luftkriegsführung im Zweiten Weltkrieg werden wir uns in der Hauptsache auf gewohnheitsrechtlich anerkannte Bestimmungen des Land- und Seekriegsrechtes sowie auf die für die gesamte Kriegführung anzuwendenden Verträge stützen müssen. Nun gab es aber gewisse Faktoren, die auf das Gewohnheitsrecht einen Einfluß auszuüben imstande waren. Im Zusammenhang damit haben sich sogar zwei Auffassungen vom Kriege, nämlich eine europäisch-kontinentale und eine anglo-amerikanische, herausgebildet. Darauf werden wir noch näher eingehen. Weiter erweist es sich als notwendig, die Begriffe der „friedlichen Zivilbevölkerung" und des „militärischen Objektes" einer genaueren Abgrenzung zu unterziehen.

Schließlich soll auch auf eine Art „Luftkriegsauffassung", wie sie der italienische General Douhet mit seiner Lehre vom „totalen Krieg" geschaffen hat, eingegangen werden. Wenn seine Lehre auch von keinem Staat anerkannt wurde, so muß sie, wie wir auf Grund der im Zweiten Weltkrieg zur Anwendung gelangten Methoden der Luftkriegsführung feststellen können, doch auf nicht allzu wenige Luftkriegsstrategen einen Einfluß ausgeübt haben.

1  Vgl. Feuchter S. 15 ff.
2  Vgl. Spetzler S. 29 ff.
3  Vgl. Castren S. 402.
4  Vgl. Spaight S. 244.
5  Vgl. Spetzler S. 168 ff.
6  Vgl. Meyer S. 124, unter teilweiser Verwendung der dort angeführten Aufstellung.
7  Vgl. Waltzog S. 47.
8  Castren S. 199.
9  Vgl. Spetzler S. 41.
10  Vgl. Meyer S. 214 f.

11 Vgl. Verdroß S. 119.
12 So bestand der Nürnberger Gerichtshof (IMT) nur aus insgesamt vier Siegerstaaten des Zweiten Weltkrieges (es war kein einziger neutraler Staat vertreten, lediglich einige weitere *Sieger*staaten konnten Beobachter und Vertreter entsenden, „um bei der Vorbereitung der Anklage mitzuhelfen" (vgl. Taylor S. 26), während im Internationalen Gerichtshof (IG) der Vereinten Nationen *alle* Mitglieder dieser Institution unmittelbar oder mittelbar vertreten sind. Die Urteile des IG müssen sich auf das *geltende* Recht stützen (vgl. Schwarzenberger S. 151f.), das Urteil des Nürnberger Gerichtshofes beruhte zu einem wesentlichen Teil auf einem Recht, das *vor* der Schaffung dieses Gerichtshofes noch nicht bestanden hatte (vgl. Castren S. 45, 83, Veale S. 178, Verdroß S. 115f.). Der IG ist eine ständige internationale Institution, während der Nürnberger Gerichtshof eine ad-hoc-Einrichtung darstellte (der geplante Internationale Strafgerichtshof der Vereinten Nationen ist bisher nicht über das Stadium des Entwurfes hinausgekommen, vgl. Verdroß S. 116).
13 Vgl. Verdroß S. 362, Brandweiner S. 19.
14 Vgl. Brandweiner S. 19f.

# 2. Die kontinental-europäische Kriegsauffassung

Die Kriegführung des Altertums und Mittelalters wurde größtenteils von barbarischen Methoden beherrscht. Es wurde kein Unterschied zwischen den Trägern des Kampfes und der Zivilbevölkerung gemacht, und letztere war jeder Willkür ausgesetzt. Zunächst hatte auch das Christentum keine Änderung an dieser Art der Kriegführung zu erreichen vermocht. So wurde z. B. noch der Dreißigjährige Krieg als Religionskrieg mit besonderer Grausamkeit geführt, wobei ein Drittel der Bevölkerung Mitteleuropas ums Leben kam und ein Drittel des urbaren Landes in Norddeutschland noch eine ganze Generation danach brach lag. „Grauenerregende Gemetzel, wie in Magdeburg 1631 (bei welchem in einem Blutbad 25 000 Menschen, von denen ‚auf fünfzig nicht ein Bewaffneter kam‘, umgebracht wurden), halten den Vergleich mit ähnlichen Vorkommnissen in alter und neuer Zeit aus. Kurz gesagt, der Ausspruch des Kaisers Ferdinand, lieber eine Wüste als ein Land voller Ketzer regieren zu wollen, wurde sehr gründlich in die Tat umgesetzt."[1]

Schließlich entwickelte sich ab dem 18. Jahrhundert in Europa eine zivilisierte Art des Kämpfens, nachdem schon vorher hiezu verschiedene Ansätze von christlicher und wissenschaftlicher Seite ausgegangen waren. Die Humanisierung des Krieges war jedoch nur in Europa entwickelt worden und blieb im großen und ganzen auch auf die europäischen Nationen beschränkt. Von den wissenschaftlichen Begründern der neuen Kriegsauffassung sind vor allem Vittoria, Suarez und Grotius zu erwähnen.

Die im 18. Jahrhundert erfolgte Bildung eines modernen Kriegsrechtes war beachtenswert. Es kam zur Entstehung eines Fundamentalgrundsatzes, nach welchem die Kriegführenden kein unbeschränktes Recht in der Wahl der Mittel zur Bekämpfung des Feindes haben sollten, sondern nur mehr jene Maßnahmen ergreifen durften, die zur Erreichung des Kriegszweckes erforderlich waren. Diese Maßnahmen waren allerdings unbeschränkbar und unabschaffbar, so fruchtbar sie im einzelnen auch sein mochten.

Meurer stellt daher fest: „Das Kriegsrecht hat nämlich ‚nicht die Aufgabe, der Kriegführung in den Rücken zu fallen‘, sondern seine Aufgabe besteht lediglich darin, unnötige Härten zu beseitigen."[2]

Die Durchführung von Gewaltmaßnahmen, welche, ohne zur Erreichung des Kriegszweckes notwendig zu sein, unnötige Leiden verursachen oder sich als *unnötiges* Zerstören, Rauben und Niederbrennen erweisen, sowie die Vornahme von Täuschungshandlungen (Listen), welche, über den Kriegszweck hinausgehend, mit den Geboten der Zivilisation und Ehrenhaftigkeit nicht übereinstimmen, wurden jedoch untersagt.

Auf solchen Grundsätzen aufbauend, entstand schließlich die Lehre, daß der Krieg nur „von Staat gegen Staat" geführt werden dürfe. Im größeren Ausmaße kam diese neue Ansicht von der Art der Kriegführung wahrscheinlich im Siebenjährigen Krieg (1756 bis 1763) zur praktischen Anwendung. In diesem Kriege wäre es den alliierten Armeen Österreichs, Rußlands und Frankreichs leicht möglich gewesen, über das Preußen Friedrichs des Großen ohne Führung einer einzigen großen Schlacht den Sieg zu erringen, wenn sie mit ganz kleinen Einheiten über die offenen Grenzen Preußens ins Land eingedrungen wären und alles, was dazu geeignet war, mit Brandfackeln und Schießpulver vernichtet hätten. Trotz dieser Möglichkeiten suchten die Alliierten die Entscheidung des Krieges in offenen Feldschlachten herbeizuführen, selbst auf die Gefahr hin, daß diese zu ihrem Nachteil ausgehen könnten.

Zur ersten klaren Formulierung des neuen Kriegsbegriffes kam es wohl durch Rousseau, der in seinem „Contrat social" „den Krieg als eine Beziehung zwischen Staat und Staat" auffaßte, „bei dem die Bürger nur zufällig Feinde sind, nicht als Menschen, nicht einmal als Staatsbürger, sondern als Soldaten". Rousseau stellt damit dem friedlichen Bürger den Soldaten gegenüber. Nur der Soldat ist nach seiner Ansicht Träger der kriegsmäßigen Handlung, der friedliche Bürger dagegen nur das leidende Objekt des Kriegszustandes. In die Völkerrechtspraxis fand diese Formulierung durch den französischen Prisenrichter Portalis Eingang, der sie im Jahre 1801 bei der Errichtung des französischen Prisengerichtshofes gebrauchte.

Das Festhalten an der Unterscheidung zwischen den den Krieg führenden Soldaten und den so wenig als möglich in Mitleidenschaft zu ziehenden Zivilpersonen kam recht gut in der Proklamation des Königs Wilhelm I. von Preußen vom 11. August 1870 zum Ausdruck. Der Inhalt dieser Proklamation lautet dahin, daß der Krieg mit den französischen Soldaten und nicht mit den französischen Bürgern geführt wird, solange die letzteren sich feindseliger Unternehmen gegen die deutschen Truppen enthalten.[3]

Die von den Ländern des europäischen Kontinents vertretene kontinentale Kriegsauffassung wurde schließlich auch den großen, vor dem Ersten Weltkrieg abgeschlossenen Völkerrechtsverträgen der Jahre 1899 und 1907 zugrunde gelegt. Hiebei teilte man die Bevölkerung der kriegführenden Staaten in Verfolg der Grundsätze Rousseaus in zwei Gruppen, nämlich in Kriegführende (Kombattanten) und Nichtkriegführende (Nichtkombattanten).[4] Über den Personenkreis hinaus wurde auch hinsichtlich der Sachen eine Unterscheidung getroffen, je nachdem, ob sie im Privateigentum stehen oder Kriegsmittel des Staates sind.

Nach der kontinentalen Kriegsauffassung hat sich daher die Ansicht herausgebildet, daß der Krieg sich lediglich auf einen Kampf zwischen den als „Kriegführende" anerkannten Personen, Schiffen oder Luftfahrzeugen zu beschränken hat. Der Kriegszweck besteht dabei in deren Niederringung, worin auch die Bekämpfung der sonstigen „toten Kriegsmittel" (vor allem jene staatlicher Herkunft) eingeschlossen ist. Demgegenüber gelten die Nichtkriegführenden (Nichtkombattanten) nicht als „Feinde". Gegen diese und das Privateigentum sind unmittelbare Kampfhandlungen grundsätzlich untersagt. Darüber hinaus dürfen die zu den Nichtkombattanten gehörenden Personen (wiederum nur) grundsätzlich nicht in ihren Grundrechten wie Leben, Freiheit, Ehre und Eigentum verletzt werden. Für diese bevorzugte Behandlung der Nichtkriegführenden ist jedoch eine Voraussetzung in der Weise erforderlich, daß sich diese Personen jeder Teilnahme an den Feindseligkeiten, sei es zum Angriff oder zur Verteidigung, enthalten. Tun sie dies nicht, so können natürlich alle erforderlichen Gewaltmaßnahmen, insbesondere auch unmittelbare Kampfhandlungen zur Abwehr etwaiger Angriffe, gegen sie unternommen werden.

Die Schutzvorschriften für die sich friedlich verhaltenden Nichtkombattanten gelten nur grundsätzlich, d. h., unter bestimmten Voraussetzungen kann von ihnen abgegangen werden. Darüber werden wir im Kapitel über die Ausnahmebestimmungen des Kriegsrechtes berichten.

Eine Unterbrechung dieser zivilisierten Art der Kriegführung hat es in Europa vor allem während der Revolutions- und napoleonischen Kriege (1792 bis 1815) gegeben. Ansonsten konnte sich die kontinentale Kriegsauffassung bis zum Ersten Weltkrieg gut behaupten. Man kann daher von ihrer gewohnheitsrechtlichen Anerkennung sprechen, da sie zunächst in Europa und im Landkrieg der gemeinsamen Übung und Rechtsüberzeugung der Staaten entsprach. Die Rechtsüberzeugung war überdies auch in dem Abschluß der Landkriegsabkommen von 1899 und 1907 zum Ausdruck gekommen, welchen sogar zahlreiche außereuropäische Staaten beigetreten sind. Aber auch im Seekriegsrecht fand die kontinentale Kriegsauffassung bald durch den Abschluß mehrerer Abkommen, insbesondere bei der Friedenskonferenz im Jahre 1907, weitgehende Anerkennung. So wurde im Jahre 1909 auch das Abkommen, betreffend die Beschießung durch Seestreitkräfte in Kriegszeiten (ABS), das eine besondere Rücksichtnahme auf die Einwohner von Häfen, Städten usw. vorschreibt, sowohl für Großbritannien als auch für die Vereinigten Staaten verbindlich. Wie schon erwähnt, hat dieses Abkommen auch für den Luftkrieg eine bestimmte Bedeutung.

Die weitere Entwicklung im Zusammenhang mit der kontinentalen Kriegsauffassung soll im nächsten Kapitel dargestellt werden.

1 Vgl. Veale S. 60 ff.
2 Vgl. Meyer S. 36, unter Hinweis auf Meurer, Friedenskonferenz II, S. 9.
3 Vgl. Lenz S. 121, Menzel S. 185, Meyer S. 40.
4 Vgl. Meyer S. 37 ff., wobei jedoch zu beachten ist, daß der Begriff „Nichtkombattanten" im Kriegsrecht auch in einem anderen Sinne verwendet wird, nämlich gemäß Art. 3 HLKO zur Bezeichnung des nichtkämpfenden Teiles der bewaffneten Macht, wozu etwa die Feldgeistlichen und das Sanitätspersonal gehören.

# 3. Die anglo-amerikanische Kriegsauffassung

Der gemeinsame anglo-amerikanische Kriegsbegriff geht auf eine ursprünglich nur englische Kriegsauffassung zurück. Erst als die amerikanischen Gerichte die Ergebnisse der englischen Rechtsprechung und überhaupt die gesamte Rechtstradition des „Common Law" übernahmen, bildete sich ein gemeinsamer Kriegsbegriff.[1] Der Ursprung der englischen Auffassung ist in der britischen See- und Kolonialkriegspraxis zu suchen und zu finden. Bei der Eroberung und Sicherung seines Kolonialreiches hatte sich Großbritannien veranlaßt gesehen, seine zahlenmäßige Unterlegenheit durch überlegene und rücksichtslose Verwendung seiner Waffen und sogar durch reine Vernichtungstechnik auszugleichen. Vielfach sahen sich die britischen Kolonialstreitkräfte zur Anwendung solcher Methoden auch deshalb gezwungen, weil die Kampfesweise der von ihnen beherrschten Völker ebenfalls brutal war. Allerdings hatten die Briten mit keinen gefährlichen Gegenmaßnahmen dieser Völker zu rechnen, so daß sie auch durch die unsichtbare Macht einer möglichen Vergeltung nicht zu Einschränkungen in ihren Kriegsführungsmethoden gezwungen wurden.

Demgegenüber hatten die kontinentalen Mächte inzwischen die Bumerangwirkung grausam geführter Kriege erkannt und waren auch aus diesem Grunde zur humaneren Kriegführung übergegangen.

Die anglo-amerikanische Kriegsauffassung vertritt den Standpunkt, daß der Krieg nicht nur zwischen den Staaten auszutragen ist, also einen Waffengang der Heere bildet, sondern einen Kampf „Volk gegen Volk" darstellt. Der Kriegszweck besteht demnach nicht nur in der Besiegung der feindlichen bewaffneten Streitkräfte, sondern auch in der Niederringung des ganzen feindlichen Volkes. Wohl dürfen auch nach dieser Auffassung nur diejenigen Maßnahmen zur Schädigung des Feindes ergriffen werden, die zur Erreichung des Kriegszweckes als notwendig anzusehen sind. Da aber der Zweck des Krieges die Niederringung des feindlichen Volkes als solches ist, so sind *grundsätzlich* auch Gewaltmaßnahmen gegen

Nichtkombattanten und gegen das Privateigentum gestattet. Allerdings sind auch diese Maßnahmen nur grundsätzlich möglich und *nicht ausnahmslos* gestattet. Wohl aber können wirtschaftliche Maßnahmen gegen die feindliche, nicht am Kampfe beteiligte Zivilbevölkerung vorgenommen werden, so z. B. Abschneidung der Nahrungsmittelzufuhr zum feindlichen Lande, Abbruch eines jeden Handelsverkehrs mit dem Feinde, die Beschlagnahme feindlichen Privateigentums, die Nichteinlösung von Forderungen feindlicher Personen usw. Auch sind nach der anglo-amerikanischen Kriegsauffassung Propagandahandlungen gegenüber der feindlichen Bevölkerung erlaubt, wobei eine Einschränkung jedoch insofern besteht, daß diese Handlungen den „Geboten der Menschlichkeit und Ehrenhaftigkeit" nicht widersprechen dürfen.

Ob nach der anglo-amerikanischen Kriegsauffassung neben Gewaltmaßnahmen auch unmittelbare Kampfhandlungen gegen das Leben der Nichtkombattanten (Nichtkriegführenden) und gegen das Privateigentum gestattet sind, ist nicht geklärt. Viele Autoren verneinen, andere wieder bejahen diese Frage. Aber auch jene, die sie bejahen, gestatten keineswegs die Führung eines Ausrottungskrieges. Wohl aber dürfen nach Meinung dieser letzteren alle Handlungen, auch gegen die friedliche Zivilbevölkerung und das Privateigentum, vorgenommen werden, die nicht über die Erreichung jenes Kriegszweckes hinausgehen, der von dieser Kriegsauffassung erstrebt wird. Da dieser Kriegszweck sehr umfassend ist, ist zu dessen Erreichung ein ziemlich weiter Spielraum gesetzt. Allerdings wird dabei wieder eine Einschränkung insofern vorgenommen, als nach der anglo-amerikanischen Kriegsauffassung auch nur diejenigen Mittel zur Schädigung des Feindes angewendet werden dürfen, welche zur Erreichung des Kriegszweckes als vital anzusehen sind.

Darüber, ob nach dieser Kriegsauffassung auch solche Kampfhandlungen, insbesondere Luftangriffe, gegen die Zivilbevölkerung erlaubt sind, die zum Zwecke ihrer Terrorisierung durchgeführt werden, gehen die Meinungen auseinander. In der Völkerrechtswissenschaft wurde die Vornahme von Luftangriffen zur Terrorisierung der Zivilbevölkerung jedenfalls überwiegend abgelehnt.

Im Ersten Weltkrieg begann Großbritannien seine Kriegsauffassung erstmals in großem Umfange in die Tat umzusetzen, wobei es darin ein rechtmäßiges Mittel der Verteidigung gegen die deutschen Methoden der wirtschaftlichen Expansion erblickte. Insbesondere strebte England die Niederringung des Feindes durch die Führung eines Wirtschaftskrieges zu erreichen. Dem britischen Beispiel folgten alsbald seine kontinentaleuropäischen Verbündeten.

Die Mittelmächte dagegen wollten an der kontinentalen Kriegsauffassung festhalten, da sie grundsätzlich in der Durchführung der anglo-amerikanischen Auffassung eine rechtswidrige Art der Kriegführung erblickten. Das Festhalten an der kontinentalen Kriegführung durch die Mittelmächte kam in zwei Reichsgerichtsentscheidungen zum Ausdruck. In der Leitentscheidung hieß es wörtlich: „In Deutschland gilt der Grundsatz, daß der Krieg nur gegen den feindlichen Staat als solchen und gegen die bewaffnete Macht geführt wird und daß die Angehörigen der feindlichen Staaten in bezug auf das bürgerliche Recht den Inländern in demselben Maße gleichgestellt sind, wie dies vor dem Krieg der Fall war. Dieser Grundsatz schließt nicht aus, daß insbesondere nach dem Recht der Vergeltung durch ein besonderes Gesetz eine andere Behandlung feindlicher Ausländer vorgeschrieben wird."[2]

Tatsächlich sahen sich Deutschland und seine Verbündeten schließlich gezwungen, ebenfalls zur Führung des Wirtschaftskrieges überzugehen, um nicht ins Hintertreffen zu gelangen. Damit schlossen sich die Mittelmächte jedoch nicht der Kriegsauffassung der Entente an, sondern waren der gegnerischen Kriegführung lediglich auf dem Vergeltungswege und aus militärischer Notwendigkeit gefolgt.

Mit der Durchführung der anglo-amerikanischen Kriegsauffassung im Ersten Weltkrieg war die mit Ausnahme der napoleonischen Kriege seit etwa zwei Jahrhunderten andauernde Epoche der zivilisierten Kriegführung nach kontinentaler Auffassung unterbrochen worden. Damit trat jedoch noch keine Änderung der gewohnheitsrechtlichen Anerkennung der kontinentalen Kriegsauffassung ein, da es wegen entgegenstehender Ansicht der Mittelmächte zu keiner gemeinsamen Rechtsüberzeugung der Staaten gekommen war.

Auch nach dem Ersten Weltkrieg gelangten die Staaten nicht zu einer derartigen Übereinstimmung. Es war eine tiefgreifende Meinungsverschiedenheit in der Frage der Kriegsauffassungen innerhalb des Staatenverbandes festzustellen, die zwar genügte, „um den alten Rechtssatz aufzuheben, nicht aber, um einen neuen in Gang zu setzen".

Abgesehen von der Wirtschaftskriegführung wurde in der Zeit nach 1918 durch die Entwicklung der Flugwaffen im Zusammenhang mit der anglo-amerikanischen Kriegsauffassung die Beantwortung einer Frage immer wichtiger, die im Ersten Weltkrieg noch keine so große Rolle gespielt hatte, nämlich, ob gegen die Zivilbevölkerung und das Privateigentum grundsätzlich auch unmittelbare Kampfhandlungen gerichtet werden dürfen oder nicht. Wie schon erwähnt, konnte diese Frage keiner Klärung zugeführt werden. Aus verschiedenen luftkriegsrechtlichen Entwürfen, aus Resolutionen und Stellungnahmen auf internationalen Konferenzen und aus Äußerungen von Regierungsvertretern mehrerer Staaten ging jedoch eindeutig hervor, daß es keineswegs zu einer gemeinsamen Rechtsüberzeugung im Sinne einer Bejahung dieser Frage gekommen ist. Im Gegenteil scheint die überwiegende Mehrheit bestrebt gewesen zu sein, die Zivilbevölkerung und ihr Eigentum grundsätzlich nicht unmittelbaren Kampfhandlungen aussetzen zu lassen.

Zu Beginn des Zweiten Weltkrieges kam es sogar zu einer gemeinsamen Rechtsüberzeugung der an der Durchführung der späteren strategischen Luftkriegführung in der Hauptsache beteiligten Staaten, indem sich die Regierungsvertreter der Vereinigten Staaten von Amerika, von Großbritannien, Frankreich und dem Deutschen Reich grundsätzlich gegen die Einbeziehung der Zivilbevölkerung in unmittelbare Kampfhandlungen aussprachen. In dieser Beziehung könnte man sogar von einer Anerkennung des kontinentalen Prinzips, daß der Krieg nur gegen die Kombattanten und die „toten Kriegsmittel" des Feindes geführt werden dürfe, auch von seiten der Anglo-Amerikaner sprechen. Zu einer generellen Anerkennung dieses Prinzips kam es von dieser Seite nicht, da Großbritannien und seine Verbündeten im Jahre 1939 wiederum mit der Wirtschaftskriegführung einsetzten.

Inwieweit die obenerwähnte Rechtsüberzeugung der vier genannten Staaten mit der von ihnen im Laufe des Zweiten Weltkrieges zur Ausübung gebrachten Luftkriegführung übereinstimmte, werden wir zu prüfen haben.

---

1  Vgl. Menzel S. 161 ff.
2  Vgl. Meyer S. 40, Menzel S. 186 f., unter Hinweis auf RGZ 85, S. 375 vom 26. 10. 1914 und RGZ 93, S. 182.

# 4. Der Begriff der Zivilbevölkerung

In den Kriegen, die etwa bis zum 18. Jahrhundert ausgetragen wurden, war die Kriegführung nur sehr geringen oder überhaupt keinen Beschränkungen unterworfen. Im Falle der Niederlage waren Land und Leute, auch die friedlichen Bewohner, der Willkür des Siegers preisgegeben, der über ihr Leben, ihre Freiheit und ihre Güter frei verfügen konnte. Auf die „Nichtkriegführenden" wurde zumeist überhaupt nicht Rücksicht genommen.

Erst mit der Entwicklung der zivilisierteren Art der Kriegführung wurde die Freiheit der Kriegführenden größeren Beschränkungen unterworfen. Schließlich gelangte man, wie schon erwähnt, zur Ansicht, daß zwischen den Waffenträgern und den friedlichen, nicht kämpfenden Personen eine Unterscheidung getroffen werden müsse. Die letzteren durften unmittelbaren Kampfhandlungen überhaupt nicht und mittelbaren nur mehr in beschränktem Maße ausgesetzt werden.

Im Ersten Weltkrieg wurde dieses Prinzip auf Grund der Waffenentwicklung und der Einflüsse der anglo-amerikanischen Kriegsauffassung auf das Kriegsgewohnheitsrecht erstmalig seit den napoleonischen Kriegen in größerem Umfange wieder verwässert. Durch die Luft- und Wirtschaftskriegführung kam es zu mittelbaren Kampfhandlungen gegen die Zivilbevölkerung in größerem Ausmaß. Unmittelbaren Kampfhandlungen war die Zivilbevölkerung in diesem Kriege dagegen kaum ausgesetzt worden, obwohl auf beiden Seiten einige Repressalienluftangriffe durchgeführt wurden, bei welchen die Zivilbevölkerung in Mitleidenschaft gezogen wurde.

Durch die Möglichkeit, die Rüstungsstätten und die gesamten militärischen Nachschub- und Instandhaltungsorganisationen des Feindes aus der Luft zu zerstören, wird der Krieg weit in sein Hinterland hineingetragen. In einem modernen Industriestaat sind die Rüstungsstätten und übrigen militärischen Objekte sehr vielfältig und überdies meist auf weite Gebiete verteilt, so daß die Zivilbevölkerung allein durch ihre in der Nähe von solchen Objekten befindlichen Wohnstätten bei Luftangriffen einer starken Gefährdung ausgesetzt wird. Besonders stark gefährdet sind natürliche jene Personen, die in Rüstungsbetrieben beschäftigt sind oder sich darin aufhalten.

Geht man von der Annahme aus, daß Luftangriffe gegen militärische Objekte durchgeführt werden dürfen und daß eine genaue Bestimmung derartiger Objekte bereits vorliegt, so ergeben sich hinsichtlich der Zivilbevölkerung mehrere Fragen. Ist eine Zivilperson immer als solche zu behandeln, ganz gleichgültig, wo sie sich aufhält? Wie ist der Status einer Zivilperson, wenn sie in einem Rüstungsbetrieb arbeitet? Wenn eine Person, die in einem solchen Betrieb beschäftigt ist, nicht mehr als Zivilperson behandelt zu werden braucht (weil ein Rüstungsbetrieb als militärisches Objekt angegriffen werden darf), verliert sie dann überhaupt ihre bevorzugte Stellung oder nur für die Zeit ihrer Tätigkeit? Ist eine Zivilperson in einem solchen Falle nicht etwa einem Soldaten gleichgestellt, der immer und überall als Kombattant gilt, auch in seiner Freizeit und im Urlaub? Ein Soldat ist immer Kombattant, gleichgültig, ob er kämpft, in Ruhestellung ist oder sich ergeben hat; es ist die in seiner Person liegende Bestimmung, gegen den Feind zu kämpfen; ein Soldat, der sich ergeben hat, ist nach dem Kriegsrecht andererseits gegen Kampfhandlungen geschützt.

Aus diesen Fragen ergibt sich bereits, daß es erforderlich ist, eine genaue Bestimmung des Begriffes „Zivilbevölkerung" vorzunehmen. Zuvor ist jedoch der Begriff der „Kombattanten" genau zu definieren. Als solche werden in Übereinstimmung der kontinentalen mit der anglo-amerikanischen Kriegsauffassung einwandfrei alle jene Personen bezeichnet, die zur „bewaffneten Macht" gehören. Dazu werden alle organisierten regulären und organisierten irregulären Streitkräfte und Formationen zu Lande, auf hoher See und in der Luft gerechnet. In beiden Gruppen kann es jedoch neben den Kombattanten auch Nichtkombattanten geben.[1] Die organisierten regulären Streitkräfte bestehen aus:

1. den in die aktiven Formationen des Heeres, der Flotte und der Flugwaffe eingereihten Personen;

2. den in die Ergänzungsformationen eingereihten Personen (Landsturm, Reserve usw.);

3. den Milizen und Freiwilligenkorps in denjenigen Ländern, in

denen sie das Heer oder einen Teil desselben bilden (gemäß Art. 1 HLKO).

Die organisierten irregulären Formationen umfassen:

1. im Landkrieg: Milizen, Freiwilligenkorps und Widerstandsbewegungen (auch in besetzten Gebieten), wenn sie gemäß Art. 1 HLKO einem verantwortlichen Kommandanten unterstehen, ein bestimmtes, aus der Ferne erkennbares Abzeichen tragen, die Waffen offen führen und bei ihren Unternehmungen die Gesetze und Gebräuche des Krieges beachten;

2. im Seekrieg: die Besatzung der ordnungsgemäß in Kriegsschiffe umgewandelten Schiffe; Mitglieder von organisierten Widerstandsbewegungen, wenn sie die Bedingungen des Art. 1 HLKO erfüllen;

3. im Luftkrieg: die Besatzung der ordnungsgemäß in Militärluftfahrzeuge umgewandelten sonstigen Luftfahrzeuge; Mitglieder von organisierten Widerstandsbewegungen, wenn sie die im Art. 1 HLKO aufgestellten Bedingungen erfüllen.

Darüber hinaus wird sowohl nach der kontinentalen als auch nach der anglo-amerikanischen Kriegsauffassung die Zivilbevölkerung im Falle der levée en masse zu den Kriegführenden gerechnet. Dieser Fall ist dann gegeben, wenn die Bevölkerung eines nicht besetzten Gebietes beim Herannahen des Feindes aus eigenem Antrieb zu den Waffen greift, um die eindringenden Truppen zu bekämpfen, ohne Zeit gehabt zu haben, sich nach Art der Freiwilligenkorps zu organisieren, „wenn sie die Waffen offen führt und die Gesetze und Gebräuche des Krieges beobachtet".

Damit ist der Personenkreis, der zu den Kriegführenden zu rechnen ist, möglichst eindeutig umrissen. Diese Personen scheiden unter den erwähnten Voraussetzungen aus der Kategorie der friedlichen Zivilbevölkerung auf jeden Fall aus.

Nun gibt es noch solche Personen, die durch ihre Tätigkeit einerseits zur bewaffneten Macht in engster Beziehung stehen und sogar, wenn auch nur zur eigenen Verteidigung, bewaffnet sein können, sich aber andererseits, wenn sie keine Uniform tragen, von Zivilisten nicht unterscheiden. Dieser Personenkreis wird das zivile Wehrmachtsgefolge genannt und kann aus Kriegsberichterstattern, Marketendern, Heereslieferanten usw. bestehen. Da diese Personen durch ihre Tätigkeit für den Erfolg der Kampfhandlungen eine angemessene (adäquate) Ursache bilden, können sie trotz ihres an sich zivilen Status nicht der Zivilbevölkerung gleichgestellt werden. Sie nehmen zwischen den beiden Gruppen der Kombattanten und Nichtkombattanten eigentlich eine Mittelstellung ein, müssen aber wegen ihrer Tätigkeit mehr der ersteren zugerechnet werden. Man bezeichnet sie deshalb als „Quasikombattanten".

Außer dem Wehrmachtsgefolge gibt es aber noch einen äußerst bedeutungsvollen Personenkreis, der durch seine Tätigkeit gleichfalls eine angemessene Ursache für den Erfolg der Kampfhandlungen bildet, der aber zur bewaffneten Macht überhaupt in keinen direkten Beziehungen mehr steht und auch nicht mehr bewaffnet ist. Es sind dies jene Personen, die in Rüstungsbetrieben oder sonst wichtigen militärischen Objekten beschäftigt sind. Obwohl es sich in diesem Falle um Zivilpersonen handelt, sind sie auf Grund ihrer kriegswichtigen Tätigkeit in gewisser Beziehung mit den Kriegführenden auf die gleiche Stufe zu stellen. Man wird sie daher ebenfalls als „Quasikombattanten" bezeichnen müssen.

Außer dieser Eigenschaft, eine „angemessene Verursachung für den Erfolg der Kampfhandlungen" zu bilden, verbindet den Quasikombattanten jedoch nichts mit dem Kombattanten. Im Gegensatz zum wichtigsten Kriegführenden, dem Kämpfer (Soldaten), der seiner Bestimmung gemäß immer und überall Kombattant ist, unterliegt der Quasikombattant keiner derartigen Dauerverpflichtung, da in seiner Person keine solche Bestimmung begründet ist. So verliert der Arbeiter eines kriegswichtigen Betriebes sofort seine „Quasikombattanteneigenschaft", wenn er in einen militärisch unbedeutenden oder bedeutungslosen Betrieb übertritt.

Während dem Kämpfer der zivile Status für die Gesamtzeit seines „Soldatseins" verlorengeht, wird dieser beim Quasikombattanten für die Zeit seiner Tätigkeit in einem militärischen Objekt nur überdeckt. Hat letzterer seine Arbeit beendet und befindet er sich wieder außerhalb des militärischen Objektes, so tritt er wieder in die „Rechte" der Zivilbevölkerung ein. Wesentlich ist nämlich nicht, daß die betreffende Person zur Vorbereitung oder Ausführung von Kampfhandlungen beitragen *kann*, sondern es kommt darauf an, daß sie *tatsächlich* dazu beiträgt.[2]

Aus diesen Darlegungen ergibt sich, daß ein Quasikombattant unmittelbaren Kampfhandlungen nur während seiner Tätigkeit oder seines Aufenthaltes in einem militärischen Objekt ausgesetzt werden darf. Außerhalb dieses Objektes ist eine unmittelbare

Bekämpfung nicht mehr gestattet. Dies entspricht letzten Endes auch den kampftechnischen Gegebenheiten, denn es ist unmöglich, selbst bei einem Tieffliegerangriff, eine Unterscheidung zwischen Quasikombattanten und der friedlichen Zivilbevölkerung vorzunehmen.

Die grundsätzliche Erlaubnis zur unmittelbaren Bekämpfung der Quasikombattanten auch *außerhalb* von militärischen Objekten würde in der Praxis dagegen fast einer Sanktionierung der unterschiedslosen Luftkriegsführung gleichkommen. Eine derartige Luftkriegsführung ist aber grundsätzlich als verboten anzusehen.

Zusammenfassend könnte man über den Begriff „friedliche Zivilbevölkerung" folgendes sagen:

Zur friedlichen Zivilbevölkerung gehören alle jene Personen, die

1. nicht „Kriegführende" sind,
2. sich als „Quasikombattanten" nicht beim Ausüben ihrer Tätigkeit befinden und
3. sich nicht mit „militärischen Objekten"[3] aufhalten.

1 Wie bereits erwähnt, wird eine derartige Unterscheidung gemäß Art. 3 HLKO vorgenommen. In diesem Falle soll jedoch besser von Kämpfern und Nichtkämpfern gesprochen werden (vgl. Spetzler S. 17), während der Ausdruck Kombattanten für Kriegführende (im Sinne der bewaffneten Macht mit Einschluß der noch zu besprechenden Quasikombattanten) und der Ausdruck Nichtkombattanten für Nichtkriegführende (im Sinne der friedlichen Zivilbevölkerung) zu verwenden ist.
2 Vgl. Meyer S. 72 unter Hinweis auf Sibert, Gutachten (ausgearbeitet von Sibert, Hammarskjöld, Royse, Züblin u. a.), 1930, S. 157.
3 Unter Vorwegnahme der Abgrenzung dieses Begriffes.

# 5. Der Begriff des „militärischen Objektes"

Der Begriff „militärisches Objekt" hat sich in den letzten hundert Jahren aus den Küstenbeschießungen der Seestreitkräfte entwickelt. Während nämlich im Landkrieg, gewohnheitsrechtlich schon lange und völkervertragsrechtlich seit den Kodifikationen der Jahre 1899 und 1907, nur Beschießungen von befestigten oder sonstwie verteidigten Ortschaften erlaubt waren, konnten solche im Seekrieg unter gewissen Voraussetzungen auch gegen bestimmte Objekte in *unverteidigten* Ortschaften gerichtet werden.

Wie schon erwähnt wurde, ließ sich das generelle Verbot der Beschießungen unverteidigter Ortschaften jedoch weder im Landkrieg[1] und noch viel weniger im Luftkrieg aufrechterhalten. Die Entwicklung der Waffentechnik hatte dazu Veranlassung gegeben. Bereits im Ersten Weltkrieg war es zur gewohnheitsrechtlichen Anerkennung der Berechtigung gekommen, selbständige Luftangriffe im ganzen Landkriegsgebiet gegen militärische Objekte durchzuführen.

Auf Grund dieser Entwicklung wurde es immer dringender notwendig, eine Abgrenzung des Begriffes des „militärischen Objektes" vorzunehmen. Den ersten bedeutenden Versuch dieser Art hat von 1922 auf 1923 die Haager Juristenkommission unternommen. In den von ihr ausgearbeiteten Luftkriegsregeln wurde dieser Begriff folgendermaßen definiert: „Das Luftbombardement ist nur zulässig, wenn es gegen ein militärisches Ziel gerichtet ist, d. h. ein Ziel, dessen völlige oder teilweise Zerstörung einen klaren militärischen Vorteil darstellen würde."[2] Aus der Formulierung „klarer militärischer Vorteil" ist eindeutig zu entnehmen, daß Angriffe auf militärisch bedeutungslose Objekte grundsätzlich als verboten anzusehen sind. Aber auch die Zerstörung oder Beschädigung solcher Objekte, die wohl einen gewissen, aber keinen *eindeutigen* militärischen Vorteil einbringen, kann demnach nicht als erlaubt gelten. Dies könnte etwa bei einem kleinen, handwerklich betriebenen Schmiedebetrieb der Fall sein, der vielleicht Radnaben und Hufeisen für militärische Zwecke erzeugt. Anders wäre es schon bei einem Betrieb mittlerer Größe, in welchem etwa Räder und Teile für Geschützlafetten erzeugt werden. Die Zerstörung eines solchen Betriebes könnte bereits einen „klaren militärischen Vorteil" darstellen.

Über die erwähnte Definition hinausgehend, hat die Haager Juristenkommission auch noch eine Konkretisierung des Begriffes „militärisches Objekt" durch eine erschöpfend gemeinte, also limitative Aufzählung vorzunehmen versucht. Demgemäß wären als solche Objekte zu betrachten: „militärische Streitkräfte; militärische Werke; militärische Anlagen oder Depots; Fabriken, die bedeutende und wohlbekannte Zentren darstellen und zur Herstellung von Waffen, Munition und *typisch militärischen* Bedarfsgegenständen dienen; Verkehrs- oder Transportlinien, die für militärische Zwecke benutzt werden".

Dazu ist einiges zu bemerken. Durch die Vorschrift, daß unter anderem nur solche Fabriken militärische Objekte sein können, welche „typisch militärische Bedarfsgegenstände" erzeugen, würden zahlreiche Objekte ausscheiden, die bereits im Ersten Weltkrieg als militärische Objekte angesehen wurden. So etwa die Abbau- und Erzeugungsstätten von Rohstoffen und Halbfertigwaren, wie Erz- oder Kohlengruben, Ölfelder, Hochöfen, Stahl- oder Walzwerke, Ölraffinerien u. a. Die Produkte dieser Abbaustätten und Werke stellen nämlich an sich noch keine militärischen Bedarfsgegenstände dar, sondern können es erst nach entsprechender Be- oder Verarbeitung werden. Ähnlich ist dies bei den Elektrizitäts-, Gas und sonstigen Kraftwerken der Fall, welche entweder überhaupt nicht oder nur zum Teil militärischen Zwecken dienen. Aber auch Regierungsgebäude sind nach dem genannten Artikel der LKR nicht als militärische Objekte zu betrachten, es sei denn, sie würden militärische Behörden beherbergen.

Schließlich ist auch der Ausdruck „Verkehrs- und Transportlinien, die für militärische Zwecke genutzt werden" zu vieldeutig. Ist unter der Nutzung für militärische Zwecke eine ausschließliche, überwiegende oder nur gelegentliche zu verstehen? Gilt sie nur im Kampfgebiet, in einem bestimmten Raum hinter den Kampflinien oder im gesamten Landkriegsgebiet? In irgendeiner Art und Weise werden aber, insbesondere bei längerer Kriegsdauer, *alle* Verkehrs- und Transportlinien eines kriegführenden Landes militärisch genutzt werden. Demgemäß dürften alle diese Linien bombardiert werden, auch wenn sie nur gelegentlich oder gar nur einmal militärischen Zwecken dienen würden. In diesem Falle wird man wohl auf die zuvor genannte Vorschrift zurückgreifen, wonach es bei der Zerstörung oder Beschädigung von Objekten vor allem auf den damit zu erzielenden „klaren militärischen Vorteil" ankommt. In diesem Sinne sind dann nur die *ausschließlich* und *überwiegend* für militärische Zwecke genutzten Verkehrs- und Transportlinien, allerdings wohl auf dem gesamten Kriegsschauplatz, als militärische Objekte anzusehen.

Nicht geklärt erscheint nach der Aufzählung in den Haager Luftkriegsregeln außerdem die Einstufung der Quasikombattanten, denn von Personen werden lediglich die militärischen Streitkräfte als militärische Objekte angesehen.

Einen weiteren erwähnenswerten Versuch der Abgrenzung des Begriffes des „militärischen Objektes" unternahm in den Jahren 1924/25 eine deutsch-amerikanische Schadenskommission. Nach einer Entscheidung dieser Kommission hat eine Sache dann militärischen Charakter, „wenn sie von berufenen Organen der Kriegführung zur unmittelbaren Förderung militärischer Operationen gebraucht wird".

Weitere Abgrenzungsversuche entweder durch Festlegung einer Definition oder durch limitative Aufzählung wurden in den Jahren 1922 und 1924 von der „International Law Association" und vom „Comité Directeur juridique international de l'aviation", im Jahre 1931 vom „Sachverständigenausschuß des Internationalen Roten Kreuzes" und im Jahre 1934 von einer Versammlung von Ärzten und Juristen in einem „Vorentwurf des Abkommens über den Schutz des menschlichen Lebens im Kriege" vorgenommen.

In der völkerrechtlichen und rechtswissenschaftlichen Literatur kam es gleichfalls zu eingehenden Untersuchungen dieses Problems. So sind nach Spaight[3] diejenigen Personen und Sachen militärische Objekte, die „eine todbringende Eigenschaft (lethal quality) besitzen, d. h. ein potentielles oder aktives gefährliches Element enthalten, das, falls es nicht zerstört oder neutralisiert wird, die Fähigkeit hat, die eigene Angriffsmacht zu zerstören oder zu neutralisieren". Im übrigen sind demnach nicht nur diejenigen Sachen militärische Objekte, welche sich als fertiges Kriegsmaterial (Waffen und Munition) darstellen, sondern auch alle anderen Sachen, welche erst nach Verarbeitung Kriegsmaterial werden sowie die an der Herstellung desselben mitwirkenden Werke; es sei nämlich nicht „angängig, zwischen dem fertigen Kriegsmaterial und den Sachen, die es erzeugen, einen Unterschied zu machen... Es sei daher auch das Kriegsmaterial im embryonalen Zustand, als Stahlplatte oder dergleichen militärisches Objekt bzw. legitimes Angriffsziel... Es gebe in Zukunft zwei Schlachtfelder, einerseits dasjenige, in dem sich die kämpfenden Truppen begegneten, andererseits dasjenige, in welchem das Material für diese Begegnungen geschaffen werde."

Nach Spaight sind daher viele Objekte, die nach den Haager Luftkriegsregeln nicht als militärische Objekte gelten, als solche anzusehen; so z. B. Hochöfen, Stahlwerke und ähnliche Werke, die zusammen die Basis der Munitionsindustrie bilden. Ferner rechnet Spaight größere Petroleum- und Brennstoffinstallationen im Feindesland zu den militärischen Objekten, weil der Treibstoff im Krieg eine große Rolle spiele und deshalb der Munition gleichzustellen sei. Ebenso seien Docks, See- und Flughäfen aller Art zu den militärischen Objekten zu zählen, selbst wenn diese zivilen Charakter trügen und zum Teil oder hauptsächlich nur Handelszwecken dienten. Bei den Bahnhöfen, Gas- und Elektrizitätswerken will Spaight jedoch eine Unterscheidung gelten lassen, je nachdem, ob diese überwiegend militärisch oder zivil genutzt würden. Schließlich sieht er auch Regierungsgebäude der Zivilbehörden nicht als militärische Objekte an, wohl aber die Gebäude der Militärbehörden. Letztere hält er jedoch nicht unter allen Umständen für bombardierfähig.

Nach Sibert jedoch kommt es, wie schon im Zusammenhang mit dem Begriff „Zivilbevölkerung" erwähnt, nicht darauf an, daß Personen und Sachen zur Vorbereitung oder Ausführung von Kampfhandlungen gegen den Feind beitragen *können*, sondern darauf, daß sie *tatsächlich* dazu beitragen. Demgemäß sind nach Sibert keine militärischen Objekte, d. h. rechtmäßige Angriffsziele[4]: die Existenzmittel der Zivilbevölkerung, d. s. die Gas- und Wasserwerke; die Heizungsanlagen und Einrichtungen zur Lebensmittelversorgung der Zivilbevölkerung (Markthallen, Schlachthäuser); die Produkte der Erde, wie Getreide, Kohle, Petroleum u. a., es sei denn, daß der Gegner mit Sicherheit wüßte, daß diese Produkte dazu bestimmt seien, Zerstörungshandlungen gegen ihn vorzubereiten.

48

Ebenfalls mit dem Begriff „militärische Objekte" beschäftigte sich Züblin, der sogar einen Konventionsentwurf, betreffend den Schutz der Zivilbevölkerung gegen Luftangriffe, vorbereitet hatte. In diesem unterscheidet er zwischen militärischen, gemischten und nichtmilitärischen Objekten. Im einzelnen kommen nach diesem Entwurf als „nichtmilitärische Objekte", sofern sie auch nicht militärisch genutzt werden, in Betracht: Wohnhäuser, Schulen, Krankenhäuser, Museen, Kirchen, Denkmale und andere. In Übereinstimmung mit den Haager Luftkriegsregeln, jedoch nicht mit Spaight, rechnet Züblin auch alle diejenigen Werke, die lediglich Hilfsmaterial für Waffen- und Munitionsfabriken herstellen, zu den nichtmilitärischen Objekten, so etwa Anlagen zur Gewinnung von Petroleum und Benzin, Kohlen-, Eisenerz-, Kupfer- und Bleibergwerke sowie Aluminiumfabriken und Gießereien aller Art. Züblin hält die grundsätzliche Ausscheidung dieser Objekte aus dem Kreis der militärischen Objekte deshalb für richtig, „weil sonst überhaupt *alle* Industriewerke und alles, was der Boden eines Landes hervorbringe, militärisches und daher zerstörbares Objekt würde. Dies führe aber zum Kriege allgemeiner Zerstörung und bedeute einen Rückfall in die Barbarei früherer Zeiten, in denen die gesamte Bevölkerung eingenommener Ortschaften über die Klinge springen mußte. Die genannten Objekte könnten daher nur dann als militärisch angesehen werden, wenn sie einwandfrei der Herstellung von Kriegsmaterial dienten".[5]

Der Amerikaner Williams teilt die militärischen Objekte, unter entsprechender Aufzählung derselben, in zwei Klassen. Der Zweck dieser Teilung ist eine verschiedene Umgrenzung der Angriffsmöglichkeit. So sollen die in der ersten Klasse enthaltenen Objekte jederzeit, die in der zweiten Klasse aufgezählten nur in beschränktem Umfange bombardiert werden dürfen.

Meyer definiert den Begriff des „militärischen Objektes", ähnlich wie schon den Begriff der „friedlichen Zivilbevölkerung", unter Zugrundelegung der Kausalitätstheorie von der adäquaten oder typischen Verursachung etwa folgendermaßen: Von der großen Anzahl der Sachen, die eine Bedingung zu dem Erfolg der Kampfhandlungen setzen, kommen nur diejenigen als militärische Objekte in Betracht, „welche für den Erfolg der Kampfhandlungen eine adäquate (angemessene) Ursache bilden". Demgegenüber sind als nicht militärisch alle diejenigen Objekte und Sachen auszuscheiden, „welche zu dem Erfolg der Kampfhandlungen entweder überhaupt in keinem ursächlichen Zusammenhang oder in keinem adäquaten (angemessenen) ursächlichen Zusammenhang stehen."[6] Mit dieser Definition ist viel gesagt, obgleich sie auch nicht ganz zufriedenstellen kann. So müßte noch der zeitliche Faktor Berücksichtigung finden, indem ein Objekt nur dann als militärisch anzusehen wäre, wenn es etwa zur Zeit oder ausnahmsweise auch in absehbarer Zukunft eine angemessene Ursache für den Erfolg der Kampfhandlungen zu bilden imstande ist. Dies ist nicht der Fall etwa bei einer Knabenschule, weil dort künftige Soldaten herangebildet werden, wohl aber bei Entwicklungsstätten gefährlicher Waffen (wie im Zweiten Weltkrieg die Versuchs- und Forschungsstätten der V-Waffen), weil dadurch in absehbarer Zeit dem Gegner schwerer Schaden zugefügt werden kann.

In neuerer Zeit hat auch Spaight darauf hingewiesen, daß noch immer das besondere, nicht das allgemeine Kriegspotential des Feindes das Objekt bilde.[7]

Castren sieht in den militärischen Zielen Eigentum jeder Art, welches (gleichgültig, ob es sich um lebendes oder totes, um bewegliches oder unbewegliches handelt) durch seine Beschaffenheit dazu bestimmt ist, militärische Tätigkeiten zu fördern.[8] Hiezu rechnet er etwa: Marinehäfen; Kasernen; militärische Flughäfen; die Gebäude des Verteidigungsministeriums; alle Arten von Kriegsvorräten, Uniformen und Fabriken, welche derartige Materialien herstellen, sowie die zur Erzeugung benötigten Spezialmaschinen und Werkzeuge. Darüber hinaus alle jene Gegenstände, welche zur Zeit oder in naher Zukunft entweder ausschließlich für militärische oder aber gleichzeitig und sogar aufeinanderfolgend für militärische und friedliche Zwecke als solche oder aber nach Bearbeitung Verwendung finden. Dazu gehören z. B.: Fabriken, welche für die Streitkräfte solche Güter erzeugen, die weder Waffen noch Munition oder ausgesprochen militärische Gegenstände darstellen; gewisse unbearbeitete Materialien, wie Schwermetalle, insbesondere Eisen; bestimmte Kraftstoffe, wie Erdöl und Benzin; elektrische Anlagen und Kraftwerke dann, wenn sie den Streitkräften oder Rüstungswerken Energie liefern; ferner Rundfunkanlagen, Telefon- und Telegraphenstationen; Straßen, Kanäle und andere Wasserwege; Brücken und Tunnels dann, wenn sie für strategische Zwecke errichtet wurden und sich in der Nähe der

Kampflinien befinden; schließlich alle Eisenbahnen, das rollende Material und die Stationen ohne eine Einschränkung dann, wenn sich diese in der Nähe der Kampfzone befinden, an anderen Plätzen jedoch nur dann, wenn sie militärischen Zwecken dienen.

Überhaupt nicht zu den militärischen Zielen rechnet Castren ausdrücklich z. B. die Wohnungen der Arbeiter von solchen Fabriken, die als militärische Objekte zu betrachten sind; ferner von den Rohstoffen die Kohle sowie die Bergwerke und Schächte, in welchen sie gefördert wird. Aus diesen Darlegungen ergibt sich schon die Schwierigkeit, das Problem der Abgrenzung des „militärischen Objektes" durch eine limitative Aufzählung der entsprechenden Objekte zu lösen. Jede derartige Aufzählung wird an den vielen möglichen Übergängen und Grenzfällen scheitern, mag sie auch noch so umfangreich sein (wobei allerdings auch die Übersichtlichkeit verlorengeht).[9]

Daher wird man wohl eine annähernd treffende Definition der limitativen Aufzählung vorziehen müssen. Hiefür könnte die Definition von Meyer als eine der verwendungsfähigsten herangezogen werden. Allerdings sollte dieser Definition eine beispielhafte Aufzählung der etwa darunter zu verstehenden Objekte beigeschlossen werden. In jenen Fällen, in welchen sich bei Behandlung von Grenzfragen Schwierigkeiten ergeben würden, sollte zugunsten der im modernen Krieg so schon sehr stark in Mitleidenschaft gezogenen Zivilbevölkerung und ihrem im Einzelfall oft schwer genug erarbeiteten Eigentum entschieden werden. Wohl alle amtlichen und wissenschaftlichen Bestrebungen, bei der Abgrenzung der militärischen Objekte zu einem der modernen Kriegführung entsprechenden Ergebnis zu kommen, gingen letzten Endes darauf hinaus, eine möglichst große Schonung der friedlichen Zivilbevölkerung und ihres Eigentums zu erreichen. Bei Vorherrschen einer gegenteiligen Absicht hätten sich derartige Erörterungen von vornherein erübrigt.

Daraus ergibt sich neuerlich eine Bestätigung jenes Rechtssatzes, nach welchem unmittelbare Kampfhandlungen gegen die friedliche Zivilbevölkerung und ihr Eigentum grundsätzlich als verboten anzusehen sind.

1 Gegen die Beschießung militärischer Objekte eines unverteidigten Ortes ist im Landkrieg dann nichts einzuwenden, wenn dieser nicht eingenommen werden soll (z. B. auf dem Rückzug einer Armee).

2 Artikel 24, Abs. 1 LKR (vgl. Spetzler S. 172ff.).

3 Vgl. Meyer S. 69 unter Hinweis auf Spaight, Air Power and the Cities, 1930, S. 145ff.

4 Vgl. Meyer S. 72.

5 Vgl. Meyer S. 73ff.

6 Vgl. Meyer S. 82.

7 Vgl. Spaight S. 277.

8 Vgl. Castren S. 199ff.

9 Vgl. Spetzler S. 179.

# 6. Die Ausnahmebestimmungen im Kriegsrecht

Wie schon angedeutet wurde, können nach dem geltenden Völkerrecht sowohl staatsvertraglich vereinbarte als auch auf Grund des Gewohnheitsrechtes bestehende Kriegsregeln von den Staaten unter besonderen Voraussetzungen außer acht gelassen werden. Solche Voraussetzungen sind gegeben: in bestimmten Notfällen eines Staates und bei Vorliegen militärischer Notwendigkeit; bei Verletzungen des Völkerrechtes durch einen Staat, welche den Gegner zur Vornahme von Repressalienhandlungen berechtigen; bei Beschießung oder Bombardierung einer belagerten Stadt, die eingenommen werden soll.

Nach überwiegender Rechtsüberzeugung der Staaten kann ein Staat im Falle der Bedrohung seiner Existenz durch eine gegenwärtige oder unmittelbar bevorstehende, von ihm nicht verschuldete Gefahr völkerrechtlich Vorschriften zu deren Abwehr außer acht lassen, wenn dies die letzte und einzige Möglichkeit ist, sich vor der eigenen Vernichtung zu retten.[1]

Kriegsregeln können auch aus militärischer Notwendigkeit unbeachtet bleiben. Im Völkervertragsrecht sind solche Möglichkeiten ausdrücklich angeführt.[2] Nach dem Kriegsgewohnheitsrecht kann eine Berufung auf militärische Notwendigkeit nur dann erfolgen, wenn der Nachweis erbracht wird, daß eine solche Ausnahme völkerrechtlich anerkannt ist.[3] Eine derartige Anerkennung wird jedoch nur in jenen Fällen möglich sein, in welchen die Nichtbeachtung des Kriegsrechtes den einzigen und letzten Weg zur erfolgreichen Durchführung eines den Kriegsausgang entscheidend beeinflussenden Unternehmens darstellt.

Der häufig angeführte Satz „Kriegsnotwendigkeit geht vor Kriegsrecht" trifft keineswegs in dieser Allgemeinheit zu. Die Kriegsregeln stellen nämlich an sich bereits einen Kompromiß zwischen den militärischen Notwendigkeiten einerseits und den Anforderungen der Humanität usw. andererseits dar. Die Anerkennung eines solch allgemeinen Grundsatzes würde die Aufstellung von kriegsrechtlichen Normen glatt überflüssig machen, denn die Kriegführenden könnten dann unter Berufung auf irgendeine militärische Notwendigkeit die Einhaltung eines jeden kriegsrechtlichen Verbotes ablehnen.[4]

Eine weitere Ausnahmebestimmung stellt im Kriegsrecht die Repressalie dar. Eine Kriegsrepressalie besteht in einer das Kriegsrecht nicht beachtenden Handlung eines Staates, welche dazu dient, den Gegner zur Einstellung von laufenden oder zur Abstandnahme von künftigen Völkerrechtsverletzungen zu veranlassen. Bei der Vornahme von Repressalienhandlungen sind jedoch auch bestimmte Regeln einzuhalten.[5] So dürfen die Repressalien in keinem auffallenden Mißverhältnis zum Unrecht stehen, gegen welches sie gerichtet sind, sonst kommt es zu einem sogenannten Repressalienexzeß. Ferner dürfen durch eine Repressalie die Gesetze der Menschlichkeit nicht verletzt werden. Außerdem sind gegen Kriegsgefangene Vergeltungsmaßnahmen überhaupt verboten. Gegen eine rechtmäßige Repressalie darf keine Gegenrepressalie gerichtet werden, wohl aber gegen einen Repressalienexzeß.

Bis auf die Vorschrift, daß Repressalienhandlungen nicht gegen die Gesetze der Menschlichkeit verstoßen dürfen,[5] sind die erwähnten Regeln Bestandteile des Kriegsgewohnheitsrechtes. Vielfach ist auch die Forderung aufgestellt worden, daß der Ausübung des Repressalienrechtes eine Mahnung an den Gegner, er solle die völkerrechtswidrige Handlung einstellen, vorausgehen müsse. Sosehr eine solche Forderung zu begrüßen ist, so muß doch darauf hingewiesen werden, daß es in der Praxis auch Fälle geben wird, in denen eine Mahnung des Gegners nicht durchführbar ist oder auch unzweckmäßig erscheint.

Übereinstimmende Anerkennung hat die Vorschrift gefunden, daß Repressalienhandlungen sich nur gegen jenen Staat richten dürfen, der für die Verletzung des Völkerrechtes verantwortlich ist, nicht aber gegen einen Verbündeten, der zur Vornahme der Repressalie keinen Anlaß geboten hat. Dies vor allem auch deshalb, weil sich die Repressalien gegen den Staat als solchen, d. h., gegen seine drei Elemente *Staatsgewalt*, *Staatsvolk* und *Staatsgebiet* richten und dies sogar grundsätzlich uneingeschränkt. Es wäre daher ungerechtfertigt, wenn etwa ein Staatsvolk für die Völkerrechtsverletzung eines fremden Staates herangezogen werden würde.

Hinsichtlich der Erlaubnis, die Kriegsregeln bei Beschießungen oder Bombardierungen einer belagerten Stadt nicht beachten zu müssen, ist folgendes zu bemerken: Bei Beschießungen einer belagerten Stadt zum Zwecke der Einnahme durch das Landheer oder die Flotte braucht der Belagerer sowohl nach der kontinentalen als auch nach der anglo-amerikanischen Kriegsauffassung auf Grund des Kriegsgewohnheitsrechtes nicht auf die friedliche Zivilbevölkerung Rücksicht zu nehmen, sondern darf vorhaltlich der Bestimmungen des Art. 27 HLKO das gesamte Stadtgebiet beschießen. Darüber hinaus braucht der Belagerer der Zivilbevölkerung nicht einmal den Abzug aus der Stadt zu erlauben. Der Zweck dieser Maßnahmen liegt darin, die Zivilbevölkerung entweder durch die Beschießungen oder aber durch Aushungerung so weit zu bringen, daß sie die maßgeblichen Behörden zur Übergabe der Stadt veranlaßt.[6]

Diese Bestimmungen besaßen ursprünglich nur für den Land- und Seekrieg Gültigkeit. Sie müßten jedoch auch für den Luftkrieg Anwendung finden,[7] da die Flugwaffe in diesem Falle durch die Zusammenarbeit mit dem Heer oder der Flotte rein taktische Aufgaben ähnlich wie die Land- oder Schiffartillerie zu erfüllen hat.

1 Vgl. Waltzog S. 39.
2 Z.B. im Artikel 23 lit. g) der HLKO oder Artikel 3 ABS.
3 Vgl. Meyer S. 226f.
4 Vgl. Verdroß S. 346, 377.
5 Hier wird auf die Präambel der Haager LKA verwiesen, und zwar auf die Martens'sche Klausel (vgl. Meyer S. 231).
6 Vgl. Castren S. 197, 201, 404, Meyer S. 130f.
7 Vgl. Meyer S. 131, Castren S. 200f., 404, Spetzler S. 236 unter Hinweis auf Liddel Hart, Revolution in Warfare S. 72, Feuchter S. 129f.

# 7. Die Lehre vom totalen Krieg nach Douhet

Wie schon erwähnt, hatte sich die etwa seit dem 18. Jahrhundert in Europa üblich gewordene zivilisierte Art der Kriegführung außerhalb unseres Kontinents überhaupt nicht oder kaum durchgesetzt. So wurde z. B. der nordamerikanische Bürgerkrieg (1861 bis 1865) keineswegs nach den europäischen Kriegsregeln geführt, sondern es kam durch die Truppen der Nordstaaten zur Verwüstung einiger der reichsten Landstriche des Südens.[1]

Sehr gut wird die Art der Kriegführung dieser Jahre in einer Charakterisierung des Generals der Nordstaaten, Ulysses S. Grant, zum Ausdruck gebracht: „Grants moderne Denkungsweise ist am klarsten aus der Tatsache ersichtlich, wie er begreift, daß der Krieg total wird und daß die Vernichtung der wirtschaftlichen Hilfsquellen des Feindes eine ebenso wirkungsvolle und gesetzliche Form der Kriegsführung ist wie die Vernichtung seiner Armee."

Wie stark man in Nordamerika von der totalen Art der Kriegführung erfüllt war, kann auch einem Ausspruch des Generals Ph. S. Sheridan entnommen werden, der unter anderem durch seine mitleidlose Zerstörung des Shenandoah-Tales im Jahre 1864 Berühmtheit erlangt hatte. Im Jahre 1870 besuchte Sheridan Europa und nahm auch als Augenzeuge im deutschen Hauptquartier am deutschen Feldzug in Frankreich teil. Während dieses Krieges sagte Sheridan einmal zu Bismarck: „Sie verstehen einen Feind zu schlagen wie keine andere Armee, doch Sie haben nicht gelernt, wie man ihn vernichtet. Man muß mehr brennende Dörfer sehen, sonst werden Sie nie mit den Franzosen fertig."

Etwa dreißig Jahre später kam es auf südafrikanischem Boden zu einer kriegerischen Auseinandersetzung zwischen burischen Siedlern und dem britischen Weltreich. Obwohl bei dieser Auseinandersetzung die europäischen Traditionen in ihren Hauptzügen befolgt wurden, kam es doch zu starken Abweichungen von den in Europa üblichen Kriegsregeln. So kann nach Meinung von Liddell Hart[2] der in diesem Krieg von Lord Kitchener verfolgte Plan, „das Land in eine Einöde zu verwandeln, die Burenfarmen niederzu-

56

brennen und die Frauen und Kinder in Konzentrationslager zu bringen", in denen mehr als 25000 von ihnen starben, als die Verkörperung des totalen Krieges angesehen werden".

Daß die Europäer in außereuropäischen Kriegen die auf kontinentalem Boden gültigen Kriegsregeln nicht einhalten zu müssen glaubten, geht auch aus einer Rede hervor, die Wilhelm II. vor deutschen Truppen hielt, die sich zur Teilnahme am bewaffneten Konflikt gegen die chinesischen Boxer (im Jahre 1900) in Bremerhaven einschifften. Demnach sollten die deutschen Soldaten den Taten des Königs Attila und seiner Hunnen nacheifern.

Ganz allgemein auf eine künftige totale Kriegführung abgestellt waren auch jene Worte, die der englische Admiral Fisher im Jahre 1900 aussprach: „Ich bin nicht für den Krieg, ich bin für den Frieden. Wenn man es ihnen zu Hause und im Ausland genügend einhämmert, daß man mit jeder verfügbaren Einheit zum sofortigen Kriegseinsatz bereit ist, daß man beabsichtigt, als erster am Zuge zu sein, seinen Feind niederzuschlagen und ihn mit Füßen zu treten, wenn er am Boden liegt, daß man seine Gefangenen in Öl sieden und seine Frauen und Kinder foltern wird – dann werden einen die Leute in Ruhe lassen."[3] Zwölf Jahre später drückte Lord Fisher seine Ansichten mit folgenden Worten aus: „Es ist eine Dummheit, wenn man es unterläßt, den Krieg für die gesamte feindliche Zivilbevölkerung so abscheulich wie möglich zu machen. Kommt ein Krieg, so ist das Recht dort, wo die Macht ist, und die Admiralität wird wissen, was sie zu tun hat."

Lange vor Ausbruch des Ersten Weltkrieges, im Jahre 1869, war einem italienischen Ehepaar, namens Douhet in Caserta, ein Sohn geboren worden, der es einmal zu einer eigenartigen Berühmtheit bringen sollte.[4] Nach dem Besuch der Grundschule und der Militärakademie wurde Giulio Douhet Artillerieoffizier, und bereits im Jahre 1909 sprach er prophetisch von der kommenden Bedeutung der Flugwaffen in einem Zukunftskriege. Nach einem eigenartigen Schicksal im Ersten Weltkrieg (Douhet war wegen wiederholter Kritikübung an den Methoden der italienischen Kriegführung zu einer Gefängnisstrafe verurteilt, nachträglich aber wieder rehabilitiert worden), nahm er nach Beendigung des Krieges seinen Abschied und widmete sich als General i. R. ganz seiner schriftstellerischen Tätigkeit. Diese Beschäftigung, die er bis kurz vor seinem Tode im Jahre 1930 ausübte, brachte ihm den von seinen Anhängern verliehenen Titel eines „Schlieffen der Luft" ein. Douhets Ansichten verursachten in den militärischen Kreisen Italiens, Europas und der übrigen Welt einen gewaltigen Meinungsstreit. Einerseits wurden seine Ideen als weit über seine Zeit hinausschauende Prophezeiungen und andererseits als einseitig und für die Zukunft verhängnisvoll wirkend angesehen. Die neue strategische Lehre vom Luftkrieg wurde nach seinem Schöpfer bald als „Douhetismus" bezeichnet.

Zunächst ist festzuhalten, daß Douhet zweifellos der erste Fachmann war, der die kriegsentscheidende Rolle erkannt hatte, die den Flugwaffen in einem künftigen Kriege zukommen sollte. Auf Grund der im Ersten Weltkrieg gemachten Erfahrungen, in welchem die Fronten zum größten Teil in einem erschöpfenden und zu keiner Entscheidung führenden Stellungskampf erstarrt geblieben waren, vertrat Douhet die Ansicht, daß im folgenden Krieg eine gleiche Unbeweglichkeit durch die Flugwaffe im allgemeinen und durch einen überraschenden Flugzeugangriff mit Spreng-, Brand- und Gasbomben im besonderen verhindert werden könne.[5] Durch einen überraschenden Einsatz ganzer Luftflotten gegen die Konzentrations-, Versorgungs- und Produktionsgebiete der feindlichen Flugwaffe sollte die Luftherrschaft über dem Feindgebiet errungen werden. Nach Eroberung der Luftherrschaft stünde die gesamte eigene Luftflotte zu weiteren Zerstörungsangriffen, die über das ganze Land auszudehnen sind, zur Verfügung. Diese Angriffe sollten gegen Eisenbahnknotenpunkte, wichtige Verkehrszentren und Wohnflächen des Feindes gerichtet werden, um die Mobilmachung der feindlichen Armee zu verhindern. Schließlich sollte es auf folgende Art und Weise zu einer schnellen Beendigung des Krieges kommen: „Unausgesetzte Zerstörungsaktionen gegen die verwundbarsten Siedlungsgebiete werden den materiellen und moralischen Widerstand des feindlichen Landes brechen können und damit den Krieg praktisch beenden." Um seine Ansicht von der kriegsentscheidenden Wirkung dieser Art der Luftkriegsführung zu bekräftigen, gab Douhet eine eindrucksvolle Schilderung einer Großstadt wieder, die in ihrem Zentrum im Umkreis von 250 Meter verwüstet wird. „Was sich in *einer* Stadt abspielt, kann noch am gleichen Tage, in der gleichen Nacht, in 10, 20, 50 großen Wohnstätten geschehen ... Ein vollständiger Zerfall des Staatsapparates (als Folge derartiger Angriffe) ist unvermeidlich." Schließlich würde die Bevölkerung die Einstellung des Kampfes um jeden Preis fordern.

Douhet kannte in seiner Lehre keine Rücksichtnahme auf die Zivilbevölkerung, denn die Luftkriegsführung gegen die Wohnflächen war ein wesentlicher Bestandteil seiner Strategie. Er betrachtete den modernen Krieg überhaupt als einen Raumkrieg, in welchem der Schwerpunkt der Kriegführung bei der dreidimensionalen Waffe, der Flugwaffe, liegt. Das Heer und die Flotte sollten daneben lediglich Verteidigungsaufgaben erfüllen. Demgemäß mußte der Zukunftskrieg ein fast „Nur-Luftkrieg" sein.

Da die Flugwaffe nach den Plänen Douhets das wichtigste und womöglich einzige Angriffsmittel bilden sollte und er überdies dem Überraschungsmoment große Bedeutung beimaß, mußte dieser Waffe in einem künftigen Kriege auch der größtmögliche Spielraum gelassen werden. Daher durfte die Luftkriegsführung auch keinen Einschränkungen, die über nicht vermeidbare Beschränkungen technischer und strategischer Art hinausgingen, unterworfen werden. Demgemäß war Douhet ein Gegner aller jener Regelungen, welche der vollen Entfaltungsmöglichkeit seiner Waffe im modernen Krieg hemmend entgegenwirken konnten. Kriegsrechtliche Bestimmungen, die dazu bestimmt sein mochten, der Luftkriegsführung Beschränkungen aufzuerlegen, betrachtete er als unzweckmäßig und überholt.

Im einzelnen brachte Douhet seine Ansichten zu diesen Dingen mit folgenden Worten recht drastisch zum Ausdruck: „Die Raumwaffe allein sprengt gewaltsam die tausendjährigen Formen des Krieges, sie allein hat die Fähigkeit, die organische Entwicklung der Kriegsform zu durchbrechen. Das fast gleichzeitige Auftauchen der Gaswaffe muß die radikale Umwälzung noch gewaltiger machen. Es wäre töricht, sich falsche Hoffnungen zu machen. Alle Einschränkungen, alle internationalen Vereinbarungen, die in Friedenszeiten getroffen werden mögen, werden vom Sturm des Krieges wie welkes Laub hinweggefegt. Die Einteilung der Kriegsmittel in menschliche und unmenschliche hat bereits im (Ersten) Weltkrieg ihre Bedeutung verloren. Der Krieg wird stets unmenschlich sein, die Mittel, die in ihm Verwendung finden, werden ausschließlich nach ihrer Wirkung unterschieden, d. h., nach dem Schaden, den sie dem Gegner zufügen können. Wer auf Leben und Tod kämpft – und anders kann man heutzutage nicht mehr kämpfen –, hat das heilige Recht, alle vorhandenen Mittel zu benutzen, um nicht selbst zugrunde zu gehen. Sich in den Untergang des eigenen Volkes zu schicken, um nicht gegen irgendwelche papiernen Konventionen zu verstoßen, wäre Wahnsinn. Die Einschränkungen, welche scheinbar mit Bezug auf sogenannte barbarische und verbrecherische Kriegsmittel gemacht werden, sind nur eine Lüge internationalen Charakters, denn tatsächlich wird die Giftwaffe überall vervollkommnet, was gewiß nicht zu rein wissenschaftlichen Zwecken geschieht."[6]

Douhet glaubte allerdings, daß es durch den Einsatz der neuen Angriffsmittel in einem modernen Krieg viel schneller zu einer Entscheidung kommen werde, wodurch sogar Menschenleben gespart werden könnten. Insofern hielt er die unmenschliche Art der künftigen Luftkriegsführung für durchaus vertretbar: „Gewiß ist auch der Gedanke, daß die Entscheidung eines derartigen Krieges durch die Zerschmetterung aller materiellen und moralischen Kräfte eines Volkes herbeigeführt werden muß, erschütternd. Andererseits aber wird diese Entscheidung viel schneller fallen als im Rahmen überholter Kriegsformen. Wenn auch die vernichtenden Schläge unmittelbar und mit voller Wucht die weniger widerstandsfähigen Glieder der ringenden Völker treffen werden, wird der Raumkrieg trotz seiner offensichtlichen Unmenschlichkeit im Grunde genommen weniger Blut kosten als beispielsweise der (Erste) Weltkrieg und alle in der Zwischenzeit bis heute trotz der Bemühungen des Völkerbundes ausgekämpften Konflikte."

Ganz im Sinne seiner Ansicht, daß auch derjenige Staat, dem es nur um die Verteidigung seines Gebietes und seiner internationalen Interessen zu tun ist, die Luftbasen des Feindes zwecks Schwächung seiner Angriffskraft vernichten wird müssen, empfahl Douhet grundsätzlich den Bau von Luftflotten, die über Bombereinheiten verfügen. Dabei entwickelte Douhet auch eine Art „Ideal-Bomber", der sich im wesentlichen gar nicht so sehr von jenen viermotorigen Bombern unterschied, welche die Anglo-Amerikaner im Zweiten Weltkrieg zum Einsatz brachten.[7]

Die Lehren Douhets wurden bald von fanatischen Anhängern verfochten, aber auch von vielen Gegnern abgelehnt. Schließlich kam es sogar zur Bildung von drei Gruppen. Die eine Gruppe setzte sich aus den „extremen Douhetisten" zusammen, die nur einen *strategischen* Einsatz der Flugwaffe als richtig ansahen und eine

Zusammenarbeit zwischen den Luftstreitkräften und dem Heer oder der Marine als völlig bedeutungslos ablehnten. Die zweite Gruppe bildete sich aus extremen Anhängern der „Kooperation", d. h., der Zusammenarbeit zwischen der Flugwaffe und den erdgebundenen Wehrmachtsteilen. Die dritte Gruppe vertrat jedoch die Ansicht, daß in der künftigen Kriegführung sowohl der strategische Luftkrieg als auch das Zusammenwirken aller Wehrmachtsteile bedeutungsvoll sein werde. Der Verlauf des Zweiten Weltkrieges hat schließlich der zuletzt genannten Gruppe recht gegeben.

Obwohl, wie schon erwähnt, die Lehre Douhets vor Beginn des Zweiten Weltkrieges von keinem Staat offiziell anerkannt worden ist, läßt sich aber den Rüstungsvorbereitungen und der Art der späteren Luftkriegsführung entnehmen, daß seine Ansichten und Theorien auf viele Staaten einen gewissen Einfluß ausgeübt haben. So spielte in der Rüstung und der Organisation der britischen Luftstreitkräfte der strategische Langstreckenbomber schon früh eine große Rolle, und desgleichen wurde auch die Heimatluftverteidigung bald mit den erforderlichen Jagdflugzeugen ausgestattet. Darüber hinaus pflegte man in England noch die Zusammenarbeit der Flugwaffe mit der Marine, vernachlässigte sie aber mit dem Heer. Ähnlich waren Planung und Organisation ursprünglich in den Vereinigten Staaten von Amerika ausgerichtet. Vor ihrem Eintritt in den Krieg erkannten die Nordamerikaner auf Grund der Erfahrungen der ersten beiden Kriegsjahre gerade noch rechtzeitig den Wert der für das Eingreifen in die Erdkampfhandlungen geeigneten Flugzeuge. In der deutschen Luftwaffe standen dagegen die auf eine direkte oder indirekte Zusammenarbeit zwischen den Flugzeugen und den Erdtruppen abzielenden Bestrebungen an erster Stelle. Dementsprechend waren in Deutschland die Luftrüstung und die Fliegerausbildung auch so durchgeführt worden, daß die deutsche Luftwaffe zur Führung eines unabhängigen, selbständigen strategischen Luftkrieges fast keine Voraussetzungen besaß. Noch stärker als in der deutschen trat in der sowjetischen Planung die Zusammenarbeit zwischen Flugwaffe und Heer in Erscheinung, und die Rote Luftwaffe hat tatsächlich im Verlaufe des Zweiten Weltkrieges nur wenige Luftkriegshandlungen vorgenommen, die, von einzelnen Störangriffen abgesehen, operativen oder strategischen Charakter getragen hätten.

Daraus ergibt sich, daß die Anglo-Amerikaner in Planung und

Luftrüstung dem Douhetismus noch am ehesten gefolgt sind, obwohl sie dies auch nicht extrem durchführten. Die Deutschen und Russen waren in ihrer Planung und Rüstung durch die fast ausschließliche Bevorzugung der Zusammenarbeit zwischen Flugwaffe und den übrigen Wehrmachtsteilen den Spuren Douhets in dieser Beziehung dagegen so gut wie gar nicht gefolgt.

Inwieweit die kriegführenden Staaten des Zweiten Weltkrieges die Ideen Douhets hinsichtlich der Art der strategischen Luftkriegsführung bewußt oder unbewußt vertraten, werden wir noch zu prüfen haben.

Eine Kritik an der Lehre vom totalen Krieg, wie sie Douhet geschaffen hat, wird sich vor allem gegen die darin zum Ausdruck gekommene Abkehr von den meisten bei uns gültigen Kriegsrechtsbegriffen und humanitären Vorstellungen richten. In dieser Art der Kriegführung sollte es eine Grenze zwischen Front und Hinterland, zwischen militärischen und nichtmilitärischen Objekten und zwischen den Kriegführenden und der friedlichen Zivilbevölkerung praktisch nicht mehr geben. Dabei könnte das Fallenlassen dieser Begrenzungen nicht einmal mit dem Hinweis auf echte militärische Notwendigkeiten verteidigt werden, da diese nur in Ausnahmefällen, nicht aber generell eine Nichtbeachtung des Kriegsrechtes zulassen.

Die Lehre Douhets steht daher überall dort, wo sie ihre Theorien auf ein Mißachten internationaler Vereinbarungen oder gewohnheitsrechtlicher Normen des Völkerrechtes aufbaut, in unüberbrückbarem Gegensatz zu grundsätzlichen kriegsrechtlichen und moralischen Gesetzen. Im Gegensatz zu militärischen Gesetzen befindet sie sich überdies dann, wenn sie zu einer unmenschlichen Kriegführung Veranlassung gibt, die trotz aller Mißachtung der Kriegsregeln zu keinem militärisch entscheidenden Erfolg führt.

1 Vgl. Veale S. 110 ff.
2 Vgl. Veale S. 106 unter Hinweis auf Liddell Hart a.a.O. S. 60.
3 Vgl. Veale S. 124 f.
4 Vgl. Douhet S. 6 ff., Vorwort von Bülow.
5 Vgl. Douhet S. 17 ff.
6 Vgl. Douhet S. 67. Douhet zeigt in seiner Art, die Gegebenheiten und Notwendigkeiten des Krieges ohne Ressentiment und Beschönigung beim rechten Namen zu nennen, eine auffallende Ähnlichkeit mit seinem Landsmann Machiavelli, der Jahrhunderte zuvor die Mittel und Ziele der Politik ebenso hart und nüchtern ausgesprochen hat, wie in unserer Zeit Douhet die des Krieges.
7 Vgl. Feuchter S. 37 f.

# 8. Die totale Abrüstung Deutschlands

Nach Errichtung des Zweiten Deutschen Reiches 1870/71 hat es in Europa einen fast fünfzigjährigen Frieden gegeben. Dennoch war Europa nicht friedlich zu nennen. Der Grundsatz „Si vis pacem, para bellum" („Wenn du den Frieden willst, so rüste für den Krieg") wurde überall befolgt. Daher zerfiel Europa in zwei bis an die Zähne bewaffnete feindliche Heerlager. Man rüstete um die Wette und suchte sich für die zu erwartende große Auseinandersetzung Bundesgenossen. Die Ermordung des österreichischen Thronfolgers Franz Ferdinand durch serbische Nationalisten bildete den Anlaß für den bis dahin größten europäischen Bürgerkrieg, der schließlich durch Einbeziehung ganzer Kontinente zum Weltkrieg ausuferte.

Gemäß einem Kriegsziel der alliierten und assoziierten Mächte enthielt Pkt. 4 der von US-Präsident Wilson am 8. Januar 1918 in seiner Kongreßrede verkündeten 14 Punkte die äußerst wichtige Bekanntmachung: Austausch entsprechender Garantien dafür, daß die staatlichen Rüstungen auf das kleinste Maß, welches zur inneren Sicherheit nötig ist, beschränkt werden. Desgleichen enthielt auch der Entwurf zum Versailler Friedensvertrag vom 7. Mai 1919 neben den Bestimmungen zur Entwaffnung Deutschlands die alliierte Zusage der allgemeinen Abrüstung, allerdings ohne jede Fristsetzung und nähere Bestimmungen. Die deutsche Friedensdelegation erklärte sich mit allen Entwaffnungs- und Abrüstungsbestimmungen der Alliierten unter der Voraussetzung bereit, daß die deutsche Abrüstung gemäß alliierter Zusage „der Anfang einer allgemeinen Beschränkung der Rüstung aller Nationen ist" und „daß spätestens zwei Jahre nach Friedensschluß auch die anderen Mächte ... Beschränkungen ihrer Rüstungen vornehmen ...".

Deutschland liefert durch seine Bereitwilligkeit, *vor* den anderen Mächten abzurüsten, den besten Beweis dafür, daß es allen militaristischen und imperialistischen Tendenzen dauernd entsagt. Der deutsche Außenminister, Graf Brockdorff-Rantzau, faßte in einer Mantelnote zu den genannten Bemerkungen der deutschen Friedensdelegation, die der alliierten Friedenskonferenz übersandt wurde, noch einmal zusammen: „Deutschland bietet an, mit der eigenen Entwaffnung allen anderen Völkern voranzugehen, um zu zeigen, daß es helfen will, das neue Zeitalter des Rechtsfriedens herbeizuführen".[1]

Die Antwort der alliierten Mächte darauf lautete u. a.: Deutschland hat bedingungslos einer Abrüstung vor den alliierten und assoziierten Mächten zuzustimmen... Die Bedingungen für die Abrüstung Deutschlands stellen gleichzeitig den ersten Schritt zu der allgemeinen Beschränkung und Begrenzung der Rüstungen dar, welche die bezeichneten Mächte als eines der besten Mittel zur Verhinderung von Kriegen zu verwirklichen suchen...

Die endgültigen Bestimmungen des am 28. Juni 1919 zwischen dem Deutschen Reich und 27 alliierten und assoziierten Mächten unterzeichneten Versailler Vertrages über Seemacht und Luftfahrt lauteten:

> Um die Einleitung einer allgemeinen Rüstungsbeschränkung aller Nationen zu ermöglichen, verpflichtet sich Deutschland, die im folgenden niedergelegten Bestimmungen über das Landheer, die Seemacht und die Luftfahrt genau innezuhalten.[2]

### Artikel 170

Die Einfuhr von Waffen, Munition und Kriegsgerät jeder Art nach Deutschland ist ausdrücklich verboten.
Dasselbe gilt für Anfertigung und Ausfuhr von Waffen, Munition und Kriegsgerät jeder Art für fremde Länder.

### Artikel 198

Deutschland darf Luftstreitkräfte weder zu Lande noch zu Wasser als Teil seines Heerwesens unterhalten... Kein Lenkluftschiff darf beibehalten werden.

Die Bestimmungen des Artikels 198 sollten später durch allzu scharfe Auslegung zu den schwersten Beschränkungen der deutschen Luftfahrt überhaupt führen.

Während die neue deutsche Luftwaffe im Jahre 1928 noch nicht einmal gezeugt war, besaßen die Westmächte, die sich in Versailles ebenso wie Deutschland zur Abrüstung verpflichtet hatten, schon „ausgewachsene" Kriegsflugzeuge wie diesen französischen Farman-Kampfeindecker. Er war bereits mit sechs Maschinengewehren ausgerüstet, von denen sich zwei im vorderen Gefechtsturm befanden.

Charles Lindbergh setzte sich unermüdlich für die Erhaltung des Friedens in Europa und Amerika ein. Er konnte sich trotz Antikriegseinstellung der US-Amerikaner gegenüber der Kriegspartei leider nicht durchsetzen und mußte auch die Eskalation im Bombenkrieg gegen die Zivilbevölkerung machtlos hinnehmen.

Die deutschen Flieger schulten noch auf Segelflugzeugen, als die US-Amerikaner im Jahre 1928 schon längst Flugzeugträger modernster Bauart besaßen: Die unten abgebildete „Saratoga" war damals eines der größten Schiffe dieser Klasse. Es konnte bereits 135 Flugzeuge mitführen.

*Warschau nach der Bombardierung durch deutsche Flugzeuge im September 1939: Die meisten Häuser stehen noch. Nur vereinzelt sind Dachstühle von Häusern ausgebrannt oder schwer getroffen (siehe Pfeile!).*

*Wirkung eines deutschen Fliegerangriffes auf Elverum, das als Regierungssitz ausgebaut war.*

*Der zerstörte Erzhafen von Narvik nach dem Beschuß durch die britische Schiffsartillerie und Bombardierung durch deutsche Flugzeuge.*

Gleichzeitig mit dem Versailler Vertrag, der den wichtigsten Vertragsabschluß der Pariser Vorortverträge bildete, traten am 10. Januar 1920 auch die Bestimmungen des Völkerbundpaktes in Kraft. Dem Völkerbunde gehörten als Mitglieder ursprünglich nur die 32 Siegerstaaten des Ersten Weltkrieges und 13 neutrale Staaten an. Die großen Gegner dieses Krieges, das Deutsche Reich (unfreiwillig) und die USA (freiwillig), zählten nicht zu den Gründungsmitgliedern (Deutschland wurde 1926, die UdSSR erst 1934 als Mitglied aufgenommen; Brasilien, Japan, Italien, das Deutsche Reich waren alsbald wieder ausgetreten, die UdSSR war 1939 wegen ihres Angriffskrieges gegen Finnland als einziges Mitglied wieder ausgeschlossen worden). Die Satzung des Völkerbundes vom 28. April 1919, Völkerbundakte genannt, enthielt im Artikel VIII ebenfalls Abrüstungszusagen:

> „Die Bundesmitglieder bekennen sich zu dem Grundsatz, daß die Aufrechterhaltung des Friedens eine Herabsetzung der nationalen Rüstungen auf das Mindestmaß erfordert, das mit der nationalen Sicherheit und mit der Erzwingung internationaler Verpflichtungen . . . vereinbar ist."[3]

Deutschland war bis zum 1. Januar 1921 seinen im Versailler Vertrag bestimmten Abrüstungsverpflichtungen voll und ganz nachgekommen. Dies wurde vor Aufnahme Deutschlands in den Völkerbund ausdrücklich festgestellt. Da die alliierten Vertragspartner Deutschlands den Versailler Vertrag vom 28. Juni 1919 unterzeichneten und auch ratifizierten, hatten sie sich verpflichtet, ebenfalls abzurüsten. Bereits vor dem Ersten Weltkrieg war auf dem Weltfriedenskongreß im Jahre 1913 die Ansicht vertreten worden, daß die Frage der Abrüstung gelöst sein werde, wenn einmal eine Großmacht vorangehe.

Die Verpflichtung auf allgemeine Abrüstung wurde offiziell niemals und nirgends bestritten. Im Gegenteil, diese Verpflichtung wurde in weiteren Verträgen wiederholt und bekräftigt, so auch beim Abschluß der Verträge von Locarno am 16. Oktober 1925, worin unter anderem festgestellt wird:

> „Die Vertreter der hier vertretenen Regierungen erklären ihre feste Überzeugung, daß die Inkraftsetzung dieser Ver-

träge und Abkommen ... das geeignete Mittel sein wird, in wirksamer Weise die im Artikel 8 der Völkerbundsatzung vorgesehene Entwaffnung zu beschleunigen. Sie verpflichten sich, an den vom Völkerbund bereits aufgenommenen Arbeiten hinsichtlich der Entwaffnung aufrichtig mitzuwirken und die Verwirklichung der Entwaffnung ... zu erstreben".[4]

Schließlich wurde die Abrüstungsverpflichtung vom Vertreter Frankreichs bei der Dritten Tagung der Vorbereitenden Abrüstungskommission Paul Boncour ausdrücklich als moralische und juristische Notwendigkeit anerkannt:

> „... Was dieser Stipulation (Übereinkunft, der Verf.) ihren besonderen Wert verleiht, ist, daß sie diesmal nicht nur eine Bedingung darstellt, die nur einem der Unterzeichner des Vertrages auferlegt wurde, sondern es ist vielmehr eine Pflicht, eine *moralische* und *rechtliche* Verpflichtung, zu einer allgemeinen Abrüstung zu kommen, die auch den anderen Unterzeichnern auferlegt ist."[5]

Diese Erklärung hat allerdings ein anderer Vertreter Frankreichs, der Graf Clauzel, abzuschwächen versucht. Er anerkannte zwar auch die *moralische* Verpflichtung zur Rüstungsbeschränkung, lehnte aber eine *rechtliche* Bindung zumindest für den Völkerbund ab, da sie nur allen Unterzeichnern des Versailler Vertrages, nicht aber allen in der vorbereitenden Abrüstungskonferenz vertretenen Staaten aufzuerlegen sei.

Schließlich brachte der deutsche Kanzler Hermann Müller am 7. September 1928 die Forderung seines Landes auf eine allgemeine Abrüstung in der Versammlung des Völkerbundes ganz klar zum Ausdruck (wegen der *Bedeutung dieser Rede* wörtlich übernommen nach dem „*Vorwärts*" vom 8. September 1928, Nr. 425):[6]

---

1 Heinrich Schnee und Hans Draeger: 10 Jahre Versailles. Band 2: Die politischen Folgen des Versailler Vertrages. Berlin: 1929, S. 106f.
2 Erhard Klöss: Von Versailles zum Zweiten Weltkrieg. München: Deutscher Taschenbuch Verlag 1965, S. 70. (= dtv Dokumente. 334.)
3 Schnee/Draeger, a.a.O., S. 108.
4 Ebd., S. 109f.
5 Ebd.
6 Ebd., S. 110f.

# 9. Der alliierte Bruch
# des Versailler Vertrages

„Ich mache kein Hehl daraus, daß mich der Stand der Abrüstungsfrage mit ernster Sorge erfüllt. Wir stehen vor der unleugbaren Tatsache, daß die langen Beratungen hier in Genf in dieser Richtung bisher zu keinem positiven Ergebnis irgendwelcher Art geführt haben. Seit nahezu drei Jahren tagt immer wieder die Vorbereitende Abrüstungskommission. Es ist aber dabei nicht gelungen, die der Kommission überwiesenen Arbeiten ernsthaft in Angriff zu nehmen, geschweige denn zu erledigen. Ich gestehe, daß es mich doch tief betroffen hat, von der einen Seite in ergreifenden, unmittelbar aus dem Leben genommenen Worten die Anzeichen und Gefahren einer ungehemmten Rüstungspolitik geschildert zu hören und von der anderen Seite, wenn ich recht verstanden habe, den Standpunkt vertreten zu sehen, daß dem Abrüstungsproblem vielfach eine übertriebene Bedeutung beigemessen werde, daß es also sozusagen eine Frage zweiten Ranges sei, daß es verfrüht wäre, unmittelbar praktische Resultate herbeiführen zu wollen, und daß man mit solchen Resultaten erst rechnen dürfe, wenn die einzelnen Staaten das ihnen noch fehlende Gefühl der Sicherheit gewonnen hätten. Die Entwaffnung Deutschlands darf nicht länger dastehen als der einseitige Akt der den Siegern des Weltkrieges in die Hände gegebenen Gewalt. Es muß endgültig zur Erfüllung des vertraglichen Versprechens kommen, daß der Entwaffnung Deutschlands die allgemeine Abrüstung nachfolgen solle. Deutschland hat niemals das Bestreben gehabt, unerfüllbare Maximalforderungen aufzustellen. Es hat sich von vornherein mit dem Gedanken der graduellen und etappenweisen Lösung einverstanden erklärt. Daß aber für die Erreichung einer ersten Etappe die Voraussetzungen gegeben sind, kommt in der vorjährigen Resolution und in der darin bestätigten Resolution vom Jahre 1926 unzweideutig zum Ausdruck. Es kommt mithin darauf an, die Beschlüsse des Vorjahres wirksam zur Durchführung zu bringen. In der ersten Etappe kann und muß erreicht werden, daß eine fühlbare Herabsetzung des gegenwärtigen Rüstungsstandes eintritt, daß diese Herabsetzung sich auf alle Faktoren der Rüstung zu Lande, zur See und in der Luft bezieht und daß die volle Publizität aller Rüstungselemente gewährleistet wird."

Diese Rede des deutschen Kanzlers stieß bei den Delegierten des Völkerbundes auf Ablehnung.

Es war nur allzu verständlich, wenn die deutschen Delegationen aus dem Verlauf der Genfer Verhandlungen immer mehr den Eindruck gewannen, daß die allgemeine Abrüstung höchstens in einem Verbot weiterer Aufrüstung bestehen sollte. Zur Begründung wurde von einigen Mächten geltend gemacht, es sei nach dem Ersten Weltkrieg überhaupt schon erheblich abgerüstet worden. Wie stand es aber 1928 in Wirklichkeit mit der „erheblichen Abrüstung"?

Im Jahre 1928 verfügten folgende Mächte über

| FLUGZEUGE[1] | | TANKS (PANZER) | |
|---|---|---|---|
| Deutsches Reich | 0 | Deutsches Reich | 0 |
| Österreich | 0 | Österreich | 0 |
| Ungarn | 0 | Ungarn | 0 |
| Bulgarien | 0 | Bulgarien | 0 |
| Frankreich | 1800 | Frankreich | 2500 |
| Italien | 1000 | Italien | 180 |
| England | 1334 | England | 250 |
| Tschechoslowakei | 375 | Tschechoslowakei | 60 |
| Jugoslawien | – | Jugoslawien | – |
| Polen | 375 | Polen | 220 |
| UdSSR | 1000 | UdSSR | 200 |

Darüber hinaus ergibt die Gegenüberstellung der Mannschaftsstärken (Kombattanten) aus dem Jahre 1914 (zur Hälfte Friedenszeit) im stehenden Heer (ohne Reservisten) mit den aktiven Soldaten und Reservisten im Jahre 1928 das Bild einer fast ausschließlich einseitigen Abrüstung seitens der einstigen Mittelmächte:[2]

| | Bei den Fahnen 1914 | 1928[3] | Ausgebildete Reserven: |
|---|---|---|---|
| Deutsches Reich . . . | 800 000 | 100 000 | |
| Österreich . . . . . . | } 450 000 | 21 000 | } 0 |
| Ungarn . . . . . . . | | 35 000 | |
| Bulgarien . . . . . . | 61 000 | 32 000 | |
| Frankreich . . . . . | 870 000[5] | 755 700 | 5 010 000[4] |
| Italien . . . . . . . . | 270 000 | 595 000 | 2 995 000 |
| England . . . . . . . | 800 000 | 614 000 | — |
| Tschechoslowakei . . . | — | 212 000 | 1 489 000 |
| Jugoslawien . . . . . . | — | 240 000 | 1 200 000 |
| Polen . . . . . . . . | — | 263 000 | 3 000 000 |
| UdSSR . . . . . . . | 1 350 000[6] | 600 000 | 5 425 000 |

Mindestens ebenso fest umrissen kommt der einseitige Stand der Abrüstung beim Vergleich des in Verwendung der europäischen Mächte befindlichen schweren Kriegsmaterials des Jahres 1913 (des letzten ganzen Friedensjahres vor dem Ersten Weltkrieg) mit dem Kriegsmaterial des Jahres 1928 zum Ausdruck:

## SCHWERE GESCHÜTZE (OHNE FESTUNGSGESCHÜTZE)

| | 1913 | 1928 |
|---|---|---|
| Deutsches Reich | 540 | 0 |
| Österreich | } 112 | 0 |
| Ungarn | | 0 |
| Bulgarien | 36 | 0 |
| Frankreich | 84 | 1174 |
| Italien | 64 | 650 |
| England | 24 | 400 |
| Tschechoslowakei | – | 412 |
| Jugoslawien | – | 178 |
| Polen | – | 426 |
| UdSSR | 60 | 576 |

Die hier abgedruckten Mannschaftsstärken und die Angaben über die Anzahl schwerer Geschütze der wichtigsten europäischen Staaten ergeben bestimmt kein endgültiges Fixum zur Urteilsbildung über das tatsächliche Ausmaß der Rüstungskapazität Europas. Um zu einer wirksamen Klarstellung über den tatsächlichen Rüstungsstand der damaligen Großmächte zu kommen, hatte das Deutsche Reich der Vorbereitenden Abrüstungskonferenz im März 1928 entsprechende Vorschläge unterbreitet. Deutschland folgte dabei dem bereits erwähnten Artikel VIII der Völkerbundsakte, der alle Mitglieder verpflichtete, offen und erschöpfend alle Auskünfte über ihren Rüstungsstand untereinander auszutauschen.

Man kann sich der Ansicht von Friedensanhängern sicherlich nicht entziehen, daß nur diejenigen Mächte, die am Kriege als Mittel nationaler Politik festhalten, ihre Rüstungspläne geheimhalten müssen. Jederzeit friedensbereite Staaten aber werden sich gegen die Offenlegung ihres Rüstungs- oder gar Abrüstungsstandes keineswegs sträuben.

Die obenerwähnten Offenlegungen der Mannschaftsstärken und Bekanntgaben der Anzahl schwerer Geschütze im „Annuaire militaire" des Völkerbundes enthielten – dem Wortlaut des Artikels VIII der Völkerbundakte widersprechend – lediglich bereits in Haushaltsgesetzen und militärischen Handbüchern enthaltene Daten, jedoch keinerlei Angaben über die von den europäischen Mächten im Frieden für den Kriegsfall bereitgestellten Rüstungsfaktoren (mit Ausnahme der deutschen Angaben, deren Höhe gemäß Versailler Vertrag bindend war). Eine Ausnahme bildeten die deutschen Angaben demnach insofern, als sie den Abrüstungsbestimmungen des Versailler Vertrages und den von den Alliierten kontrollierten Beständen entsprechen mußten.

Mit der Nichtbeachtung auch dieses deutschen Vorschlagkatalogs durch die Vorbereitende Abrüstungskommission in Genf wurde die Abrüstungsarbeit jener Konferenz außerordentlich erschwert. Wenn die Völker nicht einmal in Erfahrung bringen können, wie umfangreich die Rüstungen der einzelnen Staaten sind, wie soll dann der archimedische Punkt gefunden werden, von dem aus das Wettrüsten beendet, das gegenseitige Mißtrauen beseitigt und der allgemeine Friede endlich sichergestellt werden kann?

Dennoch, trotz aller Enttäuschungen entwickelten die Deutschen eine unendliche Geduld. Am 16. September 1930 erklärte der deutsche Außenminister Julius Curtius in einer Rede vor dem Völkerbund:

> „Die gesamte internationale Entwicklung... habe seinem Land manche Enttäuschung gebracht; trotzdem sei die grundsätzliche Haltung Deutschlands gegenüber dem Völkerbund durchaus positiv. In der Abrüstungsfrage sei jedoch... die Lage unhaltbar, die Abrüstungskonferenz (bis dahin war immer nur die ,Vorbereitende Abrüstungskonferenz' tätig, der Verf.) müsse endlich im Laufe des nächsten Jahres zusammentreten."[7]

Am 30. September 1930 nahm der Völkerbund eine Entschließung an, in welcher die Hoffnung ausgedrückt wurde, daß die noch immer tagende Vorbereitende Abrüstungskonferenz einen „Vorentwurf" vollenden würde, damit „so bald als möglich" eine (Voll)konferenz zur Herabsetzung und Beschränkung der Rüstungen einberufen werden könne. Als der deutsche Außenminister Curtius darüber mit dem französischen Außenminister Briand, dem Mitschöpfer des *Briand-Kellogg-Kriegsächtungspaktes*, ins Gespräch kam, betonte ersterer, daß man internationale Beunruhigung nicht durch Negierung von Verträgen, die eine Abrüstung vorschreiben, beheben könne, sondern nur dadurch, daß man die Ursachen der Beunruhigung beseitige. Schließlich faßte der deutsche Außenminister Curtius zusammen:

> „Fortschritte in Richtung auf einen europäischen Staatenbund würden sich erst dann ergeben, wenn Deutschland wieder gleichberechtigt und die Abrüstung, zu der man sein Land gezwungen habe, auf die anderen Nationen ausgedehnt worden sei."[8]

Endlich, fast 13 Jahre nach Versailles, trat am 2. Februar 1932 die Konferenz für die Herabsetzung und Begrenzung der Rüstungen zu ihrer ersten Sitzung zusammen.[9]

1 Schnee/Draeger, a.a.O., S. 129.
2 Ebd., S. 128.
3 Ebd. Nach dem Annuaire militaire.
4 Ebd. Nach den Feststellungen des Nordamerikanischen Kriegsdepartements.
5 Oder sogar 910 000 stehendes Heer und 1 325 000 Mann in der Reserve gemäß C. J. O'DONNELL: Weltherrschaft – Das Britische Reich, die Vereinigten Staaten und Deutschland. Zürich-Leipzig-Wien: 1928, S. 39.
6 1 700 000 Mann, etwa das Doppelte des deutschen Friedensheeres, ebenfalls gemäß ebd., S. 42.
7 Vgl. Hellmut Diwald: Versailles und die Neuordnung der Welt. In: *Mut*, Nr. 207 (November 1984) S. 19.
8 Ebd., S. 20.
9 Ebd.

# 10. Der totale Mißerfolg der Genfer Abrüstungskonferenz

Reichskanzler Brüning hielt auf dieser ersten Sitzung der Abrüstungskonferenz am 9. Februar 1932 eine feierliche Rede, deren Kernsätze lauteten:

„Die deutsche Reichsregierung und das deutsche Volk fordern nach der eigenen Entwaffnung die allgemeine Abrüstung. Deutschland hat darauf einen rechtlichen und moralischen Anspruch, der von niemand in Zweifel gezogen werden kann. Das deutsche Volk erwartet von dieser Konferenz die Lösung des Problems der allgemeinen Abrüstung auf dem Boden der Gleichberechtigung und auf der Grundlage gleicher Sicherheit für alle Völker".[1]

Später, am 18. Februar 1932, bezog die deutsche Delegation zum Konventionsentwurf der Vorbereitenden Abrüstungskommission ihre Stellungnahme, wie dies im Laufe des Februar auch die Delegationen der wichtigsten Staaten durchführten. Die deutsche Stellungnahme lautete in bezug auf die Luftstreitkräfte unter anderem:

Allgemein läßt der Entwurf der Vorbereitenden Kommission die Staaten im Besitz ihrer schweren Angriffswaffe und würde ihnen sogar deren Vermehrung ermöglichen. *Insbesondere die Luftwaffe läßt der Entwurf grundsätzlich weiterbestehen; er würde sogar* dadurch, daß er den Hauptteil der in Reserve gehaltenen Flugzeuge und Flugzeugmotoren von der Herabsetzung und Begrenzung ausschließt, *einen Wettlauf zwischen den Signaturstaaten in dem Ausbau dieses Angriffsinstruments zulassen.*[2]

Demgegenüber gibt die deutsche Delegation die Auffassung der deutschen Regierung wieder, die in großen Zügen darauf abzielt, eine wirksame, alle Rüstungsfaktoren umfassende Rüstungsverminderung und -begrenzung durchzuführen. Die deutsche Delegation unterbreitete hierauf der Abrüstungskonferenz nachstehende, die Luftstreitkräfte betreffende Vorschläge:

> Diese beruhen auf dem Grundsatz, daß künftig nur ein für alle Staaten in gleicher Weise geltendes Abrüstungssystem bestehen kann, das bei Einsetzung möglichst niedriger Abrüstungszahlen für alle Staaten eine gerechte und wirksame Lösung des Abrüstungsproblems ermöglichen würde.

> *III. Luftstreitkräfte*

> *17. Die Unterhaltung jeglicher Luftstreitkräfte wird verboten.* Das gesamte bisher im Dienst, in der Reserve oder auf Lager befindliche Material der Luftstreitkräfte ist zu zerstören, mit Ausnahme der Waffen, die auf die den Land- und Seestreitkräften zugebilligten Bestände übernommen werden.
> *18. Das Abwerfen von Kampfmitteln jeder Art aus Luftfahrzeugen sowie die Vorbereitung hierfür ist ohne jede Einschränkung zu untersagen.*[3]

Die Vorschläge der britischen Delegation an die Abrüstungskonferenz, die am 22. Februar 1932 unterbreitet wurden, lauteten unter anderem:

> Die Delegation des Vereinigten Königreiches, in der Auffassung, daß der Konventionsentwurf die beste Grundlage für die Durchführung der Arbeiten ist, glaubt trotzdem eine besondere Aufmerksamkeit den Verboten und Herabsetzungen schenken zu müssen, die einen Angriff zu verhindern oder jeden Angriffsversuch zu beseitigen in der Lage sind, sowie den Methoden der Kriegführung, die besonders gegen die nichtkämpfende Bevölkerung gerichtet sind. Die Delegation schlägt daher, ohne sie irgendwie als vollständig aufzufassen, eine *Prüfung* vor.

> 5. ... des gesamten *Problems der Luftbombardements in möglichst weitgehendem Umfange.*[4]

Obwohl eine Mitarbeit Deutschlands in der Abrüstungskonferenz nur dann sinnvoll sein konnte, wenn es dieselben Rechte wie alle übrigen Mächte besaß, wurden ihm diese dennoch verweigert. Deutschland verließ daher die Abrüstungskonferenz. Erst nach wochenlangen Beratungen wurde im Dezember 1932 die Gleichberechtigung theoretisch anerkannt. England schlug eine Frist von fünf Jahren vor, innerhalb welcher die Gleichberechtigung Deutschlands verwirklicht werden sollte.

Deutschland erklärte sich damit einverstanden, kehrte in die Abrüstungskonferenz zurück und akzeptierte ausdrücklich die Fünfjahresfrist. Doch schien diese Zeitspanne den Franzosen zu kurz bemessen. Sie forderten eine Doppelfrist von zweimal vier Jahren. Die erste Zeitspanne sollte eine Probezeit sein, in welcher Deutschlands Aufrichtigkeit getestet werden sollte. England schloß sich diesem Plane an. Deutschland verließ daraufhin am 14. Oktober 1933 zum zweiten Male die Abrüstungskonferenz[5], erklärte am 19. Oktober desselben Jahres auch seinen Austritt aus dem Völkerbund und folgte damit dem Beispiele Japans und Brasiliens, die bereits vorher den Völkerbund verlassen hatten. Der deutsche Außenminister von Neurath begründete diesen Schritt Deutschlands in einem Telegramm an den Leiter der Abrüstungskonferenz unter anderem folgendermaßen:

> „Nach dem Verlauf, den die letzten Beratungen der beteiligten Mächte über die Abrüstung genommen haben, steht nunmehr endgültig fest, daß die Abrüstungskonferenz ihre einzige Aufgabe, die allgemeine Abrüstung durchzuführen, nicht erfüllen wird. Zugleich steht fest, daß dieses Scheitern der Abrüstungskonferenz allein auf den mangelnden Willen der hochgerüsteten Staaten zurückzuführen ist (...).“[6]

Obwohl sich die Beratungen der Abrüstungskonferenz noch bis zum 11. Juni 1934, dem Ende der letzten Sitzungsperiode, hinzogen, war es letztlich zu keinem positiven Ergebnis mehr gekommen. Die Vertreter der europäischen Völker hatten die von den Versailler Vertragsunterzeichnern zugesagte allgemeine Abrüstung weder vor der Mitgliedschaft des bereits seit 1. Januar 1920 fast total entwaffneten Deutschen Reiches im Völkerbund noch während dessen Mitgliedschaft seit 1926, aber auch nicht nach seinem

Verlassen der Abrüstungskonferenz am 14. Oktober 1933 in den acht Monaten bis zum Ende der Genfer Konferenz für die Herabsetzung und Begrenzung der Rüstungen am 11. Juni 1934 zustande gebracht. Vollkommen berechtigt hatte einer der Väter des Versailler Vertrages, der ehemalige britische Kriegsministerpräsident David Lloyd George, bereits 1927 im britischen Unterhaus von „Nationen, die sich verpflichtet hatten, dem deutschen Beispiele zu folgen und abzurüsten" und die „keinen Schritt in dieser Richtung unternommen hatten", gesprochen. Im März 1933 hatte er mit noch mehr Berechtigung „in seiner Rede in Sheffield allen Signaturmächten des Versailler Vertrages vorgeworfen, sie hätten ihre Zusage auf Abrüstung nicht eingehalten und damit als erste den Versailler Vertrag gebrochen".[7]

Nie wieder Krieg – so hatte die Parole nach Beendigung des Ersten Weltkrieges gelautet. Die Erfüllung der größten Sehnsucht der Völker Europas nach Frieden war somit wieder einmal in weiteste Ferne gerückt.

Von den später betroffenen Hunderten Millionen Menschen in Europa und Asien nur wenig oder gar nicht beachtet, war es auf der Abrüstungskonferenz bei der Behandlung einer speziellen Waffengattung zu einer äußerst gefährlichen Entwicklung gekommen. Mangelnder Wille, Unfähigkeit zur Gefahrenerkennung, aber auch offensichtliche Abhängigkeit von einer bereits damals starken Wirtschaftslobby führten auf dem Gebiete der Luftkriegsführung, einer noch dazu in der dritten Dimension sich abspielenden modernsten Waffentechnik, zu einer folgenschweren Vorentscheidung.

Abseits der Abrüstungskonferenz – aber keineswegs privat – hatte sich der britische Lord-Präsident Baldwin am 10. November 1932 im britischen Unterhaus folgendermaßen geäußert:

> „. . . es ist für den Mann auf der Straße gut zu wissen, daß es keine Macht auf der Erde gibt, die ihn davor schützen kann, bombardiert zu werden . . . der Bomber wird immer durchkommen . . . wenn man die Weite des Raumes bedenkt . . . Die einzige Verteidigung ist der Angriff, d. h. also, man muß mehr Frauen und Kinder töten als der Feind, wenn man sich selber schützen will . . . Nach meiner Ansicht wird die Abrüstung den Krieg nicht aufhalten."[8]

76

Diese Worte des britischen Lord-Präsidenten Baldwin sind nicht auf der Abrüstungskonferenz selbst gefallen. Dennoch muß geprüft werden, ob in der Zeit vom 22. Februar bis zur Äußerung Baldwins in der britischen Einstellung zum Abrüstungsproblem eine Änderung eingetreten ist. Denn 1932 war Großbritannien gemäß oben abgedruckter Auffassung, „daß der Konventionsentwurf der Vorbereitenden Abrüstungskonferenz die beste Grundlage für die Durchführung der Arbeiten ist", sicherlich positiv zur Abrüstung eingestellt. Baldwin aber meinte, daß die Abrüstung den Krieg nicht aufhalten werde.[9] Die britische Delegation auf der Genfer Abrüstungskonferenz hatte am 22. Februar 1932 noch die Überprüfung des von der Vorbereitenden Abrüstungskommission entworfenen Konventionsentwurfes vorgeschlagen, vor allem hinsichtlich „des gesamten Problems der Luftbombardements in möglichst weitgehendem Umfange" (gemäß obiger Aufzeichnung der britischen Stellungnahme).

Seit dieser Stellungnahme scheint sich eine Meinungsänderung in Großbritannien ergeben zu haben, denn am 16. März 1932 schlägt die britische Delegation auf der Genfer Abrüstungskonferenz erstmalig und im Gegensatz zu den meisten anderen Delegationen eine Ausnahmeregelung (für bestimmte Erfordernisse) zur Abschaffung des Bombenabwurfes (genannt MacDonald-Plan) vor.

Von der am 22. Februar 1932 der Konferenz vorgeschlagenen „Prüfung des gesamten Problems der Luftbombardements" wird nun überhaupt nicht mehr gesprochen. Es folgt jetzt die *wörtliche Zitierung* des britischen *MacDonald-Plans:*

> Artikel 34 des von Großbritannien der Konferenz für die Herabsetzung und Begrenzung der Rüstungen am 16. März 1933 vorgelegten Entwurfs einer Abrüstungskonvention (MacDonald-Plan):
> „Die hohen vertragsschließenden Teile nehmen die völlige Abschaffung des Bombenabwurfs aus der Luft an (*ausgenommen für polizeiliche Erfordernisse in gewissen entfernten Gebieten.*"[10]

Diese Ausnahmeregelung – wenn auch „nur" für „*polizeiliche Erfordernisse*" – von der völligen Abschaffung des Bombenwurfs schlechthin, wie sie von der britischen Delegation vorgeschlagen worden war, stieß auf die Ablehnung der Vertreter von Norwegen, der Schweiz, der Vereinigten Staaten von Nordamerika, der Sowjetunion, von Deutschland und Spanien. Auszugsweise mögen hier die Stellungnahmen der Delegationen von mehreren Staaten zum Artikel 34 des englischen Abrüstungsentwurfes wiedergegeben werden. Zuerst die Stellungnahme des Vertreters der USA, Wilson:

„Die Delegation der Vereinigten Staaten erklärt, mit größtem Interesse zahlreiche Bemerkungen (der vorhin genannten Delegationen, d. Verf.) zu Artikel 34 angehört zu haben, die zweifellos einen tiefen Eindruck auf alle Delegierten machen müßten. (...)
Die Regierung der Vereinigten Staaten sei der Ansicht, daß man *das Luftbombardement abschaffen* müsse. Sie glaube, daß diese Abschaffung absolut, bedingungslos und allgemeingültig sein müsse. Sie sei überzeugt, daß es nur ein Mittel gebe, um diese Abschaffung in Kriegszeiten auch zu erreichen, nämlich die Überzeugung zu festigen, daß *das Luftbombardement ein Verbrechen sei. Die Anwendung einer solchen Waffe müsse uneingeschränkt moralisch geächtet werden;* sonst würden die Notwendigkeiten des Krieges bestimmt zu ihrer Anwendung führen. Eine derartige moralische Ächtung und die Überzeugung, daß die Anwendung einer derartigen Waffe ein Verbrechen sei, seien nur dann möglich, wenn es *keine Ausnahme von der Regel* gebe; denn die geringste Ausnahme könne den moralischen Wert der Ächtung verfälschen..."[11]

Der spanische Vertreter de Madariaga erklärt vor der Generalkommission der Abrüstungskonferenz am 27. Mai 1933:

„Die spanische Delegation sei der Ansicht, daß der britische Entwurf hinsichtlich der Luftrüstungen in hohem Maße unzureichend sei...
Man habe hier bereits auf das Argument hingewiesen, daß die Luftwaffe bezüglich der Kunstwerke... große Zerstörungen anrichten werde. Wenn das Unglück geschähe und in einer verhältnismäßig nahen Zukunft ein Krieg ausbrä-

che, so würde dieser in Europa derart zerstörende Wirkungen haben, daß sich die gegenwärtige Generation nie von dem Vorwurf der Barbarei, den sie sich zuziehen würde, reinwaschen könne.

Die spanische Delegation würde sich sehr glücklich schätzen, wenn es ihr gelänge, die britische Delegation zu überreden, sich ohne jede Einschränkung auf den Weg der endgültigen und totalen Abschaffung der Luftwaffe zu begeben . . ."[12]

Zuletzt sei der Abänderungsvorschlag der deutschen Delegation zum Artikel 34 des britischen Abrüstungsentwurfes wiedergegeben:

„Die Worte in Klammern von ‚ausgenommen‘ bis ‚Gebieten‘ sind zu *streichen*, und die folgenden Worte sind anzufügen: und das Verbot jeder Vorbereitung eines solchen Bombenabwurfs."[13]

*Weder* Abänderungsvorschläge und höfliches Ersuchen *noch* Hinweise auf Barbarei, Generationsverantwortung und Forderung auf absolute, bedingungslose und allgemeingültige Abschaffung der Luftbombardements der US-amerikanischen, spanischen, deutschen, sowjetrussischen, schweizerischen und norwegischen Delegationen vor der Generalkommission der Genfer Abrüstungskonferenz am 27. Mai 1933 zum Artikel 34 konnten die Engländer zu einer Streichung ihrer bedauerlichen Ausnahmeregelung der „polizeiliche(n) Erfordernisse in gewissen entfernten Gebieten" oder zu einer sonstigen substantiellen Änderung ihres *MacDonald-Plans* veranlassen.

Die britische Delegation unter Eden beharrte noch am 27. Mai 1933 in einer Erklärung vor der Generalkommission der Konferenz für Herabsetzung und Begrenzung der Rüstungen auf die im Artikel 34 vorgeschlagene Ausnahmeregelung unter anderem *in Anspielung auf jene Art von Polizeiaktionen, die auch in Gebieten unter Völkerbundmandat vorgenommen worden seien, ohne jemals irgendeinen Protest hervorgerufen zu haben.*

Wenige Tage nach jenem abwechslungsreichen 27. Mai 1933 in Genf ereignete sich in London dreierlei:

1. Am 30. Mai 1933 kam es im Unterhaus zu einer folgenreichen, wenn auch für die Völker Europas kaum erfolgreichen Debatte.
2. Eine Gruppe Unterhausabgeordneter brachte einen positiven Antrag zur Frage der Luftabrüstung ein.
3. Der britische Staatssekretär für Luftfahrt, Londonderry, wurde auf dem Luftwege zur Abrüstungskonferenz nach Genf entsandt.

## ad 1

In der Unterhaussitzung vom 30. Mai 1933 erlaubte sich Lansbury die Anfrage, ob etwas von der Abrüstungskonferenz hinsichtlich des britischen Vorschlages, den Bombenwurf aus der Luft für Polizeizwecke beizubehalten, in Erfahrung zu bringen sei. Desgleichen interessiere ihn, ob die Regierung in Anbetracht dessen, was in Genf geschehen sei, die Absicht habe, die Angelegenheit einer nochmaligen Prüfung zu unterziehen, vor allem hinsichtlich der Tatsache, daß es aufgrund der Haltung der britischen Regierung *nicht* zur Abschaffung des Luftkrieges kommen werde.

Baldwin, Lord-Präsident des Staatsrats, antwortete hierauf: Das Unterhaus kann nicht erwarten, daß die Regierung von einer Politik, zu der sie sich nach reiflicher Überlegung entschlossen hat, abgeht, weil Einwände dagegen erhoben worden sind...

Darauf Lansbury: Wir wünschen eine klare Antwort auf die Frage, ob die Haltung der Regierung Seiner Majestät in dieser Angelegenheit eine neuerliche Überprüfung nicht zuläßt, selbst wenn dies bedeutet, daß die Konferenz durch diese Frage zum Scheitern gebracht wird.

Baldwin kommt zum Schluß: Ich will auf eine so hypothetische Annahme wie die, daß die Konferenz zum Scheitern gebracht würde, nicht eingehen. Ich habe die Lage sehr klar dargelegt und habe dem nichts hinzuzufügen.

## ad 2

Das zweite Ereignis dieses denkwürdigen 30. Mai 1933 bestand in der Einreichung eines Antrages von 19 Abgeordneten, darunter Vyvyan Adams, Fregattenkapitän Bower, Major C. P. Entwistle,

Sir John Haslam, Miß Graves, Dr. O. Donovan und Sir Eugene Ramsden, im Unterhaus, in welchem unter anderem erklärt wurde: „Das Unterhaus werde die Regierung Seiner Majestät darin unterstützen, in Genf auf die völlige, vorbehaltlose Abschaffung des Bombenabwurfs aus der Luft zu dringen."

*ad 3*

Schließlich das *dritte Ereignis* dieses Tages, *das in seiner Auswirkung das Ende 15jähriger Abrüstungsbestrebungen und den Beginn des Lufträstens bedeutet.* Lord Londonderry, Staatssekretär für Luftfahrt, reist im Flugzeug nach Genf, um der Abrüstungskonferenz zu erklären, aus welchen Gründen die Regierung beharrlich bei ihrem Entschluß bleibe, auf die Beibehaltung des Bombenwurfs aus der Luft als Mittel der Polizeigewalt in Grenzbezirken zu dringen.[14]

Hinsichtlich des Antrages jener 19 Unterhausabgeordneten – worunter sich immerhin zwei Militärs mittleren Ranges befinden – auf völlige und vorbehaltlose Abschaffung des Bombenwurfs aus der Luft hat man nichts mehr gehört; zumindest dem Chronisten wurde kein Ergebnis überliefert.

Lord Londonderry aber gab sehr wohl eine Erklärung für den Zweck seiner Flugreise nach Genf am 30. Mai 1933 ab, wenn auch diese Bekanntmachung erst fast zwei Jahre später – am 22. Mai 1935 – und sogar im britischen Oberhaus erfolgte:

„Während dieser Periode (gemeint ist die Zeit der Abrüstungsverhandlungen, der Verf.), die für jeden Luftfahrtminister schwierig war... habe ich... dem ganzen Land immer wieder eingehämmert, welche lebenswichtige Stellung die *Royal Air Force* in unserem Verteidigungsplan einnimmt. Ich hatte... die größten Schwierigkeiten, den Gebrauch des Bombenflugzeuges auch nur für die Grenzen im Mittleren Osten und in Indien beizubehalten."

Lord Londonderry brachte unzweideutig und klar zum Ausdruck, *daß die Beibehaltung und der Gebrauch des Bombenflugzeuges für Großbritannien zur Aufrechterhaltung seines imperialen Status quo im Mittleren Osten notwendig sei.* Als die Engländer die

Bombenflugzeuge etwas mehr als vier Jahre danach tatsächlich zum Einsatz brachten, *diente diese furchtbare Waffe weniger der Machterhaltung Großbritanniens am indischen Subkontinent als vielmehr der englischen Politik der „balance of power" in Europa.* Jedenfalls stand am Ende der Bomberwaffenverwendung keineswegs ein Erfolg der britischen Politik, sondern im Gegenteil der augenscheinliche Verlust des Britischen Empire und ein weitreichend zerstörtes, geteiltes Europa unter der Herrschaft der Supermächte.

Es mag nach Beendigung der letzten Sitzungsperiode der Genfer Abrüstungskonferenz am 11. Juli 1934 auch noch zu umfangreichen Friedenssicherungsbestrebungen gekommen sein. Sie hatten die Form von Viermächte- und Beistandspakten, die des deutsch-britischen Flottenabkommens, des Münchner Abkommens, des britisch-italienischen Abkommens in bezug auf den Mittleren Osten und verschiedener Nichtangriffspakte.

Sie ergingen auch in Form von Vorschlägen, wie für den Abschluß von Luft- und Ostpakten, für ein generelles Bombardierungsverbot der Zivilbevölkerung, für eine Bombardierungsbeschränkung auf rein militärische Objekte und zuletzt in Form eines Appells des US-Präsidenten, Franklin D. Roosevelt, vom 1. September 1939 „an jede Regierung, die in Feindseligkeiten verwickelt werden kann, öffentlich ihre Entschlossenheit zu bekunden, daß ihre Streitkräfte auf keinen Fall ... Zivilpersonen ... angreifen ..." Mag ein Teil der genannten Verträge von den Unterzeichnerstaaten auch nicht ratifiziert worden sein, *so müssen die unter der Geißel der Luftangriffe des Zweiten Weltkrieges und danach leidenden Völker doch feststellen, daß es sich bei allen diesen Vertragsabschlüssen und Friedensbeteuerungen hauptsächlich um großangelegte Aktionen weltweiter Irreführung durch lobbyabhängige Politiker* (oder abhängige Parteipolitiker) *und heuchlerische Staatsmänner gehandelt hat.*

Nach Beendigung der letzten Sitzungsperiode der Genfer Abrüstungskonferenz kam die Situation, in welcher sich die Völker Europas und der ganzen Welt befanden, treffend im Bulletin für Internationale Nachrichten zum Ausdruck:

*„... [Es] war alle Hoffnung auf Abrüstung geschwunden, die auf Rüstungsbeschränkung war trübe geworden und welkte dahin, und*

82

*die Furcht vor einer allgemeinen Aufrüstung und ihren möglicher-*
*weise gräßlichen Folgen lastete als ein drohender Alpdruck auf dem*
*Geist der Welt.*"[15]

1   Hellmut Diwald, a.a.O., S. 20.
2   Vgl. *Englands Alleinschuld am Bombenterror.* Volksausgabe des 8. Amtlichen
    Deutschen Weißbuches. Berlin: 1943, S. 22 f. Weiterhin: unter Weißbuch zitiert.
3   Ebd., S. 23 f.
4   Ebd., S. 24.
5   Vgl. Diwald, Versailles und die Neuordnung der Welt, a.a.O., S. 21 f., während
    Klöss, Von Versailles zum Zweiten Weltkrieg, a.a.O., S. 196, den ersten Austritt
    Deutschlands aus der Abrüstungskonferenz im Jahre 1932 nicht erwähnt.
    Desgleichen findet der Vorschlag der Franzosen auf einen Doppelzeitraum von
    jeweils vier Jahren für die „Einbindung" Deutschlands in die Gleichberechtigung
    keine Erwähnung. Gebracht wird lediglich der Vorschlag des englischen Vertre-
    ters auf der Genfer Abrüstungskonferenz, den Rüstungsausgleich auf vier Jahre
    zu verschieben.
6   Diwald, Versailles und die Neuordnung der Welt, a.a.O., S. 21 f.
7   Ebd., S. 20.
8   Weißbuch, S. 24 f.
9   Ebd., S. 25.
10  Ebd., S. 26.
11  Ebd., S. 33.
12  Ebd., S. 26.
13  Ebd., S. 26.
14  *"Times"* vom 31. Mai 1933, eine Meldung des parlamentarischen Mitarbeiters.
15  Vom 21. Juni 1934. Vgl. dazu *Kurze Geschichte der internationalen Politik 1920–*
    *1939.* Hrsg. von G. M. Gathorne-Hardy. Klagenfurt–Wien: 1948.

# 11. Aufrüstung und Streitkräfte 1935–1939

> *„Der Kampf um die deutsche Wiederaufrichtung und die deutsche Rüstung vollzog sich auf dem Hintergrund und als Konsequenz einer fieberhaft betriebenen Weltrüstung und einer wehrpolitischen Revolution auf dem ganzen Erdball."*
>
> *(Prof. Michael Freund „Weltgeschichte der Gegenwart in Dokumenten 1934/35")*

In den Haushaltsjahren 1933/34 und 1934/35 war keine steigende Tendenz bei den deutschen Rüstungsausgaben feststellbar. Diese Aufwendungen waren mit 4 % des Volkseinkommens gegenüber den Nachbarländern und potentiellen militärischen Gegnern – wie Frankreich mit 8,1 % (für 1932), Sowjetrußland mit 9 % und Großbritannien mit 3 % – als durchaus gemäßigt anzusehen[1]. Intensiviert wurden die deutschen Rüstungsausgaben erst im Rechnungsjahr 1935/36, als sich mit dem Scheitern der Genfer Abrüstungskonferenz und mit einigen neuen Paktkonstellationen (französisch-sowjetischer und sowjetisch-tschechoslowakischer Beistandspakt; jeweils im Mai 1935 abgeschlossen) die außenpolitische Lage *zuungunsten* Deutschlands zu verändern begann[2].

> „Die Franzosen haben den Startschuß für das Wettrüsten abgegeben. Deutschland war zwischen 1933 und 1936 für einen großen Krieg wenig mehr vorbereitet, als es vor Hitlers Machtergreifung war."

So berichtet der britische Historiker A. J. P. Taylor[3]. Generaloberst Jodl stellte 1946 vor dem „Internationalen Gerichtshof" in Nürnberg fest, daß Deutschland im Jahre 1935 (dem Jahr der Wiedereinführung der allgemeinen Wehrpflicht in Deutschland) 36 Divisionen zu einer Zeit aufgestellt hatte, als Frankreich, Polen und die Tschechoslowakei über 90 Friedensdivisionen und über 190 Divisionen für den Kriegsfall verfügten. Deutschland hatte damals kaum schwere Artillerie, und die Panzerwaffe steckte noch in den primitivsten Anfängen. Tatsächlich war den Deutschen in Erfüllung der Versailler Vertragsbestimmungen der Besitz von Panzern, aber auch von Kriegsflugzeugen untersagt worden. Dennoch hatte man sich in der Reichswehrführung mit der Weiterentwicklung von Panzern und Flugzeugen konkret befaßt. Sogar eine praktische Ausbildung in einer Kampfwagenschule in Kasan (UdSSR) war den deutschen Panzeroffizieren aufgrund eines 1926 mit der UdSSR abgeschlossenen Freundschaftsvertrages ermöglicht worden[4]. Desgleichen konnten sich die deutschen Flieger in einer Fliegerschule im sowjetischen Lipezk – fast 400 km von Moskau, rund 1000 km von Leningrad und ungefähr 1500 km von Berlin entfernt – weiterbilden. *Hier* sollte, so erhoffte es sich die Reichswehr, die *Keimzelle der neuen deutschen Luftwaffe entstehen.*

Bereits ab 1925 konnte auf einem neuen Flugplatz der notwendige Flugbetrieb aufgenommen werden. Ausbilder waren „alte Hasen", und zwar Jagdflieger mit Luftsiegerfahrung aus dem Ersten Weltkrieg, die aus Deutschland auf einer Geheimroute in Zivilkleidern und ohne Soldbuch nach Lipezk gekommen waren. Der Lehrplan in Sowjetrußland unterschied sich kaum von der Ausbildung im letzten Kriegsjahr 1918. Zusätzlich allerdings kam es zu einer willentlichen Forcierung der Schulung von Tieffliegerangriffen und zu einem Üben der Zusammenarbeit mit Bodentruppen[5]. Aufgrund der Tatsache, daß einerseits die Flieger größtenteils bereits über reelle Flugerfahrung und andererseits die Ausbilder über einen hohen Leistungsstand verfügten, zudem auch die russischen Mechaniker, Monteure und Facharbeiter erstaunliche Detailkenntnisse besaßen, trat der glückliche Umstand ein, daß es nur außerordentlich wenige Unfälle gab. In jenen sechs Jahren, in welchen in Lipezk geschult wurde, kamen „nur" drei Flugzeugführer bei Unfällen ums Leben.

Die Aufgabe dieser Fliegerschule bestand konkret allerdings nicht nur in Schulungsfunktionen, sondern auch in der Erprobung von Militärmaschinen, allerdings einfacherer, meist noch in Doppeldeckerbauweise hergestellter. Sogar die He 38, ein Seeflugzeug, das in Lipezk mit Rädern versehen worden war, kam zur Erprobung. Im Sommer 1928 war sogar General Werner Blomberg mit einigen Stabsoffizieren zur Besichtigung eines Manövers nahe

Woronesch und zum Besuche der Panzer- sowie Fliegerschule in die UdSSR gekommen.

Im Jahre 1931 beschloß die Reichwehr, die Teilnahme an jener Fliegerschule in Lipezk langsam auslaufen zu lassen, weil man insgeheim und streng vertraulich beschlossen hatte, entgegen den strengen Bestimmungen des Versailler Vertrages mit dem Aufbau einer Luftwaffe innerhalb der deutschen Reichsgrenzen zu beginnen. So konnte die Fliegerschule innerhalb von zwei Jahren aufgelöst werden. Für die deutsche Luftfahrt war es zweifelsohne ein großer und historisch bedeutsamer Tag, als der neue Reichskanzler Adolf Hitler bereits am 16. März 1933 die *Wiederherstellung der deutschen Lufthoheit* verkündete. *Von einer Wiederaufrüstung zur Luft war allerdings noch nicht die Rede*[6]. Wenige Wochen später, Ende Juni 1933, nahm Hermann Göring mit der britischen Botschaft Verbindung auf und fragte dort an, ob es denn nicht möglich sei, die Exporterlaubnis für britische Motoren zu erhalten, mit denen „einige Polizeiflugzeuge" zum Schutze des deutschen Luftraumes ausgerüstet werden sollten.

Da die R.A.F. gerade vergeblich die Beschaffung neuer Flugausrüstung erstrebte und die britische Industrie sich gezwungenermaßen um ausländische Aufträge bemühen mußte, kam die deutsche Anfrage sehr gelegen. Noch dazu ließ Göring andeuten, die Deutsche Lufthansa werde im Falle der Erteilung einer Exporterlaubnis ein verläßlicher und ständiger Abnehmer sein.

Die obengenannte Erlaubnis wurde wirklich erteilt, und Generaldirektor Sir John Siddely von den Armstrong-Siddely-Werken flog nach Deutschland. Am Obersalzberg führte er Besprechungen mit Hitler und Göring. Siddely wurde von Hitler, der eine echte Bewunderung für fast alles Englische hatte, mit großer Freundlichkeit empfangen. Zu seiner Freude erteilte ihm Hitler einen Auftrag für die Lieferung von 85 Flugzeugmotoren neuester Bauart. Auf der breiten Terrasse vom Obersalzberg, von der man einen herrlichen Blick auf die schweigende Bergwelt an der deutsch-österreichischen Grenze hat, besprach Siddely mit Göring noch den eventuellen Ankauf britischer Maschinen. Göring wollte sie als „Polizeiflugzeuge" verwenden. Zum Ankauf dieser Flugzeuge kam es jedoch nicht.

Deutschland besaß in der Lufthansa die damals größte Luftfahrtgesellschaft Europas. Auf 65 Strecken gelangten die Fluggäste der

Lufthansa unter anderem nach Athen, London, Barcelona, Moskau und über Tochtergesellschaften nach Marokko, aber auch nach mehreren Städten in China. Im Jahre 1932 legten die Flugzeuge der Lufthansa bereits elf Millionen Flugkilometer zurück (bei der Einhaltung des Flugplanes zu 93 %). Direktor der kommerziell so erfolgreichen Lufthansa war der damals 41jährige Milch.

Auf Vorschlag Görings wurde Erhard Milch 1933 von Hitler zum Staatssekretär für die Luftfahrt ernannt. Seine Aufgabe bestand nicht darin, etwas völlig Neues aufzubauen, sondern die in den letzten Jahren, hauptsächlich im sowjetrussischen Lipezk, erarbeiteten Grundlagen theoretisch wie praktisch auszuwerten. Zunächst wurde die Erzeugung der in der Verkehrsluftfahrt bereits so bewährten dreimotorigen Ju 52 forciert, und zwar von gegenwärtig 19 Stück auf 200 Exemplare jährlich. Dann erfolgte eine Planung für die Jahre 1934/35 mit 4000 Flugzeugen, wobei aber 40 % nur für Ausbildungsmaschinen vorgesehen waren.

450 Ju 52, die in erster Linie *Transporter* waren, sollten mit ihrer Geschwindigkeit von weniger als 250 km/h sogar als *Bomber* Verwendung finden. Darüber hinaus waren in Milchs Produktionsplänen noch 590 Aufklärungsflugzeuge vorgesehen, die besonders eng mit dem Heere zusammenarbeiten sollten[7].

Während sich Deutschland in den Jahren 1934 und 1935 noch mit der Planung befaßte und erst zum Jahresende 1935 auf die Totalsumme von 4000 Flugzeugen eingestellt war, besaßen andere Länder, wie z. B. Frankreich, bereits eine respektable Luftflotte: Letzteres verfügte über insgesamt 5400 Flugzeuge, wovon sich 2060 Kriegsflugzeuge in den aktiven Staffeln (erste Linie) befanden. 3340 Maschinen waren zu den Schul-, Versuchs- und Reserveflugzeugen zu rechnen[8]. Bei einem derartigen Stand an Kriegsflugzeugen, aber auch an sonstigem »Kriegsgerät«, wie 4300 Panzern, 1200 schweren Geschützen und 17500 schweren Maschinengewehren, kann wirklich nicht von einer Rüstungsverminderung gesprochen werden.

Welchen Anteil jene Völker für Rüstungen vor dem Ersten Weltkrieg und in der Zeit danach aufbringen mußten, um dafür der „High Society" – der Großmächte – angehören zu können, möge folgende Rüstungsgegenüberstellung der Jahre 1913 und 1934 zeigen[9]:

# Was die Völker für Rüstungen aufwenden

Anteil der Rüstungsausgaben am Volkseinkommen

IN VON 100

9,0-10

8,1

8,4

7,1

5,0

4,4

4,8

3,1 3,0

1,8

1913 1934

DID
ZENTRALVERLAG GMBH

Deutschl. Frankreich Grossbrit. Russland Japan

Das Jahr 1934 wurde für die Gründung der deutschen Luftwaffe zu einem *Entscheidungsjahr*. Am 1. April dieses Jahres wurde die erste Jagdfliegereinheit aufgestellt. Offiziell wurde sie als Reklamefliegerstaffel bezeichnet, inoffiziell aber lautete ihre Bezeichnung Fliegerstaffel 132[10]. Die erste Ziffer bedeutete die Staffel Nr. 1, die zweite Ziffer, daß es sich um eine Jägereinheit handelte, und die dritte Ziffer, daß sie im Luftkreis 2, Berlin, stationiert sein sollte.

Im Jahre 1934 wurde der 46jährige Oberst der Reichswehr, Walter Wever, der keine (!) fliegerische Vorbildung besaß, ins Reichsluftfahrtministerium berufen. Wever selbst hat erst zwei Jahre später (!), als er bereits Generalmajor war, die Flugzeugführerausbildung nachgeholt (er setzte sich hinter den Steuerknüppel und führte die Anordnungen seines Fluglehrers genau aus). Mit Wever war ein Generalstäbler zum Chef des Führungsamtes des Luftfahrtministeriums (lediglich Tarnname für den Chef des Luftwaffengeneralstabes) ernannt worden, welcher im Luftkrieg der Zukunft eine taktische Komponente in der Heeresunterstützung und eine strategische Komponente in der Bekämpfung der Versorgungsquellen der feindlichen Streitkräfte, nämlich der Rüstungsindustrie, sah. Sein modernes Heer sollte in der Zusammenarbeit mit der Luftwaffe – als *Instrument, das, in der dritten Dimension wirkend, keine Beschränkungen kennt* – den Stellungskrieg vermeiden. Das Zeitalter der Massenheere, die, wie im Ersten Weltkrieg im Schlamm der Granattrichter und Schützengräben verblutend, die Kraft einer Nation zu verzehren drohen, sollte der Vergangenheit angehören.

Im Jahre 1934 fand unter der Leitung von Göring auch eine Besprechung in Berlin statt, bei der unter lauter Offizieren ein Zivilist anwesend war. Der Zivilist war aber dennoch ein „alter" Soldat: Im Ersten Weltkrieg war er mit 62 Luftsiegen einer der bekanntesten deutschen Jagdflieger gewesen. Nach dem Kriege war er als Zivilist bei der „Branche" geblieben; er baute Sportdoppeldecker und führte sie gleich persönlich vor[11]. Zuletzt hatte er auf Ersuchen des US-amerikanischen Flugzeugfabrikanten Glenn L. Curtiss dessen ganz neuen F-2-C-Hawk Doppeldecker, der als Sturzkampfbomber der amerikanischen Marine entwickelt worden war, ausprobiert. Nun sollte er zur Entwicklung eines deutschen Sturzkampfbombers herangezogen werden. Der ebenfalls bei dieser folgenschweren Besprechung anwesende Oberst Wever unterstützte dieses Vorhaben, da es mit seinen Vorstellungen einer taktisch-strategischen Luftwaffe ohne weiteres in Einklang zu bringen war. Das Ergebnis dieser Konferenz lautete: Göring gab die Entwicklung eines Sturzkampfbombers in Auftrag. Damit war der später vieltausendfach gebaute und wegen seiner furchtbaren Wirkung – nicht zuletzt wegen der grauenerregenden „Jericho-Trompeten" – so gefürchtete STUKA Ju 87 geboren worden.

Im Jahre 1934 fand auch das erste Kriegsspiel der künftigen Luftwaffe statt: Dabei wurden Bombereinheiten tief im feindlichen Gebiet strategisch eingesetzt. Da die deutsche Bomberwaffe nur aus den erst in Auftrag gegebenen und künftig auch lediglich provisorisch bewaffneten Ju 52 „bestand", wäre sie den damaligen französischen Jägern bei weitem unterlegen gewesen. Wever wurde von den verantwortlichen Fliegeroffizieren darauf aufmerksam gemacht, daß man infolgedessen mit einem Verlust von 80% der Bomber zu rechnen habe. Der Leiter des Kriegsspiels vertrat die legitime Meinung, daß strategische Luftangriffe nur dann durchgeführt werden könnten, wenn dafür überlegene Bomber zur Verfügung stünden. Der Einsatz überlegener strategischer Bomber entsprach indes völlig der Konzeption Wevers.

Eine derartige Maschine war im Beschaffungsprogramm Milchs für 1934/35 nicht vorgesehen. Ein ehemaliger Kriegspilot, Oberst Wilhelm Wimmer, hatte im technischen Büro der Fliegerzentrale eine Denkschrift ausgearbeitet. Darin war auf die essentielle Notwendigkeit eines viermotorigen Bombers für den strategischen Luftkrieg der Zukunft besonders hingewiesen worden. Dieser Folgerung Oberst Wimmers pflichtete Wever von ganzem Herzen bei. Er befahl alsbald die beschleunigte Aufnahme von Entwicklungsstudien für einen viermotorigen Bomber, den er in Anspielung auf einen Luftkrieg gegen die UdSSR „Uralbomber" genannt haben soll. Anläßlich der Eröffnung der neuen Luftkriegsakademie, zwei Jahre nach seiner Arbeitsaufnahme im Luftfahrtministerium, äußerte sich Wever wie folgt:

> „Der Bereich der Luftkriegsführung endet nicht an den Fronten des Heeres. Er erstreckt sich über das Kampfgebiet des Heeres hinaus, über Küsten und Meere, über das ganze Reich und das gesamte Gebiet des Feindes..."[12]

Als Generalmajor Wever am 3. Juni 1936, von einem Vortrage in der bereits vorhin erwähnten Luftkriegsakademie in Dresden kommend, nach Berlin zurückfliegen wollte, kam es bald nach dem Start zu einem fürchterlichen Absturz, dem Wever und sein Flugingenieur zum Opfer fielen. Wever hatte trotz der von uns skizzierten geringen Flugzeugführererfahrung seiner Person die Maschine selbst geflogen und die vor dem Abflug notwendige Überprüfung seiner He 70 vergessen. Dadurch war die Blockierung des Querruders vor dem Start nicht gelöst worden und hatte zum verhängnisvollen Absturz des Flugzeugs geführt.

Die Nachricht vom tödlichen Unfall Wevers traf vor allem Göring wie ein fürchterlicher Keulenschlag; er soll nach der Überbringung jener Unglücksbotschaft zusammengebrochen sein. Zweifellos war mit dem Tode Wevers, des Exponenten eines Baus des viermotorigen, strategischen Bombers, auch die Planung einer strategischen Luftkriegsführung für Deutschland zu Grabe getragen worden. Abgesehen von der für Deutschland kaum bestehenden wirtschaftlichen Tragbarkeit, den vielen Tausenden alliierten Bomberflugzeugen eine annähernd gleiche Anzahl deutscher Bomber gegenüberzustellen, hätte eine starke viermotorige strategische Bomberflotte Deutschlands – rein hypothetisch betrachtet – *zweierlei* bewirken können:

1. Es hätte sein können, daß die furchtbare Bomberwaffe aufgrund qualitativer und quantitativer Gleichwertigkeit beider Konfliktpartner überhaupt nicht zum Einsatz gekommen wäre. Ähnliches haben wir ja hinsichtlich des Giftgases erlebt, welches im Gegensatz zum Ersten Weltkrieg und trotz des Verwendungsvorschlags Winston Churchills im Zweiten Weltkrieg glücklicherweise nicht eingesetzt wurde. Schließlich soll bekanntlich dem Menschengeschlecht die „zwei- bis vierfache Vernichtung" alles irdischen Lebens bislang nur deswegen „erspart" geblieben sein, weil die beiden Supermächte über eine annähernde *Gleichwertigkeit ihrer nuklearen Vernichtungsmittel* verfügen.

2. Die zweite, wesentlich realere Wirkung einer *Bomberwaffenparität* Deutschlands und seiner angloamerikanischen Gegner hätte in der Beschränkung der bilateralen Bombenangriffe nur auf militärische Objekte – und damit in einer Verhinderung ausschließlicher Flächenbombardierungen der friedlichen Zivilbevölkerung und ihres Eigentums – bestehen können: Das britische Kriegskabinett

im Zweiten Weltkrieg hätte es nämlich kaum darauf ankommen lassen, daß die englischen Städte von der deutschen Luftwaffe etwa im gleichen Ausmaße wie die deutschen Städte von der R.A.F. mittels mehr als 2 Millionen Tonnen Spreng-, Brand-, Flüssigkeits- und Phosphorbomben angegriffen und unter Zurücklassung mehrerer Millionen von ziviltoten Engländern verbrannt worden wären.

Demgemäß hätte eine starke deutsche strategische Bomberwaffe zweifelsohne zu einer zivilisierteren Art der Luftkriegsführung in Europa und vielleicht sogar in Ostasien beitragen können. Dem deutschen General Wever wäre dann das Verdienst der Rettung Hunderttausender von Menschen vor einem furchtbaren Tod und weiter das einer Bewahrung der abendländisch-europäischen Kultur vor sinnloser Zerstörung ihrer Schätze zugekommen.

Unter allen „Großmächten der Luft" betonte Großbritannien die strategische Luftkriegsführung am stärksten. Bereits am 1. April 1918 war die R.A.F. als selbständiger Truppenteil geschaffen und führungsspezifisch von Heer und Marine getrennt worden. Damals schon wurden einige Bomberverbände für einen strategischen Luftkrieg aufgestellt. Qualitativ bester Flugzeugtyp war ein stark bewaffneter Langstreckenbomber, der ab 1934 entwickelt und schon seit 1936 auf Serie gelegt wurde, um ihn spätestens 1941 in großer Anzahl für den strategischen Luftkrieg zur Verfügung zu haben[13]. Doch bereits Mitte der zwanziger Jahre hatten die Engländer Studien über die deutsche Industrie im Hinblick auf strategische Luftangriffe angestellt. Desgleichen hatten sich auch die Vereinigten Staaten von Nordamerika auf den Eintritt in den europäischen Krieg mit einer Liste vorbereitet, welche 124 wichtige Ziele aus dem Bereich der Stromerzeugung, des Transportwesens und der Kraftstoffindustrie, aber auch 30 Ziele aus der Leichtmetallindustrie und aus der Luftfahrt enthielt. Bereits im Jahre 1932 wurden Einzelheiten für die zur Durchführung der Luftangriffe bestimmten Bombereinheiten in den Vereinigten Staaten von Nordamerika und England niedergelegt[14].

Franklin D. Roosevelt, 32. Präsident der USA seit 1933, begann seine Präsidentschaft mit einigen Paukenschlägen. Einer davon betraf die von Roosevelt ohne vorherige Konsultation zuständiger Gremien in die Wege geleitete Aufnahme diplomatischer Beziehungen zur Sowjetunion im Herbst 1933. Ein zweiter Paukenschlag betraf die erzwungene Mitarbeit der großen US-Banken am Wiederaufbauwerk Roosevelts, wozu die widerspenstigen großen Bankiers von einem Beauftragten des Präsidenten mit der freundlichen Bemerkung aufgefordert worden waren, sie müßten entweder „freudig" mitarbeiten oder sie würden zu Laufjungen degradiert werden!

Der nächste „große Schlag" ließ gar nicht lange auf sich warten: Bereits im Herbst 1934 trat in Washington ein Untersuchungsausschuß des US-Senats zusammen, um in aller Öffentlichkeit die Geschäftspraktiken großer amerikanischer Rüstungsunternehmen zu überprüfen. Solche Untersuchungsausschüsse waren auch in der Vergangenheit schon tätig gewesen, doch diesmal ist es nicht so wie dazumal, als sich ein paar Senatoren nach lauter parlamentarischer Redeschlacht mit Angriffen gegen die große Rüstungsindustrie nur stark machten, um Monate später im Aufsichtsrat irgendeiner angeschlossenen Konzerngesellschaft zu landen. *Diesmal* übernimmt Senator Gerald Nye, ein allseits geachteter und bekannter Parlamentarier, den Vorsitz der Senatskommission. Nye kennt keine falsche Rücksicht und nimmt auch keine, wenn es um Korruption, Beziehungen, Geltung und mafiose Geschäftsmethoden geht: Er beschafft sich diverses Material, untersucht selbiges und bringt es dann schonungslos an die Öffentlichkeit.

Bald steht in Mister Henry R. Carse ein Mann von Reputation und Prätention vor dem Ausschuß von Senator Nye[15]. Carse ist Präsident der *Electric Boat Cie*. Das ist keine Durchschnittsfirma, sondern ein Unternehmen, welches Unterseeboote baut. Und Carse ist keineswegs ein blasser Durchschnittsunternehmer, sondern vielmehr ein Geschäftsmann, der innerhalb von zwei Jahren (1929 und 1930) einem einzigen Manne (!) 750 000 Golddollar an Provisionen gezahlt hat. Auch dieser Mann ist kein gewöhnlicher Provisionsempfänger gewesen, sondern der in der Zwischenkriegszeit weithin bekannte „Waffenexperte" Sir Basil Zaharoff. Mister Carse hatte ferner ausgezeichnete Geschäftsfreunde, aber auch dubiose Konkurrenten. Sogar in dieser, zumindest in den Vereinigten Staaten von Nordamerika einzig dastehenden Branche gab es in Europa, noch dazu in Großbritannien, den großen Rüstungskonzern *Vickers & Armstrong*, der sich ebenfalls mit dem U-Boot-Bau beschäftigte.

Der Name Armstrong ist uns schon bekannt geworden, es handelte sich damals allerdings um eine andere Firmenkonstellation, nämlich um *Armstrong-Siddely*, die in London ansässig ist. Und wenn Sie sich erinnern, von der Firma *Armstrong-Siddely* kauften die Deutschen, genauer Hitler und Göring, 85 neue Flugmotoren. Dieses Geschäft dürfte sich annähernd ein Jahr vor jenen zitierten Ereignissen in den USA abgespielt haben.

Doch nun zurück zum Schauplatz Vereinigte Staaten von Nordamerika. Tagelang gingen jetzt schon die Verhandlungen vor dem Untersuchungsausschuß: Namen und Zahlen, Zahlen und Namen; Korruption und Bestechung, Bestechung und Korruption. Den Zuhörern wirbelte bereits der Kopf! Nimmt dieser Circulus vitiosus von Gemeinheit und Rücksichtslosigkeit, von Unerbittlichkeit und Niedertracht denn überhaupt niemals ein Ende?

Dennoch sollte es gar bald zu einem überraschenden Ende des so hoffnungsvoll angelaufenen und bis dahin auch außerordentlich erfolgreichen Untersuchungsausschusses kommen. Das auslösende Moment hierfür bildete, wie könnte es auch anders sein, ein Geschäft um die modernste Waffengattung: Es ging um einen Flugzeugauftrag eines südamerikanischen Landes. Die USA sind groß und mächtig. Sie brauchen sich daher vor südamerikanischen Marionettenregimen im Tarnmantel von Republiken nicht zu fürchten. Und doch sollte es anders kommen. Als diese Flugzeugbestellung – es handelte sich mengenmäßig wie wertbezogen um einen größeren Auftrag – vom südamerikanischen Auftraggeber unter ausdrücklichem Hinweis auf die äußerst unangenehmen Enthüllungen des Senatsausschusses widerrufen wird, erscheint der US-Handelsminister bei Senator Nye und teilt ihm diese bedauerliche Tatsache mit[16]. Von dieser bedeutungsvollen Besprechung bis zu einer kurzfristigen Vertagung und schließlichen „Einfrierung" dieses Senatsausschusses vergingen noch Monate.

Als schließlich auch von jenseits des Atlantischen Ozeans, aus Großbritannien, in Person maßgeblicher Herren, wie Sir John Simon und Sir Austen Chamberlain, fundamentale Kritik am Senatsausschuß geübt wird, zieht letzterer sich gleichsam fluchtartig von der Gegenwart in die Vergangenheit zurück. Er befaßt sich nunmehr mit der Kritik an den hohen Gewinnen der US-Unternehmen im Ersten Weltkrieg. Dies ist schon lange her, fast schon historisch und kann überdies für innenpolitische Zwecke der Regierung Roosevelt bestens verwendet werden: Denn schließlich hört es der US-Bürger gern, daß die Rüstungsmagnaten mit ihren Gewinnen von mindestens 40 % bis zu 200 %, 300 %, ja sogar bis zu 800 % vom Aktienkapital, die sie jährlich in den letzten Kriegsjahren 1917 und 1918 hatten, kritisiert werden.

## *Die Aufrüstung war in Deutschland kein entscheidender Wirtschaftsfaktor*

Generalfeldmarschall von Hindenburg hatte am 30. Januar 1933 Adolf Hitler nur widerstrebend und nach Festlegung einer Reihe von einschränkenden Bedingungen bzw. Begleitmaßnahmen zum Kanzler des Deutschen Reiches berufen. Doch nach einem Jahr der Hitler-Kanzlerschaft erlag auch er, nicht unähnlich Millionen Deutscher und vieler Nicht-Deutscher, dem Fluidum des von ihm bis dahin lediglich als „böhmischer Gefreiter" taxierten Volkstribunen und gab ihm in seinem Testament von sich aus den Weg zur vollen persönlichen Macht im Staate frei[17]. Nach dem Tode des Reichspräsidenten von Hindenburg wird Hitler durch Reichsgesetz *Staatsoberhaupt. Die Ämter des Reichspräsidenten und Reichskanzlers werden vereinigt. Hitler wird Führer und Reichskanzler*, und die Reichswehr wird auf ihren neuen Obersten Befehlshaber am 3. August 1934 vereidigt. Bald darauf tragen Heer- und Marinesoldaten an der rechten Seite der Uniformbluse den *Reichsadler*, der in den Fängen das Hakenkreuz in einem Lorbeerkranz hielt. Göring ließ für die Uniformen der künftigen Luftwaffe eine Variante dieses Hoheitsabzeichens mit einem Adler entwerfen, dessen Schwingen zum Flug gestreckt waren und mit einem Hakenkreuz ohne Kranz.

Am 26. Februar 1935 war es dann soweit: Der Oberste Befehlshaber der Wehrmacht, Adolf Hitler, unterzeichnete einen Erlaß, durch den die Luftwaffe ein selbständiger, dritter Wehrmachtsteil wurde. Als solcher dritter Wehrmachtsteil stand sie gleichberechtigt neben Heer und Marine; ihr Oberbefehlshaber Göring war über Reichswehrminister von Blomberg dem Obersten Befehlshaber der Wehrmacht, Hitler, unterstellt. Damit war die deutsche Luftwaffe zu einem selbständigen Wehrmachtsteil geworden. Das wiederum war eine Emanzipation, die von den britischen Fliegern erst nach dreijährigen harten Auseinandersetzungen im Jahre 1918 und von den US-Fliegern erst nach dem Zweiten Weltkrieg, 1947, erreicht worden war.

Am 16. März 1935 verkündete Hitler die Wiedereinführung der

allgemeinen Wehrpflicht mit dem Ziel, eine Wehrmacht in der Gesamtstärke von 500000 Mann zu schaffen[18].

Obwohl Hitler damit zu allmählicher Aufrüstung gezwungen war, spielte diese auch mit der Wiedereinführung der allgemeinen Wehrpflicht noch nicht den entscheidenden Wirtschaftsfaktor zur Bekämpfung der Arbeitslosigkeit. In den Gesetzen zur Verminderung der Arbeitslosigkeit (z.B. jenes vom 1.Juni 1933) werden keine Rüstungsmaßnahmen genannt, sondern es ist lediglich die Rede von Darlehensgewährung und Steuerbefreiungen an Betriebe bei einer Einstellung von Arbeitslosen, ferner von Belebung der Eigeninitiative der Wirtschaft u.a.m. Eigentlich handelten die verantwortlichen Manager des „Dritten Reichs" teilweise nach Maximen, die jener erfolgreiche Gregor Strasser bereits 1932 engagiert verfochten hatte, den Hitler zwei Jahre darauf anläßlich der Niederschlagung des sogenannten „Röhm-Putsches" erschießen ließ. Gregor Strassers Wirtschaftsthesen wandten sich gegen die *Deflationspolitik* einer deutschen Regierung, die aufgrund von Kapitalmangel und wegen manifester Abhängigkeit von der allgemeinen Weltkonjunktur keinerlei Ausweg aus der Wirtschaftskatastrophe jener Tage finden könne (am 31. Dezember 1931 gab es bereits 5,6 Millionen Arbeitslose in Deutschland; auf 10 Beschäftigte entfielen somit 4,3 Arbeitslose, die vielen Kurzarbeiter nicht mitgezählt). Strassers Parole lautete:

> „Je ärmer ein Volk ist, desto mehr muß es arbeiten, denn: Nicht Kapital schafft Arbeit, sondern Arbeit schafft Kapital."

Ein Unternehmer und Manager, Hans Kehrl, *der die Wirtschaftspolitik des Dritten Reiches von Anfang 1933 bis zum Ende 1945 weitgehend mitbestimmt hat,* berichtet in diesem Zusammenhang:

> „Entgegen weitverbreiteter Ansicht spielten für diese Wirtschaftsentwicklung die Aufwendungen für die Rüstung in den Jahren 1933/37 etwa eine normale und erst 1938/39 eine große Rolle.

96

Die Ausgaben für Wehrmacht und Rüstung betrugen

1933/34   4 % des Volkseinkommens
1934/35   4 % des Volkseinkommens
1935/36   7 % des Volkseinkommens
1936/37   9 % des Volkseinkommens
1937/38  11 % des Volkseinkommens
1938/39  22 % des Volkseinkommens

Die Aufwendungen für Wehrmacht und Rüstung erreichten demnach in Deutschland erst im Wirtschaftsjahr 1936/37 jenen Ausgabenstand von 8–9 % des Volkseinkommens, den Frankreich 1932, Japan und die Sowjetunion 1934 erreicht hatten..."[19]

Im März 1936 war der britische Außenminister Anthony Eden in Berlin und bekam von Hitler die feierliche, jedoch völlig irreführende Versicherung, daß die deutsche Luftwaffe faktische Rüstungsgleichheit mit Großbritannien erreicht habe. Seit diesem Offert militärischer Überheblichkeit an die Adresse Großbritanniens versäumten die Deutschen in Zukunft keine Gelegenheit, den Leichtgläubigen in aller Welt ihre überwältigende Luftüberlegenheit in praxi zu demonstrieren. Um für „seine" Luftwaffe politische Propaganda zu betreiben, erwirkte Göring bei Hitler die Erlaubnis, zu dem vom 23. Juli bis 1. August 1937 stattfindenden 4. Internationalen Flugmeeting in Zürich die neuesten Jäger, Kampf- und Aufklärungsflugzeuge entsenden zu dürfen[20]. Hierbei erregte die neue Do 17 internationales Aufsehen, obzwar die Standardausführung dieses Bombers mit schwächeren Motoren ausgerüstet und auch um 45 km/h langsamer war als die in Zürich vorgeführte Version. Besonderes Interesse erweckten die Deutschen einige Monate später mit der neuen Me 109 V 13, die, mit einem DB-601 Spezialmotor ausgestattet, am 11. November 1937 einen neuen Geschwindigkeitsweltrekord mit über 600 km/h aufstellte.

Wenige Monate nach dem Anschluß Österreichs an das Deutsche Reich, im August 1938, wurden die militärischen Führer der französischen Armée de l'Air vom Oberbefehlshaber der deutschen Luftwaffe, Göring, dazu eingeladen, Einrichtungen eben dieser Luftwaffe in Deutschland zu besichtigen. General Milch führte die

Franzosen, den Chef des französischen Luftgeneralstabes, General Joseph Vuillemin, und dessen Offiziere, zur Besichtigung deutscher Einsatzverbände und neuer Luftwaffenkasernen, aber auch mustergültiger Fabrikanlagen. Vuillemin war im Ersten Weltkrieg Jagdflieger gewesen und hatte insgesamt sieben Luftsiege errungen. Göring wollte mit dieser Luftwaffenschau seinen ehemaligen Gegner offensichtlich beeindrucken, aber auch zugleich in gewissem Maße einschüchtern. Damit jedoch hatten die Deutschen eine brisante Politik eingeleitet, die das Risiko eines durchaus zwiespältigen Erfolges in sich barg.

Ausnehmend beeindruckt vom Fortschritt der deutschen Luftrüstung im Jahre 1938 war ein Amerikaner, nämlich der gefeierte weltbekannte Flugpionier und erste Atlantiküberquerer im Alleinflug, Charles A. Lindbergh. Dieser absolvierte in den von Kriegsbefürchtungen und -gerüchten erfüllten Sommer- und Herbstmonaten des Jahres 1938 eine Europa-Flugreise, um sich gleich an Ort und Stelle vornehmlich über den Stand des Luftfahrt- und Luftkriegswesens der wichtigsten Großmächte zu informieren. Bereits im Mai 1938 vertrat Lindbergh die Meinung,

„daß die Deutschen in den jetzt bestehenden Anlagen mehr Flugzeuge produzieren können als das Britische Empire und die Vereinigten Staaten zusammen. Natürlich könnten wir in den USA unsere Produktion sehr schnell vergrößern".[21]

Im August dieses Jahres wurde Lindbergh mit eigenem Flugzeug in die Sowjetunion, die er zuvor 1933 besucht hatte, eingeladen. Er wurde dort mit größter Gastfreundschaft aufgenommen und nahm an Großflugtagen in Moskau (geschätzte Zuschauermenge: 800 000 Menschen) teil, konnte ferner auf einer Teststation der sowjetischen Armee Jagdflugzeuge und Bomber inspizieren und weilte auch in einheimischen Motoren- und Flugzeugfabriken, was er folgendermaßen kommentierte:

„Was mich am meisten beeindruckte, war, daß hier wiederum eine amerikanische Fabrik nach Rußland transportiert worden war. Diese Leute müssen amerikanische Fabriken bestellen wie andere Leute Lebensmittel."[22]

Lindbergh besuchte in der Sowjetunion noch die Kriegsakademie, um sich hinsichtlich der Ausbildung des fliegenden Personals und der Stabsoffiziere ein verläßliches Bild machen zu können. Er konnte sich auf der sowjetischen „Hochschule des Krieges" eindeutig davon überzeugen, daß die Rote Armee großes Gewicht auf ihre Flugwaffe legte und viel Zeit für die kriegsakademische Ausbildung ihrer Offiziere aufwandte.

Resümierend konnte Lindbergh feststellen, daß es seit seinem ersten Besuch von 1933 in der UdSSR deutliche Verbesserungen gab. Aber die Zustände waren damals ziemlich übel. Wenn sie vor der Revolution noch schlimmer waren, müssen sie tatsächlich unerträglich gewesen sein. Hinsichtlich der Qualität der sowjetischen Flugzeuge meinte Lindbergh:

> „Im allgemeinen sind diese Maschinen nicht so gut wie die entsprechenden Typen in den USA, Deutschland oder England. Sie sind jedoch gut genug, um in einem modernen Krieg wirksam eingesetzt werden zu können... Die interessanteste Demonstration auf dem Flugtag von Moskau war das Schleppen von Gleitflugzeugen sowie das Fallschirmspringen. Diese beiden Dinge macht man in Rußland besser als in anderen Ländern."[23]

In den ersten Septembertagen 1938 besuchte Lindbergh die Tschechoslowakei. Auch dort gab es für seine Person einen sehr freundlichen Empfang. Es fanden mehrere Besprechungen statt, so auch mit dem damaligen Präsidenten Benesch, mit dem tschechischen Genralstab und mit verschiedenen Flugwaffen-Dienststellen. Lindbergh war insbesondere vom tschechischen Generalstab, mit dem er ein besonders erfreuliches Gespräch führen konnte, sehr beeindruckt. Über die tschechische Flugwaffe urteilte er:

> „[Die Tatsache ist], daß die Tschechoslowakei in der Luft nicht gut ausgerüstet ist. Ihre Jäger sind zu langsam, um gegen deutsche Bomber zu bestehen. Für Gegenangriffe hat die ČSR nur wenige Bomber russischer Bauart. Sie sind zwar nicht so gut wie die deutschen Typen, aber gut genug, um etwas auszurichten... Die Tschechen bauen jetzt russische Bomber, haben aber erst damit angefangen. Ebenso ist

es mit dem Bau eines schnelleren Jägers. Es scheint, daß ihre Hauptabwehr gegen Luftangriffe in ihren MGs und Flaks besteht, die einen außergewöhnlich guten Ruf haben."[24]

Zum Abschluß ihres Aufenthalts in der ČSR besuchten Lindbergh und seine Gattin, die ihn auf allen Reisen begleitete, das Fürstenpaar Clary-Aldringen in seinem alten Schloß in Teplitz-Schönau im Sudetenland. Das Fürstenpaar lebte nur ungern unter tschechischer Herrschaft und hätte für einen Anschluß des Sudetenlandes an Deutschland optiert, wenn dies möglich gewesen wäre. Abschließend berichtet Lindbergh:

> „Man sagte uns, daß sich die tschechische Armee im Sudetenland mehr wie eine Besatzungsarmee als wie Beschützer benommen hätte."[25]

Das *Sudetenland*, das als rein deutsches Gebiet mit dreieinhalb Millionen Altösterreichern im Gegensatz zu dem Versprechen auf Selbstbestimmung in Wilsons 14 Punkten im Jahre 1918 ohne jede Volksbefragung und gegen den Beschluß der österreichischen Nationalversammlung vom 12. November 1918 von den Tschechen einverleibt wurde, hatte sich im Gegensatz etwa zu Kärnten im Süden Österreichs, wo Serben und Slowenen eingefallen waren, militärisch praktisch nicht zur Wehr gesetzt. Hinzu kommt, daß die „Anrainerstaaten" des Sudetenlandes (außer Österreich, das die Errichtung der Provinzen Sudetenland und Deutschböhmen sowie die Schaffung der beiden Gaue Böhmerwald und Südmähren bereits konstituiert hatte), Bayern, Sachsen und Preußen eine militärische Unterstützung sudetendeutscher Aktionen zum Zwekke eines Anschlusses dieses Gebietes an die benachbarten deutschen Provinzen ablehnten. Die Bayern und Preußen verwiesen zur „Beruhigung der sudetendeutschen Gemüter" auf die 14 Punkte Wilsons, die ja den Sudetendeutschen wie allen anderen zugestanden werden müßten. Man beruhigte, man vertraute den großen Aposteln des Westens, und man war froh, als man die deutschböhmischen Vertreter vom Halse hatte. Als die Sudetendeutschen nach der Besetzung ihres Landes durch die Tschechen zu Beginn des Jahres 1919 mit demokratischen Mitteln und im Vertrauen auf

Wilsons Zusicherung des Selbstbestimmungsrechtes, das anscheinend für Deutsche keine völkerrechtliche Institution darstellte, gegen die tschechische Okkupation zu protestieren begannen, da war es leider bereits viel zu spät.

Den von allen politischen Parteien Sudetenlands einberufenen und von den tschechischen Behörden genehmigten Protestversammlungen fielen Tausende von Sudetendeutschen zum Opfer: Allein am 4. März 1919 wurden in den Orten Arnau, Aussig, Eger, Kaaden, Mies, Karlsbad und Sternberg unter den von Tschechen zusammengeschossenen Demonstranten 54 Tote und über 1000 Verwundete gezählt. Unter den 54 Toten befanden sich 3 Kinder im Alter von 11, 13 und 14 Jahren, 20 Frauen und Mädchen und ein 80jähriger Greis. Bis zum Jahre 1922 waren noch weitere 23 sudetendeutsche Todesopfer politischer Kundgebungen in verschiedenen, über das ganze Sudetenland verstreuten Ortschaften zu beklagen[26].

Als sich das Ehepaar Lindbergh von seinen letzten Gastgebern in der ČSR, die wie viele Millionen dieses Landes Deutsche und Altösterreicher waren, verabschiedete, war das diesen Menschen vom US-Amerikaner Wilson und den Vätern der Verträge von Versailles und Saint-Germain (Friedensvertrag 1919 mit Österreich) vorenthaltene Selbstbestimmungsrecht noch immer nicht eingelöst. Im Gegenteil, fast 20 Jahre nach der Besetzung des Sudetenlandes durch die Tschechen schien das den Sudetendeutschen noch immer nicht gewährte Selbstbestimmungsrecht zu einem neuen europäischen Bürgerkrieg zu führen. Anfang September 1938 hatte Lord Runciman, Seiner königlich britischen Majestät Beauftragter und Abgesandter, Empfehlungen für die Lösung des sudetendeutschen Problems abgegeben. Die wichtigste und letzte von drei Empfehlungen Runcimans lautete:

„Für mich wurde es selbstverständlich, daß denjenigen Grenzgebieten zwischen der Tschechoslowakei und Deutschland, wo die Sudetenbevölkerung in überwiegender Mehrheit ist, sofort das volle Selbstbestimmungsrecht gegeben werden solle, und ich denke daher, daß diese Grenzgebiete sofort von der Tschechoslowakei an Deutschland übereignet werden sollten."[27]

Nach Übermittlung der drei Empfehlungen Runcimans entwik-
keln sich die Ereignisse um die Deutschen und Altösterreicher im
Sudetenland sehr rasch, ja sie überstürzen sich alsbald. Am 13. September verhandeln die Vertreter Runcimans mit den Sudetendeutschen direkt über die Notwendigkeit, durch eine Volksabstimmung
festzustellen, ob die Sudetendeutschen den Anschluß an Deutschland wünschten oder nicht. Am 15. September kommt es zur ersten
Zusammenkunft auf dem Obersalzberg zwischen dem britischen
Premierminister Chamberlain und dem deutschen Reichskanzler
Hitler.

Aus den Gesprächen, die Lindbergh nach seiner Ankunft in Paris
führte, klang immer mehr die Befürchtung des Ausbruchs eines
europäischen Krieges durch. Insbesondere die Franzosen waren
besorgt, weil sie glaubten, einen Rüstungsrückstand ihrer Flugwaffe gegenüber Deutschland zu haben, welcher nicht mehr aufholbar
sei: Frankreich produziere bis zu 50 Flugzeuge pro Monat, Deutschland aber zwischen 500 und 800 Maschinen[28]. Augenscheinlich
waren die französischen Angaben weit unterschätzt und die Angaben von 500–800 Flugzeugen deutscher Monatsproduktion stärk-
stens übertrieben: Dies hätte nämlich eine deutsche Jahresproduk-
tion von 6000–9600 Stück bedeutet. Tatsächlich aber produzierten
die Deutschen ein Jahr später, nämlich 1939, erst insgesamt 2518
Flugzeuge aller Sparten, also inklusive von Schulflugzeugen (588
Stück) und von Transportern (145 Stück), wie Mason in einer
Gesamtaufstellung der deutschen Jahresproduktionen an Flugzeugen von 1939 bis 1945 nachweist[29].

Am 29. September 1938 treffen sich die vier Ministerpräsidenten
oder Staatschefs (Großbritanniens, Frankreichs, Italiens und
Deutschlands), wobei in bezug auf einen Vorschlag von Mussolini
zur Abtrennung des Sudetenlandes von der ČSR Einstimmigkeit
erzielt wird. Der Frieden der Vernunft war für Europa noch
erhalten geblieben.

Lindbergh hielt sich in der Krisenzeit dieses ereignisreichen
Jahres auch in Großbritannien auf. Bei Gesprächen mit dem
Botschafter seines Landes in London, Joseph P. Kennedy, meinte
dieser, „daß England, obwohl nicht gerüstet, zum Kampf bereit sei.
Zwar erkenne Chamberlain die katastrophalen Auswirkungen des
Krieges und tue alles, um ihn zu vermeiden, doch die englische
öffentliche Meinung, sagt Kennedy, drängt ihn zum Krieg."[30]

Lindbergh war der Meinung, daß sich die Engländer nicht darüber im klaren seien, was sie wirklich erwartete. Bis dahin hatten sie immerhin ihre mächtige Flotte zwischen sich und dem Feinde auf dem Festland. Sie hätten aber augenscheinlich jenen Wandel nicht erkannt, den die Fliegerei mit sich gebracht habe, und „das ist der Anfang vom Ende für England als Großmacht. England mag noch ein ‚Hornissennest' sein, doch es ist keine ‚Höhle des Löwen' mehr."[31]

Lindberghs Reisen in Europa verfolgten nicht nur den Informationszweck in Angelegenheiten Luftwesen, Luftrüstung und Luftmacht, sondern dienten den für das Zusammenleben der so leidgeprüften europäischen, fast ausnahmslos christlichen Völker viel höheren Zielen, vielleicht dem höchsten Ziele der Friedenssicherung und Friedenserhaltung. Immer wieder warnte er seine hohen und höchsten Gesprächspartner vor aggressiven Handlungen, die zum europäischen Kriege führen könnten. So berichtet Lindbergh nach einem Dinner in US-Botschafter Bullitts Landhaus in Chantilly am 9. September 1938:

> „Und doch ist die französische Armee augenscheinlich bereit, an der alten Westfront anzugreifen, wenn Deutschland in der Tschechoslowakei einmarschiert. Das ist Selbstmord. Die Gelegenheit, die Ausdehnung Deutschlands nach Osten aufzuhalten, hat man schon seit einigen Jahren verpaßt. Ein Versuch, das jetzt zu tun, würde Europa in ein Chaos stürzen. Es wäre viel schlimmer als der letzte Krieg und würde wahrscheinlich zu einem kommunistischen Europa führen."[32]

Als Lindbergh am 30. September 1938 vom US-Botschafter Bullitt zu dessen Plan, in Kanada eine große Fabrik für den Bau von französischen Militärflugzeugen in Auftrag zu geben, angesprochen wurde, vertrat er die Ansicht, daß es für Frankreich besonders wichtig sei, seine Stärke in der Luft auszubauen; daneben gebe es allerdings unmittelbarere und drängendere Probleme als die Luftrüstung. Das wichtigste Problem bestehe vor allem in dem Bedürfnis nach einer neuen geistigen Haltung bei den Menschen und außerdem in einer geänderten Einstellung Deutschland gegenüber, wenn ein verhängnisvoller Krieg verhindert werden sollte.

Als sich Lindbergh mit seiner „Friedensvermittler-Mission" schon fast wie ein einsamer Rufer in der Wüste vorkam, faßte er die Idee, Deutschland und Frankreich ein Abkommen über den Ankauf deutscher Flugzeuge durch Frankreich vorzuschlagen. Er glaubte, daß ein Kauf deutscher Maschinen im Interesse aller liegen könnte. Es würde den Handelsbeziehungen beider Länder dienen, läge in der Richtung unmittelbarer Rüstungsbeschränkung und könnte die allgemeine europäische Lage entspannen. Lindbergh begann seine Idee alsbald in die Tat umzusetzen und verhandelte darüber mit dem französischen Ministerpräsident Daladier. Dieser war keineswegs überrascht, sondern zeigte völlige Bereitschaft, jene Idee in Erwägung zu ziehen. Lindbergh zu Daladier: „Ein fortgesetzter Konkurrenzkampf im Bau von Kriegsflugzeugen wird zu guter Letzt einfach zur Vernichtung von Europa und zum völligen wirtschaftlichen Zusammenbruch führen."

Bereits bei seinem nächsten Deutschlandaufenthalt, der ihn zu Besichtigungen der deutschen Heinkel-Werke in Oranienburg und der Junkers-Werke in Magdeburg motivierte, suchte Lindbergh maßgebliche Verhandlungspartner. Er kam tatsächlich mit den meisten deutschen Luftfahrtgewaltigen, darunter Milch und Udet, ins Gespräch, mit den beiden allerdings nur zum Thema Flugzeugmotorenkauf seitens Frankreichs. Udet war sofort interessiert. Er erfaßte die Bedeutung als einen Schritt zu engeren Beziehungen zwischen den beiden Ländern und sagte, daß man darüber zumindest mit Göring sprechen müßte. Lindbergh erkannte in General Milch einen fähigen und intelligenten Offizier, mit dem er sogar über mögliche Rüstungsabkommen (Deutschland, England und Frankreich) gesprochen hat. Das Lindberghsche Flugzeuggeschäft ging ebenso wie seine Friedensbemühungen schließlich im Wirbelsturm unter, der die Völker Europas dem Massenvernichtungskrieg entgegenjagte.

Bei Besprechungen Lindberghs mit französischen Spitzenpolitikern, wie dem Luftfahrtminister M. Guy La Chambre, kam zutage, daß die Franzosen den Stand der deutschen Luftrüstung gigantisch überschätzten oder möglicherweise auch absichtlich übertrieben: Die deutsche Produktionskapazität schätzten die Franzosen auf jährlich 24000 Flugzeuge, darunter mindestens 6000 moderne Maschinen. Die englischen Bestände zu dieser Zeit benannten die Franzosen auf annähernd 2000 Flugzeuge, darunter nur 700 moderne Maschinen. Nach einem Jahr Anlaufzeit muteten die französischen „Fachleute" den Engländern erst eine Produktionsquote von 10 000 Flugzeugen zu. Einschließlich einer französischen Produktionskapazität von 5000 Flugzeugen, also zusammen 15 000 Maschinen, hätte dies gegenüber der deutschen Kapazität noch immer ein Defizit von rund 10 000 Flugzeugen jährlich bedeutet[33]. Wie sehr diese Schätzungen von der Wirklichkeit entfernt waren, zeigt, daß die Deutschen die Erzeugungsmöglichkeit von 24 000 Flugzeugen erst mitten in der „Hochrüstungszeit" aller am Zweiten Weltkrieg beteiligten Großmächte, im Jahre 1943, erreichten und mit 24 807 Maschinen ein wenig überschritten. Im Jahre zuvor, 1942, hatte der deutsche "Flugzeug-Ausstoß" erst 15 409 Stück betragen[34].

In bezug auf die prahlerische Einschüchterungspolitik mit ihrer starken, fast „überdimensionierten Luftwaffe" hatten Hitler und Göring offenbar Erfolg gehabt. Per saldo hatten sie sich dennoch verrechnet. Tatsächlich befand sich nämlich die britische Flugzeugproduktion keineswegs in einem großen Rückstand gegenüber der deutschen Flugzeugfabrikation, was sich quantitativ, aber auch qualitativ bereits 1940 beim britischen Rückzug aus Dünkirchen und bei der „Luftschlacht um England" in der Stärke und partiellen Überlegenheit britischer Maschinen, etwa der Spitfire, erweisen sollte. Das Bluffen Hitlers und Görings mit der Stärke „ihrer" Luftwaffe war offensichtlich auch von den Luftwaffentruppenführern als gefährlicher Fehler erkannt worden. So schildert der neben Rudel vielleicht bekannteste deutsche Kampfflieger Werner Baumbach über die „Blufferei" Hitlers und Görings:[35]

„Und es war doch des öfteren geblufft worden. Galland erzählte mir . . . über die Rheinlandbesetzung: ‚Sie war ein Meisterstück Hitlerschen Bluffs. Wir flogen in diesen Tagen mit einer Jagdstaffel Arado 68 – die nebenbei keine Waffen eingebaut hatten – in Westdeutschland von Flugplatz zu Flugplatz. Es wurden nur jedesmal schnell die Kennzeichen der Maschinen umgepinselt, und schon erschienen wir mit einer *neuen* Staffel auf dem nächsten Platz, wo der versammelten Lokalpresse die neue deutsche Luftwaffe demonstriert wurde.' Schließlich fielen aber Göring und seine engsten Mitarbeiter im Verlaufe des Krieges ihrem eigenen Bluff zum Opfer, daß nämlich ‚für alle Zeiten der Luftwaffe der Vorsprung gesichert sei, der nie wieder eingeholt werden könne, mag kommen, was kommen will . . .'"

Das Wissen um ihre gegenüber der deutschen Luftrüstung kaum schwächeren Position bestimmte daher weitgehend die Härte des britischen Vorgehens gegen Deutschland in den kriegsentscheidenden Jahren 1938/39. Schließlich hatte auch die britische Spionage in Deutschland nicht geschlafen und konnte ihre Auftraggeber laufend über den deutschen Rüstungsstand informieren. Spätestens seit Januar 1939 betrieben die Engländer sogar Luftspionage: Der australische Spezialist für Luftaufnahmen und passionierte Flieger Sidney Cotton war im Jahre 1939 bis zum Kriegsausbruch unzählige Male mit einer leistungsstarken, fabrikneuen Passagiermaschine Lockheed 12 A in Deutschland. Cotton war hauptberuflich Direktor eines Weltunternehmens, das sich mit der kommerziellen Auswertung des Farbfilm-Dufaycolor-Verfahrens befaßte, und er stellte im europäischen Flugsport der damaligen Tage eine ziemlich populäre Erscheinung dar. Im Auftrage des britischen Secret Service mußte Cotton die vorhin zitierte Maschine so oft wie nur möglich benutzen, um auf diese Weise die Story eines britischen Geschäftsflugzeuges in Privatbesitz denkbar glaubhaft machen zu können. Cotton ließ nun ausgerechnet zwei deutsche Leica-Motorfotoapparate, die er durch einen Knopf unter dem Flugpilotensitz manuell betätigen konnte, in den Tragflächen „seiner" Lockheed montieren.

Bereits im September 1938 ließ Göring, mitten im Frieden zum Generalfeldmarschall ernannt, das Grenzgebiet zwischen Luxemburg und der Schweiz zum *Sperrgebiet für Zivilflugzeuge* erklären, und lediglich die internationalen Fluglinien durften einige bestimmte Luftkorridore benutzen[36]. Dieses besagte Sperrgebiet wurde zum ersten großen Spionageauftrag für Cotton.

Cottons Hauptarbeitsgebiet wurden alsbald Flugplätze und Rüstungsbetriebe. Als z. B. Berichte über neue Flugplätze und Rüstungsbetriebe in der Umgebung von Mannheim einlangten, wurde Cotton sofort auf diese „angesetzt". Er sollte sich dabei zum gleichen Zeitpunkt und auf derselben Route der Stadt nähern wie die planmäßige Passagiermaschine Straßburg–Mannheim. Sollte die Lockheed bei diesem Flug zur Landung gezwungen werden, dann hatte Cotton auftragsgemäß alle Kameras und sämtliches belastende Material ohne Umschweife über Bord zu werfen.

Cotton gelang es auf seinen vermeintlichen „Geschäftsreisen" quer über Deutschland auch, das Vertrauen der damals fast durchwegs leichtgläubigen Deutschen zu gewinnen. Einmal war es sogar der Flughafendirektor von Tempelhof-Berlin, der Cotton auf einem Flug nach Wahl begleiten wollte. Natürlich schlug dieser einen Rheinflug vor:

> „Und während der arglose Flughafendirektor das Rheinpanorama bewunderte, drückte Cotton fleißig den Knopf unter seinem Sitz."

Einer der letzten Flüge, die Cotton vor Kriegsausbruch unternehmen konnte, galt wiederum Flugplätzen; diesmal waren es die vielen Fliegerhorste im Norden der deutschen Reichshauptstadt. Sogar unmittelbar vor Kriegsbeginn, am 26. August 1939, ist Cotton noch mit einem streng geheimen Fotoauftrag der britischen Admiralität über Deutschland unterwegs. Die ersten Luftangriffe der R.A.F. auf Schiffe der deutschen Kriegsmarine an der Schilling-Reede, außerhalb von Wilhelmshaven, Anfang September 1939, werden denn auch aufgrund von Cottons Spionagefotos aus den letzten Friedenstagen durchgeführt.

Zu Beginn unseres Jahrhunderts war es die feste Überzeugung Englands, *daß das Deutsche Reich seine große Kriegsflotte in der Absicht ausbaue, sie letztlich eines Tages gegen England zu verwenden.* Das war *eine* „Rechtfertigung" der englischen Politik allgemeiner Feindseligkeit gegenüber Deutschland. Die diesbezügliche Anschuldigung widerlegte ein deutscher Kanzler nach dem anderen öffentlich im Reichstag der Vorkriegszeit. Diese Darstellung stammt von einem gebürtigen Iren, der als langjähriger englischer Politiker und Unterhausabgeordneter einen tiefen Einblick in die Ursachen und Wirkungen gewonnen hatte, die dem Ersten Weltkrieg vorangingen und ihn schließlich auch entfachten[38].

Die *See*kriegspolitik stand seit Jahrhunderten im Mittelpunkt maritimen Großmachtstrebens. Erst gegen Mitte unseres Jahrhunderts wurde, wenn es die traditionellen Seemächte auch nicht wahrhaben wollten, die *Luft*kriegspolitik zum Inhalt imperialer Bestrebungen. *Setzen wir die Luftkriegspolitik vor dem Zweiten Weltkrieg in Analogie zur Seekriegspolitik vor dem Ersten Weltkrieg, so sehen wir die Ursachen und Wirkungen, die dem Zweiten*

*Die geheimen Aufklärungsflüge von Sidney Cotton über deutschem Gebiet im Jahre 1939 galten insbesondere dem Rheinland und den Fliegerhorsten im Norden der Reichshauptstadt Berlin.*

Weltkrieg vorangingen und die ihn final auch entfachten, etwas klarer. Ein *Unterschied* zu damals lag lediglich in der gegenüber seinen Vorgängern am Beginn unseres Jahrhunderts konträren und unglückseligen Politik Hitlers: Er glaubte den relativen Aufschwung der deutschen Luftwaffe dazu benutzen zu können, seine anglofranzösischen Gegner einzuschüchtern oder gar in die Knie zu zwingen. Doch die Würfel waren bereits gefallen:

> „Das Gleichgewicht der Kräfte ist heute . . . der hauptsächlichste Faktor unserer Politik. Wir unterstützen die (Anti-Hitler-)Allianz, um dieses Gleichgewicht zu erhalten und um die Hegemonie einer einzelnen Macht in Europa zu verhindern . . . Wir haben immer für das Gleichgewicht der Mächte gekämpft, wir kämpfen auch heute noch dafür."[39]

Auch diese Analogie von der „Vorbereitungszeit" des Ersten zum „Einleitungsstadium" des Zweiten Weltkrieges ist keineswegs auszuschließen. Selbst nach diesem furchtbarsten Völkerringen der Kriegsgeschichte gibt es in Europa noch ein Gleichgewicht der Mächte, nur „kämpft" hierfür weder England noch eine andere kontinentaleuropäische Großmacht. Dieses Gleichgewicht wird vorläufig noch von globalen Supermächten bestimmt, die große Teile Europas als Atomwaffenkampfgebiet ihrer Luftkriegsstrategie betrachten.

1 Die deutsche Industrie im Kriege 1939–45. Hrsg. vom Deutschen Institut für Wirtschaftsforschung. Berlin: 1954, S. 16.
2 Udo Walendy: Wahrheit für Deutschland. Vlotho/Weser, 1965, S. 233.
3 A. J. P. Taylor: The Origins of the Second World War. London: 1961, S. 77.
4 Franz Kurowski: Der Panzerkrieg. München: 1980, S. 14.
5 Herbert Molloy Mason: Die Luftwaffe. Aufbau, Aufstieg und Scheitern im Sieg. Wien–Berlin: 1973, S. 133.
6 Ebd., S. 155.
7 Ebd., S. 158ff.
8 F. W. v. Oertzen: Die Menschheit in Ketten. Oldenburg: 1935, S. 525f.
9 Ebd., S. 541.
10 Vgl. Mason, Die Luftwaffe, a.a.O., S. 167f.
11 Ebd., S. 178ff. Der genannte „Zivilist" war Udet.
12 Ebd., S. 196ff.
13 Vgl. dazu Eberhard Spetzler: Luftkrieg und Menschlichkeit. Göttingen: 1956, S. 224f.
14 Oertzen, Die Menschheit in Ketten, a.a.O., S. 307ff.
15 Ebd., S. 309f.
16 v. Oertzen, Die Menschheit in Ketten, a.a.O., S. 324ff.
17 Helmut Sündermann: Hier stehe ich. Leoni am Starnberger See: 1975, S. 57
18 Vgl. diesbezüglich Mason, Die Luftwaffe, a.a.O., S. 168ff.
19 Hans Kehrl: Krisenmanager im Dritten Reich. 6 Jahre Frieden, 6 Jahre Krieg. Düsseldorf: 1973, S. 28ff. und S. 441 unter Hinweis auf ein Zitat von Schacht, „daß die Beseitigung der Arbeitslosigkeit in Deutschland – sechs Millionen

Menschen waren betroffen – ohne die Rüstung gelungen sei", in Irvings Buch „Die Tragödie der Deutschen Luftwaffe". Unrichtig sei Irvings Darstellung, daß „Ende 1933 die Luftwaffe allein direkt und indirekt zusätzlich 2 Millionen Arbeiter... beschäftigt habe." Dazu Kehrl: „Da es damals im Reich ca. 9 Millionen männliche Arbeitskräfte gab, hätte fast jeder 4. Beschäftigte für die Luftwaffe gearbeitet, was natürlich völlig ausgeschlossen ist." Zur Luftwaffenaufrüstung auch Mason, Die Luftwaffe, a.a.O., S. 159: „Am Ende des Jahres 1933 wies die Flugzeugindustrie bereits 20000 Beschäftigte auf."

Hier scheint es sich aber um die Beschäftigung der Flugzeugindustrie einschließlich der Erzeugung von Flugzeugen für den Zivilbedarf, wie Verkehrsflugzeuge, z. B. die damals in der ganzen Welt fliegende Ju 52, gehandelt zu haben.

20 Vgl. dazu ebd., S. 225 ff.

21 Charles A. Lindbergh: Kriegstagebuch 1938–1945. Wien: 1970, S. 26.

22 Ebd., S. 39 ff.

23 Ebd., S. 42 ff.

24 Ebd., S. 51 f.

25 Ebd.

26 Reinhard Pozorny: Wir suchten die Freiheit – Schicksalsweg der Sudetendeutschen. Vlotho/Weser: 1978, S. 51 ff.

27 Ebd., S. 264 f.

28 Lindbergh, Kriegstagebuch 1938–1945, a.a.O., S. 52 f.

29 Mason, Die Luftwaffe, a.a.O., S. 373.

30 Lindbergh, Kriegstagebuch 1938–1945, a.a.O., S. 54 f.

31 Ebd., S. 54.

32 Ebd., S. 53 f.

33 Vgl. dazu ebd., S. 58 f.

34 Mason, Die Luftwaffe, a.a.O., S. 373.

35 Werner Baumbach, ZU SPÄT? – Aufstieg und Untergang der deutschen Luftwaffe, München, 1949, S. 31.

36 Janusz Pielkalkiewicz: Luftkrieg 1939–1945. München: 1978, S. 13 ff.

37 Ebd., S. 15.

38 C. J. O'Donnell: Weltherrschaft – Das Britische Reich, die Vereinigten Staaten und Deutschland. Zürich–Leipzig–Wien: 1928, S. 108 ff.

39 Ebd., S. 58 f.

# B. Die Luftkriegsführung
# im Zweiten Weltkrieg

# 1. Ein Appell Roosevelts
# an mehrere Regierungen Europas

Am 1. September 1939 richtete der Präsident der Vereinigten Staaten von Nordamerika, Franklin D. Roosevelt, an die Regierungen von Großbritannien, Frankreich, Deutsches Reich, Italien und Polen einen Appell, in welchem er sich nach Erwähnung der in den vorhergegangenen Jahren erfolgten grausamen Luftangriffe auf Zivilpersonen in unbefestigten Städten folgendermaßen äußerte: „Ich richte diesen dringenden Appell an jede Regierung, die in Feindseligkeiten verwickelt werden kann, öffentlich ihre Entschlossenheit zu bekunden, daß ihre bewaffneten Streitkräfte in keinem Fall und unter keinen Umständen Zivilpersonen oder unbefestigte Städte aus der Luft angreifen, unter der Voraussetzung, daß diese Kriegsregeln von allen ihren Gegnern gewissenhaft eingehalten werden."[1]

Leider bezog sich der Ausdruck „unbefestigte Städte" in diesem Appell an den im Art. 25 HLKO festgehaltenen und für den strategischen Luftkrieg nicht anwendbaren Begriff des „unverteidigten Ortes", wodurch es zu einer ungenauen Auslegung der so begrüßenswerten Anregung Roosevelts kommen hätte können. In den darauffolgenden Erklärungen der Regierungen Englands, Frankreichs und Deutschlands kam jedoch eine Präzisierung der genannten Formulierung durch Festlegung auf den Begriff des „nichtmilitärischen Objektes" zustande.

Am 2. September 1939 bestätigten die Regierungen Englands und Frankreichs „feierlich und öffentlich ihre Absicht..., die Feindseligkeiten mit dem festen Willen zu führen, die Zivilbevölkerung zu schonen und jene Denkmäler menschlicher Leistungen, die in allen zivilisierten Ländern geschätzt werden, so weit als möglich zu bewahren."[2] Danach stellten die beiden Regierungen fest, daß sie den Oberkommandos ihrer Streitkräfte schon genaue Anweisung gegeben hätten, damit aus der Luft, von der See und vom Land her „nur einwandfrei militärische Objekte im engsten Sinne des Wortes" bombardiert würden.[3] Vom Beschuß durch Heeresartillerie nahmen sie noch besonders die Objekte von nicht ganz entschieden militärischer Bedeutung aus, vor allem die großen Wohnsiedlungen außerhalb des Schlachtfeldes und nach Möglichkeit auch die Anlagen von zivilisatorischem Wert. Außerdem bekannten sie sich erneut zu den Bestimmungen des Genfer Protokolls 1925. Abschließend kündigten sie noch eine Anfrage bei der deutschen Regierung wegen entsprechender Zusicherungen an und behielten sich geeignete Maßnahmen für den Fall vor, daß diese Einschränkungen vom Gegner nicht beachtet würden.

Gleichfalls am 2. September erklärte Hitler,[4] daß der Gedanke, „außerhalb militärischer Operationen Luftangriffe auf nichtmilitärische Objekte" zu unterlassen, ganz seiner Ansicht entspreche und von ihm schon immer unterstützt worden sei. Hitler stimmte außerdem dem Vorschlag einer entsprechenden öffentlichen Erklärung der beteiligten Regierungen bedingungslos zu und teilte mit, er habe schon öffentlich im Reichstag bekanntgegeben, daß den deutschen Luftstreitkräften die Beschränkung ihrer Angriffe auf militärische Objekte befohlen worden sei; die Aufrechterhaltung dieses Befehls hänge von der gegenseitigen Beachtung dieser Regel ab.

Am gleichen Tage gab schließlich auch Polen eine ähnlich lautende Erklärung ab. Am 15. September 1939 erwähnte Papst Pius XII. diese Erklärungen mit Befriedigung und brachte die Hoffnung zum Ausdruck, daß den Beteiligten dementsprechend ein großer Teil der Schrecken des Krieges erspart bleiben werde.

---

1 Vgl. Spaight S. 259, auch Castren S. 403, Tansill S. 592.
2 Vgl. Spaight S. 259.
3 Vgl. Spetzler S. 233, Fuller S. 260.
4 Vgl. Spetzler S. 232, Spight S. 260, Fuller S. 260, Tansill S. 593 (Spaight und Tansill geben hierfür den 1. 9. 1939 an).

# 2. Der Krieg Deutschlands gegen Polen

*Lloyd George erklärte vor dem (britischen)
Unterhaus (im Frühjahr 1939), es sei ein selbst-
mörderischer Fehler, eine so weitreichende Verpflichtung einzugehen, ohne sich zugleich die
Rückendeckung Rußlands zu sichern. Die Garantie an Polen sei der sicherste Weg, eine
baldige Explosion und einen Weltkrieg auszu-
lösen. Sie war gleichzeitig die größtmögliche
Versuchung (Polens) und eine eindeutige Provokation (Deutschlands).*
*Sir Basil Henry LIDDELL HART*
*(einer der bedeutendsten Militärschriftsteller
des 20. Jahrhunderts)*[1]

Am 25. August 1939 hatte die Deutsche Wehrmacht, gegliedert
in zwei Heeresgruppen (Nord und Süd), mit etwa 40 Infanteriedivisionen und 14 Panzer-, motorisierten und teilmotorisierten Divisionen die Bereitstellungsräume an der ca. 2000 km langen deutsch-
polnischen Grenze bezogen. Während sich diese Truppen schon auf
ihren Angriff gegen die polnische Armee, bestehend aus 30 aktiven,
10 Reservedivisionen und 12 große Kavalleriebrigaden (Mobilisie-
rungsstand: 2½ Millionen Soldaten) vorbereiteten, zogen die deutschen Versorgungstruppen und Reserveeinheiten teilweise noch
durch die Reichshauptstadt[2]. Die Deutsche Wehrmacht wurde
unter Ausschöpfung aller Kräfte gegen Polen eingesetzt. Tatsächlich war die Mobilisierung der deutschen Reservedivisionen erst
sehr spät erfolgt[3]. Von diesen waren überdies nur zehn Divisionen
einsatzfähig, weitere 36 Divisionen bestanden hauptsächlich aus
Veteranen des Ersten Weltkrieges und waren mit den modernen
Waffen und Taktiken kaum vertraut. Die Reservedivisionen fanden daher größtenteils an Deutschlands Westgrenze Verwendung.

Den deutschen Heereseinheiten standen gegen die polnische
Armee die Luftflotte 1 unter General der Flieger Albert Kesselring
und die Luftflotte 4 unter der Führung von General der Flieger
Alexander Löhr zur Seite. Letzterer war aus der k. u. k. Armee

gekommen und hatte später die undankbare Aufgabe, den Aufbau der Luftstreitkräfte Rest-Österreichs („anfangs legte ich Sandkorn auf Sandkorn und Steinchen auf Steinchen", so Löhrs persönlicher Bericht) durchzuführen. Dies war ihm als „Großösterreicher mit europäischem Denken" (seine Mutter war Russin, der Vater Rheinländer, wurde als Donauschiffer Österreicher, Sohn Alexander beherrschte vier Sprachen fehlerfrei und drei Sprachen fast perfekt) ein erstrebenswertes Ziel: wieder eine tüchtige Flugwaffe im Rahmen des österreichischen Bundesheeres zu erziehen...[4] Diese Luftstreitkräfte waren im Frühjahr 1938 aufgestellt und verfügten über 93 Kriegsflugzeuge sowie über 72 Schulmaschinen[5]. Die österreichischen Luftstreitkräfte wurden nach dem Anschluß Österreichs von der deutschen Luftwaffe freudigst übernommen und Oberst Alexander Löhr alsbald rückwirkend mit 1. Februar 1938 zum Generalleutnant befördert.

Hitler hatte seinen voll bereitgestellten Armeen bereits am 25. August für nächsten Tag 4.30 Uhr den Angriffsbefehl gegen Polen gegeben, diesen aber an diesem schicksalhaften Augusttag wieder zurückgenommen. Der Grund war augenscheinlich die nicht erkennbare Reaktion der Westmächte auf den von Hitler kurz zuvor mit der Sowjetunion abgeschlossenen Nichtangriffspakt. Das Reich machte den Polen einen letzten Verhandlungsvorschlag. Dieser besteht darin, im „Korridor", dem von Polen laut Friedensvertrag von Versailles besetzten Gebiet zwischen Deutschland und seiner Provinz Ostpreußen, eine Volksabstimmung durchzuführen. Entscheidet sich die Bevölkerung des Abstimmungsgebietes für die Rückkehr zu Deutschland, dann soll Polen eine exterritoriale Verkehrsverbindung (Autobahn) durch dieses Gebiet nach dem Ostseehafen Gdingen erhalten. Entscheidet sich die Bevölkerung jedoch für Polen, dann wird Deutschland eine exterritoriale Verkehrsverbindung durch dieses Gebiet erhalten[6].

Auf diese Vorschläge antwortet die polnische Regierung mit der Generalmobilmachung. Daraufhin gibt Hitler in der Überzeugung, daß die Westmächte die den Polen gegebenen Garantien nicht einlösen werden, einen neuerlichen Angriffsbefehl auf Polen. Gegen England und Frankreich will Hitler auf keinen Fall Krieg führen.

Zuletzt verhandelt Birger Dahlerus, ein schwedischer Kaufmann, auf Ersuchen Görings mit den Engländern in London.

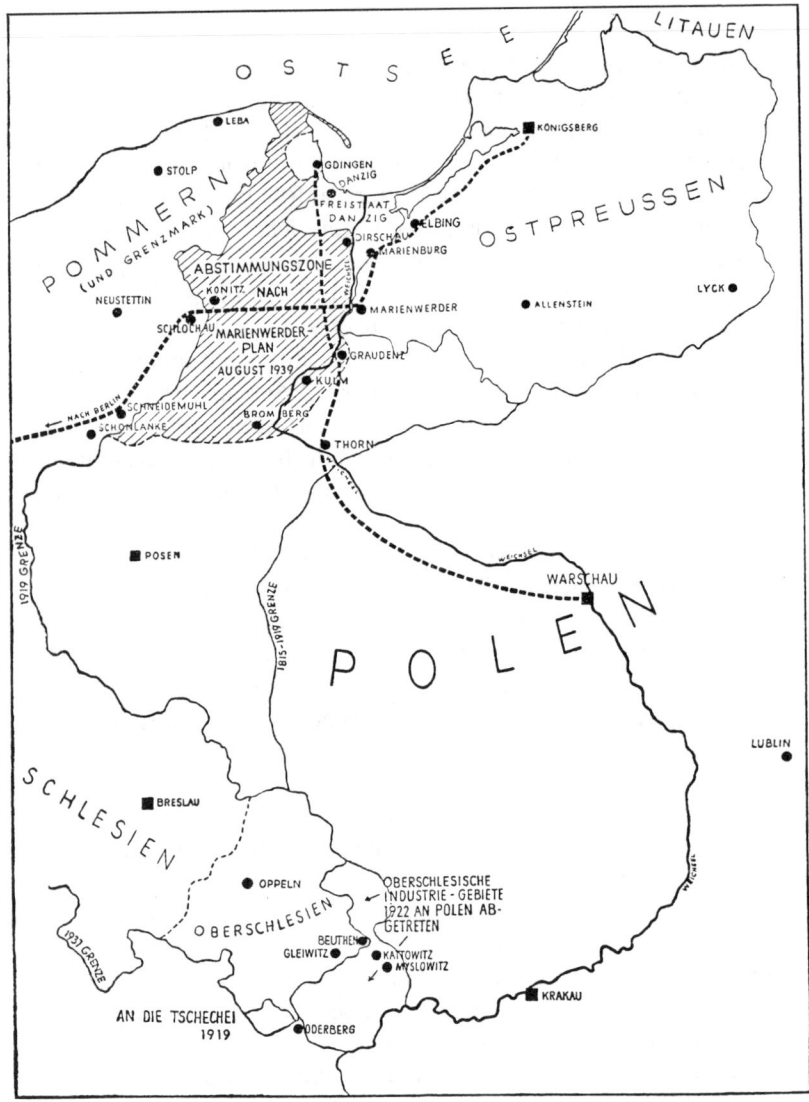

*Deutschland verlangte Danzig und die Durchgangsstraße (Schlochau-Marienwerder war eine von verschiedenen Möglichkeiten) im Oktober 1938.*

*Man beachte die großen Gebietsabschnitte, die Deutschland 1919 an Polen abtreten mußte. 1938 und 1939 bot Hitler an, diese Grenze zu garantieren. Vor dem Ausbruch des Krieges 1939 waren keine deutschen Vorschläge zur Rückkehr der reichen oberschlesischen Distrikte gemacht worden.*

*Im August 1939 bot Hitler eine Volksabstimmung an. In der Volksabstimmungszone sollten Truppen der UdSSR, Italiens, Englands und Frankreichs stationiert werden. Eine freie Wahl sollte abgehalten werden; wenn die Polen diese verloren hätten, sollten sie eine exterritoriale Straße nach Gdingen erhalten.*

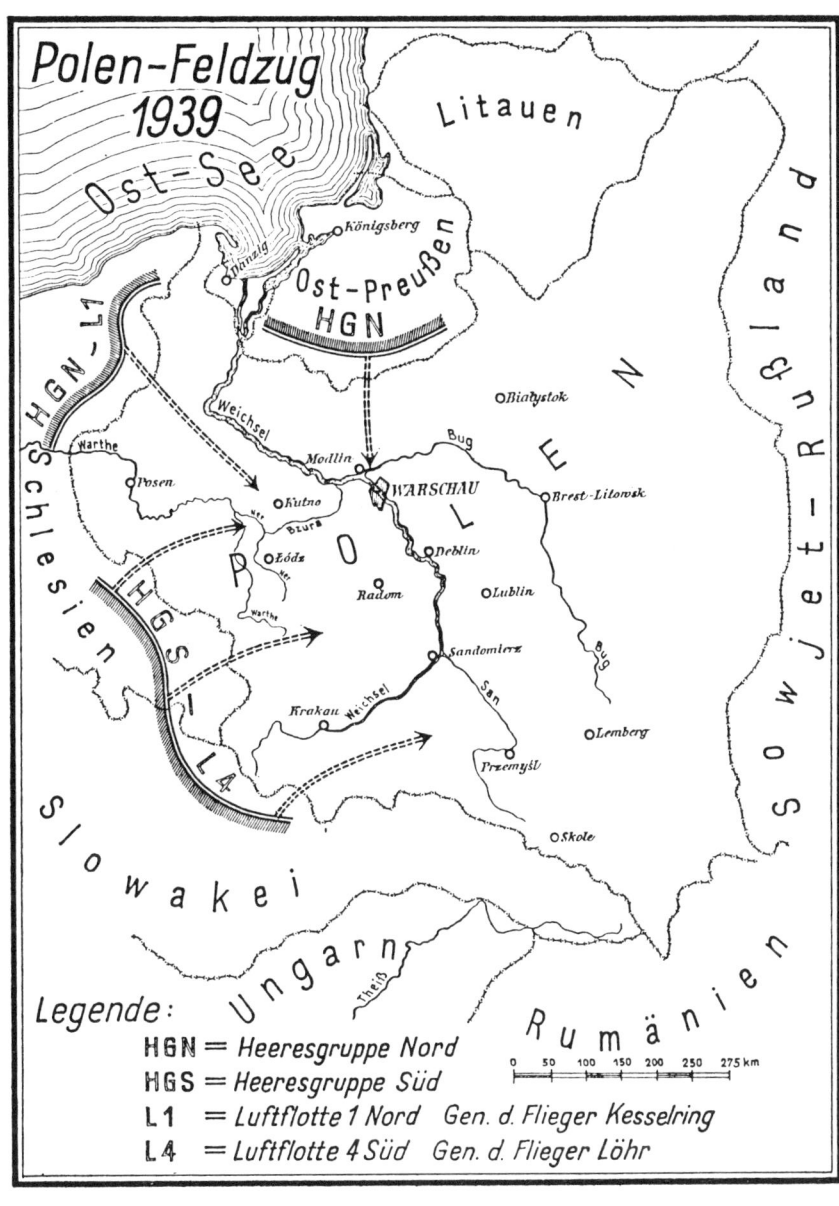

Polen-Feldzug 1939

Ost-See

Litauen

Königsberg

Ost-Preußen
HGN

HGN-L1

Schlesien

Danzig

Weichsel

Warthe

Posen

Modlin

Białystok

Bug

Brest-Litowsk

WARSCHAU

Kutno

Bzura

Łódz

P O L E N

HGS-L4

Warthe

Radom

Deblin

Lublin

Sandomierz

Bug

Krakau Weichsel

San

Lemberg

Slowakei

Przemyśl

Skole

Ungarn

Theiß

Rumänien

Sowjet-Rußland

Legende:

HGN = Heeresgruppe Nord
HGS = Heeresgruppe Süd
L1  = Luftflotte 1 Nord  Gen. d. Flieger Kesselring
L4  = Luftflotte 4 Süd  Gen. d. Flieger Löhr

0   50  100  150  200  250  275 km

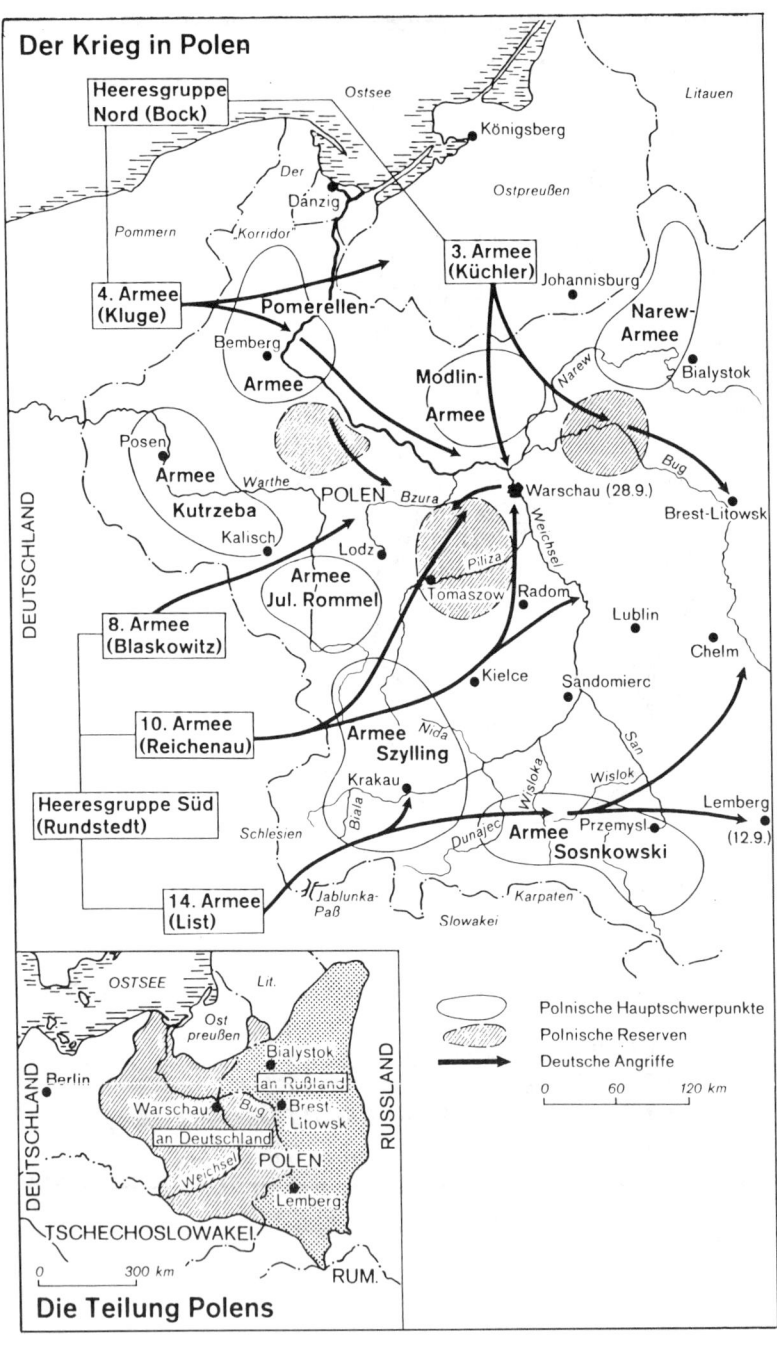

# Der Krieg in Polen

Heeresgruppe Nord (Bock)

Ostsee

Litauen

Königsberg

Ostpreußen

Der

Dánzig

Pommern

Korridor

3. Armee (Küchler)

Johannisburg

Narew-Armee

4. Armee (Kluge)

Pomerellen-

Bemberg

Armee

Modlin-Armee

Narew

Bialystok

Posen

Armee Kutzeba

Warthe

POLEN

Bzura

Warschau (28.9.)

Bug

Brest-Litowsk

DEUTSCHLAND

Kalisch

Lodz

Piliza

Weichsel

8. Armee (Blaskowitz)

Armee Jul. Rommel

Tomaszow

Radom

Lublin

Chelm

10. Armee (Reichenau)

Kielce

Sandomierc

Armee Szylling

Nida

San

Heeresgruppe Süd (Rundstedt)

Krakau

Wisloka

Wislok

Lemberg (12.9.)

14. Armee (List)

Schlesien

Biala

Dunajec

Armee Sosnkowski

Przemysl

Jablunka-Paß

Karpaten

Slowakei

Polnische Hauptschwerpunkte

Polnische Reserven

Deutsche Angriffe

0    60    120 km

OSTSEE

Lit.

Ost preußen

Bialystok

an Rußland

RUSSLAND

Berlin

Warschau

Bug

Brest Litowsk

an Deutschland

POLEN

DEUTSCHLAND

Weichsel

Lemberg

TSCHECHOSLOWAKEI

0    300 km

RUM.

# Die Teilung Polens

Dahlerus unterbreitet die zuletzt ergangenen deutschen Vorschläge. Die britische Regierung übermittelt die deutschen Vorschläge, die auch die Entsendung eines bevollmächtigten polnischen Vertreters zu Verhandlungen nach Berlin enthalten, der polnischen Regierung. Aber die Warschauer Regierung weist ihren Botschafter Lipski in Berlin folgendermaßen an: „Lassen Sie sich unter keinen Umständen in sachliche Diskussionen ein! Wenn die Reichsregierung mündliche oder schriftliche Vorschläge macht, müssen Sie erklären, daß Sie keinerlei Vollmacht haben, solche Vorschläge entgegenzunehmen...“[7]

Diesmal sind die Würfel endgültig über Polen gefallen, in Gang gebracht von unverantwortlichen, unfähigen und unwilligen Politikern. Betroffen werden europäische Soldaten und friedliche Zivilpersonen der kriegführenden Parteien sein. Europas Kultur und Zivilisation sind in ihrer Substanz gefährdet.

Am Donnerstag, dem 31. August 1939, befiehlt Hitler, diesmal endgültig, Plan „Weiß“, den Krieg gegen Polen. Bis 13.00 Uhr sind alle Einheiten im Besitz der notwendigen Befehle[8].

Die deutsche Luftwaffe tritt zu diesem Kampf mit einer größeren Übermacht an, deren Ausmaß allerdings nicht so gewaltig gewesen ist, wie sie von den meisten Autoren der Bücher über diese 1939 „nur“ als europäischer Bürgerkrieg[9] begonnene Auseinandersetzung geschildert wird. So auch Janusz Pielkalkiewicz[10] und Olaf Groehler[11]: „2093 deutschen Flugzeugen stehen nur 463 einsatzbereite polnische Frontmaschinen gegenüber.“ Groehler an anderer Stelle: „...weil sie (die Luftwaffe) eine viereinhalbfache Übermacht besaß und qualitativ weit überlegen war.“[12]

Es erscheint daher notwendig, die Überlegenheit der deutschen über die polnischen Luftflotten auf das tatsächliche Ausmaß zu „reduzieren“. Die beiden Luftflotten 1 und 4, die gegen Polen ausschließlich eingesetzt wurden, umfaßten insgesamt

    10 Aufklärungsstaffeln
    21 Kampfgruppen (Bomber)
    8½ Stukagruppen
    1 Nachtbombergruppe
    1 Schlachtgruppe
    5 Zerstörergruppen
    5 Jagdgruppen

Zusammen entspricht dies einer Einsatzstärke von 1538 Flugzeugen[13].

| Hinzu kamen | 28 | Aufklärer |
| und | 26 | Jäger der slowakischen Flugwaffe, das sind |
| zusammen | 54 | Flugzeuge zu den deutschen |
| | 1538 | Flugzeugen, ergibt einen Gesamtstand |
| von | 1592 | Einsatzflugzeugen |

Diese 54 slowakischen Flugzeuge kamen offensichtlich bei der Luftflotte 4 zum Einsatz.

Demgegenüber verfügte die polnische Flugwaffe zu Kriegsbeginn 1. September 1939 über folgende Flugzeugbestände:

| Frontflugzeuge Land: | 275 | Jagdflugzeuge |
| | 167 | Kampfflugzeuge |
| | 175 | Mehrzweck-Fernaufklärer |
| | 190 | Heeresnahaufklärer |
| | 14 | Verkehrsflugzeuge |
| das sind zusammen | 821 | Frontflugzeuge Land, hinzu kamen folgende |
| Frontflugzeuge See: | 33 | Jagdflugzeuge |
| | 10 | Kampfflugzeuge |
| | 20 | Fernaufklärer |
| | 16 | Nahaufklärer, so daß die polnische Flugwaffe |
| über insgesamt | 900 | Frontflugzeuge verfügte. |

Diese Aufstellung über die polnischen Flugzeugbestände im Jahre 1939 entstammt mehreren Erfahrungsberichten und Aussagen polnischer Kriegsgefangener[14]. Die Angabe von 900 polnischen Flugzeugen sei gemäß Mason auf die deutsche Vorkriegsspionage (Nachrichtendienst) zurückzuführen, tatsächlich hätten die Polen nur über 396 Maschinen, davon nur 160 Jäger, verfügt[15]. Sollte die Iststärke der polnischen Flugzeugbestände auch nicht an die Sollstärke – wie wohl in allen Luftflotten – herangereicht haben, so wird der „Fehlbestand" doch kaum so hoch gewesen sein. Polen besaß nämlich – etwa zum Unterschied von der hochindustrialisierten

Tschechoslowakei – eine bereits seit 1926 entwickelte Flugzeugindustrie, die 1939 über vierzig Werke verfügte. Im Europaflug 1935 war ein polnisches „Eigenbau"-Flugzeug der staatlichen Flugzeugwerke sogar siegreich geblieben. Die für den Krieg nach einer längeren Anlaufzeit veranschlagte jährliche Erzeugung hätte immerhin 780 Flugzeuge verschiedener Art und 1740 schwere Flugzeugmotoren betragen. Die modernsten polnischen „Eigenbau"-Jäger waren den deutschen durchaus ebenbürtig[16].

Der Krieg Deutschlands gegen Polen[17] begann am 1. September 1939 um 4.45 Uhr mit einer plötzlichen Luftoffensive der deutschen Luftwaffe. Diese ersten Luftangriffe richteten sich gegen die feindlichen Luftbasen und erbrachten der deutschen Luftwaffe bereits innerhalb von 24 Stunden die absolute Luftherrschaft. Innerhalb von nur zwei Tagen wurde der größte Teil der polnischen Flugwaffe entweder durch Abschuß in der Luft oder durch Zerstörung auf dem Boden vernichtet. Sofort nach der erfolgreichen Bekämpfung der polnischen Luftstreitkräfte wurde die deutsche Luftwaffe gegen Verkehrsziele, wie Brücken, Bahnhöfe, Bahnlinien, Bahnknotenpunkte und Wagenkolonnen, eingesetzt. Die unauflösbare Verwirrung der polnischen Mobilisierung und die stellenweise völlige Lähmung des militärischen Befehlsapparates der Polen waren die Folgen dieser Lufteinsätze.

Bald war der strategische Teil des deutschen Luftkriegs gegen Polen abgeschlossen, und eine enge Zusammenarbeit zwischen den Luftstreitkräften und den Heerestruppen trat in den Vordergrund. Die deutschen Luftflotten unterstützten in der Folge den Vormarsch der Panzer- und motorisierten Divisionen und konnten damit zu seiner Beschleunigung beitragen.

Die taktische Unterstützung der deutschen Vormarschtruppen durch die Flugzeuge der beiden Luftflotten trug wesentlich zum Erfolg der Heeresgruppen bei, fügten den tapfer kämpfenden polnischen Truppen und Fliegern jedoch größte Verluste zu. Als der polnische Oberbefehlshaber, Marschall Rydz-Smigly, eine 3000 Mann starke Kavalleriebrigade mit einigen schweren Waffen-Einheiten gegen den linken Flügel der 10. Armee Reichenaus, der auf die Warthe zustieß, zum Einsatz brachte, wurde die lange Kolonne von einem deutschen Aufklärer entdeckt. Eine halbe Stunde später – es war um ein Uhr mittags des ersten Angrifftages – kam es zur Katastrophe. Zahlreiche Stukas stürzten sich auf die etwa 3 km lange Kolonne, bevor die Soldaten noch in den umliegenden Baumgruppen in Deckung gehen konnten. Die Erde erbebte unter den Detonationen der herabsausenden Bomben. Auf die Bomben erfolgten Tiefliegerangriffe; Menschen, Tiere und Fahrzeuge wurden niedergemäht. Innerhalb weniger Minuten war aus einer kampfstarken Kavalleriebrigade ein zerschlagener Haufen geworden. Die Brigade existierte nicht mehr. Aber kein polnischer Jäger war gekommen, um diese starke Einheit vor der Vernichtung zu bewahren.

Da die Luftangriffe der deutschen Luftwaffe fast ausschließlich bei Tag durchgeführt wurden und bei Einsätzen gegen militärische Objekte innerhalb bewohnter Ortschaften überdies vorwiegend Flugzeuge mit besonders guter Treffsicherheit, wie Sturzkampfbomber und Zerstörer, Verwendung fanden, konnten viele Verluste, die der Zivilbevölkerung sonst entstanden wären, vermieden werden.

Den fliegenden Besatzungen der deutschen Luftwaffe war durch Befehl höherer Kommandostellen jede kriegsrechtlich nicht zulässige Waffenwirkung gegen zivile Wohnsiedlungen untersagt worden. Die Beachtung dieses Befehls wurde durch laufende Überwachung und Belehrung der fliegenden Besatzungen sichergestellt[18].

Die Einhaltung der an die fliegenden Besatzungen der deutschen Luftwaffe ergangenen Befehle zur Beachtung der kriegsrechtlichen Angriffsbeschränkungen auf militärische Objekte unter voller Schonung der Zivilbevölkerung kann der Leser am besten aus dem folgenden Auszug aus einem Kriegstagebuch entnehmen:

*Auszug aus dem Kriegstagebuch des*
*Luftflottenkommandos 1, Anlage 15*

Übersicht über die am 1. September 1939 von der Luftflotte 1 und dem Luftwaffenkommando Ostpreußen geflogenen Kampfeinsätze gegen polnisches Gebiet

| Nr. in Karte 3 | Verband | Angriffs-zeit | Angegriffenes Ziel | Bemerkungen und Ergebnis |
|---|---|---|---|---|
| | | | **A. Dem Lfl. Kdo. 1 unmittelbar unterstellt** | |
| 1 | . . . . . . | 17.12 bis 17.35 | Flugplatz Warschau-Okęcie und Wald 10 km südlich | Bahngleise am Platz Volltreffer, desgleichen Hallen. Wald brennt. Pz L Werk (Motorenbau/Treffer). Pz L Werk (Zellenwerk/Treffer). 31 Flugzeuge (am Ziel) eingesetzt. Angr.-Höhe 4000–4500 m. |
| 2 | . . . . . . | 16.48 bis 17.16 | Flugplatz Warschau-Goclaw | Südteil des Platzes Treffer, desgl. Gebäude u. Flugzeuge am Platzrand. 23 Flugzeuge (am Ziel) eingesetzt. Angr.-Höhe 4000–2000 m. S. u. m. Flak am Ziel u. bei Lodz. 15 Jäger am Ziel. |
| 3 | . . . . . . | 17.05 bis 17.25 | Ziel 763 Fort Bem. (Warschau) Mun.-Anstalt Nr. 1 | ½ Bomben im Ziel. Volltreffer in einem Munitionsschuppen. 26 Flugzeuge (am Ziel) eingesetzt. Angr.-Höhe 1200–4000 m. Jäger bei Warschau sowie Flak. |
| | | | **B. Flieger-Div. 1** | |
| 4 | . . . . . . | 06.00 | Flugplätze Putzig u. Rahmel | Im Rahmen des Einsatzes des verstärkten K. G. Keßler gegen Gdingen. Ziele in stark aufgelöstem Verband; infolge schwieriger Wetterlage teils ohne Erdsicht angeflogen. Ergebnis stark beeinträchtigt. Treffer in Unterkunft Putzig. 30 Flugzeuge eingesetzt. |
| 5 | . . . . . . | 12.56 bis 13.15 | Flugplätze Thorn u. Bromberg | **Thorn:** Bomben zum größten Teil im Ziel. Feste Bauten getroffen. Schwache Gegenwehr der Flak u. Jäger. Pz L 24 u. 11 der He 111 unterlegen. Angr.-Höhe 4000–5200 m. **Bromberg:** Feste Anlagen angegriffen. Treffer im Ziel, Flugzeuge nicht erkannt. Schwache Erdabwehr. Angriffshöhe wie Thorn. Insgesamt: 30 Flugzeuge eingesetzt. |
| 6 | . . . . . . | 12.15 bis 12.30 | Flugplatz Posen-Lawica Bhfe. Posen, Obornik und das Warthelager | **Posen-Lawica:** zahlreiche Treffer und Brände beobachtet. Keine Flugzeuge am Boden. **Bhf. Posen u. Obornik:** Treffer. **Warthelager:** Erfolg nicht beobachtet. 1. poln. Jäger abgeschossen. |

| Nr. in Karte 3 | Verband | Angriffs-zeit | Angegriffenes Ziel | Bemerkungen und Ergebnis |
|---|---|---|---|---|
| 7 | . . . . . . | ca. 12.30 | Flugplätze Gnesen n. w. Schroda, Snieciska, Posen-Lawica, Bhf. Schroda | **Gnesen:** Treffer Platzmitte u. -rand N. w. Schroda dto. **Snieciska:** Treffer auf Platz. **Posen-Lawica:** 1 Halle in Brand geworfen, Tankstelle getroffen. **Bhf. Schroda:** Bhf. u. Waggons getroffen. |
| 8 | . . . . . . | ca. 17.20 | Flughafen Thorn | Bei günstiger Witterung sehr guter Reihenwurf, Rollfeld u. Gebäude sowie Flugzeuge in der SO.-Ecke des Platzes getroffen. 27 Flugzeuge (? 30) eingesetzt. Angr.-Höhe 5000 m. Am Ziel m. u. s. Flak. 4 Jäger bei Anflug, griffen nicht an wegen eigenen Jagdschutzes. |
| 9 | . . . . . . | ca. 18.00 | Flugplätze Komorniki, Schwersenz, Posen-Lawica, Bhf. Posen, Warthelager, Sender Posen | (Stab, Staffel) **Komorniki:** hohe Stichflammen bei Flakstellung am Platzrand. **Schwersenz:** Belegung nicht erkannt. Gute Flakabwehr. **Lawica:** Bomben gut im Ziel. Mehrere Brände, auch in Posen selbst. **Bhf. Posen:** Geleise getroffen. Flak sehr gut. **Warthelager:** Treffer in Anlagen, im Osten des Lagers. **Sender:** gut eingedeckt, Brände zwischen Bhf. u. Sender. |
| 36 | . . . . . . | 17.12 | Sender Warschau-Babice und -Mokotow | Störung im Sendebetrieb Mokotow beobachtet. Angriff auf Babice wegen schwieriger Wetterlage und außerordentlich starker Jagd- und Flakabwehr nicht ausgeführt, auf andere Ziele (Muna) verteilt. 30 Flugzeuge eingesetzt. 8 Außenlandungen infolge Treibstoffmangels hinter eigenen Linien. |
| 37 | . . . . . . | ca. 16.45 bis 17.30 | Begleitschutz zu Nr. 34 bis 36 (Raum Warschau) | Starke Flakabwehr über Warschau. Luftkämpfe mit etwa 30 PZL 24 6 PZL sicher abgeschossen. |
| 38 | . . . . . . | ca. 16.45 bis 17.25 | Schutz für Nr. 34 bis 36 | 36 Flugzeuge eingesetzt zur freien Jagd über Warschau. Gruppe kommt auseinander. Notlandungen: auf eigenem Gebiet: 7, davon 6 mit Bruch. 5 Flugzeuge vermißt. 1 Flugzeug auf polnischem Gebiet gelandet. 2 Feindabschüsse. |

Aus diesem Auszug eines Kriegstagebuches ist ersichtlich, daß die strategischen Luftangriffe am 1. September 1939 sich ausschließlich gegen militärische Objekte, wie Flugplätze, Festungsanlagen, Verkehrsziele, Flakstellungen und Flugzeugfabriken richteten. Bereits der unter Nr. 1 oben verzeichnete Luftangriff führte als Ziel 2 PZ L Flugzeugwerke für Motorenbau und ein Zellenwerk in Warschau an. Die unter Nr. 1–3 und Nr. 36–38 (Nr. in Karte 3) oben angeführten Luftangriffe von 80 deutschen Flugzeugen (Bomber) auf Warschau entsprechen ziemlich sicher dem von Mason geschilderten Bombardements: „Wenige Minuten nach 17.30 Uhr erschienen 90 He 111 des Kampfgeschwaders 27 über Warschau; 36 Zerstörer vom Typ Me 110 flogen Begleitschutz. Sie waren bald in einen Luftkampf mit 30 P 11 verwickelt und schossen fünf polnische Jäger ab."[19]

In stärkerem Ausmaße wurde jedoch die Zivilbevölkerung Warschaus, der Hauptstadt Polens, in Mitleidenschaft gezogen. Warschau war nach Vernichtung des polnischen Feldheeres eingeschlossen und von einer Besatzung in Stärke von über 100 000 Mann zur Verteidigung eingerichtet worden. Nach wiederholten, fruchtlos gebliebenen Übergabeaufforderungen und der Nichtbeachtung eines an die Zivilbevölkerung gerichteten Aufrufes, die Stadt an den Straßenausgängen zu verlassen[20], begannen die Deutschen am 18. September 1939 erneut mit der Beschießung der Stadt, führten jedoch noch keine Luftangriffe durch.

Zwei Tage zuvor, nämlich am 16. September, hatte das deutsche Oberkommando sogar einen deutschen Offizier als Parlamentär nach Warschau entsandt, um die seit Tagen eingeschlossene Stadt zur Übergabe aufzufordern und dadurch unabsehbares Blutvergießen zu vermeiden. Der Stadtkommandant von Warschau lehnte sowohl den Empfang des deutschen Parlamentärs als auch die Entgegennahme seiner schriftlichen Botschaft ab. Daraufhin ließ das Oberkommando der Wehrmacht Flugblätter mit folgendem Inhalt (auszugsweise) über Warschau abwerfen:

*An die Bevölkerung von Warschau!*

Eure Regierung hat die Stadt zum Kriegsgebiet gemacht und des Charakters einer offenen Stadt entkleidet … Es wird nunmehr folgende Aufforderung an den Militärbefehlshaber in Warschau gerichtet:

1. Die Stadt ist mit allen Teilen innerhalb von 12 Stunden den deutschen Truppen, welche Warschau umzingelt halten, zur kampflosen Besetzung zu übergeben.

2. Die polnischen Truppen in Warschau haben sich in der gleichen Zeit den deutschen Militärbefehlshabern zu ergeben.

3. Falls der Aufforderung Folge geleistet wird, ist dem nächsten deutschen Militärbefehlshaber die Übergabe anzuzeigen.

4. Sollte der Aufforderung nicht Folge geleistet werden, so hat die Zivilbevölkerung zwölf Stunden Zeit, das Stadtgebiet auf den Straßen nach Siedlce und nach Garwolin zu verlassen. Nach Ablauf dieser zwölf Stunden wird in diesem Falle das gesamte Stadtgebiet Warschau als Kampfgebiet mit allen sich daraus ergebenden Folgen behandelt. Die Zwölf-Stunden-Frist beginnt mit Abwurf dieses Flugblattes."

Der Abwurf dieses Flugblattes in großer Menge erfolgte am 16. September um 15.10 Uhr.

Am folgenden Tag, dem 17. September, wandte sich der Warschauer Stadtkommandant an das deutsche Oberkommando mittels Funkspruch mit der Bitte um Annahme eines polnischen Parlamentärs. Die Deutschen gaben hierauf ihre Bereitwilligkeit, einen polnischen Parlamentär zu empfangen, bekannt und legten Zeit, Ort und weitere Bedingugnen, wie Flaggenführung, fest.

Weder zur angegebenen Stunde, um 22.00 Uhr dieses Tages, noch später erschien jedoch ein polnischer Parlamentär. So sollte am 18. September der Angriff auf Warschau beginnen; es kam jedoch nur zu der bereits erwähnten Beschießung. Der Angriff dagegen wurde verschoben. Am 17. September hatten die sowjetischen Armeen die polnische Ostgrenze überschritten und innerhalb kurzer Zeit Ostpolen bis zu einer mit den Deutschen zuvor vereinbarten Demarkationslinie bei nur geringem Widerstand der bis auf die Festung Warschau zusammengebrochenen polnischen Truppen besetzt. Nunmehr sollten auf Wunsch der Roten Armee Änderungen der Demarkationslinie vorgenommen werden. In den bis 22. September dauernden Verhandlungen mit den Sowjets wurde

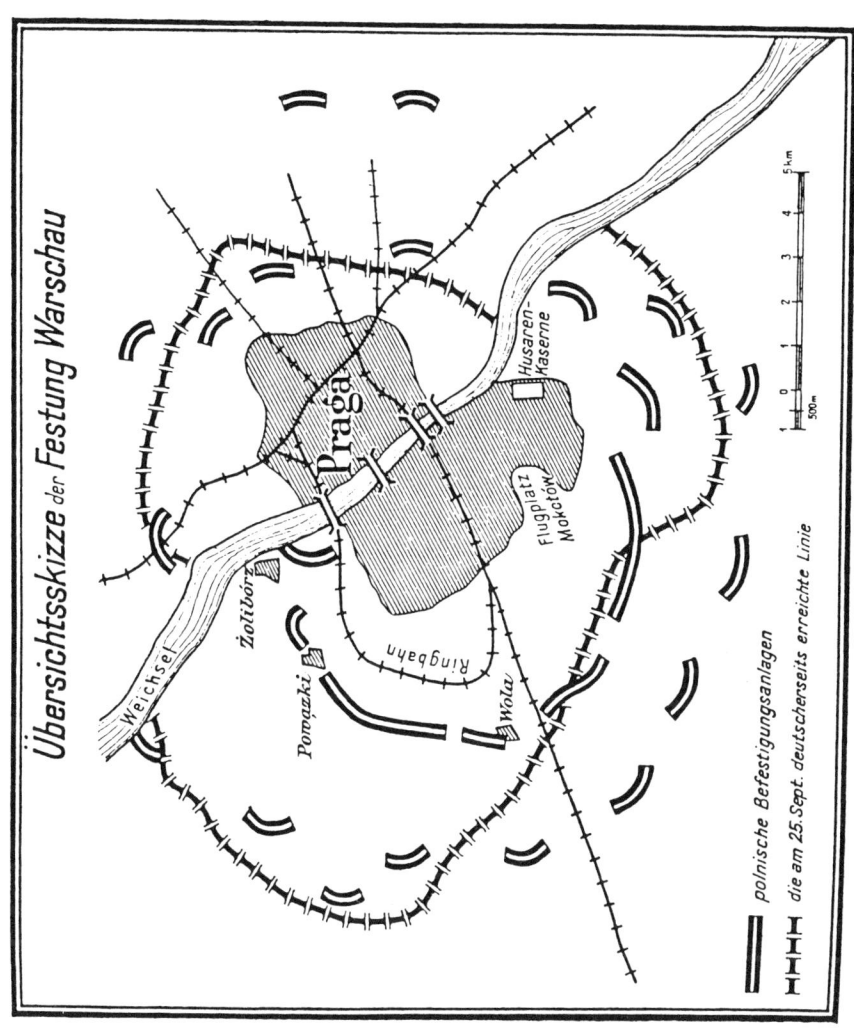

Die polnische Hauptstadt Warschau war ein eindeutig verteidigter und stark befestigter
Ort und durfte daher beschossen und bombardiert werden.

bestimmt, daß die deutschen Truppen die Weichsel bei Warschau am 3. Oktober überschreiten sollten[21].

Der endgültige Angriff auf die polnische Festung Warschau wurde für 25. September festgelegt (siehe Übersichtskarte der Festung Warschau). Den westlich der Weichsel gelegenen Stadtkern schützte ein doppelter Fortgürtel zu je elf Forts, der östliche Stadtteil, Praga, wurde durch einen 2–3 km vom Stadtrand entfernten Festungsgürtel gesichert.

Zuvor konnten lediglich noch 178 Angehörige des diplomatischen Korps und 1200 sonstige Ausländer Warschau auf der Ausfallstraße nach Radzymin verlassen. Da hierfür am 22. September in der Zeit von 14.00 bis 18.00 Uhr eine absolute Waffenruhe angeordnet und die diplomatischen Vertreter und Ausländer in bereitgestellten Eisenbahnzügen noch in der Nacht nach Königsberg gebracht wurden, blieben alle wohlbehalten und unverletzt.

Die übrige Zivilbevölkerung konnte Warschau dagegen auf Anordnung des polnischen kommandierenden Generals Rommel trotz der deutschen Angebote auf freien Abzug nicht verlassen. Im Gegenteil, die Zivilbevölkerung, an die Waffen ausgegeben worden war, wurde zum härtesten Widerstand aufgerufen; jedes Haus sollte zu einer Festung, jeder Straßenbahnwagen zu einer Barriere werden.

Der Angriffsbefehl des Oberbefehlshabers der Luftwaffe an die Luftflotten 1 und 4 auf Warschau für den 25. September besagte u. a., daß „unter engster Fühlungnahme mit den bei Warschau eingesetzten Heeresteilen Vorbereitungen für die Durchführung des Angriffes zu treffen sind ... Zu Beginn des Angriffes sind die für die Lebenserhaltung und Versorgung der Bevölkerung wichtigen Anlagen nachhaltig zu zerstören." Darüber hinaus wurden Störungs- und Zermürbungsangriffe auf alle militärisch wichtigen Ziele befohlen, darunter auch militärische und politische Behörden, besonders auf das Haus des General-Inspektorats[22]. Auf besonders wichtige militärische Objekte wurde der Brandbombenabwurf freigegeben; es durfte dadurch aber kein allgemeiner Brandbombenangriff auf Warschau entstehen. Desgleichen mußte mit Bomben schweren Kalibers Maß gehalten werden. Zur Ausschaltung der feindlichen Flak-Wirkung, an deren außerordentlicher Gefährlichkeit für die deutschen Bomberbesatzungen sich offensichtlich seit den ersten strategischen Bombardements auf

*Eine der ersten britischen Bomben auf Köln fiel im Frühjahr 1940 ausge-rechnet in die „Friedensstraße".*

*Bei einem der Nachtangriffe der RAF im Oktober 1940 fielen Bomben auf die vorschriftsmäßig mit dem „Roten Kreuz" gekennzeichnete Universitäts- klinik von Münster.*

*Die von deutschen Flugzeugen zerstörte Hauptstraße Coolsingel in Rotterdam.*

*Die deutsche Luftwaffe zerstörte englische Lagerhäuser (oben)
in London und verursachte bei ihrem schweren Luftangriff am 7. September 1940
Großbrände in den Treibstofftanks des Themse-Hafens (unten).*

*Deutsche Flugzeuge bombardierten die englische Industriestadt Coventry besonders schwer in der Nacht vom 14. auf 15. November 1940.*

*Der Belgrader Konak, Sitz des jugoslawischen Königs, wurde beim deutschen Luftangriff am 6. April 1941 auf die militärischen und politischen Zentren des jugoslawischen Staates zerstört.*

Warschau am 1. September nichts geändert hatte[23], mußten die für 25. September vorgesehenen Luftangriffe aus großer Höhe geführt werden. Am Abend des 24. September standen für den Hauptangriff am nächsten Tag zur Verfügung:

1 Fernaufklärerstaffel
3 Kampfgruppen
8 Stukagruppen
1 Schlachtgruppe
1 Zerstörergruppe
1 Jagdgruppe
1 Transportgruppe (Ju 52)

Das waren insgesamt 526 Flugzeuge, darunter 254 Stukas und 47 Ju 52; alle lagen dicht massiert um die polnische Hauptstadt.

## *Der Großangriff auf Warschau am 25. September 1939*

Ab 25. September in der Früh kämpfte sich die deutsche Infanterie an die Forts der ersten Gürtellinie heran. Ab 8.00 Uhr früh bekämpften vor allem die Stuka-Geschwader Einzelziele wie Befestigungsanlagen, Eisenbahngeschütze und die Flugzeug- und Motorenwerke, wovon es in Warschau drei gab (außerdem noch vier Flugzeugwerkstätten). Das Kampfgeschwader 77 bombardierte die Gebäude des Ministerrates, des Innen- und Außenministeriums, das städtische Gaswerk und Kasernen. Die Schlachtgruppe II/ Lehrgeschwader 2 streute mit Splitterbomben den Flugplatz Mokotow ab, bombardierte Metallwarenfabriken, die Höhere Kriegsschule, die Hauptpost und die Senderanlagen. Während des ganzen Tages warfen die 47 Ju 52 der Transportgruppe 102 510 Stück Elektron-Brandbomben ab. Diese massierten Luftangriffe waren hauptsächlich, wenn nicht fast ausschließlich gegen den Westteil Warschaus gerichtet, der, wie schon erwähnt, bis 3. Oktober in deutscher Hand sein mußte. Auf den Ostteil der Stadt, Praga, fanden die obenerwähnten Angriffe auf Eisenbahngeschütze, ansonsten anscheinend nur Täuschungsangriffe statt.

Diese auf fast nur einen Tag konzentrierten Luftangriffe – schon aufgrund schlechter Witterung konnten Bombardierungen in den

Tagen zuvor nur im kleineren Umfang erfolgen – verursachten furchtbare Zerstörungen. Da das Wasserwerk, das Dampfkraftwerk, das die Stadt mit Elektrizität versorgt hatte, und auch das Gaswerk durch Bomben ausgeschaltet und auch die Rohrleitungen unzählige Male getroffen wurden, fehlte es bald an Wasser, elektrischem Strom und Gas, den Hauptelementen einer großstädtischen Versorgung[24]. Fehlendes Wasser und schlechte Feuerwehrausrüstung führen, wie wir im Krieg der Bomber gegen europäische Städte immer wieder erleben mußten, oftmals zur Katastrophe. Über Warschau lagerte bald eine zusammenhängende Wolke von Rauch und Staub; helle Stellen zeigten Großbrände an, die weiter um sich griffen. Infolge der Angriffe auf die zentralen militärischen und politischen Behörden sanken bald nach den ersten Angriffen ganze Häuserzeilen in Trümmer[25].

Dennoch ordnete am Abend dieses Katastrophentages für Warschau das deutsche OKW aufgrund der vernichtenden Wirkungen der Tagesluftangriffe der beiden deutschen Luftflotten die sofortige Einstellung der Bombardements an. Es kamen dann nur noch Flugblätter mit der neuerlichen Aufforderung zur Übergabe der Stadt am kommenden 26. September zum Abwurf. Tatsächlich bot der Kommandant Warschaus, General Rommel, am 26. September nachmittags endlich die Übergabe der Stadt und ihrer Besatzung an. Am 27. September um 14.00 Uhr trat vor Warschau Waffenruhe ein; fast 100 000 polnische Offiziere und Soldaten traten den Marsch in die Gefangenschaft an. Wie viele gefallene polnische, meist junge Soldaten und wie viele getötete friedliche Zivilpersonen, Frauen und Kinder Warschaus, diese sinnlose Verlängerung des Krieges gefordert hatte, ist nicht bekanntgemacht worden.

## WARSCHAU 1939 – Initialzündung für Auslösung des Luftkrieges gegen die Zivilbevölkerung?

Warschau war einwandfrei als verteidigte Stadt anzusehen, deren Einnahme beabsichtigt war. Der Art. 25 HLKO konnte daher keine Anwendung finden. Die Luftangriffe auf Warschau wurden zur Unterstützung des Belagerungsheeres durchgeführt, trugen also ausgesprochen taktischen Charakter. Demgemäß ist die Beurteilung nach der HLKO vorzunehmen. Schließlich gilt in diesem Falle auch noch die Ausnahmebestimmung des Kriegsrechtes hinsichtlich der Beschießung und Bombardierung einer belagerten Stadt.

Durch die wiederholte Kapitulationsaufforderung an die Besatzung von Warschau hat der Befehlshaber der deutschen Truppen die Vorschrift des Art. 26 HLKO, daß vor Beginn einer Beschießung die Behörden der Verteidiger benachrichtigt werden sollen, erfüllt, obwohl dies vor Luftangriffen nicht notwendig ist[26]. Außerdem wurde der Zivilbevölkerung die Möglichkeit zum Verlassen der Stadt gegeben, wozu ebenfalls keine Verpflichtung bestanden hätte.

Inwieweit ist aber die deutsche Luftwaffe der gemäß Art. 27 HLKO bestehenden Vorschrift, bestimmte Gebäude soweit als möglich zu schonen, nachgekommen? Spaight stellte fest, daß in Warschau Kirchen und Spitäler zerstört wurden und daß weder von den deutschen Land- noch Luftstreitkräften Versuche unternommen wurden, um solche Gebäude zu schonen[27]. Leider gibt Spaight hierzu keine näheren Erläuterungen. Es fragt sich vor allem, ob die Verteidiger ihrer gemäß dem genannten Artikel bestehenden Kennzeichnungs- und Entmilitarisierungsverpflichtung nachgekommen sind. Diese Verpflichtungen werden nämlich gerade bei Belagerungskämpfen oft nur schwer erfüllbar sein. So war Warschau auch verhältnismäßig schnell eingeschlossen worden, so daß den Verteidigern möglicherweise zur Kennzeichnung der geschützten Gebäude keine Zeit mehr geblieben ist.

Darüber hinaus wird es in einer belagerten Stadt nicht immer leicht sein, geschützte Gebäude und deren unmittelbare Umgebung entsprechend eindeutig zu entmilitarisieren. Schließlich hatten sich die Verteidiger insbesondere in den letzten Tagen der Belagerung zu einer tiefgestaffelten Verteidigung eingerichtet, so daß mit zunehmender militärischer Besetzung und Einrichtung die Zahl der militärischen Objekte immer größer geworden sein muß. Möglicherweise waren die aus der Luft angegriffenen Stadtteile schon so stark mit militärischen Objekten durchsetzt, daß eine Schonung der geschützten Gebäude tatsächlich nicht mehr durchgeführt werden konnte.

Spetzler weist darauf hin, daß die deutsche Luftwaffe die Angriffe zunächst unter größtmöglicher Schonung der Zivilbevölkerung durchzuführen versucht hat[28]. Dies wurde mit fortschreitender Verkleinerung des Verteidigungsringes schon deshalb unmöglich, weil die Stadt, wie erwähnt, immer dichter mit militärischen Zielen durchsetzt worden ist. Trotzdem ist es aber nicht zu einer ausgesprochenen Terrorbeschießung und -bombardierung der Zivilbevölkerung gekommen, mit dem Ziel, diese für die Übergabe der Stadt mürbe zu machen.

Zusammenfassend kann festgestellt werden, daß die Belagerung Warschaus den Vorschriften des Kriegsrechts entsprechend vorgenommen wurde. Der deutsche Befehlshaber hat sogar unter Verzichtleistung auf die nach dem Kriegsgewohnheitsrecht bestandene Möglichkeit einer Schonung der eigenen Truppen weitgehend auf die Zivilbevölkerung Warschaus Rücksicht genommen. So hätte er die Übergabe der Stadt ohne den Einsatz der eigenen Sturmtruppen nur durch Terrorbeschießen und -bombardieren erzwingen können, wobei die Zivilbevölkerung sicherlich besonders schwer in Mitleidenschaft gezogen worden wäre. Statt dessen kam es am 25. September zum Sturmangriff der deutschen Truppen, dem bereits zwei Tage später die Kapitulation der Besatzung Warschaus folgte.

Trotz dieser sicherlich unparteiischen und nach wissenschaftlichen Prinzipien erfolgten kriegsrechtlichen Beurteilung des für jeden wahren Soldaten zweifellos schmerzlichen Ereignisses, bei dem die absolute Schonung der Zivilbevölkerung nicht immer gesichert werden konnte, kann der Leser noch nicht von diesem am Beginn des schrecklichsten europäischen Bürgerkrieges christlicher Nationen der Geschichte stehenden Kampf entlassen werden. Zu viele Schuldzuweisungen sind von Berufenen und Unberufenen zum „Fall" Warschau vorgenommen worden. Diese anzuführen und notwendigerweise ins richtige Lot zu bringen, sind diejenigen verpflichtet, die wenigstens ein kleines Scherflein zur Warnung vor Wiederholungen und damit zur Verhinderung weiterer derartig menschenunwürdiger Massenvernichtung beitragen wollen.

In einem Monumentalwerk „Die Geschichte des Luftkrieges 1910–1970" schreibt Olaf Groehler, DDR „vom brutalen Charakter der Bombardierung Warschaus, das vom 17. September an schutzlos dem faschistischen Luftterror preisgegeben war. Binnen weniger Tage wurden 5818 Tonnen Bomben auf die polnische Metropole abgeworfen, eine für die damalige Zeit unvorstellbare Konzentration von Vernichtungsmitteln, zieht man in Betracht, daß z. B. auf Dresden während des gesamten Krieges ‚nur' 1989 Tonnen fielen."[29] Die tatsächlich auf Warschau in den letzten Tagen vor der Kapitulation der Stadt abgeworfenen

Spreng- und Brandbombenmengen waren:

| | | |
|---|---|---|
| Etwa vom 22.–24. September 1939 | 341 Tonnen | — |
| Am 25. September | 487 Tonnen | 72 Tonnen |
| zusammen | 828 Tonnen plus 72 Tonnen = 900 Tonnen | |

Es ist völlig unverständlich, wie Groehler auf den außerordentlich hohen Bombenabwurf von 5818 Tonnen kommt. Ein Quellennachweis hierfür wird von ihm gar nicht erbracht, was bei einer „Steigerungsrate" von 900 Tonnen auf 5818 Tonnen, also fast 6½ mal mehr Bomben-Zerstörungsausmaß, schon notwendig wäre. Aber auch Groehlers Anzahl von einer Gesamtabwurfmenge von 1989 Tonnen Bomben auf Dresden findet sich nirgends. Demgegenüber werden von Pielkalkiewicz[30] 3430 Tonnen Bomben und von Weidauer[31], DDR, 3749 Tonnen für den Dresden-Abwurf am 13./14./15. Februar 1945 genannt. Hinzu kommen noch die von McKee[32] erwähnten 2763,7 Tonnen Bomben, die am 2. März und am 17. April 1945 auf Dresden zur Gänze oder zu einem Teil davon abgeladen worden sind, so daß den 1989 Tonnen Bombenabwurf nach Groehlers Angaben rund 6000 Tonnen Bomben der übrigen genannten Autoren gegenüberstehen.

Mag es auch keine große Rolle gespielt haben, ist es doch vorzubringen: Die deutschen Armeen hatten am Beginn des Polenfeldzuges nur einen Munitionsvorrat von drei Wochen. Wie weit sich daraus ein Bombenüberschuß oder Bombenmangel ableiten läßt, ist nachträglich sicher nur mehr eine hypothetische Feststellung.

## Die Luftwaffe hat in Polen nur militärische Ziele bombardiert

Nach diesen ermüdenden, hier aber die Verursachung von Tod und Zerstörung bildenden Zahlenreihen, möge einem zwei Tage lang, am 1. und 2. September neutralen und ab 3. September plötzlich feindlichen Franzosen Platz für eine Aussage gegeben werden. In einem Bericht des französischen Luftattachés in Warschau, General Armengaud, heißt es unter anderem[33]:

133

„... Die Tätigkeit der deutschen Luftwaffe hat... einen sehr erheblichen Einfluß auf den Verlauf der Operationen gehabt... Das polnische Oberkommando sah nichts mehr, hatte keine Verbindungen, keine Verbindungsstraßen, die Arbeitsbedingungen seines Generalstabes waren außerordentlich schlecht; es erfuhr nichts mehr, konnte nichts mehr voraussehen, keine Nachrichten und keine Befehle mehr geben. Deutschlands Überlegenheit zur Luft ist vielleicht die erste und wichtigste Ursache der polnischen Niederlage, denn sie hat das Oberkommando und die Verkehrsadern des mobilisierten Landes fast ausgeschaltet.

Die deutsche Luftwaffe hat die Bevölkerung nicht angegriffen. Ich muß unterstreichen, daß die deutsche Luftwaffe nach den Kriegsgesetzen gehandelt hat; sie hat nur militärische Ziele angegriffen. Und wenn oft Zivilpersonen getötet und verwundet worden sind, so deswegen, weil sie sich neben diesen militärischen Zielen befanden. Es ist wichtig, daß man das in Frankreich und England erfährt, damit keine Repressalien unternommen werden, wo kein Anlaß zu Repressalien ist, und damit nicht von uns aus ein totaler Krieg entfesselt wird."

## *Kriegsende 1939?*

Das Jahr 1939 versetzte Europa in einen neuerlichen Bürgerkrieg, einen Krieg, den die Völker dieses Kontinents im Gegensatz zum Beginn des vorhergegangenen Bürgerkrieges im Jahre 1914 nicht gewollt hatten. Bereits in den Ersten Wochen dieses neuen europäischen Krieges ergaben sich glücklicherweise Aussichten auf eine verhältnismäßig rasche Beendigung dieser unglückseligen Auseinandersetzung. Sie bestanden einerseits im „Friedensangebot" an England und Frankreich, vom 6. Oktober 1939, das Hitler mit den Worten eingeleitet hatte: „... Ich hatte es aber vor allem unternommen, das Verhältnis zu Frankreich zu entgiften und für beide Nationen tragbar zu gestalten... Ich habe es geradezu als ein Ziel meines Lebens empfunden, die beiden Völker (das deutsche und das englische Volk) nicht nur verstandes-, sondern auch gefühlsmäßig einander näherzubringen...".[34]

Andererseits bestand schon Wochen zuvor eine Möglichkeit, diesen Krieg zu beenden. Dies wäre dann gegeben gewesen, wenn

England und Frankreich in Erfüllung des mit Polen abgeschlossenen Garantievertrages den Polen über die am 3. September 1939 an
Deutschland erfolgte Kriegserklärung hinausgehend großzügige
Hilfe gewährt hätten. Diese Hilfeleistung für Polen hätte allerdings
in einer sofort anlaufenden Offensive gegen die deutsche Westfront
bestehen müssen. Die Franzosen hatten 85 Divisionen an ihrer
Nordfront zusammenziehen können und konnten darüber hinaus 5
Millionen Mann mobilisieren[35]. Hinzu kam die englische Zusage
auf Entsendung eines Expeditionskorps von vier regulären Divisionen – es sollten daraus sogar fünf werden –, die nur den Nachteil der
zur Hilfeleistung an Polen viel zu späten Ankunft hatten. Deutschland hatte an der Front den Franzosen gegenüber fast durchwegs
nur Reservedivisionen stehen. Darunter befanden sich Divisionen,
die zu einem großen Teil aus Rekruten mit einer einmonatigen
Ausbildung und aus ehemaligen Frontsoldaten des Ersten Weltkrieges bestanden. Von 30–33 Divisionen[36], die zur Verteidigung
der fünfhundert Kilometer langen deutschen Westfront zur Verfügung standen, waren nur 8 bis 12 Divisionen[37] voll einsatzfähig.
Demgegenüber hätten die 85 französischen und die 5 englischen
Divisionen – wenn letztere, erst nach Tagen eintreffend, auch nur
mehr Reservefunktion übernehmen sollten – die relativ schwachen
deutschen Verteidiger in den ersten drei Wochen des September
1939 offensiv bekämpfen, die deutsche Front durchstoßen und zur
Bedrohung des nicht besonders geschützten Ruhrgebietes, der
Waffenschmiede Deutschlands, ansetzen müssen. Eine derartige
Offensive der Alliierten gegen die deutsche Westfront wäre zu
einem späteren Zeitpunkt keinesfalls mehr erfolgversprechend
gewesen, weil das deutsche Oberkommando der Wehrmacht spätestens ab 20. September mit der Herausnahme aktiver und nun
bereits kampferprobter Divisionen aus der Polenfront begann, um
diese auf dem schnellsten Wege an der Westfront zum Einsatz zu
bringen[38].

Der Alpdruck Hitlers und seiner Generäle war vom Beginn des
Polenfeldzuges an und noch mehr seit der englischen und französischen Kriegserklärung an Deutschland am 3. September 1939 ein
wahrscheinlicher Zweifrontenkrieg[39]. Diesen ungeheuren Vorteil
für die Engländer und Franzosen konnte Hitler ihnen nicht mehr
entreißen. Der britische Historiker Irving berichtet: „Gegen neun
Uhr morgens erschien Hitler im ‚Lagezimmer' (des ‚Befehlswa-

gens' eines als Hauptquartier in Polen eingesetzten deutschen Sonderzuges), begrüßte seine Mitarbeiter mit Handschlag und nahm Jodls (Generalmajor und militärischer Chefberater Hitlers) mündlichen Bericht über die Morgenlage entgegen... Seine erste Frage lautete regelmäßig, ob die Westmächte schon ihren Angriff begonnen hätten... Dann wäre – Hitler verbarg das nicht vor seinen Mitarbeitern – der Krieg vorüber... Es war nicht zu begreifen. Während Polen unter dem Ansturm der deutschen Streitkräfte taumelte und niedersank, blieben seine Verbündeten stimmgewaltig, aber im übrigen untätig und ungenutzt ließen sie die kostbare Gelegenheit verstreichen, die nun von Tag zu Tag geringer wurde."

Hitlers Alpdruck „Zweifrontenkrieg" war mehr als begründet, denn die deutsche Wirtschaft konnte einen langen Krieg nicht durchhalten, und die Deutsche Wehrmacht war nicht in der Lage, an zwei Fronten gleichzeitig Krieg zu führen. Vor allem quälte Hitler der Gedanke, daß Deutschland durch eine Kette von Luft- und Landangriffen gegen das Ruhrgebiet rasch besiegt werden könne. Sollte das Ruhrgebiet in die Reichweite andauernder britischer Luftangriffe oder der französischen Artillerie kommen, werde es aufhören, ein aktiver Faktor in der deutschen Kriegswirtschaft zu sein, und nichts könne das Ruhrgebiet ersetzen, sagte Hitler zu seinen Generälen[40].

Auf seiten der Alliierten gab es tatsächlich Planungen des R.A.F.-Bomberkommandos, die eine völlige Vernichtung der 19 Kraftwerke und 26 Kokereien der Ruhr durch 3000 Flugzeugeinsätze vorsahen. Aufgrund der übertrieben dargestellten Leistungsfähigkeit der Luftwaffe – eine Darstellung, die bekanntlich auf Hitlers und Görings beabsichtigte Irreführung zurückzuführen war – kalkulierten die Briten, daß die Deutschen London vierzehn Tage lang täglich mit 1000 Bombern angreifen könnten. Diese Fehlkalkulation dürfte an der Nichtausführung der R.A.F.-Bomberkommando-Planungen „Ruhrgebiet" sicherlich mitschuldig sein.

Während in Warschau noch Plakate an den Wänden hingen, die zum „Marsch nach Berlin" aufriefen und die polnischen Zeitungen sowie der Rundfunk vom siegreichen Vormarsch der Franzosen und dem Durchbruch durch den Westwall (Deutschlands Sicherheitslinie im Westen) mit Eroberung von Karlsruhe berichteten, waren die polnischen Armeen bereits seit Tagen auf dem vollen

Rückzug, und nicht *polnische* Soldaten standen vor Berlin, sondern die *deutsche* 10. Armee war nur mehr 60 km von Warschau entfernt[41].

Bereits in den ersten für die Polen glücklos verlaufenen Tagen richteten sie dringende Appelle an Paris. Am 4. September schlossen die Franzosen mit den Polen einen Beistandspakt auf Gegenseitigkeit – nach englischem Muster – ab. Dieser Beistandspakt trat sofort in Kraft. Unmittelbar darauf verlangte der polnische Botschafter in Paris eine allgemeine Offensive gegen die deutsche Westfront, und zwar im Sinne der Vereinbarung vom 19. Mai zwischen General Gamelin und dem polnischen Kriegsminister[42].

Aber erst am 7. September überschritten neun französische Divisionen die deutsche Grenze und rückten auf schmaler Front zögernd ins Saarland vor. Bereits am 12. September ging der französische „Vormarsch" zu Ende, nachdem man weniger als 10 km vorangekommen und 20 verlassene Ortschaften besetzt hatte. Zwei Wochen danach zogen sich die Franzosen in die Ausgangsstellungen zurück[43]. Eine größere Aktion war dann ab 17. September geplant, doch „zu diesem Zeitpunkt war Polen bereits sichtbar im Zusammenbrechen, so daß die Franzosen eine gute Entschuldigung hatten, als sie die Aktion absagten", schreibt Liddell Hart[44].

Das polnische Oberkommando hatte aber auch in London und Paris durch Bitten, in die sich unzweideutig auch Vorwürfe mischten, das schnelle Eingreifen der westlichen Luftstreitkräfte verlangt. Die Briten antworteten ausweichend, die RAF werde jede Nacht Flugblätter über Deutschland abwerfen, und die Franzosen lehnten trotz ihrer Hilfeversprechen überhaupt ab, weil sie befürchteten, durch Bombardierung deutscher Ziele Vergeltungsmaßnahmen der deutschen Luftwaffe gegen die eigene Kriegsindustrie zu provozieren[45].

Im Herbst 1939 hat sich das Schicksal Europas entschieden. Die Engländer und Franzosen auf der einen und die Deutschen auf der anderen Seite hatten hauptsächlich geblufft. Die Engländer und Franzosen mit ihren Hilfeversprechen an Polen, die einzuhalten sie gar nicht die Absicht hatten[46], wohl aber dienten sie ihnen zur Provokation der Deutschen, den ersten Schuß abzugeben. Die Deutschen hatten mit ihrer übertriebenen Stärke der Luftwaffe geblufft und gaben damit ihren Gegnern nur das Alibi, ihre

Hilfeversprechen an Polen aufgrund befürchteter „1000-Bomber-Luftangriffe" der deutschen Luftwaffe auf London und die französische Kriegsindustrie nicht einhalten zu *können*. Tatsächlich hatten die Engländer und Franzosen im September die Oberhand und waren – wie Churchill sagte – die Herren der Lage.

Im Herbst 1939, genauer im September 1939 hatten die europäischen Großmächte England, Frankreich und Deutschland die letzte Chance für den Frieden in Europa vergeben: das Schicksal nahm seinen Lauf. Vielleicht konnten *oder* wollten die Mächte dieses und anderer Erdteile die einmal in Gang gesetzte Kriegsmaschine nicht mehr abschalten?

1 „Liddell Harts Geschichte des Zweiten Weltkriegs", Düsseldorf–Wien, 1972, S. 25, erklärende Ergänzungen des Verfassers: im Zitat in Klammer gesetzt, Hinweis auf Liddell Hart, Militärschriftsteller, im Vorwort von Hans Adolf Jacobsen.
2 H. M. Mason, a.a.O., S. 262.B
3 Im Süden des Deutschen Reiches, im österreichischen Kärnten, fand eine Mobilisierung Ende August oder erst Anfang September 1939 statt. Die Zustellung der Einberufungsbefehle an die Bürgermeister und Gemeindeämter der Ortschaften südlich Klagenfurts erfolgte unter Zuhilfenahme von ehrenamtlichen Helfern vom NSKK (Privat-Pkw und Besitzer als Fahrer) und HJ als Einweiser grundsätzlich nur in den Nachtstunden (gemäß eigenem Erleben des Verfassers).
4 „Generaloberst Alexander Löhr – Ein Lebensbild" von Oberst a. D. D. J. Diakow, 1964, Freiburg i. B., S. 21ff.
5 Einzelheiten über Gliederung der österreichischen Luftstreitkräfte siehe Diakow, Anhang.
6 „Illustrierte Geschichte des Zweiten Weltkrieges" von Dr. Kurt Zentner, 1963, München, S. 71ff.
7 Kurt Zentner, a.a.O., S. 72.
8 Janusz Pielkalkiewicz, a.a.O., S. 18.
9 F. J. Veale, „Der Barbarei entgegen – Wie der Rückfall in die Barbarei durch Kriegführung und Kriegsverbrecherprozesse unsere Zukunft bedroht." 1962, Wiesbaden, S. 67ff.
10 Janusz Pielkalkiewicz, a.a.O., S. 18.
11 „Geschichte des Luftkrieges 1910–1970" von Olaf Groehler, 1975, Berlin, S. 217ff.
12 Derselbe, a.a.O., S. 226.
13 „Generaloberst Alexander Löhr – Ein Lebensbild" von Oberst a. D. Diakow, 1964, S. 145f., siehe auch im Anhang: Gliederung der Luftstreitkräfte...
14 J. Diakow, a.a.O., S. 145f.
15 H. M. Mason, a.a.O., S. 268.
16 Siehe Anhang: Gliederung, Stärken und Aufmarsch der deutschen Luftstreitkräfte Ost am 31. 8. 1939 und luftstrategische Lage Polens 1939 siehe auch Helmuth Günther Dahms, Der Zweite Weltkrieg, Tübingen, 1960, S. 62: „Am

1. September 1939 um 4.40 Uhr morgens starteten fast 1500 Maschinen zum Angriff..."

17 Es handelte sich um einen im Sinne des Briand-Kellogg-Paktes vom Jahre 1928 verbotenen Angriffskrieg Deutschlands (die Frage des Angriffskrieges im Zusammenhang mit dem erwähnten Vertrag wurde im Anhang dieses Buches, und zwar im V. Kapitel „Der Briand-Kellogg-Pakt vom 27. August 1928" näher behandelt. Zur Vorgeschichte des Krieges vgl. u. a. Ploetz S. 1 ff., Fuller S. 11 ff., Tansill des öfteren, Grenfell wiederholt und Schmidt S. 17 ff., Liddell Hart, S. 17 ff., Nicoll wiederholt, Kurt Zentner, S. 11 ff., Walendy wiederholt.

18 „Luftkrieg und Menschlichkeit" von Eberhard Spetzler, 1956, Göttingen–Berlin–Frankfurt/Main, S. 230 f.

19 H. M. Mason, a.a.O., S. 268.

20 Erik Castrén, „The present Law of War and Neutrality", 1954, Helsinki, S. 197.

21 J. Diakow, a.a.O., S. 156 ff.

22 J. Diakow, a.a.O., S. 156 ff.

23 Siehe Auszug aus Kriegstagebuch 1. 9. 1939 oben auf S. B2/9.

24 J. Diakow, a.a.O., S. 158 f.

25 Auf das gesamte Stadtgebiet verteilt war der Zerstörungsgrad Warschaus nach den deutschen Luft- und Artillerieangriffen nicht als besonders schwer zu bezeichnen (siehe auch Foto vom bombardierten Warschau).

26 Ähnlich wie vor einem Sturmangriff (Castrén, a.a.O., S. 406).

27 „Air Power and War Rights" von J. M. Spaight, London, 1947, S. 265 und 286.

28 Eberhard Spetzler, a.a.O., S. 237.

29 „Die Geschichte des Luftkrieges 1910–1970" von Olaf Groehler, Berlin, S. 227.

30 Janusz Pielkalkiewicz, a.a.O., S. 401 f.

31 „Inferno Dresden" von Walter Weidauer, 1966, Berlin-DDR, S. 135.

32 „Dresden 1945 – Das deutsche Hiroshima", 1983, Wien–Hamburg, S. 282 ff.

33 Weißbuch, S. 76 ff.

34 Kurt Zentner, a.a.O., S. 82.

35 Liddell Hart, a.a.O., S. 32.

36 „Hitler und seine Feldherren" von David Irving, Berlin–Wien, 1975, S. 10.

37 „Kriegsende 1939? Der versäumte Angriff aus dem Westen" von Jon Kimche, Stuttgart, 1969, S. 9. Kimche schreibt von 33, Irving von knapp 30 Divisionen.

38 „Feldpostbrief" von Ltn. Kurt Gregoritsch vom 9. Oktober 1939, Mitteilung: nach 600 km Vormarsch bis südlich Przemysl Umkehr und Truppentransport ab 20. 9. 39 d. Geb. Jg. Rgt. 139 an d. Westfront.

39 Kimche, a.a.O., S. 127.

40 Ebda., S. 63.

41 Kurt Zentner, a.a.O., S. 73.

42 Jon Kimche, a.a.O., S. 138.

43 H. M. Mason, a.a.O., S. 270.

44 Liddell Hart, a.a.O., S. 50.

45 „Der Zweite Weltkrieg" von Raymond Cartier, München, o. J., S. 29.

46 Jon Kimche, a.a.O., S. 153.

# 1940
# Der Norwegenfeldzug Deutschlands

*„Frühmorgens am 8. April 1940: . . . daß britische Kriegsschiffe in diesem Augenblick mit dem Minenlegen in norwegischen Hoheitsgewässern begonnen hätten. Nichts hätte Hitler gelegener kommen können als diese Verletzung der norwegischen Neutralität. Jetzt konnte er seine Besetzung der norwegischen Küste als dramatische und höchst wirkungsvolle Antwort auf die Handlungsweise der Alliierten darstellen. In OSLO herrschten Zorn und Empörung über den anmaßenden Schritt der* Alliierten . . .

*Der britische Historiker David IRVING*

Die Planung für das Unternehmen „Weserübung" war so angelegt, daß gegen Norwegen keine einleitenden strategischen oder taktischen Luftangriffe erfolgen sollten, wie sie sieben Monate zuvor zum Beginn des Polenfeldzuges so erfolgreich durchgeführt worden waren. Die in Norwegen an sechs verschiedenen Stellen geplanten Landungen deutscher Truppen konnten nur dann erfolgreich verlaufen, wenn das Überraschungsmoment gewahrt blieb. Der Befehlshaber der für die Besetzung Norwegens vorgesehenen Heeresverbände, General Nikolaus von Falkenhorst, hatte es durchgesetzt, daß nicht Bomber und Schlachtflugzeuge, sondern vor allem Transportflugzeuge zum Einsatz gelangten. Mit dem Einsatz dieser Flugzeuge könnte der „Führeranweisung" einer unblutigen, geradezu freundschaftlichen Besetzung Norwegens am besten entsprochen werden. Aus diesen Gründen begann die Besetzung Norwegens ohne einleitende Luftangriffe auf militärische Ziele. Dies war andererseits eine Unterlassung, die den deutschen Kriegsschiffen auf dem Wege zu ihren Bestimmungshäfen teuer zu stehen kommen sollte[1].

Am 9. April 1940 begann der Norwegenfeldzug Deutschlands. Schon seit Herbst 1939 hatte für Deutschland die Gefahr bestanden, daß sich die Alliierten in Skandinavien festsetzen und damit nicht nur in der Ostsee die Oberhand gewinnen, sondern Deutschland auch vom Bezug des wichtigen schwedischen Erzes abschneiden. Im Januar 1940 war daher von der deutschen Führung der Beschluß zur Besetzung Norwegens (Unternehmen „Weserübung") gefaßt worden. Tatsächlich hatten die Alliierten für den 5. April 1940 die Abfahrt der ersten Staffel eines Expeditionskorps zur Besetzung einiger westnorwegischer Häfen befohlen, diese aber aus technischen Gründen auf den 8. April verschoben. An diesem Tage wurden auch die Küstengewässer Norwegens durch alliierte Streitkräfte vermint[2].

Obwohl die deutsche Luftwaffe beim Unternehmen „Weserübung" keine großartigen strategischen Aufgaben zu erfüllen hatte, kam ihren Transport- und Überwachungsaufgaben größte Bedeutung zu. So standen auch zwei Gruppen Me 110-Zerstörer für den Fall zur Verfügung, daß norwegische Jagdflieger auftauchen sollten. Insgesamt wurden im Norwegenfeldzug 1008 Flugzeuge eingesetzt, von denen die Hälfte Transportmaschinen waren. Außer der alten, aber verläßlichen Ju 52 standen einige Ju 90 im Einsatz, ein Verkehrsflugzeug der Lufthansa, das aus dem seinerzeit von General Wever geplanten, aber nicht mehr als „Uralbomber" gebauten Flugzeug entwickelt worden war. Außerdem hatte die Lufthansa einige viermotorige Focke-Wulf-200-Condor abgeben müssen. Diese hatten eine Reichweite von fast 4000 Kilometern und damit den größten Aktionsradius aller verfügbaren Maschinen[3].

In den Abendstunden des 9. April waren alle bedeutenden Häfen Norwegens in deutscher Hand: Oslo, Kristiansand und Egersund im Süden, Stavanger, Bergen an der Westküste und Narvik im hohen Norden.

Desgleichen waren innerhalb von 24 Stunden die wichtigsten sieben Flughäfen des Landes von der Luftwaffe genommen. Sie wurden nun mit Bomberflugzeugen, Jägern und Stukas belegt, um gegen den zu erwartenden Gegenschlag der Engländer gewappnet zu sein.

Der deutschen Kriegsmarine, die ihre Schiffe, wie erwähnt, ohne Luftunterstützung vor allem zur Besetzung der norwegischen Hauptstadt Oslo einsetzen mußte, entstanden größere Verluste.

Die gegen Oslo eingesetzte Kampfgruppe 5 bestand aus dem schweren Kreuzer „Blücher" mit einer Verdrängung von 12000 Tonnen, aus dem 10000-Tonnen-Panzerschiff „Lützow", aus dem leichten Kreuzer „Emden" sowie mehreren Torpedobooten und Begleitfahrzeugen. Auf dem Flaggschiff „Blücher" hatten sich der Marinebefehlshaber des Unternehmens, Admiral Oskar Kummetz, der Befehlshaber der Heeresverbände, General Erwin von Engelbrecht und 1000 deutsche Infanteristen der 163. Division eingeschifft. Schließlich befand sich an Bord der „Blücher" auch eine Militärmusikkapelle, die beim hoffentlich friedlichen Einzug in Oslo mit klingendem Spiel voranmarschieren sollte. Mit einiger Verspätung – es war um 5.21 Uhr – fuhr die „Blücher" als Flaggschiff der Kampfgruppe durch die engste Stelle im Fjord von Oslo voran, das noch etwa 25 km entfernt war. Hier, an der kleinen Felseninsel Süd-Kaholmen mit der von drei 30 cm deutschen Krupp-Geschützen bestückten Festung Oskarsborg kam es zum ersten Land-See-Gefecht des Unternehmens. Als die „Blücher" nur noch 1800 Meter von der Festung entfernt war, eröffnete das erste Geschütz von Oskarsborg namens „Moses" das Feuer. Die „Blücher" wurde zweimal schwer getroffen und zog mit leichter Schlagseite, aber aus allen Rohren feuernd an der Festung vorbei. Während die „Blücher" ihre Fahrt fortsetzte, blieben die übrigen Schiffe zurück, um sich nicht den schweren Geschützen der Festung auszusetzen. Für die „Blücher" war das Gefecht noch nicht beendet, denn auf der nördlich von Süd-Kaholmen befindlichen Insel Nord-Kaholmen befanden sich Torpedobatterien, die mehr oder minder zufällig auf Grund von Nachrichten über die von den Engländern tags zuvor in norwegischen Gewässern gelegten Minensperren geladen waren. Tatsächlich wurde die „Blücher" von einem Torpedo dieser Batterien am Vorschiff unter der Wasserlinie getroffen, worauf Tonnen von Seewasser in das Schiff einbrachen. Bald legte sich der Kreuzer auf den Rücken und sank auf den dort 100 m tiefen Boden des Fjordes. Über 1000 deutsche Soldaten ertranken, nur wenige Überlebende konnten sich durch das eiskalte, ölbedeckte Wasser an Land retten.

Die übrigen deutschen Schiffe, die sich auf ein Duell mit den schweren Geschützen der Festung Oskarsborg nicht eingelassen hatten, setzten ihre Truppen am Ostufer des Fjordes an Land. Die „Lützow" hatte sofort auf dem Funkwege einen Lagebericht nach

Hamburg durchgegeben und die Luftwaffe in ihrer Funktion als vertikale Artillerie zur Niederkämpfung der 30-cm-Geschütze auf Süd- und der Torpedobatterien auf Nord-Kaholmen angefordert.

Nach langem Anflug von den norddeutschen Fliegerhorsten erschienen die ersten Ju 88 immerhin bereits vor 8.00 Uhr und begannen sofort mit den Bombardements. Doch die Festungen hielten den bis 18.00 Uhr erfolgenden Luftangriffen ohne Verluste stand. Die norwegische Besatzung und jene deutschen Soldaten, die sich von der „Blücher" auf die Insel gerettet hatten, saßen 15 Meter unter der Erde in den Kasematten und waren durch dicke Betonwälle bestens geschützt. Die Festung Oskarsborg fiel erst am nächsten Tag in die Hand der deutschen Angreifer[4].

Der deutschen Luftwaffe waren bei der Besetzung Norwegens hauptsächlich Transportaufgaben gestellt worden. Erstmals spielten aber in der Geschichte des Luftkrieges auch Fallschirm- und Luftlandetruppen eine große Rolle. Während Hitler die Fallschirmwaffe im Polenfeldzug nicht einsetzen ließ, um ihr das Überraschungsmoment nicht vorzeitig zu nehmen, wurde für das Norwegenunternehmen das I. Bataillon des Fallschirmjägerregiments 1 vorgesehen. Dem Bataillon wurden folgende Aufträge erteilt:

1. Bataillonsstab mit Nachrichtenzug und zwei Kompanien nehmen den Flugplatz Oslo-Fornebu
2. 3. Kompanie (Oberleutnant von Brandis) nimmt den Flugplatz Stavanger-Sola
3. 4. Kompanie (Hauptmann Gericke) sichert die Storstromme-Brücke (zwischen den Inseln Falster und Seeland).

Die Durchführung des wichtigsten Auftrages, die Wegnahme des Flugplatzes Oslo-Fornebu, stieß zunächst auf technische Schwierigkeiten. Am Morgen des 9. April war die Wetterlage so schlecht, daß sich die anfliegenden Maschinen im Oslofjord in einer richtigen „Waschküche" befanden. Die Flugzeuge innerhalb der Ketten verloren sich sogar zeitweilig aus den Augen, und zwei Ju 52 gerieten ganz außer Sicht. Daraufhin ließ der Kommandeur, Oberstleutnant Drewes, ein alter Flieger, den ganzen Verband zurückfliegen. Der Verband war dann auf dem inzwischen genommenen Flugplatz Aalborg gelandet. Bald flogen die Fallschirmjäger erneut den Flugplatz Oslo-Fornebu an, als sich das Wetter gebessert hatte. Bei ihrer Ankunft war dieser Flugplatz bereits in deutscher Hand, eine Transportgruppe der zweiten Welle hatte unter dem Schutz von Me-Zerstörern ein Infanteriebataillon gelandet. Dabei hatte es leichte Verluste gegeben, der Gruppenkommandeur war gefallen.

In der Zwischenzeit war die Storstromme-Brücke von der 4. Kompanie unbeschädigt in Besitz genommen worden. Die gegen den Flugplatz Stavanger-Sola angesetzte 3. Kompanie geriet ebenfalls in eine Schlechtwetterzone, hatte aber das Glück, daß die Wolkendecke 10 km vor dem Ziel aufriß. Nach richtigem Absetzen der Kompanie mußte der Flugplatz gegen heftigen Widerstand der Norweger in etwa einer halben Stunde harter Kampfzeit erobert werden. Die schnelle Eroberung dieses Flugplatzes war für das Gelingen des Norwegen-Unternehmens von ganz besonderer Bedeutung[5].

Am 9. April griff die deutsche Luftwaffe auch die britische Flotte an, die den Versuch unternahm, die deutschen Operationen im Hafen von Bergen zu stören. Dabei wurden ein britischer Zerstörer versenkt und zwei Kreuzer sowie ein Schlachtschiff beschädigt. Die Engländer mußten ihre Absicht, Bergen mit der Flotte zu nehmen, aufgeben, konnten aber am nächsten Tag bei Luftangriffen gegen deutsche Schiffe einen Kreuzer versenken.

Ab 14. April gelang es den Alliierten, an einigen Stellen Norwegens, vor allem bei Namsos, Andalsnes und Narvik, Truppen zu landen.

Die am 18. April 1940 in Andalsnes gelandeten britischen Truppen – an ihrer Spitze die 148. Infanteriebrigade – setzten sich alsbald in Bewegung. Der Vormarsch der Briten ging durch das enge Gudbrandsdal auf Dombas zu in der Absicht, dann weiter bis Lillehammer vorzustoßen. Auf diese Weise wollten die Briten einen Vorstoß nachfolgender Einheiten, der über Dombas und Ulsberg auf Drontheim geführt werden sollte, in seiner rechten Flanke abdecken.

Den Deutschen war es darum zu tun, den Vormarsch der 148. britischen Brigade möglichst weit im Norden aufzuhalten, weil die deutschen Truppen in Gewaltmärschen auf einer besonders schwierigen Gebirgsstraße durch Schnee und Eis den Engländern entgegeneilten.

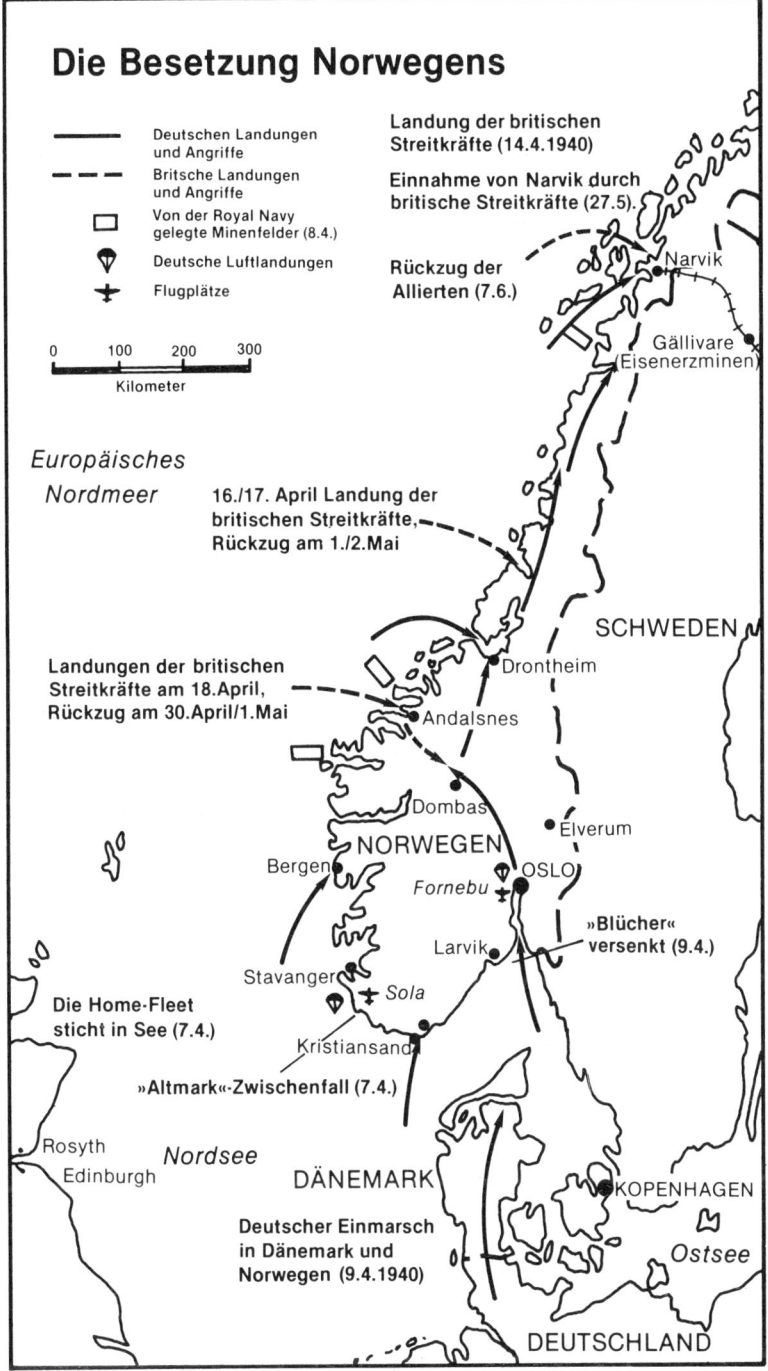

# Die Besetzung Norwegens

Deutschen Landungen und Angriffe

Britsche Landungen und Angriffe

Von der Royal Navy gelegte Minenfelder (8.4.)

Deutsche Luftlandungen

Flugplätze

0    100    200    300
Kilometer

Landung der britischen Streitkräfte (14.4.1940)

Einnahme von Narvik durch britische Streitkräfte (27.5).

Rückzug der Allierten (7.6.)

Narvik

Gällivare (Eisenerzminen)

*Europäisches Nordmeer*

16./17. April Landung der britischen Streitkräfte, Rückzug am 1./2.Mai

SCHWEDEN

Landungen der britischen Streitkräfte am 18.April, Rückzug am 30.April/1.Mai

Drontheim

Andalsnes

Dombas

Elverum

NORWEGEN

Bergen

*Fornebu*    OSLO

»Blücher« versenkt (9.4.)

Larvik

Stavanger    *Sola*

**Die Home-Fleet sticht in See (7.4.)**

Kristiansand

**»Altmark«-Zwischenfall (7.4.)**

Rosyth
Edinburgh    *Nordsee*

DÄNEMARK

KOPENHAGEN

*Ostsee*

**Deutscher Einmarsch in Dänemark und Norwegen (9.4.1940)**

DEUTSCHLAND

Der angestrebte Stopp des feindlichen Vormarsches konnte nur durch den Einsatz von deutschen Fallschirmjägern erreicht werden. Die bereitstehende 1. Kompanie erhielt daher den Auftrag, sich beim Eisenbahn- und Straßenknotenpunkt Dombas den Briten vorzulegen, die Bahnlinie zu sprengen und die Straße zu sperren. Der Anflug und das Absetzen der Kompanie erfolgten bereits unter unvorstellbaren Schwierigkeiten: Die Fallschirmjäger wurden mitten in eine starke norwegische Kräftegruppe abgesetzt, die bei Dombas das Herankommen der britischen Invasionstruppen decken sollte. Die Kompanie war weit auseinandergezogen nach ihrem Absprung gelandet. Von den 15 eingesetzten Ju 52 Transportmaschinen gingen acht verloren, einige wurden im Tal während des Absetzens der Fallschirmjäger aus den überhöhten Bergstellungen der Norweger abgeschossen. Zu allem Unglück war Oberleutnant Schmidt als erster seiner Kampfgruppe bereits beim Sammeln durch einen Hüftschuß schwer verwundet worden. Dennoch hielt er die Führung bis zuletzt fest in seinen Händen, abgestützt, geführt und getragen von seinen Männern[6].

Trotz aller Widrigkeiten und Hemmnisse wurde der Auftrag erfüllt, der Erfolg aber mit schweren Verlusten der Fallschirmjäger erkauft. Bahnlinie und Straße waren fünf Tage lang gesperrt. Die Hauptgruppe von zwei Offizieren und ursprünglich 61 Mann – die anderen Fallschirmjäger hatten versprengt in kleinsten Gruppen im Gebirgsgelände einen tagelangen Kleinkrieg geführt – schlug, nur mit einigen leichten Maschinengewehren, Pistolen und Gewehren bewaffnet, alle Angriffe der Norweger ab, obwohl diese bis zu Bataillonsstärke geführt wurden. Die deutschen Verteidiger waren dabei nicht nur Granatwerferfeuer, sondern sogar dem Feuer kleiner britischer Geschütze ausgesetzt, die von Bord britischer Zerstörer ausgebaut und auf Eisenbahnwaggons herangebracht worden waren. Als am fünften Kampftag schließlich die Munition ausging und die deutschen Entsatztruppen noch immer nicht eingetroffen waren, ergab sich die schwache Kampftruppe. Dieser überaus zähe Widerstand der Fallschirmjäger zeigte erstmals, mit welch großem Durchhaltevermögen Soldaten sich selbst in hoffnungsloser Lage und ohne Nachschub verteidigen können.

Oberleutnant Schmidt und seine tapferen Männer wurden nach kurzer Gefangenschaft in Norwegen wieder befreit. Vier Jahre später wurde Schmidt als Major und Generalstabsoffizier der 2.

146

Fallschirmjägerdivision, bei einer Fahrt neben General Ramcke sitzend, im Mai 1944 in der Bretagne von französischen Maquis aus dem Hinterhalt erschossen[7].

Die Landeunternehmen der Alliierten von Namsos und Andalsnes endeten am 1. und 2. Mai und jenes bei Narvik am 7. Juni mit dem Rückzug der Alliierten, nachdem ihnen zum Teil schwere Schiffsverluste zugefügt worden waren. Die Landungstruppen im Süden mußten ständig deutsche Luftangriffe über sich ergehen lassen. Die britische Flugwaffe griff wohl auch in die Erdkämpfe ein, konnte sich aber, da ihr eine genügende Anzahl von Jagdflugzeugen fehlte, nicht gegen die deutsche Luftwaffe durchsetzen. So zeigte es sich auch in diesem Feldzug, daß ein dauerhafter militärischer Erfolg nicht gegen eine feindliche Luftüberlegenheit erreicht werden kann[8].

Zur deutschen Luftkriegsführung in Norwegen schreibt Spaight: „Sie (die Deutschen) führten auch das grausame Bombardieren unverteidigter Städte ein. Sie zerstörten Kristiansand in Norwegen, ‚eine offene und vollkommen unverteidigte Stadt‘. Nicht ein einziges Haus wurde in der Stadt stehengelassen. In Elverum, einer anderen unverteidigten Stadt, ‚waren nur die Kirche und das Rot-Kreuz-Spital stehengeblieben‘.“

Im Falle von Kristiansand konnte jedoch keineswegs von einer „offenen und vollkommen unverteidigten Stadt" gesprochen werden. Es besaß nicht nur einen Flugplatz, sondern auch Befestigungen und wurde am 9. April von einem gelandeten deutschen Bataillon mit Fliegerunterstützung (Zerstörer Me 110) als Schlüsselpunkt erobert[9]. Es trifft auch nicht zu, daß in Kristiansand kein einziges Haus stehenblieb.

In Elverum hatte sich am Nachmittag des 9. April der norwegische Storting zu einer wichtigen Sitzung, an welcher anscheinend auch mehrere Regierungsmitglieder teilgenommen haben, versammelt[10]. Offensichtlich noch an diesem Tage wurde diese Versammlung von einem deutschen Luftangriff betroffen. Dazu berichtet Karl Gundelach in der Geschichte des Kampfgeschwaders 4 lediglich[11]: „Nach einem Angriff auf Elverum, den vorläufigen Sitz der norwegischen Regierung, ist die I. Gruppe weiterhin in bewaffneter Aufklärung über Südnorwegen eingesetzt." Am 10. April 1940 wurde Elverum von den Deutschen besetzt. Ob sich dabei Kämpfe abgespielt haben, geht aus der Unterlage nicht hervor.

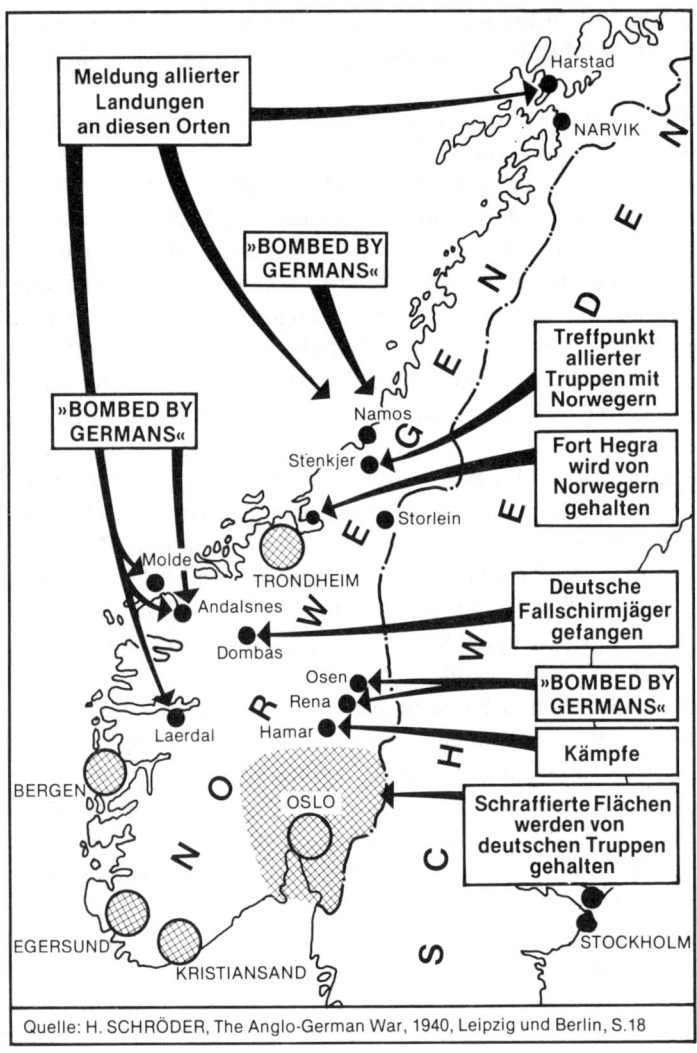

Quelle: H. SCHRÖDER, The Anglo-German War, 1940, Leipzig und Berlin, S.18

*Abb.: Die englische Zeitung DAILY HERALD widerlegt ihren Landsmann Spaight, der behauptete, Kristiansand und Elverum seien von deutschen Flugzeugen fast zur Gänze zerstört worden. Auf dieser Skizze scheinen die beiden norwegischen Orte jedoch nicht einmal als „bombed by Germans" auf.*
*H. SCHRÖDER, The Anglo-German War, 1940. Leipzig und Berlin, S. 18.*

Sollte um Elverum jedoch nicht gekämpft worden sein und sollten sich dort auch keine Truppen oder Verteidigungsanlagen befunden haben, dann war es tatsächlich eine unverteidigte Stadt. Nun kommt es noch darauf an, ob die Stadt sonstige militärische Objekte enthalten hat. Aus der Tatsache, daß am Nachmittag des 9. April in Elverum eine wichtige Sitzung der norwegischen Volksvertretung stattfand, muß geschlossen werden, daß sich in der Stadt Regierungsgebäude oder als solche verwendete Häuser befunden haben. Derartige Gebäude sind zwar nicht immer als militärische Objekte anzusehen, aber nach überwiegender Ansicht doch dann, wenn sie militärische Behörden beherbergen. Zweifellos wird man aber Regierungsgebäuden in jenem Fall militärischen Charakter zuerkennen müssen, in welchem die darin tätigen Behörden in einem unmittelbaren Zusammenhang mit den Kampfhandlungen stehen. Ein solcher Zusammenhang war bei der Sitzung des Stortings unter wahrscheinlicher Anwesenheit von Regierungsmitgliedern in Elverum gegeben. Bei dieser Sitzung ging es darum, ob die norwegische Regierung mit den Deutschen verhandeln solle, ähnlich, wie es auch die dänische Regierung getan hatte. Waren diese Gebäude daher als militärische Objekte anzusehen, so konnten sie natürlich auch dann bombardiert werden, wenn Elverum tatsächlich eine unverteidigte Stadt gewesen ist.

Im Zusammenhang mit den von Spaight angeführten Zerstörungen norwegischer Orte muß festgestellt werden, daß davon in der vorliegenden Luftkriegsliteratur überhaupt nichts angeführt wird. Die Autoren berichten lediglich von der Einnahme der Stadt Kristiansand durch die Deutsche Wehrmacht, nichts aber von ihrer sinnlosen Zerstörung. Abgesehen von dem erwähnten Angriff auf Elverum durch die I./KG 4 wird auch über Elverum nichts berichtet. Wäre es in Elverum zu einer grausamen Bombardierung gekommen, noch dazu in einer unverteidigten Stadt, hätten es objektive Chronisten des Luftkrieges sicherlich aufgegriffen und berechtigterweise entsprechend angeprangert.

1 H. M. Mason, a.a.O., S. 301 f.
2 „Geschichte des Zweiten Weltkrieges" von PLOETZ, Würzburg, 1960, S. 20.
3 H. M. Mason, a.a.O., S. 301 ff.
4 H. M. Mason, a.a.O., S. 303 ff.

5 „Generaloberst Kurt Student und seine Fallschirmjäger" von Hermann Götzel, D 6360 Friedberg, 1980, S. 86 ff.
6 Hermann Götzel, a.a.O., S. 88 ff.
7 Hermann Götzel, a.a.o., S. 90 f.
8 Vgl. Spaight S. 265 unter Hinweis auf C. J. Hambro, I Saw it Happen in Norway, 1940, S. 96 u. a. m.
9 Georg W. Feuchter, S. 131, Eberhard Spetzler, S. 242, Kurt von Tippelskirch, S. 69.
10 Schultheß, Europäischer Geschichtskalender, München, 1942, S. 56, 398.
11 Karl Gundelach, a.a.O., S. 64.

# 4. Ein Kampf um Narvik

*Der gesamte Kampf um Narvik war eine Sache der besseren Nerven, des Durchhaltevermögens, der Improvisationskunst der oberen und unteren Führung gewesen. Es spielten sich menschliche Tragödien und Triumphe des Willens ab.*

*Karl RUEF in „Odyssee einer Gebirgsdivision. Die 3. Geb.Div. im Einsatz".*

Zehn deutsche Zerstörer, mit den Gebirgsjägern des Gebirgsjägerregimentes 139 der 3. Geb.Div. fast durchwegs Österreicher aus Kärnten und Steiermark an Bord, stechen am 6. April 1940 spät abends von der Pier in Wesermünde in See. Bereits am nächsten Tag nahm der Zerstörerverband, nunmehr in Begleitung und unter dem Schutz schwerer deutscher Kriegsschiffe, Kurs nach Norden, um die Gebirgsjäger auf einem Weg von 1200 Seemeilen durch das von den Engländern beherrschte Nordmeer in den Westfjord und nach NARVIK zu bringen. Diese in der Kriegsgeschichte einmalige Aufgabe, für die es kein Vorbild gab und die allen Regeln der Seekriegsgeschichte widersprach, hatte der 44jährige Kapitän zur See und Kommodore Friedrich BONTE übernommen. Kommandeur der 3. Gebirgsdivision, deren Männer aus den südlichsten deutschen Ländern ausgerechnet auf den nördlichsten Kriegsschauplatz Europas geraten sollten, war Generalleutnant DIETL, damals 50 Jahre alt, und einem niederbayrischen Handwerker- und Soldatengeschlecht entstammend[1].

Die Stadt Narvik, bis dahin nur den Erzschiffern und Verhüttungsleuten bekannt, wurde plötzlich für die Deutschen zum kriegswichtigen Erzhafen und zum Symbol für Kühnheit und Ausdauer. Für die Seemacht Großbritannien und seinen europäischen Verbündeten Frankreich wurde Narvik zum Prestigefall und für den nach Tromsö geflüchteten norwegischen König war es letzter heimatlicher Ankerplatz der Hoffnung[2].

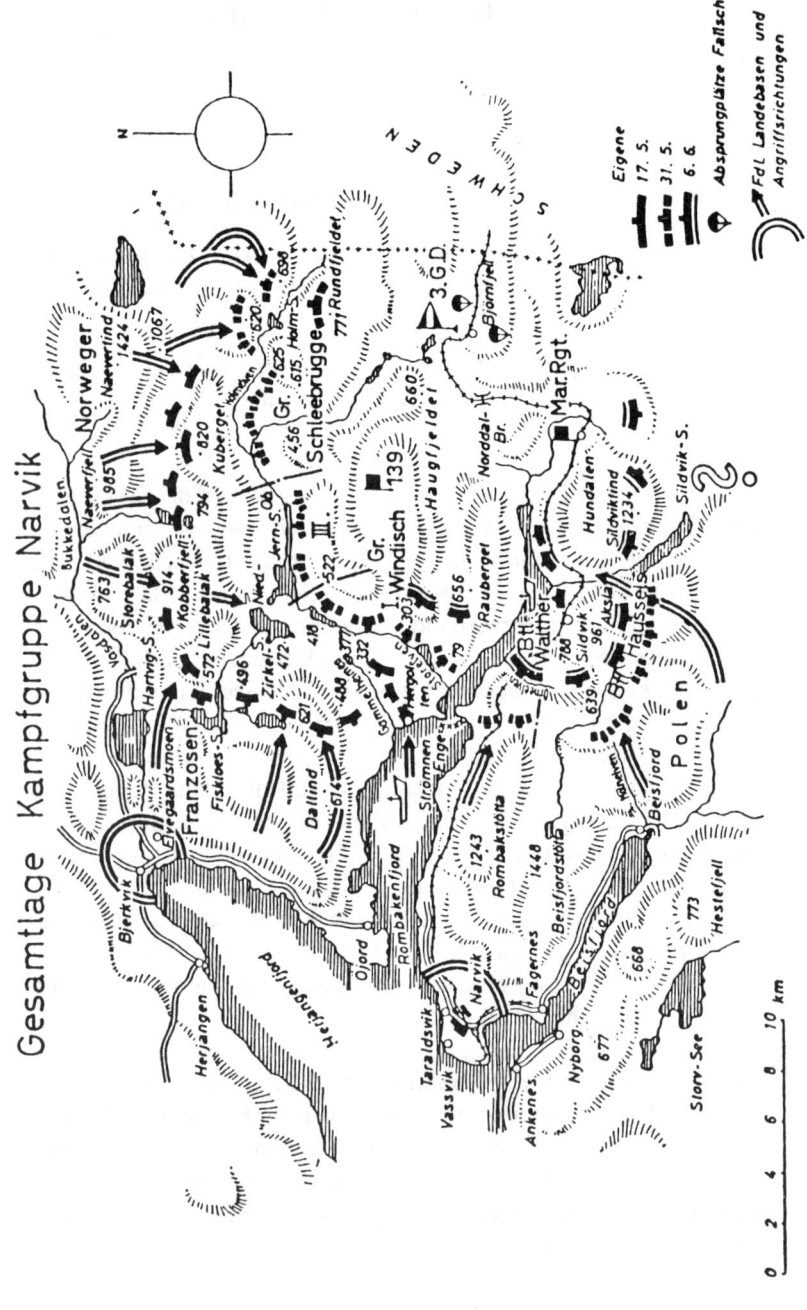

Gesamtlage Kampfgruppe Narvik

Tatsächlich gelang den deutschen Gebirgsjägern, den später sogar als Marineinfanteristen eingesetzten Zerstörermannschaften und den unter dem Schutz deutscher Flugzeuge abgesprungenen Fallschirmjägern „eines der kühnsten und phantasiereichsten Kriegsunternehmen der Geschichte"[3].

Als Bontes Zerstörerflottille in den Hafen von Narvik einfahren wollte, um die Gebirgsjäger an Land zu setzen, kam es zu einer dramatischen Auseinandersetzung mit dem norwegischen Küstenpanzer „Eidsvold". Der Kommandant der „Eidsvold", Fregattenkapitän Willoch, hatte den Befehl erhalten, auf deutsche Kriegsschiffe das Feuer zu eröffnen, jedoch nicht auf britische, was keineswegs dem neutralen Status Norwegens entsprach. Auf der anderen Seite lautete Kommodore Bontes Operationsbefehl eindeutig auf friedliche Besetzung Norwegens, das heißt, jede Waffengewalt war zu vermeiden. Kapitän Willoch ließ einem vom Zerstörer „Wilhelm Heidkamp" kommenden deutschen Parlamentär seine Antwort an Kommodore Bonte übermitteln: „Ich habe Befehl meiner Regierung. Ich leiste Widerstand." Kommodore Bonte ist ein ritterlicher Offizier, soll er einen Gegner angreifen, der vielleicht noch nicht gefechtsklar ist. Wenn er dem Norweger jedoch den ersten Schuß überläßt, kann dies nicht nur für den Zerstörer, sondern für das gesamte Narvik-Unternehmen gefährlich werden. Der Kommodore äußert General Dietl seine Bedenken, doch Dietl erklärt kurz: „Schießen!" Damit ist die Entscheidung gefallen. Der Zerstörer ist schneller: zwei Torpedos treffen die „Eidsvold", die in der Mitte auseinanderbricht und innerhalb kürzester Zeit sinkt. Trotz sofort herbeieilender Rettungsboote können von den 270 Mann des Norwegers nur mehr 8 Seeleute geborgen werden[4]. Die Zerstörer konnten ihre Männer nun ohne weitere Verzögerung an Land setzen.

Die Landung war gelungen. Doch damit begannen erst die Schwierigkeiten und Nöte des Narvik-Unternehmens. 2000 km von der Heimat entfernt, zu Lande den unberechenbaren Norwegern ausgesetzt, zur See den Briten ausgeliefert, auf dem Luftwege nur unter größten Anstrengungen der Luftwaffe zu erreichen, hineingestellt in den arktischen Winter, ohne Verbindung, ohne Nachschub aus der Heimat, das war Narvik am Beginn der Landung des Gebirgsjägerregiments 139[5].

Am Ende des Narvik-Unternehmens stand das Schönste für den

Soldaten im Krieg: der trotz vieler Mißerfolge und des Verlustes von Stadt, Hafen und eines großen Teiles des Umlandes von Narvik schließlich doch errungene Sieg. Rueff zitiert aus dem Tagebuch eines Gebirgsjägers der 2. Kompanie GJR 138:

Wir können es gar nicht recht fassen.
„9. Juni 1940: Waffenstillstand!/Wir haben gesiegt! Freudig begrüßen wir uns untereinander, als die ganze Kompanie zusammenkommt. Die besten Freunde sind kaum zu erkennen. Man hat sich vielleicht 2–3 Wochen nicht gesehen. Sie lagen in einem anderen Abschnitt. Die Wangen eingefallen, die Augen flackernd, der Bart wild sprossend: In kurzer Zeit sind wir um Jahre älter geworden. Mancher Kamerad weilt nicht mehr unter uns. Viele sind verwundet, viele müssen jetzt noch ins Lazarett gehen, da sie an den Füßen zu stark gefroren haben. Um 24 Uhr setzten wir uns in Marsch, Richtung Gamberg-Hartvigsee. Ruhequartier!"[6]

45 Jahre nach dem legendären Kampf um Narvik, den Soldaten vieler europäischer und außereuropäischer Länder – die dabei eingesetzte französische Fremdenlegion bestand aus Angehörigen auch überseeischer Nationen – zu bestehen hatten, ist dieser nach wie vor wichtige Erzverschiffungshafen auch zu einem gut frequentierten Fremdenverkehrsort geworden. Um den Besuchern, die zweifellos hauptsächlich aus ehemaligen Beteiligten am Kampf um Narvik, ihren Angehörigen, aber auch aus aktiven Armeeangehörigen und Kriegshistorikern bestehen, dienlich zu sein, wurde bereits 1964 ein Museum eröffnet. Dieses scheint den stetig zunehmenden Interessen der Besucher Narviks nicht mehr entsprochen zu haben, weshalb das Norwegische Rote Kreuz im Jahre 1980 ein modern organisiertes und in größeren Räumen untergebrachtes Kriegsmuseum schuf. Den Besuchern aus den Nachfolgestaaten des Deutschen Reiches, wie der Bundesrepublik Deutschland und Österreich, wird der hier abgedruckte Führer (Faltblatt) überreicht. Diesem Faltprospekt gilt die folgende Gegenüberstellung (S. 156–160), die dem NRK sicherlich zu einer verbesserten Neuauflage desselben dienlich sein wird:

1 Alex Buchner, Gebirgsjäger an allen Fronten, Berg am See, 1984, S. 74f.
Karl Springenschmid, Die Männer von Narvik, Graz–Stuttgart, o. J., S. 69ff.

2 Karl Ruef, Odyssee einer Gebirgsdivision – Die 3. Geb.Div. im Einsatz, Graz–Stuttgart, 1976, S. 73.

3 J. F. C. Fuller, General, Der Zweite Weltkrieg 1939–1945, 1950, S. 63.

4 Karl Springenschmid, a.a.O., S. 72.

5 Ebda, S. 82.

6 Karl Ruef, a.a.O., S. 108f.

7 Hans Rohr, Oberst i. R., Narvikkämpfer (Skizugführer im Nordabschnitt), A 9711 Paternion, Kärnten, Stellungnahme zum Prospekt des „KRIGSMINNE-MUSEUM – NARVIK" vom 10. 4. 1985.

NORDLAND
RØDE KORS

# KRIGSMINNEMUSEUM

## NARVIK

Bevor Sie das Museum in Augenschein nehmen, empfiehlt sich ein Blick in dieses Faltblatt.

Die Ausstellung ist zeitlich geordnet und nach dem Alphabet eingeteilt. Folgen Sie dieser Einteilung und den angebrachten Wegweisern, so vermittelt das den besten Überblick.

Das Rote Kreuz Norwegen, Bezirk Nordland, heißt Sie willkommen und hofft, daß der Besuch in unserem Museum Ihnen von Nutzen ist.

Das Museum wurde 1964 eröffnet, im Jahre 1980 umorganisiert und in neuen, größeren Räumen untergebracht.

Das Rote Kreuz Nordland besitzt das Museum und unterhält es ohne öffentliche Zuschüsse. Eventueller Überschuß wird für die humanitäre Arbeit des Roten Kreuzes verwandt.

Das Museum versucht besonders, die Kriegsereignisse in und um Narvik im Jahre 1940 festzuhalten, aber auch die Zeit bis zur Befreiung im Jahre 1945 wird berücksichtigt.

Die Ausstellung ist geordnet in Abteilungen wie z. B. „Invasion", „Erste Seeschlacht", „Landkrieg" usw., und diese folgen soweit wie möglich der richtigen Zeitfolge.

Die Ereignisse sind dargestellt mit Hilfe von Gegenständen, Modellen, Fotos und Wandbildern. Eine plastische Landkarte hilft Ihnen, durch aufleuchtende Lichtpunkte schnell auszumachen, wo die Ereignisse stattfanden.

Das Museum zeigt die Kämpfe zu Lande, zu Wasser und in der Luft samt den teilnehmenden Truppen von vielen Nationen wie Briten, Franzosen, Polen, Deutsche und Norweger. Zudem waren durch den Einsatz der französischen Fremdenlegion alle Erdteile vertreten.

Auch die Situation der Zivilbevölkerung und der fremden Kriegsgefangenen wird im Museum gezeigt.

Die ausgestellten Gegenstände sind zum Teil Gaben, zum Teil Leihgegenstände von privater Seite sowie von Institutionen des In- und Auslandes. Ständig kommt neues Material zuwege.

## *Die wichtigsten Daten des Krieges:*

9. 4. 1940 Zehn deutsche Zerstörer mit 2–3000 Gebirgsjägern an Bord greifen Narvik an, versenken die Panzerschiffe „Eidsvold" und „Norge" und besetzen Narvik und den Truppenübungsplatz Elvegard. Ein Teil der norwegischen Neutralitätswache entkommt nach Bjørnfjell, wird aber dort später aufgerieben.

10. 4.  Fünf britische Zerstörer greifen die deutsche Flottenabteilung an. Beide Seiten verlieren je zwei Schiffe.

12. 4.  Flugzeuge von britischen Hangarschiffen greifen den Hafen von Narvik an.
13. 4.  Das Britische Schlachtschiff „Warspite" zusammen mit 9 Zerstörer vernichtet die deutsche Flottenabteilung ohne eigene Verluste.

8. 4. 1940  Im Zuge des britischen Unternehmens „WILFRED" werden unter dem Befehl von Admiral Sir William WHITWORTH in neutralen norwegischen Gewässern drei Minenfelder gelegt, darunter auch eines am Eingang zum OFOTEN-FJORD vor Stadt und Hafen NARVIK.
9. 4.  An Bord der angreifenden deutschen Zerstörer befanden sich genau 1750 Gebirgsjäger, hauptsächlich aus Kärnten und Steiermark, den südlichsten Ländern Deutschlands. Die Landung der Gebirgsjäger im Hafen von Narvik erkämpfen sich die Zerstörer mit der Versenkung der sich tapfer zur Wehr setzenden norwegischen Küstenpanzer „EIDSVOLD" und „NORGE".
10. 4.  Die britischen Zerstörer verloren an diesem Tag zwei ihrer Schiffe. Es waren dies die Zerstörer „Hardy", „Hotspur" (sieben schwere Treffer) und „Hunter", (war nach schweren Treffern manövrierunfähig, wurde vom Zerstörer „Hotspur" gerammt und ging unter). Die Deutschen verlieren den Zerstörer „Wilhelm Heidkamp". Mit Kommodore Bonte findet ein großer Teil der Besatzung dieses Zerstörers den Tod. Einige Zeit darauf wird der deutsche Zerstörer „Anton Schmitt" von zwei Torpedos getroffen und sinkt in wenigen Minuten.
13. 4.  Britischer Flottenverband, bestehend aus dem Schlachtschiff „WARSPITE" und 9 Zerstörern, versenkt nach tapferer Gegenwehr die restlichen acht deutschen Zerstörer in den zur „Mausefalle" gewordenen Fjorden vor Narvik. Drei der britischen Angreifer wurden schwer beschädigt. Elf deutsche Ju 52 landen auf der Eisdecke des

10.–13. 4. Norwegisch-deutsche Vorpostengefechte im Gebiet von Gratangen. Norwegische Truppen werden mobilisiert und im südlichen Tromsö zusammengezogen. Sie beginnen den Vormarsch.

24. 4. Eine vorgeschobene norwegische Abteilung im Gratangsbotn wird durch einen deutschen Gegenangriff aufgerieben. Es entstehen große Verluste an Gefallenen und Gefangenen. Der Vormarsch wird dennoch fortgesetzt.

29. 4. Alliierte Truppen treffen ein und werden nach und nach eingesetzt. So die französischen von Foldvik gegen Öse, britische und polnische von Skjomnes gegen Håkvik/Ankenes.

13. 5. Norwegische Truppen zu Lande und französische Truppen vom Fjord hier, unterstützt von der britischen Kriegsmarine, nehmen Bjerkvik/Öyjord ein und treiben die Deutschen nach Osten ins Gebirge.

HARTVIK-SEES und bringen eine Gebirgsbatterie für die Kampfgruppe Dietl zur Ausladung.

10.–13. 4. Mit der Darstellung im Prospekt vom KRIGSMINNEMUSEUM voll übereinstimmend.

16.–14. 4. Norwegische Truppen verteidigen gegen starke deutsche Angriffe den Abschnitt Hundalen–Norddalsbrücke–Björnfjell–schwedische Grenze und ziehen sich nach schweren Verlusten über die Grenze nach Schweden zurück.

24. 4. Norwegischen Text belassen, anschließend: Bis dahin stärkster britischer Flottenverband (zwei Schlachtschiffe, drei Kreuzer und sieben Zerstörer) nimmt die Stadt Narvik und die umliegenden Höhen unter von Stunde zu Stunde sich verstärkendes Geschützfeuer. Nach Erreichung des Höhepunktes dieses infernalischen Feuers dreht der Verband ab, ohne eine Landung versucht zu haben.

29. 4. Mit dem Text vom Narvik Prospekt voll einverstanden.

12.–13. 5. Großer britischer Flottenverband (ein Schlachtschiff, vier Kreuzer, neun Zerstörer und 30 Handelsschiffe sowie Kutter) beschießt aus allen Rohren BJERKVIK, das nur von einer kleinen Nachhut der Deutschen besetzt war. Das zweistündige Feuer der Schiffsartillerie setzt Bjerkvik in Brand und fügt hauptsächlich norwegischen Frauen und Kindern schwere Verluste zu. Norweger und gelandete französische Alpenjäger nehmen Bjerkvik und Öjord ein. Die deutschen Truppen ziehen sich nach Osten ins Gebirge zurück.

28. 5. Französische und norwegische Truppen gehen in Narvik an Land unterstützt von der Artillerie der britischen Marine, während gleichzeitig polnische Truppen von Håkvik über Hardhausen angreifen. Die Deutschen ziehen sich ostwärts zurück.

28. 5.–8. 6. Deutsche Bombenflugzeuge zerstören Narviks Zentrum bei vier Angriffen.

16.–25. 5. Die Deutschen bekommen Verstärkungen; mittels Fallschirmabsprung landen bei Björnfell Fallschirm- und Gebirgsjäger, die größtenteils ohne Fallschirmausbildung abgesprungen waren.

28. 5. Britischer Flottenverband, bestehend aus vier Kreuzern und sieben Zerstörern, legt einen Orkan von Feuer und Eisen auf Narvik, Ankenes, Framnes, Orneset und auf alle deutschen Stellungen. Französische Haubitzenbatterien aus Öjord richten auf Plätzen, Straßen und im Bahnhofsviertel von Narvik mit schweren Granaten großen Schaden an. Zwischen den gelandeten norwegischen Infanteristen, den französischen Fremdenlegionären und den deutschen Verteidigern entwickeln sich schwere Kämpfe, die die Deutschen zur Aufgabe von Narvik zwingen.

20. 5.–8. 6. Deutsche Bomber und Sturzkampfbomber fügen der britischen Flottenkonzentration um Narvik schwere Verluste bei: versenkt wurde der Kreuzer „Curlew", beschädigt das Schlachtschiff „Resolution" und der Kreuzer „Aurora", versenkt auch der große Truppentransporter „Chobry". das Schlachtschiff „Resolution", der Kreuzer „Aurora", versenkt auch der große Truppentransporter „Chobry". Darüber hinaus werden den alliierten Truppen durch den Einsatz deutscher Bomber größere Verluste und der Stadt und dem Hafen Narvik weitere Zerstörungen zugefügt. Insgesamt verlieren die Deutschen mindestens 42 und die Engländer mindestens 70 Flugzeuge.

Vom deutschen Schlachtschiff „Scharnhorst" wurden am 8. Juni 1940 noch der Flugzeugträger „GLORIOUS" und die Zerstörer „Acasta" sowie „Ardent" versenkt, die „Scharnhorst" war zuvor von einem „Acasta"-Torpedo schwer beschädigt worden.

6. 6.–8. 6. Die deutschen Truppen sind zusammengedrängt an der Grenze und stehen vor der Vernichtung, doch die Situation in Frankreich zwingt die Alliierten dazu, Norwegen zu verlassen. Die norwegischen Truppen müssen die Waffen niederlegen. Der König und die Regierung begeben sich nach Großbritannien, um von dort aus den Krieg fortzusetzen.

8. 6. 40 – 8. 5. 45 Fünf Jahre deutsche Besatzung bis zur Befreiung am Ende des Zweiten Weltkrieges.

6.–8. 6. Die Darstellung im Narvik Prospekt ist identisch mit unseren Forschungsergebnissen.

8. 6. 1940 – 8. 5. 1945 Übereinstimmend mit unserem Text.

---

**Herzlichen Dank für
Ihren Besuch und
auf Wiedersehn!
Rotes Kreuz Norwegen
Bezirk Nordland**

---

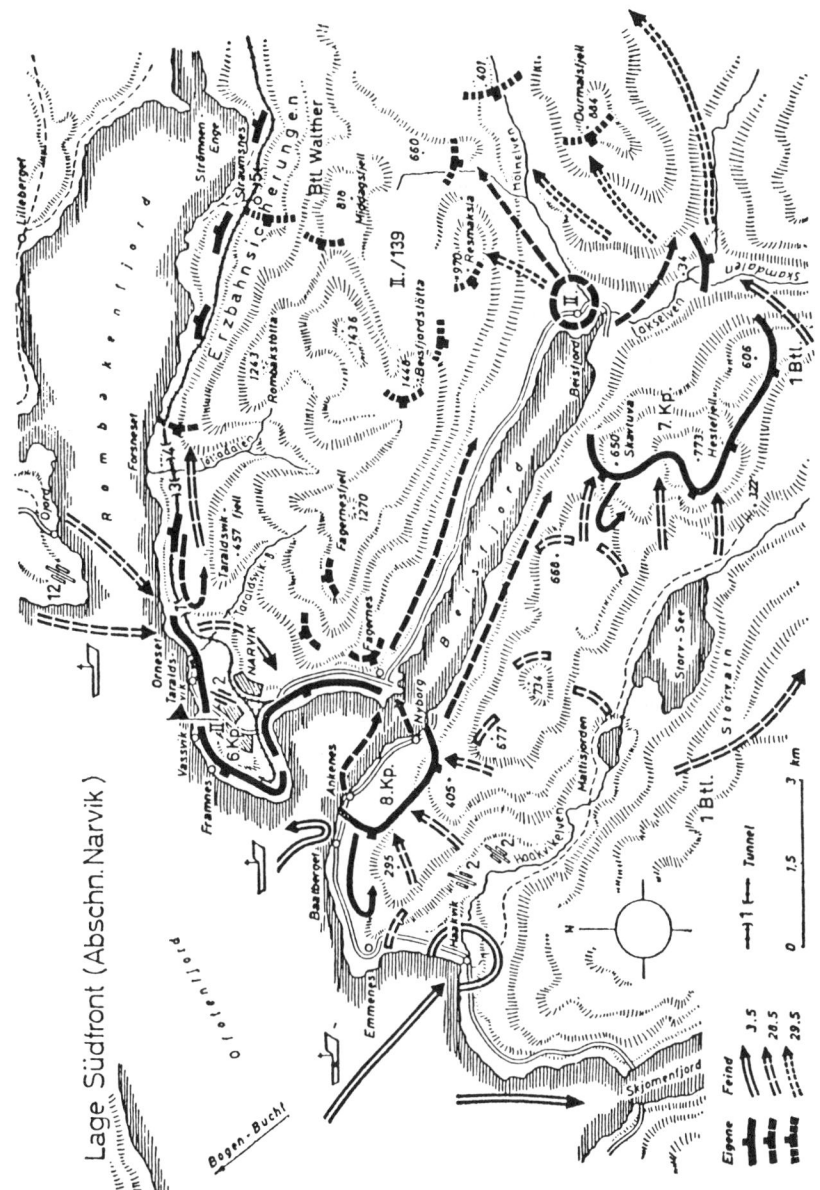

Lage Südfront (Abschn. Narvik)

# Legende zum Narvik-Prospekt:

*8. 4. 1940 siehe Eintragung in Norwegen Skizze S. 145, Dahms, a.a.O., S. 96, Liddell Hart, a.a.O., S. 85 (Die Besetzung von Norwegen).*
*9. 4. Alex Buchner, a.a.O., S. 76, Karl Springenschmid, a.a.O., S. 71 ff.*
*H. M. Mason, S. 316: etwa 2000 Mann der 3. GD, Liddell Hart, S. 84: „An keiner Stelle wurde die erste Landung von mehr als 2000 Mann durchgeführt." Hans Rohr[1] schlüsselt auf: 1750 Gebirgsjäger als Landetruppe dürften sicherlich stimmen, weil die Gebirgsjägerkompanien aus 104 Mann bestanden. Drei Bataillone mit je fünf Kompanien ergibt 1560 Mann. Die Differenz auf 1750, d.s. 190 Mann, dürften die Gefechtsstäbe und ein Zug des Pionier Btl. 83 ausgemacht haben.*
*10. 4. Hans Rohr, a.a.O.[7], Karl Springenschmid, a.a.O., S. 91 f.*
*13. 4. – 8. 6. Alex Buchner, S. 74 ff., Karl Springenschmid, S. 61 ff., Karl Ruef, S. 73 ff., Dahms, S. 104. „Dort waren fast 25000 Mann der Westmächte . . . beiderseits Narvik übergesetzt und hatten erprobte norwegische Einheiten, besonders Skijäger . . . an sich gezogen. General Dietl, der deutsche Befehlshaber, konnte dieser Übermacht nur ein verstärktes Gebirgsjägerregiment, die 2100 Schiffbrüchigen der untergegangenen deutschen Zerstörer, die abgesprungenen . . . Fallschirmjägerkompanien entgegenstellen." Die unter größten Anstrengungen von Drontheim nach Norden zu Fuß vorgestoßenen Gebirgsjäger der 2. GD. trafen in Narvik teilweise erst kurz nach dem Rückzug der Alliierten ein („Büffelunternehmen" unter Führung von Leutnant Greßl). Des weiteren zum 28. 5. Dahms, S. 104: „Das Schlachtschiff ‚Warspite' vernichtete durch sein Artilleriefeuer Stadt und Hafen (von Narvik)." H. M. Mason, S. 316 ff. und zum Rückzug der Alliierten: „Nebel verhüllte gnädig den Beginn der Evakuierung, doch am 2. Juni brach die Sonne durch, und die Luftwaffe erschien in voller Stärke über dem Seengebiet von Narvik. Sie stieß auf erbitterten Widerstand der verbliebenen Hurricanes und Gladiators, die bis zum Abend neun deutsche Bomber abschossen. Die Evakuierung der 24500 Mann des Expeditionskorps entlang der Küste von Narvik bis Tromsö begann am 4. Juni und nahm vier Tage in Anspruch." Weiters: General Dietl von Oberst a. D. Kurt Hermann und Gerda-Luise Dietl, 1951, München, S. 161 ff.*

# 5. Die deutsche Offensive gegen Frankreich

*„Nur wenige Tragödien der Geschichte sind der vergleichbar, die sich zwischen dem 10. Mai und dem 10. Juli 1940 auf dem Boden Frankreichs entrollt hat. Sechzig Tage genügten, unsere Armeen zu vernichten und unsere staatlichen Einrichtungen wegzufegen."*

*Baron JACQUES BENOIST-MECHIN*
*Französischer Militärhistoriker*

Der Frankreichfeldzug Deutschlands begann eigentlich schon mit dem sogenannten „Sitzkrieg"[1], der vom Zusammenbruch Polens im September 1939 bis zur deutschen Westoffensive im Frühjahr 1940 dauerte. Diesen Sitzkrieg erlebten die Frontsoldaten folgendermaßen: „Es ist hier an der Front vorläufig noch nicht viel los, lediglich Flieger brummen herum, und ab und zu hört man in der Ferne Artilleriedonner. Vorgestern hat ein Spähtrupp unserer Kompanie fünf Franzosen gefangen. Die wollen keinen Krieg. Wir auch nicht. Aber hier läßt sich's noch ertragen, vorläufig noch" (zum Unterschied vom Krieg gegen Polen mit täglichen Marschleistungen von 50, 55 km!)[1].

Doch die höheren Stäbe auf alliierter wie auch auf deutscher Seite hatten andere Aufgaben, sie mußten im Gegensatz zum unteren Führungskorps und zur „kämpfenden Truppe" die Kriegsmaschine erst auf Touren bringen. Dementsprechend hatten die alliierten Stäbe den Winter über Angriffspläne rings um Deutschland ausgearbeitet:

„... sie wollten durch Belgien ins Ruhrgebiet vorstoßen; sie wollten an der fernen Ostflanke durch Griechenland und den Balkan vorrücken und Deutschlands Ölversorgung abschneiden, indem sie gegen die russischen Ölfelder im Kaukasus vorgingen. Das war eine großartige Sammlung von Phantastereien, die Wunschbilder der alliierten Führer, die in einer Traumwelt lebten, bis Hitlers eigene Offensive sie wie eine kalte Dusche aufweckte."[2]

Fast genauso wie der Krieg gegen Polen wurde am 10. Mai 1940 auch der deutsche Feldzug gegen Frankreich, Belgien und die Niederlande[3] mit einer strategischen Luftoffensive eingeleitet. Die Angriffe der deutschen Luftwaffe richteten sich zunächst gegen die Flugbasen der Gegner. In unbegreiflicher Vernachlässigung der Erfahrungen des Polenkrieges hatten die Westalliierten trotz monatelanger Vorbereitungszeit die weitaus größte Zahl ihrer Flugzeuge auf den friedensmäßigen Flugplätzen belassen, so daß der deutschen Luftwaffe die Vernichtung zahlreicher Flugzeuge auf ihren Startbahnen gelang.

Dies war vor allem auf den niederländischen und belgischen Flugplätzen und auf vielen Plätzen in der Nähe der französischen Hauptstadt der Fall. Dadurch konnten die zahlenmäßig ohnehin überlegenen deutschen Luftstreitkräfte schon in den ersten Tagen des Feldzuges die „Luftüberlegenheit" erringen. An den Schwerpunkten der Kämpfe gelang es ihnen meist auch, die „Luftherrschaft" zu erkämpfen.

Die zahlenmäßige Überlegenheit der deutschen Luftstreitkräfte ist zunächst nicht ins Gewicht fallend, wenn man die von Cartier[4] genannten 1720 britischen und 1730 französischen Flugzeuge (zus. 3450) neuester Bauart den 3500 deutschen Flugzeugen gegenüberstellt und die unterschiedlichen Angaben anderer Autoren, z. B. Kurowski[5], Dahms[6] und Mason[7], außer Betracht läßt. Oberst König[8] kommt, allerdings nur für deutsche Kräfte, auf 3634 Flugzeuge (501 Aufklärer, 1562 Kampfflugzeuge, davon 342 Stuka, 1016 Jäger und Zerstörer und 555 sonstige) und damit den Angaben von Cartier am nächsten. Die Gegenüberstellung der alliierten und deutschen Flugzeuge täuscht insofern, als die Engländer ihre Flugzeuge, vor allem die den deutschen Me 109 in gewisser Beziehung überlegenen SPITFIRE, für die Heimatverteidigung größtenteils zurückhielten. Darüber kam es allerdings wiederholt, vor allem am ersten Tag der deutschen Westoffensive, dem 10. Mai, zu teilweise starken Meinungsverschiedenheiten unter den Alliierten: der französische General Gamelin verlangte von den Engländern, daß sie auf ihre Luftstrategie verzichten. Der britische

Premier Winston Churchill lehnte es jedoch ab, die Luftstrategie der RAF zu ändern und erklärte am 13. Mai 1940[9]:

„Britische Jagdgeschwader haben bei Sedan eingegriffen, und von 67 Flugzeugen sind 36 nicht zurückgekehrt... So hat denn auch die britische Luftwaffe Deutschland [10] mitten im Ruhrgebiet angegriffen und bestimmte Ergebnisse erzielt. Nun aber sind von 112 Flugzeugen, die an dieser Nachtoperation teilgenommen haben, nur zwei nicht zurückgekehrt. Da haben Sie die Art von Operation, die sich lohnt. Die britische Luftwaffe wird diesen Weg weiter verfolgen."

„Heute vormittag (den 13. Mai, der Verf.) müssen von der britischen Regierung bewilligte vier weitere Staffeln an der französischen Front eingetroffen sein. Das macht im ganzen acht Staffeln oder 108 Maschinen ohne die ungefähr 20 Flugzeuge, die zerstörte Flugzeuge ersetzt haben. Es handelt sich also um eine eindrucksvolle Streitmacht, die Ergebnisse erzielen muß. Man kann aber von der Luftwaffe unmöglich erwarten, daß sie Panzer bekämpft. Panzer können nur auf der Erde und von der Infanterie bekämpft werden."

Abgesehen davon, daß Churchill – ebenso wie Hitler – taktische Entscheidungen (wie hier die Art der Panzerbekämpfung[11]), die den Militärs zu überlassen gewesen wären, getroffen hat, scheint er auf Bundestreue nicht viel Wert gelegt zu haben.

Im Endergebnis hätten daher den 3634 deutschen Flugzeugen 1720 französische und 128 englische (lt. Churchill, siehe oben) – das sind zusammen 1858 Flugzeuge – gegenübergestanden.

Ansonsten übertraf die französische Armee an Truppenzahl und auch an Materialeinsatz das deutsche Heer. 116 französische, englische, holländische und belgische Divisionen standen 71 angreifenden deutschen Divisionen gegenüber[12]. Etwa 4800 Panzerkampfwagen allein in Frankreich hatten 2200 deutsche Panzer abzuwehren. Die französischen Panzer waren den deutschen hinsichtlich der Bewaffnung mit stärkeren Geschützen und durch stärkere Panzerung überlegen. Lediglich in Bezug auf Beweglichkeit waren wiederum die deutschen Panzer den französischen überlegen.

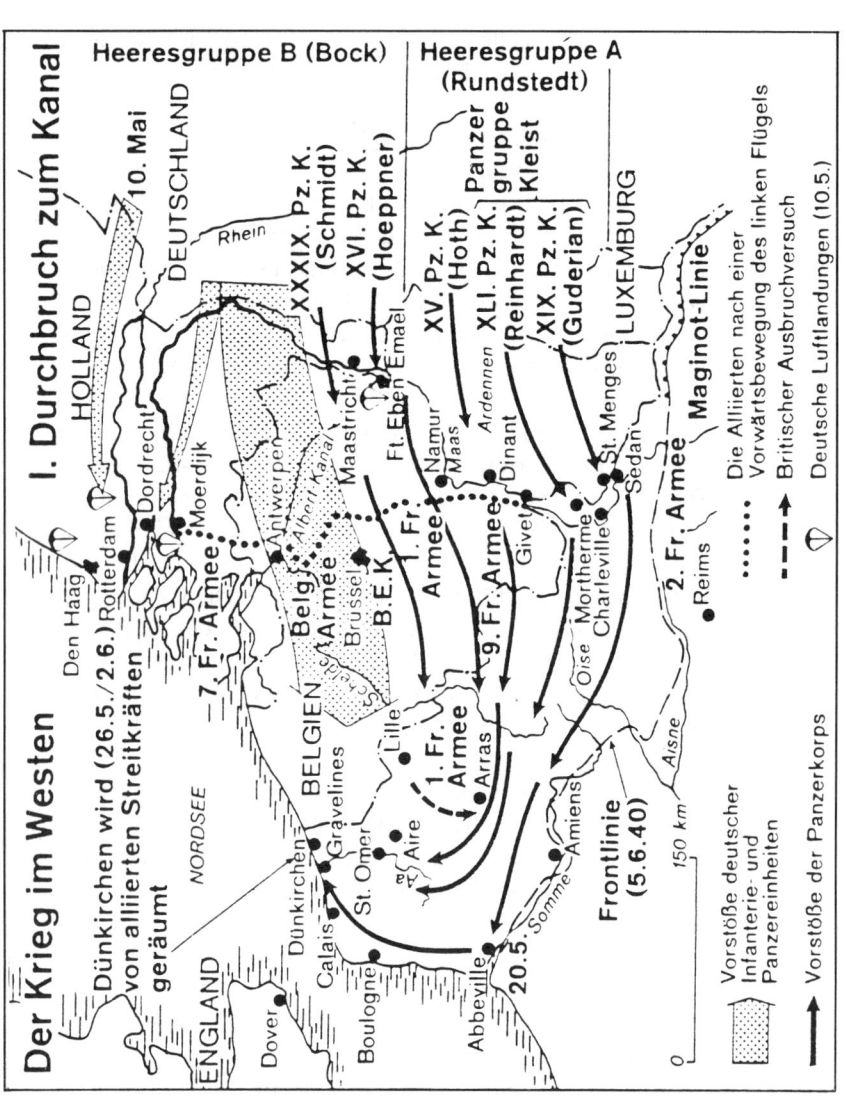

# Der Krieg im Westen

# I. Durchbruch zum Kanal

**Heeresgruppe B (Bock)**

**Heeresgruppe A (Rundstedt)**

DEUTSCHLAND

10. Mai

HOLLAND

Rhein

XXXIX. Pz. K. (Schmidt)

XVI. Pz. K. (Hoeppner)

XV. Pz. K. (Hoth)

XLI. Pz. K. (Reinhardt)

Panzergruppe Kleist

XIX. Pz. K. (Guderian)

LUXEMBURG

Maginot-Linie

Den Haag

Rotterdam

Dordrecht

Moerdijk

Antwerpen

Albert-Kanal

Maastricht

Ft. Eben Emael

Namur

Maas

Ardennen

Dinant

Givet

St. Menges

Mortherme

Charleville

Sedan

Reims

NORDSEE

BELGIEN

Brüssel

B.E.K.

1. Fr. Armee

9. Fr. Armee

Oise

Aisne

2. Fr. Armee

7. Fr. Armee

Belg. Armee

Schelde

Lille

Arras

1. Fr. Armee

Gravelines

Aire

Amiens

Somme

Frontlinie (5.6.40)

20.5.

Dünkirchen

Calais

Boulogne

St. Omer

Abbeville

Dover

ENGLAND

Dünkirchen wird (26.5./2.6.) von alliierten Streitkräften geräumt

0     150 km

⊕ Vorstöße deutscher Infanterie- und Panzereinheiten

•••••• Die alliierten nach einer Vorwärtsbewegung des linken Flügels

--- Britischer Ausbruchsversuch

⊕ Deutsche Luftlandungen (10.5.)

→ Vorstöße der Panzerkorps

Entschieden unterlegen war Frankreich Deutschland jedoch in jenem Punkt, der das militärische Denken seiner Generalität betraf[13].

In diesen Fällen handelte es sich um erlaubte Angriffe auf militärische Objekte, obwohl über den genannten Zweck hinaus anscheinend auch eine demonstrative Wirkung zur Beschleunigung der Kapitulation von Paris und Frankreich erreicht werden sollte. Eine derartige Demonstration steht jedoch dann im Gegensatz zum Kriegsrecht, wenn dabei Ziele allgemeiner Art ohne Unterscheidung militärischer von nichtmilitärischen Objekten angegriffen werden. Die genannten Bombenangriffe zielten dagegen nur auf militärische Objekte ab, und die deutschen Flugzeugbesatzungen vermieden ihrem strengen Auftrag gemäß jeden Bombenabwurf auf die Wohnviertel von Paris. Die französische Hauptstadt blieb daher praktisch unberührt. Im weiteren Verlauf des Feldzuges wurde Paris wie vorher schon Brüssel zur offenen Stadt erklärt und dementsprechend auch verschont.

Im ganzen wurde der Luftkrieg auf beiden Seiten nur nach taktischen Gesichtspunkten geführt. Von diesen Einsätzen sind deutscherseits vor allem die Luftangriffe auf Rotterdam und Dünkirchen zu erwähnen. Die von den Alliierten im Operationsgebiet zur Durchführung gebrachten taktischen Lufteinsätze waren wegen der deutschen Luftüberlegenheit naturgemäß von geringerer Bedeutung. Sie beeinträchtigten die Zivilbevölkerung jedoch im Verhältnis nicht weniger als die deutschen taktischen Einsätze.

Wie schon im Norwegen-Feldzug brachten die Deutschen auch im Westfeldzug wieder Fallschirmjäger und Luftlandetruppen zum Einsatz. Hinzu kam noch – zum ersten Male in der Kriegsgeschichte – die Verwendung von Lastenseglern zum Landen von Truppen.

## Deutsche Fallschirmjäger springen über Rotterdam ab

Wie an mehreren anderen Stellen waren auch bei Rotterdam deutsche Fallschirmjäger gelandet worden, die den Auftrag erhalten hatten, zusammen mit anderen Landetruppen eine Verbindungsaufnahme zwischen den in der Festung Holland (das so bezeichnete Verteidigungsgebiet Utrecht – Amsterdam – Rotterdam) eingesetzten feindlichen Streitkräften und der belgischen

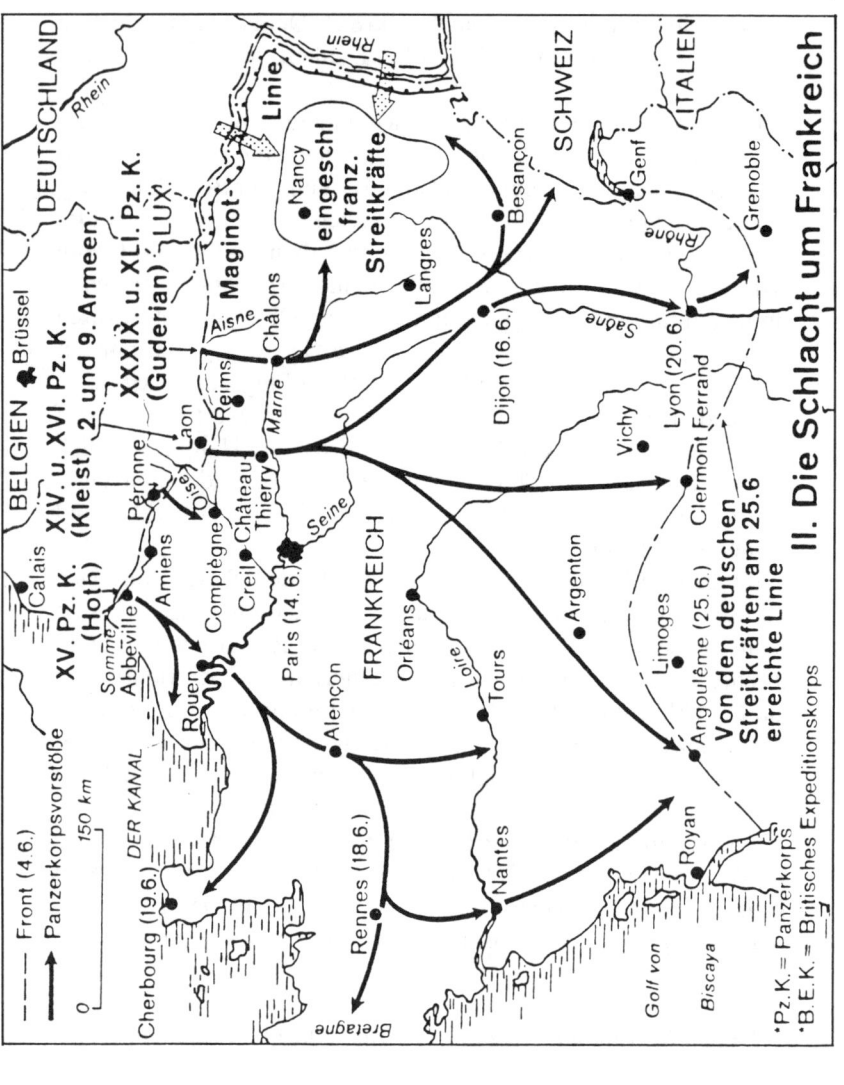

II. Die Schlacht um Frankreich

Armee bis zum Eintreffen der deutschen Landstreitkräfte zu verhindern[14]. In den südlichen Teil Rotterdams waren bereits deutsche Fallschirmjäger und Luftlandetruppen eingedrungen, doch konnten sie gegen das Stadtzentrum zu wegen starker feindlicher Stützpunkte an den Maasbrücken nicht weiter vordringen. Da diese Truppen außerdem über keine schwere Artillerie verfügten, kamen sie in arge Bedrängnis. Sicherlich hatten auch die am 13. Mai, nach Vernichtung einer feindlichen Kräftegruppe bei Dordrecht bis Rotterdam durchgestoßenen deutschen Truppen[15] noch keine schwere Artillerie heranführen können. Daher forderten die bereits in Rotterdam kämpfenden Einheiten noch am gleichen Tage Unterstützung durch Bombenflugzeuge der sogenannten „vertikalen Artillerie" an.

Weitere strategische Luftangriffe, die vor allem von Sturzkampfbombern (Ju 88) ausgeführt wurden, richteten sich gegen Gefechtsstände und Stabsquartiere höherer Führungsstäbe, wodurch eine empfindliche Lähmung der feindlichen Truppenführung erreicht werden konnte. Darüber hinaus kam es noch zu strategischen Luftangriffen der deutschen Luftwaffe gegen besonders wichtige Rüstungsbetriebe sowie gegen Nachschubbasen, Verkehrslinien und Brücken.

Die strategischen Luftangriffe der Alliierten bestanden in einem Bombenangriff der Franzosen auf Anlagen der IG-Farben in Ludwigshafen, in mehreren Angriffen der Briten auf Städte und sonstige Ziele vor allem im Ruhrgebiet (darunter auch ein Angriff auf Eisenbahnziele in Westdeutschland in der Nacht des 11. Mai 1940) und in einigen Angriffen der RAF auf Turin nach dem Kriegseintritt Italiens. Diese auf Ziele weit hinter den Fronten gerichteten Luftangriffe blieben ohne jeden Erfolg auf das Kriegsgeschehen in Holland, Belgien und Frankreich. Die strategischen Lufteinsätze der Deutschen gegen Ziele hinter der Front wurden dagegen zu einem großen Erfolg, wenn sie Flugplätzen und Verkehrslinien galten, und übten zumindest einen mehr oder minder großen Einfluß auf die feindliche Kriegführung aus, wenn sie gegen Hafenanlagen oder besonders wichtige Rüstungsbetriebe wie Flugzeugzellen- oder Motorenfabriken gerichtet waren. So kam es im Mai 1940 auch zur Bombardierung der Hafenanlagen von Marseilles mit dem Ziel, eine Störung des französischen Nachschubs aus Nordafrika zu erreichen. Im Juni wurden außer den Flugplätzen bei

Paris auch die Flugzeugzellen- und Motorenfabriken mit starker Kräften bei Tag angegriffen. Vielleicht könnte man hier eine Darstellung Spaights zum Kriegsgeschehen in Holland und Belgien einfügen: „Was sie (die Deutschen) im April in Norwegen taten, (das) wiederholten sie im Mai in Holland und Belgien. Das Herz von Rotterdam wurde am 14. Mai durch einen Luftangriff verwüstet. Eine Anzahl belgischer Städte wurde brutal bombardiert."

Leider sind auch diese Angaben Spaights wieder sehr ungenau und überdies ohne jede Quellenangabe. Außerdem werden die kriegsrechtlichen Zusammenhänge um die Bombardierung Rotterdams nicht geprüft und die „brutal bombardierten belgischen Städte" nicht mit Namen genannt[16].

## Rotterdam war eine von holländischen Truppen verteidigte Stadt

Rotterdam wurde, als es darin zu Kämpfen gekommen war, eindeutig zu einer verteidigten Stadt, wodurch auch der Schutz gemäß Art. 25 HLKO verlorenging. Obwohl dies vor Luftangriffen nicht als verbindlich anzusehen ist, forderte der deutsche Oberbefehlshaber die Stadt gemäß Art. 26 HLKO zur Übergabe auf. Dies geschah sogar mehrmals. Nachdem der Kommandant von Rotterdam am 13. Mai eine Aufforderung zur Übergabe erneut abgelehnt hatte, stellte der deutsche Kommandierende General des XXXIX. Armeekorps, Schmidt, am Morgen des 14. Mai ein letztes, genügend befristetes Ultimatum. Darin waren die Folgen einer nochmaligen Ablehnung der Kapitulationsaufforderung eindeutig und klar angeführt. General Schmidt hoffte, daß der holländische Kommandant von Rotterdam nun sicher in die Übergabe der Stadt einwilligen werde, um der Zivilbevölkerung schweres Leid zu ersparen. Diese letzte Aufforderung des deutschen Generals war so abgefaßt, daß als Antwort bis zum Ablauf der Frist nur ein klares Ja oder Nein erwartet werden konnte.

Die holländische Führung wollte jedoch den Zeitpunkt der Kapitulation, die auch sie inzwischen für unabwendbar gehalten haben dürfte, so weit als möglich hinausschieben. Tatsächlich erschien erst bei Ablauf der gesetzten Frist ein holländischer Hauptmann als Parlamentär an der vereinbarten Stelle an der

Brücke von Rotterdam. Dieser Parlamentär wurde von General Schmidt persönlich empfangen. Statt die erwartete Annahme oder Ablehnung des Ultimatums bekanntzugeben, übergab der Parlamentär ein Schreiben seines Kommandanten, in dem dieser erklärte, eine Waffenstreckung könne er nur dann in Erwägung ziehen, wenn die schriftliche Aufforderung hierfür mit dem Namen, militärischen Rang und der Unterschrift desjenigen Offiziers, der die Kapitulation fordere, versehen sei[17].

## Deutscher General bewilligt neuerlichen Aufschub

Obwohl diese Art der Beantwortung als Ablehnung seines noch dazu abgelaufenen Ultimatums aufzufassen gewesen wäre, bewilligte General Schmidt einen neuerlichen Aufschub und wiederholte seine schriftliche Aufforderung zur Übergabe an den holländischen Kommandanten mit den gewünschten Angaben und der geforderten Unterschrift. Gleichzeitig vereinbarte man eine Waffenruhe bis zum Ablauf der verlängerten Frist.

Unverzüglich wurde auch ein Funkspruch abgesetzt, der den Start des am Tag zuvor angeforderten Bomberverbandes verhindern sollte. Ein dramatischer Wettlauf mit der Zeit hatte begonnen. Das Geschwader konnte vor dem Start nicht mehr erreicht werden. Darüber hinaus wurden auch Funksprüche, die die Aufforderung enthielten, anstelle von Rotterdam das Ausweichziel Utrecht anzugreifen, vom Geschwader nicht mehr aufgenommen. Schließlich jagte ein Stabsoffizier der Luftflotte 2 in einem schnellen Jagdflugzeug hinter dem Geschwader her. Doch mißlang auch diese Verbindungsaufnahme. Als letzte Sicherheitsmaßnahme war von General Student befohlen worden, den Angriff dann nicht auszuführen, wenn auf der Maasinsel von Rotterdam rote Leuchtzeichen sichtbar würden. Nun war aber die Sicht über Rotterdam auf Grund eines seit Tagen im Hafen brennenden Passagierdampfers mit entsprechender Rauchentwicklung ziemlich schlecht.

Als die beiden Generäle Schmidt und Student auf einem runden Platz südlich der Brücken auf die Entscheidung des holländischen Kommandanten warteten, hörten sie plötzlich stark anschwellendes Flugmotorengeräusch in der Ferne. Ein von Osten anfliegender deutscher Bomberverband wurde sichtbar. Beide fühlten die Katastrophe herannahen. Sie dachten als alte preußische Offiziere sofort an ihren Ehrenkodex, der den Bruch einer Waffenruhe oder die Mißachtung eines Parlamentärs als Gipfel der Ehrlosigkeit vorsah. Als die Bomber noch näher kamen, blieb ihnen als letztes Mittel zur Abwendung der Bombardierung Rotterdams nur noch das Schießen roter Leuchtkugeln. Alle in der Nähe befindlichen deutschen Truppenteile nahmen ebenfalls diese Zeichen auf. Ununterbrochen flogen die roten Leuchtkugeln von mehreren Seiten in die Luft, vergeblich. Götzel berichtet weiter[18]:

„Der von Osten anfliegende Verband öffnete die Bomben-schächte, der Angriff begann ... Kaum hatte der aus östli-cher Richtung anfliegende Verband seinen Angriff beendet, als aus Südosten ein anderer Bomberverband in Sicht kam. Ununterbrochen wurden auch jetzt rote Leuchtkugeln mit möglichst schneller Schußfolge geschossen. Die Führungs-kette der neuen Angriffsgruppe erkannte trotz der ungeheu-ren Verqualmung, die inzwischen eingetreten war, diese Zeichen in dem Augenblick, als sie selbst zu werfen begon-nen hatte. Der Verbandsführer brach daraufhin den Abwurf sofort ab und flog sein Ausweichziel an. 57 Bomber warfen ihre Bomben auf Rotterdam, 43 Maschinen drehten ab, ohne zu werfen. Insgesamt fielen 158 Bomben zu 250 Kilogramm und 1150 Bomben zu 50 kg auf die Stadt. Mangelhafte Fernmeldeverbindungen auf eine wahrhaft unglückselige Verkettung von Umständen waren die Ursa-che dieses tragischen Bombenangriffs. Es war ein unver-zeihlicher Fehler der deutschen Führung, daß sie nicht sofort eine sorgfältige Untersuchung durchführen (ließ) und alle Unterlagen der Weltöffentlichkeit zugänglich machte."

Trotz des Abdrehens des zweiten deutschen Bomberverbandes hatte die abgeworfene Bombenmenge ausgereicht, um einen gan-zen Stadtteil von Rotterdam völlig zu zerstören. Diese katastropha-le Zerstörung kam durch einen Flächenbrand zustande, obwohl weder Phosphorkanister noch Brandbomben, sondern nur Spreng-bomben von den deutschen Bombern abgeworfen worden waren. Die Sprengbomben wurden genau auf die befohlenen Zielräume geworfen. Die Genauigkeit der Bombenwürfe ist dadurch nachweisbar, daß keine Bombe auf eigene Truppen fiel.

Die Brandkatastrophe von Rotterdam hatte folgende Ursachen:

1. Starker Wind, der unmittelbar nach dem Angriff von See her aufkam.
2. Schnelle Brandübertragung von einem auf das andere Haus, was auf ein Fehlen oder Nichtfunktionieren der Feuermauern zwischen den Häusern schließen läßt. (Strenge Vorschriften über den Bau der Feuermauern etwa in Österreich trugen wesentlich dazu bei, daß die Bombardierung österreichischer Städte durch die USAAF kaum zur Bildung großer Flächenbrände führte.)
3. Mangelhafte Organisation und Ausrüstung der Feuerwehr.
4. Wegen der Treffer auf das Hauptwasserrohr Ausfall der Wasserleitung[19].

Obwohl der Luftangriff auf Rotterdam durch sorgfältige und genaue Festlegung der militärischen Ziele, wie Maasbahnhof und ein kleiner Raum dicht um das nördliche Brückenende, militärisch einwandfrei geplant war, gab es besonders schmerzliche Opfer unter der Zivilbevölkerung und verhältnismäßig große Sachverluste. Die militärische Notwendigkeit des Einsatzes der „vertikalen Artillerie" ergab sich aufgrund des starken holländischen Widerstandes an den Maasbrücken, den die angreifenden deutschen Truppen mangels eigener Artillerie nur unter Hinnahme von besonders hohen blutigen Opfern zu brechen imstande gewesen wären. Stellen wir dem die Kampfesweise anderer Armeen gegenüber, so werden wir ähnliche oder noch stärkere Bemühungen feststellen müssen, infanteristische Sturmangriffe überhaupt nur nach stundenlanger artilleristischer Boden-Luft-Vorbereitung anzusetzen. Insbesondere am Ende des Zweiten Weltkrieges, als Deutschland bereits geschlagen war, kam es zu einmaliger Konzentrierung der Feuervorbereitung vor Sturmangriffen: so leitete der Oberbefehlshaber der britischen Armee, Bernard Montgomery, am 23. März 1945 den Großangriff auf den Rhein im Raum Wesel mit 25 Divisionen gegen fünf schwache und erschöpfte deutsche

Divisionen auf einer Breite von 50 Kilometer nach einem gewaltigen Feuerstoß aus über 3000 Geschützen und mit mehreren Bomber-Angriffswellen ein[20]. Mit dem vielleicht mächtigsten Feuerschlag der Eroberungsarmeen in Deutschland eröffneten die Sowjettruppen am 16. April 1945 mit 7500 Kampfflugzeugen, 41 600 Geschützen und Granatwerfern, 6250 Panzern und Selbstfahrlafetten und mit 2 500 000 Soldaten die Offensive gegen den Berliner Raum[21]. Aber auch die US-Armeen begannen ihre Offensiven insbesondere in Italien und im „Invasions-Frankreich" mit Riesenfeuerschlägen ihrer Viermotbomberflotten und Artillerie-Regimenter (Divisionen) auf das Hinterland der deutschen Armeen, wobei Hunderte, wahrscheinlich Tausende Weiler, Orte, Märkte und Städte für den Sturm ihrer Fuß- und Mot-Truppen reifgebombt und zu einem nicht geringen Teil fast eingeebnet worden sind[22].

Bei all diesen Vorbereitungen alliierter Sturmangriffe nahm offensichtlich niemand auf die friedliche Zivilbevölkerung Rücksicht. Die Zivilbevölkerung bildete anscheinend überhaupt keinen berücksichtigungswürdigen Faktor alliierter Offensivplanungen.

Demgegenüber berichtet Götzel über die militärische Planung des Luftangriffes auf Rotterdam:

> „Mit dieser engen Begrenzung des mit Bomben anzugreifenden Stadtgebietes sollte einmal erreicht werden, daß – wenn überhaupt – eine möglichst kleine Anzahl von Zivilpersonen in Mitleidenschaft gezogen würde ... Der Bombenangriff sollte lediglich eine Bresche in die holländische Abwehrfront unmittelbar an den Brücken schlagen. Durch sie sollte dann der deutsche Panzer- und Infanterieangriff nach Norden sofort weiter Raum gewinnen. Eine großflächige Zerstörung der Stadt durch den Bombenangriff würde durch Häusertrümmer und mit größter Wahrscheinlichkeit Bombentrichter ganze Straßenzüge blockieren und so den Vorstoß überaus stark behindern."[23]

Dieser Darstellung ist zu entnehmen, daß der Luftangriff auf Rotterdam ein taktisches Unternehmen darstellte. So stellt auch Spaight fest: „Als Warschau und Rotterdam bombardiert wurden, standen die deutschen Armeen unmittelbar vor den Toren. Die Luftangriffe waren ein Teil der taktischen Offensive."[24]

Zu klären ist nun, inwieweit die deutschen Flieger den Artikel 27 der Haager Landkriegsordnung eingehalten haben. Er sieht den Schutz von nicht militärisch genutzten Gebäuden vor, die der Krankenpflege, Wohltätigkeit, Kunst, Religion, Wissenschaft und Geschichte gewidmet sind. Gemäß Artikel 27 HLKO kommt es darauf an, daß die bei Bombardierungen und Beschießungen aus der Luft zu schützenden Gebäude „soviel wie möglich zu schonen" sind, „vorausgesetzt, daß sie nicht gleichzeitig zu einem militärischen Zwecke Verwendung finden" und mit einem deutlichen besonderen Schutzzeichen versehen sind ... Völlig im Gegensatz zu diesem Artikel 27 der HLKO befinden sich daher Bombardierungen ohne einen solchen Versuch der Schonung geschützter Objekte. Grundsätzlich verboten ist das unterschiedslose Bombardieren von Städten und Anlagen der friedlichen Zivilbevölkerung, weil in solchen Fällen die Beachtung des Artikels 27 HLKO nicht einmal beabsichtigt sein kann.

Spetzler weist jedoch darauf hin, daß die deutschen Flugzeugbesatzungen, insbesondere durch die Einhaltung der niedrigen Flughöhe von nur 750 Metern, eine Beschränkung der Treffer auf den befohlenen Zielraum und damit im Interesse größtmöglicher Schonung der Stadt auch die Beachtung des genannten Artikels der HLKO erstrebten[25].

Demnach war der Luftangriff auf Rotterdam in der durchgeführten Art als gerechtfertigt anzusehen, wenn er auch bedauerlicherweise zu verhältnismäßig großen Zerstörungen und Verlusten unter der Zivilbevölkerung geführt hat.

Andererseits ist jedoch die Frage zu klären, ob das deutsche Oberkommando mit diesem Angriff über den rein taktischen Zweck hinaus auch noch einen Druck auf die holländische Regierung ausüben wollte, um diese zum Abschluß eines Waffenstillstandes zu bewegen. Hinweise auf eine solche Möglichkeit sind der Rundfunkansprache des holländischen Oberkommandierenden, General Winkelmann[26], welche dieser nach der Kapitulation Hollands gehalten hat, und der Schilderung der Kämpfe in diesem Raum von Fuller zu entnehmen[27]. Demnach wurde den Holländern deutscherseits mit der Bombardierung von Rotterdam und Utrecht gedroht, wenn der holländische Widerstand fortgesetzt werde.

Grundsätzlich sind Bombardierungen zu einem derartigen Zweck als *verboten* anzusehen, es sei denn, diese würden sich nur gegen militärische Objekte richten. Bei Einbeziehung der Zivilbevölkerung in unmittelbare Kampfhandlungen wären solche Luftangriffe nur dann gestattet, wenn sie den einzigen und letzten Weg bilden würden, um ein für den Kriegsausgang entscheidendes Unternehmen erfolgreich durchzuführen.

Da die holländischen Truppen zu diesem Zeitpunkt praktisch besiegt waren, hätte eine unterschiedslose Bombardierung der beiden Städte keineswegs die letzte und einzige Möglichkeit zur Erreichung der holländischen Kapitulation dargestellt.

Wesentliche Vorgänge deuten in diesem Zusammenhang jedoch darauf hin, daß zwischen dem rein taktischen Unternehmen gegen Rotterdam und den angedrohten Luftangriffen auf die gleiche Stadt und Utrecht keine direkte militärische Übereinstimmung bestand. So wurden die Angriffe auf Rotterdam mit dessen Kapitulation eingestellt. Hätte zwischen den beiden Unternehmen eine Übereinstimmung bestanden, so wären die Angriffe auf Rotterdam fortzusetzen gewesen, da die in der deutschen Drohung erwähnte Bedingung der Gesamtkapitulation Hollands zu dieser Zeit noch nicht erfüllt war.

Tatsächlich kam es weder anschließend an die Bombardierung Rotterdams noch später zu Luftangriffen auf Utrecht. Aus diesen Darlegungen kann der Schluß gezogen werden, daß die erwähnte deutsche Drohung entweder nur eine solche darstellen sollte oder aber aus irgendwelchen Gründen nicht in die Tat umgesetzt wurde. In einer derartigen *Drohung* allein ist noch keine Verletzung des Kriegsrechtes zu erblicken, abgesehen davon, daß deren Durchführung immer noch in einer Bombardierung von nur militärischen Objekten bestehen kann.

Da die Zivilbevölkerung weder in Rotterdam noch in Utrecht unmittelbaren Kampfhandlungen ausgesetzt wurde, ist es in dieser Beziehung deutscherseits zu keiner Mißachtung kriegsrechtlicher Bestimmungen gekommen.

## Rotterdams Verluste – Legende und Wirklichkeit

Rotterdam kapitulierte bald nach dem deutschen Luftangriff. General Schmidt bestimmte General Student, den Kommandeur der Fallschirmjäger und Luftlandetruppen, die Einzelheiten der Kapitulation mit den Niederländern zu vereinbaren. Als General Student die Besprechung mit den Offizieren des Gegners mit Worten der Anerkennung über die tapfere und faire Haltung der holländischen Soldaten bei den vergangenen Kämpfen eröffnet hatte, fielen trotz der bereits längst eingetretenen Waffenruhe in der Nähe einzelne Schüsse. Alle Besprechungsteilnehmer waren sehr betroffen, und General Student trat zum großen, fast bis zum Boden reichenden Fenster des Konferenzraumes, als er, plötzlich von einer verirrten Kugel am Kopf getroffen, zusammensackte. Der General hatte einen sogenannten Tangentialschuß erhalten, der ihm die obere Schädeldecke handtellergroß aufspaltete. Spätere Ermittlungen ergaben kein eindeutiges Ergebnis. Es könnte sich um eine verirrte deutsche Kugel gehandelt haben[28]. General Student könnte aber auch von der Kugel eines holländischen Reservisten getroffen worden sein[29]. Mit General Student war der Schöpfer und Führer der ersten klassischen Luftlandeschlacht der Kriegsgeschichte überhaupt auf Monate hinaus außer Gefecht gesetzt. Das Luftlandeunternehmen gegen die Festung Holland sowie die Beziehung des Forts Eben-Emael und die Wegnahme der Brücken über den Albert-Kanal bedeuteten den Durchbruch der Luftlandeidee.

Als ein Mitglied der holländischen Regierung in der Aufregung des Augenblicks die Zahl der Opfer des Luftangriffs auf Rotterdam mit 30 000 Toten angegeben hatte, entwickelte sich daraus die Legende der barbarischen Zerstörung ganz Rotterdams durch die deutsche Luftwaffe mit dieser am Beginn des Krieges fast unglaublich hohen Verlustziffer. Dieser so unwirklich hohen Anzahl von getöteten Zivilpersonen bedienten sich die Männer der „psychologischen Kriegführung" und machten sie den Millionen Menschen hüben und drüben glaubhaft[30].

Um die „Lebenserwartung" der Legende von den „30 000 Toten Rotterdams" stark herabzusetzen und der Wahrheit zum Siege zu verhelfen, hat der deutsch-amerikanische Zeitgeschichtsforscher Dr. O. Mueller die im Folgenden wortgetreu abgedruckte historische Dokumentation erstellt[31]:

*Rotterdam, Mai 1940: Eine Berichtigung.*

Associated Press (AP) ist wohl eine der größen und einfluß-
reichsten Nachrichten-Agenturen der Welt. Sie versorgt
Tag für Tag Hunderte von Zeitungen mit Meldungen,
Nachrichten, Kommentaren, Analysen und Aufsätzen zum
Zeitgeschehen. In der täglich erscheinenden geschichtlichen
Übersicht „Today in History" veröffentlichte AP am
14. Mai 1969 folgende Behauptung:

„In 1940, during World War II, German bombers wiped
out much of the Dutch city of Rotterdam, killing some
30,000 persons." (Daily Advance, Lynchburg, Va., Wed.,
May 14, 1969, p. 13.)

Übersetzt heißt das also: Deutsche Bomber töteten am
14. Mai 1940 in Rotterdam 30 000 Menschen. Für jeden
historisch Interessierten erhebt sich hier die Frage: Stimmt
diese Aussage mit den Tatsachen überein? Oder liegt eine
Propaganda-Übertreibung vor?

Auf eine Anfrage hin gab Mr. Samuel G. Blackman,
General News Editor von Associated Press, New York, am
27. Juni 1969 folgende Auskunft: „Vielen Dank für das
Auffinden des Fehlers in ‚Today in History' über die Zahl
der Toten bei der Bombardierung von Rotterdam. Unsere
Zahl stammt aus dem normalerweise zuverlässigen Buch
‚Was geschah wann' des Historikers Stanford M. Mirkin.
Nach der Encyclopedia Britannica wurden ungefähr 900
Menschen getötet, infolge der Verwirrung seien damals
jedoch viel höhere Zahlen genannt worden. Wir haben
unsere Akten korrigiert." Soweit AP. Die von Herrn Blackman versprochene Korrektur ist auch erfolgt. Am 14. Mai
1970 sowie 1976 heißt es nun in „Today in History": "In
1940, German bombers razed much of the Dutch city of
Rotterdam in World War II."[32] Zahlen sind nicht mehr
angegeben. Als Schlußfolgerung ergibt sich: Die Rotter-
dam-Übertreibung betrug mehr als 29 100 für einen einzigen
Tag und Ort, mehr als 3000 (in Worten: dreitausend!)
Prozent oder mehr als das Dreißigfache! Die Propaganda-
Zahl von 30 000 wurde nahezu ein drittel Jahrhundert lang in
der westlichen Welt als feststehende Tatsache in Millionen

von Zeitungsexemplaren verbreitet und von Millionen Menschen geglaubt. Unter diesen befanden sich Universitäts-Professoren, Politiker, Geistliche ebenso wie Arbeiter. Jedenfalls sollte man Mr. Blackman für die Korrektur des „Fehlers" dankbar sein.

Die nächste Frage, die beantwortet werden muß, lautet: Stimmt die Zahl von 900? In seinem Buch „Nie wieder Krieg gegen die Zivilbevölkerung" (1964, Selbstverlag, Nernstgasse 1, Graz) schreibt Maximilian Czesany[33] auf Seite 207 zu diesem Thema: „Aus der Unterlage geht nicht hervor, ob und wie viele Kombattanten in der Zahl von 900 Toten mitgezählt sind." Er vermutet also, daß die in den Kämpfen um Rotterdam Gefallenen in der Zahl inbegriffen sein könnten. Nach David Irving wurde Rotterdam damals von etwa 60 Bombern angegriffen. (D. Irving: The Destruction of Dresden, Seite 26, Ballantine Books, Inc., New York, 1963, 1965.) Auf Seite 29 seines Dresden-Buches schreibt er: „Within a period of fifty-two days 1333 civilians had been killed by air attacks throughout Britain"[34] (1940). Daraus dürfte man schließen, daß die Zahl von 900 für Rotterdam immer noch zu hoch sein könnte. Zu dieser Schlußfolgerung gelangt man auch, wenn die Bevölkerungsverluste des ersten 1000-Bomber-Angriffes der Geschichte zum Vergleich herangezogen werden. Das Opfer dieses Angriffes war am 30. Mai 1942 die Stadt Köln. Er forderte 469 Menschenleben. (Quelle: Ralph Barker: „The Thousand Plane Raid", „1046 Bombers against the city of Cologne, May 30, 1942: The first massive air raid". Ballantine Books, New York, 1965, $ 0.75, 288 pages, siehe Seite 278.) Jedenfalls ist es nur schwer verständlich, daß im Mai 1940, also im Anfangsstadium des Luftkrieges, 60 Bomber 900 Tote fordern, zwei Jahre später 1046 Bomber jedoch wesentlich weniger.

Eine Anfrage beim Niederländischen Staatlichen Institut für Kriegsdokumentation wurde am 25. November 1977 von Herrn E. G. Groeneveld folgendermaßen beantwortet: „. . . die genaue Zahl der Zivilisten, die bei der Bombardierung von Rotterdam am 14. Mai 1940 getötet wurden, ist immer noch unbekannt. Die beste Schätzung besagt: über 600 und weniger als 900." (In reply to your letter of

November 17, I can inform you that the exact number of civilians killed as a result of the bombardment of Rotterdam on May 14, 1940 is still unknown. The most reasonable approximation is over 600 and less than 900.") Bemerkenswert ist in diesem Zusammenhang auch die Tatsache, daß Rotterdam keineswegs hinter dem Eisernen Vorhang lag. Zusammenfassend läßt sich sagen: Die Übertreibung der „Schwarzen Propaganda" betrug in diesem Falle mindestens dreitausend bis fünftausend Prozent!

## Von der Einschiffung des britischen Expeditionskorps in Dünkirchen bis zum deutsch-französischen Waffenstillstand im Wald von Compiègne

Bei Dünkirchen wurde die deutsche Luftwaffe wiederum rein taktisch zur Bekämpfung bzw. Vernichtung der sich in den Raum um diese Stadt zurückziehenden englischen und französischen Truppen eingesetzt. Es handelte sich auch in diesem Falle um erlaubte Kampfhandlungen im Sinne des Art. 25 HLKO, weil das bombardierte Gebiet als verteidigt anzusehen war und eingenommen werden sollte. Überdies war der deutschen Luftwaffe der Auftrag erteilt worden, die Bekämpfung des Feindes zunächst in der Hauptsache allein vorzunehmen, da die deutschen Panzerdivisionen am 24. Mai auf der Linie Dünkirchen – Hazebrouk – Merville auf persönlichen Befehl Hitlers zum Halten gebracht wurden. Der Haltebefehl Hitlers wurde nicht nur aus militärischen Erwägungen, wie Geländeschwierigkeiten und notwendige Auffrischungszeit für Mannschaften und Material der Panzerdivisionen, sondern auch aus politischen Gründen gegeben.

Liddell Hart war nach dem Ende des Zweiten Weltkrieges im Auftrage des britischen Intelligence Department, des Politischen Nachrichtendienstes, mit mehreren deutschen Generälen und Admiralen in Berührung gekommen. Er konnte im Laufe zahlreicher Gespräche von den befragten deutschen Offizieren ein wahres Zeugnis von Kriegsereignissen zusammenbringen, die noch frisch in ihrer Erinnerung und noch nicht nachträglich verfärbt waren[35]. Liddell Hart berichtet von seinen Gesprächen mit deutschen Heerführern:

„Er (General Blumentritt) meinte, der Haltebefehl (Hitlers an die Panzer vor Dünkirchen) sei aus anderen als militärischen Gründen gegeben worden, und es habe sich um den Teil eines politischen Planes gehandelt, um den Frieden leichter möglich zu machen. Wäre die britische Expeditionstruppe bei Dünkirchen gefangengenommen worden, so hätte bei den Engländern das Gefühl aufkommen können, daß ihre Ehre befleckt sei und wiederhergestellt werden müsse. Indem er sie entkommen ließ, hoffte Hitler, sie zu versöhnen. Da diese Darstellung von Generalen stammt, die Hitler sehr kritisch gegenüberstanden und die zugeben, daß sie selbst die britische Armee vernichten wollten, ist sie von um so größerer Bedeutung."[36]

Die deutsche Luftwaffe konnte das ihr gesteckte Ziel nicht erreichen, denn einerseits war der Widerstand der noch dazu mit einem neuen, überlegenen Jagdflugzeug, der Spitfire, ausgestatteten britischen Luftwaffe sehr stark, und andererseits hatten die effektiven Stärken der deutschen Verbände in den wochenlangen schweren Kämpfen ziemlich abgenommen. So gelang es den Briten trotz Versenkung von 243 der beim Rückzug aus Dünkirchen eingesetzten 861 Schiffe, 338 000 britische und französische Soldaten nach England zu retten. Als die Übersetzung, das „Unternehmen Dynamo", am Nachmittag des 4. Juni beendet war, rollten die deutschen Panzer in die zerstörte Stadt und nahmen diejenigen französischen Soldaten, die den Rückzug der englischen Verbündeten mit dem Einsatz ihres Lebens und ihrer Gesundheit gedeckt hatten, gefangen. Die Strände rings um den Trümmerhaufen Dünkirchen waren riesige Abfallplätze, voll von zurückgelassenem Kriegsmaterial der englischen Soldaten.

Aufgrund des großen militärischen Erfolges der deutschen Armeen in Nordfrankreich ließ Hitler in ganz Deutschland die Kirchenglocken läuten. Sie läuteten nicht zuletzt für die 300 deutschen Flieger, die in den Kämpfen um Dünkirchen ihr Leben lassen mußten.

Der immerhin hinsichtlich der hohen Anzahl Geretteter, wenn auch nicht hinsichtlich der riesigen Mengen an Kriegsmaterial erfolgreiche Rückzug der britischen Expeditionsarmee muß für die französische Regierung und die militärische Führung Frankreichs in mehrfacher Hinsicht bitter gewesen sein. Vor allem aber wird sich eine Auswirkung auf die Bundesgenossentreue und die Waffenbrüderschaft ergeben haben, weil es wenige Wochen nach „Dünkirchen" darum ging, ob die französische Regierung, dann bereits unter Ministerpräsident Reynaud und seinem Stellvertreter, dem Sieger von Verdun, Marschall Pétain, einen Waffenstillstand mit Deutschland ohne Einwilligung der britischen Regierung unter Premierminister Churchill abschließen solle.[37] Wer aber sollte den Franzosen dieses Vorgehen übelnehmen? Ursprünglich hatte der britische Premier Churchill noch am Beginn der deutschen Offensive den Franzosen zehn weitere Squadrons englischer Flugzeuge zur Verfügung gestellt und sie zur Bekämpfung des Feindes ermuntert: „Wenn Frankreich unterliegen sollte, würde England den Kampf mit einer immer mächtiger werdenden Luftwaffe fortführen, Deutschlands Ernten und Wälder niederbrennen und so versuchen, es auszuhungern."[38] Aber als die Franzosen erkannten, daß nur mehr starke Luftstreitkräfte den Vormarsch der deutschen Panzer aufhalten konnten und mit immer nachdrücklicheren Aufforderungen an den britischen Premier herantraten, mit der R.A.F. „in den bedrohtesten Frontabschnitten einzugreifen"[39], richtete dieser am 19. Mai an den französischen General Georges lediglich die folgende Botschaft:

> „Großbritannien wird Frankreich jede mögliche Unterstützung zukommen lassen. Es fühlt sich mit ihm verbundener denn je. Die Lage ist ernst, aber sie ist nicht verzweifelt. Die englische Armee ist dem Befehl des französischen Oberkommandos unterstellt. Sie wird Ihnen gehorchen."[40]

Tatsächlich geschah es aber, daß der Oberkommandierende des britischen Expeditionskorps, Lord Gort, „sehr wohl seinen Rückzug (auf Dünkirchen) angetreten hat, ohne das französische Oberkommando davon zu unterrichten".[41]

Bereits vor dem Rückzug der Engländer vom französischen Festland über Dünkirchen kam es zu erregten Gesprächen zwischen den Bundesgenossen:

> „Wenn Sie oder sonstwer daran gedacht hat, sich zu ergeben oder um Frieden zu bitten, dann sagen Sie Ihrem Gene-

ral... daß die Engländer den Krieg fortführen werden, unter welchen Umständen immer und was auch kommen mag", sagt General Spears, der als persönlicher Vertreter Churchills bei der französischen Regierung tätig war, in wachsendem Zorn zu Major Fauvelle vom Stab der französischen 1. Armee (Blanchard).

„Sie würden uns bombardieren?", schreit Fauvelle auf.

„Natürlich", antwortet Spears, „... wir werden jeden Ort angreifen und bombardieren, der einen Deutschen beherbergt, ohne Rücksicht auf alle, die sich außer ihm dort befinden."

Im Kriegsausschuß wurde am 25. Mai die Frage gestellt, wie sich die französische Regierung nach der absolut möglichen Zerschlagung der eigenen Armeen im Falle eines deutschen Friedensangebotes verhalten solle. Staatspräsident Lebrun antwortete darauf, daß man bei verhältnismäßig günstigen Bedingungen der Deutschen trotz aller „eingegangenen Verpflichtungen, die uns einen Separatfrieden untersagen, diese sorgfältig prüfen und mit kühlem Kopf darüber beraten müsse." Schließlich bezieht Marschall Pétain dazu folgende Stellungnahme:

„Jede Nation hat gegen die andere Pflichten nach Maßgabe des Beistandes, den die andere ihr geleistet hat. Nun hat aber England tatsächlich nur zehn Divisionen in den Kampf geworfen, während sich 80 französische Divisionen seit dem ersten Tag ununterbrochen schlagen. Außerdem darf sich ein Vergleich nicht auf militärische Anstrengungen der beiden Länder beschränken; man muß in ihn die Leiden einbeziehen, die schon erlittenen wie die bevorstehenden."[42]

Als die Einschiffung des britischen Expeditionskorps in vollem Gange war, kam es im Anschluß an eine anglo-französische Kriegsratssitzung vom 31. Mai zu einem peinlichen Vorfall, den Churchill in seinen Erinnerungen wie folgt schildert:

„Einer der Franzosen... bemerkte, eine Fortsetzung der militärischen Rückschläge könnte unter bestimmten Umständen Frankreich zu einer Änderung seiner Außenpolitik zwingen. Spears ergriff die Gelegenheit und sagte... zu Pétain: ‚Ich nehme an, Herr Marschall, Sie begreifen, daß dies die Blockade bedeuten würde.'

Irgend jemand anderer sagte:

‚Diese Eventualität wäre vielleicht unvermeidlich.'

Da aber schleuderte Spears Pétain ins Gesicht:

‚Es würde nicht nur die Blockade bedeuten, sondern auch das Bombardement aller in deutscher Hand befindlichen französischen Häfen!'

Ich freute mich, daß das ausgesprochen wurde, und sagte darauf meine kleine gewohnte Strophe her: Wir werden den Kampf fortführen, ganz gleich, was geschieht und wer unterwegs fällt.“[43]

Engländer und Franzosen trennten sich in nervöser Stimmung, und der Franzose Paul Baudoin äußert sich über das Ergebnis der Besprechung tief beunruhigt:

1. daß der Beistand, den die englische Luftwaffe in der... bevorstehenden Schlacht an der Somme und der Aisne der französischen Armee leisten wird, sehr gering, um nicht zu sagen, gleich Null sein dürfte. Die Engländer wollen ihre Jagdfliegerei weiterhin auf Horste im Mutterland stützen und weigern sich, einen wesentlichen Teil auf französischem Boden zu stationieren.

2. ich habe von dem abschließenden Eingreifen Churchills die Gewißheit gewonnen, daß England unser Anliegen in diesem Kampf ins Auge gefaßt hat... England hat um unser Land schon Trauer angelegt.

3. trägt sich der Premierminister Großbritanniens mit dem Gedanken, daß Frankreich, koste es, was es wolle, den Kampf selbst dann fortführen müsse, wenn er nutzlos und verlustreich ist?...

Die tiefe Beunruhigung der französischen Führung im Hinblick auf künftige englische Waffenbruderschaftshilfe war mehr als berechtigt.

Am 7. Juni 1940, als die Deutschen die „Weygand-Linie" auf der ganzen Linie durchstoßen hatten, verspricht Churchill der französischen Regierung wieder Jägerunterstützung: „. . . daß in Frankreich gestern 144 britische Jäger im Einsatz waren und heute eine noch größere Anzahl operieren wird." Am 11. Juni 1940, als sich 20 000 britische Soldaten über Le Havre nach England einzuschiffen beginnen, schlägt Churchill dem französischen Oberbefehlshaber General Weygand die Verteidigung von Paris vor:

> "Das ist eine riesige Stadt! Man kann am Stadtrand kämpfen; man kann auf den großen Plätzen kämpfen, im Herzen der Innenstadt, in den Gassen, an jeder Hausecke, an jeder Straßenkreuzung! . . . Sie glauben gar nicht, wieviel feindliche Kräfte eine große Stadt wie Paris zu fesseln und zu verschlingen vermag! Ganze Armeen können dort ihr Grab finden!"[44]

Und an Pétain richtet Churchill folgende Worte:

> „Erinnern Sie sich? Im Jahre 1918 haben wir schwere Augenblicke erlebt, aber wir haben sie überwunden. Wir werden sie heute ebenso überwinden." Darauf Pétain, der bei sich schon den letzten Ausweg, das Ersuchen um Waffenstillstand an die Deutschen, beschlossen hatte: "Im Jahre 1918", erwiderte der Marschall kalt, „habe ich Ihnen 40 Divisionen gegeben, um die britische Armee zu retten. Wo sind die vierzig Divisionen, die wir brauchen würden, um heute uns zu retten?"

Am 24. Juni 1940, mit dem Inkrafttreten des französisch-deutschen Waffenstillstandes, fand die britisch-französische Waffenbruderschaft offiziell ihr Ende. Zu Grabe getragen aber wurde sie mit dem hundertfachen Geschützfeuer der britischen Flotte, die in Casablanca, Alexandria, Dakar und Mers el-Kébir die dort stillgelegten und beinahe wehrlosen französischen Kriegsschiffe versenkte und Hunderte französische Seeleute tötete oder verwundete.[45]

Am 8. Juli 1940 gibt Philippe Pétain, Marschall von Frankreich und wenige Tage darauf Ministerpräsident und Oberhaupt des französischen Staates, die folgende Erklärung zur Versenkung eines großen Teiles der französischen Kriegsschiffe durch die britische Kriegsmarine ab:

„. . . 8. Unter diesen Bedingungen widerspricht das Unternehmen der englischen Flotte der Ehre. Sie war vorsätzlicher Meuchelmord: Kain gegen Abel!"

Insgesamt wurde der Luftkrieg im Westfeldzug sicherlich auf beiden Seiten den Kriegsregeln entsprechend ausgetragen. So führt auch Fuller Berichte von Augenzeugen an, die besagten, daß die Zerstörungen in diesem Feldzug verhältnismäßig gering waren. Danach haben die Deutschen nur „selten große Fabriken bombardiert, was sie leicht hätten tun können".[46] Fuller trifft auch folgende Festsstellung: „So erfolgreich die Deutschen bei ihren Kämpfen in diesem Feldzug auch waren, wir finden nur wenig Städtebombardierungen, wenig Zerstörungen an feindlichen wirtschaftlichen Hilfsquellen und im großen und ganzen ein Minimum an Verlusten an Leben, sowohl bei den Deutschen selbst, als auch bei den Gegnern."

### Spaight beschuldigt die deutschen Flieger, Zivilisten beschossen zu haben

Ganz im Gegensatz zu unserer Beurteilung der Luftkriegsführung des Westfeldzuges steht jedoch anscheinend Spaight, wenn er außer der erwähnten Schilderung deutscher Bombenangriffe auf Rotterdam und „belgische Städte" auch Berichte über kriegsrechtswidriges Verhalten deutscher Flieger flüchtenden Zivilpersonen gegenüber zum Abdruck bringt.[47] Danach sollen deutsche Flieger auf Befehl Zivilflüchtlinge mit Bordwaffen angegriffen und deutsche Panzer verwundete Zivilisten und Soldaten überrollt haben. Dazu schreibt Spetzler: „Das ist unwahr und wäre auch unvereinbar mit den einschlägigen Befehlen und Weisungen innerhalb der Wehrmacht, mit der deutschen Tradition, der Einstellung der deutschen Truppen zur westeuropäischen Zivilbevölkerung und mit ihrem Empfang durch diese Zivilbevölkerung selbst gewesen." Auch wurde ein Befehl herausgegeben, nach welchem es den deutschen Fliegern sogar untersagt war, solche Kolonnen, die nicht einwandfrei als ausschließlich militärisch erkannt worden sind, anzugreifen, obwohl nach Landkriegsrecht militärische Kolonnen ungeachtet der auf eigene Gefahr mitmarschierenden Zivilpersonen beschossen werden dürfen.[48]

Die erwähnten Berichte Spaights entstammen lediglich englischen Pressemeldungen aus den Jahren 1940/41, also zu einer Zeit als der Propagandakrieg bereits auf Hochtouren lief.

## *Waffenstillstand in Frankreich – Frieden für Europa?*

Am 22. Juni 1940 um 18.50 Uhr wird im Speisewagen im Wald von Compiègne, am gleichen Ort, wo 1918 die deutsche Delegation jene entwürdigenden Bedingungen entgegennehmen mußte, in denen letztlich die Ursachen für diesen neuen Krieg verborgen lagen, der französisch-deutsche Waffenstillstand unterzeichnet. Der Verhandlungsleiter der französischen Waffenstillstandsdelegation stellte fest:

> „Die Bedingungen waren hart, aber sie enthielten nichts, was unsere Ehre antastet oder uns gar beleidigt."

Die Waffenstillstandsbestimmungen lauteten kurz gefaßt:

1. Kampfeinstellung im Mutterland und in den Kolonien.
2. Zwei Drittel des Landes auf unbestimmte Zeit Besatzungsgebiet, ein Drittel verbleibt als unbeschränktes Hoheitsgebiet mit selbständiger Wehrmacht der französischen Regierung.
3. Deutschland verzichtet feierlich auf Auslieferung der französischen Flotte. Allerdings mußte jener Teil, der nicht für den Einsatz in den Kolonien bestimmt war, stillgelegt werden.
4. Anstatt der ursprünglich von den Deutschen geforderten Auslieferung der französischen Luftwaffe wurde schließlich nur die Stillegung der 400 Maschinen, die Frankreich verblieben waren, verlangt.
5. Desgleichen wurde die ursprünglich geforderte Auslieferung von Emigranten durch Frankreich an Deutschland fallengelassen.

Millionen Menschen in ganz Europa atmeten auf. Überall schweigen die Waffen, nirgends wird mehr geschossen. Es besteht die berechtigte Hoffnung, daß nun bald FRIEDE ist.

Doch die Hoffnung auf Frieden bleibt unerfüllt, denn in England regiert seit 10. Mai 1940 Winston Churchill. Und der englische Premier ist vom Sieg Großbritanniens überzeugt. Zweifellos ist er sich längst mit dem US-Präsidenten Roosevelt darüber einig, daß die USA an der Seite Englands kämpfen werden. Die USA tun dies trotz Neutralitätsgesetz längst; sie unterstützten Großbritannien mit Kriegsmaterial und mit Hilfslieferungen aller Art. Nur den offenen Kriegseintritt kann Roosevelt *noch* nicht wagen, denn *das amerikanische Volk will, wie damals alle Völker, keinen Krieg*[49].

1 Gregoritsch, a.a.O., Feldpostbrief.
2 Liddell Hart, a.a.O., S. 53.
3 Frankreich hatte am 3. September 1939 an Deutschland den Krieg erklärt. Es handelte sich dabei um einen auf Grund des Briand-Kellogg-Paktes von 1928 erlaubten Angriffskrieg Frankreichs. Zur Frage der Neutralität Belgiens und der Niederlande vergleiche Ploetz, S. 7f., und Zentner, a.a.O., S. 125. „In Belgien, das längst gemeinsame Operationspläne mit den Franzosen und Engländern ausgearbeitet hat, stehen 16 Divisionen bereit..."
4 R. Cartier, a.a.O., S. 55f.

| | alliierte Flugzeuge | deutsche Flugzeuge |
|---|---|---|
| 5 Kurowski, S. 79. | 2372 | 3834 |
| 6 Dahms, a.a.O., S. 110. | 2513 | 3334 |
| 7 Mason, a.a.O., S. 326. | 1654 | fast 4000 |

8 Friedrich König, Oberst a. D., Die Geschichte der Luftwaffe von 1910–1945 in Text und Bild Rastatt/Baden, 1980.
9 Jacques Benoist-Mechin; Der Himmel stürzt ein – Frankreichs Tragödie 1940, Düsseldorf, 1958, S. 95.
10 womit insbesondere auf den seit 10. Mai freigegebenen Luftkrieg der RAF gegen das deutsche Hinterland einschließlich der Zivilbevölkerung hingewiesen wird.
11 Wie viele Panzer mit Flugzeugen im WK II vernichtet wurden, läßt sich vielleicht am besten mit dem Hinweis darauf demonstrieren, daß ein Stuka-Flieger allein – allerdings der sicherlich beste und höchstausgezeichnete deutsche „Panzerknacker" –, nämlich Oberst Rudel, bei 2530 Frontflügen insgesamt 519 Panzer und andere Fahrzeuge vernichtet hat.
12 Kurt Zentner, a.a.O., S. 125.
13 Raymond Cartier, a.a.O., S. 56.
14 Vgl. Spetzler, S. 245ff., Feuchter S. 139.
15 Vgl. Schultheß, S. 96.
16 Spetzler, a.a.O., S. 247.
17 Götzel, a.a.O., S. 149f.
18 Götzel, a.a.O., S. 150f.
19 Götzel, a.a.O., S. 145ff.
20 Liddell Hart, a.a.O., S. 839.
21 Gerhard Förster – Heinz Helmert – Helmut Schnitter, Der Zweite Weltkrieg – Militärhistorischer Abriß, Berlin, DDR, 1974, S. 393.

22 Russell Grenfell, Bedingungsloser Haß? Tübingen, 1956, S. 110f.
23 Götzel, a.a.O., S. 147.
24 Veale, a.a.O., S. 164, unter Hinweis auf J. M. Spaight Bombing.
25 Spetzler, a.a.O., S. 248.
26 Schultheß, a.a.O., S. 376f.
27 Fuller, a.a.O., S. 79.
28 Götzel, a.a.O., S. 153.
29 Mason, a.a.O., S. 334.
30 Als der Verfasser seiner Cousine, Frau OSR Dr. E. Ammerbauer, seine Dissertation über die kriegsrechtliche Untersuchung des Luftkrieges 1939/45 zur Durchsicht vorgelegt hatte, erhielt er diese mit dem Bemerken zurück, daß sie selbst als Mittelschullehrerin in Latein und Geschichte nichts von der tatsächlichen Verlustzahl Rotterdams gewußt und daher der „30000-Toten-Legende" bisher Glauben geschenkt habe.
31 Dr. Otward Mueller, Lynchburg, Virginia/USA; Rotterdam, Mai 1940, Eine Berichtigung; Dezember 1977.
32 zu Deutsch: „Im Jahre 1940, im Zweiten Weltkrieg, wurde ein großer Teil der holländischen Stadt Rotterdam von deutschen Bombern heimgesucht."
33 Dr. Mueller bezieht sich auf die 2. Auflage dieses Buches des Verfassers, das seit langem vergriffen ist. Die Verlustangabe von 900 Toten ist bei Hartog, Und morgen die ganze Welt, auf S. 42 angeführt.
34 zu Deutsch: „In einem Zeitraum von 52 Tagen waren in ganz Großbritannien 1333 Zivilisten bei Luftangriffen getötet worden", siehe auch deutsche Ausgabe Der Untergang Dresdens, München 1977, S. 24.
35 Liddell Hart, Deutsche Generale des Zweiten Weltkrieges; Düsseldorf-Wien, 1964, S. 7.
36 Liddell Hart, a.a.O., S. 115.
37 Benoist-Mechin, a.a.O., S. 163.
38 Ebda, S. 96.
39 Ebda, S. 101.
40 Ebda, S. 111.
41 Ebda, S. 160.
42 Benoist-Mechin, a.a.O., S. 163.
43 Ebda, S. 226f.
44 Benoist-Mechin, a.a.O., S. 307ff.
45 Ebda, S. 620.
46 Fuller, S. 86f. unter Hinweis auf Waterfield (einem Kriegskorrespondenten des Reuter-Büros beim französischen Heer), What happened to France, S. 6 u. a.
47 Spaight, S. 118 unter Hinweis auf „The Times" v. 15., 30. 5. 1940 u. a.
48 Spetzler, S. 251 unter Hinweis auf eigenes Erlebnis.
49 Zentner, a.a.O., S. 151ff.

# 6. England beginnt den Luftkrieg gegen das deutsche Hinterland

*„. . . Daß Churchill nicht nur die (Luft)angriffe auf die Wohngebiete befahl, um die Deutschen zu Vergeltungsmaßnahmen zu treiben . . ., sondern sogar ungeduldig und empört war, weil die Deutschen ihre Vergeltungsangriffe auf nicht-militärische Ziele in England so lange hinauszögerten. Seine Blicke suchten den Himmel ab, und er fragte voller Ungeduld: ,Warum kommen sie (die deutschen Bomber) nicht?'"*

*Reverend Peter H. NICOLL, M. A., B. D.[1]*

Vom 3. September 1939, dem Tag des Kriegsbeginnes zwischen dem Vereinigten Königreich von Großbritannien und Nord-Irland[2] und dem Deutschen Reich, bis zum 10. Mai 1940, dem Beginn der deutschen Westoffensive, bestand die Haupttätigkeit der britischen Flugwaffe (R.A.F.) in der Nah- und Fernaufklärung über den Gebieten der Nordsee und des Ärmelkanals sowie über dem Reichsgebiet.[3] Daneben kam es aber auch schon zu Bombenangriffen auf *militärische* Anlagen des Feindes. So wurden am 4. September 1939 im Raum von Wilhelmshaven und Cuxhaven und am 28. September im Raum von Helgoland Bomben vor allem auf Anlagen der deutschen Kriegsmarine abgeworfen.

Obwohl sich Großbritannien und das Deutsche Reich bereits im September 1939 in einseitigen Erklärungen, zum Teil auf Grund der Aufforderung Präsident Roosevelts, zur Einhaltung allgemeiner Verbote bei der Verwendung von Gas und Bakterien im Kriege und zur Beachtung bestimmter Regeln zum Schutze der Zivilbevölkerung verpflichtet hatten, betonte der englische Premierminister nochmals am 15. Februar 1940 im Unterhaus die Bereitschaft seines Landes, sich bei der Anwendung der Kriegsmittel an bestimmte Grenzen halten zu wollen. Wörtlich erklärte Chamberlain: „Welchen Weg die anderen auch gehen mögen, die britische Regierung wird niemals zu hinterhältigen Angriffen auf Frauen und andere Zivilpersonen zum Zwecke reinen Terrors Zuflucht nehmen."[4]

Demgemäß warfen die englischen Bombenflugzeuge in den ersten Monaten des Krieges über deutschem Gebiet fast ausschließlich Flugblätter und nur in Ausnahmefällen auch Bomben ab. Gelegentlich trafen die Bomben auch Wohnstätten, doch wird es sich dabei bestimmt um Fehl- oder Notwürfe gehandelt haben. Auch Orientierungsfehler sind vorgekommen. Solche Fehler sind trotz der modernen Flugtechnik nicht ganz zu vermeiden und im Verlaufe des Krieges auf beiden Seiten des öfteren geschehen. Daneben begannen allerdings *bewußte* Verletzungen neutralen Hoheitsgebietes durch häufige Ein- und Ausflüge englischer Flugzeuge.

Eine Wende in der Art der englischen Luftkriegsführung trat an dem Tage ein, an dem Churchill Premierminister wurde. Fuller schreibt dazu: „So blieb die Lage bis 10. Mai, als Churchill Premierminister wurde und sogleich das strategische Bomben einsetzte."[5]

Eine der ersten Maßnahmen des neuen Kabinetts bildete der Beschluß vom 11. Mai 1940, welcher der englischen Flugwaffe das Bombardieren im deutschen Hinterland freigab. Allerdings bedeutete diese Freigabe nur die Eröffnung des *strategischen* Bombenkrieges gegen Deutschland, ohne daß die britische Flugwaffe notwendigerweise zu einer unbeschränkten Luftkriegsführung übergehen mußte. Immerhin brach Großbritannien damit die bis dahin im Luftkrieg geübte Zurückhaltung ab und ging als erste Kriegspartei zu einer selbständigen Luftkriegsführung über, die zu den Erdoperationen nicht mehr in direkter Beziehung stand.

## Englands großartiger Entschluß zur Eröffnung des Bombenkrieges

Große Bedeutung schien dem Beschluß vom 11. Mai insbesondere im britischen Luftfahrtministerium beigemessen worden zu sein. Spaight nannte ihn später einen großartigen, heldenhaften und selbstaufopfernden Beschluß. Wörtlich führt Spaight in seinem Buch „Bombing Vindicated" aus:

„Da wir uns über die psychologischen Wirkungen nicht im klaren waren, die von der propagandistischen Verdrehung der Tatsache ausgehen würden, daß wir es waren, die mit der strategischen Bomberoffensive begannen, schreckten wir davor zurück, unseren großen Entschluß vom 11. Mai 1940 in der ihm gebührenden Weise vor die Öffentlichkeit zu bringen. Das war sicherlich ein Fehler. Es war ein großartiger Entschluß, ebenso heldenhaft und selbstaufopfernd wie Rußlands Entschluß zur Politik der verbrannten Erde." Spaight wies auch darauf hin, daß es zwar nicht sicher, aber doch recht wahrscheinlich war, „daß unsere Hauptstadt und unsere Industriezentren nicht angegriffen worden wären, wenn wir weiterhin Angriffe gegen entsprechende Ziele in Deutschland unterlassen hätten".[6]

Es bleibt nun zu untersuchen, wie die englischen Luftkriegshandlungen, die dem Kabinettsbeschluß vom 11. Mai 1940 folgten, beschaffen waren. Zunächst soll aber noch auf einen für Millionen Europäer entscheidenden Tag eingegangen werden.

## *Der 10. Mai 1940 – Schicksalstag für Europa*

Am 10. Mai 1940 begann die große Offensive des Reiches im Westen. An diesem Tage war auch Churchill Premierminister Englands geworden. Eine der ersten Entscheidungen seiner Regierung betraf die bereits lange geplante Ausdehnung des Bombenkrieges auf das Nichtkampfgebiet und damit gegen die friedliche Zivilbevölkerung zahlreicher Länder Europas. Ebenfalls am 10. Mai 1940 landen britische Truppen auf Island und den dänischen Faröer-Inseln.[7] Und um 15.59 Uhr dieses schönen Maitages fallen 57 Zivilpersonen einem gegen eine deutsche Stadt gerichteten strategischen Luftangriff zum Opfer: Freiburg erlitt am 10. Mai 1940 einen völlig überraschenden Bombenangriff von drei unbekannten Flugzeugen; unter den aufgefundenen Toten befanden sich 22 Kinder eines Waisenhauses und 13 Frauen und Mütter.

In der Ic-Abendmeldung vom 10. Mai 1940 des Luftgaukommandos VII heißt es in militärischer Kürze:

„· · ·

*D) Sonstiges:*

15.59 Uhr Bombenabwurf in Freiburg. Sieben auf den Flugplatz, 10–13 in die Stadt. Einwandfreie Klärung, ob

KRETA

*Tausende deutsche Fall-schirmjäger springen im Mai 1941 auf Kreta ab, um die auf dem Weg zum Suezkanal stra-tigisch wichtige Insel einzu-nehmen.*

*Die Fallschirmjäger hatten bereits vor der Landung auf Kreta schwere Verluste. Hier gelang es den britischen Ver-teidigern, eine deutsche Ju 52 während des Absprungs der Männer in Brand zu schießen.*

*Ein Gebirgsjäger und sein Fallschirmjägerkamerad neh-men auf Kreta Abschied von den gefallenen Freunden.*

Die Reste des bekannten Wormser Domes.

Über 200 Tote wurden allein aus dem Luftschutzkeller „Pinne" in der Wildemannsgasse in Kassel nach dem schweren Bombenangriff vom 22. Oktober 1943 geborgen.

*Übernächtig und erschöpft arbeiten die Löschzüge nach jedem Angriff stundenlang, um Leben und Verkehr der Städte notdürftig aufrechtzuerhalten. Im Bild die Münchener Ludwigstraße nach einem Angriff.*

*Nur selten war der Aufenthalt in einem Luftschutzkeller so friedlich wie hier auf dem Bild.*

der Katharinenkirche · 18.6.44

Obwohl die Hamburger Bevölkerung nach den bis dahin schwersten alliierten Bombenangriffen im Juli/August 1943 größtenteils evakuiert worden war, kehrten bis zum Sommer 1944 wieder etwa 300 000 Menschen in die noch bewohnbaren Teile der Stadt zurück. Viele wurden dort ausgebombt, wie diese sich um ihre letzte Habe bemühende Familie vor der Hamburger Katharinenkirche (Bild links oben). Andere mußten sich mühsam und doch voller Hoffnung auf bessere Zeiten am Leben erhalten, wie die daneben abgebildeten Frauen und Jugendlichen beim Wasserholen am Gertrudenkirchhof am 20. Juni 1944.

Feindhandlung oder eigener Notabwurf vorliegt, bisher unmöglich.

unterschrieben vom Ic-Lageoffizier,
Leutnant Mezger"

Obwohl es sich bei diesem „ungeklärten Bombenabwurf" augenscheinlich um einen Luftangriff gegen mindestens ein militärisches Objekt, den Flugplatz, handelte, hat kaum ein Bombardement von so kleiner Dimension – wenn wir die geringe Anzahl der Bomben und der beteiligten drei Flugzeuge, nicht aber die außerordentlich hohen und bedauernswerten Opfer in Betracht ziehen – so große Auswirkungen gezeigt und zu solchen Emotionen bis in die heutige Zeit geführt wie dieser Luftangriff auf Freiburg vom 10. Mai 1940.[8]

Die in mehreren ausführlichen, objektiven Publikationen niedergelegten Versionen dieses Luftangriffes lauten etwa:

1. Eine Kette He 111 Bomber vom KG 51 hat sich auf dem Flug vom Fliegerhorst Landsberg zum Angriffsziel Flugplatz Dijon mit Ausweichziel Dôle-Taveaux „verfranzt" (verflogen) und hat, in Verwechslung der befohlenen Ziele mit Freiburg, den dortigen Flugplatz mit Bomben belegt (weitgehend anerkanntes Forschungsergebnis des „Institutes für Zeitgeschichte", München, das vom baden-württembergischen Staatsministerium am 4. Oktober 1954 mit der Untersuchung des „Falles Freiburg" beauftragt worden war).
2. Hitler habe die Bombardierung Freiburgs befohlen, um eine Begründung für die von ihm geplanten Vergeltungsangriffe auf englische Städte zu konstruieren (eine derartige Begründung hätte Hitler überhaupt nicht notwendig gehabt, weil Churchill und das britische Kriegskabinett nur einige Stunden nach der Bombardierung Freiburgs den Luftkrieg gegen das deutsche Hinterland zur Auslösung gebracht haben: in der Nacht zum 11. Mai Bombardierung von Mönchen-Gladbach und anderen westdeutschen Städten).
3. Französische oder englische Flugzeuge haben Freiburg bombardiert, wobei es sich ebenso, wie unter Punkt 1 dargelegt, um eine Ortsverwechslung auf Grund von

Navigationsfehlern der Flugzeugbesatzungen gehandelt haben könnte.

Obwohl die Version 1. vielfach als einzig zutreffende Ursache für die Bombardierung Freiburgs betrachtet wird, dürfen wir doch die Gegensätzlichkeiten, wie sie in einem in der sonst so vielfältigen Literatur über diesen Luftangriff dennoch nicht aufscheinenden Erlebnisbericht eines Angehörigen des KG 51 enthalten sind, nicht übersehen:

### Flieger Blicker: „Kein Wort davon ist wahr"[9]

Noch am 5. Februar 1955 antwortete in den „Badischen Neuesten Nachrichten, Pforzheimer Kurier" Hermann Blicker, ein Angehöriger des fliegenden Personals des Kampfgeschwaders 51, das nach der Illustrierten-Version angeblich den Angriff auf Freiburg geflogen haben soll. Blicker stellt fest, daß er am 10. Mai 1940 den ersten Angriff des Geschwaders im Frankreichfeldzug mitgeflogen hat. Er schreibt wörtlich u. a.:

„Wir überquerten, von München-Riem kommend, den Rhein zwischen Karlsruhe und Mannheim und bogen dann ab, Richtung Dijon, denn dies war unser Angriffsziel am 10. Mai 1940 und nicht Mühlhausen . . . Daß sich Maschinen im Ziel geirrt haben sollen, wie ‚Quick' angibt, ist glatter Unsinn. An diesem Tage konnte sich keine Maschine verfranzen. Es herrschte hellster Sonnenschein, und die Sicht konnte gar nicht besser sein. Und Freiburg mit Mühlhausen zu verwechseln, bringt nicht einmal ein schlechter Flieger fertig. Da der Rhein dazwischen liegt, ist das absolut unmöglich. Außerdem war das Kampfgeschwader 51 ein ausgezeichnet geschulter Verband. Freiburg kann man nicht verwechseln. Diese Behauptung ist absurd. Der Gruppenkommandeur der Edelweißgruppe war Major Winkler, ein äußerst fähiger Offizier, die Angriffsziele am 10. Mai waren klar und deutlich. Zudem hatte jede Besatzung Luftaufnahmen des Zieles mit sich. Der Verband flog geschlossen. Der Verband flog auch geschlossen wieder zurück. Wir hatten an diesem Tag keinen Verlust."

Blicker fuhr fort: „In dem Bericht der ‚Quick' wird unter dem Bild eines Bordfunkers Kurt B. angegeben, daß in dem Verband über den angeblichen Bombenabwurf auf Freiburg durch eigene Maschinen gesprochen wurde. Man schreibt: ‚Trotzdem beruhigten sich die Gemüter in unserem Verband noch lange nicht.' – Kein Wort davon ist wahr! Als Angehöriger dieses Verbands, mit dem ich vom 10. bis 19. Mai 1940 (am 19. Mai wurde ich bei Soissons abgeschossen) jeden Tag nach Frankreich Einsätze geflogen bin, hätte ich darüber ein Wort hören müssen, denn wir haben innerhalb unseres Verbands nach jedem Einsatz unsere Eindrücke ausgetauscht. Und wer bei der Fliegerei war, wird mir bestätigen, daß dort offen gesprochen wurde ... Mir ist nur noch ein Angehöriger meiner Staffel als am Leben bekannt. Es handelt sich um Herrn Henne, zuletzt Oberstleutnant und Eichenlaubträger, der in der Zeit meiner Zugehörigkeit zum Kampfgeschwader 51 Oberleutnant und technischer Offizier der 5. Staffel der Edelweißgruppe war. Ich bin ihm bekannt, und er wird meine Angaben hundertprozentig bestätigen.“

*Der Bombenangriff auf Freiburg*[10]

Als Führer einer kleinen militärischen Sondereinheit habe ich den ersten Luftangriff auf Deutschland – auf die Stadt Freiburg – miterlebt. Wir haben den Bombenabwurf mit angesehen und sahen die Flugzeuge nach Frankreich abdrehen. Es war ein ganz sonniger Tag. Also, ein sogenannter „Betriebsunfall“ der deutschen Luftwaffe ist völlig ausgeschlossen, da auch von oben der Rhein und das Freiburger Münster gut erkennbar gewesen sein müssen. Wir nahmen an, es seien französische Bombenflugzeuge gewesen, Nationalitäts-Kennzeichen konnten wir nicht erkennen, da die Flugzeuge sehr hoch flogen.

Bernhard Gläser, Kempten

JOSEF KAMMHUBER          8000 München 40, 11. 4. 85
General a. D.                    Schwindstraße 24
                                 Telefon 52 46 59

Sehr geehrter Herr Dr. Greiner!
Besten Dank für Ihr Schreiben vom 3. ds. Ich kann Ihnen amtlich die Versicherung geben, daß der Bombenabwurf auf Freiburg am

10. Mai 40 wirklich *irrtümlich* geschah durch eine Kette meines Geschwaders K.G.51 und nicht durch den Feind, auch nicht auf den Befehl Hitlers, wie durch Halder vermutet. Alles andere ist falsch. Mit freundlichen Grüßen

Des weiteren ist zu beachten, daß die damaligen intensiven Nachforschungen des Instituts für Zeitgeschichte in München lange Zeit im Kreise verliefen und von 22 ehemaligen Angehörigen des Geschwaders „Edelweiß" 14 über die Urheberschaft des Luftangriffs (auf Freiburg oder insgesamt auf Dijon? der Verf.) überhaupt keine Auskunft geben konnten.[11] Um so umfangreichere und bedauerlicherweise aber auch oft gegensätzliche Auskünfte konnte der ehemalige Geschwaderkommodore des KG 51 und General der Flieger Josef Kammhuber[12] erteilen. Doch war General Kammhuber nicht der ranghöchste ehemalige deutsche Offizier, der zum „Fall Freiburg" Aussagen zu machen hatte: dies war Generaloberst Halder. Immerhin unterbreitete General a. D. Kammhuber in einem Schreiben an die badische Landesregierung in der damaligen US-amerikanischen Zone in Karlsruhe am 10. Dezember 1947 den Vorschlag, ihn und die anderen Generale, wie Generalleutnant a. D. Hermann Plocher (Stabschef des V. Fliegerkorps, in dessen Befehlsbereich Freiburg lag), „amtlich und unter Eid als Zeugen zu vernehmen". Auch schlug er vor, über Rundfunk und Presse weitere Zeugenaussagen ehemaliger Angehöriger des KG 51 zu erwirken, um so den wahren Sachverhalt festzustellen. Diese Vorschläge General Kammhubers blieben jedoch unbeantwortet!

Tatsächlich hatte es im „Fall Freiburg" gemäß General Kammhuber bereits ein gerichtliches Verfahren gegeben (nämlich sogar ein kriegsgerichtliches nach 1940 in der Deutschen Wehrmacht), „in dem sich ergeben habe, daß kein Angehöriger des in Betracht kommenden Geschwaders (KG 51, der Verf.) wissentlich seine Bomben auf Freiburg geworfen hatte".[13]

Aber auch die französische Militärregierung beteiligte sich am „Fall Freiburg", indem sie Veröffentlichungen darüber veranlaßte und „sich schriftliche Mitteilungen Generaloberst Halders vom Freiburger Oberbürgermeister aushändigen ließ".[14]

Anschließend sei General a. D. Kammhuber zu den oben angeführten Versionen des Freiburger Bombardements angeführt:

„Die Frage, wer denn nun in Wirklichkeit die Bomben abgeworfen habe, werde sich nie mit absoluter Sicherheit klären lassen ... Denn, waren es doch deutsche Flugzeuge, ... dann haben sie sich verflogen und haben ihre Bomben irrtümlich auf Freiburg abgeworfen. Dann wissen sie es aber selber nicht, können also nichts darüber aussagen ..."
„Es habe sich auch nicht um einen Angriff mit ‚anonymen deutschen Flugzeugen' gehandelt. Letzteres sei ohne Kenntnis der Luftwaffendienststellen ‚technisch unmöglich' gewesen ... Im Sinne eines von Deutschen an Deutschen auf Befehl Hitlers begangenen Verbrechens gebe es jedenfalls einen ‚Fall Freiburg' nicht."
„... Damals seien die Navigationsmittel noch nicht so vervollkommnet gewesen wie heute. Daher sei auch nicht ausgeschlossen, daß vielleicht französische Flieger irrtümlich Freiburg bombardiert haben. Ein angenommener französischer Angriff sei allerdings ‚gänzlich aus dem Rahmen' der französischen Luftkriegsführung zu Beginn des Westfeldzuges gefallen ..."[15]

Da die Geschichte des Zweiten Weltkrieges noch immer nicht „aufgearbeitet" ist und die Zeitgeschichtsforschung jedenfalls aktuell sein *muß*, brachten wir oben den neuesten Forschungsstand im „Fall Freiburg": ein Schreiben von General a. D. Kammhuber vom 11. April 1985 und Ausschnitte aus zwei Wochenzeitungen (Deutsche National-Zeitung vom 18. Januar 1985, S. 3 und Deutsche Wochen-Zeitung, Nr. 11, vom 8. März 1985).
Gedenken wir in Ehrfurcht der bedauernswerten Opfer des Luftangriffs vom 10. Mai 1940 auf die Stadt Freiburg. Gedenken wir in Ehrfurcht aber auch jener 3000 Opfer, die der friedlichen Zivilbevölkerung Freiburgs am 27. November 1944 von britischen R.A.F.-Bombern, die fast die gesamte Innenstadt zerstörten, zugefügt wurden.[16]

## Erste britische Luftangriffe auf das Nichtkampfgebiet

In der Nacht des 11. Mai begann mit dem Angriff von 18 Whitley-Bombern auf Eisenbahnanlagen in Westdeutschland der strategische Luftkrieg gegen das deutsche Festland. Abgesehen davon, daß der militärische Charakter von Eisenbahnanlagen, die sich weitab vom Kampfgeschehen befinden, nicht geklärt erscheint, war dieser Angriff auch bei eindeutiger Sachlage nicht als den Bestimmungen des Kriegsrechtes entsprechend anzusehen, da er *bei Nacht* durchgeführt wurde. Nachts waren aber – zumindest damals – weder eine ausreichende Unterscheidung friedlicher von militärischen Objekten noch sichere Zielerkundung und genauer Zielwurf möglich.

Nach Richards und Saunders in „Royal Air Force 1939 bis 1945" griffen in der Nacht vom 10. zum 11. Mai 1940 36 RAF-Bomber u. a. die Außenbezirke von Mönchen-Gladbach an. Wie die Stadtverwaltung von Mönchen-Gladbach mitteilte, fielen kurz nach Mitternacht Bomben auf die Stadt – Luisenstraße und Stadtzentrum – wobei vier Personen, darunter eine Engländerin, getötet wurden.[17]

Nach diesen ersten nächtlichen Angriffen fanden in den darauffolgenden Wochen noch häufig strategische Nachtangriffe der RAF, vor allem auf Städte des Ruhrgebietes, statt. Nach mehreren Berichten von Shirer[18], der bei den Deutschen war, wurde durch „diese Nachtangriffe weder der Betrieb der Ruhrfabriken unterbunden noch den deutschen Flugplätzen irgendwelcher Schaden zugefügt". Diese Art des Luftkrieges brachte den schwer kämpfenden Truppen der Alliierten so gut wie keine Erleichterung. Man fragt sich, warum die Briten die Bombardierung von Zielen, die im Zeitpunkt der Bekämpfung meist weit hinter den deutschen Linien lagen, überhaupt durchführten.

## 10.–13. Mai 1940: 51 Luftangriffe auf nichtmilitärische Ziele Deutschlands

Obwohl diese Nachtangriffe militärisch ziemlich bedeutungslos waren, verursachten sie unter der friedlichen Zivilbevölkerung doch schmerzliche Verluste und steigende Verbitterung. Von deutscher offizieller Seite wurde, in Einzelfällen vielleicht auch mit einiger Übertreibung, wiederholt auf die Zivilverluste hingewiesen. So hieß es in einer Meldung des Deutschen Nachrichtenbüros (d.n.b.) vom 19. Mai 1940: „Von 71 in der Zeit vom 10. bis 13. Mai erfolgten Flugzeugangriffen feindlicher Flieger auf deutsches Reichsgebiet sind sechs unmittelbar auf militärische Ziele, 14 auf Ziele, die man vielleicht als kriegswichtig bezeichnen kann (Brükken, Bahnlinien, Kriegsindustrie, Bergwerksanlagen usw.), und 51 Angriffe auf ausgesprochen nichtmilitärische Stellen erfolgt. Bei diesen nichtmilitärischen Zielen handelt es sich um Ortschaften, die weder mit Truppen belegt waren oder sonstige militärische und kriegswichtige Zielobjekte enthielten noch in der Nähe solcher militärischer oder kriegswichtiger Anlagen gelegen sind." Es folgen namentliche Angaben solcher Ziele, wie ein Kloster bei Boppard, ein Krankenhaus in Emmerich, ein Bauer auf seinem Acker bei Donaueschingen (durch ein französisches Flugzeug), ein Bauernhof bei Lank-Latum usw.[19]

## Grobe Fahrlässigkeit der englischen Führung

Auffallend war dabei auch, daß die englischen Flieger ihre militärischen Ziele vorwiegend im Raum ziviler Siedlungen suchten, wodurch sie die friedliche Zivilbevölkerung natürlich von vornherein stärkerer Gefährdung aussetzten[20]. Demgegenüber betont jedoch Spaight, daß die Besatzungen der englischen Flugzeuge den Auftrag hatten, nur eindeutig als militärisch erkannte Ziele zu bombardieren. Diejenigen Besatzungen, die keine solchen Ziele fanden, mußten nach längerem Kreuzen über dem Zielraum ihre Bomben wieder mit nach Hause nehmen. Es seien auch wiederholt Flugzeuge mit ihrer vollen Bombenlast wieder zurückgekehrt.

Dies wird sicherlich den Tatsachen entsprochen haben. Ob es aber *immer* der Fall war, daß die Besatzungen ihre Bomben mitbrachten, wenn sie bei den in der Nacht oft sehr schwierig oder gar nicht auszumachenden Zielen keine militärischen Objekte eindeutiger Art vorfanden? Vermutlich wird dies nur in Ausnahmefällen geschehen sein, denn die Masse der Bomben wurde ungeachtet aller Schwierigkeiten der Zielfindung und trotz der Möglichkeit von Zielverwechslungen im Gebiet deutscher Städte abgeworfen. Im Jahre 1940 waren es nach einer groben Schätzung schon gegen

10000 Tonnen Bomben, die von der RAF auf deutsches Gebiet abgeworfen wurden.[21] Auch werden die Besatzungen der englischen Flugzeuge sicherlich ihr Bestes versucht haben, doch trafen sie wegen der genannten Schwierigkeiten beim nächtlichen Bombenwurf überwiegend nichtmilitärische Ziele.

Man wird die Schuld daher der englischen Führung geben müssen, denn sie handelte, indem sie derartig schwer durchführbare Befehle erteilte, truppenfremd oder unaufrichtig, jedenfalls aber grob fahrlässig. Sie verstieß damit aber, erstmalig in diesem Krieg, gegen anerkannte Prinzipien des Kriegsrechtes. So vor allem gegen die in den Haager Abkommen niedergelegten Prinzipien, die auf den Schutz der Zivilbevölkerung abzielen. Nun hatte die englische Regierung der Weltöffentlichkeit bereits am 10. Mai 1940 durch das Foreign Office erklären lassen, daß sie sich das Recht zu *allen* Maßnahmen vorbehalte, die sie im Falle feindlicher Luftangriffe auf die Zivilbevölkerung in England, Frankreich und den unterstützten Ländern für zweckmäßig halte.[22]

## *Völkerrechtliche Verträge auch für Großbritannien bindend*

Spaight erblickt darin die Kündigung jener Verpflichtungen, die Großbritannien zur Einschränkung des Luftkrieges anläßlich seiner Erklärung vom 2. September 1939 eingegangen war. Als Begründung hierfür führt er etwa an, daß „die Deutschen tatsächlich schon die Zivilbevölkerung... in unterstützten Ländern... angegriffen hatten", so daß England von seiner Bindung frei geworden sei.

Sicher steht es jedem Staat frei, die in einer einseitigen Erklärung eingegangenen Verpflichtungen zu widerrufen. Schwierigkeiten ergeben sich in diesem Zusammenhang jedoch dann, wenn solche Verpflichtungen mit Vorschriften eines völkerrechtlichen Vertrages oder mit gewohnheitsrechtlichen Normen in den Grundzügen übereinstimmen. In einem solchen Falle kann sich ein Staat durch die Kündigung einer von ihm in dieser Art eigentlich nur bekräftigten Verpflichtung nicht von den gleichlautenden Vorschriften eines Vertrages oder einer Norm des Gewohnheitsrechtes lösen.

Nun war zwischen dem Inhalt der Erklärung Großbritanniens vom 2. September 1939 und einer der wesentlichsten Normen des Kriegsgewohnheitsrechtes, nämlich dem den Haager Abkommen von 1899 und 1907 zugrunde liegenden Prinzip der größtmöglichen Schonung der friedlichen Zivilbevölkerung, zweifellos eine Übereinstimmung vorhanden. Dieses Prinzip entspricht bestimmt der Rechtsüberzeugung aller Kulturstaaten der Welt und war zwischen den beiden Weltkriegen von zahlreichen Staaten auch im Hinblick auf die Luftkriegsführung anerkannt worden. Zu Beginn des Zweiten Weltkrieges kam es durch die zunächst daran beteiligten Mächte und durch die Vereinigten Staaten zu einer neuerlichen Bestätigung dieses Prinzips, wobei auch ausdrücklich auf die Verhältnisse des Luftkrieges Bezug genommen worden war. Schließlich entsprach dem bis zum 10. Mai 1940 auch die Übung sämtlicher Kriegsteilnehmer. Das waren: Deutschland, Polen, Großbritannien, Australien, Indien, Neuseeland, Frankreich, Südafrikanische Union, Kanada, Sowjetrußland und Finnland, Norwegen und Dänemark.

Daraus ergibt sich, daß Großbritannien durch die Kündigung seiner Erklärung vom 2. September 1939 keineswegs der Verpflichtung, den Luftkrieg unter größtmöglicher Schonung der Zivilbevölkerung zu führen, enthoben worden ist.

## Deutschlands völkerrechtsgemäße Luftkriegsführung gibt England keinen Rechtsgrund zur Vornahme von Repressalien

Sollte England jedoch der Ansicht gewesen sein, daß Deutschland dieses Prinzip nicht beachtet habe, so hätte es dessen Beachtung durch Vornahme von Repressalien erzwingen können. Allerdings ergibt sich hierbei wiederum die Frage, gegen welche deutschen Mißachtungen des Kriegsrechtes Repressalien ergriffen hätten werden können, denn die deutsche Luftwaffe hatte bis zum 10. Mai 1940, von zwei unbeabsichtigten Ausnahmen abgesehen, überhaupt noch keine Bomben auf das englische Festland abgeworfen. Spaight stellt dazu fest, daß Bomben deutscher Flugzeuge auf englisches Gebiet vor Beginn des Frankreichfeldzuges lediglich am 16. März auf die Orkney-Inseln und am 9. Mai 1940 in einem Wald bei Canterbury gefallen waren. In dem einen Fall handelte es sich um einen Fehlwurf bei einem Angriff auf Kriegsschiffe und im anderen um einen Notwurf.

Wie wir bereits erwähnt haben, besteht eine Repressalie in einer das Kriegsrecht nicht beachtenden Handlung eines Staates, welche dazu dient, den Kriegsgegner (den anderen Staat) zur Einstellung von laufenden oder zur Abstandnahme von künftigen Völkerrechtsverletzungen zu veranlassen. Wie wir gesehen haben, hat sich Deutschland in der Luftkriegsführung England gegenüber keine Völkerrechtsverletzung zuschulden kommen lassen. Nun beruft sich Spaight eigenartigerweise, wie oben dargestellt, darauf, daß „die Deutschen tatsächlich schon die Zivilbevölkerung . . . in unterstützten Ländern . . . angegriffen hatten". Nach dem Kriegsgewohnheitsrecht darf eine Repressalie nur vom betroffenen Staat gegenüber dem verursachenden Staat ergriffen werden, wobei Verbündete ausgeschlossen bleiben. Dennoch spricht Spaight von Angriffen gegen die Zivilbevölkerung in unterstützten Ländern, wobei er offensichtlich auf Polen vor dem 10. Mai 1940 und Holland nach diesem Tag Bezug nahm und wohl Warschau und Rotterdam meinte. Da Polen, wie wir festgestellt haben, kein von England unterstütztes Land war, Polen und Holland als Verbündete Englands und nicht England selbst die von angeblichen Kriegsrechtsverletzungen betroffenen Staaten waren und die Luftangriffe gegen Warschau und Rotterdam überhaupt keine Verletzung des Kriegsrechtes darstellten, hätte Großbritannien von vornherein keinen Rechtstitel zur Vornahme von Luftkriegsrepressalien gegen das Deutsche Reich besessen.

## Großbritannien an Repressalien gar nicht interessiert

Tatsächlich hat Großbritannien jedoch in keinem der genannten Fälle und auch sonst nicht wegen ähnlicher Kriegshandlungen Repressalien ergriffen, von einer einzigen Ausnahme im Jahre 1941 abgesehen. Für die Bombardierung strategischer Ziele in Belgrad am 6. April 1941 durch deutsche Flugzeuge führte Großbritannien in der darauffolgenden Nacht einen Repressalien-Luftangriff auf Sofia durch, den wir im Kapitel „Griechenland- und Jugoslawienfeldzug" noch einer völkerrechtlichen Bewertung unterziehen werden. Als Gründe für die Nichtvornahme von Repressalien wird einerseits die mangelnde Eignung der genannten Fälle und andererseits wohl das mangelnde Interesse Großbritanniens an den Rechtsfolgen der Repressalien überhaupt maßgebend gewesen sein. Hätte England nämlich Repressalienhandlungen vorgenommen, so hätte es die Bombenwürfe auf deutsche Städte nach Ausübung derselben einstellen müssen, da Deutschland zu dieser Zeit, abgesehen von einigen Tagesangriffen im Mai auf Marseille und in der ersten Hälfte des Juni auf Ziele bei Paris, überhaupt keinen strategischen Luftkrieg führte.

England will uneingeschränkten Luftkrieg gegen die Länder Europas ohne völkerrechtliche Einschränkung führen. Es gibt also Repressalien nicht einmal vor.

An der Vornahme von Repressalien, die den das Kriegsrecht durch Bombardierung der Zivilbevölkerung verletzenden Gegner zur Aufgabe dieser ungesetzlichen Handlung veranlassen würde, war es England nicht gelegen, denn es wollte den strategischen Luftkrieg, einmal begonnen, auch weiterführen. Demgemäß kann die englische Luftoffensive gegen Deutschland nicht als Reaktion auf die vorangegangene deutsche Art der Luftkriegsführung angesehen werden; sie stellte vielmehr die Verwirklichung von weit zurückreichenden Plänen dar. Bereits im Jahre 1929 hatte das britische Außenamt in Verbindung mit dem britischen Luftstab ein Nachrichtennetz gebildet, um Informationen über solche deutsche Ziele zu sammeln, die „bombardierungswert" waren.[23]

## *Großbritannien bereitet sich intensiv auf die Entfesselung des Luftkrieges gegen die Zivilbevölkerung vor*

Einige Jahre später, im Jahre 1936, gab die R.A.F. den Bau von viermotorigen Bombern in Auftrag, und britische Fachleute begannen mit der Organisation eines Bomber-Kommandos.

Nach Spaight ging die Organisation des Bomber-Kommandos auf eine „glänzende Idee britischer Fachleute im Jahre 1936" zurück. „Einziger Zweck des Bomber-Kommandos war die Bombardierung Deutschlands, sollte es unser Gegner werden", gab Spaight freimütig zu.[24]

Außerdem kam es in diesen Jahren auch zur Ausarbeitung des sogenannten „master-plan", in welchem die Reihenfolge der in Deutschland einmal zu bekämpfenden Ziele entsprechend ihrer Bedeutung genau festgelegt war; dabei hatte man auch einen beträchtlichen Zeitbedarf für dessen Durchführung in Rechnung gestellt.

Im weiteren Verlauf des Jahres 1940 setzte die englische Flugwaffe die Bomberoffensive gegen Deutschland mit Nachtangriffen und demgemäß mehr oder minder wahllos fort. Diese Art der Luftkriegsführung erbrachte nach wie vor nur äußerst geringe militärische Erfolge, verursachte unter der deutschen Zivilbevölkerung aber in steigendem Maße unnötige Verluste.

Außerhalb Deutschlands beschränkte sich die Tätigkeit der R.A.F. in diesem Jahre auf Luftangriffe gegen Turin und gegen verschiedene Ziele in Frankreich und Holland. Soweit sich die Angriffe gegen deutsche Luftbasen im besetzten Gebiet richteten, erbrachten sie der britischen Flugwaffe nur unbedeutende Erfolge, während die Bekämpfung einer großen Übung der deutschen Landungsflotte Mitte September 1940 für die R.A.F. sehr erfolgreich verlief.

1 Englands Krieg gegen Deutschland – Die Ursachen, Methoden und Folgen des Zweiten Weltkrieges. Tübingen, 1963, S. 301.
2 Großbritannien hatte am 3. September 1939 dem Deutschen Reich den Krieg erklärt. Es handelte sich dabei um einen nach dem Briand-Kellogg-Pakt von 1928 erlaubten Angriffskrieg Großbritanniens. (Als Verteidigungskrieg kann dieser Krieg deshalb nicht angesehen werden, weil Großbritannien zu dieser Zeit nicht durch einen unmittelbar bevorstehenden militärischen Angriff von seiten Deutschlands bedroht wurde.)
3 Feuchter, S. 133ff., und Spetzler, S. 238ff.
4 Fuller, S. 260, Spetzler, S. 240f., Grenfell, S. 186.
5 Fuller, a.a.O., S. 260, ähnlich Veale, S. 151.
6 Veale, S. 142, Grenfell, S. 140 unter Hinweis auf Spaight, Bombing Vindicated, S. 74.
7 Hinsichtlich Islands handelte es sich um einen im Sinne des Briand-Kellogg-Paktes verbotenen Angriffskrieg Großbritanniens. Vgl. H. Nicoll, M.A., B.D., a.a.O., S. 295.
8 Gerd R. Überschär und Wolfram Wette, Bomben und Legenden – Die schrittweise Aufklärung des Luftangriffs auf Freiburg am 10. Mai 1940, 1981, Freiburg im Breisgau, S. 13ff., und Hinweis auf Anton Hoch, Der Luftangriff auf Freiburg... In: Vierteljahreshefte für Zeitgeschichte 4 (1956), S. 115ff., u. a. Literatur.
9 „Deutsche National-Zeitung", München, vom 18. Januar 1985.
10 „Deutsche Wochenzeitung", Nr. 11 vom 8. März 1985.
11 Überschär-Wette, a.a.O., S. 173.
12 Ebd., S. 147.
13 Ebd., S. 111.
14 Ebd., S. 98ff.
15 Überschär-Wette, a.a.O., S. 151. So „gänzlich aus dem Rahmen" fielen französi-

sche strategische Luftangriffe zu Beginn des Westfeldzuges sicherlich nicht. General Spears, persönlicher Vertreter Churchills bei der französischen Regierung, sagte am 25. Mai zu Major Fauvelle (französischer Armeestab): „... So wie ihr selber die wehrlosen belgischen und holländischen Städte bombardiert habt..." Vgl. J. Benoist-Mechin, a.a.O., S. 160.

16 Ueberschär-Wette, a.a.O., S. 185.

17 Hans Rumpf, Das war der Bombenkrieg – Deutsche Städte im Feuersturm, 1961, Oldenburg, S. 20.

18 Fuller, a.a.O., S. 89 f., Hinweis auf William Shirer, Berlin Diary, 1941, S. 275.

19 Schultheß, a.a.O., S. 99.

20 Spetzler, a.a.O., S. 256.

21 Feuchter, S. 299, unter Hinweis auf Angaben von Tedder, Air Power in War, 1946. Diese Angaben enthalten Ziffern von den über Deutschland *und* den von ihm besetzten Westgebieten abgeworfenen Bombenmengen. Unter Berücksichtigung verschiedener Faktoren können die auf Deutschland niedergegangenen Bombenmengen in Höhe von zwei Drittel der Gesamtmengen angenommen werden.

22 Spaight, S. 265 f.

23 Webster und Frankland, The strategic Air Offensive against Germany 1939 bis 1945.

24 Feuchter, a.a.O., S. 91 ff., Veale, S. 165, und Hinweis auf Spaight, a.a.O., S. 43.

# 7. Die deutsche Luftkriegsführung gegen England

*„Chamberlains ,untotale' Auffassungen von der Kriegführung blieben aber nur so lange in Geltung, wie er selbst im Amte war. Kaum saß Churchill im Sattel, da wurden solche Beschränkungen beiseite geworfen. Da er von der Annahme ausging, ,Bomber könnten allein die Hilfsmittel zum Siege liefern', führte er die unbeschränkte Bombardierung nichtmilitärischer Ziele ein, obwohl diese völlige politische Kursänderung zunächst in geeigneter Weise getarnt wurde."*

Captain Russel GRENFELL
Britischer Militärhistoriker

Die Hauptaufgabe der deutschen Luftwaffe bestand im Westen zu Beginn des Krieges in der Durchführung von Nah- und Fernaufklärungsflügen. Daneben fanden aber gelegentlich auch schon Angriffe auf Schiffsziele statt, zunächst nur auf Kriegs-, später auch auf Handelsschiffe. Solche Angriffe wurden von der Luftwaffe gegen Flotteneinheiten im Gebiet englischer Häfen und vor der britischen Küste bis hinauf zu den Orkney- und Shetland-Inseln und später auch im Atlantik geflogen.

Aufgrund eines Befehls von Hitler war den deutschen Flugzeugbesatzungen jeder Bombenwurf auf englische Landziele, gleich welcher Art, selbst auf Hafenanlagen und Kriegswerften, verboten worden. So durfte z. B. das englische Schlachtschiff „Repulse", das in einem Dock auf der Reede des Firth of Forth lag, nicht bombardiert werden, damit auf keinen Fall eine Bombe auf englischen Boden falle.[1] Wie schon erwähnt wurde, sind bis 10. Mai 1940 tatsächlich auf englischem Boden keine beabsichtigten Bombenwürfe deutscher Flugzeuge vorgekommen.

Aber auch nach Beginn der britischen Bomberoffensive gegen Deutschland am 11. Mai 1940 blieb der deutschen Luftwaffe noch jeder Bombenwurf auf englischen Boden untersagt. Derartige Bombenwürfe wurden auch streng vermieden. Zu einer Aufhebung dieses Verbotes muß es jedoch etwa Mitte Juni gekommen sein, denn der erste offiziell bekanntgegebene Luftangriff deutscher Bomber gegen Ziele in England fand in der Nacht zum 20. Juni statt.[2] Damit hatte auch das Deutsche Reich die strategische Luftkriegsführung aufgenommen. Die Bombenwürfe richteten sich aber nur gegen *militärische* Ziele; gegen Wohnsiedlungen und bei nicht einwandfreier Erdsicht waren sie laut Führerbefehl unbedingt zu vermeiden. Inwieweit dieser Befehl eingehalten wurde, kann nur schwer überprüft werden. Bewußte Übertretungen werden kaum vorgekommen sein[3], wohl aber kam es bei den *Nachtangriffen* zu unbewußten Übertretungen. Wie wir schon bei der Beurteilung solcher Angriffe, die von britischen Bombern durchgeführt wurden, festgestellt haben, war es den Besatzungen damals selbst bei Mondlicht praktisch unmöglich, eine genaue Zielfindung vorzunehmen. Dadurch kamen Zielverwechslungen zustande, die wiederum zu unnötigen Verlusten unter der Zivilbevölkerung führten.

Demgemäß konnten die Besatzungen bei Nachtangriffen den Bestimmungen des Kriegsrechtes meist nicht entsprechen. Dieser Rechtslage war sich die deutsche Führung augenscheinlich voll bewußt. Nach wiederholten, an die englische Adresse gerichteten Warnungen wurden die mit dem 20. Juni beginnenden Nachtangriffe auch ausdrücklich als Repressalienhandlungen bezeichnet. So führte die deutsche Luftwaffe Ende Juni und Anfang Juli nicht nur viele Tages-, sondern auch mehrere Nachtangriffe gegen Hafenanlagen, Rüstungswerke und Flugplätze in Süd- und Mittelengland durch.[4] Die britische Flugwaffe setzte ihre Nachtangriffe jedoch weiter fort. Im weiteren Verlauf des Juli kam es nur zu einzelnen, im August wieder zu häufigeren deutschen Nachteinflügen nach England. Diese führten aber weiterhin nicht zur Einstellung der nächtlichen britischen Luftangriffe. Die am 20. Juni angekündigten und seither durchgeführten deutschen Repressalien waren daher ohne Erfolg geblieben.

# Die erste große Luftschlacht der Geschichte

In der Zeit vom Juli bis August 1940 hatte über dem englischen Festland, dem Ärmelkanal und Teilen der Nordsee zwischen starken Luftstreitkräften Deutschlands und Großbritanniens eine Auseinandersetzung begonnen, die als „Luftschlacht um England" in die Kriegsgeschichte eingegangen ist. Diese Luftschlacht wird in der Literatur nach verschiedenen Gesichtspunkten in mehrere Abschnitte eingeteilt. Als Tag des Beginns wird meist der 8. August angegeben, wobei aber verschiedentlich auch die Zeit vom Anfang Juli bis 7. August als Kontaktphase oder Vorbereitungsabschnitt in Betracht gezogen wird. Dafür, daß der Rückzug der Briten vom europäischen Festland schon am 5. Juni erfolgte und der Feldzug gegen Frankreich am 25. Juni zu Ende gegangen war, ist es sehr spät zum Beginn der deutschen Luftoffensive gegen Großbritannien gekommen. Hierfür waren sowohl militärische (noch nicht vorhandene Operationspläne, eine notwendige Zeitspanne für Reorganisation und Auffrischung der Luftwaffenverbände u. a.) als auch politische Gründe (Hoffnung Hitlers, mit England zu einer Verständigung zu gelangen, welche sich jedoch trotz Friedensangebot an Großbritannien nicht erfüllt hat) maßgebend.[5] Als letzter Tag der Luftschlacht um England gilt gewöhnlich der 10. Mai 1941.[6]

Diese deutsche Luftoffensive sollte die Invasion Englands (Unternehmen „Seelöwe") vorbereiten. Die deutsche Armee war jedoch für das Unternehmen „Seelöwe" damals nur bedingt prädestiniert. Die Heeres- und Marineeinheiten waren in Landungsunternehmen von See her nicht ausgebildet, und es standen auch keine speziellen Landefahrzeuge bereit. Die Marine- und Heeresbefehlshaber der Deutschen Wehrmacht gaben daher sofort ihre Zustimmung, als Hitler eine vorbereitende Luftoffensive gegen England anzuordnen beabsichtigte. Die dann tatsächlich zur Durchführung kommende Luftoffensive wurde zunächst zum Hauptfaktor, schließlich sogar zum einzigen Faktor der entscheidenden Schlacht von England.[7]

Die wichtigste Voraussetzung für das Gelingen der Invasion durch die deutschen Heeres- und Seestreitkräfte war die Erringung der vorherigen Luftherrschaft durch die Luftwaffe. Die britischen Luftstreitkräfte durften nicht mehr in der Lage sein, das deutsche Landungsunternehmen entscheidend zu stören.

Welche Voraussetzungen erfüllte die deutsche Luftwaffe, um diese Vorbedingungen für die Invasion der Britischen Inseln zu schaffen? Handelte es sich doch um ein Kriegsunternehmen, an das seit Wilhelm des Eroberers Normannen im Jahre 1066 keine kontinentale oder überseeische Macht mehr herangekommen war. Abgesehen davon, daß die oberste politische Führung Deutschlands, wie wir gesehen haben, alles andere als von einem normannischen Eroberungswillen gegenüber England erfüllt war, wäre die deutsche Luftwaffe auf Grund ihrer weltanschaulichen Ausrichtung und der fliegerischen Begeisterungsfähigkeit ihres jungen Stabsoffizierskorps und aller Jagd- und Kampfflieger im Offiziers- sowie Unteroffiziersrang, aber auch auf Grund der kameradschaftlichen Zusammenarbeit der Flieger mit ihrem technisch hochstehendsten Bodenpersonal zumindest zur Erringung der Luftherrschaft über England als geglückte Vorbereitung für die dann durchaus erfolgversprechende deutsche Besetzung Englands in der Lage gewesen.

Die Lage auf dem Sektor des Materialeinsatzes für die Vorbereitungsphase des Unternehmens „Seelöwe" sah für die Luftwaffe dagegen wesentlich weniger gut aus. Die deutschen Flieger mußten *mit taktischen Luftstreitkräften* gegen England *einen strategischen Luftkrieg führen.* So standen der deutschen Luftwaffe fast nur die Mittelstreckenbomber He 111 und Ju 88 zur Verfügung, die weder über eine große Reichweite noch über die entsprechende Bombenkapazität verfügten, um strategische Ziele in England wirklich auf lange Zeit oder zur Gänze ausschalten zu können. Insgesamt hatten die gegen England eingesetzten Luftflotten 2 (Generalmajor Kesselring) und 3 (Generalfeldmarschall Sperrle) bei einer Sollstärke von 1638 Maschinen nur 818 einsatzbereite Bomber zur Verfügung.[8] Hinzu kamen noch 316 Stukas, die wegen ihrer geringeren Reichweite und der Wehrlosigkeit gegenüber den britischen Jägern ab 18. August wieder abgezogen werden mußten.[9]

Doch auch die einsatzbereiten deutschen Jagdflugzeuge und Zerstörer hatten auf Grund von Verlusten bei den vergangenen Feldzügen eine „stark rückläufige Tendenz". Mitte August 1940, am Beginn der Hauptphase der Schlacht um England, verfügten die beiden genannten Luftflotten bei einem Sollstand von 1171 einmotorigen Jägern nur über einen tatsächlich einsatzbereiten Stand von 760 Me 109. Demgegenüber wiesen die Engländer 714 Spitfires und Hurricanes auf, so daß der Aktivbestand der beiden Gegner als ziemlich ausgeglichen betrachtet werden muß. Hinzu kamen allerdings noch die Produktionsunterschiede neuer Jagdmaschinen, die schon im Jahre 1940 sehr zuungunsten Deutschlands ausfielen: Im August erhielten die beiden deutschen Luftflotten nur 160 Me 109, während die R.A.F. 746 neue Jagdflugzeuge von den Flugzeugfabriken ausgeliefert bekam. Bis zum Sommer 1940 konnte die britische Jagdflugzeugproduktion auf bald das Doppelte der deutschen Jägerproduktion gesteigert werden, und während des ganzen Jahres 1940 produzierte England 4284 Jäger, Deutschland dagegen nur 2746 Jagdmaschinen.

Demgemäß bedeuteten nicht die Flugzeuge, sondern die Flieger eine oder sogar *die* Hauptsorge der R.A.F. Der Oberbefehlshaber des britischen Jägerkommandos (Fighter Command), Air Chief Marshal Hugh Dowding, konnte seine Pilotenzahl bis Anfang August 1940 zwar auf 1434 Mann bringen, aber bei einer wöchentlichen Verlustquote von 120 Jagdfliegern waren es einen Monat später nur noch 840. Aber auch der Ersatz von den Jagdfliegerschulen der R.A.F. konnte den Pilotenmangel nicht wettmachen. Im September wurde der Mangel an Jagdfliegern noch schlimmer. Die eilig ausgebildeten Neuankömmlinge waren wegen ihrer Unerfahrenheit überdies gefährdeter als die „alten Hasen". Frische Jagdfliegerstaffeln, die zur Ablösung der abgekämpften Piloten herangebracht wurden, verloren oft mehr Männer als diese. Wachsende Nervosität und sinkender Kampfgeist waren in zahlreichen Fällen die Folge von Erschöpfung und Überlastung der britischen Jagdflieger.[10]

Die Deutschen hatten zumindest am Anfang der Luftschlacht keine derartigen Sorgen. Doch auch bei den deutschen Jagdfliegern kam es bald noch im Laufe des Septembers zu immensen Überbelastungen. Einerseits waren daran die Überstellungen von Jagdfliegern – oft genug die besten von ihnen – an die Kampffliegerverbände zum Ausgleich von Bomberverlusten schuld. Andererseits kam es zu Überbeanspruchungen der Piloten dadurch, daß sie den Bombern und Stukas Geleitschutz geben und deshalb oft zwei oder drei, manchmal sogar fünf Feindflüge am Tag durchführen mußten. Da das Luftwaffenkommando seinen Fliegern viel zu wenig Ruhetage gönnte und auch keine Rotation im Einsatz möglich war, kam es langsam zu einem Absinken des Kampfgeistes der Männer, die aber sämtliche Einsatzbefehle trotz zusätzlicher Belastung wegen zunehmender Verluste tapfer und gewissenhaft ausführten.

Dennoch waren die Verluste der R.A.F. an Spitfires und Hurricanes im August und Anfang September doppelt so hoch wie die Verluste der beiden deutschen Luftflotten an Me 109, nämlich 633 britische zu 317 deutschen Jäger-Totalverlusten. In der Zeit vom 24. August bis zum 6. September verlor die Luftwaffe 100 Kampfflugzeuge (Bomber), und die R.A.F. erhielt im selben Zeitraum 269 neue oder reparierte Jagdflugzeuge geliefert.

Die andauernd schweren Kämpfe hatten die Einsatzstärken der britischen Jagdstaffeln so stark reduziert, daß diese kaum noch verwendbar waren. So hatte zum Beispiel die 65. Staffel innerhalb weniger Tage fast alle Verbandsführer und Piloten verloren.[11] Sie waren entweder gefallen oder aber durch Verbrennungen oder andere Verwundungen ausgefallen oder sonstwie für längere Zeit einsatzunfähig geworden. Diese Verluste an Fliegern des „Fighter Command" machten ihrem Oberbefehlshaber Dowding zu schaffen. Insbesondere seitdem die Luftwaffe ihre Angriffe auf die „Sector stations", die Befehlsstände der Luftschlacht, konzentrierte und Biggin Hill, Kenley, Hornchurch und Northweald, die wichtigsten Stellen des „Fighter Command", zerstörte oder schwer beschädigte, wurde man in Bentley Priory, von wo Dowding seine Reserven einsetzte, wieder sehr nervös.[12] Dowding kam immer mehr zum Bewußtsein, daß sich die Lage zugunsten der Deutschen veränderte. Wenn die deutschen Angriffe auf die Befehlsstände noch eine Woche mit gleicher Intensität weitergingen, mußte er einen Großteil seiner Jäger auf einen Abschnitt nördlich London zurückziehen. Dies hätte bedeutet, daß die Gefechtszeit der britischen Jäger erheblich verkürzt und damit der Nachteil der weiten Anflugstrecke für die deutschen Jagdflugzeuge über den Kanal mehr als ausgeglichen worden wäre. Die Deutschen hatten endlich die weiche Stelle im englischen Panzer gefunden. Nun brauchten sie nur weiter in dieselbe Kerbe zu schlagen, um die R.A.F. in die größten Schwierigkeiten zu bringen.

## *Erste britische Luftangriffe auf Berlin*

Aber am 25. August trat ein Ereignis ein, das die deutsche Luftwaffenführung, insbesondere ihren Oberbefehlshaber Hermann Göring, zu einer Änderung der Angriffstaktik veranlaßte. 80

britische Bomber setzten zu einem Angriff auf die Reichshauptstadt Berlin an, und 42 Maschinen warfen Bomben auf mehrere Straßenzüge im Wilhelmstraßenviertel. Die moralische Wirkung dieses ersten, für das Jahr 1940 noch schweren Luftangriffes auf Berlin überstieg den materiellen Schaden wesentlich, obwohl immerhin 20 Menschen getötet wurden. Es blieb nicht bei einem Angriff auf Berlin, sondern die R.A.F. griff Berlin mehrere Nächte hintereinander an. Wenn diese Angriffe auch nur eine Fortsetzung der bisherigen britischen Nachtangriffstaktik darstellten, so trafen sie gerade Göring besonders schwer, hatte er doch wiederholt erklärt: „Wenn ein englisches Flugzeug nach Durchbrechung unserer Luftabwehr auch nur eine Bombe auf Berlin abzuwerfen imstande ist, will ich MEIER heißen."

## *Deutsche Vergeltungsangriffe auf LONDON*

Nachdem Hitler bereits am 19. Juli 1940 eine eindeutige Warnung ausgesprochen hatte, sagte er am 4. September bei der Eröffnung des Deutschen Winterhilfswerkes: „Sie kommen in der Nacht... werfen ihre Bomben wahllos und planlos auf zivile Wohnviertel... Ich habe das drei Monate nicht beantworten lassen in der Meinung, sie würden diesen Unfug einstellen. Herr Churchill sah darin ein Zeichen unserer Schwäche. Sie werden verstehen, daß wir nun Nacht für Nacht Antwort geben, und zwar in steigendem Maße."[13]

Diese Drohung Hitlers, „nun Nacht für Nacht Antwort zu geben", entsprach eindeutig dem Repressalienrecht. Darüber hinaus war Hitlers Weisung Nr. 17 vom 1. August 1940 voll gültig, wonach „das Ziel der (deutschen) Luftoffensive gegen England die Vernichtung der gegnerischen Luftstreitkräfte durch direkte Schläge gegen die R.A.F...." sei. Offensichtlich wollte die deutsche Luftwaffe erreichen, daß sich die bereits stark angeschlagenen britischen Jäger bei der Verteidigung ihrer Hauptstadt London zum Kampf stellen und auf diese Weise weitere Verluste hinnehmen mußten. In der erwähnten Weisung Nr. 17 untersagte Hitler weiterhin „systematische Angriffe auf Städte und Terrorbombardements" und behielt sich einen derartigen Befehl hierzu ausdrücklich vor. Da sich an „Führerweisungen" alle Offiziere und Soldaten der

Deutschen Wehrmacht zu halten hatten, konnte sich auch der Oberbefehlshaber der Luftwaffe, Hermann Göring, nicht darüber hinwegsetzen, wie vielfach behauptet worden ist.[14]

In den Nächten auf den 6. und 7. September eröffneten je etwa 70 deutsche Kampfflugzeuge die Angriffe auf London. In der Nacht zum 7. September erfolgte ein neuerlicher Angriff britischer Flugzeuge auf Berlin. Am Nachmittag des 7. September kam es dann zum ersten deutschen Großangriff auf den Ost- und Westteil der englischen Hauptstadt, an dem etwa 270 Bombenflugzeuge teilnahmen. Im Bericht des deutschen Oberkommandos wird am nächsten Tag ausdrücklich betont, daß diese Angriffe „die Vergeltung für die von England begonnenen und in den letzten Wochen gesteigert geführten britischen Nachtangriffe auf Wohnviertel und andere nichtmilitärische Ziele im Reichsgebiet" darstellten. Weiter heißt es dann in diesem Bericht: „Bis jetzt fielen über eine Million Kilogramm Bomben aller Kaliber auf das Hafen- und Industriegebiet an der Themse. Kaianlagen, Handelsschiffe, Docks und Speicher, Kraft-, Wasser- und Gaswerke sowie Arsenale, Fabriken und Verkehrseinrichtungen wurden getroffen und zum Teil durch schwerste Explosionen vernichtet . . ."

Das deutsche Oberkommando ließ auf den Repressaliencharakter der Luftangriffe auf London auch durch wiederholte Flugblattabwürfe über englischem Gebiet hinweisen.[15]

Dieser erste große Massentagesangriff auf London – der auch der letzte bleiben sollte – verlief für alle beteiligten Luftflotten nur teilweise erfolgreich. Der Großeinsatz gegen London „war als Vergeltung für die R.A.F.-Angriffe auf Berlin gedacht und sollte gleichzeitig die Strategie fortsetzen, durch Bombardierung lebenswichtiger Ziele die Briten zu zwingen, sich in der Luft zum Kampf zu stellen".[16] Die 270 deutschen Mittelstreckenbomber, die am Nachmittag des 7. September gegen London flogen, waren von 648 Jägern als Begleitschutz umgeben. Das heißt, während ein Teil der Jäger die in 4000 bis 6000 Meter Höhe fliegenden Bomberstaffeln in einer Entfernung von etwa 300 Metern deckte, flog ein anderer Teil des Jägerbegleitschutzes in einer Höhe von 8000 bis 10 000 Metern den Verbänden weit voraus. Mittels dieser neuen Taktik wollten die Deutschen ihre Bomber einerseits besser schützen und das britische „Fighter Command" andererseits zum Kampfe stellen. Doch diese neue Taktik der Deutschen führte nicht zum Erfolg. Im Hauptquartier der II. Fighter Group hatte man einen weiteren Angriff auf die im Inneren des Landes liegenden Flugplätze erwartet und die vier bereits aufgestiegenen Jägergeschwader größtenteils nördlich der Themse zusammengezogen. Somit konnten die deutschen Bombergeschwader zwar ungehindert nach London fliegen, aber die britischen Jäger konnten nicht „gestellt" werden. Die Bomber griffen die großen Dockanlagen Londons an; auch die Kaianlagen, Speicher und Kraftwerke wurden schwer in Mitleidenschaft gezogen. Viele Bomber aber zielten zu kurz, was im dichtbesiedelten Londoner Osten zu Verlusten unter der friedlichen Zivilbevölkerung führte, 300 Zivilisten fielen und 1300 wurden verletzt.[17]

Um die Entmutigung beim britischen Jägerkommando über die erfolglose Abwehr dieses schweren Luftangriffes auf London etwas aufzuheben, ließ sich beim Abflug der deutschen Verbände doch noch durch den Abschuß von 41 deutschen Flugzeugen bei eigenen 28 verlorenen Maschinen ein „Achtungserfolg" erzielen. Insgesamt schien die britische Abwehr dem deutschen Ansturm nicht gewachsen zu sein; sie zeigte sich ziemlich kopflos. Die Nacht zum 8. September brachte London eine neue Angriffswelle, die von solchen deutschen Bombern geflogen wurde, die sich wegen des fehlenden Geleitschutzes bei Tage nicht über die britische Hauptstadt wagten. Wegen des Fehlens von Nachtjägern hing die Verteidigung Londons und auch anderer britischer Städte bei Nacht hauptsächlich von Flakgeschützen und Scheinwerfern ab. Die Flak schoß „Sperrfeuer", die Zahl der Treffer war sehr gering, aber der „Feuerkrach" ermutigte die Bevölkerung und zwang die deutschen Bomber in größere Anflughöhen.[18]

Da die Ansammlung von Invasionsschiffen im Kanal von Tag zu Tag größer geworden war und sogar deutsche Gebirgsjäger zu Übungen an der Küste erschienen, um später die Kreidefelsen an der englischen Küste besser erobern zu können, wird nach den ersten schweren Luftangriffen auf London verstärkter Invasionsalarm gegeben. Daraufhin wird eine Anzahl von britischen Hilfseinheiten aufgerufen, und Kirchenglocken werden geläutet, die die deutsche Invasion ankündigen sollten.

## Beiderseitige Erlebnisberichte
### *über die Bombardierungen LONDONS*

Das deutsche Kampfgeschwader General Wever 4 (benannt nach dem wegen seines tödlichen Flugzeugunfalls „verhinderten" Schöpfer eines deutschen Viermot-Bombers für die strategische Luftkriegsführung, wir berichteten) war in der Schlacht um England in vollem Einsatz.[19] Die Luftangriffe auf London erlebten die Geschwaderangehörigen folgendermaßen: „Als die Flugzeuge, die je 1 SC 1800 kg Bomben geladen haben, kurz nach Mitternacht anfliegen, ist das brennende London schon auszumachen (jede Gruppe war auf ein bestimmtes Ziel angesetzt und hatte eine besondere Lageskizze bei sich). Die 1800er erzeugen in den befohlenen Zielräumen (Versorgungseinrichtungen, Kraft- und Gaswerke) gewaltige Explosionen und ausgedehnte Flächenbrände ... Auch in der dritten Nacht der Angriffe auf London ist der Zielraum des Geschwaders durch die in den Docks wütenden Großbrände leicht zu finden. Erst als die Verbände zum vierten Mal anfliegen ... sind die Brände kleiner geworden. Am 13. September erleidet die I. Gruppe ihren ersten Verlust über London. Die Besatzung Oblt. Kell wird vermißt. Besatzungen der Stabsstaffel und der III./KG 4 beobachten, wie ein Flugzeug längere Zeit im Scheinwerfer gehalten und dann anscheinend durch Jäger abgeschossen wurde ... Bei den Tagesangriffen kulminierten die Angriffe ... am 15. September. Er war auch für die englische Jagdwaffe ein sehr schwerer Tag und voller Krisen; indessen wurde gleichzeitig klar, daß die Angreifer die Luftüberlegenheit mit den ihnen verfügbaren Mitteln kaum noch gewinnen konnten. Es fehlte der viermotorige, *große* Lasten tragende und gepanzerte, standfeste, schwer *bewaffnete* Bomber und ein der Spitfire ebenbürtiger *Lang*strecken-Begleitjäger. Diese Aufgabe konnte die als Abfangjäger konzipierte Me 109 nicht erfüllen. So ist denn der 15. September 1940 als ‚Battle of Britain Day' in die englische Geschichte eingegangen. Gleichwohl gehen die Angriffe der deutschen Luftwaffe – wenn zunächst auch mit verminderter Stärke – auf London weiter ... Zwanzigmal ist allein die I. Gruppe im September über London, dessen Industrie-, Hafen- und Versorgungsanlagen immer wieder mit schweren und schwersten Bomben belegt werden."

Und wie erlebten die Londoner, die so schwer getroffene Zivilbevölkerung der englischen Hauptstadt, die deutschen Luftangriffe? Paul Charrier war am 20. und 21. September in London. Es war seit dem Beginn der Angriffe sein erster Besuch, worüber er berichtete: „Seitenweise notierte ich mir auf, was ich damals sah und hörte. Der ‚Blitz' – so nannte die britische Presse die deutschen Luftangriffe – und seine Folgen beunruhigten die Bevölkerung nicht so sehr als vielmehr das Gefühl, daß London belagert sei. Und dieser psychische Druck war die eigentliche Auswirkung der deutschen Angriffe. In den Vorstädten war bis jetzt noch kein nennenswerter Schaden entstanden... Wirklich konzentrierte Angriffe hatten eigentlich nur auf die Docks stattgefunden. Die Angriffe richteten mehr Verwirrung als Verwüstung an... Obwohl das doch ein Terrorangriff gewesen war, betrachteten ihn meine Freunde nicht als solchen; sie glaubten vielmehr, daß jede Bombe, die auf London fiel... militärisch eine Rolle spiele; und es war daher klar, daß sie es als ihre Pflicht ansahen, unerschüttert weiterzumachen."[20]

Father Reichenberger, der als Emigrant aus Hitler-Deutschland 1940 in London war, schreibt: „Der Schaden, der bisher angerichtet wurde, ist nicht so groß, als man nach den vielen Luftangriffen vermuten möchte. Die Verluste an Menschenleben dürften höher sein, als die Behörden bekanntgaben. Die Vorsorge für Luftschutzkeller ist durchaus ungenügend. Es ist ein erschütterndes Bild, wenn man Nacht für Nacht Tausende Menschen stundenlang vor den Untergrundstationen anstehen sieht, in denen sie dann auf engstem Raum nebeneinander liegen, alt und jung, gesund und krank, überwiegend ganz arme Menschen. Die *Reichen* haben ihre eigenen Schutzräume, oder sie gehen zu einem der feudalen Hotels, die jeden ängstlich fernhalten, dem nicht das dicke Scheckbuch aus der Tasche guckt, wie Journalisten, bettelhaft verkleidet, ausdrücklich festgestellt haben. Der Krieg kostet täglich zehn Millionen Pfund, für den Schutz gegen Bombenangriffe fehlen die Mittel."[21]

Über die äußerst mangelhaften Abwehrmaßnahmen des britischen „Fighter Command" gegen die deutschen Bomberangriffe berichtete wieder Charrier: „Sie flogen über uns auf und ab in zwei losen Formationen von je zwölf Maschinen, wobei die Flak wild auf sie losfeuerte. Aber nicht ein einziger britischer Jäger war zu sehen", oder an anderer Stelle: „Man war empört über den zu spät gegebenen Alarm und die völlige Abwesenheit der R.A.F.-Jäger." Als die deutschen Bomber am 25. September die riesigen Flugzeug-

fabriken der BRISTOL AIRCRAFT COMPANY und den Einsatz-
hafen des britischen Jägerkommandos in Filton, unmittelbar vor
den Toren der City von Bristol, angriffen, gab es ebenfalls keine
starke britische Abwehr. Als die Bomber noch 50 km südlich von
Filton anflogen, umschwirrten nur ein oder zwei britische Jäger den
deutschen Kampfverband wie Mücken. Ein oder zwei Jäger konnten die Deutschen nicht aufhalten, sie brausten in Richtung Filton
weiter. Dort angekommen, entleerten die deutschen Flugzeuge
Hunderte Bomben auf die Flugzeugfabriken. Wie sich Charrier
erinnerte, schoß weder die Flak, noch sah er britische Jäger. Die
Flugzeugwerke von Filton wurden besonders stark getroffen, und
am nächsten Tag wurde die Spitfire-Fabrik bei Southampton vorübergehend zerstört.[22]

## Hitler befiehlt die Einstellung der Invasionsplanung
## gegen England

Da Hitler gemeinsam mit seiner Seekriegsleitung die bereits stark
angeschlagene britische Luftabwehr angeblich für unbesiegbar hielt
und außerdem mit einer Periode stürmischen Wetters rechnete,
verschob er die Invasion Englands am 17. September neuerlich und
am 12. Oktober endgültig bis zum Frühjahr 1941. Schließlich
ordnete er im Januar 1941 an, daß alle Vorbereitungen für das
Unternehmen „Seelöwe" mit Ausnahme einiger langfristiger Maßnahmen abgebrochen werden sollten.[23] Einige Wochen vorher
hatten sich Hitlers Gedanken entschieden dem Osten zugewandt,
als mit dem außerordentlich bedeutsamen Besuch des sowjetischen
Außenkommissars Molotow am 12. November 1940 in Berlin die
Würfel über die Eskalation des europäischen Bürgerkrieges zum
größten Weltenbrand unserer Geschichte gefallen waren.
    Als der britische Luftmarschall Dowding im Wissen um die
verzweifelte Situation der R.A.F. auch die letzten Jäger des
„Fighter Command" in die Schlacht geworfen hatte, kam zu seiner
größten Erleichterung am 17. September die Meldung über die
Verschiebung von „Seelöwe", welche das Ende der tödlichen
(womöglich der tödlichsten seit dem Normannensturm Wilhelm des
Eroberers 1066, der Verf.) Bedrohung Großbritanniens bedeutete:

Noch am 17. September abends verlas Churchill mit strahlendem Gesicht Görings entschlüsselten Funkspruch... (über den Abbau der Verladeeinrichtungen für das verschobene und damit nach britischer Annahme abgesagte Unternehmen „Seelöwe") seinen versammelten drei Stabschefs und den Generalen Ismay, Stewart Menzies und F. Wintherbotham. Letzterer hatte Churchill den mit der deutschen ENIGMA-Chiffriermaschine enttarnten Funkspruch Görings über den Abbau der Verladeeinrichtungen „geliefert".[24]

Wirklich entscheidend für die wiederholte Verschiebung des Invasionsbeginns gegen England und für die schließliche Aufgabe des „Unternehmens Seelöwe" war Hitlers eigenes Zögern. Die in seiner Weisung Nr. 16 vorkommenden „falls", „wenn" und „aber" bestimmten bis zuletzt seine Haltung zu einer Landung in England. Zweifellos beschäftigte Hitler dabei immer die Frage, weshalb die britische Regierung so auf eine Fortsetzung des Krieges versessen war und weshalb sie selbst nach „Dünkirchen" und dem deutschen Sieg über Frankreich nicht daran dachte, einzulenken. Wer stärkte der Kriegspartei in England so sehr den Rücken? Diese Fragen beschäftigten Hitler damals Tag und Nacht.[25]

Der deutsche Reichskanzler und Diktator Hitler hatte in seiner Vorliebe für politische Strategie schließlich die aufgrund der außerordentlich tapferen Einsätze seiner Flieger um die Luftherrschaft bestmöglich vorbereitete Invasion Englands ebenso wie Monate zuvor die von seinen Generalen bereits angesetzte „Kesselschlacht vor Dünkirchen" abbrechen lassen, um mit Großbritannien einen – wie er angeboten zu haben glaubte – ehrenvollen Frieden schließen zu können. Der anglophile Hitler hatte damit die Großmachtstellung seines „Dritten Reiches" und sogar fast die Existenz des deutschen Volkes aufs Spiel gesetzt, wie es sein Gegenspieler Churchill mit der friedlichen Zivilbevölkerung Londons, Berlins und vieler anderer europäischer Städte getan hatte, um das „Fighter Command" und die englischen Flugplätze vor der Vernichtung durch die Luftwaffe zu bewahren und damit der als besonders gefährlich eingestuften Invasion der Deutschen effektiver begegnen zu können.

218

# Das Ende der Epoche „zivilisierter" Kriegsführung

Mit der jedem Soldatentum und Humanismus widersinnigen Einbeziehung der friedlichen Zivilbevölkerung in die militärische und politische Kriegsführung durch die Luftangriffsbefehle Churchills gegen die deutsche Reichshauptstadt Berlin und dessen erfolgreiche Ablenkungsprovokation Hitlers zu den Vergeltungsangriffen auf die britische Metropole London fand eine fast zweihundertjährige Geschichte „zivilisierter" Kriegsführung in Europa ein Ende.

Im Jahre 1770 hatte dieser Zeitraum der „zivilisierten" Kriegsführung den Anfang genommen, als Comte de Guibert seinen berühmten Ausspruch tun konnte:[26]

„Städte werden nicht mehr zerstört, das Land wird nicht mehr verwüstet, Gefangene werden achtungsvoll behandelt, und *nur im Kampf* wird Blut vergossen."

In den folgenden zwei Jahrhunderten europäischer Kriegsgeschichte wurden diese an und für sich selbstverständlichen „zivilisierten" Kriegsführungsmethoden größtenteils eingehalten. Dieses Verhalten in der europäischen Kriegsführung ist wahrscheinlich das einzig Positive an der bedauerlichen Tatsache, daß ein Großteil der Kriege jener Zeit unter sog. christlichen Nationen zur Austragung kam. Vor allem unserem Jahrhundert blieb es vorbehalten, die militärische Strategie zu einer politischen zu machen, die noch dazu größtenteils von Politikern mehr oder minder diktatorisch zur Anwendung gebracht wird. Aber erst die technische Möglichkeit, den Krieg erdenthoben, in und aus der dritten Dimension mittels Flugzeugen zu führen, brachte die friedliche Zivilbevölkerung Europas, die gerade in diesem Zeitalter eines besonderen Schutzes bedurft hätte, in die Gefahr völliger Vernichtung im Sinne von Völkermord.

## Die kriegsrechtliche Beurteilung der „Luftschlacht um England"

Bei den meisten Luftangriffen der deutschen *Nachtoffensive* ab 14. November 1940 war eine Unterscheidung der militärischen von den nichtmilitärischen Objekten großteils überhaupt nicht möglich. Bei einem Teil dieser Angriffe war eine derartige Unterscheidung von der obersten deutschen Führung auch gar nicht mehr beabsichtigt. Ähnlich wie es die britische Luftwaffe schon seit Mai 1940 getan hatte, ließ nun die deutsche Luftwaffe erstmals die gebotene Rücksichtnahme auf die friedliche Zivilbevölkerung bewußt außer acht.

Diese Art der Luftkriegsführung stand an sich in krassem Widerspruch zum Kriegsrecht. Wie schon die Durchführung der ersten Nachtangriffe Ende Juni 1940, hatten die Deutschen aber auch diese Angriffe rechtzeitig als Repressalien angekündigt. Daraus ergab sich auch die Berechtigung zur Beeinträchtigung der friedlichen Zivilbevölkerung und ihres Eigentums, da die Repressalienangriffe auf Grund gleichartiger und bereits langandauernder Handlungen des Gegners vorgenommen wurden. Dazu schrieb auch Liddell Hart: „Die Deutschen waren infolgedessen vollkommen berechtigt, dies als Repressalie zu bezeichnen, zumal da sie vor unserem sechsten Angriff auf Berlin erklärt hatten, daß sie zu einer solchen Handlungsweise übergehen würden, falls wir unsere Nachtangriffe auf Berlin nicht einstellten."[27] Indirekt vertrat auch Spaight diese Ansicht, wenn er feststellte, „daß Hitler sich nur widerstrebend zur Bombardierung der englischen Zivilbevölkerung entschloß – drei Monate, nachdem die R.A.F. begonnen hatte, die deutsche Zivilbevölkerung zu bombardieren... – und (danach) jederzeit bereit gewesen wäre, dieses Morden zu beenden".[28]

Die englische Luftwaffe setzte den Bombenkrieg gegen deutsche Städte und Dörfer trotz der deutschen Repressalien weiter fort. In der ersten Zeit nach Beginn dieser neuen Repressalienhandlungen kam es zu folgenden britischen Bombenangriffen auf deutsches Reichsgebiet:[29] in der Nacht zum 9. September auf einwandfrei nichtmilitärische Ziele in Berlin, darunter das Brandenburger Tor, das Reichstagsgebäude, die Akademie der Künste, das Haus des Vereines Deutscher Ingenieure, das St.-Hedwigs-Krankenhaus, ein Altersheim und Wohnviertel; in der Nacht zum 11. die Wohnviertel mehrerer Städte, darunter Hamburg, Bremen und Berlin; in der Nacht zum 18. September die Krankenanstalt von Bethel (nach erfolgreicher Abwehr eines Angriffes auf Ziele in Westdeutschland); in der Nacht zum 19. Wohnviertel in west- und süddeutschen Städten, u. a. die Heidelberger Arbeitersiedlung Pfaffengrund; in der Nacht zum 20. September westdeutsche Städte; in der Nacht zum 23. Berlin; desgleichen in der Nacht zum 24. September 1940. In ähnlicher Art gingen die Angriffe der britischen Luftwaffe auch in den folgenden Wochen weiter.

## Als Repressalie für R.A.F. – Angriffe auf München 500 Tonnen deutsche Bomben auf die Industriestadt COVENTRY

Die deutschen Repressalienangriffe richteten sich insbesondere gegen Hafen- und Industrieanlagen. In den Monaten September bis November wurden vor allem folgende englische Städte angegriffen: London, Liverpool, Cardiff, Manchester, Edinburgh, Birmingham, Coventry, Bristol und Southampton. In den offiziellen deutschen Bekanntmachungen wurden die Repressalienangriffe fast immer als solche bezeichnet. In Einzelfällen wurde auch auf jene deutsche Stadt verwiesen, für welche eine Repressalie ausgeübt wurde. So hieß es in einer Verlautbarung vom 23. September, daß die englische Stadt Cambridge als Vergeltung für die britischen Bombenangriffe auf die alte deutsche Universitätsstadt Heidelberg mit Bomben belegt wurde, oder in einer Bekanntgabe vom 15. November, daß der als Vergeltung für die britischen Angriffe auf München in der Nacht gegen das Rüstungszentrum Coventry geführte Schlag besonders schwer war, oder am 20. November, daß in der Nacht zur Vergeltung für die britischen Angriffe auf Wohnviertel in Hamburg, Bremen und Kiel die britische Rüstungs- und Versorgungsindustrie in Birmingham in rollendem Angriff mit Bomben aller Kaliber belegt wurde. Im November 1940 erreichte die Gesamtmenge der über England abgeworfenen Sprengbomben nach deutschen Berichten die Höhe von 6747 Tonnen.

Die Nachtoffensive der deutschen Luftwaffe wurde mit dem Großangriff in der Nacht vom 14. auf 15. November auf das Zentrum der britischen Flugmotoren und Autoindustrie Coventry-

eröffnet. Die Luftwaffe hatte diese Luftangriffe eingehend geplant und die Angriffsobjekte bis in den mittleren Einheitsbereich, nämlich bis zur Bombergruppe, genauestens festgelegt. Demgemäß haben die hier aufgezählten deutschen Verbände folgende Industrieanlagen angegriffen:[30]

| | |
|---|---|
| I./LG 1 (I. Gruppe, Lehrgeschwader 1) | Standard Motor Comp. |
| I./LG 1 | Coventry Radiator and Press Works Co. Ltd. |
| II./K.G. 27 (II. Gruppe Kampfgeschwader 27) | Flugmotorenwerke Alvis Ltd. |
| K.Gr. 606 (Kampfgruppe 606) | Cornercraft Ltd. Ace Works, Motorenzubehör |
| K.Gr. 606 | Gasbehälter in der Hill Street |
| I./K.G. 51 | The Bristol Piston Ring Co., Gießerei |
| II./K.G. 55 | Maint Unit Co. |
| III./K.G. 55 | Daimler & Co. Ltd., Autos und Motoren |

Ein weiteres Kampfgeschwader, das KG 100, hatte gemäß Operationsplan „Mondscheinsonate" – so hieß der Deckname für das Unternehmen Coventry – eine besondere, ganz neue Aufgabe durchzuführen. Die ersten zehn Maschinen, es waren Do 17, auch „fliegende Bleistifte" genannt, mußten erstmals eine neue Taktik des Bombenkrieges, die der „Pfadfinder" erproben. Der Flug auf Coventry wird der wichtigste sein, den das KG 100 jemals fliegt. Er stellt damit den entscheidenden Wendepunkt im Luftkrieg dar.[31]

Bei Calais stand damals ein deutscher Sender, der am Angriffstag einen Funkstrahl in Richtung Coventry ausstrahlte. Desgleichen wurde auch von einem anderen Sender, der in der Nähe des normannischen Hafens Cherbourg lag, ein Funkstrahl nach Coventry gelegt. Wenn die 10 Do 17-Maschinen daher „am Funkstrahl Calais" entlang flogen und über Coventry waren, müßten sie darüber hinwegfliegen, wenn nicht auch Cherbourg einen Funkstrahl nach Coventry gelegt hätte. Dieser Strahl knickt über Coventry jenen von Calais, es entsteht mit den beiden Funkstrahlen ein „X" – das „Knickebein". Demgemäß erhielt das neue Ortungsverfahren auch bald den Tarnnamen „Knickebein".

Am Angriffstag auf Coventry ereignete sich eine weitere Begebenheit, die zur „Geschichtsträchtigkeit" dieses Tages beitragen sollte. Zum besseren Verständnis dieser Begebenheit müssen wir aber um einige Jahre zurückgehen. Bereits im Jahre 1938 war es dem britischen Geheimdienst „Secret Service" gelungen, mit Hilfe des polnischen Geheimdienstes in den Besitz der deutschen Entschlüsselungsmaschine „ENIGMA" zu gelangen. Diese sehr komplizierte und von den Deutschen als besonders sicher betrachtete Codemaschine konnten englische Wissenschaftler, Mathematiker und Physiker ihrerseits „entschlüsseln" und damit sozusagen „umdrehen".[32]

Mit Hilfe der deutschen ENIGMA-Maschine gelang es dem britischen Geheimdienst ab dem Jahre 1940, die wichtigsten deutschen Funksprüche einschließlich jener des Führerhauptquartiers zu entschlüsseln. Damit war es den Alliierten möglich, wesentliche Unterlagen über die Stärke und Zusammenstellung der Deutschen Wehrmacht zu erfahren und darüber hinaus auch im voraus zu wissen, welche Ziele viele Operationen und Schlachten von deutscher und italienischer Seite verfolgten.

Als die deutsche Luftwaffe jedoch die Industriezentren und Häfen Englands angriff, fischte auch die AKTION ULTRA – wie der Secret Service seine ENIGMA-Entschlüsselungs-Mannschaft nannte – im dunkeln. Der deutsche Luftnachrichtendienst hatte die anzugreifenden Industrie- und Hafenstädte mit Codenamen versehen, die nicht einmal die ULTRA-Leute entziffern konnten. Unglücklicherweise – oder für die Einwohner Coventrys glücklicherweise – unterlief einem deutschen ENIGMA-Funker ein Flüchtigkeitsfehler: Er funkte den Namen der Stadt Coventry unverschlüsselt hinaus. Die AKTION-ULTRA-Leute nahmen den unverschlüsselten Coventry-Funkspruch am 14. November um 15 Uhr auf. Bis zum Beginn des Großangriffes auf Coventry bleiben noch 5–7 Stunden, Zeit genug, um die Bevölkerung von Coventry vor der großen Gefahr zu warnen. Zeit genug, um die Einwohner von Coventry und die Arbeiter der Fabriken mit Ausnahme der HOME GUARD und der Männer des Luft- und Brandschutzes zu evakuieren. Dies wissen auch die AKTION-ULTRA-Leute, sie brauchen nur die zuständigen Behörden von Coventry zu verständigen, und die Rettungsmaßnahme für Hunderttausende Menschen kann beginnen. Doch der Chef der AKTION ULTRA, Fred Winterbotham, gibt diese Nachricht nicht an die Behörden in Coventry, etwa an den Bürgermeister der Stadt, sondern an den Premierminister Churchill durch. Dieser befand sich noch dazu bei einer Konferenz und konnte nicht erreicht werden – trotz der Wichtigkeit dieser Meldung für das Leben und die Gesundheit von so vielen

Menschen. Er konnte aber über seinen persönlichen Sekretär verständigt werden. Winterbotham berichtet weiter, Churchill habe sich gegen eine Evakuierung entschieden und ließ lediglich die für den Luftschutz zuständigen Institutionen alarmieren: „Persönlich war ich jedoch sehr froh, daß ich nicht der Mann war, der diese Entscheidung zu treffen hatte", soweit Winterbotham.[33] Und weshalb diese höchste Entscheidung? Ging es auch in England nicht mehr ohne die letzte Entscheidung des Premierministers? Oder hatte die politische Strategie (eigentlich eine Strategie der Politiker) über die militärische Strategie, unangefochten vom Offizierskorps des Landes, in Großbritannien bereits 1940 eine Primatstellung erreicht? Winterbotham rechtfertigt seinen ehemaligen „Chef" Churchill, er habe richtig gehandelt, „denn selbstverständlich würde sofort in England der Verdacht aufkommen, daß wir eine Vorwarnung von dem geplanten Angriff auf Coventry erhalten haben mußten".[34] Wenn nur in England der Verdacht aufkäme und nicht in Deutschland? Überdies, wie hätte selbst in Deutschland ein Verdacht auf eine Enttarnung des ENIGMA-Geheimnisses aufkommen sollen, wenn die Meldung über den bevorstehenden Luftangriff der Deutschen auf Coventry gar nicht auf die Entschlüsselung der deutschen ENIGMA-Maschine, sondern auf einen Flüchtigkeitsfehler eines deutschen Funkers zurückzuführen war? Aber selbst wenn sich Churchill für die Evakuierung der Stadt Coventry entschieden hätte – was in der Zeit der „zivilisierten" Kriegsführung für einen britischen Premierminister ein selbstverständlicher Akt der Humanität gewesen wäre –, „würde ich schnelle Maßnahmen zum Schutz unserer geheimen Nachrichtenquelle ergreifen müssen", berichtet Winterbotham. Warum aber, wenn tatsächlich sogar Maßnahmen zum Schutz der AKTION ULTRA nur zu „ergreifen waren" – so fragt sich jeder gewöhnliche Sterbliche –, hat man diese Schutzmaßnahmen nicht neben oder zusätzlich zur Einleitung der Evakuierung Coventrys getroffen, um damit Hunderten Menschen das Leben zu retten und Tausenden Einwohnern und Arbeitern dieser Stadt die Gesundheit zu bewahren?

So aber nahm das Schicksal für die Menschen von Coventry, fast unbehelligt von den Verantwortlichen im Lande, seinen Lauf.

Die deutschen Do 17-Pfadfinderflugzeuge fliegen Coventry an. Ein greller Scheinwerferstrahl erfaßt plötzlich die erste Maschine. Die Männer in der Bugkanzel der Maschine schließen unwillkürlich die Augen, so hell ist es nun.[35] Sind sie schon über der Stadt? „Auf Kurs bleiben", schreien die Funker ihren Piloten zu. Noch hören die Funker den Leitstrahl von Calais, aber auch jenen von Cherbourg. Da ertönt in den Kopfhörern nur noch ein einziger, ununterbrochener Summton: Der Leitstrahl von Calais hat den Funkstrahl von Cherbourg gekreuzt, die Do 17-Pfadfindermaschinen sind über dem Ziel Coventry. Nun werfen die Do 17 die Bomben; es sind aber weder Spreng- noch Brand-, sondern Leuchtbomben.

Die Leuchtbomben hängen an Fallschirmen und fallen in genauen, vorher bestimmten Abständen. Das Zielgebiet der Rüstungsbetriebe des britischen „Klein Essen", Coventry, ist damit genau markiert und eingekreist. Die deutschen Pfadfinder können mit der Erfüllung ihres Auftrages zufrieden sein. Die nachfolgenden 437 He 111-Bomber werfen „ihre Bomben genau ins Ziel. Ein so zielsicherer und erfolgreicher Angriff ist in diesem Krieg noch niemals geführt worden", berichtet Zentner. Doch die deutschen Bomber fliegen nur zurück zu ihren Feldflughäfen in Frankreich, um aufzutanken und neue Bomben zu laden. Als sie wieder über Coventry erscheinen, brauchen sie keine Pfadfindermaschinen mehr mit ihren Markierungszeichen. Die Brände des ersten schweren Luftangriffes auf Coventry sind Markierung genug. Inzwischen hatten die Brände zweifellos auch die Innenstadt erfaßt, und so sausten die Bomben der zweiten Welle u. a. auch in das Stadtzentrum. Die deutschen Angriffe hatten von 20 Uhr bis 6 Uhr morgens gedauert. In dieser Zeit fielen weit über 400 Tonnen Sprengbomben, 56 Tonnen Brandbomben und 127 Luftminen. Letztere waren deshalb so gefährlich, weil sie auf Fallschirmen hinunterpendelten und kurz über dem Erdboden unter einer starken Druckwelle mit ungeheurer Wirkung explodierten. Erstmalig aber zeigte sich auch die Gefährlichkeit der Brandbomben, die in den meisten angegriffenen Städten zu einem Zerstörungsgrad von 10–20 % des verbauten Stadtgebietes führten.[36] In Coventry wurden in dieser Nacht 8,3 % der bebauten Stadtfläche vernichtet.[37]

Die Luftangriffe auf Coventry, die auf direkte und indirekte Weise eine zwanzigprozentige Einschränkung der britischen Flugzeugindustrie zur Folge hatten, wurden auf beiden Seiten propagandistisch in ihrer Wirkung weit übertrieben dargestellt. Tausende von Toten verkündeten die deutschen Zeitungen auf Befehl von Goebbels. Und die englische Presse schreibt sogar von einer

Dezimierung der Bevölkerung der Viertelmillionenstadt, und „Coventry ist das Opfer unmenschlicher Grausamkeit geworden". Goebbels verkündet, daß zur Vergeltung für die britischen Terrorangriffe auf deutsche Städte nun alle Städte Englands „coventriert" würden. Churchill verschweigt, daß die deutsche Luftwaffe die Rüstungswerke Coventrys angegriffen und schwerstens getroffen hat. Die äußerst bedauerlichen Verluste der Zivilbevölkerung Coventrys betrugen 380 Tote und 800 Schwerverletzte[37]. Piekalkiewicz schreibt: „Der Preis für die Bewahrung des ‚ULTRA'-Geheimnisses: 554 tote und 865 verletzte Einwohner Coventrys."[38]

## Die letzte Phase der Luftschlacht um England dauerte bis 10. Mai 1941

Im Dezember bildeten Southampton, Portsmouth, Bristol, London, Birmingham, Sheffield, Liverpool und Manchester die Hauptziele der deutschen Luftoperationen. Die deutschen Vergeltungs-Luftangriffe auf London in der Nacht vom 28./29. Dezember und am 30. Dezember richteten insbesondere in der Innenstadt größere Schäden an. Da das Büroviertel Londons trotz seit drei Monaten andauernder Luftangriffe zum Wochenende von Brandwachen fast entblößt war (führt keinen Krieg zum Wochenende, denn die Kasernen sind ohne Soldaten!), kam es zu Riesenbränden.

Demgegenüber haben die britischen Flugzeuge des Bomberkommandos Berlin bis zum Jahresende 1940 insgesamt 36mal angegriffen. Bei den schweren Luftangriffen der R.A.F. auf das Reich gehen vor allem im Dezember 1940 durch Navigationsschwierigkeiten, mangelnde Erfahrungen der Flieger, Wetterprobleme und Bruchlandungen fast ebenso viele Bomber wie durch Flakbeschuß oder Nachtjägerabschuß[39] verloren.

Die deutschen Luftflotten, insbesondere das KG 4, „General Wever", führten zum Jahresende auch Luftmineneinsätze zur Verminung von Hafeneinfahrten in größerem Umfange durch. Da diese Einsätze nur in dunklen Nächten geflogen werden können, erfordern diese Flüge bei einer Aufhängung der $2 \times 1000$ kg Bomben außerbords ein Höchstmaß an fliegerischem und navigatorischem Können. Trotz Betrauung der KG 4 als einer Eliteeinheit mit dieser Art des Minenkrieges waren keine spektakulären Erfolge zu erwarten. Keineswegs konnte damit gerechnet werden, Großbritannien dadurch in die Knie zu zwingen. Immerhin kam es zu Einzelerfolgen, zu teilweisen Unterbindungen des britischen Schiffsverkehrs an Hafeneinfahrten. Den größten Erfolg verzeichnete diese Minenkriegsführung im Dezember 1940, als die Themsemündung nach einem Minengroßunternehmen zwei Wochen lang für alle Geleitzüge gesperrt war.[40]

Die Angriffe des Jahres 1941 wurden nur mehr in der Nacht durchgeführt. Zu einer Steigerung der deutschen Nachtluftoffensive kam es nochmals in den ersten zehn Tagen des Mai, um dann in der Nacht zum 11. Mai mit einem Angriff auf London ihren letzten Höhepunkt und Abschluß zu finden. Dieser Angriff übertraf an Stärke alles bis dahin Geschehene. Insgesamt wurden dabei 400 Tonnen Spreng- und 100 Tonnen Brandbomben abgeworfen; fünf Docks und 71 kriegswichtige Anlagen, davon 35 Fabriken, hatten mehr oder weniger schwere Treffer erhalten. Von den großen Bahnhöfen Londons waren bis auf einen alle wochenlang gesperrt. Über 3000 Personen wurden getötet oder verletzt. Nach diesem letzten Großangriff auf London fanden nur mehr einige wenige Nachtoperationen gegen England statt. Ab Mitte Mai wurden die deutschen Bombengeschwader bis auf zwei oder drei aus dem Englandeinsatz herausgezogen und nach dem Osten sowie in den Mittelmeerraum verlegt. Anfang Juni fand noch ein Angriff in Geschwaderstärke auf Birmingham statt. Am 22. Juni 1941 begann der deutsche Angriff auf die Sowjetunion, bei welchem die aus dem Westen abgezogenen Flugzeuge dringend benötigt wurden.

## *Repressalienexzeß der Luftwaffe in der „Schlacht um England"?*

Die Repressalienangriffe der deutschen Luftwaffe hatten jedoch keinen Erfolg in dem Sinne gebracht, daß die Briten ihre Angriffe gegen Deutschland eingestellt hätten. Die RAF hatte im Gegenteil die Bombardierung deutscher Städte und Dörfer fast ohne längere Unterbrechung weitergeführt.

Zu klären bliebe nun noch, ob Deutschland die Regeln, welche bei der Anwendung von Repressalien zu beachten sind, eingehalten hat. Hierbei ergibt sich vor allem die Frage, ob Deutschland die

Vorschrift, daß Repressalien zu dem Unrecht, gegen das sie sich wenden, nicht in einem auffallenden Mißverhältnis stehen dürfen, erfüllt hat oder nicht. Diese Frage ist verhältnismäßig schwer zu beantworten, da es an genauen Unterlagen fehlt. So müßte man wissen: wie viele Bomben sind auf beiden Seiten auf militärische und wie viele auf nichtmilitärische Objekte gefallen; wie viele Kombattanten, Quasikombattanten und Zivilpersonen sind sowohl bei den englischen als auch bei den deutschen Angriffen getötet oder verwundet worden; welche Bombenmengen wurden insgesamt auf Deutschland bzw. auf England abgeworfen?

Folgende Bombenmengen wurden abgeworfen (in Tonnen):

| Die RAF auf Deutschland[41] | | Die Luftwaffe auf England[42] |
|---|---|---|
| 1940 | 8 962 Tonnen | 36 844 Tonnen |
| 1941 | 27 127 Tonnen | 21 858 Tonnen |

Auf Grund dieser Gegenüberstellung der abgeworfenen Bombenmengen ist ersichtlich, daß die Luftwaffe im Jahre 1940, dem für die „Schlacht um England" ausschlaggebenden Jahr, etwa dreimal soviel Bomben auf England wie die RAF auf Deutschland abgeworfen hat.

Dieses Ergebnis besagt in diesem Falle noch nicht allzuviel. Wir müssen nämlich des weiteren berücksichtigen, daß die deutschen Flugzeuge einen nicht unwesentlichen Teil der Bomben bei Tag, die englischen ihre Bomben aber fast ausschließlich bei Nacht abgeladen haben. Die Tagesangriffe der Luftwaffe galten aber wohl fast ohne Ausnahme militärischen Objekten, so daß die hierbei eingesetzten Bombenmengen keineswegs in die Form eines Repressalien*exzesses* gepreßt werden können. Darüber hinaus ist wieder bei beiden Flugwaffen in Betracht zu ziehen, daß viele Bomben auch bei den Nachtangriffen auf militärische Ziele niedergingen. Nach offiziellen englischen Angaben wurden während der Luftschlacht insgesamt 24 500 Industriegebäude zerstört oder beschädigt. Gegenüber dieser hohen Anzahl zerstörter oder beschädigter Industrieanlagen 1940 und 1941 in Großbritannien – größtenteils wohl Rüstungsbetriebe – waren die Bombenangriffe der RAF auf deutsche Städte in ihren kriegswirtschaftlichen Auswirkungen gleich Null.[43] Die deutsche Rüstungsindustrie wurde in ihrer

Gesamtheit in keiner Weise beeinträchtigt. Demgemäß fielen die meisten britischen Bomben doch auf nichtmilitärische Objekte.

Trotzdem kann als wahrscheinlich angenommen werden, daß es während der Luftschlacht um England zu einem Repressalienexzeß von seiten Deutschlands gekommen ist. Erstmals hätte das Deutsche Reich damit in der Luftkriegsführung die Bestimmungen des Luftkriegsrechtes verletzt. Eigenartigerweise hat Großbritannien diese Sachlage offiziell anscheinend nicht festgestellt. Daraus können wir wiederum nur schließen, daß die englische Regierung an der Einstellung dieser Art der Luftkriegsführung trotz deren offensichtlicher Völkerrechtswidrigkeit und der in den Wirkungen damit auch der eigenen Bevölkerung zugefügten Leiden nicht interessiert war.

Dennoch nimmt es wunder, wenn anglo-amerikanische und deutsche Stellen offiziöser oder propagandistischer Art vor allem nach dem Zweiten Weltkrieg angesichts der von den alliierten Bomberflotten in Deutschland zerstörten Groß-, Mittel- und Kleinstädte sowie ganzer Landstriche geschichtswidrig behaupten, die alliierte Verwüstung Deutschlands sei lediglich eine Vergeltung (Repressalie) für die von der deutschen Luftwaffe angerichteten Schäden in Coventry, London, Cambridge und vielen anderen Städten gewesen, wobei man sogar die im taktischen Luftkrieg beschädigten und außerhalb des deutsch-britischen Krieges stehenden Städte Warschau und Rotterdam einbezieht. Abgesehen davon, daß Ursache (erste Luftangriffe gegen Deutschland durch die RAF) und Wirkung (deutsche Repressalien gegen England) ins Gegenteil verkehrt werden, besteht angesichts eines Bombeneinsatzes von 74 000 Tonnen[44] gegen England durch Deutschland zu 1 420 000 Tonnen[45] auf Deutschland durch die RAF und die USAAF abgeworfenen Bombenmengen – das sind zwanzigmal soviel – überhaupt keine rechtliche noch moralische oder gar politische Begründung, von einer Vergeltung (Repressalie) zu sprechen.

**Großbritannien**
Nach einer amtlichen englischen Statistik (O'Brien: Civil Defense) betrugen die Verluste unter der Zivilbevölkerung:

| Gefallene, durch Einwirkung von | | Verwundete, durch | |
|---|---|---|---|
| Bomben | 51 509 | Bomben | 61 423 |
| V 1 | 6 184 | V 1 | 17 981 |
| V 2 | 2 754 | V 2 | 6 523 |
| Ferngeschütze | 148 | Ferngeschütze | 255 |
| | 60 595 | | 86 182 |

## Außenkommissar Molotows historischer Besuch in Berlin

Das an „großen" Entscheidungen gewiß nicht „arme" Jahr 1940 endete mit einem politischen Paukenschlag, dem Besuch des sowjetischen Außenkommissars Wjatscheslaw Molotow in Berlin. Relativ schnell war Molotow am 12. November 1940 einer Einladung seines Kollegen – was die beiden damals zweifellos noch waren –, des Außenministers des Deutschen Reiches, Joachim von Ribbentrop, im Oktober gefolgt. Molotow wurde in Berlin mit allen militärischen Ehren, wie Abschreiten der Front einer Ehrenkompagnie unter Abspielen der Staatshymnen beider Länder, empfangen. Bald danach begannen bereits die Verhandlungen.[46] Obwohl sich Hitler und Ribbentrop von der zuvorkommendsten Seite zeigten, blieb Molotow betont reserviert. „Die Fragen hagelten nur so auf Hitler hernieder. So hatte noch keiner der ausländischen Besucher in meiner Gegenwart mit ihm gesprochen", schreibt Chefdolmetscher Paul Schmidt.

Molotow hatte im Sinne der Vereinbarungen von 1939 einige Forderungen aufgestellt, die auf eine erweiterte Basis der sowjetischen Interessensphären in Europa hinausliefen. Damit zeigten sich Hitler und sein Außenminister aber keinesfalls einverstanden, ebensowenig wie Molotow zuvor der deutschen Vorstellung einer Abgrenzung der sowjetischen Interessensphären in Europa und deren Ablenkung in Richtung auf den Persischen Golf bis nach Indien zugestimmt hatte. Heute fragt man sich, weshalb Hitler nur sieben Jahre, nachdem er die „Verantwortung" für Deutschland übernommen hatte, glaubte, nunmehr auch für Europa verantwortlich zu sein: für ein Europa, dessen politische Prominenz Hitler zu einem großen Teil damals schon haßte und ihn nur einige Jahre danach als die Inkarnation alles Bösen und aller Schuld hinstellen sollte. Was hätte ihn bekümmern müssen, „wenn hinten, weit in der Türkei, die Völker aufeinander schlagen"; schließlich waren die Dardanellen, auf welche sich unter anderem Molotows Ausdehnung der sowjetischen Interessensphären bezogen, von Deutschland weit entfernt. Demgegenüber zeigten sich die Engländer weit weniger für Europa verantwortlich, als sie bei Verhandlungen 1941 die türkischen Meerengen den Sowjets sogar „anboten".

Andererseits muß man Hitler, dessen Reich sich in einem „ungeliebten" Krieg mit dem britischen Weltreich befand, konzedieren, daß er versuchte, Molotow begreiflich zu machen, „daß Deutschland durch den englisch-deutschen Krieg gezwungen worden sei, in einigen Räumen zu intervenieren, während es sich in normalen Friedenszeiten nicht um sie gekümmert hätte."[47] Zu jenen Räumen, in denen Deutschland „gezwungen worden war" zu intervenieren, zählte vor allem Rumänien. Dieses Land besitzt mit Ploesti ein großes Erdölgebiet und lieferte dem „treibstoffarmen" Deutschland (seit dem Anschluß Österreichs im Jahre 1938 hatte sich mit der Einbeziehung der Erdölvorkommen von Zistersdorf eine geringfügige Besserung der deutschen Treibstoffsituation ergeben) Erdöl gegen deutsche Waffen. Für Hitler, der sich als Initiator der Motorisierung Deutschlands fühlte (Volkswagen und Reichsautobahnen), bedeutete der Faktor „Öl" offensichtlich schon damals einen Schlüssel zum entscheidenden Erfolg.[48] Rumänien hatte am 1. Juli 1940 die erst am 13. April 1939 erhaltene britisch-französische Garantie aufgekündigt und um eine Garantie der Grenzen durch Deutschland ersucht, als die Sowjetunion am 26. Juni in einem Ultimatum die Abtretung Bessarabiens und der Nordbukowina forderte. Daraufhin war es im Zweiten Wiener Schiedsspruch (Abtretung der nördlichen Hälfte Siebenbürgens an Ungarn) am 30. August zur Garantie der nunmehrigen Grenzen und Mitte Oktober auf zweimaliges Ersuchen zur Entsendung von deutschen Heeres- und Luftwaffenlehrtruppen nach Rumänien gekommen.

Dies alles, vor allem aber die Garantie der Grenzen Rumäniens, hatte das Mißfallen Stalins gefunden, was Molotow seinen deutschen Gesprächspartnern in Berlin nun besonders zum Ausdruck brachte. Molotow äußerte die Ansicht, daß sich diese Garantie

Rumäniens gegen die Sowjetunion richte; er wollte die Haltung Deutschlands zu einer gleichartigen Garantie der UdSSR für Bulgarien erkunden.

Hitler aber war gerade wegen Bulgarien allergisch. Am 29. Oktober hatten die Engländer die Insel Kreta – die Schlüsselposition im östlichen Mittelmeer – besetzt, wahrscheinlich als Reaktion auf den Beginn des Krieges Italiens gegen Griechenland vom Tage zuvor. Hitler fürchtete nunmehr die Bedrohung seiner Südflanke von den griechischen Stützpunkten aus, die die Engländer von Kreta aus besetzen konnten.

Er fürchtete vor allem um die für seine Kriegführung so wichtigen, wenn nicht gar unersetzlichen Erdölfelder von Ploesti in Rumänien, die nun im Bereich der britischen RAF lagen.[49] In einem Brief an Mussolini sollte er später, nach entsprechenden Vorwürfen wegen Italiens Kriegsauslösung mit Griechenland – von der er vorher nicht verständigt war –, sogar die blitzartige Besetzung Kretas aus der Luft mit Hilfe einer deutschen Fallschirmjägerdivision vorschlagen.

Auf jeden Fall, darüber war sich Hitler vollkommen klar, würde eine sowjetische Garantie Bulgariens es erschweren, wenn nicht gar verhindern, daß sich Deutschland dem britischen Einfall Griechenlands entgegenstellen könne. Deshalb verweigerte Hitler dem Vorschlag Molotows hinsichtlich Bulgariens seine Zustimmung. Aber auch die weiteren Ansinnen des sowjetischen Außenkommissars, die türkischen Meerengen, Polen, die Ostsee und Finnland betreffend, blieben unerledigt. „Ribbentrops letzte, fast beschwörend vorgebrachte Frage, ob die Sowjetunion der Idee, einen Ausgang in Richtung des Indischen Ozeans zu erlangen, grundsätzlich sympathisch gegenüberstehe, ließ Molotow unbeantwortet."[50] Eigentlich hatten die Deutschen nur eine einzige Zustimmung Molotows erhalten, als Hitler nämlich erklärte, die Vereinigten Staaten hätten weder in Europa noch in Afrika oder in Asien etwas zu suchen.

Am Vormittag des 14. November verließ der Sonderzug des sowjetischen Außenkommissars den Berliner Anhalter Bahnhof. Eines der wichtigsten Ereignisse des Zweiten Weltkrieges war zu Ende gegangen, mag auch Joachim Fernaus Jahrzehnte danach erstellte Beurteilung übertrieben erscheinen: „Hier verlor Deutschland den Krieg, der Osten die Freiheit, England sein Weltreich."[51]

1 Vgl. Spetzler S. 239 unter Hinweis auf mehrere Unterlagen.
2 Laut OKW-Bericht vom 20. 6. 1940.
3 Spetzler, a.a.O., S. 260f., Emmanuel Reichenberger, Wider Willkür und Machtrausch, Graz, 1955, S. 201 unter Hinweis auf eigenes Erleben, daß die deutsche Luftwaffe LONDON keineswegs unterschiedslos bombardierte, was auch militärisch sinnlos erschien: „Die Absicht war offenbar, die militärischen Objekte zu treffen."
4 Schultheß, S. 130ff.
5 Fuller, a.a.O., S. 93ff., Ploetz, S. 23.
6 Theo Weber, Die Luftschlacht um England, Frauenfeld, Schweiz, 1956, S. 107ff.
7 Liddell Hart, a.a.O., S. 121ff.
8 Mason, a.a.O., S. 351ff.
9 Liddell Hart, a.a.O., S. 123ff., Die Stärkeangaben bei König, S. 84, Cartier, S. 208, Kurowski, S. 115, entsprechen etwa den obenangeführten.
10 Liddell Hart, a.a.O., S. 126ff.
11 Alexander McKee, Entscheidung über England, München, 1960, S. 240.
12 Raymond Cartier, a.a.O., S. 210ff.
13 Raymond Cartier, a.a.O., S. 211.
14 Ders., S. 213, wonach sich Göring auch auf seinen Oberbefehlshaber ausredete, „Hitler habe eine neue geniale Idee gehabt, indem er zu Terrorangriffen schreite, durch die das Risiko einer Landung erheblich gemindert würde".
15 Schultheß, S. 195, Spetzler, S. 262f.
16 Alexander McKee, a.a.O., S. 267.
17 Liddell Hart, a.a.O., S. 140f.
18 Liddell Hart, a.a.O., S. 142.
19 Karl Gundelach, Kampfgeschwader ‚General Wever' 4, Motorbuch-Verlag Stuttgart, 1978, S. 90ff.
20 Alexander McKee, a.a.O., S. 307f.
21 Emmanuel Reichenberger, a.a.O., S. 200f.
22 Alexander McKee, a.a.O., S. 312ff., und Liddell Hart, S. 143.
23 Liddell Hart, a.a.O., S. 143.
24 Frederick Winterbotham, Aktion Ultra – Deutschlands Code-Maschine half den Alliierten siegen, 1976, Ullstein, S. 62f.
25 Dr. Kurt Zentner, a.a.O., S. 162.
26 F. J. P. Veale, a.a.O., S. 92f.
27 Vgl. Spetzler, S. 263.
28 Vgl. Veale, S. 165f. unter Hinweis auf Spaight, a.a.O.
29 Vgl. Schultheß, S. 196ff.
30 Ulf Balke, a.a.O., S. 60.
31 Dr. Kurt Zentner, a.a.O., S. 326
32 Frederick Winterbotham, a.a.O., S. 22ff.
33 Frederick Winterbotham, a.a.O., S. 65f.
34 Frederick Winterbotham, a.a.O., S. 66.
35 Dr. Kurt Zentner, a.a.O., S. 326ff.
36 Alexander McKee, a.a.O., S. 347.
37 Zentner, a.a.O., S. 328, Groehler, a.a.O., S. 283, L. G. S. Payne, Air Dates, New York, 1957, S. 118.
38 Janusz Piekalkiewicz, a.a.O., S. 113.
39 Janusz Piekalkiewicz, a.a.O., S. 116.

40 Karl Gundelach, a.a.O., S. 97f.
41 Final Reports of the US-Strategic Bombing Survey 1945–1947, S. 5, S. 13.
42 dtv-Atlas zur Weltgeschichte – Karten und chronologischer Abriß – Bd. 2., S. 200.
43 Werner Wolf, Luftangriffe auf die deutsche Industrie 1942–45, München 1985, S. 29ff.
44 dtv-Atlas, a.a.O., S. 200.
45 Final Reports of the US-Strategic Bombing Survey 1945–1947, S. 5, S. 13.
46 Ernst Topitsch, Stalins Krieg – Die sowjetische Langzeitstrategie gegen den Westen als rationale Machtpolitik, 1985, München, S. 93ff.
47 Prof. Dr. David L. Hoggan, Der unnötige Krieg – 1939–1945 „Germany must perish", 1974, D 74 Tübingen, S. 465.
48 Wilhelm Tieke – Der Kaukasus und das Öl – Der deutsch-sowjetische Krieg in Kaukasien 1942/43, Osnabrück, 1970, S. 15f.
49 Cajus Bekker, Angriffshöhe 4000 – Die deutsche Luftwaffe im Zweiten Weltkrieg, München, 1964, S. 194.
50 Ernst Topitsch, a.a.O., S. 95f.
51 Joachim Fernau, Halleluja – Die Geschichte der USA, München – Berlin 1977, S. 286.

# 1941

## 8. Der Griechenland- und Jugoslawienfeldzug

Wie bereits erwähnt, hatte Italien am 28. Oktober 1940 den Krieg gegen Griechenland begonnen.[1] Letzteres rief nun aufgrund des ihm am 13. April 1939 gegebenen britisch-französischen Garantieversprechens (die Rumänen hatten, wie berichtet, die ihnen gegebene Garantie aufgekündigt) die Unterstützung Großbritanniens an. Daraufhin verminten die Briten zunächst die griechischen Hoheitsgewässer, landeten am 29. Oktober 1940 auf Kreta und brachten ab Anfang März 1941 weitere Truppen auf das griechische Festland.

Diese Landungen erfolgten entgegen anderslautenden englischen Zusagen – von mindestens 100 000 Soldaten war die Rede – lediglich mit einer ungenügenden Streitmacht von 60 000 Mann, „nur um in den Augen der Welt das Gesicht zu wahren".[2] Mit diesen verhältnismäßig geringen Streitkräften konnte den griechischen Truppen einerseits keine ausreichende Hilfe gewährt werden, und andererseits bedeutete die zu schwache Unterstützung auch noch eine erhöhte Gefahr für Griechenland. Mit der Anwesenheit britischer Truppen auf griechischem Gebiet erhielt Deutschland nämlich das Recht, dieses als Kriegsschauplatz zu behandeln.

Um die durch die Landung britischer Luftstreitkräfte auf Kreta entstandene Bedrohung des für die deutsche Kriegswirtschaft äußerst wichtigen rumänischen Erdölgebietes abwenden und dem durch die tapferen griechischen Armeen in Bedrängnis gebrachten italienischen Bundesgenossen helfen zu können, entschloß sich die deutsche Führung im Dezember 1940, eine bewaffnete Intervention auf dem Balkan (Unternehmen „Marita") vorzubereiten. Demnach sollte in den darauffolgenden Monaten „eine sich allmählich verstärkende Kampfgruppe in Südrumänien gebildet werden, die nach Eintreten einer günstigen Wetterlage im März (1941) durch Bulgarien hindurch zur Besitznahme der Nordküste der Ägäis und – falls notwendig – des ganzen griechischen Festlandes anzusetzen sei."[3]

Die Voraussetzungen für das Unternehmen „Marita" wurden am

1. März durch den Beitritt Bulgariens zum Dreimächtepakt geschaffen. Deutsche Truppen konnten daraufhin, ohne daß Bulgarien in den Krieg einzutreten brauchte, bulgarisches Gebiet zum Aufmarschieren benützen. Entweder am 1. März oder an einem der darauffolgenden Tage landeten britische Truppen in Saloniki, das nicht einmal 100 Kilometer von der bulgarischen Grenze entfernt lag. Am 2. März überschritten deutsche Truppen im Einvernehmen mit der bulgarischen Regierung die rumänisch-bulgarische Grenze an der Donau.

Jugoslawien, das nach dem deutschen Einmarsch in Bulgarien ringsum von kriegführenden Mächten umgeben ist – im Süden Griechenland, im Westen die Italiener in Albanien, im Norden und nun auch im Osten die Deutschen – tritt am 25. März dem Dreimächtepakt bei.

Als der jugoslawische Ministerpräsident und die ihn begleitenden Regierungsmitglieder von der Unterzeichnung des Dreierpaktes in Wien nach Belgrad zurückkehren, werden sie – verhaftet.[4] Geleitet vom serbischen Generaloberst Dušan Simović, Befehlshaber der jugoslawischen Luftstreitkräfte, fand am 27. März ein Militärputsch statt, der zum Sturz der jugoslawischen Regierung und zur Aufkündigung des zwei Tage zuvor im Wiener Belvedere abgeschlossenen Paktes führte. Prinzregent Paul muß flüchten, und Generaloberst Simović setzt den minderjährigen König Peter II. auf den Thron. In Belgrad fanden Massendemonstrationen statt – gegen Deutschland und für England (unter den Devisen: „Lieber Krieg als Pakt, lieber Tod als Knechtschaft!"[5]

Winston Churchill sah darin seine große Chance. Er forderte die Türkei auf, in den Krieg gegen Deutschland einzutreten, und wandte sich an den neuen jugoslawischen Ministerpräsidenten, sofort in Albanien einzufallen. Weder die Türken noch General Simović kamen seinen Aufforderungen nach.

Alle diese Ereignisse führen dazu, daß sich Hitler entschließt, nunmehr zugleich mit der vorgesehenen Operation gegen Griechenland auch einen Angriff gegen Jugoslawien in Erwägung zu ziehen. Diese Ausdehnung des Feldzuges gegen Jugoslawien und nicht der geplante Angriff gegen Griechenland zur Rettung des italienischen Bundesgenossen aus einer Zwangslage – die Italiener waren nach einem verlustreichen Winterfeldzug und nach erfolgloser Offensive wieder auf albanischem Gebiet von den Griechen in

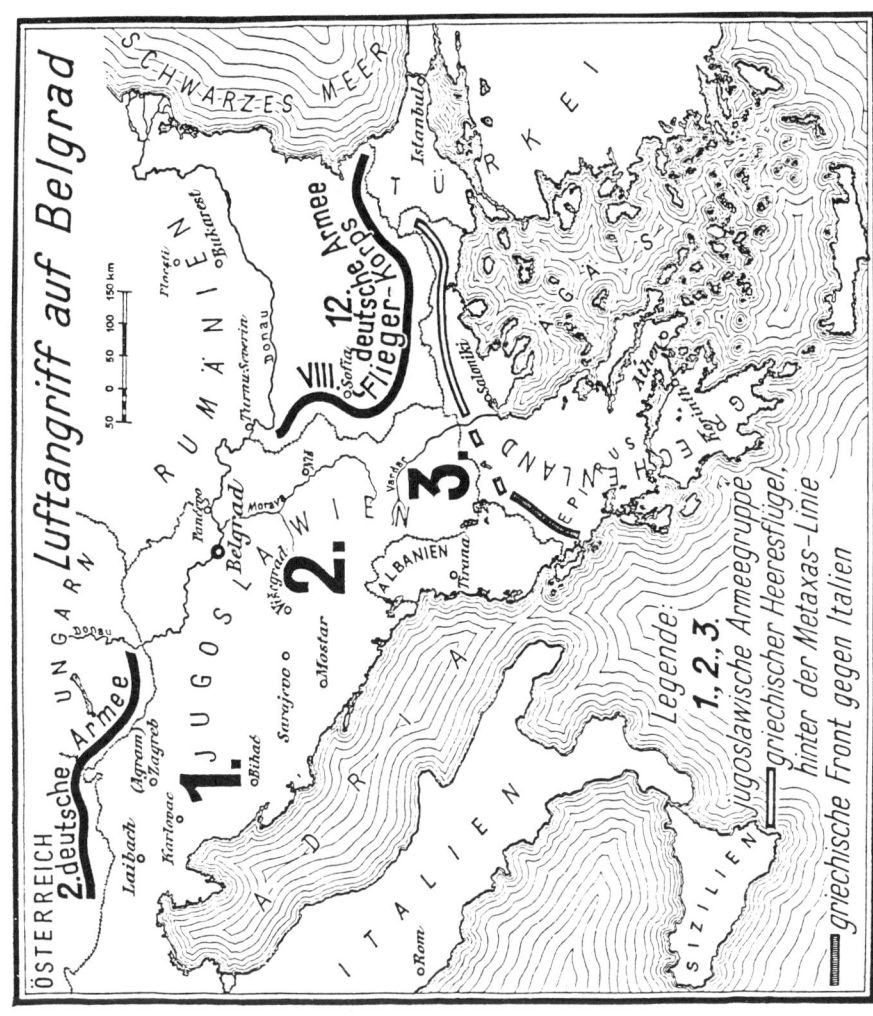

**Luftangriff auf Belgrad**

ÖSTERREICH
2. deutsche Armee

SCHWARZES MEER

RUMÄNIEN

UNGARN

Laibach
Karlovac
(Agram) Zagreb
Bihać
Sarajevo
Mostar

JUGOSLAWIEN

Belgrad
Kragujevac
Morava
Niš
Prislina
Bukarest
Ploești
Donau
Turnu-Severin

ADRIA

ITALIEN

Rom

1.
2.
3.

ALBANIEN
Tirana

Vardar

12. Armee
deutsches Flieger-Korps
Sofia

TÜRKEI
Istanbul

Salonika

GRIECHENLAND
EPIRUS

Athen
Korfu

ÄGÄIS

Legende:
1, 2, 3. jugoslawische Armeegruppe

griechischer Heeresflügel, hinter der Metaxas-Linie

SIZILIEN

griechische Front gegen Italien

50 0 50 100 150 km

die Defensive gedrängt worden – war schließlich die Veranlassung für Hitler, den Beginn des Krieges gegen Sowjetrußland zu verschieben. Als er sich am Abend des Belgrader Staatsstreiches zum Angriff gegen Jugoslawien entschließt, teilt er den Oberbefehlshabern des Heeres und der Luftwaffe sowie deren Stabschefs in einer Besprechung mit, daß der Beginn von „Barbarossa" (Rußlandangriff) wegen der leider notwendigen Maßnahmen auf dem Balkan um rund fünf Wochen verschoben werden müsse.

Einen Tag vor Inangriffnahme des Unternehmens „Marita", am 5. April 1941, unternehmen die Sowjetunion und Jugoslawien einen Schritt, der ziemlich eindeutig gegen Deutschland gerichtet ist: Sie schließen einen Freundschafts- und Nichtangriffspakt ab.

Die für den Krieg gegen Griechenland vorgesehene 12. deutsche Armee, die am 29. März ihren Aufmarsch bereits beendet hatte, mußte nun auch gegen Südserbien einschließlich Belgrad vorstoßen. Zusätzlich hatte die in Südösterreich und Südungarn befindliche 2. deutsche Armee in Richtung Agram (Zagreb) anzugreifen. Dazu mußten die deutschen Verbände in „rollendem" Mot-Marsch auf Lastkraftwagen über Kärnten südlich Klagenfurt und über die Steiermark südlich Graz bis zur Grenzfeste Radkersburg an der „flammenden", nach dem 1. Weltkrieg schwer umkämpften Grenze[6] in ihre Einsatzräume gebracht werden.

Der Krieg gegen Jugoslawien wird am 6. April ohne Kriegserklärung und mit einem – trotz erfolgter Vorwarnung[7] – überraschenden deutschen Luftangriff auf Belgrad eingeleitet. Desgleichen führte die deutsche Luftwaffe an diesem Tag überraschende Luftangriffe auf jugoslawische Flugplätze, Flakstellungen, Versorgungs- und Verkehrsanlagen, militärische Unterkünfte und Lager durch. In der Hauptstadt Belgrad wurden außerdem die Regierungs- und Militärbehörden sowie das königliche Schloß bombardiert. Nach diesen ersten operativen Luftangriffen kam die deutsche Luftwaffe nur noch taktisch zur Unterstützung des Heeres zum Einsatz.

In der Nacht zum 7. April 1941 unternahm die RAF einen Luftangriff auf die bulgarische Hauptstadt Sofia[8], welcher – wie schon erwähnt – von England als Repressalienhandlung gerechtfertigt wurde.

Waren die Luftangriffe auf Belgrad und Sofia kriegsrechtlich erlaubt? Es ergibt sich die Notwendigkeit, die Angriffe der deutschen Luftwaffe auf Belgrad und die Bombardierung Sofias durch die RAF einer kriegsrechtlichen Untersuchung zu unterziehen.

Bei den Angriffen der deutschen Flugzeuge auf Belgrad ist zunächst festzuhalten, daß es sich um Tageseinsätze handelte. Diese Einsätze wurden, wenn sie sich gegen militärische Ziele richteten, daher den Bestimmungen des Kriegsrechtes gemäß durchgeführt. Allerdings könnten sich hinsichtlich der Beurteilung, ob die Gebäude der Regierungs- und Militärbehörden sowie das königliche Schloß als militärische Objekte zu betrachten sind, Meinungsverschiedenheiten ergeben. Wie schon mehrfach erwähnt, sind die Ansichten in diesen Fällen geteilt. Diese Gebäude waren aber in Belgrad deshalb eindeutig zu den militärischen Objekten zu zählen, weil sie zum Erfolg der Kampfhandlungen in einem angemessenen ursächlichen Zusammenhang standen. Dies ging besonders deutlich aus der Tatsache hervor, daß die Bombardierung dieser Ziele eine starke Lähmung der jugoslawischen Führung verursachte, wodurch wiederum zur völligen Behinderung der jugoslawischen Mobilmachung ein wesentlicher Beitrag geleistet wurde.

Bald nach Beginn der deutschen Angriffe versuchte die jugoslawische Regierung Belgrad, Laibach und Agram zu „offenen Städten" zu erklären. Nun hat die Gültigkeit einer solchen Erklärung zur Voraussetzung, daß sich in einer derartigen Stadt keine militärisch bedeutsamen Verbände, Behörden und Einrichtungen befinden. Außerdem ist aber auch eine einseitige Erklärung in solchen Fällen bedeutungslos. Dazu schreibt Castrén: „Eine einseitige Erklärung ist in dieser Hinsicht ohne Bedeutung, wie es im Zweiten Weltkrieg durch die Beispiele von Rom und Manila gezeigt wurde."[9] Tatsächlich haben die Deutschen im späteren Verlauf des Krieges verschiedene italienische Ortschaften neutralisiert oder zu offenen sowie zu Sanitätsstädten erklärt. Obwohl sich die deutschen Truppen an diese Erklärung genau gehalten haben (so wurden z. B. Truppenbewegungen trotz starker militärischer Benachteiligung weit um solche Städte herum – anstatt hindurchgeleitet), sind sie von den Alliierten vielfach nicht zur Kenntnis genommen worden (z. B. Rom, Florenz, Monte Cassino).[10]

Nun war Belgrad weder von militärischen Einrichtungen usw. entblößt, noch war es zu einer *beiderseitigen* Vereinbarung gekommen.

Die Bombardierung Belgrads erfolgte daher den Bestimmungen des Kriegsrechtes entsprechend. Der RAF-Angriff auf Sofia entsprach hingegen nicht dem Kriegsrecht.

Infolgedessen kann dem britischen Luftangriff auf Sofia von vornherein keine Berechtigung als Repressalienhandlung zuerkannt werden. Darüber hinaus wäre aber dieser Angriff nicht einmal dann als eine rechtmäßige Repressalie anzusehen gewesen, wenn sich die deutsche Luftwaffe tatsächlich eine Verletzung des Luftkriegsrechtes hätte zuschulden kommen lassen. Die Repressalie hätte sich nämlich nicht gegen jenen Staat gerichtet, der für die Verletzung des Völkerrechtes die Verantwortung trug, sondern gegen seinen Verbündeten, der zur Vornahme einer solchen Handlung überhaupt keinen Anlaß gegeben hat. Bulgarien hatte sich überhaupt noch keine Verletzung des Kriegsrechtes gegenüber Großbritannien zuschulden kommen lassen können, da es sich zu diesem Zeitpunkt noch nicht einmal im Kriegszustand mit England befand.[11] Lag also auch keine Berechtigung zur Vornahme einer Repressalie gegen Bulgarien vor, so bestand doch kein Hinderungsgrund für die Durchführung eines britischen Luftangriffes auf militärische Ziele Sofias, denn Bulgarien hatte, ähnlich wie auf der anderen Seite schon Griechenland, seinen neutralen Status durch die Genehmigung des Durchzugsrechtes für deutsche Truppen verloren. Demgemäß hat Großbritannien bulgarisches Gebiet ohne weiteres als Kriegsschauplatz behandeln dürfen. Da es sich aber beim Angriff der englischen Flugzeuge auf Sofia um einen Nachteinsatz handelte, während die Bombardierung Belgrads bei Tag stattgefunden hatte, ist von seiten der britischen Flugwaffe auch die Bestimmung, daß eine (in diesem Falle unberechtigte) Repressalie... der verletzenden Kriegshandlung möglichst gleichwertig sein soll, nicht beachtet worden.

## Die Verluste der Zivilbevölkerung Belgrads vom 6. April 1941

Der verstärkten deutschen Luftflotte 4 (Wien) unter der Führung von Generaloberst Löhr wurden in der Führeranweisung Nr. 25 vom 27. März folgende Aufgaben gestellt: „Sobald ausreichende Kräfte bereitstehen und die Wetterlage es zuläßt, sind die jugoslawischen Fliegerbodenorganisationen und Belgrad durch fortgesetzte Tag- und Nachtangriffe durch die Luftwaffe zu zerstören"[12] (siehe die Gliederung der fliegenden Verbände zum Balkankrieg im Anhang S. 706).

Generaloberst Löhr ging mit entsprechender Gewissenhaftigkeit an die Erfüllung der ihm gestellten Aufgaben, die er seinen eigenen bereits vor dem Kriege niedergelegten Ideen über den strategischen Einsatz der Luftwaffe entsprechend folgendermaßen zu erfüllen gedachte. „Durch sorgfältige Auswahl der Angriffsziele einen Staat im ersten Angriff aus der Luft entscheidend zu treffen."[13]

Demgemäß traf Löhr über die im schriftlichen Angriffsbefehl der Luftflotte 4 zu bewerfenden Ziele (gemäß üblicher Befehlstechnik nach Planquadraten) hinausgehend zwei Maßnahmen. Er wählte persönlich jene Ziele aus, deren Ausschaltung eine einheitliche militärische Führung der jugoslawischen Armee unmöglich machen soll: Die Gebäude der militärischen Zentralen, den Sitz der jugoslawischen Regierung, die Verkehrs- und Nachrichtennetze und die ausgesprochen militärischen Anlagen.

Die zweite Maßnahme bestand in einem ausdrücklichen Befehl an die Gruppenkommandeure, nur erfahrene und zuverlässig treffende Piloten einzusetzen, um die an sich unvermeidlichen Verluste unter der Zivilbevölkerung Belgrads möglichst gering zu halten.[14]

Als die Bomber- und Stukaverbände unter starkem Jagdschutz in den frühen Morgenstunden des 6. April zum Angriff auf Belgrad ansetzten, gerieten sie in eine zähe und tapfere Abwehr jugoslawischer Jäger. Es entwickelten sich Luftkämpfe völlig gleichwertiger Jagdflugzeuge, die von an Mut und Kampfgeist ebenbürtigen Fliegern besetzt waren: Me 109-Jagdflugzeuge mit deutschen Kämpfern standen Me 109-Maschinen mit jugoslawischen Jägern gegenüber. Jugoslawien hatte die Messerschmitt-Flugzeuge erst kurz zuvor, als man noch „verbündet" war, in Deutschland angekauft. Nach hartem Kampf gelang es den deutschen Me 109, den Luftraum für ihre Kampfflugzeuge und Stukas freizukämpfen.

Nun wurden die anbefohlenen Ziele, die sich durch ihre Größe und Bauart stark vom Stadtbild abhoben und bei dem herrschenden Schönwetter leicht erfaßbar waren, mit Spreng- und Brandbomben belegt. Bereits am Vormittag lagen die Gebäude des Kriegsministeriums, des Generalstabs und der Regierung, der Königspalast in Topćider, der Konak, die Hauptpost mit dem Sender, die Hauptbahnhof, das E-Werk und das Wasserwerk in Trümmern oder standen in Flammen. Als sich dieser für Belgrad so furchtbare 6. April zu Ende neigte, haben 468 deutsche Bomber (Stukas) den Führungsapparat der jugoslawischen Hauptstadt weitgehend ausgeschaltet.[15] Damit war aber auch jede Verbindung und Nachrichtenübermittlung über Belgrad hinaus und die angeordnete Gesamtmobilmachung des jugoslawischen Heeres unmöglich gemacht. Ein beachtlicher Teil aller Einberufenen leistete der Einberufung überhaupt keine Folge. Die Kroaten wollen nicht für die gehaßte serbische Zentralregierung und die vielen Volksdeutschen nicht gegen ihre eigenen Landsleute kämpfen. Überdies war die jugoslawische Armee ungenügend ausgerüstet, die vorhandenen 700 Flugzeuge sind meist veraltet, Panzer, panzerbrechende Geschütze und Fliegerabwehrkanonen gibt es nur wenige.

Einige Angriffe auf Belgrad finden mit schwächeren Kräften noch am folgenden Tag statt. General Simović und die übrigen Regierungsmitglieder verließen bald nach den ersten Bombenwürfen einzeln und kopflos die Stadt. Volk und Heer Jugoslawiens waren gerade in diesen entscheidenden Tagen führerlos, und bis zur Kapitulation der serbischen Armee am 17. April 1941 kam keine verantwortliche Regierung mehr zustande. So schreibt auch V. Dedijer: „Das Oberkommando war ebenso gelähmt; es gab in Jugoslawien keine zentrale Stelle mehr, von der aus eine gemeinsame Verteidigung hätte in die Wege geleitet werden können."[16]

Trotz eingehender Planung und der befohlenen Ausschaltung von Risikofaktoren bei der Auftragserfüllung verursachten die deutschen Luftangriffe auf die über die Stadt verteilten Führungszentren größere Verluste unter der Zivilbevölkerung – zumal für den Luftschutz der Belgrader offensichtlich nicht viel oder fast nichts geschehen war.

Da über die Höhe der Verluste unter der Belgrader Zivilbevölkerung selbst 44 Jahre nach diesen schrecklichen Luftangriffen trotz eingehendster Bemühungen keine offiziellen Bekanntgaben zu bekommen waren, muß der Leser mit der Aufzählung vorhandener und keineswegs erwiesener Schätzungen vorliebnehmen.

So schreibt Winston Churchill vollkommen unbelegt – ohne jeden Quellenhinweis – und als phantasiereicher Luftkriegsstratege sogar fast „in eigener Sache":

„... flogen sie (die deutschen Bomber) ... einen systematischen Angriff gegen die ... Hauptstadt, der drei Tage dauerte. Gnadenlos zerschmetterten sie die Stadt, ohne Gegenwehr fürchten zu müssen, von Dachhöhe aus. Diese Operation trug den Decknamen ‚Vergeltung'. Als endlich am 8. April Stille einkehrte, lagen über siebzehntausend Einwohner Belgrads tot in den Straßen und unter den Trümmern ...“[17]

Titos Leibbiograph, V. Dedijer, berichtete von 3000 auf dem Belgrader Friedhof beerdigten Opfern der Luftangriffe. „Wie viele aber lagen noch unter den Ruinen begraben? Wie viele unter dem Schutt der Straßen?“[18] Eigenartig, Churchill behauptet, daß 1941 am 8. April 17000 Einwohner Belgrads tot in den Straßen und unter den Trümmern waren. Demgegenüber wußte selbst Dedijer, der Dritte im Triumvirat Tito, Djilas und Dedijer, im Jahre 1953, als sein Werk „Tito" erschien, noch nicht, wie viele getötete Belgrader unter Ruinen und unter dem Schutt der Straßen lagen. Nicht einmal Dedijer standen damals amtliche Quellen zur Verfügung, um wenigstens annähernd die Höhe der Verluste der Belgrader Zivilbevölkerung beziffern zu können.

Doch scheint bis heute kein Fortschritt in der Veröffentlichung amtlicher Verlustangaben über die bedauernswerten Opfer unter der Zivilbevölkerung Belgrads erzielt worden zu sein. Als Generaloberst Löhr im Jahre 1947 in Belgrad der Prozeß wegen Kriegsverbrechen gemacht wurde, stellte in der Anklageschrift gegen ihn die Führung der Luftangriffe auf die jugoslawische Hauptstadt die schwerste Beschuldigung dar: 1500 Zivilpersonen seien getötet worden.

Auch Oberst J. Diakow, einem Kameraden Löhrs von der „Theresianischen Militärakademie" in Wiener Neustadt und der k. und k. Armee über die österreichischen Luftstreitkräfte der 1. Republik bis zur deutschen Luftwaffe im Zweiten Weltkrieg, dem Autor des Buches „Generaloberst Alexander Löhr, ein Lebensbild", waren keine amtlichen Quellen zugänglich.

Diakow zitiert daher Aussagen von Augenzeugen über die Zerstörungen in Belgrad: „Der österreichische Oberst Wilhelm Kutscha, Flakfachmann, der vor dem Zweiten Weltkrieg Jahre in Belgrad verbracht hatte und mit den örtlichen Verhältnissen sehr vertraut war, besichtigte unmittelbar nach dem Einmarsch der deutschen Truppen in Belgrad die durch den Luftangriff verursachten Schäden. Er stellte ausdrücklich fest, daß im wesentlichen nur militärische Ziele getroffen worden waren." Als weiterer Zeuge wird der Arzt des Fliegerhorstes Szeged, der im April 1941 gleich nach dem Fall Belgrads in der Stadt war, angeführt: „Der Bahnhof und die Gegend um den Bahnhof waren zerstört.

Schon um 8 Uhr früh brannten das jugoslawische Kriegsministerium und das Gebäude des Generalstabes ... Der Konak und das königliche Schloß hatten schwerste Schäden. Im Stadtinnern sah man Brände. Die Wasserleitung funktionierte nicht. Alle Geschäfte waren geschlossen, man sah serbische Plünderer ..." Oberst J. Diakow schreibt: „...Als ich im Sommer 1941 nach Serbien befohlen war, fand ich die militärischen Anlagen und die Regierungsgebäude (Belgrads) wohl zerstört vor; im allgemeinen herrschte ein für ein besetztes Land entsprechend normales Leben. Auch der Hauptbahnhof funktionierte wieder ... Tief beeindruckt war ich, als ich beim Besichtigen des Konaks gerade jene Räume durch Bomben zerstört fand, in denen einst König Alexander und Draga Maschin so grausam ermordet worden waren."[19]

Um die Geschichtsschreibung wenigstens in bescheidenem Ausmaße zum Lehrmeister der Menschen werden zu lassen – wie es die christliche Theologie schon seit eh und je in Form von Gleichnissen veranschaulicht –, soll der Analogie im positiven wie negativen Sinne eine viel größere Bedeutung als bisher zukommen. So gibt es für den deutschen Luftangriff auf Belgrad sogar hinsichtlich der weitgehenden Einbeziehung der friedlichen Zivilbevölkerung in die strategische Luftkriegsführung eine analoge Kriegshandlung der US-Flugwaffe. Am 8. September 1943 legte die 15. USAAF (US-Luftflotte) auf das in Frascati – einer italienischen Stadt mit 18500 Einwohnern, 20 km südöstlich von Rom – befindliche Hauptquartier des Oberbefehlshabers Süd (Italien), Generalfeldmarschall Albert Kesselring, einen unbeschreiblich dichten Bombenteppich. Das Hauptquartier Generalfeldmarschall Kesselrings wurde völlig demoliert. Die friedliche Zivilbevölkerung der Stadt Frascati erlitt erhebliche Verluste.[20]

Sämtliche Nachrichtenverbindungen und die Verkehrsanlagen in Richtung Rom waren für viele Stunden unterbrochen. Der Stab Generalfeldmarschall Kesselrings hatte schwere Verluste in Höhe von fast 100 Offizieren, Unteroffizieren und Mannschaften allein an Toten zu verzeichnen. Die außerordentlich hohen Verluste der

Zivilbevölkerung beliefen sich auf über 1000 Erwachsene und Kinder, die Zahl der Verletzten ist nicht bekanntgemacht worden. Zu erwähnen ist hier noch, daß Italien bereits am 3. September 1943 in Cassibile (Sizilien) mit den Anglo-Amerikanern einen Sonderwaffenstillstand unterzeichnet hatte.[21] Obwohl damit Italien und seine Bevölkerung den Feindstatus von seiten der Alliierten verloren hatte, kam dies etwa bei der Bombardierung Frascatis keineswegs in einer besonderen Rücksichtnahme gegenüber den Einwohnern dieser Stadt durch die *US*-amerikanischen Bomberflieger zum Ausdruck. Allerdings hätte eine Schonung der Zivilbevölkerung auch mittels Vornahme einer Warnung durch das alliierte Oberkommando vor Beginn des Angriffes erfolgen können. Hinsichtlich der Durchführbarkeit einer derartigen Warnung bestehen allerdings insofern Bedenken, als die Weitergabe einer derartigen Meldung seitens angesprochener Institutionen oder Personen problematisch ist. So hat der jugoslawische Generalstab die vom deutschen Nachrichtenchef Canaris (Abwehr) vor der Bombardierung Belgrads erhaltene Warnung nicht weitergegeben, oder aber General Simović hat diese Meldung aus welchen Gründen immer nicht ernst genommen. Wir berichteten darüber.

Es gilt nun zu beurteilen, wie weit bei den Luftangriffen auf Belgrad durch die Deutschen und beim Bombenangriff der 15. USAAF auf Frascati der Verhältnismäßigkeitsgrundsatz zwischen militärischem Vorteil und zivilen Verlusten eingehalten wurde. Dieser Grundsatz war und ist im Kriegsrecht noch immer nicht so unangefochten, wie es notwendig wäre. Es ist einwandfrei feststellbar, daß die Deutsche Wehrmacht aus der Bombardierung Belgrads einen weitaus größeren militärischen Vorteil als die Alliierten aus der weitgehenden Vernichtung Frascatis erzielt hat.

Der Analogieschluß aus diesen eingehend behandelten Luftangriffen auf militärische Ziele unter bewußtem Einschluß der friedlichen Zivilbevölkerung ergibt, daß die Rücksichtnahme auf die Bevölkerung vor den militärischen Erfolgsaussichten zu rangieren hat. Da im bestehenden Kriegs- und Völkerrecht ein derartiges Vorrecht der Zivilbevölkerung offensichtlich nicht aufscheint, müßte diese in dem oft geplanten und einige Male bereits entworfenen, neuen Luftkriegsrecht eindeutig kodifiziert werden.

# Jugoslawische Störangriffe auf Österreich und Ungarn

Am 6. April 1941 waren einige jugoslawische Störflugzeuge in die Steiermark, das damals mit Kärnten zu den südlichsten Gauen Deutschlands zählte, eingeflogen, um unbehelligt die Hauptstadt der Steiermark, Graz, zu erreichen. Dort konnten sie, ebenfalls ohne Gegenwehr, einige Bomben werfen. Über den weiteren Verlauf dieses ersten Luftangriffes auf Österreich berichten wir im Kapitel „Die anglo-amerikanische Luftkriegsführung gegen Länder Europas" unter Jugoslawien.

Weiters warfen einige jugoslawische Flugzeuge am 7. April Bomben auf ungarisches Gebiet ab. Diesen Bombenangriff nahm die ungarische Regierung zum Anlaß, um den am 12. Dezember 1940 unter deutscher Vermittlung mit Jugoslawien abgeschlossenen Freundschaftspakt aufzukündigen und sich am 11. April 1941 dem Krieg Deutschlands gegen Jugoslawien anzuschließen. Ab diesem Tag rücken auch die Italiener auf jugoslawisches Gebiet vor.[22]

Abgesehen von diesen Bombenabwürfen außerhalb ihres Staatsgebietes trat die jugoslawische Flugwaffe nach den ersten Schlägen, welche ihr von der deutschen Luftwaffe versetzt worden waren, nur noch wenig in Erscheinung. So erlitt das aus dem österreichischen Wiener Neustadt mit 3 Kampfgruppen Ju 88 anfliegende KG 51 „EDELWEISS" bei Angriffen auf Fliegerhorste und sonstige militärische Einrichtungen der Armee und jugoslawischen Flugwaffe hauptsächlich starke Verluste durch schwere Verwundungen. „Die Flugzeuge kamen nach Tiefangriffen meist mit zahlreichen Durchschüssen von gegnerischer Flak und verbissen schießenden Erdtruppen zurück", berichtet Wolfgang Dierich.[23] Bei einem dieser Einsätze verlor das KG 51 allerdings die Besatzung des Kapitäns der 6. Staffel, Hauptmann Berlin, durch Tod. Auf persönlichen Befehl Hitlers mußten 29 Ju 88 des KG 51 am 13. April Sarajewo angreifen. Man vermutete dort die Mitglieder der jugoslawischen Regierung, die in den großen Hotels bei Ilidža hart westlich von Sarajewo sein sollten. Das KG 51 beendete den Einsatz gegen Jugoslawien mit Angriffen auf Schiffe und Molen im Hafen von Dubrovnik und Fort Opus.

Am 14. April trat General Simović zurück. Am 17. April befiehlt sein Nachfolger, überall Parlamentäre zu den Deutschen zu schikken, weil der Kampf einzustellen sei. Damit war jeder organisierte Widerstand in Jugoslawien nach nicht einmal 14 Tagen zu Ende.

## Schwere Kämpfe um die griechische Metaxas-Befestigungslinie

Die Griechen kämpfen mit großer Entschlossenheit und stützen sich vor allem auf die schwer bezwingbare Metaxas-Linie. Selbst die gegen die französische Maginot-Linie erfolgreichen Stuka-Geschwader können hier nicht viel ausrichten, weil die Befestigungswerke der Griechen, gut getarnt gegen Luftsicht, im Gebirge zwischen dem Strumatal und dem 1951 m hohen Rupesko entlang der bulgarisch-griechischen Grenze liegen. Überdies waren sie nicht nur durch Stahl und Beton geschützt, sondern auch durch riesige Felsmassen. 60 Offiziere und 3200 Mann, auserlesene Soldaten der 14. und 18. griechischen Division, alle von der Unüberwindlichkeit ihrer Befestigungsanlagen überzeugt, erwarten den deutschen Angriff.

Vor der Metaxas-Linie ist Ende März, Anfang April 1941 die deutsche 5. Gebirgsdivision mit den Regimentern 85 und 100 unter der Führung des aus Österreich stammenden Generals der Gebirgstruppen, Julius Ringel, in Bereitstellung gegangen. Das Beziehen der Bereitstellungsräume erforderte bereits größte Anstrengungen. »Da die Berge bis tief herunter verschneit sind, müssen die Gebirgsgeschütze, die 8,8-Flak und die leichte (3,7 cm, der Verf.) Pak, mit denen man den feindlichen Bunkern und Feldstellungen beikommen will, zerlegt und teilweise im Seilzug hinaufgeschleppt werden. Die schweren und schwersten Kaliber bis zu den gefürchteten 21-cm-Mörsern stehen tief gestaffelt bis ins Tal der Strumica.«[24] Welch eine Leistung diese Waffentransporte im Gebirge darstellten, kann nur der ermessen, der Ähnliches mitgemacht hat.

Nach einer kalten, endlos erscheinenden Nacht dämmert der 6. April herauf. Da, weit hinten im welligen Gelände, beiderseits der Ortschaft Petritsch, zucken Mündungsfeuer auf, brüllen die Abschüsse der schweren Artillerie auf. Dann schlagen die Granaten mit jäh aufschießenden Fontänen aus Qualm und splitterndem Gestein ins Ziel. Doch der Lärm der Abschüsse rückt immer näher, als auch die kleineren und mittleren Geschütze versuchen, die

Bunkerscharten und Maschinengewehrstände der Befestigungen zu treffen. Aber selbst bei Volltreffern auf die Bunkerscharten streckte, falls die Kampfstände dahinter überhaupt besetzt waren, die Geschoßwirkung wohl einige Leute nieder, doch Augenblicke später standen andere mit einer neuen Waffe an ihrer Stelle. Es bedurfte bei den griechischen Soldaten nur starker Nerven und eiserner Disziplin. Die tapferen Verteidiger der Metaxas-Linie verfügten über beides.

Doch die Überraschung, die durchschlagende Unterstützung und Vorbereitung des Gebirgsjägerangriffes auf die Bunker kam erst: die fliegende schwere Artillerie, die Stukas! Ihrer niedersausenden Wucht hatte bisher kein Feind standgehalten – also wird es auch den Griechen nicht besser ergehen. Zuerst tauchen über den weißen Bergketten im Norden dunkle Punkte auf, werden zusehends größer und zeigen sich schließlich in voller Größe wie Raubvögel mit ausgestreckten Fängen. Der ganze Raum beginnt plötzlich zu dröhnen, einer riesigen Glocke gleich, die von vielen Klöppeln angeschlagen wird – die Stukas stürzen auf die Metaxas-Linie, Welle hinter Welle, sie werfen Tausende Kilogramm Stahl und Sprengstoff auf Beton und Erde. Eine halbe Stunde dauerte dieses Werk der Vernichtung, und es brauchte dann noch einige Zeit, bis sich Qualm und Rauch verzogen hatten.

Der wichtigste und am stärksten befestigte Berg mit ganzen Ketten von Beton- und Beobachtungsbunkern, Stollen und Kavernen in vielen Kilometern Länge, der „Istibei", bekam am meisten ab. Wenn der „Istibei" fiel, war die Metaxas-Linie erledigt. Ist wenigstens dieser Festungsberg sturmreif geschossen, fragen sich die Sturmtruppen, die ihn jetzt angreifen sollen? Die Gebirgspioniere unter ihnen wissen es bereits. Die schweren Bomben haben breite Gassen in die Drahtverhaue geschlagen und neue, riesige Trichter in den Boden gebohrt, aber die Bunker sind noch immer nicht „sturmreif". Gegen solche Giganten wie den „Istibei" gibt es nur eines: „Aug in Aug mit dem Gegner einen Kampf austragen, den die Technik allein nie entscheiden kann", berichtet Ringel.[25]

Obwohl es dem G.J.R. 85 im Angriff gegen andere Werke, wie z. B. den „Popoliwitsa", gelungen war, einige tiefergelegene Bunker zu nehmen, blieb es beim Vorstoß auf den bereits genannten, 1951 m hohen „Rupesko"-Festungsberg gleich am Anfang stecken.

Um unnötige, vielleicht in die Tausende gehende Verluste beim Frontalangriff auf den „Rupesko" und den „Popoliwitsa" zu vermeiden, wird der Angriff hier eingestellt. Die Divisionsführung entschließt sich daher, die gesamte Stoßkraft des GJR 85 und des GJR 100 gegen den „Istibei" und gegen den „Kelkaja", ein die Nordflanke des „Istibei" deckendes Werk, anzusetzen, deren Eroberung die ganze Metaxas-Linie zum Wanken bringen muß. Vor dem Sturm der Gebirgsjäger werden noch einmal Stukas und schwere Artillerie gegen die genannten Festungsberge eingesetzt. Bereits während der Beschießung von „horizontaler und vertikaler Artillerie" stürmt das III. Bataillon der 85er mit einer Pionierkompanie den Westhang des „Istibei" hinan. Da die nun auf die Bunkerscharten angesetzten 8,8 Flak, Pak und Gebirgskanonen vom Gegenhang auf kürzeste Entfernung schießen können, gelingt es den Männern an den Geschützfernrohren, jede Bewegung der eigenen Kameraden zu verfolgen und ihr Vorgehen fast Schritt für Schritt zu unterstützen. Als die ersten Bunker erreicht sind, schieben die Pioniere Sprengladungen mit langen Stangen in die Bunkerscharten, reißen die Zünder und werfen sich hinter die nächste Deckung. Der gestreckten folgen geballte Ladungen, Nebelkerzen und Handgranaten. Dann erklettern die Jäger die Eindeckung des Bunkers und versuchen von oben die Scharten mit Steinbrocken zu verstopfen. Dies alles im flankierenden Feuer der anderen Bunker und von den Schützengräben her. Wären die Hänge von den Artillerie- und Stukatreffern nicht so zertrichtert und mit Trümmern übersät und gäbe es dadurch nicht so viele Deckungsmöglichkeiten, müßten die Verluste der Jäger ins Unverantwortliche ansteigen. Sie sind so schon hoch genug. Stunde um Stunde vergeht, ohne daß ein Ende des Ringens um den „Istibei" abzusehen wäre. Das Feuer der schweren Waffen verstummt keinen Augenblick.

Der Verteidiger hält nicht nur die „geschlossenen" Bunkeranlagen, sondern vielfach auch noch seine offenen Gräben besetzt und muß im Nahkampf überwunden werden. „Da liegen sie dann, hingestreckt von Handgranaten, Maschinenpistolen, Kolben und Bajonett, die tapferen jungen Kerle in ihren langen grauen Mänteln, und mancher Gebirgsjäger liegt mitten unter ihnen und wird die ferne Heimat im Norden nie mehr wiedersehen", schreibt Ringel.[26]

Als das III. Bataillon der 85er endlich gegen 14 Uhr den Gipfel des „Istibei" erkämpft hat und etwa zur gleichen Zeit das III./100 das nördliche Befestigungswerk, den etwa 3 km entfernten „Kelkaja", nimmt, ist es dennoch nur ein halber Sieg. Die griechischen Soldaten befinden sich noch immer im Innern der Bunkeranlagen, und plötzlich ist oben der Teufel los! Dutzende von griechischen Geschützen beschießen das Gelände im Sperrfeuer nach lange fertigen und mehrfach erprobten Zielplänen. Die Deutschen werden von drei Seiten beschossen und können nur, von Deckung zu Deckung hetzend, zu verhindern suchen, daß sie getroffen oder verschüttet werden. Doch die Verluste steigen, immer mehr Verwundete schreien nach dem Sanitäter. Da und dort legen die „Sanis" Notverbände an und schleppen Verwundete den Hang hinunter.

Doch die Kampffähigen halten die Stellungen: Diese Schinderei darf nicht vergebens gewesen sein! Zu allem Pech verdüstert sich der Himmel, es beginnt zu regnen und schneit im wirren Durcheinander. Die Flieger versuchen, die im Strumatal befindlichen Griechen-Batterien genauer auszumachen, damit sie bombardiert werden können. Alles vergebens! Die Sicht wird noch schlechter, und die griechischen Batterien schießen bis in die späte Dämmerung. Auch später schießen sie noch Störfeuer in jene Räume, in denen sie deutsche Reserven vermuten. Die Gebirgsjäger lassen die Nacht nicht untätig verstreichen, sie sammeln sich und gehen weiter gegen die Bunker vor. Glücklicherweise kann das so schwer angeschlagene III. Bataillon der 85er voll vom II. Bataillon abgelöst werden. Aber die Gebirgspioniere bleiben, sie haben zwei Drittel des Gebisses des „Istibei" zerbrochen und wollen ihr Werk vollenden.

Es sollte ihnen wirklich gelingen. Die Pioniere kämpfen nach einem neuen Plan: zuerst Sprengung der obersten Panzerkuppel des „Istibei" und eines Bunkerzuganges am Nordhang des Festungsberges. Dann Eindringen in das Innere der Festungsanlagen. Nach 300 Metern Durchkämmen der engen Gänge auf und ab ergibt sich ein Teil der griechischen Besatzung etwa um 9.30 Uhr. Doch der Kampf ist noch nicht beendet. Die Griechen verteidigen sich nach wie vor tapfer. Da und dort gibt die Mannschaft eines Bunkerteils auf. Die 85er dringen an verschiedenen Stellen des Festungsbergs in die Zugangsstollen und drängen die Besatzungen immer mehr zusammen. Um 11 Uhr verstummt das letzte Feuer, und bald danach übergibt der Kommandant in aller Form das Werk.

Mit ihm gehen 13 Offiziere und 488 Unteroffiziere und Mannschaften in die Gefangenschaft. Als sie sich hängenden Kopfes an den Siegern vorbei, die ihnen die Ehrenbezeigung leisten, in Bewegung setzen, ist das einzige, was sie verwundert fragen, wie es den Deutschen möglich war, den „Istibei" zu überwinden.

Kurze Zeit davor war auch der „Kelkaja" von den 100er Gebirgsjägern erobert worden. Mit dem Fall der beiden Werke „Kelkaja" und „Istibei" erlahmte der Widerstand der Metaxas-Linie. Dennoch wehrten sich einige Werke der Nordgruppe verzweifelt, aber auch das Werk „Rupesko" ist noch unbezwungen. Drei Tage und Nächte kauern die Jäger in einem schmalen Schneegraben, durchnäßt, frierend und hungernd, trotz aller Bemühungen der Kameraden, ihnen im Schutz der Nacht oder des Nebels Verpflegung und Munitionsnachschub heraufzubringen. Wenn sich auch nur der Rand eines Stahlhelms, der Lauf eines Maschinengewehrs zeigt, knattert es von den Bunkern oben. Denn die Griechen sind wachsam, gute Schützen, und sie wissen, daß sie unangreifbar sind. Doch am 9. April geht auch auf dem „Rupesko" der ungleiche Kampf zu Ende. Seit 6 Uhr morgens herrscht Waffenstillstand, die griechische Mazedonienarmee hat kapituliert. Die Bunkerbesatzung des „Rupesko" zieht sich über den Südhang zurück, die abgekämpften Jäger nehmen ihn nun kampflos.

Am Tag darauf, dem 10. April, ergibt sich das letzte Werk, die Höhe 307. Damit ist die Metaxas-Linie, der Stolz Griechenlands, zur Gänze in der Hand der Deutschen. Die Jäger der 5. Gebirgsdivision verlassen bald darauf das „Metaxas"-Gebiet und die Gräber ihrer 160 gefallenen Kameraden auf den Hängen der Berge, die sie erstürmt haben. Ihr Weg führt sie weiter nach dem Süden, und nur wenige Wochen später werden sie wieder gemeinsam mit den Fliegern, aber auch mit den Soldaten der Fallschirmtruppe eine Waffentat vollbringen, die in die Kriegsgeschichte eingehen wird, die Inbesitznahme einer großen Insel aus der Luft: KRETA.[27]

## *Die Griechen kapitulieren, die Engländer retten sich*

Bei ihrem Vorstoß nach dem Süden geraten die deutschen Divisionen immer mehr in Gefechte mit den sich tapfer zur Wehr setzenden englischen Truppen. Am 27. April ist ganz Griechenland besetzt, am gleichen Tag fällt auch Athen. Die Rettungsaktion für die britischen Truppen dauert fünf Tage lang. Alle verfügbaren Seestreitkräfte beordert Churchill zum Abtransport der britischen Truppen aus Griechenland, darunter sechs Kreuzer und 19 Zerstörer. Von den vor Wochen und Monaten gelandeten 60 000 Mann können fast 50 000 gerettet werden, rund 12 000 sind gefallen oder geraten in deutsche Gefangenschaft.[28]

Demgegenüber kamen 218 000 Griechen in deutsche Gefangenschaft: Sie werden jedoch bald wieder nach Hause entlassen.

Es setzt in Erstaunen, daß die Briten immerhin über 80 % ihrer in Griechenland befindlichen Truppen vor dem deutschen Zugriff retten konnten. Einerseits verdankten sie dies der Einsatzleistung der englischen Royal Navy, aber auch einem viel zu spät eingeleiteten deutschen Fallschirmjägersprung über dem Isthmus von Korinth.

Allerdings war dieser Einsatz ursprünglich gar nicht dem Isthmus von Korinth, wo vor allem die über den Kanal führende Brücke unzerstört in Besitz zu nehmen war, sondern der Insel Lemnos zugedacht gewesen. Erst als sich endgültig herausstellte, daß die Insel Lemnos nur schwach besetzt war, womit auch das geplante Luftlandeunternehmen überflüssig geworden war, wurde auf den Kanal von Korinth „umdisponiert". Hätte die Luftflotte 4 von vornherein und rechtzeitig die Besetzung des Isthmus von Korinth und anderer Zugänge zu den Einschiffungshäfen der Briten mittels Fallschirmjägereinsatz durchführen lassen, wäre es dem in Griechenland operierenden Empire-Korps WILSON zweifellos viel schlechter ergangen.[29]

Aufgrund der deutschen Luftherrschaft mußten sich die Briten bei „Nacht und Nebel", nämlich in der Zeit von 23 Uhr bis 3 Uhr früh einschiffen. Dennoch stellte die Einschiffung von ca. 50 000 Soldaten eine erstaunliche Leistung dar, die auf einwandfreie Manneszucht der britischen Soldaten, aber auch auf angedrohte strenge Strafen einschließlich der Erschießung bei Anzünden eines Feuers, bei Schußabgabe und Panikauslösung zurückzuführen war. Die britischen Soldaten verhielten sich daher in ihren Tarnstellungen untertags so bewegungslos, daß sie selbst von ganz tieffliegenden deutschen Fliegern, deren Gesichter die Briten ausnehmen konnten, nicht einmal wahrgenommen wurden.[30] Anderseits aber nahmen deutsche Flieger von der Bombardierung solcher Geländeteile Abstand, die – obwohl von der Aufklärung als besetzt gemeldet – doch ganz unbelegt schienen.

Der Fallschirmjägerabsprung in den frühen Morgenstunden des 26. April gelang der Gruppe Süßmann plangemäß, doch wurde die über den Kanal führende Brücke durch einen unglücklichen Zufall (Treffer eines britischen Flakgeschosses auf eine von den Fallschirmjägern bereits ausgebaute Sprengladung, die von den britischen Pionieren zur Zerstörung der Brücke vorgesehen war) in die „Tiefe geschickt". Dem am Südufer des Kanals abgesprungenen und gelandeten II. Bataillon, FJR 2, gelingt es trotz schwerer Kämpfe um den Flugplatz der Stadt Korinth am kommenden Tag in einem schnellen und besonders kühnen Vorstoß zum britischen Einschiffungshafen NAUPLION 2000 Neuseeländer, 5000 Griechen und 3500 Jugoslawen gefangenzunehmen.[31] Die griechischen und jugoslawischen Soldaten hatten die Einschiffung des britischen Expeditionskorps zu decken. Den Briten gelang es trotz des deutschen Fallschirmjägervorstoßes immerhin noch, 11 205 Mann von Nauplion und dem benachbarten Hafen Tolos einzuschiffen und nach Ägypten und auf die Insel Kreta zu bringen. In seinem Buch „Generaloberst Student und seine Fallschirmjäger" bemerkt Götzel: „Der verspätet und mit falscher Zielsetzung durchgeführte Sprung auf den Isthmus von Korinth forderte von der deutschen Fallschirmtruppe später auf der Insel Kreta einen hohen blutigen Preis."[32]

## Stalins „Initiativ-Rede" vor Hunderten Militärakademikern

Der letzte volle Monat vor Beginn der für Europa um die Mitte des 20. Jahrhunderts wohl entscheidendsten Auseinandersetzung, des deutsch-sowjetischen Krieges, brachte gleich am ersten Tag, dem 1. Mai 1941, eine zwar umschriebene, aber doch vielsagende Feststellung eines höchstrangigen Offiziers der Sowjetunion. Marschall Timoschenko erließ einen Tagesbefehl folgenden Inhalts: „Die Rote Armee . . . hat sich an Kriegserfahrungen bereichert und ist bereit, jedem imperialistischen Schlag auf die Interessen unseres sozialistischen Staates, auf die Interessen des Sowjetvolkes vernichtenden Widerstand zu leisten."[33]

Damit verlegen wir das erste Mal den Schauplatz wichtiger

Ereignisse vom Westen, Norden und Süden Europas in die fast endlose Weite des Ostens mit der Hauptstadt der Sowjetunion, Moskau. Dort vermerkte nur einen Tag nach dem Erlaß von Timoschenkos Tagesbefehl, am 2. Mai der deutsche Botschafter in Moskau, Graf von der Schulenburg, daß die Spannung immer mehr zunehme und sich auch die Gerüchte über einen baldigen sowjetisch-deutschen Krieg immer mehr verdichteten.

Am 5. Mai hielt Stalin anläßlich eines Empfanges von mehreren Hundert Absolventen der Militärakademien im Kreml eine Ansprache. Darüber stand am nächsten Tag wohl in der Moskauer „PRAWDA" einiges unter der Überschrift „Wir müssen auf jede Überraschung vorbereitet sein". Dazu schreibt Werth, daß Stalin in seiner vierzig Minuten dauernden Ansprache mehr sagte, als in der „Prawda" geschrieben stand. Der Inhalt der Rede wird von allen Berichterstattern in den Grundzügen folgendermaßen angegeben.[34] Der Krieg mit Deutschland wird fast unvermeidlich im Jahre 1942 ausgetragen. Die Rote Armee wird einen deutschen Angriff abwarten oder aber selbst die Initiative ergreifen. Eine dauernde Vorherrschaft Nazi-Deutschlands in Europa sei „nicht normal". England ist noch nicht am Ende. Das US-amerikanische Kriegspotential fällt immer mehr ins Gewicht. Japan wird sich nach Unterzeichnung des Nichtangriffspaktes mit der Sowjetunion vom 13. April 1941 ruhig verhalten.

Weniger verbürgt scheint dagegen die Aussage von drei in deutsche Gefangenschaft geratenen höheren sowjetischen Offizieren, die an Stalins Empfang am 5. Mai teilgenommen hatten. Dies selbst dann, wenn der Berichterstatter Hilger für die Richtigkeit dieser Aussagen eintritt, weil „ihre Schilderungen fast wörtlich übereinstimmen, obwohl sie keine Gelegenheit gehabt hatten, sich miteinander zu verständigen."[35] Gemäß Hilger brachten diese drei sowjetischen Offiziere von Stalins Rede noch folgende Feststellungen: Die Rote Armee müsse sich daran gewöhnen, daß die Zeit der Friedenspolitik zu Ende sei und die Ära einer gewaltsamen Ausbreitung der sozialistischen Front beginne. Die Notwendigkeit eines offensiven Vorgehens sei anzuerkennen, und mit den Lobpreisungen der deutschen Armee müsse endlich Schluß gemacht werden.

Am 6. Mai – einen Tag nach der „Initiativrede" vor den Militärakademikern – wurde Stalin, der bis dahin „nur" Generalsekretär der Partei war, durch einen Erlaß des Präsidiums des Obersten Sowjets zum Vorsitzenden des Rates der Volkskommissare, das heißt zum Regierungschef, ernannt.[36] Die Übernahme der Regierungsgewalt durch Stalin konnte nur den Zweck haben, daß der Kommandant des Schiffes im Augenblick der Gefahr die Kommandobrücke erstieg und nun auch alle Verantwortlichkeiten im Staate übernahm.

Den Botschafter Deutschlands in Moskau beeindruckte die Regierungsübernahme Stalins sicherlich in bedeutendem Maße. Graf von der Schulenburg gehörte zu jenem Kreis von Offizieren und Diplomaten, die gegen eine kriegerische Auseinandersetzung zwischen Deutschland und der Sowjetunion eingestellt waren. Eine besondere Wirkung erzeugte auf von der Schulenburg auch eine Geste Stalins vom 14. April. Damals war Stalin anläßlich der Verabschiedung des japanischen Außenministers Matsuoka nach der tags zuvor erfolgten Unterzeichnung des japanisch-sowjetischen Nichtangriffsabkommens auf den Moskauer Bahnhof gekommen. Nach der Verabschiedung Matsuokas trat Stalin – in Gegenwart des diplomatischen Corps – auf Graf von der Schulenburg zu, legte ihm den Arm um die Schulter und sagte: „Wir müssen Freunde bleiben, und dafür müssen Sie jetzt alles tun."[37] Nach der Übernahme der vollen Regierungsgewalt durch Stalin setzte von der Schulenburg seine Anstrengungen zur Verhinderung eines Konfliktes zwischen Deutschland und der UdSSR in verstärktem Maße fort, was auch in seinen nach Berlin abgesandten Telegrammen zum Ausdruck kam. Doch in Berlin waren die Würfel schon längere Zeit für das Unternehmen „Barbarossa" gefallen.

## Die erste große Luftlandeschlacht

Im ereignisreichen Monat Mai 1941 fand im äußersten Süden Europas – damit kehren wir aus dem Osten ins Mittelmeergebiet zurück – eine große und für alle beteiligten Truppen äußerst verlustreiche Schlacht statt: um, über und auf der Insel Kreta.

Die bis dahin von der deutschen Fallschirmtruppe geschlagenen Schlachten, wie z. B. im Mai 1940 um die Festung HOLLAND, waren von vornherein so geplant, daß eigene Heerestruppen den Durchbruch zu den Luftlandetruppen erzwingen und mit ihnen gemeinsam die Schlacht beenden sollten.[38] Die Luftschlacht um Kreta war dagegen eine selbständige Operation, die erst nach Abschluß des Feldzuges auf dem griechischen Festland durchgeführt wurde. Die strategische Planung für das „Unternehmen Merkur", die Eroberung der Insel Kreta, geht auf Studien über den Südostraum Europas zurück, die Generaloberst Löhr im Jahre 1940 anfertigen ließ. Um gegen den „Hauptfeind England" einen kriegsentscheidenden Schlag führen und damit einen „Trennkeil" zwischen England und die Sowjetunion schlagen zu können, war die Inbesitznahme der Insel Kreta ein vordringliches Ziel.[39] Um mit England fertig werden zu können, mußte nach Löhrs Ansicht Ägypten genommen werden, schon allein zur Verhinderung der englischen Versorgungsschiffahrt durch den Suez-Kanal (siehe Plan: Kreta, Eroberung des östl. Mittelmeeres auf S. 258).

Löhr schreibt dazu: „Als ich im Herbst 1940 die Verantwortung für den Schutz der rumänischen Ölquellen und für die Vorbereitung des Feldzuges durch Bulgarien nach Griechenland übernahm (kein Wort über Jugoslawien, das erst Ende März in die strategische Planung einbezogen wurde, der Verf.), sah ich darin vor allem einen erfreulichen Schritt in Richtung auf Ägypten... Als ich mich am 5. April (1941) beim Reichsmarschall Göring auf dem Semmering zum Flug nach Sofia abmeldete, brachte ich den Kreta-Gedanken vor, der vorerst wenig Anklang fand."

Als General Student, der Oberbefehlshaber der deutschen Luftlandetruppen, wenige Tage später im Oberkommando der Luftwaffe (OKL) vorsprach, das damals im Hotel „Panhans" auf dem Semmering in Österreich untergebracht war, fand er bereits mehr Verständnis. Hitler allerdings wollte die Balkan-Operationen mit der Besetzung der Peloponnes abgeschlossen wissen. Der Generalstabschef der Luftwaffe, General Jeschonnek, und Göring selbst allerdings waren sich schließlich mit General Student darüber einig, daß der Abschluß des Griechenlandfeldzuges ohne Inbesitznahme Kretas völlig unbefriedigend sei.[40] Bei dem am 21. April erfolgten Vortrag General Students im „Führerhauptquartier" bei Hitler kam es daher nach Abwägung aller Risiken einerseits und Erfolgsaussichten andererseits zum Beschluß, die Insel Kreta sowohl aus der Luft als auch auf dem Wasserwege baldmöglichst einzunehmen. Fast hätte Hitler hier wie auch beim Unternehmen „Seelöwe" (Englandinvasion) „den Sprung über das Wasser gescheut".

IN DIESER
KRIEGSGRÄBERSTÄTTE
RUHEN 4561
DEUTSCHE GEFALLENE
VON IHNEN BLIEBEN
451 UNBEKANNT

1939 - 1945

IN QUESTO MAUSOLEO
RIPOSANO 4561
CADUTI GERMANICI
451 SONO RIMASTI
SCONOSCIUTI

*Diese deutschen Soldaten waren im Kampf gegen die erste alliierte Invasion Europas im Jahre 1943 auf Sizilien gefallen. Ehre ihrem Angedenken! Die Schlacht um Sizilien im Süden wurde gemeinsam mit dem Unternehmen „Zitadelle" (Schlacht um Kursk) im Osten Europas kriegsentscheidend.*

*Die rund 30 km südöstlich von Rom gelegene Stadt Frascati erlitt schwerste Verluste und Schäden durch einen Bombenangriff der 15. USAAF auf das darin und auf den Höhen ringsum befindliche Hauptquartier des OBS Generalfeldmarschall d. Lw. Kesselring.*

Diese Kraterlandschaft war einst die schöne Kreisstadt Düren, die über 35 000 Menschen zählte. Am 16. November 1944 fiel sie einem verheerenden US-Luftangriff zum Opfer. Es war ein Wunder, daß dieses furchtbare Bombardement überhaupt Menschen überlebten.

Unmittelbar nach dem Zweiten Weltkrieg war an den Wiederaufbau an der alten Stelle fast nicht zu denken, denn es gab überhaupt keine Pläne mehr, vor allem fehlten die Kanalbaupläne. Als einige Monate später ein ehemaliger Beamter des Kanalbauamtes von Düren aus der Kriegsgefangenschaft heimkehrte, ergab sich doch ein Hoffnungsschimmer für den Aufbau der Stadt Düren am alten Platz: Der außerhalb der Stadt wohnende Heimkehrer hatte vor seiner Einberufung zur Deutschen Wehrmacht aus welchen Gründen immer die alten Stadtbaupläne, darunter auch den Kanalbauplan, mit nach Hause genommen, und da lagen sie noch bei seiner Heimkehr, so berichtet die Legende. Jedenfalls begann man bald darauf mit dem Wiederaufbau der Stadt. Und was die unendlich fleißigen und begabten Dürener aus der Kraterlandschaft gemacht haben, ist ein großes Wunder zu nennen (siehe Abb.). Dieses Wunder geschah nicht nur in Düren, sondern in zahlreichen im Bombenterror des Zweiten Weltkrieges zerstörten Städten Europas.

*Testfliegerin Hanna Reitsch mit den Professoren Willy Messerschmitt und Alexander Lippisch während ihres Einsatzes für die Reichsverteidigung.*

*Die berühmte Weltrekordinhaberin im Segelfliegen Hanna Reitsch flog im Zweiten Weltkrieg Testflüge mit dieser „Me 163 B".*

*Die Me 109, das mit 30 500 Stück am meisten gebaute Flugzeug der deutschen Luftwaffe.*

Kreta ist die drittgrößte Insel im Mittelmeer. Ihre Länge beträgt 260 km, die Breite etwa 40 Kilometer. Ein großer Teil der Insel wird von Gebirgsstöcken bis zu einer Höhe von 2500 Metern eingenommen, die vielerorts bis an die Küste heranreichen. Die kretische Landschaft ist von wildromantischer Schönheit. Die Besiedelung ist dünn, und die größten Siedlungen liegen an der Nordküste. Es gab und gibt auf Kreta keine Eisenbahn, das Straßen- und Wegenetz war im Jahre 1941 im Gegensatz zu heute sehr wenig entwickelt. Die großenteils mit Schlaglöchern übersäte Hauptstraße von Kastelli im Westen führte über die Orte Malemes, Chania, Suda, Rethymnon und Heraklion mit ihren Flugplätzen und Häfen bis Sitia im Ostteil der Insel.

Der größte Flugplatz Kretas lag bei Heraklion. Nur 5 km südlich von Heraklion befindet sich Knossos, die Hauptstadt des minoischen Königreiches, mit seinem Religions- und Regierungszentrum in dem auf einem Hügel thronenden Palast.

Die Bewohner der Insel sind ein freiheitsliebendes und teilweise auch kriegerisches Volk. Die Kreter haben mehrmals in ihrer Geschichte um ihre Freiheit kämpfen müssen. Sogar die Blutrache ist auf Kreta erhalten geblieben. Demgemäß ist es fast folgerichtig, daß sich ein Teil der Kreter an den Kämpfen der Briten gegen die deutschen Invasoren – allerdings von ihrem König in Aufrufen aus dem Ausland aufgefordert – mit wilden Grausamkeiten beteiligte.

Göring beauftragte am 21. April die Luftflotte 4, bestehend aus dem VIII. und XI. Fliegerkorps, mit der Eroberung Kretas aus der Luft. Da ursprünglich ein Angriffsdatum um den 15. Mai vorgesehen war, ergaben sich bei der Bereitstellung der beiden Fliegerkorps die größten Schwierigkeiten. Der größte Teil des Fallschirmjäger-Nachschub- und Versorgungsmaterials befand sich noch in Frankreich. Die Abwurfbehälter, sonstiges Gerät, die Munition und schließlich die Fallschirmjäger selbst waren noch in Deutschland. Auch die Bodenorganisationen waren noch schlecht und unzureichend. Auf Grund vorbildlicher Zusammenarbeit zwischen den Stäben und den Truppenteilen konnten letztlich alle Bereitstellungs-Schwierigkeiten durch Improvisationen gemeistert werden.[41]

Zum ersten Male in diesem Kriege wurden Heeres-, Luftwaffen- und Marineverbände einheitlich unter dem Kommando eines Luftwaffengenerals, eben unter Generaloberst Löhr, zusammengefaßt. Das der Luftflotte 4 unterstellte XI. Fliegerkorps (General der

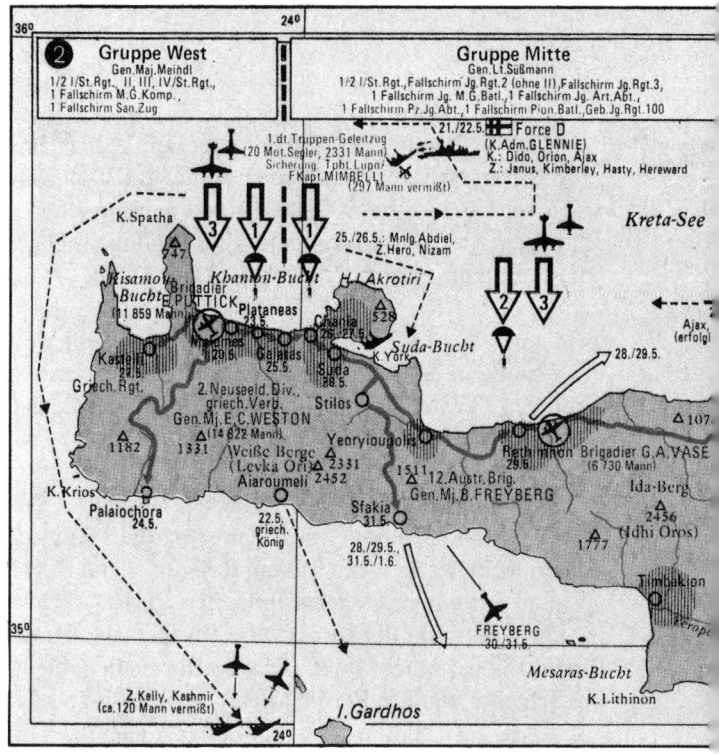

*2 So begann die Schlacht am 20. Mai 1941: Am Morgen werden Fallschirmspringer und Luftlandetruppen im Westen der Insel abgesetzt, am Nachmittag öffnen sich im Zentrum und im Osten über Rethymnon und Heraklion die Fallschirme der nächsten Angriffswellen.*

Flieger Student) umfaßte sämtliche Fallschirm- und Luftlandetruppen sowie alle Lufttransportverbände. Das gleichfalls der Luftflotte 4 unterstellte VIII. Fliegerkorps (General von Richthofen) bestand aus allen Bomber-, Stuka-, Zerstörer- und Jagdverbänden. Desgleichen waren der Luftflotte 4 der Admiral Südost (Admiral Schuster) mit allen seinem Befehl unterstellten Seefahrzeugen zugeteilt. An fliegenden Verbänden standen für Kreta zur Verfügung:

> 180 Kampfflugzeuge, 90 Stukas, 90 Zerstörer, 90 Jagdflugzeuge, 50 Aufklärer, 550 Ju 52-Transportmaschinen, 60 Lastensegler, 8 Seenotflugzeuge

Das XI. Fliegerkorps setzte sich aus der 7. Fallschirmjäger-Division und der 5. Gebirgsdivision zusammen. Die 7. FJD zählte unter ihrem Kommandeur, General Süßmann, 15 000 Fallschirmspringer, nur Freiwillige, die besten Soldaten der Luftwaffe. Die 5.

258

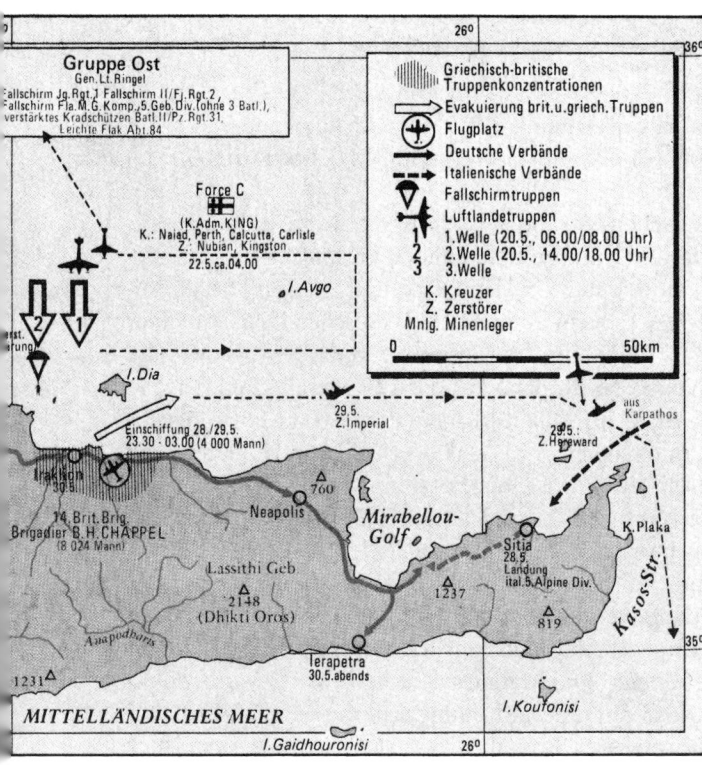

Gebirgsdivision unter General Ringel umfaßte rund 8000 Bergsteiger oder berggewohnte Männer, die erst Wochen zuvor die als unüberwindlich geltende Metaxas-Linie bezwungen hatten. Beide Divisionen galten als Eliteeinheiten.

Der Generalstabsplan für Kreta lautete: Mit der 7. FJD unter dem Schutz und mit Unterstützung des VIII. Fliegerkorps eine Landemöglichkeit für das Absetzen der 5. GD zu erzwingen, um dann mit vereinten Kräften die Insel zu erobern.

Tatsächlich konnte das VIIII. Fliegerkorps die Luftherrschaft über Kreta bis zum 20. Mai erkämpfen. Die Engländer hatten sogar ihre Jagdverbände von Kreta nach Ägypten abgezogen. Damit war die Voraussetzung für das Absetzen der Fallschirmjäger gegeben.

Unter größten Schwierigkeiten war es den Deutschen auch gelungen, aus einigen von den Engländern zurückgelassenen kleineren, kaum seetüchtigen Schiffen zwei Seestaffeln zusammenzubekommen. Die ganz großen Dampfer hatten die Briten zur Verschiffung ihrer fliehenden Truppen mitgenommen. Die erste Schiffsstaffel mit dem III. Bataillon GJR 100 an Bord sollte aus

259

Piräus, dem Hafen von Athen, am 21. Mai und die zweite Staffel mit dem II. Bataillon GJR 85 an Bord aus Chalkis (Euböa) am 22. Mai in „See stechen".

Über die englischen Verteidiger von Kreta wußte man nur sehr wenig. Die Luftaufklärung zeitigte bei den vorhandenen Geländeschwierigkeiten und -unterschieden fast kein Ergebnis. Die Verteidiger Kretas setzten sich aus einer neuseeländischen Division, einer Elitetruppe mit 7700 Mann, darunter ein Bataillon Maoris, die Ureinwohner Neuseelands, dann aus der 19. australischen Brigade (6500 Mann) und aus britischen Verbänden (17000 Mann) zusammen. Hinzu kamen noch etwa 11000 griechische Soldaten und 5000–10000 geschätzte Partisanen. Letztere waren sogar von britischen Offizieren ausgebildet und ausgerüstet. Sie befanden sich zum Teil auch unter englischer Führung.

Aber nicht nur auf den Nachschub- und Transportstrecken der deutschen Luftlandeverbände und auf den griechischen Flughäfen wurde fieberhaft gearbeitet, auch auf Kreta waren die Verteidiger nicht müßig geblieben. Die Manneszucht hatte sich zwar bedenklich gelockert, doch mit der Androhung scharfer Maßnahmen und der Verhängung schwerer Strafen, wie Ausgangsverbot, verfrühter Zapfenstreich u. a., gelang es innerhalb weniger Tage, die Disziplin unter den Soldaten wiederherzustellen.

Nach und nach trafen auf der Insel Verstärkungen ein, u. a. neun Infanteriepanzer und italienische Beutegeschütze mit Munition.

Die bereits auf Kreta befindlichen 16 schweren und 36 leichten 4-cm-Flak konnten nur unwesentlich verstärkt werden. Da die Zahl der zu schützenden Objekte groß war, entschloß sich der neuseeländische Oberkommandierende der Inseltruppen, hauptsächlich die SUDA-Bucht zu schützen. Diese Versorgungsbasis der britischen Truppen war besonders stark gefährdet. Von dem über die Sudabucht abgewickelten Versorgungsverkehr hing das Schicksal der Inseltruppen nicht unwesentlich ab.[42]

Den Verteidigern kam es vor allem darauf an, die Fallschirmjäger am Ort der Landung zu vernichten, denn die Verteidigung der Insel in ihrer Gesamtheit wies ernste Schwächen auf. General Freyberg wies daher seine Truppen in vier Verteidigungsabschnitte ein, die sich zwangsläufig aus der Lage der Häfen und Flugplätze ergaben.

Flugplatz Malemes
Hafen Chania und Hafen Sudabucht
Flugplatz und Hafen Rethymnon
Flugplatz und Hafen Heraklion

Um den Truppen den „Fallschirmjägerschrecken" zu nehmen und ihnen das notwendige Selbstvertrauen einzuflößen, wurden über die Art der deutschen Kampfführung Merkblätter ausgegeben. In eingehenden Belehrungen über die deutschen Fallschirmjäger und ihre Angriffstaktik wurden die Soldaten mit dem zu erwartenden Feind bekanntgemacht; das sollte sie vor Überraschungen bewahren.

Inzwischen hatten die Deutschen mit zwei Aufklärungsstaffeln bereits seit Ende April begonnen, die Insel Kreta eingehend zu überwachen. Die Bemühungen der Aufklärungsflieger, taktische Einzelheiten, wie Befestigungsanlagen, Schützengräben, Zeltlager und Truppenbewegungen festzustellen, blieben ziemlich erfolglos. Lediglich Flugplätze, Flakstellungen und vermutlich unbelegte Kasernen konnten den Luftbildern der Aufklärer entnommen werden. Nach diesen mageren Aufklärungsergebnissen schien der Feind auf der Insel keineswegs stark zu sein. General Student ließ sich täglich von den zurückgekehrten Aufklärungsfliegern persönlich Bericht erstatten. Es wurde ihm jedoch immer wieder gemeldet, die Insel liege wie ausgestorben da. Hie und da trete ein Jäger oder schwache Flakabwehr in Erscheinung. Als das VIII. Fliegerkorps aber begann, die Schiffe in der Sudabucht konzentrisch mit Bomben zu belegen, stieß es plötzlich auf besonders starke Flakabwehr. Der Feind war offensichtlich doch stärker, als es den Anschein hatte.

Dies zeigte sich auch darin, daß die RAF in den hellen Mainächten mit Blenheim-Bombern jene griechischen Flugplätze angriff, die von den deutschen Transportverbänden belegt waren. Die Wirkung dieser Angriffe war unbedeutend.

Am letzten Tag vor der Stunde X gegen Kreta fanden bei allen Fallschirm- und Gebirgsjägereinheiten die letzten Einsatzbesprechungen statt. Manche Kommandeure rechneten mit geringem Widerstand der Engländer und Griechen auf der Insel. Andere wiederum ahnten, was ihren Männern und ihnen selbst bevorstand. So berichtete auch der Fallschirmjäger Toni Kramer: „Bevor wir unsere Maschinen bestiegen, ließ der Kommandeur die Kompanie nochmals antreten und erwies ihr Ehrenbezeugung: ‚Ich grüße die Kompanie nochmals in ihrer Vollständigkeit.'[43] Einem alten militärischen Brauch folgend, den die Fallschirmtruppe wieder aufgenommen hatte, sprangen die Regimentskommandeure, Bataillonskommandeure und Kompaniechefs vor ihren Unteroffizieren und Männern, um ihrer Truppe ein mitreißendes Vorbild sein zu können.

## Der Kampf um den Luftlandekopf auf der Insel Kreta

Beim ersten Lichtstrahl aus dem Osten in der Morgendämmerung des 20. Mai 1941 brausen auf den Flugplätzen Korinth, Topolia, Megara, Eleusis, Tanagra und Larissa die ersten Motoren der deutschen Maschinen auf, weitere fallen ein und werden zum donnernden Chor. Die Bomber, Stukas, die schnellen Jäger gehen, riesige Staubwolken aufwirbelnd, in Flugposition Richtung Süden.

Bereits um 5.50 Uhr stürzen sie sich auf die Fliegerhorste, die Flakstellungen und Mannschaftslager bei Malemes – Chania – Rethymnon und Heraklion. Die Ouvertüre der Luftschlacht um die Insel Kreta war da.

Unter Sirenengeheul stürzen die Stukas auf ihre Opfer nieder, ziehen wieder steil nach oben, während am Boden große schwarze Rauchpilze der Bombeneinschläge aufquellen. Über die See kommen weitere Flugzeugwellen, zahlreiche Ju 52. Sie führen im Schlepp die Lastensegler. Hoch über der Küste klinken sie aus. Die Segler schweben wie große Eulen nieder. Ein Höllenrachen scheint die Flugzeuge und Lastensegler aufzunehmen: Maschinengewehre, Gewehre, Pak und Granatwerfer, Kanonen und Haubitzen legen los. Bei Malemes und Chania ist der Teufel los. Der Feind ist nicht überrascht worden, die überraschten waren die Fallschirmjäger.[44]

Aus versteckten Stellungen, vorzüglich getarnt, im Grün der Weinberge, Olivenfelder und Pflanzungen empfängt sie der Feind. Von überall her knallt es, zu sehen ist aber nichts. Die Neuseeländer verstehen ihr Handwerk der meisterhaften Tarnung.

Die Fallschirmjäger sprangen in mehreren Wellen auf Kreta ab. Die Reihenfolge des Abspringens und Absetzens der Lastensegler konnte zu einem großen Teil nicht nach dem vorgesehenen Zeitplan erfolgen. Die Nichteinhaltung des Zeitplanes war vor allem auf die außerordentliche Staubentwicklung auf den griechischen Abflughäfen zurückzuführen. Dies bewirkte wiederum einen viel zu langen Zeitraum zwischen den Stukaangriffen auf die feindlichen Stellungen und dem Absetzen der Fallschirmjäger auf den vorgesehenen Plätzen. In dieser Zeit hatten sich die Engländer und Griechen längst von den eingetretenen Verlusten und vor allem von der Schockwirkung erholt und konnten sogar angerichtete Schäden an den Verteidigungsanlagen beheben oder aber durch Stellungswechsel ausgleichen.

Das Sturmregiment Generalmajor Meindl hatte die Aufgabe, den Angriff gegen den wichtigen Flugplatz Malemes nach jenem Grundsatz zu führen, der sich schon während der Luftschlacht um Holland bestens bewährt hatte. Die Absetzplätze des Sturmregiments wurden daher so gewählt, daß der Flugplatz gleichzeitig von mehreren Seiten handstreichartig genommen werden konnte. Demgemäß sollte das III. Bataillon (Major Scherber) östlich, das IV. Bataillon (Hauptmann Gericke) hart westlich des Flugplatzes abspringen. Das II. Bataillon (Major Stenzler) sollte noch weiter westlich abgesetzt werden. Das III. und IV. Bataillon sollten den von Major Koch mit der 3. und 4. Kompanie vom I. Btl. bereits begonnenen Angriff unterstützen. Zwei Geschütze sollten in Segelflugzeugen landen und den Angriff der Fallschirmjäger unterstützen. Der größte Teil des II. und IV. Bataillons konnte planmäßig abgesetzt werden. Ein Zug wurde aber falsch abgesetzt. Bereits während des Abspringens wurde er von Zivilisten stark beschossen. Der Zugführer, Leutnant Mürbe, fiel und sein Zug wurde total aufgerieben. Fast alle Verwundeten wurden von den Partisanen bestialisch ermordet.

Das Absetzen des III. Bataillons mißglückte dagegen vollständig. Der Abflugplatz Megara in Griechenland war durch den Start des zuvor abgeflogenen VI. Btl. in derart dichte Staubwolken gehüllt worden, daß der Start des nachfolgenden III. Bataillons erst zu dem Zeitpunkt möglich war, zu dem das Btl. entsprechend dem Einsatzbefehl bereits über dem Absetzplatz hätte eintreffen sollen.[45]

Große Teile des III. Bataillons wurden stark zerstreut und im Bestreben, die Fallschirmjäger nicht ins Meer abtreiben zu lassen, zu weit südlich und größtenteils mitten in feindlichen Stellungen abgesetzt. Der Kommandeur, Major Scherber, und viele seiner

Männer fielen schon beim Absetzen oder beim Kampf im Gebirge. Hauptmann Witzig, der Bezwinger des Forts Eben Emael, wurde als Führer der 9. Kompanie durch einen Lungenschuß verwundet. Der Angriff des Sturmregiments konnte nunmehr nur mehr aus westlicher Richtung erfolgen. Die 5. neuseeländische Brigade, insbesondere das 22. neuseeländische Bataillon, leisteten erbitterten Widerstand. Regimentskommandeur General Meindl erhielt am späten Vormittag des 20. Mai einen Brustschuß. Trotz dieser schweren Verwundung führte General Meindl – auf einer Krankentrage liegend – noch 24 Stunden hindurch sein Regiment.

Zur ersten Absprungwelle am 20. Mai in der Frühe gehörte neben General Meindls Sturmregiment auch das verstärkte Fallschirmjägerregiment 3 unter der Führung von Oberst Heidrich. Das als Vorhut gedachte III. Bataillon (Major Heilmann) wurde auch hier unplanmäßig viel zu weit auseinandergezogen und teilweise in britische Stellungen hinein abgesetzt. Aufgrund der dem Bataillon zugefügten schweren Verluste konnte Major Heilmann nur mit einem kleinen Rest kampfkräftiger Fallschirmjäger und mit seinem Stab zu dem in der weiten Ebene um das Zuchthaus Agya abgesprungenen I. Bataillon (Hauptmann Frhr. v. d. Heydte) und zu dem ebenfalls schon dort befindlichen Regimentskommandeur Oberst Heidrich durchstoßen. Das II. Bataillon (Major Derpa) war plangemäß ebenfalls in der südwestlich der damaligen kretischen Hauptstadt Chania befindlichen Zuchthausebene abgesprungen. Desgleichen konnte das Fallschirmpionier-Bataillon und eine Kompanie des Fallschirm-M.G.-Bataillons unter Führung von Major Liebach planmäßig bei Alikianou abgesetzt werden. Diese Kompanien hatten den Auftrag, dem FJR 3 gegen Südwesten den Rücken zu decken.[46]

Dem I. Bataillon gelang es, unmittelbar nach dem Absprung im Sturm gegen neuseeländische Truppen mehrere Kilometer in Richtung Chania bis vor das Dorf Mounies vorzudringen. Das II. Bataillon nahm in schweren Kämpfen die nordöstlich gelegenen Galatas-Höhen. Bereits am Nachmittag dieses ersten Kampftages auf Kreta erkannte Oberst Heidrich, daß das verlustreiche Ringen um die Höhen nordöstlich der Zuchthausebene die Kräfte seines Regiments schnell verzehren mußte, ohne daß ihm der Durchbruch nach Chania gelingen würde. Demgemäß entschloß sich Oberst Heidrich, Teile des I. Bataillons zurückzunehmen und unter Beibehaltung der nordöstlichen Höhenstellungen zur Verteidigung über-zugehen. Desgleichen sollte das Fallschirm-Pionier-Bataillon in der Nacht seine Stellung aufgeben und zum Regiment näher heranrük-ken. Dieses Bataillon hatte seinen Auftrag, bei Alikianou dem Fallschirmjägerregiment 3 den Rücken zu decken, erfolgreich ausgeführt. Nach schweren Abwehrkämpfen gegen zahlenmäßig überlegene griechische Kräfte durchquerte das Bataillon nun in einem nächtlichen Schweigemarsch die britischen Stellungen und schloß sich dem Fallschirmjäger-Regiment 3 an.

Am 20. Mai um 13 Uhr sollte die zweite Welle der Fallschirmjä-ger starten. Das FJR 2 (Oberst Alfred Sturm) sollte Stadt und Flugplatz Rethymnon und das FJR 1 (Oberst Bruno Bräuer) Heraklion nehmen. Aufgrund der bereits geschilderten, beinahe als katastrophal anzusprechenden Verhältnisse auf den griechischen Transport-Flugplätzen kommt es zu Startverspätungen von ein bis über drei Stunden, wodurch die taktische Planung der Luftlandung völlig durcheinandergerät. Die Folge sind schwerste Verluste der Fallschirmjäger. Innerhalb von nur 20 Minuten werden drei Kom-panien des II. Bataillons des FJR 1 unter Hauptmann Dunz bei Heraklion völlig aufgerieben.

Weder Heraklion noch Rethymnon werden genommen. Die Flugplätze dieser kretischen Städte bleiben in britischer Hand. Der neuseeländische General Freyberg könnte eigentlich zufrieden sein; dennoch berichtet er voller Besorgnis: „Heute war ein schwe-rer Tag. Wir sind hart bedrängt worden. Bis jetzt, glaube ich, haben wir noch die Flugplätze und Seehäfen im Besitz. Aber wir können sie nur mit knapper Not halten . . .“[47] Die Befürchtungen General Freybergs sind wirklich berechtigt.

Noch am Abend des 20. Mai kommen die deutschen Fallschirm-jäger trotz ihrer schweren Verluste zum ersten, bedeutenden Erfolg: Zwei Stoßtrupps des Sturmregiments, der eine unter Füh-rung von Oberleutnant Horst Trebes, der andere vom Regiments-arzt, Oberstabsarzt Dr. Heinrich Neumann, geführt, kämpfen sich mit Pistolen und Handgranaten bis zu der das Gebiet von Malemes beherrschenden Höhe 107 vor und halten sie auch.

Glücklicherweise griffen die Briten die Höhe 107 nicht mehr stark im Gegenstoß an. Als der Kommandeur des 22. neuseeländi-schen Bataillons, Oberstleutnant Andrews, am Nachmittag einen Angriff über den Flugplatz Malemes in Richtung Westen auf den

Tavronitis zu durchführen ließ, wurde dieser vom Bataillon Gerikkes blutig abgewiesen. Sogar die beiden angreifenden Begleitpanzer Mark IV blieben bewegungs- und kampfunfähig liegen. Demgemäß hatte Oberstleutnant Andrews bei seinem nächsten Vorgesetzten zur Durchführung weiterer und dann auch erfolgreicherer Entlastungsangriffe um Verstärkungen gebeten. Sein Vorgesetzter – es war Brigadier Hargest, der Kommandeur der 5. neuseeländischen Brigade –, lehnte das Hilfeersuchen jedoch ab. Brigadier Hargest glaubte immer noch, die größte Gefahr drohe ihm nicht von den erschöpften Fallschirmjägern, sondern von einer noch bevorstehenden Landung von See her. Demgemäß hatte er nicht nur das Hilfeersuchen von Oberstleutnant Andrews abgelehnt, sondern auch veranlaßt, sämtliche Truppen gegen eine Bedrohung von See her einzusetzen und sogar auf das Ausscheiden einer Reserve zu verzichten.[48]

Die den Flugplatz Malemes beherrschende Höhe 107 war und blieb in deutscher Hand. Der nach wie vor ungebrochene Siegeswille der deutschen Fallschirmjäger und die falsche Lagebeurteilung des englischen Brigadiers Hargest waren die Ursache eines sich anbahnenden Erfolges, der sehr bald eine große Bedeutung erlangen sollte.

## *Gebirgsjäger landen auf dem Flugplatz Malemes*

Die beim XI. Fliegerkorps am Abend des ersten Kampftages auf Kreta eingehenden Meldungen der Fallschirmregimenter waren überaus enttäuschend. Mit dem FJR 2 (Rethymnon) war überhaupt keine Funkverbindung zustande gekommen, was zu den schlimmsten Befürchtungen Anlaß gab.

Kein einziges der angestrebten Tagesziele war erreicht worden. Und nicht einmal ein Flugplatz war in eigener Hand. Die Fallschirmregimenter mußten nach dem Scheitern ihrer Angriffe überall in die Verteidigung übergehen. Da noch keine Landeflächen im eigenen Besitz waren, würden weder Luftlandetruppen noch schwere Waffen den schwer ringenden Fallschirmjägern zugeführt werden können. Sämtliche beim XI. Fliegerkorps eingehenden Funksprüche berichteten überdies von erschreckend hohen eigenen Verlusten.

Trotz dieser Hiobsbotschaften über den ersten Angriffstag auf Kreta spielten weder die Luftflotte 4 noch General Student mit dem Gedanken eines Abbruches der Schlacht. Im Gegenteil wurde eiligst die Frage überprüft, welche Fallschirmtruppen noch einsatzbereit zur Verfügung standen: Es waren zwei Kompanien, die vom FJR 2 zurückgelassen werden mußten, dann die Fallschirmpanzerjägerabteilung mit Stab und eineinhalb Kompanien und schließlich ein von Oberst Ramcke aus Resten der eingesetzten Fallschirmjägerregimenter zusammengestelltes Bataillon.

Mit diesen Truppen sollte Oberst Ramcke abspringen und die Führung des nun verstärkten Sturmregimentes anstelle des verwundeten General Meinl übernehmen. Mit dieser Kampfgruppe sollte der Flugplatz Malemes erobert und noch am gleichen Tge – wenn nur irgendwie möglich – mit der Landung der Gebirgsjäger von der 5. Gebirgs-Division begonnen werden. Außerdem sollte der Versuch der Landung einer mit Nachschubgütern vollbeladenen Ju 52-Maschine auf dem Flugplatz Malemes unternommen werden. Bei Gelingen dieses Versuches könnte die Landung der Gebirgsjäger vielleicht schon vor der Eroberung des Flugplatzes möglich werden. Schließlich sollten die beiden leichten Schiffsstaffeln von der Insel MILOS aus in Richtung auf die Küste westlich von Malemes unverzüglich „in See stechen".[49]

Mit der Konzentrierung aller Truppen und Kräfte auf den Westteil der Insel Kreta, was der ursprünglichen Strategie widersprach – so sollten die Gebirgsjäger und ihr General Ringel auf dem Flugplatz Heraklion und nicht in Malemes landen –, war am Morgen des 21. Mai von der Luftflotte 4, insbesondere von General Student, ein schlachtentscheidender Entschluß gefaßt worden.

Im Gegensatz zu den Einsätzen der zweiten Welle am Vortag stimmten am 21. Mai die Feuervorbereitung durch Luftangriffe mit dem um 15 Uhr erfolgenden Absprung der beiden Kompanien des Oberleutnants Nagele östlich von Malemes und mit dem Angriffsbeginn des Sturmregiments westlich davon zeitlich größtenteils überein. Da aber wider allen Erwartungen die Kompanien Oberleutnant Nageles in` noch immer stark befestigte und intensiv verteidigte Stellungen des Feindes sprangen, blieb dem kurz danach durchgeführten Angriff bis zum Ostrand von Pygros trotz schwerer Verluste der 5. Kompanie und des Sanitätszuges (Oberarzt Dr. Hartmann war gefallen) ein durchschlagender Erfolg versagt. Demgegenüber gelang es dem aus dem Westen angreifenden Sturmregiment, nach Osten Raum zu gewinnen und Ort wie Friedhof Malemes zu nehmen.

Oberst Ramcke und seine Fallschirmjägerkompanien hatten beim Absprung westlich des Tavronitis mehr Glück und kamen ohne Verluste zu Boden. Desgleichen gelangen die ab 16 Uhr erfolgenden Landungen der Gebirgsjäger auf dem Flugplatz Malemes trotz starken Artilleriefeuers, das zwar zahlreiche Ju 52 zerstören und beschädigen, die Ausladungen aber nicht verhindern konnte. Obwohl Generaloberst Löhr diese Landungen der Gebirgsjäger noch für verfrüht angesehen und davon abgeraten hatte, konnte sich General Student unter Berufung auf die dringend notwendige Verstärkung für die so schwer kämpfenden Fallschirmjäger durchsetzen.[50]

Als die Gebirgsjäger ein Jahr zuvor in und um Narvik in schwerstem Kampfe gegen denselben Feind, die Soldaten Englands und seine Verbündeten, standen, waren ihnen die Fallschirmjäger zu Hilfe gekommen. Nun konnten sich die Gebirgsjäger, in viel größerem Ausmaß überdies, für den Kameradendienst der Fallschirmjäger im hohen Norden dankbar erweisen, und leisteten, wiederum unter außergewöhnlichen klimatischen und kämpferischen Bedingungen, eine höchst willkommene und äußerst notwendige Entlastung. Bis zum Abend dieses entscheidungsreichen 21. Mai waren bereits der Regimentsstab und das II. Bataillon des Gebirgsjägerregimentes 100 mit seinem Kommandeur Oberst Utz ausgeladen.

Die Gebirgsjäger gehen unmittelbar nach der Ausladung gegen Süden und Osten vor. Beinahe mit den letzten Strahlen der Sonne erreichen sie die Feuerlinie des Sturmregiments. Die dann folgende Begegnung mit jenen Männern, die bereits 36 Stunden hindurch in einem mörderischen Kampf stehen, ist erschütternd. Fast überall liegen gefallene Fallschirmjäger, teilweise noch mit den angegurteten Schirmen. Manche hängen noch in Baumkronen, einige als Verwundete von Partisanen grausam verstümmelt und umgebracht. Die sich zwischen den Erschöpften und ihren so lang ersehnten Helfern abspielenden Szenen stehen in der Geschichte des Zweiten Weltkrieges wahrscheinlich ohne Beispiel da: Erst als die Gebirgsjäger wirklich da waren, kam es den Fallschirmjägern zum Bewußtsein: „Nun wird sich alles zum Guten wenden, nun war die Folter dieser endlos hingedehnten Stunden nicht vergebens", schreibt General Ringel.[51]

Doch an diesem Abend gibt es noch immer keine Ruhe für die deutschen Kreta-Kämpfer. Die Engländer wagen einen großangelegten Gegenstoß, um sowohl den Ort Malemes zurückzuerobern als auch dem Ortsrand des Flugplatzes näher zu kommen. Nur auf diesem Wege könnte man zur Verhinderung weiterer Luftlandungen deutscher Soldaten entscheidend beitragen.

Plötzlich war Motorengeräusch zu hören, die Briten griffen mit Panzern an. Schon beginnt auch das Feuer der sie begleitenden Infanterie zu knattern, als in letzter Minute der Panzerjägerzug des GJR 100 erscheint und im Mannschaftszug mit seinen 3,7 cm-Panzerabwehrkanonen in Stellung geht.[52] Die Panzerabwehrgeschütze waren als letzte dieses Tages ausgeladen und von ihren Bedienungen sofort einsatzbereit gemacht worden. Schweißgebadet mußten die Pak-Soldaten ihre Geschützmunition selbst auf ihren Schultern heranschleppen. Nun aber lohnte sich dieser ganz nach dem „Schweiß spart Blut"-Motto ihres Divisionskommandeurs, General Ringel, erfolgte Einsatz der Gebirgskanoniere. Als die ersten Granaten der Pak-Geschütze bei den anfahrenden britischen Panzern einschlagen, lassen die von der so intensiven Abwehr der Deutschen völlig überraschten Panzerkommandanten sofort kehrtmachen. Glücklicherweise gehen auch die neuseeländischen Infanteristen in ihre Ausgangsstellungen zurück.

## Die leichten Schiffsstaffeln fahren in ihr Verderben

Seit dem 20. Mai waren das III/GJR 100 und das II/GJR 85 auf zwei leichten Schiffsstaffeln von Milos und Chalkis aus nach Kreta unterwegs. Aufgrund des von der deutschen Luftaufklärung erkannten Anmarsches eines größeren britischen Flottenverbandes mußten die deutschen Truppentransporter wieder nach Milos zurückfahren. Als sie nach der „Feindfrei"-Meldung der Luftaufklärer am 21. Mai um 9 Uhr wieder von Milos abfuhren, hatten die noch dazu mit niedrigster Geschwindigkeit fahrenden „Motorsegler", genannt auch die „Mückenflotte", wertvolle Zeit verloren. Diese Verzögerung sollte sich bitter rächen, denn nun liefen die deutschen Schiffe den Engländern direkt in die Arme.[52]

Kurz vor Mitternacht eröffneten die britischen Kreuzer und Zerstörer das Feuer. Zweieinhalb Stunden dauerte das einseitig geführte Seegefecht. Die Engländer versenkten von den 50 Booten der „Mückenflotte" elf oder zwölf, zwei davon waren von den Kriegsschiffen „Royal Navy" einfach gerammt worden.[53] Bedauerlicherweise erschossen oder verwundeten britische Soldaten von Schiffen aus viele schiffbrüchige, mit Schwimmwesten im Wasser treibende und in Schlauchbooten paddelnde Gebirgsjäger.[55] Weitab von ihrer heimatlichen Bergwelt fanden in dem ihnen von vornherein feindselig erscheinenden Meerwasser 300 Gebirgsjäger den Seemannstod, 200 Schiffbrüchige wurden am nächsten Tag meistens durch Seenotflugzeuge gerettet. 74 Männer der „Gebirgsmarine", wie sich die österreichischen und bayrischen Gebirgsjäger selbst „einordneten", erreichten die kretische Küste.

Die britische Kriegsflotte hatte ihr Ziel, den deutschen Seenachschub für Kreta zu verhindern, erreicht. Dennoch sollte der britische Flottenchef, Admiral Sir Andrew Cunningham, zuletzt nur einen Pyrrhussieg erringen, denn die Deutschen besaßen auf und um Kreta die Luftüberlegenheit.

## Deutsche Stukaflieger schlagen die britische Mittelmeerflotte in die Flucht

Selten haben deutsche Flieger mit größerer Spannung und Ungeduld auf einen Einsatz gewartet als die Männer des Stukageschwaders 2, „Immelmann". Die Luftaufklärer hatten Schiffe über Schiffe gemeldet. Die britische Flotte war nicht zu verfehlen, sie lag wie auf einem Präsentierteller vor den Stukafliegern da. Aber die britischen Seeleute auf den Schlachtschiffen, Kreuzern und Zerstörern glaubten gegen Angriffe aus der Luft durch einen umfassenden Kranz von Fliegerabwehrkanonen gefeit zu sein. Die „Immelmänner" mußten daher aus einer Höhe von 4000 Metern mit wahrer Todesverachtung in das infernalische Feuer der britischen Schiffsflak stürzen. Über die Angriffe des Geschwaders auf die britische Flotte vor Kreta berichtet der österreichische „Immelmann"-Stukaflieger Hannes Bernardis:[55]

22. Mai 1941: Zweiter Tagesangriff: Als *wir* (Jupp Wenigmann als Flugzeugführer und Hannes Bernardis, sein Bordschütze) uns

dem britischen Kreuzer näherten, setzte er mit vollen Touren seiner ganzen Maschinenkräfte zu einer engen Kreisfahrt an, um uns an einem genauen Zielwurf zu hindern.

Wir stürzten, über die linke Fläche abkippend, als einzelne Maschine auf ihn ... Die Schiffsabwehr hatte ... diesmal ein ganz neues Abwehrmodell ihrer feuerspeienden Flak eingesetzt. Im Sturz kam uns in kaum glaublicher Schußfolge ein Leuchtspurgeschoß nach dem anderen direkt zugeflogen. Es hatte den Anschein, als wollte der Faden der um uns in 5–15 Metern Entfernung krepierenden Geschosse nicht abreißen. Ein geglückter Treffer hätte genügt, um uns senkrecht ins Wasser stürzen zu sehen.

Immer das Ziel im Revi (Zielgerät) haltend ... wurde die Bombe in 500 Metern ausgelöst und der Vogel kurz darauf über die linke Fläche mit aller Kraft abgefangen ... Leider lag die Bombe knapp Steuerbord. Auch die noch nachstürzenden Maschinen konnten keinen richtigen Treffer erzielen."

22. Mai: Dritter Tagesangriff: „Der (britische) Flottenverband war inzwischen im Abzug knapp südlich der kleinen, Kreta vorgelagerten Insel Antikythera. Diesem (Flottenverband) galt unser dritter Einsatz.

Wieder dieser nun ewig erscheinende Anflug längs der östlichen Peloponnes, bis wir, an Ort und Stelle angelangt, eine wahre Vernichtungsschlacht miterlebten. Vor uns waren bereits zwei Stukagruppen gestürzt, welche einen weiteren leichten Kreuzer und zwei Torpedobootzerstörer versenkt hatten. Wir nehmen als erste von unserer Kette stürzende Maschine den mitten in dem Flottenverband Flakabwehr feuernden mittelgroßen englischen Kreuzer auf das Korn. Heute geht Wenigmann an sein Ziel ran, daß ich vermeine, wir gehen mitsamt der Bombe auf das Ziel los. In 300 Meter Höhe erst löst Wenigmann seine Bombe aus, fängt links über die Fläche ab, und wie wir in 30 Meter Höhe über dem Wasser uns erfangen, knallt neben uns ein Volltreffer mittschiffs auf ... Uns schüttelt die Explosionswelle regelrecht in der Maschine durcheinander ...

Auf dem Deck des Schiffes fliegen die Trümmer hoch. Kein Flakgeschütz feuert mehr. Da, kaum daß wir uns von unserem bedauerlichen Opfer entfernt haben, stürzt eine (weitere) Kette ... auf das lahme Schiff los, und (es) ... werden zwei weitere Volltreffer gelandet ... Der Kreuzer sinkt innerhalb einiger Minuten ...

Der Kampf entschied sich bis zum ... Abend zu einem eindeutigen Sieg der Luftwaffe, welche bis auf geringe Beschädigungen der Flugzeuge keinen einzigen Totalverlust aufwies ..."

23. Mai: Frühstart im Morgengrauen: „Wir umfliegen die Westküste und erblicken unweit des Kap Krio zwei große Torpedobootzerstörer ... Wir selbst peilen als letzte Kette den einen wild Zick-Zack-Kurs fahrenden Pott an. Wir greifen ihn diesmal, den Vorteil einer fehlenden Flak ausnützend, aus nur 2000 Meter Höhe an ... Die Maschine auf den Kopf und herunter ..., das Ziel einmal ohne entgegenfeuernde Flak im Revi haltend ... Bombenknopf gedrückt und die Maschine über die Fläche abgefangen ... Da, mitten auf dem Boot ein Volltreffer, eine Rauchwolke, sich langsam verziehend ...

Der Torpedobootzerstörer ist mittschiffs in zwei Teile auseinandergebrochen ... Die noch am Leben gebliebenen Soldaten haben sich in drei ausgesetzten Rettungsbooten von dem Strudel der absinkenden (beiden) Schiffsteile schnell entfernt und liegen auf der fast glatten See. Wir gehen nach einigem Kreisen, die Vorgänge beobachtend, etwas auf die Boote nieder. Dieses Manöver halten die Engländer scheinbar für einen Angriff unsererseits ... und knallen uns ganz frech entgegen. Aber lieber Tommy! In solchen Fällen bleiben wir ritterlich. Wir schießen nicht zurück. Der unbeugsame Kampfesmut, der Anblick, wie diese mitten im Boot bei einem aufgestellten Maschinengewehr aufrecht stehenden Seebären uns unerschrocken entgegenknallten, blieb mir sehr lange in Erinnerung. Auch da drüben kämpften Männer mit Todesverachtung."

Eineinhalb Stunden dauerte dieses Gefecht der ersten See-Luftschlacht am frühen Morgen des 22. Mai. Die britischen Schiffe erhielten zahlreiche Treffer. Damit waren auch die Annahmen der britischen Befehlshaber, daß das Flakfeuer von 19 Kriegsschiffen die Stukas abschrecken werde, nicht in Erfüllung gegangen.

Am späteren Morgen dieses Tages kam es zu einer weiteren Auseinandersetzung der deutschen Stukaflieger mit der britischen Flotte, gerade als die britischen Schiffe an die im Morgengrauen von Milos ausgelaufene zweite deutsche Motorseglerstaffel geraten war. Die Schiffe der Motorseglerstaffel rissen daraufhin nach Norden aus. Für diesen Teil der deutschen „Mückenflotte" wurden die Ju 88 der I.LG 1 und die Do 17 des KG 2 zum Retter aus höchster Not. Der Höhepunkt der See-Luftschlacht war am Nachmittag des 22. Mai erreicht. Bei Einbruch der Dunkelheit kamen die als Verstärkung vom britischen Oberbefehlshaber herbeigerufenen Zerstörer „Kelly" und „Kashmir" in den Kampfbereich der 24 Stukas der I/St G 2 und wurden versenkt.

Die Schiffbrüchigen der versenkten Kriegsschiffe trieben oft stunden-, einige fast einen Tag lang im ätzenden Seewasser, bis sie von den Deutschen gerettet wurden. Schließlich konnten die deutschen Soldaten über 500 britische Seeleute, teilweise unter Einsatz ihrer eigenen Seenotflugzeuge, vor dem Ertrinken retten.[56]

Am Morgen des 23. Mai 1941 kehrt die britische Mittelmeerflotte stark gezeichnet nach Alexandria zurück. Sie hatte zwei Kreuzer und vier Zerstörer durch Versenkung verloren. Zwei Schlachtschiffe, der einzige Flugzeugträger und drei Kreuzer hatten zum Teil schwere Schäden erlitten. Die erste See-Luftschlacht der Geschichte war letztendlich zugunsten der deutschen Luftwaffe ausgegangen.

## Die Entscheidung über den Besitz von Kreta

An diesem 23. Mai wirkte sich der Umgehungsangriff des unter der Führung von Oberst Utz stehenden GJR 100 erstmals aus. Der Feind zog sich auf Platanias zurück. Seinem Grundsatz „Schweiß spart Blut" entsprechend wurde auf Befehl von General Ringel auch das GJR 85 zu einer großräumigen südlichen Umfassung angesetzt.[57] Trotz aller einmaligen Anstrengungen der bei tropischer Hitze marschierenden und außer ihren Gewehren auch die schweren Infanteriewaffen schleppenden – was normalerweise Aufgabe der braven Maultiere (Mulis) war – Gebirgsjäger konnte der Umgehungsangriff auf Alikianou erst am 26. Mai erfolgen. Dabei geriet das GJR 85 noch in den Bombenregen eigener Kampfflieger. Der Ort wurde dennoch nach schwerem Kampf genommen, der gegnerische Widerstand gebrochen. An diesem Tage griffen aber auch alle übrigen Verbände der Gruppe General Ringels die feindlichen Stellungen an und konnten schließlich die letzten britischen Verteidigungsanlagen vor Chania nehmen.

Am 26. Mai sandte General Freyberg an Feldmarschall Wavell folgende Meldung: „. . . Gleichgültig, welche Entscheidung durch das Oberkommando vom militärischen Gesichtspunkt aus getroffen wird, unsere Lage hier ist hoffnungslos. Eine kleine... Truppenmacht wie unsere kann nicht dem konzentrierten Bombardement standhalten, dem wir während der letzten sieben Tage ins Gesicht gesehen haben..."

Am 27. Mai wurde die Hauptstadt Kretas, Chania, eingeschlossen. General Ringel konnte eine weitere Kampfgruppe, die Gebirgsjäger vom GJR 141 der 6. GD, die seit dem 26. Mai antransportiert worden waren, in die Einschließungsfront aufnehmen. Nach zum Teil erbitterten Kämpfen mit massiver Stukaunterstützung konnten die Fallschirmjäger vom I./FJR 3 unter der Führung von Hauptmann Freiherr von der Heydte vom Osten, die Gebirgsjäger vom II./100 unter Major Schury vom Südwesten und die Fallschirmjäger des Sturmregiments vom Westen in die Stadt eindringen.[58]

Zweifellos war für die Einnahme Chanias die Feuervorbereitung durch die Stukaflieger von größter Bedeutung. Wie Bernardis berichtet, wurde auf die Bekämpfung ausschließlich militärischer Objekte besonders Bedacht genommen.

„Die auf dem Funkweg durch Fernaufklärer festgestellten... einzelnen Stellungen in der Stadt (Chania) selbst wurden anhand von Luftaufnahmen jedem einzelnen Flugzeugführer zugeteilt...

Wir stürzten diesmal, da die Flakabwehr restlos ausgeschaltet war, aus nur 2000 Metern und nahmen uns das zugeteilte Ziel, eine Kaserne, vor. Obzwar der Großteil derselben bereits in Schutt lag, wurde der Straßeneckteil noch immer zäh verteidigt. Die Bombe mußte daher genau sitzen; sonst war dieser Einsatz mit seinem langen Anflugweg vergebens. Als letzte Maschine gingen wir in alter Tradition Wenigmanns auf fast 300 Meter herunter und lösten die Bombe... Diese lag punktgenau und sprengte den Eckteil der Kaserne restlos auseinander. Als wir über die schwer angegriffene Stadt hinwegzogen, wehte ein Ostwind die Rauch- und Staubschwaden über sie hinweg. Unsere Fallschirmjäger und eingesetzten Sturmtruppen konnten die Stadt anschließend in Besitz nehmen."[59]

Diesem Angriffsbericht von Bernardis ist zu entnehmen, daß die Stukaflieger offensichtlich von ihrer Führung auf das genaueste zur

Bekämpfung militärischer Ziele eingewiesen wurden und sich bei der Ausführung der Angriffsbefehle auch genau daran hielten.

Aufgrund des kriegsrechtlich einwandfreien Verhaltens der deutschen Kreta-Kämpfer soll General Freyberg diesen die gleichen Auszeichnungen wie seinen eigenen Soldaten verliehen haben.[60]

Aber auch der deutsche Sieger ehrte seine Gegner für ihren ritterlichen Einsatz beim Kampf um Kreta. So ließ Bataillons-Kommandeur Fr. August von der Heydte jene britischen, neuseeländischen und griechischen Offiziere, die gegnerische Verbände geführt hatten und mit seinem Bataillon gekämpft hatten, aus dem Gefangenenlager westlich Chania zu sich kommen, um sie zu einem Abendessen in sein Quartier einzuladen. Einige dieser Offiziere traten nach dem Kriege wieder mit v. d. Heydte in Verbindung.[61]

Mit der Eroberung der Hauptstadt Chania und der kurz danach erreichten Beherrschung der Suda-Bucht war der siegreiche Ausgang der Schlacht um Kreta nicht mehr zweifelhaft. Die Schlacht war damit jedoch noch nicht beendet.[62] In den nächsten Tagen wurden die schwer ringenden Fallschirmjäger des FJR 2 bei Rethymnon befreit. Nach Landung eines weiteren Fallschirmjägerbataillons unter Führung von Hauptmann Böhmler bei Gourmes (Unterstellung von Oberst Bräuer) und Durchführung eines Luftangriffes auf britische Verteidigungsanlagen in und bei Heraklion traten am 29. Mai die Bataillone Oberst Bräuers zum Sturm auf Heraklion an. Sie stießen aber auf keinen Widerstand mehr. Flugplatz und Stadt Heraklion waren geräumt. Die Briten hatten sich musterhaft vom Feind gelöst und noch in der vorhergegangenen Nacht im Kriegshafen von Heraklion in die kurz vorher eingelaufenen drei Kreuzer und sechs Zerstörer eingeschifft. 4000 Mann konnten die britischen Kriegsschiffe aufnehmen und trotz mehrerer deutscher Luftangriffe in den Hafen von Alexandria bringen.

Als Aufklärungsergebnisse darüber vorlagen, daß sich die übrigen britischen Truppen nicht nach Osten, sondern nach Süden über das Gebirge auf den kleinen Hafen SKAFIA zurückzogen, ließ General Ringel zwei Bataillone des GJR 100, die Kampfgruppe Oberst Utz, nach Süden marschieren. Die Kampfgruppe erreichte am 30. Mai den Raum von Skafia und mußte am letzten Maitag zwei Kompanien, die 7. und 8., zu einem weiteren Umfassungsangriff einsetzen. Dieser Marsch der beiden Gebirgsjägerkompanien über die Berge bei Skafia bei 40° Hitze war die Hölle selbst. Als die Gebirgsjäger am Morgen des nächsten Tages nach einem Feuerschlag von lediglich vier Stukas und vier Zerstörern ME 110 gegen Skafia in die Stadt eindringen, ergeben sich Tausende Briten, Neuseeländer und Australier. Insgesamt gerieten hier 9000 Briten und 900 Griechen in deutsche Gefangenschaft.

Dieser Erfolg der Kampfgruppe Oberst Utz des GJR 100 war mit erträglichen Verlusten, jedoch unter kaum vorstellbaren Strapazen errungen worden.[62]

Am 2. Juni 1941 gab das englische Kriegsministerium bekannt:

„Nach zwölf Tagen des in diesem Krieg zweifellos härtesten Kampfes wurde beschlossen, unsere Truppen von Kreta zurückzunehmen."

Insgesamt konnten die Briten 18000 Soldaten von Kreta nach dem Hafen Alexandria retten. 18000 von 43000 auf Kreta eingesetzten Briten, Australiern, Neuseeländern und Griechen. 12000 Briten, Australier und Neuseeländer waren in deutsche Gefangenschaft geraten und 2000 waren gefallen. Die englische Marine hatte 1828 Tote zu beklagen. Zusätzlich zu den bereits bekanntgegebenen Verlusten an Kriegsschiffen verzeichnete die Royal Navy an Versenkungen: 2 Kreuzer, 2 Zerstörer, 1 Minensucher, 3 Behelfs-U-Boot-Jäger, 2 Motorboote, 5 Torpedoboote und 19 Landungsfahrzeuge. An zusätzlichen Beschädigungen: 1 Schlachtschiff, 8 Zerstörer und 1 Spezialschiff.[64]

Die griechischen Verluste könnten verhältnismäßig höher als die britischen gewesen sein. Von den auf Kreta zum Einsatz gekommenen 11000 Mann regulärer Truppen sollen die Gesamtverluste an Gefallenen, Verwundeten und Gefangenen 5000 betragen haben. Über die Anzahl und die Verluste der kretischen Partisanen konnten keine konkreten Aussagen ermittelt werden, ebensowenig wie über die Verluste der Zivilbevölkerung auf Kreta.

Die Deutschen hatten auf Kreta 22000 Soldaten eingesetzt. Die deutschen Streitkräfte verfügten daher nur über etwa halb so viele Kreta-Kämpfer wie ihre britischen und griechischen Gegner.

Demgegenüber sind die deutschen Verluste mit 4800 Gefallenen als außerordentlich hoch zu bezeichnen. Wenn in dieser Verlustangabe auch geringe Ausfälle der deutschen Besatzungstruppe der Jahre 1942–1945 enthalten sind[65], so hatte doch kein deutsches Unternehmen bis dahin einen so hohen Blutzoll an jungen Männern bestens ausgebildeter und kampferfahrener Elitetruppen gefordert wie die Eroberung Kretas. Die *materiellen* Verluste, insbesondere an Flugzeugen, mußten angesichts der gigantischen Leistungen im Rahmen der ersten großen Luftbrücke des Krieges – 22 000 Soldaten, 353 leichte Geschütze, 1100 Tonnen Nachschub, 711 Krafträder, 5300 Abwurfbehälter und auf dem Rückflug 3173 deutsche und gefangene britische Verwundete – hingenommen werden: Es gab 200 Flugzeuge (einschließlich 119 Ju 52) Totalverlust, beschädigt waren 148 (einschl. 106 Ju 52).[66]

## Die Bewertung der Luftschlacht um Kreta

Der bedeutende britische Militärschriftsteller Generalmajor Fuller schreibt:

„Der Kampf um Kreta gestaltete sich für die Deutschen allerdings sehr schwierig, und erstmals erlitten sie auch verhältnismäßig schwere Verluste an Elitetruppen. Ähnlich wie der erste große Tankangriff im Ersten Weltkrieg bei Cambrai bedeutete im Zweiten Weltkrieg dieser erste Angriff größerer Verbände aus der Luft eine Revolutionierung der Taktik. Mit der Eroberung der Insel Kreta, die am 1. Juni abgeschlossen werden konnte, ging der deutsche Balkanfeldzug zu Ende. Die griechische Flugwaffe war in dieser Zeit so gut wie gar nicht in Erscheinung getreten, und auch die RAF hatte sich kaum an den Erdkämpfen beteiligt. Ungeachtet der Lehren aus dem Frankreichfeldzug hatte die britische Flugwaffe auch auf dem Balkan den ‚Fimmel des strategischen Bombardierens‘ beibehalten, obwohl damit den Operationen des eigenen Heeres kaum geholfen wurde."[67]

Die Bevorzugung des strategischen Einsatzes der RAF sollte sich für die übrigen englischen Wehrmachtsteile während des ganzen Krieges sehr nachteilig auswirken und überdies zu dessen Verlängerung nicht unwesentlich beitragen.

Für Liddell Hart[68] war die Eroberung Kretas durch eine Invasion, die ausschließlich aus der Luft erfolgte, eine der erstaunlichsten und kühnsten *Taten des Krieges.* Sie war auch das bemerkenswerteste Luftlandeunternehmen des Krieges. Sie ging auf Kosten Englands und sollte eine Warnung bleiben . . ."

Admiral Sir Andrew Cunningham bezeichnete die Zwölf-Tage-

Schlacht um Kreta als „eine unheilvolle Zeitspanne in der Geschichte unserer Marine". Die britischen Luftstreitkräfte sollten mit nur 200 Flugzeugen in Mittelost die Stützpunkte Malta, Kreta, Nordafrika, Italienisch-Ostafrika, Aden, Rotes Meer, Palästina und vielleicht auch Syrien und den Irak schützen.[69] Anscheinend hatte Churchill die Rolle, die um das Jahr 1941 das Flugzeug als wesentlicher Bestandteil der Seemacht gespielt hat, nicht richtig erkannt.[70]

Der österreichische Militärschriftsteller Oberst a. D. J. Diakow berichtet, daß der Oberbefehlshaber der Luftflotte 4, General Alexander Löhr, aufgrund des großen, allseits anerkannten Erfolges der Luftschlacht um Kreta einen Antrag auf Fortführung des Krieges in Richtung Ägypten einbrachte. „Löhr war wie viele höhere Offiziere ein grundsätzlicher Gegner des Ostfeldzuges. Er sah in England den Hauptfeind und als dessen verwundbarste Stelle die Mittelmeerherrschaft, welche die Lebensader des britischen Empires – den Weg durch den Suezkanal nach Indien – sicherte. Brach die englische Mittelmeerherrschaft zusammen, dann war es auch um das Empire geschehen." General Löhr war überzeugt, daß man damals Ägypten hätte einnehmen können. Bestimmten Nachrichten zufolge standen in Ägypten zu dieser Zeit (Mai 1941) nur zwei britische Divisionen. An den Dardanellen ist nach den Worten Löhrs der Krieg nur zu verlieren, am Suez-Kanal aber zu gewinnen. Und wenn man Rommel in Nordafrika über eine weitere „Luftbrücke Kreta" die erforderliche Zahl an Infanterieeinheiten zuführte (an Panzern fehlte es ihm anfangs weniger), dann könnte er in die Lage versetzt werden, gegen Alexandrien vorzustoßen.

Die Realisierung der so weitreichenden strategischen Pläne General Löhrs hätten einerseits eine teilweise Rechtfertigung der hohen deutschen Verluste der Luftschlacht um Kreta bedeutet und andererseits der Welt das ersehnte Kriegsende und einen gerechten Frieden bringen können.[71]

Hitler als Oberbefehlshaber der Deutschen Wehrmacht und Diktator Deutschlands hatte sich jedoch für die Ostkonzeption Richtung Sowjetunion entschieden. So ließ er durch den Chef des Generalstabes der Luftwaffe, General der Flieger Jeschonnek, General Löhr weitergeben, daß der Rußlandkrieg „unaufschiebbar sei und alle anderen noch so lockenden Operationen unterbleiben müßten".

1 Es handelte sich dabei um einen nach dem Briand-Kellogg-Pakt von 1928 verbotenen Angriffskrieg Italiens.

2 Fuller, S. 121 f.

3 Kurt v. Tippelskirch, Geschichte des Zweiten Weltkrieges, Bonn, 1951, S. 163.

4 Dr. Kurt Zentner, S. 168.

5 J. Diakow, S. 36.

6 H. Richter-G. Kobe, „Bei den Gewehren – General Johann Mickl – Ein Soldatenschicksal", 1983, Bad Radkersburg, zum Geleit von Franz Wegart, Landeshauptmannstellvertreter der Steiermark, S. 8.

7 J. Diakow, S. 38, wonach der Chef des deutschen Geheimdienstes, Admiral Canaris, dem serbischen Generalstab eine Warnung zukommen ließ. Diese war von General Simović so wenig ernst genommen worden, daß er die Hochzeit seiner Tochter für den 6. April festgesetzt hatte.

8 Ploetz S. 26, Spetzler, S. 274.

9 Castren, S. 204.

10 Spetzler, S. 85, Veale, S. 235 ff., und eigenes Erleben des Verfassers.

11 Ploetz, S. 135, Die bulgarische Kriegserklärung an Großbritannien erfolgte erst am 12. Dezember 1941.

12 Wolfgang Dierich, Kampfgeschwader 51 „Edelweiß", Stuttgart, 1975, S. 137 f.

13 Diakow, S. 38 f.

14 Dierich, S. 138 f.

15 Gundelach, a.a.O., S. 127.

16 Diakow, S. 40, unter Hinweis auf V. Dedijer, Tito, S. 132.

17 W. Churchill, Der Zweite Weltkrieg, III: Die große Allianz, S. 212.

18 J. Diakow, a.a.O., S. 42 f.

19 J. Diakow, S. 43.

20 Franz Kurowski, S. 234.

21 Ploetz, a.a.O., S. 67.

22 Ploetz, a.a.O., S. 28 ff., Zentner, a.a.O., S. 168. In diesen Fällen handelte es sich um die nach dem Briand-Kellogg-Pakt von 1928 verbotenen Angriffskriege Deutschlands, Italiens und Ungarns gegen Jugoslawien.

23 Wolfgang Dierich, S. 139 f.

24 Julius Ringel, Hurra die Gams – Ein Gedenkbuch für die Soldaten der 5. Gebirgsdivision, 1956, Graz und Göttingen, S. 16 ff.

25 Ders., S. 22 ff.

26 Julius Ringel, S. 25 ff.

27 Julius Ringel, S. 39 ff.

28 Dr. Kurt Zentner, S. 170.

29 Götzel, a.a.O., S. 191.

30 Diakow, a.a.O., S. 166 f.

31 Alkmar von Hove, Achtung Fallschirmjäger – Eine Idee bricht sich Bahn, 1954, Leoni, S. 108 f.

32 Götzel, S. 194.

33 Alexander Werth, Rußland im Krieg 1941–1945, München–Zürich, 1965, S. 106 f., Topitsch, S. 110 f., auch unter Hinweis auf Gustav Hilger, Wir und der Kreml, Frankfurt/M-Berlin, 1956, S. 158 ff., 259.

34 Kurowski, Der Panzerkrieg; München 1980, S. 206.
35 Topitsch, S. 111.
36 Werth, S. 107.
37 Topitsch S. 104.
38 Götzel, S. 193 f.
39 Diakow, S. 52 f.
40 Götzel, a.a.O., S. 198 ff.
41 Diakow, S. 54 ff.
42 Alkmar von Hove, Achtung Fallschirmjäger – Eine Idee bricht sich Bahn, 1954, Leoni am Starnberger See, S. 123 ff.
43 Univ.-Prof. Berthold Rubin, Kreta, Manuskript, 1984, S. 6.
44 Alkmar von Hove, S. 140 ff.
45 Götzel, S. 238 f.
46 Götzel, Hermann, S. 241 ff.
47 Cajus Bekker, a.a.O., S. 206 f.
48 Hermann Götzel, a.a.O., S. 260 ff.
49 Hermann Götzel, S. 268 f.
50 Götzel, a.a.O., S. 269.
51 Julius Ringel, S. 94 f.
52 Cajus Bekker, S. 208 ff.
53 Arnold von Roon, Die Bildchronik der Fallschirmtruppe 1933–1945 – Von den Männern, der Ausbildung, dem Kampf, 1985, D 6360 Friedberg, S. 124.
54 Alfred M. de Zayas, Die Wehrmachtuntersuchungsstelle, 1979, München, S. 262 ff.
55 Hannes Bernardis, Stuka im Angriff; Manuskript, 1949, 1972, Graz, S. 47 ff.
56 Cajus Bekker, a.a.O., S. 212 f.
57 Hermann Götzel, a.a.O., S. 286 ff.
58 Julius Ringel, a.a.O., S. 171 ff., Alex Buchner, a.a.O., S. 133 ff., Hermann Götzel, S. 291 ff.
59 Hannes Bernardis, a.a.O., S. 53.
60 Dr. Ernst Wilmersdorf, Schreiben vom 21. 10. 1981.
61 Fr. August von der Heydte, Ein europäischer Soldat, Ein Fallschirmjäger, Festschrift zum 70. Geburtstag am 30. 3. 1977, überreicht von der Landeskameradschaft Bayern im Bund Deutscher Fallschirmjäger.
62 Hermann Götzel, S. 292 ff.
63 Hermann Götzel, S. 304.
64 Aufzeichnungen auf dem British Cemetry in der Sudabucht, auf dem deutschen Kriegerfriedhof auf der Höhe 107 bei Malemes, Franz Kurowski, S. 186, Hermann Götzel, S. 328, Alkmar von Hove, S. 195 f.
65 Bis Ende 1941, als die 5. GD, die aus bayrisch-österreichischen Gebirgsjägern bestand, von Kreta abgezogen wurde, gab es keine derartigen Verluste, wie Julius Ringel, a.a.O., S. 203 schreibt: „Die Gamsdivision blieb nach dem Feldzug fast noch ein halbes Jahr auf Kreta … Wir lernten ihre Bewohner kennen, und es stellt ihnen und meinen Soldaten das schönste Zeugnis aus, daß es während unserer gesamten Besatzungszeit weder Überfälle auf Angehörige der deutschen Besatzung noch Sabotageanschläge … gegeben hat."
66 Alkmar von Hove, S. 195 ff.
67 J. F. C. Fuller, Der Zweite Weltkrieg 1939–1945, Wien-Stuttgart, 1950, S. 121 f.
68 Liddell Hart, S. 177.

69 Diakow, S. 73, unter Hinweis auf G. Long, Australia in the War 1939–1945, S. 319f.

70 Militärschriftsteller Captain Russel Grenfell, Das Ende einer Epoche, 1955, Tübingen, S. 261, der schreibt: „Und Jäger hätten in Fülle geliefert werden können, wenn Churchill gewollt hätte. Aber . . . er hatte nichts Besseres zu tun, als Hurricanes zu Hunderten für die Verteidigung anderer Länder zur Verfügung zu stellen."

71 Diakow, S. 74.

# 9. Deutschlands Krieg gegen die Sowjetunion

*Roosevelt seinerseits war entschlossen, selbst einen Krieg gegen Deutschland und Japan zugleich in Kauf zu nehmen... Alles kam also darauf an, das Unternehmen „Barbarossa" tatsächlich bis zum Herbst durchzuführen; dann war ein Zweifrontenkrieg vermieden, der in der zweiten Hälfte des Jahres 1941 tatsächlich noch nicht drohte."*

*Peter KRÜGER*
*„Das Jahr 1941 in der deutschen Kriegs- und Außenpolitik"*[1]

Am 22. Juni 1941 begann der Angriff Deutschlands auf die Sowjetunion. Die deutsche Luftwaffe zog in den Krieg gegen die UdSSR mit rund 1600 einsatzbereiten Flugzeugen. Die Flugwaffe der Roten Armee soll demgegenüber zu Beginn der Auseinandersetzung über rund 6000 Maschinen verfügt haben.[2] Wie schon gegen Polen, Frankreich und Jugoslawien eröffneten die Deutschen auch den Luftkrieg gegen die Sowjetunion mit einer Offensive gegen die sowjetischen Luftbasen.

Da die Rote Luftwaffe, unter Mißachtung der Lehren aus den bis dahin stattgefundenen deutschen Feldzügen ihre Flugzeuge zu einem großen Teil auf den grenznahen Flugplätzen belassen hatte, gelang der deutschen Luftwaffe sozusagen programmgemäß schon bei diesen einleitenden Luftangriffen die Vernichtung einer großen Anzahl sowjetischer Maschinen. Dies ermöglichte es den Deutschen, ihre zahlenmäßige Unterlegenheit in der Luft zumindest für die erste Zeit des Krieges in starkem Maße auszugleichen. Für diese Zeit erreichte die Luftwaffe in allen Kampfabschnitten eine unbestrittene Luftüberlegenheit, vielfach sogar absolute Luftherrschaft.

Der Angriff von vier deutschen Luftflotten – vom Nordkap bis zum Schwarzen Meer – auf die grenznahen sowjetischen Flugplätze

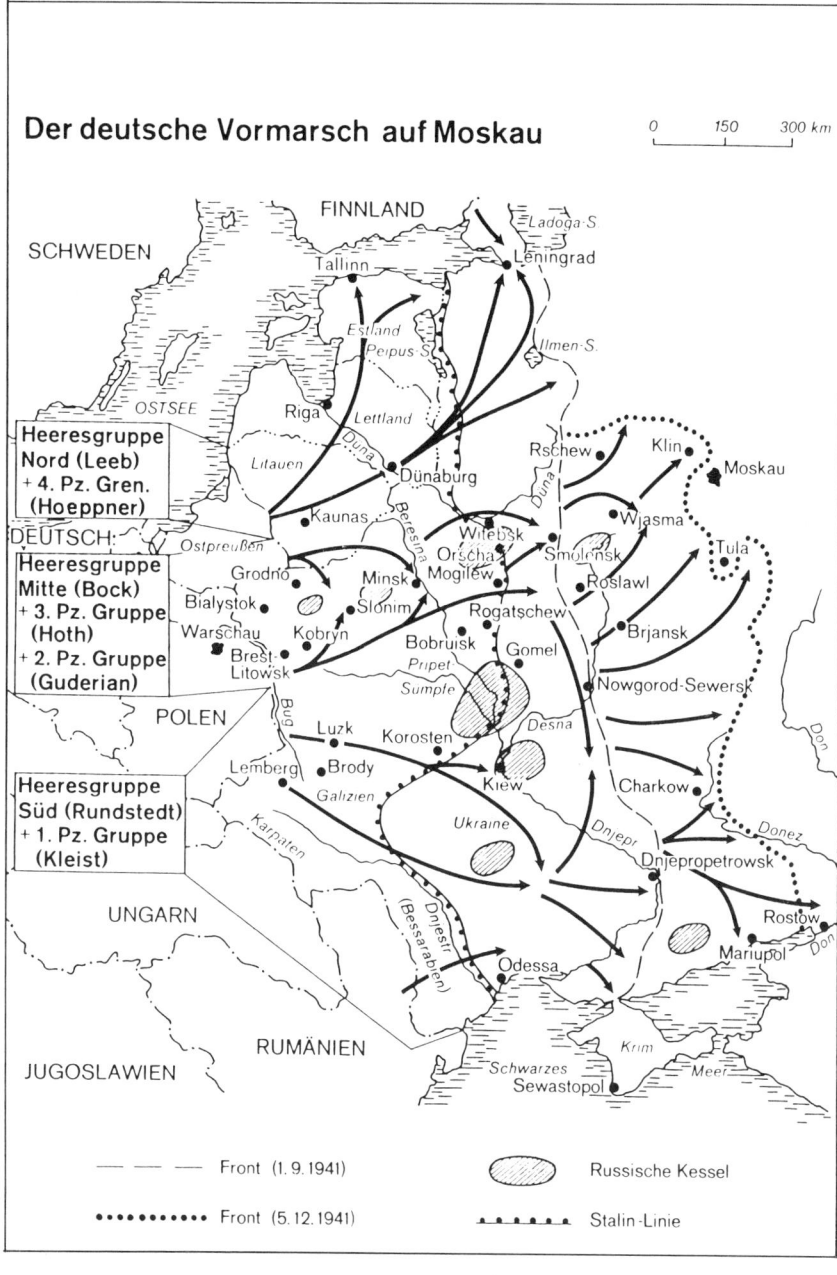

# Der deutsche Vormarsch auf Moskau

0    150    300 km

SCHWEDEN

FINNLAND

Ladoga-S.

Tallinn

Leningrad

Estland

Peipus-S.

Ilmen-S.

OSTSEE

Riga    Lettland

**Heeresgruppe Nord (Leeb) + 4. Pz. Gren. (Hoeppner)**

Litauen

Düna

Dünaburg

Rschew    Klin    Moskau

DEUTSCH:

Ostpreußen

Kaunas

Beresina

Witebsk

Duna

Wjasma

Tula

**Heeresgruppe Mitte (Bock) + 3. Pz. Gruppe (Hoth) + 2. Pz. Gruppe (Guderian)**

Grodno

Minsk

Orscha

Mogilew

Smolensk

Roslawl

Bialystok

Slonim

Brjansk

Warschau

Kobryn

Rogatschew

Brest-Litowsk

Bobruisk

Gomel

Nowgorod-Sewersk

Pripet

Sumpfe

Desna

POLEN

Bug

Luzk

Korosten

**Heeresgruppe Süd (Rundstedt) + 1. Pz. Gruppe (Kleist)**

Lemberg

Brody

Kiew

Charkow

Galizien

Ukraine

Dnjepr

Donez

Don

Karpaten

Dnjepropetrowsk

UNGARN

Rostow

Mariupol

Don

Dnjestr

(Bessarabien)

Odessa

RUMÄNIEN

Krim

JUGOSLAWIEN

Schwarzes

Meer

Sewastopol

— — — Front (1.9.1941)

●●●●●●● Front (5.12.1941)

Russische Kessel

▲▲▲▲▲ Stalin-Linie

hatte eine verheerende Wirkung. „Wir trauten unseren Augen kaum", berichtet Hauptmann Hans von Hahn, Kommandeur des vor Lemberg eingesettzen I./JG 3, „die ganzen Rollfelder dick voller Aufklärer, Bomber und Jäger, wie zur Parade in langen, ausgerichteten Reihen. Welch eine Massierung von Flugzeugen hatten die Russen an unserer Grenze!"

Hunderte und Aberhunderte Flugzeuge der Roten Luftwaffe gingen in Flammen auf. Manchmal versuchten die sowjetischen Flieger einen Alarmstart. Doch die Bomben der deutschen Maschinen fielen zwischen die rollenden Flugzeuge der Sowjets. Später fand man am Platzrand die ausgeglühten Flugzeugwracks.[3] Dennoch hatte auch die deutsche Luftwaffe Verluste durch Flak und eigene Unfälle.

## Schwerste sowjetische Flugzeugverluste

Als die deutschen Angriffsverbände von ihrem ersten erfolgreichen Start gegen die sowjetischen Flugplätze in der Morgendämmerung des 22. Juni zu ihren Fliegerhorsten zurück waren, mußten die Flugzeuge sofort aufgetankt und mit neuer Bombenladung versehen werden. Beim zweiten Anflug geht es bereits schwerer, denn zahlreiche sowjetische Bomber greifen nun die deutschen Flugplätze an. Niemand hat eine Ahnung, woher sie plötzlich kommen: von weit her, von den nicht zur Gänze zerstörten sowjetischen Rollfeldern oder von bisher nicht entdeckten Feldflugplätzen. Die sowjetischen Bomber greifen stur an, sie weichen keinem Flakfeuer aus und versuchen sich oft nicht einmal vor den deutschen Jägern zu retten. Ihre Verluste sind furchtbar: Binnen 24 Stunden werden 1811 sowjetische Maschinen vernichtet, davon 322 von Jägern und Flak abgeschossen, 1489 Flugzeuge am Boden zerstört – bei nur 35 deutschen Verlusten.[4]

Als die sowjetische Verlustziffer am 24. Juni auf 2500 Flugzeuge gestiegen war, konnte der Oberbefehlshaber der Luftwaffe, Hermann Göring, dies nicht glauben. Er ließ die Ziffer heimlich überprüfen. Die Prüfer, die tagelang die ausgeglühten Wracks von Flugzeugen der Roten Luftwaffe auf den vom deutschen Angriff überrollten Flugplätzen zu zählen hatten, kamen auf ein erstaunliches Ergebnis: Die Göring gemeldete Verlustziffer war noch um 200–300 zu niedrig gewesen.[5]

Da die Deutschen nicht mehr damit rechnen mußten, daß die sowjetische Flugwaffe ihre Luftherrschaft gefährden könne, ließen sie in den folgenden Tagen immer mehr von der Bekämpfung der sowjetischen Flugplätze ab und konzentrierten sich fast ausschließlich auf die Zusammenarbeit mit den vorwärts stürmenden Erdtruppen. Doch die Rote Flugwaffe ist noch lange nicht geschlagen. Am 30. Juni sind wieder Hunderte von roten Bombern über der Front, und Welle auf Welle brandet gegen die deutschen Panzerspitzen. Doch die deutschen Jäger sind auch da. Staffelweise, wie die sowjetischen Bomber anfliegen, werden sie abgeschossen. Bis zum Abend verzeichnen die deutschen Jäger allein vom JG 51 mindestens 114 Luftsiege. Das JG 51 erreicht damit als erstes Jagdgeschwader den 1000. Abschuß seit Kriegsbeginn.

Während die sowjetischen Verluste an Flugzeugen am 1. Juli 1941 bereits 4700 abgeschossene und am Boden zerstörte Flugzeuge ausmachen[6], verzeichneten die Deutschen nur 549 abgeschossene und schwer beschädigte Maschinen. Vom ursprünglichen Bestand gerechnet, betrugen die deutschen Verluste immerhin 34%, die sowjetischen dagegen 78%. Noch konnte die deutsche Flugzeugindustrie die Verluste der Luftwaffe ersetzen. Doch es zeigte sich, daß auch die sowjetische Kriegsindustrie die Ausfälle ihrer Flugwaffe bis zum Jahresende ausgleichen konnte: Im Jahre 1941 lieferte die sowjetische Industrie insgesamt 15735 Flugzeuge aller Typen an die Rote Armee aus![7]

## Deutsche Luftwaffe kann ihre Aufgaben nicht erfüllen

In den ersten Wochen des Ostkrieges erhielten die deutschen Luftflotten eine Verstärkung durch etwa 1000 Flugzeuge der verbündeten Luftstreitkräfte. Zu der Luftflotte 1 (Generaloberst Keller) bei der Heeresgruppe Nord und zur Luftflotte 5 (Gen.-Oberst Stumpf) kamen die finnischen und zu den Luftflotten 2 (Generalfeldmarschall Kesselring) bei der Heeresgruppe Mitte und Luftflotte 4 (Gen.-Oberst Löhr) bei der Heeresgruppe Süd stießen die rumänischen, italienischen, kroatischen und slowakischen Jagd-, Bomben- und Schlachtflugzeuge.

Trotz dieser Verstärkung konnte die Luftwaffe ihren vielfältigen Aufgaben im Osten immer weniger gerecht werden. Die strategi-

sche Luftkriegsführung gegen die Luftbasen und gegen die Flug-
zeugproduktionsstätten der Sowjets war alsbald gegenüber der
taktischen Luftunterstützung der weiter fast unaufhaltsam vor-
wärtsstürmenden Panzer- und Infanteriedivisionen ins Hintertreffen geraten. Hinzu kam, daß die Sowjets bereits im Sommer 1941 in
außerordentlich großem Ausmaß mit der Verlegung ihrer Kriegsindustrie aus ihren Westgebieten in neue Betriebsräume hauptsächlich hinter dem Ural begonnen hatten. So geschah es, daß ein
sowjetisches Flugzeugwerk bei Moskau noch von deutschen Bombern angegriffen wurde, während die Verladung der Werkzeugma-
schinen und Geräte auf Lastzüge zum Abtransport nach dem Osten
bereits im Gange war.[8]

## Transfer sowjetischer Flugzeugwerke hinter den Ural

Insgesamt transportierten die Sowjets 1500 Betriebe, darunter
Hunderte Flugzeug- und Motorenwerke hinter den Ural, wo sie sich
in Sicherheit fühlen konnten. Nun wirkte sich der entscheidende
Fehler der Deutschen des Jahres 1935 aus, als der von General
Wever geforderte viermotorige Fernbomber – genannt „Ural-
Bomber" – nicht gebaut worden war. Ein Fern- oder Langstrecken-
bomber trägt – abgesehen von der größeren Reichweite – eine
wesentlich höhere Bombenlast ins Feindgebiet als ein „Normal-
bomber". Zum Vergleich: Der Standardbomber der deutschen
Luftwaffe, die zweimotorige He 111, verfügte über eine BombWen-
last von 2000 kg, die Boeing B-17, die „Fliegende Festung" der US-
Luftflotte und spätere Schreckensbomber zahlreicher europäischer
Städte, faßte 5400 kg (5,4 Tonnen) Bombenlast.[9]
Abgesehen vom Fehlen eines Langstreckenbombers unterlief
dem deutschen Luftwaffen-Generalstab zum Beginn des Ostkrieges
ein schwerer Fehler. Anstatt nach den ersten erfolgreichen Schlägen der Bomber gegen die sowjetischen Flugplätze alle vorhandenen Kampfgeschwader in einer „strategischen Luftflotte" gegen die
großen sowjetischen Flugzeug- und Panzerwerke einzusetzen, ver-
zettelte man die Bomber bei Einzelaufträgen. So schreibt Cajus
Bekker richtig:[10]
„Wenn Bomber auf dem Schlachtfeld Panzer jagen müssen
und in einer Woche verlustreicher Einsätze gerade so viele

T 34 aus der Luft vernichten, wie das Panzerwerk in Gorki an einem Tag ausstößt – dann sind diese Einsätze offenbar verfehlt. Die eigentlichen Aufgaben der Bomber aber kommen zu kurz."

## Die Ursache für die Zerstörung europäischer Städte

Die Sowjets erzeugten bereits ein Jahr nach dem Transfer ihrer Flugzeug- und Panzerwerke aus dem Westen in Gebiete hinter den Ural – etwa Ende 1942 – 2000 Kriegsflugzeuge im Monat.[11] Über die Panzerproduktion der transferierten Werke gibt es keine überlieferten Zahlen, doch dürfte sie sicherlich ebenso aufsehenerregend gewesen sein. So gesehen war über den Ausgang des deutsch-sowjetischen Krieges bereits im Sommer 1941 eine erste Vorentscheidung gefallen: Der deutschen Luftwaffe war es zwar gelungen, Tausende auf den grenznahen Flugplätzen vielleicht sogar zum Angriff bereitgestellte Flugzeuge zu zerstören, es war den Deutschen aber nicht möglich, die Produktion weiterer Tausender Flugzeuge zu verhindern. Ungestört von gefährlichen deutschen Luftangriffen konnten die sowjetische, vor allem aber die US-Kriegsindustrie Zehn- und schließlich Hunderttausende Maschinen erzeugen, die später den Hauptanteil an der Tötung und Verstümmelung von Millionen Soldaten und Zivilpersonen sowie an der Zerstörung Hunderter europäischer Städte tragen werden.

## Nur „Nadelstichangriffe" gegen die sowjetische Metropole

Die Hauptstadt der Sowjetunion, Moskau, militärisches, politisches und wirtschaftliches Zentrum des Landes wurde erstmals in der Nacht vom 21. auf 22. Juli von 195 Kampfflugzeugen angegriffen. Für diesen Luftangriff wurden die Maschinen der KG 3 und 54 mit Ju 88, die KG 53 und 55 mit He 111 zusammengezogen. Darüber hinaus mußten aus dem Westen die Pfadfindergruppen des KG 28, die K.Gr. 100 und das KG 4 mit seinen He 111 herbeigerufen werden. „Bereits 30 km vor dem Ziel leuchteten die ersten Scheinwerfer auf, und die Flak begann zu schießen. Die meisten Gruppen kamen dennoch unbehelligt über die Stadt, doch dann

wurde Moskau zu einem feuerspeienden Vulkan. Hunderte Flakgeschütze feuerten auf die deutschen Maschinen, und 300 Scheinwerfer schützten die sowjetische Metropole. Diese Abwehr ließ ohne
weiteres einen Vergleich mit London in der Zeit der „Luftschlacht
um England" zu. So wurden nur etwa 200 Tonnen Bomben
abgeworfen. Eine geschlossene Wirkung konnten die deutschen
Kampflugzeuge damit nicht erzielen, berichtet Balke.[12] Karl Gundelach bezeichnet im „Kampfgeschwader General Wever 4" den
Erfolg des ersten Angriffs ebenso wie den aller noch folgenden
(insgesamt 4) auf die Industrieanlagen Moskaus als recht gut.[13]

In der kommenden Nacht auf den 23. Juli greifen nochmals 115,
in der dritten 100 Kampfflugzeuge Moskau an. Dann sinken die
Einsatzzahlen rapide ab: auf 50, auf 30 und fünfzehn Bomber. Von
ganzen 76 im Laufe des Jahres 1941 auf Moskau geflogenen
deutschen Luftangriffen werden 59 nur von jeweils 3–10 Kampfflugzeugen ausgeführt. Die Luftoffensive gegen das Regierungs-,
Partei-, Wirtschafts- und Kriegsindustriezentrum der Sowjetunion
war damit, kaum begonnen, eingeschlafen.[14]

Die Luftangriffe auf Moskau werden kriegsrechtlich bedeutungsvoll durch den Bericht des Oberkommandos der Deutschen Wehrmacht vom 22. Juli 1941 und durch die Bekanntmachung des
Hauptquartiers der Roten Luftflotte vom 9. August 1941. Der
Bericht des deutschen OKW lautet auszugsweise:

> „. . . Als Vergeltung für die bolschewistischen Luftangriffe
> auf die offenen Hauptstädte der Verbündeten, Bukarest
> und Helsingfors, griff die Luftwaffe in der letzten Nacht
> erstmals Moskau an. Starke Kampffliegerverbände bom-
> bardierten bei guter Erdsicht in rollendem Angriff militäri-
> sche Anlagen des sowjetrussischen Verkehrs- und Rü-
> stungszentrums . . ."[15]

1 Dieser Krieg Deutschlands gegen die Sowjetunion stellte einen nach dem
 Briand-Kellogg-Pakt von 1928 erlaubten Angriffskrieg Deutschlands dar.
 Da die Sowjetunion gegen Polen, Finnland, Estland, Litauen und Lettland in
 den Jahren 1939–40 verbotene Angriffskriege geführt hatte, waren die anderen
 Staaten der UdSSR gegenüber nicht mehr an die Bestimmungen des Briand-
 Kellogg-Paktes gebunden (siehe Abdruck des Wortlautes dieses völkerrechtlichen Vertrages auf S. 722). Obwohl maßgebliche Deutsche, wie Generalstabschef Franz Halder, der Überzeugung waren, daß sich die Sowjetunion ihrerseits
 zum Angriff auf Deutschland gerüstet hatte (vgl. Ernst Topitsch, a.a.O. S. 163),
 kann dieser Kriegsbeginn *nicht* als ein Verteidigungskrieg Deutschlands bezeich-

net werden, weil dieses m. E. weder von einem gegenwärtigen noch einem unmittelbar bevorstehenden militärischen Angriff der Sowjetunion bedroht war.

2 Dahms, a.a.O., S. 189f., Pielkalkiewicz schreibt dagegen von 18000 Kampfflug-zeugen (S. 148).
3 Cajus Bekker, S. 236f.
4 Cajus Bekker, a.a.O., S. 238f.
5 Russel Miller, Die Sowjetunion im Luftkrieg, Amsterdam 1984, S. 85.
6 Heinz J. Nowarra, Luftwaffen-Einsatz „Barbarossa" 1941, o. J., o. O., S. 54.
7 Cajus Bekker, S. 241.
8 Russell Miller, a.a.O., S. 100f.
9 Friedrich König, a.a.O., S. 126ff.
10 Cajus Bekker, a.a.O., S. 242.
11 Russel Miller, a.a.O., S. 100f.
12 Ulf Balke, a.a.O., S. 83.
13 Karl Gundelach, S. 146.
14 Cajus Bekker, S. 243.
15 Janusz Piekalkiewicz, S. 152.

# 10. Moskau – Bukarest – Helsinki – Kriegsrechtliche Beurteilung

Bekanntlich können Repressalien gegen Kriegsrechtsverletzungen des Gegners gerichtet werden, um ihn zur Einstellung weiterer völkerrechtswidriger Maßnahmen zu veranlassen. Die Repressalien dürfen lediglich in etwa demselben Ausmaß wie die das Kriegsrecht verletzende Kriegshandlung vorgenommen werden. Außerdem können Repressalien nur von den Kriegsorganen jenes Staates ausgeübt werden, gegen dessen Angehörige die Kriegsrechtsverletzung erfolgte.

Hinsichtlich der sowjetischen Luftangriffe auf Bukarest wird berichtet, daß sowjetische Bomber am 25. Juni 1941 aus 6900 m Höhe Bomben auf die rumänische Hauptstadt abgeworfen haben. Ein Dutzend Einwohner von Bukarest wurden verletzt und einige Häuser beschädigt.[1] Damit kann es sich schon aufgrund der außerordentlich hohen Bombenabwurfhöhe nur um die Bombardierung der Zivilbevölkerung und nicht militärischer Ziele Bukarests gehandelt haben.

Hinsichtlich der Bombardierung von Helsinki durch Bomber der UdSSR läßt sich überhaupt nicht feststellen, ob diese militärischen oder zivilen Zielen gegolten haben. Lediglich aufgrund der relativ hohen Zahl an Ziviltoten durch alliierte Bombardierungen 1941 bis 1945, nämlich 97 Gefallene in Helsinki als höchste Zahl der bombardierten 24 Städte und Orte Finnlands, könnte man schließen, daß die sowjetischen Luftangriffe im Juli 1941 gegen zivile Ziele der finnischen Hauptstadt erfolgten.[2]

Trotz der im Falle Bukarests eindeutig und in Helsinki sehr wahrscheinlich erfolgten Verletzungen des Kriegsrechtes durch sowjetische Flieger kann die Bombardierung Moskaus durch deutsche Flugzeuge in der Nacht vom 21. auf 22. Juli nicht als Repressalie angesehen werden. Einerseits griff die deutsche Luftwaffe mit 195 Flugzeugen Moskau an, während die sowjetischen Angriffe auf die genannten Städte vielleicht von 20–30 Flugzeugen geflogen worden waren. Damit wäre der Grundsatz des gleichen Ausmaßes von Kriegsrechtsverletzung und Repressalie verletzt worden.

Andererseits hatte Deutschland kein Anrecht auf Vergeltung (Repressalienausübung), weil es sich bei den von sowjetischen Flugzeugen bombardierten Städten Bukarest und Helsinki um fremde, wenn auch verbündete Hauptstädte und nicht um die Metropole des eigenen Landes gehandelt hatte.

## Berechtigte sowjetische Repressalie gegen Berlin

Der bereits erwähnte Bericht des Hauptquartiers der Roten Luftflotte vom 9. August 1941 lautete:[3]

> „In der Nacht zum Freitag haben sowjetische Langstreckenbomber Berlin angegriffen. Während mehrere Staffeln Aufklärungsflüge über Ostdeutschland durchführten, warf eine Staffel über Berlin zur Vergeltung der Angriffe auf Moskau Brand- und Sprengbomben ab. Es konnten in mehreren Stadtteilen Schäden beobachtet werden. Alle sowjetischen Bomber sind unversehrt zu ihren Stützpunkten zurückgekehrt."

An und für sich wäre der sowjetische Luftangriff auf Berlin völkerrechtswidrig gewesen, weil er als Nachtangriff bei den damals noch fehlenden Nachtzielgeräten eine unterschiedslose Bombardierung darstellte. Da die Bekanntmachung des Hauptquartiers der Roten Luftflotte jedoch ausdrücklich auf den Vergeltungscharakter des sowjetischen Angriffs auf Berlin hingewiesen hat und der deutsche Nachtangriff auf Moskau vom 21./22. Juli völkerrechtswidrig war, ist die von den sowjetischen Fliegern gegen Berlin gerichtete Repressalie als eine dem Kriegsrecht entsprechende Maßnahme anzusehen.

Es lohnt sich in diesem Zusammenhang auch, die Bekanntmachungen des deutschen und sowjetischen Nachrichtenbüros über die Luftangriffe auf Moskau und Berlin zu erwähnen. Radio Moskau berichtet über einen späteren Luftangriff der sowjetischen Flugzeuge auf Berlin am 10. August, daß Eisenbahnanlagen und militärische Ziele getroffen wurden. Das Deutsche Nachrichtenbüro (DNB) meldet ebenfalls am 10. August, daß in der Nacht zum 9. August einzelne Sowjet-Flugzeuge ins deutsche Reichsgebiet eingeflogen sind. Beim Versuch, Berlin anzugreifen, wurden sie durch Flakabwehr gezwungen, noch vor Erreichen des Weichbildes der Reichshauptstadt abzudrehen.[4]

Im Kriegstagebuch des Oberkommandos der Wehrmacht werden die Luftangriffe der Deutschen auf Moskau ebensowenig erwähnt wie die Bombardierung Berlins durch die Sowjetrussen. Lediglich in der von Andreas Hillgruber und Gerhard Hümmelchen im Anhang zum KTB des OKW abgedruckten Chronik finden diese Luftangriffe ganz kurz Erwähnung.[5]

## Stalins „Verbrannte Erde"-Befehl zur Verwüstung des eigenen Landes

Im Juli 1941 kommt es bei der deutschen Heeresgruppe Mitte (GFM von Bock, 48 Divisionen) zur Entwicklung mehrerer Kesselschlachten, vor allem jener von Smolensk. Dabei wird auch um Smolensk selbst, eine der ältesten Städte Rußlands, schwer gerungen. Systematisch muß die Stadt den Sowjets aus ihrer Verteidigungslinie herausgebrochen werden. Die deutschen Soldaten zweier Infanterieregimenter durchstoßen schließlich die Stadt bis zum Dnjepr. Die Sowjets haben fast alle Brücken gesprengt und in Brand gesetzt, lediglich die intakt gebliebene Eisenbahnbrücke können die Deutschen im kühnen Handstreich nehmen. Sie können sie aber nicht überschreiten, weil die Sowjets den gesamten Nordteil der Stadt noch halten und die Brücke durch schwerstes Abwehrfeuer vorläufig „unpassierbar" machen. Nun kommen auch noch sowjetische Bomber, die den Deutschen das Übersetzen des Dnjepr so schwer als möglich machen sollen. Doch die Flieger eines bekannten Jagdgeschwaders sind zur Stelle, und sie ringen gemeinsam mit ihren Flakkameraden in den Stellungen vor der Brücke die Flugzeuge mit dem roten Stern auf den Tragflächen nieder. Es ist für die roten Angreifer ein vorherzusehendes Ende, aber die Sowjets lassen früher nicht locker.

Der von den deutschen Soldaten bereits eingenommene Südteil von Smolensk besteht eigentlich nur mehr aus wenigen intakten Häusern. Diese sind „ausgestorben", denn die Zivilbevölkerung hatte zuvor auf Befehl Stalins nach Verladung ihres geringen Hab und Gutes auf Autos oder in Güterwaggons die Stadt in Richtung Osten verlassen müssen. Bis auf Gemeinschaftsanlagen, wie Kirchen, Theater, Krankenhäuser, Lazarette und Warenhäuser, hatten die Sowjets aufgrund des „Verbrannte Erde"-Befehls Stalins vom 3. Juli 1941 alles bis auf die Grundmauern niedergebrannt. Dieser Stalinbefehl lautete:[6]

> „Wir müssen einen schonungslosen Kampf organisieren. Dem Feind darf kein Transportmittel, kein Kilogramm Brot, kein Treibstoff in die Hände fallen... Was nicht abtransportiert werden kann, muß vernichtet werden. Brücken und Straßen sind zu sprengen... Für den Feind müssen unerträgliche Bedingungen geschaffen werden."

Niemals werden die deutschen Soldaten, die in dieser Nacht zum 17. Juli 1941 das flammende Smolensk erlebt haben, vergessen können, was sowjetische Vernichtungsarbeit heißt. Diejenigen von ihnen, die Warschau, Rotterdam oder Dünkirchen miterlebt haben, berichten, daß alle bisherigen Erlebnisse gegenüber der Vernichtung Smolensks verblassen.[7]

## Wintereinbruch beendet deutschen Siegeszug im Osten

Mit einem überwältigenden Sieg der deutschen Heeresgruppe Mitte war am 5. August die Kesselschlacht von Smolensk zu Ende gegangen. Mit der Vernichtung von zwei Sowjetarmeen und Teilen einer dritten Armee endete am 8. August die Kesselschlacht bei Uman. Der nächste Sieg folgte am 24. August im Raum von Gomel mit der Vernichtung der sowjetischen 21. Armee und Teilen der 5. Armee. Dennoch war man im Oberkommando der Wehrmacht (OKW) zur Erkenntnis gekommen, daß sich das von Hitler gesetzte Ziel auf Beendigung des Ostfeldzuges in nur fünf Monaten nicht aufrechterhalten ließ. Bereits am 26. August 1941 verfaßte das OKW daher eine Denkschrift, in der darauf hingewiesen wurde, daß der Ostkrieg im Jahre 1941 nicht mehr zu beenden sei. Hitler mußte diese Denkschrift nolens volens billigen![8]

Der Siegeszug der deutschen Armeen im Osten setzte sich bis in den Oktober weiter fort. In der Doppelschlacht von Wjasma und Brjansk im Bereich der Heeresgruppe Mitte konnten mehrere Sowjetarmeen ganz oder teilweise vernichtet werden. Ebenso erfolgreich verlief die Schlacht am Asowschen Meer; die 18. Sowjetarmee war vernichtet, 100000 Gefangene und 212 Panzer sowie 672 Geschütze entweder erbeutet oder vernichtet. Am 6. Oktober erzielte das JG 51 seinen 1500. Abschuß an der Ost-

front. Bald danach kam es zu einer bösen Überraschung: Am
13. Oktober begann es im Mittelabschnitt der Ostfront zu schneien,
zwei Tage später fielen auch im Nordabschnitt 20 cm Schnee. Der
Schnee machte es den deutschen Fliegern einfach unmöglich, ihre
Flugzeuge zu starten. Auf der sowjetischen Seite der Front gab es
zumeist klares Wetter. Die sowjetischen Flieger konnten fast
ungehindert fliegen. Die Panzerspitzen der vormarschierenden
deutschen Divisionen waren nunmehr ohne Deckung durch ihre
Jäger den Tieffliegerangriffen der Sowjets ausgesetzt. Im selben
Ausmaß, wie die deutschen Lufteinsätze wetterbedingt gebremst
wurden, nahmen die der Sowjets zu. Dies geschah nicht nur an
einzelnen Schwerpunkten, sondern im ganzen Nord- und Mittelabschnitt. Während die Deutschen mit solchen extremen Wetterbe-
dingungen nur sehr schwer fertig wurden, waren die Sowjets damit
besser vertraut.[9]

## Einmalige Leistungen des deutschen Landsers

Auf deutscher Seite sah es trostlos aus. Aber die Männer des
Bodenpersonals leisteten bei der bitteren Kälte und dem scharfen
Wind Übermenschliches. Die Maschinen mußten Tag und Nacht
warm gehalten werden. Trotz Vorwärmung kurbelten die Warte oft
30 Minuten und länger, bis der Motor endlich ansprang. Die Kälte
ging durch die Handschuhe, durch die Stiefel und den Monteuran-
zug. Zu überraschend war die Kälte hereingebrochen. Weder
Kleidung noch Ausrüstung waren ausreichend, um dieser tödlichen
Kälte zu trotzen. Auf die Bewältigung derartiger Risiken waren die
Soldaten nicht vorbereitet worden.

Die deutschen Soldaten waren nach den monatelangen Angriffs-
und Abwehrschlachten abgekämpft und müde. Der Glanz des
Sieges war durch den Schatten des Winters verdunkelt worden.
Die erneute, am 30. September gegen Moskau begonnene Offensive drohte nun im Morast zu ersticken, und frische Truppen der
Roten Armee tauchten auf. Die meisten deutschen Generale
wollten die Offensive abbrechen und Winterstellungen beziehen.
Sie dachten daran, wie es Napoleons Truppen im Jahre 1812
ergangen war. Schließlich hatte man den Gegner weit unter-

schätzt, wie Generaloberst Franz Halder, Generalstabschef im Führerhauptquartier, bereits Mitte August in seinem Tagebuch vermerkt hatte:[10]

„Wir haben bei Kriegsbeginn mit etwa 200 Divisionen gerechnet. Jetzt zählen wir bereits 360."

## Tödliche Unterschätzung des sowjetischen Kriegspotentials

Darin war schließlich ein grundlegender Faktor für das Scheitern der Invasion enthalten: Der deutsche Angreifer hatte sich hinsichtlich der Reserven, die Stalin aus den Tiefen Rußlands heranholen konnte, verrechnet. Darin waren sowohl der Generalstab wie auch der Geheimdienst ebenso getäuscht worden wie Hitler, berichtet Liddell Hart. Wer aber sollte den deutschen Geheimdienst getäuscht haben? Waren nicht vielmehr Generalstab und Hitler vom Geheimdienst getäuscht worden? Dessen dürfte sich Hitler selbst voll bewußt gewesen sein, wie er sich gegenüber Mussolini anläßlich dessen Besuch im Führerhauptquartier am 25. August 1941 geäußert hatte.[11]

„Er (Hitler) gab zu, daß seine militärischen Nachrichtendienste ihn aufs gröblichste fehlinformiert hätten, was die sowjetische Widerstandskraft betreffe . . ."

## War Admiral Canaris der Hauptschuldige?

Wer war für die militärischen Nachrichtendienste im damaligen Deutschland verantwortlich? War es nicht hauptsächlich Admiral Canaris, der Chef des Amtes Ausland-Abwehr? Admiral Canaris galt als der bestinformierte Mann in Deutschland und unterstand nur noch Generalfeldmarschall Wilhelm Keitel, dem Chef des OKW, und dann Hitler selbst. Admiral Canaris war zweifellos ein Mann des Friedens, aber er diente auch seinem Kriegsherrn Adolf Hitler. Als Friedensanhänger hatte er dafür gesorgt, daß Verschwörer gegen die NS-Staatsmacht mit den Westmächten über Rom und Stockholm Friedensverhandlungen aufnehmen konnten. Bereits im Herbst 1939 und im Frühjahr 1940 hatte man versucht, unter Ausschaltung Hitlers mit England zu einer Verständigung zu kommen. Die Engländer waren damals bereit, einerseits nach

Beseitigung Hitlers und Ribbentrops sowie Unterlassung eines Angriffes im Westen und andererseits unter Belassung Österreichs und des Sudetenlandes beim Deutschen Reich und nach sonstigen Grenzberichtigungen (Elsaß-Lothringen) sowie nach erfolgter Regelung der Korridorfrage einen Frieden zu schließen.[12]

Admiral Canaris diente aber auch seinem Kriegsherrn Hitler: Aufgrund seiner Machtposition – Admiral Canaris herrschte über einen großen Apparat mit 400 Offizieren und Zehntausenden von Agenten – hatte er seinerzeit die Aufrüstung gründlich abgesichert und die Welt mit seinen Agenten bevölkert. Aber auch Völkerrechtsbrüche führte er für seinen obersten Chef Adolf Hitler durch. Bereits ab 1936 hatte er von seinen Erkundungsflugzeugen in Höhen bis zu 12 000 m viele Länder überfliegen lassen, um militärische Anlagen zu fotografieren.[13]

Zweifellos mußte er daher auch über Sowjetrußland viel Wichtiges in Erfahrung gebracht haben, mag auch sein Agentennetz dort auf Schwierigkeiten gestoßen sein. Die Luftaufklärung war sicher allein ausreichend. Es grenzt daher an Unwahrscheinlichkeit, daß Admiral Canaris in der Zeit vor dem Ostfeldzug fast jeden Morgen zu Generalfeldmarschall Keitel mit der Feststellung kam:[14]

„Herr Feldmarschall, alles, was ich aus der Sowjetunion zu melden habe, ist nicht das Papier wert . . . Was sich dahinter abspielt, weiß ich nicht."

Viel wahrscheinlicher ist die Hypothese, daß Admiral Canaris dem OKW sein Wissen um die Stärke der sowjetischen Streitkräfte und über die sowjetische Rüstung verheimlicht hat. Ähnliche Verhaltensweisen legte er auch vor den anglo-amerikanischen Operationen TORCH (Invasion in das neutrale Französisch-Nordafrika[15]) und OVERLORD (Invasion in der Normandie) an den Tag. Sein falscher Bericht über „Torch" an das deutsche OKW lautete: Die Alliierten haben keine Pläne gegen Französisch-Nordafrika. Über „Overlord" ließ Admiral Canaris verlauten, daß der alliierte Angriff in der NORMANDIE nicht der Hauptschlag sei, sondern daß der Hauptangriff weiter östlich im Pas-de-Calais erfolgen werde.

## Empörte Russen beschuldigen Churchill

Da Admiral Canaris den Kontakt zu englischen Stellen auch im Kriege zu pflegen imstande war, ist es nicht auszuschließen, daß seine Handlungsweise auch von England beeinflußt wurde. Als Churchill nämlich bei einer Rede am 23. November 1954 im englischen Woodford davon berichtete, daß man gegen Ende des Zweiten Weltkrieges die Wiederbewaffnung deutscher Truppen für einen gemeinsamen Kampf gegen die ihren Vormarsch weiter fortsetzenden Sowjets in Erwägung gezogen habe, reagierten die Sowjets empört:[16]

> „Churchill wurde beschuldigt, er habe die Deutschen 1941 zum Überfall auf die Sowjetunion ermutigt."

Die falsche Schätzung des sowjetischen Flugzeugbestandes aufgrund fehlender oder unrichtiger Informationen des deutschen OKW hatte schwerwiegende Folgen. Bis zum Jahresende 1941 waren an der Ostfront rund 17 800 sowjetische Flugzeuge vernichtet worden, davon 6000 im Luftkampf. Das war fast das Dreifache des am Anfang des Ostfeldzuges von den Deutschen angenommenen Bestandes an Sowjetflugzeugen. Wenn man noch die laufende Flugzeugproduktion der Sowjets einbezieht und dem deutschen Zugang des Jahres 1941 gegenüberstellt, nämlich 15 735 : 12 401, wobei letztere für den Schutz eines großen Teiles von Europa ausreichen mußten, ist man gezwungen festzustellen, daß die Deutschen mit der Ausgangsbasis von 1600 einsatzbereiten Maschinen überhaupt keine Chance hatten.[17]

## Hitlers Zweifrontenkrieg?

Bereits am 9. November 1941 hatte Hitler folgende düstere Bemerkung gemacht:[18]

> „Die Erkenntnis, daß keine der Armeen in der Lage ist, die andere zu vernichten, wird zu einem Kompromißfrieden führen."

Später wird es Hitler bedauert haben, daß er diese düstere Erkenntnis nicht in die Tat umzusetzen versuchte. Doch der Oberbefehlshaber der Heeresgruppe Mitte, Generalfeldmarschall

(GFM) von Bock, drängte, die Offensive fortzusetzen. Der Oberbefehlshaber des Heeres, GFM von Brauchitsch, und Generaloberst (GO) Halder stimmten mit ihm überein. Daher wurde der
Vorstoß auf Moskau am 15. November wiederaufgenommen, als
sich das Wetter vorübergehend gebessert hatte. Doch nach zwei
Wochen Kampf durch Schnee und Schlamm kam er 30 km vor
Moskau zum Stehen. Am 2. Dezember wurde eine letzte Anstrengung unternommen, und einige deutsche Truppenteile drangen in
die Vororte von Moskau ein. Die Offensive selbst war aber in den
weiten Wäldern um die Hauptstadt aufgehalten worden.

Es kam zu einer großen Gegenoffensive der Roten Armee, die
die erschöpften deutschen Soldaten zurückwarf und eine kritische
Situation für sie schaffte. In dieser Lage befahl Hitler, daß stets so
lange zu halten sei als möglich und daß dann nur schrittweise
zurückgegangen werden dürfe. Durch diese Etnscheidung wurden
die deutschen Truppen furchtbaren Leiden in den vorgeschobenen
Stellungen vor Moskau ausgesetzt, denn es fehlte ihnen an Kleidung und Ausrüstung für den Winterfeldzug im Osten. Aber hätte
erst einmal ein großer Rückzug begonnen, so hätte dieser nur allzu
leicht zu einer Flucht werden können. Hitler hatte mit diesem Anti-
Rückzugsbefehl recht. Es kann kein Zweifel sein, daß das Heer
durch diesen Entschluß gerettet wurde.[19]

Hitler hatte seine Chance, Moskau zu erobern, durch seine
Entscheidung im August verspielt, mit der er den Vormarsch in
diese Richtung einstellen ließ und sich nach dem Süden gewandt
hatte. Diese Fehlentscheidung konnte durch das, was die deutschen
Truppen im Süden erreicht hatten, nicht wettgemacht werden.[20]

Immerhin hatten die Sowjets mit ihrem Sieg in der Abwehr-
schlacht vor Moskau ihr Überleben erreicht. Das geschah dank der
Zähigkeit des Volkes und der Fähigkeit seiner Soldaten, Härten zu
ertragen unter Bedingungen, die westliche Truppen gelähmt hätten. Ein noch größerer Vorteil für den Gegner waren die primitiven
Straßen. Daß sie sich bei Regen in bodenlosen Schlamm verwandel-
ten, hemmte den deutschen Vormarsch mehr als alle heroischen
Opfer der sowjetischen Armee. Hätte es in Sowjetrußland ein
modernes Straßennetz gegeben, das mit einem solchen westlicher
Länder vergleichbar war, wäre die UdSSR fast gleich schnell von
den deutschen Armeen überrannt worden wie Frankreich.

So war aus dem von Deutschland geplanten „Fünf-Monate-Blitz-

Krieg" im Osten ein Zweifrontenkrieg geworden. Der von England und Frankreich dem Deutschen Reich erklärte Krieg war trotz des Sieges über Frankreich mit Großbritannien und einigen Staaten des Commonwelth auszufechten und noch völlig offen. Die nunmehrige zweite Front gegen die Sowjetunion war ebenso offen und in ihrer völkerrechtswidrigen und grausamen Gestaltung unabsehbar.

Wie sehr hatte Hitler seinen Vorgängern im Amt als Reichskanzler die falsche Bündnispolitik vor dem Jahre 1914 vorgeworfen! Sie hätten entweder ein Bündnis mit England gegen Rußland oder aber eines mit Rußland gegen England abschließen müssen. Aber sie dachten gar nicht daran, „sich mit Rußland gegen England zu verbünden, so wenig wie mit England gegen Rußland, denn in beiden Fällen wäre das Ende ja Krieg gewesen . . ."[21]

Am Ende der kaiserlichen Bündnispolitik stand tatsächlich der Krieg, ohne daß Deutschland zuvor ein Bündnis mit einer der beiden europäischen Mächte England und Rußland abschließen konnte. Das kaiserliche Deutschland war vielmehr der alliierten Einkreisungspolitik erlegen. Aber auch dem Reichskanzler und Führer des Dritten Reiches, Adolf Hitler, blieb trotz aller Bemühungen ein Bündnis mit England versagt, aber mit der UdSSR erreichte er einen Nichtangriffspakt. Am Ende stand dennoch ein Krieg mit beiden Mächten, der 1941 zum Zweifrontenkrieg und ab 1942 zum schrecklichsten und grausamsten Weltenbrand der Geschichte ausuferte.

1 Franz Kurowski, Balkenkreuz und Roter Stern – Der Luftkrieg über Rußland 1941–1945, D 6360 Friedberg, 1984, S. 77

2 Suomen Virallinen Tilasto. VI. Väestötilastoa, B. Kuolamansyyt 101: Vuosina 1939–1945 (Tauluja). Helsinki, 1949.

3 Janusz Pielkalkiewicz, a.a.O., S. 152.

4 Ebda, S. 153.

5 Kriegstagebuch des Oberkommandos der Wehrmacht (Wehrmachtsführungsstab), zusammengestellt und erläutert von Hans Adolf Jacobsen, München, 1982, B. Kriegstagebuch 1941, S. 1219ff.

6 Paul Carell, Verbrannte Erde – Schlacht zwischen Wolga und Weichsel, Berlin-Frankfurt-Wien, 1966, S. 296f.

7 Die Wehrmacht, herausgegeben vom OKW, Berlin, 1941, S. 273ff.

8 Heinz J. Nowarra, a.a.O., S. 70.

9 Ebda, S. 108.

10 Liddell Hart, a.a.O., S. 217.

11 David Irving, Hitler und seine Feldherren, S. 315.

12 Karl Bartz, Die Tragödie der deutschen Abwehr, Wien-Salzburg, 1957?, S. 217f.

13 Ebda, S. 18ff.
14 David Irving, a.a.O., S. 771.
15 David L. Hoggan, a.a.O., S. 590f. Es handelte sich bei dieser Invasion um einen nach dem Briand-Kellogg-Pakt verbotenen Angriffskrieg von Großbritannien und den USA.
16 Arthur Smith, Churchills deutsche Armee, Bergisch Gladbach, 1978, S. 13.
17 Heinz J. Novarra, S. 142.
18 Liddell Hart, S. 215.
19 Ebda, S. 216, Lothar Rendulic (GO), Gekämpft – gesiegt – geschlagen, Wels–Heidelberg, 1952, S. 84, David Irving, S. 368.
20 Liddell Hart, S. 216.
21 Adolf Hitler, Mein Kampf, München, 696.–700. Auflage 1942, S. 157.

# 1942

## 11. Erste „Gebietsbomben"-Luftangriffe gemäß Lindemanns Bombenplan

*Zu den bedrückendsten Entwicklungen in den Kriegen dieses Jahrhunderts zählt die Tatsache, daß es in steigendem Maße die Zivilbevölkerung ist, die die Opfer stellt. Waren im Ersten Weltkrieg nur 5% der Opfer Angehörige der Zivilbevölkerung, so im Zweiten Weltkrieg bereits 48%, im Koreakrieg 80%, und für den Vietnamkrieg soll die Zahl noch höher liegen. Die enorme Zunahme im Zweiten Weltkrieg und seither ist die Folge des Einsatzes und der Entwicklung der Flugwaffe und hierbei in besonderem Maße die Folge der Technik des Flächenbombardements, die im Zweiten Weltkrieg zu fürchterlicher Perfektion gebracht und seither sowohl im Koreakrieg wie auch im Vietnamkrieg angewendet wurde.*

*Albrecht RANDELZHOFER in Flächenbombardement und Völkerrecht[1]*

Im Jahre 1942 kam es zu einer neuerlichen Verschärfung des britischen Luftkrieges gegen Deutschland. Ab März 1942 änderten die Engländer nämlich ihre Angriffstaktik grundlegend. Bis dahin waren die Ziele in aufeinanderfolgenden Wellen angegriffen worden, nun sollten sie durch eine möglichst große Anzahl von Bombern in einem möglichst kurzen Zeitraum bekämpft werden. Dabei sollte überhaupt auf kein bestimmtes militärisches Objekt mehr gezielt werden, sondern man erstrebte dessen Vernichtung dadurch zu erreichen, daß man *das ganze Gebiet*, in dem es lag, durch Bombenteppiche zerstörte. Die Briten nannten diese Art der Bombardierung „target area bombing", was im Deutschen etwa mit „Gebietsbomben" ausgedrückt werden kann.

Zurückzuführen war die neuerliche Verschärfung der britischen Luftkriegsführung gegen Deutschland auf einen Befehl des englischen Kriegskabinetts vom 14. Februar 1942.[2] Diesem Kriegskabinett gehörten damals alle Parlamentsparteien Englands an, auch die „Labour Party" unter der Parteiführung von Clement Attlee. Arbeiterführer Attlee gebührt deshalb eine besondere Erwähnung, weil es bei dem von ihm mitbeschlossenen Befehl zwar nicht um das soziale, wohl aber um das existentielle Los der Arbeiterschaft Deutschlands und eines großen Teiles Europas gehen wird. Dieser für das Schicksal Europas schließlich maßgebliche Befehl geht wiederum auf einen Mann deutschen Namens und deutscher Geburt zurück, auf Professor Frederick A. Lindemann.

Es erweist sich als notwendig, den Lebensweg dieses für die unzivilisierteste Art der Kriegführung, den Bombenkrieg gegen die Zivilbevölkerung fast ganz Europas, besonders verantwortlichen Wissenschaftlers zu beleuchten. Geboren im Jahre 1886 in Baden-Baden, studierte Lindemann in Deutschland und arbeitete dann bei Professor Nernst in Berlin. In Nernsts Laboratorium begegnete er einem gleichaltrigen Engländer namens Henry Tizard.[3] Dieser Engländer sollte später Lindemann sehr nützlich werden. Tizard wurde einer der bekanntesten Naturwissenschaftler in Richtung militärische Forschung von England. Sowohl Lindemann als auch Tizard verbrachten den Ersten Weltkrieg bei den Luftstreitkräften und leisteten daselbst so Beachtliches, daß kaum jemand mit ihrem Überleben rechnete. Nach dem Krieg trafen sie sich wieder. Tizard ging nach Oxford, um dort Chemie zu lehren. Er setzte sich für Lindemann ein, als in Oxford ein Lehrstuhl frei wurde. Lindemann erhielt ihn zur Überraschung vieler Engländer tatsächlich, obwohl Lindemann bis dahin noch keine englische Universität betreten hatte. Bald darauf machte Lindemann seinen Weg in einem ganz anderen Bereich – in der Welt der englischen High Society und in der konservativen Politik.[4]

Obwohl Lindemann nicht einmal geborener Engländer war, gelang es ihm, innerhalb kurzer Zeit in die exklusivsten Kreise vorzudringen. Lindemann war reich, intelligent und noch dazu ehrgeizig; solchen Menschen steht England schon seit Generationen schutzlos offen. So dauerte es nicht mehr allzulang, bis er Winston Churchill kennenlernte, und nun begann eine Freundschaft, die von da an Lindemanns Leben bestimmte.

Tizard war inzwischen offizieller wissenschaftlicher Berater des Luftfahrtministeriums geworden und befaßte sich insbesondere mit dem Ausbau der RADAR-Technik. Im Tizard-Ausschuß wurde u. a. die Installierung der RADAR-Technik bei der Truppe vorbereitet. In diesem Ausschuß kam es zwischen Lindemann, der ihm ebenfalls angehörte, und Tizard laufend zu schwerwiegenden Auseinandersetzungen. Am 10. Mai 1940 war Prof. Lindemann mit Premierminister Winston Churchill in die Downingstreet 10 gezogen. Bald danach wurde er Kabinettsmitglied und zum Lord Cherwell ernannt.

## Prof. Lindemanns folgenschwere Kabinettsvorlage

Im Jahre 1942 wollte man im Westen etwas militärisch Nennenswertes ausrichten. Die großen Schlachten dieser Zeit fanden auf russischem Boden statt. Nun hatte bei den Engländern und US-Amerikanern der Glaube an die Bombenstrategie tiefer Wurzeln geschlagen als anderswo. Länder wie Deutschland und Sowjetrußland teilten diesen Glauben nicht, sie hatten keine nennenswerte Produktion an strategischen Bombern noch Elitetruppen hierfür vorgesehen.[5]

Anfang 1942 war Lindemann zur Aktion entschlossen und brachte eine Kabinettsvorlage über die Bombenstrategie gegen Deutschland ein. Diese Vorlage ging in Form eines Memorandums über den Bombenwurf auch an die höchsten Ränge der Wissenschaftler in der Regierung hinaus. Die Kabinettsvorlage und das Memorandum beschrieben die Wirkung einer Bomberoffensive in den Monaten März 1942 bis September 1943 gegen Deutschland und lieferten Zahlen und Richtlinien für den Bombenkrieg. Dazu Snow wörtlich:[6]

> „Der Bombenabwurf sollte sich im wesentlichen gegen deutsche Arbeiterwohnviertel richten. Die Häuser der besser gestellten Klassen stehen zu aufgelockert und erfordern zwangsläufig einen Mehraufwand an Bomben. Fabriken und ‚militärische Ziele‘ ... waren viel zu schwer zu finden und zu treffen. ... Bei absoluter Konzentration aller Kräfte auf Herstellung und Einsatz von Bombenflugzeugen werde es möglich sein, in allen größeren Städten Deutschlands (das heißt in allen Städten mit über 50000 Einwohnern) fünfzig Prozent aller Häuser zu zerstören."

Da diese Kabinettsvorlage auch den wissenschaftlichen Beratern des Luftfahrtministeriums vorgelegt werden mußte, bestand noch die Möglichkeit, daß dieses (aufgrund eines ablehnenden Urteils der Berater) gegen die Lindemannsche Vorlage Einspruch erhob. Die Vorlage ging an Dr. Tizard. Er prüfte sie und kam zum unwiderleglichen Schluß, daß die von Prof. Lindemann geschätzte Zahl der zu zerstörenden Häuser um das Fünffache zu hoch war. Die Vorlage ging auch an den wissenschaftlichen Berater Dr. Blackett. Unabhängig von Dr. Tizard prüfte auch er die Statistiken und kam zum Schluß, daß Prof. Lindemanns Zahl sechsmal zu hoch war. Wenn aber die erreichbare Zerstörung so gering war, wie sie Tizard und Blackett errechnet hatten, dann war die Lindemannsche Bombenstrategie falsch! Demgemäß könne die dem Kriegskabinett vorgeschlagene Art der Bombenstrategie nichts ausrichten, und man müsse andere Wege beschreiten, zumindest war dies die Meinung der beiden wissenschaftlichen Berater des britischen Luftfahrtministeriums.

## *Trotz Wissenschaftler-Widerstandes Flächenbombardierungs-Befehl*

Der Bombenkampf war in Großbritannien jedoch zur „Glaubenssache" geworden. Das Luftfahrtministerium stellte sich entgegen dem wissenschaftlichen Urteil von Tizard und Blackett hinter die Vorlage Lindemanns. Die Auffassung der Minderheit hatte damit eine Niederlage erlitten, ja, sie wurde am Boden zerstört. Die ganze Atmosphäre war hysteriegeladen, fast roch es nach Hexenverfolgung. Tizard nannte man tatsächlich einen Defaitisten. Dazu C. P. Snow: „Heute scheint es unglaublich, daß man Dr. Tizard tatsächlich derartig demütigen konnte. Ich glaube nicht, daß sich in England in unserem Jahrhundert ein vergleichbarer Fall findet."[7]
Heute ist es auch kaum vorstellbar, was in der englischen Demokratie in Kriegszeiten alles hinter verschlossenen Türen vor sich ging. Über Millionen Menschen wurde in geheimsten Verhandlungen ein Urteil gesprochen, das Sein oder Nichtsein bedeutete. Der Lindemann-Plan stößt allerdings heute allgemein auf Ablehnung. Zweifellos wären einsichtige Engländer, sogar aus der parteipolitischen Szene, auch damals gegen diesen Bombenterror-Plan

aufgetreten, wären sie um ein Urteil befragt worden. Ob ein ablehnendes Urteil dieser Männer und Frauen allerdings zu einer Absetzung der Lindemann-Vorlage ausgereicht hätte, scheint angesichts der in England zu dieser Zeit vorherrschenden Anti-Deutschen-Propaganda mehr als fraglich gewesen zu sein.

### Der Lindemann-Bombenplan aus heutiger Sicht

Wohl kaum einem Ereignis wird in der Luftkriegsgeschichte so viel Bedeutung in militärischer wie politischer Hinsicht beigemessen wie dem Zustandekommen und der militärischen Auswirkung des Lindemann-Bombenplanes von 1942. Wir können daher nicht umhin, hier bekannte und weniger bekannte Historiker und Militärs zu zitieren, die zu dem allerdings relativ spät in der Öffentlichkeit bekanntgewordenen Vernichtungsplan von Professor Lindemann, dem späteren Lord und Viscount Cherwell, Stellung bezogen haben:

„Unterstützung und Ermutigung... erhielt das Bomberkommando auch durch ein Memorandum, das Lord Cherwell (früher Professor F. A. Lindemann), Churchills persönlicher Berater in naturwissenschaftlich-technischen Fragen, ... ausarbeitete. Eine neue Anweisung an das Bomberkommando... betonte, die Bombenangriffe sollten jetzt ‚auf die Moral der feindlichen Zivilbevölkerung und insbesondere der Industriearbeiter einwirken‘; dies sei das Hauptziel. Damit wurde die Terrorisierung des Gegners ohne Einschränkung zur offiziellen Politik der britischen Regierung, obwohl dies in einigen Antworten auf parlamentarische Fragen noch verschleiert wurde“ (Liddell Harts Geschichte des Zweiten Weltkrieges, S. 742).

„Um die von ihm (Luftmarschall Harris) und Lord Cherwell (= Professor Lindemann) anvisierte Strategie der radikalen Auslöschung aller deutschen Städte realisieren zu können, bedurfte es der Zufuhr von 10000 Bombern.“ (Friedrich Korkisch, Der strategische Luftkrieg in Europa und Asien 1944/45, II., Österreichische Militärische Zeitschrift, 3/85)

„Harris hat fest geglaubt, wie aus seinen vielen Prophezeiungen hervorgeht, die Deutschen durch das Auslöschen der Städte zur Aufgabe zu bewegen. Das deckte sich auch mit Churchills Auffassung, der sich von dem fanatischen ‚Städteexperten' Lindemann, mit dem er seit 1932 eng verbunden war, unterrichten ließ." (Der Luftkrieg 1939–1945. Aus englischer Sicht über die Bücher Bomber und The Bombers. Dazu Gedanken eines Deutschen, der als Flieger dabei war. Aus: Luftwaffenrevue 3/1984)

„Frederick Lindemann, Berater des britischen Kriegskabinetts, legte diesem ein Geheimdokument vor, in dem er die Verschärfung des Luftkrieges gegen Deutschland ausführlich darlegte und begründete. In diesen beiden Geheimdokumenten wurde die systematische Vernichtung der deutschen Städte als nächstes Kriegsziel geplant (Franz Kurowski, a.a.O., S. 184).

„... schrieb Cherwell in einem privaten Brief vom 30. März an Churchill, daß jeder schwere RAF-Bomber, bevor er abgeschossen oder ausgemustert werde, erwartungsgemäß zwischen vier- und achttausend Angehörige der feindlichen Zivilbevölkerung obdachlos machen könne, wenn er alle seine Bomben ausschließlich auf Wohngebiete abwerfe." (David Irving, Von Guernica bis Vietnam; München, 1982, S. 82)

„Dies alles wird Cherwell im Drama (DIE SOLDATEN) gutgeschrieben; dagegen habe ich nicht erwähnt, daß er es war, der – hinter dem Rücken von Eden – Churchill mit Erfolg bedrängte, den Morgenthau-Plan zu unterschreiben; es genügte mir durchaus, daß Cherwell dem Premier (Churchill) die Verbrennung der deutschen Arbeiterwohnviertel suggeriert hatte; aber er war nun einmal... der intimste Berater Churchills und... jener, der brutale Gewaltlösungen bevorzugte." (Rolf Hochhuth, Krieg und Klassenkrieg, 1977, S. 198)

„Einer der Männer in Großbritannien, der Hunderttausende von der Zivilbevölkerung und die Zerstörung unschätzbarer Kulturstätten in Deutschland auf dem Gewissen hat, heißt Professor A. Lindemann... Es gibt kaum einen geheimen Ausschuß oder Beraterstab, in dem nicht Lord Cherwell sitzt. Diese graue Eminenz... hat mehr unmittelbare Machtbefugnisse als irgendein anderer Wissenschaftler im Laufe der Geschichte. Vorwiegend auf seinen Rat ... läßt Churchill den totalen Bombenkrieg gegen deutsche Städte eröffnen, was zu einer gigantischen Fehleinschätzung der RAF führt und die Taten eines Attila in den Schatten stellt." (Janusz Piekalkiewicz, a.a.O., S. 194)

„Diese Enthüllung vom April 1961, die wir Sir Charles Snow verdanken, wäre nicht von so großer Bedeutung, wenn es sich nur darum handeln würde, Lindemann als Kriegsverbrecher anzuklagen, als einen Mann, der sich ... einer ‚Verletzung der Gesetze und Gebräuche des Krieges‘ (‚Haager Landeskriegsordnung‘ u. a., Anm. d. Verf.) schuldig gemacht hätte, nämlich der ‚Ermordung von Zivilpersonen, der unnötigen Zerstörung von Städten, Siedlungen und Dörfern‘, die nicht durch militärische Notwendigkeit gerechtfertigt waren." (F. J. P. Veale, Professor Lindemann und das Völkerrecht, aus „Nation Europa", Coburg, o. D.)

„Wie seine spätere Einstellung zur Zerstörung der deutschen Arbeiterwohnviertel erwies, bedeuten ihm (Lindemann) die meisten Menschen, die er nicht zu seiner sozialen Schicht rechnete, nur Zahlen, die er gewissenlos in mathematische Kalkulationen einbezog." Die „Graue Eminenz" sei von einem grenzenlosen „Deutschenhaß" geleitet worden. „Die völlige Zerstörung Deutschlands war bei ihm zeitweise geradezu zur Manie geworden." (Alex Natan, Graue Eminenzen – Geheime Berater im Schatten der Macht, zitiert im „Deutschen Anzeiger", München, vom 18. 1. 1985)

## Die ersten Luftangriffe nach dem Lindemann-Bombenplan

Die strategische Bombardierung gemäß Lindemann-Plan wurde mit aller Kraft, über die England verfügte, alsbald begonnen.

Der erste größere Angriff nach dieser neuen Methode erfolgte in der Nacht zum 29. März 1942 auf die Stadt Lübeck. Weitere Angriffe dieser Art richteten sich in der Zeit vom 24. bis 27. April gegen Rostock. Es waren jeweils etwa 200 bis 300 schwere Bomber eingesetzt worden, die immer etwa 500 Tonnen Bomben abwarfen. Die angerichteten Schäden und Verluste unter der Zivilbevölkerung hatten dabei gegenüber den bisherigen Bombenangriffen eine beträchtliche Steigerung erfahren. Die Wirkung der Angriffe auf Lübeck und Rostock war verheerend. Das Zentrum der letzteren wurde zu einem Trümmerhaufen gemacht, ohne daß aber auch die Dockanlagen der Stadt nennenswert beschädigt worden wären.

Zu einer weiteren Ausdehnung des „Gebietsbombens" kam es in der Nacht zum 31. Mai 1942 durch einen schweren Angriff auf Köln. Es war dies der erste der sogenannten „1000-Bomber-Angriffe". In Wirklichkeit nahmen daran sogar 1130 Bomber teil, die innerhalb von 90 Minuten Bomben im Gewicht von 1500 bis 2000 Tonnen abwarfen.

Schlagartig setzte Flakfeuer ein. Die erste Angriffswelle gilt den Flakstellungen, die im Tiefflug mit Bomben angegriffen werden.[8] Ausfälle treten ein, aber unentwegt bellen die Flakgeschütze. Die ersten Geschwader der RAF werfen nur Brandbomben. Dann kommen Flugzeuge mit Sprengbomben, später hagelt es wieder Brandbomben und Phosphorkanister. Köln ist bald ein Flammenmeer.[9] Wohnhäuser brennen in großer Zahl, aber auch große Warenhäuser, Krankenhäuser, Kirchen und Kinos. Über zweitausend Großfeuer tun ihr Vernichtungswerk, über 5000 Einzelbrände müssen in dieser Nacht bekämpft werden. Flak und Nachtjäger versuchen, möglichst viele Flugzeuge abzuschießen. Es gelingt ihnen, tatsächlich 43 abzuschießen. Harris hatte mit 40 bis 50, Churchill mit 100 und mehr Verlustmaschinen gerechnet. So gesehen konnten die beiden Luftstrategen zufrieden sein. Allerdings hatte man jene 116 Bomber, die so schwer beschädigt waren, daß sie fast alle bei der Landung in England verlorengingen, nicht als Verluste gebucht.[10] Die Personenverluste der Kölner Zivilbevölkerung waren zwar hoch, hätten aber bei der Schwere dieses ersten 1000-Bomber-Luftangriffs der RAF zweifellos höher ausfallen können. Dies war wiederum ein Verdienst der Kölner Ordnungspolizei unter ihrem Kommandeur, Generalmajor Bahl, und der Kölner Feuerwehr. Den unerschrockenen Männern dieser Bereitschaften gebührt auch das Verdienst, daß nicht die ganze Innenstadt niederbrannte. Sie hatten sich noch während des Bombenregens und kurz nachher in das Chaos gestürzt, um zu retten, was noch zu retten war. So konnten sie auch zahlreiche Schwerverwundete aus den Trümmern retten.

Dennoch wurden 3311 Häuser ein Raub der Flammen, aber nur 36 Industriebetriebe brannten. 467 Zivilpersonen fanden den Tod, und 20 000 Wohnungen wurden zerstört. Die Zahl der Verletzten betrug 5000.

Als britische Fernaufklärer am Morgen des 31. Mai Köln überflogen und Fotos von der glosenden, von dichtem Qualm überzogenen Stadt machten, ergab die spätere Auswertung, daß die RAF 2,5 km$^2$, das sind 20 % von Köln, eingeäschert hatte.

Als nächste Ziele für „1000-Bomber-Angriffe" wurden in der Nacht zum 1. Juni die Industriestadt Essen und in der Nacht zum 26. Juni die Hansestadt Bremen ausersehen. Weitere schwere Angriffe richteten sich gegen zahlreiche andere Städte und Industriezentren. Insgesamt wurden im Jahre 1942 bei etwa 1000 Luftangriffen 37 000 Tonnen Bomben abgeworfen.[11] Aber nicht nur die Bomberzahl, Bombenmenge und Taktik hatten bei den Angriffen in diesem Jahr eine Zunahme bzw. Änderung erfahren, sondern auch die Beschaffenheit und das Gewicht der Bomben waren geändert worden. Bei Angriffen auf Gebäude kamen erstmals *Luftminen* mit stärkerer Druckwirkung zur Erhöhung der Vernichtungskraft zum Einsatz, und das Höchstgewicht der Bomben erfuhr eine Steigerung von 900 Kilogramm im Frühjahr über 1800 Kilogramm im Sommer auf 3600 Kilogramm im Herbst des Jahres 1942.

Beachtenswert ist auch der am 23. Februar 1942 zustande gekommene Führungswechsel im „Kommando der Bomberflieger", dem seit diesem Tage der Luftmarschall Arthur T. Harris, später „Bomber-Harris" genannt, vorstand.


## Churchill und Harris sagen über das „area bombing" aus

Im Jahre 1942 wurde von den offiziellen Stellen Englands nicht mehr ernsthaft vorgegeben, die Zivilbevölkerung werde nicht angegriffen. Der Chef des Bomberkommandos, Luftmarschall Sir Arthur Harris, sagte den Deutschen über den Rundfunk, daß er ihre Wohnungen bombardieren lasse. Premierminister Winston Churchill selbst ließ keinen Zweifel daran, daß er mit der Vorstellung seines Vorgängers[12] in der Frage der Bombenangriffe auf nichtmilitärische Ziele gebrochen habe. Churchill erklärte am 2. Juni 1942 im Unterhaus[13],

> „daß deutsche Städte, Häfen und Produktionszentren im weiteren Verlauf des Jahres einer so grausamen Prüfung ausgesetzt sein werden, wie sie in solcher ununterbrochenen Folge, Schwere und Größe noch niemals von einem Lande erlebt wurde."

Der totale Krieg hatte begonnen. Das nächste Hauptziel für die „Flächenbombardierung" sollte Frankfurt am Main sein. Für diesen Großangriff setzen die Engländer erstmals das „Pfadfinder"-Verfahren ein. Dieses Verfahren, gegen das sich anfänglich sogar Luftmarschall Harris zur Wehr gesetzt hatte[14], wurde von einer eigenen englischen Flugwaffeneinheit, der „PATHFINDER FORCE", durchgeführt. Wie wir berichteten, wurde das Pfadfinder-Verfahren erstmals von der deutschen Luftwaffe fast zwei Jahre vorher über Coventry angewandt.

Da die Pfadfinder noch unerfahren sind und die Markierungsbomben oft falsch abwerfen, werden ihnen zwei „Einweiser" mitgegeben. Diese „Einweiser" („Masterbomber" genannt) fliegen den Pfadfindern voraus. Sie sind als erste über der anzugreifenden Stadt, teilen den Pfadfindern mit, wo Flakabwehr und Scheinwerferstellungen festgestellt wurden und wann sie ihre Markierungsbomben abwerfen sollen. Der Masterbomber kreist daraufhin in großer Höhe über dem Ziel und kann bei fehlerhaftem Markierungswurf noch korrigierend eingreifen.

Auch in Frankfurt sollte vor allem die Innenstadt in der Nacht vom 2. auf 3. September zerstört werden. Aber Frankfurts Altstadt, die Gegend um den Römer, der Zoo, der Dom, Zehntausende Wohnungen, Tausende Menschen werden noch einmal gerettet in jener Nacht. Gerettet von einem Stück Draht. Die Markierer werfen ihre Leuchtbomben ungenau. Der Pilot des Masterbombers, Staffelkapitän Daniels, muß aus 9000 m Höhe eingreifen. Obwohl die Pfadfinder mit den modernsten Funkleitgeräten, wie Gee-, H2S- und Oboe-Geräten ausgestattet sind, hängt nun alles von einem kleinen Sprechfunkgerät ab. Während die ersten Maschinen des Hauptstromes Daniels Anweisungen noch hören und die Bomben „richtig" in Frankfurts Innenstadt werfen, werden sie von den anderen Bomberbesatzungen nicht mehr vernommen. In Daniels Sprechfunkgerät war ein ganz kleiner Draht durchgeschmort. Die übrigen Bomberbesatzungen richteten sich nach den falsch gesetzten Markierungszeichen, und die Bomben fallen weit außerhalb Frankfurts. Aber Frankfurts Innenstadt sollte dem Schicksal so vieler Städte Deutschlands und anderer europäischer Länder nicht entgehen. Nur zehn Monate später erlebt Frankfurt den zweiten, „verbesserten" „Masterbomber-Angriff", und keine technische Panne rettete die Stadt mehr.[15]

## US-General Dwight Eisenhower „ad Portas" von Europa

Bereits im Jahre 1933, fast genau mit dem Beginn der Präsidentschaft Frankin Delano Roosevelts, war der erste große Langstreckenbomber der US-Industrie vom US-amerikanischen Generalstab in Auftrag gegeben worden.[16] Schon am 28. Juni 1935 verließ der Prototyp des neuen Langstreckenbombers, die Boing B-17, die Werfthalle. Dieser B-17-Bomber, genannt „Fortress" („Fliegende Festung"), verfügte später über eine Reichweite von 3000 km und konnte bis zu 5,4 Tonnen Bomben aufnehmen.[17] Aus dieser „Fliegenden Festung" sollten sich später die gegen deutsche und europäische Städte eingesetzten Bombenströme hauptsächlich zusammensetzen.

Noch im letzten Friedensjahr der neutralen Vereinigten Staaten von Amerika (USA), im Jahre 1941 erzeugten die US-Flugzeugwerke 19 433 Maschinen, darunter 4115 Bomber. 1942 betrug die erzeugte Menge bereits 47 836 Flugzeuge, darunter 12 627 Bomber, 10 769 Jäger, die übrigen Schul-, Aufklärer und andere Maschinen. Von den 12 627 Bombern waren bereits 2615 Viermots B-17!

Mit den „Fliegenden Festungen" erschienen die ersten Einheiten der 8. Luftflotte (8. USAAF) am 12. Mai 1942 auf englischem Boden, und der erste Tageseinsatz erfolgte am 17. August nicht gegen eine deutsche, sondern gegen die französische Stadt Rouen.[18] Die Masse der Flugzeuge der 8. USAAF traf erst im Laufe des Sommers und im Herbst 1942 ein. Offensichtlich hatte dies seinen Grund darin, daß die USA bestimmte Sicherheiten von den Engländern forderten, vor allem hinsichtlich des vorübergehenden Jagdschutzes ihrer Bomber durch das RAF Fighter Command. Die Erfüllung dieser US-Forderung fand ihren Ausdruck in der am 8. September 1942 veröffentlichten „US-amerikanisch-britischen

Direktive über Operationen von Kampfflugzeugen bei Tage mit Unterstützung von Jagdverbänden". Danach konnten sich die US-Bombergeschwader nahtlos in die Einsatzgrundsätze der RAF einfügen.[19]

Dies garantierte vor allem General Dwight D. Eisenhower, der bereits am 21. Juli 1942 den Oberbefehl auf dem europäischen Kriegsschauplatz übernommen hatte. Wohl befahl General Eisenhower der 8. USAAF, „sorgfältig ausgesuchte strategische Angriffsziele anzugreifen und zu zerstören". Doch entsprach dies nicht oder nur teilweise der späteren Ausführung dieses Befehls durch die US-Flieger. Tatsächlich übernahm die 8. USAAF unter ihrem Oberbefehlshaber, General Carl A. Spaatz, mit den Einsatzgrundsätzen von der RAF hauptsächlich die Flächenbombardierung, das „target area bombing".

## Die kriegsrechtliche Beurteilung der Flächenbombardierung

Womit wurde das „target area bombing" von den Briten begründet? Spaight versuchte eine Rechtfertigung dadurch vorzunehmen, daß er die bombardierten Gebiete als „places d'armes" dem Operationsgebiet gleichstellt.[20] Darüber hinaus will er z. B. Essen und das ganze Ruhrgebiet als Festungen angesprochen wissen, ja, er vergleicht diese „Festungen" sogar mit Warschau und Rotterdam.

Nun ist es zweifellos sehr gefährlich, das Landoperationsgebiet so zu erweitern, daß die Kriegführenden jede beliebige Abgrenzung nach freiem Ermessen vornehmen können.[21] Die Folge wäre eine grenzenlose Ausdehnung des Landoperationsgebietes auf den gesamten Landkriegsschauplatz.[18]

Demnach könnte dann das feindliche Gebiet tatsächlich fast ohne Einschränkung bombardiert werden. Würde man dieser Ansicht von der Erweiterung des Landoperationsgebietes beipflichten, müßte man damit einen gewaltigen Rückschritt in der Entwicklung des Kriegsrechtes anerkennen. Wohl sind im Ersten Weltkrieg die Luftkampfhandlungen auf das *gesamte* Kriegsgebiet ausgedehnt worden, aber es wurde dabei die wichtige Einschränkung vorgenommen, daß Luftangriffe *nur gegen militärische* Objekte gerichtet werden dürfen. Seither stand das militärische Objekt eindeutig im Mittelpunkt der Erörterung luftkriegsrechtlicher Probleme, und nirgends scheint auch nur der Vorschlag auf eine Erweiterung des Landoperationsgebietes auf den gesamten Landkriegsschauplatz gemacht worden zu sein. Auch zu Beginn des Zweiten Weltkrieges wiesen die Regierungen Deutschlands, Frankreichs und Englands in den erwähnten Erklärungen noch einmal auf diesen Begriff hin, wobei sich die beiden letzteren ausdrücklich verpflichteten, nur „einwandfrei militärische Objekte im engsten Sinn des Wortes" bombardieren zu lassen. Schließlich war es mit der neuerlichen gewohnheitsrechtlichen Anerkennung des Prinzips der größtmöglichen Schonung der Zivilbevölkerung in den ersten Monaten des Krieges auch zu einer Bestätigung der Lehre vom militärischen Objekt gekommen.

## Völkerrechtslehrer: Keine Änderung des Luftkriegsrechtes

Es bleibt festzuhalten, daß an der Unterscheidung des Kriegsschauplatzes, auf dem Kampfhandlungen stattfinden können, und des Operationsgebietes, wo sie tatsächlich stattfinden[22], keine grundsätzliche Änderung eingetreten ist. Durch den Luftkrieg ist es lediglich zu einer Ausnahmeregelung dahin gekommen, daß nun an einzelnen Stellen des Kriegsschauplatzes, nämlich an den militärischen Objekten, Luftkampfhandlungen durchgeführt werden durften. Daraus ergibt sich jedoch keine Erweiterung des Operationsgebietes auf den gesamten Kriegsschauplatz.

Die Einstufung der Stadt Essen und des gesamten Ruhrgebietes als Festungen begründet Spaight mit der Tatsache, daß diese mit einer besonders starken Luftabwehr versehen gewesen seien.[23] Nun wird aber weder eine Stadt und noch viel weniger ein ganzes Gebiet durch die Luftabwehr allein zu einer Festung, denn hierzu ist vor allem eine entsprechende Verteidigungsausrüstung und -bereitschaft *gegen Landangriffe* auf seiten des Verteidigers nötig. Eine unterschiedslose Bombardierung darf aber auch dann noch nicht vorgenommen werden, wenn eine Stadt aufgrund der genannten Voraussetzungen zu einer Festung geworden ist. Hierzu ist außerdem noch die Vornahme einer Belagerung, zumindest aber das Ansetzen zur Einnahme einer solchen Stadt durch den Angreifer erforderlich. Alle diese Voraussetzungen waren aber damals weder für Essen noch für das gesamte Ruhrgebiet gegeben.

## Castrén: Das ganze Land kann nicht zur Festung werden

Eine Stadt oder gar ein ganzes Gebiet kann daher ohne Rücksichtnahme auf entsprechende Gegebenheiten des Landkrieges nicht zu einer Festung erklärt werden. In diesem Zusammenhang bemerkt auch Castrén: „Es ist jedoch nicht möglich, diese Regel (daß eine belagerte Stadt zur Erreichung der Übergabe unterschiedslos bombardiert werden darf) zu erweitern, indem man das ganze feindliche Land als eine Art belagerte und befestigte Fläche behandelt, wo auch zivile Ziele bombardiert werden dürfen."[24]

## Harris: Unser Ziel war immer die Innenstadt

Spaight stellt des weiteren fest, daß es die Verhältnisse ab dem Jahre 1942 unmöglich gemacht hätten, beim „Präzisionsbomben" zu bleiben. Obwohl die RAF weiterhin militärische Objekte bombardiert habe, habe sie wegen der deutschen Tarnung, Vernebelung, Zerlegung und Abwehr zum Gebietsbomben übergehen müssen.

Darauf ist zunächst zu erwidern, daß bei den Nachtangriffen schon seit 11. Mai 1940 kein Präzisionsbomben möglich und oft auch gar nicht mehr beabsichtigt war. Dies hat der englische Luftmarschall Harris sogar noch verschärfend zugegeben, wenn er feststellte:

„Es muß mit Nachdruck gesagt werden, daß wir, von Essen abgesehen, niemals ein besonderes Industriewerk als Ziel gewählt haben. Die Zerstörung von Industrieanlagen erschien uns stets als eine Art Sonderprämie. Unser eigentliches Ziel war immer die Innenstadt."[25]

Tatsächlich erfolgten auch die meisten Flächenangriffe gegen Gebiete, die keine oder auf weite Strecken keine nennenswerten militärischen Objekte enthielten, so daß dabei – abgesehen von Harris' Eingeständnis – auf solche gar nicht gezielt worden sein konnte. Es muß daher als sehr wahrscheinlich angenommen werden, daß der Hinweis Spaights auf die starke Luftabwehr nur einen Vorwand darzustellen hatte.

314

Daß die deutsche Luftabwehr nicht unbedingt einen Hinderungsgrund für die Bombardierung militärischer Objekte bildete, beweist die Art der Luftkriegsführung durch die US-Flugwaffe ab dem Jahre 1943, die zunächst fast durchwegs nur Tagesangriffe gegen deutsche Städte durchführte.

Abschleißend muß zu der ab 1942 den Luftkrieg in Europa beherrschenden britischen Methode des Gebietsbombens festgestellt werden, daß Luftmarschall Harris eine Beschränkung auf wichtigste Objekte wie Ölziele ... ablehnte und die Zerstörung der großen Industrie- und Bevölkerungszentren ohne Rücksicht auf moralische und rechtliche Bedenken für wirksamer zur Vernichtung des deutschen Potentials und Widerstandes hielt, wobei er völkerrechtliche Regeln im Luftkrieg überhaupt leugnete.[26]

 1 aus: Um Recht und Freiheit, Festschrift für Friedrich August Frh. v. d. Heydte, Duncker & Humboldt, Berlin, 1977. Heinrich Kipp/Franz Mayer und Armin Steinkamm (Hrsg.).
 2 Janusz Pielkalkieicz, a.a.O., S. 194 f.
 3 C. P. Snow, Politik hinter verschlossenen Türen – Wissenschaft und Staatsführung, Stuttgart, 1961, S. 12 ff.
 4 C. P. Snow, a.a.O., S. 22 f. – 5 Ebda, S. 44.
 6 C. P. Snow, a.a.O., S. 44 ff. – 7 C. P. Snow, a.a.O., S. 47.
 8 Toni Winkelnkemper, Der Großangriff auf Köln – ein Beispiel, Berlin, 1942.
 9 Kurt Zentner, a.a.O., S. 355 f.
10 Franz Kurowski, a.a.O., S. 192 f.
11 Eberhard Spetzler, a.a.O., S. 286 f.
12 Chamberlain hatte sich an seine Erklärung vom 15. 2. 1940 vor dem Unterhaus gehalten: „... die britische Regierung wird niemals zu hinterhältigen Angriffen auf Frauen und andere Zivilpersonen ... schreiten."
13 Russel Grenfell, Bedingungsloser Haß? Tübingen, 1954, S. 152 f.
14 Franz Kurowski, a.a.O., S. 198.
15 Kurt Zentner, S. 356 ff.
16 Franz Kurowski, S. 199 f.
17 Friedrich König, S. 126.
18 Friedrich König, a.a.O., S. 126.
19 Franz Kurowski, S. 199 f.
20 Eberhard Spetzler, S. 288.
21 Ebda, unter Hinweis auf Stone, Legal Controls of International Conflict, S. 620, Anm. 87.
22 Professor Alfred Verdroß, Völkerrechtslehrer (Universität Wien), Völkerrecht, Wien, 1955, S. 374 f.
23 Spaigt, a.a.O., S. 263.
24 Erik Castren, a.a.O., S. 404.
25 Georg W. Feuchter, a.a.O., S. 295.
26 Eberhard Spetzler, a.a.O., S. 291 mit Literaturhinweisen.

# 12. Deutsche Nachtjäger im Kampf gegen die RAF-Bomber

Da die RAF fast vom Beginn ihres Einsatzes gegen Europas Städte nur Nachtluftangriffe flog, sah sich das Oberkommando der Luftwaffe zur Aufstellung eigener Nachtjagdverbände gezwungen. Bereits am 22. Juni 1940 erhielt Hauptmann Falck den Befehl, das Nachtjagdgeschwader 1 aufzubauen.[1] Dieses Geschwader kann als Pioniergeschwader der deutschen Nachtjagd bezeichnet werden. Namen wie Falck, Streib und Ehle (als späterer Gruppenkommandeur der II./NJG 1 auch Kommandeur des Nachtjägers Fritz Engau) sind unauslöschlich mit der schwierigen Anfangszeit der deutschen Nachtjagd verbunden. Im Jahre 1940 flogen die ersten Geschwaderteile zunächst nach dem Verfahren:

## Helle Nachtjagd

Bei einer Wolkenbedeckung von höchstens 5/10 (also etwa die Hälfte des Himmels war bedeckt) wartete der Nachtjäger in einem dunklen „Warteraum" über einem Funk- und Leuchtfeuer. Vor diesem dunklen Raum lag der sogenannte „helle Gürtel", in welchem die Scheinwerfer standen. Wenn ein RAF-Bomber von den deutschen Scheinwerfern erfaßt worden war, setzte sich der Nachtjäger dahinter und versuchte ihn abzuschießen.

Mit der Weiterentwicklung der Funkmeßgeräte „Freya" und „Würzburg" konnte man die sogenannten *Dunkelnachtjagdräume* aufbauen, die man zunächst mit der hellen Nachtjagd verband. Der „hellen Zone" war ein ausgesprochenes Dunkelnachtjagdgebiet von 36 km Tiefe vorgelagert. Da die Scheinwerfer zur Unterstützung der FLAK (Fliegerabwehrkanonen) im weiten, rückwärtigen Reichsgebiet benötigt wurden, mußte das kombinierte Verfahren bereits im Juli 1942 wieder aufgegeben werden.

Der Versuch, durch Zusammenarbeit von Nachtjägern, FLAK *und* Scheinwerfern eine „KOMBINIERTE NACHTJAGD" aufzubauen, führte zur Bekämpfung der RAF-Bomber direkt über den angegriffenen Städten. Vom Sommer 1941 bis Ende 1941 wurden folgende Räume der kombinierten Nachtjagd gebildet:

| | | | |
|---|---|---|---|
| KIEBITZ | (Kiel) | DROSSEL | (Düsseldorf-Duisburg- |
| HUMMEL | (Hamburg) | | Essen) |
| ROLAND | (Bremen) | KOLIBRI | (Großraum Köln) |
| BÄR | (Berlin) | DACHS | (Wiesbaden-Frankfurt-Darmstadt-Mannheim) |

*Ein Dunkelnachtjagdverfahren in fest umgrenzten Räumen mit der Bezeichnung: Himmelbett*

begann ab Sommer 1941 wirksam zu werden. Der Kern der Nachtjagdräume bestand in der Fixierung am Boden aus viereckigen Flächen, die sich zunächst von Dänemark (nördlich von Schleswig) bis Holland und Belgien, später sogar bis nach Nordfrankreich (etwa südlich von St. Dizier) erstreckten (siehe Karte „Die deutschen ‚Himmelbett'-Nachtjägerstationen im Jahre 1942"). Jede Nachtjagdgruppe (zu je 3 Staffeln) hatte 6–9 Nachtjagdräume (bestehend aus viereckigen und kreisrunden Flächen) zu befliegen. Etwa im Zentrum jedes einzelnen der Dunkelnachtjagdräume lag eine „Himmelbett"-Stellung, die mit folgenden FUNKMESSGERÄTEN ausgestattet war:
Früherfassungsgerät FREYA (Reichweite 120 km)
Feindflugzeug-Erfassungsgerät WÜRZBURG-RIESE-Rot (Reichweite 60 km)
Eigenflugzeug-Erfassungsgerät WÜRZBURG-RIESE-Blau (Reichweite 60 km)

Auf dem Gefechtsstand jeder „Himmelbett"-Stellung konnten über den sogenannten SEEBURG-TISCH die Positionen der RAF und Luftwaffenflugzeuge mittels Lichtpunkten festgehalten werden: für den eigenen Jäger war es ein blauer Punkt, für das gegnerische Flugzeug ein roter. Der Jägerleitoffizier hatte nun die Aufgabe, anhand der durch die Lichtpunkte wiedergegebenen Fortbewegung und Position der beiden Flugzeuge den eigenen Jäger an das Feindflugzeug heranzuführen. Von der Geschicklichkeit und den genauen Berechnungen des Jägerleitoffiziers hing der Erfolg des „Himmelbett"-Nachtjagdverfahrens entscheidend ab.

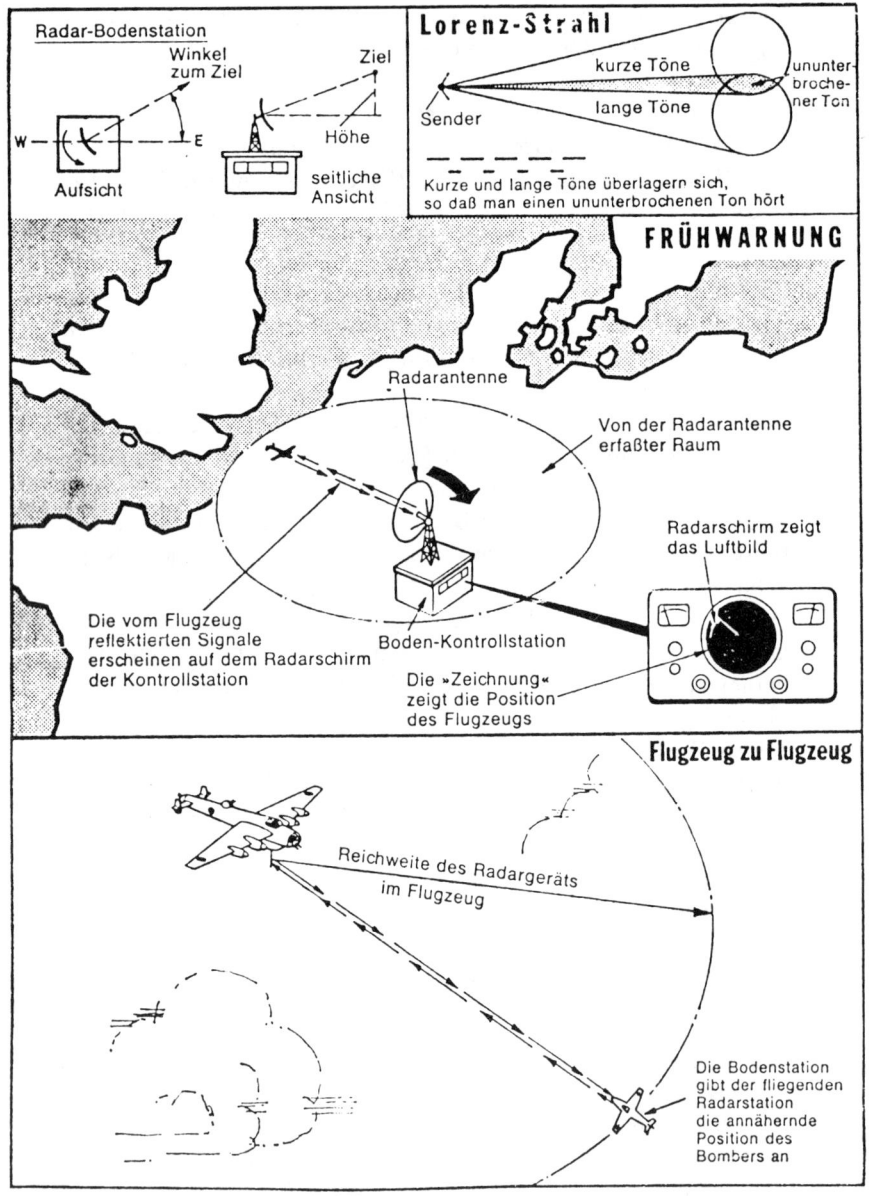

**Radar-Bodenstation**

Winkel zum Ziel

Ziel

W — E

Aufsicht

seitliche Ansicht

Höhe

**Lorenz-Strahl**

kurze Töne

ununterbrochener Ton

Sender

lange Töne

Kurze und lange Töne überlagern sich, so daß man einen ununterbrochenen Ton hört

**FRÜHWARNUNG**

Radarantenne

Von der Radarantenne erfaßter Raum

Radarschirm zeigt das Luftbild

Die vom Flugzeug reflektierten Signale erscheinen auf dem Radarschirm der Kontrollstation

Boden-Kontrollstation

Die »Zeichnung« zeigt die Position des Flugzeugs

**Flugzeug zu Flugzeug**

Reichweite des Radargeräts im Flugzeug

Die Bodenstation gibt der fliegenden Radarstation die annähernde Position des Bombers an

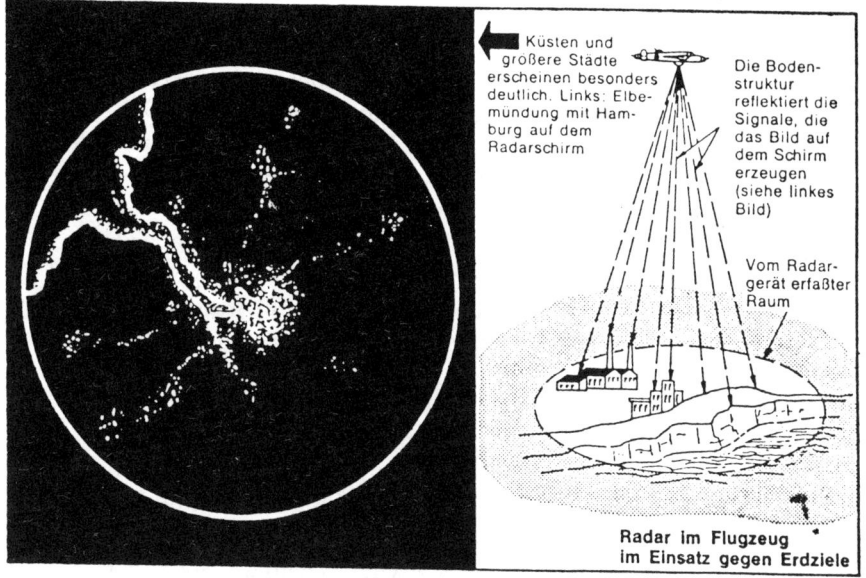

Küsten und größere Städte erscheinen besonders deutlich. Links: Elbemündung mit Hamburg auf dem Radarschirm

Die Bodenstruktur reflektiert die Signale, die das Bild auf dem Schirm erzeugen (siehe linkes Bild)

Vom Radargerät erfaßter Raum

**Radar im Flugzeug im Einsatz gegen Erdziele**

*Die vier wichtigsten Radar-Radio-Systeme.*
*Bei diesen hier in chronologischer Reihenfolge gezeigten Systemen ist die Entwicklung einer Grundmethode erkennbar. Dabei werden Radiowellen zur Messung der Entfernung zum Ziel gesendet und empfangen. Sie werden von den Zielobjekten reflektiert und in der Empfangsstation auf einem Schirm empfangen und sichtbar gemacht. Die hierbei verwendeten Geräte sind mit den Abwehrmaßnahmen im Kapitel „Luftkriegsdokumentation und -statistik" unter Decknamen angeführt.*
*Aus: Anthony Verrier, Bomberoffensive gegen Deutschland, S. 138 f.*

Am Anfang gab es bei der Zusammenführung der beiden Gegner nach dem „Himmelbett"-Verfahren ziemlich oft Abweichungen. Diese konnten vor allem in der Höhe mehrere hundert Meter betragen. Demgemäß hatte der Nachtjäger ziemlich große Schwierigkeiten, den Gegner aufzufinden. Er mußte ihn dann „um sich herum" suchen: nach vorne, nach hinten, nach den Seiten und nach oben sowie nach unten.

Mitte 1942 kam es dann zur großen Wende für die Nachtjagd, als auch die Nachtjagdmaschinen mit einem Bordsuchgerät, dem sogenannten LICHTENSTEIN BC, ausgestattet wurden. Damit änderte sich auch das Ansatzverfahren. Der Jägerleitoffizier am Boden führte den Nachtjäger nur noch auf eine Entfernung von 3–4 km an das Feindflugzeug heran. Wenn der Bordfunker des deutschen Jagdflugzeuges das gegnerische Flugzeug im Bordsuchgerät erfaßt hatte, dirigierte er seinen Flugzeugführer nun weitaus genauer an das Ziel heran, als dies früher bei „einsamer" Führung durch die Bodenstation der Fall war. Mit dem „Lichtenstein"-Gerät stiegen die Abschußzahlen der deutschen Nachtjäger stark an und übertrafen alle Erwartungen.[3]

## Vom kleinen Pulk zum großen Bomberstrom

Jede Verbesserung technischer oder taktischer Art bei der einen Kriegspartei fordert die andere Kriegspartei zu Gegenmaßnahmen auf. Die deutschen Nachtjäger konnten sich daher nicht lange Zeit ihrer verbesserten Technik bei der Bekämpfung der RAF-Bomber erfreuen. Bis jetzt hatten die Briten in kleinen Pulks und in großen Zwischenräumen die deutschen, aber in immer stärkerem Maße auch die französischen, belgischen und holländischen Städte angeflogen. Eine gut eingespielte „Himmelbett"-Mannschaft konnte aus diesen Pulks pro Stunde höchstens sechs Bomber herausschießen, gleichgültig, wie viele Maschinen in dieser Zeit über sie hinwegflogen. In gleicher Weise schoß auch die Flak eine begrenzte Zahl von Flugzeugen ab. Die Engländer begannen nunmehr möglichst viele Flugzeuge in möglichst kurzen Zeitabständen den deutschen und europäischen Städten entgegenzuschicken. Diese Konzentrationstaktik von vielen Flugzeugen auf engem Raum brachte allerdings eine verstärkte Kollisionsgefahr mit sich.[4] Auf-

Die von den Anglo-Amerikanern während der Invasion im Jahre 1944 zerstörte Kirche von St.-Etienne aus der Zeit Wilhelm des Eroberers.

Papst Pius XII. richtet nach einem US-Bombenangriff auf Rom tröstende Worte an die Bevölkerung der italienischen Hauptstadt und spendet ihr den päpstlichen Segen.

So weit das Auge reicht . . . Ruinen! Das zerstörte Dresden vom Turm der Kreuzkirche aus gesehen in Richtung Osten mit dem ausgebrannten Rathausturm im Vordergrund.

*Die riesigen Ölbehälter bei Ploesti, zum Schutz vor Luftangriffen eingemauert, mit Flakstellungen im Vordergrund.*

*Nach einem schweren Luftangriff der 15. USAAF brennt die rumänische Hauptstadt Bukarest.*

*Die von US-Bomben schwer zerstörte Straße Edgar Quinet in Bukarest.*

- Vue du Sud-Est
- Quartier du Bassin à Flots

Vue d'Est
- Vue sur l'Arsenal

Die zerstörten Stadtviertel der französischen Hafenstadt Lorient. Den deutschen U-Boot-Bunkern im Hafen von Lorient hatten die alliierten Luftangriffe weit weniger geschadet.

Das von alliierten Bombern stark zerstörte Orleans.

*Salzburg 1945: Ein Bild der durch schwere Luftangriffe der 15. USAAF heimgesuchten Stadt, im Vordergrund der zerstörte Dom.*

Nahaufnahme des hölzernen Abschussträgers für die 55 mm R4M Hochgeschwindigkeits Luft Luft Rakete, welche die Me262 A 1b unter beiden Flächen mit sich führte./via Schliephake.

*Der deutsche Düsenjäger Me 262 mit der für die Reichsverteidigung hoffnungsvollsten 55 mm R₄M Luft-Luft-Rakete ausgestattet.*

grund mehrerer Versuche stellte sich heraus, daß das Kollisionsrisiko lediglich 0,5 % betrug gegenüber einer drei- bis vierprozentigen Abschußrate durch die deutsche Flak und die deutschen Jäger.

Mit der Idee der Konzentrationstaktik war auch der Begriff des „Bomberstromes" geboren worden. Auch im Bomberstrom sollten die Flieger möglichst weit auseinandergezogen fliegen. Immerhin sollten pro Minute jeweils zehn Maschinen eine bestimmte Stelle der Flugroute passieren. Nun konnte eine deutsche „Himmelbett"-Jägerleitstelle mit ihrem zugeordneten Nachtjäger immer nur einen RAF-Bomber angreifen, wozu sie im Durchschnitt zehn Minuten benötigte. Eine Flak-Batterie vermochte ebenfalls nur einen Bomber unter gezieltes Feuer zu nehmen und benötigte dazu etwa 20 Minuten. Wenn die RAF-Bomber nun die deutsche Verteidigung im „Bomberstrom" durchbrachen, boten sie der Abwehr für kurze Zeit eine Fülle von Zielen, aber nichts für danach. Da die deutsche Abwehr aber nur sechs Bomber in der Stunde bewerkstelligte, waren außer diesen sechs Pechvögeln alle anderen vor einem Angriff sicher.

## General Kammhubers Gegenschlag

Um der Konzentrationstaktik der RAF-Bomber entgegenwirken zu können, baute der deutsche Kommandierende General des XII. Fliegerkorps und General der Nachtjagd, Josef Kammhuber, weitere „Himmelbett"-Stationen in seine Verteidigungslinie ein. Eine Station errichtete er weiter vorne und eine weiter rückwärts. Dadurch wurde die Tiefe des Abwehrgürtels stark vergrößert, den die RAF-Bomber zu durchfliegen hatten, und ihr Risiko erhöht.[5] Die „Himmelbett"-Stationen umfaßten nun auch ganz Holland und Belgien sowie Nordfrankreich. Außerdem baute die Luftwaffe gemeinsam mit der deutschen Kriegsmarine entlang der nördlichen Küste Europas eine FRÜHWARN-RADARKETTE auf, welche aus den weitreichenden WASSERMANN- und MAMMUT-GERÄTEN bestand. Mittels dieser Geräte war es möglich, den Gegner bereits über England auszumachen, sobald er sich über den Radar-Horizont erhob.

Schließlich konnte General Kammhuber immer mehr neue Nachtjagdgruppen aufstellen und die Leitverfahren weiter verbes-

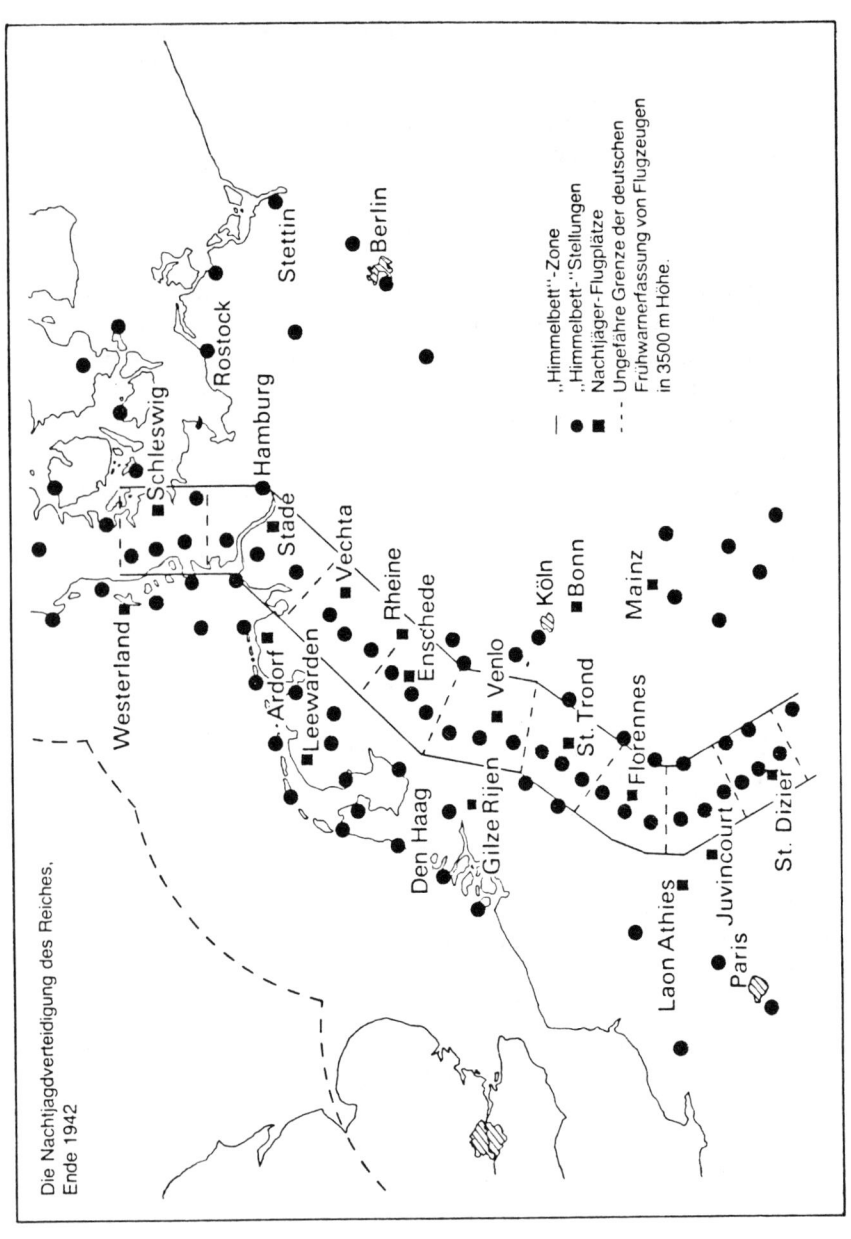

Die Nachtjagdverteidigung des Reiches,
Ende 1942

Westerland

Schleswig

Rostock

Hamburg

Stettin

Berlin

Stade

Vechta

Rheine

Köln

Bonn

Mainz

Ardorf

Leewarden

Enschede

Venlo

St. Trond

Den Haag

Gilze Rijen

Florennes

Laon Athies

Paris

Juvincourt

St. Dizier

„Himmelbett"-Zone

„Himmelbett"-Stellungen

Nachtjäger-Flugplätze

Ungefähre Grenze der deutschen
Frühwarnerfassung von Flugzeugen
in 3500 m Höhe.

sern. Diese erlaubten es den Jägerleitoffizieren der „Himmelbett"-Stationen, von einem auf zwei, später sogar auf drei Nachtjäger, die von *einer* Station aus geführt werden konnten, überzugehen.

Die Erfolge der deutschen Nachtjagd waren demgemäß, auch in absoluten Ziffern ausgedrückt, sehr beachtlich. Bereits beim ersten 1000-Bomber-Angriff der RAF auf Köln schossen die Nachtjäger 36 Feindmaschinen ab und hatten damit ihren 600. Nachtluftsieg erreicht.[6] Insgesamt waren 36 Abschüsse bei 1000 Angreifern allerdings mehr als ungenügend anzusehen. Dennoch war es offenkundig, daß noch viel Zeit vergehen würde, bis das Bomber Command der RAF zu einer ernsthaften Bedrohung der Ziele in Deutschland werden sollte. Zunächst bildeten die deutschen Nachtjäger mit ihren im „Himmelbett"-Verfahren eingesetzten ME 110, Focke-Wulf 190 und Ju 88-Maschinen noch ein dünnes Schutzdach für die Zivilbevölkerung.

## US-Luftflotten auf Feuertaufe-Einsatz in Frankreich

Doch auch dieses Schutzdach begann bereits 1942 immer durchlässiger zu werden, denn der Einsatz der US-Amerikaner, die zunächst über Frankreich ihre Feuertaufe bestanden hatten, gegen das Reich wurde immer massiver. Bei den sich ab dem Sommer 1942 über Frankreich abspielenden Luftkämpfen zwischen den deutschen Jägern und den Bombern der 8. USAAF entwickelten die Deutschen eine neue Angriffstaktik. Die B 17 (Fortress) und B 24 (Liberator) besaßen neben ausgedehnter Panzerung und selbstabdichtenden Benzintanks vor allem eine starke Feuerkraft von zehn 12,7 mm MG-Ständen. Nun hatten die deutschen Jäger aber herausgefunden, daß die Bomber sich trotz höchster Feuerkraft ihrer MG's nach vorne viel schlechter als nach hinten verteidigen konnten. Um diese Schwäche auszunützen, machte der Kommandeur der III. Gruppe JG 2, Major Egon Mayer, Versuche mit Frontalangriffen.[7]

Am 23. November führte Major Mayer seine Gruppe zu einem Angriff gegen 36 B 17, welche ohne Begleitschutz auf St. Nazaire in Frankreich angesetzt waren. Jeweils 3 Focke Wulf griffen von vorne an, wobei es ihnen gelang, vier Bomber abzuschießen und einen schwer zu beschädigen. Die Angriffstaktik von vorne bewährte sich bei den Tagjägern so gut, daß diese auch vom zweiten in Frankreich eingesetzten JG 26 und von anderen Tag- und Nachtjagdgeschwadern in der Reichsverteidigung angewandt wurde.

Insgesamt reichte aber das Schutzdach für die Zivilbevölkerung gegen den Bombenkrieg immer weniger. Der Führungsstab der Luftwaffe rechnete erst mit einer Verbesserung der Situation für die Reichsverteidigung, wenn der Ostfeldzug gewonnen sei.[8] Bis dahin mußte die Luftwaffen-Schwerpunktbildung im Osten bleiben. Inzwischen war aber aus den fünf Monaten, die der Rußlandeinsatz dauern sollte, ein ganzes Jahr geworden. Auf die Warnungen der Jagdflieger, Adolf Galland, daß die Reichsverteidigung nicht vernachlässigt werden dürfe, antwortete Göring, daß zuerst der Russe so schnell wie möglich niedergerungen werden müsse. Dann erst könnten die Geschwader der Luftwaffe nach dem Westen zurückgeführt werden.

## Alliierte Vorbereitungen zur Invasion Europas

Vom 7. bis 8. November 1942 landeten US-amerikanische und britische Streitkräfte auf 500 Schiffen – völlig überraschend für die Deutschen und Italiener – an verschiedenen Stellen von Marokko und Algerien in Nordafrika. Die zur französischen „Vichy-Regierung" haltenden Franzosen können gegen die feindliche Übermacht nur kurzen Widerstand leisten. Im Rahmen dieser Kampfhandlungen (Operation „Torch") wird am 10. November Oran, am 11. Casablanca genommen, und am 12. November erlischt der Widerstand der Vichy-Franzosen.[9] An diesem Tage rücken deutsche Truppen in den bisher noch unbesetzten Teil Frankreichs ein, um damit wahrscheinlichen Landungen der Alliierten besser entgegenwirken zu können. Am 27. November wird auch der bisher noch ausgesparte Kriegshafen Toulon genommen, doch haben sich die hier liegenden französischen Kriegsschiffe schon selbst versenkt. Wie wir berichteten[10], hatten die Deutschen in dem mit Frankreich am 22. Juni 1940 abgeschlossenen Waffenstillstandsvertrag „feierlich" auf die Auslieferung der französischen Flotte verzichtet. Nun hatten die Franzosen über den Verbleib eines Teiles ihrer Kriegsschiffe wenigstens selbst entscheiden können, während ein anderer Teil der Flotte von den Engländern vor Oran am 3. Juli 1942 vernichtet worden war.

Die deutschen und italienischen Truppen waren mit der Landung der Alliierten in Nordafrika in einen Zweifrontenkrieg geraten. Diesen Zweifrontenkrieg konnten sie gegen die alliierte Übermacht noch ein halbes Jahr durchhalten, bis die deutschen und italienischen Soldaten am 13. Mai 1943 kapitulieren mußten. Nach dem Sieg der Alliierten über die Deutschen in Nordafrika hatten die Anglo-Amerikaner nur mehr einen „großen Schritt" über die „Straße von Tunis" nach Sizilien zu wagen, um die Invasion Europas in Gang zu setzen.

## Kesselring: Deutschland versäumte einen Sieg über England

Ähnlich wie Generaloberst Löhr im Jahre 1941 eine großräumige Strategie gegen England im Mittelmeer von der obersten Führung gefordert hatte[11], war auch Generalfeldmarschall Kesselring als Oberbefehlshaber Süd für die weitgehende Forcierung der Mittelmeer-Operationen eingetreten. Er schrieb nach dem Krieg darüber:[12]

> „Deutschland als die führende Macht der Achse hatte die ihm aufgezwungene Ausweitung des Kriegsraumes auf bedeutende Teile des Mittelmeeres in einer gewissen Lethargie hingenommen und die sich ihm bietende einmalige Gelegenheit, England in einem für die Weiterführung des Krieges bedeutsamen Bereich tödlich zu treffen, nicht ausgenützt. Die in diesem Zeitraum immer wieder gegebene Möglichkeit raumgreifender strategischer Planung und großräumiger politischer Zielsetzung war am Ende der Phase (Verlust Tunesiens) endgültig vertan!"

1 Auszug aus dem Manuskript „II. Gruppe Nachtjagdgeschwader 1" von Dipl.-Ing. Fritz Engau, Graz, 1986.
2 Fritz Engau, a.a.O., S. 2.
3 Fritz Engau, a.a.O., S. 3.
4 Alfred Price, Luftschlacht über Deutschland – Angriff und Verteidigung 1939–1945, Stuttgart, S. 30ff.
5 Alfred Price, a.a.O., S. 34f.
6 Cajus Bekker, a.a.O., S. 331.
7 Alfred Price, S. 39f.
8 Cajus Bekker, S. 331
9 Ploetz, a.a.O., S. 65f.
10 siehe S. 187.
11 siehe S. 278.
12 Werner Haupt, Kriegsschauplatz Italien 1943–1945, Stuttgart, 1977, S. 15.

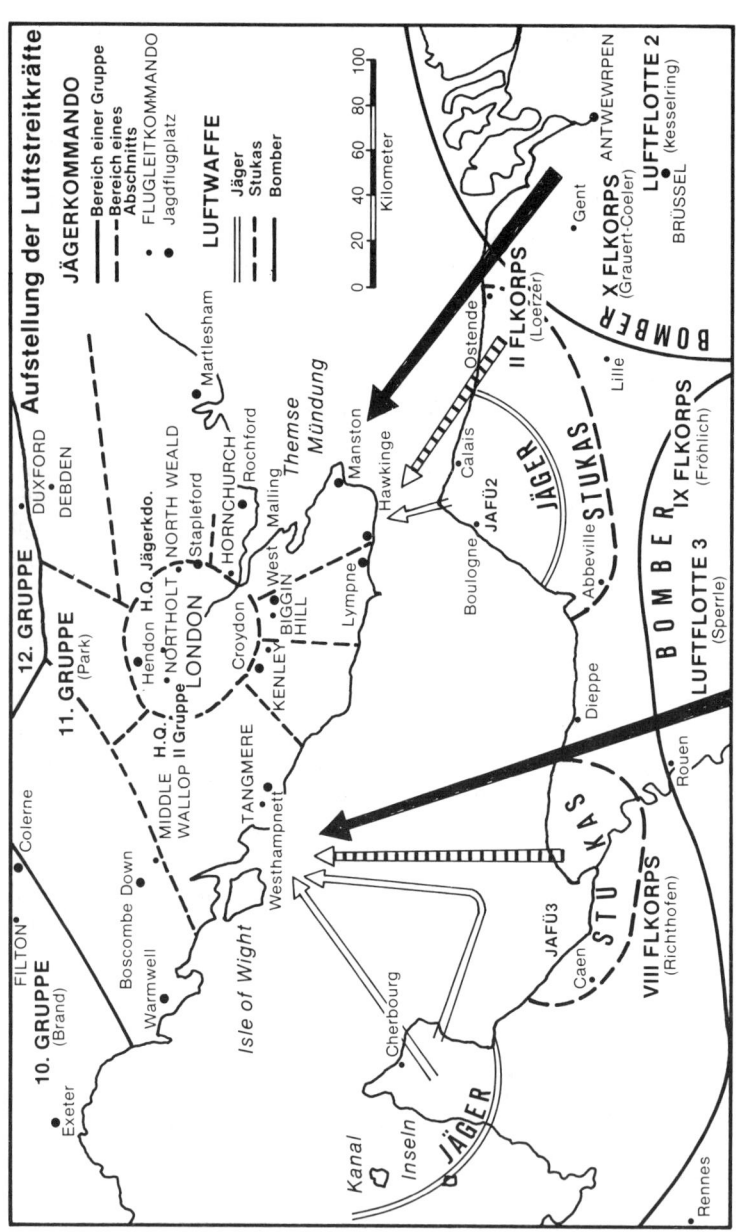

*Bereitstellung der Luftstreitkräfte zur „Luftschlacht um England" im Sommer 1940.*

# 1943

## 13. „Forderung auf bedingungslose Kapitulation" war nur gegen das Deutsche Reich gerichtet

*Das I. Zusatzprotokoll zu den Genfer Abkommen des Jahres 1949, das im Jahre 1977 abgeschlossen und von Österreich im Jahre 1982 ratifiziert wurde, enthält im Art. 51 (4) ein Verbot des unterschiedslosen Angriffs, bei dem nicht zwischen militärischen Zielen und zivilen Objekten unterschieden werden kann. Gemäß Art. 51 (5) lit. a werden Flächenbombardements von Städten, Dörfern oder Ansiedlungen grundsätzlich als unterschiedsloser Angriff angesehen und sind diesbezüglich daher verboten.*

*DDR. Heinz VETSCHERA*
*Institut für strategische Grundlagenforschung an der Landesverteidigungsakademie, Stiftg. 2a, A 1070 WIEN*[1]

Das Jahr 1943 brachte auf politischer Bühne eine der wichtigsten internationalen Entscheidungen des Zweiten Weltkrieges. Im Januar 1943 trafen sich in der erst kurz zuvor von den alliierten Truppen eroberten Stadt Casablanca (Haupthafen Marokkos) Churchill, Roosevelt und ihre Stabschefs zu einer Konferenz. Der sowjetische Diktator Stalin fehlte noch bei diesem Staatsmännertreffen, doch sollte er bei der nächsten Zusammenkunft in Teheran im Herbst des gleichen Jahres, als man erstmalig über die Nachkriegsaufteilung Deutschlands diskutierte, beigezogen werden.

In Casablanca bestätigten die westalliierten Kriegs- und Staatsführer Roosevelt und Churchill noch einmal ausdrücklich die Entscheidung des englischen Kriegskabinetts vom 14. Februar 1942 über das „area bombing".[2]

## Die „Casablanca-Direktive" als „Blanko-Scheck" für Harris?

Diese unter der Bezeichnung Casablanca-Direktive in die Geschichte eingegangene Entscheidung auf höchster Ebene hat nicht die Städte Deutschlands und eines großen Teils Euopas der Vernichtung preisgegeben. Dies war bereits mit dem Beschluß des britischen Kriegskabinetts zum Gebietsbomben („area bombing") vom Jahr zuvor geschehen. Ihre Bedeutung liegt vielmehr in der vollen Auslösung des hemmungslosen Luftterrors als mutmaßlich kriegsentscheidenden Hauptmittels der Kriegführung und in der Internationalisierung dieser Art der Luftkriegsführung. Hatte der Beschluß des britischen Kriegskabinetts von 1942 „nur" England und das „Commonwealth" umfaßt, so hatte die „Casablanca-Direktive" für alle westalliierten Kriegführenden, nun auch für die USA, vollziehende Wirksamkeit.

Für die Hauptoffensive erarbeiteten die alliierten Stabschefs drei Bereiche:

1. Die Stadtlandschaften an der Ruhr als die Waffenschmiede Deutschlands,
2. die Großstädte im Inneren des Reiches,
3. die Reichshauptstadt Berlin als politischer Mittelpunkt.

Sie sollten nacheinander zerstört werden.

Der zur Durchführung dieser Hauptoffensive bestimmte britische Luftmarschall Harris deutete seinen Auftrag folgendermaßen.[3]

„Durch Casablanca waren die letzten moralischen Hemmungen gefallen, und ich erhielt für den Bombenkrieg völlig freie Hand."

Bis Mai 1943 blieb die Exekution der Casablanca-Direktive tatsächlich noch ziemlich allein Sache der RAF und damit ihres Luftmarschalls Harris. Aber ab diesem Zeitpunkt war die 8. USAAF in England so stark domiziliert, daß sie voll unterstützend eingreifen konnte. Anfangs bestand die Unterstützung noch überwiegend in gezielten Tagesangriffen gegen deutsche Städte mit Rüstungszentren. Ein verfolgter Nebenzweck war es dabei, die deutschen Jagdflieger zum Kampf zu stellen und die Jagdwaffe insgesamt zu zerschlagen. Zu Anfang 1943 hatten die Nordamerikaner 250000 Mann Fliegernachwuchs in Ausbildung.

## Roosevelts ominöses Kriegsziel:
## Die bedingungslose Kapitulation der Achsenmächte

Auf der Konferenz von Casablanca beschlossen Roosevelt und Churchill überdies Maßnahmen zur weiteren Intensivierung der Kriegsführung und zu gemeinsamen Strategien in Europa und Asien.

So auch die Landung in Sizilien für den Sommer 1943 und die Invasion Frankreichs 1944[4]. Mit Zustimmung Churchills gab Roosevelt schließlich die vielleicht folgenschwerste Erklärung des Zweiten Weltkrieges vor der Presse in Casablanca ab: Die Forderung auf die bedingungslose Kapitulation Deutschlands, Italiens und Japans. Diese Erklärung bedeutete letztendlich die Verkündung des totalen Krieges, der de facto mit dem erbarmungslosen Bombenkrieg gegen Europas Zivilbevölkerung und der Taktik der verbrannten Erde, wie sie Stalin in seinem eigenen Land schon seit 1942 betrieb, bereits im Gange war.[5] Stalin hatte erst nachträglich – mit Bedenken, muß zu seiner Ehre gesagt werden – der Forderung Roosevelts und Churchills nach bedingungsloser Kapitulation der Achsenmächte zugestimmt.

Daß diese Forderung in Wirklichkeit nur gegen das Deutsche Reich gerichtet ist, wird sich erst später herausstellen. Nämlich im Jahre 1943, als Italien nicht bedingungslos kapitulierte, und dann viel später, im Jahre 1945, auch Japan nicht. Den Japanern gewährten die Alliierten sogar nach dem zweiten Abwurf einer Atombombe auf Nagasaki am 9. August 1945 eine bedingte Kapitulation. Die Japaner legten erst die Waffen nieder, als ihnen die USA die Erhaltung ihres Kaiserhauses zugesichert hatten. Einzig und allein Deutschland wird bekämpft, bis es ganz am Boden liegt, bedingungslos kapituliert und geteilt werden kann. Zum Unterschied etwa zum Jahre 1940, als die deutsche Opposition mit den Engländern über den Vatikan sogar „Friedensverhandlungen" führen konnte (wir berichteten), erhalten die deutschen Verschwörer im Jahre 1944 die Antwort: auch sie müßten im Falle ihres Sieges über Hitler bedingungslos kapitulieren.[6]

## Die Luftschlacht um die Ruhr

In Ausführung der „Casablanca-Direktive" hinsichtlich der drei Bereiche für eine Hauptoffensive (siehe obige Aufzählung) begann am 5. Februar die Luftschlacht um die Ruhr. Sie dauerte dann bis zum 29. Juni 1943 und wurde zu einem schweren, verlustreichen Ringen auf beiden Seiten. Offene und unverteidigte Städte wurden von den Westalliierten schon seit 1940 nicht mehr anerkannt. Allein im April 1943 verlor die RAF über deutschen Städten 200 schwere Bomber, hauptsächlich Lancasters. Der Ausfall an Piloten, Beobachtern, Funkern und Bordschützen betrug in diesem Monat 1500.

Das britische Bomber-Kommando bildete im Laufe des Jahres 1943 immer mehr den sogenannten „Sektorenangriff" zu höchster Perfektion aus. Dies war ein radargesteuertes System mit mehreren dicht aufeinanderfolgenden Wellen und mit Anflug aus verschiedenen Richtungen in verschiedenen Höhen. Damit erreichten die Bomberbesatzungen eine stetig steigende Konzentration nach Zeit, Raum und Masse. Während noch im Mai 1942 rund 1130 Flugzeuge in 90 Minuten mit 1500–2000 t Bomben Köln zerschlugen, wurde im Jahre 1943 das gleiche Ergebnis mit 400 Bombern in 15 Minuten erreicht.[7]

### Angriff auf alle 100 000-Einwohner-Städte:

Die gesteigerte Qualität und Quantität der Ausrüstung und Bewaffnung des Bomber-Kommandos kam insbesondere beim Luftangriff auf Essen in der Nacht vom 5. auf 6. März 1943 zur Auswirkung. Darüber lassen wir Harris selbst berichten:[8]

„Das war der erste größere Angriff gegen ein Ziel in Deutschland mit Hilfe des Gerätes OBOE (ein britisches Gerät für den Blindabwurf, welches mit eigenen Bodenstationen zusammenarbeitete, der Verf.) ... Es ging darum, die wichtigsten Städte im Ruhrgebiet zu zerstören. Damit erhielt ich eine sehr weitgehende Entscheidungsfreiheit, und ich konnte praktisch jede deutsche Industriestadt mit einer Einwohnerzahl von 100 000 und mehr angreifen. Das wichtigste Angriffsziel blieb das Ruhrgebiet, denn hier befand sich das bedeutendste Industriegebiet Deutschlands, und aus diesem Grunde war es schon vorher für Angriffe ausgewählt worden, durch die die Moral der Bevölkerung erschüttert werden sollte.

Ein Verband von 452 Flugzeugen wurde eingesetzt. Bei den Hauptkräften befanden sich 140 Lancasters, 69 Halifaxes, 52 Stirlings und 131 Wellingtons, während die Markierungskräfte der Pathfinder aus 22 Bombern und 8 mit Oboe ausgerüsteten Mosquitos (britischer Jäger, Bomber und Aufklärer, der Verf.) bestanden. Der ganze Angriff dauerte 38 Minuten. Die Mosquitos hatten rote Zielmarkierungsbomben abgeworfen, und zwar nicht auf Sicht, sondern mit Hilfe des Gerätes Oboe. Darauf folgten die Bombenwürfe in Zwischenräumen von jeweils drei und sieben Minuten."

Harris wurde deshalb so ausführlich mit seinem eigenen Bericht zitiert, weil hier seine strategische Selbständigkeit besonders deutlich zum Ausdruck kommt. Aber aus dem Harris-Bericht ist auch zu entnehmen, was das Bomber Command zu leisten imstande war. Alle Luftangriffe gegen deutsche Städte sind nach diesem Muster bis in die letzten Wochen des Krieges geflogen worden, wie sie Harris hier beschrieb.

Es erhebt sich gerade bei der Behandlung dieses schweren Angriffs auf Essen die wichtige Frage für die Kriegführenden, welcher Schaden dadurch Deutschland zugefügt wurde und ob die Kriegsrüstung dieses Landes in minderem oder starkem Ausmaß beeinträchtigt werden konnte. Der Angriff auf Essen vom 5./6. März und alle folgenden Bombardements waren typisch dafür, daß es dem Bomber Command nicht gelang, die verspäteten Anstrengungen Deutschlands, seine gesamte Industriekapazität für den Krieg einzusetzen, zunichte zu machen.[9]

Obwohl die „Bomber Command Quaterly Review" nachträglich behauptete, bei den Angriffen auf Essen im März/April 1943 seien zehn bzw. 27 % der Kruppwerke zerstört worden, läßt sich nachweisen, daß die Produktionskapazität dieses wichtigen Werkes der Schwerindustrie durch Luftangriffe im ganzen Krieg nur 30 % eingebüßt hat. Tatsächlich sind die Krupp-Werke erst durch die Zerstörung von Straßen, Eisenbahnen und Kanälen im Jahre 1945 stillgelegt worden, denn es hatte keinen Sinn, das Material zu produzieren, wenn man es nicht an seinen Bestimmungsort bringen kann.[10] Während der Luftoffensive gegen das Ruhrgebiet wurden

18406 Einsätze geflogen. Die RAF verlor 872 Flugzeuge, 2136 Maschinen wurden beschädigt.

Wie wenig die deutsche Schwerindustrie durch Luftangriffe getroffen wurde, zeigen die Produktionsausfälle in der Stahlindustrie durch Luftkriegsschäden. Sie betrugen im Jahre 1943 nur 3,8% und im Jahre 1944 erst 9,4%.[11]

Während der Ruhr-Luftoffensive hat das Bomber Command alles darangesetzt, das „glückliche Tal" für seine Bewohner zur Hölle zu machen. In 43 größeren Einsätzen bombardieren Harris' Flugzeugbesatzungen Aachen, Krefeld, Duisburg, Oberhausen, Bochum, Dortmund, Gelsenkirchen, Essen, Mülheim, Wuppertal, Düsseldorf, Köln und Münster. Außerdem gab es Luftangriffe gegen Kiel, Rostock, Stettin, Berlin, Mannheim, Nürnberg, Frankfurt, Stuttgart, München und sogar gegen Pilsen in dem weit entfernt liegenden „Protektorat Böhmen und Mähren", um die Deutschen ebenso wie die Skeptiker in den eigenen Reihen zu überzeugen, daß dieser neue und schreckliche Feuervogel verwüsten konnte, wo und was er wollte.[12]

Soviel Deutschland auch während der „Ruhr-Schlacht" vom März bis zum Juli 1943 zu erdulden hatte, es war dennoch keine Katastrophe eingetreten. Nichts war geschehen, was die Deutschen veranlaßt hätte, „HALT" zu rufen. Es waren noch nicht genug Deutsche getötet worden. Bald wollte Harris versuchen, den Angriff auf Essen mit noch schwereren Bombardierungen in den Schatten zu stellen und die Deutschen damit in die Verzweiflung zu treiben. Unter Einsatz neuer Kampfmittel sollte ihm ersteres zur Gänze, letzteres aber noch immer nicht gelingen.

1 Laut Schreiben DDR. Heinz Vetschera vom 4. 12. 1985 an den Verfasser. Siehe auch: Flächenbombardement und Völkerrecht, a.a.O. S. 471ff.
2 Hans Rumpf, Das war der Bombenkrieg – Deutsche Städte im Feuersturm, Oldenburg und Hamburg, 1961, S. 44f.
3 Hans Rumpf, S. 45.
4 Meyers großes Taschenlexikon; Mannheim–Wien–Zürich, Bd. 4.
5 Kurt Zentner, S. 314.
6 Kurt Zentner, a.a.O., S. 314.
7 Hans Rumpf, S. 45f.
8 Anthony Verrier, Bomberoffensive gegen Deutschland 1939–1945, Frankfurt/Main, 1970, S. 162f.
9 Ebda., S. 164.
10 Anthony Verrier, S. 164.

11 Erich Hampe, Der zivile Luftschutz im Zweiten Weltkrieg, Frankfurt, 1963, S. 208 ff.
12 Anthony Verrier, S. 165 f.

# 14. Unternehmen Gomorrha: Hamburg im Feuersturm

Einen neuen Höhepunkt in der Flächenbombardierung deutscher Städte erreichte Harris mit den Luftangriffen auf Hamburg vom 24. Juli bis 3. August 1943. „Der Angriff war in der Tat eine Massenvernichtungsaktion", schreibt Verrier wörtlich.[1]

Erstmals gelang es den Strategen der Bombenangriffe gegen Hamburg die deutschen Verteidigungskräfte weitgehend außer Gefecht zu setzen. Und dies mit einem ganz einfachen Mittel, mit dem Window (zu deutsch: „Düppel"). Durch den Abwurf von Millionen dieser Störfolien gelang es, die deutschen Funkmeßgeräte – insbesondere die für die Nachtjagd („Himmelbett"-System, wir berichteten) wichtigen „Würzburg"-Geräte zu stören oder gar auszuschalten: Die Nachtjäger und die Flak fanden keine Zielpunkte mehr und wurden über den Angriffsverlauf und die Position der Angreifer getäuscht.

Harris' Bomberstrom gegen Hamburg setzte sich aus 347 Lancaster-, 246 Halifax- und 125 Sterling-Bombern (alles „Viermots") sowie aus 73 Zweimotorigen vom Typ Wellington – das waren 791 Maschinen – zusammen.[2] Diese Bomberstreitmacht begann am 25. Juli um 1.00 Uhr das Unternehmen Gomorrha gegen die Millionenstadt Hamburg, die zweitgrößte Stadt Deutschlands. Zehn Tage lang herrschte darauf in Hamburg fast immer Luftalarm bis zum 3. August 1943.

Als die deutsche Funkmessung die in der Nacht zum 25. Juli anfliegenden britischen Bomberströme ortete, waren die Funker völlig verblüfft. Demnach befanden sich viel *mehr* Flugzeuge im Anflug auf das deutsche Reichsgebiet, als die Alliierten zusammen überhaupt hatten. Und die deutschen Nachtjäger konnten sich nur noch wundern. Die Nachtjäger schossen ins Leere, obwohl sie oft bis auf 100 m ans Ziel herangekommen waren. So wurden britische Bomberverbände gleichzeitig über Nordfrankreich, in Holland, im Raum Köln, im Anflug auf das Ruhrgebiet und in Schleswig-Holstein geortet, aber nicht gesichtet.[3] Niemand auf deutscher Seite konnte sich den Spuk erklären, den Engländern war die Überrumpelung vollständig gelungen. Die englischen Maschinen hatten 40 Tonnen Stanniolstreifen, insgesamt 92 Millionen Stück, abgeworfen. Die meisten deutschen Jäger hatten Phantome statt feindlicher Maschinen angegriffen. Als Hamburg endlich als das eigentliche Angriffsziel der 791 britischen Bomber ausgemacht wurde, waren die Treibstofftanks der Nachtjäger leer, und die Piloten mußten schleunigst zu ihren Einsatzhäfen zurückkehren.

Bereits dieser erste Luftangriff verursachte Riesenbrände, deren Löschung noch nach Ablauf von 24 Stunden nicht möglich war. Kohlen und Koksvorräte, die in den Kellern vieler Häuser schon für den Winter eingelagert waren, gerieten in Brand und konnten erst viel später gelöscht werden. Noch in den Mittagsstunden des 25. Juli lastete eine schwere Staub- und Qualmwolke über der Stadt, die trotz des klaren und wolkenlosen Sommerwetters den Durchbruch der Sonne verhinderte. Bei diesem Angriff wurde auch der weltberühmte Tierpark Hagenbecks mit seinen wertvollen Tierbeständen fast völlig vernichtet. Die Todesschreie der eingesperrten Tiere übertönten nur ganz kurz die detonierenden Bomben ...

## *Bericht des Hamburger Polizeipräsidenten*

Da über die vier schweren und den vom 27. auf 28. Juli erfolgten schwersten Nachtangriff der RAF und die zwei leichteren Tagesangriffe der 8. US-Luftflotte (8. USAAF) auf Hamburg behördlicherseits genaue Untersuchungen angeordnet worden waren, können wir hier den Bericht des Polizeipräsidenten von Hamburg in Kurzform unterbreiten:[4]

„Die Fortführung des ersten Angriffs durch Tages- und Störangriffe in der Zeit vom Morgen des 25. Juli bis zum Morgen des 27. Juli ließen die Absicht des Feindes erkennen, Hamburg systematisch zu vernichten. Deshalb konnte die Tatsache eines fünften Angriffs in der Nacht vom 27. zum 28. Juli nicht mehr überraschen. Die Wucht dieses Angriffs und seine Folgen übertrafen dagegen alle Erwartungen.

Mindestens 800 Maschinen griffen Hamburg von allen Seiten in laufenden Wellen an. Der Schwerpunkt des Angriffs lag jetzt in den Stadtteilen links der Alster: Rothenburgsort, Hammerbrook, Hohenfelde, Borgfelde, Hamm, Eilbeck und zum Teil Barmbeck und Wandsbek. Bereits im Verlauf einer halben Stunde war in diesen Gebieten eine furchtbare Lage entstanden.

Durch einen Bombenteppich von unvorstellbarer Dichte wurde eine fast völlige Vernichtung dieser Stadtteile in kürzester Frist erreicht. Ausgedehnte Teile dieser Gebiete wurden in kaum einer halben Stunde in ein einziges Flammenmeer verwandelt. Zehntausende von Einzelbränden vereinten sich in kürzester Frist zu Großflächenbränden, die zu Feuerstürmen von orkanartiger Gewalt führten. Bäume bis zu einem Meter Durchmesser wurden glatt abgedreht oder entwurzelt, Häuser abgedeckt und Menschen zu Boden gerissen oder in die Flammen hineingezogen.

Großen Teilen der in den betroffen Stadtteilen wohnenden Bevölkerung gelang es nicht mehr, dem Feuersturm zu entkommen. Sie kamen in den Selbstschutzräumen oder auf den Straßen um. Ihre Leichen bedeckten zu Hunderten die Straße. Tausende kamen in den Schutzräumen ums Leben; sie wurden dort durch Kohlenoxyd vergiftet und zum großen Teil zu Asche verbrannt.

Die Ereignisse dieses Angriffs gaben dem Reichsverteidigungskommissar am 28. Juli Veranlassung, alle Frauen und Kinder zur freiwilligen Räumung der Stadt aufzufordern. Die Durchführung der Räumungsmaßnahmen stellte an sämtliche Behörden und Parteidienststellen sowie die Reichsbahn die höchsten Anforderungen. Die reibungslose Durchführung der Aufgabe, in kürzester Frist Hunderttausende zu verpflegen und umzuquartieren, ist neben der vorbildlichen Zusammenarbeit aller Dienststellen und Behörden der Haltung und Disziplin der Bevölkerung zu verdanken, die über jedes Lob erhaben waren.

Die Schlacht hatte mit dem 28. Juli ihren Höhepunkt erreicht. Eine Steigerung der Schrecken und der Angriffsstärke schien nicht mehr möglich. Durch die rasche und weitgehende Evakuierung wurde das Schlachtfeld so geräumt, daß im weiteren Verlauf des Kampfes fast nur noch die Kräfte des Luftschutzes vom Gegner angetroffen werden konnten.

Diesem schwersten Angriff folgten noch zwei weitere schwere Luftangriffe. Durch die bereits in erheblichem Umfange durchgeführte Evakuierung und die starke Abwanderung traten bei diesen Angriffen die Personenverluste im Vergleich zu den geschilderten Bombardements zurück. Die Sachschäden waren dagegen neuerlich gewaltig."

## *Die Luftschutzkräfte taten ihr möglichstes!*

Die Stadt Hamburg war im Hochsommer in durchaus luftschutzbereitem Zustand. Wenn nichts Außergewöhnliches eintrat, glaubte man der weiteren Entwicklung des Luftkrieges mit der bisherigen Fassung und Entschlossenheit entgegensehen zu können.[5]

Hatte doch allein der Selbstschutz beim letzten größeren Brandluftangriff 1500 Entstehungsbrände im Keime erstickt und weitere 1500 Kleinbrände mit den primitiven Mitteln der Hausfeuerwehren gelöscht. Jedes Haus und jedes Grundstück war durch eine eigene Hausfeuerwehr gesichert. Die weitläufigen Hafenanlagen waren in jeder Nacht mit 15 300 Mann an Brandwachen versehen. Die gemeindeeigenen Feuerlöschkräfte verfügten über einen Fahrzeugpark von 305 modernen Motorfahrzeugen zu Lande und 50 auf dem Wasser mit einer 3500köpfigen Mannschaft. Hinzu kamen noch 935 Kleinmotorspritzen bei den Feuerwehren des Werkluftschutzes und der Behörden, aber auch der Post und der Reichsbahn. Um die Schutzbauten war es nicht so gut bestellt. Zwar gab es 61 000 Hauskeller, als Luftschutzräume einigermaßen splitter- und trümmersicher hergerichtet, weitere 10 000 waren im Lauf des Krieges zu festeren Schutzräumen ausgebaut worden. Aber für den Ausbau weiterer 63 000 Hauskeller fehlte es an Material und Arbeitskräften. Die damals noch als beinahe absolut bombensicher geltenden Großbunker waren erst im Entstehen.

Was sich dann trotz aller modernen Schutzvorrichtungen bei den konzentrierten Großbrandangriffen ereignete, lag außerhalb aller bisherigen Erfahrungswerte. Während noch alle Frauen und Männer der zahlreichen Hamburger Selbstschutzorganisationen mit dem Eindämmen der zahllosen Brände und Schäden der ersten vier Luftangriffe beschäftigt waren und es so aussah, als sollten sie auch diesmal mit ihnen fertig werden, schlug der fünfte – der weitaus furchtbarste von allen – in der Nacht vom 27. auf 28. Juli mitten in die am dichtesten verbauten Wohnbezirke der Großstadt hinein. Rasende Feuerstürme und beinahe überdimensionale Flächenbrände brachten ganze geschlossene Wohnstädte zum Ausbrennen und Verglühen mit allem, was darinnen war.[6]

Im Gegensatz zu den einwandfrei terroristischen nächtlichen Luftangriffen der RAF gegen die friedliche Zivilbevölkerung Hamburgs waren die Tagesangriffe der 8. USAAF am 25. und 26. Juli gegen kriegs- und rüstungswichtige Objekte in den Hafenbezirken gerichtet und trafen nur am Rande auch Wohnviertel. Die dadurch angerichteten Schäden in Hafenbetrieben, auf Werften, an Seeschiffen – wie an der VATERLAND am Steinwärder Kai bei Blohm & Voss – waren beträchtlich, die Verluste an Zivilpersonen galten im Vergleich zu jenen der RAF-Nachtangriffe als „mäßig".[7]

Die während der RAF-Nachtangriffe von den Selbstschutzkräften anfangs beherzt aufgenommenen Löschversuche waren angesichts der in „Hageldichte" in die strohtrockenen Dachböden der Wohnhäuser einschlagenden Brandbomben und des sogleich auftretenden Wassermangels – an 847 Stellen durch Sprengbomben getroffen, war das Rohrsystem der städtischen Sammelwasserleitung leer – als völlig aussichtslos anzusehen. Dennoch konnten die Sicherheits- und Hilfsdienste im Rettungsdienst viel erreichen. Immerhin stand in Hamburg eine so große Anzahl von Luftschutzkräften zur Verfügung, die unsere derzeitigen Zivilschutzverantwortlichen angesichts des von der Politik beinahe völlig verkannten und auf die Seite geschobenen Bevölkerungsschutzes – Autobahnbau ist wichtiger als Luftschutz – vor Neid erblassen lassen müßten. Die gesamten Hamburger Hilfsdienste an Feuerlöschkräften, Räum-, Bergungs- und Instandsetzungsverbänden, an Wehrmachts-Hilfskommandos und an Polizei-Sicherungstruppen betrugen 36160 Männer und Frauen. Zum Unterschied von anderen Forschungsunterlagen über die Luftangriffe des Sommers 1943 konnte über die Rettungserfolge der Hilfsdienste nur weniges in konkreten Zahlen festgehalten werden:

18000 Menschen wurden von den örtlichen Feuerwehren neben der Brandbekämpfung gerettet,

6200 Verschüttete befreite der Instandsetzungsdienst aus Schutzräumen,

3975 Schwerverwundete und 20400 Leichtverwundete wurden in ortsfesten Rettungsstellen ambulant behandelt,

6700 Verletzte wurden vom Sanitätsdienst in Behelfskrankenhäuser gebracht,

232 Menschen wurden noch lebend aus den Trümmern geborgen,

5000 Hilfsbedürftige wurden aus den Brandgebieten herausgeleitet.

Zwei Monate nach der Brandkatastrophe konnten 30000 Luftkriegsopfer geborgen werden. Insgesamt mußten 4559 Ruinen und 3109 Häuserfassaden gesprengt werden.

## Das Höllenbild der Zerstörung Hamburgs

„Der Hamburger Brand von 1842 muß, selbst unter Berücksichtigung der damaligen Verhältnisse, ein schwaches Abbild des Hamburger Brandes von 1943 bleiben. Die Brandkatastrophen von Chicago und San Franzisko, der Brand der Pariser Oper, alle diese Ereignisse, über die durch Zeitgenossen Schreckensszenen phantastischer und grausigster Art übermittelt wurden, verblassen vor dem Ausmaß und dem Einmaligen des Hamburger Brandes von 1943. Seine Furchtbarkeit offenbart sich in dem Heulen und Toben der Feuerstürme, dem Höllenlärm der krepierenden Bomben und den Todesschreien gemarteter Menschen, wie in dem eisigen Schweigen nach den Angriffen. Die Sprache versagt vor der Größe des Grauens, das zehn lange Tage und Nächte die Menschen schüttelte und dessen Spuren unauslöschlich in das Gesicht der Stadt und der Menschen geschrieben wurden ...

Den Menschen wurde keine Zeit gelassen, zu ruhen oder planmäßig Hab und Gut zu retten oder nächste Angehörige zu suchen. Der Feind hetzte durch unaufhörliche Angriffe, bis das Werk der Vernichtung vollendet war. Sein Haß triumphierte in den Feuerstürmen, die Menschen wie Materie in gleicher Weise unbarmherzig vernichteten. Das utopisch anmutende Bild einer schnell verödenden Großstadt ohne Gas, Wasser, Licht und Verkehrsverbindungen, mit den Steinwüsten einst blühender Wohngebiete war Wirklichkeit geworden.

Die Straßen waren mit Hunderten von Leichen bedeckt. Mütter

mit ihren Kindern, Männer, Greise, verbrannt, verkohlt, unversehrt und bekleidet, nackend und in wächsner Blässe wie Schaufensterpuppen, lagen sie in jeder Stellung, ruhig und friedlich oder verkampft, den Todeskampf im letzten Ausdruck des Gesichts. Die Schutzräume boten das gleiche Bild, grausiger noch in seiner Wirkung, da es zum Teil den letzten verzweifelten Kampf gegen ein erbarmungsloses Schicksal zeigte. Saßen an einer Stelle die Schutzrauminsassen ruhig, friedlich und unversehrt wie Schlafende auf ihren Stühlen, durch Kohlenoxydgas ahnungslos und ohne Schmerzen getötet, so zeigt die Lage von Knochenresten und Schädeln in anderen Schutzräumen, wie ihre Insassen noch Flucht und Rettung aus dem verschütteten Gefängnis gesucht hatten.

Es wird keiner Phantasie jemals gelingen können, die Szenen des Schreckens und Grauens zu ermessen und zu beschreiben, die sich in zahlreichen verschütteten LS-Räumen abgespielt haben. Die Nachwelt wird nur ehrfürchtig schweigen können vor dem Schicksal dieser Unschuldigen, die der Mordgier eines sadistischen Feindes zum Opfer fielen. –

Die Haltung der Bevölkerung, die zu keiner Zeit und an keiner Stelle weder eine Panik noch panikartige Erscheinungen aufkommen ließ, war wie auch ihr Einsatz der Größe dieses Opfers würdig. Sie entsprach hanseatischem Geist und Charakter, die während der Angriffe in kameradschaftlicher Hilfeleistung und Verbundenheit ihren schönsten Ausdruck fanden und nach den Angriffen durch die Tat einen unbeugsamen Aufbauwillen bekundet haben."

Nichts könnte auch die Planmäßigkeit der Angriffe auf Hamburg besser veranschaulichen als die Zahlen der einfliegenden Maschinen. Mit außerordentlicher Präzision wurde ein Stadtbezirk nach dem anderen angegriffen und vernichtend getroffen. Einen Eindruck dieser Tatsachen vermittelt am besten die nachstehende Zahlentafel:

| | |
|---|---|
| Angreifende Feindmaschinen | über 3000 |
| Abgeworfene Bomben: | |
| Stabbrandbomben | 3 000 000 |
| Phosphor- bzw. Flüssigkeitsbrandbomben | 80 000 |
| Sprengbomben | 25 000 |
| Flüssigkeitsbrandbomben 250 lbs | 5000 |
| Phosphorkanister | 500 |
| Leuchtbomben | 500 |

„Die angegebenen Abwurfziffern beruhen auf gewissenhaften Schätzungen und sind eher zu gering als zu hoch angegeben." Dieser Anmerkung zur obigen Zahlentafel kommt insofern Bedeutung zu, als das Zahlenmaterial im Hamburger Polizeibericht bis heute die genauesten Schätzungen enthalten dürfte.[8] Wie wir bereits bei den Angaben der Bombenmengen, die bei den taktischen Luftangriffen von der deutschen Luftwaffe gegen Warschau abgeworfen wurden, gesehen haben, gibt es teilweise große Unterschiede bei den Forschungsergebnissen von Luftkriegsautoren. Hinsichtlich der so verheerenden Luftangriffe auf Hamburg liegen die Unterschiede in den Angaben über die von der RAF abgeworfenen Bombenmengen, insbesondere die Brandbombenmengen. Im Gegensatz zu oben angeführten Schätzungen im Hamburger Polizeibericht von 3 085 500 abgeworfenen Stabbrand- und Flüssigkeitsbrandbomben sowie Phosphorkanistern wurden nach allgemeinen britischen und amerikanischen Schätzungen[9] *nur* 1 314 676 Brandbomben zu 4, 30 und 70 lb abgeworfen. Phosphorkanister und Brandbomben zu 250 lb seien überhaupt nicht darunter gewesen. Auffallend ist in den diesbezüglichen anglo-amerikanischen Schätzungsergebnissen, daß bei sämtlichen Brandbombenangriffen der RAF auf Hamburg Brandbomben in fast der gleichen Menge, nämlich rund 325 000 Stück, abgeworfen wurden. Selbst der bis dahin schwerste und zum ersten umfassenden Feuersturm führende Nachtangriff vom 27./28. Juli „benötigte" nur eine Menge von 325 000 Brandbomben zu 4 und 30 lb? Bedenken wir, daß – bei den schwersten RAF-Brandluftangriffen überhaupt – auf Dresden 1945 beim ersten Angriff 400 000 und beim zweiten sogar 650 000 Brandbomben zum Einsatz kamen.[10] Allerdings sind die anglo-amerikanischen Angaben über die abgeworfenen Bombenmengen – vielfach von deutschen Autoren kommentarlos übernommen – mit Vorsicht zu bewerten, weil diese zumindest in England keiner einheitlichen Statistik, sondern drei getrennt geführten Erhebungen entstammen, wie[11]

des WAR – ROOM
der OPERATIONAL RESEARCH SECTION, BOMBER COMMAND und der BRITISH BOMBING SURVEY UNIT

Unterschiedlich werden aber auch die Gesamtmengen der auf Hamburg niedergegangenen Bombenmengen angeführt (jeweils in

Tonnen): 8508 von Brunswig, 9000 von Rumpf und Bekker, über 9000 von Frankland[12] und wenigstens 10 000 von Kurowski. Letztere Bombenmenge wird der tatsächlich abgeworfenen Menge entsprechen, denn sie entspricht auch der Planung des gründlichen Luftmarschalls Harris, der sie sogar in seinen Tagesbefehl vom 24. Juli 1943 einbezog:[13]

> „Die Schlacht um Hamburg kann nicht in einer einzigen Nacht gewonnen werden. Wenigstens 10 000 Tonnen Bomben sind nötig, um diese Stadt auszulöschen. Wenn wir den maximalen Effekt des Bombardements erreichen wollen, dann muß unablässig angegriffen werden. Der erste Angriff heute nacht wird vor allem mit Brandbomben ausgeführt, um die Feuerwehrkräfte . . . zu erschöpfen."

Der alliierte Massenvernichtungsangriff gegen Hamburg stellte demgemäß eine bis dahin unbekannte Konzentration an Zerstörungsmitteln dar: Fast die Hälfte (mind. 45 %) der monatlichen anglo-amerikanischen Abwurfmenge war auf die bis dahin am allerschwersten in Mitleidenschaft gezogene Hamburger Zivilbevölkerung, hauptsächlich auf Frauen und Kinder, niedergegangen.[14]

## *Zwei Kurzberichte von Hamburger Überlebenden*

Wie die Hamburger trotz aller Gefahren an das Weiterleben ihrer Stadt und deren Bewohner glaubten, mögen die folgenden Augenzeugenberichte zeigen.[15]

Indem ich Umschau hielt nach einem besseren Schutz, sah ich dort viele Flüchtlinge liegen. Fast alle lagen flach auf dem Boden, das Gesicht in den Armen versteckt. Wir standen nun noch einmal auf und liefen zu einem Haufen weißer Ziegelsteintrümmer, die in der Mitte des Platzes lagen. Als wir uns da hineinwühlten und mit der nassen Decke zudeckten, hörte ich einen kleinen Knaben, der immer wieder rief: „Ich will nicht verbrennen – ich will nicht verbrennen!" Da bin ich zu ihm hingekrochen, habe ihn geholt und mit unter die Decke genommen. Auf meine späteren Fragen sagte er wörtlich: „Meine Mutti liegt dort tot auf den Steinen und mein kleiner Bruder Manfred liegt auch dort, der ist auch verbrannt." Sein Vater steht in Rußland an der Front.

Durch dauerndes Beobachten der Funken sah ich nun im Laufe der fünf Stunden, die wir dort lagen, viele Menschen als Fackeln verbrennen. Nur drei Meter von uns entfernt fing eine Frau Feuer und brachte uns mit in Gefahr. Da ich den kleinen Jungen über meinen Unterkörper gelegt hatte, ist meine Frau aufgestanden und wollte das Feuer löschen. Der Versuch, es mit einem Tuch zu ersticken, konnte in kurzer Zeit, die man in dem immer noch währenden Feuerorkan zur Verfügung hatte, nicht gelingen. Sie versuchte nunmehr, die anscheinend Tote an einen anderen Platz zu ziehen; auch da reichte die Kraft nicht mehr aus. Die Haut blieb ihr außerdem an den Händen kleben. Durch Werfen von Steinen haben wir dann das Feuer langsam erstickt. Unaufhörlich brannten während der ganzen Zeit die Häuser. Jedes Zusammenfallen ließ uns aufatmen. Die Sicht war durch den Aschenregen und die schmerzenden Augen nur gering. Unsagbar müde, ich war schon mehrere Male eingeschlafen, wurde ich jedoch immer wieder von meiner Frau geweckt. Durch rege Unterhaltung haben wir uns dann gegen den Schlaf gewehrt und immer wieder die fliegenden Funken und brennenden Holzteile von der Decke gesammelt. Nachdem die Häuser in sich zusammengestürzt waren, erhoben sich einige Überlebende und leisteten verschiedentlich Hilfe. Aus einem nahen Bombentrichter wurde das erste Wasser geschöpft. Ich warnte, es zu trinken. So wurde es zum Auswischen der Augen und zum Benetzen der Lippen verwandt. Nunmehr konnte ich auch den Platz übersehen. Etwa 150 Menschen hatten dort Zuflucht gesucht, nur 15 bis 20 waren am Leben geblieben. Nachdem meine Frau ihre Eltern wiedergefunden hatte (beide hatten am anderen Ende des Steinhaufens die Nacht überstanden), sind wir auf Umwegen nach Billstedt gewandert. Den kleinen Jungen habe ich unterwegs einer Schwester des Roten Kreuzes, die in Begleitung eines Amtswalters der Partei war, übergeben. *Heinrich Johannsen*

Wir gingen zurück, als seien wir mit Mühe entkommen; zurück zu lebenden Menschen, zu Stimmen, zu unerstarrten Augen. Ich wäre gern gelaufen, schnell und atemlos, neu aufgerafft nach jedem Sturz über die hindernden Trümmer. Frost kam mitten aus der größten Hitze des Tages und schüttelte. Der Geruch der Verwesung hing uns an, und wir trugen ihn mit in den Kleidern und im Herzen wohl auch.

Neben dem Tod aber stand das Leben. Es geschah ein Wunder in der „toten Stadt": Ende August – Anfang September begannen die angekohlten verbrannten Bäume neues Laub zu tragen; hellgrüne Blättchen wagten sich hervor. So nahe dem Herbst wurde es über allem unendlichen Grauen noch einmal Frühling. Weißer Flieder duftete in den Gärten der zerstörten Häuser. Kastanienbäume steckten noch einmal ihre weißleuchtenden Kerzen auf... Und in diesem stärksten Zeugnis, das das weiterschreitende, weiterwirkende Leben geben konnte, lag etwas Milderndes und Versöhnliches, lag die Verwandlung des fressenden ohnmächtigen Hasses in eine weite Trauer, in ein Sichfügen, in eine Ahnung dessen, was ewig ist.

Wie einen Mantel, wie ein schützendes, schirmendes, duftendes Tuch breitete die Natur ihren sonderbarsten Frühling über die abertausend noch immer blutenden Wunden der Stadt. Hamburg war nicht tot. Hamburg konnte nicht sterben. Das bewies dieser Frühling und bewies den Menschen neu erwachsender Wille und ihre unerschütterliche Zuversicht. – Das Leben verweilt an seinen Gräbern. Aber es bleibt nicht stehen. Aus seinen härtesten Schmerzen reift der härteste Wille: Sieg oder Untergang!

Gretl Büttner<br>LS-Berichterin der örtlichen LS-Leitung

## Ein „neutraler" Augenzeuge berichtet über Hamburgs Feuersturm

Den „Baseler Nachrichten" vom 20. September 1943 entnehmen wir folgende eindrucksvolle Schilderung über den Hamburger Feuersturm:[16]

> „Bei dem Luftbombardement Hamburgs hat sich in einem dicht besiedelten, mehrere Quadratkilometer großen Stadtteil als Folge des Teppichabwurfs von Minen, Spreng-, Phosphor- und Hunderttausenden von Stabbrandbomben eine Katastrophe ereignet, die alle bisherigen Erscheinungen des Bombenkrieges in den Schatten stellt. Es ist dabei hervorzuheben, daß es sich hier um eine Wirkung handelt, die nur bei der Bombardierung von dicht besiedelten Wohnbezirken, aber nicht von Industriegelände hervorgebracht werden kann... Es handelt sich dabei um die wohlbekannte

Tatsache, daß jeder offene Brand sich den notwendigen Sauerstoff aus der umgebenden Luft ansaugt... Entsteht nun ein Brand von mehreren Quadratkilometern Ausdehnung, dann verbinden sich die aus den einzelnen Häuserzeilen und Häuserblocks emporzüngelnden Flammen zu einer... geschlossenen und nach immer größeren Höhen emporflackernden Flammendecke. Nach englischen Angaben reichte der Hamburger Brand auf sechs Kilometer Höhe, d. h. so hoch stieg die unten entwickelte Glut nach oben.

Im Gebiet des Flächenbrandes selbst entsteht eine Taifunstärke erreichende, orkanartige Luftbewegung... Dabei dienen die Straßen als Luftzufuhrkanäle, und gleichzeitig saugt der durch sie fegende Sturmwind den Brand aus den Häusern waagerecht oder gar nach unten in den Straßenraum hinein... Der Brand reißt die letzten Sauerstoffreste aus allen Räumen, Unterständen und Kellern, ebenso verzehrt er den Sauerstoff in der Straßenluft.

Zunächst entsteht nun in den Kellern Sauerstoffmangel und Atemnot. Gleichzeitig steigt die Temperatur der Schutzräume schnell auf unerträgliche Höhe... Es versteht sich, daß Männer mit ihrer verhältnismäßig widerstandsfähigeren Konstitution eher in der Lage waren, einer solchen Angriffsmethode zu widerstehen, keineswegs aber Frauen und Kinder. Diese bilden denn auch die Mehrzahl der Opfer. Besonders zahlreich finden sich die völlig verkohlten Frauen- und Kinderleichen an den Häuserwänden in den Straßen; denn Frauen und Kinder, die sich aus dem Keller... auf die Straße, erfüllt von Funkenregen, hinausbegaben, konnten nur noch wie Neros brennende Fackeln, aber nicht mehr als lebende Wesen auftauchen.

Es ergibt sich also, daß die hier geführte Form des Luftkrieges... ganze Bezirke einer Großstadt, und zwar die Wohnviertel von Arbeitern und Angestellten, ... zu einem feurigen Grab umwandeln kann, dem niemand entgeht, der nicht den Mut besitzt, sich in den Anfangsstadien durch Phosphorregen, Spreng- und Brandbomben zu flüchten."

## Neue Todesarten unter den Opfern der Hamburger Zivilbevölkerung

Die furchtbare Opferbilanz der Hamburger Zivilbevölkerung veranlaßte auch die medizinischen Wissenschaftler zur Aufnahme eingehender Untersuchungen. So fand gegen Ende des Jahres 1943 in Jüterbog eine wissenschaftliche Tagung von medizinischen Experten, Pathologen und Physiologen der deutschen Luftwaffe statt.[17] Dabei wurde festgestellt, daß in Hamburg die zweithäufigste Todesursache auf innere Verletzungen zurückzuführen war.

Häufige Todesursachen waren die Auswirkungen sehr hoher Temperaturen, das Ausgesetztsein einer langanhaltenden Hitze, die Blockierung der oberen Luftwege durch Einatmen von Rauch und plötzliches Herzversagen durch Erschöpfung und Schock. Mehrfach war es vorgekommen, daß alte Menschen einfach nicht mehr aufstanden, sie waren während des Bombardements ganz ruhig gestorben. Neu war auch jene Todesart, die nach Einatmen einer auf mehr als 260 Grad Celsius erhitzten Luft auftrat. In den Luftschutzräumen entdeckte man oft nach Monaten Tote, die so stark zusammengeschrumpft waren, daß ihnen die Kleider zu groß erschienen. Viele Leichen zerfielen in Stücke, nachdem beim Öffnen der Keller plötzlich wieder Sauerstoff eindrang. In vielen Schutzräumen fand man nur noch Aschenhäufchen; hier konnte man die Zahl der Opfer nur mehr schätzen.

Die Vielzahl der Hamburger Todesarten faßte Siegfried Gräff folgendermaßen zusammen.[18]

1. bei unmittelbarer Wirkung der Bombe (Spreng- und Minenbombe)
   a) mechanisch (Splitter)
   b) chemisch (Phosphor, Ätzgifte, Gas)
   c) physikalisch (Hitze mit und ohne Flammenbildung);
2. bei mittelbarer Wirkung
   a) über Luft (Luftstoß),
   b) über Gegenstände (Splitter, Stein, Holz, Erde, Sand (Verschüttung), Staub (Staubtod?),
   c) über Brand (mit Feuersturm) der Umgebung (offener Brand, Hyperthermie, CO-Vergiftung, $O_2$-Mangel, $CO_2$-Vergiftung, andere Giftgase),

d) über Besonderheiten (Unfallschäden, Sekundärinfektion, Psychosen, usw.),

e) über Abwehr

Hinsichtlich der Verluste Hamburgs wird man angesichts aller geschilderten Todesursachen, denen die Zivilbevölkerung der Stadt in den schrecklichsten Bombennächten der Kriegsfurie ausgesetzt war, größtenteils auf Schätzungen angewiesen sein. Dementsprechend unterschiedlich lauten wiederum die Aussagen der Chronisten. Ursprünglich waren die Opfer Hamburgs dieser Zeit mit 30 452 Toten, darunter 5586 Kinder angegeben worden.[19] „41 800 Gefallene, bei den Juli-Angriffen" nennt der HAMBURG FIELD REPORT.[20] „Mit über 40 000 Toten übersteigen die Verluste jener Nacht (des schwersten Angriffs vom 27./28. Juli) alles bei einem Luftangriff bisher Dagewesene", berichtet Price.[21] „Fast 50 000 Menschen, unter ihnen 7000 Kinder, sind bei den Terrorangriffen umgekommen", schreibt Will Berthold.[22] Wahrscheinlich sind über 100 000 Menschen verletzt worden, denn die Mehrzahl der Überlebenden des Hamburger Feuersturms erlitten Brandwunden, Verletzungen durch herabstürzende Trümmer und schwere Augenreizungen durch Gesteinsstaub einschließlich vorübergehender Blindheit. „Rund 50 000 Deutsche fanden den Tod"[23], ist von Noble Frank festgestellt worden. Schließlich David Irving dazu: „Nach dem Hamburger Feuersturm ... schätzte der Hamburger Polizeipräsident die Zahl der Todesopfer auf 35 000. Sechs Wochen später hatte man 26 409 identifiziert. Heute geht man von mehr als 50 000 Toten aus."[24]

Wie wir gesehen haben, sind die Schätzungen der Deutschen immer als sehr vorsichtig vorgenommen anzusehen. Zweifellos haben sich gerade bei diesen Verluste-Schätzungen große Schwierigkeiten ergeben, wurde doch ein großer Teil der Zivilbevölkerung Hamburgs nach dem verheerenden Bombenangriff vom 27./28. Juli ziemlich überstürzt auf etwa die Hälfte der Vorkriegsbevölkerung evakuiert, so daß die Zahl der Hamburger[25]

| | |
|---|---|
| bei einem Stand per Mai 1939 von | 1 698 388 Einwohnern |
| bis August 1943 auf | 800 000 Einwohner |

zurückgegangen war. Im Oktober zählte man 1 015 000 Einwohner

| | |
|---|---|
| und im Dezember 1943 sogar wieder | 1 066 000 Einwohner. |

Demgemäß war die Bevölkerung Hamburgs vom August bis Dezember 1943, also innerhalb von rund fünf Monaten, wieder weit über die Millionen-Einwohnerzahl angestiegen; bestimmt ein weiterer Beweis dafür, daß die Moral der deutschen Stadtbevölkerung selbst durch Massenvernichtungsangriffe von bereits „atomarer Dimension" nicht zu erschüttern war. Damit wurde eher die gegen die deutsche Zivilbevölkerung gerichtete anglo-amerikanische Bombenstrategie, wie sie von Churchill und Roosevelt befohlen war, ad absurdum geführt.

Zu einem Umdenken der alliierten Bombenstrategie gegenüber Deutschland und gegenüber den von Bombenangriffen bereits erreichbaren übrigen Ländern Europas sollte die trotz aller Leiden beinahe unerschütterliche Moral der Zivilbevölkerung aber nicht führen. Auf alliierter Seite wollte man den Glauben an den alsbald eintretenden Abbau der deutschen Moral nicht aufgeben, denn noch vor Ende 1943 würde das deutsche Volk zum Schluß kommen, daß eine Fortsetzung des schrecklichen Krieges schlimmer sein würde als eine Niederlage.[26] Air Chief Marshal Sir Charles Portal vertrat am 22. November 1943 noch die Meinung, daß der soziale Zusammenbruch infolge des Bombenkrieges Deutschlands gesamte Heimatfront ins Wanken gebracht habe. Aber alle diese Berichte waren eine offensichtliche Übertreibung. Als man nach dem Zweiten Weltkrieg wissen wollte, worunter die deutschen Zivilisten am meisten gelitten hatten, da nannten zwar 91 % die alliierten Luftangriffe, obwohl nach den Bombardements in den Interviews vorher gar nicht gefragt worden war. Unter dem „Verlust der Freiheit" und unter „Naziverbrechen" hatten aber nur zwei Prozent der Deutschen gelitten.[27]

## Hitler und Speer entwickelten „Hamburg-Komplex"

Aber nicht nur die englische, sondern auch die deutsche Führung überschätzte die langfristige Wirkung der Sommerluftangriffe gegen Hamburg auf die eigene Zivilbevölkerung. Albert Speer, seit 1942 als Nachfolger Dr. Todts auch Rüstungsminister, glaubte nach der Zerstörung Hamburgs, daß nach ähnlicher Verwüstung von sechs weiteren Großstädten Deutschlands Rüstung zum Erliegen kommen werde.[28] Doch als sich Hamburg zusehends wieder erholte, vor allem durch die Anstrengungen der unmittelbar Beteiligten, in erster Linie der Arbeiter selbst, änderte Speer seine Meinung wieder. Wohl traf ihn auch der vierzehn Tage nach Hamburg auf die Kugellagerindustrie von Schweinfurt erfolgende Luftangriff der 8. USAAF. Speer konnte aber beruhigt feststellen, daß ein wesentlicher Teil der angreifenden 376 „Fliegenden Festungen" nicht gegen Schweinfurt sondern auf ein Flugzeugmontagewerk in Regensburg eingesetzt wurde. Und schließlich blieb, was fast noch wesentlicher war, die RAF ihren wahllosen Angriffen auf andere Städte treu, anstatt ebenfalls für konzentrische Luftangriffe gegen deutsche Rüstungszentren verwendet zu werden. Allerdings blieb auch die 8. USAAF nicht immer auf militärische Objekte, wie Rüstungsbetriebe, eingesetzt. Fallweise schlossen sich die US-Amerikaner nämlich den Flächenbombardements der RAF gegen die Zivilbevölkerung bereits an. So bombardierten amerikanische Verbände am 10. Oktober 1943 die Stadt Münster. Einer Geschichte der Geschwadereinsätze ist zu entnehmen, daß die Männer der Bomberbesatzungen es mit Beifall begrüßt haben, auf die Wohngebiete von Münster eingesetzt zu werden. Andere Besatzungsmitglieder, die bei den letzten Einsätzen gute Kameraden verloren hatten, waren davon begeistert, daß sie die Möglichkeit zum Töten von Deutschen ergreifen konnten. Dies sei ein Auftrag, „den jeder sich wünscht, um den Tod eines Kameraden zu rächen."[29]

Hitler äußerte gegenüber dem Flugzeugkontrukteur Willy Messerschmitt die Befürchtung:

*Wenn Berlin das gleiche Schicksal zu erleiden habe wie Hamburg, dann müsse er wohl den Krieg beenden."*

Tatsächlich war die deutsche Reichshauptstadt Berlin als nächstes Ziel umfassender Flächenbombardements vorgesehen. Air Chief Marshal Portal sah die totale Zerstörung Berlins als nächstes Hauptziel der RAF an. Am 19. August telegrafierte er an seinen Stellvertreter in London, daß er für den Beginn der schweren Angriffe auf Berlin gerne einen Termin genannt bekäme. „In der gegenwärtigen Situation müßten Angriffe auf Berlin – im gleichen Ausmaß wie auf Hamburg – einen enormen Effekt auf Deutschland als Ganzes bewirken."

Harris befahl daraufhin versuchsweise eine Anzahl von Bombenangriffen auf Berlin. Doch nach drei Angriffen rief er seine Bombergeschwader, weil sie starke Verluste erlitten hatten, wieder zurück. Danach bombardierten die Alliierten wieder weniger widerspenstige Ziele in Deutschland.

## Die „Wilde Sau" schlägt Luftmarschall Harris vor Berlin

General Kammhubers Nachtjagdgeschwader hatten, wie wir gesehen haben, seit dem Einsatz des Bordsuchgerätes FuG 202 LICHTENSTEIN BC in ihren Nachtjagdflugzeugen steigende Erfolge im HIMMELBETT-Verfahren gegen Harris' Bomberströme zu verzeichnen. Auch während der Luftschlacht um die RUHR hatte diese steigende Tendenz angehalten. Die „Blütezeit" des „Lichtenstein-Himmelbett-Verfahrens" war jedoch am 25. Juli 1943 über Hamburg zu Ende gegangen.[30] In der Nacht zum 26. Juli und in den folgenden Julinächten hatte die elektronisch geleitete Reichsverteidigung einen Kollaps erlitten. Harris' WINDOW-System, das die Deutschen DÜPPEL-Verfahren nannten, hatte die deutschen Nachtjäger aus ihrem „Himmelbett" geworfen. Der WESTWALL AM HIMMEL, die deutschen Dunkelnachtjagdräume von Schleswig-Holstein bis Nordfrankreich, hatte sich letztendlich doch als Illusion erwiesen.

*Wie schafften es die deutschen Nachtjäger*, daß sie immerhin nur drei Wochen später der die deutsche Hauptstadt Berlin angreifenden britischen Bomberstreitmacht Paroli zu bieten imstande waren? Die deutsche Reichsverteidigung war sogar in der Lage, freilich ohne es zu ahnen, dem mehr als risikofreudigen Luftmarschall Harris einen „Rückschlag" zu versetzen.

Das für die Briten erfolgreiche „Gomorrha"-Unternehmen, das der in Europa zwei Jahrhunderte hindurch anhaltenden zivilisierten Art der Kriegführung endgültig den „Todesstoß" versetzt hatte, brachte die deutsche Luftwaffenführung zur „einstimmigen" Einmütigkeit, nunmehr alle Kräfte für die Reichsverteidigung zu mobilisieren. Vor allem wurde die deutsche Hochfrequenz-Industrie wieder mit der beschleunigten Produktion des neuen Bordsuchgerätes SN-2 beauftragt, das von den englischen „Windows" nicht gestört werden konnte.[31]

Außerdem erteilte Göring auf Vorschlag von Oberst i. G. von Loßberg und von Major Hajo Herrmann den Befehl, auf die Verfolgungs-Nachtjagd überzugehen. Die neue Taktik sollte den Nachtjäger aus der Starre des engbegrenzten „Himmelbett"-Verfahrens lösen. Statt dessen sollen die Nachtjäger in den Bomberstrom eingeschleust werden, sollen mit- oder dagegenfliegen und selbst ihre Opfer suchen.

Beim Herankommen des RAF-Bomberstroms an die deutsche oder holländische Küste wurden die Nachtjäger an solche Funkfeuer dirigiert, die in der Nähe der zu erwartenden Bomberströmung lagen. Von dort wurden sie zunächst durch das „Führungsgerät" im „Zahme-Sau"-Sytem in den Bomberstrom eingeschleust.[32] Im Bomberstrom „angekommen", mußten die deutschen Nachtjäger „mitreisen" und nach dem System „Wilde Sau" mit oder ohne funktionierendes Bordfunkgerät „freie Jagd" auf die Viermot-Bomber machen.

Eine der Hauptschwierigkeiten war es für den Nachtjäger, festzustellen, an welcher Stelle des Bomberstromes er sich befand. War er etwa am rechten oder linken Rand des Bomberstromes? Meistens entwickelten vor allem die Spitzenflugzeugführer eine Art „sechsten Sinn", mit dem sie – trotz aller Schwierigkeiten und Risiken – die Viermots immer wieder aufspürten.

Der bereits erwähnte Major Herrmann hatte die Idee, die deutschen Städte anzustrahlen anstatt sie zu verdunkeln. Im Sichtflug wollte er dann in einsitzigen Jagdmaschinen, nachdem die Flak ab einer bestimmten Höhe ausgeschaltet war, wie eine „wilde Sau" unter die britischen Viermot-Bomber fahren, die ihm die Scheinwerfer wie auf einem Tablett serviert hatten.[33] Major Herrmann hatte vier Wochen vor Hamburg den Befehl erhalten, das JG 300 für seine „Objekt-Nachtjagd" über den angegriffenen deutschen Städten zu bilden. Major Herrmann erhielt nun den Auftrag, sein Geschwader 300 besonders schnell weiter auszubauen. Über Hamburg war Major Herrmann mit seiner noch kleinen Streitmacht überraschend eingesetzt worden und konnte über der brennenden Stadt auch geringe Abschüsse erzielen. Major Herrmanns „Wilde Sau"-Verfahren hatte aber nur dann einen Sinn, wenn es im großen Stil und in engster Zusammenarbeit mit der Flak betrieben wurde.

Den ersten großen „Wilden Sau"-Einsatz erwarteten die deutschen Nachtjäger, als am 17. August, nur 14 Tage nach der „Hamburg-Woche" die Sirenen heulten. Und englische Pfadfinder setzten ihre „Markierungsbomben", von der deutschen Bevölkerung etwas zweideutig „Christbäume" genannt, über Berlin. Doch der Angriff war nur ein Bluff, ein Ablenkungsangriff der Engländer. Der Hauptschlag der RAF galt zur gleichen Stunde dem Raketen-Versuchsgelände Peenemünde. 55 deutsche Einmot- und 148 Zweimot-Jäger suchen den Himmel über Berlin ab und kommen ins eigene Flakfeuer.[34]

Erst als die erste Welle der RAF-Viermots Peenemünde getroffen hat, erkennt man auf deutscher Seite das britische Täuschungsmanöver. Nun müssen die Nachtjäger nach Norden jagen, allen voran die II. Gruppe/NJG 1 unter Major Walter Ehle. Es kommt zu zahlreichen Nachtluftkämpfen, bei denen die Engländer schließlich noch 40 Viermots verlieren; 32 kommen beschädigt zurück.

Der von der RAF in Peenemünde angerichtete Schaden sieht zunächst schlimmer aus, als er es ist. Die Prüfstände sind nicht getroffen, auch die unersetzlichen Konstruktionszeichnungen sind erhalten geblieben. Doch dem Generalstabschef der deutschen Luftwaffe wird gemeldet: Peenemünde, die Geburtsstätte der deutschen V-Waffen, sei von einem äußerst schweren Vernichtungsangriff getroffen worden. Bald nach Durchgabe dieser Meldung verübt der Generalstabschef Jeschonnek Selbstmord durch Erschießen. Dies war ein schwerer Verlust für die Luftwaffe.

Nur wenige Tage später setzt die RAF zum echten Schlag auf Berlin an, 727 Viermot-Bomber sind im Anflug auf die Reichshauptstadt.[35] Schon von weitem sehen die RAF-Besatzungen die grellen Leuchtbomben über dem Berliner Häusermeer. Die „Wilden Säue" der Nachtjagd sind schon aufgestiegen. Den Flakbatterien wird nochmals eingeschärft, nicht über eine Höhe von 4500 Metern zu feuern. Noch vor dem Abdrehen der ersten Pulks über Berlin kommt es zu einem Feuerzauber wie nie zuvor. Die Lichtarme der Scheinwerfer der Stadt vereinigen sich am Himmel zu einem riesigen Lichtbalken, der die Silhouetten der Viermots konturiert.

Die „Wilden Säue" sind, noch bevor es die britischen Piloten richtig erfassen, mitten im Verband und ballern aus allen Rohren. 35 000 Berliner werden in dieser Nacht obdachlos, aber die Briten kostet der erste große Raid gegen die Reichshauptstadt den Verlust von 58 Viermot-Bombern, das sind 9,1 % der gestarteten Maschinen.

Aber auch bei den nächsten zwei Bombenangriffen der RAF auf Berlin gibt es hohe Verluste auf Seiten der Angreifer. Alle drei Angriffe zusammen forderten unter den Viermot-Bombern 123 Totalverluste, das entsprach 7,5 % der beteiligten Maschinen. Die „Wilden Säue" hatten dem Bomber Command auf die Dauer untragbare Verluste beigebracht. Harris nahm diese Niederlage wahrscheinlich gelassen hin, mußte aber doch, wie wir berichteten, seine Luftangriffe auf Berlin vorläufig einstellen, mit Ausnahme der MOSQUITO-Störangriffe.

## Verschärfte Flächenbombardierung Deutschlands

Bei den Luftangriffen dieses Jahres mußten die Deutschen wieder äußerst gefährliche „Neuerungen" am Gewicht und der Beschaffenheit der von den Alliierten zum Abwurf gebrachten Bomben feststellen. Das Höchstgewicht der Sprengbomben war auf 5440 kg erhöht, und die Brandbomben waren mit besonders raffinierten Brandstoffen versehen worden. Die zu Anfang des Krieges verwendeten Stabbrandbomben (Magnesium) konnten verhältnismäßig leicht unschädlich gemacht werden.

Um nun das Löschen und Entfernen dieser Bomben vom Brandherd zu erschweren und gefährlicher zu gestalten, fügte man diesen einfachen Brandbomben einen kleinen Sprengsatz bei. Nach Überwindung des Überraschungsmomentes war den Deutschen bald auch das Unschädlichmachen dieser „Brandsprengbomben" gelungen. Deshalb sann man in Großbritannien nach einer weiteren „Verbesserung", bis man die neue „Flüssigkeits-Brandbombe" erfunden hatte. Der Brandsatz dieser Bomben bestand aus Mischungen von Benzin, Gummi, Öl, flüssigem Asphalt, Viskose, Magnesiumstaub und Phosphor. Ein Löschen, selbst von Entstehungsbränden, war bei den neuen Brandbomben nun mit den größten Schwierigkeiten verbunden und häufig sogar völlig undurchführbar. Die Briten warfen diese Bomben, die ein Gewicht von 27 kg aufwiesen, seit dem 24. April 1943 mit Fallschirmen über den deutschen Städten ab. Bald darauf verwendeten auch die Amerikaner ähnliche Flüssigkeitsbrandbomben, die Gewichte von 2,7 kg (abgeworfen aus Streubehältern zu je 38 Stück) von 45 kg und von 225 kg hatten.

## Besonders gefährliche Phosphorverwendung

Als besonders gefährlich erwiesen sich diese Bomben bei direkten Verletzungen und Verbrennungen des menschlichen Körpers. Ungezählte Menschen gingen daran qualvoll zugrunde oder verfielen, vor allem infolge der Phosphoreinwirkungen, in ein meist unheilbares, grausames Siechtum, an dem noch viele Jahre später Verletzte starben. Furchtbar waren auch die indirekten Wirkungen dieser Bomben. Die Menschen verbrannten im brennenden Asphalt auf der Straße, verdorrten durch die äußerst starke Hitzentwicklung und erstickten oder verbrannten im Feuersturm. Die Flüssigkeitsbrandbomben schienen einfach alles zum Brennen zu bringen, die Mauern, die Steine, die Straßen und selbst das Wasser. Zusammen mit den schweren Sprengbomben und Luftminen verursachten sie eine blinde Zerstörung der betroffenen Gebiete, ohne Rücksichtnahme auf militärische oder nichtmilitärische Objekte.

Über die vielfachen und verheerenden Wirkungen der neuen Flüssigkeitsbrandbomben bei den Luftangriffen auf Hamburg geben die Berichte von Bartz schaurigen Aufschluß:[36]

„Plötzlich schreit jemand auf. Die Frau mit dem Pelz steht in Flammen. Phosphor ist ihr auf den Pelz gefallen. Sie brennt lichterloh, eine schreiende, laufende Fackel..."

Oder: „Da beginnt ein Mann laut aufzubrüllen und sich wie ein Rasender um sich selbst zu drehen. Es sieht aus, als tanze er einen sehr schnellen Tanz. Auf dem Kopf trägt er eine helle Feuerkrone mit lustig durcheinanderwirbelnden Flämmchen. Zu seinem Tanz heult er langgezogen. Von irgendeinem Vorsprung, einem Balkon, ist ihm Phosphor auf den Kopf gefallen."

Und zuletzt: „Das Haus brennt, nein, das Haus brennt noch nicht, aber die rötlichbraunglänzende Klinkerfassade ist von lebendighüpfenden Flammen bedeckt, Rinnsale weißen Feuers schießen die Mauern herab. Jetzt brennen sogar die Steine. Die Straße brennt. Rechts und links schießen Flammen aus den Fensterhöhlen... Auf dem Wasser tanzen lustige Flämmchen. Plötzlich taucht vor ihnen aus dem Wasser ein brennender Kopf auf. Der Mensch schreit furchtbar. Sobald er den Kopf übers Wasser steckt, beginnt er zu brennen. – Sogar das Wasser brannte –."

## *Die Flüssigkeitsbrandbombe ist eine verbotene „Waffe"*

Es ist hier zu prüfen, ob die Verwendung von Brandstoffen in Form der angeführten „Flüssigkeitsbrandbomben" und „Phosphorkanister", wie sie von den Alliierten ab 1943 zum Einsatz gegen europäische Städte gebracht wurden, nicht nach dem Kriegsrecht als verboten anzusehen ist.

Castren weist auf eine enge Analogie zwischen den Brandgeschossen, deren Verwendung aufgrund der Petersburger Konvention von 1868 verboten ist, und den Brandbomben hin.[37] Diese Konvention bezieht sich jedoch nur auf Geschosse mit einem Gewicht unter 400 g, während die Brandbomben ein Vielfaches dieses Gewichts besaßen.

Weiters vertritt Castren die Ansicht, daß Brandbomben hauptsächlich in der tatsächlichen Kampfzone und nur zwischen den Kriegführenden verwendet werden sollten. Hinter den Kampflinien sollten sie nur gegen jene militärische Objekte eingesetzt werden, die auf eine andere Art nicht zerstört werden können.

Eine derartige Unterscheidung ist deshalb von großer Bedeutung, weil die Brandbomben im Operationsgebiet in der Regel zur Erreichung eines bestimmten militärischen Zieles zum Einsatz gebracht werden, während sich deren Verwendung auf dem übrigen Kriegsschauplatz oft nur gegen minder wichtige militärische Objekte richten und dabei die friedliche Zivilbevölkerung und ihr Eigentum meistens unnötig stark in Mitleidenschaft ziehen wird.

Die Art der chemischen Mischung und bestimmte Wirkungen der Flüssigkeitsbombe werfen die Frage auf, ob deren Einsatz nicht aufgrund des Genfer Protokolls von 1925 als verboten anzusehen ist. Dieses Protokoll zählt die Benutzung von „erstickenden, giftigen oder gleichartigen Gasen sowie allen ähnlichen Flüssigkeiten, Stoffen oder Verfahrensarten im Kriege" als untersagt auf. Die hier angeführten Gase und Stoffe wurden nach dem Ersten Weltkrieg allgemein unter dem Begriff „chemische Kampfstoffe" zusammengefaßt.

# Das Genfer Protokoll von 1925 wurde mißachtet

Aus der Formulierung des Genfer Protokolls von 1925 geht eindeutig hervor, daß nicht nur giftige und erstickende oder gleichartige Gase, sondern auch ähnlich wirkende Flüssigkeiten[38], Stoffe oder Verfahrensarten als verboten anzusehen sind. Dies im Gegensatz etwa zur Haager Erklärung von 1899, nach welcher nur die Verwendung solcher Geschosse verboten war, deren einziger Zweck es ist, erstickende oder giftige *Gase* zu erzeugen.

Obwohl es aus unseren obigen Darlegungen schon hervorgeht, bedarf die giftige und erstickende Wirkung der Brandstoffe doch einer näheren Klarstellung. Die giftige Wirkung entsteht durch Einwirken des giftigen Phosphors auf den menschlichen Organismus, wodurch es häufig zu so schweren Verletzungen kommt, daß die Betroffenen entweder einen qualvollen Tod erleiden oder aber zu jahrelangem Siechtum verurteilt werden.

Die erstickende Wirkung kommt zu einem allerdings sehr geringen Teil auf direktem, zum Großteil dagegen auf indirektem Wege entweder durch Sauerstoffentzug oder durch Einatmen von giftigem Kohlenmonoxyd zustande.[39] Aber auch durch Einatmen von heißer Staubluft, die insbesondere im Feuersturm auftritt, scheinen Todesfälle vorzukommen.

Aus diesen Darlegungen ergibt sich, daß die Verwendung solcher Brandstoffe, wie sie von den Alliierten etwa in Form von „Flüssigkeitsbrandbomben" oder als „Phosphorkanister" auf deutsche und europäische Städte abgeworfen wurden, nach dem Genfer Protokoll von 1925 als verboten anzusehen ist. Durch die Verwendung dieser Stoffe hat Großbritannien die Bestimmungen des genannten Protokolls mißachtet und damit gegen das Völkervertragsrecht verstoßen. Das Genfer Protokoll vom Jahre 1925 war von Großbritannien im Jahre 1930 ratifiziert[40] und dessen Gültigkeit später wiederholt, zuletzt wohl in der Erklärung vom 2. September 1939 anerkannt worden. Da dieses Abkommen *keine* Allbeteiligungsklausel enthält und auch der britische Vorbehalt der Gegenseitigkeit nicht realisiert werden mußte, blieb die Gültigkeit desselben für Großbritannien während der Dauer des Zweiten Weltkrieges aufrecht.

Die Vereinigten Staaten von Amerika hatten das Genfer Protokoll 1925 zwar nicht ratifiziert, waren aber an die darin enthaltenen

Bestimmungen sicher nach dem Völkergewohnheitsrecht gebunden. Insofern haben auch die Vereinigten Staaten von Amerika mit der Brandstoffkriegführung gegen Europas Städte gewohnheitsrechtlich anerkannte Kriegsregeln verletzt.

## Deutsche Tagjäger: Mit Bomben gegen Viermot-Bomber

Bereits im Juli 1943 verfügte die von England aus operierende 8. USAAF über 300 Viermots B 17 („Fliegende Festungen") und B 24 „Liberator" (Befreier!). Mit der Reichweite der Begleitschutzjäger war es allerdings noch nicht „weit" her. Die einmotorige P 47 „Thunderbolt" kam damals nur bis ins holländisch-belgische Küstengebiet. Und die zweimotorige „Lightning" mit ihrem Doppelrumpf war, ähnlich wie die deutsche Me 110, einem Luftkampf mit einmotorigen Jägern unterlegen.[41]

Aufgrund der geringen Reichweite ihrer Begleitjäger mußten die Viermots bei ihren gezielten Tagesangriffen auf die deutsche Luftrüstung im Sommer 1943 schwere Verluste hinnehmen. Die deutschen Tagjäger sind ebenso wie ihre Nachtjägerkameraden zu einer neuen Angriffstaktik übergegangen. Bereits mit ihrem ersten Großangriff bis tief nach Mitteldeutschland am 28. Juli beginnt für die 8. USAAF der „blutige Sommer 1943". General Eaker ließ mit 77 „Fortress" seine schlimmsten Widersacher, die Flugzeugwerke in Kassel-Bettenhausen und Ago in Oschersleben unweit von Magdeburg, angreifen. In beiden Werken wurden Focke-Wulf 190 gebaut. Aber schon auf dem Anflug fallen deutsche Jagdgruppen über die „Fliegenden Festungen" ohne Begleitjägerschutz her. Unter den deutschen Me's tragen elf Maschinen besonders schwer, sie schleppen je eine 250-kg-Bombe unter dem Rumpf und schleppen sich mühsam auf 8000 Meter hoch. Nach der neuen Taktik wollen diese Jäger dem dichtgeschlossenen Bomberpulk mit Bomben zu Leibe rücken. Die Me's sind bald 1000 Meter über den US-Bombern und machen jede Kursänderung mit. Dann lassen sie die Bomben mit ihren Zeitzündern fallen. Doch viele Bomben zeigen keine Wirkung, sie liegen zu weit hinten oder fallen zu tief und explodieren weit unter dem US-Verband. Doch dann blitzt es weit unten doch auf. Feldwebel Fest hat einen Bomber getroffen. Nein, es war nicht nur einer, drei B 17 „Fliegende Festungen" knicken zusammen. Zunächst wirbeln nur Flächen durch die Luft, doch dann stürzen sie mit langen Rauchfahnen in die Tiefe. Kurz danach segeln ungezählte Fallschirme am Himmel. Dieser Erfolg macht Mut. Die Messerschmitt-Jäger stürzen sich nun ohne Bomben auf den angeschlagenen Bomberverband. Sie lassen von den B-17-Bombern erst ab, als die rote Lampe am Armaturenbrett aufleuchtet und sie zum Rückflug veranlaßt: Der Sprit war zu Ende, es war höchste Zeit zum Heimflug.[42]

Das JG II unter Hauptmann Günter Specht erzielte allein elf Luftsiege über Viermots. Insgesamt hatten die Amerikaner bei diesen Angriffen 22 Viermot-Bomber verloren. Die deutschen Jagdflieger melden 35 abgeschossene Bomber, die alle bestätigt sein mußten. Die Deutschen verloren sieben Jäger, die US-Bomberpiloten aber glaubten insgesamt 48 FW 190 und Me 109 abgeschossen zu haben.

## *Ein kurzes Ringen um Sizilien*

Mit einer Streitkraft von 3680 Flugzeugen hatte die 9. USAAF die Invasion Europas vom Süden durch alliierte Armeen vorbereitet. Tedders Luftoffensive richtete sich wochenlang gegen nahezu alle Flugplätze, Bahnknotenpunkte und Städte auf Sizilien und auf der Apenninenhalbinsel. Die folgenden Städte auf Sizilien und dem italienischen Festland wurden offensichtlich teilweise oder zur Gänze das Ziel von „area bombing"-Luftangriffen der 9. USAAF, weil manche Wohngemeinden zehn- bis zwanzigtausend Menschenleben zu beklagen hatten:[43]

*Syrakus, Augusta, Catania, Palermo und Messina auf Sizilien und Reggio, Cosenza, Tarent, Neapel, Salerno, Benevent, Foggia, Rom, Florenz, Liverno, Pisa, Bologna, Turin, Mailand, Trient und Bozen auf der Apenninenhalbinsel, in Norditalien und Südtirol.*

Aber keine einzige Bombe fiel auf La Spezia, den Ankerplatz der italienischen Schlachtschiffe LITTORIO, ROMA und VITTORIO VENETO und den aus DUILIO und DORIA bestehenden Verband im MARE GRANDE vor Tarent. Die alliierten Luftstreitkräfte hatten mit der italienischen Kriegsflotte eine Art Stillhalteabkommen getroffen. Im Gegensatz zu den tapferen italienischen

U-Boot-Besatzungen und Kampfschwimmern setzte die relativ starke italienische Flotte der alliierten Invasion ihres eigenen Landes keinen Widerstand entgegen.

Mit einer Seestreitmacht von 2725 Schiffen unter Admiral Cunningham, den wir schon vom Kampf um Kreta kennen, sammelten sich die Alliierten bei Malta zur Eroberung Siziliens. Am 10. Juli 1943 um 8.30 Uhr landeten die anglo-amerikanischen Truppen gleichzeitig bei Licata, Gela, Kap Passero, Augusta und Syrakus.[44] Die Eroberung Europas durch die Alliierten bzw. die Befreiung des Kontinents von Nazityrannei und Faschismus – je nach Diktion von Verteidigern und Angreifern des europäischen Festlandes – hatte begonnen.

Die Deutschen wie auch die Alliierten setzten beim Kampf um Sizilien Fallschirmjäger ein. Die deutsche 1. Fallschirmjägerdivision brachte Teile ihrer Fallschirmjäger in der Ebene von Catania zum Absprung, andere Einheiten wurden auf dem Landweg in Marsch gesetzt.[45] Die Alliierten setzten auf Sizilien die 82. US-Luftlandedivision und britische Gleitflugzeuge ein. Aber nur zwölf von 157 verwendeten Gleitflugzeugen erreichten das Ziel. Ein großer Teil dieser Lastensegler stürzte ins Meer, viele britische Fallschirmjäger ertranken... 73 Fallschirmjäger erreichten eine wichtige Brücke an der Straße nach Syrakus. Um den Besitz dieser Brücke entwickelten sich schwere Kämpfe, wobei auf deutscher Seite offensichtlich auch Fallschirmjäger des Fallschirmpionierbataillons 1 zum Einsatz kamen.[46] Die Jäger des FJR 3 wurden eingeschlossen. Die Befreiung aus dieser Umklammerung zählt zu den kühnsten Taten, die deutsche Fallschirmjäger im Zweiten Weltkrieg unternahmen. Doch die Insel konnte gegenüber einem Gegner, der in der Luft, zu Lande und auf dem Wasser so übermächtig war, nicht gehalten werden. Um den 22. Juli besetzte General Patton mit seinen schnellen Verbänden Marsala und Palermo im Westen der Insel, wo ohne nennenswerte Schwierigkeiten 100 000 Italiener gefangengenommen werden konnten. Ende Juli schließlich mußten auch die Deutschen die Insel räumen, wobei ihnen das Übersetzen auf das italienische Festland einschließlich ihres schweren Gerätes gelang. Dies wiederum war auch der Bildung eines starken Flakflügels an der Straße von Messina zu verdanken.

# Die 9. US-Luftflotte eröffnet eine neue Luftfront

Am 1. August beginnt die 9. USAAF mit ihren Angriffen auf Südost-Europa. 178 Liberators fliegen von Bengasi aus über das Mittelmeer auf das rumänische Erdölgebiet von Ploesti und greifen im Tiefflug an. Doch der Überraschungsangriff gelingt nicht. Das Sperrfeuer der deutschen Flak-Kanoniere richtet unter den Tieffliegern ein Blutbad an. Beim Abflug werden die US-Bomber noch von deutschen (I./JG 4, IV./JG 27) und rumänischen Jägern sowie von ein paar Me 110 (IV./NJG 6) weiter dezimiert. Insgesamt werden über 50 von den 178 Angreifern abgeschossen, weitere 55 kommen mit schweren Schäden zurück.[47] Ploesti ist zwar etwas „angeschlagen", es kann aber seine für die deutsche Kriegswirtschaft und für die Treibstoffversorgung der Ost- und nunmehr neuen „Südfront" so wichtige Produktion bald im vollen Umfang wieder aufnehmen.

Am 13. August 1943 dringen erstmals 61 Liberators vom Süden aus Nordafrika in das Reichsgebiet ein.[48] Sie fliegen über Ungarn und den Neusiedlersee, von wo erstmals Alarm gegeben werden kann, auf Wiener Neustadt in Niederösterreich zu und greifen die dortigen Rüstungswerke völlig überraschend an. Da auch Wohnviertel von Wiener Neustadt in Mitleidenschaft gezogen werden – während die in der Theresianischen Militärakademie untergebrachte Kriegsschule der Deutschen Wehrmacht völlig unbehelligt bleibt –, hat die Zivilbevölkerung schwere Verluste in Höhe von 151 Toten, 30 Vermißten und 850 Verletzten zu tragen.[49] Die angreifenden Viermotorigen kommen ohne Verluste auf ihre Ausgangsfeldflugplätze zurück. Sie hatten so gut wie keine Jagdabwehr vorgefunden. Die gerade erst erstarkte Reichsverteidigung wird neuerlich zersplittert. Sie muß sich nun gegen Luftangriffe der Viermotorigen aus England und aus Nordafrika zur Wehr setzen.[50] Eine neue, gefährliche Luftfront im Süden war entstanden. Die nächsten Luftangriffe der 15. USAAF gegen Wiener Neustadt sollten für die Angreifer allerdings nicht mehr so glimpflich verlaufen.[51]

## Fällt die Entscheidung im Osten?

Die strategische Planung der deutschen Wehrmachtsführung hatte vorgesehen, daß sich die Luftwaffe nur kurze Zeit nach dem Osten wenden solle, um nach einem siegreichen Ostfeldzug erneut mit ganzer Kraft im Westen gegen England eingesetzt zu werden. Wie wir bereits gesehen haben, blieb diese Zielsetzung unerfüllbar. Tatsächlich brachte der Krieg mit der UdSSR eine Folge von Abnutzungsschlachten, die sowohl in den Jahren der Offensiven als auch in den Jahren der Niederlagen in verstärktem Ausmaß immer größere Opfer erforderten. Nach der ersten Niederlage des deutschen Ostheeres vor Moskau im Winter 1941/42 war die Heeresgruppe Süd gemäß Hitlers Weisungen Nr. 41 vom 5. April 1942 und Nr. 45 vom 23. Juli 1942 wieder in die Offensive übergegangen.[52] Das Öl und der Kaukasus waren die ausschlaggebenden Faktoren für diese Offensive. Oft hatte es sich gezeigt, daß Panzer- und motorisierte Verbände aus Treibstoffmangel nicht eingesetzt werden konnten und damit im Bewegungskrieg wertvolle Chancen nicht ausgenutzt wurden.[53] Der „Weltmachtfaktor Öl" lag überhaupt schon lange wie ein Alptraum auf Hitler; in ihm sah er vielleicht schon seit seinen Beziehungen zu Sir Henri Deterding Anfang der dreißiger Jahre einen Schlüssel zum Erfolg. Der Ölmagnat des Royal-Dutch-Shell-Konzerns, Henri Deterding, hatte seine vor dem Ersten Weltkrieg im Kaukasus erworbenen Ölfelder von größerer Ausdehnung durch die russische Revolution 1917 verloren. Er führte seither „einen titanenhaften Kampf gegen das Sowjetsystem" zur Rückgewinnung seiner Ölfelder und sah daher in Hitler einen natürlichen Bundesgenossen.[54] Deterding soll unbestätigten Meldungen zufolge der NSDAP Hitlers finanzielle Beihilfe geleistet haben.

Ein weiteres strategisches Ziel der Kaukasus-Operation (Unternehmen „Edelweiß") ist die Unterbrechung der alliierten Hilfslieferungen an die Sowjetunion über den Iran. Bereits im August 1941 hatten zwei britische und drei sowjetische Divisionen nach mehrwöchigem Widerstand der Perser den Iran mit seiner Hauptstadt Teheran besetzt.[55] Über die alsbald gebaute Straße mitten durch das Land rollte etwa ein Drittel aller gigantischen Hilfslieferungen der USA an die Sowjetunion: 1942 705529 t (30 % der Gesamtlieferungen), 1943 waren es sogar 1606979 t oder 33,5 %.

Am Ende des Kampfes um den Kaukasus stand nach schweren Kämpfen, die sogar zur beachtlichen Einnahme der Hochgebirgspässe, wie Kluchar und Nachar oberhalb des Schwarzmeer-Hafens Suchumi, und am 21. August zur „Eroberung" des 5633 m hohen Elbrus durch Gebirgsjäger der 1. und 4. GD. geführt hatten, der Rückzug der Heeresgruppe A unter Feldmarschall List. Und am Ende der Sommeroffensive des Jahres 1942 folgte die Katastrophe von Stalingrad mit 80500 deutschen Gefallenen und 108000 in sowjetische Gefangenschaft geratenen Landsern, von welchen – meist sehr krank – nur 6000 nach dem Kriege die Heimat wiedersehen sollten.[56]

Während der „Schlacht um Stalingrad" hatte die Luftwaffe bis zur Selbstaufopferung um die Erhaltung des Lebens ihrer Kameraden gerungen und es dennoch nicht geschafft.[57] 42000 deutsche Verwundete, die über die Luftbrücke von Stalingrad ausgeflogen waren, verdanken den Flieger-, Bodenpersonal- und Nachschubkameraden der Luftwaffe ihr Leben und ihre Gesundheit. Die Luftwaffe hatte 490 Flugzeuge in der Schlacht um Stalingrad verloren. 165 davon waren Kampfflugzeuge He 111, die als Transportmaschinen eingesetzt waren. Weitere 70 Transportflugzeuge sollen am Boden zerstört worden sein als nämlich sowjetische Panzer den Flugplatz Tazinskaja mit Panzern überrollten.[58] Demgegenüber berichtet Balke, daß bei der Überrollung dieses Flugplatzes 124 Transport Ju 52/3m unter Feindbeschuß noch starten und in Sicherheit gebracht werden konnten.[59] Etwa 1000 Flugzeugführer, Bordbeobachter und Bordfunker sind mit ihren Maschinen untergegangen und gefallen.

## Mit Hilfe der Russen wäre Stalin zu besiegen gewesen

Im Sommer 1942 war der Befehlshaber der im „Wolchow-Kessel" vernichteten Sowjetarmee, General Andreij Wlassow, in deutsche Gefangenschaft geraten. Anläßlich seiner Vernehmung durch Botschaftsrat Hilger am 8. 8. 1942 ergab sich folgender Situationsbericht:[60]

> „Obwohl sich Wlassow über die Notlage auf dem Gebiet der Lebensmittelversorgung und die fortschreitende Kriegsmüdigkeit der Bevölkerung durchaus im klaren ist, hält er es

trotzdem für ausgeschlossen, daß Stalin nachgeben oder von innen heraus gestürzt wird... Wlassow scheint wirklich davon überzeugt zu sein, daß weder die Kräfte der Roten Armee noch die wirtschaftliche Potenz der Sowjetunion endgültig erschöpft sind... Auch könne man sich in Deutschland über die wehrwirtschaftliche Kapazität des Urals und Sibiriens kein richtiges Bild machen. Den Ausfall des Baku-Öls (im Sommer 1942 war ein nachhaltiger Erfolg deutscher Bemühungen zur Inbesitznahme der Baku-Ölfelder noch möglich, der Verf.) würde nach Wlassows Überzeugung die (sowjetische) Ölgewinnung zwischen Ural und Wolga in einem für einen Defensivkrieg ausreichenden Umfange wettmachen.

Entscheidend wäre jetzt die Frage, ob die Möglichkeit bestehe, die Russen von der Vorstellung zu befreien, daß Deutschland beabsichtige, ihr Land zu einer Kolonie zu degradieren... Um einen Sieg über Stalin zu erringen, ist es... notwendig, die kriegsgefangenen Russen im Kampf gegen die Rote Armee einzusetzen... Auf den Trümmern der Sowjetunion würde dann ein neues russisches Staatswesen entstehen, das im engsten Bündnis mit Deutschland unter dessen Führung an der Neuordnung Europas mitwirken würde."

Im Jahre 1943 schien sich das deutsche Ostheer rascher, als zu erwarten war, zu erholen. Der Winter 1942/43 hatte einen noch schwereren Rückschlag als der Winter 1941/42 gebracht.

Trotz wesentlicher Zunahme der taktischen und strategischen Wendigkeit der Roten Armee, wie der Kampf um Stalingrad gezeigt hatte, führte dies nicht zu einer weiteren Verbesserung weder der Generalstabsarbeit noch in der taktischen Beweglichkeit der Truppen.[61] Dies vor allem deshalb, weil die sowjetischen Generale aus Angst oder aus Gier nach Lob von oben die Neigung hatten, Angriffe auch dann fortzusetzen, wenn sie auf starken deutschen Wiederstand stießen. Anscheinend war es leichter, rücksichtslos Menschen zu opfern als den Zorn der Vorgesetzten zu riskieren. Nun verfügte aber die Rote Armee jetzt über ein Zahlenverhältnis von mindestens vier zu eins gegenüber den Deutschen. Außerdem konnte sie den Raumfaktor zum Manövrieren immer mehr für sich ausnutzen. Und wenn erst der Durchbruch geglückt war, wurde der Raum zum Manövrieren noch größer. Da im Norden, an der Nordfront, die deutsche Verteidigung stärker und der Raum kleiner war als an der Südfront, kamen im Norden die vergeblichen Frontalangriffe und deren verlustreiche Wiederholungen häufiger vor als im Süden. Das Ausmaß, in dem sich die Deutschen auch im Süden gegen so große Nachteile wehrten, war ein Beweis dafür, daß die Rote Armee noch weit davon entfernt war, die Deutschen an technischer Effizienz zu überholen. Die Dauer des Krieges, noch weitere zwei Jahre, dürfte dies bestätigt haben.

Diese technische Überlegenheit der Deutschen wirkte sich auf beide Seiten aus. Sie bestärkte Hitler und seinen Generalstab in der Hoffnung, das Schicksal könne sich noch zugunsten Deutschlands wenden, wenn man die Fehler der Vergangenheit meide. Doch Hitler hatte sich zu sehr an seine militärische „Feldherrnfunktion" gewöhnt und seine ursprüngliche Begabung für Politik fast zur Gänze abgebaut, degenerieren lassen. So übersah er auch die politischen Fehler und Folgen seiner Ostpolitik. Er ließ seine Beauftragten, besonders Dr. Frank im Generalgouvernement und Erich Koch in der Ukraine, weiterhin eine sinnwidrige Rassenpolitik treiben, und er ließ keine national-ukrainischen Bestrebungen zu. Als die deutsche Führung selbst die Wlassow-Armee erst 1944 anstatt schon 1942 aufstellte und auch dann nur in zu geringen Einheiten (Divisionen), war es längst zu spät, um Stalin mit Hilfe der kriegsgefangenen Russen zu besiegen. Die Sowjets hatten es 1944/45 besser verstanden, Deutschlands Bundesgenossen Rumänien und Finnland umzudrehen und gegen Deutschland kämpfen zu lassen.

Die bessere technische Effizienz der Deutschen bestärkte die Sowjets auch in ihren inneren Zweifeln, denn viele im Winter erweckte Hoffnungen waren im darauffolgenden Frühjahr zunichte gemacht worden. So war die sowjetische Führung keineswegs sicher, daß für den bevorstehenden Sommer bereits alles gelaufen war.[62]

Dies war wohl auch der Grund für ein diplomatisches Zwischenspiel, das sich gemäß Liddell Hart folgendermaßen – noch vor dem Wiederbeginn der großen Kämpfe – abgespielt hat:

„Im Juni 1943 trafen sich Molotow und Ribbentrop in Kirowograd, das noch von den Deutschen besetzt war, zu einem Gespräch über die Möglichkeit einer Beendigung des Krieges. Nach Mitteilung deutscher Offiziere, die als technische Berater dabei waren, schlug Ribbentrop als Friedensbedingung vor, Rußlands künftige Grenze solle am Dnjepr verlaufen, während für Molotow nur die volle Wiederherstellung der früheren Westgrenze der UdSSR diskutabel war. Das Gespräch stieß sich an der Schwierigkeit, eine so große Differenz zu überbrücken, und wurde abgebrochen, nachdem eine Meldung darüber zu den Westmächten durchgesickert war. Die Entscheidung lag jetzt wieder auf dem Schlachtfeld."

Obwohl der späte Beginn der deutschen Sommeroffensive – nach dem Ende des Winterfeldzuges hatte es eine Pause von über drei Monaten gegeben – nicht nur militärische, sondern auch die angeführten diplomatischen Ursachen gehabt haben könnte, erschien dem Verfasser eine Überprüfung der erwähnten Gesprächsrunde angebracht. Glücklicherweise gelang es ihm, vom Sohn des ehemaligen Reichsaußenministers, Rudolf von Ribbentrop, die folgende Stellungnahme zu bekommen.[63]

„... kann es mir aber nicht vorstellen, daß mein Vater 1943 mit Molotow verhandelt haben soll. Er hätte sicher etwas davon gesagt. Ich weiß nur, daß er sowohl im Herbst 1942 als auch noch einmal ganz intensiv im Sommer 1943 versucht hat, auf Hitler im Sinne eines Friedensschlusses mit Rußland einzuwirken. Während er im Herbst 1942 – es handelte sich um den Zeitpunkt der Alliierten-Landung in Nordafrika – keinerlei Resonanz fand, erzählte er mir später einmal, daß im Sommer 1943 Hitler an der Karte so etwas wie eine mögliche und denkbare Demarkationslinie eingezeichnet habe, so daß mein Vater sich Hoffnungen machte. Einige Tage später jedoch habe er ihm erklärt, daß er mit den Bolschewisten keine Möglichkeit eines Friedens sähe."

Wie dem auch sei, der Kriegsgott Mars sollte für die Sieger noch zwei Jahre, aber für Millionen vertriebene und kriegs- bzw. kapitulationsgefangene Deutsche sowie für alle mit ihnen „kollaborierenden" Franzosen, Benelux-Bürger, Nord- und Südeuropäer sowie Kosaken, Wlassow-Russen, Ukrainer und Aserbeidschaner noch viele Jahre nach 1945 über die Friedensgöttin triumphieren.

Die Entscheidung lag nach der „diplomatischen Unterbrechung" von Kirowograd nunmehr auf dem Schlachtfeld.

## Kursk und Sizilien wurden zur Wende im Zweiten Weltkrieg

Obwohl Feldmarschall von Manstein und General Zeitzler immer wieder gedrängt hatten, die Operation „Zitadelle", die Offensive gegen den Kursker Bogen, nicht zu lange aufzuschieben, gab Hitler den Befehl zum Antreten erst für 5. Juli 1943, 3.30 Uhr.[64] Der Angriff vom nördlichen (Orel) und südlichen Frontbogen (Bjelgorod) gewinnt nur im Süden Gelände. Im Norden wird er dagegen an der starken sowjetischen Verteidigungslinie abgestoppt. Am 13. Juli befiehlt Hitler die wichtigsten Männer des deutschen Ostheeres, die Feldmarschälle von Manstein und von Kluge, in sein Hauptquartier „Wolfsschanze" in Ostpreußen. Hitler berichtet den Heerführern vom bevorstehenden Verlust Siziliens, weil die italienische Verteidigung zusammengebrochen sei und nur noch deutsche Fallschirmjäger, Panzergrenadiere und Flak-Kampftrupps Widerstand leisteten. Hitler rechnet mit alsbaldiger Landung Eisenhowers auf dem italienischen Festland oder auf dem Balkan. Dies könne nur durch Herausnahme mehrerer Divisionen aus der Kursker Front und deren Verlegung nach dem Süden verhindert werden. Deshalb sei er gezwungen, „Zitadelle" einzustellen.

Manstein war über diese Eröffnung bestürzt, weil sich seiner Meinung nach ein Sieg anbahne. Kluge stimmte jedoch Hitler zu, er hatte nämlich wegen eines tiefen Einbruches der Roten Armee am 12. Juli nördlich Orels schnelle Verbände aus der Angriffsfront südlich von Orel herausziehen müssen. Dies hatte die vorläufige Einstellung der Angriffsoperation im Süden Orels bedeutet. Die Wiederaufnahme der Angriffe sei auch nach erfolgreicher Abriegelung der tiefen sowjetischen Einbrüche nördlich von Orel in Frage gestellt. 20000 Mann Verluste und der Abzug von schnellen Truppen aus dem Angriffsraum geboten nach Kluges Meinung den Abbruch von „Zitadelle". Hitler stimmt zu und gestattet Manstein die Fortsetzung der erfolgreichen Offensive an der Südfront.

Am 17. Juli kommt aber auch für die Südfront der Schlußpfiff: Hitler befiehlt die sofortige Herauslösung des SS-Panzerkorps aus der Front, das er nach Italien werfen will (er mußte es dann doch in den folgenden Monaten mit der Masse seiner Verbände noch an der

Ostfront belassen). Damit war aus der drohenden sowjetischen Niederlage ein Sieg der Roten Armee geworden. Die deutsche Offensivkraft war damit für lange Zeit gebrochen.[65]

Kursk und Sizilien hatten die endgültige Wende des Krieges eingeleitet, sie führten geradewegs zwei Jahre später zu Hitlers Sturz und mit der Niederlage des Deutschen Reiches zur Veränderung der ganzen Welt.

## Die Reichsverteidigung in der Luft wird immer schwieriger

Vom Herbst 1943 an konnten die Alliierten die Wirksamkeit der deutschen Luftabwehr neuerlich stark beeinträchtigen. Zusätzlich zum bereits erwähnten „Oboe-Blindabwurfgerät" führten die Enländer das „H$_2$S"-Gerät ein, das die Deutschen nach dem ersten Fundort „Rotterdam"-Gerät nannten. Dieses neue Gerät war ein Bordradargerät für den Blindabwurf, das durch Abtasten des Bodens unter dem Flugzeug ein „Echosignalbild" von der überflogenen Gegend erzeugte.[66] Die Verwendung von „Oboe"- und des „Rotterdam"-Gerätes ermöglichte durch die Wahl einer Wetterlage, welche das Starten deutscher Jäger be- oder gar verhinderte, die weitgehende oder völlige Ausschaltung der deutschen Jagdabwehr. Allerdings wiesen beide Bordradargeräte Abwurffehlerquoten in einem 50%igen Fehlerumkreis auf. Dies bedeutete, daß bei einem Fehlerumkreis von 5 km im Herbst 1943 50% der Bomben außerhalb dieses 5-km-Kreises, vom Zielpunkt aus gemessen, fielen.

Eine weitere Erschwerung der Reichsverteidigung erreichten die Alliierten durch den Einsatz von Langstreckenjägern, deren Eindringtiefe vom Mai bis Dezember 1943 um 243% zugenommen hatte. Hatten die Begleitjäger ihren Bombern im Mai 1943 mit der Spitfire nur bis Amsterdam Schutz bieten können, so waren sie im Dezember 1943 mit der Mustang bereits in der Lage, ihnen bis Toulouse, Mailand, München, Prag und Stettin eine relative Sicherheit vor deutschen Angreifern zu garantieren.

Aus diesen Darlegungen ergibt sich, daß die deutsche Luftabwehr spätestens ab Ende 1943 keinen wirklich bedeutungsvollen Grund dafür darstellte, den Luftkrieg gegen das Reichsgebiet in Form des Gebietsbombens durchzuführen.[67]

Der Auswirkungen des „area bombing" waren sich die Alliierten

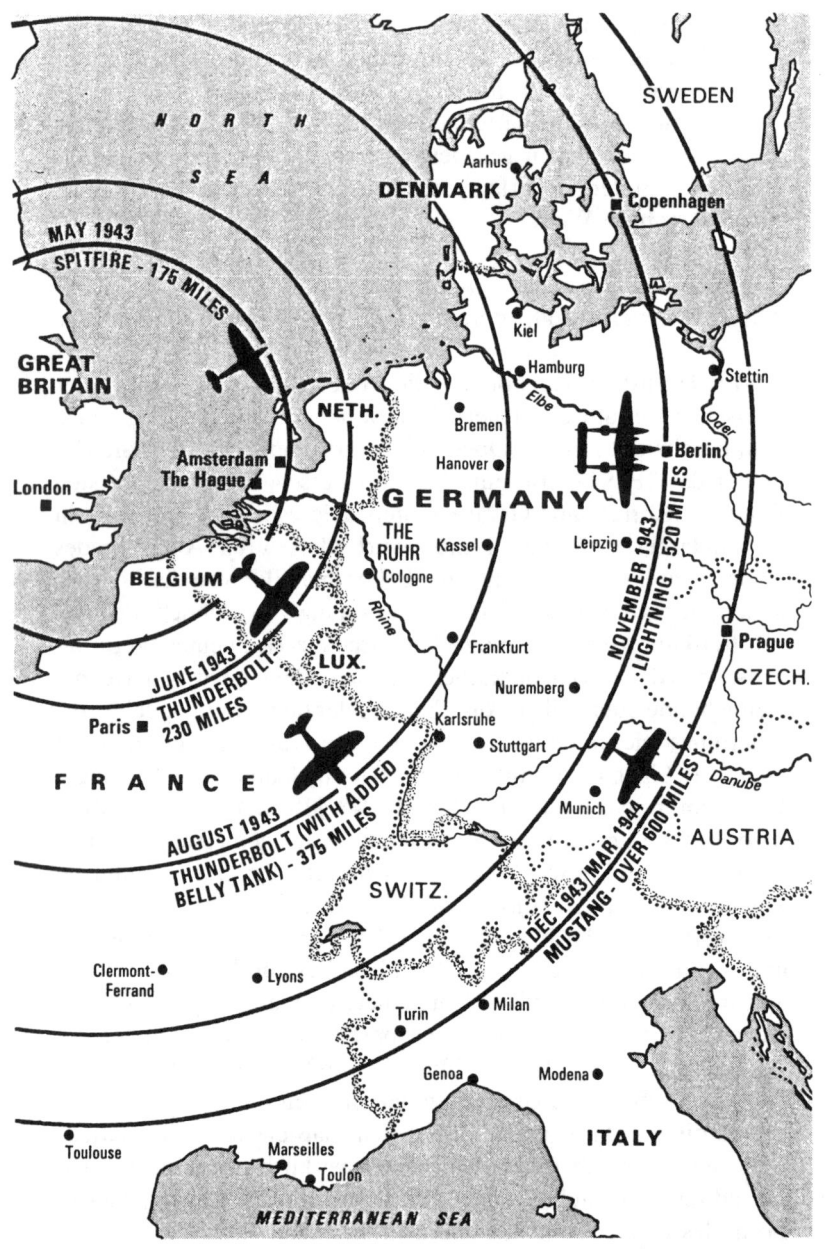

zweifellos voll bewußt, weil sie durch Aufklärungsflugzeuge regelmäßig das Ausmaß ihrer Zerstörung deutscher und europäischer Städte feststellen ließen.[68] Daraus kann nur geschlossen werden, daß eine Unterscheidung der militärischen von den nichtmilitärischen Objekten und der Kriegführenden von der friedlichen Zivilbevölkerung nicht mehr beabsichtigt war. Diese Art der Luftkriegsführung richtete sich überwiegend gegen die friedliche Bevölkerung, deren Bekämpfung zeitweise sogar den Hauptzweck der Angriffe bildete. Während die Regel besagt, daß Bombenangriffe nur gegen militärische Objekte zu richten sind, wobei auch die Zivilbevölkerung in Mitleidenschaft gezogen werden kann, richteten sich die Angriffe der Alliierten von 1942 an immer mehr direkt gegen die Zivilbevölkerung, wobei auch militärische Objekte getroffen werden konnten. In diesem Zusammenhang schreibt Castrén: „Auf Grund dieser Methode (des Gebietsbombens) konnten die Bomben unterschiedslos abgeworfen werden, denn sie wurden so dicht geworfen, daß einige von ihnen zuletzt militärische Objekte treffen würden."[69]

Nüchterner als Spaight begründet Tedder die Flächenangriffe auf Deutschland.[70] Allerdings stützt sich auch von den durch Tedder angegebenen Gründen keiner auf Tatsachen, welche Großbritannien eine Befreiung von den Bindungen des Kriegsrechtes erlaubt hätten. Vielmehr wird hier mittelbar der Mißerfolg der britischen Industrie- und Zermürbungsangriffe eingestanden. Den Darlegungen Tedders kann aber auch entnommen werden, daß man in England wegen des Gebietsbombens doch moralische Bedenken hegte, diese jedoch unter dem Eindruck der eigenen Propaganda betäubte.

## Britische Regierung belügt Parlament und Öffentlichkeit

Rechtfertigungsversuche des Flächenbombardierens wurden natürlich vor allem auch von *politischen* Führern Großbritanniens, so von Churchill, Attlee, Lord Cranborne u. a. vorgenommen. Da diese hauptsächlich politisch-propagandistische Zwecke verfolgten, braucht nicht näher darauf eingegangen zu werden.

Der Vollständigkeit halber soll erwähnt werden, daß sich auch einige englische Stimmen erhoben haben, die sich gegen die Fortsetzung dieser Art der Kriegführung aussprachen und vor allem auf die Zerstörung von historisch und künstlerisch wertvollen Bauten hinwiesen. Daß sich nicht allzu viele solche Stimmen erhoben haben, dürfte, abgesehen von der auf das englische Volk niederprasselnden Haßpropaganda, auch auf irreführende Mitteilungen englischer Politiker zurückzuführen gewesen sein. So sagte z. B. Attlee (damals stellvertretender Ministerpräsident) am 28. Mai 1943 im Unterhaus: „Nein, es findet kein unterschiedsloses Bomben statt (Beifall). Wie in diesem Hause wiederholt festgestellt wurde, werden nur solche Ziele gebombt, welche vom militärischen Standpunkt höchst wichtig sind (Beifall)."[71]

Dazu schreibt Irving: „Dennoch gab es in der englischen Öffentlichkeit einen wachsenden Unwillen gegen die Luftangriffe. Die Engländer wurden jedoch durch regierungsamtliche Versicherungen beruhigt, daß die RAF lediglich militärische Ziele bombardiere.[72]" Luftfahrtminister Sinclair erklärte im Oktober 1943 gegenüber Sir Charles Portal, daß er nur durch bewußtes Lügen über die wahren Angriffsziele der RAF die Nachfragen der Öffentlichkeit, des Erzbischofs von Canterbury und anderer religiöser Würdenträger zufriedenstellend beantworten könne. Denn er fürchte deren verdammendes Urteil und dessen Wirkung auf die Moral der Bomberbesatzungen, „wenn sie einem Befehl gehorchen müssen, den offen einzugestehen sich das Luftfahrtministerium schäme. Aber Luftfahrtminister Sinclair vertrat die Meinung, daß eine Verdammung seitens der Kirche das größere Übel sei. So gab man weiterhin die Wahrheit nicht zu."[73]

## Eine „Zwischenbilanz" für das Jahr 1943

Insgesamt hat die alliierte Luftkriegsführung gegen das europäische Festland im Jahre 1943 trotz stärkster Beeinträchtigung der friedlichen Zivilbevölkerung die ihr zu Beginn des Jahres auf der Konferenz von Casablanca gesteckten Ziele, wie „die Zerstörung und Zerrüttung des deutschen militärischen, industriellen und wirtschaftlichen Systems und die Untergrabung der Moral des deutschen Volkes",[74] bei weitem nicht erreicht.

Obwohl die deutsche Gesamterzeugung im Jahre 1943 einen Ausfall in Höhe von etwa 10 Prozent erlitten hatte, war die Kriegsproduktion im Vergleich zu den vorangegangenen Jahren stark angestiegen. Die Erzeugung an Flugzeugen, Munition, Waffen, Panzern und Schiffsbauten hatte vom Index 100 zu Beginn des Jahres 1942 über rund 180 zu Beginn 1943 auf etwa 200 zum Ende 1943 zugenommen.[75] Diese Zunahme erfolgte trotz einiger erfolgreicher Tagesangriffe der US-Flugwaffe auf besonders wichtige Rüstungswerke der deutschen Flugzeugindustrie und anderer Zweige der Kriegsproduktion, wie auf die Flugzeugwerke in Regensburg, die Kugellagerfabriken in Schweinfurt und Werke in Wiener Neustadt.[76]

Zieht man allerdings eine Art Zwischenbilanz zum Ende des Jahres 1943 nur über die Rüstungsgüter *FLUGZEUGBAU, SPRENGSTOFFE, MUNITION und SCHIFFSBAU,* so ergibt diese allein für die USA einen Riesenzuwachs der Aktiva. Demgegenüber erscheint die Kriegsproduktionssteigerung Deutschlands als geringfügig. Hier die Indizes der Produktion der genannten Rüstungsgüter von 1939 bis 1943 (1939 = 100). Wir bringen die Indizes deshalb ab 1939, um dem Leser die Steigerungsraten in den USA auch für die beiden Friedensjahre 1940–1941 vor Augen zu führen. Sie stellten die deutschen Produktionssteigerungen selbst der Jahre 1942–1943 bei weitem in den Schatten.[77]

|  | 1940 | 1941 | 1942 | 1943 |
|---|---|---|---|---|
| Flugzeugbau | 245 | 630 | 1706 | 2842 |
| Sprengstoffe und Munition | 140 | 423 | 2167 | 3803 |
| Schiffbau | 159 | 375 | 1091 | 1815 |

Die Zwischenbilanz ideeller und rechtlicher Werte ergibt für das Jahr 1943 folgendes Ergebnis: Das alliierte Ziel, die Moral des deutschen Volkes zu schwächen, blieb weiterhin unerreicht. Ein Nachlassen der Widerstandskraft der deutschen Bevölkerung war trotz der schweren Luftangriffe und trotz der Niederlagen in Nordafrika und der Rückschläge in Rußland im allgemeinen nicht zu bemerken.

Die Art des von den Alliierten im Jahre 1943 gegen europäische, insbesondere deutsche Städte geführten Luftkrieges stand größtenteils eindeutig im Widerspruch zum Kriegsrecht. Die wiederholt erwähnten völkerrechtlichen Normen verpflichten nämlich die

Kriegführenden, die friedliche Zivilbevölkerung und die geschützten Gebäude soweit als möglich zu schonen.

Die von der deutschen Luftwaffe in den Jahren 1942 und 1943 geführten Luftangriffe waren geringfügig. Sie richteten sich vor allem 1942 gegen die Städte Bath, Canterbury, Exeter, Norwich und York. Dabei waren 3000 Tonnen Bomben abgeworfen worden. Diese Luftangriffe nannten die Deutschen „Baedeker-Angriffe". Da sie gegen historische Bauten in den erwähnten Städten gerichtet waren, verstießen sie gegen das geltende Kriegsrecht. Sie waren aber ausdrücklich als Repressalienhandlungen für die britischen Angriffe auf Bremen, Lübeck und Rostock bezeichnet worden, wo ebenfalls geschützte Gebäude, wie Kirchen und historische Anlagen, zerstört oder beschädigt wurden. Bei diesen deutschen Angriffen gegen die genannten Städte handelte es sich daher um gerechtfertigte Bombardements.

1  Verrier, a.a.O., S. 166.
2  Hans Brunswig, Feuersturm über Hamburg, Stuttgart, S. 193.
3  Will Berthold, Luftkrieg gegen Deutschland. Eine Zeitgeschichte-Serie aus QUICK, Illustrierte, ab Folge 1 in Nr. 43/1978, in der Folge 8: Auch für Hamburg gab es keine Gnade, S. 98 ff.
4  Bericht des Polizeipräsidenten in Hamburg als örtlicher Luftschutzleiter über die schweren Großluftangriffe auf Hamburg im Juli/August 1943. Aus: Erhard Klöss, Der Luftkrieg über Deutschland 1939–1945, dtv-Dokumente, 1963, S. 35 ff.
5  Hans Rumpf, a.a.O., S. 61 f.
6  Hans Rumpf, S. 62 f.
7  Hans Brunswig, S. 209 f.
8  Erhard Klöss, Der Luftkrieg über Deutschland, S. 38.
9  Hans Brunswig, S. 457.
10  Alexander McKee, Dresden 1945 – Das deutsche Hiroshima, Wien–Hamburg, 1983, S. 163. David Irving, „Der Untergang Dresdens", S. 293.
11  Hans Brunswig, S. 445.
12  Noble Frankland, Die Bomberoffensive, Rastatt, 1984, S. 74.
13  Franz Kurowski, S. 242.
14  Charles Webster und Noble Frankland, The Strategic Air Offensive against Germany 1939–1945, S. 456: Das arithmetische Mittel der von der RAF und von der 8. USAAF im Juli und August 1943 ingesamt abgeworfenen Bombenmenge beträgt 22226 t Bomben/Monat, hiervon rund 10000 Tonnen Bomben auf Hamburg allein, das sind 45 %.
15  Der Luftkrieg über Deutschland, a.a.O., S. 80 ff., aus: Bericht des Polizeipräsidenten.
16  Der anglo-amerikanische Bombenkrieg – Tatsachen und Stimmen (Materialsammlung), Bibliothek des Auswärtigen Amtes, Bonn, o. J., S. 43 f.

17 David Irving, Von Guernica bis Vietnam, S. 97f.
18 Siegfried Gräff, Tod im Luftkrieg, Hamburg, 1955, S. 45.
19 Eberhard Spetzler, S. 298f., Franz Kurowski, S. 244.
20 Hans Brunswig, S. 279 und S. 462.
21 Alfred Price, S. 65.
22 Will Berthold, Der Sieg, der vor die Hunde ging, Der Luftkrieg 1939–1945, Bayreuth, 1981, S. 13.
23 Noble Frankland, S. 74.
24 David Irving, Von Guernica bis Vietnam, S. 128.
25 Werner Wolf, Luftangriffe auf die deutsche Industrie 1942 bis 45, München, 1985, S. 60.
26 David Irving, Von Guernica ... S. 99.
27 Ebda. S. 100, unter Hinweis auf: „The Effect of Strategic Bombing on German Morale." (U.S.S.B.S. Report No. 64 b, S. 14.)
28 Albert Speer, Erinnerungen, Frankfurt/Main–Berlin, 1969, S. 297.
29 David Irving, a.a.O., S. 101, unter Hinweis auf Contrails: The History of the US 100th Bombard Group.
30 Fritz Engau, a.a.O., S. 4.
31 Cajus Bekker, S. 339.
32 Fritz Engau, S. 5.
33 Will Berthold, S. 241ff.
34 Cajus Bekker, S. 340.
35 Will Berthold, S. 243ff.
36 Karl Bartz, Als der Himmel brannte, Hannover, 1955, S. 178ff.
37 Erik Castrén, a.a.O., S. 190.
38 Erik Castrén, S. 196, der auf die „ähnlich wirkenden Flüssigkeiten" ausdrücklich hinweist.
39 Siegfried Gräff, a.a.O., S. 205, in Hamburg war neben dem Tod an Verbrennung die CO-Vergiftung an erster Stelle und daneben die Hyperthermie die häufigste Todesursache.
40 Joachim Hinz, Kriegsvölkerrecht – Völkerrechtliche Verträge der Kriegführung, der Kriegsmittel und des Schutzes der Verwundeten, Kriegsgefangenen und Zivilpersonen im Kriege, 1519 mit Verbindlichkeits-Erklärung
41 Cajus Bekker, S. 344f.
42 Cajus Bekker, S. 344f.
43 Hellmuth Günther Dahms, a.a.O., S. 316.
44 KTB des OKW, a.a.O., S. 766.
45 Kurt Student, a.a.O., S. 391f.
46 Hellmuth Günther Dahms, S. 317, Kurt Student, S. 392.
47 Cajus Bekker, S. 345f.
48 L.G.S. Payne, Air Dates, New York, 1957, S. 213. The Army Air Forces in World War II, Combat Chronology, 1941–1945, C. Carter, Robert Mueller, 1973, S. 173.
49 Eigenes Erleben des Verfassers.
50 Cajus Bekker, S. 346.
51 Unrichtig die Eintragung auf S. 174 von The Army Air Forces..., wonach bereits einen Tag nach dem ersten Luftangriff auf Wiener Neustadt, am 14. 8. wiederum ein Angriff von eigenartigerweise gleich viel, nämlich 61 B 24 Maschinen stattgefunden habe. Tatsächlich wurde der nächste Angriff erst

Wochen später durchgeführt. In Air Dates von Payne gibt es auf S. 213 zum 14. 8. oder in den Tagen danach keine Eintragung eines Luftangriffes gegen Wiener Neustadt.

52 Hitlers Weisungen für die Kriegführung, Hrg. Walther Hubatsch, München, 1965, S. 213 ff.
53 Wilhelm Tieke, a.a.O., S. 15 ff.
54 Hermann Lutz, Verbrechervolk im Herzen Europas – Die Wahrheit in der Geschichte ist unteilbar wie Deutschland, Tübingen, 1959, 147 f.
55 Es handelte sich um verbotene Angriffskriege nach dem Briand Kellog Pakt von Seiten Großbritanniens und der Sowjetunion.
56 Paul Carell, a.a.O., S. 549.
57 Franz Kurowski, Luftbrücke Stalingrad; Die Tragödie der Luftwaffe und der Untergang der 6. Armee, Berg/See, 1984, S. 202.
58 Albert Seaton, S. 253.
59 Ulf Balke, S. 133.
60 KTB des OKW, 1942, Teilband II, S. 1288 f.
61 Liddell Hart, a.a.O., 609 f.
62 Liddell Hart, S. 610.
63 Schreiben von Rudolf von Ribbentrop, Bielefeld, vom 11. 6. 1974.
64 Paul Carell, Verbrannte Erde – Schlacht zwischen Wolga und Weichsel, Berlin–Frankfurt–Wien, 1966, S. 75 ff.
65 Paul Carell, Verbrannte Erde, 79 f.
66 Fritz Engau, S. 7.
67 John Sweetman, Schweinfurt Disaster in the Skies; New York, 1971, siehe Abbildung S. 368.
68 J. F. C. Fuller, S. 268, mit Hinweis auf Luftaufnahmen, die z. B. nach Luftangriffen auf Köln und Hamburg gemacht wurden.
69 Erik Castrén, S. 403
70 Eberhard Spetzler, S. 295 ff., Spaight, S. 271.
71 J. F. C. Fuller, S. 269.
72 David Irving, Von Guernica ..., S. 102.
73 Ebda. S. 102, unter Hinweis auf Sinclair an Portal, 28. 10. 1943, zitiert in S. Webster & Frankland: The Strategic Air Offensive Against Germany, Bd. III, S. 116.
74 J. F. C. Fuller, S. 264
75 Ebda. S. 265, Russel Grenfell, S. 188, Georg W. Feuchter, S. 241 f.
76 Eberhard Spetzler, S. 303 und eigenes Erleben des Verfassers.
77 Alan S. Milward, Der Zweite Weltkrieg – Krieg, Wirtschaft und Gesellschaft 1939–1945, München, 1977, S. 95 (Bd. 5 der Reihe Geschichte der Weltwirtschaft im 20. Jahrhundert, Hrg. Wolfram Fischer).

# 1944

## 15. Die Luftschlacht um Berlin
## Bischof Bell für Menschlichkeit
## Monte Cassino – Vatikan – Belgrad

*Die letzte Chance: Düsenjäger / Die deutschen V-Waffen*

> *„Im fünften Jahr des Krieges mußte es doch jedermann klar sein, wie weit die Zerstörung der europäischen Kultur schon fortgeschritten ist. Wir sollten uns überlegen, ob wir auch noch den Rest zerstören wollen. Noch immer kann etwas von diesen Gütern gerettet werden, wenn die Verantwortlichen erkennen, daß die Fabriken in der Regel außerhalb der alten deutschen Stadtkerne mit ihren historischen Denkmälern liegen."*
>
> *George BELL, Bischof von Chichester, in seiner öffentlichen Anklage gegen die Regierung Churchill vor dem englischen Oberhaus am 9. Februar 1944.[1]*

Im Sommer 1943 war den deutschen Nachtjägern gegen die angreifenden Bomberströme vor Berlin ein eindeutiger Abwehrerfolg gelungen, wie wir berichtet haben. Die Nachtjäger und die Flak-Mannschaften hatten das „Bomber-Command" nach drei Angriffsversuchen am 24. August und am 1. sowie am 4. September 1943 zur Einstellung weiterer Luftangriffe auf Berlin gezwungen. Der RAF war es nicht gelungen, über Berlin die Luftherrschaft zu erringen. Luftmarschall Harris hatte Berlin aber nur aufgeschoben, nicht aber aufgegeben. Zweieinhalb Monate nach dem „Rückzug" der RAF aus der Berliner Luftzone glaubte Harris dem Premierminister Churchill versichern zu können[2]: „Wir können Berlin von einem Ende bis zum anderen zerschlagen. Das wird uns zwischen vierhundert und fünfhundert Maschinen kosten. Aber die Nazis in Berlin wird es den Krieg kosten." Und dem Luftfahrtministerium versprach Sir Arthur Harris, daß der Krieg am 1. April 1944 zu Ende sei, wenn man ihn, den Luftmarschall, nur gewähren lasse.

Harris begann die Luftschlacht um Berlin am 18. November 1943. Diese bis zum 24. März dauernde Schlacht um die deutsche Reichshauptstadt wurde zu einem Kampf auf Leben und Tod. Mit 16 Großluftangriffen sollte Berlin endgültig niedergerungen werden. Das Mittel hierzu sah Harris in laufenden Masseneinsätzen seiner besten Bomber, der viermotorigen "Lancaster".[3]

Da die Luftschlacht um Berlin zu den größten und weittragendsten Unternehmen des Bomberkommandos werden sollte, mußte von vornherein alles zur Reduzierung der viel zu hohen Verlustrate der Bomber bei den Sommerangriffen 1943 auf Berlin getan werden. So wollte man für die Luftangriffe selbst nur mondlose Nächte auswählen. Harris hoffte dadurch die gefährlichen Gegenoperationen der deutschen Nachtjäger weitgehend einschränken zu können. Diese Hoffnung sollte sich allerdings nicht erfüllen.[4] Selbst bei jenen Angriffen, welche die Engländer über einer geschlossenen Wolkendecke unternahmen, wobei sie die Bomben mittels ihrer „Rotterdam"-Radargeräte „ohne Sicht" abwerfen, werden die deutschen Nachtjäger ihre Zielobjekte finden! Die Berliner Scheinwerferbatterien strahlen die Wolken einfach von unten an und hellen sie zusammen mit dem Feuerschein brennender Stadtteile auf. Sie erzeugen damit ein „Leichentuch", auf dem die Viermot-Bomber, von oben gesehen, wie schwarze Insekten herumkriechen und dem Nachtjäger sichtbar werden.

Zwecks weiterer Minderung der eigenen Verluste werfen die Briten wie bei den Angriffen auf Hamburg wieder tonnenweise „windows" ab. Es handelt sich bekanntlich um jene Stanniolstreifen, die in Hamburg das gesamte deutsche Radarsystem nutzlos werden ließen. Doch diesmal waren die Deutschen vorbereitet. Zur Abwehr und zur Sicherung ihrer Reichshauptstadt haben sie etwa 50 km westlich des Berliner Stadtrandes ein riesiges Panoramagerät aufgestellt, welches den Luftraum im Umkreis von 300 km kontrolliert. Dieses Gerät hat eine direkte Verbindung zum Gefechtsstand der 1. Flakdivision im Berliner Zoobunker. Ein zweites derartiges Gerät wird nordöstlich von Berlin, in Werneuchen, aufgestellt. Hierzu war es den deutschen Funkmeßspezialisten gelungen, ein einfaches Zusatzgerät zu entwickeln, welches die angreifenden Viermots auch durch den dichten Störschleier, den die „windows" auf den Radarschirmen verursachen, hindurch anzuzeigen vermag. Dadurch war die Gefahr gebannt: die Radarleitstellen konnten den

Nachtjägern und der Flak nahezu korrekte Anweisungen vermitteln.[5]

Schließlich hatte die Vorrangstellung der Reichsverteidigung dazu geführt, daß ab August 1943 etwa 60% der deutschen Jagdgeschwader den Heimat-Luftgauen, die längst zum Kriegsgebiet geworden waren, zur Abwehr der anglo-amerikanischen Flächen- und Terrorluftangriffe zur Verfügung standen.[6]

Doch die RAF greift Berlin beinahe Nacht für Nacht an. Harris setzt einmal 300, die zweite Nacht 402 Bomber, in der nächsten Nacht 631, dann sogar 764 Lancaster (in der Nacht vom 23. auf 24. November 1943) auf Berlin ein. In einer Nacht werfen die RAF-Bomber 1334 Tonnen Bomben, in der zweiten Nacht 1600 Tonnen, dann wieder 1400 und schließlich in einer Nacht (vom 22. auf 23. November) 2466 Tonnen Brand- und Sprengbomben.[7] Nur einmal während der „Luftschlacht um Berlin" übertrifft die RAF diese an und für sich schon unglaubliche große Abwurfmenge auf die Zivilbevölkerung einer Stadt, nämlich beim Angriff in der Nacht zum 16. Februar 1944. Die Anzahl an abgeworfenen Bomben auf Berlin betrug allein bei drei Angriffen im November 1943 723600 Brand- und Sprengbomben.[8]

Die deutschen Nachtjäger sind in vollem Einsatz und bringen einmal bei sechs eigenen Verlusten 26 „Lancaster" zum Abschuß. Dabei war Oberleutnant Schnaufer von der 12./NJG 1 gleich zweimal erfolgreich, als er nach heftigem Kampf zwei Viermotorige zu Boden schickt. Das nächste Mal fallen 28 Viermots den Nachtjägern zum Opfer. Davon schießen Hauptmann von Bonin und Feldwebel Frank, beide von der 2./NJG 3, je zwei „Lancaster" ab. Als die englischen Angreifer dieser Nacht wieder auf ihren Flugplätzen landen, müssen sie feststellen, daß 14 Viermots durch Flak oder Jäger so schwere Schäden erlitten hatten, daß sie für jeden weiteren Einsatz ausfielen. Durch diese indirekten Verluste hatte sich die Zahl der verlorengegangenen Flugzeuge auf 42 erhöht. Dann wieder schießen die deutschen Nachtjäger 20 „Lancaster" in einer Nacht ab.

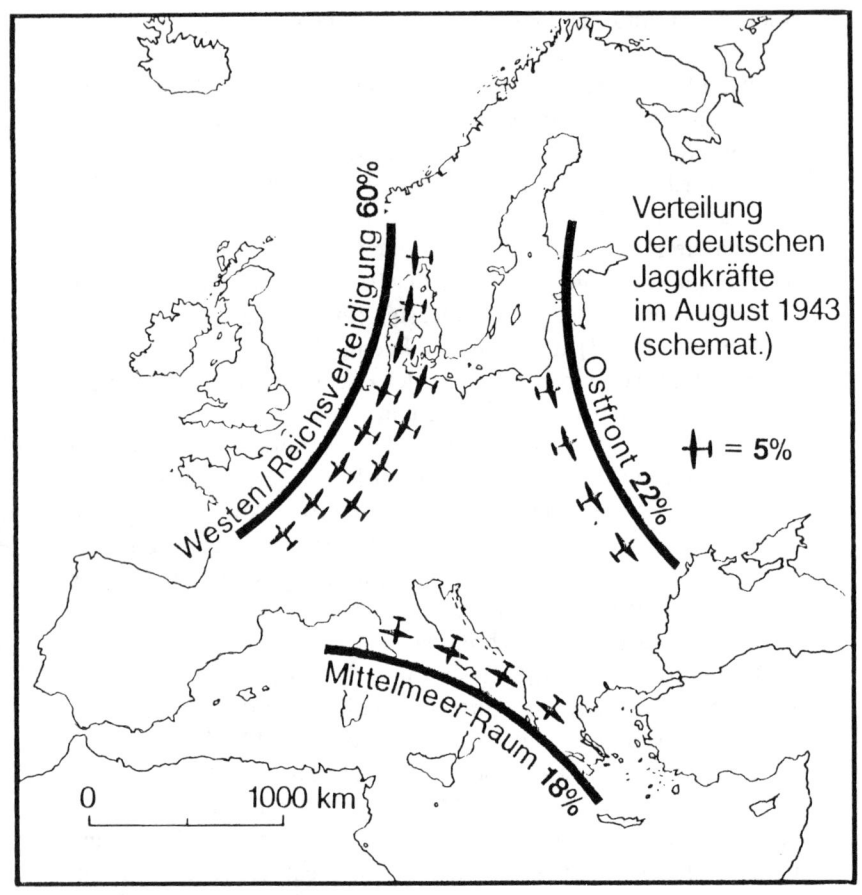

Die Verteilung der deutschen Jagdflugzeuge auf die drei Fronten, einschließlich Reichsverteidigung (nach Pielkalkiewicz, Luftkrieg, S. 291). Die Reichsverteidigung erfuhr eine besondere Verstärkung nach Westen, um gegen die alliierten Bomberströme besser ankämpfen zu können. Damit sollte die Heimatfront von anglo-amerikanischen Angriffen freigehalten werden, die Rüstungsindustrie sollte ungestört produzieren können.

*Hauptverlierer der „Luftschlacht um Berlin" war die Zivilbevölkerung*

Die schlimmsten Verluste der „Luftschlacht um Berlin" hatte zweifellos die Zivilbevölkerung selbst zu beklagen. Bereits bei den 3 Großangriffen und 2 Mosquito-Einsätzen (1406 Flugzeuge, 5381 t Bombenabwurf) vom 22. bis 26. November 1943 erlitten die Berliner folgende Verluste:[9]

    3402  Ziviltote
     354  Tote bei der Wehrmacht, Polizei, unter Kriegsgefangenen u. Ausländern
     574  Vermißte
  417665  Obdachlose
    9344  Zivilverwundete
     563  Verwundete bei Wehrmacht, Polizei, Kriegsgefangenen u. Ausländern

In 19 Berliner Verwaltungsbezirken entstanden folgende Schäden:

    8701  total zerstörte Gebäude
   39876  schwer, mittel und leicht beschädigte Gebäude
   81181  Gebäude mit Kleinstschäden
  102438  total zerstörte Wohnungen
  236711  schwer, mittel und leicht beschädigte Wohnungen

Trotz aller Verluste und furchtbaren Zerstörungen in vielen Stadtbezirken verhält sich die Berliner Zivilbevölkerung insgesamt sehr tapfer und diszipliniert. Nach Fliegeralarmen spielen sich allerdings mitunter grauenvolle Szenen ab.[10] Vielfach verlieren die Berliner vor allem bei der Benutzung total überfüllter Verkehrsmittel die Nerven. Viele wollen noch zu ihren Familien nach Hause fahren, um mit ihren Angehörigen gemeinsam die gefährlichen Stunden im Luftschutzkeller zu verbringen. Andere wollen noch schnell zu einem sicheren Flakbunker oder zu einem sonst genehmen Luftschutzkeller kommen. Dennoch kommt es nirgends in Berlin zu einer Panik.

## Höhepunkt und Ende der Berliner Schlacht – Harris gibt auf

Zu Beginn des Jahres 1944 hält der Luftkrieg gegen Deutschland unvermindert an. Die Luftschlacht um Berlin geht ihrem Höhepunkt entgegen. Angesichts steigender Verluste des britischen Bomberkommandos in dieser Auseinandersetzung erklärt Harris, daß die „Schlacht um Berlin" so lange fortgesetzt wird, bis die deutsche Hauptstadt ausgelöscht sein würde.

Der in der Nacht zum 16. Februar 1944 durchgeführte RAF-Einsatz ist der wuchtigste und schwerste der ganzen „Schlacht um Berlin". Diesem schweren Schlag waren Anfang Februar drei Mosquito-Angriffe vorausgegangen. Elf Mosquitos haben wieder ausnahmslos Luftminen abgeworfen. Den deutschen Nachtjägern und der Flak gelingt es, drei Mosquitos abzuschießen. Das war ein ganz seltener Erfolg.

Danach hatten die Engländer lange auf eine mondlose Nacht gewartet. Die Nacht auf den 16. Februar sieht die bis dahin größte Luftstreitmacht über Berlin. Der Bomberstrom mit 891 startenden Maschinen bewegt sich diesmal in ungewöhnlicher Ordnung, so daß 806 Lancaster- und Halifax-Maschinen Berlin erreichen. Die Markierer setzen ihre „Christbäume" aber erfolglos, denn eine gleichmäßig dicke Wolkendecke läßt die Beleuchtung nutzlos werden. Der Abwurf der Bomben erfolgt daher ungezielt, doch die Gesamtmenge der abgeworfenen Bomben beträgt dennoch 2642 Tonnen. Eine bis dahin noch nie erreichte und für die Berliner erschreckend hohe Bombenmenge.[11]

Die Bewohner von Berlin-Siemensstadt und Charlottenburg bekommen die Auswirkungen dieser furchtbarsten Bombennacht des Krieges am meisten zu spüren. Vor allem die Bismarckstraße in Charlottenburg steht in vollen Flammen. Die Umgebung des Bahnhofes Jungfernheide bietet ein Bild schwerer Verwüstungen. Diesmal stellen die Schäden an den Werner-Werken von Siemens-Halske und an den Flugzeugmotoren produzierenden Daimler-Benz-Werken in Marienfelde ganz im Sinne des „area bombing" („Flächenbombardements") von Luftmarschall Harris wirklich eine „Sonderleistung" dar.

Aber auch entlang dem Landwehrkanal brennen viele Häuser. Neuerlich brechen Stadtbahn- und U-Bahnverkehr an einigen Stellen zusammen.

Bald durchdringt der aufsteigende Feuerschein die dichte Wolkendecke. Die Rauchsäulen türmen sich bis zu zehn Kilometer hoch. An der schaurigen Farbenskala können die RAF-Bomberbesatzungen das gewaltige Ausmaß der von ihnen angefachten Flächenbrände erkennen. 43 Viermotbomber verliert das Bomberkommando bei diesem „Raid" gegen Berlin, die Verluste der Angriffe von Ende Januar bis Ende März 1944 werden noch auf 152 Langstreckenbomber ansteigen. Den größten Erfolg erringt die deutsche Nachtjagd beim nächsten Großangriff des Bomberkommandos auf Berlin, der auch der letzte in der „Luftschlacht um Berlin" sein wird: 73 viermotorige Langstreckenbomber der RAF werden von der deutschen Abwehr „zur Strecke gebracht". Oberleutnant Schnaufer errang seinen 44. Luftsieg. Übertroffen wird Schnaufer noch von Major Prinz Heinrich zu Sayn-Wittgenstein, Kommodore des NJG 2, der mit 79 Abschüssen an der Spitze aller Nachtjäger stand.[12] In der Nacht zum 21. Januar 1944 erlitt Major Wittgenstein nach vier weiteren Luftsiegen über britische Lancaster-Bomber den Fliegertod. Der bis dahin erfolgreichste Nachtjäger war schicksalhaft durch einen Angriff von unten überrascht worden, auf die gleiche Weise also, die Major Wittgenstein selber bei seinen Angriffen auf die Bomber bevorzugt hatte.

Harris hatte die Voraussage seiner Verluste-Schätzung von 400 bis 500 Bombern in der „Schlacht um Berlin" bestätigt gefunden. Tatsächlich hatten die Engländer bei den 16 Großangriffen der RAF auf Berlin je nach Quellenangabe zwischen 492 und 504 Maschinen verloren. Doch die zweite Voraussage von Harris, daß der Sieg Englands in der „Luftschlacht um Berlin" Deutschland zur Kapitulation zwingen werde, erfuhr keine Bestätigung. Da hatten sich Harris und sein Kriegsherr Winston Churchill schwer getäuscht. Harris mußte die „Luftschlacht um Berlin" aufgrund untragbarer Verluste Ende März abbrechen. Die Verluste an Langstreckenbombern, die in der ersten Hälfte der Schlacht etwas weniger als 4 % betragen hatten, waren in der zweiten Hälfte auf 6,5 % angestiegen und damit untragbar geworden.[13] Harris hatte sich und der englischen Führung von dieser Schlacht viel mehr versprochen. Die Widerstandskraft der Berliner konnte trotz aller schweren und schwersten Terror-Zerstörungen nicht gebrochen werden. Dies ist in der Tat erstaunlich: Trotz nervlicher Belastung bis zum Zerreißen und trotz aller Schrecken haben die Berliner ihren Mut und den Willen zum Durchhalten nicht aufgegeben.

Im Gegenteil, der Wille zum Durchhalten und zum Überleben hat die Berliner Zivilbevölkerung zu außerordentlichen Leistungen angespornt. Wie oft zeigte es sich in jenen Brandnächten, daß die Zivilisten selbst in kritischen Minuten nicht die Nerven verlieren, sondern über sich selbst hinauswachsen. Viele setzten ihr Leben ein, um in den Flammen eingeschlossene Mitbürger zu retten. Andere, Frauen und Männer, hoben in ihr Haus auf den Boden durchgefallene Brandbomben auf, um sie ins Freie zu werfen. Viele wiederum bemühten sich, oft genug vergeblich, mit aufgesetzten Stahlhelmen und Gasmasken niedergegangene Phosphorkanister unschädlich zu machen. Soldaten bargen Verschüttete in zusammengestürzten Häusern. Als immer mehr Frauen, Mädchen und Jungen als Flak- und Scheinwerferhelfer eingesetzt werden, vollbringen diese harte Männerarbeit und einmalige Leistungen.

Oft wenige Wochen vor dem ersten „Feindeinsatz" ausgebildet, weiß jeder der Flakhelfer, was er zu tun hat. Sie waren stolz darauf, die Geschütze mit Munition versorgen oder die Meßgeräte bedienen zu können. So auch die Flakhelfer vom Jungvolk-Fähnlein „Wikinger". Bei einem der schweren Großangriffe der Engländer auf Berlin stehen die Zeiger der Armbanduhr des Batteriechefs der 8,8 cm Flak-Geschütze auf wenige Minuten vor 23.00 Uhr. Vom E-Messer treffen die Werte ein, gleichzeitig drehen sich die Geschütze. „Feuer frei" ertönt die Stimme des Geschützführers. Donnernd verläßt eine Salve die Rohre. Schon steht einer der Wikinger mit einer neuen Granate bereit. Die abgeschossene Hülse wird vom Geschützverschluß abgeworfen, Pulverdampf verbreitet sich. So verläßt Salve nach Salve die Geschütze. Das Geschütz mit den Flakhelfern vom „Wikinger"-Fähnlein steht in einer Mulde fast neben den Eisenbahngleisen. Plötzlich gibt es eine gewaltige Explosion, eine Sprengbombe erzielt einen Volltreffer in der Geschützstellung und rafft alle, Flaksoldaten und ihre Helfer, auf einmal dahin. Sie haben es kaum bemerkt, wie es geschah.[14]

Nun werden die „Wiking"-Hitlerjungen nie wieder mit ihren Wimpeln durch Berlin marschieren. Nie wieder werden sie „zackige" Lieder anstimmen und durch die Straßen ziehen. Das Schlimmste aber ist, daß sie nicht erleben konnten, was die Welt ohne Krieg noch alles zu bieten hat.

Viele Engländer geben heute bereits zu, daß ihre Luftoffensive gegen Berlin nicht nur ein Fehlschlag, sondern tatsächlich eine Niederlage war. Dies trotz eines bis dahin ungeheuren Materialaufwandes. Bei den erwähnten 16 Großangriffen auf die deutsche Reichshauptstadt setzte das „Bomber Command" 9111 Flugzeuge ein, wobei die „Lancaster" mit 7256 Stück beteiligt war. Insgesamt warf diese Luftarmada mindestens 30000 Tonnen Spreng- und Brandbomben auf die bedauernswerte Millionenstadt Berlin ab. Das waren 43% jener Bombenmenge, die von der RAF in den Monaten Dezember 1943 bis März 1944 insgesamt auf Deutschland abgeworfen wurde.[15]

Am Ausgang der „Luftschlacht um Berlin" ändern auch die im März 1944 einsetzenden und bis Ende Juni mit großen Abständen andauernden Luftangriffe der 8. USAAF nichts mehr. Obwohl die US-Amerikaner zu dieser Zeit jede Art von „Terrorangriffen" ablehnen, führen sie ihre Bombardements dennoch nach der völkerrechtlich untersagten „area bombing"-Methode durch.[16]

Bei einem am 24. Mai Berlin von Süden anfliegenden Bomberverband der 8. USAAF trifft die Jagdgruppe des Majors Dahl über dem Raum Rangsdorf auf die amerikanischen Pulks. Der starke Begleitschutz amerikanischer Langstreckenjäger läßt die deutschen Jagdflugzeuge kaum an die Bomber herankommen. Einer Me 109 Bf gelingt es dennoch, sich unbehelligt hinter eine B-17 zu hängen und sie abzuschießen. Aber auch der Heckschütze des Viermotorigen zielt genau. Der deutsche Jäger stürzt fast gleichzeitig mit der B-17 ab. Bei den Tagesangriffen der 8. USAAF verlieren die deutschen Tagjäger allein im Mai 1944 80 Flugzeuge. Aber Sieg und Niederlage stehen oft dicht beieinander! So konnte die Berliner Flak in diesem Monat gleich 26 Viermots herunterholen, während die Tagjäger allein am 24. Mai 22 US-Bomber abschießen.

*Falsche alliierte Luftkriegsstrategie verhindert Kriegsende bereits 1943/44*

Die an Material und Zahl immer mächtiger gewordenen alliierten Luftstreitkräfte führten 1943/44 drei große Luftoffensiven gegen Deutschland: die Luftschlachten an der Ruhr, über Hamburg und gegen die deutsche Reichshauptstadt. Diese Luftoffensiven führten trotz der Zerstörung eines großen Teils der europäischen Kultur und der Opferung von Hunderttausenden getöteten und verletzten Zivilpersonen nicht zu der von Harris und der alliierten politischen Führung offensichtlich als Ziel vorgegebenen Beendigung des Krieges bereits im Frühjahr 1943. Diese drei großen Luftoperationen führten weder zu einer Lähmung der deutschen Kriegsindustrie noch zu einem Massenstreik der deutschen Arbeiter.[17]

Die deutsche politische Kriegsführung rechnete, wie bereits berichtet, besonders mit der Ausnützung des alliierten Vorsprungs im Luftkrieg gegen die deutsche Kriegswirtschaft. Zweifellos befürchteten die Deutschen die Folgen konzentrischer alliierter Luftangriffe gegen die Zentren ihrer Kriegsproduktion, aber auch gegen ihre Verkehrsknotenpunkte. Die Befürchtung des deutschen Reichsministers für die Rüstung, Albert Speer, ging besonders weit, nämlich bis zur Notwendigkeit der Kriegsbeendigung. Speer schreibt daher in seinen Erinnerungen.[18]

„Bereits am 20. September 1942 hatte ich Hitler darauf aufmerksam gemacht, daß wir durch den Ausfall der Panzerzulieferungen aus Friedrichshafen sowie der Kugellagerproduktion von Schweinfurt in größte Schwierigkeiten geraten würden. Daraufhin ordnete Hitler erhöhten Flakschutz für diese zwei Städte an. Tatsächlich hätte man, wie ich frühzeitig erkannte, den Krieg schon im Jahre 1943 weitgehend entscheiden können, wenn man statt ausgedehnter, aber sinnloser Flächenbombardierungen versucht hätte, Zentren der Rüstungsproduktion auszuschalten."

Obwohl sich die drei Luftoffensiven der RAF und 8. USAAF gegen die Ruhr und gegen Hamburg sowie gegen die deutsche Reichshauptstadt als Fehlschlag erwiesen, hat niemand in England und in den Vereinigten Staaten daraus Konsequenzen gezogen. Das Gegenteil ist der Fall: „Der Bombenkrieg wird an Härte und Grausamkeit noch zunehmen", schreibt Pielkalkiewicz.[19]

Wenn sich auch keine militärischen Erwägungen für die Hinwendung des Bombenkrieges zur völkerrechtsgemäßen Luftkriegsführung im Sinne zivilisierten Waffengebrauchs finden oder – falls solche bestanden haben sollten – diese sich aus politischen Gründen nicht realisieren ließen, so gab es gerade in England doch entsprechende humanitäre Bestrebungen. Über den mutigen humanitären Einsatz eines Engländers gegen die uneingeschränkte Luftkriegsführung der RAF wollen wir hier berichten.

## Bischof Bell kämpft für Menschlichkeit

George Bell war anglikanischer Bischof der kleinen Diozöse Chichester in Südengland. Er war ein tapferer Mann, der über genug Zivilcourage verfügte, um seine Landsleute daran zu erinnern, daß ein Christ auch im Krieg die Leiden seiner Mitmenschen nicht vergessen darf. Auf einer Reise, die Bischof Bell nach Schweden führte, war er von zwei deutschen Pastoren und Widerstandskämpfern gegen Hitler über die schrecklichen Auswirkungen des Bombenkrieges gegen deutsche Städte aufgeklärt worden. Besonders groß war sein Entsetzen, als er von den Deutschen erfuhr, daß der Luftkrieg bewußt gegen die Zivilbevölkerung geführt werde. Ebenso entsetzt war Bischof Bell über die Art und Weise, wie Churchill und seine Regierungsmitglieder, insbesondere Luftfahrtminister Sir Archibald Sinclair, wider besseres Wissen öffentlich erklärten, daß die englischen Luftangriffe nur gegen militärische und industrielle Ziele geflogen würden.[20]

Bischof Bell kennt seit längerer Zeit die Wahrheit über den alliierten Luftkrieg, er kennt die Augenzeugenberichte über die Heimsuchung der Städte Lübeck, Rostock und Köln durch RAF-Bomber. Seit Monaten weiß er auch, welche unvorstellbare Schrecken über die Zivilbevölkerung Hamburgs hereingebrochen sind. Der streitbare Bischof Bell wendet sich an die Regierung Seiner Majestät, um sie von der uneingeschränkten Luftkriegsführung abzubringen. Er wendet sich an Premierminister Churchill persönlich und auch an die übrigen zuständigen Minister sowie an den RAF-Stab. Schließlich sucht er sogar Protestveranstaltungen aufzuziehen, die ihm aber immer wieder verboten werden. Zuletzt bleibt ihm nur noch die Flucht nach vorne, ins Parlament. Die demokratische Regierung kann in Kriegszeiten seine Briefe an Zeitungen zensieren, sie kann ihm das Recht auf Abhaltung von Protestversammlungen vorenthalten. Aber eines kann auch diese Regierung nicht: sie kann dem Bischof von Chichester nicht jenes Recht vorenthalten, das ihm als Mitglied des Oberhauses zusteht: das Recht auf Wortmeldung.

Am 9. Februar 1944 ist es endlich soweit. An diesem Tag verlangt Bischof Bell im britischen Oberhaus eine öffentliche Antwort von der Regierung Churchill auf seine Anklage wegen der uneingeschränkten Luftkriegsführung durch die RAF. Einen Auszug der

Anklagerede Bischof Bells vor dem Oberhaus brachten wir im Vorspann zu diesem Kapitel (1944). »Ich möchte die Regierungspolitik in Frage stellen", erklärte der 61jährige Bischof in seiner Rede, „eine Regierungspolitik, die den Bombenkrieg gegen feindliche Städte fordert, besonders hinsichtlich der Zivilisten und nichtmilitärischen Ziele ... Hitler ist ein Barbar, aber es gibt auf alliierter Seite keinen anständigen Menschen, der vorschlagen würde, daß wir uns deshalb sein barbarisches Vorgehen zum Vorbild nehmen sollten." Damit ist George Bell beim Kern seiner Anklage angelangt. Er weiß nun genau, daß er nur dann durchdringen kann, wenn ihn der Erzbischof von Canterbury, dieser einflußreiche und geachtete Kirchenfürst, unterstützt. Aber der Erzbischof von Canterbury ist zu dieser Oberhaussitzung nicht erschienen.

„Macht sich unsere Regierung überhaupt eine Vorstellung davon, was alles durch die Flächenbombardierung vernichtet wird?" Und er schildert die unvorstellbare Verwüstung Hamburgs im vergangenen Sommer: „Praktisch alle Gebäude wurden bis auf die Grundmauern zerstört, die Kulturstätten, die lebenswichtigen Betriebe, die Wohnviertel und die Kirchen." Bischof Bell zitiert dann aus einer neutralen Zeitung, des SVENSKA DAGLADET:[21]

„Durch ihre gigantischen Luftangriffe auf Berlin haben die Engländer genau das erreicht, was Hitler durch seine Erlasse und Verordnungen bisher nicht erreichen konnte: sie haben die Mehrheit des deutschen Volkes in Wut versetzt."

Doch gerade dieses Argument, daß der uneingeschränkte Bombenkrieg die Deutschen, statt sie zum Aufstand und damit zur Kapitulation zu bewegen, nur in eine sich noch steigernde Kriegswut gegen England versetzt, hören die Lords im britischen Oberhaus besonders ungern. Denn dann hätte der Direktor der Abteilung für Psychologische Kriegführung, Richard Crossman, bereits vor einem Jahr recht gehabt, als er in einem Memorandum vor dem Trugschluß des Professors Lindemann (Lord Cherwell) gewarnt hatte: „Für einen Mann *mit* einem Haus lohnt es sich zu kapitulieren. Zerstören wir *sein* Haus, dann fachen wir nur seine Wut an."

Und nun tritt ausgerechnet Bischof Bell in die Fußstapfen von Crossman. Daher entsteht im Hohen Haus der Lords plötzlich lauter Widerspruch gegen den neuerlichen Warner. Bischof Bell benötigt nun größte Anstrengung, um sich gegen seine Zwischenrufer verständlich zu machen. Doch die Presse- und Besuchertribünen sind überfüllt; so wird diese Debatte mit allen Widerwärtigkeiten wenigstens weit genug bekanntwerden. Bell setzt sich vorläufig durch und erklärt mit fester Stimme:

> „Wenn irgend etwas absolut sicher ist, dann ist es die Tatsache, daß diese Zerstörungspolitik in Verbindung mit einer Politik der Verneinung über die Zukunft eines Deutschlands, das sich von Hitler befreit hat, diesen Krieg nur verlängern kann."

Der Widerspruch der Lords steigert sich zum Tumult. Hochaufgerichtet steht der weißhaarige Bischof da, während die Zwischenrufe von allen Seiten auf ihn herniederprasseln. Einmal noch kann sich George Bell Gehör verschaffen: „Woher kommt dieses Vergessen jener Ideale, die unsere Sache beseelen?... Wir Alliierten verteidigen etwas, was größer ist als Macht. Unser Banner trägt die Inschrift ‚Gerechtigkeit'. Für uns, die Befreier Europas, muß Gerechtigkeit immer wichtiger sein als die Anwendung von Gewalt!"

Die Schlußsätze des Bischofs sind wieder im allgemeinen Tumult untergegangen. Bischof Bell setzt sich. Der Erzbischof von Canterbury, dessen Autorität ausgereicht hätte, um die Lords zur Vernunft zu bringen, ist nicht erschienen. Er hat George Bell in seinem Kampf für die Menschlichkeit allein gelassen...

Der Kampf von Bischof Bell *für* eine zivilisierte Luftkriegsführung gegen Europa hat sogar in der Nachkriegsdichtung ihren Niederschlag gefunden. So läßt Rolf Hochhuth in seiner Tragödie „Soldaten-Nekrolog auf Genf"[22] Premierminister (PM) Churchill und Bischof Bell in einem „erdachten Gespräch" folgende „Auseinandersetzung" führen (gekürzt und etwas versetzt vom Verfasser):

PM: „Ein Volk, das Osteuropa verwandelt in ‚Verbrannte Erde', darf nichts behalten als seine Augen, um den Krieg zu beweinen."

Bell: „Verbrannte Städte für verbrannte Erde – warum aber belügt dann seit Jahren Ihr Luftfahrtminister das Parlament?"

PM: „Das hört jetzt auf. Der Stärkere darf ehrlich sein: im Frühjahr darf ein Buch erscheinen, Bombing Vindicated, das mit Gelassenheit für Großbritannien das Verdienst in Anspruch nimmt, gewollt zu haben, daß der Krieg durch Bombardierung der Städte entschieden wird."

Bell: „Das ehrt Sie. Aber was hätten Sie getan, wenn nicht Hitler das Bombardieren in Warschau und Rotterdam begonnen hätte?"

PM: „... Warschau und Rotterdam, das waren *keine* offenen Städte, beide waren zu Festungen erklärt und wurden mehrfach zur Übergabe aufgefordert, bevor die Hunnen[23] ihre Flieger schickten."

Bell: „Warum dann – versichert man das Gegenteil?"

PM: „Weil Legenden mächtiger sind als Waffen. Meinen Sie, wenn's um den Hals geht, suche ich erst eine Rechtfertigung, die *Hitler* liefert?"

Bell: „Mehr Menschen, vermutlich – als Hitler bis heute in England getötet hat: töten *wir* durch Gomorra[24] in *einer* Stadt."

PM: „Zwei Kriege haben mich gelehrt: wer siegen *will*, der sei so böse wie der, den er vernichten muß."

Bell: „Wie alle Briten dankte ich Gott, als Sie in der Not das Schiff übernahmen, aber Gomorra ist nicht Notwehr! ... 45 % mehr weibliche als männliche Tote. 20 % der Toten – jünger als 14 Jahre ... Ortsteil Hammerbrook? – wohl ein Arbeiterviertel ..."

PM: „Die jedenfalls zielen wir an. Mittelstandshäuser stehen zu aufgelockert, da fallen drei von fünf Bomben in die Gärten."

Bell: „Ah ja. In Hammerbrook verbrannte jeder dritte Bewohner oder mehr. An Außenwänden vieler Häuser fand man verkohlte Mütter mit Kindern; sie hatten versucht, aus den Kellern zu entkommen, und wurden zu Fackeln."

PM: „Asphalt plus Phosphor – ja. Cherwell kann das erklären."

Bell: „Eine Frage: ist ein Pilot der vorsätzlich Wohnzentren verbrennt, noch als *Soldat* anzusprechen?"

PM: (lenkt mit einem Zwischengespräch ab), dann zu Bell: „Sie müssen meine Weigerung verstehen, unsre Flächenbombardements *isoliert* zu betrachten."

Bell: „Ich war ... auch Soldat. Meine Vorstellung reicht aus, mich ahnen zu lassen, daß man im Bomber nicht leichter stirbt als im Bomben*keller*. Meine Ehrfurcht für Briten, die ein Ziel wie Peenemünde (gemeint war die deutsche V-Waffenversuchsstation, der Verf.) zertrümmern, ist –"

PM: „Das sind dieselben Männer, Lordship, die Gomorra veranstaltet haben ..."

388

Bell: Auf *Ihren* Befehl, ja. *Darum* bin ich hier."

## *Strategischer Luftkrieg gegen militärische Ziele*

Im Laufe des Jahres 1944 begannen die Amerikaner endlich zu einer planmäßigen strategischen Luftkriegsführung gegen die wichtigsten Punkte des deutschen Kriegspotentials überzugehen. Im Gegensatz zur bisherigen militärischen Erfolglosigkeit der Bombardierungen in Deutschland stellten sich nun bald fühlbare militärische Erfolge ein. Trotzdem sollte es nicht zu einer völligen Umstellung der alliierten Luftkriegsführung kommen, denn das militärisch ziemlich sinnlose Gebietsbomben deutscher und gegenüber 1943 in verstärktem Maße auch italienischer und französischer Städte und Ortschaften wurde weiter fortgesetzt.

Die Anglo-Amerikaner behielten zunächst ihre „Arbeitsteilung" noch bei, nach der die RAF in der Hauptsache Flächenziele in der Nacht und die 8. USAAF Einzelziele bei Tag anzugreifen hatte. Eine Änderung trat erst im September 1944 ein, als die RAF auch zu Tagesangriffen überging und ein Teil der US-Flugwaffe mit Nachtangriffen begann.

## *Forcierung der US-Luftangriffe auf das deutsche Reichsgebiet*

Bis zum Invasionsbeginn in der Normandie am 6. Juni 1944 kam es zu einer rapiden Steigerung der strategischen Luftangriffe gegen die Industrie in und um deutsche Städte unter Einbeziehung der Zivilbevölkerung. Im folgenden eine kurze Aufstellung über die „Lufttätigkeit" der 8. und 15. USAAF gegen das deutsche Reichsgebiet[25] in der Zeit vom 1. Januar bis 6. Juni 1944:[26]

| Monat | Anzahl der Großangriffe | Zahl der Feindbomber | Hauptangriffsziele (unvollständige Aufzählung) |
|---|---|---|---|
| Januar 1944 | 6 | 3350 | Kiel, Frankfurt, Braunschweig (je 2×), Düsseldorf, Mannheim, Oschersleben |
| Februar 1944 | 11 | 5 110 | Braunschweig (4×), Frankfurt, Regensburg (je 3×), Halberstadt, Gotha (je 2×), Schweinfurt, Augsburg, Leipzig, Fürth |

| | | | |
|---|---|---|---|
| März 1944 | 17 | 7330 | Berlin, Braunschweig (je 4×), Frankfurt (3×), Klagenfurt (2×), Graz, Mannheim, Bonn, Köln, Wien, München, Augsburg, Münster |
| April 1944 | 20 | 10330 | Braunschweig (3×), Wiener Neustadt (2×), Steyr, Gotenhafen, Rostock, Stettin, Augsburg, Berlin, Koblenz, München |
| Mai 1944 bis 6.6. 1944 | 16 | 12780 | Berlin (4×), Metz, Luxemburg, Mühlhausen, Osnabrück, Wiener Neustadt (je 2×), Wien, Kiel, Straßburg, 6 Hydrierwerke Mitteldeutschland, Stettin, Tutow, Karlsruhe |

Die Einflugstärken der US-Viermotbomberverbände stiegen von 400–500 Maschinen im Januar auf über 1000 im Mai 1944 allein von den Basen in England aus. Während der Langstreckenjäger P 51-„Mustang" im Januar 1944 nur vereinzelt in Erscheinung trat, übertraf der Begleitschutz mit diesem Jäger und mit dem „Thunderbolt" bald die Anzahl der Bomber. Mit dem Einsatz dieser Langstreckenjäger geht die Luftüberlegenheit der deutschen Focke-Wulf und Messerschmitt endgültig verloren. Der Opfergang der deutschen Jäger beginnt.[27]

Dennoch verblieb der deutschen Luftwaffe noch eine Chance. Sie war im Besitz eines überlegenen Jägers: des ersten einsatzbereiten Düsenjägers der Welt. Dieser brauchte nur an die richtige Front gebracht zu werden. An die Front der Luftschlacht über Europa.

## US-Erfolge bei Bekämpfung des deutschen Kriegspotentials

Die deutsche Kriegsindustrie war zum Zeitpunkt der alliierten Invasion Europas in der Normandie (6. 6. 1944) so gut wie unbeschädigt. Sie war ingesamt nur unwesentlich vom „area bombing" der deutschen Städte getroffen, obwohl bis dahin über zwei Jahre seit dem ersten 1000-Bomber-Angriff auf Köln vergangen waren.[28] 1943 betrug der Produktionsverlust durch Bombeneinwirkung zwar etwa 9% und 1944 rund 17%, doch einschließlich der Konsumgüterindustrie. Bei Einbeziehung der Eisen- und Stahlindustrie in die Rüstungsproduktion waren die Produktionsverluste noch geringer: nur 3,2% in der ersten Hälfte 1943, 6,9% in der 2. Hälfte 1943 und 2,4% bis Juli 1944.

Die Ziele der strategischen Angriffe der Amerikaner bildeten vor allem die deutsche Flugzeug- und V-Waffenindustrie, die Ölraffinerien, Hydrierwerke und Verkehrslinien. Erfolgreich erwiesen sich die Angriffe auf die deutschen Flugzeugwerke, welche einen empfindlichen Produktionsausfall erlitten. Trotzdem stieg die Produktion deutscher Flugzeuge weiter an und erreichte im September 1944 einen beachtlichen Ausstoß von 4103 Stück. Darüber hinaus kam es aber auch in den anderen Zweigen der deutschen Kriegsmaterialerzeugung bis zum Sommer, teilweise sogar bis zum letzten Viertel dieses Jahres, zu weiteren Produktionssteigerungen. Die Erzeugung der oben aufgezählten Güter überstieg Mitte 1944 sogar den Index 300.[29]

Über den Stand der deutschen Rüstungsproduktion im Herbst 1944 äußerte sich Speer bei einer Vernehmung in Nürnberg:[30]

„Diese (Steigerung) war, um es in einer Zahl zu sagen, so groß, daß ich im Jahre 1944 130 Infanteriedivisionen und 40 Panzerdivisionen vollständig neu ausstatten konnte. Allerdings wäre sie 30 % höher gewesen, wenn die Fliegerangriffe nicht gewesen wären."

Die Höchstleistung in der Kriegsindustrie erreichte das Deutsche Reich bei der Munitionsproduktion während des ganzen Krieges im August 1944, bei den Flugzeugen im September und bei den neuen Waffen und U-Booten im Dezember 1944.

*Drei aufsehenerregende Bombardements im Süden Europas*

### 1. MONTE CASSINO

Bereits im September 1943 hatten die anglo-amerikanischen Truppen mit ihren Landungen bei Reggio Calabria, Tarent und Salerno erstmals seit den „erfolgreichen" englischen Rückzügen aus Frankreich 1940 und Griechenland (Kreta) 1941 wieder europäischen Festlandboden betreten. Die deutschen Truppen, insbesondere die 1. Fallschirmjägerdivision, mußten das Vordringen der 8. britischen Armee und der US-Divisionen nach Norden so lange verzögern, bis eine im Ausbau befindliche deutsche Abwehrstellung etwa 150 km südlich von Rom verteidigungsbereit sein würde.[31]

In dieser Widerstandslinie („Gustav"-Stellung), deren „Mittelpunkt" Stadt und Berg Cassino bildeten, gelang es den Deutschen, die aus vielen Nationen zusammengesetzten anglo-amerikanischen Divisionen bis in den Mai 1944 aufzuhalten. In den monatelangen schweren Cassino-Schlachten standen sich schicksalshaft die „Kreta-Kämpfer" wieder gegenüber, die Fallschirm- und Gebirgsjäger auf deutscher und die Neuseeländer sowie Maoris auf englischer Seite. Sogar zwei Kreta-Kommandeure „trafen" sich bei Cassino: die Generale Ringel und Freyberg.

Eine der höchsten Erhebungen im Mittelabschnitt der Abwehrstellung bildete der Monte Cassino, dessen Höhe ein imposantes Benediktiner-Kloster zierte. Der Cassino-Abschnitt wurde von der 1. Fallschirmjägerdivision unter ihrem Kommandeur, General Heidrich, verteidigt. Die Fallschirmjäger hatten von ihren damaligen Feinden respektvoll den Beinamen „Grüne Teufel" erhalten. Der Monte Cassino wurde von einem Fallschirmjägerregiment unter Oberst Böhmler gehalten.[32]

## 1944 Cassino

Als Kommandant einer Cassino-Einheit erfuhr Oberstleutnant Julius Schlegel aus Wien von der außerordentlichen Gefährdung des Benediktinerklosters auf dem Monte Cassino und seiner so wertvollen Kunstschätze. Er beschloß daraufhin zunächst ohne eine Genehmigung seiner Vorgesetzten, diese Schätze in den Vatikan in Sicherheit bringen zu lassen.[33]

Dieser Entschluß war Schlegel nicht leichtgefallen, ja, er war in einen Gewissenskonflikt geraten:

„Warum soll ich, gerade ich verantwortlich sein? Ich bin Soldat, Offizier und habe als solcher Befehle auszuführen und sonst nichts. Wer will, wer kann mich verpflichten, persönlich einzugreifen, Stellung und Leben zu wagen, um Kunstschätze, wenn auch erstklassige, zu retten? Wie würde ein Kriegsgericht über mich urteilen, wenn ich aus eigener Machtvollkommenheit Rettungsaktionen durchführte, die mit meinen soldatischen Pflichten nichts zu tun hatten? . . . Und wenn ich mich entschuldigen wollte: ,Die Mönche beten mehr als meine Soldaten; Gott kann sie schützen; sie können fliehen'? Doch rief es gebieterisch in mir: ,Tu's, hilf!'"

Am 14. Oktober 1943 hatte Oberstleutnant Schlegel die erste

Zusammenmunft mit Erzabt-Bischof Gregorio Diamare. Ein 80jähriger Greis, der, demütig erhaben, nur Güte ausstrahlte.

Dem Ansinnen auf Hilfe wollte der Abt nicht nachkommen. Er wollte weder seine Zuversicht auf Verschonung des Klosters noch sein Mißtrauen gegen den deutschen Offizier aufgeben. Es bedurfte noch eines zweiten Besuches, um den Abt von der Lauterkeit seines Hilfeversprechens zu überzeugen. Vorerst wurde vereinbart, nur *einen* Lastwagen mit Kunstgegenständen in Begleitung zweier Patres nach Rom zu senden. Als Schlegel am nächsten Tag dem Abt melden konnte, daß die Sendung trotz Fliegergefahr und Partisanen im Vatikan gut angekommen sei, war der Greis befriedigt und gab dem Retter volle Handlungsfreiheit.

Insgesamt konnten 80 000 Bücher und etwa 1200 Unikate und Handschriften aus Bibliothek und Archiv gerettet werden. Jeder der hierfür notwendigen 120 Lastwagen mußte samt Fahrer und Treibstoff der Kriegswirtschaft und der Front abgerungen werden. Die Fahrzeuge waren daher bis zum letzten Eckchen voll zu beladen. Der Abt erhielt von jeder Fahrt eine Bestätigung über die Ablieferung.

Als ein Feindsender wahrheitswidrig in die Welt hinausposaunte: „Die Deutschen plündern Monte Cassino!", war es höchste Zeit für den Oberstleutnant Schlegel, seinem Divisionär, General Conrath, Meldung zu erstatten. Dabei konnte er seinen Vorgesetzten überzeugen, daß die Rettung der Kunstschätze notwendig, ja höchst lobenswert sei. Damit war eine der spektakulärsten Rettungsaktionen europäischen Kulturbesitzes im Zweiten Weltkrieg gesichert.[34]

In vier großen, für alle äußerst verlustreichen Schlachten rannten Engländer, Amerikaner, Neuseeländer, Inder, Japano-Amerikaner, Maoris, Polen und Franzosen gegen die deutsche „Gustav"-Stellung um Cassino an. In der zweiten „Cassino"-Schlacht, die vom 12. bis 19. Februar dauerte, sollte die indische Division Monte Cassino angreifen. Der Kommandeur dieser Division, General Tuker, forderte nach Ablehnung seines Vorschlages eines Umgehungsangriffes um den Monte Cassino herum die Ausschaltung des Benediktiner-Klosters durch einen konzentrierten Bombenangriff aus der Luft. Das Klostergebäude beherrschte so sehr die ganze Landschaft, daß es auf Truppen, welche die Höhe angreifen mußten, beängstigend wirkte.[35] Tukers Vorschlag auf Zerstörung des Cassino-Klosters wurde von Freyberg und Alexander gebilligt.

Am 15. Februar 1944 um 9.45 Uhr werfen 142 B-17 „Fliegende Festungen" der 15. USAAF (Generalmajor Twining) 353 Tonnen Bomben auf die Abtei. Die zweite Welle mit 87 Bombern der „Mediterranean Allied Air Force" (Generalleutnant Eaker) lädt weitere 100 Tonnen Bomben ab. Insgesamt fallen 576 Tonnen Bomben auf das Kloster.[36] Basilika und Kloster sind danach nur mehr ein Schutthaufen. Einige starke Außenmauern haben selbst dieser wahrscheinlich höchsten Bombenmenge, die je auf ein einziges Gebäude abgeladen wurde, getrotzt. Jene Menschen, die unmittelbar nach dem Bombardement aus dem Kloster hinausrennen, sterben unter dem Geschoßhagel der US-Jagdbomber (Jabos). Erst später findet man unter den Trümmern des Klosters die Leichen von 250 Frauen, Männern und Kindern sowie von einer Anzahl der Mönche, die in den letzten Monaten hier Zuflucht gesucht hatten. Die Verluste an Zivilpersonen wären wesentlich höher gewesen, hätte Oberstleutnant Schlegel nicht schon im November mittels einer „Kriegslist" etwa 1100 Flüchtlinge aus dem Kloster evakuieren lassen. Er hatte sie vor die Alternative gestellt, entweder zu arbeiten und aufzuräumen, um eine Epidemie zu vermeiden, oder aber nordwärts zu fliehen. Die meisten hatten es vorgezogen fortzuziehen.

Die Alliierten suchten die Bombardierung mit der militärischen Benutzung der Abtei durch die Deutschen zu begründen, weil selbst nach dem Bombardement „zahlreiche deutsche Soldaten aus dem Klostergelände flüchteten", während weder Mönche noch italienische Zivilpersonen gesehen worden seien.[37] Demgemäß wären die oben erwähnten „aus dem Kloster hinausrennenden Menschen" Soldaten gewesen. Würde ein nach Artikel 27 der Haager Landkriegsordnung besonders zu schonendes Gebäude, wie hier das berühmte Benediktinerkloster, militärisch verwendet, dann darf es auch bombardiert werden. Darauf scheinen sich die Alliierten berufen zu haben, was im Falle der Abtei nur als unredlicher Vorwand anzusehen war. Offenbar benutzten insbesondere auch die Nordamerikaner solche Vorwände der militärischen Verwendung öfters, um damit Angriffe auf schonungsbedürftige Anlagen rechtfertigen zu können. So erlebte der Verfasser etwa im März 1945 an der Appennin-Front südlich Bologna einen Fernartillerie-Überfall auf den Hauptverbandsplatz seiner Gebirgsdivision, der glücklicherweise nur geringen Schaden anrichtete. Die

Verwundeten waren allerdings durchwegs in damals absolut sicheren Eisenbahntunnels untergebracht. Zur Rechtfertigung dieses Artillerieüberfalls hatten die US-Amerikaner per Funk ebenfalls die militärische Verwendung des Verbandsplatzes durch deutsche Soldaten angeführt. Die militärische Verwendung hatte nach eigenem Erleben des Verfassers ausschließlich in der Benützung von Handfeuerwaffen durch HV-Platz-„Besucher" bestanden. Nun wird auch im neuesten Kriegsrecht, nämlich im Art. 13 des Zusatzprotokolls zu den Genfer-Abkommen vom 12. August 1949, ausdrücklich angeführt, daß die Ausrüstung mit leichten Handfeuerwaffen keine militärische Verwendung einer Anlage darstellt, bzw. nicht „als Handlung, die den Feind schädigt, anzusehen ist".[38] Der Besitz von Handfeuerwaffen ist sowohl dem Personal, der Wache und den Verwundeten zur Verteidigung als auch Kombattanten zum Aufsuchen des Verbandsplatzes aus medizinischen Gründen erlaubt und stellt keine militärische Verwendung dieser Rot-Kreuz-Anlage dar. Eine Beschießung oder Bombardierung solcher Plätze bedeutet daher eine *schwere* Verletzung des Kriegsrechtes.

Im Gegensatz zum US-Hauptquartier-General Wilson bekräftigen alle andern Institutionen und auch die zeitgeschichtlichen Autoren einschließlich der Militärhistoriker die Nichtverwendung des Benediktiner-Klosters als militärische *Basis*. So auch Liddell Hart[39]: „Obwohl es keinen Beweis gab, daß deutsche Truppen das Kloster militärisch benutzten – und später bewiesen wurde, daß sie es nicht einmal betreten hatten – . . ." Darüber hinaus der britische General Fuller:[40] „Darum war die Bombardierung der Abtei nicht so sehr ein Stück Vandalismus als vielmehr ein Akt reiner taktischer Dummheit."

Der Abt des Benediktiner-Mutterklosters des Abendlandes erklärte am 15. Februar 1944:[41] „Ich bescheinige auf Wunsch, daß sich im Kloster von Monte Cassino kein deutscher Soldat befand oder jetzt befindet

Gregorius Diamare
Bischof-Abt von Monte Cassino"

Zur falschen alliierten Taktik äußert sich US-Generalleutnant Clark: „. . . Die Bombardierung der Abtei war nicht allein ein überflüssiger Fehler auf dem Gebiet der Propaganda, sie war auch ein taktischer Fehler ersten Ranges. Sie allein erschwerte unsere

Anstrengungen und vergrößerte unsere Verluste an Menschen, Maschinen und Zeit."[41]

Zuletzt eine deutsche Stellungnahme vom 15. Februar 1944 aus Berlin:[42]

„Das internationale Informationsbüro meldet: „. . . daß der gesamte Abteibereich in weitem Umkreis für jeden militärischen Verkehr gesperrt wurde, nachdem durch Truppen der deutschen Luftwaffe vor einigen Monaten die weltberühmte Bibliothek des Klosters geborgen und nach Rom gebracht worden war, wo sie im Vatikan den päpstlichen Behörden übergeben wurde. Seit der Räumung der Bibliothek hat kein deutscher Soldat die Anlagen des Klosters mehr betreten. Der einzige Zugang zum Monte Cassino wird seitdem durch einen deutschen Feldgendarmen bewacht, der allen unbefugten Personen den Zutritt zum Kloster verwehrt. Die Zerstörung des Klosters Cassino ist ein Racheakt dafür, daß die Amerikaner an der zähen deutschen Verteidigung der Stadt Cassino immer wieder gescheitert sind."

## Bomben auf den Vatikan

Am 5. November 1943 war der damalige Oberleutnant Theil in der Nähe von Rom tätig, als er in der Zeit zwischen 19 und 20 Uhr sechs oder sieben Explosionen, die von der Hauptstadt herüberdröhnten, zu hören bekam. Fliegeralarm war nicht gegeben worden.[43] Zehn Minuten später erhielt Theil vom Ic beim OBS (Oberbefehlshaber Süd), Generalfeldmarschall Kesselring, aus Frascati (20 km südöstlich von Rom, wir berichteten davon) fernmündlich den Auftrag, Einzelheiten über das Ausmaß des auf den Vatikan erfolgten Bombenabwurfs festzustellen.

Oberleutnant Theil machte sich auf den Weg in Richtung Rom und zum Vatikan. Nach etwas mehr als zehn Kilometern erreichte er die vorspringende Westecke der Leonischen Mauer des Vatikans. Schließlich überquerte er mit dem Kraftwagen den Petersplatz, bis ihm plötzlich ein Mann in der Soutane zuwinkte und ihm etwas zurief. Er hielt an und sprang heraus: „Herr Oberleutnant!" rief ihm der Mann zu, „es ist furchtbar! Es ist schrecklich! Kommen Sie und schauen Sie selbst!" Dabei faßte er den Arm des Oberleutnants und zog ihn zur Schadensstelle. Der Mann war der Verwalter der Basilika von St. Peter und hieß Kaas. Es war kein anderer als Prälat Kaas, der als Reichstagsabgeordneter der Zentrumspartei bis 1933 in der deutschen Politik eine gewichtige Rolle gespielt hatte.

Oberleutnant Theils erste Frage galt der Peterskirche. War sie getroffen worden? Nein, Gott sei Dank, nein, beantwortete der Prälat die Frage. Bei der Besichtigung der Schäden konnte, soweit es die Dunkelheit zuließ, festgestellt werden, daß die Bomben rund um die Kathedrale gefallen waren. Eine Bombe hatte die Mosaikwerkstatt voll erwischt und zerstört. Die anderen Einschläge auf Wegen und Grünanlagen ließen eine mittlere Größe der Bomben erkennen. Aus einem mitgenommenen großen ausgeglühten Splitter konnte *später festgestellt* werden, daß die erkennbare Zahlen- und Buchstabenkombination mit ziemlicher Sicherheit auf eine Bombe kanadischer Herkunft schließen lasse.

Nur eine Stunde später bekam Theil einen Abhörbericht über eine Sendung der BBC vorgelegt, die von der erst drei Stunden zuvor erfolgten Bombardierung des Vatikans handelte. Theil traute seinen Augen nicht. Da war die Welt bereits in mehreren Sprachen, auch in Deutsch und Italienisch, über die Bombardierung der Vatikanstadt informiert worden. Es stehe einwandfrei fest – so wurde in dieser Sendung der BBC ungeniert behauptet –, daß nicht die Deutschen, sondern die Italiener entweder auf Drängen des OBS oder zumindest mit dessen Einverständnis die Bomben abgeworfen hätten.

In den nächsten Tagen wurde dieser Vorfall, die Bombardierung der Vatikanstadt, von den alliierten Medien weidlich ausgeschlachtet. Theil bezeichnet als Hauptquelle und Urheber dieser Meldungen das *„Political Warfare Executive"*, das vom Engländer Robert Bruce Lokhart geleitet wurde. Die Verbreitung der Produkte dieses Unternehmens erfolgte durch Journalisten in neutralen Hauptstädten, wie Lissabon, Bern, Stockholm und Istanbul. Dadurch ging das Nachrichtenmaterial in historische Primärquellen, so auch in Diplomaten- und Geheimdienstberichte und seriöse Tageszeitungen ein. Da gibt es einen amerikanischen Jesuitenpater und Historiker namens Robert A. Graham, der sich eingehend mit der britischen psychologischen Kriegsführung befaßt. Graham kam zu folgendem Schluß[44]:

„Wer nicht über die propagandistischen Operationen des Zweiten Weltkrieges bestens Bescheid weiß, läuft als Historiker ständig Gefahr, sich zu irren."

Gegen diese weltweite Medienflut anzukommen, hatten es die Deutschen wirklich schwer. Der OBS ermächtigte den deutschen Botschafter beim Heiligen Stuhl, den Staatsekretär Ernst Freiherr von Weizsäcker, in der entschiedensten Weise zu erklären, daß weder deutsche Bomben noch deutsche Flugzeuge diesen traurigen Vorfall verschuldet hätten. Der daraufhin vom Botschafter von Weizsäcker ausgegangene Protest verhallte ungehört.

Auch der Vatikan protestierte, aber er richtete seine Protestnote an *beide* kriegsführende Parteien, um den Schein der Unparteilichkeit zu wahren[45].

Papst Pius XII. nahm zum „Luftangriff auf den Mittelpunkt christlicher Einheit, den Vatikan" in seiner Ansprache an die Kardinäle am 24. Dezember 1943 in der „Una tradizionale" wie folgt Stellung[46]:

Luftangriff auf die Vatikanstadt

Infolge dieser beständigen Vereinigung der Gläubigen mit dem Stellvertreter Christi fühlen Wir Uns angetrieben, Gott zu danken, der Uns mit Seiner unendlichen Macht beschützte, als vor wenigen Wochen ein Luftangriff auf die Vatikanstadt erfolgte und die Nachricht davon mit einmütiger Empörung von allen anständigen Menschen in der Welt aufgenommen wurde. Ein solcher Angriff – ebensowenig ehrenvoll und wirksam mit dem Schleier des unbekannten Fliegers verhüllt wie mit Überlegung vorbereitet –, ein solcher Angriff auf ein den Christen unantastbares Gebiet, das geheiligt ist vom Blute des ersten Petrus, das der Mittelpunkt der Welt ist auch durch seine Meisterwerke der Kultur und Kunst, das durch ein feierliches Abkommen garantiert ist, bedeutet ein schwer zu übertreffendes Anzeichen des Grades geistiger Verwirrung und sittlichen Verfalles des Gewissens, in den einige verirrte Menschen geraten sind.

Eine Woche nach der Bombardierung der Vatikanstadt ließ der Stabschef General Eisenhowers, General Walter Bedell Smith, den amerikanischen Prälaten Walter Carrol zu sich kommen, um ihm mitzuteilen, daß ein USA-Pilot den Vatikan aus „Versehen" bombardiert habe. Prälat Walter Carrol informierte über den neuen Sachverhalt umgehend den Vatikan. Dennoch hat der Vatikan anscheinend keine Konsequenzen aus dem „geänderten Tatbestand" hinsichtlich des Verursachers der Bombardierung gezogen. Der Historiker Theil konnte in den erreichbaren Quellen jedenfalls keine nur an die Alliierten gerichtete Protestnote des Vatikans wegen der „versehentlichen" Bombardierung finden. Desgleichen war keine Rede „von einer offiziellen Entschuldigung der Amerikaner und einer Wiedergutmachungsforderung des Heiligen Stuhls an die USA – quod licet iovi...!"

Eine weitere Verletzung des Art. 27 HLKO bedeutet die Bombardierung des Sommersitzes von Papst Pius XII., Castel Gandolfo in der Umgebung von Rom. Castel Gandolfo ist seit 1929 exterritorialer Besitz des Hl. Stuhles und somit vatikanisches Territorium. Demgemäß gehört es zweifellos zu den gemäß Art. 27 HLKO soviel wie möglich zu schonenden Anlagen. Da sich im Castel Gandolfo etwa 15 000 Flüchtlinge aufhielten, wird die Schutzfunktion des genannten Artikels der HLKO um die „der Wohltätigkeit gewidmeten Gebäude" sogar noch erweitert.

Dennoch warf vermutlich die 15. USAAF am 22. Januar 1944 zum ersten Mal Bomben auf die päpstliche Residenz. Ein in der Nähe befindliches Kloster erhielt einen Volltreffer, der 17 Nonnen tötete[47]. Der zweite Bombenabwurf erfolgte am 2. Februar 1944 und der dritte und schwerste am 10. Februar. An diesem Tage starben 500 von den 15 000 Flüchtlingen, die im Sommersitz von Pius XII. Schutz gesucht hatten[47].

Eigenartigerweise „erklärte" das Hauptquartier der Alliierten Castel Gandolfo zwei Tage nach diesem furchtbaren Bombenangriff am 12. Februar „als zur Kampfzone gehörig". Dies geschah offensichtlich, um einen quasirechtlichen Grund für weitere Bombardierungen zu haben. Tatsächlich fielen bereits am nächsten Tag, dem 13. Februar, wieder Bomben mitten in die Räumungsaktion der Flüchtlinge.

Diese Luftangriffe erfolgten, obwohl der Vatikan schon vor längerer Zeit sowohl dem britischen Gesandten als auch dem Sonderbevollmächtigten Roosevelts beim Heiligen Stuhl offiziell mitgeteilt hatte, daß der deutsche OBS, Generalfeldmarschall Kesselring, die Versicherung abgegeben habe, das päpstliche Territorium als neutrales Hoheitsgebiet zu betrachten. Das päpstliche Staatssekretariat richtete sogar dreimal offizielle Protestnoten an die englische und US-Regierung. Außerdem ließ es am 18. Februar erklären: Kein deutscher Soldat hat innerhalb der Grenzen der neutralen päpstlichen Villa Zutritt erhalten, und kein Angehöriger der deutschen Wehrmacht hält sich darin auf. Eine offizielle Antwort hierauf ist nicht erfolgt. Das führende britische „Telegraphenbüro Reuter"[48] meldete dagegen[49]:

> „Wenn der apostolische Delegat des Heiligen Stuhles auch feierlich bestätigt, daß sich im Hoheitsgebiet von Castel Gandolfo kein deutscher Soldat befindet, so ist die Villa doch im Kriegsgebiet gelegen, und diese Objekte müssen angegriffen werden und werden angegriffen. Jede Vorsicht wird angewandt werden, um Beschädigungen zu vermeiden."

### Belgrad – Ostersonntag 1944

Im Jahre 1944 griff die uneingeschränkte Luftkriegsführung der Alliierten immer mehr auf die Länder des Balkans über. Besonderes Aufsehen erregte zumindest innerhalb Jugoslawiens (darüber hinaus kann nichts angeführt werden, weil von jugoslawischen Behörden keine Unterlagen zu bekommen sind)[50] die Bombardierung Belgrads (offensichtlich durch die 15. USAAF) am Ostersonntag 1944. Dieses Bombardement wird von politisch unterschiedlichen Autoren unterschiedlich politisch beurteilt. So schreibt Stefan T. Possonny, Professor für Internationale Politik an der Universität Georgetown, Washington[51]: „Der Abgeordnete Hays aus Ohio berichtete dem Repräsentantenhaus folgende fast unglaubliche Tatsache: ‚... Am serbischen Ostersonntag, als die Serben gerade aus den orthodoxen Kirchen herauskamen, (fand der Luftangriff statt, der von Tito erbeten worden war, der Verf.)! Sie können darüber noch heute in Belgrad erzählen hören, und ich habe mehr als einen Grund zu glauben, daß er damit ein bestimmtes Ziel verfolgte, und dieses Ziel war, daß die Serben, die eine natürliche Anhänglichkeit an die Vereinigten Staaten haben, dieses Land zu hassen beginnen sollten'. Congressional Record vom 13. Dezember 1950, S 16635."

Demgegenüber schreibt der ehemalige Kampfgefährte Titos und spätere Autor von „Die neue Klasse", Milovan Djilas (seit 1954 amtsenthobener Generalsekretär der KPJ)[52]: „... politisch hatten wir den Verdacht, daß die Alliierten derartige Bombardements in der Absicht unternahmen, uns Kommunisten den Wiederaufbau und die Normalisierung des öffentlichen Lebens zu erschweren." Was war an diesem Ostersonntag in Belgrad wirklich geschehen? Es ergibt sich aufgrund unserer ausführlichen Berichterstattung über den deutschen Luftangriff auf Belgrad vom 6. April 1941 die Verpflichtung, auch über den US-Angriff vom Ostersonntag 1944 in annähernd gleicher Weise zu berichten. Eine vollkommen gleichartige Berichterstattung ist mangels nicht vorhandener bzw. von Jugoslawien nicht erhältlicher Unterlagen über die Menschenopfer und angerichteten Zerstörungen kaum durchführbar. Djilas schreibt darüber in seinem Buch „Der Krieg der Partisanen"[53]:

„In dieser Zeit kam es zwischen uns und den Briten zu einem Streit über die Bombardierung jugoslawischer Städte, die noch von den Deutschen gehalten wurden. Anlaß dazu waren die Luftangriffe auf Split und Belgrad. Split hätten wir noch irgendwie verschmerzt: Es ist eine kleinere Hafenstadt, wenn auch nicht unbedingt jede Bombe ein militärisches Objekt treffen kann. Als uns aber die Genossen aus Serbien die Bombardierung Belgrads am Ostersonntag 1944 beschrieben . . . . Wir verfügten in Belgrad über Nachrichtenleute, die uns in genauen Einzelheiten Angaben über die Kasernen, Lagerhallen und Fahrzeugdepots der Stadt zukommen ließen. Ihre Angaben, in Karten eingezeichnet, hatten wir den Briten übergeben. Die alliierte Luftwaffe aber belegte (am Ostersonntag 1944, offensichtlich der 17. April 1944, der Verf.) die ganze Stadt, in der das Erscheinen der Geschwader der Verbündeten zunächst Freude ausgelöst hatte, mit Bombenteppichen. *Doch keine einzige militärische Anlage wurde getroffen, nur rein zufällig wurden einzelne Gruppen Deutscher vernichtet.*

*Die Zerstörungen waren nicht geringer und die Verzweiflung daher größer als beim deutschen Angriff am 6. April 1941 . . .*
Tito ließ einen Vertreter der britischen Mission zu sich kommen (offensichtlich den britischen Verbindungsoffizier Churchills bei Tito, den Brigadier Fizroy Maclean, der allerdings sowohl in seinem Buch „Eastern Approaches", London 1949, als auch in seinem großen Werk „Tito", 1983, davon und von den Luftangriffen auf Belgrad 1944 überhaupt nichts berichtet!) Er überschüttete ihn mit Vorwürfen und stellte die kategorische Forderung, daß künftig keine einzige Stadt in unserem Lande ohne unser Einverständnis bombardiert werden dürfe.

Dabei drohte Tito, er werde publik machen, *daß die Alliier-*
*ten Wohngebiete bombardierten, in denen es keine militäri-*
*schen Ziele gab, oder sich um militärische Zielobjekte nicht*
*kümmerten.* (Diese und die obige Hervorhebung vom Verfasser).

Auch danach griffen die Alliierten einige Städte aus der Luft an –
jedoch im Einvernehmen mit uns und nur dann, wenn dies vom
militärischen Standpunkt aus gerechtfertigt erschien. So blieben
bedeutende Städte, aber auch Industrieanlagen verschont. Ich
erinnere mich, daß auch für Zagreb (Agram) eine Kennzeichnung
militärischer Objekte erfolgt war, doch unser Protest nach der
rücksichtslosen Bombardierung Belgrads und Splits hatte Agram
(Zagreb) ein ähnliches Schicksal erspart..."

Der Historiker Johann Wuescht läßt den Serben Karapandžić zu
Wort kommen. Dieser setzt die Luftangriffe 1941 durch die Deut-
schen und 1944 durch die US-Amerikaner ebenso wie Djilas in
Analogie und schreibt[54]:

„Die Hauptstadt Belgrad wurde am 16. April 1944[55] zum
ersten Male, später noch dreimal und am 8. September 1944
(also kurz vor der deutschen Räumung Serbiens) von verbündeten Fliegern bombardiert. Der erste Luftangriff der
Verbündeten auf die Hauptstadt, schreibt Karapandžić,
,... war in allem unbarmherziger und unmenschlicher als
der deutsche am 6. April 1941'".

Die Analogie der beiden Luftangriffe auf Belgrad ergibt eindeutig, daß die Zivilbevölkerung dieser Stadt beim US-amerikanischen
Bombardement 1944 wesentlich stärker in Mitleidenschaft gezogen
worden war als beim deutschen Luftangriff 1941. Während beim
deutschen Angriff 1941 wichtige *militärische* Ziele Belgrads be-
fehlsgemäß bombardiert und ausgeschaltet wurden, kam es bei der
offensichtlich uneingeschränkten Bombardierung der Stadt durch
die US-Bomber 1944 nur zu Zufallstreffern an „einzelnen deutschen Gruppen", aber zu einer außerordentlich hohen *Beeinträchti-*
*gung der Zivilbevölkerung* der Hauptstadt eines durch den Partisanenkampf der Tito-Truppen gegen die deutsche Wehrmacht
sogar mit den Alliierten verbündeten Landes.

*Bekämpfung der deutschen Ölversorgung und des Transportwesens*

Besondere militärische Erfolge erzielte die US-Flugwaffe bei der Bekämpfung der deutschen Treibstoffindustrie und Ölversorgung. Es kam dadurch zu einem Absinken der deutschen Treibstofferzeugung von 927 000 Tonnen im März auf 472 000 Tonnen im Juni 1944. Zusammen mit dem Verlust der rumänischen Erdölgebiete (im August 1944) wirkte sich der Rückgang der Treibstofferzeugung in wachsenden Schwierigkeiten des deutschen Treibstoffnachschubs aus, wodurch es bald zu einer Beeinträchtigung der militärischen Operationen und auch der Ausbildung von Flugzeug- und Panzerbesatzungen kam.

Ab März 1944 begannen auch planmäßige US-amerikanische Angriffe auf Verkehrslinien in Deutschland, Frankreich und Italien, die sich jedoch erst im letzten Stadium des Krieges lähmend auf das deutsche und italienische Transportwesen auswirkten. Die Konzentrierung der US-Luftflotten auf Ölziele und auf das Verkehrsnetz hat wesentlich zum deutschen Zusammenbruch im Jahre 1945 beigetragen.

So übten diese Faktoren unter anderem einen bedeutungsvollen Einfluß auf den Mißerfolg der deutschen Gegenoffensive im Westen gegen die inzwischen bis an die deutschen Grenzen vorgedrungenen westalliierten Armeen (Dezember/Januar 1944/45) und auf die deutsche Niederlage bei der Abwehr der sehr erfolgreichen sowjetrussischen Winteroffensive zu Beginn des Jahres 1945 aus.

Die Präzisionsangriffe der 8. USAAF gegen die deutschen Ölziele und auf das Verkehrsnetz haben die deutsche Wehrwirtschaft stärker beeinträchtigt als das über Jahre dauernde Städtebombardement[56].

*Trotz Präzisionsbombardierung*
*starke Beeinträchtigung der Zivilbevölkerung*

Bei diesen strategischen Angriffen auf militärische Objekte in Deutschland kam es wohl auch zu einer stärkeren Beeinflussung der Zivilbevölkerung. In der Hauptsache wird es sich dabei jedoch um Quasikombattanten, wie Rüstungsarbeiter, Bahnangestellte u. a., gehandelt haben, die während ihres Aufenthaltes innerhalb militärischer Objekte natürlich bekämpft werden konnten. Soweit darüber hinaus auch andere Zivilpersonen zu Schaden gekommen sind, entsprach dies dann den Bestimmungen des Kriegsrechtes, wenn eine solche Schadensverursachung in direktem Zusammenhang mit Angriffen auf militärische Objekte stand. So war es z. B. unausbleiblich, daß bei einem Angriff auf einen wichtigen Bahnknotenpunkt auch durchreisende Zivilpersonen in Mitleidenschaft gezogen wurden. Dagegen konnten Tieffliegerangriffe auf fahrende Personenzüge irgendwo im Inneren Deutschlands und weit entfernt vom Operationsgebiet nicht als berechtigt angesehen werden. Der angreifende Pilot mußte dabei nämlich ziemlich sicher damit rechnen, daß er mit dem Beschuß solcher Züge vor allem friedliche Zivilpersonen treffen werde. Völlig unberechtigt war aber das Beschießen von aus solchen Personenzügen flüchtenden Menschen, wie dies gegen Kriegsende sehr häufig geschehen ist. Dabei mußte der Jabo-Pilot nämlich einwandfrei erkannt haben, daß er friedliche Zivilpersonen bekämpft hat. In Ordnung wäre in solchen Fällen lediglich der Beschuß der Lokomotive gewesen, womit den militärischen Erfordernissen mehr als ausreichend gedient worden wäre.

## Alliierter Bombenterror ohne Unterbrechung

Wie schon erwähnt, setzten die Alliierten die unterschiedslosen Bombenangriffe gegen deutsche und italienische Städte weiter fort. Dies geschah auch dann noch, als sich die endlich zur Ausführung gekommenen strategischen Luftkriegshandlungen gegen das *tatsächliche* deutsche Kriegspotential bereits als sehr erfolgreich erwiesen hatten. Es wird daher immer schwerer, in den Angriffen gegen deutsche und italienische Städte überhaupt noch eine militärische Begründung zu finden. Auch die seit Casablanca anscheinend erhoffte Erschütterung der Moral des deutschen Volkes war immer noch nicht eingetreten, sondern die Luftangriffe hatten eher zu einer Festigung des Widerstandswillens geführt. Als es schließlich etwa ab Mitte 1944 zu einer Senkung der Moral der deutschen Bevölkerung kam, geschah dies nicht unter dem Eindruck der Bombenangriffe, sondern der Rückschläge an den verschiedenen Fronten. Trotz der in der zweiten Jahreshälfte 1944 zunehmenden Schärfe der alliierten Luftkriegsführung stieg der Widerstandswille der Bevölkerung bei erheblichen militärischen Erfolgsmeldungen jeweils wieder fühlbar an. Dies war der Fall im September 1944 nach dem Verteidigungserfolg gegen die britische Luftlandung bei Arnheim, im November 1944 auf Grund des V2-Einsatzes und im Dezember desselben Jahres nach den Anfangserfolgen der deutschen Gegenoffensive in den Ardennen.

*Gebietsbomben wegen Überproduktion von Flugzeugen*

Für die sinnlose Fortsetzung der unterschiedslosen Luftkriegsführung durch die Alliierten während der sich deutlich abzeichnenden Erfolge bei der Bekämpfung des deutschen Kriegspotentials hat Fuller eine kaum glaublich klingende, aber nicht auszuschließende Erklärung gefunden. Fuller hebt zunächst hervor, daß die Luftangriffe erst eine strategische Kriegsoperation darstellten, als sie gegen die Quellen der industriellen und militärischen Kraft und gegen die Verteilungsmittel Deutschlands gerichtet wurden, und fährt dann fort:

„Wenn Mr. Churchill und das Luftfahrtministerium ihre Politik des Bombens auf diese klaren Tatsachen gegründet hätten, so hätte dies im ganzen den Interessen der Alliierten viel mehr genützt als all das unsinnige Bombardieren von Städten und Industriezentren. Wie wenig schätzten somit jene Verantwortlichen selbst im letzten Kriegsjahr noch, was strategisches Bomben wirklich hieß, denn auch während dieses Jahres wurde das Gebietsbomben allgemeiner Brauch, anscheinend, weil die Erzeugung von Flugzeugen zu der Zeit so ungeheuer groß war, daß man Verwendung für sie finden mußte."[57]

*Fast keine militärische Zielsetzung mehr*

In diesem Zusammenhang soll auch darauf hingewiesen werden, daß von den im Zweiten Weltkrieg auf Deutschland niedergegangenen gesamten Bombenmengen 72 Prozent erst nach dem 1. Juli 1944 abgeworfen wurden.

Aus diesen Darlegungen ergibt sich, daß ein großer Teil der alliierten Luftangriffe auf deutsche Städte spätestens ab Mitte 1944 so gut wie *keine militärische* Zielsetzung mehr aufwies. Mit dem Übergang zum planmäßigen strategischen Bombenkrieg gegen das ausschlaggebende deutsche Kriegspotential seit Anfang dieses Jahres hatte auch die oberste militärische Führung der Alliierten die sich schon wiederholt als aussichtslos gezeigte psychologische Kriegsführung mehr oder weniger als nicht mehr der strategischen Zielsetzung entsprechend abgetan. Die trotzdem erfolgte Fortführung des Gebietsbombens deutscher Städte dürfte daher größtenteils auf die Beeinflussung der Vereinigten Stabschefs durch das britische Kriegskabinett zurückzuführen gewesen sein.[58]. Insgesamt konnte das Bombardieren deutscher und italienischer Städte im letzten Kriegsjahr daher nur mehr als reine Terrorkriegsführung bezeichnet werden, die nach dem Kriegsrecht grundsätzlich zu verurteilen ist.

## Luftkriegshistoriker Castrén verurteilt Bombenterror

Castrén trifft dazu die folgende Feststellung: „Mit ein paar Ausnahmen haben die Autoren das zum Zwecke der Terrorverbreitung erfolgte Bombardieren verurteilt, und eine derartige Handlungsweise steht zweifellos im Gegensatz zu bestimmten allgemeinen Regeln der Kriegsführung und zu ausdrücklichen vertraglichen Bestimmungen.“[59]

Der Terrorcharakter dieser Kriegsführung kam auch dadurch zum Ausdruck, daß die alliierten Tiefflieger in den letzten Kriegsmonaten immer mehr zur „freien Jagd" auf Zivilpersonen übergegangen waren. Ohne ersichtliche militärische Bedeutung wurden Zivilisten anfangs noch in militärisch durchsetzten, später auch in reinen Flüchtlingskolonnen, schließlich sogar einzeln auf Straßen und Feldern und Kinder auf dem Schulweg von den zu Schießsportlern gewordenen Tieffliegern als Zielscheiben benutzt.

## Deutsche Jäger holen 14000 Gegner vom Himmel

„Die Me 109, *die* Maschine aller Zeiten", hatte Fahnenjunker-Unteroffizier Franz Gregoritsch während seiner Ausbildungszeit in der 2. Gruppe des Nahaufklärer-Geschwaders 5 (2/NAG 5) begeistert festgestellt, und er sagt weiter: „. . . nicht jeder kann in seinem Leben einen ersten Start auf einer Me 109 machen. Freilich war es vorher nur eine ‚B', ‚D' und dann eine ‚E', doch Me 109 ist Me 109. Heute fliegen wir längst schon die Me 109 $F_1$, $F_2$ und G"[60].

Angesichts der überragenden Stellung der Me 109 in der Reichsverteidigung und an den Fronten war die Begeisterung eines deutschen Fliegers über ‚seine‘ Me 109 nichts Außergewöhnliches. General Galland betrachtete die Jahre von 1937 bis 1945 als jene Zeit, in der die Me 109 sein ganzes Leben erfüllte[61]. Für Zehntausende junge Männer wurde die Me 109, die mit einer Gesamterzeugung von 30500 Exemplaren bis 1945 und 3000 nach dem Zweiten Weltkrieg in Spanien und der Tschechoslowakei gebauten Stückzahl an der Spitze aller Flugzeugtypen stand, zum persönlichen und zum Schicksal ihrer damaligen Gegner. So haben 94 deutsche Fliegerasse hauptsächlich mit der Me 109 fast 14000 Feindflugzeuge im Luftkampf abgeschossen, darunter Erich Hartmann 352, Günther Rall 275, Otto Kittel 267, Walter Nowotny 258 u. v. a.

Im Gegensatz zur Bomberproduktion, die von 1941 bis 1944 eine gleichbleibende Tendenz zeigte, war die Erzeugung von Jägern in dieser Zeit außerordentlich stark angestiegen[62]. Betrug die monatliche Jägerproduktion im Jahre 1941 zwischen 255 (Januar) und 454 (August), so lag sie 1944 zwischen 1021 (April) und 3375 (September) Maschinen (siehe auch: die Gesamtflugzeugproduktion deutscher Flugzeuge 1939–1945 auf Seite 711).

Möge nach Berichten einiger Autoren die Reichsverteidigung bei der „Zuteilung" der endlich erhöhten Jägerproduktion gegenüber den Fronten auch zu kurz gekommen sein, so scheinen andere Faktoren mindestens gleicherweise zur weiteren Schwächung der deutschen „Heimatfront" beigetragen haben: Piloten- und Flugbenzinmangel sowie das vermehrte Auftreten der alliierten Langstreckenjäger „Mustang" und „Thunderbolt" auf deutschem Boden. Im Laufe des Jahres 1944 konnten die Bomber der Anglo-Amerikaner schließlich sämtliche militärischen und zivilen Ziele unter dem Schutz ihrer Begleitjäger wesentlich sicherer als bis dahin anfliegen. Während die alliierten Jäger, abgesehen von ihren „Freie-Jagd"-Einsätzen – welche sich schließlich zu freien Menschenjagdeinsätzen entwickelten – nur ihrer ursprünglichen Aufgabe des Geleitschutzes ihrer Bomber nachzukommen hatten, wurden die deutschen Jäger völlig zweckentfremdet verwendet. Sie hatten bereits seit 1941 vielfach nicht mehr die eigenen Bomber zu schützen, sondern die Beschützer der feindlichen Bomber zu bekämpfen.

Den Pilotenmangel hoffte die Luftwaffenführung unter anderem durch Umschulung – wie man heute so gern freigewordene Arbeitskräfte „umschult", um sie vor der drohenden Arbeitslosigkeit zu bewahren – zu vermindern. So wurden vielfach erfahrene Frontflieger, die mit der Henschel (Hs) 126 und mit der Focke-Wulf (Fw) 189 Aufklärung geflogen waren, nun zur Jagdausbildung auf Me 109 abgestellt[63]. Andererseits hoffte man den Pilotenmangel durch schnellere, vor allem aber intensivere Flugzeugführerausbildung zu beheben. Dabei könnte man dem zweiten schweren Mangel, der Flugbenzinknappheit, ebenfalls erfolgreich – wie man hoffte – begegnen. Diese beiden Reduktionsmaßnahmen führten in der militärischen Praxis jedoch zu einer außergewöhnlich schweren und menschlich-tragischen Belastung für die hierfür Verantwortlichen in der Luftwaffenführung. Diese Verantwortung ist auch dann gegeben, wenn sich die im folgenden geschilderten Unfälle nur an wenigen oder überhaupt nur an *einer* Fliegerschule zugetragen haben."[64]

„Ich habe mich hier vortrefflich eingelebt, und dies war auch nicht schwer... Wir haben überhaupt ...eine ganz gute Nummer unter der Bevölkerung. Nur eines macht die Leute hier nervös, nämlich die dauernde Gefahr, eine Mühle auf den Kopf zu bekommen. Ja, die Fliegerei ist keine Lebensversicherung. Seit ich hier bin, hatten wir 5 Tote, 4 Absprünge und etwa 8 Bauchlandungen. Als wir herkamen, waren wir 10 Fhj. Uffz. in der Gruppe. Zwei davon haben wir bereits zur letzten Ruhe gebettet, und fünf wurden mangels an fliegerischen Kenntnissen einen Lehrgang zurückversetzt. Nun sind wir nur noch drei... Als wir meinen ersten Stubenkameraden aus den Trümmern der Maschine bargen, da war es mir wohl etwas mulmig zumute, doch jetzt ist das überwunden. Wir haben uns daran gewöhnt, wöchentlich einmal eine Trauerparade zu exerzieren. Fünfmal lenkten wir mit gezogenem Gewehr unsere langsamen Schritte zum Bahnhof, fünf lange Stunden hatten wir Zeit, über die Vergänglichkeit ernstlich nachzudenken und fünfmal kehrten wir zurück mit dem göttlichen Gefühl einer gewissen Erhabenheit über den Kleingeist des Alltags. Wir Flieger kennen keinen Jammer, wir kennen nur ein Hartbleiben. Ich kann mir in diesen Zeiten kein idealeres Leben denken als das unsere.

‚Lieber Christian von Witzendorf' sagte der Staffelführer am Montag an der Bahre meines Kameraden: ‚Du bist nicht von uns, Du bist uns nur vorausgegangen.' Vier Tage darauf erhoben wir vor seinem Sterblichen die Hand zur letzten Ehrenbezeigung."

Die Verluste an Flugzeugführern während der Ausbildung waren in der deutschen Luftwaffe (von den anderen Flugwaffen der am Luftkrieg in Europa beteiligten Ländern liegen allerdings keine Vergleichszahlen vor) anscheinend sehr hoch. Die Verlustlisten des Luftwaffenpersonalamtes zeigen an:[65]

| Zeit | Gefallene u. Vermißte | | % v. d. Gesamtzahl | |
|------|------------|-----------|----------|-----------|
|      | Einsätze | Ausbildung | Einsätze | Ausbildung |
| 1.9. 1939– 8.5.1945 | 60 202 | 9 521 | 86,3 | 13,7 |
| davon: 1.1.1944– 31.12.1944 | 17 675 | 3 384 | 83,9 | 16,1 |

### Der größte Luftangriff aller Zeiten?

Der Großteil der alliierten Luftstreitkräfte wurde vor dem Invasionstag, am 6. Juni 1944, zur Unterstützung der Landungstruppen in der Normandie eingesetzt. Wie wir noch im Kapitel „Frankreich im Bombenhagel" ausführen werden, erfolgten die Bombardements der Alliierten zur Vorbereitung der Invasion ohne besondere Rücksichtnahme auf die Zivilbevölkerung des Landes. Überhaupt ohne jede Rücksichtnahme auf die Franzosen legten die alliierten Bombengeschwader zahlreiche Bombenteppiche auf die von den deutschen Truppen während der Invasion verteidigten oder noch besetzten Städte, Ortschaften und Bauerndörfer[66].

Besonders einprägen in das Gedächtnis der Kriegsnationen sollte sich das „area bombing" der alliierten Luftflotten auf und bei Caen und St. Lo. Es ist zweifellos schwierig, mit einer strategischen Bomberwaffe taktische Ziele zu bombardieren. Sobald dies jedoch nur unter größtmöglicher Einbeziehung der ansässigen Zivilbevölkerung und unter stärkster Gefährdung selbst der eigenen Truppen – vor St. Lo waren Hunderte GI's getötet und verwundet worden[67] (über die Verluste der französischen Zivilbevölkerung wurde dem Autor keine Auskunft gegeben) – durchführbar ist, sind taktische Angriffe auf Truppenziele mit strategischen Bomberflotten zu unterlassen. Trotz aller Belastungen für die zu befreiende französische Zivilbevölkerung und trotz der Gefährdung der eigenen Erdtruppen behielten die Alliierten das „area bombing" auch in Frankreich weiter bei. Am 7. Juli 1944 legte die Royal Air Force einen Bombenteppich vor und auf Caen mit 500 Viermotbombern, die 2500 t Bomben ableerten. Dazu schreibt Alexander McKee[68]:

> „Wenn irgendein britischer Befehlshaber geglaubt haben sollte, man könne die Deutschen einschüchtern, indem man die Franzosen umbringt, so hatte er sich gröblich getäuscht. Man machte lediglich auch den letzten deutschen Soldaten auf den bevorstehenden Angriff aufmerksam."

Aber erst am 9. Juli konnten die Briten und Kanadier CAEN (ohne seine östlichen Vororte) nehmen, als General „Panzer"-Meyer die angeschlagene 21. PD und die Reste der HJ-Div. – unter Mißachtung eines Führerbefehls – aus dem Westen (Flugplatz Carpiquet) in den Osten (Industrievorort Colombelles) zurückgenommen hatte. „Die Bombardierung vom 7. Juli war völlig sinnlos", schreibt Professor Streiff, „in Caen gab es keine wichtigen militärischen Ziele. Die Bombardierung verstopfte nur die Straßen und verhinderte das Eindringen der Alliierten."[69] „Man spricht von 5000 Toten. Wie bekannt, liegen noch viele Hundert lebend begraben unter den Trümmern...", schrieb eine Nonne in ihr Tagebuch.

„Eigentlich lag nur *eine* wichtige deutsche Einheit in Caen, nämlich der Stab der 12. SS-PD."[70] Dies genügte jedoch, um die Stadt als verteidigten Ort einzustufen, womit ihr die Schutzfunktion des Artikels 25 HLKO eindeutig genommen war. Dieser Stab war in einer Kaserne am Nordrand der Stadt einquartiert. Die Kaserne lag mitten im Bombenzielgebiet. Als dann die Bomben fielen, hatten die Deutschen in dieser Kaserne keine Verluste, wohl aber wurde eine nahe gelegene Kirche zerstört. Wären die Bombenschützen und Pfadfinder bei ihrer Aufgabe, der ausschließlichen Bombardierung eines Gevierts von 4000 × 1500 m im Norden von Caen (siehe Karte „Der Fall von Caen" auf S. 411), geblieben, dann hätte bei Einhaltung des Verhältnismäßigkeitsgrundsatzes zwischen militärischem Vorteil und zivilen Verlusten ein völkerrechts-

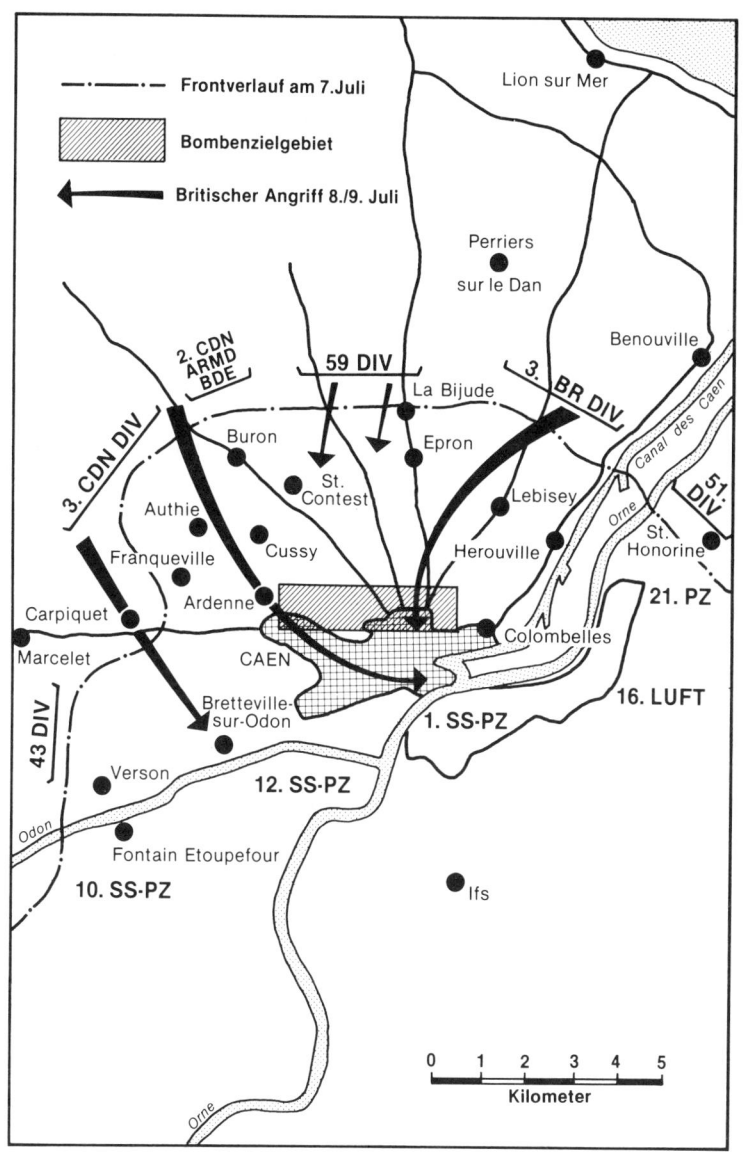

Frontverlauf am 7. Juli

Bombenzielgebiet

Britischer Angriff 8./9. Juli

Lion sur Mer

Perriers sur le Dan

Benouville

2. CDN ARMD BDE

59 DIV

3. BR DIV

La Bijude

Canal des Caen

3. CDN DIV

Buron

Epron

Orne

51. DIV

St. Contest

St. Honorine

Authie

Lebisey

21. PZ

Franqueville

Cussy

Herouville

Carpiquet

Ardenne

Colombelles

16. LUFT

Marcelet

CAEN

1. SS-PZ

43 DIV

Bretteville-sur-Odon

Verson

12. SS-PZ

Odon

Fontain Etoupefour

Ifs

10. SS-PZ

Orne

0  1  2  3  4  5
Kilometer

gemäßer taktischer Luftangriff auf Caen stattgefunden. Tatsächlich blieben die Bombergeschwader der Alliierten nicht beim Abladen ihrer Bomben auf das vorgesehene Geviert im Norden der Stadt, sondern verschoben den Bombenteppich immer weiter nach Süden, so daß die Bombenwalze schließlich über die ganze Stadt hinwegrollte und zusätzlich schwere Verluste unter der zum Großteil in Caen verbliebenen Zivilbevölkerung verursachte.

Die Deutschen bekamen davon am wenigsten ab. Ihr Verteidigungsabschnitt blieb gemäß Angriffsplan intakt und sollte erst am nächsten Tag, dem 8. Juli, von der Artillerie zerschlagen werden. Aber auch nach diesem nächsten Schlag, als am 8. Juli die Infanterie dreier Divisionen zum Sturm antrat, „sangen die MG 42 erneut ihr Lied, waren die Werfergranaten wieder da, und zerriß der harte Knall der 7,5 cm-Pak und der ‚Achtacht' plötzlich die Luft... Auf die Kampfkraft der Verteidiger wirkten sich die 2500 t Bomben nicht aus."[71]

Mit der Bombenwalze über ganz Caen haben die Alliierten sicherlich den oben erwähnten Verhältnismäßigkeitsgrundsatz nicht beachtet. Sie können sich auch kaum auf eine militärische Notwendigkeit der Bombardierung von ganz Caen berufen, weil sie die Verlegung des Bombenteppichs nach dem südlicheren Teil vornahmen, um ihre eigenen Truppen im Norden nicht zu gefährden. Um die eigenen Truppen vor bedauerlichen Treffern und Verlusten zu bewahren, muß ein taktisches Ziel eben im Punktzielverfahren bombardiert werden. So wie es die Deutschen in derartigen Fällen handhaben, indem sie Punktziele mit Stuka-Staffeln bekämpften[72], wobei noch immer Streuungstreffer abseits der militärischen Objekte vorkamen, die in Ausnahmefällen auch die eigenen Truppen und angrenzende zivile Ziele bedauerlicherweise in Mitleidenschaft gezogen haben.

Nach Beendigung der Aktion „Charnwood", der Einnahme von Caen, in der Zeit vom 4.–10. Juli 1944, schritten die Alliierten vom 18.–20. Juli 1944 zum Unternehmen „Goodwood", einem großangelegten östlichen Umfassungsangriff um die Stadt herum. Bei dieser Aktion hatte die alliierte Feindaufklärung versagt: Sie hatte eine deutsche Panzerdivision an falscher Stelle gemeldet, sich bei einer zweiten getäuscht, und das Vorhandensein einer dritten war ihr vollends entgangen. Die von den Deutschen stützpunktartig ausgebauten Ortschaften wollten die Alliierten mit der größten

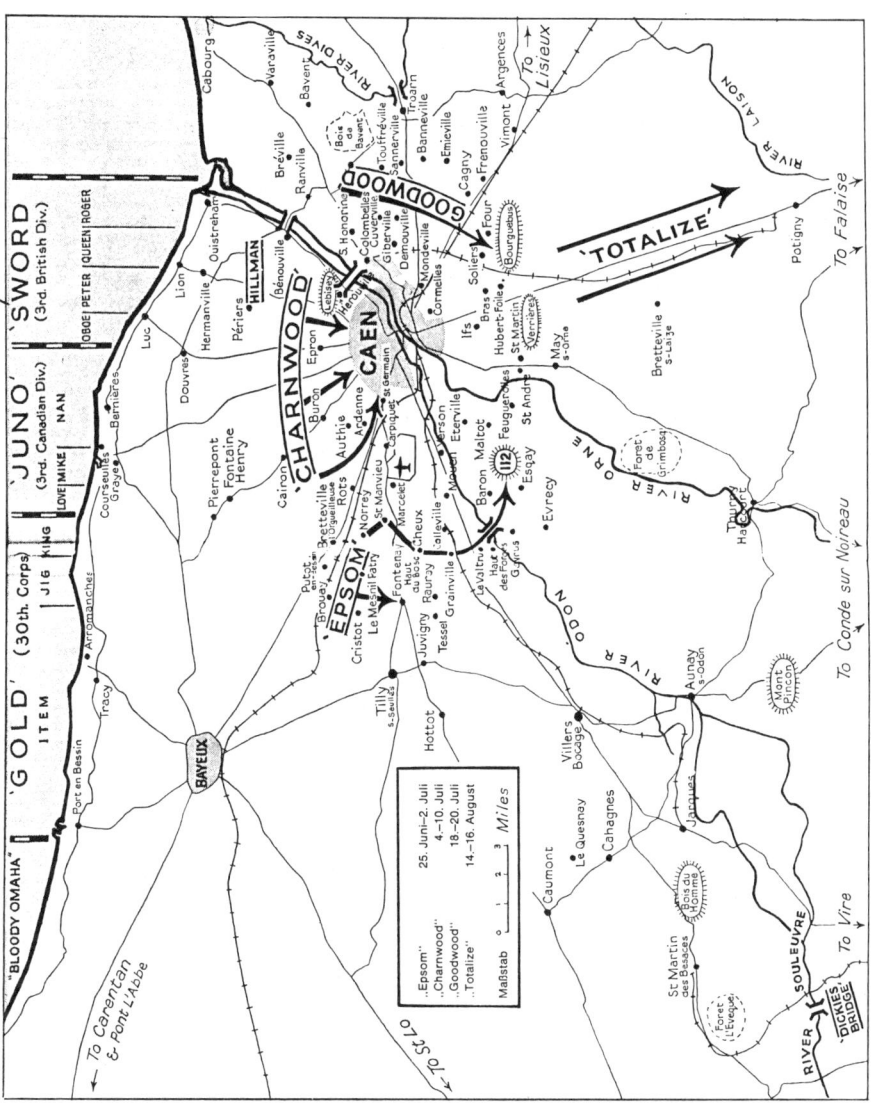

*Drei Angriffsunternehmen benötigten die Alliierten, um die deutschen Verteidiger in und um Caen zur Aufgabe zu zwingen.*

Luftarmada pulverisieren, welche die Geschichte bis dahin gekannt hatte: 2000 Bomber und 2000 Jabos (Jagdbomber) und Jäger.

Am 18. Juli um 5.30 Uhr kam es zu einem Feuerschlag von 720 Geschützen; über 1000 schwere Kampfflugzeuge des britischen Bomberkommandos donnerten heran, und dann folgten Welle um Welle die „Fliegenden Festungen" und „Liberators" der 8. USAAF. Der gesamte Frontabschnitt der Deutschen schien in einer ungeheuren Staub- und Dreckwolke auseinanderzubrechen. Die englischen Panzersoldaten und Infanteristen, welche die ihnen gegenüberliegende Bombenwalze erlebt hatten, sagten: „Das kann niemand überstanden haben", dachten wir. „Doch wie sehr sollten wir uns irren!"[73]

Allerdings, es war für die Deutschen zumindest ein Fegefeuer: „Als das Dröhnen der ankommenden Bomberstaffeln näher kam", schrieb Kortenhaus[74], „verschwanden die Männer in ihren Panzern und schlossen die Luken ... Wir sahen, wie sich kleine Punkte von den Flugzeugen lösten und hatten angesichts ihrer Vielzahl den verrückten Gedanken: vielleicht Flugblätter? Wir konnten einfach nicht glauben, daß das alles Bomben sein sollten. Dann begann die schrecklichste Stunde im Leben eines jeden. Die Bomben pflügten förmlich den Boden um. Inmitten der zahllosen Explosionen hörte man die Hilferufe der Verwundeten. Menschen wurden verschüttet. Panzer stürzten mitsamt ihrer Mannschaft in Bombenkrater. Ein 60-t-Tiger-Panzer wurde hochgeschleudert und landete auf seinem Rücken.

Der Strom der schwarz gestrichenen Bomber riß nicht ab. Sie röhrten tief über der Erde dahin und verbreiteten Tod und Verderbnis. Als die Apokalypse endlich vorbei war, hatte sich das Land bis zur Unkenntlichkeit verändert. Höfe und Felder waren einfach verschwunden – wie hinweggewischt. Es gab nur noch eine kahle Mondlandschaft. Aus vielen Bombentrichtern kam noch Pulverdampf hoch. Die alliierten Bomberflotten hatten die Bombenteppiche auf zwei Zielgebiete rechts und links der Angriffsachse ostwärts von Caen gelegt. Das eine Zielgebiet hatte die östlichen Industrievororte von Caen-Colombelles und Mondeville gebildet, das andere an der linken Flanke umfaßte die Bauerndörfer Toufreville, Sannerville, Banneville, Manneville, Guillerville und Emieville.

Obwohl der Bomberschlag der Anglo-Amerikaner für die Deutschen zum Teil verheerende Folgen hatte – so war die Infanterie der Luftwaffenfelddivision 716 tot, verwundet oder betäubt bzw. geschockt und das 1. Bataillon Panzergrenadierregiment 125 „einfach" hinweggeblasen – gelang den britischen und kanadischen Divisionen nur ein unbedeutender Einbruch. Von der Erreichung des Tageszieles konnte am ersten Tag des Unternehmens „Goodwood" keine Rede sein. Am 18. Juli hatten die Angreifer 200 Kampfwagen verloren. Und bei einem erfolgreichen Nachtangriff der deutschen Luftwaffe auf Ranville büßte die Fife & Forfar Division vierzig Panzerbesatzungen ein und hatte auch sonst Verluste an Waffen und Gerät zu tragen. Die deutschen Kampfflieger waren also noch da und hatten ein kräftiges Lebenszeichen gegeben, was man von den Jägern nicht behaupten konnte.

Am 20. Juli war der Schwung des alliierten Panzerangriffes unwiederbringlich dahin. Das Unternehmen „Goodwood" war von der deutschen 21. PD, von der 1. SS-PD, der 12. SS-PD und von der 272. Infanterie-Division praktisch abgeriegelt worden[75].

Insgesamt war der alliierte Invasionsplan aber aufgegangen. Kurze Zeit war es gelungen, der deutschen Führung die Gefahr einer zweiten Landung vorzugaukeln, was sie zu Fehldispositionen ihrer Reserven veranlaßte. Der zähe deutsche Widerstand vor allem am Amboß von Caen verzögerte zwar die Invasion der alliierten Streitkräfte beträchtlich, kostete die Deutschen aber mit dem „Verschleiß" ihrer Panzerdivisionen den beweglichen Arm, den sie nach dem Durchbruch von Bradleys Materialflut im Westen der Angriffsfront gebraucht hätten[75].

„Der entscheidende Faktor war die lähmende Wirkung der von Air Chief Marshall Tedder, Eisenhowers Stellvertreter als Oberstem Befehlshaber, geleiteten alliierten Luftwaffe. Die Alliierten hätten keine Chance gehabt, sich jemals an der Küste festzusetzen, hätten sie nicht die absolute *Luftherrschaft* besessen", stellt Liddell Hart fest[76].

Diese absolute Luftherrschaft der Alliierten in der Normandie sah für die Deutschen wirklich beängstigend und für ihre politische Führung „nach Kriegsende" aus. Die Anglo-Amerikaner verfügten am Beginn der Invasion über 15 780 (gemäß Cartier)[77], bzw. über 14 000 (lt. Liddell Hart)[78] Bomber, Kampfflugzeuge, Jabos und Jäger. Demgegenüber verfügten die Deutschen über 570 flugfähige Flugzeuge, wobei ihnen nach Beginn der Invasion nur noch weitere

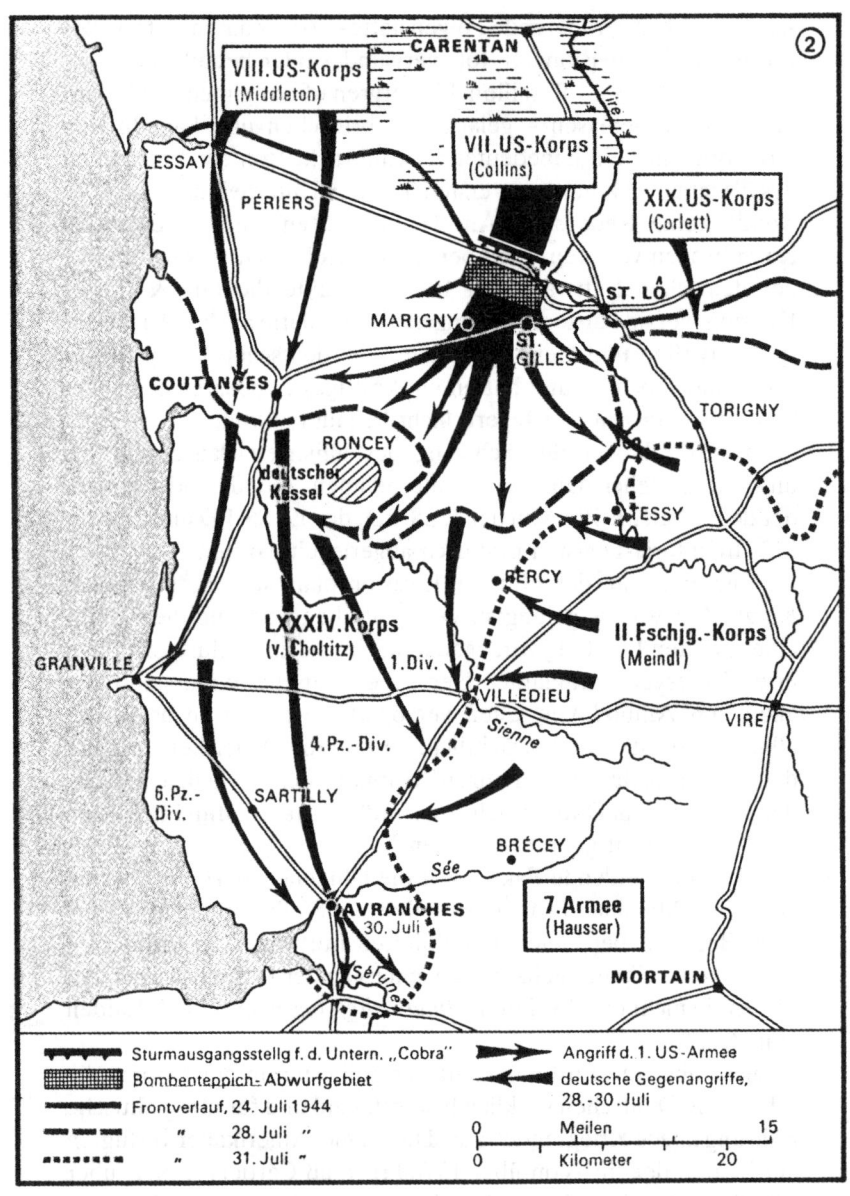

**VIII.US-Korps** (Middleton)

**VII.US-Korps** (Collins)

**XIX.US-Korps** (Corlett)

CARENTAN

LESSAY

PÉRIERS

ST. LÔ

MARIGNY

ST. GILLES

COUTANCES

TORIGNY

RONCEY

deutscher Kessel

TESSY

BERCY

**LXXXIV.Korps** (v. Choltitz)

1.Div.

**II.Fschjg.-Korps** (Meindl)

GRANVILLE

VILLEDIEU

VIRE

4.Pz.-Div.

Sienne

6.Pz.-Div.

SARTILLY

BRÉCEY

Sée

AVRANCHES

30. Juli

**7.Armee** (Hausser)

Sélune

MORTAIN

Sturmausgangsstellg f. d. Untern. „Cobra"

Bombenteppich- Abwurfgebiet

Frontverlauf, 24. Juli 1944

„      28. Juli  „

„      31. Juli  „

Angriff d. 1. US-Armee

deutsche Gegenangriffe, 28.-30.Juli

| Meilen | 0 | | 15 |
| Kilometer | 0 | | 20 |

600 zugeführt wurden. Die Luftüberlegenheit der alliierten Luftstreitkräfte gegenüber den deutschen Flugzeugen betrug demnach 15 : 1. Hans Ring und Werner Girbig[79] schreiben jedoch, „daß am 6. Juni 1944 in Frankreich ganze 319 einsatzklare Jagdmaschinen bereitstanden. Gegenüber fast 15000 alliierten Einsätzen am ersten Invasionstag fliegt die deutsche Luftwaffe in diesem Raum nicht einmal 300." Die Luftüberlegenheit der alliierten Flugzeuge gegenüber den deutschen Maschinen betrug demnach 50 : 1, was auch Cartier als wirklichkeitsnäher bezeichnet.

Lassen wir abschließend zu den entscheidenden Schlachten in der Normandie noch einmal McKee, der dort als englischer Soldat gegen die Deutschen gekämpft hat, zu Wort kommen[80]:

„Sie (die deutschen Panzersoldaten und Infanteristen in der Schlacht um Caen) starben in einem tapferen, aber ungleichen Kampf und fehlten, als am 25. Juli die Materialflut Bradleys den linken Stützpfeiler der (deutschen, der Verf., wie auch oben) Front zum Einsturz brachte..."

Und zur erschreckenden Situation der Zivilbevölkerung in Caen: „Trotzdem mag der Wunsch vieler Menschen in Caen gewesen sein, daß Herzog Wilhelm nie England erobert hätte" (in Anspielung auf die von den Normannen unter Wilhelm „dem Eroberer" 1066 n.Chr. in Hastings gegen die Angeln und Sachsen gewonnene Schlacht, wodurch England unter normannische Herrschaft kam).

## Die letzte große Chance für die Reichsverteidigung

Als die deutschen Flieger im Jahre 1939 den Geschwindigkeitsrekord zunächst mit der He 100 und bald darauf mit der Me 109 eroberten, wußten die Flugzeugkonstrukteure bereits, daß das Propellerflugzeug an der Grenze seiner Leistungsfähigkeit angelangt war[81]. Das damals noch utopisch klingende Ziel, die Schallgeschwindigkeit zu erreichen, konnte nur mit einer neuen Antriebsart verfolgt werden. Anstatt des Propellers, der das Flugzeug durch die Luft zog, könnte es nur durch laufende Schübe infolge ständiger Rückstöße angetrieben werden. Dafür zeichneten sich hauptsächlich zwei Triebwerke ab:

Beim *Turbinenstrahltriebwerk* strömten die Verbrennungsgase nach Zündung des Kraftstoffes in der Brennkammer mit höchster

Geschwindigkeit nach hinten aus der Düse und riefen die Rückstoß-wirkung hervor.

Beim *Raketentriebwerk* war die Schubkraft nach Zündung einer aus mitgeführtem Treib- und Sauerstoff bestehenden Mischung noch erheblich größer. Die Rakete brannte aber um so schneller aus, weil sie den Treibstoff binnen weniger Sekunden verbrauchte.

Die deutschen Flugzeugindustriellen Ernst Heinkel und Willy Messerschmitt, Junkers in Dessau und sogar BMW erhielten vom Reichsluftfahrtministerium den Auftrag oder befaßten sich aus eigenem Antrieb bereits 1937/38 mit der Entwicklung einer *Strahl-turbine*. Unmittelbar vor Kriegsbeginn zwischen dem Reich und Polen flog Flugkapitän Warsitz nach der ersten Raketenmaschine auch das erste Strahlflugzeug der Welt. Aber erst Wochen nach dem Polenfeldzug gelang es Heinkel, die Maschinen Milch und Udet vorzuführen. Das Strahlflugzeug führte sich mit Donnergetö-se in die Geschichte der Luftfahrt ein[82].

Diese revolutionäre Wende der gesamten Luftfahrt erkannte die deutsche Führung keineswegs. Nach dem Blitzschlag über Polen war man in der deutschen Luftwaffe geblendet: „Ehe daraus etwas wird, ist der Krieg längst gewonnen." Für das neue Strahlflugzeug erteilte das RLM keinen Bauauftrag. Hitler erließ überdies im Frühjahr 1940 in seiner Siegeszuversicht den Erlaß für den Entwick-lungsstopp „aller Projekte, die nicht binnen eines Jahres Frontreife erlangen".

Ideen lassen sich jedoch nicht an Ketten legen. Die Arbeit an den neuen Triebwerken geht weiter. Der Konstrukteur Alexander Lippisch arbeitet an schwanzlosen „Nurflügel"- oder „Delta"-Flugzeugen und daraus entsteht die Me 163. Testpiloten an dieser Maschine sind Heini Dittmar und – erstmalig in der Geschichte der Luftfahrt – eine Frau, die damals schon bekannte Frauenweltre-kordinhaberin im Segelflug, Hanna Reitsch[83]. Alexander Lippisch und Hanna Reitsch waren von der Deutschen Forschungsanstalt für Segelflug (DFS) zu Messerschmitt gekommen. Letztere war in der DFS bereits Einfliegerin, das heißt, Hanna Reitsch hatte sich bei der Erprobung neuer Flugzeugtypen, gleichgültig ob es sich um Motor- oder Segelflugzeuge handelte, verdient gemacht. Die Er-probung eines Motorflugzeuges kann Monate beanspruchen, selbst dann, wenn die Serienfertigung bereits angelaufen ist.

Hanna Reitsch glaubte ein Märchen von Münchhausen zu erleben, als sie das erste Mal Gelegenheit hatte, das Raketenflugzeug Me 163 zu fliegen[84]: „Man startete unter Feuergespei und Getöse, um im steilen Winkel aufzusteigen und nichts als Himmel und wieder Himmel zu sehen." Die Me 163a, die von einer Walter-Rakete angetrieben wurde, hatte sich bei der Erprobung so ausgezeichnet bewährt, daß sie als Einsatzmaschine für den Krieg weiterentwickelt wurde. Für Hanna Reitsch besaß die Me 163 so hervorragende Flugeigenschaften, wie sie diese bei keiner anderen Maschine erlebt hatte. Bei Start und Landung erforderte die Maschine höchste Aufmerksamkeit. Die Landegeschwindigkeit betrug 230–240 km/h.

Im Oktober 1942 flog Hanna Reitsch ihren fünften Testflug mit der Me 163b. Heini Dittmar, dessen fliegerisches Erprobungswerk diese Maschine war, lag zu dieser Zeit mit einer Verletzung der Wirbelsäule, die er sich bei den Versuchen zugezogen hatte, im Krankenhaus. Dies war kein gutes Omen für Hanna Reitsch.

Tatsächlich ergaben sich bereits beim Start Schwierigkeiten, weil mit dem Fahrgestell etwas nicht in Ordnung war. Dieses hatte sich nicht abwerfen lassen, was zu Komplikationen wegen zu starken Luftwiderstandes führen mußte. Da es der Fliegerin nicht gelang, das Fahrgestell abzuschütteln, kam es zur Katastrophe. Doch lassen wir Hanna Reitsch selbst berichten[85]:

„Was dann kam, ging so blitzschnell, daß mir keine Zeit zum Denken blieb. Ich war noch mitten in meinen Anstrengungen, um die Maschine in meine Gewalt zu bringen, als auch schon der Acker vor meinen Augen auftauchte. So stark wie möglich krümmte ich mich zusammen. Die Maschine schlug auf und überschlug sich krachend[85]. Ich fühlte keinen Schmerz. Aber ich merkte plötzlich, daß ein Strom Blut an mir herunterfloß, und als ich der Spur nachging und mit meinen Fingern das Gesicht abtastete, war da, wo sonst die Nase saß, nur noch ein breiter offener Spalt. . . . Sollte ich jetzt ohne Nase durch die Welt laufen müssen? Ich versuchte meinen Kopf seitwärts zu drehen. Dann wurde es plötzlich schwarz vor meinen Augen. Ich hielt den Kopf unbeweglich, holte aus einer Tasche Bleistift und Notizblock und skizzierte Ursache und Verlauf des Sturzes. Der Flug sollte nicht umsonst gewesen sein!"

Hanna Reitsch konnte von dem schweren Unfall mit der Me 163

voll genesen, wenn sie auch ein halbes Jahr dazu benötigte. Ihr Ziel war es, in den Einsatz zurückzukehren[86]: „Ich wollte ... nur bis zur letzten Stunde meiner Heimat helfen; denn ein verlorener Krieg bedeutet für ein Volk ein furchtbares Unglück." Hanna Reitsch hat ihr Vorhaben durchgeführt. Sie flog als erste und einzige Frau die bemannte $V_1$ mit der Tarnbezeichnung „Reichenberg". Hanna Reitsch erhielt, wiederum als einzige Frau in Deutschland, als äußere Anerkennung für ihren opfervollen Einsatz um die Erprobung von Abwehrwaffen in der Reichsverteidigung das EK 1.

Erst 1944 erreichte die Me 163 die „Heimatfront". Im Juni 1944 wurde die erste Me-163-Staffel in die I. Gruppe JG 400 umbenannt und erhielt Major Wolfgang Späte als neuen Kommandeur. Dieser entwickelte den Plan, die Me 163 in die Reichsverteidigung folgendermaßen einzubinden: Einsatz der Raketenjäger von Flugplätzen aus, die höchstens 100 km Abstand voneinander haben sollten. Die Plätze waren entlang der Einflugroute der US-Bomber im Bogen von Norddeutschland bis nach Holland verteilt. Diesen Plan drängten noch im Juni wichtigere Ereignisse zurück.

Oberst Gordon Gollob, ein österreichischer Jagdflieger mit 150 Luftsiegen, hatte die I./JG 400 übernommen[87]. Da die lebenswichtigen Hydrierwerke Leuna bei Merseburg, Böhlen, Zeitz und Lützgendorf immer wieder auf der Zielliste der 8. und 15. USAAF standen, ordnete Gollob die Verlegung der I./JG 400 nach Brandis bei Leipzig an. Hier sollten die Me 163 Objektschutz für die Hydrierwerke fliegen. Diesen Auftrag konnte die I./JG 400 nur mit stark wechselndem Erfolg erfüllen. Die Me 163 „Komet" bot zu viele technische Probleme, so daß sich die Piloten im Luftkampf nicht ausschließlich kämpferischen Tätigkeiten widmen konnten. So kam es am 28. September 1944 zwischen den Rammjägern des JG 300 von Oberst Dahl und US-Bombern und Jägern zur bekannten Luftschlacht von Oschersleben, als die 3. Div. der 8./USAAF im Anflug auf die Hydrierwerke von Leuna und Lützgendorf war[88]. Zusätzlich zu den Rammjägern Dahls starteten sechs „Komet", um die Viermotbomber in der Gegend von Merseburg (Leuna) anzugreifen. Zunächst stiegen die „Kometen" innerhalb von 2 (?) Minuten von 2600 m auf 10300 m, ohne jedoch zum Angriff anzusetzen. Eine andere Me 163 flog einen Angriff auf die Führerstaffel der 361. US-Jagdgruppe in 9500 m Seehöhe. Die Annäherungsgeschwindigkeit war für den ‚Komet' zu hoch, um treffen zu können. Andererseits blieben US-Jagdflugzeuge in der Verfolgung von 4 Me 163 in 7600 m Höhe ebenfalls erfolglos. Das JG 400 meldete an diesem Tag einen Abschuß. In den US-Akten steht, daß alle Bomber der 3. Division in ihre Heimatflughäfen zurückgekehrt sind. Dahls JG 300 beanspruchte 64 Luftsiege[89], und Girbig berichtet, daß am 28. September 1944 beim Einsatz von 1049 Maschinen, allerdings bei Angriffen auf Merseburg (Leuna) und Magdeburg, ein Verlust von 34 Viermots eingetreten ist[90]. In dieser Verlustangabe sind allerdings keine verlorengegangenen Jagdflugzeuge enthalten. Dennoch sind die Angaben als sehr differenziert zu bezeichnen!

Obwohl die Me 163 „Komet" von Beginn an nur als Flugzeug für Forschungszwecke flog und vorzeitig zu einem Jäger gemacht wurde, hat sie dennoch Fluggeschichte gemacht. Immerhin erreichten die Me 163-Flugzeugführer mit dieser Maschine mindestens 16 Luftsiege. Auf der anderen Seite schossen die Jäger der USAAF und RAF nur sechs Kometflugzeuge ab, einige wenige Abschüsse müssen auch den Bombern zugeschrieben werden[91].

Ein noch höherer Anteil in der Fluggeschichte ist tatsächlich den Konstrukteuren, Arbeitern, Ingenieuren, Testpiloten und Flugzeugführern sowie dem Bodenpersonal der Me 262 zuzurechnen. Selten ist es beim „Werdegang" eines Jagdflugzeuges so turbulent zugegangen wie bei diesem Düsenjäger. Höchste deutsche Stellen und Persönlichkeiten wie Hitler, Göring, RLM, Udet, Jeschonnek, Messerschmitt, Speer und Milch sind im Laufe der Jahre mit der Entwicklung, Behinderung, Verzögerung und schließlich mit dem viel zu spät ergangenen Beschleunigungsbefehl des Obersten Befehlshabers der Deutschen Wehrmacht am 20. September 1944 für den ersten Düsenjäger der Welt, die Me 262, befaßt gewesen. Aber auch die besten Testpiloten, so Fritz Wendel, Stabsingenieur Beauvais und andere, flogen den Düsenjäger ein, und die Jagdfliegerasse, darunter Major Nowotny (258 Luftsiege, davon zwei mit Me 262), Hauptmann Schall (137, davon 14 mit Me 262), Major Rudorffer (222, davon zwölf mit Me 262), Oberstleutnant Bär (220, davon 16 mit der Me 262), Major Ehrler (220, davon fünf mit der Me 262), Oberleutnant Rademacher (126, davon acht mit Me 262), Oberst Steinhoff (176, davon sechs mit Me 262), Major Weißenberger (208, davon acht mit Me 262) und Leutnant Neumann (37, davon fünf mit Me

262) haben ihr Leben mit diesem neuen Flugkörper eingesetzt oder sogar den Fliegertod erlitten.

Mit dem ersten Erprobungskommando Me 262, aus dem später das JG 7 entstand, war der österreichische Jagdflieger Major Walter Nowotny betraut worden. General der Jagdflieger Adolf Galland ist heute noch der festen Meinung, daß das österreichische Temperament überragende Jagdflieger hervorbringt. Er bezeichnet Nowotny als Beispiel hierfür: Ernsthaft im Beruf, fröhlich in Gesellschaft, intelligent, geistesgegenwärtig und schnell, war er der natürliche Führer und eines der beliebtesten Fliegerasse der Luftwaffe[92]. Nowotny hatte in nur 422 Einsätzen 250 Luftsiege errungen. Eine Leistung, die bestimmt nicht ihresgleichen hat. Noch nicht 24 Jahre alt, war er schon Gruppenkommandeur. General Galland schätzte Nowotny besonders: „Er war der beste junge Mann, den Deutschland hatte. Er war ein ausgezeichneter Jagdflieger ... der zum Geschwaderkommodore geeignet schien."

Das Erprobungskommando Nowotny war seit 3. Oktober 1944 am Fliegerhorst Achmer im Einsatz. Im Oktober erzielten bei schweren Luftkämpfen die Jagdflieger Lt. Schall, Lt. Schreiber, Fw. Büttner, Ofw. Göbel, Oberfähnrich Banzhaff und Fw. Baudach Luftsiege hauptsächlich über Langstreckenjäger Mustang, Thunderbolt, Lightning und sogar über eine Spitfire. Aber auch einige Verluste durch Abschuß und Unfälle traten ein. So kam Oblt. Bley beim Start in Achmer nicht rechtzeitig in die Höhe und zerschellte in einer Dampframme am Rande des Flugplatzes: Aufprall-Explosion-Tod. Besonders viele Notlandungen waren wegen Kraftstoffmangel notwendig, gleich vier Me 262 im Oktober, wobei die Schäden an den Maschinen zwischen 25 % und 50 % betrugen[93].

Die Generale Galland und Keller inspizierten am 7. November 1944 die Feldflugplätze in Achmer und Hesepe. Galland war über die hohen Ausfälle beunruhigt und hatte auch mit höheren Erfolgsquoten der neuen Waffe gerechnet. Freimütig äußerten am Abend einige Jagdflieger in Achmer Zweifel an der Einsatzreife der Me 262 und wiesen auch auf die zahlreichen technischen Mängel des Düsenflugzeuges hin. Diese Mängel hätten einen größeren Erfolg des Verbandes bisher verhindert.

Am Vormittag des 8. November hatten sich die Generale Galland und Keller sowie Nowotny und sein Adjutant, Oblt. Wegmann, im Gefechtsstand des Flugplatzes Achmer eingefunden. Als die Luftlagemeldungen erkennen ließen, daß auch diesmal die Bomberströme der Viermot-Verbände in unmittelbarer Nähe des Stützpunktes „vorbeifließen" werden, machten sich vier Me 262-Besatzungen startklar: Major Nowotny, Lt. Schall, Fw. Büttner und Oblt. Wegmann. Doch konnten nur zwei Maschinen starten, als sich die Viermot-Verbände auf 150 km genähert hatten. Die Triebwerke von Nowotnys Maschine streikten und konnten trotz fieberhafter Bemühungen der Maschinenwarte nicht angelassen werden. Und beim Düsenjäger Fw. Büttners gab es beim Anrollen einen Reifenplatzer, so daß sich das Flugzeug einfach auf die Seite legte. So konnten nur zwei Jäger gegen eine gewaltige Übermacht starten. In etwa 3000 m Höhe hatten Schall und Wegmann bereits Feindberührung mit der gegnerischen Vorausjagd. Beide verzeichneten Luftsiege, Lt. Schall traf eine Mustang vernichtend. Oblt. Wegmann schoß mit Minengranaten aus einer Entfernung von 200 m auf eine Thunderbolt, die es förmlich auseinanderriß.

Als die US-Geschwader am Nachmittag beim Rückflug wieder in die Nähe des Kommandos Nowotnys kamen[94], waren nur zwei Turbinenflugzeuge kampfbereit, die Me 262 der Österreicher Nowotny und Schall. Beide starteten wieder gegen einen zahlenmäßig weit überlegenen Gegner. In einer Höhe von 10000 m meldeten sie Feindberührung. Lt. Schall konnte kurz hintereinander zwei Luftsiege über Mustangs erringen. Dann aber blieben plötzlich beide Triebwerke ohne Gashebelstellungsänderung stehen. Schall suchte seinen Heimathorst im Gleitflug zu erreichen. Doch ein feindlicher Jäger holte Lt. Schall mit hohem Fahrtüberschuß ein und deckte ihn mit einem wahren Feuerhagel zu. Schall mußte mit dem Fallschirm aussteigen, gerade noch rechtzeitig, bevor die Kraftstoffbehälter der Me 262 wie ein Feuerball explodierten.

Major Nowotny gelangen mindestens zwei Luftsiege. Darüber, was dann geschah, gibt es zwei Versionen. Offensichtlich stand Nowotny mit der Bodenstation über Funkverkehr in Verbindung. Nowotnys letzte Worte lauteten[95]: „...habe gerade den dritten Abschuß erzielt... linkes Triebwerk fällt aus... wurde getroffen... es brennt... (oder sogar: ich brenne)..." Der weitere Sprechverkehr blieb unverständlich. Dann soll Nowotnys Maschine im Steilflug aus einer Wolke gekommen und in einer Höhe von 300 bis 400 m explodiert sein. Einer anderen Darstellung nach starb

Major Nowotny den klassischen Tod des Jagdfliegers (ebenso auch des Stukafliegers), den des Aufschlagbrandes; als seine Maschine vertikal abstürzte und in einem donnernden Aufschlag endete.

Einer der bedeutendsten und treuesten Flieger dieser Zeit war einem Teil seiner Kameraden nach Walhall gefolgt, vielen anderen aber nur vorausgegangen.

## *Die Wende im Luftkrieg durch die Me 262 war eine Illusion*

In einigen deutschen Jagdgeschwadern, deren Flugzeugführer mit der Me 109 und der Fw 190 gegen die mit immer stärkerem Jagdschutz versehenen Bomber-Verbände der Alliierten ankämpften, überstiegen die eigenen Verluste erstmalig die Zahl der errungenen Feindabschüsse. Vor allem zeigte sich dabei die verheerende Auswirkung der unzulänglichen Ausbildung des Flugzeugführernachwuchses. Oftmals ohne Eingewöhnungszeit kamen die „Neuen" zum Einsatz[96]. Was nützten Mut, Begeisterung und Veranlagung, wenn die jungen Flugzeugführer oft genug nur noch Schießscheiben für die in ihren Mustang, Thunderbolt, Spitfire und Typhoon lauernden Feindpiloten waren. Dabei bedrohten diese Langstreckenjäger und die Jabos bereits die Einsatzhäfen der Jagdflieger. So berichtet auch der Grazer Jagdflieger Gerd Schindler (15 Luftsiege, davon 1 Viermot-Bomber)[97]:

> „Die Verhältnisse am Platz sind fast unerträglich geworden. Ununterbrochen Jabos über dem Platz, Bombereinflüge bis zu 1000 Stück! Tiefangriffe, Luftkämpfe in Platznähe, laufend hohe Verluste, nervöse Stimmung beeinträchtigen uns... Wir schulen bereits theoretisch auf der Me 262, dann aber wird nichts daraus. Am Nebenplatz liegen Arado Turbo 264. Wir kommen in Achmer oft kaum mehr aus dem Platz heraus. Es wird von Tag zu Tag kritischer."

Das Gefühl der Überlegenheit und das Vertrauen, das die Me 262 ihren Piloten gab, führte zu einem erheblichen Anstieg der Moral[98]. Im Kampf mit den alliierten Jägern war die Me 262 allem, was ihr entgegengestellt wurde, überlegen. Das galt für Steigvermögen, Geschwindigkeit und Feuerkraft. Mit den vier 3-cm-Kanonen konnten die Me 262-Piloten jeden schweren Feindbomber herunterholen.

Ein Berge- und Räumkommando des Reichsarbeitsdienstes (RAD) marschiert zum Einsatz. Im Hintergrund das von Bomben schwer beschädigte Grazer Opernhaus.

Einer von 20 Zugängen in die „Innere Stadt" der wahrscheinlich größten Zivilschutzanlage Mitteleuropas im Zweiten Weltkrieg, des Grazer Schloßbergstollens.

Graz: Die Befehlsstelle der örtlichen Luftschutzleitung rund 50 Meter „unter Tag" im Grazer Schloßbergstollen.

*Die Theresianische Militärakademie in Wiener Neustadt.*

*Die von der 15. USAAF zerstörte Burg, die bis 1945 als Kriegsschule der Deutschen Wehrmacht diente.*

*Die Bergung und Verlegung des Sarkophags Kaiser Maximilians I. am 6. August 1946 in die Neuklosterkirche.*

*Brand der Wiener Staatsoper nach dem schweren US-Luftangriff auf die Innenstadt vom 12. März 1945.*

## BIBELECKE

**Gebete für Heiligtum und Stadt
(aus den Psalmen)**

**(Klagelied über Jerusalem)**

Gott, die Heiden sind eingedrungen in dein Erbe, sie haben deinen heiligen Tempel entweiht und Jerusalem in Trümmer gelegt.

Rechne uns die Schuld der Vorfahren nicht an! Mit deinem Erbarmen komme uns eilends entgegen. Um der Ehre deines Namens willen hilf uns, du Gott unseres Heiles! Um deines Namens willen reiß uns heraus und vergib uns die Sünden!      Psalm 79,1.8 u. 9

Wer unter uns die Ruinen der Stadt und der Stadtpfarrkirche noch selbst erlebt hat, wird den Aufschrei der Bewohner Jerusalems nach der Zerstörung von Tempel und Stadt (586 v. Chr.) gewiß nachempfinden können. Nicht nur für die Katholiken unserer Stadt war die gotische Stadtpfarrkirche Wahrzeichen der Heimat und der Geborgenheit in ihr. – Jüngere schockieren vielleicht die Bilder anderer Zerstörungen, die ihnen das Fernsehen »liefert«, mehr. Sie sind auch nicht ohne weiteres bereit, die Schuld daran nur bei »Heiden« zu suchen. Sie haben damit sogar recht, auch die Beter in Jerusalem fragten nach der Schuld zumindest der Vorfahren. Es geht dabei nicht so sehr um die Schuld einzelner. Wir wollen uns aber daran erinnern, daß es vor dem Krieg diesseits und jenseits der späteren Fronten geistige Strömungen gegeben hat, die glaubten, eine Welt ohne Gott bauen zu können. Ehrliche Christen wissen sich als Sünder und erleben die Nähe Gottes immer wieder neu, als Geschenk. Darum können wir in Zeiten der Not mit den Psalmisten beten: Gottes Hilfe möge immer wieder seinen Namen rechtfertigen. »Jahre lang bin ich für euch da«. Dann werden wir erfahren, daß er wirklich »der Gott unseres Heiles« ist.

*Die obersteirische Stadt Knittelfeld gedachte des 40. Jahrestages der am 24. Februar 1945 durch US-amerikanische Bomber erfolgten Zerstörung ihrer Stadt.*

*Obwohl die Angriffsziele von 630 B-17 und B-24 der 15. USAAF am 2. Juli 1944 unter anderem zwei Bahnhöfe und zwei Ölraffinerien in und um Budapest sein sollten, trafen sie auch oder sogar überwiegend zivile Objekte, wie die Kunsthalle auf dem Heldenplatz der ungarischen Hauptstadt und auch*

*das Milleneum-Denkmal aus dem Jahre 1896 ebenfalls auf dem Budapster Heldenplatz.*

*Erst beim Angriff von 430 schweren Bombern der 15. USAAF u. a. auf vier Erdölraffinerien von Budapest am 14. Juli 1944 gelang es zumindest die „Fanto"-Raffinerie im IX. Stadtbezirk Franzstadt in Brand zu setzen (siehe auch The Army Air Forces in World War II auf den Seiten 387 und 398).*

Aber die Me 262-Jäger griffen nicht nur an, sondern sie wurden häufig auch von alliierten Jägern angegriffen. Besonders dann, wenn sie in geringer Höhe flogen, um sich nach Bomberverbänden umzusehen. Die deutschen Jäger konnten dann aber hochziehen und die Bomber mit der Me 262 von unten angreifen. Mindestens 43 deutsche Flugzeugführer haben mit der Me 262 Abschüsse erzielt; 22 von ihnen haben mindestens fünf oder mehr feindliche Flugzeuge abgeschossen. Da die Unterlagen aus dieser Zeit, vor allem aus den letzten Monaten vor Kriegsende, unvollständig sind, wurden sicherliche viele Abschüsse deutscher Jäger offiziell nicht mehr bestätigt.

Die Me 262 hatte nicht nur die geschilderten positiven Seiten. In der Praxis standen die Piloten der Düsenflugzeuge mannigfaltigen Problemen gegenüber: Die Jumo-004-Triebwerke hatten zuwenig Leistung. Die Anfangsbeschleunigung beim Start war kümmerlich gering und gefährlich. Das Landen des Flugzeuges war ebenfalls mit Gefahren verbunden.

Dennoch versprach man sich in den oberen und unteren Führungsgremien der deutschen Truppen sehr viel von der Me 262, ja, man bezeichnete den Turbinenjäger als „Wundervogel". A. Holl schreibt darüber: „Im JG 7 sind jene Asse, die vor geraumer Zeit von allen Frontverbänden weggeholt und auf die Düsenjagdmaschinen gesetzt wurden, von denen man sich jetzt noch das große Wunder erhofft."[99]

Eine weitere Hoffnung für die Reichsverteidigung stellte im Jahre 1944 das „Volksjäger"-Projekt dar[100]. Das deutsche Rüstungsministerium und das Amt der technischen Luftrüstung hatten einen Entwurf von Heinkel, der die Typenbezeichnung He 162 trug, projektieren lassen. Innerhalb von nur zweieinhalb Monaten war die Konstruktion soweit abgeschlossen, daß die Serienvorbereitung in großem Stil anlaufen und die Prototypen fertiggestellt werden konnten. Dies war in der Geschichte der Flugzeugkonstruktion und -fabrikation eine bis dahin bestimmt einzigartige Leistung! Als die He 162 am 6. Dezember 1944 auf dem Fliegerhorst Wien-Schwechat den Rüstungsfachleuten vorgeflogen wurde, gab es eine Katastrophe. Der Werkpilot Peter hatte vor den Augen der Zuschauer das noch ungenügend erprobte Flugzeug zum Hochziehen in eine Rolle zu stark angedrückt. Dabei montierte die Maschine in der Luft total ab. Der Werkpilot Peter fand den Tod.

Erst im März 1945 konnten die ersten Flugzeuge vom Typ He 162 in Serie hergestellt werden. Bis zum Kriegsende betrug der Ausstoß 116 Maschinen. Ob die als „Volksjäger" propagierte He 162 in der Reichsverteidigung doch noch eine erfolgreiche Rolle spielen hätte können, wurde nicht mehr entschieden.

Eine wesentlich höhere Produktion erreichte die Me 262, nämlich 1294 (gemäß Werner Baumbach[101]) oder 1433 (lt. Manfred Boehme[102]). Insgesamt gelang nur der Bau von knapp 2000 deutschen Strahljägern. Dies war ein enttäuschendes Ergebnis angesichts der jahrelangen außerordentlichen Bemühungen und opfervollen Arbeitsleistungen zahlreicher Konstrukteure, Statiker, Physiker, Waffentechniker, Monteure, Arbeiter, Testflieger und Kraftfahrer. Die Prognosen der Industrie, die der Entwicklungsdauer der Me 262 galten, hatten sich als zu optimistisch erwiesen. Deshalb verweist Manfred Boehme mit Recht auf den Wettlauf mit der Zeit, der beim Bau der Strahlflugzeuge bestand:

> „Bevor dieser den Luftkrieg revolutionierende Flugzeugtyp fronttauglich war, mußten grundlegende neue Technologien entwickelt, verbessert und vervollkommnet werden ... Entwicklung und Aufbau eines so völlig neuen Waffensystems waren nicht über Nacht aus dem Boden zu stampfen und der ... Zeitplan ... wäre nur dann einzuhalten gewesen, wenn die miteinander verzahnten und zeitlich aufeinander abgestimmten Vorhaben auch termingemäß hätten durchgezogen werden können. Aber der Zeitplan geriet durch unverschuldete Sachzwänge schon frühzeitig ins Stocken ..."

Die große Wende für die Reichsverteidigung in der Luft sollte durch einen Masseneinsatz der an Kampfkraft zweifellos allen Feindflugzeugen überlegenen Me 262 erzwungen werden[103]. Doch die Voraussetzungen waren für die Reichsverteidigung zu ungünstig und das militärische Übergewicht der Gegner in West, Ost und Süd zu beträchtlich, als daß es mit einer einzigen noch so hervorragenden Waffe hätte ausgeglichen werden können.

Betrachtet man die Lage der Reichsverteidigung in der Luft zum Jahresende 1944, so ergibt sich ein gigantisches Übergewicht der in Deutschland einbrechenden Militärmächte:

Im Jahre 1944 hatten die Kriegsrüstung vor allem im Bereich der Flugzeugproduktion der USA, Großbritanniens, der Sowjetunion, aber auch des Deutschen Reiches einen neuen Höhepunkt erreicht. Obwohl die Luftkriegsstatistik – wie in so vielen anderen Bereichen – auch in der Produktion von Flugzeugen noch immer kein endgültig zuverlässiges Zahlenmaterial enthält, ist dennoch die starke Flugzeugüberproduktion der alliierten Mächte eindeutig zu erkennen.

Vor und während des Zweiten Weltkrieges haben Großbritannien, die USA und die Sowjetunion ziemlich sicher mindestens 644000 Flugzeuge aller Typen erzeugt[104]. Davon wurde die gesamte Flugzeugproduktion der Sowjetunion (einschließlich „Lend and Lease" – Lieferungen der USA rund 162000 Maschinen) und der größte Teil des britischen Flugzeugbaus (mindestens 185000 Flugzeuge) sowie, grob geschätzt, die Hälfte der US-Produktion (von mindestens 297000 Flugzeugen) gegen Europa eingesetzt. Der Abwehrschild, den die Deutschen dagegen aufzurichten in der Lage waren, betrug einschließlich der Schulflugzeuge und Kampf-Lastensegler 113000 Maschinen.

Eigentlich zählte zum Abwehrschild Europas nur die Hälfte der deutschen Flugzeugproduktion, denn 53729 Jäger mußten dem modernen Mongolensturm Hunderttausender alliierter Bomber und Fernstreckenjäger in der längsten Schlacht des Zweiten Weltkrieges standhalten. Fünf Jahre lang haben Zehntausende junge Männer mit Hilfe ihrer Jagdflugzeuge und an ihren Fliegerabwehrgeschützen den Bombersturm von Europa abzuwehren versucht. Viele, viele Tausende deutscher Flieger- und Flaksoldaten haben bei diesem furchtbaren Abwehrkampf in der Reichsverteidigung in etwa siebzehn Ländern Europas[105] ihr Leben lassen müssen, oder sie sind schwer verwundet und oftmals verstümmelt worden. Auch jener Fahnenjunker-Unteroffizier Franz Gregoritsch, den wir in seiner Ausbildungszeit bei der 2. Gruppe des Nahaufklärergeschwaders 5 kennengelernt haben[106] und den es von Kärnten (an der Grenze zu Jugoslawien) bis an die französische Atlantikküste verschlagen hatte, ist im Luftkampf mit anglo-amerikanischen Angreifern in der Bretagne – letztendlich für Europa – gefallen.

Fünf Jahre hindurch haben deutsche Erfinder, Techniker, Wissenschaftler und Arbeiter schwer geschafft, um ihren tapferen Flugzeugführern mit den revolutionierenden Düsen- und Turbomaschinen noch bessere Abwehrjäger in die Hand zu geben. Letztlich erlagen sie aber alle dem mit größter technischer Präzision und

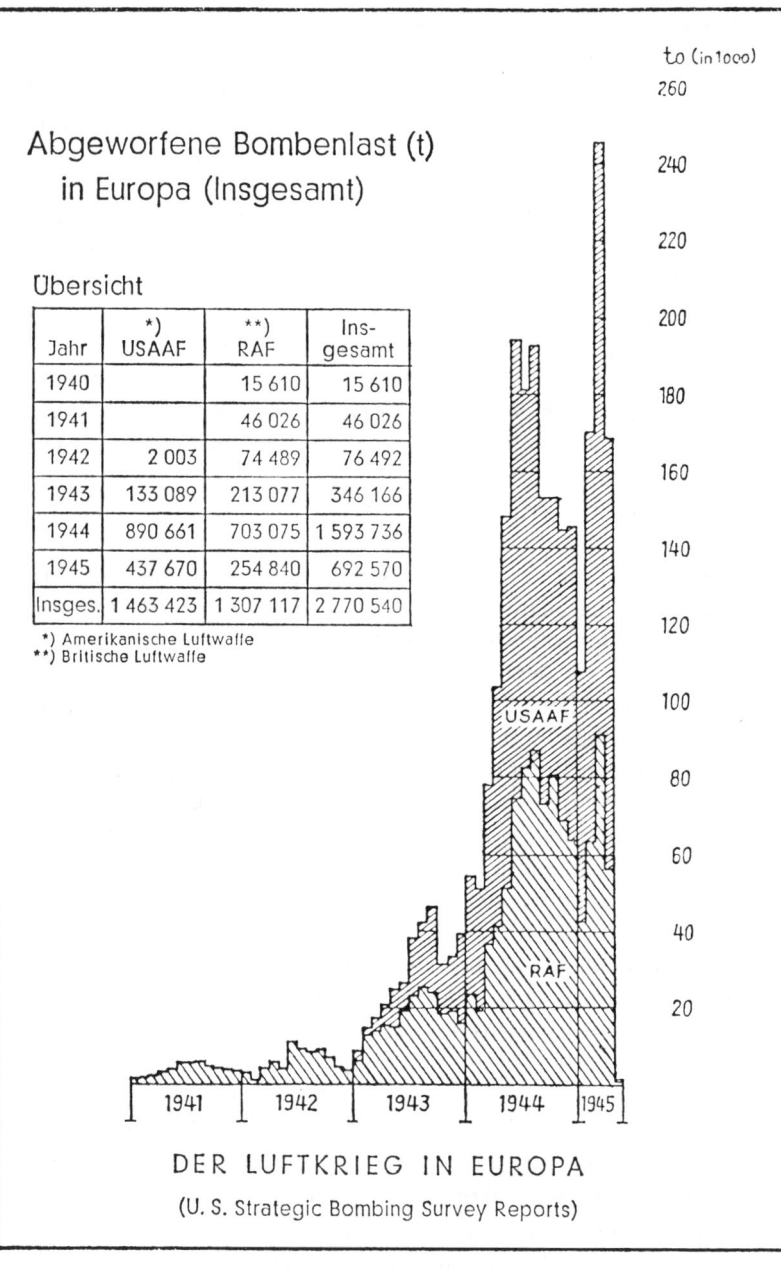

# Abgeworfene Bombenlast (t)
## in Europa (Insgesamt)

### Übersicht

| Jahr | *) USAAF | **) RAF | Ins- gesamt |
|---|---|---|---|
| 1940 | | 15 610 | 15 610 |
| 1941 | | 46 026 | 46 026 |
| 1942 | 2 003 | 74 489 | 76 492 |
| 1943 | 133 089 | 213 077 | 346 166 |
| 1944 | 890 661 | 703 075 | 1 593 736 |
| 1945 | 437 670 | 254 840 | 692 570 |
| Insges. | 1 463 423 | 1 307 117 | 2 770 540 |

*) Amerikanische Luftwaffe
**) Britische Luftwaffe

to (in 1000)
260
240
220
200
180
160
140
120
100
80
60
40
20

USAAF

RAF

1941    1942    1943    1944   1945

## DER LUFTKRIEG IN EUROPA
### (U. S. Strategic Bombing Survey Reports)

stärkstem Materialeinsatz geführten Wirtschaftskrieg der alliierten Mächte.

## England gibt uneingeschränkte Luftkriegsführung zu

Ende 1944 wurde der Terrorcharakter des Bombenkrieges gegen die deutschen Städte auch im englischen Unterhaus indirekt zugegeben. Im Gegensatz zu den vorherigen Erklärungen in diesem Hause, in denen auf die Beschränkung der britischen Bombenangriffe auf militärische Ziele in Deutschland hingewiesen worden war, ergab sich am 20. Dezember 1944 in einer Debatte, daß Großbritannien bei der Luftkriegsführung gegen Deutschland die Beachtung einer der wichtigsten Bestimmungen des Kriegsrechtes aufgegeben hatte. An diesem Tage beantwortete der Staatssekretär für die Luftfahrt, Sir Archibald Sinclair, die Frage der Abgeordneten Miss Rathbone, ob die englischen Flugzeugbesatzungen über die Lage der historisch und künstlerisch wertvollen Gebäude in Deutschland unterrichtet würden, folgendermaßen: „Ja, wo es tunlich ist, dies zu tun. Ganz offen gesagt, es ist nicht tunlich bei Angriffen auf deutsche Ziele, aber bei Angriffen auf taktische Ziele in Italien . . . ist es möglich."[107]

Aus dieser Antwort, die einer offiziellen Stellungnahme gleichzustellen ist, geht hervor, daß Großbritannien nicht mehr zur Einhaltung der den Kriegführenden gemäß Art. 27 HLKO auferlegten Verpflichtung, bestimmte Gebäude soweit als möglich zu schonen, bereit war[108]. Von sich aus können Flugzeugbesatzungen, die über den Standort von zu schonenden Gebäuden nicht einmal unterrichtet werden, selbst bei vorhandenem bestem Willen nicht den Schutzverpflichtungen des genannten Artikels der HLKO nachkommen.

## Die deutschen V-Waffen

Die deutsche Luftwaffe war seit dem Jahre 1941 nicht mehr in der Lage, einen selbständigen strategischen Luftkrieg gegen die englischen Inseln durchzuführen. Abgesehen von den sogenannten Baedeker-Angriffen kam es in den Jahren 1942/43 nur zur Durchführung von Störangriffen auf Ziele in Südengland. Durch die unmenschliche Art der alliierten Luftkriegsführung sehr aufgebracht, hielt die deutsche Führung an dem Gedanken einer Vergeltung fest und ordnete diesem unter Verkennung der Erfolgsaussichten sogar die Reichsverteidigung unter[109].

Nach langer Unterbrechung wurde in der Nacht zum 22. Jänner 1944 wieder ein deutscher Luftangriff auf London und Südengland unternommen[110]. Bis zum 29. Mai dieses Jahres folgten noch weitere Angriffe, und zwar im Jänner noch einer, im Februar neun, im März acht, im April neun und im Mai drei. Der Erfolg dieser Angriffe war aufgrund der geringen Einsatzzahl von höchstens 100 Flugzeugen je Angriff unbedeutend. Insgesamt wurden in diesen Monaten nur 1700 t Bomben abgeworfen. Die Kräfte der deutschen Bomberwaffen hatten nur mehr zu „Nadelstichen" gereicht. Um so größer waren die Erwartungen, welche die deutsche Führung in die für die Vergeltung besonders ausersehenen V-(Vergeltungs-)Waffen setzte. Seit dem Jahre 1942 war ein acht Meter langes und etwa 2200 kg schweres Geschoß entwickelt worden, das rund 1000 kg Sprengstoff mitführen konnte und im Flug aus eigener Kraft eine Reichweite bis zu 370 km besaß[111].

Erst am 16. Juni 1944 konnte dieses neue Geschoß als V 1 zum erstenmal eingesetzt werden, da die Alliierten die frühere Verwendung durch heftige Luftangriffe auf Fertigungsstätten und Abschußbasen verhindert hatten. Innerhalb von 80 Tagen wurden über 9000 V 1 verschossen, von denen jedoch nur 2400 ihr Ziel, die Hauptstadt Englands, erreichten. 800 V 1 gingen auf dem Wege nach London zwischen Suffolk und Hampshire nieder, 2000 stürzten infolge technischer Fehler kurz nach dem Start ab, und die übrigen wurden von der englischen Abwehr abgeschossen oder zum Absturz gebracht. Nach britischen Angaben wurden durch die V 1 6184 Menschen getötet und 17 981 verletzt sowie 23 000 Häuser total zerstört.

Der Erfolg dieses Einsatzes entsprach damit keineswegs den hochgestellten deutschen Erwartungen. Auch konnte die Moral der betroffenen Bevölkerung durch diese Angriffe nicht geschwächt werden. Damit wurde erneut bewiesen, daß der Widerstandswille der Zivilbevölkerung durch eine gegen sie gerichtete Luftkriegsführung allein nicht gebrochen werden kann.

Nach Verlust der Abschußbasen an der Kanalküste im September 1944 brachten deutsche Kampfflugzeuge V 1-Geschosse über der Nordsee gegen London zum Abschuß. Von diesen erreichten aber nur 80 Stück, das waren 56% der Einsatzmenge, ihr Ziel. Auf dem Festlande wurden noch bis zum 30. März 1945 V 1-Geschosse vor allem auf den bedeutendsten alliierten Nachschubhafen Antwerpen abgeschossen, dessen Benutzbarkeit dadurch zeitweilig in Frage gestellt werden konnte. Während der Ardennenoffensive beschossen die Deutschen das rückwärtige Gebiet der I. US-Armee (Schwerpunkt bei Lüttich) mit der V 1.

Der V 1-Einsatz war an sich nicht als verboten anzusehen, doch entsprach die Art der Verwendung durch die Deutschen nicht den grundsätzlichen Bestimmungen des Kriegsrechtes. Da die Streuung der Geschosse viel zu stark war[112], hätte diese Waffe nur gegen solche militärischen Objekte eingesetzt werden dürfen, die ein besonders großes Flächenziel darstellten. Bei den von den Deutschen ausgewählten Zielräumen war dies jedoch nicht der Fall, denn in den Zielräumen befanden sich zum Teil sehr viele Zivilpersonen.

Der Abschuß der V 1 gegen London war aber von der deutschen Führung ausdrücklich als Repressalie wegen der unterschiedslosen Bombardierung deutscher Städte und Ortschaften angekündigt und bezeichnet worden. Demgemäß konnten die deutschen $V_1$-Angriffe auf England als gerechtfertigt angesehen werden. Im Gegensatz zu den Angriffen der Jahre 1940/41 war es von deutscher Seite auch zu keinem Repressalien-Exzeß gekommen, denn die von der RAF bis dahin über deutschem Gebiet abgeworfene Bombenmenge überstieg die von der Luftwaffe über England zum Abwurf gebrachte Menge bestimmt um ein Mehrfaches.

Völlig anders ist jedoch der deutsche $V_1$-Einsatz gegen Ziele auf dem europäischen Festland zu beurteilen. So stand der erreichte Erfolg beim $V_1$-Beschuß von Antwerpen trotz Behinderung der alliierten Ausladungen in keinem angemessenen Verhältnis zu den der friedlichen Zivilbevölkerung zugefügten Verlusten. Der Beschuß Antwerpens mit der $V_1$ forderte insgesamt (anscheinend auch Kombattanten und Quasikombattanten) 4152 Todesopfer[113]. Obwohl die Alliierten die deutsche Zivilbevölkerung in nicht allzu großer Entfernung von den Frontlinien in ähnlicher Art unnötig stark in Mitleidenschaft gezogen hatten, konnte der V 1-Beschuß Antwerpens nicht als Repressalie betrachtet werden. Wie schon wiederholt erwähnt, dürfen sich Repressalien nämlich nur gegen jenen Staat richten, der für die Verletzung des Kriegsrechtes verantwortlich ist. Die deutschen V 1-Beschüsse waren jedoch gegen Städte und Ortschaften Belgiens gerichtet, das sich keine derartigen Verletzungen zuschulden kommen ließ. Im Gegensatz zu London konnten die Beschießungen Antwerpens, Lüttichs und anderer belgischer Orte mit der V 1 daher nicht als Repressalien gerechtfertigt werden. Der Einsatz der deutschen V 1 gegen diese Festlandziele stand vielmehr im Widerspruch zum Kriegsrecht.

Als zweite „Vergeltungswaffe" wurde am 8. September 1944 die V 2 gegen England zum Einsatz gebracht. Die V 2 war ein raketenbetriebenes, 14 m langes und 13 t schweres Kreuzflügelgeschoß, das mit einer Tonne Sprengladung 80 bis 100 km Gipfelhöhe und eine Schußweite bis zu 350 km erreichte[114]. Bei der weitesten Entfernung betrug die Streuung nur 4 km, da die Lenkung auf einem elektrischen Leitstrahl erfolgte. Wegen ihrer Überschallgeschwindigkeit war die V 2 wesentlich schwieriger zu bekämpfen als die V 1. Auch war sie vor dem Aufschlag kaum hörbar, so daß sie bei ähnlich großer Sprengladung doppelt soviel Todesopfer forderte als die V 1. Letztere kündigte sich im Anflug nämlich durch ein zischendes Geräusch an, das die Abwehr erleichterte und die Bevölkerung warnte.

Gegen England wurden insgesamt 1115 und gegen Festlandsziele bis Ende März 1945 2100 V 2 abgeschossen. Die durch dieses Geschoß in England verursachten Verluste betrugen 2724 Tote und 6467 Verwundete[115]. Ebensowenig wie mit der V 1 erzielten die Deutschen mit der V 2 die erhofften und erwarteten militärischen und moralischen Erfolge.

Kriegsrechtlich ist der Einsatz dieses Raketengeschosses etwa wie jener der V 1 zu beurteilen. Trotz der gegenüber der V 1 geringeren Streuung konnte bei der V 2 noch nicht von einer ausreichenden Zielgenauigkeit die Rede sein. Eine korrekte Bekämpfung begrenzter militärischer Objekte war daher auch mit der V 2 nicht möglich.

Der Beschuß englischer Ziele mit dieser zweiten Vergeltungswaffe entsprach als Repressalienhandlung dem Kriegsrecht. Die Verwendung der V 2 gegen kontinentale Ziele wie Antwerpen, Brüssel und Lüttich stand jedoch im Widerspruch zum Völkerrecht.

Die deutschen V-Waffen leiteten eine taktische und technische

Revolution ein. Die Entwicklungsmöglichkeiten dieser Waffen waren und sind gewaltig. Solange derartige Geschosse aber kein einwandfreies, genaues Zielen gewährleisten, stehen ihrer grundsätzlichen Verwendung gegen begrenzte militärische Objekte wesentliche Bestimmungen des Kriegsrechtes, wie die Artikel 27 HLKO, 5 ABS, 23 lit. e) und g) HLKO, 46 HLKO und die Marten'sche Klausel der Präambel der Landkriegsabkommen von 1899 und 1907 entgegen.

Abschließend sei noch ein Detail am Rande berichtet. Infolge eines Bedienungsfehlers landete eine V 2 am 13. Juli 1944 in der Nähe von Kalmar (gerade an der Grenze ihrer Schußweite!) in Schweden, und zwar in einem sumpfigen Gebiet. Die nur leicht beschädigten Teile wurden von den Schweden geborgen und in „Verkennung" der Verpflichtungen ihres Landes zur Neutralität an die Engländer ausgeliefert. Dadurch erhielten die Engländer mindestens einen Monat, bevor die erste V 2 auf London fiel, genaueste Kenntnis von der neuen Waffe und konnten zum Schutz ihrer Zivilbevölkerung Maßnahmen ergreifen, soweit diese überhaupt möglich waren[116].

1 David J. Irving, Und Deutschlands Städte starben nicht – Ein Dokumentarbericht – Herausgegeben von Günter Karweina, Zürich, S. 225.
2 Ebda. S. 221.
3 Cajus Bekker, S. 366f.
4 Werner Girbig, Im Anflug auf die Reichshauptstadt – Die Dokumentation der Bombenangriffe auf Berlin – stellvertretend für alle deutschen Städte, Stuttgart, 1977, S. 97ff.
5 Werner Girbig, S. 98ff.
6 Janusz Piekalkiewicz, S. 291, siehe auch die schematische Darstellung auf S. 378.
7 Werner Girbig, S. 99f.
8 Jahrbuch des Märkischen Museums, IX/1983, DDR-1020 Berlin, Die Luftangriffe auf Berlin – Ein dokumentarischer Bericht, Teil III, von Laurenz Demps, S. 19ff.
9 Jahrbuch des Märkischen Museums, IX/1983, S. 40f., Dokument 7: B Sachschäden, Gebäude- und Wohnungsschäden, S. 42: C Personenschäden und Obdachlose
10 Werner Girbig, S. 116.
11 Werner Girbig, S. 135ff.
12 Alfred Price, Luftschlacht über Deutschland, S. 115ff.
13 Anthony Verrier, a.a.O., S. 173.
14 Werner Girbig, S. 160f.
15 Charles Webster und Noble Frankland, The Strategic Air Offensive against Germany 1939–1945, S. 456f.
16 Werner Girbig, S. 178.

17 Janusz Pielkalkiewicz, S. 312.
18 Albert Speer, a.a.O., S. 292 f., ähnlich Fuller, a.a.O., S. 293: „... wenn keine einzige deutsche Stadt gebombt worden wäre ... wäre der Krieg in Europa zumindest ein Jahr früher gewonnen worden."
19 Janusz Pielkalkiewicz, S. 312.
20 David J. Irving, Und Deutschlands Städte starben nicht, S. 220 ff.
21 David J. Irving, Und Deutschlands Städte..., S. 224 f.
22 Rolf Hochhuth, Soldaten – Nekrolog auf Genf, Reinbek bei Hamburg, 1967, S. 146 ff.
23 Churchill pflegte die Deutschen als Hunnen zu bezeichnen.
24 Die richtige Schreibweise lt. Brockhaus, 1971, lautet Gomorrha. Darunter versteht man das anglo-amerikanische Unternehmen der bis dahin schwersten Luftangriffe gegen die europäische Zivilbevölkerung im Juli/August 1943 auf Hamburg.
25 Studiengruppe Geschichte des Luftkrieges, Karlsruhe, o. J., Unterlage freundlicherweise vom Militärwissenschaftlichen Institut Heeresgeschichtliches Museum, Wien, Dr. Othmar Tuider, erhalten.
26 Kit C. Carter, Robert Mueller, The Army Air Forces in World War II – Combat Chronology, Washington, 1973, genaue Auflistung aller bombardierten Städte und Orte mit Daten der einzelnen Luftangriffe auf Europa und Asien S. 699–991 (fast 300 Seiten!)
27 Cajus Bekker, S. 350.
28 Werner Wolf, Luftangriffe auf..., a.a.O., S. 135.
29 J. F. C. Fuller, Die entartete Kunst, Krieg zu führen 1789–1961, Köln, 1964, S. 310 f. (siehe Abb. S. 711 Die Leistung der deutschen Kriegsproduktion, Luftwaffe ...)
30 Werner Wolf, a.a.O., S. 135 f.
31 Hermann Götzel, a.a.O., S. 436 f.
32 U. Wolf, Rudolf Böhmler – Der Verteidiger von Monte Cassino, „Der Landser-Großband", Nr. 660, o. J.
33 Julius Schlegel, Warum soll ich, einfacher Soldat, Offizier, dafür verantwortlich sein? Wagemutige Rettung der unschätzbaren Kunstwerte von Monte Cassino, S. 3 ff.
34 Julius Schlegel, a.a.O., S. 5 f.
35 Liddell Hart, a.a.O., S. 659.
36 Janusz Piekalkiewicz, Die Schlacht von Monte Cassino – Zwanzig Völker ringen um einen Berg, Bergisch-Gladbach, 1984, S. 176 f.
37 Janusz Pielkalkiewicz, Die Schlacht..., S. 158, wörtlich aus einem Bericht aus dem Hauptquartier von General Wilson vom 16. Februar 1944. Am Tag zuvor ebenfalls aus diesem Hauptquartier: „Vom Benediktiner-Kloster auf dem Monte Cassino feuern die Deutschen nach wie vor auf alliierte Truppen ..."
38 Professor Dr. Albrecht Randelzhofer, Völkerrechtliche Verträge, München, 1983, S. 430 f.
39 Liddell Hart, a.a.O., S. 660.
40 Janusz Piekalkiewicz, Die Schlacht..., S. 177.
41 Julius Schlegel, S. 14.
42 Janusz Piekalkiewicz, wie oben, S. 157.
43 Edmund Theil, Kampf um Italien – Von Sizilien bis Tirol, 1943–1945, München-Wien, 1983, S. 207 ff.
44 Ebda. S. 209 f.

45 Theil, a.a.O., S221

46 Karl Forster S.J., Bearbeiter, Friede und Gemeinschaft – Enzykliken, Schreiben, Radiobotschaften und Ansprachen Papst Pius XII., Wien, 1949, S. 318, Nr. 549 „Luftangriff auf die Vatikanstadt".

47 Nikolaus von Preradovich und Josef Stingl, Gott segne den Führer – Die Kirchen im Dritten Reich – Eine Dokumentation von Bekenntnissen und Selbstzeugnissen, Druffel-Verlag, Leoni am Starnberger See, 1985, S. 370f.

48 Der Volksbrockhaus – Von A bis Z., Wiesbaden 1971, S. 761.

49 Nikolaus v. Preradovich . . . ebda., S. 371.

50 siehe auch das Kapitel über Jugoslawien

51 Dr. Phil. Stefan T. Possonny, Jahrhundert des Aufruhrs – Die kommunistische Technik der Weltrevolution, München, 1956, S. 300f.

52 Milovan Djilas, Der Krieg der Partisanen – Memoiren 1941–1945, Wien-München-Zürich-Innsbruck, 1978, S. 514.

53 Ebda. S. 513f.

54 Johann Wuescht, Jugoslawien und das Dritte Reich – Eine dokumentierte Geschichte der deutsch-jugoslawischen Beziehungen 1933–1945, Stuttgart-Degerloch, 1969, S. 66f., unter Hinweis auf Bor. M. Karapandžič: Gradjanski Rat u Srbiji 1941–1945 (Der Bürgerkrieg in Serbien 1941–45, auf Serbisch), Cleveland, 1958, S. 310.

55 Lt. The Army Air Forces, a.a.O., S. 3218f. fanden sowohl am 16. April als auch am 17. April 1944 Bombardements der 15. USAAF auf Belgrad und andere Ziele statt, jeweils 432 schwere Bomber, bzw. 470 B-17 und B-24 Bomber. Gemäß Air Dates, a.a.O. S. 245 wird nur der Luftangriff auf Belgrad vom 17. April 1944 bestätigt.

56 Werner Wolf, a.a.O., S. 137f.

57 J. F. C. Fuller, „Der Zweite Weltkrieg 1939–1945", S. 371f.

58 J. F. C. Fuller, a.a.O., S. 368.

59 Erik Castrén, a.a.O., S. 200.

60 Fhj. Uffz. Franz Gregoritsch, Feldpostbrief vom 5. 7. 1943

61 Martin Caidin, Die Me 109, München, 1981, S. 9, 149 und 175.

62 Werner Wolf, a.a.O., S. 94ff.

63 Fhj. Uffz. Franz Gregoritsch, Feldpostbrief vom 3. Juli 1943

64 Ebda. S. 2.

65 Herbert Molloy Mason, a.a.O., S. 371.

66 Alexander McKee, Caen, dazu auf S. 219: „. . . Die Deutschen töteten nur ihre früheren Feinde (Maquis, Partisanen, der Verf.), die Briten hingegen brachten ihre früheren Freunde um."

67 Michael Walzer, Gibt es den gerechten Krieg?, Stuttgart, 1982, S. 450. Raymond Cartier, a.a.O., S. 792ff.

68 Alexander McKee, Caen 1944 – Der Untergang der Heeresgruppe Rommel, Stuttgart, 1978, S. 224ff.

69 Ebda., unter Hinweis auf „Ceux Des Equipes D'Urgence" von Prof. René Streiff, (Caen, 1945).

70 Ebda., S. 223.

71 Alexander McKee, Caen 1944, S. 223f.

72 Ebda., S. 223: In der Schlacht um England 1940 „hatte eine Stukastaffel mit nicht mehr als neun Maschinen mehr als einmal einen britischen Flugplatz total umgepflügt, wobei höchstens eine bis zwei Bomben einige hundert Meter außerhalb des Ziels in die Nähe von Wohnhäusern fielen".

73  McKee, S. 262.

74  Ebda., S. 267 ff.

75  Liddell Hart, a.a.O., S. 677 ff., McKee, S. 286.

76  Liddell Hart, S. 680.

77  Raymond Cartier, a.a.O., S. 743.

78  Liddell Hart, a.a.O., S. 696.

79  Hans Ring – Werner Girbig, Jagdgeschwader 27, Stuttgart, 1971, S. 281.

80  McKee, Caen 1944, S. 227, 286.

81  Cajus Bekker, S. 354.

82  Cajus Bekker, S. 356 ff.

83  Hanna Reitsch, Fliegen – mein Leben, München, 1972, S. 169 f.

84  Hanna Reitsch, S. 284 f.

85  Ebda., S. 288 f.

86  Hanna Reitsch, S. 294.

87  Deutsche Düsenflugzeuge im Kampfeinsatz 1944/45 von J. Ethell/A. Price, Stuttgart, 1981, S. 144.

88  Jeffrey L. Ethell, Messerschmitt Komet – Entwicklung und Einsatz des ersten Rammjägers, Stuttgart, 1980, S. 177.

89  Ethell, a.a.O., S. 178.

90  Girbig, Leuna, S. 218.

91  Ebda., S. 213.

92  Raymond F. Toliver/Trevor J. Constable, Das waren die deutschen Jagdflieger-asse 1939–1945, Stuttgart, 1977, S. 339 ff.

93  Manfred Boehme, Jagdgeschwader 7 – Die Chronik eines Me 262-Geschwaders 1944/45, Stuttgart, 1983, S. 44 ff.

94  Manfred Boehme, JG 7, S 81 f. Rudolf Nowotny, Walter Nowotny – Berichte aus dem Leben meines Bruders – Gesammelt und erzählt von Rudolf Nowotny

95  Raymond F. Toliver/Trevor J. Constable, a.a.O., S. 345.

96  Hans Ring/Werner Girbig, a.a.O., S. 284 f.

97  Gerd Schindler, Manuskript, Graz, 1985.

98  Raymond F. Toliver/Trevor J. Constable, a.a.O., S. 350 f.

99  A. Holl, a.a.O., S. 63. Das ursprünglich mit FW 190-Propellerflugzeugen auszurüstende JG 7 war im August 1944 aufgestellt worden. Im November 1944 wurde die III. Gruppe dieses Jagdgeschwaders dann – gleichzeitig als Nachfol-gegruppe des Erprobungskommandos Nowotny – auf die Me 262 umgesetzt.

100  Adolf Galland, Die ersten und die letzten – Jagdflieger im Zweiten Weltkrieg, München, 1976, S. 296 ff.

101  Werner Baumbach, Zu spät?, a.a.O., S. 315.

102  Manfred Boehme, a.a.O., S. 87.

103  Manfred Boehme, S. 86 f.

104  Hans Adolf Jacobsen und Hans Dollinger Der Zweite Weltkrieg in Bildern und Dokumenten, Zweiter Band 1941–1943, S. 473 ff. Werner Baumbach, a.a.O., S. 312 ff., Russel Miller, Die Sowjetunion im Luftkrieg, S. 163, „KTB der Wehrmacht, 1944–1945", Bd. 7, Teilband I, S. 970. Janusz Pielkalkiewicz, „Luftkrieg", S 970. Rudolf Lusar, Die deutschen Waffen und Geheimwaf-fen . . ., München, 1958, S. 103 f.

105  siehe das Kapitel C. Die anglo-amerikanische Luftkriegsführung gegen fünf-zehn Länder Europas

106  siehe S. 406, 408.

106 siehe S. 406, 408.
107 J. M. Spaight, a.a.O., S. 291 f.
108 Erik Castrén, a.a.O., S. 403.
109 Eberhard Spetzler, a.a.O., S. 323 ff.
110 Georg W. Feuchter, a.a.O., S. 258 ff.
111 Rudolf Lusar, Die deutschen Waffen und Geheimwaffen des Zweiten Weltkrieges und ihre Weiterentwicklung, München, 1958, S. 118 f.
112 Die Streuung der V 1 betrug etwa 15 km.
113 Vgl. Spetzler S. 326 unter Hinweis auf Churchill, der Zweite Weltkrieg, Bd. VI/1, S. 76.
114 Rudolf Lusar, a.a.O., S. 121 f.
115 J. F. C. Fuller, S. 375.
116 Rudolf Lusar, a.a.O., S. 122.

# 1945
# Totaler Krieg: Dresden – Berlin – Cap Arcona

*Auf Rädern, Hufen, Achsen kriecht ein Wurm.*
*In abertausend Wagen, Kutschen, Karren*
*kommts angekreucht, gekrochen und gefahren*
*- - - einhergetrieben vor dem großen Sturm.*

*Die Elbestadt nimmt all die Menschen auf!*
*Sie lagern sich in Straßen, Plätzen, Gärten*
*mit Kindern, Karren, Kochgeschirr und Pferden.*
*Aus kleinen Feuern sickert feiner Rauch.*

*Dröhnt nicht im Westen jetzt ein fremder Laut?*
*Klingt weit und ferne nicht ein leises Summen?*
*Schon schwillt es an zu bösem, lautem Brummen,*
*das - - wachsend - - sich zu wildem Tosen staut.*

*Das größte Heer, das je am Himmel zog - - -*
*die Flotte der „Vereinten Nationen" - - -*
*trat an zum Morde an Zivilpersonen,*
*da es die Elbe brausend überflog.*

*Ein qualvoll Stöhnen später: „Dresden brennt!"*
*Da taumeln Häuserzeilen hin wie Plunder,*
*und Phosphor sprüht, und Stein verglüht wie Zunder!*
*Es wankt die Erde und das Firmament.*

*Des Reiches Untergang, des Führers Fall - - -*
*der nahe Sturz der ringenden Armeen - - -*
*genügte nicht! Der Mütter Höllenqual,*
*das letzte Schluchzen deutscher Kinderseelen,*
*das unersättlich hier der Feind befahl,*
*mag fürderhin sein Mordgesicht erhellen.*

*Gerd Honsik*
*DER UNTERGANG VON DRESDEN*
*Nach dem Bericht eines Augenzeugen[1]*

Anfang 1945 war sich die alliierte Luftkriegsführung offensichtlich nicht im klaren darüber, wie sehr Deutschland bereits in Todeskrämpfen zuckte[2]. Unter dem Eindruck der von den Deutschen anfangs so erfolgreich geführten Ardennenoffensive überschätzte man offensichtlich die deutschen Aussichten für die Fortführung des Krieges.

US-General H. H. Arnold erklärte am 8. Januar 1945: „Entweder wir sind in unseren Vorstellungen über die Möglichkeiten von Bombenangriffen zu optimistisch gewesen, oder wir haben einen fatalen Irrtum bei der Einschätzung der Wirkung begangen, welche die tatsächlich erzielten Zerstörungen auf die deutsche Kriegsmaschine hat."

Bei einem Treffen der alliierten Luftflottenchefs am 11. Januar 1945 in Versailles wurde sogar eine völlige Umstellung der Luftstrategie auf einen wahrscheinlich noch lange dauernden Krieg erwogen. Generalmajor F. Anderson[3], der Chef der Operationsabteilung im Stabe von General Spaatz, berichtete, daß „die strategische Luftlage sehr traurig sei". Diese Beurteilung der Luftlage gründete sich hauptsächlich auf Schätzungen über das Wiederaufleben der deutschen Luftstreitkräfte. Aber auch die offensichtliche Erholungsphase der deutschen petrochemischen und synthetischen Industrie trotz wiederholter Zerstörung ihrer Produktionsanlagen durch die zahlreichen Bombardements gaben General Anderson Anlaß für die negative Einschätzung der eigenen Luftlage. Sein Pessimismus gründete sich teilweise auch darauf, daß die deutschen Treibstoffvorräte genügt hatten, um die großangelegte Ardennenoffensive zu beginnen. General Spaatz wiederum wies in erster Linie auf die Gefahr der deutschen Düsenjäger hin. Man schätzte, daß die Deutschen bis Ende 1944 700 Me 262 gebaut hätten, was fast den Tatsachen entsprach.

Die Besprechung der Generalstabschefs der westlichen Alliierten am 30. Januar 1945 auf Malta im Beisein von Churchill und Roosevelt stand im Zeichen der schwierigen Lage, wie sie für die Westmächte ihrem sowjetischen Verbündeten gegenüber entstanden war.

Noch dazu waren die westlichen Alliierten daran selbst schuld oder zumindest mitschuldig. In den ersten Tagen nach Beginn der für die Deutschen sich günstig entwickelnden Ardennenoffensive hatten sie die Sowjets gedrängt, die Abwehr im Westen durch eine

Offensive im Osten zu unterstützen[4]. Der für 20. Januar vorgesehene Großangriff wird daraufhin auf den 12. Januar vorverlegt. Der sowjetische Angriff aus dem bei Baranow, an der oberen Weichsel gebildeten Brückenkopf über den Fluß bricht alsbald die deutsche Mittelfront auf und liefert die in Polen noch besetzten Gebiete der Roten Armee aus (17. Januar Warschau, 19. Januar Lodz und Krakau). Die sowjetische Offensive greift schließlich auf die anschließenden Fronten über, die sich dann in Ostpreußen und Schlesien auf das Reich vorschieben.

Vierzehn Tage nach Beginn der sowjetischen Winteroffensive waren Oberschlesien und vier Fünftel von Ostpreußen für Deutschland verloren[5]. Eine ernsthafte Bedrohung der deutschen Reichshauptstadt Berlin durch die bis in den Oder-Warthe-Bogen vorgestoßenen Panzerdivisionen der Roten Armee zeichnete sich ab. Nun verging kaum ein Tag, an dem nicht in Moskau zu Ehren eines neuen Sieges Salut geschossen worden wäre.

Gegenüber diesen großen Erfolgen der Sowjetunion im gemeinsamen Kampf gegen das faschistische Deutschland konnten die Westmächte auf nicht viel mehr als ihre „Luftkriegserfolge" über deutschem Gebiet hinweisen. Diese waren aufgrund ihrer beinahe absoluten Luftherrschaft fast selbstverständlich. Um den bestehenden guten Willen zu einer Zusammenarbeit mit den Sowjets besonders eindrucksvoll zu beweisen und gleichzeitig die Luftherrschaft über Deutschland zu demonstrieren, wurde als Ergebnis der Generalstabsbesprechung auf Malta vom 30. Januar der alliierte Bomberplan revidiert. An der Spitze aller Luftkriegsprioritäten rückten nunmehr Berlin, Leipzig, Dresden und andere Städte, in denen starke Bombenangriffe große Verwirrung unter den aus dem Osten Deutschlands flüchtenden Teilen der Zivilbevölkerung auslösen sollten.

Bereits vier Tage später, am 3. Februar 1945, wird tatsächlich die mit Tausenden von Flüchtlingen aus dem Osten „aufgestockte" Berliner Zivilbevölkerung das erste Opfer des neuen Bomberplanes. Die 8. USAAF greift um 11.00 Uhr mit 927 Viermotbombern B 17 und B 24 unter Begleitschutz von 600 Jagdflugzeugen der Typen P-51, P-47 und P-38 hauptsächlich das Regierungs- und Zeitungsviertel Berlins an. Insgesamt wurden 2267 Tonnen Bomben (davon 90% Spreng- und 10% Brandbomben) abgeworfen. Die furchtbaren Verluste der Berliner betrugen 20 000–25 000 Tote[6] und eine hohe Anzahl von Vermißten. Dieser folgenschwere Luftangriff sollte aber bei weitem nicht der schwerste von 389 Angriffen auf die Reichshauptstadt gewesen sein. Tatsächlich wurde das Ausmaß dieses Angriffes hinsichtlich der angreifenden Bomberzahl bis zum 20. April 1945 noch dreimal (Spitze: 1232 Viermotbomber am 10. April) überboten. Das gilt für die abgeworfene Bombenmengen noch zweimal (Spitze: 3092 Tonnen am 18. März). Über die Verluste dieser drei schwersten Luftangriffe der 8. USAAF auf Berlin gibt es offensichtlich keine Bekanntmachungen, weder von offizieller noch von Autorenseite.

Bei den Forschungen des Verfassers nach den Verlusten Berlins stellte sich zunächst überhaupt kein Ergebnis ein; das heißt, es wurde ihm mitgeteilt, er möge sich angesichts „des vom Personal des Landesarchivs Berlin gerade noch mit Mühe und Not zu bewältigenden Arbeitsumfanges"[7] doch selbst zwecks Vornahme eigener Forschungen dorthin bemühen. Eine etwa ein Jahr nach diesem Briefwechsel beim Landesarchiv Berlin angebrachte Anfrage verlief wesentlich erfolgreicher. Erfreulicherweise hatten in der Zwischenzeit „Mühe und Not" oder „der zu bewältigende Arbeitsumfang" reduziert werden können („Rationalisierung der Verwaltung"), so daß der Verfasser einen Großteil seines Anfragekatalogs dankenswerterweise beantwortet erhielt[8]. Was die außerordentlich bedauernswerten Todesopfer unter der Berliner Bevölkerung, der Flüchtlinge sowie der Militärpersonen, Kriegsgefangenen und Ausländer (etwa Fremdarbeiter) betraf, konnte allerdings lediglich die beurkundete Anzahl von 18029 getöteten Männern (Zivilpersonen) genannt werden.

Warum, so wird der Leser fragen, wurden nur die beurkundeten toten Männer vom Landesarchiv festgestellt? Die Beantwortung dieser Frage ist leicht: Weil nur die Männer ihren Personalausweis bei sich hatten und daher einwandfrei identifiziert werden konnten. Weder die Frauen, die als Tote kaum noch ihre Handtasche mit den Personalausweisen unterm Arm trugen, noch die Kinder, aber auch die Fremdarbeiter und Kriegsgefangene konnten vor allem in den turbulenten letzten Kriegsmonaten mangels fehlender Ausweise identifiziert werden. Eine einwandfreie Beurkundung war von einem pflichtbewußten Standesamt daher nur für die durch Luftangriffe getöteten Männer gegeben. Derartige Schwierigkeiten sollten sich bis zum Kriegsende noch in sehr vielen deutschen Städten ergeben, besonders aber in der am 13./14. Februar 1945 von den anglo-amerikanischen Bomberflotten heimgesuchten Sachsenmetropole Dresden.

Dieselbe Verlustangabe wie das Landesarchiv Berlin – allerdings nach Unterlagen des Stadtarchivs Berlin, Hauptstadt der DDR – gibt Demps folgendermaßen relativierend bekannt[9]: „Die gefundenen Werte über alle Luftangriffe von insgesamt 18029 Toten... sind also nur als Annäherungswerte zu verstehen..."

Zu erwähnen sind jedoch auch die von den *Luftkriegsautoren* veröffentlichten Schätzungen der Verlustangaben Berlins im Luftkrieg. Girbig berichtet von 49600 Luftkriegstoten in Berlin; wobei er vermerkt, daß „über den Verbleib der Vermißten, die ebenfalls eine hohe Zahl ergeben dürften, völlige Ungewißheit herrsche"[10]. Ob auch die getöteten Flüchtlinge in dieser Anzahl enthalten sind, geht aus dem Text der Veröffentlichung zwar nicht hervor; es dürfte jedoch anzunehmen sein.

Groehler schätzt (mit oder ohne Hinweise auf Forschungsergebnisse?), daß der Luftkrieg über Berlin 29000 bis 30000 Tote forderte[11]. Dieser Schätzung schließt sich auch Demps an und vermerkt: „Diese Zahl läßt keinen Platz für irgendwelche Spekulationen, da sie weitgehend dokumentarisch abgesichert werden kann. Zugleich sei darauf verwiesen, daß ein nicht unbeträchtlicher Teil dieser Toten ausländische Zwangsarbeiter und Kriegsgefangene waren; man kann den Anteil dieser zwangsweise verschleppten und nur mit Gewalt in die faschistische Kriegswirtschaft eingebundenen Menschen auf etwa ein Viertel der Opfer schätzen."

Leider gibt Demps für die „dokumentarische Absicherung" der Verluste-Schätzung Groehlers keine näheren Hinweise. Wohl aber schreibt er, daß alle Angaben trotz seiner Bemühungen „noch nicht als gesichert und auch weiterhin als relativ zu betrachten sind"[12].

Da es über die Menschenverluste Berlins im Luftkrieg des Zweiten Weltkrieges keine exakten Aufzeichnungen gibt, ja, mangels vollständiger Totenlisten (Quellen) gerade über die vier schwersten Terrorbombardements vom 3. Februar bis 10. April 1945 – als der Krieg für das Deutsche Reich schon endgültig verloren war – gar nicht geben kann, muß zur Erreichung möglichst genauer Schätzwerte die Statistik (Analogie) als Hilfswissenschaft herangezogen werden.

Wir konnten die urkundlich festgestellten männlichen Toten mit

442

18029 festhalten. Nun liegen uns ganz genaue Unterlagen über die Verluste von mehreren deutschen Städten vor. So betrug der Prozentanteil der männlichen Luftkriegstoten von der Gesamtzahl aller Getöteten in den Städten Karlsruhe, Kassel und Nürnberg durchschnittlich 33% (um sieben Zehntel Anteile aufgerundet). Der Analogieschluß von diesen Städten auf Berlin ergibt daher folgende Berechnung: 33% oder rund ein Drittel plus 66% oder rund zwei Drittel, das sind 18029 plus 36058 = 54087 Tote.

Eine weitere Analogie-Berechnung können wir durch Gegenüberstellung der zerstörten Wohnungen (worüber dem Verfasser nun eine vom Landesarchiv Berlin beurkundete Anzahl von 500765 vorliegt) und der Luftkriegstoten folgender deutscher Städte durchführen: Dortmund, Köln, Bremen, Essen, Düsseldorf, Duisburg, Kassel und Nürnberg. In diesen Städten betrug der Prozentanteil der Luftkriegstoten durchschnittlich 12% der Anzahl der zerstörten Wohnungen. Dies bedeutet analog für Berlin, daß die Mindestzahl der durch alliierte Luftangriffe getöteten Zivilpersonen (Kriegsgefangene, Soldaten und Fremdarbeiter sowie Ausländer wurden selbstverständlich nicht mit einbezogen) 60000 betrug (12% von 500765 Wohnungen Berlins mit Stand 1939).

## Inferno Dresden

Am 4. Februar 1945 trafen sich Stalin, Roosevelt und Churchill auf der Krim. Dieses Treffen, das als *Jalta-Konferenz* in die Geschichte eingegangen ist, dauerte bis 11. Februar. Die auf dieser Konferenz gefaßten Beschlüsse stellten eine Ergänzung der 1943 auf der Teheran-Konferenz erfolgten Vereinbarungen dar: Aufteilung Deutschlands in Besatzungszonen, Reparationen, Gebietsabtrennungen, Kontrollratsbildung, Koordinierung militärischer Operationen, totale Entwaffnung, Regierungen Polens und Jugoslawiens, Entschädigung Polens für im Osten an die Sowjetunion abzutretende Gebiete durch deutsche Länder im Westen, Eintritt der Sowjetunion in den Krieg gegen Japan drei Monate nach Kriegsende in Europa, wofür u. a. die Kurilen zugestanden werden[13]. Die Ergebnisse der Jalta-Konferenz bestimmen die Weltpolitik bis in die Gegenwart. An eine grundsätzliche Aufgabe der „Jalta-Politik" ist auch in Zukunft nicht zu denken, soll sich doch eine der beiden das Weltgeschehen seit 1945 beherrschenden Supermächte geäußert haben: „Wer Jalta revidieren will, der riskiert einen Atomkrieg!"

Vierzehn Tage nach dem am 3. Februar 1945 erfolgten furchtbaren Luftangriff auf die deutsche Reichshauptstadt berichtete der Berliner Korrespondent der Stockholmer Zeitung „DAGENS NYHETER" über ein noch viel schrecklicheres Kriegsereignis:

„Das große Gesprächsthema in Berlin ist heute nicht mehr die Nähe der Front, sondern – Dresden. Die schöne Stadt an der Elbe, die bis vor kurzem vor Luftangriffen so gut wie verschont geblieben war, mußte in der Nacht auf Mittwoch plötzlich einen heftigen Bombenangriff über sich ergehen lassen, dem nachher sowohl bei Tage als auch bei Nacht ein Angriff nach dem andern folgte . . .

Man kann sich lediglich an Berichte von Reisenden halten und diese stimmen darin überein, daß Dresden seit Dienstagabend ein einziges brennendes Inferno sei, in dem die Menschen zu mehreren Zehntausenden den Tod fanden und, wie man in Berlin hörte, eigentlich alle weltbekannten, kulturhistorischen Bauwerke ganz oder teilweise zerstört wurden . . .

Durch keine Stadt waren in den letzten Wochen so viele Ostflüchtlinge „geschleust" worden wie durch Dresden. Alle Kinos, Schulen, Kirchen und andere öffentliche Gebäude der Stadt waren voll von Müttern und Kindern und Alten und Kranken, die sich mit ihrer letzten Habe von den Frontgebieten im Osten nach dem Westen durchgeschlagen hatten . . . Wir hier in Berlin, die wir in den letzten 24 Stunden lange Luftwarnungen erlebt und gesehen hatten, wie ein Geschwader nach dem anderen auf dem Weg nach Dresden die Stadt überflog, waren voller Mitgefühl für die Menschen dort. Dieses Mitgefühl galt nicht zuletzt den Skandinaviern, die seit langem ihre Heimat in Dresden haben."

Was war in Dresden, das der Welt als eine der bedeutendsten Kunststädte bekannt war, wirklich geschehen?

Bis zum 13. Februar 1945 hatte Dresden den Bombenkrieg so gut wie gar nicht zu spüren bekommen. Daher war in letzter Zeit auch die Flak von Dresden fast zu Gänze abgezogen worden, da sie an den Fronten dringender benötigt wurde. Auch sonst war in Dresden zum Schutz der Bevölkerung nicht viel vorhanden, es gab keine Bunker wie in anderen Städten, und auch die Luftschutzkeller waren vielfach nicht gut. Wohl aber hatte man die Keller durch Ausbrechen von Durchgängen untereinander verbunden, um den Insassen bei Zerbombung der eigenen Hauseingänge oder bei Brandgefahr die Benützung unterirdischer Fluchtwege zu ermöglichen. Auf den großen Plätzen waren auch Wasserreservoirs zur Brandbekämpfung aufgestellt worden.

Wer von den Einwohnern Dresdens hätte auch schon mit großen Angriffen auf die Stadt gerechnet? Dresden war eine Stadt der Künste und keine Industriestadt, und überdies sei sie, so erzählte man sich, wegen der vielen Lazarette sogar zur „Verwundetenstadt" erklärt worden. Schließlich wurde Dresden als eine der schönsten und kulturell bedeutungsvollsten Städte der Erde überall besonders geschätzt, was bestimmt nicht übersehen werden konnte. So glaubten die Dresdner an keinen direkten Luftangriff und fühlten sich auch nicht unmittelbar bedroht. Am 13. Februar haben sich fast eine halbe Million Flüchtlinge in Dresden aufgehalten. Zusammen mit 600 000 Einwohnern waren schließlich mindestens rund eine Million Menschen den Bombenangriffen ausgesetzt. Soweit die Flüchtlinge in großen Trecks gekommen waren, hatten sie ihre Pferdefuhrwerke im „Großen Garten" und auf anderen Grünflächen abgestellt, oder aber hatten sie diese noch in den Straßen und auf den Plätzen der Stadt stehen, wo es vielfach sogar zu Verstopfungen kam.

Als es am Abend des 13. Februar, einem Fastnachtsdienstag, nach 21 Uhr Luftwarnung, bald darauf Vollalarm gab und kurz nach 22 Uhr rote, weiße und grüne Markierungsbomben („Christbäume") über dem Sportplatz Dresden-Friedrichstadt zur Bombardierung der viertelkreisförmigen Fläche des historischen Stadtkerns und der Innenstadt-Wohngebiete aufleuchteten, glaubten die Menschen, die inzwischen die unzureichenden Schutzräume aufgesucht hatten, noch immer nicht an eine große Gefahr. Sie sollten in den nächsten 25 Minuten, den der erste „Donnerschlag" („Thunderclap" = „Donnerschlag"-Plan hieß der Höhepunkt der Flächenbombardierungen gegen Dresden) dauerte, eines Schlechteren belehrt werden. Bei diesem „ersten Schlag" wurden die Dächer und Fenster der Innenstadthäuser durch Sprengbomben zertrümmert und dann mittels Brandbomben (bei den zwei RAF-Nachtangriffen fielen insgesamt 1 000 000 Stabbrand- und 4500 Flammenstrahlbomben, der vielfach gemeldete Abwurf von Phosphorbomben konnte gemäß Irving nicht bestätigt werden) zum Brennen gebracht. Dies führte ungefähr 45 Minuten nach Angriffsbeginn zum bisher verheerendsten Feuersturm und zur Vernichtung der Kunst- und Lazarettstadt Dresden.

## Feuersturm über Hamburg – Dresden – Tokio

Wie entsteht ein *Feuersturm*? Man verursacht einen Flächenbrand größtmöglichen Ausmaßes. Aufgrund der Sogwirkung der zum Brandzentrum gerichteten Windströmung bildet sich ein jede Orkanstärke übersteigender Sturm, der seit 1943 FEUERSTURM genannt wird und die restlose Vernichtung alles Lebendigen und alles Brennbaren zur Folge hat.

Die Hansestadt Hamburg war auf dem europäischen Kriegsschauplatz die erste Stadt, die mit dem langfristig und sorgfältig vorbereiteten Ziel ihrer völligen Zerstörung durch eine ganze Serie von Bombardements angegriffen wurde. Die tatsächlich weitgehende Zerstörung Hamburgs, das aufgrund der splittersicheren Schutzbauten für seine gesamte Bevölkerung und des Vorhandenseins von 1290 Löschfahrzeugen moderner Bauart als Luftschutzstadt erster Ordnung galt, erreichte das britische Bomberkommando nicht allein mit den von über 2500 Bombern bei sieben Luftangriffen Ende Juli/Anfang August 1943 abgeworfenen 10000 Tonnen Brand- und Sprengbomben, sondern vor allem durch die Entfachung des bis dahin einmaligen Feuersturms in der Nacht vom 27. auf 28. Juli. Die Verluste der Hamburger Bevölkerung waren furchtbar: Mindestens 42000 Gefallene, darunter 5586 Kinder, die vor allem der Feuersturmnacht vom 27./28. Juli zum Opfer gefallen waren. Viele davon waren an Kohlenmonoxydvergiftungen und an Sauerstoffmangel, den zusätzlichen Feuersturmfolgen, gestorben.

Den verheerendsten Feuersturm Deutschlands erlitten die Einwohner und die Hunderttausende Flüchtlinge Dresdens. Alle in Hamburg aufgetretenen Erscheinungen wiederholten sich hier in verstärktem Ausmaß. Nach dem „ersten Schlag" hofften die in ihren Schutzräumen ausharrenden Menschen, daß die Brände nachlassen würden und sie dann mit ihrem „Luftschutzgepäck" ins

Freie könnten. Die meisten warteten allerdings vergebens, denn am 14. Februar um 1.30 Uhr begann völlig unerwartet und ohne Vorwarnung (die Alarmsirenen der Innenstadt waren zur Gänze ausgefallen) der zweite RAF-Angriff von 529 Lancasters der 1., 3., 6. und 8. Bomberflotte, der bis 1.54 Uhr dauerte. Die Detonationen von 4500 Sprengbomben erschütterten die Hauswände, der Explosionslärm vermischte sich mit sonderbarem Rauschen, das sich wie ein Wasserfall anhörte. Sicherlich war dies der gewaltige Sog des Feuersturms. Für Tausende gab es nun kein Entrinnen mehr, sie verbrannten oder erstickten in ihren zur Falle gewordenen Kellern. Einige wenige fanden ihren Hauseingang noch frei und konnten mit umgehängten nassen Decken den Keller verlassen. Dort aber, wo der Feuersturm mit einem ungeheuren Sog riesige Flammen durch die Straßen fegte und herabstürzende Hölzer und fallende Funken mit beißendem Qualm jede Sicht behinderten, konnte an ein Betreten der Straßen, ohne daß man sofort in Flammen stand, nicht gedacht werden. Glücklich waren jene Eingeschlossenen, die in dieser Not durch die Kellerverbindungsgänge oft unter zahlreichen Häusern hindurch zu einem vom Feuersturm noch nicht erfaßten Platz ins Freie gelangten.

Was brennen konnte, brannte. Was unbrennbar war, schmolz oft. Jedes lebende Geschöpf, das in Tokio in den Feuersturmkreis geriet, war zum Tode verurteilt, berichtet Martin Caidin in „A Torch to the Enemy: The Fire Raid on Tokyo". Um die Moral der japanischen Bevölkerung zu brechen und die bedingungslose Kapitulation Japans zu beschleunigen, führte die 20. US-Luftflotte mit Hunderten B 29-Bombern hauptsächlich mittels Brandbombeneinsatz im Frühjahr 1945 Flächenbombardements gegen zahlreiche dicht bevölkerte japanische Städte durch. Wichtigstes Ziel bildete die japanische Hauptstadt. Tokio war das erste Mal, sozusagen als Prestige-Vergeltung für den Beschuß der kalifornischen Küste vor Los Angeles durch ein japanisches U-Boot (wie konnte es nur!) – es war der erste solche Fall in der Geschichte des Landes – am 18. April 1942 von 16 US-B-25-Bombern angegriffen worden. Dieser erste, nach dem Kommandanten der Bombergruppe „Doolittle-Angriff" genannt, verursachte kaum größere Schäden. Als Ende 1944 spürbarere Luftangriffe gegen Tokio erfolgten, hatten sich die meisten Einwohner erst wieder an den „Doolittle-Angriff" erinnert, obwohl ihnen die erste „Bomberbekanntschaft" damals monatelang Gesprächsstoff geliefert hatte. Die größeren Bombardements Anfang 1945 verursachten ebenfalls keine besonderen Schäden. Doch das Verhängnis nahm seinen Lauf, bis es der Zivilbevölkerung von Tokio in der Nacht vom 9./10. März 1945 einen von Menschenhand verursachten grausamsten Schicksalsschlag versetzte.

334 US-B-29-Bomber unternehmen von den Marianen aus einen der schwersten Luftangriffe des Zweiten Weltkrieges und werfen 2000 Tonnen Napalm-Brandbomben auf das Kernstück der übervölkerten Wohnbezirke (100000 Menschen wohnten je km², und die Fläche der Hausdächer betrug die Hälfte der Gesamtfläche) und auf die Geschäftsviertel Tokios ab. Die Industrieanlagen der Stadt werden so wenig in Mitleidenschaft gezogen, daß zahlreiche B-29-Bomber Anfang April die wichtigen Flugzeugmotorenwerke bei Tokio angreifen müssen und diese auch zerstören. Wie in Hamburg im Sommer 1943 und in Dresden im Winter 1945 kam es auch in Tokio zur Entfachung eines gigantischen Feuersturms, in der japanischen Hauptstadt noch verstärkt durch den Ausläufer eines natürlichen Taifuns: Die Masse der leichten Holzhäuser der Stadt mit ihren Menschen darin stand in kurzer Zeit in hellen Flammen. Tausende Menschen verbrannten in ihren Häusern, riesige Menschenmengen verschmorten auf den Straßen, selbst als das Feuer schon etwas nachgelassen hatte. Mangels entsprechender Schutzmöglichkeiten kam es zu menschlichem Leiden, das vielfach noch die Schrecknisse der Bombernächte in deutschen Städten überstieg. Der Kommandant dieses Blutbades, Generalmajor Curtis LeMay, flog über dem Flammenmeer dahin und sagte: „Wir werden Japan in die Steinzeit zurückversetzen!", berichtet Raymond Cartier in „Der Zweite Weltkrieg". Fast schien es zu gelingen: Eine Fläche von 25 km² war verwüstet, 267000 Häuser zerstört, und die Menschenverluste waren furchtbar. 83793 Zivilisten wurden getötet, schreibt David Irving in „Von Guernica bis Vietnam". Über 100000 Menschen wurden in Tokio innerhalb von sechs Stunden getötet, berichtet Martin Caidin.

Die Moral der Japaner war mittels Flächenbombardements nicht zu brechen: Im März 1945 rechneten 80% der Japaner immer noch nicht damit, daß sie den Krieg verlieren könnten. Sogar nach dem Abwurf der Atombomben auf Hiroshima und Nagasaki kapitulierte

Japan nicht bedingungslos, sondern erst nach der US-Zusage, „daß die Stellung des Kaisers als souveräner Herrscher nicht beeinträchtigt werde". (Gem. Maximilian Czesany, „Nie wieder Krieg gegen die Zivilbevölkerung".)

## US-Luftangriff „gab Dresden den Rest"

Der „dritte Schlag" gegen Dresden wurde am 14. Februar von 12.15–12.30 Uhr von der 8. US-Luftflotte mit 450 bzw. 311 „Fliegenden Festungen" und „Liberators" („Befreier"), die 1500 Sprengbomben und 50 000 Stabbrandbomben abwarfen, und von 200 P 51 „Mustang"-Jagdflugzeugen (Jabos) durchgeführt.

Die Wucht dieses Tagesangriffes der US-Luftflotte zwang die Überlebenden der RAF-Nachtangriffe in die Knie, schreibt der britische Historiker David Irving. Als sich die Zehntausend Überlebenden des nächtlichen Infernos, die auf die Elbwiesen und in den „Großen Garten" geflüchtet waren, endlich in Sicherheit wähnten, gerieten sie in den „dritten Schlag". Auf die Elbwiesen hatten sich auch viele Kranke, die aus dem brennenden Johannstädter-Krankenhaus kamen (wie alle Krankenhäuser war auch dieses mit einem großen „Roten Kreuz" als besonders schutzwürdig gekennzeichnet), aber auch Verwundete aus den ebenfalls brennenden Lazaretten gerettet (blinde Soldaten hatten ihre amputierten Kameraden getragen!). Sie alle fielen nun den Bordwaffen und Bomben zum Opfer. Eine Panik brach aus. „Es war Massenmord", schreibt McKee in „Dresden 1945" und weiter: „Während wir uns buchstäblich in das Gras einkrallten, sah ich persönlich zumindest fünf amerikanische Jabos, die aus einer Höhe von ungefähr 120–150 Meter mit ihren Geschützen das Feuer gegen die Zivilbevölkerung eröffneten." Trotz solcher Augenzeugenberichte bestreitet Götz Bergander in „Dresden im Luftkrieg" diese völkerrechtswidrigen Luftangriffe gegen die friedliche Zivilbevölkerung von Dresden.

## Perfidie des „Dreifachen Schlages"

Bereits bei der Einweisung der RAF-Flugzeugbesatzungen vor ihrem Abflug von England kam es zu einer hinterhältigen Irreführung durch ihre Offiziere: Angriffsziel sei Dresden ohne jedes Ausweichziel, vor allem ein Gestapo-Hauptquartier im Stadtzentrum oder ein wichtiges Munitionswerk oder gar ein großes Giftgaswerk. Fliegt hin und verbrennt die Stadt! (McKee.) Einer Staffel wurde die Tötung möglichst vieler in Dresden Zuflucht suchender Flüchtlinge (vielleicht nicht ernst gemeint) befohlen, um vor der Front der Roten Armee Panik und Chaos zu verbreiten. Diese Staffel beschloß einstimmig, ihr Mißfallen mit diesem Einsatz durch Nichtaufladen zusätzlicher Abwurfmittel, wie Beton-, Stahl- und Glasstücke, die sonst auch auf die Stadt niedergegangen wären, zum Ausdruck zu bringen.

Die Planung war folgende: Der erste Angriff von 244 Lancaster-Bombern der 5. RAF-Flotte sollte durch ungezählte Brand- und Sprengbomben den Feuersturm entfachen. Die zweite Welle mußte durch Abwurf von Sprengbomben, darunter 1800 kg- und 3500 kg-Bomben, die „Wohnblockknacker", zur Ausdehnung der Brände und zur Absperrung der Fluchtwege der aus dem Zentrum Flüchtenden und zur Vernichtung bzw. Wegunterbrechung der Rettungs- und Löschmannschaften führen. Der „dritte Schlag" innerhalb von nur 16 Stunden, der Tagesangriff der 8. US-Flotte, galt den Überlebenden und Flüchtenden in den Vororten als „Gelegenheitsziele".

Der „dreifache Schlag" wurde der Planung entsprechend und fast ohne Beeinträchtigung durch die deutsche Luftabwehr durchgeführt. Die deutsche Nachtjagd trat wegen der zwar notwendigen, aber hinsichtlich der Ausgabedringlichkeit sicherlich mit falscher Priorität versehenen Sparmaßnahmen bei der Flugbenzin-Zuteilung und wegen starker Nachschubschwierigkeiten (zerstörte Brükken u. a.) praktisch nicht in Erscheinung. Der spätere Ausfall des Telefonnetzes wird bestimmt eine große Erschwernis bei der Befehlsübermittlung gewesen sein, so daß insgesamt nur 27 Nachtjäger aufstiegen, um den mächtigsten Luftangriff der Geschichte zu bekämpfen.

Der „dreifache Schlag" des britischen Bomber-Kommandos und der 8. US-Bomberflotte gegen Dresden stellte unzweideutig einen

besonders verabscheuungswürdigen Akt der perfiden Kriegsführung gegen die friedliche Zivilbevölkerung und ihr Eigentum
dar.

## *Die Menschheit verlor eines ihrer schönsten Kleinode*

Die Toten der Stadt wurden Tag für Tag unter Heranziehung von
Tausenden von Hilfskräften und Zubringern in Massengräbern
bestattet. Da diese Bestattungsart jedoch nicht ausreichte und die
fortschreitende Verwesung der Leichen eine große Gefahr für die
Lebenden heraufbeschwor, sah man sich gezwungen, zu Radikal-
mitteln zu greifen. Auf dem Altmarkt errichtete man große Roste
aus Eisenträgern, worauf man die Toten in mehreren Schichten
legte, um sie verbrennen zu können. Ein Scheiterhaufen enthielt
etwa 450 bis 500 Leichen.

Die Scheiterhaufen loderten Tag und Nacht, doch die Leichenzu-
fuhren wollten kein Ende nehmen. So wurden auch noch Flammen-
werfer eingesetzt, um die Toten in den Kellern auszuräuchern.

Mit den Menschen gingen schöne und weltberühmte Gebäude
und Anlagen Dresdens unter, so der Zwinger, die Hof- und die
Frauenkirche, das Schloß, die Oper, das Grüne Gewölbe, Belle-
vue, das Italienische Dörfchen, das Landtagsgebäude, das Palais
Cosel und viele andere. Das Japanische Palais, die größte und
wertvollste Bibliothek ganz Sachsens, war ausgebrannt. Die Brühl-
sche Terrasse hatten schwere Bomben zerrissen. Das Belvedere lag
mit leeren Fensterhöhlen da. Die Kuppel der Frauenkirche war
eingestürzt, und der Schloßturm sowie ein Turm der Sophienkirche
waren ausgebrannt. Vom oberen Teil des Rathausturmes stand nur
noch das Gerippe.

*Die Verluste an Menschen belaufen sich auf 35 000 identifizierte und
202 040 geborgene Gefallene.*

Über die Verluste der Zivilbevölkerung Dresdens gibt es zwei
offizielle Bekanntmachungen: eine noch aus der Zeit des Krieges,
nämlich den „Tagesbefehl Nr. 47" des Befehlshabers der Ordnungspolizei von Dresden vom 22. März 1945. Darin wird von bis
dahin 202 040 geborgenen Toten gesprochen. Dieser Tagesbefehl

wurde von den Historikern David *Irving* und Rolf *Hochhuth* als echt erkannt.

Die zweite amtliche Bekanntgabe erfolgte nach dem Krieg durch den Rat der Stadt Dresden, sie zählt folgende Verluste auf:

| | |
|---|---|
| Total zerstörtes Stadtgebiet | 14 km$^2$ |
| Trümmerschutt | 22 000 000 m$^3$ |
| Total zerstörte Wohnungen | 75 000 |
| Total zerstörte Krankenhäuser, Kulturstätten und Schulen | 143 |
| Identifizierte Tote | 35 000 |

Da viele Tausende Menschen bis zur Unkenntlichkeit verbrannt waren und weder die ermordeten Frauen (nach Abhandenkommen ihrer Handtaschen) noch die getöteten Kinder Ausweise bei sich hatten, konnte nur ein geringer Teil der umgekommenen Zivilpersonen identifiziert werden. Demgemäß muß die tatsächliche Zahl der Todesopfer ein Mehrfaches der 35 000 identifizierten Toten betragen haben. Es ist daher mit einer Zahl zwischen 100 000 und 300 000 Getöteten unbedingt zu rechnen.

Mit Schreiben des Rates der Stadt Dresden (etwa unserem Magistratsamt entsprechend) vom 11. Oktober 1961 erhielt der Autor den Hinweis auf die im mitgelieferten Prospekt in den vier Weltsprachen aufgezeichneten offiziellen Verlustangaben (siehe Abb. S. 459). Während im DDR-Buch „Die unbesiegbare Stadt" von Max Seydewitz festgestellt wird, „daß die Zahl von 35 000 jene Toten sind, die gezählt worden sind (was etwa der identifizierten 35 000 Todesopfer-Feststellung des Rates der Stadt Dresden entspricht) ... und viel *mehr* (vom Autor ‚gesperrt') den anglo-amerikanischen Terrorangriffen zum Opfer gefallen sind", schreibt Bergander in „Dresden im Luftkrieg" unmotiviert über „falsche ... Angaben" im Prospekt des Rates der Stadt Dresden und spricht diesem noch dazu die Amtsfähigkeit, über Verlustangaben zu befinden, ab. Bergander bagatellisiert aber auch alle seinem Schema nicht entsprechenden Recherchen, etwa jene von David Irving, die ihn zur Gefallenenzahl von 135 000 des „dreifachen Schlages" gegen Dresden führten. Wenn wir schon dabei sind: auch der Tagesbefehl Nr. 47 vom 22. März 1945 ist laut Bergander, allerdings *nur* hinsichtlich der Verlustangabe, eine Fälschung: „Reservist Ehlich berichtet, den Zahlen der Todesopfer war einfach eine Null angehängt worden." Das heißt, aus 20 204 Getöteten wurden

202040 Gefallene „gemacht". Zeitgeschichte und Wahrheit sind öfters zweierlei.

Bekanntlich weiß in jeder militärischen Hierarchie der Ranghöhere mehr als der im Dienstrang unter ihm befindliche. Der im Dienstrang Höhere hat auf jeden Fall auch mehr „Akteneinsicht" als sein Untergebener. Wenn man daher einem „einfachen" Reservisten wie dem von Götz Bergander oben erwähnten Ehlich Glauben schenkt, so muß man einem im Dienstrang wesentlich höheren Unteroffizier oder Offizier ebenfalls glauben.

In diesem Sinne nehmen wir einen Auszug des Berichtes des ehemaligen Chefs des Stabes einer Einheit der Deutschen Wehrmacht, des heutigen Oberstleutnants a. D. der Bundeswehr Matthes, zur Kenntnis:

„Ich erlebte alle Bombenangriffe in (Dresden) bzw. glücklicherweise am Rande des Zerstörungsgebietes. Schon am 14. Februar 1944 (sollte wohl 1945 lauten, der Verf.) mußte ich einen Sonderstab... zusammenstellen, der gemeinsam mit der Stadtverwaltung... vorrangig die Bergung der Toten zu bewerkstelligen hatte... Es waren 35000 voll identifizierte Opfer mit Namensangabe. 50000 Opfer waren teil-identifiziert (Eheringe mit eingravierten Initialen oder andere Erkennungszeichen). Auch verbrannt und gesondert beigesetzt. 168000 Opfer, an denen es nichts mehr zu identifizieren gab."

## *Weder taktischer Einsatz noch militärische Notwendigkeit*

Die Luftangriffe auf Dresden vor über 40 Jahren bildeten den schmerzvollsten und unnötigsten Höhepunkt des anglo-amerikanischen Luftkrieges gegen europäische Städte im Zweiten Weltkrieg. Durch diese Angriffe erlitten zahlreiche Städte schwere Verwüstungen ganzer Stadtteile, Dresden aber verlor innerhalb von 16 Stunden nicht nur Teile, sondern fast die gesamte Fläche seines weltbekannten Stadtbildes. Auf einem Areal von mehr als 20 km$^2$ waren nicht viele Häuser stehengeblieben. Dagegen hatten deutsche Bomber und V (Vergeltung)-Waffen in London von September 1940–1945 nicht einmal 2,4 km$^2$ zerstört.

Anglo-amerikanische Stellen haben zur Verteidigung der Luftangriffe gegen Dresden u. a. angeführt:

1. Die Sowjetunion habe auf der Konferenz von Jalta (4.–11. Februar 1945) die Ausschaltung des Verkehrszentrums Dresden gefordert.
2. Die Zerstörung des Stadtgebietes und Tötung der Zivilbevölkerung habe der Ausschaltung von Nachschubmöglichkeiten der Industrie gegolten.
3. In die Flächenbombardierung der RAF wurden Bombenschläge gegen die vielen Industrieanlagen der ganzen Stadt als spezielle Ziele einbezogen (aus einem bis 1978 geheimen Bericht von J. M. Angell für das US-Forschungsinstitut d. Hochschule f. Flugwesen am Maxwell-Luftstützpunkt).

Auf der Konferenz von Jalta fanden Unterredungen der USA mit der Sowjetunion statt, doch war es zu keiner Vereinbarung gekommen. Selbst mit der von Antonow (UdSSR) vorgeschlagenen Bombenlinie, die von Berlin über Dresden und Wien bis Agram reichen und die östliche Begrenzung für anglo-amerikanische Bombardements darstellen sollte, war General Kuter (USA) nicht einverstanden. Desgleichen nicht mit dem Vorschlag, die Anglo-Amerikaner sollten vor einer Bombardierung eines östlich der genannten Linie vorgesehenen Zieles eine sowjetische Zustimmung einholen. (Gemäß den offiziellen Jalta-Dokumenten des US-State Departments.) Am 12. Februar 1945 hat US-General Spaatz der US-Militärmission in Moskau lediglich mitgeteilt (nicht die Zustimmung eingeholt, Anm. d. Autors), daß die 8. US-Luftflotte am 13. Februar mit 1200–1400 Bombern den Dresdner Rangierbahnhof anzugreifen beabsichtige. Wenn der Angriff der 8. USAAF auch erst am 14. Februar (wetterbedingt) stattfand und von den RAF-Nachtangriffen auf Dresden in der Spaatz-Information überhaupt keine Rede war, so blieb den Sowjets nur sehr wenig Zeit, sich dafür oder dagegen auszusprechen. Da der „dreifache Schlag" tatsächlich nicht gegen Dresden als „Verkehrszentrum" gerichtet war und die Sowjetunion zwar informiert war (wenn auch äußerst mangelhaft), aber kaum ihre Zustimmung erteilt hat, kann dem anglo-amerikanischen Verteidigungsgrund „der sowjetischen Forderung auf Ausschaltung Dresdens als Verkehrszentrum" nur eine noch dazu denkbar schlechte Alibi-Funktion zugestanden werden.

Noch viel weniger konnte es sich beim „dreifachen Schlag" um einen rein taktischen, nämlich mit militärischen Erdoperationen im

Zusammenhang befindlichen Einsatz handeln. Die Rote Armee war am 13. Februar noch über 100 km von Dresden entfernt und von einem Vorgehen auf die Stadt oder gar einer beabsichtigten Einnahme konnte keine Rede sein. Die sowjetischen Truppen kamen nach Dresden erst am 8./9. Mai 1945.

Wenn der britische Bomberkommando-Chef Harris die Zerstörung von Industrieanlagen als Sonderprämie der ungezielten nächtlichen Flächenbombardements auf Städte oder Stadtteile betrachtete, so muß es ihm bei den nächtlichen Luftangriffen der RAF gegen Dresden nicht einmal mehr um diese sonst willkommene Prämie gegangen sein: In der verwüsteten Innenstadt gab es fast keine Industrie, und von den Industriebetrieben am Rande DRESDENS war nur das Zeiss-Ikon-Werk, etwa 5 km vom Stadtkern entfernt, ernstlich beschädigt worden.

Aber auch die Verkehrsanlagen der Stadt waren bis auf den Hauptbahnhof fast unzerstört geblieben. Sogar die Brücken über die Elbe waren intakt geblieben und wurden erst am letzten Kriegstag von der Deutschen Wehrmacht vor der Räumung Dresdens gesprengt. Dank des unermüdlichen Tages- und Nachteinsatzes technischer Spezialtruppen unter der Führung von General Hampe war die „Bedeutung Dresdens als Eisenbahnzentrum nicht länger als drei Tage eingeschränkt". Danach konnte bereits ein Doppelgleis sogar für den normalen Verkehr freigegeben werden. Wäre es den Anglo-Amerikanern wirklich um die Ausschaltung des Verkehrs gegangen, hätten „sie sich nur auf die Eisenbahnbrücke zu konzentrieren brauchen; ihre Instandsetzung hätte viele Wochen gedauert ...", bemerkte General Hampe.

Die eindeutige Widerlegung der anglo-amerikanischen Verteidigungsgründe für die Dresden-Einsätze weist darauf hin, daß die Zerstörung dieser Stadt keineswegs zu einer schnelleren Beendigung des Krieges führte. Deshalb können sich diese beiden Mächte nicht auf eine militärische Notwendigkeit ihres „dreifachen Schlages" gegen Dresden berufen.

## Die Völkerrechtswidrigkeit der alliierten Luftangriffe

Obwohl die vom Premierminister Winston Churchill und von Präsident Franklin D. Roosevelt zu verantwortenden Luftangriffe auf Dresden zu einer Zeit erfolgten, in der der Zweite Weltkrieg bereits entschieden und überhaupt kein militärisches Unternehmen mehr war (F. J. P. Veale, „Der Barbarei entgegen"), hatten die USA und Großbritannien die folgenden von ihnen erst Jahrzehnte zuvor ratifizierten Bestimmungen und Normen des Kriegsrechtes verletzt (nachdem auch die in den Jahren 1932–1938 von den interessierten Mächten geführten Luftkriegsächtungs-Verhandlungen aus eigenem Verschulden und zum Leidwesen der Menschheit ergebnislos geblieben waren):

Die allgemeinen Grundsätze des Kriegsrechtes, wonach militärische Kampfhandlungen direkt nur gegen Kombattanten, Quasikombattanten und militärische Objekte gerichtet werden dürfen, und alle Kampfmittel verboten sind, die unnötige Leiden oder Schäden verursachen; der Artikel 23, lit. g) HLKO, nach welchem die Zerstörung feindlichen Eigentums ohne dringende militärische Notwendigkeit verboten ist; der Artikel 27 HLKO, demzufolge verschiedene Gebäude und Bauten, wie Kirchen, Lazarette, geschichtliche Denkmale u. a., soviel wie möglich zu schonen sind, wenn diese nicht militärische Verwendung finden; der Artikel 46 HLKO, wonach das Leben der Bürger und deren Privateigentum zu achten sind; das Genfer Protokoll 1925, welches unter anderem die Verwendung von giftig oder erstickend wirkenden Flüssigkeiten, Stoffen oder Verfahrensarten untersagt. Die Verletzung des Genfer Protokolls 1925 ist allerdings nur dann gegeben, wenn derartige Tatbestände vorliegen. Hinsichtlich der Verwendung von Phosphor- und anderen untersagten Flüssigkeiten konnte trotz Vorliegens entsprechender Angaben kein Nachweis erbracht werden.

1 Gerd Honsik, Fürchtet euch nicht, Wien, o. J., Eigenverlag, vertrieben durch die Knut-Hamsun-Gesellschaft, Wien, S. 137 ff., stark gekürzt wiedergegeben.
2 Adolf Galland, a.a.O., S. 298.
3 Anthony Verrier, a.a.O., S. 248.
4 Ploetz, Geschichte des Zweiten Weltkrieges, a.a.O., S. 74 f.
5 Adolf Galland, S. 298 f.
6 Werner Girbig, „Im Anflug..." S. 203, unter Hinweis auf: „amerikanische Angaben". Anthony Verrier, S. 280, unter Hinweis auf The United States Army

Air Forces in World War two; Bd. III., S. 726. Noble Frankland, a.a.O., S. 138.

7  Schreiben des Landesarchivs Berlin an den Verfasser vom 17. 2. 1984.

8  Ebda. D 1000 Berlin 30, Kalckreuthstraße 1–2. Aufstellung der Verluste und Schäden durch Luftangriffe, mit Datum 18. 4. 1986.

9  Herbert Hampe und Horst Mauter (Hrsg.), Jahrbuch des Märkischen Museums – Kulturhistorisches Museum der Hauptstadt der Deutschen Demokratischen Republik, Berlin, VIII/82, S. 17: Die Luftangriffe auf Berlin – Ein dokumentarischer Bericht Teil II von Laurenz Demps.

10  Werner Girbig, „Im Anflug...", S. 229.

11  Herbert Hampe..., a.a.O., wie oben, aber IX/83 von Laurenz Demps, S. 24 f.

12  Laurenz Demps, S. 24 im „Jahrbuch des Märkischen Museums IX/1983", das dem Verfasser gemeinsam mit dem Jahrbuch VIII/1982 freundlicherweise von der Liga für Völkerfreundschaft der DDR, Thälmannplatz 8/9, DDR-1086 Berlin, zur Verfügung gestellt wurde.

13  Ploetz, a.a.O., S. 104. Aufgrund der hier verwendeten umfangreichen Unterlagen, wird anstatt des Literaturnachweises in Fußnotenangabe ein Buch- und Zeitschriftenverzeichnis am Kapitelschluß angefügt.

## Anglo-Amerikanische Kriegsauffassung
## und Verbrechen gegen die Menschlichkeit

Die Abkehr von der in Europa seit Jahrhunderten gültigen „zivilisierten" Kriegsführung nach kontinental-europäischer Tradition und die Mißachtung der auch nach anglo-amerikanischer Kriegsauffassung üblichen, humanen Beschränkungen führten zu den furchtbaren Kriegs- und Menschlichkeitsverbrechen an der friedlichen Zivilbevölkerung und den kulturell sowie künstlerisch weltbekannten und geschätzten historischen Bauten Dresdens durch dazu befohlene Bomberschützen und Jagdflieger sowie durch ihre politischen Auftraggeber Winston Churchill und F. Delano Roosevelt.

## Die Klage um Dresden von Gerhart Hauptmann

„29. März 1945
Agnetendorf

Dresden

Wer das Weinen verlernt hat, der lernt es wieder beim Untergang Dresdens. Dieser heitere Morgenstern der Jugend hat bisher der Welt geleuchtet. Ich weiß, daß in England und Amerika gute Geister genug vorhanden sind, denen das göttliche Licht der Sixtinischen Madonna nicht fremd war und die von dem Erlöschen dieses Sternes allertiefst schmerzlich getroffen weinen.

Und ich habe den Untergang Dresdens unter den Sodom- und Gomorra-Höllen der englischen und amerikanischen Flugzeuge persönlich erlebt. Wenn ich das Wort ‚erlebt' einfüge, so ist mir das jetzt noch wie ein Wunder. Ich nehme mich nicht wichtig genug, um zu glauben, das Fatum habe mir dieses Entsetzen gerade an dieser Stelle in dem mir fast liebsten Teil meiner Welt ausdrücklich vorbehalten. Ich stehe am Ausgangsort des Lebens und beneide alle meine toten Geisteskameraden, denen dieses Erlebnis erspart geblieben ist.

458

# RAT DER STADT DRESDEN

Herrn
Dr.Maximilian Czesany
G r a z
Rechbauerstr. 31

Dresden A 1, Dr.-Külz-Ring 19
Rathaus, Zimmer I-42
Ruf 488 2612

| Ihre Zeichen | Ihre Nachricht vom | Unser Zeichen | | Tag | |
|---|---|---|---|---|---|
| | | Gru/Ob | | | 11.1o.61 |

Betreff

Sehr geehrter Herr Dr.Czesany!

Beigefügt übersenden wir Ihnen 5 Fotos 13 x 18 von der Zerstörung der Stadt Dresden durch anglo-amerikanischen Bombenangriff im Jahre 1945 sowie von der auf dem Heidefriedhof Dresden errichteten Gedenkstätte.

Wir legen zu Ihrer Information einen Prospekt bei und bitten, die Erläuterungen der ersten Seiten zu beachten.

Wir bitten um Übersendung eines Exemplar als Beleg.

Hochachtungsvoll

/(Herbert Schneider)
Stadtarchitekt

Herausgeber: Rat der Stadt Dresden
Ausarbeitung des Gesamtentwurfes und der Einzeltexte zum Bilderdurchgang:
  Referat Fremdenverkehr beim Rat der Stadt Dresden
Einführender Text: Dr. Lothar Kempe, Schriftsteller, Dresden
Graphische Gestaltung: Eberhard Bochmann, Dresden
Fotos: Krull und Arndt (29) — Peter sen. (5) — Peter jr. (1) — Körner (2) — Landgraf (3) — ▇▇▇▇ VEB Sachsenwerk (1)
  ▇▇▇▇ — Staatl. Fotothek (1) — Höhne u. Pohl (1) — Bildstelle Technische Hochschule (1)
VEB Landesdruckerei Sachsen (Buchdruck und buchbinderische Verarbeitung)
Sächsische Zeitung (Tiefdruckbilder)
6365 Ra III-9-5 261 100 lt 953/61

Dresden: Eröffnungsbilanz am 8. Mai 1945

| | |
|---|---|
| Total zerstörtes Stadtgebiet | 14 km² |
| Trümmerschutt | 12 000 000 m³ |
| Total zerstörte Wohnungen | 75 000 |
| Total zerstörte Krankenhäuser, Kulturstätten und Schulen | 143 |
| Identifizierte Tote | 35 000 |

Dresde: La situation immédiatement après la guerre, le 8 mai 1945

| | |
|---|---|
| Région totalement détruite de la ville | 14 km² |
| Masses des décombres | 12.000.000 m³ |
| Logements complètement détruits | 75.000 |
| Hôpitaux, établissements culturels et écoles totalement détruits | 143 |
| Morts identifiés | 35.000 |

Г. Дрезден: Положение города на восьмое мая 1945 года

| | |
|---|---|
| Совершенно разбомбённый город | 14 км² |
| Груды развалин | 12.000.000 м³ |
| Совершенно разрушенные жилища | 75.000 |
| Совершенно разрушенные больницы, культурные учреждения и школы | 143 |
| Отожествленные трупы | 35.000 |

Dresden: Situation on the 8th of May 1945

| | |
|---|---|
| Totally devastated territory of the town | 14 km² |
| Amount of rubble | 12,000,000 m³ |
| Totally destroyed dwellings | 75,000 |
| Totally destroyed hospitals, places of culture and schools | 143 |
| Identified killed persons | 35,000 |

Ich weine. Man stoße sich nicht an das Wort Weinen: die größten Helden des Altertums, darunter Perikles und andere, haben sich seiner nicht geschämt.

Von Dresden aus, von seiner köstlich gleichmäßigen Kunstpflege in Musik und Wort sind herrliche Ströme durch die Welt geflossen, und auch England und Amerika haben durstig davon getrunken. Haben sie das vergessen?

Ich bin nahezu dreiundachtzig Jahre alt und stehe mit einem Vermächtnis vor Gott, das leider machtlos ist und nur aus dem Herzen kommt: es ist die Bitte, Gott möge die Menschen mehr lieben, läutern und klären zu ihrem Heil als bisher.

Gerhart Hauptmann"

## Literaturangaben zur Dresden-Frage

Dresden 1945 von Alexander McKee, 1983, Paul Zsolnay Verlag, Wien-Hamburg.

Liddell Harts Geschichte des Zweiten Weltkrieges, 1972, Econ Verlag, Düsseldorf-Wien.

Axel Rodenberger, Der Tod von Dresden, 1960, Franz Müller-Rodenberger, Frankfurt.

Hans Rumpf, Das war der Bombenkrieg, 1961, G. Stalling Verlag, Oldenburg-Hamburg.

Wilhelm Johnen, Nachtjäger gegen Bomberpulks, 1960, Erich Pabel Verlag.

Franz Kurowski, Der Luftkrieg über Deutschland, 1977, Econ Verlag.

Max Seydewitz, Die unbesiegbare Stadt, 1961, Kongress Verlag, Berlin.

Gerhart Hauptmann, Gerhart Pohl, Bin ich noch in meinem Haus?, Lettner Verlag Berlin.

F. J. P. Veale, Der Barbarei entgegen, 1962, Verl. K. H. Priester, Wiesbaden.

David Irving, Der Untergang Dresdens, 1978, Heyne Buch 5485.

Götz Bergander, Dresden im Luftkrieg, Heyne B Geschichte 27.

Ploetz, Geschichte 2. WK, 1960, A.G. Ploetz, Würzburg.

Eberhard Spetzler, Luftkrieg und Menschlichkeit, 1956, Göttingen–Berlin–Frankfurt.

Hans Brunswig, Feuersturm über Hamburg, 1979, Motorbuchverlag Stuttgart.

Raymond Cartier, Der Zweite Weltkrieg, R. Piper & Co Verlag, München.

Martin Caidin, A Torch to the Enemy – The Fire Raid on Tokyo, 1960, Ballantine Books, New York.

David Irving, Von Guernica bis Vietnam – Die Leiden der Zivilbevölkerung im modernen Krieg, 1982, Wilhelm Heyne Verlag, München, Heyne Buch Nr. 5961.

Gerhart Hauptmann, Die Klage um Dresden, Sächsische Heimatblätter, Heft 8, 1962, 8. Jahrgang – Voller Wortlaut nach dem Originaltext.

Czesany Maximilian, Nie wieder Krieg gegen die Zivilbevölkerung – Eine völkerrechtliche Untersuchung des Luftkrieges 1939–1945, 1964, Eigenverlag, Graz. Burschenschaftliche Blätter Heft 6/1985.

Kit C. Carter – Robert Mueller, The Army Air Forces in World War II, Combat Chronology 1941 bis 1945, 1973.

N. Matthes, Dresden: 35 000 oder 253 000 Opfer? Ein kompetenter Zeuge stellt richtig – Warum Bagatellisierung? Aus: Askania Annual, Informationsblatt der Askania-Verlags GmbH, Postfach 17, D. 3067 Lindhorst, Nr. 6 (April 1985).

Henry Mawai, Sydney, Der ungesühnte Massenmord von Dresden – Alttestamentarischer Ausrottungsfeldzug. Aus: Eidgenoss, 1–3/86, CH 8401 Winterthur.

F. J. P. Veale, Ein Verbrechen ohne Schuld? Aus „Deutsche Nationalzeitung und Soldatenzeitung", Nr. 1/1. Januar 1965, S. 6, München.

Karl Hanß, Mord an Dresden: 13. Februar 1945. Von einem Überlebenden. Aus: „Die Aula", Nr. 5, Februrar 1957, S. 17f.

Hans W. Hagen, Der Kulturmord an Dresden. Aus: „Deutsche Wochenzeitung" vom 19. Februar 1965, S. 5.

Herbert Schiff, Zwanzig Jahre nach Dresden – Terror und Terror sind unvergleichbar – eins entschuldigt das andere nicht. Aus: „Neues Österreich" vom 13. Februar 1965.

Kuno Knöbl, Die Namenlosen, die hier verbrannt. Aus: „Neues Österreich", Wien, wie oben.

Robert Hampel, Wieviel Tote gab es in Dresden wirklich? Aus: „Der Eckarbote", Wien, Nr. 3/1986.

Marti Teixidor, Zu seiner Arbeit Dresden – einem Monumentalbild (12 m$^2$) „als Denkmal für Hunderttausende deutsche Europäer". Aus: „Ediciones Patrocinadas por Cedade Apart. Correros: 14010 – Barcelona (Europa). Dresden–Europa 1945/1981".

Helmut Butterweck, Schlimmer als Hiroshima – Die Hölle von Dresden. Aus: „Wiener Wochenausgabe", Nr. 5/1965.

Roland Hill, Der Mann, der vor Hiroshima kam – Zum Tode des Marschalls der Royal Air Force, Sir Arthur Harris, Aus: „Die Presse", Wien, vom 11. April 1986.

Menschenverluste in zwei Weltkriegen (auf S. 724 ff.)

## *9000 Alliierte Flugzeuge für das Unternehmen „Clarion"*

Acht Tage nach der Vernichtung Dresdens durch die RAF und die 8. USAAF starteten die Alliierten das Unternehmen „Clarion". Mit sämtlichen einsatzbereiten Flugzeugen, insgesamt 9000 Bombern, Jabos und Jägern, führten die RAF und die 8. USAAF einen über fast ganz Deutschland sich erstreckenden Demonstrationsangriff durch[1]. Er war im wesentlichen gegen die deutschen Verkehrsziele gerichtet, sollte aber vor allem dem deutschen Volk zeigen, daß es praktisch in keinem Winkel des Deutschen Reiches mehr vor den alliierten Bombern sicher sei. Vorzugsweise griffen sie daher solche deutsche Städte und Ortschaften an, die bis dahin von Bombenangriffen verschont geblieben waren. Aber auch kleinere Dörfer und sogar einzelne Gehöfte wurden von den alliierten Flugzeugmassen in zumeist kriegsrechtswidriger Weise bombardiert und beschossen. Die Aktion „Clarion" wurde am nächsten Tag wiederholt.
Tag wiederholt.

Die letzte Luftschlacht des Krieges über dem deutschen Reichsgebiet mit empfindlichen Verlusten für die US-Amerikaner fand am 18. März 1945 über Berlin statt. Von 14 Jagdgruppen geschützt, griff die 8. USAAF mit insgesamt 1221 Bombern die deutsche Reichshauptstadt an und warf rund 3100 Tonnen Bomben ab. Diese Bombenmenge stellte die höchste Anzahl an abgeworfenen Bomben im Jahre 1945 auf Berlin dar[2]. Obwohl zahlreiche Flakbatterien von Berlin an die nahe Ostfront abgezogen worden waren, wurden von den restlichen Flakgeschützen 16 Bomber so schwer beschädigt, daß sie jenseits der sowjetischen Linien notlanden mußten. Weit höhere Verluste hatten die US-Bomber durch den Einsatz der Düsenjäger des JG 7 hinzunehmen[3]. Wie US-amerikanische Gefechtsberichte besagen, durchbrachen die Me 262 immer wieder mit Leichtigkeit den eigenen Jagdschutz und konnten trotz hundertfacher Unterlegenheit einen Bomber nach dem anderen aus den dicht aufgeschlossenen US-Verbänden herausschießen. Die Verluste der 8. USAAF dieses Tages über Berlin betrugen 25 Bomber und fünf Jagdflugzeuge, abgesehen von den durch die deutsche Flak abgeschossenen Bombern.

Anfang 1945 hatte General Galland mit der Aufstellung des Jagdverbandes 44 begonnen. Dieser Jagdverband, der auch bald der „Verband der Experten" genannt wurde, hatte als Flugzeugführer einen Generalleutnant, zwei Oberste, einen Oberstleutnant, drei Majore, fünf Hauptleute, acht Leutnante und ebenso viele Unteroffiziere[4]. Diese Jagdflieger hatte das Zauberwort „Turbo" zusammengeführt, um noch einmal die „große Fliegerei" zu erleben. Ihr letzter Einsatz hatte mit der alten Jagdfliegerei nicht mehr viel gemeinsam. Die Fronten rückten von Tag zu Tag von drei Seiten immer näher. Der Startplatz des JV 44, München-Riem, lag unter ständiger Überwachung durch eine erdrückende Übermacht US-amerikanischer Jäger. Während eines einzigen Einsatzes wurde der Flugplatz dreimal von stärksten Angriffen heimgesucht. Tausende Arbeitskräfte mußten aufgeboten werden, um zwischen den Bombenkratern wenigstens eine Start- und Landebahn klarzuhalten. Nach der Landung mußten die Turbo-Jagdflugzeuge sofort weit aus dem Platz hinausgeschleppt und in der dörflichen Umgebung verteilt und getarnt werden. Das Starten der Maschinen wurde immer schwieriger und das Gelingen schließlich nur eine Frage des glücklichen Zufalls. Es gab einen Fliegeralarm nach dem anderen.

In den letzten Kriegswochen wurden einige M 262 mit einer zusätzlichen Bewaffnung ausgestattet, die ihr eine noch größere Feuerkraft gab: $R_4M$-Raketen mit einem Kaliber von 5 cm und 500 g Sprengstoff. Schon ein Treffer mit diesem Raketengeschoß konnte einen Viermotbomber zum Absturz bringen. Die damit ausgerüsteten Düsenjäger erzielten tatsächlich große Erfolge. Dies vor allem auch deshalb, weil im Angriff aus etwa 600 Meter Entfernung in nur einer halben Sekunde eine Salve auf einen noch dazu eng aufgeschlossenen Bomberverband von 24 Raketen gefeuert werden konnte. Galland bedauerte es daher besonders, daß diese Raketenwaffen nicht schon früher, bevor das deutsche Kriegspotential schwer angeschlagen und ehe namenloses Elend durch den Bombenterror über Deutschland gekommen war, den Me 262 zur Verfügung gestanden hatten. Selbst die langsameren Propellerflugzeuge kamen mit der $R_4M$ zu größeren Erfolgen. Noch im April 1945 erzielten 24 FW 190-Flugzeugführer mit der $R_4M$-Rakete Abschüsse von 40 Viermot-Bombern. Im Frühjahr 1945 haben nur sechs Me 262 E innerhalb weniger Minuten und ohne eigene Verluste 15 viermotorige B 17 E abgeschossen. Wie Kordik berichtet, konnten die deutschen Propeller- und Düsenjäger in der kurzen verbliebenen Zeit rund 500 feindliche Flugzeuge mit $R_4M$-Raketen vernichten[5]. So gesehen, hätte eine frühere Einsatzverwendung der $R_4M$ tatsächlich zu größeren Erfolgen bei der Reichsverteidigung führen können.

Der Einsatz der Düsenjäger forderte noch in den letzten Kriegswochen harte Verluste. Am 18. April stürzte Oberst Steinhoff, Kommodore des Düsenjagdgeschwaders 7, beim Starten ab. Er konnte sich nur mit schwersten Brandverletzungen aus den brennenden Trümmern seines Turbos retten. Kurze Zeit später kehrte Oberst Lützow nach 108 Luftsiegen von einem Einsatz nicht mehr zurück. Die Hoffnung, daß dieser hervorragende Mensch und Offizier nicht für immer sein Geschwader verlassen hatte, sollte sich, noch lange nach dem Kriege genährt, nicht erfüllen. Mit der gleichen Hingabe und Pflichterfüllung fielen noch weitere Flugzeugführer der Düsenjägerverbände. Auch der Kommodore des JV 44, General Galland, wird, als er am 26. April 1945 sechs Düsenjäger seines Verbandes gegen einen französischen Marauder-Verband führte, getroffen. Eine Mustang hatte ihn, von oben herabstoßend, überraschend erwischt. Als Galland, bereits verwundet, einen weiteren Treffer in der rechten Turbine erhält, lösen sich ihre Verkleidungsbleche. Auch die linke Turbine setzt aus. Die Maschine ist kaum noch in der Luft zu halten. Galland überlegt, ob er „aussteigen" soll. Doch dann bewahrt ihn der Schreck davor, am Fallschirm erschossen zu werden, das Flugzeug zu verlassen. Erfahrungsgemäß mußten die Turbojäger mit der Beschießung am Fallschirm durch verrohte Mustang-Flugzeugführer rechnen[6]. Plötzlich ließ sich Gallands Maschine wieder steuern, so daß er seinen Platz erreichen konnte. Dort mußte er landen, obwohl der Flugplatz von Jägern im Tiefflug bearbeitet wurde. Schließlich gelang ihm die Landung, doch er mußte wegen der laufenden Beschießung und Bombardierung durch die feindlichen Jabos vom schnellsten Jäger der Welt in ein ganz gewöhnliches Bombenloch „umsteigen".

Das JG 7 hatte in den acht Wochen von Ende Februar bis April 1945, die den Höhepunkt seiner Einsatztätigkeit ausmachten, 51 gefallene und 12 schwerverwundete Flugzeugführer zu verzeichnen. Manfred Boehme stellt daher an den Schluß seines Buches „Jagdgeschwader 7" die Bitte[7], „die Gefallenen des Geschwaders in ehrendem Angedenken zu behalten. Ob sie Helden waren oder Opfer, eines waren sie gewiß: Pioniere der Luftfahrtgeschichte." Und J. Ethell/A. Price schreiben im Schlußwort ihres Buches[8]:

> „Sicherlich war die Me 262 das beste Allzweckjagdflugzeug, welches gegen Ende des Zweiten Weltkrieges im Einsatz stand. Ihr deutlicher Leistungsvorsprung gegenüber den besten Jagdmaschinen der gegnerischen Luftstreitkräfte, besonders der Mustang, reichte allerdings nicht aus, um die starke zahlenmäßige Unterlegenheit der deutschen Luftwaffe in der Endphase des Krieges damit ausgleichen zu können."

## Wurde der „Eiserne Vorhang" schon im Jahre 1945 projektiert?

Während sich im Jahre 1945 von den Raketen- und Düsenjägern der Deutschen bis zu den Atombomben der US-Amerikaner in der Kriegstechnik manch geheimnisvolle Entwicklung manifestierte, kam es auch in politischen Bereichen zu auffallend rätselhaften Ereignissen. Als die Rote Armee, Anfang April 1945 von Ungarn kommend, bereits Schwechat vor Wien erreicht hatte und im Wechselgebiet an der steirisch-niederösterreichischen Grenze sowie im Burgenland, wo unter anderem das Gebirgsjägerregiment 99 durch Gegenangriffe Erfolge erzielte[9], im Vormarsch war, erhielt Generaloberst Rendulic, ein gebürtiger Österreicher, von Hitler den Auftrag, den Oberbefehl über die Heeresgruppe „Süd" zu übernehmen. Insbesondere war Rendulic damit die Verteidigung

Wiens übertragen worden. Es war ihm aber sofort klar geworden, daß Wien nicht gehalten werden konnte. Der sowjetische Schwerpunkt zielte eindeutig gegen den Raum von Wien und die Rote Armee hatte in dieser Richtung Kräfte von gewaltigem Ausmaß eingesetzt. Eine sofortige Aufgabe Wiens war andererseits nicht möglich, weil dies auch die Lage der 8. Armee nördlich der Donau gefährdet hätte. Rendulic schreibt[10]:

„Wien kam unmittelbar in die Kampffront zu liegen. Ich fühlte die Tragik dieser einzigartigen, mir besonders nahestehenden Stadt, die nun wiederum wie mehrmals in ferner Vergangenheit dem Ansturm eines feindlichen Heeres ausgesetzt war. Diesmal aber lagen die Verhältnisse anders. Das Schicksal einer künftigen Entwicklung hing jetzt nicht von einem Halten Wiens ab... Es stand für mich von Anfang an fest, daß der Kampf um die Stadt, soweit es nur die Verhältnisse zuließen, abgekürzt werden müsse... Das Niederdrückendste für mich war, daß der Kampf bereits auf dem Boden meiner österreichischen Heimat... geführt werden mußte. Wenn auch die Erfordernisse des Kampfes die Maßnahmen diktierten, so war es mir doch selbstverständlich, daß, wo immer es nur anging, die Schonung des Landes und seiner Bevölkerung zu berücksichtigen war. Und so wurde es, vielfach unter Zurückstellung militärischer Zweckmäßigkeit, gehalten."

Tatsächlich konnte Rendulic die Sprengung zahlreicher Brücken verhindern. So befahl er das sofortige Entladen aller Brücken in seinem Heeresgruppenbereich und machte ein erneutes Laden und Sprengen von seiner ausdrücklichen Genehmigung abhängig. Da auch die Wiener Reichsbrücke bereits zur Sprengung vorbereitet war, ließ Rendulic am 9. April die sofortige Entladung dieser Brücke vornehmen. Ohne diese Maßnahme wäre die gewaltige Wiener Reichsbrücke der Sprengung sicherlich nicht entgangen. Auf diese Art und Weise konnte auch die Linzer Donaubrücke gerettet werden. Desgleichen blieben ein Tunnel und der anschließende Viadukt der wichtigen Semmeringbahn, deren Sprengung die dortigen Verteidigungstruppen beantragt hatten, aufgrund der Ablehnung dieses Antrages durch Generaloberst Rendulic erhalten[11].

Nach dem Verlust von Wien am 12. April gelang es den Armeen

466

der Heeresgruppe „Süd" nur mühsam und nach schweren Abwehrkämpfen, in der zweiten Hälfte des April die Rote Armee an
weiteren Durchbrüchen zu hindern. An einigen Frontbereichen
kam es zum Stellungskrieg, an anderen wiederum zu beiderseitigen
Angriffen und Gegenaktionen. So auch im Frontbogen südlich des
Semmering, wo deutsche Gegenangriffe Vorau, Wenigzell, Wald-
bach, Mönichwald und den Hochwechsel zurückgewinnen, die
Front wieder schließen und damit den zweiten sowjetischen Durchbruchsversuch auf die steirische Landeshauptstadt Graz abschlagen
konnten.

Der erste Durchbruchsversuch sowjetischer Truppenverbände
auf Graz war bereits in den ersten Apriltagen von einer Kampfgruppe unter Führung des Grazer Majors Hans Kunz rund 30 km
ostwärts dieser wichtigen Verkehrsmetropole aufgefangen und im
Gegenangriff mit der Rückeroberung von Paldau, Saaz, Gniebing
und der oststeirischen Bezirkshauptstadt Feldbach von der Panzer-
jägerabteilung 48 aus Cilli, einem Kommando der 1. PD und vor
allem von einer Fallschirmjägerabteilung der 10. FJD unter dem
Kommando des umsichtigen Hauptmanns Heymann (Kommandeur General Heydrich) nach schweren, tagelangen Kämpfen
vereitelt worden[13].

In dieser zweiten Aprilhälfte konnten die deutschen Soldaten die
merkwürdige Tatsache feststellen, daß die sowjetischen Truppen
vor den Stellungen der Heeresgruppe „Süd" an der Ausgestaltung
eines etwa 20 km tiefen Verteidigungssystems arbeiteten. Die
deutschen Truppen konnten den Sinn dieser sowjetischen Maßnahme nicht begreifen, denn mit einer großangelegten deutschen
Offensive mußten die sowjetischen Soldaten wahrlich nicht mehr
rechnen. Sonderbar kam den Deutschen auch das Verhalten ihrer
Gegner vor, als diese von ihren Truppen und von der österreichischen Zivilbevölkerung die Anlage von Luftschutzeinrichtungen
und Splittergräben forderten, obwohl zu dieser Zeit deutsche
Luftangriffe wohl kaum mehr zu erwarten waren.

Angesichts der Rätselhaftigkeit der sowjetischen Maßnahmen in
den letzten Kriegstagen in den österreichischen Kampfgebieten
lassen wir Generaloberst Rendulic persönlich zu Wort kommen[14]:

> „Dann setzte in den letzten Apriltagen an dem größten Teil
> der Front südlich der Donau russische Lautsprecherpropa-
> ganda ein, bei der die Sätze immer erneut wiederholt

wurden: ‚Der größte Verrat der Weltgeschichte bahnt sich
an. Wenn ihr nicht mit den kapitalistischen Mächten gegen
uns weiterkämpfen wollt, dann kommt zu uns herüber.‘ Wir
zerbrachen uns den Kopf über diese Erscheinungen. Hierbei trat mir immer wieder die Mitteilung des OKW über eine
Beendigung dieses Krieges auf politischem Wege vor Augen. Letzten Endes mußten wir den Eindruck bekommen,
daß die Russen damit rechneten, die angelsächsischen
Mächte würden sich nun gegen sie wenden.“

Daß hinter diesem Eindruck der sowjetischen Führung, die
Anglo-Amerikaner könnten sich gegen sie wenden, eine realisti-
sche Gefährdung, wenn nicht sogar eine kompakte Gefahr stand, ist
aus einer Anweisung Churchills an Lord Montgomery aus eben
dieser Zeit ersichtlich. Jedenfalls im April war es, als Montgomery,
wie wir berichteten, den Auftrag erhielt, die Waffen der kapitulie-
renden deutschen Soldaten einzusammeln, damit sie ohne weiteres
wieder gegen die weiter vormarschierenden Sowjets bewaffnet
werden könnten[15].

So entwickelte sich aus dem Zweiten Weltkrieg der Ost-West-
Konflikt. Der „Eiserne Vorhang“ war tatsächlich im Frühjahr 1945
projektiert und vielleicht schon errichtet worden. Sein „Herunter-
lassen“ war dann nur noch eine Frage der Zeit.

Für jenen Mann, der sich an einen ausbrechenden Ost-West-
Konflikt wie an einen Strohhalm vor dem Ertrinken klammert,
Adolf Hitler, kam die faktische Errichtung des „Eisernen Vor-
hangs“ im Frühjahr 1945 allerdings zu spät. Hitler war aus der
tiefsten Erniedrigung seines Volkes zur imperialen Größe des
Deutschen Reiches aufgestiegen und war mit in den fast bodenlosen
Abgrund der deutschen Nation geschleudert worden. Um überhaupt in seinem entscheidungsreichen Leben noch eine letzte
Entscheidung treffen zu können, gab er sich selbst am 30. April
1945 den Tod. Ob seine einsamen Entschlüsse auf Leben oder Tod
von Menschen und Völkern wirklich seine ureigenen Entscheidungen waren, muß im Zeitalter der Wirtschaftskriege allerdings
dahingestellt bleiben. Ob Hitler vor seinem Ende an seine Kampf-
gefährten aus der „deutschen Revolution“ gedacht hat, ist fraglich.
Immerhin hätte der Gang der Geschichte – wiederum unter dem
Blickwinkel auf die europäischen Bürger- und Wirtschaftskriege –
vielleicht ein anderer sein können, wenn die Gegner eines gegen die

Sowjetunion gerichteten „Interventionskrieges" (Gregor Strasser, Ernst Röhm und Genossen) im Kampf um die Vorherrschaft innerhalb der NSDAP obsiegt und nicht im Juni 1934 von Hitler zum Tode befördert worden wären[16].

Die deutschen Truppen nahmen die Kunde vom Tod ihres Obersten Befehlshabers fast durchweg ruhig auf. Man sah darin eine gewisse Folgerichtigkeit der hereinbrechenden totalen Niederlage. Ebenso wurde die Bestimmung des Großadmirals Dönitz zum Nachfolger Hitlers mit einer gewissen Befriedigung aufgenommen. Vielfach sah man den Tod Hitlers gerade zu diesem Zeitpunkt als eine Erleichterung der schwierigen Lage an[17].

Diejenigen Deutschen aber, die aus dieser Erleichterung beim Kriegsende auf eine Besserung der Situation des deutschen Volkes für die nächste Zukunft positive Schlüsse zogen, sollten als größte Illusionisten in die Geschichte eingehen. Das deutsche Volk war trotz aller verheerenden Auswirkungen des totalen Luftkrieges auf seine Zivilbevölkerung dazu bestimmt, den Schierlingsbecher der totalen Niederlage und der bedingungslosen Kapitulation fast bis zur letzten Neige auszuleeren, und mußte noch Millionenopfer der völkerrechtswidrigen Vertreibung, der „Kriegsgefangenschaft im Frieden" und der Entnazifizierung bringen.

## Ein Luftkriegsverbrechen an Widerstandskämpfern eine Minute vor Zwölf

Zwei Jahre nach Kriegsende richtete der Württemberger Hubert Lindenthal einen Brief an die Polizei in Bremen-Farge[18]:

„Die Mutter eines meiner Kriegskameraden, gebürtig und wohnhaft in Graz-Steiermark, hat mich gebeten, nach ihrem Sohne zu forschen, von welchem sie seit Dezember 1944 noch nie wieder etwas gehört hat. Betreffender wurde im Herbst 1944 aus einem Lazarett in Hamburg entlassen und einer Genesendenkompanie zugeteilt, welche zur Bewachung des Arbeitslagers im KZ Neuengamme eingesetzt war..."

Die Antwort auf diesen Brief erfolgte ein halbes Jahr danach, am 13. November 1947 und kam vom „Naval Document Centre des British Naval Headquarters" und lautete u. a. (in Abschrift)[19]:

„Nach hier vorliegenden Unterlagen war der Matrose Semlitsch ab 12. November 1944 bei der 25. Mar. Ers. Abtg. Diese Einheit war zu Bewachung des KZ-Arbeitslagers Bremen-Farge, Außenabteilung von Neuengamme, eingesetzt. Anfang Mai 1945 ist diese Einheit mit Häftlingen auf die drei Dampfer ‚Cap Arcona‘, ‚Deutschland‘ und ‚Thielbeck‘ eingeschifft. Diese Dampfer wurden am 3. Mai 1945 durch Flugzeuge bombardiert und sind untergegangen.

Es kann … leider keinem Zweifel mehr unterliegen, daß der Matrose Semlitsch bei der Bombardierung der drei KZ-Schiffe am 3. Mai 1945 gegen 14.30 Uhr in der Lübecker Bucht den Tod gefunden hat. Vielleicht ist seine Leiche als die eines Namenlosen auf einem der vielen Friedhöfe an der Ostsee bereits beerdigt, es besteht aber auch die Möglichkeit, daß das Meer ihn noch nicht freigegeben hat …“

Was hat sich am 3. Mai 1945, also nur wenige Tage vor Kriegsschluß in der Lübecker Bucht zugetragen? Selbst als ein mit der Luftkriegsmaterie seit drei Jahrzehnten ziemlich Vertrauter kann man bei weitem nicht einmal über die wichtigsten Ereignisse im Luftkrieg bis in die letzte Einzelheit Bescheid wissen. Deshalb griff der Verfasser, als ihm von einer durch Flugzeuge verursachten Schiffskatastrophe in der Lübecker Bucht berichtet wurde, zu jenen Büchern, die ein umfassendes Allgemeinwissen zu vermitteln haben: die Lexika. Doch siehe da, auch diese wußten nichts über die womöglich größte Schiffskatastrophe der Geschichte zu berichten. Weder im 150 000 Stichwörter umfassenden „Meyers großes Taschenlexikon in 24 Bänden“ (erschienen 1981) noch im Volksbrockhaus (vom Jahre 1971) noch im Ploetz, „Geschichte des Zweiten Weltkrieges“ findet man auch nur ein einziges Wort über die „Cap Arcona“. Wohl aber hat man bei „Meyers“ dem Untergang der „Titanic“ 1911 ganze 16 Zeilen gewidmet, für die weitaus größere Schiffskatastrophe in der Lübecker Bucht aber nicht einmal eine Zeile. Ist der Tod von armen Gefangenen aus aller Herren Ländern nicht ebensoviel des Berichtens wert wie das Unglück von Luxusreisenden? Zum Unterschied von Meyers 24 Bänden und des einen Bandes vom Volksbrockhaus wird bei Ploetz allerdings von einer anderen Schiffskatastrophe berichtet[20]:

„Räumungstransporte von Ostpreußen und aus der Danziger Bucht. Insgesamt 2 002 602 Flüchtlinge, Soldaten und

Verwundete evakuiert, dabei etwa 14000 Verluste auf See-transport (Verlust der Dampfer ‚Gustloff', ‚Steuben' und ‚Goya' durch sowjetische U-Boote). Durch Verluste verringert sich die Hochseeflotte weiter."

Aber auch bei den Autoren von Kriegsbüchern ist über die Lübecker Bucht-Katastrophe überhaupt nichts und über die „Gustloff-Steuben-Goya"-Versenkung selten etwas zu finden. Selbst der „dtv-Atlas zur Weltgeschichte", Band 2 (4. Auflage April 1969: 231. bis 300.Tausend), kennt trotz seiner hohen Auflage nicht einmal die oben genannten Namen (mit Ausnahme von Steuben, dem preußischen General und Organisator der amerikanischen Armee im Jahre 1777 auf Seite 13). Demgegenüber schreibt Cartier zumindest über die sowjetische U-Boot-Torpedierung der „Wilhelm Gustloff" mit etwa 12000 Menschen an Bord, außer ihr die ‚General von Steuben' mit 3000 und die „Goya" mit 7000 Menschen[21].

Erst im Jahre 1983 erschien ein Buch über die Schiffskatastrophe in der Lübecker Bucht. Darin berichtet Günther Schwaberg, daß in dieser Bucht am 3. Mai 1945 vier deutsche Schiffe, nämlich die „Cap Arcona", die „Deutschland", die „Thielbeck" und die „Athen", vor Anker lagen. An diesem Tag waren mindestens 10000 Menschen auf den benannten Schiffen. Einem Bericht von Joachim Steinmayr zufolge befanden sich allein auf der „Cap Arcona" und auf der „Thielbeck" bereits 10800 KZ-Häftlinge[22]. Hinzu kämen noch rund 1000 Mann Besatzungsmitglieder, SS-Männer und Maiden. Unberücksichtigt blieb in beiden Berichten die Marine-Genesungskompanie von rund 150 Soldaten. Demgemäß können auch wesentlich mehr als 10000 Menschen auf den vier Schiffen gewesen sein.

Die vier deutschen Schiffe in der Lübecker Bucht waren sicherlich unbewaffnet und als Flüchtlingsschiffe gekennzeichnet. Die „Cap Arcona" hatte bereits mehrere Fahrten von der Danziger Bucht bis Dänemark hinter sich, wobei sie jeweils zwischen 8000 und 9000 Flüchtlinge und verwundete deutsche Soldaten retten konnte[23]. Dann aber bekam der verdienstvolle Ozeanriese Maschinenschaden und mußte in der Lübecker Bucht vor Anker gehen. Dort kamen Ende April die KZ-Häftlinge mit ihren Bewachern, hauptsächlich aus den Genesenden der 25. Mar. Ers. Abtlg. bestehend, an Bord. Besonders eindeutig mit dem „Roten Kreuz" war die „Deutschland" als Nichtkriegsschiff gekennzeichnet, denn dieses nach der „Cap Arcona" größte Schiff (22 000 BRT), ein Schnelldampfer der deutschen „HAPAG", wurde sogar als Lazarettschiff umgerüstet[24].

Anfang Januar 1945 waren die „Typhoons"-Jagdflugzeuge der „Birthday"-Staffel mit ihrem Staffelführer, Captain Martin Rumbold, mit neuen Raketen ausgerüstet worden. Wahrscheinlich handelte es sich um eine etwa der deutschen $R_4M$ gleichwertige Rakete, wie sie von den deutschen Me 262 Jägern (wir berichteten) verwendet wurde. Ebenso wie die deutschen Jäger konnten auch die britischen „Typhoons" die Raketen einzeln und als Salve alle gemeinsam abfeuern. In den englischen Maschinen war für die gemeinsame Abfeuerung aller Raketen der Knopf ‚Salva' zu drücken.

Auf der „Cap Arcona" trifft der polnische Arzt Dr. Borucki um etwa 14.30 Uhr an diesem denkwürdigen 3. Mai 1945 seinen Freund Joseph Owczarek (Neuengamme-Hälftling Nr. F 30718) und sagt ihm: „Hast du schon gehört? Es ist Frieden! Wir feiern. Komm um Viertel nach sechs in unsere Kabine, es gibt Brot und Margarine!"

Doch Captain Rumbolds „Typhoon"-Jabo-Staffel ist zu dieser Zeit bereits im Anflug auf die Schiffe in der Lübecker Bucht. Als sich die englischen Flugzeuge immer mehr den Schiffen näherten, begannen viele Gefangene an Deck ihnen zuzuwinken. Andere schwenkten mit Stoffetzen und hielten Bettlaken hoch, was man an Bord der anfliegenden Todesschützen allerdings kaum bemerkt haben dürfte.

Wenige Sekunden vor Angriffsbeginn hatte Captain Rumbold seinen Flugzeugführern per Sprechfunk den Befehl „Fire Salva" durchgegeben. Als Rumbold als erster etwa 300 m an die „Cap Arcona" heran war, drückte er auf „Salva". Und Sekunden später drückten auch seine Flugzeugführer in den Staffelmaschinen auf den Knopf „Salva". Dann zogen sie ihre Maschinen hoch und flogen über die „Cap Arcona" hinweg. Eine „Typhoon" war höher als die anderen geflogen, vielleicht als Begleitschutz und Beobachter. Der Flugzeugführer Don Saunders konnte die Flugbahnen der Raketen daher sehen[25]:

> „64 Raketen flogen auf das Schiff zu. Eine einzige fiel ins Wasser. Die anderen 63 schlugen in das Schiff ein. Es war, als ob ein riesiger Feuerball birst."

Als sich der polnische Arzt Dr. Borucki von seinem Freund Joseph Owczarek auf der „Cap Arcona" verabschiedet hatte, trennten sich ihre Wege. Owczarek geht nach oben an Deck und Dr. Borucki nach unten. In diesem Moment schlagen die ersten Raketen der „Typhoons" auf dem Schiff ein. Dr. Borucki ist sofort tot.

Die „Cap Arcona" brannte gleichzeitig an mehreren Stellen. Das ganze Schiff zitterte wie bei einem Erdbeben. Von den unteren Etagen wollte alles nach oben. Ein Franzose kam das Treppenhaus hinauf, seine Kleider brannten. Er stammelte nur noch: „Alles Wasser, alles Feuer, alles kaputt!" Dann sackte er leblos in sich zusammen. Da die später Geretteten alle vom Heck des Schiffes kamen, müßten alle Menschen, die sich mittschiffs oder im Vorschiff befanden, umgekommen sein. Aber auch unter dem C-Deck scheinen alle den Tod gefunden zu haben, denn das Feuer hatte dort besonders stark gewütet. Der Boden darüber war schon sehr heiß geworden, und das Schreien unten hatte mit einem Schlag aufgehört.

Wer sich lebend an Deck hatte retten können, war damit nicht außer Lebensgefahr: Neuerlich kamen britische Maschinen im Tiefflug. Diesmal schossen sie auf die Bedauernswerten mit Maschinengewehren, wie es andere vertierte Jäger schon drei Monate zuvor in Dresden gegen die auf die Elbwiesen gehetzten und geflüchteten Zivilpersonen getan hatten. Hier in der Lübecker Bucht ließen sie aber bald von der „Cap Arcona" ab und wandten sich den übrigen Schiffen, vor allem der „Thielbeck", zu. Gegen die „Thielbeck" war inzwischen auch eine neue Staffel eingesetzt worden. Die Katastrophe nahm ihren Fortgang. Fünf britische Typhoons feuern ihre Raketen auf das Lazarettschiff „Deutschland" und vier auf die „Thielbeck". Die „Deutschland" erhält 40 Raketentreffer, also etwa zwei Drittel der Trefferzahl auf der „Cap Arcona". Auf der „Deutschland" bricht alsbald ein Brand vom Heck bis zum Bug aus, das heißt, das ganze 22 000 BRT-Schiff steht in Flammen. Die „Thielbeck" ist innerhalb kurzer Zeit in Rauch eingehüllt mit 30 Grad Schlagseite an Steuerbord[26]. Bald sinkt sie und nimmt 2000 Menschen mit in die Tiefe, verbrannte und von Tieffliegern erschossene sowie verletzte KZ-Gefangene und Bewacher der Marine-Genesungskompanie sowie der SS, viele Besatzungsmitglieder und einige Arbeitsdienst-Maiden.

Insgesamt verursachen die Luftangriffe auf die deutschen KZ-Schiffe und das Lazarettschiff „Deutschland" rund 7500 Getötete. Hunderte Tote werden erst Wochen, Monate und Jahre nach der Schiffskatastrophe am Strand bei Neustadt, Pelzerhaken, Sierksdorf und Haffkrug angeschwemmt. Zuletzt sind es aber nur noch Knochenteile, die keinerlei Identifizierung mehr zulassen.

Wie war es nur möglich, daß solche Luftangriffe gegen die Zivilbevölkerung ohne jeden militärischen Zweck zu einem Zeitpunkt erfolgten, an dem der Kriegsausgang zugunsten der Alliierten längst entschieden war und viele KZ-Gefangene, noch kurz bevor sie getötet wurden, sogar schon an Siegesfeiern dachten? War es möglich, daß Captain Rumbold die Luftangriffe auf die deutschen Schiffe ohne Befehl von seinen Vorgesetzten etwa im Rahmen der „freien Jagd" geführt hat? Wie war es möglich, daß die Angriffe auf die deutschen Schiffe dennoch geführt wurden, obwohl Captain Rumbold oder zumindest seine vorgesetzte Dienststelle über die Besetzung der Schiffe mit KZ-Gefangenen Bescheid gewußt haben müssen? Tatsächlich waren nämlich die Alliierten über Ereignisse in fast ganz Europa von wesentlich geringerer Bedeutung als die Besetzung von vier großen Schiffen mit über 10000 besonders geschwächten KZ-Gefangenen bestens im Bilde. So zerbombte die 15. USAAF am 23. Februar 1945 die kleine Stadt Knittelfeld in der Steiermark in Österreich, nur weil sie über den Geheimdienst in Erfahrung gebracht hatte, daß in dem dortigen Austria-Emailwerk „Panzerfaust"-Zünder oder gar V2-Teile erzeugt werden.

Wie war es möglich, daß die englischen Todespiloten und ihre Vorgesetzten offensichtlich keinen Unterschied machten zwischen den – mit welchen Mitteln auch immer zu vernichtenden – Deutschen und den von diesen in Konzentrationslagern widerrechtlich festgehaltenen Politikern und Widerstandskämpfern? Tatsächlich ist es wiederholt vorgekommen, daß KZ-Insassen bei Luftangriffen auf Industrie- und Verkehrsanlagen, mehrmals auch auf Außenlager und ausnahmsweise sogar auf ein Hauptlager in Mitleidenschaft gezogen wurden[27]. Die KZ-Gefangenen-Sachsenhausen erlitten 1944/45 folgende Verluste an Toten:

am 28. Februar 1945   50 Häftlinge bei einem Luftangriff auf einen Eisenbahnzug,

| am 2. März 1945 | 12 Häftlinge auf der Bahnstrecke Ennerich-Eschhofen |
| am 22. März 1945 | bei einem Angriff auf das KZ Sachsenhausen und auf Oranienburg (ohne Verlustangabe) |
| am 10. April 1945 | 250 Tote bei einem Bombenangriff auf das Außenlager vom KZ-Sachsenhausen „Klinkerwerk", |
| ca. am 15. April 1945 | Einige Hundert Kameraden bei einem schweren Bombardement der außerhalb des KZ-Lagers Sachsenhausen gelegenen SS-Betriebe |
| am 19. April 1945 | 230 Gefangene bei einem Bombenangriff auf die Heinkel-Flugzeugwerke bei Oranienburg |
| am 20. April 1945 | Die alliierten Geschwader laden zwar über dem KZ-Sachsenhausen ihre Bomben aus. Diese gehen jedoch auf Oranienburg nieder. Auf die Lagerinsassen werden lediglich Flugblätter mit einem sehr beruhigenden Text abgeworfen. |
| am 3./4. April 1945 | 1300 tote KZ-Häftlinge des Außenlagers des KZ-Mittelbau-Dora[28] |

Zu den oben gestellten Fragen gesellt sich eine letzte: Warum wird der in der Lübecker Bucht am Ende des Zweiten Weltkrieges durch britische Jaboflieger veranlaßte Opfertod von rund 7000 Widerstandskämpfern gegen Hitler, von Kriegsgefangenen, von den zur Wachmannschaft befohlenen deutschen Frontsoldaten (den Genesenden der Kriegsmarine und vielleicht auch der Waffen-SS)[29] und einem geringen Prozentsatz Krimineller in der Öffentlichkeit und in Geschichtsbüchern verschwiegen? Darauf gibt es nur eine Antwort: Wer den Opfertod von Freiheitskämpfern in der Vergangenheit mißachtet, der wird sich auch in Zukunft weder für die Aufrechterhaltung der Freiheit noch für die Verhinderung weiterer Kriegsverbrechen an verdienstvollen und tapferen Frauen und Männern einsetzen.

## Beurteilung der Lehre Douhets nach den Luftkriegs-erfahrungen des Zweiten Weltkrieges

Zum Abschluß dieses Kapitels soll noch auf die Lehre vom totalen Krieg, wie sie von Douhet geschaffen wurde, eingegangen werden. Die Art der Luftkriegsführung in Europa und Nordafrika während des Zweiten Weltkrieges hat den Ansichten Douhets in geringem Maße Recht gegeben, seine Voraussagen über die künftige Kriegsführung haben sich zum größten Teil allerdings nicht erfüllt. Recht hatte Douhet mit seiner Theorie, daß die Eroberung der Luftherrschaft bereits einen wesentlichen, wenn nicht überhaupt den ausschlaggebenden Faktor für den Sieg bildet. Nicht zugetroffen sind jedoch seine Voraussagen hinsichtlich der Art und Weise, wie die errungene Luftherrschaft auszunützen sei. Obwohl im Zweiten Weltkrieg die vernichtendsten Schläge der Flugwaffe wirklich gegen die weniger widerstandsfähigen Glieder der Völker, nämlich gegen die Zivilbevölkerung der Kriegführenden, gerichtet worden waren, hatte der Raumkrieg nicht weniger, sondern wesentlich mehr Blut als alle vorher ausgetragenen Konflikte gekostet und hatte überdies nicht zu einer Verkürzung, sondern sogar zur Verlängerung des Völkerringens geführt.

Schließlich muß aber auch die Ansicht Douhets, daß die Einschränkungen hinsichtlich des Verbots der Verwendung barbarischer und verbrecherischer Kriegsmittel und -methoden im Raumkrieg an Wert und Bedeutung verloren hätten, aufgrund der Lehren des Zweiten Weltkrieges als widerlegt betrachtet werden. Diese Lehren besagen nämlich, daß die Nichtbeachtung des Kriegsrechtes in der Luftkriegsführung den Kriegführenden keine militärischen Vorteile einbringt, sondern nur zur Verursachung von millionenfachem Leid und letzten Endes zur Zerstörung der menschlichen Kultur und Zivilisation führt.

1 Adolf Galland, S. 299f.
2 siehe unseren Bericht über die alliierten Angriffe auf Berlin zu Beginn 1945 auf S. 440f. und The Army Air Forces in World War II, S. 601: hier werden sogar 1251 die Stadt Berlin angreifende Bomber angeführt.
3 Adolf Galland, S. 300.
4 Adolf Galland, S. 301ff.
5 Edwin J. Kordik, Die Jagdflugzeug- und Jabo-Entwicklung seit dem letzten Weltkrieg. Aus: „Österreichische Militärische Zeitschrift", Heft 3, Mai/Juni 1966.
6 Adolf Galland, S. 305. Doch nicht nur die deutschen Düsenjäger wurden nach

476

dem „Ausstieg" beschossen. Gemäß Aussage eines sächsischen Leutnants, der im Mai 1944 in das Grazer Lazarett Ib eingeliefert worden war, dem Verfasser gegenüber: „Ich war nach Abschuß eines Viermotbombers selbst mit meiner Me 109 von einem US-Begleitjäger abgeschossen worden und mußte ‚aussteigen'. Nach einiger Zeit des freien Fallens mußte ich den Fallschirmauslöseknopf drücken, und mein Fallschirm öffnete sich auch. Plötzlich wurde ich von einem feindlichen Begleitjäger beschossen. Glücklicherweise traf er mich nicht, wohl aber meinen Schirm, dem er einen ‚Sektor' herausschoß. Dadurch wurde meine Fallgeschwindigkeit größer, und ich kam wesentlich unsanfter als sonst nach einem Absprung auf dem Boden auf. Aufgrund der dabei erlittenen Verletzungen mußte ich hierher ins Lazarett gebracht werden."

7  Manfred Boehme, a.a.O., S. 251.
8  J. Ethel/A. Price, „Deutsche Düsenflugzeuge . . .", S. 71.
9  Theo Rossiwall, Die letzten Tage – Die militärische Besetzung Österreichs 1945, Wien, 1969, S. 111f.
10 Lothar Rendulic, Gekämpft – gesiegt – geschlagen, Wels-Heidelberg, 1952, S. 370f.
11 Ebda. S. 374. Dies dankten ihm später die österreichischen Behörden keineswegs, offensichtlich weil Generaloberst Rendulic am 19. Februar 1948 von einem US-Militärgericht unter dem vorsitzenden zivilen Richter Charles T. Wennerström aufgrund rückwirkender Gesetzgebung zu 20 Jahren Haft verurteilt wurde. Aus dieser Haft war Rendulic allerdings bereits nach vier Jahren am 15. Dezember 1951 freigelassen worden. Aus: Lothar Rendulic, Generaloberst a. D., Glasenbach–Nürnberg–Landsberg – Ein Soldatenschicksal nach dem Krieg, Graz–Göttingen, 1953. Siehe auch: Hrowe H. Saunders FORUM DER RACHE – Deutsche Generale vor den Siegertribunalen 1945 bis 1948, Leoni am Starnberger See, 1986, S. 2/2.
12 Theo Rossiwall, S. 246.
13 Heinz Karpf, Die Kampfhandlungen in der Steiermark, S. 413ff. Aus: Die Steiermark, Land – Leute – Leistung, Graz 1971. Rudolf Grasmug, 800 Jahre Feldbach, 1984, S. 322ff.
14 Lothar Rendulic, S. 376f.
15 Arthur Smith, „Churchills deutsche Armee", S. 10ff.
16 siehe aktuelle Zeitgeschichte Tafel 6.
17 Lothar Rendulic, S. 378.
18 Schreiben Hubert Lindenthal (14a) Kuchen-Fils/Württ. an das Polizeiamt in Bremen-Farge vom 12. 5. 1947.
19 Brief Naval Document Centre, British Naval Headquarters-Marine-Personal-Dokumente-Zentrale beim Britischen Marineoberkommando Hamburg–Alsterdorf, (24a) Hamburg 39 an Hubert Lindenthal, Kuchen, v. 13. 11. 1947.
20 Ploetz, S. 53.
21 Cartier, a.a.O., S. 986.
22 Joachim Steinmayr, Totenschiff wird gehoben – Die „Thielbeck" mit ihren 2700 Opfern in der Lübecker Bucht. Aus: Münchner Illustrierte, Nr. 2/1950.
23 Günther Schwarberg, S. 38ff.
24 Ebda. S. 81ff.
25 Günther Schwarberg, S. 78ff.
26 Günther Schwarberg, S. 81.
27 Sachsenhausen – Dokumente, Aussagen, Forschungsergebnisse und Erlebnisbe-

richte über das ehemalige Konzentrationslager Sachsenhausen, Berlin-DDR, 1981, S. 78ff.

28 Schreiben vom Rat des Kreises Nordhausen – Bezirk Erfurt-DDR, vom 22. 7. 1985.

29 Entgegen allen Militär-Dienstvorschriften wurden gegen Kriegsende auch genesende oder versehrte Frontsoldaten der Waffen-SS und anderer Fronteinheiten zu Bewachungsdiensten in Konzentrationslager befohlen: so auch der österreichische Waffen-SS-Genesende Nowak. Dieser sagte anläßlich der das KZ-Lager Mauthausen überfliegenden US-Bomber: „Vielleicht wäre es besser für Euch und für mich, wenn uns herabfallende Bomben töten würden."

# C. Länder

# Einführung: Die anglo-amerikanische Luftkriegsführung gegen EUROPA

*Ein Land zu bombardieren, seine Fabriken zu zerstören, seine Städte dem Erdboden gleichzumachen, seine Einwohner zu verwunden oder zu töten: das heißt gegen dieses Land Krieg zu führen, ob es nun – wirklich oder angeblich – zum Nutzen dieses Landes getan wird oder nicht.*

*Captain Russel GRENFELL[1]*
*über die Bombardierung französischer Städte*

Was der englische Militärhistoriker Grenfell hier über die anglo-amerikanischen Luftangriffe gegen die Zivilbevölkerung Frankreichs aussagt, könnte über den alliierten Luftkrieg gegen die bedauernswerte Zivilbevölkerung von sechzehn europäischen Ländern geschrieben worden sein. Unverständlicherweise kam es hinsichtlich dieser Art von Luftkriegsführung in einigen Ländern, vor allem in Frankreich und Italien, zu einem Verdrängungskomplex. Es *ist* eine erstaunliche Erscheinungsform dieses zweifellos erfolgreichen Verdrängungsmechanismus in diesen Ländern, wenn zum Beispiel in einem in deutscher Sprache in Frankreich gedruckten Italienführer[2] wohl über ein im Jahre 1955 von Brescia aus gefahrenes Autorennen „mit einer fabelhaften Durchschnittsgeschwindigkeit von 185 km/h" in immerhin 9 Zeilen berichtet wird und über den Tod von 460 Frauen und Kindern im Luftkrieg der Jahre 1944–1945 nicht einmal ein einziges Wort zum Abdruck kommt. Auch über die furchtbare Tatsache, daß Bologna durch alliierte Luftbombardements 2141 Ziviltote zu beklagen hatte und 20% seiner Wohnungen, das waren 55000 Wohneinheiten, durch Zerstörung und schwere Beschädigung verlor, wurde in diesem honorigen Italienführer keine einzige Druckzeile „verschwendet".

Der Verfasser konnte die Schwierigkeiten bei Quellenstudien über den gegen diese Länder geführten alliierten Luftkrieg der

Jahre 1940–1945 nur dank der erfreulichen Unterstützung durch die Botschaften, vor allem Italiens[3] in Österreich überwinden. Glücklicherweise ist der Föderalismus in diesen beiden Ländern doch so weit entwickelt, daß von einem guten Teil der um Mitarbeit gebetenen Stadtverwaltungen zufriedenstellende Antworten kamen. An eine vollständige Erfassung der Luftkriegsverluste Frankreichs und Italiens war jedoch nicht zu denken. Demgegenüber konnten die Verluste der übrigen vom alliierten Luftkrieg betroffenen europäischen Länder sehr weitgehend oder sogar vollständig aufgezeichnet werden. Dies verdankt der Verfasser wiederum der freundlichen Unterstützung durch die in Österreich akkreditierten Botschaften, vor allem deren Verteidigungsattachés.

Da es schwierig ist, eine zufriedenstellende Reihenfolge der von alliierten Luftangriffen betroffenen Länder Europas vorzunehmen, möge die im Folgenden abgedruckte mehr oder weniger ungeordnete Länderfolge vom Leser entgegenkommenderweise akzeptiert werden.

1 Russel Grenfell, „Bedingungsloser Haß?", S. 111.
2 Manufacture Française des Pneumatiques Michelin, Italien, Deutsche Ausgabe, Clermont-Ferrand, 1965, S. 63 ff.
3 Besonderer Dank gebührt Herrn Dr. Michelangelo Pipan, Erster Sekretär der italienischen Botschaft in Wien, für seine Mitarbeit gemäß Schreiben vom 16. August 1985, 10. Januar und 11. April 1986.

# 1. Die Schweiz

*„Amerikaner behalten bis ins hohe Alter die Mentalität von Zwölfjährigen, die sie, frühreif, wie sie sind, schon mit acht erworben haben."*

*(Erwin CHARGAFF „Bemerkungen")*

## Das Schicksal eines selbsternannten Puffers zwischen den kriegführenden Mächten im Zweiten Weltkrieg[1]

Im Falle von bewaffneten Auseinandersetzungen zwischen Staaten hat man, historisch betrachtet, es nie sehr genau mit dem Neutralitätsstatus von am Konflikt nicht unmittelbar beteiligten, an das jeweils eigene Territorium grenzenden, sich mehr oder minder strikt neutral verhaltenden Ländern genommen: Dies gilt sowohl für kleinere, militärisch ausgefochtene Scharmützel als auch vermehrt für den „großen" Krieg. In diesen, der gleichsam eine Kollektivanstrengung repräsentiert, *„treten"*, nach einem gelungenen Steinmetz-Wort größter Prägnanz wie stets aktueller Brisanz[2], *„die Staaten selbst, die höchsten Gesamtheiten als solche, gegeneinander in die Schranken"*, um kraft des Einsatzes aller nur irgendwie denkbaren Ressourcen der jeweils eigenen Gemeinschaften den propagandistisch mit der Aura des Bösen umhüllten[3], ja regelrecht verteufelten Gegner kämpfend niederzuringen (d. h. im Klartext als Mitbewerber um Wirtschaftsinteressen auszuschalten).

Vordergründig mit Beifall bedachte Grundsätze des oftmals sybillinisch formulierten Völkerrechts, unterzeichnete Langzeitverträge, in Geheimschrift abgefaßte zweiseitige Abkommen zur realen Konfliktvermeidung und die Schaffung internationaler Gerichtshöfe mit entschieden vermittelnder Aufgabe – alle diese Vorkehrungen und Einrichtungen helfen kleinen neutralen Staaten nichts, wenn ein mächtiges Land einen Krieg gegen ebenfalls mächtige Gegner anzettelt und sich beispielsweise beim militärischen Nachschub der eigenen Truppenverbände oder bei der

482

räumlich kürzesten Erreichung der jeweils gesteckten strategischen Kriegsziele an der territorial unbestreitbaren Existenz eines sichtbar militärisch schwachen, gleichwohl auch nach Eintreten des folgenschweren Konfliktfalles neutral bleibenden Landes stößt. Priorität für den mächtigen kriegführenden Staat bildet hier stets die Niederwerfung des jeweiligen Kriegsgegners – eine fest umrissene Ausgangsposition, der sich alles andere unterzuordnen hat, insbesondere in der Zeit des Verfalls der „zivilisierten Kriegführung" im 20. Jahrhundert[4]. Dieser Standpunkt wurde aber auch schon in früheren Zeiten im Sinne der Forderung, den Feind möglichst total zu vernichten, theoretisch wie auch praktisch verfochten, wie Raymond Aron richtig schreibt:

> „Der Wille, den Feind zu vernichten, der in jedem Begriff vom Kriege steckt, ist durch den Fortschritt der Zivilisationen in keiner Weise gehemmt oder gemindert worden."[5]

Wer Arons Diktum berücksichtigt, versteht, daß Neutralität als solche im Kriegsfalle zuwenig Gewicht von Kriegsgegnern zugesprochen erhält, als daß sie sich behaupten könnte: Die Auslöschung des Gegners geht vor. Eine Verletzung der Gebietshoheit eines Landes, das sich aus den mannigfaltigen kriegerischen Auseinandersetzungen ringsum bewußt heraushält, wird dann vielleicht gewollt in Kauf genommen, um das betreffende, den eigenen selbstsüchtigen Kriegsinteressen als wesentliches Hindernis im Wege stehende, neutrale Land einzuschüchtern, es gezielt mit verbalen oder harten Drohgebärden verschiedenster Art den jeweils eigenen Absichten und dem eigenen Streben willfährig zu machen, ihm also seine eigene Ohnmacht darzutun, etwa durch die Demonstration einer offenbaren Luftüberlegenheit nach dem Motto: „Schau nur, was meine große Luftflotte im Falle des Falles alles an Schäden anzurichten vermag in deinem Lande, ohne daß du dich wirksam zur Wehr setzen kannst!"

Diese unsere soeben aufgestellte Hypothese einer absichtlichen Verletzung des Hoheitsraumes neutraler Staaten im Kriegsfalle findet ihre nachprüfbare Entsprechung in jener steten Mißachtung der Gebietshoheit der Schweiz, insbesondere ihrer Lufthoheit, in den Jahren 1939–1945, und zwar vornehmlich durch alliierte Bomber und Jagdflugzeuge, wobei es auch zu gelegentlichen Beschießungen schweizerischer Eisenbahnanlagen, fahrender Züge und Bahnhöfe sowie zu gelegentlichen Bombardierungen von Städten,

Dörfern und Einzelgehöften auf dem Staatsgebiet der Schweiz – propagandistisch stets als „Irrtum" bezeichnet – gekommen ist. Auf den hier somit festgestellten Tatbestand einer vom humanitären Gesichtspunkt aus unverantwortlichen sowie völkerrechtlich untersagten Verletzung oder gar Tötung neutraler Nichtkombattanten auf ihrem jeweils eigenen Staatsgebiete, auch auf ihre Verluste an Eigentum sowie auf die Schäden an Gemeingut, möchten wir nun am Beispiel der Schweiz im Zweiten Weltkrieg eingehen.

*Neutralitätsmißachtung und Territorialitätsverletzungen durch fremde Flugzeuge sowie Beschuß von Objekten und Bombardierungen von Städten und Dörfern durch fremde Bomber in der Schweiz zwischen 1939 und 1945 (Überblick)*

Bekanntlich hat die Schweiz seit den Tagen Napoleons (und auch damals nur gegen ihren Willen) nicht mehr an irgendwelchen kriegerischen Auseinandersetzungen in Europa oder sonstwo teilgenommen; ihr politischer, wenn auch nicht stets gewahrter Status war der einer strikten Nichteinmischung in die politischen, wirtschaftlichen, ideologischen und ethnischen Streitigkeiten anderer Staaten im Sinne einer erstrebten Beibehaltung der eigenen Neutralität; das war 1870/1871 ebenso wie, aufs Ganze gesehen, zwischen 1914 und 1918.

Als am 1. September 1939 der Krieg Deutschland – Polen ausbrach, erklärte sich die Schweiz für neutral, und zwar in Form einer *bewaffneten Neutralität*, kraft derer sie, gleichsam abseits aller Fronten vorbeigleitend, ihren Status entschiedener Nichteinmischung in die Angelegenheiten fremder Staaten und somit völliger politischer Unabhängigkeit zu bewahren trachtete. Zum Schutze des eigenen Staatsgebietes wurden unter anderem Jagdflugzeuge – Me 109 – im Deutschen Reich angekauft[6]; sie sollten den schweizerischen Luftraum gegen etwa einfliegende Feindmaschinen schützen. Ohne eigene Maschinen in der Luft wäre ja ein aktives Betreiben bewaffneter Neutralitätspolitik, die sich nicht zuletzt auf den rückschauend von den Eidgenossen immer wieder zitierten esprit de corps unter den heimischen Flugzeugbesatzungen stützte[7], von vornherein ganz illusionär gewesen.

Das Vorhaben der Schweizer, aktiv eine bewaffnete Neutralitätspolitik aus der Schreibtischtheorie in die Praxis zu überführen, erwies sich auch so – trotz des nunmehrigen Besitzes etlicher eigener Jagdflugzeuge – als bloße Illusion. Bereits 1939 kam es zu insgesamt 143 Verletzungen des Schweizer Luftraumes[8], ohne daß dies die zur Luftraumüberwachung eingesetzten eidgenössischen Flieger oder installierte Flugabwehrbatterien hätten verhindern können. 1940 stieg die Zahl amtlich registrierter Grenzverletzungen durch fremde Flugzeuge auf 708, 1941 ging sie auf 413 zurück. 1942 ermittelte man über der Schweiz ungefähr dieselbe Zahl wie 1941, nämlich 419. 1943, im Jahr der entscheidenden Kriegswende in Europa nach der Niederlage der Deutschen bei Stalingrad und nach dem Abbruch der Panzerschlacht bei Kursk, stieg die Zahl von Luftraumverletzungen über der Schweiz rapide an und erreichte das Total von 874, bis sie schließlich im Jahre 1944, insbesondere nach der Landung der Alliierten in der Normandie, die astronomische Summe von 2212 erreichte. Die für das Jahr 1945 errechnete Gesamtzahl von 1732 Luftraumverletzungen eidgenössischen Hoheitsgebietes erscheint überaus hoch, wenn man bedenkt, daß der Zweite Weltkrieg in Europa am 8. Mai desselben Jahres mit der bedingungslosen Kapitulation des Großdeutschen Reiches sein Ende fand und „lediglich" auf dem fernöstlichen Kriegsschauplatz noch einige Monate fortgeführt wurde.

Schlüsselt man nun die Verletzungen des Schweizer Luftraumes – deren Gesamtzahl sich übrigens von 1939–1945 auf 6501 beläuft[10] – durch fremde Jagdflugzeuge und Bomber nationalitätsspezifisch auf, so erkennt man unschwer, daß die Alliierten ungleich mehr Verletzungen begangen haben als die Achsenmächte, d. h. vor allem das Deutsche Reich[11]. Die Waage halten sich die Vergleichszahlen für die beiden Kontrahenten wohl nur für das Jahr 1941; in allen anderen Jahren übertrifft die Zahl an Luftraumverletzungen durch alliierte Jäger- und/oder Bomberverbände jene durch deutsche Flugzeuge ganz beträchtlich. Dies hängt ursächlich vor allem mit Abflugort und Zielgebiet der jeweiligen Maschinen, welche die neutrale Schweiz überflogen, und erst sekundär mit dem seit 1943 ungleich größeren Flugzeugbestand der Alliierten zusammen: Während die Deutschen, vornehmlich aus Süddeutschland kommend, den eidgenössischen Luftraum insbesondere auf ihren Flügen nach Frankreich verletzten (also diverse Abkürzungen über die Nordschweiz wählten), überflogen RAF und USAAF, in England

Notorische Luftraumverletzungen alliierterseits (Überblicks-skizze)[9]

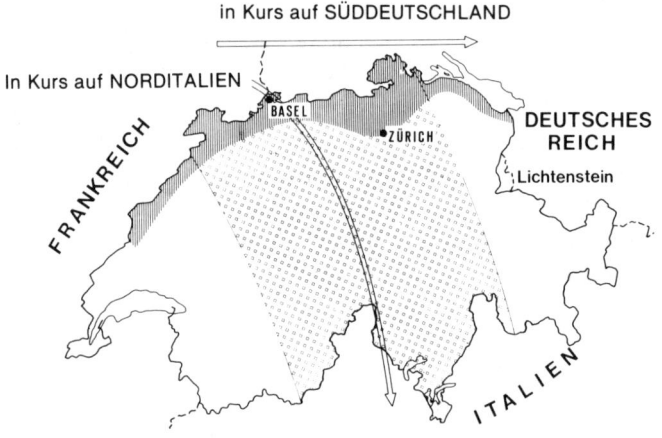

startend, die Schweiz quer in Richtung Italien (um dort beispiels-weise Mailand zu bombardieren), aber auch, von Nordafrika oder Malta kommend, Bomben im Raume Süddeutschland zu werfen. Die auf dieser und der nächsten Seite abgedruckten Skizzen mögen dies illustrieren:

Allerdings blieb es in den Jahren 1939–1945 für die neutrale Schweiz nicht allein bei einem vieltausendfachen illegalen Überflie-gen ihres Luftraumes durch fremde Jäger und Bomber. Die bereits sprichwörtlich gewordene eidgenössische Beibehaltung neutraler Positionen im Kriegsfalle[12] ließ es nicht bei den vorhin von uns aufgezählten zahllosen Verletzungen der eigenen Lufthoheit be-wenden, sondern setzte sich sowohl diplomatisch als auch mit Hilfe eines gezielten Einsatzes von Luftraumüberwachungsflugzeugen und neugebauter, an wichtigen Punkten in Stellung gebrachter Flak zur Wehr.[13]

Es kam also – in durchaus logischer Konsequenz schweizerischer Neutralitätspolitik in Krisenfällen wie Krieg und Kampfgesche-hen[14] – zu Luftkämpfen über eidgenössischem Territorium, und zwar beispielsweise zwischen schweizerischen und deutschen Ma-schinen im Juni 1940[15] und zwischen eidgenössischen und US-

Akzidentielle Luftraumverletzungen seitens deutscher Flugzeuge
(Überblicksskizze)[9]

*Die markierte Fläche indiziert jeweils das Gebiet der Schweiz, über
welchem der neutrale Luftraum verletzt zu werden pflegte.

amerikanischen Jägern im September 1944, weiters zu Abschüssen
fremder (primär alliierter) Bomber über der Schweiz, zu häufigem
Beschuß ausländischer Maschinen durch die schweizerische Luftwaffe, dadurch zu erzwungenen Notlandungen von Maschinen
besonders auf dem Flughafen Dübendorf bei Zürich und schließlich
zu Bruchlandungen vorwiegend alliierter Flugzeuge nach ihrem
Beschuß über Süddeutschland oder über der Schweiz. Auch Treibstoffmangel spielte eine Rolle. An der alliierten Taktik, das Territorium der Schweiz bevorzugt bei Nacht zu überfliegen, konnten alle
eidgenössischen Abwehrmaßnahmen eingestandenerweise jedoch
gar nichts ändern.

Es gab bei den Eidgenossen rückblickend nicht selten propagandistisch ausgeschlachtete oder gar in Zufriedenheit verbrämte
Darstellungen. Jedenfalls zeigten sie offenkundigen Willen, ihre
Erfolge in gelegentlichen Luftkämpfen mit nachweislichen Grenz-
verletzern[16], nämlich gezielte Abschüsse einfliegender Bomber

durch schweizerische Me 109-Jäger, hervorzukehren. Deren Besatzungen wurden, wenn sie den Absturz überlebten, üblicherweise meist für die Dauer des Krieges interniert[17], ein völkerrechtlich sanktioniertes Vorgehen, das ebensowenig unwirksam blieb wie der Einsatz von Fliegerabwehrgeschützen gegen fremde Bomber, von denen etliche schwere Beschädigungen davontrugen und ergo notlanden mußten[18]. Doch kann das alles nicht darüber hinwegtäuschen, daß die Schweizer trotz ihrer Neutralität im Zweiten Weltkrieg mehr oder minder zum Spielball ausländischer Machtinteressen degradiert wurden; sie haben dies auch exemplarisch vor allem durch die *wiederholte Bombardierung eidgenössischer Städte, Dörfer und Bahnanlagen* leidvoll erfahren müssen. Darauf haben wir jetzt gesondert einzugehen.

## Bombardierungen ziviler Ziele in der Schweiz

Der nach dem Ende des Zweiten Weltkriegs in bundesbehördlichem Auftrag erstellte eidgenössische *Bericht des Kommandanten der Flieger- und Fliegerabwehrtruppen an den Oberbefehlshaber der Armee über den Aktivdienst 1939–1945* führt eine Reihe von Bombardierungen völkerrechtswidrigen Charakters an, von denen schweizerische Dörfer und Städte, aber auch Bahnhöfe und selbst fahrende Personenzüge betroffen worden sind; er kann als Beweis dafür dienen, daß selbst (bewaffnete) Neutralität kleinen Ländern keinen Schutz davor zu bieten mag, zumindest am Rande in die Kriegshandlungen anderer Staaten verwickelt zu werden.

Aus diesem *Bericht* geht eindeutig hervor, daß die Bombardements ziviler Ziele in der Schweiz im Zeitraum 1939–1945 fast zu 100 % den Alliierten, d. h. genauer den Bombern und Jägern der RAF und USAAF, angelastet werden müssen. Besonders US-Maschinen warfen einen Teil ihrer Bombenlast über eidgenössischen Siedlungen ab[19], ohne daß dadurch das Gewissen der amerikanischen Politiker und Generäle belastet worden wäre. Im Gegenteil: Manche, von den Schweizern unzweifelhaft nachgewiesene Bombardierungen eidgenössischen Staatsgebietes durch Maschinen der USAAF wurden glattweg dementiert[20], andere wiederum wurden deutschen Bombern zur Last gelegt, die angeblich als US-Flugzeuge aufgemacht waren[21], ein Akt, der nichts als eine Propa-

*Die Kunsthalle und das Milleneum-Denkmal auf dem Budapester Heldenplatz nach ihrer Wiederherstellung.*

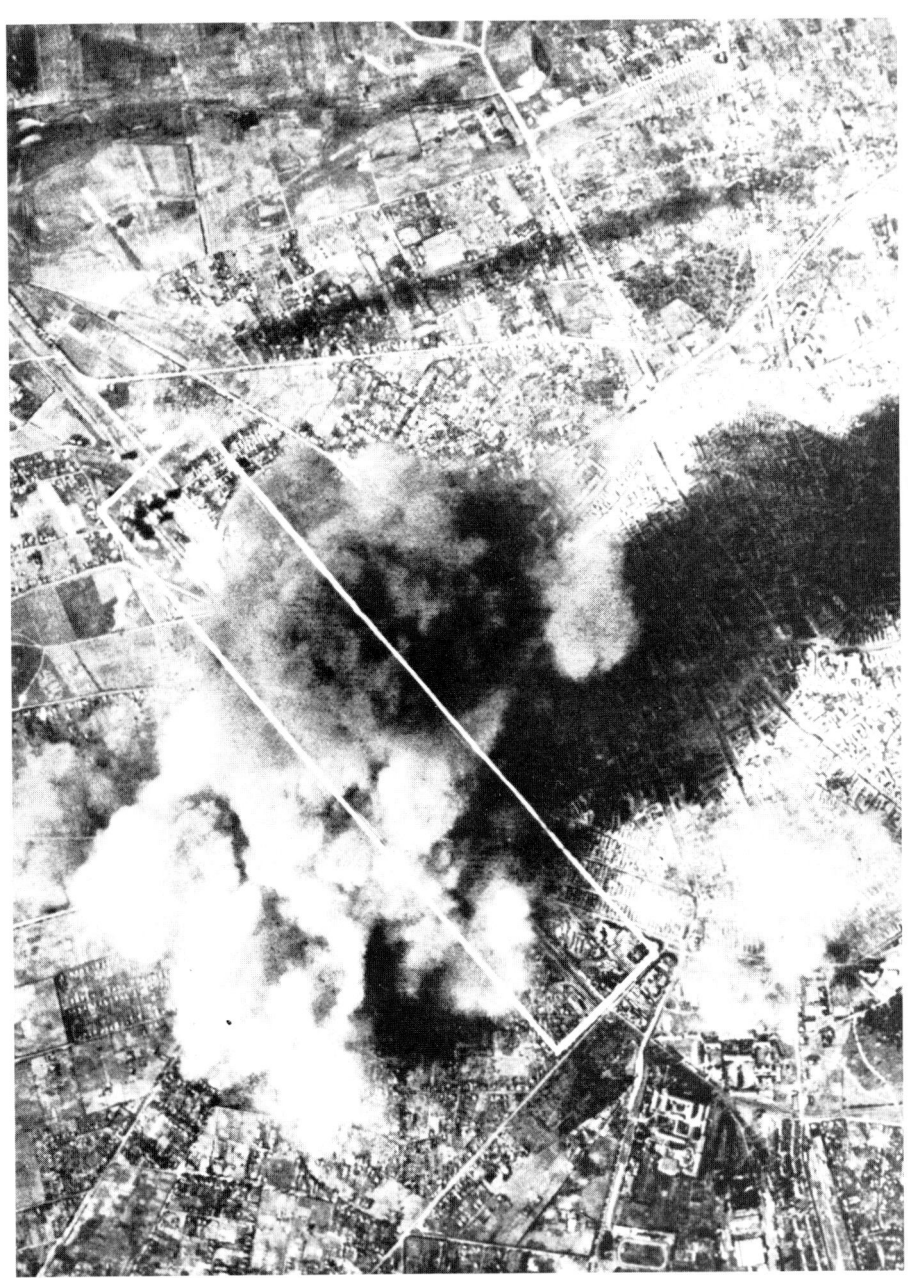

*Das mit dem Rechteck gekennzeichnete Zielgebiet, der Zentralbahnhof von Debrecen, wurde beim Luftangriff am 21. September 1944 nur teilweise getroffen, ein großer Teil der Bomben fiel auf die umliegenden Wohngebiete. Die Zivilbevölkerung von Debrecen erlitt daher bei 7 Luftangriffen Verluste von 1582 Toten. Im Bahnhofsgelände fanden auch 600 ungarische und deutsche Soldaten den Tod.*

*Der brennende Lübecker Dom nach den RAF-Nachtangriffen vom 29. März 1942.*

*Der bald nach dem Zweiten Weltkrieg neuerstandene Dom von Lübeck.*

*Die Hauptstraße der Seestadt Bremerhaven, die Bürgermeister-Smidt-Straße vor dem Zweiten Weltkrieg.*

*Dieselbe Hauptstraße, aus etwa demselben Blickwinkel wie oben aufgenommen, nach ihrer Zerstörung bei einem schweren alliierten Bombenangriff am 18. September 1944.*

*Die Bürgermeister-Smidt-Straße nach dem Wiederaufbau in den sechziger Jahren.*

gandalüge war. Untersucht man genauer, welche Schäden das völkerrechtswidrige Vorgehen der USA im Zweiten Weltkrieg an eidgenössischen Staatsbürgern und ihrem Hab und Gut angerichtet hat[22], dann erscheint dies nur als Vorspiel zu einer Periode weiterer Luftraumverletzungen des Hoheitsraumes neutraler Staaten, an denen sich US-amerikanische Flugzeuge beteiligten; sie uferten schließlich in einen Krieg, wie z. B. gegen Kambodscha, aus.[23]

Die Schweiz hatte allerdings damals das Glück, daß diese von den USA provozierten Luftzwischenfälle nicht in einen „echten" Krieg hineingesteigert wurden, sondern zeitlich wie örtlich ziemlich begrenzt blieben. Die Hybris völkerrechtlich unverantwortlicher Supermachtpolitik hatte sich schon in diesen Tagen des Zweiten Weltkrieges zu erkennen gegeben.

Wir können und wollen zwar im einzelnen nicht alle Bombardierungen eidgenössischer Städte durch englische und/oder US-amerikanische Flugzeuge während des Zweiten Weltkrieges wiedergeben, möchten uns also auf die schwerwiegenden Fälle beschränken. Schon im Juni 1940 erfolgten verschiedentlich Bombenabwürfe auf schweizerisches Hoheitsgebiet, „so bei Tägerwilen, Genf, Renens, Daillans, Weißenbach, Altmatt und Godat. Die Mehrzahl dieser Abwürfe erfolgte bei Nacht durch englische Flugzeuge"[24]. Im Dezember desselben Jahres wurden durch alliierte Verbände Basel (zweimal) und Zürich bombardiert. Am 12. Oktober 1941 hatte die neutrale Schweiz ihre ersten drei Todesopfer zu beklagen, die durch Spreng- und Brandbomben, abgeworfen von einem englischen Flugzeug in der Nähe von Buhwil bei Sulgen, ums Leben gekommen waren. 1942 gab es nur wenige Bombardierungen und keine Toten auf seiten der Schweizer; dasselbe gilt für das Jahr 1943 (es wurden allerdings abermals Basel und Zürich – und zwar im Mai – bombardiert). 1944 nahm die Zahl alliierter Bombenabwürfe über schweizerischem Territorium rapide zu. Ein besonders schreiendes Beispiel von völkerrechtlich verbotener Mißachtung neutralen Gebietes im Kriegsfalle stellt Schaffhausen dar: „Das war der schwerwiegendste Bombardierungsfall, den unser Land während des ganzen Krieges zu verzeichnen hatte." Viele Spreng- und Brandbomben, von einem US-amerikanischen Bombergeschwader geworfen, das sich angeblich verflogen hatte, fielen auf diese Stadt, forderten insgesamt 40 Tote, ließen über 400 Personen obdachlos zurück, zerstörten eine Reihe von Wohngebäuden und Fabrikanlagen und richteten einen von der Schweiz auf 35–40 Millionen Franken geschätzten, von der US-amerikanischen Regierung erst im Herbst 1949 (!) einer finanziellen Wiedergutmachung zugeführten Schaden[25] an. Einen ins einzelne gehenden, reiches Bildmaterial enthaltenden Bericht über diese Bombardierung von Schaffhausen, vier Wochen nach jenen schrecklichen Ereignissen erstellt, verdanken wir Armin Walter[26]. Zur Bombardierung Schaffhausens sei es angeblich aufgrund einer Verwechslung der schweizerischen Grenzstadt mit dem deutschen Tuttlingen, in der Luftlinie 34 km von Schaffhausen entfernt, seitens der USAAF gekommen[27].

Im November 1944 stellten die Eidgenossen alliierte Bombenanwürfe bei Rheinfelden, Dießenhofen und im Val Sulsana fest: „Verschiedene Personen wurden dabei getötet oder verletzt"[28].

Das letzte Kriegsjahr des Zweiten Weltkrieges, 1945, bringt am 22. Februar weiteres Leid über die Zivilbevölkerung einer eidgenössischen Kleinstadt. US-Bomber werfen ihre Bombenlast über Stein am Rhein ab, wobei insgesamt neun Menschen (vier Frauen und fünf Kinder) ihr Leben verlieren;[29] die US-Regierung gab ihre Schuld am Zustandekommen dieses Vorfalles auch zu[30]. Am gleichen Tage waren auch in Rafs, einem weiteren Ort in der Nordschweiz nahe an der deutsch-schweizerischen Grenze, acht Tote und zahlreiche Verletzte zu beklagen[31]. Am 4. März 1945 schließlich wurden – zum drittenmal in diesem Kriege! – Zürich und Basel durch US-Bomber angegriffen, „wobei erheblicher Schaden entstand. In Zürich waren fünf Tote und 16 Verletzte und in Basel sieben Verletzte zu beklagen"[32], ganz zu schweigen von den vielen zerstörten Wohnhäusern, wodurch Menschen ihre existenzsichernde Bleibe (zumindest vorübergehend) einbüßten und obdachlos wurden. Besonders dieser schwere Angriff durch US-Maschinen auf Zürich „represented the deepest penetration of Switzerland by attacking United States bombers during the war"[33].

Nach den völkerrechtlich unentschuldbaren Angriffen US-amerikanischer Flugzeuge auf Zürich und Basel ging die Zahl an Bombardierungen schweizerischen Gebietes durch die Alliierten – nicht zuletzt als Folge heftiger eidgenössischer Proteste[34] – in den kommenden Wochen und Monaten stark zurück, obgleich die Schweizer im April 1945 die größte Anzahl von Luftraumverletzungen pro Monat während des gesamten Krieges registrieren mußten, nämlich sage und schreibe 650.

Bislang haben wir uns lediglich auf die folgenschwersten Bombardierungen schweizerischer Städte und Dörfer beschränkt, was unsere Beschreibung der verschiedenen Arten völkerrechtlich mißbilligter Neutralitätsverletzungen der Schweiz durch alliierte Bomber und Jäger anbelangt. Kleinere Bombenabwürfe haben wir im großen und ganzen als weniger wesentlich übergangen[35]. Die Alliierten warfen aber nicht nur Tausende Bomben über Schweizer Wohngebieten und Siedlungen ab, sondern beschossen auch Bahnhöfe[36], Gleisanlagen[37] und sogar fahrende Personenzüge[38]. Da diese völkerrechtswidrigen „Manöver" bis auf eine einzige Ausnahme, nämlich die Bombardierung der Eisenbahnbrücke in Rheinfelden-Zweidlen im November 1944[39] meist „nur" Sachschäden verursachten, nicht aber Tote, sondern „bloß" einige wenige Verletzte unter der eidgenössischen Zivilbevölkerung forderten, wollen wir uns nicht näher mit ihnen auseinandersetzen. Im Hinblick auf die Gesamtzahl von Zivilopfern durch fremde Jäger und Bomber in der Schweiz während des Zweiten Weltkrieges wäre noch erwähnenswert, daß auch ein fünfzehnjähriger Schweizer, seines Zeichens Schüler, als Schaulustiger in Dübendorf anläßlich der mißglückten Notlandung eines US-Bombers am 18. März 1944 ums Leben kam[40]: Allem Anschein nach ist er ein bedauernswertes Opfer jener unter den Schweizern speziell im Falle von Not- oder Bruchlandungen ausländischer (vor allem alliierter!) Maschinen auf eidgenössischem Territorium grassierenden, unwiderstehlichen und von Augenzeugen immer wieder hervorgehobenen Schaulust[41], der mitunter bis zu 50000 Personen zu frönen pflegten[42]. Von ihr ließen sie sich auch durch verschiedene behördliche Appelle nicht abhalten.

Den Abschluß dieses Abschnittes unseres Buches[43] über die Bombardierungen einzelner Orte in der Schweiz durch die alliierten Bomberverbände sollen nun sowohl eine *Kartenskizze*, auf der die heimgesuchten eidgenössischen Städte eingetragen und gesondert unterstrichen sind, als auch eine *Übersichtstabelle* bilden. Sie zeigen die von der Schweiz festgestellten Personen- und Sachschäden, die fremde Bomber und Jäger verursacht haben. Kaum zufällig ist bei der Durchsicht von Werken, die sich mit der alliierten Kriegführung im schweizerischen Luftraum im Zeitraum 1939–1945 beschäftigen, ein Umstand: Die Gesamtverluste, die aus den registrierten Toten, Verwundeten, Obdachlosen und Gebäudeverlusten zu errechnen sind, haben wir nirgends gefunden. Wir haben hier nachgeholfen und – wenn auch ein wenig provisorisch – eine *Übersicht der eidgenössischen Luftkriegsverluste im Zweiten Weltkrieg* tabellarisch aufgeschlüsselt erstellt. Diese Übersichtstabelle – von uns erarbeitet – folgt auf die Kartenskizze, die wir hier geben:

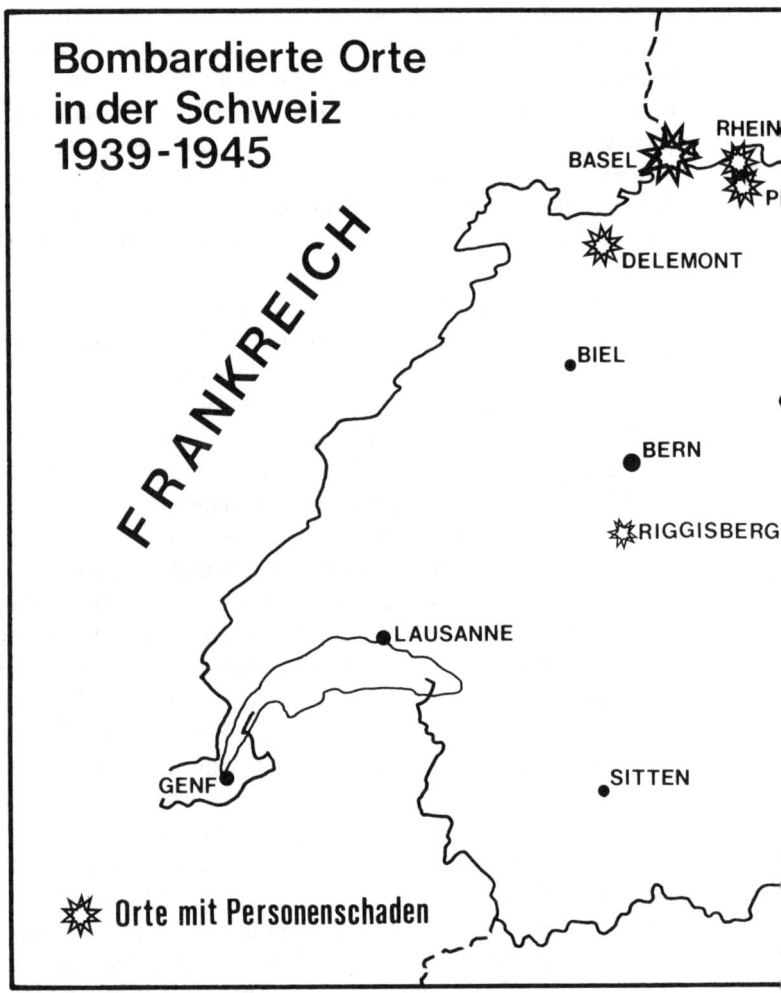

*Bombardierte Städte und Dörfer in der Schweiz im Zeitraum 1939–1945 (fast ausnahmslos Orte, in denen Menschen zu beklagen waren oder in denen großer Sachschaden angerichtet wurde[44]).*

## Übersichtstabelle der eidgenössischen Luftkriegsverluste im Zweiten Weltkrieg (Zahlenangaben)

*Luftkriegsopfer*

|  | Ort | Zahl |
|---|---|---|
| *Tote* | Schaffhausen | 40 |
|  | Stein am Rhein | 9 |
|  | Rafz | 7 oder 8 |
|  | Zürich | 5 |
|  | Rheinfelden, Dießenhofen, Val Sulsana | 3 (?) |
| *Verletzte* | Schaffhausen | ca. 60 |
|  | Stein am Rhein | 33 |
|  | Rafz | ? |
|  | Zürich | ? |
|  | Rheinfelden, Dießenhofen, Val Susana | ? |
|  | Basel | vielleicht 30? |
| *Obdachlose* | Genaue Zahlen waren nicht zu ermitteln; geschätzte Zahl für die Gesamtschweiz: Zumindest 600 (davon allein in Schaffhausen 400)! | |

*Luftkriegsschäden*

|  | Ort | Zahl |
|---|---|---|
| *Zerstörte sowie schwer beschädigte Wohnhäuser* | Schaffhausen | 123 |
|  | Stein am Rhein | 18 |
|  | Rafz | ? |
|  | Zürich | ? |
| *Zerstörte sowie schwer beschädigte Fabrikanlagen und Produktionsstätten* | Schaffhausen | 7 |
|  | Stein am Rhein | 2 |
|  | andere Orte | ? |

Fragt man nach den eigentlichen nicht-machtpolitischen Gründen für die völkerrechtswidrigen wie ethisch verwerflichen, wiewohl bei einiger Sorgfalt durchaus vermeidbar gewesenen Verletzungen des eidgenössischen Luftraumes und für die durch nichts zu entschuldigenden Bombardierungen schweizerischer Städte und Ortschaften durch alliierte, insbesondere US-amerikanische Bomberverbände, so stößt man zuallererst auf einen *ökonomischen Grund*; und zwar auf die Möglichkeit, daß es den Alliierten im Zweiten Weltkrieg darum gegangen sein könnte, die blühende Schweiz nach einer – allerdings de facto, wie man jetzt sieht, erfolglos gebliebenen – Einschüchterungspolitik durch stets wiederholtes und schließlich dauerndes Überfliegen eidgenössischen Gebietes und darüber hinaus durch gelegentliche Bombardements von schweizerischen Siedlungen auf ihre Seite zu ziehen, die Schweiz demnach wirtschaftlich ausschließlich vor den alliierten Karren zu spannen. Engländern wie Nordamerikanern war es nämlich während des Zweiten Weltkrieges, wie sie selbst in den Kriegsjahren und auch noch nach 1945 zugegeben haben, ein Dorn im Auge, daß die Schweiz per Bahn durchgeführte Nahrungslieferungen aus Italien ins Deutsche Reich und Rohstofftransporte aus dem Deutschen Reich nach Italien, welche quer durch eidgenössisches Gebiet führten, zuließ[45], gemäß ihrem nun einmal verkündeten Neutralitätsstatus ja zulassen mußte. Ferner bemängelte man auf alliierter Seite, daß die Schweiz, „mit Rücksicht auf die notwendigen Rohstoffeinfuhren aus Deutschland", den „Export hochwertiger Präzisionsteile für deutsche Flak- und U-Boot-Ausrüstungen" duldete und so „nach und nach zu einem der Hauptlieferanten der Rüstungsindustrie des Dritten Reiches"[46], in der Sicht der Alliierten also mehr oder minder zu einer Art Kollaborateur wurde. Mehr als ein Vierteljahrhundert später begnügte sich die US-amerikanische Regierung nicht mehr mit einer solchen in der Schweiz 1939–1945 geübten Praxis des (realpolitisch erfolglosen) erpresserischen Taktierens zwecks Verhinderung ökonomischer Vorteile für den Kriegsgegner, sondern marschierte einfach in ein neutrales, ihren Wünschen nicht willfähriges Land ein: So geschehen in Kambodscha im Frühjahr 1970, also während des Engagements der USA in Südvietnam, um die kommunistischen Waffentransporte über den Ho-Tschi-Minh-Pfad und die nordvietnamesische Infiltration im Mekongdelta zu stoppen[47], sie mit Bombenteppichen aus der Luft endgültig auszuschalten (ein verhängnisvolles Unterfangen, das schließlich mit der Machtübernahme durch die Khmer Rouge in Phnom Penh 1975 endete, sich also für die Amerikaner als völliger Fehlschlag entpuppte).

Ein weiterer *psychologischer Grund* für die vor allem von US-Maschinen verursachten Luftkriegsverluste in der Schweiz 1939 bis 1945 mag in der Besonderheit der Yankee-Psyche zu suchen sein: Sie, Spiegelbild einer auf ihre Traditionslosigkeit noch stolzen Mehrheitsdiktatur[48], deren Repräsentant der *stets* manipulierbare, daher von außen geleitete *Konsummensch*[49] zu sein pflegt, ist strukturpsychologisch infantil, d. h. das Resultat einer *fast* totalen Vergesellschaftung des Subjekts, aus welcher sich letzteres üblicherweise nicht mehr zu befreien vermag.

Ein *dritter Grund* für die in der alliierten Bombardierungsstrategie schweizerischen Gebiets 1939–1945 zutage getretene Rücksichtslosigkeit gegenüber einem neutralen Staat könnte in einem *geopolitischen Faktor* zu finden sein: England und auch die USA sind dem eigenen Selbstverständnis nach Inseln[50], also Seemächte. Sind letztere einmal dazu gezwungen, Krieg gegen Kontinentalmächte zu führen, so sehen sie diese aus dem Blickwinkel ihrer eigenen maritimen Existenz[51] und weichen von allen konventionell-orthodoxen Methoden des Landkrieges entscheidend ab. Gerhard Ritter sagt dazu[52]: „Der Raum hat die amerikanische Art, Krieg zu führen, bestimmt, der Raum und die Mittel, den Raum zu überwinden"[53]. Diesen Raum haben die Nordamerikaner, die ihr Land als Insel empfinden, als Meer verinnerlicht, als ungeheure Wasserfläche; ihr gleichen im Bedarfsfalle die Wogen der Luft als analoges Element. Das Mittel, eben diese Luft – wie zuvor schon das Meer – zu dominieren und zu kontrollieren, ist das Flugzeug, im Kriegsfalle der Jäger oder Bomber. Land und Meer, das „Chthonische und das Thalassische" (Carl Schmitt), sind letztendlich immer Gegensätze; dies geht schon daraus hervor, wie Inseln die Kontinente sehen. Es ist dabei möglich, daß der Insulaner[54], von einer wirksamen Technik zur Beherrschung des Meeres ungleich abhängiger als der Landbewohner, beim Versuch, den Boden eines Kontinents zu beherrschen[55], seine Technik im Kriege gegen Kontinentalmächte weit rücksichtsloser zum Einsatz bringt, als diesen lieb sein kann, und sich darüber hinaus nicht viel um die berechtigten Interessen bewußt neutral bleibender Landstaaten kümmert; zum einen, weil der Insulaner grundsätzlich alle Staaten und Gebiete auf dem Festland als bloße Küste mit diversem Hinterland in ihrem Vorhandensein geringschätzt, und zum anderen, daß er oft höheren moralischen, nach seiner Ansicht unabdingbaren Grundsätzen in seinen kriegerischen Aktionen gegenüber Kontinentalstaaten nachzukommen glaubt. Der Faktor „Neutralität" sinkt dann auf eine Stufe tiefer Zweitrangigkeit herab.

## Schlußkommentar zu den alliierten Bombardierungen der Schweiz 1939–1945

Der norwegische Friedensforscher Johan Galtung spricht von „instrumentellen" Rechtfertigungsmustern der Gewaltanwendung unbeteiligten Dritten gegenüber, die hier bis zu einem relativ hohen Grade aus der zwanghaften Logik einer einmal inszenierten Kriegführung erklärt werden können. Im Falle des Frankreichfeldzuges 1940 mit der Verletzung schweizerischen Hoheitsgebietes durch deutsche Bomberverbände, welche ihre Bestimmungspunkte in Mittel- und Südfrankreich erreichen sollten, und gelegentlichen Bombenabwürfen über eidgenössischem Areal erscheint die mit der Bombardierung Basels, Zürichs, Schaffhausens und Steins am Rhein einsetzende Form des von den Alliierten praktizierten Terrors weitgehend losgelöst von der kontinentalstrategischen Lage der Täter. Sie wendet sich kollektiv gegen die Zivilbevölkerung und verwendet einfliegende Bomberverbände. Der Raum Süddeutschland als Zielobjekt der beabsichtigten Bombenabwürfe wäre sehr wohl auch ohne einen Umweg über schweizerisches Hoheitsgebiet erreichbar gewesen. Die Bombardierungen eidgenössischer Städte durch RAF und USAAF, aber auch das häufige Überfliegen der Schweiz durch alliierte Bomberflotten in Richtung Norditalien lassen die Luftkriegsstrategie Großbritanniens und der USA, summarisch betrachtet, nicht länger als Mittel zur Erreichung eines moralisch vertretbaren Ziels (nämlich der Niederringung des Dritten Reiches und seiner Verbündeten durch Luftbombardements) erscheinen, sondern im Gegenteil als willkürlich gewählte Aktionsform seitens kriegsführender Mächte, durch die andere, an Kriegshandlungen unbeteiligte, rüstungsspezifisch schwache Dritte vorbeugend eingeschüchtert werden sollten.

Die Alliierten wollten der neutralen Schweiz 1940–1945 ihre eigene reale militärstrategische Stärke und die gleichzeitige eidgenössische Schwäche zeigen, durch die Verletzungen der schweizerischen Souveränität militärisch wirksam das Wohlverhalten der Schweiz kraft des Rechts des erwiesenermaßen Stärkeren erreichen, sie durch völkerrechtswidriges Vorgehen dazu zwingen, ihnen freien Spielraum und unumschränkte Entscheidungsbefugnis bei der Wahl von Kriegszielen im Eventualfalle (d. h. hier der Miteinbeziehung der Schweiz in die Reihe der Achsenmächte) zu verschaffen.

Lufterror hört hier auf, eine einigermaßen rationale, d. h. auf den propagandistisch verteufelten langjährigen Gegner – und nur auf ihn! – bezogene Strategie zu sein; sie degeneriert zu einem bloßen, neutrale Länder und deren Bevölkerung verachtenden völkerrechtswidrigen, einseitig offensiven Aktionismus, dem Einschüchterung und Erpressung am Kriege Unbeteiligter Herzensbedürfnis sind; anders läßt sich die Zielgerichtetheit dieser Erscheinungsformen terroristischer, vornehmlicher kommunikativer Gewalt, welcher sich die Alliierten über der Schweiz 1940–45 mittels ihrer Luftflotten bedienten, nicht interpretieren. Das Tausende Male praktizierte Überfliegen eidgenössischen Luftraumes in großen Höhen und die gelegentlichen Bombardierungen von Schweizer Städten und Bahnlinien mögen als Warnsignal oder Appell an die Berner Bundesregierung gedacht gewesen sei, um als exemplarische Bestrafung der Schweiz für ein noch immer nicht erfolgtes Eingehen dieses Landes auf die alliierten Wünsche oder als Beschleunigungsmanöver eines – allerdings vergeblich erhofften – Einschwenkens der Schweiz auf die alliierte Linie im Zweiten Weltkrieg zu wirken.

Daher läßt sich die viele Male vorexerzierte Anwendung terroristischer Gewalt durch die Luftflottenverbände der Alliierten über der Schweiz im Zweiten Weltkrieg als interaktiver Vorgang zwischen Machtträgern und Machtunterworfenen bezeichnen.

1 Mitarbeiter: Gernot Meigl.
2 Rudolf Steinmetz: Soziologie des Krieges. Zugleich 2., vollständig umgearbeitete und erweiterte Auflage der „Philosophie des Krieges". Leipzig: Barth 1929, S. 280. Bei Steinmetz gesperrt.
3 Vgl. zu diesem Punkte insbesondere Arthur Ponsonby: Absichtliche Lügen in Kriegszeiten. Eine Auswahl von Lügen, die während des Ersten Weltkrieges in allen Völkern verbreitet wurden. (Falsehood in War-Time). Übers. von H.

Flöter. Seeheim a. d. B.: Buchkreis für Besinnung und Aufbau (1967). Ponsonby geht in seinem verdienstvollen Werke auf die psychologische Notwendigkeit der Lüge im Kriegsfalle ein.

4  Zur Rebarbarisierung aller am Kriege beteiligten Parteien, zum Verfall der „zivilisierten Kriegführung" im 20. Jahrhundert also, vgl. Veale, Der Barbarei entgegen, a.a.O., S. 200 ff.

5  Raymond Aron: Frieden und Krieg. Eine Theorie der Staatenwelt. (Paix et Guerre entre les nations). Übers. von S. von Massenbach. Frankfurt/Main: S. Fischer (1963), S. 33 f.

6  Vgl. dazu Janusz Piekalkiewicz: Schweiz 39–45. Krieg in einem neutralen Land. Mit einem Vorwort von Hans Rudolf Kurs. Stuttgart, 1978, S. 227 f.

7  Vgl. diesbezüglich unter anderem den *Bericht des Kommandanten der Flieger- und Fliegerabwehrtruppen an den Oberbefehlshaber der Armee über den Aktivdienst 1939–1945*, o.O., o. J.

8  Vgl. ebda, S. 18 ff.

9  Die schraffierte Fläche indiziert jeweils das Gebiet der Schweiz, über welchem der neutrale Luftraum verletzt zu werden pflegte.

10  Ebda, S. 165. Siehe auch S. 709 f.

11  Die bei ihrem illegalen Überfliegen der Schweiz fortlaufend ihrer Herkunft nach als „unbekannt" registrierten Flugzeuge (vgl. hierzu ebda, S. 47, S. 71 usw.) müssen zum größten Teil wohl der RAF und USAAF, den Alliierten also, zugerechnet werden, was eidgenössischerseits auch zugegeben zu werden pflegt (vgl. dazu ebda, S. 32, S. 96).

12  Pielkalkiewicz, Die Schweiz, a.a.O., S. 11: „Neutralität – das Wort fasziniert, weil es weithin als Ausdruck der moralischen Bereitschaft eines Staates genommen wird, niemandes Feind und jedermanns Freund zu sein. Auch wird mitunter noch immer geglaubt, daß die Freiheit von politischen Bindungen an militärische Bündnisse ein geruhsames Leben zwischen den Fronten von Gegnern garantiere. Die Wirklichkeit widerlegt jedoch diesen romantischen Traum."

13  Über schweizerische Demarchen und Protestnoten insbesondere an die Adresse der Alliierten aufgrund der von ihnen begangenen Luftraumverletzungen, Bombardierungen etc. in den Jahren 1940–1945 vgl. unter anderem *Bericht des Kommandanten der Flieger- und Fliegerabwehrtruppen an den Oberbefehlshaber der Armee über den Aktivdienst 1939–1945*, S. 134 und S. 154.

14  Vgl. diesbezüglich Piekalkiewicz, Schweiz 39–45, a.a.O., S. 11: „Die Eidgenossenschaft, Urtyp einer wehrhaften Demokratie, begreift den Status ihrer dauernden Neutralität, den ihr der Pariser Friede von 1815 zuerkannte, als völkerrechtliche Verpflichtung zur Verteidigung."

15  Am 8. Juni 1940 schossen schweizerische Me 109 mehrere deutsche Me 110 ab, von denen zwei Maschinen im Elsaß notlandeten (zu diesem Vorfall vgl. ebda, S. 230 f.; ferner Kurz: Die Fliegerzwischenfälle vom Mai/Juni 1940. In: *Der Fourier* 57. (1984), S. 171–176.

16  Beispielhaft für ein derartiges, die Tatsachen der Geschichte beschönigendes Vorgehen seitens der Nachkriegsschweiz steht der Bericht von Hans Rudolf Kurz: Ernstfall für Piloten und Politiker. Die deutsch-schweizerischen Fliegerzwischenfälle vom Frühjahr 1940 und ihre politischen Folgen. In: *Der Bund*, 135. Jahrgang, Nr. 91 (17. April 1984), S. 2.

17  Die fremden, auf dem Hoheitsgebiet der Schweiz zur Landung gezwungenen Maschinen wurden, völkerrechtlich erlaubt, dem eidgenössischen Flugzeugbestand einverleibt.

18  Jonathan E. Helmreich: The Diplomacy of Apology. U.S. Bombings of Switzerland during World War II. In: *Air University Review*, Jg. 1973.

19  Bombenabwürfe über der Schweiz wurden lediglich – deutscherseits! – im Mai 1940 in der Gegend von Courrendlin und im August 1944 im Dorfe Morgins registriert (vgl. *Bericht des Kommandanten*..., a.a.O., S. 30 und S. 130).

20  Vgl. dazu Helmreich, The Diplomacy of Apology, a.a.O., S. 28.

21  Ebda.

22  Helmreich, „The Diplomacy of Apology", a.a.O., S. 35, hinsichtlich des kollektiven Verschweigens und Herunterspielens der US-amerikanischen Neutralitätsverletzungen.

23  William Shawcross: Schattenkrieg. Kissinger, Nixon und die Zerstörung Kambodschas, aus dem Englischen übersetzt von I. Arnsperger und E. Duncker, Berlin–Frankfurt/Main–Wien, 1980.

24  *Bericht des Kommandanten*..., a.a.O., S. 31–126.

25  Vgl. dazu Piekalkiewicz, Schweiz 39–45, a.a.O., S. 295.

26  Armin Walter: Die Bombardierung Schaffhausens 1. April 1944. Dokumente und Tatsachen. Schaffhausen: Unionsdruckerei 1944.

27  Vgl. hierzu Piekalkiewicz, Schweiz 39–45, a.a.O., S. 294f.

28  *Bericht des Kommandanten*..., a.a.O., S. 132.

29  Vgl. diesbezüglich insbesondere Karl Hirrlinger: Die Bombardierung von Stein am Rhein am 22. Februar 1945 und ihre Zusammenhänge. (= Heimatblätter von Stein am Rhein, Historischer Verein. 6. Jahrgang 1982). Ferner gibt es 15 Schwerverletzte und etliche zerstörte Wohnhäuser in diesem Orte.

30  Gleichwohl versuchte man verschiedentlich, die Bombardierung von Stein am Rhein den Deutschen, die sich als Amerikaner verkleidet hätten, in die Schuhe zu schieben (vgl. hierzu den seltsamen Hinweis in ebda, S. 10f.).

31  *Bericht des Kommandanten*, a.a.O., S. 153.

32  Ebda, S. 154.

33  Helmreich, The Diplomacy of Apology, a.a.O., S. 33.

34  *Bericht des Kommandanten*..., a.a.O., S. 154.

35  So etwa der Bombenwurf von Riggisberg in der Nacht vom 13. Juli 1943, wobei ein einziges Flugzeug „nicht weniger als 200 Stabbrandbomben, eine Hochbrisanz- und eine Sprengbombe abwarf" (Max Wahl: Verbrechen gegen die Schweiz. Vor 40 Jahren: Bombardierung von Zürich. In: *Eidgenoss* 3–6/85, S. 4) und dabei ein denkmalgeschütztes, urtümliches alemannisches Haus völlig zerstörte (ebda).

36  So forderte die Bombardierung des Bahnhofes von Schaffhausen am 1. April 1944 mehr als ein Dutzend Tote.

37  Vgl. dazu *Bericht des Kommandanten*..., a.a.O., S. 131.

38  Ebda.

39  Ebda, S. 132.

40  Vgl. hierzu *Heimatbuch Dübendorf 1974* (28. Jahrgang), S. 114.

41  Zur prinzipiellen – sich nicht selten auf Kosten der „beschauten", in existentielle Notlagen geratenen Subjekte verselbständigenden – Phänomenologie der Schaulust als Basischarakteristikum menschlicher Lebenssphäre überhaupt vgl. insbesondere den Aufsatz von Jürgen Dahl: Über Schaulust und Dabeisein. Die Grausamkeiten des Hinsehens. In: *Scheidewege* 6. (1976), S. 481–505.

42  Vgl. diesbezüglich die journalistische Schilderung im *Heimatbuch Dübendorf 1974* (28. Jahrgang), S. 118.

43  Heimatbuch Dübendorf, a.a.O., S. 116.

44  Diese Orte sind von uns unterstrichen worden!

45 Zur wiederholten Mißbilligung eben dieser auf schweizerischem Staatsgebiet durchgeführten Transporte in Richtung Achsenmächte seitens amerikanischer Diplomaten in Bern und Washington vgl. vor allem Helmreich, The Diplomacy of Apology, a.a.O., S. 26f. Die US-Regierung stieß sich insbesondere daran, daß diese Transporte durch die Schweizer Bundesbahn bewerkstelligt wurden.

46 Piekalkiewicz, Schweiz 39–45, a.a.O., S. 13.

47 Shawcross, „Schattenkrieg", a.a.O., S. 162ff.

48 Alexis de Tocqueville: Über die Demokratie in Amerika. 1. Band. Stuttgart: Deutsche Verlags-Anstalt (1959), S. 286ff.

49 Zum „außengeleiteten Menschen" als Prototyp des US-Amerikaners im 20. Jahrhundert vgl. David Riesman: Die einsame Masse. Eine Untersuchung der Wandlungen des amerikanischen Charakters. (The Lonely Crowd. A Study of the Changing American Character). Übers. von R. Rausch. Darmstadt/Berlin-Frohnau/Neuwied am Rhein: Luchterhand (1956), S. 69f.

50 Vgl. hierzu Carl Schmitt: Land und Meer. Eine weltgeschichtliche Betrachtung. Stuttgart: Reclam 1954, S. 30f. und S. 59. (= Reclam Universal-Bibliothek. Nr. 7536).

51 Vgl. ebda, S. 54f.

52 Gerhard Ritter: Die Dämonie der Macht. Betrachtungen über Geschichte und Wesen des Machtproblems im politischen Denken der Neuzeit. Sechste umgearbeitete Auflage des Buches „Machtstaat und Utopie". München: Leibniz Verlag 1948, S. 150f.

53 D[enis] W[illiam] Brogan: Die amerikanische Art Krieg zu führen. In: D. W. Brogan: Der amerikanische Charakter. (The American Character.) Übers. von H. Müller-Payer. Wien: Gerold & Co. (1947), S. 206.

54 Vgl. dazu Carl Schmitt: Die geschichtliche Struktur des heutigen Welt-Gegensatzes von Ost und West. Bemerkungen zu Ernst Jüngers Schrift: ›Der Gordische Knoten‹. In: *Freundschaftliche Begegnungen*. Festschrift für Ernst Jünger zum 60. Geburtstag. Frankfurt/Main: Klostermann 1955, S. 160.

55 Schmitt, Land und Meer, S. 58.

56 Berichte auf S. 502 u. 503 aus: Pielkalkiewicz, Die Schweiz, a.a.O., S. 347f.

*Einer der neuesten deutschen Nachtjäger mit Frauen an Bord.*[56]

Bericht über das am 30. 4. 45, 05.15,
in Dübendorf gelandete deutsche
Nachtjagdflz. Ju 88 C9 + AR.

| | |
|---|---|
| *Hergang der Landung:* | Nach Angabe der Besatzung erfolgte der Start um 0130 MEZ in Lübeck (Nord-Deutschland) mit der Absicht, in die Schweiz zu fliegen. Der Einflug erfolgte von Norden her. Die Landung erfolgte am 30. 4. 45, 0515, normal, auf dem Flugplatz Dübendorf. |
| *Ursache der Landung:* | Flucht aus der Armee. |
| *Zustand des Flz.:* | Flz. und Motoren sind vermutlich neu und noch in sehr gutem Zustand. Dies wird durch die Aufschrift auf dem Fabr.-Schild »Änderungsstufe 1.45« bestätigt. |
| *Flz.-Typ:* | Zweimotoriger, freitragender Mitteldecker, Junkers, Ju 88 G-6 Nachtjagdflz., Ganzmetall-Bauweise, Nr. 623 211. Hersteller: unbekannt; auf Fabr.-Schild mit P.m.P. bezeichnet. Baujahr: unbekannt; vermutlich 1945. |
| *Kennzeichen:* | Abmessungen: Spannweite 19,60 m Höhe 4,90 m Länge 14,10 m Anstrich: Oberseite von Tragflächen, Rumpf, Leitwerk: moosgrün bis dunkel, olivgrün gefleckt. Unterseite: hellblau. Auf Kielfläche: Nr. 623211 mit Hakenkreuz. Auf Rumpf beidseitig: C9 AR. Auf Tragflächen links und rechts beidseitig: |
| *Besatzung:* | 6 Personen: 1 Hauptmann, 2 Oberlt., 2 Frauen (1 schwanger), 1 Mädchen, 6jährig. Zustand: unverletzt. Namen durch ND Kdo. Fl. u. Flab. Trp. ermittelt. |
| *Bewaffnung:* | 6 Mg., Kal. 20 mm, Typ 151 »Mauser«, 1 Mg., Kal. 13 mm, Typ 131 »Rheinmetall«. |

*Die Maschine, mit der der Großmufti von Jerusalem am vorletzten Kriegstag in die Schweiz kam:*

Bericht über das am 7. 5. 45, 13.16,
auf dem Flugplatz Belpmoos gelandete
deutsche Verkehrsflz. Si 204 D-1, DL + NT.

| | |
|---|---|
| *Ursache und Hergang der Landung:* | Nach Angabe der Besatzung diente das Flz. zur Flucht in die Schweiz. Die Landung auf dem Flugplatz Belpmoos erfolgte normal. |
| *Flz.-Typ:* | Zweimotoriges Verkehrsflz. für 7 Mann Besatzung (2 Piloten, 1 Funker und 4 Fluggäste). Freitragender Tiefdecker. Ausführung: Ganzmetall-Bauweise. Hersteller: SIEBEL-Flugzeugwerke G.m.b.H., Halle a/S. Baujahr: nicht feststellbar. |
| *Anstrich:* | Oberseite dunkel-olivgrün / Unterseite hellblau. Auf Rumpf und Tragfläche: Immatrikulation DL     NT. (Das Kreuz war vermutlich kurz vor dem Start mit Farbe übermalt worden.) Um den Rumpf 2 parallellaufende gelbe Streifen. Auf dem Seitenruder rechts außen weißes B. |
| *Zustand des Flz.:* | Flz. und Motoren sind zum Teil in schlechtem Zustand (mangelhafte Wartung). Das Seitenleitwerk links weist drei Einschüsse (reparierbar) auf. Die Trimmklappe des Höhenruders ist eingedrückt. |
| *Motoren:* | 2 luftgekühlte 12-Zylinder-Argusmotoren, Typs As 411 von je 600 PS Dauerleistung, Mot.-Nrn.: links 116412 / rechts 116448. |
| *Kraftstoff:* | CZ 87 (A4). Noch vorhandene Kraftstoffmenge ca. 250 l. |
| *Luftschrauben:* | Argus-Verstell-Luftschrauben (Holz). Nrn.: links 6 115 132 / rechts 6 115 139. |
| *Besatzung:* | 2 Mann Besatzung. 3 Passagiere. |

# Verletzung des schweizerischen Luftraums

*Zurückweisung des Großmuftis von Jerusalem*

Bern, 7. Mai. ag Amtlich wird mitgeteilt:
Im Verlaufe des 7. Mai wurde das schweizerische Hoheitsgebiet mit Ausnahme des Kantons Tessin erneut durch fremde Flugzeuge verletzt. Deren Nationalität konnte teilweise als amerikanische, englische und französische sowie deutsche erkannt werden.

Um 13 Uhr 16 landete auf dem Belpmoos ein deutsches Militärflugzeug, das über dem Scesaplana (Prätigau) in die Schweiz eingeflogen war. Unter den Insassen dieses Flugzeuges befanden sich neben zwei deutschen Militärpersonen, die vorläufig interniert wurden, auch der Großmufti von Jerusalem in Begleitung von zwei Personen. Für den Großmufti von Jerusalem mit seiner Begleitung wurde die sofortige Rückstellung über die Grenze angeordnet.

# 2. Rumänien

*„Wenn Noah die Gabe gehabt hätte, in der Zukunft zu lesen, hätte er ohne Zweifel sein Schiff versenkt."*

*(So der pessimistische rumänische Aphoristiker E. M. CIORAN in seiner Reaktion auf die alliierten Bombardierungen von Ploesti, festgehalten in den „Syllogismen der Bitterkeit".)*

## Kurzer Abriß der Geschichte Rumäniens in der Zeit 1918–1945

Im Jahre 1919 erklärten die Rumänen in der Bukowina und in Siebenbürgen ihre Vereinigung mit dem Königreich Rumänien, welches 1881 proklamiert worden war. Territorialen Zuwachs gab es in Form des östlichen Banats und der gesamten Dobrudscha. Auch in Bessarabien hatte sich eine Volksvertretung ausgesprochen, wodurch Bessarabien, gegen den erklärten Willen der Bolschewisten in Sowjetrußland, Rumänien einverleibt wurde.

Hier sei eine Parenthese angebracht: Während des Ersten Weltkrieges war Rumänien keineswegs immer neutral geblieben. Es hatte 1916, unter dem Eindruck verlockender Versprechungen der Entente und angesichts der damals österreichfeindlichen Stimmung seiner eigenen Bevölkerung, der Donaumonarchie den Krieg erklärt. Ein erfolgreicher Feldzug der Mittelmächte gegen Rumänien (1916/17) und der letztlich überraschend schnelle sowie völlige Kollaps des zaristischen Nachbarn im Osten hatten die rumänische Regierung jedoch (Mai 1918) zum Frieden von Bukarest genötigt, zu einem Frieden also, der infolge der späteren Niederlage der Mittelmächte vertraglich unbedeutend geworden war.

Zwischen 1920 und 1940 blieb das Königreich Rumänien, das innenpolitisch eine assimilierungsintensive Minderheitenpolitik betrieb und seiner Zentralisierungsbestrebungen wegen vielfachen

Widerstand verschiedenster Gruppen erfuhr, außenpolitisch fortwährend in großen Schwierigkeiten: Zuerst war es primär an Frankreich und schließlich auch an England angelehnt. Durch das deutsch-sowjetische Abkommen vom 23. August 1939 und durch die folgenschwere Niederlage Frankreichs im Juni 1940 wurde jedoch die britisch-französische Garantieerklärung für Rumäniens Souveränität, datierend vom April 1939, völlig entwertet. Am 30. August 1940 ging Rumänien eines seiner wertvolleren Gebiete verlustig: Der Nordteil Siebenbürgens fiel an Ungarn zurück. Ferner mußte Rumänien im September 1940 die Süd-Dobrudscha an Bulgarien zurückgeben. Schon einige Monate zuvor (Juni 1940) hatte die mittlerweile erstarkte Sowjetunion ultimativ die Abtrennung der Nord-Bukowina und Bessarabiens vom rumänischen Staatsgebiete sowohl gefordert als auch erreicht und sodann beide Gebiete dem Imperium der UdSSR einverleibt.

Die Abtretung der südlichen Dobrudscha an Bulgarien hatte in Rumänien einen Staatsstreich zur Folge: General Antonescu erzwang den Rücktritt Carols II., dessen Sohn als Michael I. zum König proklamiert wurde. Mit einigen Vertretern der seit 1930 als „Eiserne Garde" firmierenden Bewegung, die eine nationale Erneuerung Rumäniens durch Stärkung des Bauernstandes, Ausschaltung der nichtrumänischen Minderheiten und Beseitigung der weitverbreiteten Korruption im Lande nicht selten mit Mitteln des Terrors (Bombenanschläge, Exekutionen mißliebiger Politiker etc.) suchte, bildete sodann Antonescu eine Regierung. Am 23. November 1940 trat Rumänien, das schon seit einigen Monaten Öl aus einheimischen Vorkommen an das Deutsche Reich im Tausche gegen Waffen lieferte, dem Dreimächtepakt bei, und zwar gleichzeitig mit Ungarn und der Slowakei. Im Lande selbst wurden deutsche Truppen stationiert.

Zu Beginn seiner Regierungszeit hatte Antonescu mit der rasch steigenden Opposition der „Eisernen Garde" gegen den von ihm eingeschlagenen Kurs einer politischen Anlehnung an Deutschland zu kämpfen. Die Mitglieder der „Eisernen Garde", vielfach ultranationalistisch gesonnen, empfanden die Deutschen in Rumänien als eine Art Invasoren[1], sahen die ethnische Identität ihres Landes bedroht und rebellierten. Infolge seines Rückhalts bei Hitler konnte Antonescu diese schwere Bedrohung seines zunehmend diktatorischen Regimes im Januar 1941 endlich meistern. Nach einem

Putschversuch gegen Antonescu wurde die „Eiserne Garde" gewaltsam aufgelöst; ihre führer gingen ins Exil (zumeist nach Deutschland!).

Seiner lästigen Widersacher beraubt, konnte Antonescu nun schalten und walten, wie es ihm beliebte. Die Monarchie als Staatsform behielt er bei. Rumänien führte er an der Seite des Deutschen Reiches in den Krieg gegen die Sowjetunion, nicht zuletzt wohl zu dem Zweck, das 1940 an die UdSSR verlorene Bessarabien wiederzugewinnen. Im Verlauf des Ostfeldzuges erlitt die vielfach als kampfschwach geschilderte[2], teilweise allerdings sehr schlecht ausgerüstete rumänische Armee schwere Verluste, insbesondere im Stalingrad-Kessel Ende 1942 und Anfang 1943. Der rumänische esprit de corps hatte nur das Dasein einer Scheinblüte; in Wahrheit hatte es ihn nie gegeben. Die großen Erfolge der Deutschen Wehrmacht im Rußlandfeldzug 1941 hatten dazu beigetragen, dieses Faktum zu verschleiern. Mit den fortwährenden Niederlagen der Deutschen Wehrmacht im Ostfeldzug und dem damit verknüpften Vordringen der Roten Armee kam die Front den Grenzen Rumäniens immer näher. Die Hybris Antonescus, der so sehnlich gehofft hatte, an der Seite des Deutschen Reiches kämpfend diverse Rückeroberungen und wohl auch einige Gebietsgewinne für sein Land vornehmlich auf Kosten der Sowjetunion tätigen zu können und der noch angesichts der drohend sich nähernden Front am 20. Juli 1944 zu Guderian gelassen gemeint hatte, der Kriegsverlauf sei für Rumänien im Moment zwar ungünstig, einen Putschversuch seiner eigenen Generäle aber habe er selbst im Gegensatz zu Hitler, auf den am selben Tage ein Attentat verübt worden war, keinesfalls zu befürchten.[3] Er ahnte nicht, daß er sich nur zu bald der sowjetrussischen Nemesis in Form eines Generalangriffes zweier ukrainischer Armeen unter Tolbuchin und Malinowskij gegenübersehen würde.

Einen Monat später war es soweit: Die Russen griffen Rumänien an. Am 20. August eröffneten sie ihre Offensive und stießen zügig vor: „Nirgendwo leisteten die Rumänen ernsthaften Widerstand."[4]. Das Feigheitssyndrom fast aller Teile der rumänischen Armee, das sich bereits in der Schlacht um Stalingrad eineinhalb Jahre zuvor deutlich manifestiert hatte, setzte sich demnach auch fort, als die Rumänen ihre Heimat zu verteidigen und kein fremdes Gebiet mehr zu erobern gehabt hatten. Antonescu, der sich noch einen

Monat zuvor der absoluten Loyalität seiner eigenen Offiziere sicher geglaubt hatte, wurde am 23. August 1944 zum König befohlen und im königlichen Palast sofort verhaftet.

Zwanzig Stunden später bat die neue, von König Michael I. gebildete Regierung die Sowjets um einen Waffenstillstand. Ein deutscher Luftangriff auf den Stadtkern von Bukarest folgte. Die Deutsche Wehrmacht hatte geglaubt, in der rumänischen Hauptstadt sei nur eine kleine machthungrige Clique von Offizieren putschistisch an die Schalthebel der Macht gelangt und könne durch diese Attacke ausgeschaltet, zumindest aber entscheidend eingeschüchtert, also wieder auf die Linie der Achsenmächte gebracht werden. So rief dieser Angriff unter den Mitgliedern der neuen rumänischen Regierung große Erbitterung hervor und provozierte sie zur Kriegserklärung an das Deutsche Reich; rumänische Soldaten kämpften nun gegen deutsche Landser. Der lachende Dritte war die Rote Armee. „Die sowjetischen Streitkräfte konnten ungehindert vorgehen. Jeglicher Widerstand ging im allgemeinen Chaos unter."[5]

Die Eroberung Rumäniens durch die Rote Armee ist daher schnell berichtet. Ploesti mit seinen wertvollen Ölfeldern wurde am 29. August genommen, Konstanza am 30. und Bukarest am 31. König Michai I. von Hohenzollern-Sigmaringen, dessen Rolle beim Putsch vom 23. August ausschlaggebend war, schloß am 12. September 1944 mit der Sowjetunion den Waffenstillstand von Moskau. Damit hatte die Rote Armee einen Sieg errungen, der ihr allerdings von seiten eines konspirativen rumänischen Hofes erleichtert worden war. Mit Wissen des damals 23jährigen Königs Michai I. hatte der Hof nämlich täglich die Positionsmeldungen der rumänischen Armee an LONDON durchgegeben. London leitete diese Meldungen logischerweise an seinen sowjetischen Verbündeten weiter. Demgemäß konnte die Rote Armee Schwachstellen der rumänischen Truppen – und damit der deutschen Frontstellungen – gnadenlos ausnützen.[6] Dazu bemerkte der damalige Rittmeister Dr. Ion v. Emilian: „Es hat Könige gegeben, die Mörder, Betrüger, die Feiglinge, Wahnsinnige usw. waren. Einen König, der als Spion gegen die eigene Armee auftrat, hat es bis jetzt nicht gegeben."

Seit dem Waffenstillstand mit der Roten Armee nahm Rumänien, dessen Erdöllieferungen für das Deutsche Reich lebenswichtig waren, an den alliierten Kampfhandlungen gegen Deutschland teil. Bis dahin war ein Viertel der gesamten Treibstoffversorgung Deutschlands aus den Erdölraffinnerien der rumänischen und ungarischen Ölfelder gekommen.[7] 35 % der Gesamtproduktion des rumänischen Öls waren ins Deutsche Reich geliefert worden.[8]

Im Jahre 1945 wurde Rumänien unter sowjetischem Druck Volksrepublik. Marschall Antonescu wurde von einem rumänischen Volksgerichtshof zum Tode verurteilt und 1946 hingerichtet.

## Die Luftkriegsführung gegen Rumänien 1942–1944

Zum Unterschied von der Schweiz mit ihrem Neutralitätsstatus von 1939–1945 besaß Rumänien, das bekanntlich auf seiten der Achsenmächte in den Krieg eingetreten war, einen Kombattantenstatus, sofern man auf das im Kriegsfalle aktuell werdende Völkerrecht Bezug nimmt. Waren die Luftkriegsbombardements der Schweiz seitens der Alliierten somit samt und sonders eine eklatante Völkerrechtsverletzung, geboren vielleicht gar nicht so sehr aus dem reinen Geiste imperialistischer Machtpolitik als vielmehr aus dem ideologisch verbogenen, der charakteristischen „Kreuzzugsmentalität" einer Seemacht (= USA) laut Gerhard Ritter entspringenden moralischen Impetus einer dira necessitas der gewaltsamen Niederringung einer feindlichen Landmacht als Inbegriff des Satanischen (= Hitlerdeutschland) um jeden Preis[9] – und sei es selbst der einer permanenten Verletzung von Neutralitätsrechten anderer am Kriege unbeteiligter Staaten inklusive einer Inkaufnahme der Verursachung von Todesopfern durch „irrtümliche" Luftangriffe in selbigen –, einer also vor allem für die USA in ihrer realpolitisch unbestreitbaren globalen Machtposition typischen „Neigung großer Nationen, Macht mit Tugend und große Verantwortung mit einer universalen Mission gleichzusetzen" also[10], was laut Fulbright für den so und nicht anders Agierenden immer in einer (oftmals unwissentlich bezogenen) Position der „Arroganz der Macht" endet[11], so waren die Luftangriffe auf Rumänien, wie sie prozentuell in der Hauptsache von US-Bombern geflogen wurden, Kriegshandlungen gegenüber einem Lande, das sich selbst in das Heer der Feinde der Alliierten eingereiht hatte. Demnach waren auch die alliierten Bombardierungen von kriegswichtigen Zielen in Rumänien völkerrechtlich im Prinzip gedeckt.

Bevorzugtes Ziel alliierter Luftangriffe in Rumänien war das Erdölgebiet von Ploesti mit seinen dort befindlichen, großenteils ausländischen Konzernen gehörenden Raffinerien.[12] In seinem Buch „... mit Kurs auf Leuna" gibt Girbig die Gesamtzahl der alliierten Bombenangriffe auf Ploesti mit 27 an[13], während die offizielle Statistik der rumänischen Behörden aus der Nachkriegszeit von nur 23 Luftangriffen spricht.[14] Bis auf zwei Bombardierungen der Produktionsstätten in Ploesti, welche im August 1944 von der RAF durchgeführt wurden, waren bei den Luftangriffen auf Öltanks und Raffinerien in dieser rumänischen Industriestadt ausschließlich US-amerikanische Bomber am Werk.[15]

Der erste Bombenwurf auf Ploesti seitens der USAAF erfolgte am 12. Juni 1942: „Der Schaden, den der erste Angriff auf Ploesti verursacht, erweist sich als gering – nur ein Öldepot ist zerstört."
Bei der zweiten Bombardierung der Anlagen von Ploesti wurden zwei Raffinerien völlig zerstört, zwei weitere schwerstens beschädigt: Denn die Amerikaner hatten inzwischen planungsbezogen der energischen Bekämpfung der ohnehin schon prekären deutschen Treibstoffversorgung in allen ihren Luftangriffen im Deutschen Reiche und in anderen Ländern durch Zerstörung von Erdölraffinierien, Benzindepots etc. besondere Bedeutung beigemessen. Immerhin schossen Flak und deutsche Jäger 51, laut Cartier 44, der angreifenden Maschinen ab[16], und zwar von einer (laut Girbig) Gesamtzahl von 165 Flugzeugen. Cartier hingegen spricht von insgesamt 177 Maschinen, welche an dieser Attacke beteiligt waren.[17] Zwischen dieser am 1. August 1943 erfolgten zweiten Bombardierung von Ploesti und der dritten Bombardierung der dortigen Raffinerien und Treibstofflager am 5. April 1944 liegen, zeitlich gesehen, mehr als acht Monate: Die US-Amerikaner ließen sie ohne Luftangriffe auf Ploesti verstreichen, denn zu schwer wogen ihre am 1. August 1943 erlittenen Verluste an Maschinen und Mannschaften.

Mit Fortdauer des Jahres 1944 nahmen die Bomberangriffe der 15. US-Luftflotte auf Ploesti sowohl nach Zahl als auch nach Intensität immer mehr zu. Flak und deutsche Jäger schossen zwar etliche US-Maschinen ab, konnten die manifest werdende Zerstörung der meisten Produktionsstätten in und um Ploesti aber nicht verhindern. Zudem sollte sich ein solcher für die alliierten Interessen verquerer Tag wie der 1. August 1943 nicht wieder ereignen.[18] Ihr Ziel, Ploesti als Lieferstätte für Erdöl an das Deutsche Reich auszuschalten, hatten die Alliierten kraft ihrer vielen Luftbombardements erreicht: Die rumänische Treibstoffproduktion sank auf ein Minimum herab.

Die alliierten Luftangriffe auf Ploestis Raffinierien, ihres Zeichens Produzenten eines für die Treibstoffversorgung des Dritten Reiches überaus wichtigen Stoffes, nämlich des Benzins, waren durch das herrschende Völkerrecht völlig gedeckt. Daß es dabei zu Opfern unter Nichtkombattanten, also unter den nicht direkt mit der Herstellung von Benzin Beschäftigten kam, war unvermeidlich, da in Ploesti, wie Fotoaufnahmen aus jenen Tagen unter Beweis stellen, etliche Arbeitersiedlungen den eigentlichen Produktionsstätten unmittelbar benachbart lagen. Eine im übrigen recht zuverlässige amtliche rumänische Statistik weist für Ploesti die Gesamtzahl von 700 durch Luftangriffe ums Leben gekommenen Zivilisten auf – davon 171 Frauen und 56 Kinder. Außerdem hatte die Zivilbevölkerung 700 Verwundete zu beklagen. Ferner zerstörten die Spreng- und Brandbomben 6898 Wohnungen oder beschädigten sie schwer. Völkerrechtlich nicht *gedeckt* sind jedoch die alliierten Luftangriffe auf zivile Ziele in Rumänien, obgleich es sich bei diesen Bombardierungen vielfach um sogenannte „Notwürfe" gehandelt haben dürfte, wie etwa auf Bukarest nach Rückkehr der USAAF-Bomber von ihrem jeweiligen nur Teilerfolge gebracht habenden Einsatz über Ploestis Raffinerieanlagen: Bukarest liegt in Luftlinie nur 50 km von Ploesti entfernt.

Daß diese Luftangriffe rein zivilen Zielen gegolten haben müssen und offenbar als probates Mittel der Alliierten zur wirksamen Einschüchterung der rumänischen Zivilbevölkerung gedient haben dürften, geht unter anderem eindeutig daraus hervor, daß die offiziellen rumänischen Statistiken[19] unter den gesamten Luftkriegsverlusten Rumäniens zwischen 1942 und 1944 für jede bombardierte Stadt jeweils nur ganz wenige zerstörte oder beschädigte Industrieanlagen und Produktionsstätten sowie getötete Soldaten und Industriearbeiter ausweisen, dafür aber stets sehr viele Tote unter Nichtkombattanten und Zivilisten angeben. In zahlreichen rumänischen Städten und Dörfern verloren Zivilisten ihr Leben, büßten Frauen und Kinder das Wertvollste, das sie besaßen, für immer ein: Ihr Menschsein. So gab es beispielsweise in Arad (nahe der ungarischen Grenze) infolge von Luftbombardements insgesamt fast 200 tote Zivilpersonen (davon 70 Frauen und 16 Kinder), dazu noch fast 700 verwundete Zivilisten und über 600 zerstörte Wohnungen. In Kronstadt (Brasov) betrug die Zahl an getöteten Zivilisten nach vier alliierten Luftangriffen (geschätzt) 350. Cimpina wurde (wie schon Kronstadt/Brasov) viermal aus der Luft von den Alliierten bombardiert, wobei 35 Zivilpersonen den Tod fanden und weitere 73 Menschen Verletzungen davontrugen. In Konstanza am Schwarzen Meer betrug die Gesamtzahl der alliierten Luftangriffe ebenfalls vier: 155 Zivilisten verbrannten, erstickten, wurden erschlagen oder in Stücke gerissen. Craiova erlebte ebenfalls vier alliierte Luftangriffe und hatte danach 165 Einwohner, ausnahmslos Zivilisten, weniger: ferner mußte es 831 Wohnungen, die völlig zerstört worden waren, neu bauen. Turnu-Severin (Geburtsort des Halbrussen Alexander Löhr, des späteren Begründers der österreichischen Luftstreitkräfte und, als Generaloberst der Deutschen Wehrmacht, Oberbefehlshaber der deutschen Heeresgruppe E, Balkan), das acht Luftangriffe durch US-Bomber zu ertragen hatte, zählte 438 tote Zivilpersonen, mehr als 200 Verwundete unter der Bevölkerung und darüber hinaus 530 zerstörte Wohneinheiten. In Galatz fanden bei zwei alliierten Luftbombardements 147 Personen – samt und sonders Zivilisten – den Tod, während 170 schwere Verletzungen erlitten. In Pitesti lebten nach drei alliierten Luftangriffen 185 Zivilisten nicht mehr; 126 erlitten Verwundungen. Fast 2000 zerstörte Wohnungen in Pitesti ließen an die 5000 Personen obdachlos zurück.

Todbringendes aus den Bombenschächten alliierter Flugzeuge fiel indes nicht nur über den Städten, sondern auch über Dörfern, mitunter sogar über Weilern, in die Tiefe. Eine repräsentative rumänische Statistik aus der Nachkriegszeit hat für die rumänischen Landgemeinden insgesamt eine Zahl von 840 durch alliierte Luftangriffe getöteten und gut 1000 verwundeten Zivilpersonen errechnet und publiziert. Ferner gingen auf dem Lande auch noch über 3000 durch die Flugzeugbomben gänzlich zerstörte Wohneinheiten ab; man mußte sich in der Folge notdürftig woanders einquartieren.[20]

Diesen durch das Völkerrecht keineswegs gedeckten rund 120 alliierten Luftangriffen auf zivile Ziele in Rumänien stehen statistisch lediglich zwei deutsche Luftangriffe in diesem Lande entgegen, nämlich jene von uns bereits zitierten Bombardierungen der Innenstadt Bukarests nach Überreichung des rumänischen Ersuchens um einen sofortigen Waffenstillstand an die Adresse der Roten Armee, wodurch den Rumänen ihre ohnehin beabsichtigte Kriegserklärung an Deutschland wesentlich erleichtert wurde. Bei diesen beiden deutschen Luftangriffen vom 24. und 26. August 1944 auf das Regierungsviertel der rumänischen Hauptstadt – einschließlich des Zentralpostamtes – fand eine statistisch nicht näher bezeichnete Zahl von Zivilisten den Tod oder wurde verletzt; eine Aufstellung der verursachten Gebäudeschäden gibt es. Nach offiziellen rumänischen Quellen aus der Nachkriegszeit wurden 18 öffentliche Gebäude und 307 Wohneinheiten gänzlich zerstört, weitere 31 Ämter und 368 Wohnungen schwer beschädigt; zudem lagen drei Spitäler, eine Kirche, vier Schulen, ein Museum und vier Sportstadien in Trümmern, während vier Spitäler, sieben Kirchen, neun Schulen, drei Museen und zwei Sportstadien schwere Beschädigungen aufwiesen. Diesen durch die deutsche Luftwaffe verursachten Verlusten an Menschen und Material auf der Seite der Rumänen standen die 18 alliierten Luftangriffe auf Bukarest gegenüber, wobei insgesamt 4111 Zivilisten den Tod gefunden haben.

Da uns das rumänische Staatsarchiv in Bukarest eine außerordentlich gewissenhafte und genaue Ausarbeitung über die verheerenden Folgen alliierter Luftangriffe auf 25 Städte und zahlreiche Landgemeinden ihres Heimatlandes zur Verfügung gestellt hat, konnte anschließend die von allen in Europa vom Bombenkrieg heimgesuchten Ländern wahrscheinlich vollständigste Verlustaufstellung abgedruckt werden.[21]

Rumäniens Luftkriegsverluste

| Gemeinde/Stadt | lfd. Nr. | Zahl d. Luftangr. | Tote Zivilpersonen | Tote Soldaten | Tote Summe | Verwundete Zivilpersonen | Verwundete Soldaten | Verwundete Summe | Wohnungsverluste zerstört | Wohnungsverluste zerstört o. beschädigt | Sprengbomben | Brandbomben | Sonstiges |
|---|---|---|---|---|---|---|---|---|---|---|---|---|---|
| Arad | 1 | 6 | 196 | 18 | 214 | 699 | 13 | 712 | 306 | 614 | 367 | 3490 | |
| Bacav | 2 | 1 | 12 | 0 | 12 | 13 | 0 | 13 | 5 | 68 | 21 | | |
| Birlad | 3 | 5 | 23 | 6 | 29 | 33 | 6 | 39 | 15 | 15 | 209 | 2 | |
| Braila | 4 | 4 | 21 | 2 | 23 | 50 | 0 | 50 | | | 138 | | |
| Brasov (Kronstadt) | 5 | 4 | ~350 | ~107 | 457 | ~240 | ~121 | 361 | 364 | 1513 | 3361 | | Zahlen der toten und verwundeten Zivilpersonen aus Übersichtstabelle C2/13 übernommen (Schätzungen) |
| Bucuresti (Bukarest) | 6 | 20 | 4111 | 521 | 4632 | 4071 | 459 | 4530 | 6235 | 11638 | 8458 | 751 | |
| Buzav | 7 | 2 | 25 | 0 | 25 | 29 | 0 | 29 | | 272 | 272 | | |
| Cimpina | 8 | 4 | 35 | 6 | 41 | 73 | 4 | 77 | 598 | 2666 | 3945 | | |
| Constanta | 9 | 4 | 155 | 67 | 222 | 50 | 181 | 231 | 80 | 306 | 40 | 11 | |
| Craiova | 10 | 4 | 165 | 2 | 167 | 81 | 5 | 86 | 146 | 831 | 2133 | 10 | |
| Drobeta Turnu-Severin | 11 | 8 | 438 | 37 | 475 | 245 | 45 | 290 | 162 | 530 | 1276 | | |
| Focsani | 12 | 1 | 93 | 23 | 116 | 51 | 12 | 63 | 38 | 121 | 951 | 216 | |
| Galati (Galatz) | 13 | 2 | 147 | 9 | 156 | 168 | 3 | 171 | 76 | 314 | 413 | 337 | |
| Giurgiu | 14 | 5 | 74 | 1 | 75 | 37 | 1 | 38 | 116 | 215 | 168 | | |
| Iasi (Jassy) | 15 | 3 | ~400 | ~49 | 449 | ~500 | ~46 | 546 | 720 | 2574 | | | |
| Pitesti | 16 | 3 | 185 | 0 | 185 | 126 | 0 | 126 | 789 | 1948 | 399 | | |
| Ploiesti | 17 | 23 | ~700 | ~100 | ~800 | ~700 | ~150 | ~850 | 1865 | 6898 | 17237 | 3610 | laut GIRBIG 27 Luftangriffe! |
| Rimnicu Sarat | 18 | 2 | 2 | 0 | 8 | 4 | 0 | 4 | | 25 | | | |
| Rimnicu Vilcea | 19 | 1 | 4 | 4 | 8 | 0 | 7 | 7 | 1 | 25 | | | |
| Roman | 20 | 2 | 44 | 10 | 54 | 103 | 16 | 119 | 10 | 91 | 43 | | |
| Simeria | 21 | 5 | ~3 | ~18 | ~21 | 31 | 4 | 35 | 17 | 111 | | | |
| Sulina | 22 | 2 | 27 | 0 | 27 | 19 | 0 | 19 | 13 | 17 | 538 | | |
| Timisoara (Temeschburg) | 23 | 6 | 125 | 20 | 145 | 288 | 27 | 315 | 259 | 1045 | 651 | 8560 | |
| Tirgoviste | 24 | 2 | 4 | 0 | 4 | 21 | 0 | 21 | 5 | 10 | 280 | 1 | |
| Turnu Magurele | 25 | 1 | 0 | 0 | 0 | 4 | 0 | 4 | 3 | 12 | 4 | 10 | |
| Summe | | 120 | ~7339 | ~1000 | ~8339 | ~7636 | ~1100 | ~8736 | ≥11823 | ≥31562 | ≥40904 | ≥16998 | |
| Landgemeinden | | | 841 | 121 | 962 | 989 | 318 | 1307 | 1171 | 3066 | 17709 | 5368 | |
| Rumänien insgesamt | | | ~8180 | ~1121 | ~9301 | ~8625 | ~1418 | ~10043 | ≥12994 | ≥34628 | ≥58613 | ≥22366 | |

1 Über Entstehung, Blüte und Niedergang der „Eisernen Garde" informiert das auch in sonstiger Beziehung höchst aufschlußreiche Werk – es wird in ihm die Genese des modernen Terrorismus überhaupt geschildert – von Roland Gaucher: Saboteure und Attentäter. Der moderne Terrorismus. (Les Terrorists). Übers. von Margaret Carroux. Köln–Berlin: Kiepenheuer & Witsch (1967).

2 Vgl. dazu Cartier, Der Zweite Weltkrieg. 2. Band, a.a.O., S. 571 ff.

3 Vgl. diesbezüglich ebda, S. 825.

4 Ebda.

5 Ebda. S. 826.

6 Otto Rudolf Ließ, Auswirkungen des Putsches in Kronstadt und Siebenbürgen und Rumäniens Frontwechsel am 23. August 1944 und seine Folgen. Aus: Neue Ordnung; Zeitschrift, Wien, Nr. 5, S. 12–15, Nr. 6/7–1985, S. 12–16

7 Kehrl, a.a.O., S. 367.

8 Werner Girbig, . . . mit Kurs auf Leuna. Die Luftoffensive gegen die Treibstoffindustrie und der deutsche Abwehreinsatz 1944–1945, Stuttgart, 1980.

9 Zu dieser Art von moralischem Rigorismus einer kriegführenden Seemacht im Sinne eines „Der Zweck heiligt die Mittel", wobei das zu erreichende Ziel, nämlich die mitleidlose Niederwerfung der zum absolut Bösen hochstilisierten Landmacht, gleichsam sakralen Unbedingtheitscharakter verliehen erhält, vgl. vor allem Ritter, Die Dämonie der Macht, a.a.O., S. 150 f.

10 J. William Fulbright: Die Arroganz der Macht. (The Arrogance of Power). Übers. von R. Neumann-Hoditz. Reinbek bei Hamburg: Rowohlt Taschenbuch Verlag (1967), S. 14. (= rororo aktuell. 987/988.)

11 Ebda.

12 Ein Überblick über diese Raffinerien, gesamt acht an der Zahl, findet sich bei Girbig, . . . mit Kurs auf Leuna, a.a.O., S. 186.

13 Ebda, S. 212.

14 Nach einer vervielfältigten Kopie des rumänischen Staatsarchives.

15 Vgl. Girbig, . . . mit Kurs auf Leuna, a.a.O., S. 212.

16 Cartier, Der Zweite Weltkrieg, a.a.O., S. 655.

17 Girbig, . . . mit Kurs auf Leuna, a.a.O., S. 189.

18 Der letzte alliierte Luftangriff auf Ploesti fand am 19. August 1944, einen Tag vor der sowjetischen Großoffensive gegen Rumänien, statt. Girbig schreibt: „Bei rund 30 Einsätzen gegen Ploesti sind insgesamt etwa 13 700 Tonnen Bomben abgeworfen worden. Diesen Unternehmen steht der Verlust von 297 amerikanischen und 38 britischen Kampfflugzeugen gegenüber" (ebda, S. 210).

19 Alle nun folgenden Zahlenangaben nach einer an den Verfasser des hier vorliegenden Buches versandten, vervielfältigten, nicht-paginierten Kopie des rumänischen Staatsarchives!

20 Vgl. ebda.

21 Mitarbeiter dieses Kapitels über den Luftkrieg gegen Rumäniens Städte und Dörfer war Gernot Meigl.

# 3. Finnland

## Finnlands Ziviltote durch völkerrechtswidrige Luftbombardements im Zweiten Weltkrieg[1]

> *„Finnland ist die ewige Seele am Rande der Arktis"*
> *(Jean SIBELIUS)*

Ähnlich fast allen Staaten Europas hatte auch Finnland während des Zweiten Weltkrieges eine Reihe von Ziviltoten durch völkerrechtswidrige Luftangriffe in seinen Dörfern und Städten zu beklagen, wenngleich die Zahl an durch Luftbombardements ums Leben gekommenen Zivilisten in Finnland ungleich niedriger liegt als in den meisten anderen Ländern, die Vergleichbares erdulden mußten. Diese Luftkriegsopfer waren offenbar der Preis dafür, daß Finnland in den Zweiten Weltkrieg verstrickt worden war: Zuerst als angegriffenes neutrales Land im sowjetisch-finnischen Winterkrieg 1939/40 und schließlich als an der Seite der Achsenmächte kämpfender Verbündeter zwischen 1941 und 1944[2].

Um nun die völkerrechtswidrigen Luftbombardements in Finnland zwischen 1939 und 1944 in einem größeren Kausalzusammenhang sehen zu können, ist es nötig, Finnlands politische Geschichte etwas ausgreifender zu behandeln, d. h. bis ins Mittelalter zurückzugreifen, um Finnlands Sonderentwicklung und nationalpolitischen Sonderstatus vom 12. Jahrhundert bis zur letztlichen Unabhängigkeit im Jahre 1917 mit allen ihren daraus sich ergebenden Folgen einigermaßen darzustellen.

Es ist bislang unbewiesen, ob Nordgermanen oder Finnen das heutige Finnland zuerst besiedelten. Zur Zeit der germanischen Völkerwanderung jedenfalls wanderten finnische Stämme in zwei Wellen in das Gebiet des jetzigen Finnland ein. Im 12. Jahrhundert begann im Südwesten dieses Gebietes von Schweden aus die Christianisierung: In der Folgezeit geriet Finnland auch politisch unter schwedische Herrschaft. Kriegerische Auseinandersetzungen

516

mit Nowgorod und den Russen waren an der Tagesordnung und wurden immer wieder durch verschiedene Friedensabkommen beigelegt, so zum ersten Male 1323, als der Versuch unternommen wurde, die finnische Ostgrenze vertraglich zu fixieren. Während des Nordischen Krieges (1700–1721) war Finnland sieben Jahre lang von Rußland besetzt, wurde aber von Schweden zurückgewonnen. Im Frieden von Nystad (Uusikaupunki) verlor Schweden das südöstliche Karelien mit Wiborg (Viipuri), das immer zu Finnland gehört hatte, an Rußland und mußte nach einem weiteren Kriege 1741–1743 auch noch das südliche Savolaks und die Gebiete bis zum Kymmeneneälv (Kymijoki) an das immer mächtiger werdende Rußland abtreten.

Im 18. Jahrhundert verstärkte sich der kulturelle Einfluß Schwedens in Finnland; zudem wanderten immer mehr Schweden in diesem Gebiete ein. Zugleich aber entstand auch ein Gefühl für eine finnische Eigenständigkeit, das sich auf ein wachsendes Interesse an finnischer Geschichte und Sprache gründete. Erste finnische nationale Selbständigkeitsbestrebungen zeigten sich gegen Ende des 18. Jahrhunderts. In einem Krieg gegen Rußland, der mit einer völligen militärischen Niederlage endete, verlor Schweden 1809 ganz Finnland an Rußland. Im selben Jahr erklärte Zar Alexander I. Finnland zu einem autonomen Großfürstentum innerhalb des russischen Reiches; Helsingfors (Helsinki) wurde 1812 vom Zaren zur Hauptstadt Finnlands erhoben.

Das ganze 19. Jahrhundert hindurch erlebte Finnland eine Russifizierungskampagne nach der anderen: Seine ethnische Identität, ohnehin erschüttert durch den manifesten Antagonismus der in Finnland mittlerweile heimisch gewordenen schwedischen Siedler auf der einen und der Finnen auf der anderen Seite, sollte auf diese Weise systematisch unterminiert und letztlich zerstört werden. Diesem russischerseits an den Finnen beabsichtigten Völkermord trat eine finnischsprachige Intelligenzschicht, die für eine nationale Selbstbestimmung kämpfte, energisch entgegen.

Nach der russischen Märzrevolution 1917 übernahm der bislang ein Marionettendasein unter zaristischer Herrschaft geführt habende finnische Landtag die Regierungsgewalt und erklärte am 6. Dezember 1917 Finnland für souverän. 1918 wurde General Mannerheim Reichsverweser in Finnland. 1920 schlossen die Finnen mit den Bolschewisten den Frieden zu Dorpat, in dem Finnland das

Petsamogebiet am Eismeer zugesprochen erhielt, während es seine alten Ansprüche auf Ostkarelien aufgeben mußte.

Nach dem Ausbruch des Zweiten Weltkrieges und nach Abschluß des Paktes mit Deutschland mehrten sich in der Sowjetunion Gelüste des Revanchismus gegenüber Finnland: Ultimativ traten die Sowjets schon 1939 an die finnische Regierung heran und forderten die Abtrennung strategisch wichtiger Gebiete und die Erfüllung zusätzlicher politischer Wünsche:

Die Sowjetunion verlangte im einzelnen: 1. den Abschluß eines Beistandspaktes; 2. einen Pachtvertrag für Hangö; 3. Recht auf Benutzung des Ankerplatzes von Lappohja; 4. einen breiten Grenzstreifen beiderseits des Ladogasees sowie die westliche Fischerhalbinsel im Austausch gegen doppelt so große Gebiete Nordkareliens; 5. die Zustimmung zur beiderseitigen Schleifung aller grenznahen Befestigungen, um Luft für Leningrad zu schaffen, sowie 6. eine Erweiterung des Nichtangriffspaktes.[3]

Dessen gewiß, daß die Finnen diesen Forderungen nicht ohne weiteres nachgeben würden, installierten die Sowjets gleich eine „Gegenregierung" unter dem von ihnen als „Patriot" bezeichneten Finnen Otto Kuusinen, die in einer grenznahen Kleinstadt residierte. Kuusinens „Volksregierung" verlangte in Moskau eine Intervention der UdSSR zur „Befreiung" Finnlands: Das genügte den Sowjets. Sie griffen am 30. November 1939 Finnland an und wurden für diesen offensichtlichen Aggressionsakt gegenüber einem neutralen Lande aus dem Völkerbund ausgeschlossen: „Nach diesem Schritt aber war er so erschöpft, daß er kurz darauf sanft verschied"[4].

Trotz heftigen und teils äußerst erfolgreichen finnischen Widerstandes gegen die eindringenden sowjetischen Truppen – „auf der Karelischen Landenge zwischen dem Finnischen Meerbusen und dem Ladogasee widerstand die anspruchsvoll als Mannerheimlinie bezeichnete, 140 Kilometer lange Kette von kleinen Werken, Blockhäusern und Unterständen jedem Ansturm der Russen"[5] –, welche anläßlich ihres konzentrierten Angriffes längs der finnischen, sich über eine Distanz von 1600 Kilometern hinziehenden Ostgrenze unter anderem zwei vollständige Infanteriedivisionen einbüßten und kraftvoll vorgetragene finnische Gegenangriffe abzuwehren hatten, sah sich die finnische Regierung schließlich zum Friedensschluß gezwungen und mußte im Frieden mit Moskau am

12. März 1940 Westkarelien mit Wiborg (Viipuri), das Sallagebiet im Nordosten des Staatsgebietes und die Pachtrechte für die Landspitze Hangö am Finnischen Meerbusen auf 30 Jahre an die Sowjetunion abtreten. Damit verlor Finnland ungefähr ein Zehntel seines Ackerbodens, seiner Industrie und seiner Wälder an ein Land, das Jahrhunderte hindurch sein Gegner gewesen war.

Gereizt durch diese negativen Folgen eines ihm von außen aufgezwungenen Winterkrieges, deren Wirkung auf den mühsam errungenen eigenen Nationalstolz nicht zu übersehen war, ergriff Finnland die sich ihm anläßlich des Einmarsches der Deutschen Wehrmacht im Juni 1941 in die Sowjetunion bietende Möglichkeit, die an die UdSSR gezwungenermaßen abgetretenen Gebiete wiederzuerlangen und schloß sich politisch wie militärisch den Achsenmächten an. Dabei wußten die Finnen durch die ihnen aufgrund ihrer besonderen geographischen Lage eigenen „Strateme der militärisch-kriegerischen Konfliktlösung" (Clausewitz) – wie plötzliches Auflauern des Feindes in verschneiter Tundra, Durchqueren unpassierbarer Regionen auf Schiern etc. – das strategisch-taktische Repertoire der Deutschen Wehrmacht in wertvoller Weise zu bereichern. Mit der Kriegswende 1943 und dem damit kausal verknüpften Rückzug der deutschen Armeen aus der UdSSR jedoch sahen die Finnen allmählich ein, einem Trugbild, das ihnen die Wiedergewinnung der an die Sowjetunion abgetretenen Gebiete vorgegaukelt hatte, nachgejagt zu sein. So entschlossen sie sich im September 1944, blutenden Herzens, mit Moskau ein Waffenstillstandsabkommen zu unterzeichnen, das durch den Frieden von Paris am 10. Februar 1947 bestätigt wurde. Dieser Vertrag hatte im wesentlichen dieselben Gebietsabtretungen wie der Moskauer Vertrag vom März 1940 zur Folge. Darüber hinaus mußte Finnland noch Petsamo abtreten und in den Tausch von Hangö gegen Porkkala einwilligen. Finnlands Präponderanz nach der Seite der Achsenmächte in den Jahren 1941–1944, die sich auf Waffenhilfe und Waffenbrüderschaft erstreckt hatte, war demnach erfolglos geblieben: Karelien blieb bei der Sowjetunion, den Finnen jedoch blieb eine Anzahl von Luftkriegsopfern unter der Zivilbevölkerung. Mit diesen Luftkriegstoten, die Finnland während des Winterkrieges 1939/1940 und während seines Kampfes gegen die Sowjetunion an der Seite Deutschlands in den Jahren 1941–1944 zu beklagen hatte, wollen wir uns jetzt näher beschäftigen.

Bei den zivilen Luftkriegsopfern in Finnland zwischen 1939 und 1944 müssen wir im Prinzip strenggenommen *zwei Kategorien* voneinander unterscheiden:

a) Die Opfer des finnisch-sowjetischen Winterkrieges 1939/40 und
b) die Ziviltoten der Zeit zwischen 1941 und 1944, als Finnland an der Seite der Achsenmächte gegen die Alliierten kämpfte.

Für die Zeit von 1939–1940 gibt es Luftkriegsopfer unter Nichtkombattanten in finnischen Städten und Dörfern ausschließlich durch Luftbombardements völkerrechtswidriger Natur durch die Rote Luftwaffe. Eine kompetente finnische Statistik aus der Nachkriegszeit[6] weist für den finnisch-sowjetischen Winterkrieg 1939/40 insgesamt

    956 Tote,
    540 Schwerverletzte und
  1316 Leichtverletzte

unter der Zivilbevölkerung aufgrund sowjetischer Luftangriffe aus[7].

Nachfolgend sind die Städte und Orte Finnlands mit den meisten Luftkriegsopfern angeführt:[8]

| | | | |
|---|---|---|---|
| Helsinki (Helsingfors) | 97 | Lahti | 23 |
| Viipuri (Wiborg) | 60 | Vaasa | 22 |
| Mikkeli | 63 | Jyväskylä | 22 |
| Turku (åbo) | 52 | Nurmes | 22 |
| Jänisjärvi | 49 | Pori | 21 |
| Iisalmi | 41 | Riihimäki | 20 |
| Kuopio | 38 | Tampere | 18 |
| Lappeenranta | 37 | Hamina | 14 |
| Elisenvaara | 35 | Hämeenlinna | 13 |
| Sortavala | 31 | Käkisalmi | 12 |
| Kouvola | 28 | Antrea | 11 |
| Rovaniemi | 25 | Lauritsala | 10 |

1939–1940 wurden an die 800 Luftangriffe durch Flugzeuge der Roten Luftwaffe durchgeführt[9]; wie viele dieser Luftangriffe völkerrechtlich gedeckt waren, d. h. militärischen Zielen gegolten haben, läßt sich im nachhinein nicht mehr feststellen. Zudem fehlt uns ausreichendes Grundlagenmaterial finnischerseits, um diese Frage einer Klärung zuzuführen.

Zwischen 1941 und 1944 fanden bei Luftangriffen, die ausnahmslos auf das Konto der Alliierten gehen, insgesamt
939 Zivilisten den Tod,
823 Schwerverletzte und
1870 Leichtverletzte sind dazuhin aufzuführen.
Die Gesamtzahl der alliierten Luftbombardements beträgt 2581[10]. Auch hier läßt sich wie bereits für den Zeitraum 1939–1940 nicht mehr genau eruieren, wie viele Luftangriffe primär militärischen Zielen gegolten haben müssen, aber sekundär zum Leiden der Zivilbevölkerung Finnlands beigetragen haben.

Insgesamt wurden 4640 Gebäude zwischen 1939 und 1944 bei Luftangriffen in finnischen Städten und Dörfern völlig zerstört. Die Wohnungsverluste (zu 100%) betrugen alles in allem 9999. Die teilbeschädigten Wohnungen machten insgesamt 25777 aus[11]. In % vom Gesamtbestand traten Wohnungsverluste in den nachfolgend angeführten finnischen Städten auf:[12]

total zerstört

| | | | |
|---|---|---|---|
| Lappeenranta | 4,9% | Tampere | 1,2% |
| Vaasa | 2,1% | Kotka | 1,0% |
| Lahti | 1,8% | Kuopio | 0,5% |
| Turku (åbo) | 1,8% | Helsinki (Helsingfors) | 0,02% |

Nach der von uns zitierten finnischen Statistik aus dem Jahre 1949 werden ferner folgende Prozentzahlen für mehr als zur Hälfte zerstörte Wohnungen vom Gesamtbestand ausgewiesen:[13]

schwer beschädigt (über 50%)

| | | | |
|---|---|---|---|
| Lappeenranta | 8,4% | Tampere | 2,1% |
| Lahti | 5,3% | Kotka | 1,3% |
| Turku (åbo) | 3,3% | Kuopio | 1,1% |
| Vaasa | 2,2% | Helsinki (Helsingfors) | 0,2% |

Detaillierteres Material über sowjetische bzw. alliierte Luftangriffe auf finnisches Staatsgebiet in den Jahren 1939–1944 hat uns leider nicht zur Verfügung gestanden: Dies mag unter anderem damit zusammenhängen, daß die UdSSR seit 1946 Finnland auf eine politisch wohlwollende Linie gegenüber dem mächtigen Nachbarn gedrängt hat. Wohl deshalb ist finnischerseits die eigene Kriegsgeschichte nicht mit der nötigen Akribie wie in anderen Staaten recherchiert worden: Nicht umsonst spricht man nämlich in den übrigen Ländern Europas von einer „Finnlandisierung", wenn die Sprache auf das Land im Nordosten unseres Kontinents gerichtet wird. Darunter versteht man gemeinhin eine Art stiller Kolonisierung durch die Sowjets, die sich der politischen Loyalität eines an sich neutralen Landes zu ihrem jeweiligen eigenen Vorteil „angenommen", sich ihrer demnach versichert haben. Der Jahrzehnte hindurch amtierende finnische Staatspräsident Kekkonen gilt als Exponent dieser Politik der „Finnlandisierung" eines Staates, welche sich beispielsweise durch das Abschließen langjähriger „Freundschafts- und Beistandspakte" mit der Sowjetunion und durch ökonomische, aber auch durch ideologische Anlehnung an die Sowjetunion zu erkennen gibt. Dieser politische Kurs eines zunehmenden Verlustes nationaler Souveränität mag dafür verantwortlich zeichnen, daß im heutigen Finnland völkerrechtswidrige Vergehen der UdSSR bei Luftangriffen 1939/40 über finnischem Staatsgebiet in zunehmendem Maße ignoriert, gemeinhin jedoch bagatellisiert zu werden pflegen. Das Prinzip der Geschichtsklitterung ist hier herrschend geworden. Auf der Strecke geblieben ist indes das Mitgefühl mit den zivilen Luftkriegstoten, die Finnland zu beklagen hatte.

1 In Zusammenarbeit mit cand. phil. Gernot Meigl
2 Im Jahre 1939/40 handelte es sich um einen nach dem Briand-Kellogg-Pakt von 1928 verbotenen Angriffskrieg der Sowjetunion, in den Jahren 1941–1944 hingegen um einen nach demselben Pakt erlaubten Angriffskrieg Finnlands gegen die Sowjetunion.
3 Cartier, Der Zweite Weltkrieg, Band 1, a.a.O., S. 47.
4 Ebda, S. 49.
5 Ebda.
6 Vgl. Suomen Virallinen Tilasto. VI Väestötilastoa, B Kuolamansyyt 101: Vuosina 1939–1945 (Tauluja). Helsinki: 1949.
7 Ebda, S. 108.
8 Ebda.
9 Ebda, S. 109.

10 Ebda, S. 375.
11 Alle hier angeführten Zahlenangaben nach ebda, S. 496 und S. 502.
12 Ebda, S. 506.
13 Ebda.

# 4. Norwegen

*Verluste und Schäden der Zivilbevölkerung Norwegens durch deutsche und britische Luftangriffe in den Jahren 1940–1945*

„Die Zahl der Todesfälle unter der Zivilbevölkerung infolge Kriegshandlungen, hauptsächlich Luftangriffe, war laut Aufstellung des Zentralbüros insgesamt 937", schreibt der Verteidigungsattaché der Königlich Norwegischen Botschaft in Wien, Generalleutnant Ingar T. Narvhus.[1] Von diesen wurden 185 während der Kämpfe in Norwegen vom April bis Juni 1940 getötet. Leider gibt Generalleutnant Narvhus nicht bekannt, durch wen und wo diese Verluste entstanden sind. Wie berichtet, hatten deutsche Flugzeuge in der Zeit vom 9. April – 8. Juni 1940 die Landung deutscher Gebirgsjäger und Infanterie in Norwegen und deren Vormarsch in das Innere des Landes taktisch unterstützt. Zu strategischen Luftangriffen durch die deutsche Luftwaffe ist es kaum gekommen. Aber auch die RAF war in Norwegen zur taktischen Unterstützung ihrer anfangs gelandeten und später sich zurückziehenden und einschiffenden Truppenverbände eingesetzt. Sowohl die deutschen als auch die englischen Flieger haben die gegnerischen Erdtruppen dann völkerrechtsgemäß angegriffen, wenn die eigenen militärischen Vorteile und die Verluste der norwegischen Zivilbevölkerung dem bereits mehrfach erwähnten Verhältnismäßigkeitsgrundsatz entsprachen.

Generalleutnant Narvhus berichtet weiter, daß im Jahre 1944 insgesamt 391 Zivilisten Norwegens getötet wurden. Darunter befanden sich 193 Zivilpersonen, unter ihnen 74 Kinder unter 15 Jahren, die durch einen Luftangriff auf Laksevåg am 4. Oktober dieses Jahres das Leben verloren haben. Laksevåg ist ein Vorort der Stadt Bergen, deren Hafen für die deutsche Kriegsmarine eine bestimmte Bedeutung hatte. Der Luftangriff auf Laksevåg wird von Air Commodore L.G.S. Payne folgendermaßen dargestellt[2]: „Das Bomber Command führte einen Tagesangriff auf U-Boot-Bunker von Bergen in Norwegen durch" (eingetragen unter dem 4. Oktober 1944). Damit könnte Bergen ein kleines Lorient oder St. Nazaire (Frankreich) gewesen sein, wo sich auch deutsche U-Boot-Bunker – allerdings offensichtlich in größerer Anzahl als in Bergen – befanden. Aber wir fragen uns, weshalb Bergen bei einem einzigen Luftangriff auf kleine deutsche Kriegsschiffe im Hafengebiet 194 Tote und 100 Verwundete unter der Zivilbevölkerung zu erleiden und außerdem noch einen Verlust von 40 zerstörten Häusern (die bei diesem Angriff beschädigten Häuser wurden nicht angeführt) aufzuweisen hatte[3]. Offensichtlich galt der Angriff des britischen Bomberkommandos der Stadt Bergen mit ihrem Vorort Laksevåg und nicht den U-Boot-Bunkern im Hafen. Ähnlich wie auch im französischen Lorient an der Atlantikküste bei zahlreichen alliierten Luftangriffen nicht die deutschen U-Boot-Basen, sondern 4095 Häuser total zerstört, 3245 Häuser beschädigt und 353 Zivilisten getötet wurden[4].

Die Hafenstadt Bergen hatte allerdings nicht nur durch Bombardements seitens der RAF Verluste erlitten, sondern auch durch die Explosion eines deutschen Munitionsdampfers, durch die 20 deutsche Soldaten und 200 norwegische Zivilisten getötet wurden. Weitere 2000 Menschen waren dadurch verletzt und 400 Häuser beschädigt worden.[5]

Bergen war noch zweimal von der RAF bombardiert worden, und zwar am 29. Oktober 1944 und am 12. Januar 1945, wobei die Zivilverluste 53 Tote betrugen und 83 Häuser zerstört wurden. Insgesamt verzeichnete Bergen 385 getötete Zivilpersonen (offensichtlich besteht in der Höhe der durch die Explosion des deutschen Munitionsschiffes entstandenen Verluste eine Diskrepanz, das heißt sie wird vom Staatsarchiv Bergens niedriger als vom Verfasser des KTB/OKW Tagebuches angesetzt). Insgesamt wurden in der bedauernswerten Stadt 500 Häuser zerstört und 4500 beschädigt, was bei einem Vorkriegsstand von 8600 Häusern 58 % ausmacht.

Die norwegische Hauptstadt hatte am letzten Silvesterabend des Krieges, am 31. Dezember 1944, bei einem schweren Luftangriff der RAF insgesamt 77 Tote zu beklagen. Und im Jahre 1945 hat ein Luftangriff auf Vallø bei Tønsberg 52 Todesopfer unter der Zivilbevölkerung verursacht[6].

So mußte auch die norwegische Zivilbevölkerung den uneingeschränkten Luftkrieg der alliierten, hier wohl überwiegend englischen Luftterroristen fast bis zum Ende des Zweiten Weltkrieges über sich ergehen lassen.

1 Schreiben der Königlich Norwegischen Botschaft, Wien, an den Verfasser vom 9. September 1985.
2 L.G.S. Payne, Air Dates, a.a.O., S. 280.
3 Genaue Verlustangaben im Schreiben des Statsarkivet i Bergen, Knut Geelmuyden, vom 30. September 1985 an den Verfasser.
4 Gustave Mansion, Agonie d'une Ville, Lorient 1940–1944, S. 42.
5 KTB/OKW, 1944–1945, Teilband I, S. 922.
6 Schreiben Königl. Norw. Botschaft, Wien, a.a.O., S. 1.

# 5. Bulgarien

*Schäden und Opfer alliierter Luftangriffe auf Bulgarien*[1]

*Bulgarien* ist im Verlauf des Zweiten Weltkrieges das traurige Schicksal Italiens, Frankreichs oder Hollands – von Deutschland einmal ganz abgesehen –, nämlich Zehn- oder gar Hunderttausende von unschuldigen Zivilisten durch Bombenterror aus der Luft zu verlieren, erspart geblieben. Gleichwohl ist auch dieses Balkanland, das sich am 1. März 1941 dem Dreimächtepakt zwischen dem Deutschen Reich, Italien und Japan angeschlossen, den deutschen Truppen den Durchmarsch gegen Griechenland erlaubt, am 18. Mai 1941 die Rolle einer Besatzungsmacht in Thrakien und Makedonien übernommen, am 12. Dezember 1941 Großbritannien und den USA (nicht dagegen der Sowjetunion!) den Krieg erklärt hatte, im September 1944 von der Roten Armee besetzt worden. Es nahm dann am Kampf der Roten Armee gegen die sich vom Balkan langsam zurückziehenden deutschen Truppenverbände teil und trug eine ganze Reihe von Zivilisten, die durch Luftangriffe ihr Leben verloren hatten, zu Grabe. Diese Luftangriffe gehen ausschließlich auf das Konto anglo-amerikanischer Bombardements bulgarischer Städte, Dörfer und Industrieanlagen. Ob diese Attacken der alliierten Bomberarmada Zielangriffe von militärischen oder/und industriellen Komplexen darstellten oder ob sie in völkerrechtswidriger Manier Flächenbombardements ziviler Objekte (Wohnviertel etc.) waren, läßt sich trotz der uns aktiv demonstrierten Kooperationsbereitschaft offizieller bulgarischer Stellen in der Landeshauptstadt Sofia[2] leider nicht mit Sicherheit konstatieren.

Die anglo-amerikanische Luftoffensive auf Bulgarien unter der Tarnbezeichnung „Point Blank" begann am 14. November 1943 und dauerte etwa fünf Monate. Dabei angegriffen wurden Städte wie *Sofia, Wraza (Wratza), Dupniza, Plovdiv* und *Plewen* sowie eine Anzahl von Dörfern. Insgesamt wurden auf bulgarisches Staatsgebiet etwa 40 000 Fliegerbomben mit einem Gesamtgewicht von rund 435 Tonnen abgeworfen.

Infolge der numerisch nicht näher bezeichneten Luftangriffe kamen 1720 – nach offiziellen bulgarischen Angaben fast durchweg Zivilpersonen – ums Leben, während 2071 Menschen Verletzungen davontrugen. Zahlenangaben über zerstörte oder beschädigte Wohnhäuser oder Wohnungen fehlen uns leider. Lediglich für *Sofia* liegt uns eine diesbezügliche Angabe vor: Hier forderten die alliierten Luftangriffe 5232 gänzlich zerstörte und 12567 schwer oder leicht beschädigte Gebäude.

Der schwerste Luftangriff auf *Sofia* erfolgte am 10. Januar 1944. An diesem Tage setzte der Stab der 15. Division der USAAF 200 Liberator- und B 17-(Flying Fortress) Bomber, die von 100 Lightning-Jägern abgedeckt wurden, zum Angriff auf die bulgarische Hauptstadt ein. Die Stadt wurde in fünf aufeinanderfolgenden Einsätzen der Fliegerstaffeln attackiert. Insgesamt wurden an jenem verhängnisvollen Tage 800 amerikanische Bomben auf Sofia abgeworfen. Als die Rettungskommandos auszogen, um die Trümmer provisorisch zu beseitigen, die Toten zu bergen und die Verwundeten zu versorgen, folgte am späten Abend ein weiterer Luftangriff: 70 englische Bomber entluden ihre Bombenlast über der ohnehin schon schwer gezeichneten Stadt.

Die Bilanz dieser beiden anglo-amerikanischen Luftangriffe auf die Hauptstadt sah folgendermaßen aus: 996 abgeworfene Bomben, 554 Tote, unter ihnen viele Kinder und Frauen, 709 Verwundete, 469 gänzlich zerstörte und 576 beschädigte Gebäude[3]. Die bulgarische Flakartillerie konnte sechs Bomber und fünf Jäger abschießen und die bulgarischen Jäger erzielten Luftsiege.

1 Unter Mitarbeit von Gernot Meigl, Graz
2 Gemäß Schreiben an den Verfasser von der Agentur „Sofia-Press", Sofia; datiert vom 20. November 1985.
3 Ebda.

# 6. Frankreich

## Völkerrechtswidrige Luftbombardements Frankreichs im Zweiten Weltkrieg[1]

> *„Die Opfer sind in die schlimmste aller Miß-gunst gefallen: sie langweilen".*
>
> *(Albert CAMUS „Der Mensch in der Revolte")*
>
> *„Freiheit hat sich in die reine Negativität zusam-mengezogen, und was zur Zeit des Jugendstils in Schönheit sterben hieß, hat sich reduziert auf den Wunsch, die unendliche Erniedrigung des Daseins wie die unendliche Qual des Sterbens abzukürzen in einer Welt, in der es längst Schlimmeres zu fürchten gibt als den Tod".*
>
> *(Theodor W. ADORNO „Minima Moralia")*

Wie aus den beiden obigen Zitaten zu entnehmen, hat Frankreich im Verlaufe des Zweiten Weltkrieges aufgrund seiner politischen Situation – welche bekanntlich darin bestand, zuerst aktiver Gegner und seit Juli 1940 machtloser Besiegter des Dritten Reiches gewesen zu sein und in dieser passiven Position aller militärischen Dinge zu harren, die da noch von seinen ehemaligen Verbündeten (insbesondere von Seiten Englands!) auf sein von den Deutschen okku-piertes Staatsgebiet zukommen würden – einen hohen Blutzoll an Luftkriegstoten entrichten müssen: Diesbezügliche Schätzungen – exakte Verlustangaben gibt es amtlicherseits für Gesamtfrankreich anscheinend nicht – schwanken zwischen der offiziösen, vom französischen Transportministerium in Paris ermittelten Zahl von 67 078 registrierten bzw. zum Großteil identifizierten Luftbomben-opfern[2] als Minimum und der inoffiziellen, von einem den Nach-kriegsdeutschen wohlgesinnten französischen Amateurhistoriker namens Jaques Vasseur konstatierten Zahl von zumindest 300 000 Luftkriegstoten[3] in Frankreich während der Jahre 1940 bis zum

Spätherbst 1944. Alle Versuche, eine detaillierte, in ihren Zahlenangaben genaue Verlustliste der Toten in französischen Städten
und Dörfern aufgrund taktischer, strategischer und terroristischer
Luftangriffe, der Verletzten und der Verwüstungen an öffentlichen
oder privaten Gebäuden zu erhalten, müssen leider als gescheitert
angesehen werden: In etlichen der brieflich befragten, von Luftbombardements heimgesuchten französischen Städten existieren
offenbar keine genauen Statistiken, während andere sich – aus
welchen Gründen immer – bislang strikt weigern, exaktes Informationsmaterial zu nennen.[4] Kaum hatten nämlich die Alliierten den
Sieg über Hitlerdeutschland erkämpft, Frankreich vom unseligen
Besatzerjoch „befreit" und die Vichy-Regierung ihres Amtes enthoben, so fielen – neben manchen ungelösten innerfranzösischen
Gegensätzlichkeiten – die durch alliierte Terrorangriffe aus der
Luft provozierten Verluste unter der französischen Zivilbevölke-
rung im Zeitraum 1940 bis 1944 einer offensichtlich wohltuenden
Vergessenheit anheim: Man breitete tunlichst den Mantel des
Vergessens über diese Schandmale moderner hochtechnisierter
und in ihren Konsequenzen neo-barbarischer Kriegführung. Die
Luftkriegsopfer und das Schicksal der bei den Bombardements
Verwundeten oder um ihr Hab und Gut Gebrachten „langweilten"
sichtlich, wie eingangs von uns in einem Zitat des großen französischen Dichters und Nobelpreisträgers für Literatur, Albert Camus,
hervorgehoben. Diejenigen Franzosen, welche körperlich unversehrt die völkerrechtswidrigen Luftbombardements seitens der
RAF- und USAAF-Geschwader überstanden hatten, schritten zum
Wiederaufbau Frankreichs im Namen der Vierten Republik (1944–
1958), laborierten indes seelisch noch lange Jahre hindurch (und
viele von ihnen ihr ganzes Leben lang!) an jenen Traumata, die
ihnen durch die in die Hunderttausende gehenden Bombenangriffe
auf ihre Heimat bzw. auf ihre Heimstätten seitens ihrer *ehemaligen*
Waffenbrüder zugefügt worden waren. Seit Ende Juni 1940 hatte
Frankreich bekanntlich mit dem Dritten Reich einen Waffenstillstand vereinbart und war damit manifest aus der Reihe der kriegführenden Mächte ausgeschieden. Die Todesangst der Franzosen
angesichts des Höllenlärms angreifender Bomberverbände und
überall einschlagender und Brände entfachender Bomben es den
durch diesen *technisierten Gewaltterror* bereits hingemordeten
Landsleuten gleichtun zu müssen, haben die französischen Zivili-

sten nach 1945 im Sinne Freuds nahezu summarisch verdrängt. Es gab in einer derartigen „existentiellen Grenzsituation", um hier einen Ausdruck von Karl Jaspers zu gebrauchen, schon „längst Schlimmeres zu fürchten als den Tod"; Adorno bemerkt richtig die wiederholt aktualisierte Todesfurcht des Individuums inmitten einer bombardierten und brennenden Stadt. Dies ist ein Tatbestand, der jedem modernen, mit Hochtechnologie geführten Krieg und den von ihm Affizierten eigentümlich ist, wie schon Adorno weiß:

> Sowenig der Krieg Kontinuität, Geschichte, das ‚epische' Element enthält, sondern gewissermaßen in jeder Phase von vorn anfängt, sowenig wird er ein stetiges und unbewußt aufbewahrtes Erinnerungsbild hinterlassen.[5]

Zu *verdrängen* galt es für die dem alliierten Bombeninferno in vielen Städten wie Dörfern der „Grande Nation" zwischen 1940 und 1944 mehr oder minder glücklich entronnenen französischen Zivilisten aber nicht nur die ominöse *eigene Todesangst*, sondern auch (ganz generell) die vielfältigen Schreckensbilder:[6] Dies dürfte *ein* Grund dafür sein, daß sich viele zu Opfern des alliierten Luftkrieges gegen die Zivilbevölkerung gewordene französische Städte noch immer weigern, entsprechendes und zweifelsohne vorhandenes Informationsmaterial über Luftkriegsopfer und Bombenschäden während des Zweiten Weltkrieges gewissen Interessenten auf deren Verlangen hin zur Verfügung zu stellen. Es brannte etwa die durch angloamerikanische Flieger am 4. Juli 1944 fast völlig zerbombte bretonische Stadt *Fougères* drei Tage lang[7], während die normannische Stadt *Caen* ihr Martyrium durch unablässige Luftbombardements auf deutsche Besatzungstruppen sowie auf die einheimischen Zivilisten in jenen zwei Wochen vor ihrer Einnahme durch die anglo-amerikanischen Invasionstruppen am 9. Juli 1944 erleben mußte[8]. Obwohl demgemäß ganz selbstverständlich in manchen französischen Städten nach alliierten Bombenangriffen auf Wohnsiedlungen, Baudenkmäler und Fabrikanlagen ein wahres Inferno herrschte, müssen die durch Spreng- und Brandbomben getöteten Zivilpersonen sehr wohl von zuständigen Stellen zumindest zahlenmäßig (wenn schon nicht namentlich) registriert und hierauf irgendwo bestattet worden sein, von der detaillierten Konstatierung der bleibenden und somit ersichtlichen Gebäudeschäden einmal ganz abgesehen. Daher ist die Diskrepanz etwa zwischen der uns vom

Stadtarchivleiter von Caen brieflich mitgeteilten Verlustziffer von annähernd 2000 Luftkriegstoten unter der einheimischen Zivilbevölkerung – wobei er noch betont, Schätzungen von bis zu 5000 bei alliierten Bombenabwürfen umgekommenen Menschen seien seiner Meinung nach weit übertrieben[9] und den folgenden Zahlenangaben noch aufzuklären:

> „Ein deutscher Offizier berichtete, daß in Caen von 60 000 Einwohnern nach dem ersten Luftangriff etwa 9000 in der Stadt selbst in Massengräbern beigesetzt worden seien. Weitere annähernd 1000 Einwohner seien getötet worden, als die Anglo-Amerikaner den Rennplatz außerhalb der Stadt bombardierten, wohin sich eine große Menschenmenge geflüchtet hatte".[10]

Bevor wir nun die uns bislang zur Kenntnis gebrachten Zahlen an Toten, Verletzten und Bombenschäden in französischen Städten und Dörfern während des Zweiten Weltkrieges zusammenfassend nennen und auf das hier tausendfach mit Füßen getretene Völkerrecht eingehen, gehen wir chronologisch vor und betrachten die Kriegsgeschichte von 1940 an (im Anschluß an die Schilderung des deutschen Frankreichfeldzuges und des im Gegensatz zu späteren „Kampfabschlüssen", etwa 1945, wirklich versöhnlichen deutsch-französischen Waffenstillstandes vom 22. Juni 1940 auf Seite 187 f.).

Frankreichs Widerstand brach im Juni 1940 nach knapp sechswöchigem Kampfe gegen die eindringenden deutschen Truppenverbände völlig zusammen. Diese verheerende Niederlage führte zu schwersten Auseinandersetzungen innerhalb der Regierung: Das Kabinett Reynaud trat zurück, und ein Waffenstillstand wurde geschlossen, kraft dessen der größere Teil Frankreichs unter Einschluß von Paris von deutschen Truppen besetzt wurde. Im unbesetzten Frankreich bildete sich mit dem Sitz in *Vichy* unter Pétain als Ministerpräsident und Laval als stellvertretendem Ministerpräsident eine autoritäre Regierung. Deren Zusammenarbeit mit Deutschland wurde bei der Begegnung Hitlers mit Pétain in *Montoire* Ende Oktober 1940 endgültig festgelegt.

Die Deutschen bemühten sich offensichtlich, untadelige Sieger zu sein. So berichteten sogar englische Zeitungen, daß deutsche Soldaten in der Metro und in den Straßenbahnen Frauen ihren Sitzplatz anboten und auch sonst überall den Eindruck gesitteter Menschen machten. Doch die englische Führung unter Churchill sabotierte dieses Bemühen der Deutschen um ein dauerndes gutes Verhältnis mit den Franzosen, indem sie die europäische Widerstandsbewegung errichtete und bewaffnete[11]. Die in England auftretenden freien Franzosen unter Führung de Gaulles taten das ihre, um in Rundfunksendungen die versöhnlich eingestellten Franzosen gegen die deutsche Besatzung aufzubringen. Partisanenaktionen der französischen Maquis und Terror der Resistance veranlaßten die Deutschen zu Gegen- und Vergeltungsmaßnahmen. Dennoch bemühten sich die deutsch-französische Waffenstillstandskommission[12]) und die deutsche Botschaft in Paris, die bald mit rund 800 Mitarbeitern den Umfang eines Ministeriums angenommen hatte, mit Erfolg um weitgehende Erfüllung französischer Wünsche: Freilassung von Kriegs-, Untersuchungs- und Strafgefangenen, Aufhebung von Requisitionen und anderen Besatzungsangelegenheiten.[13] Besonders bedrückt waren die Franzosen durch die Demarkationslinie, die Frankreich in zwei Zonen trennte.

Nach der Landung der Alliierten in Nordafrika wurde auch die bisher noch freie Zone Frankreichs von den deutschen Truppen besetzt (11. November 1942). Im Juni 1944, einige Tage vor der Landung der Anglo-Amerikaner in der Normandie, bildete *De Gaulle* eine Provisorische Regierung mit Einwilligung der Engländer und Amerikaner. Am 25. August 1944 zog er in das von den Deutschen nahezu kampflos geräumte Paris ein. Die Provisorische Regierung wurde dorthin verlegt, und es fand die Proklamation der Vierten Republik statt. Den als Kollaborateuren denunzierten Mitgliedern der Vichy-Regierung machte man rachelüstern den Prozeß: Viele von ihnen, darunter auch Laval wurden getötet, ein trauriges Schicksal, das Hunderttausenden deutschfreundlichen Franzosen[14] in der Ära der Abrechnung mit den Nationalsozialisten und ihren Ideen nicht erspart geblieben ist. Die Stunde der Abrechnung mit den Repräsentanten des Vichy-Regimes seitens der neuen Herrscher Frankreichs kam auch für Pétain: Ihm, dem Exponenten des Geistes eines „soldatischen Paternalismus"[15] und der Leib gewordenen Verkörperung der Friedenssehnsucht eines im Felde besiegten Frankreichs in den Junitagen 1940, wurde der Prozeß gemacht:

> „Die wesentlichen Punkte des Schuldspruchs lauteten: Pétain habe die Befugnisse überschritten, die ihm von der Nationalversammlung übertragen waren; er habe mit dem

Feind zusammengearbeitet; er habe freiwillig an Deutschland Arbeitskräfte und Material geliefert und dadurch die deutsche Kriegsmaschine unterstützt; er habe zugunsten Deutschlands die antibolschewistische Legion geschaffen und an die Ostfront geschickt; er habe zugunsten des Feindes den Alliierten in Syrien, Indochina und Nord-Afrika Widerstand geleistet."[16]

Das Todesurteil, welches über den 89jährigen Pétain verhängt worden war, wurde schließlich in eine lebenslängliche Haftstrafe umgewandelt. Eine Schande von fast deutschen Ausmaßen!

Worin hat, konkret gesagt, Pétains angebliche Kollaboration mit den Nationalsozialisten bestanden? Vielleicht darin, daß er es befürwortet hatte, nach der barbarischen Zerstörung eines Teils der französischen Flotte in Mers El-Kébir (Oran) im Juli 1940 durch die Engländer alle diplomatischen Verbindungen zu diesem ehemaligen Verbündeten Frankreichs abzubrechen?[17] Vielleicht darin, daß es ihm nicht gefiel, Syrien im Juni 1941 kampflos den de Gaulle-Franzosen zu übergeben, sondern vielmehr befahl, die dortigen Vichy-treuen Franzosen sollten gegen die eigenen eindringenden Landsleute kämpfen?[18] Oder vielleicht darin, daß er die Unverantwortlichkeit anglo-amerikanischer Bombenangriffe auf französische Zivilisten in Städten, Dörfern und Produktionszentren gegebenenfalls herausstrich und diesen Luftterror als das definierte, was er de facto immer ist: als Verbrechen an der Menschlichkeit und als Bruch des Völkerrechts nämlich?

So hatte Pétain anläßlich des englischen Terrorangriffs auf das Pariser Stadtgebiet im allgemeinen und auf die im Norden von Paris gelegenen Renault-Werke im besonderen, datierend vom 3. März 1942, vier Tage später öffentlich folgendes erklärt:

> *„Die Geschichte hat ihr Urteil über den verbrecherischen Angriff eines ehemaligen Verbündeten bereits gefällt*, eines Verbündeten, der nur deshalb unsere Soldaten allein in den Tod gehen ließ, um zwei Jahre später mit kalter Überlegung unsere unschuldige Zivilbevölkerung hinmorden zu können"[19]

Mit diesem letzten Punkt sind wir schon bei der nun folgenden Betrachtung angelangt: jener der völkerrechtswidrigen Luft-Bombardements französischer Städte und Dörfer während der Jahre 1941–1944.

FRANZÖSISCHE
REPUBLIK
VERTEIDIGUNGS-
MINISTERIUM
ABT. FÜR
PASSIVE VERTEIDIGUNG

# DIPLOM

### *Herr Alain Billet*

wohnhaft in Lorient

erhält hiermit das

ZEUGNIS DER PASSIVEN VERTEIDIGUNG

3. GRADES

Für das Verteidigungsministerium

*Pour le Ministre de la Defense Nationale,*

*Le Préfet du Morbihan*

– Zeugnis der passiven Verteidigung –

## Alliierte und deutsche Luftangriffe auf französische Städte und Dörfer in der Zeit 1940–1944

*Wichtige Vorbemerkung:*

Fast alle nun folgenden Zahlenangaben über Luftkriegstote und -verletzte sowie über zerstörte oder beschädigte Häuser und Wohnungen basieren auf diversen *Schätzungen* durch französische Behörden oder deutsche Stellen aus den Kriegsjahren 1940–1944 bzw. aus der Rekonstruktionsphase des europäischen Kapitalismus in Frankreich seit 1945. Nur selten findet man nämlich verläßliche Verlustziffern.

### 1940

Dieses Jahr brachte in einem sechswöchigen Feldzug ohnegleichen den Sieg der Deutschen Wehrmacht über Frankreich: Im Mai 1940 begann die direkte militärische Auseinandersetzung zwischen den beiden Staaten, und Ende Juni 1940 mußte Frankreich kapitulieren.

Im Verlaufe dieser Niederringung Frankreichs durch das Reich bombardierte die Luftwaffe im taktischen und strategischen Einsatz unter übermäßiger Einbeziehung der Zivilbevölkerung militärische Objekte in französischen Städten, so auch in Le Havre,[20] wo in der Zeit vom 19. Mai bis 13. Juni mehrere Hundert *Zivilpersonen* durch Fliegerbomben den Tod fanden – , in *Dieppe*[21] (Luftangriffe durch deutsche Bomber am 9. Juni 1940, durch die eine nicht näher bezeichnete Anzahl von Zivilpersonen ihr Leben verloren haben dürfte), in *Rouen, Cherbourg* und *Dünkirchen*[22], während andere Städte wie *Paris* oder *Bordeaux* deutscherseits zu „offenen Städten" erklärt wurden und folglich von Luftbombardements ausdrücklich verschont geblieben sind. Offenbar hat es sich bei den Angriffen deutscher Bomber auf französische Städte im Mai und Juni des Jahres 1940 um die Einhaltung der kriegsrechtlichen Bestimmung gehandelt, derzufolge Bombenangriffe nur gegen militärische Objekte gerichtet sein dürfen, wobei allerdings die Zivilbevölkerung in Mitleidenschaft gezogen werden kann. Es muß jedoch der Verhältnismäßigkeitsgrundsatz zwischen militärischem Vorteil und zivilen

Verlusten beim Angriff auf militärische Ziele eingehalten werden. Dieser Grundsatz war und ist noch immer nicht so unangefochten, wie es notwendig wäre.[23] Generell gesehen, verschonte die Deutsche Luftwaffe jedoch während des Feldzuges gegen Frankreich im Frühjahr 1940 die Wohnstätten der französischen Zivilbevölkerung. Weiteres Zahlenmaterial hinsichtlich deutscher Luftangriffe auf französische Ortschaften im Mai und Juni 1940 liegt dem Verfasser nicht vor.

Während die den Verhältnismäßigkeitsgrundsatz nicht beachtenden Luftangriffe der Deutschen gegen militärische Ziele in Frankreich auf ein Minimum beschränkt gewesen sein dürften, machten die Engländer nach der Kapitulation Frankreichs im Juni 1940 und dem Einsetzen der Vichy-Regierung nicht viel Federlesens mit der französischen Zivilbevölkerung in den nun von deutschen Truppen besetzten Städten und Dörfern.

Chamberlain hatte bereits am 17. November 1939 die rücksichtslose Bombardierung des Ruhrgebietes vorgeschlagen[24] – eine Überlegung, die von Churchill 1940 aktualisiert wurde. Nach der Niederlage Frankreichs im Juni 1940 gegen Deutschland ging man dazu über, das vom Feind (d. h. von den Deutschen) eroberte Territorium durch Flugzeuge bombardieren zu lassen, um die „Hunnen" (das sind die Deutschen) zu treffen, wo immer nur möglich. Diese folgenschwere englische Entscheidung erstreckte sich auch auf französische Städte und Dörfer: Mit sporadischen Bombardierungen insbesondere von bretonischen und normannischen Ortschaften begann die RAF schon im Juli 1940. Auf *Dieppe* fielen im August 1940 die ersten englischen Bomben; *Brest* war im September desselben Jahres an der Reihe. Im Oktober 1940 erlitten *Lorient* und *Boulogne-sur-Mer* dasselbe Schicksal. Hierbei verlor eine Anzahl völlig unbeteiligter Zivilisten ihr Leben.

*1941:*

In diesem Jahr ist eine *Intensivierung* englischer Terrorangriffe völkerrechtswidrigen Charakters auf französische Städte feststellbar: So wurde beispielsweise in *Brest* ein Spital (!) bombardiert, wobei 84 Tote unter den bettlägerigen Kranken, den Ärzten und den Schwestern zu beklagen waren (14. April); ein manifester schwerer Verstoß gegen das Völkerrecht. Eine weitere Bombardierung betraf *Boulogne-sur-Mer*, und zwar am 14. August: 76 Tote wurden gezählt. Der 16. September brachte einen schweren Bomberangriff der RAF auf *Le Havre*, wodurch 240 Franzosen den Tod fanden[25]. *Cherbourg* verlor bis zum Jahresende ungefähr 70 seiner Bürger durch englische Terrorangriffe[26], *Rouen* etwa 20. Angaben über zerstörte oder beschädigte Häuser bzw. Wohnungen fehlen ausnahmslos.

*1942:*

„Am 4. Juli 1942 flogen die amerikanischen Bomber ihren ersten Angriff: Sechs Maschinen nahmen Kurs auf die holländischen Flugplätze Haamstede und De Kooy (...) Das zweite Unternehmen der Amerikaner war ein Angriff auf *Sotteville-lèws-Rouen*, am 17. August (...). [Es] erlitt die Zivilbevölkerung durch die weite Streuung der Bomben schwere Verluste. Dies führte zu der Auffassung, *die Amerikaner seien blindlings wütende Massenvernichter* (...)"[27]

Dieses Jahr brachte eine sich eskalierende Fortsetzung englischer Bombardierung von französischen Städten und Dörfern und zudem die ersten Attacken der 8. USAAF-Bomber auf französische Zivilpersonen[27]: „Mit diesen fliegenden Festungen [Boeing B-17] erfolgte der erste Tageseinsatz, geflogen von der 97. Bombergruppe am 17. August gegen die französische Stadt *Rouen*.

Damit war der Startschuß für eine Entwicklung gefallen, die mit der später erfolgten Zerstörung vieler deutscher Großstädte endete"[28]. Die Zahl der hierbei in *Rouen* umgekommenen Zivilisten belief sich schätzungsweise auf 50. Nach einem am 5. September erfolgten neuerlichen Bombenangriff auf die innere Stadt mußten in *Rouen* weitere 140 Franzosen zu Grabe getragen werden[29].

Einige Monate zuvor hatte die RAF französische Städte bombardiert, so etwa *Boulogne-sur-Mer* am 2. April 1942 (40 Tote, Hunderte Verletzte unter der Zivilbevölkerung). Der folgenschwerste Bombenangriff alliierterseits in diesem Jahr betraf aber wohl *Paris*: Dort forderte ein englisches Terrorbombardement nach übereinstimmenden Berichten[30] über 600 Tote und 1000 Verletzte unter der Zivilbevölkerung, d. h. insbesondere unter den Arbeitern der Renault-Werke bei Paris[31], während von 200 Häusern nur noch rauchende Trümmer übrigblieben. Marschall Pétain kommentierte diese barbarischen Greuel an schuldlosen französischen Zivilisten berechtigterweise mit harten Worten[32], während der französische Admiral Darlan beinahe noch härtere Worte für England, Frankreichs einstigen Verbündeten im Kriege gegen Deutschland, fand:

> „Nach dem britischen Bombenangriff auf die Renault-Werke, bei dem 500 Menschen umkamen und 1200 verwundet wurden, schrieb er an den amerikanischen Botschafter Leahy: ,Ich habe Ihnen vor einigen Monaten gesagt, daß die Briten Fehler auf Fehler gehäuft haben. Sie haben soeben einen noch größeren begangen, den wir ihnen nie verzeihen werden. Aus politischen Gründen Frauen, Kinder und alte Leute zu ermorden, ist eine von sowjetischem Geiste eingegebene Methode. Ist England schon bolschewisiert? Angst ist oft ein schlechter Ratgeber; Mers-el-Kébir und Boulogne-Billancourt zeigen das deutlich'. Und Leahy mußte sich von seinen französischen Freunden bestätigen lassen, daß ganz Frankreich von derselben Stimmung erfaßt sei".[33]

Dieses schwere Bombardement von *Paris* fand am 3. März 1942 statt. Am 4. April 1943 wurde *Paris* erneut angegriffen: Die tragische Bilanz dieser Attacke von Flugzeugen auf die westlichen Vorstädte von Paris belief sich auf 300 Tote und 700 Verletzte. Am 3. September erfuhr *Paris* einen weiteren anglo-amerikanischen Angriff auf Wohnsiedlungen[34], welcher wiederum schwere Verwüstungen anrichtete und viele Menschen tötete.

*1943:*

Neben den schon erwähnten alliierten Bombenangriffen auf *Paris* sah dieses Jahr die Ignorierung des Völkerrechts durch die Anglo-Amerikaner auf einem neuen schauerlichen Höhepunkt: „Die Bilanz der Terrorangriffe des Jahres 1943 ergab nach einer offiziellen Mitteilung des französischen Informationsministeriums folgende Zahlen: 7449 Tote, 14 656 Verletzte"[35].
Betroffen von diesen Bombardements waren unter anderem die Städte *Orléans* mit zirka 300 Luftkriegstoten (24. Mai), *Nantes* mit möglicherweise bis zu 1000 Toten (29. September), und *Toulon* mit etwa 500 Toten. Mansion berichtet: „In Nantes gab es bei einem

einzigen Tagesangriff (ohne Datumsangabe, der Verf.) 1200 Tote, weil die Bevölkerung auf der Straße geblieben war. Als die Menschen die Bomben fallen sahen, war es zu spät."[36]

*1944:*

1944 schließlich brachte den absoluten negativen Kulminationspunkt der terroristischen Bombardierungen der französischen Zivilbevölkerung in ihren Städten und Dörfern seitens der angloamerikanischen Bomberverbände. Zahlreiche Bürgermeister schwer heimgesuchter französischer Ortschaften und Gemeinden beklagten mehr oder weniger wortreich das bittere Schicksal ihrer durch Luftangriffe getöteten Landsleute und ihrer zu Trümmerstätten gewordenen Städte. Genaue Verlustangaben sind für diesen Zeitraum fast niemals zu erhalten; man ist auf ungefähre Schätzungen der deutschen Besatzungstruppen sowie der französischen Zivilbehörden bei allen Recherchen angewiesen. Eine provisorische, äußerst unvollständige Verlustliste sieht für das Jahr 1944 folgendermaßen aus:

| Bombardierungen/Datum | Städte | Ziviltote |
|---|---|---|
| 9. April | Paris | 150 |
| 19. April | Rouen | 400 |
| 22. April | Toulon | 185 |
| 29. Mai | Nimes | 300 |
| 29. Mai | Marseille | 2300 |
| 29. Mai | St.-Étienne | 1900 |
| 29. Mai | Lyon | 1000 |
| 1. Juni | Rouen | 1000 |
| Juni | Versailles | 250 |

Der immer stärker auflodernde Haß der beliebig und grausam bombardierten französischen Zivilbevölkerung gegenüber den ihre Städte und Siedlungen verwüstenden Anglo-Amerikanern wurde zwar immer wieder von namhaften Repräsentanten Frankreichs ausgesprochen deutlich betont[37], wurde jedoch beispielsweise von den englischen Propagandisten dem englischen Volk entweder verschwiegen oder gar – welche Perversion! – in sein Gegenteil, in angebliche Liebe für die alsbaldigen Befreier Frankreichs, die Alliierten, willkürlich umgeformt:

„In England wurde dem Volk damals erzählt, die angelsächsischen Bombenangriffe auf französische Fabriken und andere Ziele seien in Frankreich höchst populär, und die
Franzosen seien so glücklich über die Zerbombung ihrer
Häuser und die Tötung ihrer Verwandten und Nachbarn,
daß sie auf die Straße liefen, um begeistert den Bombern
zuzuwinken."[38]
In Wirklichkeit gab es freilich gar keinen solchen Jubel über die
einfliegenden und Bomben ohne Zahl abwerfenden alliierten Bomberverbände unter der französischen Zivilbevölkerung, sondern
nur Gefühle der Bitterkeit und des Hasses gegenüber den ehemaligen Verbündeten: Man hatte schon längst die völlige Rücksichtslosigkeit der Anglo-Amerikaner anläßlich ihres Vernichtungsfeldzu-
ges gegen den als höllische Ausgeburt gebrandmarkten Nationalso-
zialismus erkannt. Dieser hatte auch die besetzten, von den Deutschen noch gehaltenen Länder wie Frankreich erfaßt.

Schon vor der alliierten Invasion in der Normandie hatten die
Bomber der RAF und USAAF nahezu wahllos Lokomotiven,
Gütertransporte, Personenzüge und Verkehrsknotenpunkte aus
der Luft bombardiert.

Mit dem Beginn der Invasion am 6. Juni 1944 nahmen die
Aktionen der anglo-amerikanischen Bomberverbände an Heftig-
keit zu und dehnten sich allmählich auch auf das übrige Frankreich
aus – also nicht nur auf die Gebiete um die eigentliche Landungszo-
ne in der Nähe von *Ste.-Mère-Èglise* und *Caen*. Allein am Invasionstag selbst flogen die alliierten Fliegerkräfte nahezu 15 000 Einsätze
gegen deutsche Stellungen, Truppenkonzentrationen und französische Städte wie Dörfer. *Cherbourg, St. Lo* und andere französische
Ortschaften wurden schwer bombardiert, wobei viele Zivilisten
umkamen. Am 31. Juli 1944 erfolgte nach unerhört heftigen
alliierten Luftbombardements französischer Städte und deutscher
Stellungen der anglo-amerikanische Durchbruch bei *Avranches*.
Schon vorher war die Halbinsel *Cotentin* in die Hände der Inva-
sionsverbände gefallen.

Vor der alliierten Operation „Anvil", also der Landung in der
*Provence* am 15. August 1944, wurden französische Städte wie
*Arles, Nizza, Marseille, St.-Étienne* und *Lyon*, um hier nur einige
uns bekannte anglo-amerikanische Bombardierungsziele auf süd-
bzw. mittelfranzösischem Staatsteil zu nennen, zerbombt und die

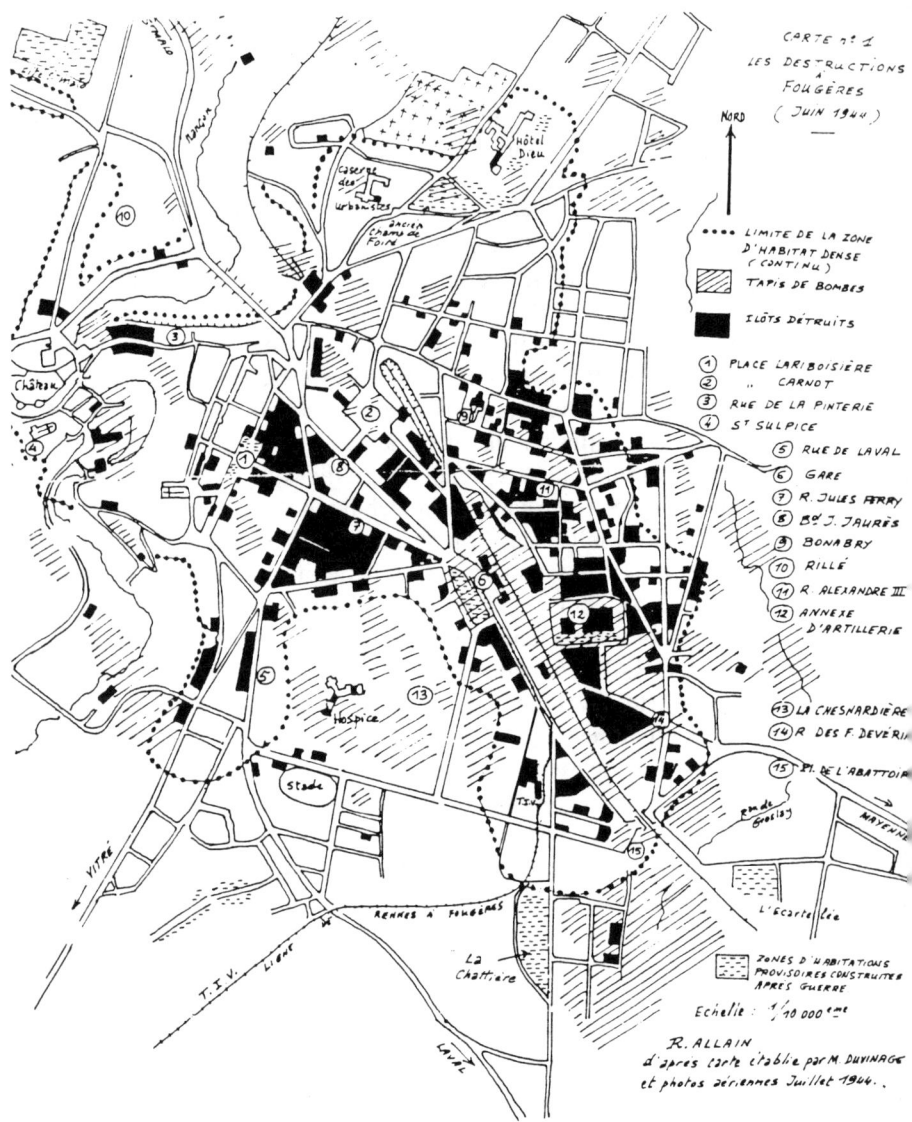

KARTE NR. 1: DIE ZERSTÖRUNGEN VON FOUGÈRES IM JUNI 1944
· · · · · · GRENZE DER DICHTEN WOHNBESIEDLUNG
BOMBENTEPPICH
ZERSTÖRTE WOHNEINHEITEN

| | | |
|---|---|---|
| (1) L.....-PLATZ | (6) BAHNHOF | (11) ALEXANDER-III.-STRASSE |
| (2) CARNOT-PLATZ | (7) J.-FERY-STRASSE | (12) ARTILLERIESTELLUNG |
| (3) PINTERIE-STRASSE | (8) J.-JARÈS-BOULEVARD | (13) LA CHESNADIÈRE |
| (4) ST. SULPICE | (9) BONABRY | (14) F.-DEVÉRIA-STRASSE |
| (5) LAVAL-STRASSE | (10) RILLÉ | (15) SCHLACHTHOFPLATZ |

– – – – – GEBIETE MIT NOTUNTERKÜNFTEN, DIE NACH DEM KRIEG GEBAUT WURDEN
MASSSTAB · · · · · · · · · · · ·
R. ALLAIN NACH EINER KARTE VON M. DUVINARGE SOWIE LUFTAUFNAHMEN VOM JULI 1944

# ABENDMUSIK

in der

## KATHEDRALE SAINT-PIERRE, BEAUVAIS

### am Sonntag, den 27. September, 17.00 Uhr

●

**MITWIRKENDE :**

**Sopran** : Hedwig MUNDER.
**Violine** : Oberfeldwebel Franz ROJAHN.
**Oboe** : Obergefreiter Karl HARTMANN.
**Chor** : CHOR DER WEHRMACHTGEMEINDE, Paris.
**Orchester** : ANGEHOERIGE DER MUSIKKORPS, Beauvais und des
ORCHESTERS DER WEHRMACHTGEMEINDE, Paris.
**Leitung** : Gefreiter Kurt RIENECKER.

## VORTRAGSFOLGE :

1. „ Unsre Saat, die wir gesäet " aus der Kantate Nr. 19 für Chor
und Orchester ............................................ Joh. Seb. BACH

2. Arie Nr. 1 aus der Kantate : „ Liebster Jesu, mein Verlangen "
für Sopran, Solooboe und Streichorchester ................ Joh. Seb. BACH

3. Sätze aus der Kantate : „ Herz und Mund und Tat und Leben "
für Solosopran, Solovioline, Chor und Orchester ........... Joh. Seb. BACH

4. a) „ Warum betrübst du dich " ........................ Joh. Seb. BACH
b) „ Wie wohl ist mir, o Freund der Seelen " für Solosopran
und Continuo ......................................... Joh. Seb. BACH

5. „ Ave verum corpus " für Chor und Streichorchester ......... Wolfgang Amadeus MOZART

6. „ Ihr habt nun Traurigkeit „ für Solosopran, Chor und Orchester
aus dem „ Deutschen Requiem " ......................... Johannes BRAHMS

7. „ Wie lieblich sind deine Wohnungen " für Chor und Orchester
aus dem „ Deutschen Requiem " ......................... Johannes BRAHMS

---

**Veranstalter : Der Feldkommandant in Beauvais**

*Das deutsch-französische Kirchenkonzert fand am 27. 9. 1943 statt.*

dortige Zivilbevölkerung gnadenlos dezimiert. Statistisch gesehen weist für den Zeitraum Juni und Juli 1944 Marseille weit über 1000 Tote, *St.-Étienne* an die 1000 Tote und *Nizza* ungefähr 320 Tote durch Fliegerbomben aller Art auf, ganz abgesehen von den zerstörten Wohnungen und Kunstdenkmälern. Weitere bevorzugte alliierte Bombenziele im Jahre 1944 waren *Amiens* (250 Tote etwa), *Avignon* (geschätzte 320 Luftkriegstote), *Chartres* (100 Ziviltote), *Grenoble* (weit über 150 Tote), *Nimes* (150 tote Zivilisten) und *Le Havre* (2500 Tote zirka im Zeitraum 5. – 12. September 1944). Alle diese Zahlenangaben sind, wie schon erwähnt, *Schätzziffern*: Die tatsächlichen Verluste unter der Zivilbevölkerung Frankreichs im Jahre 1944 dürften noch weit höher gewesen sein, denn nicht ohne Grund weist die amtliche Statistik aus der Nachkriegszeit für den Zweiten Weltkrieg 67078 gezählte Luftkriegstote unter der französischen Zivilbevölkerung aus.

Die Tragweite des Desasters ergibt sich an den Luftkriegsverlusten der Stadt Fougères, die in den Augen der Anglo-Amerikaner strategische Bedeutung hatte. Fougères lag zwar am Schnittpunkt zwischen der Normandie und der Bretagne, befand sich aber weder im Frontbereich noch hinter der kämpfenden Truppe. Die Einwohner der Stadt waren allgemein evakuiert worden, weshalb sich die Menschenverluste „in Grenzen hielten". Fougères hatte folgende Verluste zu beklagen:[39]

> 289 Tote, 3300 von totalen Zerstörungen betroffene Familien und 10880 von teilweisen Zerstörungen betroffene Einwohner. Von insgesamt 3658 Gebäuden in der Stadt waren 481 = 13,1 % total zerstört und 2404 = 65,7 % mehr als die Hälfte zerstört. Zum Schluß gab es 4000 Tonnen Schutt. Der Zerstörungsgrad der Stadt Fougères betrug daher fast 80 %.

In der sehr umfassenden und eingehenden Dokumentation der „Archives Municipales der Stadt Fougères" unter der Leitung von Frau Hélène Bonnin wird dankenenswerterweise auch eine Aufstellung über die Menschenverluste einiger der schwersten anglo-amerikanischen Bombardements folgender französischer Städte in den Monaten April – Juni 1944 veröffentlicht:

## Anzahl der Toten

| April | Mai | Juni |
|---|---|---|
| Arras: 40 | Rennes: 127 | Rouen: 172 |
| Cambrai: 70 | Nantes: 150 | Poitiers: 200 |
| Lille: über 600 | Angers: 154 | Orléans: 300 |
| Rouen: 709 | Avignon: 300 | Vire: 1000! |
| Seine-Bezirk: 633 | St.-Etienne: 870 | |
| | Lyon: über 1000 | |
| | Marseille: 1976 | |

*Versuch einer provisorischen Statistik hinsichtlich der französischen Luftkriegsverluste im Zeitraume 1940–1944*

| Luftkriegstote total | Verletzte |
|---|---|
| Minimum 67078 | ? |
| Maximum mehr als 300000 | |
| Zerstörte Wohngebäude | Beschädigte Wohngebäude |
| 262000 | rund 1 Million |
| (= 2,6% des Gesamtbestandes)L | (= 10 % des Gesamtbestandes) |

### Luftkriegstote in großen Städten

| *Caen* | offiziell 2000 Ziviltote, inoffiziell möglicherweise gar bis zu 15000 Tote (Stadt zu 60 % zerstört) |
|---|---|
| *Marseille* | vielleicht insgesamt 5000 tote Zivilisten |
| *St.-Étienne* | 3000 – 5000 Tote |
| *Le Havre* | 4204 gezählte Tote |
| *Rouen* | 1590 gezählte Tote |
| *Toulon* | 1500 gezählte Tote |
| *Nantes* | 1350 Tote |

| Brest | 965 gezählte Tote |
| Paris | ? (etwa 950 registrierte Tote, Dunkelziffer dürfte viel höher liegen!) |
| Lille | 635 gezählte Tote |
| Lorient | 353 gezählte Tote (davon 30 Fremdarbeiter) |
| Boulogne-sur-Mer | ? (es wurde nicht gestattet, das im Jahre 1944 alliierterseits durch Luftterror angerichtete Schadensausmaß zu erfassen!) |

*Prozentzahlen an Zerstörungen in französischen Städten*[40]

| Caen | etwa 60–75 % |
| Dünkirchen | 40 %; andere Schätzungen sprechen von bis zu 80 % |
| Le Havre | 45 % |
| Lorient | 40 % |
| Boulogne-sur-Mer | 30 % |
| Toulon | 25 % |
| Saint Nazaire | 20 % |
| Nantes | 20 % |
| Amiens | 20 % |
| Brest | 15 % |
| Orléans | 10 % |
| Rennes | 10 % |
| Tours | 10 % |
| Rouen | 8 % |
| Marseille | ? |
| Nizza | ? |
| St.-Étienne | ? |
| Paris | ? |

Brutal wurden die französischen Zivilisten in ihren Städten durch alliierte Bombenangriffe eingeschüchtert; rücksichtslos wurde dabei das Völkerrecht von den Anglo-Amerikanern mit Füßen getreten: Die Terrorangriffe auf zivile Ziele in Frankreich, seitens der Alliierten rhetorisch bemäntelt mit Begriffen wie „Wir bombardieren nur Nachschublinien des deutschen Gegners" usw., glichen unverkennbar, wenngleich uneingestandenermaßen der Kriegserklärung von Ländern einem anderen souveränen Staate gegenüber, denn als solcher war ja Frankreich nach seiner Niederlage 1940 – ungeachtet der deutschen Okkupation weiter Teile seines Gebietes – unter dem von den meisten Franzosen als Retter in der Not begrüßten Marschall Pétain wiederauferstanden[41]. In der militärischen Praxis also wurde die französische Zivilbevölkerung mit den zu bekämpfenden deutschen Truppen gewaltsam durch die Alliierten auf einen künstlichen gemeinsamen Nenner gebracht. Nur so und nicht anders ist die Handhabung des Luftterrors der Anglo-Amerikaner gegenüber schuldlosen französischen Zivilisten zu deuten. Die Wunden, die der alliierte Bombenterror der französischen Zivilbevölkerung geschlagen hatte, versetzten viele Betroffene nicht nur am Höhepunkt der Luftbombardements in kaum zu bändigende Wut, sondern sie schmerzen auch noch heute.

Zuletzt lassen wir noch einem englischen Offizier, Captain Russel Grenfell, der die alliierte Invasion Europas an der Normandiefront mitgemacht hat, über sein Erleben als unmittelbaren Augenzeugen zu Wort kommen:[42]

> „Ich selbst befand mich am Tage nach der Landung in einem Stadtteil von Courselles an der Normandieküste und wurde davor gewarnt, mich allein in den weniger belebten Teil der Kleinstadt zu begeben, denn die französischen Bewohner seien wegen der Art ihrer Befreiung so auf Rache aus, daß sie jede günstige Gelegenheit benützten, ihre Befreier aus dem Hinterhalt umzulegen."

*Abschließende Bewertung*
*alliierter Luftangriffe auf zivile Ziele*
*in Frankreich im Zeitraum von 1940 bis 1944*

Frankreich hatte den Waffengang gegen Deutschland im Jahre 1940 verloren und daher um einen Waffenstillstand gebeten: Die Folge davon waren ein Ausscheiden seiner selbst aus der Reihe der gegen Deutschland kriegführenden Mächte und die Installierung einer teilweise mit den Deutschen kooperierenden Regierung in

*Vichy.* Das sind die Fakten, und an ihnen ist nicht zu rütteln. England konnte sich mit dem neuen politischen Status quo in Westeuropa nicht abfinden: Churchill hegte Aggressionen gegenüber den seit Juni 1940 nach einer Reihe von Niederlagen gegen die Deutsche Wehrmacht mit Recht kriegsmüde gewordenen Franzosen und deren politischen Repräsentanten; er wurde bei diesen seinen ungerechten Ressentiments eifrig unterstützt durch den emigrierten General de Gaulle, der die Kapitulation seiner Landsleute vor den deutschen Gewehren, Panzern und Stukas einfach nicht verwinden konnte. Wozu konnte und mußte eine solche Gefühlslage zwangsläufig führen? Folgerichtig zu einer strategischen wie taktischen Miteinbeziehung des gesamten französischen, nunmehr zum großen Teil (und nach dem Herbst 1942 zur Gänze) von deutschen Truppen besetzten französischen Staatsgebietes in den Prozeßverlauf einer künftig Deutschland gegenüber geplanten Kriegsführung: Wollte man englischerseits die deutsche Industrie etwa im Ruhrgebiet empfindlich treffen, so mußte man auch französische Städte aus der Luft bombardieren, um so das „Hinterland" möglicher Art der deutschen Kriegsindustrie ökonomisch unbewohnbar, mit einem Worte „unwirtlich", zu machen. Die Deutschen und ihre vermeintlichen oder tatsächlichen Kollaborateure, als die die Anglo-Amerikaner die friedenswilligen Franzosen unter dem Vichy-Regime still und heimlich pauschal denunzierten, sollten durch offenbar gezielten Lufterror eingeschüchtert, verschreckt und schließlich kapitulationsbereit gebombt werden, und zwar nicht erst die Deutschen auf deutschem Staatsgebiet, sondern schon die Franzosen in französischen Städten und Dörfern. Die Operation der RAF und der USAAF liefen in der Folge nach diesem pervertiert-inhumanen Denkschema der anglo-amerikanischen Politiker und Militärs ab.

1 In Zusammenarbeit mit cand. phil. Gernot Meigl, Graz
2 So die Zahl in der amtlichen „Histoire de France".
3 Nach einer brieflichen Mitteilung an den Verfasser dieses Buches
4 So auch alle bisher vom Verfasser angeschriebenen Ministerien und Behörden Frankreichs hinsichtlich der Verluste von Paris, wie: Ambassade de France en Autriche, Vienne; Ministere de le Defense, Paris; Mairie de Paris; Sirpa, Paris; Etat-major de l'Armee, Service Historique, Paris und andere
5 Theodor W. Adorno: Minima Moralia. Reflexionen aus dem beschädigten Leben. (Frankfurt/Main:) Suhrkamp (1978), S. 63. (= Bibliothek Suhrkamp. 236)

6 Theodor W. Adorno, S. 66, die Schilderung eines solchen Schreckensbildes: „Wochenschau im Kino: die Invasion der Marianen, darunter Guam. Der Eindruck ist nicht der von Kämpfen, sondern der mit unermeßlich gesteigerter Vehemenz vorgenommenen mechanischen Straßen- und Sprengarbeiten, auch von „Ausräuchern", Insektenvertilgung im tellurischen Maßstab. Operationen werden durchgeführt, bis kein Gras mehr wächst. Der Feind fungiert als Patient und Leiche. (...)

7 Vgl. dazu Der Anglo-Amerikanische Bombenkrieg. Tatsachen und Stimmen (Materialsammlung). Berlin: Auswärtiges Amt S. 64.

8 Vgl. Cartier, Der Zweite Weltkrieg, a.a.O., S. 776 f.

9 Die Passage in jenem an den Verfasser gerichteten Brief vom 30. Oktober 1985 lautet in der Originalsprache wie folgt: „Pour ma part, tenant compte des jugements déclaratifs de décés, j'inclinerais à penser que le chiffre 2000 est proche de la réalité. Mais des universitaires avanceraient le chiffre de 5000 tenant compte de diverses fluctuations et mouvements de population; je pense que c'est excessif".

10 Vgl. diesbezüglich Der Anglo-Amerikanische Bombenkrieg, a.a.O., S. 64.

11 Russel Grenfell, a.a.O., S. 93.

12 Gem. Aussage von Oberst i. R. Leopold Bilogan, Wien, einem ehemaligen Mitglied dieser Kommission

13 Professor Dr. Friedrich Grimm, Mit offenem Visier – Aus den Lebenserinnerungen eines deutschen Rechtsanwalts, Leoni am Starnberger See, 1961, S. 212.

14 Tatsächlich kostete die Befreiung von der Nazityrannei weit mehr Franzosen das Leben als die Große Revolution 1789. Eine Schätzung der offensichtlich ebenso wie die Luftkriegsopfer verdrängten Opfer der Befreiung beläuft sich auf Hunderttausende

15 Margret Boveri: Der Verrat im 20. Jahrhundert. Band I: Für und gegen die Nation. Das sichtbare Geschehen. (Hamburg:) Rowohlt Taschenbuch Verlag 1956, S. 79. (= rde. 23.)

16 Ebda, S. 82.

17 Zu diesem Vorfall vgl. Cartier, Der Zweite Weltkrieg, a.a.O., S. 194 ff.

18 Vgl. dazu ebda, S. 285 f.

19 Weißbuch für das Jahr 1943, a.a.O., S. 132.

20 Schreiben Mairie du Havre Archives & Documentation, Le Havre, vom 25.10.85

21 André Boudier, Dieppe et la région à travers les ages, 1952, S. 233.

22 Eine Anfrage an die Stadt Ville de Dunkerque (Dünkirchen) wurde dem Verfasser mit dem Hinweis „keine Unterlagen" am 25. Oktober 1985 beantwortet. Hinsichtlich der Bombardierung militärischer Objekte in Frankreich durch deutsche Stukas siehe auch: Kriegstagebuch über Feind-Einsätze Staffel 2/186, StG 1, vom 10.5. bis 16.8.1940 in und von Frankreich (z.B. Sendeanlagen auf und Schiffsziele um die englische Insel Wight) aus.

23 Albrecht Randelzhofer, Flächenbombardement und Völkerrecht, a.a.O., S. 489. Eine andere Ausgangslage gibt es bei Luftangriffen, die direkt gegen die Zivilbevölkerung gerichtet sind (Flächenbombardement), wobei auch militärische Objekte getroffen werden *können*. Bei diesen Luftangriffen wird die Unverhältnismäßigkeit von militärischem Vorteil und zivilen Verlusten unwiderlegbar angenommen, sie sind als Konsequenz der Flächenbombardierung daher generell verboten.

24 Weißbuch 1943, S. 92 f.

25 Der Anglo-Amerikanische Bombenkrieg, a.a.O., S. 62.

26 Vgl. dazu ebda.

27 Cartier, a.a.O., S. 499 (Hervorhebung vom Verfasser).

28 Friedrich König: Die Geschichte der Luftwaffe von 1910–1945 in Text und Bild. (= Landser-Bibliothek 3.) Rastatt/Baden: Erich Pabel 1980, S. 126 f.

29 Der Anglo-Amerikanische Bombenkrieg, a.a.O., S. 62.

30 Vgl. dazu ebda, S. 60 f. und auch Piekalkiewicz, Luftkrieg 1939–1945, a.a.O., S. 175.

31 Vgl. hierzu Kriegstagebuch des Oberkommandos der Wehrmacht (Wehrmachtführungsstab). Band II: 1. Januar 1942 – 31. Dezember 1942. Zusammengestellt und erläutert von Andreas Hillgruber. 1. Halbband II/3. Herrschin: Pawlak 1982, S. 165.

32 Vgl. diesbezüglich Der Anglo-Amerikanische Bombenkrieg, a.a.O., S. 60 f.

33 Boveri, Der Verrat im 20. Jahrhundert. Band I, a.a.O., S. 85.

34 Vgl. dazu Der Anglo-Amerikanische Bombenkrieg, a.a.O., S. 61.

35 Ebda, S. 62.

36 Gustave Mansion, Agonie d'une Ville – Lorient 1940–1945, Lorient, 1984, S. 19.

37 „Bei den Begräbnisfeierlichkeiten für die 237 Opfer in Versailles ergriff ( . . . ) der ( . . . ) Bürgermeister von Versailles Henry Haye, das Wort und erklärte u.a.: ‚Wenn dieser grauenhafte Krieg auf unserem Boden unerbittlich fortgeführt werden sollte, wird die Zivilisation, die man zu verteidigen vorgibt, bald der grausamsten aller Barbareien Platz machen‘“ (ebda, S. 65).

38 Russell Grenfell: Bedingungsloser Haß? Die deutsche Kriegsschuld und Europas Zukunft. (Unconditional Hatred). Übers. von E. Heymann. 31.–45. Tausend. Tübingen am Neckar: Schlichtmayer (1956), S. 110.

39 Gemäß Schreiben vom Stadt-Archiv Fougères vom 11. Juli 1986 mit einer Dokumentation über den anglo-amerikanischen Luftkrieg gegen zahlreiche französische und europäische Städte von René Cintre (siehe auch Abdruck der Karte Nr. 1 über die Zerstörungen in Fougères im Juni 1944).

40 Alle Zahlenangaben nach: André Chastel: Der Städtebau in Frankreich 1940–1946. In: Der Aufbau Nr. 4/1948, S. 74.

41 Jaques Benoist-Méchin, a.a.O., zur Hintergrundgeschichte jener für Frankreich so folgenschwerer und schicksalsträchtigen Tage im Mai und Juni 1940

42 Russel Grenfell, a.a.O., S. 111.

# 7. DÄNEMARK

*Einzelne Luftangriffe auf dänisches Territorium in den Jahren 1940–1945*

Dänemark war am 9. April 1941 von deutschen Truppen fast kampflos besetzt worden, da die dänische Regierung aufgrund eines Ultimatums die Waffenstreckung befohlen und sich unter Protest mit der deutschen Besetzung abgefunden hatte. Die dänische Regierung war daraufhin unter einem deutschen Reichsbevollmächtigten im Amte geblieben.

Trotz dieser zweifellos erfolgreichen Friedensbemühungen konnte die dänische Regierung ihr Volk nicht vor Kriegshandlungen der alliierten Mächte schützen.

Nach einigen Anfragen an dänische Behörden erhielt der Verfasser vom Nationalmuseum, Kopenhagen, folgenden Bescheid[1]: „Während des Krieges war Dänemark in einer besonderen Lage ohne viele militärische Kriegshandlungen, trotzdem gab es aber wenige Luftangriffe. Ich kann Ihnen nur die Ziffern geben, die auf dem Schema stehen (gemeint war die teilweise Ausfüllung des vom Verfasser an das Kopenhagener Nationalmuseum und an zahlreiche europäische Auskunftsstellen für Luftkriegsverluste verschickten Fragebogens: ‚Aufstellung der Verluste und Schäden durch Luftangriffe‘)".

Die Beantwortung dieses Fragebogens ergab für Dänemark folgende Verluste:

|   |   |
|---|---|
| 307 | Gefallene (geschätzt und ohne die gewünschte Angabe der beurkundeten Toten und ohne weitere Unterteilung nach Männer Frauen und Kinder) |
| 788 | Verwundete (wieder nur die geschätzte Anzahl und ohne weitere Unterteilung) |
| 700– 800 | total zerstörte Gebäude |
| 7000–8000 | leicht beschädigte Gebäude |
| 3269 | abgeworfene Sprengbomben |
| 22298 | abgeworfene Brandbomben |

Weitere Forschungen erbrachten als Ergebnis einen einzigen, allerdings genau bestimmbaren Luftangriff auf Kopenhagen, nämlich die Bombardierung des Hauptquartiers der Gestapo in Dänemark.[2]

Dieses Ergebnis kam allerdings nicht aufgrund von dänischen Angaben, auch nicht vom genannten Nationalmuseum in Kopenhagen, zustande, sondern wir verdanken es dem Luftkriegshistoriker Pielkalkiewicz. Dieser berichtet darüber folgendermaßen[3]: Gemäß Mitteilung des Hauptquartiers der RAF zerstörten vier Wellen Mosquitos in einem außerordentlich gewagten Unternehmen am 31. Oktober 1944 den in zwei Gebäuden der Aarhus Universität untergebrachten Hauptsitz der Gestapo in Dänemark. Das Schwierigste dieses Luftangriffs war, daß die Mosquitos in einem Abstand von je 2 Sekunden Zeitzünderbomben über dem Ziel abwerfen mußten, bevor die starke deutsche Luftabwehr reagieren konnte. Die zuletzt angreifende Besatzung wußte allerdings, daß die erste abgeworfene Bombe bereits nach einer Minute explodieren würde. Der im Tiefflug von nur 25 Metern Höhe geführte Luftangriff der Mosquito-Wellen gelang und die deutsche Luftabwehr eröffnete das Feuer erst, als bereits die letzte Staffel geworfen hatte. Lediglich eine Maschine streifte beim Angriff das Dach eines der beiden Gebäude, konnte aber mit knapper Not nach England zurückfliegen. Zuletzt betont der Bericht der RAF nochmals wörtlich: „Das Hauptquartier der Gestapo wurde völlig zerstört."

Leider gibt es keinerlei Berichte darüber, wie viele Menschenverluste dieser sicherlich zu den beachtlichsten Punktezielbekämpfungsaktionen der RAF und der Alliierten überhaupt zählende Luftangriff forderte. Wurde das mit der dänischen Untergrundbewegung abgesprochene Ziel der Vernichtung Tausender gefährlicher Dokumente erreicht? Wurden bei diesem Luftangriff nur Hunderte dort angeblich mit der Sichtung der gefährlichen Dokumente tätige deutsche Beamte bekämpft oder auch eine größere oder kleinere Zahl im Gestapo-Sitz zwecks „Einvernahme" oder gar auf Untersuchungshaft befindliche Untergrundkämpfer? Gibt es demgemäß keinerlei Analogie etwa mit den Luftangriffen der RAF auf die „Cap Arcona", „Deutschland" und „Thielbeck" in der Lübecker Bucht vom 3. Mai 1945 (wir bereichteten)? Grundsätzlich stellte das Gestapohauptquartier im Gegensatz etwa zu den „KZ-Schiffen" in der Lübecker-Bucht ein militärisches Objekt dar und

Das ehemalige „Schloßcafé" in Magdeburg, Breiter Weg Nr. 30

Im Jahre 1945 standen nur mehr die traurigen Trümmer von diesen einmalig schönen Barockbauten, die dem einstiben „Breiten Weg" das Gepräge gaben.

An fast gleicher Stelle befindet sich heute das Haus mit dem „Blitz-Gastronom", einer Selbstbedienungs-Gaststätte.

*Nicht einmal Ljubljana (Laibach) blieb von Luftangriffen der 15. USAAF verschont. Am 2. März 1945 setzten US-Bomber ein Treibstofflager am Bahnhof in Brand und*

*zerstörten viele Wohnhäuser, wie hier in der V Mestni Log-Straße.*

*Bei einem neuerlichen Bombenangriff am 23. März 1945 blieben nach einem Brand des Laibacher Zollamtes nur noch Mauerreste übrig.*

Mitteleuropas Städte erbebten bis April 1945 unter dem alliierten Bombenhagel – wie die Bombentreffer im Zentrum der oberitalienischen Stadt Brescia nebenstehend beweisen.

1945: Der Berliner Tiergarten mit dem zerstörten Reichstagsgebäude im Hintergrund.

Mit einer von HMS »Reaper« in die USA gebrachten Me 262, Beutemusterbezeichnung T-2-4012, wurden bei der Firma Hughes Aircraft Geschwindigkeitstests durchgeführt. Zu diesem Zweck baute man die Bewaffnung aus, verdeckte die Schußkanäle und versiegelte sämtliche an der Maschine befindlichen Öffnungen. Anschließend wurden mehrere Lagen Hochglanzlack aufgespritzt. So präpariert zeigte die Me 262 weitaus bessere Leistungen als die Lockheed P-80, das damals schnellste amerikanische Düsenflugzeug. Unbestätigten Berichten nach soll Howard Hughes sogar einmal erwogen haben, bei einem Luftrennen für Düsenflugzeuge um den Bendix- oder Thompson-Preis diese Maschine gegen die P-80 antreten zu lassen: Die Me 262 hätte zweifelsohne gewonnen. Wiederum nach inoffiziellen Aussagen ließ General Arnold, nachdem er davon Kenntnis erhalten hatte, das Vorhaben kurzerhand unterbinden. (Smithsonian Institution)

Der Me-262-Düsenjäger, im Zweiten Weltkrieg die letzte Chance, um gegen die alliierten Bomberströme grundlegende Erfolge zu erzielen, hätte im Frieden den Weltgeschwindigkeitsrekord erreichen können.

*Die Flak schießt aus allen Rohren.*

*Eine B 17 hat geworfen: Die Hölle fällt vom Himmel. Der US-Bomber, eine „Fliegende Festung" („Fortress"), wird von der Flak getroffen und brennt sofort.*

konnte als solches auch kriegsrechtlich einwandfrei bombardiert werden.

Tatsächlich konnte die im wahrsten Sinne des Wortes friedliche Zivilbevölkerung Dänemarks keine Ausnahmestellung in der Einstufung „bombardierungswerter Ziele" im alliierten Luftkrieg der Jahre 1940 – 1945 erreichen. Dafür sprechen die äußerst bedauerlichen Verluste von 307 geschätzten Ziviltoten und 788 geschätzten Verwundeten, sowie 8000 – 9000 zerstörte und beschädigte Gebäude, verursacht von 25 567 anglo-amerikanischen Bomben (abzüglich allerdings jener auf das militärische Objekt „Gestapo-Hauptquartier" abgeworfenen Bombenmenge) eine allzu deutliche Sprache.

Gegen Dänemark dürfte es überdies zum schwersten Bombardement auf seine Hauptstadt am 21. März 1945, als der Krieg schon längst kein militärisches Unternehmen mehr war, gekommen sein[4]. Und möglicherweise kann es sogar einen negativen Rekord erlittenen Unrechts für sich beanspruchen: mit der Bombardierung der Roten Luftwaffe am 7. Mai 1945 von Neskø und Rønne auf Bornholm als den wahrscheinlich letzten strategischen Luftangriff der UdSSR, nur etliche Stunden vor Beendigung des schrecklichsten Krieges der europäischen Geschichte.

1 Schreiben des „Nationalmuseet, 12th Sektion, The Museum of Denmarks Fight for Freedom 1940–1945" vom 18. November 1985 an den Verfasser
2 L.G.S. Payne, a.a.O., S. 286.
3 Janusz Piekalkiewicz, Luftkrieg, S. 364.
4 Gemäß Schreiben des dänischen Reichsarchivs (Rigsarkivet), Kopenhagen, vom 27. März 1985 an den Verfasser.

# 8. JUGOSLAWIEN

*Die Luftangriffe auf Belgrad, Zadar, Laibach, Graz und gegen die Untersteiermark*

„Die ganze Zeit habe ich auf Sie gedacht und mich bemüht, um etwas Material für Sie zu bekommen. Leider ist im Augenblick nichts zu haben... Auch in der Universitätsbibliothek haben mir die Leute keine richtigen Informationen gegeben. Alle sagen, daß die Dokumente... nicht jedem zugänglich sind. Ein Professor sagte mir, Sie sollen sich an das militärhistorische Institut in Belgrad wenden..."

Branko Zupanc
Generalkonsul a.D. der

Ljubljana, 19. 3. 1971      SFR Jugoslawien in Graz[1]

„Sofern es nicht zu spät ist, werden wir versuchen, die gesuchten Angaben vom Militärhistorischen Institut in Belgrad zu bekommen..."

Botschaftsrat
Zorana Djordjević-Kraljecić
an der Botschaft der Sozialistischen Föderativen Republik

Wien, 10. 10. 1985      Jugoslawien in Österreich[2])

Seit 15 Jahren sind die Bestrebungen des Verfassers, in Jugoslawien zu zeitgeschichtlich wichtigen Unterlagen zu kommen, erfolglos geblieben. Weder vom Militärhistorischen Institut in Belgrad noch von einer anderen jugoslawischen Zentralbehörde waren Unterlagen über die deutschen und alliierten Luftangriffe auf Belgrad, gegen weitere Ziele im Lande und auf Verkehrsanlagen zu bekommen.

Wesentlich mehr Verständnis gegenüber den Bitten des Verfassers um genaue Unterlagen über Bombardements jugoslawischer Städte zeigten die hierfür zuständigen Behörden in Ljubljana (Laibach)[3], Slowenien.

554

Erfolgreiche Ergebnisse der zeitgeschichtlichen Quellenforschung hinsichtlich alliierter Luftangriffe auf Ljubljana (Laibach) und auf Städte und Orte in der ehemaligen Untersteiermark ergaben Ersuchen des Verfassers um Mitarbeit an diese slowenischen Institute:

An das Archiv Slowenien
Arhiv Slovenije
Levstikov trg 3
YU 61000 LJUBLJANA
Jugoslawien

Mestni Muzej
Mestni trg 10
YU 61001 LJUBLJANA

Keine Erfolge zeitigten dagegen die Bitten des Verfassers um Mithilfe bei seinen Recherchen im Luftkrieg gegen jugoslawische Städte und Dörfer, die an die untenstehenden Institute gerichtet worden waren:

An das Archiv für SERBIEN
Arhiv Srbije
Karnedzijeva 2
YU 11000 BEOGRAD
Jugoslawien

Archiv Vojnoistorjski
Skog Institute, Bircaninova 5
YU 11000 BEOGRAD

Mg. Marjan Znidaric
ZALOZBA OBZORJA
Partisanska c. 3/5
62000 MARIBOR

An das Archiv
für KROATIEN
Arhiv Hrvatske
Murulicev trg 21
YU-41000 ZAGREB
Jugoslawien

Historiski ARHIV
Tvrdjava
YU 18001 NIS

Historiski ARHIV
Zrtava Faziz ma bb
YU 57000 ZADAR

Aber auch seine eigene ALMA MATER, die Universität Graz, der der Verfasser zeitlebens treu verbunden war, ließ ihn hinsichtlich Mitarbeit bei der Quellenbeschaffung ziemlich im Stich. Als nämlich eine auf die Einweihung einer Bundesheer-Gedenktafel in Wien zu Ehren des Schöpfers der Luftstreitkräfte der 1. Republik

Österreichs, General Alexander Löhr, zum Jahresbeginn 1986 in der öffentlichen Meinung entflammte Diskussion auch den Luftangriff auf Belgrad am 6. April 1941 einbezog, sah sich der Verfasser zur Absendung eines Schreibens an seine Universität veranlaßt. Unmittelbarer Anlaß dazu war die Veröffentlichung eines Wahlkampfpamphlets während der österreichischen Bundespräsidentenwahl 1986, aus der Dr. Kurt Waldheim, ein ehemaliger Offizier im Stabe des damaligen Generalobersten und OB der Heeresgruppe E (Balkan), Alexander Löhr, als großer Sieger hervorgegangen war. In dem genannten Wahlkampfpamhlet war nun der ehemalige Chef des damaligen Oberleutnants Waldheim, GO Löhr, als Massenmörder bezeichnet worden. Als Herausgeber dieser Schrift zeichnete neben mehreren Grazer Jugendorganisationen, wie der Alpenvereinsjugend, dem Bund Europäischer Jugend, der Jungen ÖVP (jener Partei, die durch Dr. Waldheim ihren größten Wahlsieg seit Jahrzehnten errungen hatte), den Pfadfindern Österreichs und dem Bund Steirischer Landjugend, auch ein „Antifaschistisches Komitee an der Universität Graz".

Tatsächlich hat jedoch eine akademische Lehranstalt, allerdings außerhalb Österreichs, nämlich die Friedrich-Alexander-Universität Nürnberg, aus der staatlich garantierten Lehr- und Lernfreiheit Nutzen gezogen. Auf diesem akademischen Boden fand nämlich am 20. Mai 1985 in einem Hörsaal eine Gedenkstunde anläßlich des hundertsten Geburtstages des Generalobersten Alexander Löhr statt.[4] Dort hielt der ordentliche Professor für Betriebswirtschaftslehre Dr. Oswald Hahn eine Rede, in der er auch die besonderen militärischen Leistungen von Alexander Löhr hervorstrich, insbesondere in der Theorie und Praxis des Luftkriegs, und wörtlich hervorhob:

„Alexander Löhr hat zur Luftkriegsstrategie als erster die Abkehr von der Konzeption des totalen Luftkrieges vollzogen, wie er von Hugh Trenchard im Ersten Weltkrieg und von Guilio Douhet in den dreißiger Jahren theoretisch konzipiert, von Winston Churchill in den zwanziger Jahren politisch gerechtfertigt und dann auf seine Veranlassung im Zweiten Weltkrieg von Arthur Harris gegen Deutschland und unabhängig davon aus der US-amerikanischen Luftwaffe in Vietnam praktiziert wurde . . . Wenn Alexander Löhr der Tod von 3 000 oder 17 000 unschuldigen Zivilpersonen in Belgrad vorgeworfen wird – die jugoslawische Anklage nennt die erste Zahl, Winston Churchill die zweite –, dann muß diese Zahl, so schrecklich sie auch ist, verglichen werden mit dem Vielfachen an Menschenleben, die bei Ausführung des Führerbefehls „Strafgericht" den Tod gefunden hätten: im Gegensatz zu Dresden war es ja ein Angriff auf eine weder vorbereitete noch gewarnte Stadt mit beinahe einer Million Einwohner."

Unter diesen Auspizien der zeitgeschichtlichen Forschung müssen wir insbesondere die Luftkriegshandlungen der Deutschen und Alliierten gegen jugoslawische Städte und Orte aber auch eines Luftangriffes jugoslawischer Herkunft auf die österreichische Stadt Graz betrachten. Im Gegensatz zu den Angriffen auf jugoslawische Städte gibt es über das kurze Bombardement auf Graz durch eine oder zwei jugoslawische Maschinen neuere Forschungsergebnisse in Form von Erlebnisberichten (siehe S. 560ff.).

IN DIESEM HAUS WURDE AM 1. JULI 1935 DAS

# KOMMANDO DER LUFTSTREITKRÄFTE

ERRICHTET

SCHÖPFER UND KOMMANDANT
DER ÖSTERREICHISCHEN LUFTSTREITKRÄFTE WAR
GENERALMAJOR

## ALEXANDER LÖHR

20. MAI 1885 - 26. FEBRUAR 1947
GEWIDMET 1985
VON DEN ANGEHÖRIGEN DER ÖSTERR. LUFTSTREITKRÄFTE

*Diese Gedenktafel wurde am 17. Dezember 1985 zur Erinnerung an die Errichtung des Kommandos der Luftstreitkräfte vor 50 Jahren – mit Zustimmung des Kommandanten der Landesverteidigungsakademie General Dipl. Vwt. Lothar Brosch-Fohraheim – vom Wiener Aeroclub gestiftet.*

*Initiator und erster Kommandant der österreichischen Luftstreitkräfte war der damalige Generalmajor Alexander LÖHR. Später wurde er Chef der deutschen Luftflotte 4 und Oberbefehlshaber der Heeresgruppe E (Balkan). Nach einer heftigen bundesweiten und internationalen, zum Teil gehässig geführten Pressekampagne wurde die Gedenktafel auf Betreiben des neuen Kommandanten, General Karl Schaffer, und auf Anordnung des Bautenministers Übeleis entfernt.*

*Die Aula der Landesverteidigungsakademie (Stift-Kaserne, 1070 Wien, Stiftgasse 2a) mit der Gedenktafel für das Kommando der Luftstreitkräfte. Rechts im Bild die Büste des k u. k. Feldmarschalls Conrad von Hötzendorf.*
*Bilder und Texte aus: Pitsch, Erwin: GO Alexander Löhr, Bilder – Daten – Dokumente.*

# Löhr-Gedenktafel bringt Bundesheer ins Zwielicht

Donnerstag, 6. Februar 1986

*„Volkszeitung"*
*Klagenfurt* :INGOMAR PUST

**E**in Knurren der Belgrader *„Borba"* genügte und Frischenschlager sieht zu, wie Minister Übleis das Löhrdenkmal in der Verteidigungsakademie abmontieren und einsperren läßt. Eine Schande.

Aktive Fliegeroffiziere und Mitglieder des Aeroklubs hatten den Gedenkstein für den beliebten, hochangesehenen Fliegergeneral errichtet, der die Luftwaffe des ersten Bundesheeres aufgebaut hatte und 1947 in Belgrad nach qualvoller Gefangenschaft erschossen worden war.

Löhr, am Eisernen Tor gebo-

## Die Sprache der Sieger

ren, hatte schon dem Kaiser gedient, er blieb ein Österreicher, wenn er auch großdeutsch dachte. Niemand hätte es gewagt, ihn vor 1938 für den illegalen „NS-Soldatenring" zu werben. Er war immer der eidgetreue Soldat.

Als Befehlshaber der Heeresgruppe am Balkan bemühte er sich im zweiten Weltkrieg um Humanisierung des „Krieges ohne Gnade". Geheime Kontakte führten zu Gefangenenaustausch und zu jenem Geheimtreffen in Agram, bei dem Tito den Deutschen zu verstehen gab, daß er sie bei der Abwehr einer angloamerikanischen Landung an der Adria nicht behindern werde.

Alle geistigen Mitwisser dieses Treffens wurden 1945 für immer zum Schweigen gebracht. Auch Löhr.

Offiziell begründete man die Erschießung des Generals mit dem deutschen Luftangriff auf Belgrad im April 1941.

Der Angriff auf Jugoslawien erfolgte damals, nachdem serbische Generale unter der Devise „Lieber Krieg als Pakt" die neutrale Regierung gestürzt und Jugoslawien an die Seite Englands gebracht hatten.

---

Ein Jahr nach dem Reder-Empfang am Flughafen Thalerhof wird die Auseinandersetzung um die – unbewältigte – Vergangenheit Österreichs wieder einmal auf dem Rücken des österreichischen Bundesheeres ausgetragen. Und wieder einmal zeigt sich Verteidigungsminister Frischenschlager nicht bereit, auf Österreichs Ansehen in der Welt und auf die Interessen des Bundesheeres Rücksicht zu nehmen.

**Dokumentationen zur Zeitgeschichte**

## Generaloberst Alexander Löhr

Gedanken zum 100. Geburtstag am 20. Mai 1985

Von Oswald Hahn

Am 20. Mai 1985, an dem sich der Geburtstag des Generalobersten Alexander Löhr zum hundertstenmal jährte, fand in einem Hörsaal der Friedrich-Alexander-Universität in Nürnberg eine Gedenkstunde statt, zu der der ordentliche Professor für Betriebswirtschaftslehre Dr. Oswald Hahn eingeladen hatte. Seine Rede wird in der vorstehenden Erstveröffentlichung im Wortlaut unverändert dokumentiert; fortgelassen wurden aus Platzgründen die einleitenden Sätze sowie die Abschiedsworte, die nur den äußeren Anlaß betrafen, außerdem ein Abschnitt »Was wäre gewesen, wenn...?«. Da der Vortrag aufgrund einer illegalen Tonbandaufnahme unautorisiert auszugsweise und zum Teil verfälscht bekannt wurde, ist eine Überarbeitung unterblieben. Insbesondere sind hier auch die fachlich bedingten betriebswirtschaftlichen Einschätzungen wiedergegeben, die in ihrer ökonomisch bestimmten Kalkulation Außenstehenden fremd anmuten mögen.

In dieser Situation ist es befremdend, daß der österreichische Verteidigungsminister Frischenschlager den Kriegsverbrecher Reeder empfängt, ist es befremdend, daß die Anbringung einer Gedenktafel für den Massenmörder General Löhr in einer Kaserne versucht wird, ist jede Vernachlichung der Gefahr des Neofaschismus befremdend.

*„Kronenzeitung", Wien*

## Rettung des Vaterlandes

VON VIKTOR REIMANN

Hurra! Das Vaterland ist gerettet. Die Gedenktafel mit dem Namen von Generaloberst Löhr ist abgenommen worden und damit jugoslawischer Einmischung und kommunistischer Forderung Genüge getan. Der neue Kommandant der Landesverteidigungsakademie, General Karl Schäffer, ein strammer Sozialist, der wesentlich zur Aktion beigetragen hat, darf nun nach seiner Vollzugsmeldung den Dank der Jugoslawen in einer ihrer Militärschulen entgegennehmen, wohin er eingeladen wurde. Das ist auch der Grund für die Eile, in der die Aktion vor sich ging. Man fand es nicht einmal der Mühe wert, den Aeroklub, der die Tafel hatte anbringen lassen, zu verständigen.

Die Abnahme der Gedenktafel wird bestimmt nicht die Frieden des hingerichteten oder auch ermordeten Generals (die jugoslawischen Partisanengerichte gegen deutsche und österreichische Heerführer nach dem Krieg waren im Grunde Mordjustiz) stören. Die geheuchelte Entrüstung, daß die Anbringung der Gedenktafel einen schlechten Eindruck im Ausland hervorgerufen hat, ähnelt sehr der Haltung eines Brandstifters, der das Feuer legt und dann die Leute alarmiert, daß es brennt. Wenn wir uns im Ausland über Haltungen schämen sollten, dann sind es die vielen Skandale, die unserem Land einen üblen Ruf eingebracht haben.

Wenn heute, nach 40 Jahren, bei jungen Menschen eine kritiklose Verteilung der Vater- und Großvater vorgenommen wird, weil sie sich nicht alle von Hitlers Schergen umbringen ließen, dann ist dies die Folge einer offiziell betriebenen Geschichtsdarstellung, die nicht danach forscht, sondern sich die Vorstellungen der Sieger zu eigen gemacht hat. Dazu gehört auch, „alle" Hinweise, daß die Sieger auch keine Lämmer waren, als unerlaubte „Aufrechnung" zu diffamieren. Kein vernünftiger Mensch wird Hitler entschuldigen. Er war das große Unglück in der deutschen Geschichte und hat das deutsche Volk moralisch (Judenvernichtung), politisch und militärisch in den Abgrund geführt. Allerdings, die Behauptung, daß Deutschland allein schuld an allem sei, ist eine von den Siegern erfundene und von den Besiegten übernommene Legende.

Das Interesse unserer Historiker und Meinungsmacher gilt noch immer und fast ausschließlich Hitler und den Naziverbrechen, während sich das Interesse in den Siegerstaaten immer mehr darauf richtet, wel-

## Gedenktafel General Löhr

Wenn der Kriegsverbrecher General Alexander Löhr zum verdienten österreichischen Soldaten erklärt werden kann, wird sich nicht eines Tages ereignen, daß man Adolf Hitler zu einem verdienten Maler erklären wird?

*Aus der jugoslawischen Zeitung BORBA*

...NDFORUM und Antifaschistisches Komitee an der Universität Graz-Rathaus, ...anisationen vertreten: Alpenvereinsjugend, Bund Europ. Jugend, LSIO-Jura... ...Jugend, Kath. Jungschar, Naturfreundejugend, Pfadfinder Österreichs, Pfadf... ...Freie Schule, Kinderfreunde, Junge ÖVP, Junge Generation der SPÖ, Podium... ...ks, Bund Steir. Landjugend, OGJS (Österr. Ges. f. intern. Sommerkinderdor... ...ndgruppe, Zivilinvalidenverb., Christl. Verein junger Männer und Frauen, Club...

chen Anteil Roosevelt und Churchill (Stalin ist sowieso schon von Milovan Djilas als größter Kriegsverbrecher aller Zeiten entlarvt worden) am Krieg und an den Kriegsverbrechen hatten. Mit dem Buch des US-Kongreßabgeordneten Hamilton Fish „Der zerbrochene Mythos, Roosevelts Kriegspolitik von 1933 bis 1945", das 1962 erschien und erst 20 Jahre (!) später ins Deutsche übersetzt wurde, begann die Aufdeckung der Roosveltschen Kriegspolitik und geht herauf bis heute mit der Veröffentlichung von Nicolas Bacius Buch „Verraten und verkauft, die tragischen Fehler Churchills und Roosevelts in Osteuropa".

Es ist bezeichnend, daß die Sieger nun Geschichte schreiben, die wirklich in einem anderen Licht erscheinen läßt, als es sich 1945 darstellte, wozu auch die fast in jedem Jahr stattfindende Herausgabe neuer Akten beiträgt, während die Besiegten noch immer den Geist von 1945 heraufbeschwören. Wir sind eben, wie immer in unserer Geschichte, um 20 Jahre zu spät dran.

Als die deutschen Kampfflugzeuge am 6. April 1941 unter anderem vom Flugplatz Graz-Thalerhof aus zum Angriff auf Belgrad und gegen Flugplätze in ganz Jugoslawien starteten, fand auch der erste, noch dazu durch eine jugoslawische Maschine erfolgte Luftangriff auf Österreich statt. Tausende weitere Bombardierungen österreichischen Gebietes sollten diesem ersten Bombardement folgen. An diesen oftmals schweren und verheerenden Luftangriffen war jedoch nie wieder ein Flugzeug jugoslawischer Herkunft beteiligt. Insbesondere in den Jahren 1943–1945 wurde sowohl die Zivilbevölkerung Jugoslawiens als auch Österreichs das Opfer alliierter Bombergeschwader und unmenschlicher Jaboflieger. Die jugoslawische Zivilbevölkerung hatte überdies noch im taktischen Luftkrieg unter den Angriffen deutscher Flugzeuge auf Stellungen und Versammlungsräume der Partisanen, die viel zu oft in und um Ortschaften und Weiler lagen, Verluste erlitten.[5]

Zum ersten Luftangriff auf Österreich am 6. April 1941 hatte Walter Franz aus A 8225 Pöllau, Ortenhofenstraße 71, in der Grazer Tageszeitung „SO-Tagespost" vom 27. Dezember 1984 in verdienstvoller Weise zur schriftlichen Abgabe von Augenzeugenberichten aufgerufen. Aus dem besonders erfreulichen Eingang zahlreicher Erlebnisberichte zitieren wir einige Auszüge.

Kriminalinspektor i. R. Ernst Friedrich Binder, Graz: „Ich verfolgte die Rückkehr der deutschen Kampfflugzeuge aus dem Jugoslawieneinsatz vom Hausbalkon aus. Es war ein Sonntag, und ich war dienstfrei... als unweit... eine Detonation mit Feuerschein erfolgte. Tatsächlich handelte es sich um die Bombardierung einer Fabrik durch ein jugoslawisches Flugzeug, denn es gab sogleich auch Fliegeralarm. Telefonisch wurde ich beauftragt, die Ursache festzustellen... Insgesamt wurden drei Bomben abgeworfen, und es gab auch glaublich einen Toten und Verletzte..."

Dipl. Ing. Erich Schmidt, Graz: „Ich kam gerade in meine damalige Wohnung in der Auersperggasse in der Nähe Leechwald-Hilmteich und öffnete das Fenster. Plötzlich vernahm ich ein mir fremd klingendes Flugzeuggeräusch und konnte gerade noch... einen Tiefflieger mit fremden Hoheitsabzeichen erkennen... Und dann ein fürchterlicher Krach in nächster Nähe..., so daß ich vom Fenster weg-

Als Beispiel für die erfolgreiche taktische Luftkriegsführung, die selbst den Rückzugs-
weg einer ganzen Heeresgruppe zu behindern und sogar zu sperren vermag, sei dieses
Rückzugsschema der Heeresgruppe E auf dem Wege aus Griechenland nach dem
Norden mit dem Zielraum Österreich angeführt.

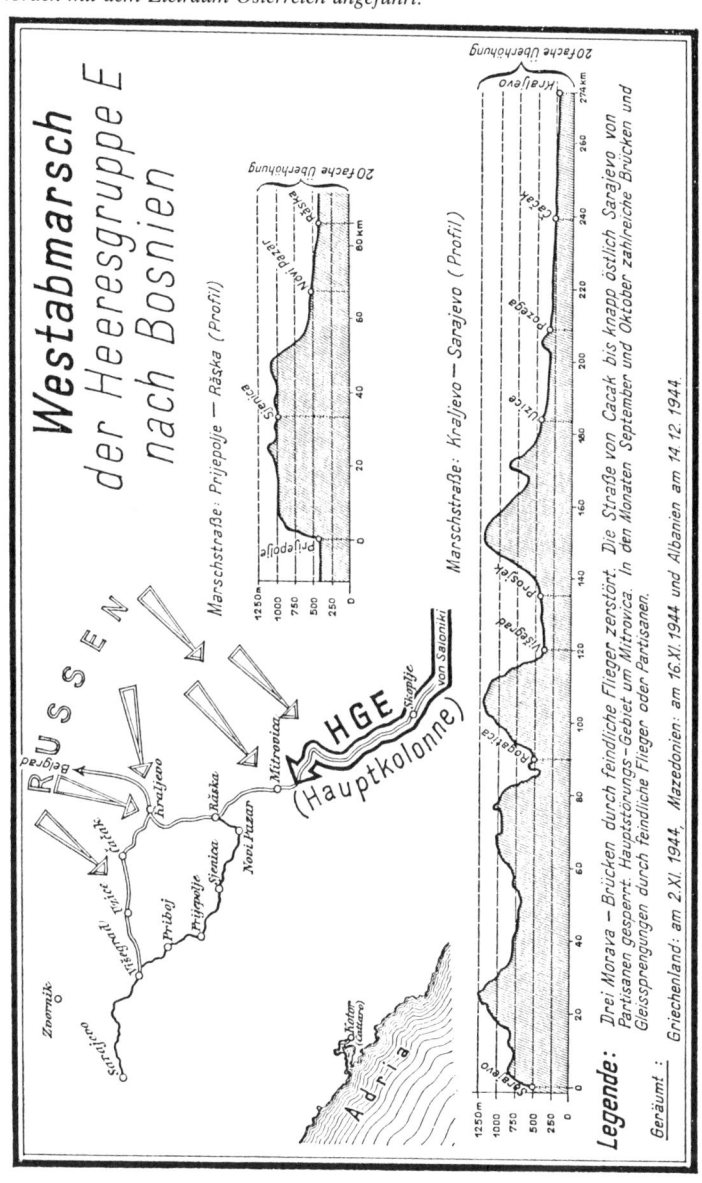

561

flog... Ein Haus am Födranspergweg in der Nähe wurde schwer beschädigt..."

Hermann Rakusch, A 8970 Schladming: „Ich saß auf dem Schloßberg zwischen Uhrturm und Türkenbrunnen... Ein Herr neben mir sah, wie ein Flugzeug etwas fallen ließ, gleich darauf hörte man eine Detonation, und eine Rauchwolke stieg im Bahnhofsgelände auf... Ungestört flog das Flugzeug dann nach Norden..., kam zurück und dann östlich am Schloßberg vorbei... Dann im Süden (Thalerhof? = Flugplatz der Verf.) begann endlich die Flak zu schießen."

Zuletzt Walter Franz persönlich:[6] „Bei der Rückkehr von mehreren Kampfflugzeugen von ihrem Einsatz in Jugoslawien zum Fliegerhorst Thalerhof flog hinter diesen deutschen Flugzeugen, von deren Besatzungen unbemerkt, auch ein Feindflugzeug, und zwar ein englischer Bautyp „Bristol Blenheim" mit jugoslawischem Kennzeichen... Ein Beschuß durch unsere schwere 8,8 cm Flak konnte nicht erfolgen, weil die eigenen Flugzeuge, die zur Landung ansetzten, stark gefährdet gewesen wären... Wir wußten... innerhalb der Feuerstellung, daß deutsche Jäger im Fliegerhorst Thalerhof gestartet sind, um das Flugzeug abzuschießen. Der genaue Absturzort der Maschine konnte bis dato nicht in Erfahrung gebracht werden..."

## Die Zerstörung Zadars
### ohne jede militärische Notwendigkeit

Wir berichteten bereits von den deutschen und alliierten Luftangriffen auf die jugoslawische Hauptstadt Belgrad. Über das schwere Bombardement zu Ostern 1944 ließen wir jugoslawische Autoren wie Milovan Djilas und Bor.M. Karapandzić zu Wort kommen. Außer über den verheerenden Luftangriff der 15. USAAF auf Belgrad berichtete Djilas auch über die Bombardierung von Split. Während Split noch als der wichtigste Hafen Dalmatiens angesehen wird, mit einer heutigen Einwohnerzahl von 93 000 Personen, spielt die Hafenstadt Zadar (italienisch: Zara) mit 28 000 Einwohnern auch als Seebad eine große Rolle.

Doch auch Zadar fiel dem anglo-amerikanischen Bombenterror zum Opfer. Offensichtlich gab es nämlich für die Bombardierung Zadars keine militärische Notwendigkeit, wie ein Militärexperte und Balkankenner eindeutig feststellte. Als es nämlich in Zadar nach einem alliierten Luftangriff kein unbeschädigtes Gebäude mehr gab, war der große, östlich von Zadar gelegene Flugplatz so unbeschädigt, daß die deutschen Flugzeuge wie eh und je darauf landen und starten konnten. Doch lassen wir Generaloberst Lothar Rendulic, den wir oben gemeint und bereits als Wien-Verteidiger kennengelernt haben, direkt aussagen. GO Rendulic war vom August 1943 bis Juni 1944 Oberbefehlshaber der 2. Panzerarmee auf dem Balkan. Rendulic berichtet nun über das zerstörte Zadar folgendes:

„Zwischen Flugplatz und Stadt erhob sich ein niedriger Felsrücken, auf dem die Italiener kavernierte Befehlsstände und Batterien, in den Fels gesprengte Kampfstände und zahlreiche Betonbauten mit Richtung landeinwärts errichtet hatten (diese waren offensichtlich von den italienischen Truppen nach ihrer Kapitulation vor den Deutschen im September 1943 unzerstört von Fliegerangriffen, aber auch ohne eigene Sprengungen verlassen worden, der Verf.). Was von diesen geeignet war, wurde in die Anlagen für die Küstenverteidigung einbezogen.

Von dem Felsrücken hatte man einen guten Ausblick auf das nahe Zara. Das Bedrückende an diesem Bild war, daß die ganze Stadt ein einziger Trümmerhaufen war, in dem es kein unversehrtes Gebäude gab. Sie war noch zur Zeit ihrer Besetzung durch die Italiener das Opfer eines englischen Luftangriffes geworden. Wir bemühten uns vergeblich, einen Grund für die Zerstörung zu finden. Die eigentliche Stadt liegt auf einer vom Land durch einen kanalartigen Meeresarm getrennten kleinen Insel. In der Stadt waren einige Straßenzüge freigelegt worden, um den Verkehr zu den Verteidigungsanlagen zu ermöglichen, die am Meeresufer durch unsere Truppen errichtet wurden. Wir kamen an Resten einst berühmter Gärten vorbei, die mitten unter den Trümmern in südlicher Pracht wucherten, wenn man in ihnen auch schon den Hauch des Herbstes fühlte. Um zu dem uralten romanischen Dom zu gelangen, mußten wir über die Schutthaufen in sich zusammengestürzter, mehrstöckiger Häuser auf allen vieren kriechen. Auch diese berühmte Kirche war zum großen Teil zerstört. Nur hier und dort stand unversehrt ein Campanile; auch sah ich eine Säule eines römischen Tempels, welche die Bomben verschont hatten. Mit dieser an Denkmälern einer ereignisreichen Geschichte und an erlesenen Werken mittelalterlicher Kunst reichen Stadt wurde ein einzigartig fesselndes Kulturzentrum einer mehr als zweitausendjährigen Geschichte ohne militärische Notwendigkeit vernichtet. Als ich inmitten des Gewirres der Verwüstung stand, stiegen mir die Bilder des einstigen Hafen und des in den engen Gärten der Stadt so rege und lärmend pulsierenden Lebens auf, das ich von früheren Reisen her kannte. Wohl nirgends spielt sich ein so lebhaftes Treiben auf so engem Raum ab wie in den italienisch bevölkerten Küstenstädten. Jetzt hatten sich die Reste der Bevölkerung in die unwahrscheinlichsten Behausungen in der Umgebung der Stadt zurückgezogen.

1 Schreiben von Branko Zupanc an den Verfasser vom 19. März 1971.
2 Schreiben von der Botschaft der SFR Jugoslawien an den Verfasser vom 10. 10. 1985.
3 Siehe die Aufstellung der in Jugoslawien vom Verfasser angeschriebenen oder aufgesuchten Behörden, Archive und Personen.
4 Oswald Hahn, Dokumentation zur Zeitgeschichte Generaloberst Alexander Löhr Gedanken zum 100. Geburtstag am 20. Mai 1985. Aus: Südostdeutsche Vierteljahresblätter, Sonderdruck aus Folge 4/1985, 34. Jg., S. 316ff., D 8000 München 2, Güllstr. 7

5 Milovan Djilas, „Der Krieg der Partisanen", S. 331, wobei der Autor die bei den deutschen Stuka-Angriffen auf von Partisanen besetzte Ortschaften offensichtlich in Mitleidenschaft gezogene Zivilbevölkerung (zumindest hier) überhaupt nicht erwähnt.

6 Walter Franz, Erster Luftangriff auf Graz am 6. April 1941. Ein Bericht vom 10. März 1985. Bericht und zitierte Augenzeugenberichte erhielt der Verfasser dankenswerterweise vom Stadtarchiv Graz in Kopien zur Verfügung gestellt.

7 Siehe Schreiben Mestni muzej Ljubljana (Laibach) vom 30. 10. 1985 mit Verlustangaben von 4 Bombenangriffen auf Ljubljana und Hinweis auf M. Znidarič, Bombenangriffe gegen Maribor (Marburg) und andere slowenische Bezirke der Untersteiermark, 1976 (nur in slowenischer Sprache gedruckt, Titel daher ins Deutsche übertragen).

*Ljubljana und die Untersteiermark – Verluste und Schäden[7]*

| lfd. Nr. | Gemeinde/Stadt | Zahl der Luftangr. | Gefallene | Verwundete | Zahl der Flugzeuge | Gebäudeschäden zerstört | Gebäudeschäden schwer beschädigt | Zahl der abgeworf. Bomben |
|---|---|---|---|---|---|---|---|---|
| 1 | Ljubljana (Laibach) | 4 | 40 | 98 | 1 518 | 466 | 1 834 | 15 795 |
| 2 | Maribor (Marburg) | 28 | 482 | 352 | 136 | 30 | 396 | 481 |
| 3 | Ptuj (Pettau) | 9 | 23 | 106 | 81 | 26 | 249 | 313 |
| 4 | Celje (Cilli) | 16 | 53 | 57 | 58 | – | 67 | 334 |
| 5 | Bezirk Ljutomer–Luttenberg | 11 | 1 | 12 | 778 | 25 | 103 | 994 |
| 6 | Bezirk Ptuj–Pettau | 35 | 39 | 62 | 137 | 9 | 43 | 187 |
| 7 | Bezirk Maribor–Marburg | 68 | 32 | 77 | 150 | 11 | 95 | 331 |
| 8 | Bezirk Celje–Cilli | 40 | 70 | 201 | 257 | 23 | 185 | 796 |
| 9 | Bezirk Trbovlje | 46 | 62 | 120 | 545 | 82 | 421 | 3 006 |
| 10 | Bezirk Brežice (Rann) | 136 | 157 | 400 |  |  |  |  |
|  |  | 393 | 959 | 1 485 | 3 660 | 672 | 3 393 | 22 237 |

Ad 10. Bezirk Brežice (Rann): Die hohe Zahl der Bombenangriffe in diesem Bezirk ist offensichtlich auf den Bahnknoten Zidani most (Steinbrück) zurückzuführen.

# 9. ÖSTERREICH

*Alliierte Bomber- und Jaboangriffe auf militärische Objekte und gegen die Zivilbevölkerung in Österreich*

Österreichs Städte, Märkte und Dörfer hatten unter unzähligen US-amerikanischen und etlichen englischen, sowjetischen sowie jugoslawischen Luftangriffen schwer zu leiden. Glücklicherweise setzten die Angriffe erst im Sommer 1943 ein, als die 15. USAAF Abflugbasen in Nordafrika und Süditalien zur Verfügung hatte. Im folgenden kommen Berichte über den Luftkrieg gegen mehrere österreichische Städte und über die hierbei eingetretenen zivilen Menschenverluste und materiellen Schäden zum Abdruck. Ein größerer Teil der Zivilbevölkerung einiger österreichischer Städte konnte sich vor den Bomben in Bergstollen in Sicherheit bringen, so vor allem Zehntausende Bewohner von Graz.

## GRAZ

Berliner Zentralstellen vertraten zu Beginn des Zweiten Weltkrieges die Ansicht, der Luftschutzkeller sei der sicherste Schutzraum. Demgegenüber kam man in Österreich[1] schon frühzeitig zu der Überzeugung, daß nur Felsenstollen bombensicher sind. Dies veranlaßte den Luftschutz-Reviergruppenführer des 1. Bezirkes der Landeshauptstadt von Steiermark, Graz, Major Noltsch, schon im Jahre 1939 dem Stadtbauamt einen Plan zum Bau eines Stollens in den Schloßberg vorzulegen. Dieser Entwurf sah in der Hauptsache den Bau eines Hauptstollens von der Sackstraße bis zum Jahndenkmal vor, der nach dem Kriege als Verbindungstunnel vom Geidorfviertel zum Stadtzentrum dienen sollte. Zur Vergrößerung des Fassungsraumes hätte der Hauptstollen mehrere Querstollen erhalten sollen. Insgesamt waren acht Eingänge geplant. Außerdem war zur Unterbringung der Feuerwehr, der Rettungsabteilung und der Einsatzkräfte der Bau von Felskavernen in der Wickenburggasse vorgesehen. Auch ein Sanitätsstollen sollte angelegt werden. Dieses Projekt wurde von den zuständigen Stellen jedoch nicht zur Ausführung gebracht.

Wegen der geringen Luftgefahr herrschte in Österreich bis zum Jahre 1943 ein Bauverbot für öffentliche Stollenbauten. Nach der Aufhebung dieses Bauverbotes wurde vom Luftgaukommando XVII (Bauherr) in Wien der Schloßbergstollen angeordnet. Die oberste Bauleitung wurde dem Reichsverteidigungskommissar in der Steiermark, als Sonderbeauftragtem für Luftschutzmaßnahmen übertragen. Projektant und örtlicher Bauleiter war das Stadtbauamt Graz. Die Finanzierung erfolgte durch den Polizeipräsidenten in Graz aus Reichsgeldern.

Der Bau des Schloßbergstollens[2] wurde am 9. August 1943 in Angriff genommen. Die erste Etappe bestand aus dem Bau des Hauptstollens (J-Stollen) vom Schloßbergplatz zur Stiegengasse (U-Stollen). Dieser Stollen wurde von der Baufirma Mayreder, Keil, List & Co., Graz, in Zusammenarbeit mit Pionieren der Wehrmacht durchgeführt. Bereits am 23. Oktober 1943 erfolgte der Durchschlag zur Stiegengasse.

Am 10. März 1945 wurden die Arbeiten am Stollen eingestellt, da sämtliche Arbeiter zu Wehrbauten herangezogen und die beim Stollenbau eingesetzten Kriegsgefangenen schon einen Monat vorher abtransportiert waren.

Die Arbeiten wurden durchgeführt von:

| | | |
|---|---|---|
| Berg- und Bauarbeitern aus der Steiermark | in | 444 500 Stunden |
| Kriegsgefangenen (Engländer) | in | 348 700 Stunden |
| Wehrmacht | in | 110 000 Stunden |
| Ostarbeitern | in | 72 000 Stunden |
| Sträflingen (Strafanstalt Karlau) | in | 61 950 Stunden |
| Luftschutzpolizei und ukrainischer Polizei | in | 46 300 Stunden |
| Polen und Italienern (Zivilisten) | in | 28 000 Stunden |
| Zusammen daher | in | 1 111 450 Stunden |

Insgesamt wurde im Grazer Schloßberg eine *Stollenlänge* von 6,3 km mit 20 Eingängen aufgebrochen. Der Zivilbevölkerung standen 17 Stolleneingänge zum Aufsuchen der Schutzanlage zur Verfügung.

Die Ausbruchsmenge aus dem Stollen betrug 105 000 m³. Das

ausgebrochene Material wurde entweder in die Mur gestürzt oder aber im Grazer Stadtpark gelagert. Der Kompressor-Antrieb der Bohrhämmer erfolgte wegen Treibstoffmangels elektrisch. Die Stollen wurden nur im Ausmaß von etwa 5 Prozent gemauert, da das Material für die Mauerung einer größeren Stollenlänge nicht zur Verfügung stand. Wo nicht von vornherein standfestes Gebirge vorhanden war, blieben die Stollen in leichter Zimmerung stehen.

Mit Ausnahme des G-Stollens in der Sackstraße Nr. 40 waren alle Stollen untereinander verbunden und hatten zur Vergrößerung des Fassungsraumes mehrere Quer- oder Parallelstollen erhalten. Um den Detonationsstoß von in unmittelbarer Nähe der Eingänge explodierenden Bomben aufzufangen, wurden Luftstoßsicherungen eingebaut. Vor einigen Eingängen wurden auch Splitterschutzmauern aufgestellt.

Gasdichte Abschlüsse waren dagegen nicht vorhanden. Der Mangel unabhängiger Beleuchtungs- und Entlüftungsanlagen wirkte sich bei Stromausfällen, die fast bei jedem Luftangriff auf Graz vorkamen, sehr nachteilig aus.

Die nutzbare *Bodenfläche* der Stollen betrug 12 000 m², bei einem Luftraum von 70 000 m³. Auf Grund der Schutzraumbestimmungen betrug das *Fassungsvermögen* theoretisch nur 20 000 Personen. In der Zeit der schweren Luftangriffe auf Graz suchten und fanden im Schloßbergstollen jedoch bis zu 50 000 Menschen Schutz vor den Bomben. Für Klein- und Kleinstkinder waren eigene Stollen reserviert, die man sogar mit Kinderwagen aufsuchen konnte. In anderen Stollen befanden sich die Befehlsstelle der örtlichen Luftschutzleitung, das Warnkommando, das Flugnachrichtenkommando, der Flak-Kommandeur, die Wehrmachtsbefehlsstelle, die Wehrmachtssanitätsstelle, die Kreisleitung usw. Zwei Sanitätsstellen waren in gesonderten Stollen untergebracht, eine davon mit getrennten Liegeräumen für Männer und Frauen und einem Entgiftungsraum. Auch für Kriegsgeschädigte und Schüler gab es getrennte Schutzräume. Mit dem Einbau eines Krankenhauses war man bereits weit fortgeschritten.

Alles in allem konnte der Schloßbergstollen beinahe als eine Stadt im Inneren eines Berges angesehen werden. Es suchten nicht nur Zehntausende Menschen während der Luftangriffe in dieser „*Inneren Stadt*" Schutz, sondern viele Personen übernachteten auch darin oder schlugen als Ausgebombte ihr Notquartier dort auf.

*Plan des Grazer Schloßbergstollens, in dem bis zu 50 000 Menschen Schutz vor den Bombenangriffen fanden*

Um bei Fliegeralarm das rasche Auffüllen der Stollen gewährleisten und in den Stollen selbst die Ordnung aufrechterhalten zu können, wurden sowohl Ordnungspolizei als auch Luftschutzpolizei in der Gesamtstärke von 75 Mann herangezogen.

Der Ausbau der Schloßbergstollen-Anlage blieb unvollendet, da der Baubeginn um ein bis zwei Jahre zu spät erfolgte und die Arbeiten durch den Mangel an Arbeitskräften, Material und Transportmitteln stark beeinträchtigt wurden. Geplant war der Bau von insgesamt zwei untereinander mehrfach verbundener Stollen-Ringsystemen, einem inneren und einem äußeren Ringsystem. Nach vollständigem Ausbau der Stollen hätte wohl ein großer Teil der über 200000 Einwohner zählenden Stadt sicheren Schutz vor den Bomben finden können.

Die Baukosten des bis 1945 ausgebauten Schloßbergstollens betrugen bereits 4,6 Millionen Reichsmark. Mit diesem Aufwand blieb jedoch unzähligen Menschen die Gesundheit erhalten und wurde vielen das Leben gerettet. Trotzdem fanden bei 37 Tages- und fünf Nachtangriffen sowie 14 einzelnen Bombenabwürfen zahlreicher anglo-amerikanischer und einiger jugoslawischer Bomber auf Graz noch 1980 Personen den Tod und wurden 1800 Menschen verletzt. 7802 Objekte, das sind 45 Prozent aller Objekte von Graz, wurden zerstört oder stark bzw. leicht beschädigt.

Aufgrund einer Anordnung des Luftgaukommandos XVII war bei der Planung und Bauausführung der Stollen jede Rücksichtnahme auf eine spätere Friedensverwendung untersagt. Bedauerlicherweise hat man aber nach dem Zweiten Weltkrieg überhaupt keine Verwendung für das Stollensystem gefunden. Anstatt diese „Innere Stadt" auszubauen oder zumindest für ihre Erhaltung zu sorgen, hat man sie dem Verfall preisgegeben.

# WIEN

*„Ich sehe mich leider außerstande, Ihren Ge-*
*danken zu folgen. Selbstverständlich steht es*
*Ihnen frei, sich an den Herrn Bezirksvorsteher*
*Ing. Heinz zu halten – ich für meinen Teil muß*
*diese Diskussion beenden. Das erwächst nicht*
*zuletzt aus meinem zeitgeschichtlichen*
*Wissen."*
PROF.DR.HELMUT ZILK[3]

Die ersten Luftangriffe des Jahres 1944 auf die vor- und nachma-
lige Hauptstadt Österreichs richteten sich hauptsächlich gegen die
Industrieanlagen in den Außenbezirken. Vom Herbst dieses Jahres
an wurden jedoch auch schon die inneren Bezirke Wiens mit ihrem
reichen Bestand an kulturellen und historischen Bauten sowie an
zahlreichen Wohn- und Krankenhäusern angegriffen. Im April
1945 erlitt die Stadt schließlich auch noch im Verlaufe schwerer
Erdkämpfe große Schäden, bei denen auch eines unserer wertvoll-
sten Kulturdenkmale, der Stephansdom, schwerstens beschädigt
wurde.
Die schmerzlichsten Verluste erlitt Wien durch die Luftangriffe
in der Zeit vom 15. Jänner bis Ende März 1945. Da diese Angriffe
hauptsächlich gegen die Innenbezirke der Stadt gerichtet waren, wo
sich kaum militärische Objekte von Bedeutung befanden, trugen
sie größtenteils Terror- und Einschüchterungscharakter.

## Die Kriegszerstörungen in Wien 1944/45

Die Kriegszerstörungen in Wien[4] sind in der Hauptsache zwi-
schen dem September 1944 und Kriegsende eingetreten. Die Bom-
benschäden sind in der Mehrheit, aber in jenen Stadtteilen, in
denen gekämpft wurde, sind durch Erdkämpfe – vor allem durch
Plünderungen mit anschließender Brandstiftung – die schweren
Schäden eingetreten.
Für die Zerstörungen in Wien ist charakteristisch, daß sie keine
Flächenzerstörungen darstellen, sondern auf einzelne Blocks über
das ganze Stadtgebiet verstreut sind. Eine Ausnahme bildet der
Wiener Volksprater, der zur Gänze ausgebrannt ist.

Diese Beschränkung auf Einzelzerstörungen hängt mit den Auswirkungen der strengen Handhabung der Wiener Bauordnung zusammen, welche die Vorschriften über Feuermauern immer berücksichtigt hat. Hierin unterscheidet sich die Art der Zerstörungen von jenen im westlichen Europa: Deckenauflager von Außenmauern zu Mittelmauern und wieder zur Außenmauer – zwei durchgehende Feuermauern für jede Parzelle; dadurch ist ein Umfallen ganzer Häuserzellen bei Brand unmöglich geworden.

Besonders bewährt haben sich auch die Stahlbetondecken der Gemeindebauten, die eine Brandschädenverbreitung in den meisten Fällen verhindert haben.

Flächenmäßig entsprechen die Schwer- und Schwerstzerstörungen einem Areal, das (mit den Wiener Stadtbezirken verglichen) dem Gebiet der Bezirke 1, 3, 4, 5, 6, 7, 8 und dem halben 9. Bezirk entspricht. Siehe auch den Bombenplan der Inneren Stadt von Wien (auf S. 596)!

Von den beschädigten Kulturbauten sind 15,5 Prozent Totalschäden. Vier Denkmäler wurden zerstört und 38 mehr oder minder stark beschädigt.


## Die Kriegsschäden im Wiener 1. Bezirk (Innere Stadt)

Kirchliche Bauten:

*Stephansdom*, Einsturz der Gewölbe des Hauptchores und des südlichen Seitenchores. Durch Brand wurden vernichtet: der gesamte Dachstuhl, das spätgotische Chorgestühl, das Kaiseroratorium, die Chorengel, das spätgotische Triumphbogenkreuz, das Wimpassinger Riesenkreuz; außerdem gab es zahlreiche Beschädigungen von Denkmälern.
*Augustinerkirche*. Augustinerstraße, das Gewölbe des Chores durchschlagen.
*Barbarakirche*, Postgasse 10; starker Fassadenschaden.
*Deutsch-Ordenskirche*, Singerstraße, schwerer Bombentreffer.
*Dominikanerkirche*, Postgasse 4, leichte Schäden
*Jesuitenkirche*, Universitätsplatz, Hauptfassade beschädigt
*Franziskanerkirche*, Franziskanerplatz, schwerer Bombenein-

schlag in der zweiten rechten Seitenkapelle. Barockes Chorgestühl weitgehend zerstört.

*Maria am Gestade*, Salvatorgasse, Splitterschäden, Chordach aufgerissen.

*Peterskirche*, erhebliche Schäden an der Kupfereindeckung der Kuppel.

*Salvatorkapelle*, Salvatorgasse, Zerstörung des Daches über der nördlichen Hälfte.

*Pfarrkirche der Augsburger Konfession*, Dorotheergasse, Verputzschäden.

*Pfarrkirche der helvetischen Konfession*, Dorotheergasse, größere Dachschäden.

*Michaelerkirche*, Michaelerplatz, Dachschäden.

*Minoritenkirche*, Minoritenplatz, kleinere Dachschäden.

*Neun Chöre der Engel*, Am Hof, teilweise Zerstörungen des Freskogemäldes von Maulpertsch und Schäden an den gotischen Rippen.

*Ruprechtskirche*, Ruprechtsplatz, bedeutende Dachschäden.

*Schottenkirche*, Freyung, geringe Dachschäden.


Profanbauten:

*Akademie der bildenden Künste*, Schillerplatz, ausgedehnte Gebäudeschäden durch Bombeneinschläge.

*Akademie der Wissenschaften*, Universitätsplatz, Beschädigungen der Hauptfassade und an dem Deckengemälde des Hauptsaales. Schwere Dach-, Fenster-, Türschäden.

*Albertina*, Augustinerbastei, Ecke gegen die Albrechtsrampe total zerstört, schwere Gebäudeschäden und teilweise Zerstörung von Innenräumen.

*Börse*, Schottenring, Zerstörung der Nordostecke.

*Burgtheater*, Zerstörung des rückwärtigen Teiles und ausgebrannter Zuschauerraum sowie Brandschäden an anderen Räumen.

*Feuerwehrzentrale*, Am Hof, teilweise Zerstörung durch Bombentreffer.

*Heiligenkreuzerhof*, Grashofgasse, Bombentreffer im linken Flügel.

*Israelitische Kultusgemeinde*, Seitenstettengasse, Einschlag in die kleine Kuppel der Synagoge. Im Haus Nr. 4 alle 5 Geschosse in der Breite von 2 Fensterachsen eingestürzt.

*Klosterneuburgerhof*, Renngasse, völlige Zerstörung mehrerer Obergeschosse.

*Kunsthistorisches Museum*, Burgring, Kuppel des Treppenhauses und die südöstliche Ecke zerstört.

*Niederösterreichische Landeshauptmannschaft*, Herrengasse, Bombentreffer.

*Laurenzergebäude*, Postgasse (Steueradministration), drei schwere Bombeneinschläge.

*Modena-Palais*, Herrengasse (Landhaus), teilweise bis zum 1. Geschoß eingestürzt.

*Niederösterreichisches Landesmuseum* (ehemaliges Palais Clary), Hoftrakt eingestürzt.

*Sühnhaus*, Schottenring, schwer beschädigt, ganz ausgebrannt.

*Bundesministerium für Finanzen*, Johannesgasse (ehemaliges Palais Quastenberg-Kaunitz), der freskengeschmückte ehemalige Bibliothekssaal völlig ausgebrannt.

*Bundesministerium für Inneres*, Wipplingerstraße, Zerstörung der Nordostecke.

*Redemptoristenkollegium*, Salvatorgasse, Westfront, linke Gebäudeecke eingestürzt.

*Landhaus*, Herrengasse, geringe Schäden.

*Staatsoper*, Zuschauerraum, Kaisersaal und der ganze nordöstliche Teil des Gebäudes ausgebrannt.

*Staatsschuldenkasse*, Singerstraße.

*Universität*, mehrere Einschläge an der Südostseite, der West- und der Nordecke.

*Secession*, Friedrichstraße, ausgebrannt.

*Urania*, Uraniastraße, Kuppen ganz zerstört, Fassade durch Beschuß schwer beschädigt.

*Musikvereinsgebäude*, Dumbasstraße, kleine Schäden.

*Parlament*, Zerstörung der westseitigen Ecke sowie Ausbrennen des Herrenhaus-Sitzungssaales und zahlreicher anderer prunkvoll ausgestatteter Räume.

*Polizeidirektion*, Schottenring, sehr schwer beschädigt.

*Rathaus*, schwere Dachschäden.

*Schottenhof*, Freyung, ein schwerer Bombentreffer und zwei kleine Einschläge.

*Bundesministerium für Äußeres*, Ballhausplatz, schwere Schäden.
*Bundesministerium für Finanzen*, Himmelpfortgasse (Palais Prinz Eugen).
*Melkerhof*, Schottengasse, Treffer im Hoftrakt.

## WIENER FRAUEN BERICHTEN ÜBER DAS BOMBENINFERNO 1944/45

Die Frauen und Mütter Europas trugen in diesen Jahren wohl die Hauptlast des Krieges, den sie nicht gewollt und an dessen Verursachung, Auslösung und erbarmungsloser Durchführung sie nicht beteiligt waren. In den schweren Krisen- und Arbeitslosenjahren der Zwischenkriegszeit hatten sie ihre Söhne mit viel Mühe und manchen Tränen großgezogen, um sie dann pflichtbewußt ihrem Staat als Soldaten zu überlassen. Mit ihren Töchtern und kleineren Kindern gerieten die Mütter zahlreicher Länder Europas vor allem in den letzten Kriegsjahren noch in den Bombenhagel überseeischer und nichtkontinentaler Luftstreitkräfte.

Lassen wir zwei Mütter aus Wien als Augenzeugen schrecklicher Bombenangriffe berichten! Die erste, Brigitte Pohl, deren Mann erst kurz vorher an der Ostfront gefallen war, schreibt[5]:

„Wien, am 13. September 1944.

Furchtbar war es gestern. Wie Riesenfittiche des Todes rauschten rings um uns die Bomben, der Deckel unseres Wasserschachtes sprang bei jedem Einschlag in die Höhe, wir saßen zu fünft darunter, im Garten, wo Bernd uns einen Unterstand gebaut hat, weil er unserem Keller mißtraute. Harald saß steif, weiß wie ein Leintuch auf seinem Platz und preßte fest die Lippen zusammen. Er sagte keinen Ton. Die Omi hielt Helmi auf dem Schoß, ich hatte Gerd bei mir. Ich spürte die Wärme seines Körperchens wie eine Mahnung, daß wir – heute noch – leben. Ich preßte das Kind, daß es leise ächzte."

Die zweite Augenzeugin, Mimi Reinisch, deren Tochter ein Jahr zuvor ertrunken und deren Mann seit Stalingrad vermißt war (tatsächlich war er mit der Kapitulation des ersten Kessels Ende Januar 1943 in sowjetische Gefangenschaft geraten, dort aber verstorben, ohne vorher seiner Frau auch

nur ein Lebenszeichen geben zu können[6]) schrieb einen
Brief an die Mutter des Verfassers[7] (noch in Kurrentschrift):
„Wien IV., Graf Starhemberggasse, 6. März 1945.
Wie es uns geht, weißt Du ja. Es ist schon recht schlimm.
Wien blutet aus allen Wunden. Ich habe die Wohnung noch,
obwohl sie manchmal schon recht schlimm ausgesehen hat.
Am 21. Jänner ging es recht wüst zu, im Garten ein Trichter
neben dem anderen, das Haus nebenan Volltreffer, vis-à-vis
alles hin, ein Bild der Verwüstung (in der Starhemberggasse
standen durchwegs vier- bis fünfgeschossige Wohnhäuser,
der Verf.). Mit einem Wort grauenvoll. 88 Scheiben hatte
ich kaputt, die Türen teilweise herausgerissen, alles durcheinander. Kaum habe ich die Fenster zu, sind sie wieder
kaputt. Viermal schon.
Was wir aber vorige Woche am Mittwoch ausgehalten
haben, war noch nicht da. Niemand dachte mehr, aus dem
Keller zu kommen. Sind schon Wochen ohne Gas, Wasser,
Licht, kannst Dir das Leben vorstellen. Es ist nicht leicht.
Die Dienststelle ist auch schwer beschädigt, und so mußten
wir übersiedeln in den 8. Bezirk. Habe dadurch recht weit,
da ja selten Straßenbahn geht. Muß weit laufen. Am besten
wäre es weg von Wien, aber der Dienst bindet mich ja...
Grüße mir die Deinen. Ob wir uns noch einmal wiedersehen!?"

## *WIEN ERLEIDET SCHWERE VERLUSTE AN MENSCHEN, KRANKENHÄUSERN UND WOHNGEBÄUDEN*

Die Stadt Wien hatte durch die Bombardements der 15. USAAF
8769 beurkundete Gefallene zu beklagen. Eine amtliche Schätzung
der Menschenverluste gibt es anscheinend nicht. Aufgrund unserer
Berechnungen und Schätzungen der Menschenverluste anderer
Städte ist festzuhalten, daß die Schätzziffer der Toten Wiens wohl
bei 10000 liegt, wenn nicht sogar noch höher.[8] Eine Schwierigkeit
ergibt sich bei dieser Schätzung deshalb, weil viele Wiener auch bei
den kurzen Erdkämpfen in der Stadt ums Leben gekommen sind.
Folgende Krankenhäuser Wiens wurden durch Bomben völlig

zerstört:[9] Das St.-Josefs-Kinderspital, IV. (am 21. Februar 1945); zwei Pavillons der Kinderklinik des Allgemeinen Krankenhauses, VIII. (am 10. September und 5. November 1944); ein Pavillon des Elisabethspitals (am 21. Februar 1945); das Männerkrankenhaus für Haut- und Geschlechtskrankheiten, X. (am 13. Februar 1945); das Notspital Meidling (am 11. Oktober 1944, 21. Januar und 15. Februar 1945). Insgesamt wurden von den Wiener Krankenanstalten 15 Objekte vollständig, 56 schwer und 122 leicht beschädigt.[10]

An Wohnungen wurden in Wien 36 000 total zerstört und 150 000 schwer oder leicht beschädigt.[10] Dadurch wurden rund 270 000 Wiener obdachlos. Glücklicherweise war es jedoch zu keinen Flächenbränden großen Ausmaßes gekommen, was einerseits auf die im Gegensatz zu anderen alliierten Luftangriffen gegen deutsche Städte geringere Brandstoffverwendung und andererseits auf die strenge Handhabung der Wiener Bauordnung, die besonders genaue Vorschriften hinsichtlich der Errichtung von Feuermauern enthält, zurückzuführen war.

Ebenso wie in vielen anderen europäischen Städten, deren Industrie in den Vororten von den alliierten Luftangriffen zwar getroffen, aber im Gegensatz zur Innenstadt bei weitem nicht so stark in Mitleidenschaft gezogen wurde, war es in etwas vermindertem Ausmaß auch in Wien. So führten die Bewohner eines Bezirksteils von Wien, der „in der Krim" genannt wird, ihre schweren Verluste von glaubhaft 400 Toten auf das Vorhandensein der Automobilfabrik Gräf & Stift in der Weinberggasse 58 – 76 zurück. Die Bewohner dieses Bezirksteils irrten sich jedoch gewaltig. Denn auf den 19. Bezirk, in dem sich der Bezirksteil „in der Krim" befand, erfolgten 20 Luftangriffe der 15. USAAF – die meisten Angriffe aller Bezirke von Wien – und nur einer beschädigte diese großen Werksanlagen leicht.[11]

Sehr schwer wurden dagegen die Simmeringer Gaswerke getroffen, so daß bereits am 16. Juli 1944 fünf Gasometer völlig ausbrannten. Die Folgen waren dennoch minimal und bestanden nur in zweitägigen Sparmaßnahmen. Schlimmer sah es allerdings nach den beinahe täglichen Angriffen auf die Gaswerke Anfang 1945 aus. Die dadurch verursachten großen Brände führten bald zur Stillegung der Gaserzeugung.

Ähnlich wie in Dresden die Elbebrücken waren auch die so wichtigen Brücken über die Donau in Wien kaum das Ziel größerer

Bombardements. Die Fahrbahn der Reichsbrücke erhielt daher offensichtlich nur einmal, und zwar am 16. Juli 1944, zwei Treffer.

Völlig unmotiviert und sinnlos waren die US-Luftangriffe auf den 2 600 000 m$^2$ großen Wiener Zentralfriedhof mit insgesamt 700 Bomben, wodurch rund 10 000 Gräber zerstört wurden. Die Luegerkirche wurde von unzähligen Brandbomben getroffen und schwer beschädigt. Eine starke Beschädigung erfolgte auch an vielen Wiener Ehrengräbern, darunter auch den Gräbern der durch den Ringtheater-Brand Getöteten.[12]

Die Luftangriffe auf Wien trugen bis in die zweite Märzhälfte hinein ausgesprochen strategischen Charakter, da die Sowjettruppen frühestens am 24. März zum Stoß in Richtung auf die Stadt ansetzten. Mitte März standen die Russen noch über 200 Kilometer südostwärts von Wien im Kampf gegen deutsche Truppen, die bei einem Gegenangriff bis Herczeg-Falva (etwa 70 Kilometer südlich von Budapest und wenige Kilometer vor der Donau) vorgedrungen waren. Wien am nächsten dürften um diese Zeit Einheiten der 2. ukrainischen Front am Gran in einer Entfernung von mindestens 160 Kilometer gewesen sein. Am 29. März 1945 überschritten die sowjetischen Truppen die österreichische Grenze bei Güns (etwa 90 Kilometer südostwärts von Wien). Der Kampf um Wien entbrannte Anfang April. Da der Vormarsch der Roten Armee verhältnismäßig schnell vor sich ging, mußten die Amerikaner die strategischen Luftangriffe auf Wien bald einstellen. Die US-Flugwaffe hat kaum taktische Luftangriffe auf die Stadt unternommen. Die Rote Luftwaffe wurde gegen Wien strategisch anscheinend überhaupt nicht eingesetzt; ihre taktischen Einsätze beschränkten sich in der Hauptsache auf Tieffliegerangriffe.

## WIENER NEUSTADT

Die Einwohnerzahl Wiener Neustadts überschritt während des Zweiten Weltkrieges 40 000 Personen. Hiervon waren 12 000 Menschen direkt in der umfangreichen Industrie der Stadt beschäftigt. Die Industrieanlagen bestanden vor allem aus den Flugzeugwerken, den Raxwerken (Lokomotivfabrik), einer Radiatorenfabrik, Eisen- und Metallgießereien, Zündschnürefabriken, daneben noch Nahrungs- und Genußmittel- sowie Papiererzeugungen. Die städtischen Unternehmungen umfaßten das Gas- und Wasserwerk sowie die Viehmarkt- und Schlachthofanlagen.

Selbstverständlich gab es ausgedehnte Bahnanlagen in der als Verkehrsknotenpunkt sehr bedeutungsvollen Stadt. Mehrere Verwaltungsgebäude, ein Krankenhaus und die Bestattungsanstalt zählten zu den weiteren Baulichkeiten. Schließlich beherbergte Wiener-Neustadt in den Anlagen der alten Theresianischen Militärakademie eine Kriegsschule der Deutschen Wehrmacht.

Am 13. August 1943, etwa um 14 Uhr, marschierte eine Einheit dieser Kriegsschule mit Gesang (der Klang war am Ende des vierten Kriegsjahres längst dahin) durch das Burgtor, als es plötzlich Luftwarnung gab. Die Soldaten, aber auch die Einwohner der Stadt dachten wohl, daß man in der Luftwarnzentrale auf einen falschen Knopf gedrückt habe. Bis dahin hatte es nämlich, abgesehen von einem Bombenwurf einiger jugoslawischer Bomber auf Graz am 6. April 1941, keinen größeren Luftangriff gegen eine österreichische Stadt gegeben. So setzten die Soldaten ziemlich unbekümmert ihren Ausmarsch fort, bis ihnen ein höherer Offizier den Befehl zur sofortigen Umkehr gab. Die Durchführung dieses Befehles hatte kaum begonnen, als schon die Bomben sausten. Die Soldaten warfen sich in tausendmal geübter Art und zum erstenmal seit Wochen im Ernst zu Boden. Die Bomben galten diesmal jedoch nicht ihnen, sondern den Flugzeugwerken und der Lokomotivfabrik. US-amerikanische Bomber waren auf dem Umweg über Ungarn gegen Österreich eingeflogen und konnten, da die erste Luftalarmmeldung erst vom Neusiedler See aus gegeben wurde, einen Überraschungsangriff fliegen. Wiener Neustadt stellte damals eine Stadt mit keiner oder nur geringer Luftverteidigung dar. 151 Tote, 30 Vermißte, 150 Schwer- und 700 Leichtverletzte waren die Bilanz dieses furchtbaren Bombardements. Trotzdem entsprach dieser Luftangriff in jenem Ausmaß, in welchem er sich gegen die Kriegsindustrie, also die militärischen Objekte Wiener Neustadts richtete, dem Kriegsrecht. Es waren aber darüber hinaus auch viele Wohnhäuser getroffen und zerstört worden, was dem Völkerrecht widersprach.

Die nächsten Angriffe erfolgten am 1. Oktober und 2. November 1943, wobei 181 Menschen ihr Leben einbüßten. Da man inzwischen Jäger und Flak (Fliegerabwehrkanonen) nach Wiener Neustadt verlegt hatte, wurden am 2. November 17 Maschinen der US-amerikanischen Luftwaffe abgeschossen. Im Verlaufe dieser beiden Luftangriffe warfen insgesamt 290 US-Flugzeuge Bomben auf die Raxwerke, das Flugzeugwerk I, aber auch wieder auf Arbeiterwohnhäuser im Norden und Süden, auf den Schlachthof und auf Häuser im Inneren der Stadt. Deshalb entsprachen auch diese beiden Angriffe nur teilweise den Vorschriften des Kriegsrechtes. Noch im Jahre 1943 wurden fast alle Schulen Wiener Neustadts in weniger gefährdete Gebiete verlegt.

Im ersten Halbjahr 1944 kam es zu sechs weiteren schweren Luftangriffen der US-Amerikaner. Den schwersten Angriff gab es am Sonntag, dem 23. April 1944. 500 Bomber griffen in über einer Stunde insbesondere das Stadtzentrum an. Große Zerstörungen wurden im Deutschherren- und Dreifaltigkeitsviertel (östliches Stadtzentrum) angerichtet, wobei 70 Menschen den Tod fanden. Mit diesem Angriff waren die Nordamerikaner zum unmittelbaren Luftkrieg gegen die friedliche Zivilbevölkerung Wiener Neustadts übergegangen.

Bei den ersten zehn Luftangriffen hatten 2300 Flugzeuge über 9000 Bomben aller Art auf die Stadt abgeworfen. 588 Menschen waren getötet und 327 schwer verletzt worden. 401 Gebäude waren total zerstört, über 2000 mehr oder minder stark beschädigt. Damals wurden bereits 6000 Obdachlose gezählt.

Damit hatten die Angreifer eigentlich ihre militärischen Ziele erreicht. Die Schwerkriegsindustrie Wiener Neustadts war ausgeschaltet und konnte sich unter den gegebenen Verhältnissen nicht mehr erholen. Überdies gab es durch die Zerstörung zahlreicher Arbeiter-Wohnhäuser eine starke Einschränkung der Wohnmöglichkeiten. Viele Familien mußten abwandern, und übriggebliebene Industriebetriebe wurden in andere Gebiete verlegt.

Die Menschen, die diese schweren Luftangriffe überlebt hatten, atmeten auf. Still und ergeben hatten sie ihr Schicksal ertragen und waren glücklich, wenn sie nach einem Angriff den Keller unverletzt verlassen konnten. Es war dann schön, die Sonne wieder zu sehen und alten Bekannten zu begegnen. Darunter waren leider schon sehr viele, die alles verloren hatten und nicht mehr besaßen, als sie am Leibe trugen. Für die Ausgebombten wurde damals gesorgt, indem der Magistrat Gemeinschaftsküchen und Fliegerschädenämter errichtete. So erhielten die Bedauernswerten Verpflegung und die notwendigsten Kleider sowie Wäsche und Hausrat. Aber auch

Bekannte und Verwandte halfen einander, wie sie eben konnten. Die weniger stark Betroffenen gaben den Ausgebombten, was sie übrig hatten. Den Angehörigen an der Front und in der Heimat sandte man nach den Angriffen „Lebenszeichen" in Form eigens hierfür gedruckter Postkarten.

Obwohl Wiener Neustadt bereits sehr stark in Mitleidenschaft gezogen worden war, obwohl der Trümmerschutt vielfach haushoch lagerte und obwohl die Kriegsindustrie bereits außer Betrieb war, sollten diese zehn Angriffe erst der Beginn des Luftkriegs-Infernos sein ...

Kaum jemand in Wiener Neustadt rechnete mit weiteren Luftangriffen. Und doch sollte das Unnotwendige, das Unbegreifliche in Form der Fortführung sinnloser Bombenangriffe gegen die Zivilbevölkerung geschehen. Der zweite Teil des Luftkrieges gegen Wiener Neustadt begann mit einem Angriff am 15. Februar 1945. In diesem Monat gab es noch einen zweiten, im März sogar 15 Terrorangriffe der US-Amerikaner. Im Februar mußten 47 Menschen ihr Leben lassen, darunter allein 11 Personen im Hause des Schmiedemeisters Schnell, Kurzegasse 10, wohin sich viele Andächtige nach der heiligen Messe in der Kapuzinerkirche geflüchtet hatten.

Bei den schweren Angriffen am 14., 15. und 16. März wurden 180 Menschen ermordet. Beim Angriff am 26. März 1945 wurde die Zivilbevölkerung Wiener Neustadts in einem sechseinhalbstündigen Alarmzustand gehalten. In 25 Wellen flogen die Angreifer gegen die Stadt und verursachten Brände größten Ausmaßes. Bei den letzten Angriffen bis zum Ostersonntag, dem 1. April 1945, war ein Zählen der ermordeten Menschen und der beschädigten Gebäude nicht mehr möglich.

Sehr schlimm sah es nach Kriegsende in Wiener Neustadt aus. Insgesamt waren rund 52 000 Bomben auf das Stadtgebiet gefallen. Es war beinahe ein Wunder, daß Menschen diese Bombardements überlebt hatten. 43 Prozent des Hausbestandes waren unbewohnbar. Die Versorgung der Stadt mit Wasser und Gas war völlig ausgefallen. Der Schlachthof, der zu den modernsten ganz Österreichs gezählt hatte, bot zu Kriegsende ein Bild des Grauens und der Verwüstung.

Das Allgemeine Krankenhaus Wiener Neustadts war ebenfalls schwer in Mitleidenschaft gezogen worden. Bereits im November

1943 wurden mehrere Pavillons zerstört, aber auch das Personalhaus und das Kesselhaus schwer getroffen. Der Hauptpavillon der Lungenabteilung E und das Kesselhaus wurden noch während des Krieges instandgesetzt, doch US-amerikanische Bomber zerstörten diese bereits 24 Stunden nach Fertigstellung neuerlich und diesmal gründlicher. Im Mai 1945 gab es im Krankenhaus von den 611 Betten der Vorkriegszeit nur noch 72!

Wie war es den historischen Bauten Wiener Neustadts ergangen? Die Neustädter Burg, deren Entstehungszeit auf den Beginn des zweiten Jahrtausends unserer Zeitrechnung zurückzuführen ist und die bei den großen Erdbeben der Jahre 1349 und 1768 stark in Mitleidenschaft gezogen worden war, erlitt in dem von Menschenhand ausgelösten „Erdbeben des Zweiten Weltkrieges" neuerlich schwerste Schäden. Die 500 Jahre alte Burgkapelle wurde fast zur Gänze zerstört. Es blieben nur die vier, teilweise aber auch beschädigten Mauern erhalten. Der Sarkophag Kaiser Maximilians unter dem siebenstufigen Hochaltar blieb wie durch ein Wunder unversehrt. Die berühmte Wappentafel Friedrich III. an der Ostseite der Burgkapelle wurde beschädigt. Das hehre Wahrzeichen aus ruhmreicher Vergangenheit Wiener Neustadts war dem sinnlosen Bombenkrieg zum Opfer gefallen. Objektiv muß jedoch hier erwähnt werden, daß die Bombardierung der Burg den Bestimmungen des Kriegsrechts entsprach, da die gesamte Anlage durch die Benutzung als Kriegsschule zu einem militärischen Objekt geworden war und als solches angegriffen werden konnte.

## SALZBURG

Jahr für Jahr waren Tausende Besucher in die Mozartstadt gekommen, um die von Kunst und Musik erfüllte Stadt sehen und erleben zu können. Zahlreiche Menschen nahmen einmalige musische Erlebnisse mit in ihre Heimatländer und dachten wohl noch lange an die schöne Stadt an der Salzach. Unter den Festspielbesuchern befand sich seit dem Jahre 1920 immer eine große Anzahl von Nordamerikanern. Noch während des Krieges erzählte man sich in Salzburg von den US-amerikanischen Plänen zur Errichtung eines neuen Festspielhauses.

Beim ersten Luftangriff gegen Salzburg am 16. Oktober 1944

waren 244 Todesopfer, darunter 33 Kinder und 125 Frauen zu beklagen. 129 Häuser wurden total zerstört und 67 Objekte schwer beschädigt; darunter befanden sich ein Lazarett und eine Schule.

Besonders bedauerlich war die völlige Zerstörung der Domkuppel, durch deren Einsturz das Innere des Domes schweren Schaden erlitt. Desgleichen wurden die Wappen Guidobald Thuns und Harrachs in der „Alten Münze", Griesgasse, zerstört. Treffer erhielt bei diesem ersten Luftangriff auch das Wohnhaus Mozarts am Makartplatz, außerdem das Wasserreservoir beim Bürgerwehrsöller, der Stieglkeller, der Operationssaal des Barmherzigen Brüder-Spitals und das städtische Museum C. A.

Bei den späteren Luftangriffen wurden an historischen und traditionellen Bauten zerstört oder schwer beschädigt: Das Schloß Mirabel (einschließlich der Marmortreppe), der Chor der Andrä-Kirche, die Schranne, das städtische Kurhaus, das städtische Museum C. A. und der Hexenturm in der Paris-Lodron-Straße. Beschädigt wurden das Schlößl Röcklbrunn, die Arkaden des Kommunalfriedhofes, der Obelisk am Friedhofseingang, der Pfarrhof von St. Blasius, die Treppe zum Rosenhügel und der Kreuzersteig.

Darüber hinaus kam es zur Beschädigung oder Zerstörung von mehreren Schulen, Hotels, kommunalen Objekten und zahlreichen Wohnhäusern. Demgegenüber bestanden die militärischen Erfolge der US-Amerikaner in der Zerstörung oder Beschädigung des Generalkommandos im ehemaligen Hotel Europe, des Haupt- und Rangierbahnhofes, der Salzkammergut-Lokalbahn und einiger weiterer Verkehrsanlagen sowie einiger weniger Industriebetriebe.

Bei insgesamt 16 Luftangriffen von 744 Flugzeugen wurden auf Salzburg 6000 Bomben abgeworfen, wovon bei 12 Angriffen nur 833 auf Bahnanlagen und Fahrzeuge der Salzburger Bahnhöfe fielen. Von den Einwohnern Salzburgs wurden 531 getötet, darunter befanden sich 9 Säuglinge und 67 Jugendliche unter 20 Jahren.

## INNSBRUCK

Die Bergstadt Innsbruck lag gegen Ende des Zweiten Weltkrieges an der wichtigen Versorgungslinie zur deutschen Italienfront und hatte daher mit Luftangriffen gegen die Verkehrsanlagen zu rechnen. Obwohl im Jahre 1943 schon Luftangriffe in Südtirol erfolgt waren, glaubten die meisten Innsbrucker nicht an bald bevorstehende Angriffe gegen ihre Stadt.

Der erste Luftangriff am 15. Dezember 1943 traf daher einen Großteil der Bevölkerung unerwartet und leider auch ziemlich unvorbereitet. Zahlreiche Menschen wurden in den Wohnungen beim Essen oder im Stiegenhaus von niedersausenden Bomben überrascht. Bei einem Einschlag in ein Haus in der Seilergasse wurden elf Personen auf der engen Stiege getötet.

Die Zahl der Opfer dieses ersten Luftangriffes auf Innsbruck war mit 281 Toten und 500 Verwundeten sehr hoch. Zum Vergleich dazu: Bei einem der schwersten Luftangriffe der deutschen Luftwaffe gegen das Industriezentrum Coventry am 15. November 1940 hatten die Engländer 380 Tote und 800 Verletzte zu beklagen.

Die nächsten Angriffe trafen Innsbruck besser vorbereitet und kosteten nach voller Ausschöpfung des Stollenbaues und der Evakuierung größerer Bevölkerungsteile, vor allem der Schulkinder, wesentlich weniger Opfer. Trotzdem fielen dem Luftkrieg gegen Innsbruck 504 Menschen, darunter 59 Kinder und Jugendliche, 39 Wehrmachtsangehörige, 53 Ausländer, 13 Kriegsgefangene, 4 Polizei- und Luftschutzmänner zum Opfer.

Sehr bedauerlich waren die Ereignisse während des Nachtangriffes vom 10. April 1945. Als in dieser Nacht das einzige Mal über Innsbruck die sogenannten „Christbäume" abgeworfen wurden, die ein sicheres Zeichen für einen Großangriff darstellten, und außerdem die Sirenen erst sehr knapp vorher aufgeheult hatten, kam es vor einigen Stolleneingängen zu Panikszenen. So vor allem am Eingang zum Erdstollen „Am Rain", der einen theoretischen Fassungsraum für Hunderte Personen hatte, in dem aber Tausende Menschen Schutz suchten. Bei dem entstehenden Gedränge wurden fünf Kinder und eine alte Frau zu Tode getreten.

Mitten in die geruhsame Innsbrucker Altstadt waren die „Künder einer neuen Zeit" in Form von Stahl und Sprengstoffen gesaust und hatten Jahrhunderte unter sich begraben. Die kräftigsten gotischen Bogen behäbiger Altstadtlauben, die seit mehreren Geschlechtern hohe Bürgerhäuser getragen hatten, zerbarsten wie Holz unter der Wucht des stählernen Bombenhagels. Viele Menschen in der Tiroler Landeshauptstadt begannen an dem „hohen Stand" unserer Kultur zu zweifeln und die moderne Technik zu verwünschen.

# KLAGENFURT

Die Hauptstadt des „Urlauberparadieses" Kärnten, Klagenfurt, wurde durch den Luftkrieg gleichfalls stark in Mitleidenschaft gezogen. Glücklicherweise gab es auch hier Luftschutzstollen, die allerdings nur einem Teil der Einwohner Schutz boten. Wohl wurden auch in Klagenfurt die Bahnhöfe und einige der kleinen Industrieanlagen zerstört oder beschädigt, doch standen auch hier die der Zivilbevölkerung zugefügten Verluste in keinem annehmbaren Verhältnis zu den erreichten militärischen Erfolgen.

Zur Erinnerung an die schwere Zeit der Stadt brachten die Klagenfurter am Luftschacht des Kreuzberglstollens eine Gedenktafel mit erschütternden Fresken an. Diese Gedenktafel gehört zu den ganz wenigen Luftkriegs-Mahnmalen, die es in Österreich gibt.

Zum Gedenken an alle Luftkriegsopfer und zum Dank an die vielen selbstlosen Helfer der armen Gefährdeten möge der Text der Gedenktafel vom Klagenfurter Kreuzberglstollen hier zum Ausdruck kommen:

Dieser Turm schützt den Entlüftungsschacht des 354 m langen Luftschutzstollens. Er ist der ausgedehnteste, den die Stadtgemeinde zum Schutze ihrer Bürger in den Jahren 1943–1945 durch das Stadtbauamt unter Baudirektor Dipl.-Ing. Albert Rothmüller planen und ausführen ließ. In ihm fanden dichtgedrängt bis zu 5000 Menschen bei Tag und Nacht Schutz vor 48 Bombenangriffen, durch die 1132 Gebäude schwer beschädigt, 443 vernichtet und 512 Einwohner getötet wurden.

Luftschutzleiter Hauptschuldirektor Egbert Bohrer betreute, unterstützt von Ärzten, Rotkreuz-Schwestern und 18 freiwilligen Ordnern die Schutzsuchenden. Niemandem geschah ein Leid, obgleich Bomben bis vor den Eingang fielen. Zur Erinnerung an die leidvolle Bedrängnis seiner Vaterstadt gewidmet von Hans Knapp in Kanada.

# ATTNANG-PUCHHEIM

Im oberösterreichischen Attnang-Puchheim gab es am 21. April 1945 ein Luftkriegsmassaker, verursacht höchstwahrscheinlich von Bomberpiloten der 15. USAAF. Es muß ein kleines „Cap-Arcona" und „Deutschland"-Bombardement gewesen sein. Wie bei der „Deutschland" in der Lübecker Bucht waren auch in Attnang-Puchheim die Fahrzeuge – hier handelte es sich um Lazarett- und Flüchtlingszüge – mit dem „Roten Kreuz" gekennzeichnet. Wie es der Genfer Konvention entsprach, war jeder einzelne Waggon mit dem „Roten Kreuz" bemalt. Wie bei dem „Cap-Arcona-" und „Deutschland"-Massaker wird auch das Luftkriegsverbrechen von „Attnang-Puchheim" im Gegensatz zu vielen von den Besiegten begangenen Kriegsverbrechen weder untersucht noch gerechterweise gesühnt, sondern einfach mit dem „Mantel des Vergessens" überdeckt. In der FS-Serie „Österreich II", die anstatt der von Tausenden österreichischen WK II.-Teilnehmern verhinderten US-amerikanisch-sowjetischen Verleumdungs-Fernsehserie „Der unvergessene Krieg 1939–1945" in Österreich zur Ausstrahlung kam, wurde das Massaker von Attnang-Puchheim kurz erwähnt. Doch steht uns über die Angriffe auf den Bahnhof von Attnang-Puchheim ein Augenzeuge zur Verfügung, weshalb wir seinen Bericht wörtlich abzudrucken verpflichtet sind[13]:

In der ersten Novemberwoche 1982 flimmerte wiederum eine Folge der „Portisch-Serie" über Österreichs Bildschirme, die es nach Möglichkeit vermeidet, Greuel und Verbrechen der damaligen Zeit aufzuzeigen. In der erwähnten Serienfolge wurde auch die Bombardierung des Bahnhofes Attnang-Pucheim in Oberösterreich kurz gestreift und ein Bild eingeblendet, das von einem der anglo-amerikanischen Bomber aus aufgenommen wurde.

Diesen Angriff erlebte der Schreiber selbst als Augenzeuge. Das Bild deckt sich mit den eigenen Erinnerungen, was geschätzte Flughöhe, Sichtverhältnisse usw. betrifft. Bei diesem Angriff geschah ein Kriegsverbrechen, dessen Opfer in die Hunderte gehen und dessen Täter man anhand der Fluglogbücher persönlich in Erfahrung bringen könnte.

Dazu die eigene Vorgeschichte. Am Ostersonntag 1945 wurde in Gänserndorf in Niederösterreich ein Flüchtlingszug zusammengestellt, der über Lundenburg (die Westbahnstrecke war bereits durch den Umgehungsstoß der Russen im Wienerwald zu gefährdet), Budweis und Linz endgültig bis Attnang-Puchheim kam. Hier waren alle Geleise bis auf die beiden Durchfahrtsgeleise und ein Rangiergeleise mit Schwerverwundeten-Transporten und Flüchtlingstransporten vollgestopft. Die Lazarettzüge bestanden aus ehemaligen Schnellzugsgarnituren und waren alle – ich erinnere mich an mindestens vier lange Garnituren – mit riesigen Rotkreuzeichen auf weißem Grund auf jedem der Waggondächer gekennzeichnet. Gegen den Willen der Betroffenen wurde nun unser Zug eine Station zurückgeschickt, weil der Vorstand des Bahnhofes erklärte, er könne die Last der Verantwortung nicht mehr ertragen, so viele Wehrlose geballt im Bahnhof zu haben. Zwei Tage später fuhr ich mit meiner Mutter nach Vöcklabruck, Kreisstadt und Nachbarort von Attnang, wo meine Mutter wegen der Weiterreise ins Salzburgische verhandelte.

Ich war damals elf Jahre alt. Beim obligaten Fliegeralarm suchten wir einen Keller auf, der in einen Hinterhof mündete, den wir Kinder trotz Verbots als Beobachtungsplatz beibehielten. Von hier aus konnte der in mehreren Wellen geflogene Angriff von mir beobachtet werden. Die erste Welle der Angriffsformation flog die große Flughöhe, wie ich diese auch von den Wien-Angriffen her kannte, senkte über Vöcklabruck nur schwach ab und legte einen ersten kurzen Teppich über Attnang. Die nachfolgenden Angriffswellen, wohl bereits davon verständigt, daß kaum Flakfeuer vorlag, setzte über Vöcklabruck zu einem großen Bogen an, der die Maschinen in halbhohe Angriffsposition brachte, was die Zielgenauigkeit vermutlich besser machte. Die von mir geschätzte Flughöhe liegt bei etwa 1000 m über dem Boden, was etwa auch dem in der Sendung eingeblendeten Bild entspricht.

Die Sichtverhältnisse an diesem Tag waren bestens. So konnten wir Kinder den Abwurf der Bombenlast von zwei der schweren Maschinen der ersten Welle über Vöcklabruck vom Freisetzen der Bomben bis zur Aufschlagsdetonation durchlaufend beobachten.

Zumindest die halbhoch geflogenen Angriffswellen mußten die vielen riesigen Rotkreuzeichen feststellen, die im Angriffszentrum waren.

Im Bahnhofsgebiet blieb bei diesem Angriff, der völlig unbehindert durch Luftabwehr erfolgte, kein Stein über dem anderen, von den Schwerverwundeten in den Waggonbetten hat wohl kaum jemand überlebt. Selbst mit einem vierradangetriebenen Wehrmachtslastwagen konnte am Abend der Bahnhofsbereich nicht befahren werden, sondern mußte weiträumig umfahren werden. In der Nähe des Bahnhofsbereiches lagen Leichenteile und Leichen von Menschen, die – wohl Flüchtlingszügen und dem Lazarettpersonal entstammend – den Versuch unternahmen, aus dem Inferno dieses Angriffs zu fliehen.

Abgesehen von der Problematik der Flächenbombardements muß dem ehmaligen Gegner eingeräumt werden, daß es Zufallstreffer auf gekennzeichnete Rotkreuzstationen geben kann. Aber bei bester Sicht und in nur halbhoher Angriffsformation einen Angriff durchzuführen, in dessen Zentrum sich bestens gekennzeichnete Lazarettzüge in dichter Folge befinden, ist unentschuldbares Verbrechen und Massenmord. Auch der Hinweis auf einen Angriffsbefehl enthebt die Bomberpiloten in diesem Fall nicht der Verantwortlichkeit. Der Gerechtigkeit entzieht sie einzig die Unmöglichkeit, Kriegsverbrechen und Massenmord des Siegers zu verfolgen. Es geht auch nach bald 40 Jahren nicht mehr darum, die damaligen Massenmörder persönlich zur Verantwortung zu ziehen. Es geht darum, der Opfer dieses Mordes zu gedenken, und es geht darum, vor der Geschichte eine edle Scheinheiligkeit der Siegermächte zu beleuchten und zu dokumentieren, auch bei einer „Portisch-Serie".

Leo Gans

## UNVERSTÄNDLICHE JABO-ANGRIFFE AUF ZIVILE ZIELE

Während ein Bomberschütze mit den Folgen seiner Bombenauslösung, ob die Explosivkörper nun auf militärische oder zivile Ziele fallen, nie mehr konfrontiert wird, sieht ein Jaboflieger bei einem Anflug bei mehreren Angriffen auf ein und dasselbe Ziel ziemlich genau das, was er getroffen und angerichtet hat.

Doch lassen wir gerade über diese besonders grobe Entartung der zivilisierten Kriegführung Augen- und Tatzeugen berichten[14]):
     „Es kam mir damals vor, als ob sie uns nicht für mehr hielten als Hasen auf einer Treibjagd ... An einem einzigen Tag wurden z. B. zwischen Knittelfeld und St. Veit a.d. Glan (auf der Strecke zwischen Wien und Klagenfurt, der Verf.) fünf Loks abgeknallt. Vielleicht konnte man sie noch als kriegswichtige Ziele bezeichnen. Aber als ein D-Zug zwischen Knittelfeld und St. Lorenzen beschossen wurde, flogen die Tiefflieger so niedrig, daß sie nach den Aussagen der Leute bei den Fenstern hätten hereinsehen können. Der

589

Zug blieb stehen, die Leute rannten um ihr Leben und nahmen Deckung hinter den Gebüschen am Bahndamm. Sie wurden von den Fliegern beschossen, obwohl diese deutlich erkennen mußten, daß es sich auch um Frauen und Kinder handelte. Ein Dutzend Verwundete etwa kamen in die Knittelfelder und Leobner Krankenhäuser. Neben mir lag damals eine bildhübsche Studentin mit einem Hals- und Brustdurchschuß; sie war lange Zeit in Lebensgefahr..."

„Der Bauer fährt mit dem Ochsengespann aufs Feld[15]. Einer seiner Söhne ist gefallen, der andere steht draußen an der Front, die immer näher kommt. Der alte Mann muß für drei Leute schaffen. Ein amerikanischer Tiefflieger streicht über den nahen Wald, gleich einem Habicht erspäht er die wehrlose Beute und stößt noch tiefer herunter. Der Bauer und die zwei Ochsen wälzen sich auf der Straße. Blut mischt sich mit Staub. Es ist der totale Krieg."

Es gibt noch einen Unterschied zwischen Bomber- und Jaboschützen, der erstere kam im Falle des Abschusses seiner Maschine und seiner glücklichen Rettung in Gefahr, daß er, am Boden angelangt, von der erbitterten Bevölkerung „füsiliert" wurde, wie auch der obige Berichterstatter schreibt. Dem Jaboflieger konnte dies nicht geschehen, denn gegen Kriegsende konnte er mangels deutscher Jagdabwehr kaum abgeschossen werden. Um so unverständlicher und verbrecherischer war die Handlungsweise eines solchen Todesschützen. Warum nur tat er es? War es auf Befehl, war es Haß auf alle Gegner, war es Mordlust? Wir wissen es nicht. Es ist schlimm, der Mensch muß am Menschen verzweifeln!

## ÖSTERREICHS LUFTKRIEGSVERLUSTE

In den unten angeführten Aufstellungen werden die Verluste eines größeren Teiles der vom Luftkrieg heimgesuchten österreichischen Städte und Gemeinden wiedergegeben.[16] Bei der Aufzählung der Personenverluste ergeben sich gegenüber den tatsächlichen Verlusten mehr oder minder große Abweichungen. Zum Beispiel hatte die Kärntner Zivilbevölkerung gemäß Mitteilung der Kärntner Landesregierung vorwiegend durch Luftangriffe 1 101 Tote zu beklagen. Im folgenden sind jedoch nur 787 Gefallene für Kärnten (Klagenfurt, Villach und Spittal/Drau) verzeichnet. *Ein* Grund hierfür ist die Tatsache, daß in der Aufstellung jene Verluste nicht enthalten sind, die zahlreichen aus Zügen flüchtenden oder auf Feldern arbeitenden Menschen, aber auch vielen auf dem Heimweg von der Schule befindlichen Kindern von unmenschlichen Jabo-Fliegern zugefügt wurden. Ein weiterer Grund liegt in der hier wahrscheinlich nicht zur Gänze erfaßten Zahl der bombardierten Kärntner Ortschaften.

Zur Kennzeichnung der Schwierigkeiten, die bei der Ermittlung von genauen Verlustangaben auftreten, sei hier ein Teilsatz aus einem Bericht der vor dem Kriege 5 413 Einwohner zählenden Marktgemeinde Attnang-Puchheim zum Luftangriff vom 21. April 1945 erwähnt: „Über 700 Tote, von denen nur 203 namentlich festgestellt werden konnten, ungezählt und nie mehr genau feststellbar die Zahl der Toten aus den durchziehenden Flüchtlingskolonnen und am Bahnhof abgestellten, vollgepfropften Flüchtlingszügen . . ."

| Gemeinde | Zahl d. Luftangr. | Gefallene (beurk.) | Gefallene (geschätzt) | Gefallene je 1 000 Ew.[17] | Abgew. Bomben |
|---|---|---|---|---|---|
| Wien | 52 | 8 769 | 10 000 | 5 | — |
| Graz | 56 | 1 980 | — | 10 | 29 000 |
| Linz | 25 | 1 679 | 1 822 | 14 | 8 000 |
| Wiener Neustadt | 29 | 790 | 1 000 | 25 | 52 000 |
| Attnang-Puchheim | 1 | 203 | 700 | 129 | — |
| St. Pölten | — | — | 591 | 13 | — |
| Salzburg | 16 | 531 | — | 7 | 6 000 |
| Klagenfurt | 48 | 477 | 514 | 9 | 42 500 |
| Innsbruck | 22 | 504 | — | 6 | 17 496 |
| Villach | 37 | 266 | — | 10 | 11 525 |
| Knittelfeld | — | 218 | — | 14 | 1 200 |
| Feldkirch | 1 | 168 | — | 13 | 36 |
| Solbad Hall i. T. | 2 | 72 | — | 6 | 1 000 |
| Wörgl | — | 67 | 72 | 17 | 3 000 |
| Zeltweg | — | 37 | — | 8 | 614 |
| Lienz, Osttirol | 2 | 12 | — | 1 | — |
| Spittal/Drau | — | 7 | — | 1 | — |

| Gemeinde | total | schwer, mittel- schwer | leicht | Summe | Wohnungsverluste zerstört, beschäd. | in v. H. d. Best. |
|---|---|---|---|---|---|---|
| Wien | 6214 | 12929 | 27719 | 46862 | 187305 | 28 v. H. |
| Graz | 1200 | 2675 | 3927 | 7802 | 20000 | 33 v. H. |
| Linz | 880 | 2193 | 4900 | 7973 | 14329 | 33 v. H. |
| Wiener Neustadt | 1707 | 1450 | 620 | 3777 | — | 88 v. H. |
| Attnang-Puchheim | 105 | 162 | 114 | 381 | 1014 | 53 v. H. |
| St. Pölten | 71 | 366 | 1355 | 1792 | 1752 | 39 v. H. |
| Salzburg | 423 | 608 | 2149 | 3180 | 7600 | 32 v. H. |
| Klagenfurt | 434 | 1132 | 1333 | 2899 | 11727 | 69 v. H. |
| Innsbruck | 344 | 1120 | 2369 | 3833 | 15386 | 60 v. H. |
| Villach | 478 | 866 | 1421 | 2765 | 5209 | 85 v. H. |
| Knittelfeld | 198 | 170 | 205 | 573 | — | — |
| Feldkirch | 9 | 20 | 124 | 153 | — | — |
| Solbad Hall i. T. | 18 | 95 | 114 | 227 | — | — |
| Zeltweg | 72 | 64 | 268 | 404 | 285 | 28 v. H. |
| Lienz | — | — | — | — | 345 | 16 v. H. |
| Spittal/Drau | 14 | 22 | 21 | 57 | — | — |
| Krems | 113 | 56 | 210 | 379 | 260 | — |

Die auf der vorangegangenen Seite unterbreiteten Luftkriegsverluste Österreichs konnte der Verfasser trotz aller mühsamen und umfangreichen Recherchen nicht vervollständigen und abschließen. Wie in vielen anderen vom Bombenkrieg in den Jahren 1939–1945 betroffenen Ländern hat man auch in Österreich auf diesem Gebiet keine genauen Verlustangaben veröffentlicht.

Die Autoren führen daher sehr unterschiedliche Zahlen an. Beginnend mit 10000 Ziviltoten[18], allerdings nur für 1945, über 26000 Ziviltoten bzw. 35000 Toten[19] einschließlich der Wehrmachtsangehörigen, Kriegsgefangenen und Ausländer bis zu 40000 Luftkriegstoten[20] (ohne weitere Unterteilung) lauten die Verlustangaben im Luftkrieg gegen Österreich.

Aufgrund der bei den Untersuchungen des Verfassers hinsichtlich der Verluste im anglo-amerikanischen Bombenkrieg gegen die Zivilbevölkerung gewonnenen Erfahrungen kann man der zuletzt genannten Zahl von 40000 Luftkriegstoten in Österreich voll zustimmen. Dem Verfasser des Buches „Die letzten Tage", dem leider viel zu früh zur „Großen Armee" heimgegangenen Oberst Theo Rossiwall, kann man als einem der besten und gewissenhaftesten *Militärhistoriker* der zweiten Republik Österreichs überdies volles Vertrauen schenken.

1 Mitteilungen der Stadtverwaltungen, insbesondere der Magistratsdirektorien und statistischen Ämter, an den Verfasser; A. Höggerl, Der Bombenkrieg über Wiener Neustadt, 1954; Dorner, Wiener Neustadt, Wiederaufbau einer Industriestadt, in Wiener Geographische Schriften, 1958; Sonderausgaben der Stadtgemeinde Wiener Neustadt 1945/50 und 1945/55; Stadtmagistrat Innsbruck, Innsbruck hilft sich selbst; Amtsblatt der Landeshauptstadt Innsbruck, Nr. 2, 1947; Manuskript Pol.-Oberst R. Weissmann, Graz, Bomben auf die Steiermark, Kap. E.

2 Siehe auch den Plan des Schloßbergstollens auf S. 570.

3 Damals in Wien „Amtsführender Stadtrat der Geschäftsgruppe Kultur und Bürgerdienst", in einem Schreiben an Walter Klemm, 1140 Wien, vom 9. Mai 1979 zur Errichtung einer Gedenktafel an „Hunderte Menschen, die unter dem Philipp-Hof (im Dreieck zwischen der Wiener Staatsoper und der Albertina gelegen), wo sie in Luftschutzkellern Zuflucht gesucht hatten, starben und dort noch heute begraben sein sollen.

4 Vgl. Die Kriegszerstörungen in Wien 1944/45 mit Beilage A, Kriegsschäden an öffentlichen Gebäuden, Inf. Nr. 6, Ref. III, Stadtbaudirektion Wien, 1953; weitere Unterlagen: Magistratsabteilung 20, Wien.

5 Brigitte Pohl, Fastnacht der Dämonen – Erlebnisse einer Wienerin Druffel-Verlag, Leoni am Starnberger See, 1963, S. 10.

6 Fritz Wöss, Hunde, wollt ihr ewig leben – Ein Stalingrad-Roman, 1958.

7 Brief Mimi Reinisch an Erna Czesany vom 6. März 1945.

8 Dies wird dann der Fall sein, wenn es ähnliche Bergungsschwierigkeiten wie bei den Hunderten Toten unter dem Philipp-Hof auch anderswo in Wien gegeben hat.

9 Vgl. „Die Verwaltung der Bundeshauptstadt Wien 1945 bis 1946", herausgegeben vom Magistrat der Stadt Wien

10 In diesen Zahlenangaben sind auch die bei den Erdkämpfen entstandenen Schäden enthalten, vlg. „Kurzinformation über Wien", Nr. 6, Stadtbauamtsdirektion, 1958.

11 Leopold Grulich, Bomben auf Wien – Vom 12. April 1944 – 23. März 1945. Herausgeber: Militärwissenschaftliche Abteilung des Heeresgeschichtlichen Museums in Wien, S. 48 f.

12 Ebda, S. 29.

13 Leo Gans, Erinnerungen an ein Kriegsverbrechen. Aus: „Die Kameradschaft", Monatszeitschrift, Nr. 12, Dezember 1982, S. 8. „Kärntner Zeitungs-Ges.m.b.H", A 5024 Salzburg, Postfach 133

14 Finny Zeriak, Deutschlandsberg. Aus „Neue Zeit", Tageszeitung, Graz, v. 30. 8. 1959

15 „Stimme zur Lage", Eine Wahnsinnstat, Graz, 3. 3. 1960. Aus: „SO-Tagespost", Graz.

16 Siehe Literaturangaben auf Seite 196; außerdem: Mitteilungen österreichischer Magistrats- und Stadtbaudirektionen, der Museen von Wiener Neustadt und Villach sowie des Wiederaufbau- und Stadtpolizeiamtes von Graz; Statistisches Jahrbuch der Landeshauptstadt Graz, 1954; Steirischer Gemeindekalender 1964, Graz; Attnang-Puchheim, Das Tor zum Salzkammergut, 1955.

17 Zugrunde gelegt sind die Einwohnerzahlen der Volkszählung vom 17. Mai 1939.

Um ganze Zahlen zu erhalten, wurden die letzten Seiten jeweils auf- oder abgerundet

18 Manfried Rauchensteiner, 1945 – Entscheidung für Österreich, Eine Bilddokumentation, Graz – Wien – Köln, 1975, S. 54.
19 Erich Gabriel, Fliegen 90/71, Katalog zur Ausstellung Militärluftfahrt und Luftabwehr in Österreich von 1890–1971. Herausgeber: Heeresgeschichtliches Museum (Militärwissenschaftliches Institut), Wien 1971, S. 279.
20 Theo Rossiwall, a.a.O., S. 323.

## *Die Gefahren der Lage Wiens in der Vergangenheit und Gegenwart*

I. Hl. Röm. Reich deutscher Nation
vor dem 30jährigen Krieg (17. Jahrhundert)

II. Österreich-Ungarn 1914

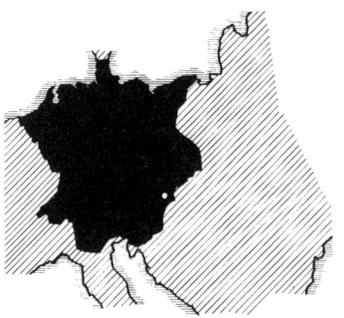

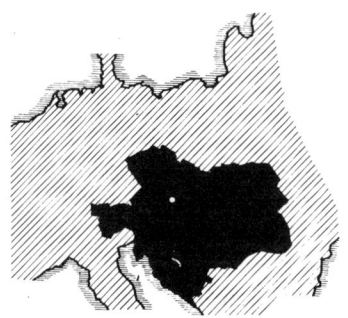

III. Österreich nach dem Ersten Weltkrieg

IV. Deutsches Reich 1940

V. Österreich nach dem Zweiten Weltkrieg

DIE GEFAHREN DER LAGE WIENS

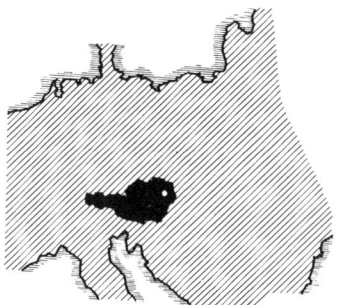

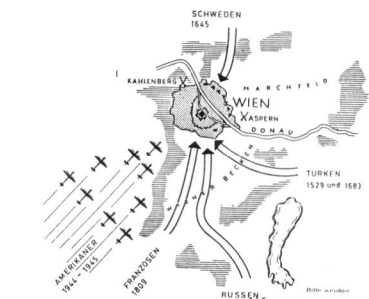

Tafeln über Wiener Grundlagen, Information Nr. 8.
Ref. III – Stadtbauamtsdirektion Wien, Senatsrat Boeck, Juni 1958

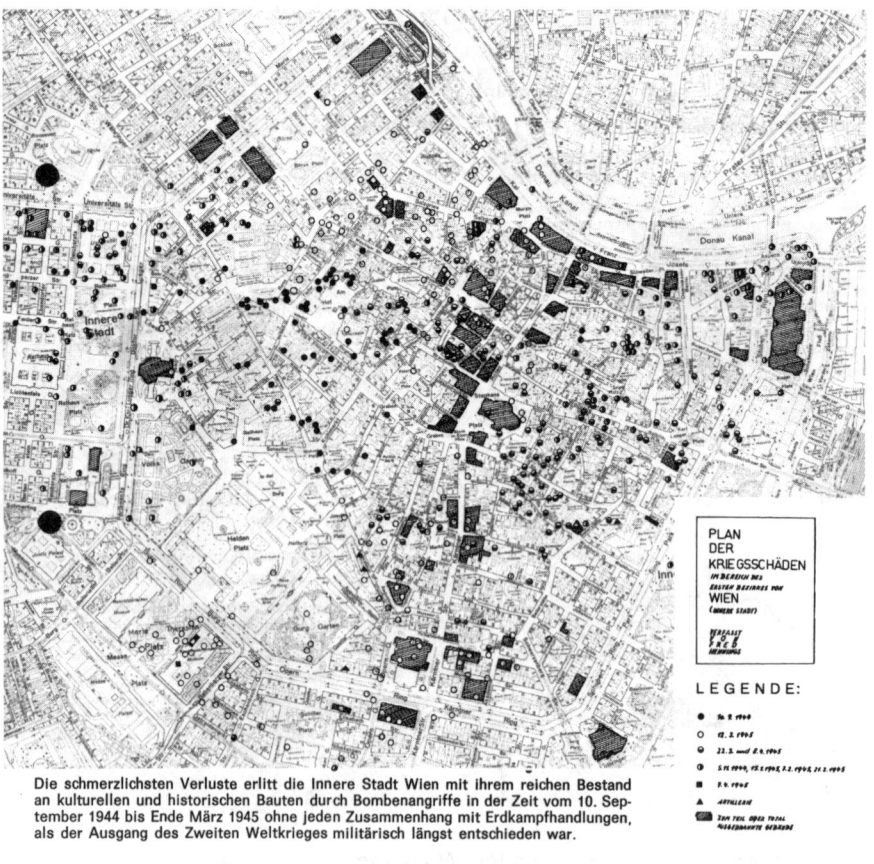

PLAN
DER
KRIEGSSCHÄDEN
IM BEREICH DES
ERSTEN BEZIRKES VON
WIEN
(INNERE STADT)

VERFASST
VON
F R B
HEDRONS

LEGENDE:

● fa. 1. 1944
○ d. 3. 1945
◑ 23. 3. and 20. 1945
◐ 5 11. 1944, 15. 1 1945, 22. 1945, 21. 3. 1945
■ 2 11. 1945
▲ ARTILLERIE
▬ ZUM TEIL ODER TOTAL AUSGEBRANNTE GEBÄUDE

Die schmerzlichsten Verluste erlitt die Innere Stadt Wien mit ihrem reichen Bestand an kulturellen und historischen Bauten durch Bombenangriffe in der Zeit vom 10. September 1944 bis Ende März 1945 ohne jeden Zusammenhang mit Erdkampfhandlungen, als der Ausgang des Zweiten Weltkrieges militärisch längst entschieden war.

Denen, die Schwerstes ertrugen
Denen, die von dem Verlust schwiegen
Denen, die durch Zwang nie abhängig wurden
Denen, die in aller Erniedrigung ihre Würde wahrten
Denen, die Schmerzen mit Geduld ertrugen
Denen, die dem Tod mit Ruhe begegneten.

Emely Hobhouse
„Wohin der Krieg am härtesten traf"

aus: Hans Grimm, Warum – Woher – aber wohin?
Klosterhaus Verlag, Lippoldsberg, 1954

# 10. Italien

## Völkerrechtswidrige Bombardierungen, Luftkriegstote und -verluste in Italien von 1940–1945

> *„Während die Alliierten sich töten ließen, um Italien von den Deutschen zu befreien, brachten wir uns gegenseitig um.*
>
> *Es war das gewohnte italienische Erbübel, das in jedem von uns zu lodern begann. Es war der übliche schmutzige Krieg zwischen Italienern unter dem üblichen Vorwand, Italien von der Fremdherrschaft zu befreien."*
> *(Curzio MALAPARTE „Die Haut")*

Der 1898 in Prato als Sohn eines deutschen Vaters und einer italienischen Mutter geborene Curzio Malaparte schrieb zwischen den beiden Weltkriegen ein Werk über die „Technik des Staatsstreiches", durch das er eine gewisse Reputation erlangt hatte. Zwischen 1941 und 1943 war er im Range eines Alpini-Hauptmanns als Frontberichterstatter an der Ostfront tätig, und nach der Einnahme Neapels durch die alliierten Landungstruppen im Herbst des Jahres 1943 fungierte er als Verbindungsoffizier zwischen den Alliierten und den Italienern. Dieser Autor beschwor in seinem Roman „La Pelle" alle nur irgendwie denkbaren wie realen Schrecknisse des Zweiten Weltkrieges der Jahre 1943 und 1944 in seinem Heimatland herauf. Es existiert in deutscher Übersetzung mit dem Titel „Die Haut". Das im Eingangszitat dieses Kapitels angeführte Werk[1] schildert die Zeit des allmählichen Machtverlustes des Faschismus mussolinischer Prägung in Italien seit der Landung und dem Vormarsch der Alliierten in Sizilien und Unteritalien und die Ära des Fehlens einer vom Volke selbst gewählten Zentralgewalt und mit bitterer eigener politischer Ohnmacht für alle Italiener. Es ist also die Zeit, in der sich alle heterogenen, schon von Mussolini in den Tagen seiner Herrschaft nur mühsam auf einen gemeinsamen Nenner gebrachten politischen wie ideologisch starr fixierten Kräfte italienischer Zunge in den vom Faschismus oder von den deutschen bereits befreiten Gebieten mitunter bis aufs Messer bekämpften, die Zeit des allfällig praktizierten Brudermordes.

Es ist, offen gesagt, die Zeit, in der sich der italienische Nationalcharakter wieder einmal offen manifestieren darf: In bezug auf die mit den Deutschen getroffenen Beistandserklärungen bzw. -verpflichtungen beispielsweise kristallisiert sich nun nach Landung der Alliierten auf Sizilien und in Unteritalien das Wortbrüchige, ja generell Unheldische dieses romanischen Menschengeschlechts heraus. Man läßt die Deutschen gänzlich im unklaren über die eigenen Absichten und unterzeichnet heimlich einen Waffenstillstand mit dem bisherigen anglo-amerikanischen Gegner.

Aber nicht nur das Verstohlen-Kompromißlerische, bei jeder äußeren Bedrohung schnell Verzagende der Masse des italienischen Volkes findet in Malapartes Roman seine Darstellung, sondern auch das Weinerlich-Rührselige, ja schlechthin Hysterische des Durchschnittsitalieners bei einem Unglück, das ihn persönlich betroffen hat, so etwa eines schweren Bombenangriffes der Alliierten auf Neapel vom 28. April 1943[2] oder eines scheinbar nahe bevorstehenden Ausbruchs des Vesuvs.[3] Malaparte kennt seine Landsleute und deren Schwächen sehr genau und gibt diese unverhohlen dem interessierten Leser preis: Er weiß von der Saturiertheit, Lässigkeit, moralischen Zerbrechlichkeit und sittlichen Gleichgültigkeit des italienischen Massenmenschen – und damit, wie er offen zugibt, auch der eigenen Schwäche, alle diese charakterlichen Mängel zu überwinden. Was sich im italienischen Volkscharakter durch alle Gefahrensituationen auf den ersten Blick meisterhaft hindurchjongliert, im Ernstfall jedoch stets größere Anstrengungen scheut, ein auch gut begründetes Nein als persönliche Kränkung mißversteht und schlichtweg verzagt, hatte schon Garibaldi an der oftmaligen Feigheit vieler seiner Mitstreiter beim italienischen Freiheitskampfe um 1870 leidvoll erfahren; Gabriele d'Annunzio hatte es beredt getadelt und vergebens durch eigenes mutiges Beispiel bei der Eroberung Fiumes 1919 als leuchtendes Leitbild für künftige Generationen von Italienern widerlegt.

Die fehlende Kampfmoral und mangelnde Opferbereitschaft italienischer Truppenverbände – beispielsweise in Nordafrika 1940/

41 oder in Albanien 1940 – hatte es stets aufs neue erwiesen: Sie ist ein ethnisches Charakteristikum des Italieners, das sich übrigens nicht nur bei Malaparte, sondern auch in der Grundkonzeption des Romans „Licht am Ende des Tunnels" des italienischen Schriftstellers Guido Morselli[4] findet. Hier werden in einer Art rückgreifender Utopie die Vorteile einer Niederlage der italienischen Armee gegen die Österreicher im Ersten Weltkrieg mit allen ihren gesamteuropäischen Konsequenzen spekulativ beschrieben.

Doch wie ist es zu dem von Malaparte angesichts des alliierten Vormarsches in Süd- und Mittelitalien in einem Fresco des Grauens eingefangenen, brudermörderischen Chaos unter der italienischen Zivilbevölkerung gekommen? Dazu bedarf es, um jene von Malaparte wiedergegebenen Antipathien der Italiener gegenüber seinen eigenen Volksgenossen, ja auch gegenüber alliierten Verbänden zu erhellen, eines Rückblicks auf die italienische Geschichte in den Jahren 1940 bis 1945, auf jene Jahre also, in welchen der Faschismus letztlich seine Bastionen in Norditalien verlor und viele Italiener durch alliierte Luftangriffe völkerrechtswidriger Natur ihr Leben einbüßten.

Am 10. Juni 1940 war Italien an der Seite Deutschlands in den Krieg eingetreten, vor allem um Gebietsforderungen gegenüber dem von den Deutschen besiegten Frankreich durchzusetzen. Italiens Feldzüge Ende 1940 in Nordafrika gegen Großbritannien und von Albanien aus gegen Griechenland endeten mit eklatanten Mißerfolgen, militärischen Niederlagen, die erst durch das Eingreifen deutscher Truppenkontingente (Januar und April 1941) behoben wurden.

Nicht zuletzt diese offenkundige Schwäche der italienischen Armee, die sich auf dem Schlachtfelde am jeweiligen Gegner erwies, unterlief jedwede Propaganda Mussolinis, aus den Italienern tapfere Römer gemacht zu haben. Die Luftbombardements, die schon um die Jahresmitte 1940 eingesetzt hatten, von RAF und später USAAF geführt, fanden Kriegsziele auf italienischem Gebiet. 1942 verstärkten sie sich: Zunehmend ging die alliierte Seite, was von uns noch zu beweisen ist, von Luftangriffen auf militärische Komplexe und Industrieanlagen, z. B. Eisenbahnkreuzungen, Hafenkomplexe (Bari, La Spezia, Genua, Neapel), Produktionsstätten (Fiat-Werke in Turin) und Bahnhöfe zu *Flächenbombardierungen* über.

Das Jahr 1943 brachte eine weitere Intensivierung der nun schon als *Bombenterror* zu etikettierenden alliierten Luftangriffe auf Italien: Es handelte sich hier nämlich weder um Repressalienhandlungen noch um Bombardierungen einer belagerten Stadt oder eines einzunehmenden Ortes, da noch keine Landung der Alliierten auf italienischem Staatsgebiet erfolgt war. Große Teile der englischen und der US-amerikanischen Presse, die schon Ende 1940 und seither immer wieder die rücksichtslose Bombardierung nicht nur militärischer, sondern auch ziviler Ziele in Italien gefordert hatte[5], konnten nun jubeln, so etwa über 1 174 tote Zivilpersonen in *Mailand* allein im Jahre 1943[6], über Hunderte von toten Arbeitern in den Arbeiterwohnbezirken von *Turin* oder über den für die Zivilbevölkerung sehr verlustreichen Bombenangriff auf *Neapel* vom 28. April 1943[7], der nach Malapartes Angaben weit über 400 Todesopfer und etwa 100 Verletzte (die meisten von ihnen hatten Schutz in einer Grotte gesucht)[8] unter neapolitanischen Männern, Frauen und Kindern, ausnahmslos Nichtkombattanten, verursacht hatte.

Psychologisch betrachtet, hatten diese Flächenbombardierungen insbesondere norditalienischer Industriestädte durch alliierte Bomberverbände 1942/43 einen von den Amerikanern und Engländern durchaus erwünschten Effekt: Die von uns eingangs beschriebene Neigung des Durchschnittsitalieners, bei Gefahr zu verzagen und alle zuvor lauthals proklamierten Ideale furchtsam über Bord zu werfen, kam angesichts des alliierten Bombenterrors voll zum Durchbruch. Mussolinis Propagandamaschinerie, die darauf abgezielt hatte, den Italienern Mut und Durchhaltevermögen einzutrichtern, versagte: Die Sieglosigkeit der italienischen Truppen an allen Fronten, gepaart mit einem allgemeinen Sinken des Lebensstandards in Italien aufgrund der unternommenen Kriegsanstrengungen und der zunehmenden Zerstörungen in den größten italienischen Städten infolge von Flächenbombardierungen durch alliierte Flugzeuge, ließ in der Bevölkerung eine antifaschistische Stimmung aufkommen, die sich in großen Streiks in Oberitalien Luft machte. Sie wurden von den Faschisten nur mühsam unter Kontrolle gehalten.

Der Ausbruch dieser Streikbewegung in Oberitalien im März 1943 sollte für Mussolini ein Menetekel sein und das langsame Ende des Faschismus in Italien als eine die Massen nicht länger begeisternde Kraft signalisieren. Hier wurde der Anfang vom Ende des Faschismus zeitlich bereits vorweggenommen, und zwar um ungefähr vier Monate. Am 10. Juli 1943 landeten die Anglo-Amerikaner bei Gela in Sizilien, das sich am 17. August 1943 gänzlich in ihren Händen befand: Die auf der Insel stationierten italienischen Truppen hatten kaum Widerstand geleistet. Am 25. Juli 1943 wurde der einen Tag zuvor vom Großen Faschistischen Rat für abgesetzt erklärte Mussolini auf Anweisung von König Victor Emanuel *verhaftet*. Nach mehreren Zwischenaufenthalten wurde er schließlich auf dem Gran Sasso interniert, von wo er am 12. September 1943 von deutschen Fallschirmjägern unter Führung von Major Harald Mors und Obersturmbannführer Otto Skorzeny (Gesamtführung General Student) befreit wurde.[9] Im Städtchen Salò am Gardasee schlug Mussolini unter der Ägide der deutschen Truppen, die mittlerweile Nord- und Mittelitalien besetzt hatten, sein neues politisches Quartier auf.

Nach Mussolinis Entmachtung am 25. Juli 1943 unternahmen die Italiener unter Marschall Badoglio im geheimen größte Anstrengungen, mit den Alliierten zu einem Waffenstillstand zu kommen.

Diese dubiosen, im ganzen höchst undurchsichtigen Anstrengungen der Italiener, mit den Alliierten eins zu werden – Verhandlungen übrigens, von denen die Deutschen überhaupt nicht informiert worden waren – mündeten schließlich in die Kapitulation Italiens am 3. September 1943, die fünf Tage später öffentlich verkündet wurde. Die Folge waren die Entwaffnung und Gefangennahme der italienischen Truppen in den von den Deutschen besetzten Gebieten und die Flucht des italienischen Königs und Badoglios sowie der meisten Mitglieder der neuen Regierung zu den Alliierten nach *Brindisi*.

Luftkriegsspezifisch gesehen, waren die Alliierten in der Zwischenzeit alles andere als untätig geblieben: So hatten sie *Rom* am 19. Juli 1943[10] und ein weiteres Mal am 13. August 1943[11] bombardiert, dies trotz aller Bemühungen italienischer- und deutscherseits, Rom zur „offenen Stadt" zu erklären (wir werden später auf dieses Problem noch zurückkommen); ferner waren schon viele andere nord- und mittelitalienische Industriestädte sowie süditalienische Häfen wie *Tarent* und *Bari* bombardiert. In der Nacht vom 8. auf 9. September 1943 landeten die Alliierten bei *Salerno*[12]: Der dortige Brückenkopf konnte von den Deutschen nicht erobert werden. Im Gegenteil: Die Alliierten brachen aus und nahmen am 1. Oktober 1943 *Neapel*, am 6. Oktober *Capua*. Der Vormarsch der Alliierten wurde „eskortiert" durch wilde Bombardierungen deutscher Stellungen aus der Luft, aber auch der italienischen Zivilbevölkerung, so etwa in der Stadt *Frascati*, wo sich Kesselrings Hauptquartier befand: „Die Zahl der Toten belief sich im Stabe Kesselrings auf fast 100 Mann, während die Zivilbevölkerung über 1000 Erwachsene und Kinder verlor"[13]. In den Monaten September, Oktober, November und Dezember 1943 eroberten die Alliierten in großangelegten Landeoperationen ganz Süditalien, wie die folgende, bei Cartier reproduzierte Karte zeigt[14]:

In der Karte ist auch die „Gustav-Linie" sichtbar: An dieser fortifikatorischen Maßnahme Kesselrings, des Befehlshabers der Heeresgruppe Süd, bissen sich die vergeblich vordringenden alliierten Verbände von November 1943 bis Mai 1944 die Zähne aus. Selbst ein zur Unterstützung des alliierten Durchbruchs bei *Cassino* unternommener Landungsversuch des VI. US-Korps bei *Anzio* und *Nettuno* am 22. Januar 1944[15] zeitigte nicht den gewünschten Erfolg: Trotz der völkerrechtswidrigen Zerstörung des allen Katholiken heiligen Klosters *Monte Cassino* durch 142 B-17 der 15. USAAF und 87 Bomber der MAAF am 15. Februar 1944[16] behaupteten die deutschen Truppen die „Gustav-Linie" bis Mitte Mai 1944. Alle von den alliierten Bomberflotten bis zu diesem Zeitpunkt geflogenen Einsätze gegen italienische Städte dienten weit weniger der strategischen Kriegführung als vielmehr einer Praktizierung des Lufterrors durch Flächenbombardements vornehmlich in Wohnvierteln größerer italienischer Städte: So wurde anfangs und Mitte März 1944 *Rom* mehrmals von alliierten Bomberverbänden attakiert, dabei Baudenkmäler aller Art zerstört und Arbeiterwohnbezirke getroffen. Dadurch erhöhte sich die Zahl der Ziviltoten infolge von anglo-amerikanischen Luftangriffen allein für *Rom* auf insgesamt 3291 Tote und 6529 Verwundete[17] gemäß einer bis zum 20. April 1944 gehenden amtlichen Statistik des römischen Innenministeriums.

Andere schwerstens durch Luftangriffe heimgesuchte italienische Städte in diesem Zeitraume waren *Cisterna*, also jenes nordöstlich des US-Brückenkopfes von *Anzio* und *Nettuno* gelegene

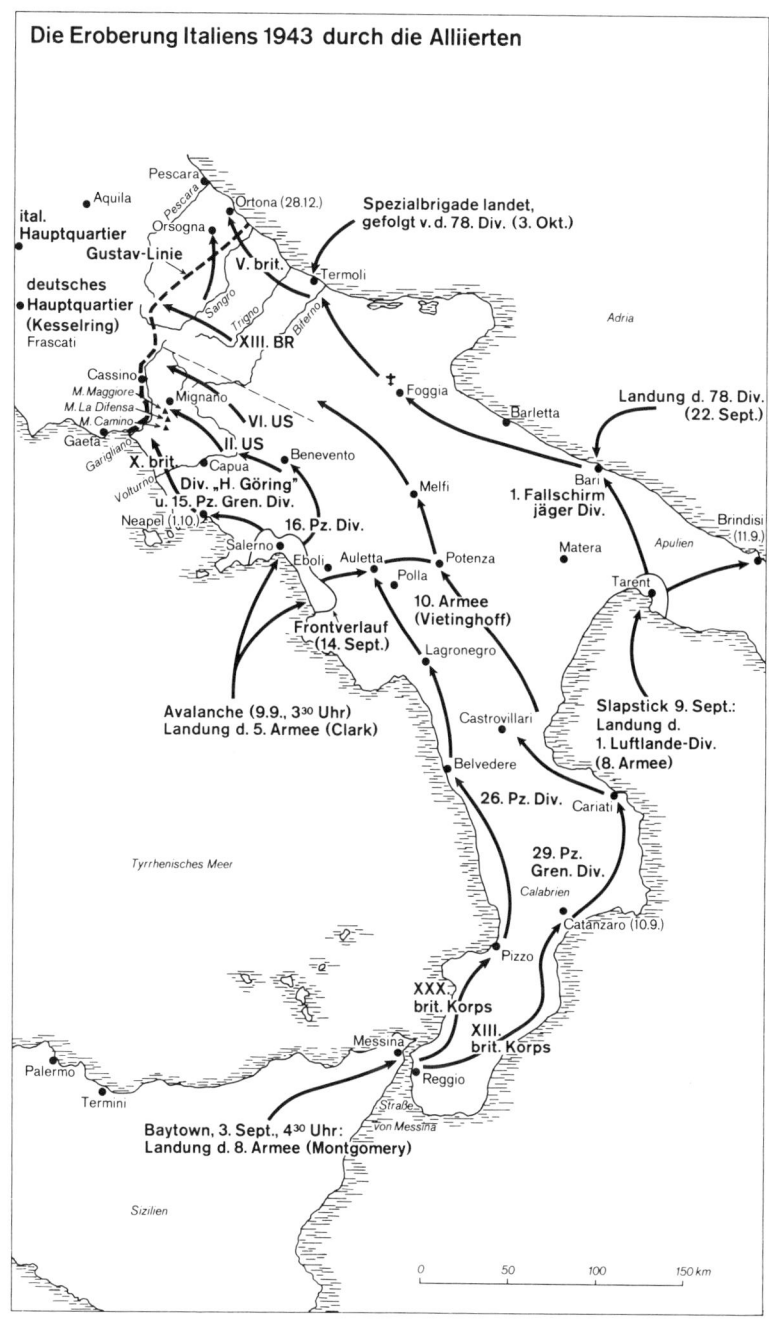

# Die Eroberung Italiens 1943 durch die Alliierten

Aquila

Pescara

Ortona (28.12.)

**Spezialbrigade landet, gefolgt v. d. 78. Div. (3. Okt.)**

ital. Hauptquartier

Orsogna

Gustav-Linie

V. brit.

deutsches Hauptquartier (Kesselring) Frascati

Termoli

XIII. BR

Adria

Cassino

M. Maggiore

M. La Difensa

M. Camino

Mignano

VI. US

II. US

Gaeta

X. brit.

Capua

Benevento

Div. „H. Göring" u. 15. Pz. Gren. Div.

16. Pz. Div.

Neapel (1.10.)

Salerno

Eboli

Auletta

Polla

Potenza

Foggia

Barletta

**Landung d. 78. Div. (22. Sept.)**

Melfi

Bari

1. Fallschirm jäger Div.

Matera

Apulien

Brindisi (11.9.)

Tarent

**10. Armee (Vietinghoff)**

Lagronegro

**Frontverlauf (14. Sept.)**

**Avalanche (9.9., 3³⁰ Uhr) Landung d. 5. Armee (Clark)**

Tyrrhenisches Meer

Castrovillari

Belvedere

**26. Pz. Div.**

Cariati

**Slapstick 9. Sept.: Landung d. 1. Luftlande-Div. (8. Armee)**

**29. Pz. Gren. Div.**

Calabrien

Catanzaro (10.9.)

Pizzo

**XXX. brit. Korps**

**XIII. brit. Korps**

Messina

Reggio

Palermo

Termini

Straße von Messina

**Baytown, 3. Sept., 4³⁰ Uhr: Landung d. 8. Armee (Montgomery)**

Sizilien

0     50     100     150 km

Städtchen, welches nach Augenzeugenberichten nahezu dem Erdboden gleichgemacht wurde[18], *Aprili, Valmontone, Tivoli* und viel andere größere und kleinere Städte in Mittel- und Norditalien. In allen diesen Fällen unterschiedsloser Bombardierung italienischer Städte konnten sich die Alliierten keineswegs auf eine Bedrohung der Existenz ihres eigenen Staates oder auf eine militärische Notwendigkeit berufen, in welchen Fällen sie solche dem Kriegsrechte diametral entgegengesetzte Bombardements als letzten und einzig verbliebenen Weg („Ultima ratio") zur Absendung der Gefahr oder zur Erreichung eines schnelleren Kriegsendes hätten durchführen dürfen.

Man darf sich hier keineswegs verschiedenen alliierten Luftkriegshistorikern anschließen und ihnen zustimmen, wenn sie sagen, bei diesen Bombardierungen habe es sich ausnahmslos um strategische Luftangriffe zur Destabilisierung der gegnerischen (deutschen) Front bzw. um die beabsichtigte Vernichtung von feindlichen Industriekomplexen gehandelt. Im Gegenteil: Die Anglo-Amerikaner zerbombten recht oft auch kleine bis kleinste italienische Städte, Dörfer und Weiler, um so die dortige Bevölkerung zu demoralisieren; so fielen Orte wie *Vetralla, Ardea* und *Villa Santa Lucia degli Abruzzi* (am 5. Februar 1944), wie die offizielle „Combat Chronology" schreibt[19], den alliierten Bombardements zum Opfer.

Die Anglo-Amerikaner nahmen auch keine Rücksicht darauf, daß sie in ihrer Manie, gegnerische Städte mittels „area bombing" zu zerstören, den Artikel 27 HLKO verletzten, in dem ausdrücklich der Schutz von nicht militärisch genutzten Gebäuden vorgesehen ist, die der Krankenpflege, Wohlfahrt, Kunst, Wissenschaft, Religion und Kultur gewidmet sind. Keineswegs dürfen also Luftbombardements, ohne auch nur einen Versuch der Schonung so kulturell wertvoller Stätten der Menschheit zu unternehmen, praktiziert werden. Grundsätzlich verboten ist laut Artikel 27 HLKO demnach auch das unterschiedslose Bombardieren von Städten, da in einem solchen Falle die Einhaltung des Artikel 27 HLKO schon von vornherein nicht einmal ins Kalkül gezogen worden sein kann. Betrachtet man die vielfältigen Terrorangriffe der RAF und USAAF auf zivile Ziele in Italien 1940–1945, die Zerstörung ungezählter Baudenkmäler, Kirchen, Klöster etc. sowie die sehr hohe Zahl an Luftkriegstoten unter der Zivilbevölkerung (unter ihnen etwa ein Viertel Kinder!), so fällt es einem recht schwer, alliierten Beteuerungen zu glauben, man wolle bei den Luftbombardements möglichst Kulturschätze von der Vernichtung ausnehmen und überdies keine Zivilisten hinmorden. So eine Versicherung ist beispielsweise dem um *Rom* besorgten irischen Ministerpräsidenten de Valera von Roosevelt am 19. April 1944 gegeben worden[20]. Die terroristische Praxis der alliierten Kriegführenden widerspricht ihren verbalen Euphemismen, also ihrer ganz und gar verlogenen Schönfärberei, in beredten Worten.

In den italienischen Gebieten, die von den sich aus den verschiedensten Völkern und Volksgruppen rekrutierenden alliierten Truppenverbänden befreit worden waren, regierte vielfach das von Malaparte in „Die Haut" festgehaltene und von uns bereits zitierte Chaos. Es ging buchstäblich drunter und drüber; Italiener aller politischen Couleurs wollten miteinander abrechnen. Dazu kam die existentielle Verunsicherung der Italiener in den noch von den deutschen Soldaten besetzten Landesteilen infolge der sich zusehends intensivierenden terroristischen Flächen- und Zielbombardements der RAF und USAAF, von welchen Mittel- und Norditalien betroffen waren. Die ausufernden Auflösungserscheinungen in Italien konnten von den nunmehr die Kontrolle über Mittel- und Norditalien ausübenden deutschen Verbänden gestoppt werden: Wie schon gesagt, brach sich der Vormarsch der Alliierten an der „Gustav-Linie" von Oktober 1943 bis Mitte Mai 1944.

Dieser durch die überlegene Tapferkeit des deutschen Landsers erzwungene Stopp des alliierten Vormarsches an der „Gustav-Linie" wiederum rief, wie schon gesagt, die RAF und USAAF verstärkt auf den Plan: Die anglo-amerikanischen Bomberverbände flogen nun beinahe Tag für Tag schwere Einsätze gegen nahezu alle mittel- und norditalienischen Städte und Ortschaften, und zwar nicht nur gegen dortige Eisenbahnknotenpunkte, Raffinerien, Produktionsstätten, Fabriken, Rangierbahnhöfe und Flugplätze, sondern auch – und das beabsichtigt! – gegen zivile Ziele in den Orten selbst, wie beispielsweise gegen Wohnbezirke etc., was zur Folge hatte, daß eine italienische Stadt nach der anderen mehr oder minder stark in Mitleidenschaft gezogen wurde. Die völlige Zerstörung der Stadt *Cassino* durch alliierte Bombergeschwader am 15. März 1944, bei der zahllose Einwohner den Tod fanden, sollte allen

anderen italienischen Städten außerhalb des eigentlichen Frontge-
bietes verdeutlichen, wie düster es um ihre Zukunft bestellt sein
mochte. Selbst die *Vatikanstadt* wurde vom verantwortungslosen
Bombenterror der Alliierten nicht verschont: Am 5. November
1943 warf ein anglo-amerikanisches Flugzeug dort Bomben ab, wie
wir bereits im Kapitel „Drei aufsehenerregende Bombardements
im Süden Europas" unter „Bomben auf den Vatikan" berichtet
haben.[21]

Papst Pius XII. monierte die bei diesem unverantwortlichen
alliierten Luftangriff auf den Vatikan daselbst angerichteten Schäden mit den Worten: „Ein Heiligtum, das dem Herzen des christlichen Roms teuer und ein wahrer Edelstein eines verehrungswürdi-
gen Altertums ist, wurde getroffen und erlitt schwer wiedergutzu-
machende Beschädigungen"[22]. Zugleich drückte der Papst in dieser
Ansprache an die Kardinäle vom 24. Dezember 1943 sein tiefes
Mitgefühl mit vielen materiell armen Bewohnern der Ewigen Stadt
aus, die, ohne persönlich an irgendwelchen Kampfhandlungen
beteiligt gewesen zu sein, plötzlich „ihr Heim von Luftangriffen
zerstört"[23] sahen oder gar ihr Leben durch fallende Fliegerbomben
einbüßten.

Dem alliierten Einbruch in die von den Deutschen so zäh
verteidigte „Gustav-Linie" sollte Mitte Mai 1944 deren Aufgabe
durch die deutschen Truppen folgen und ein paar Tage später der
Ausbruch der Alliierten aus dem Brückenkopf *Anzio–Nettuno*
und dem dortigen deutschen Erschließungsring bei *Cisterna*[24] sowie der Durchbruch in Richtung *Valmontone* am Tag danach.
Die folgenden Verluste von Ortschaften wie *Terracina, Ceprano,
Frosinone* und *Sora* auf deutscher Seite, die Einnahme *Roms* am
3./4. Juni 1944 (nicht am 4. Juli, wie Kurowski schreibt![25], die
deutsche Räumung von *Viterbo* (9. Juni), *Montefiascone* (10.
Juni), *Perugia* (19. Juni), *Massa* (24. Juni), *Viareggio, Siena* (3.
Juli), *Arezzo* (16. Juli), *Ancona* (18. Juli), *Livorno* (19. Juli),
*Pisa* (Ende Juli) und *Florenz* (10. August)[26]) sowie die wiederhol-
ten deutschen Erklärungen, die wertvollen Baudenkmäler und
Kunstschätze in den mittelitalienischen Städten vor jedweder
Zerstörung möglichst bewahren zu wollen[27], konnten die Anglo-
Amerikaner nicht von ihrem Vorhaben abbringen, die zu er-
obernden italienischen Städte im Gebiet ihres Vorrückens zuvor
einmal durch schwere oder mittelschwere Luftangriffe heimzusu-

chen. So erlebten in diesen Tagen *Volterra, Pisa, Lucca* und selbst das von den Deutschen einseitig zur „Offenen Stadt" erklärte *Florenz* alliierte Luftangriffe, die beträchtliche Schäden an historisch wertvollen Gebäuden anrichteten und überdies Verluste unter der Zivilbevölkerung forderten. Das alliierte Oberkommando, das für den Einsatz seiner Bombergeschwader verantwortlich zeichnete, kümmerte sich augenscheinlich nicht viel um die Wahrung von Artikel 27 HLKO.

Demgegenüber verdienen die deutschen Anstrengungen, beispielsweise die kulturell ungemein wertvolle Bausubstanz der Hauptstadt der Toscana, *Florenz*, vor der Vernichtung durch alliierte Bombentreffer zu bewahren, unsere Hochachtung:

„Über den Päpstlichen Stuhl war dem Gegner mitgeteilt worden, daß die deutsche Führung Florenz militärisch nicht ausnütze. (...) Bei dem Vortrag, den der OB Südwest am 19. Juli im Führerhauptquartier hielt, hatte ihm der Führer die Weisung erteilt, trotz der in Rom gemachten Erfahrungen Florenz aus den Kampfhandlungen auszunehmen. Er hatte verboten, die Brücken zu zerstören, da ihr künstlerischer und geschichtlicher Wert respektiert werden wolle; der militärische Nachteil, der nicht überschätzt werden dürfe, sei in Kauf zu nehmen. (...) Die ganze Kampfführung sei der Notwendigkeit anzupassen, daß es ausschließlich der Feind sei, der die unersetzlichen Kulturwerte dieser Stadt mißachtete."[28]

Nichtsdestoweniger drohte der britische Oberbefehlshaber, General Alexander, damit, Florenz zum Kampfgebiet zu machen – und also auch bombardieren zu lassen! –, sofern nicht unverzüglich die Straßen dieser Stadt für die alliierten Truppenverbände freigemacht würden[29], obwohl die Anglo-Amerikaner von den Deutschen davon informiert worden waren, daß sich keine deutschen Truppen oder Dienststellen in Florenz befänden[30]. Um Florenz von jedweder Zerstörung durch rebarbarisierte Gegner auszusparen, sahen sich die Deutschen genötigt, die HKL an den Nordrand der Stadt zurückzuverlegen. Die Arno-Brücken wurden – ausgenommen der Ponte Vecchio wegen seines unersetzlichen kunsthistorischen Wertes – nach Aufhebung der ursprünglichen Weisung gesprengt, um dem Gegner ein schnelles Vorrücken auf das Nordufer wie beim Tiber in Rom, wo bekanntlich alle Tiber-Brücken von den Deutschen unzerstört zurückgelassen worden waren, unmöglich zu machen[31]. Alle diese deutscherseits zur Schonung von Florenz getroffenen Maßnahmen hielten die Alliierten letztlich zwar von einer Bombardierung der toskanischen Hauptstadt, aber nicht von einem mehrstündigen Artilleriebeschuß des Stadtkerns kurz vor ihrem Einrücken in die Stadt ab. Schwere Gebäudeschäden traten also auf.

Was wohl wäre mit Florenz geschehen, hätten die kulturbeflissenen und traditionsbewußten Deutschen nicht soviel Rücksicht auf die der ganzen Menschheit gehörenden Kulturwerte genommen und sich kampflos aus dieser Stadt zurückgezogen? Sie wäre neben vielen anderen italienischen Städten alliierten Bombengeschwadern zum Opfer gefallen. Anläßlich ihres Vorrückens in Mittelitalien machten die Alliierten nämlich, wie schon des öfteren betont, nicht viel Aufhebens um ihre verbalen Beteuerungen, die kulturell überkommene, wertvolle Bausubstanz italienischer Städte dadurch zu schonen, daß sie selbige von Luftangriffen und Artilleriebeschießungen von vornherein ausnahmen, selbst dort, wo sie davon informiert worden waren, daß sich in etlichen historisch gewachsenen Städten keinerlei deutsche Truppen befanden.

So beschossen die Anglo-Amerikaner entgegen ihrer kurz zuvor verbreiteten Erklärung, *Pisa* schonen zu wollen, den Domplatz[32] und beriefen sich dabei auf eine amerikanische Meldung, auf dem Schiefen Turme befände sich eine deutsche Beobachtungsstellung[33], auf eine Meldung also, die ganz und gar erlogen war. Der Schiefe Turm wurde dabei leicht beschädigt[34], obwohl die Deutschen zuvor erklärt hatten, „daß Pisa von den Truppen völlig geräumt, das Betreten des Schiefen Turmes untersagt und das Domviertel für jeden militärischen Verkehr gesperrt war"[35]. Um weitere Zerstörungen in Pisa zu vermeiden, sahen sich die Deutschen gezwungen, die Stadt kampflos zu räumen.

„Feldmarschall Kesselring hatte in seinem Oberkommando eine eigene „Kunstschutzstelle" eingerichtet ( . . . ). Die Stelle trug Sorge für die Erhaltung der Kunstschätze in den verschiedenen Schlössern, Kirchen oder Archiven"[36] italienischer Städte. Was hingegen taten die Alliierten für die Erhaltung italienischer Kunstschätze, Kirchen, historisch wertvoller Profanbauten und Schlösser? Um den alliierten Vormarsch, wie sie sagten „nicht ,unnötig' zu verzögern", indem sie Artikel 27 HLKO aktiv Beachtung schenkten, griffen sie stets aufs neue zum ihrer Meinung nach bewährten Instrument des Luftangriffs (vielfach des Flächenbombardements) italienischer Städte, ungeachtet ihrer Kunstschätze aller Art, wenn sich die deutschen Truppen nicht jedesmal unverzüglich aus diesen Städten in der Nähe der HKL zurückzogen. Daß sie dabei auch Artikel 25 HLKO verletzten, störte die Alliierten nicht weiter. Ihr Motto war offenbar: ,Der Zweck heiligt die Mittel', wobei der Zweck die Vertreibung der Deutschen aus Italien war. Wenn es da zur Zerstörung von Kirchen, Klöstern, Schlössern und zu Zehntausenden toten Zivilisten (unter ihnen etwa die Hälfte Frauen und ein Viertel Kinder!) kam, die den Terrorangriffen aus der Luft zum Opfer fielen, sollte dies das Gewissen der Anglo-Amerikaner nicht weiter belasten, selbst nach Kriegsende nicht.

Die Anglo-Amerikaner kamen hier nämlich im Prinzip einer oft lauthals geäußerten Meinung eines Gutteils der Presse ihrer Heimatländer entgegen, die gefordert hatte, man solle doch nicht soviel Geschrei um die durch Luftbombardements zerstörten oder beschädigten Baudenkmäler machen: So schrieb die „Times" am 9. Februar 1944 (also eine knappe Woche vor der Zerstörung der Benediktinerabtei am Monte Cassino): „Wir kämpfen diesen Krieg für künftige und nicht für vergangene Dinge; Denkmäler sind nur materielle Güter"[37], während der „DAILY EXPRESS" kurz nach der Zerstörung des zitierten Klosters zu schreiben wagte: „Endlich ist einmal klar zum Ausdruck gebracht worden, daß *jedes Gebäude, sei es auch noch so alt, als militärisches Ziel behandelt werden wird*"[38]. Diese Vortäuschung der scheinbaren Legitimität angloamerikanischer Terrorangriffe in Italien gegen Baudenkmäler (und Zivilisten) spielte Churchill in die Hände. So sagte dieser Kriegsanstifter einmal:

> „Die Erfordernisse des Krieges sind irgendwelchen Erwägungen hinsichtlich besonderer historischer oder kultureller Werte weit voranzustellen. Es wäre geradezu lächerlich, wollte man die Härte unseres Kampfes, die Sache, für die wir kämpfen, die Notwendigkeit, den Sieg so schnell und so vollständig wie nur möglich zu erreichen, und alle damit verbundenen Gegebenheiten mit der Daseinsberechtigung irgendwelcher Denkmäler der Kunst oder Kultur vergleichen".[39]

Kein Kommentar. Mit einer derartigen „Autorität" im Rücken konnte beispielsweise der schon zitierte „DAILY EXPRESS" am 14. Februar 1944, an die Adresse der alliierten Truppen in Mittel-Italien gerichtet, fordern:

> „Das Leben unserer Soldaten darf nicht zur Erhaltung einst geheiligter Steine geopfert werden. Dabei *spielt es keine Rolle, wie alt diese Steine sind und wie reich an Tradition und religiöser Geschichte der Ort ist!*"[40]

Eine derartige, von einem Großteil der alliierten Presse wiederholt zum Ausdruck gebrachte Haltung konnte demnach durchaus als Absicherung der Praxis alliierten Luftterrors über Italiens Städten, resultierend in die Vernichtung zahlloser Kulturdenkmäler, dienen. Einzelne kritische Gegenstimmen, die sich, besorgt um Italiens Kulturschätze, zu Wort meldeten, blieben isoliert und verhallten ungehört. Wer hörte damals auf seiten der Alliierten schon auf Einwände, die beispielsweise vom *New Statesman* im Frühling 1944 auf folgende Formel gebracht worden waren:

> „Wenn wir in der Wut der Schlacht Rom und Florenz und Assisi zerstören ( . . .), *dann werden die kommenden Generationen uns als Barbaren verfluchen.*"[41]

Ein prophetisches Wort, fürwahr.

Daß also Städte wie *Assisi, Florenz, Pisa, Siena, Rom* usw. von alliierten Bombenteppichen glücklicherweise weitgehend verschont geblieben sind in den Jahren 1943 und 1944, als die Alliierten in Italien gegen Norden vorrückten, ist keineswegs das Verdienst alliierter, um Kulturgüter und Baudenkmäler auch im Feindesland besorgter Stäbe, sondern im Gegenteil das Ergebnis konsequenter deutscher Bemühungen, die Schäden in diesen Städten durch Luftterror von vornherein möglichst klein zu halten. Die Geschichte, um es einmal geschichtsphilosophisch zu formulieren, spricht somit die Deutschen von jedweder Schuld an Zerstörungen von Kulturgütern in Italien während des Zweiten Weltkrieges frei und weist diese Schuld der Rücksichtslosigkeit der Anglo-Amerikaner zu!

An der „Goten-Linie" – von Hitler, der am „15. Juni verlangt hatte, den Namen sofort zu ändern, da er im Falle ihrer Eroberung dem Feinde Anlaß zu Siegesgeschrei geben und auf der eigenen Seite falsche Vorstellungen erwecken konnte"[42], in „Grüne Linie" umbenannt[43] – hieß es im Oktober 1944 abermals wie schon im

Jahre zuvor an der „Gustav-Linie" für die alliierten Truppen „stopp". Diese Stellung wurde von den Deutschen bis Mitte April 1945 gehalten, trotz aller Anstrengungen der alliierten Kontingente.

Die Wut über das zeitweise nur meterweise Vordringen der eigenen Truppen brachte das alliierte Oberkommando auf den, wie wir längst wissen, ganz und gar nicht neuen Gedanken, sowohl die Städte nahe der HKL als auch alle nur irgendwie wichtig erscheinenden italienischen Bevölkerungszentren in Oberitalien mit Terrorbombardements zu überziehen. Diese Städte erlebten nun, wie schon das leidgeprüfte *Rimini* in den ersten Septemberwochen 1944 (bis zu seiner Einnahme durch die Anglo-Amerikaner am 28. September 1944), schwere bis schwerste Luftangriffe alliierter Bombenverbände, die sich oft gar nicht mehr die Mühe machten, mit ihren Bomben Eisenbahnziele, Flughäfen oder Nachschublinien des Gegners weitab der eigentlichen Front zu treffen, sondern vielmehr ihre Bombenlast ganz einfach über Städten wie *Bologna, Padua, Pavia, Bergamo, Brescia, Mailand, Turin, Verona, Parma, Reggio Emilia, Piacenza, Vicenza* und *Udine*, von bevölkerungsspezifisch kleineren Städten und Ortschaften ganz zu schweigen, abluden und auf diese Weise in jeder einzelnen der getroffenen Städte viele Ziviltote hinterließen und zudem unersetzliche Schäden an historisch wertvoller Bausubstanz verursachten.

Auf die Verluste unter der am Kampfgeschehen unbeteiligten italienischen Zivilbevölkerung sowie auf die oftmals irreparablen Schäden an architektonisch Schönem in diesen Städten werden wir gleich eingehen. Zuvor aber sei noch das Folgende gesagt: Die alliierten Luftangriffe als Terrorbombardements gegen die italienische Zivilbevölkerung dauerten bis zum Zeitpunkt der deutschen Kapitulation in Oberitalien am 28. April 1945 (bekanntgegeben am 2. Mai 1945) an. So wurden *Trient* und *Belluno* noch am 2. Mai aus der Luft bombardiert, ganz abgesehen von hier unerwähnt bleibenden kleineren Orten. Die Alliierten kosteten hier durch wahllosen Luftterror Unschuldigen gegenüber den Zusammenbruch des Dritten Reiches aus, der sich schon ganz deutlich abzeichnete, eine Haltung, die in der blindwütigen, oft durch nichts zu rechtfertigenden Verfolgung Andersdenkender und insbesondere solcher Personen, die sich der Kollaboration mit dem Faschismus schuldiggemacht hatten, ihren Ausdruck fand. So etwa sperrten sie den Dichter Ezra Pound in ein Straflager. Dieser hatte sich um die Lyrik des 20. Jahrhunderts unschätzbare Verdienste erworben, er war als Förderer von James Joyce und T. S. Eliot aufgetreten und hatte als US-Amerikaner seit 1924 in Meran gelebt. Vorher hatte man ihn am 2. Mai 1945 im norditalienischen *Rapallo* aufgegriffen und verhaftet. Er kam nun in ein Straflager bei *Pisa*, wohin man ihn in einem extra für seine Person konstruierten Käfig (!) verfrachtete.[44] Der deutsche Literaturwissenschaftler Fritz Raddatz, beileibe nicht irgendwelcher Sympathien für faschistisches Gedankengut verdächtig und somit ein objektiver Betrachter der ungeheuerlichen Dinge, die sich damals abgespielt hatten, um die Person Pounds, beschreibt diese unbeschreibliche Demütigung mit folgenden Worten:

> „Ezra Pound, gesucht als Staatsfeind Nr. 1, faschistischer Kollaborateur und Landesverräter, jetzt halb Trophäe, halb Vieh, kommt in einen Käfig aus Stahl und Draht. Keine Decke, kein Stuhl, glühende Hitze am Tage, stechende Scheinwerfer nachts. Dicht nebenbei eine Panzerrollbahn. Niemand darf mit ihm sprechen, niemand darf sich dem Käfig auch nur nähern, er darf weder zur Nahrungsaufnahme noch für irgendwelche Bewegungsstunde den Käfig verlassen. Schlaf auf dem unbedeckten Zement. Sechs Wochen lang."[45]

Diese Prozedur ließ man Pound angedeihen, bis er, wie beabsichtigt, kollabierte. Später, nach einer Gerichtsverhandlung gegen den inzwischen in die USA überstellten Pound in Washington, wurde er als „unzurechnungsfähig" in ein Irrenhaus eingewiesen. So also verfuhren die Alliierten, ihrem Selbstverständnis nach Vorkämpfer für Freiheit und Gerechtigkeit, mit ihren wahren oder vermeintlichen Gegnern aus der Zeit des Zweiten Weltkriegs. Sie gaben kein Pardon und kannten vielfach nur Rache und Vergeltung: Wer aus den Reihen der Gegner der Anglo-Amerikaner nicht nach einem im Regelfall juristisch höchst anfechtbaren Verfahren zum Tode verurteilt und hingerichtet worden war, der wanderte für lange Jahre hinter Zuchthausgitter. Paul Sérant hat die Zeit dieser Schauprozesse und politischen Abrechnungen nach 1945 in seinem Buche[46] beschrieben.

8. Mai 1945: Jubel in *New York, Moskau, London, Paris*;

Deutschland hatte kapituliert. Doch wie sah es in den mittel- und norditalienischen Städten aus? Welches Leid der dort lebenden Menschen und welche Bombenschäden gab es dort zu beklagen? Im folgenden wollen wir auf einzelne dieser betroffenen Städte des vormaligen Bundesgenossen Deutschlands, von denen wir genügend Unterlagen erhalten haben, eingehen. Eine exakte Chronologie der alliierten Kriegsführung gegen Italiens Städte zwischen 1940 bis 1945 können wir infolge des bedauerlichen Fehlens ausreichender Informationen leider nicht geben. So muß denn auch die folgende Darstellung aufs rein Exemplarische beschränkt bleiben, also auf das Herausgreifen einiger Städte, über deren Luftkriegsschäden wir genug wissen.

*MAILAND:* 2698 Ziviltote, 81 000 zerstörte und 11 000 beschädigte Wohnungen, 1400 zerstörte und 11 000 beschädigte Gebäude[47]. Viele stark in Mitleidenschaft gezogene Kirchen, so beispielsweise der Mailänder Dom, die Basilika und die Abtei von Sant' Ambrogio, San Sebastiano und viele andere mehr, allesamt Opfer von Spreng- und Brandbomben. Der berühmte Palazzo Marino wurde bis auf die Grundmauern zerstört, ein Flügel des Palazzo Reale fiel den Flammen zum Opfer. Selbst die Kirche Santa Maria delle Grazie, die in ihrem Refektorium das Abendmahl von LEONARDO da VINCI birgt, wurde von alliierten Bombern getroffen[48].

*TURIN:* Viele schwere Angriffe schon seit Mitte 1940, insbesondere auf die FIAT-Werke, aber auch auf reine Arbeiterwohnbezirke. 2063 Ziviltote, davon 867 Frauen und 147 Kinder[49]! Vor allem die Stadtmitte wurde schwer getroffen. Zerbombt wurden unter anderem der Palazzo Carignano (völlig), die Stadtbibliothek (zum größten Teil) und das Teatro Balbo (zur Gänze), während die Karmeliterkirche, die Crocettakirche und weitere Kirchen empfindliche Beschädigungen davontrugen. Die Universität wurde verwüstet.

*NEAPEL:* Schätzungsweise 1000 (?) Ziviltote bei Angriffen anglo-amerikanischer Bomberverbände auf die Hafenstadt

1942 und 1943. Viele der schönsten Kirchen in dieser Stadt wurden dabei völlig vernichtet, so San Pietro ad Aram; San Gesù und die Kirche der Madonna della Catena wurden schwer beschädigt.[50]

*GENUA:* Unbekannte Zahl Ziviltoter bei zahlreichen alliierten Luftangriffen 1942–1945. Die stolzesten Paläste der genuesischen Geschichte lagen in Trümmern, so der Palazzo Doria, der Palazzo Spinola, der Palazzo del Podestà und der Palazzo Rosso. Völlig vernichtet wurden ferner etliche Kathedralen, so Santo Stefano, die Consolazione, San Luca etc.; auch der erzbischöfliche Palast wurde zerstört (hier sieht man in aller Deutlichkeit, wen oder was die angeblich nur auf den Hafen gerichteten alliierten Luftangriffe in Wirklichkeit getroffen haben!).

*RAVENNA:* Zahl der Ziviltoten bei schweren Luftangriffen insbesondere im September 1944 unbekannt. Von der historischen Bausubstanz der das Grabmal THEODERICHs enthaltenen Stadt wurden vernichtet: Die altehrwürdige Basilika Santa Agata, ein Juwel, byzantinischer Kunst, der Dom, ferner die Kirchen San Giovanni Evangelista und Santa Maria in Porto. Das dazugehörige Kloster mit seinen berühmten Loggien und Bogengängen aus dem 15. Jahrhundert wurde schwer beschädigt.[51]

*FERRARA:* Bombenangriffe vor allem seit Mitte 1944 bis Kriegsende, bei denen eine uns unbekannte Anzahl von Zivilpersonen den Tod fand. Der großartige Palazzo dei Diamanti wurde heimgesucht.[52]

*MODENA:* Alliierte Terorangriffe 1944/45. Zwei Loggien des alten, MODENA zur Zierde gereichenden Herzogspalais wurden vernichtet, die danebenliegende Kirche San Domenico schwer beschädigt.[53]

*TREVISO:* Gehörte zu den am schwersten von Luftbombardements betroffenen norditalienischen Städten. Der Dom wurde stark beschädigt.

*PARMA:* Unbekannte Zahl von Ziviltoten bei etlichen alliierten Luftangriffen auf das Herz der Stadt. Der Palazzo del Governo und die Kirche San Francesco wurden vollständig zerstört.[54]

*PADUA:* „Zu dem Terorangriff auf PADUA veröffentlichte die italienische Presse einen Hirtenbrief des Bischofs von Padua von den barbarischen Angriffen einer Kriegsführung, die nur einer den Grundsätzen des Evangeliums entgegengesetzten Mentalität entsprechen kann".[55] Die Zahl der Ziviltoten ist uns nicht bekannt.

*VICENZA:* Wurde oft von den alliierten Bombern angegriffen. Der Bischof von VICENZA verurteilte die Hinmordung von Frauen und Kindern durch Luftangriffe, welche als solche schon prinzipiell der christlichen Weltanschauung widersprechen.[56]

*BRESCIA:* Der Verfasser eines die Luftkriegsverluste BRESCIAS und seiner Umgebung während der Jahre 1940–1945 betreffenden Werkes, Ludovico GALLI, spricht expressis verbis von Terrorangriffen, die diese alliierten Luftbombardements in Wirklichkeit gewesen seien[57]. Addiert man alle in GALLIs Gedenkbuch namentlich und mit Altersangabe angeführten Luftkriegstoten unter der italienischen Zivilbevölkerung Brescias bei jedem einzelnen Angriff – eine Gesamtziffer fehlt leider bei GALLI –, so kommt man auf 460 tote Frauen, Kinder und Männer allein in dieser Stadt und auf weitere Hunderte tote Zivilisten in der Umgebung. Ziel der Terrorangriffe der anglo-amerikanischen Soldateska war dabei vor allem BRESCIAS Innenstadt: So fielen den Angriffen der Palazzo Broletto aus dem 13. Jahrhundert mit einem hohen Turme, ferner der Palazzo Martinengo und der Dom aus dem 17. Jahrhundert zum Opfer.

*CASTEL GANDOLFO:* Diese päpstliche Residenz, die erklärtermaßen niemals von deutschen Truppen belegt gewesen war – die Deutschen hatten die Exterritorialität dieses Gebietes stets ganz besonders geachtet –, wurde im Februar

1944 von anglo-amerikanischen Bomberverbänden attak-
kiert, wodurch über 500 Zivilpersonen ihr Leben verloren[58].

*VERONA:* Viele Ziviltote; das großartige Amphitheater schwer
beschädigt.

*ROM:* Möglicherweise bis zum 4. Juni 1944 4000 (?) tote Nichtkombattanten bei alliiertem Bombenterror gegen die Ewige
Stadt, und zwar bei Luftangriffen am 19. Juli 1943, am 31.
Juli 1943, Anfang März 1944 und zu anderen Zeitpunkten.
Der deutscher- wie schon früher italienischerseits unter-
nommene Versuch, gemeinsam mit den Alliierten *ROM* zur
*OFFENEN*, unverteidigten *STADT* zu erklären, scheiterte
am Desinteresse bzw. an der mangelnden Kooperationsbereitschaft der anglo-amerikanischen Stellen. Trotzdem ist
von der deutschen Seite bis Juni 1944 einseitig alles getan
worden, um Rom und seine kulturellen Schätze vor Kriegsschäden zu bewahren: „Demgegenüber sind die Alliierten
bewußt jeder Verpflichtung zum Schutze Roms ausgewi-
chen. Nach der Einnahme Roms haben die Alliierten die
Stadt selbst als Durchmarschzentrum ihrer militärischen
Kräfte benutzt."[59]
Das im Falle ROMS deutscherseits angewandte „Rezept",
eine gemäß Artikel 27 HLKO schutzwürdige Stadt dadurch
zur offenen Stadt erklären zu lassen, daß man die eigenen
(deutschen) Truppenverbände aus eben dieser Stadt gänzlich zurückzog und darüber hinaus auch keine Truppenun-
terkünfte in der besagten Stadt unterhielt. Lauter Maßnahmen also, die den Alliierten signalisieren sollten, diese Stadt
vor Bombardierungen zu verschonen, hatte hier keinen
Erfolg und auch später nicht, wie die Beispiele *FLORENZ,
PISA* und *SIENA* zeigen: Die Alliierten antworteten nur
allzugern mit diversen Bombenteppichen, um die Deutschen zu vertreiben und die italienische Zivilbevölkerung in
eben diesen historisch so wertvollen Städten einzuschüchtern. Demgegenüber ließen die deutschen Truppen nicht
einmal vor ihrem Abzug aus der Stadt Rom ihre Schutzverpflichtung gemäß Art. 27 HLKO außer acht und verzichte-
ten auf die Sprengung der so wertvollen Tiberbrücken.[60]

116220

War Theatre #12  (Graz, Austria)  BOMBING                    (over)

*Graz wird von alliierten Bombern angegriffen.*

*Die Nürnberger Karolinenstraße nach einem Angriff.*

*B 17 beim Angriff auf Nürnberg am 20. 2. 1945.*

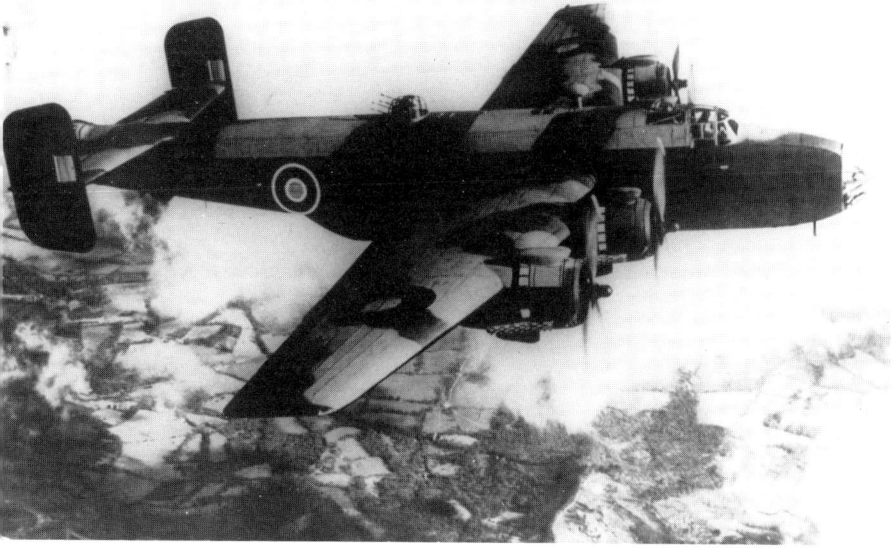

*Die Halifax B III über Deutschland.*

*Unter den Trümmern liegen nur noch Tote.*

*Dortmund: Die zerstörte Westfalenhalle.*

*Die Opfer des alliierten Bombenterrors müssen noch identifiziert werden.*

*BOLOGNA:* Bei zahlreichen Luftangriffen der alliierten Bomber-Armada kamen 1941–1945 insgesamt 2141 Zivilpersonen ums Leben[61], während 38500 Wohnungen zerstört und weitere 16500 schwer beschädigt wurden (das ist zusammen fast ein Fünftel des Gesamtbestandes an Wohnungen in dieser oberitalienischen Stadt[62]). Viele historisch wichtige und wertvolle Gebäude wurden vernichtet. Auch die Stadt Bologna hatte der OBS, Generalfeldmarschall Kesselring, einseitig zur „offenen Stadt" erklären lassen. Auch in Bologna hielten sich die Deutschen an die Bedingungen: So wurden sogar große Truppenbewegungen, wie die Ablösung von Divisionen, um Bologna herum anstatt durch die Stadt vorgenommen. Dies sogar zum Nachteil der auf größte Sparsamkeit bei der Treibstoffverwendung angewiesenen Ablösetruppen, was für die Soldaten durch Mannschafts- und Maultiertransport von Waffen und Gerät zu außerordentlichen Belastungen führte[63].

*FRASCATI:* Am 8. September 1943 erfuhr die Welt vom Oberbefehlshaber der Alliierten, General Eisenhower: „Italien hat die Alliierten um Waffenstillstand gebeten..." Bis zur letzten Sekunde hatten die italienischen Generäle nicht den Mut aufgebracht, ihren deutschen Bundesgenossen reinen Wein einzuschenken. Aber die Deutschen waren gewappnet, denn das „Haus Savoyen hatte noch nie einen Krieg an der Seite desjenigen beendet, mit dem es ihn begann – es sei denn, der Krieg dauerte lang genug, um die Fronten zweimal zu wechseln.[64] Am Tag vor Bekanntgabe der italienischen Kapitulation hatte General Carboni den Alliierten genaue Kartenunterlagen über die Lage des Hauptquartiers des OBS Generalfeldmarschall Kesselrings in Frascati zustellen lassen.

Gleichsam als Ouvertüre zu den Ereignissen des historischen 8. September griffen noch am Vormittag 130 B-17G Langstreckenbomber der 15. USAAF Frascati an. Jeder dieser Langstreckenbomber warf fast fünf Tonnen Bomben auf die bedauernswerte Stadt ab. Wie wir bereits berichteten, gab es unter den Stabsangehörigen Kesselrings 100 Gefallene und unter der Zivilbevölkerung 1000 tote Erwachsene und Kinder. Da viele Dienststellen des Oberbefehlshabers Süd um Frascati am Nordwesthang der Albaner Berge verteilt waren, hätten nur allergrößte Flächenbombardierungen möglichst viel vom Hauptquartier ausschalten können. Der OBS Kesselring und sein Stabschef General Westphal hatten es gerade noch geschafft, sich in den Keller zu retten, nachdem die ersten Bomben gefallen waren. Peter Tompkins war als Mitglied des OSS, des US-amerikanischen Nachrichtendienstes, im besetzten Rom und behauptete, daß der US-Luftangriff auf Frascati 6000 Todesopfer unter der Zivilbevölkerung gekostet habe.[65] Der Verfasser suchte sich über die unterschiedlichsten Verlustangaben Klarheit zu verschaffen und bat die Stadtverwaltung von Frascati um genaue Verlustangaben. Dieses Ersuchen fand bis heute keine Erledigung.[66] Handelte es sich dabei um ein Nichtwollen, ein Nichtkönnen oder gar um ein Nichtdürfen?

1 Vgl. dazu Curzio Malaparte: Die Haut (La Pelle). Übers. von H. Ludwig. 3. Auflage. (Frankfurt/Main:) Fischer Taschenbuch Verlag (1982). (= Fischer Taschenbuch 5044).
2 Vgl. hierzu ebda, S. 70 ff.
3 Vgl. diesbezüglich ebda, S. 265 ff.
4 Vgl. Guido Morselli: Licht am Ende des Tunnels. (Contra-passato prossimo). Übers. von A. Giachi. (Frankfurt/Main:) Suhrkamp Taschenbuch Verlag (1980). (= suhrkamp taschenbuch 627).
5 Vgl. dazu Der Anglo-Amerikanische Bombenkrieg, a.a.O., S. 69 f.
6 Vgl. hierzu eine briefliche Mitteilung der Comune di Milano an den Verfasser vom 26. Mai 1986.
7 Vgl. Malaparte, Die Haut, a.a.O., S. 70.
8 Ebda, S. 72.
9 Hellmuth Günther Dahms, a.a.O., S. 325.
10 Vgl. dazu Der Anglo-Amerikanische Bombenkrieg, a.a.O., S. 70.
11 Ebda.
12 Vgl. dazu Cartier, Der Zweite Weltkrieg, a.a.O., S. 668 f.
13 Kurowski, Generalfeldmarschall Albert Kesselring, a.a.O., S. 234 (siehe dazu auch die Analogie zu Belgrad auf S. 244f.).
14 Vgl. Cartier, Der Zweite Weltkrieg, a.a.O., S. 669.
15 Ebda, S. 711 ff.
16 Siehe unser Kap. Drei aufsehenerregende Bombardements: Monte Cassino auf S. 391ff.
17 Siehe Der Anglo-Amerikanische Bombenkrieg, a.a.O., S. 71.
18 Vgl. dazu die Schilderung der „Ausradierung" Cisternas durch 700 Bomber bei Heinz Greiner: Kampf um Rom – Inferno am Po. Der Weg der 362. Inf. Div. 1944/45. Neckargmünd: Vowinckel 1968, S. 40 und S. 43, jeweils Fußnoten.

19 Vgl. Combat Chronology, a.a.O., S. 265.

20 Vgl. diesbezüglich Kriegstagebuch des Oberkommandos der Wehrmacht IV (1944–1945), a.a.O., S. 504 f.

21 Vgl. S. 396.

22 Forster, Friede und Gemeinschaft. Enzykliken, Schreiben, Radiobotschaften und Ansprachen Papst Pius XII., a.a.O., S. 315.

23 Ebda.

24 Vgl. dazu Kriegstagebuch des Oberkommandos der Wehrmacht IV. (1944 bis 1945), a.a.O., S. 491 f.

25 Kurowski, Generalfeldmarschall Albert Kesselring, a.a.O., S. 261.

26 Vgl. dazu Kriegstagebuch des Oberkommandos der Wehrmacht IV. (1944 bis 1945), a.a.O., S. 475 f.

27 So wurde, um hier nur ein Beispiel für viele andere anführen zu wollen, Siena von den Deutschen am 30. Juni 1944 zur unverteidigten „Lazarettstadt" erklärt (vgl. Haupt, Kriegsschauplatz Italien 1943–1945, a.a.O., S. 152): „Das hieß, daß sich in der Stadt selbst keine militärischen Dienststellen befinden durften, um die im Stadtgebiet vorhandenen ( . . .) Bauwerke möglichst von Kriegshandlungen zu verschonen" (ebda).

28 Kriegstagebuch des Oberkommandos der Wehrmacht IV. (1944–1945), S. 533 f.

29 Vgl. dazu ebda, S. 534.

30 Vgl. ebda, S. 535.

31 Ebda.

32 Ebda, S. 534.

33 Ebda.

34 Ebda, S. 535.

35 Ebda.

36 Haupt, Kriegsschauplatz Italien 1943–1945, a.a.O., S. 152.

37 Der Anglo-Amerikanische Bombenkrieg, a.a.O., S. 72.

38 Ebda, S. 75.

39 Ebda, S. 77.

40 Ebda.

41 Ebda, S. 76.

42 Kriegstagebuch des Oberkommandos der Wehrmacht IV. (1944–1945), a.a.O., S. 519.

43 Ebda.

44 Caspar von Schrenck-Notzing, Der Dichter im Käfig, in der Monatszeitschrift „Neue Ordnung", Nr. 2/3 1986, Wien

45 Fritz J. Raddatz: Genie, Scharlatan, Müllfigur? Ezra Pound. In: F. J. Raddatz: Eros und Tod. Literarische Portraits. (Frankfurt/Main:) Fischer Taschenbuch Verlag (1983), S. 240 (= Fischer Taschenbuch 6487).

46 Paul Sèrant, Die politischen Säuberungen in Westeuropa am Ende des Zweiten Weltkrieges . . . a.a.O., Stefan T. Possony, Jahrhundert . . . a.a.O., S. 316: allein in Italien forderten die Säuberungen ab 1944/45 360000 Menschen.

47 Nach einer brieflichen Mitteilung der Mailänder Stadtverwaltung an den Autor vom 26. Mai 1986.

48 Vgl. Der Anglo-Amerikanische Bombenkrieg, a.a.O., S. 77.

49 Nach einem Brief der Turiner Stadtverwaltung an den Verfasser vom 19. Mai 1986.

50 Vgl. Der Anglo-Amerikanische Bombenkrieg, a.a.O., S. 77.

51 Ebda, S. 78.

52 Ebda.

53 Ebda.

54 Ebda.

55 Ebda.

56 Ebda.

57 Vgl. dazu Ludovico Galli: Incursioni aeree su Brescia e provincia 1944–1945. Ateneo Di Brescia: 1975, S. 70: „Si intensificano su tutta la provincia le azioni terroristische dell' aviazione anglo-americana."

58 Vgl. dazu Der Anglo-Amerikanische Bombenkrieg, a.a.O., S. 74 und unser Kapitel „Drei aufsehenerregende Bombardements..." unter „3. Bomben auf den Vatikan" Seite 396.

59 Dr. Cartellieri: Rom als offene Stadt. In: Kriegstagebuch des Oberkommandos der Wehrmacht (1944–1945), a.a.O., S. 507

60 Zur völkerrechtlich prinzipiell nicht geregelten, generellen Problematik, im Kriegsfalle eine in ihrer Bausubstanz wertvolle Stadt zur „offenen Stadt" erklären zu können, vgl. ebda, S. 501 ff.

61 Vgl. dazu Franco Manaresi: Le incursioni aeree su Bologna. In: Stunna Storice Bolognesa 1973, S. 169-205.

62 Ebda, S. 201.

63 Eigenes Erleben des Verfassers bei der Ablösung einer deutschen Fallschirmjägerdivision durch die 8. Gebirgsdivision Anfang 1945 südlich Bologna.

64 Edmund Theil, „Kampf um Italien", S. 18, unter Hinweis auf Peter Tompkins, Motto zu dessen Erinnerungsbuch „Verrat auf italienisch", erschienen 1967.

65 Ebda, S. 178 f.

66 Schreiben des Verfassers an „Comune di Frascati, Campidoglio, I 00100 ROMA" vom 19. April 1986, bis zur Drucklegung keine Antwort.

67 Mitarbeiter dieses Kapitels war cand. phil. Gernot Meigl

CARTA INDICATIVA DELLE ZONE COLPITE DALLE
PRINCIPALI INCURSIONI AEREE EFFETTUATE
DURANTE IL IIº CONFLITTO MONDIALE
(DISEGNO DI BUFFOLI FRANCO)

BOMBARDAMENTO DEL 14-2-44
* » » » 13-7-44 (DUPLICE)
● » » » 17-9-44
◀ » » » 24-2-45
★ » » » 28-2-45
◆ » » » 2-3-45
■

N.B. LA PLANIMETRIA DI SUPPORTO È AGGIORNATA ALLA FINE
DEGLI ANNI 70

# 11. GRIECHENLAND

*Die Luftkriegsopfer Griechenlands durch italienische, deutsche und anglo-amerikanische Bombardements[1]*

Die griechische Zivilbevölkerung hatte von November 1940 bis März 1941 durch italienische Luftangriffe 522 Tote zu beklagen[2]. 874 Zivilpersonen erlitten Verletzungen. Die Ziele dieser Bombardements waren unter anderem Larissa, Leuktra, die Häfen von Piräus und Tessaloniki. Deutsche Luftangriffe taktischer und strategischer Natur im April 1941 forderten weitere Verluste unter der griechischen Zivilbevölkerung von 100 Toten. Ob die italienische und die deutsche Luftwaffe bei diesen Luftangriffen den Verhältnismäßigkeitsgrundsatz von militärischem Vorteil und Einbeziehung der Zivilbevölkerung in die Kampfhandlungen eingehalten hat, läßt sich aufgrund fehlender Unterlagen und Informationen nicht entscheiden.

In den Jahren 1943 und 1944 wurden mehrere griechische Städte und Ortschaften von Bombenverbänden der RAF und der 15. USAAF heimgesucht. Hierüber gibt es zu wenig und zu ungenaue Aufzeichnungen, weshalb auch die Verluste unter der griechischen Zivilbevölkerung nicht exakt feststellbar sind. Am schwersten wurde die Hafenstadt Piräus getroffen[3]. Die 15. USAAF bombardierte Piräus vor allem im Januar mehrmals bei Tag und die RAF griff die Stadt in einer mondscheinerhellten Nacht an. Diese Luftangriffe forderten unter der Zivilbevölkerung von Piräus Hunderte von Opfern, setzten Wohnviertel in Brand und trafen auch die Hagia-Triada-Kirche sowie die Kathedrale der Stadt. Nach der damaligen „Sprachregelung" war die Erregung der Bevölkerung von Piräus unbeschreiblich, weil die RAF und die 15. USAAF anstatt die im Hafen von Piräus zweifellos vorhandenen militärischen Ziele zu bombardieren das abseits des Hafens liegende Stadtzentrum angegriffen hatten. Sollten diese uneingeschränkten Luftangriffe die Moral der griechischen Bevölkerung treffen oder die Menschen einschüchtern, so scheint dies auch oder gerade bei den Griechen ins Leere gegangen zu sein, wenn man der Athener Zeitung „Akropolis" Glauben schenken darf: „Als öffentliche Ankläger dieser Verbrecher übergibt Griechenland die Täter der Schande der Welt. Griechenland folgert aus ihrer gestrigen Haltung das Gebührende aus den Tatsachen. Griechenland weiß nun Bescheid über die wahren Absichten der sogenannten gepriesenen Bundesgenossen."

1 Mitarbeiter waren Lilly Czesany (Übersetzungen) und Gernot Meigl
2 Konstantinov Doxiades, Die Opfer Griechenlands im Zweiten Weltkrieg, Athen, 1946 und andere griechische Veröffentlichungen
3 „Der anglo-amerikanische Bombenkrieg", a.a.O. S 79 f

# 12. UNGARN

*Alliierte Luftangriffe auf 15 ungarische Städte*
*und Ortschaften 1941–1945*

Als es zu Beginn des Zweiten Weltkrieges zwischen Ungarn und Rumänien wegen Siebenbürgen zu Spannungen kommt und sogar ein Krieg auszubrechen drohte, fällten der deutsche und der italienische Außenminister, von Ribbentrop und Ciano, am 30. August 1940 den zweiten Wiener Schiedsspruch, der Ungarn von den 1920 verlorenen Gebieten 11 927 km² mit 1 Million Bewohnern zurückgibt. Rumänien erhielt dafür eine Garantie der nunmehrigen Grenzen[1].

Am 23. November 1940 tritt Ungarn gleichzeitig mit Rumänien und der Slowakei dem Dreimächtepakt bei. Im April 1941 beteiligt sich Ungarn am deutschen Einmarsch in Jugoslawien. Am 23. Juni 1941 erfolgt der Abbruch der diplomatischen Beziehungen zur Sowjetunion, und ab 27. Juni befinden sich die beiden Staaten im Kriegszustand. Drei ungarische Divisionen nehmen an der Seite deutscher Truppenverbände am Vormarsch in der Ukraine teil. Am 6. Dezember erklärt Großbritannien Ungarn den Krieg, und am 17. Dezember 1941 erklärt Ungarn den Vereinigten Staaten von Amerika den Krieg.

Die an der deutsch-sowjetischen Donfront eingesetzte 2. ungarische Armee erleidet im Januar 1943 derart schwere Verluste, daß sie aus der Front gezogen werden muß. Von diesem Zeitpunkt an werden ungarische Verbände nur noch im rückwärtigen Gebiet eingesetzt. Als die ungarische Regierung unter Miklos von Kallay bei den Deutschen in Verdacht gerät, den Abfall vom Dreimächtepakt vorzubereiten und das ungarische Parlament unbefristet „vertagt" wird, kommt es am 19. März 1944 zur Besetzung des Landes durch deutsche Verbände. Reichsverweser von Horthy willigt nach einer Aussprache mit Hitler im österreichischen Schloß Kleßheim in eine Regierungsumbildung ein (Kabinett Sztójay statt Kállay).

Nach dem am 23. August 1944 erfolgten Abfall Rumäniens steht den Sowjettruppen der Weg nach Ungarn offen. Nach dem Eindringen der Roten Armee in Ungarn leitet Horthy Verhandlungen mit der UdSSR und den Westalliierten ein. Am 15. Oktober erklärt er, daß die Sowjetunion um einen Waffenstillstand gebeten wurde. Horthy widerruft dies am nächsten Tag nach seiner vorübergehenden Verhaftung durch die Deutschen und dem Kampf um die Burg. Er tritt zurück und wird durch den bisherigen Führer der Pfeilkreuzler, Ferenz Szálasi, als „Staatsführer" ersetzt. Dieser übernimmt auch das Amt des Ministerpräsidenten, kann sich aber nur mit deutscher Hilfe halten. Am 23. Dezember wird von dem ins sowjetische Lager übergewechselten Generalobersten Béla Miklós in Debreczen eine Gegenregierung gebildet. Diese unterzeichnet am 20. Januar 1945 in Moskau einen Waffenstillstandsvertrag mit der UdSSR und den Westmächten, verzichtet auf alle in den letzten Jahren erworbenen Gebietserweiterungen und verspricht die Leistung von Reparationen.

Die Mitglieder der Regierung Szálasi schlossen sich den zurückgehenden deutschen Truppen an. Die ursprünglich 70 000 deutschen und ungarischen Verteidiger[2] der Festung Budapest konnten die sowjetischen Truppen allerdings zwei Monate lang bis zum 13. Februar 1945 am Vormarsch gegen Österreich mit der Hauptstoßrichtung Wien hindern. Nach der Kapitulation wurden Szálasi ebenso wie die früheren leitenden Staatsmänner (von Imrédy, von Bárdossy u. a.) an die neue ungarische Regierung ausgeliefert und hingerichtet.

Mehrere Monate bevor die ungarische Zivilbevölkerung durch die Kampf- und Etappentruppen auf beiden Seiten der Hauptkampflinien mehr oder minder stark in Mitleidenschaft gezogen wurde, kamen die Bewohner mehrerer Städte Ungarns bereits mit dem zumeist unerbittlichen Bombenkrieg in nur zu oft tödlich endende Berührung. Vor allem hatten die Großstadtbewohner von Budapest unter einer Serie von RAF-Nachtangriffen zu leiden, seitdem die Engländer den ersten Bomberraid gegen die ungarische Hauptstadt in der Nacht vom 12. auf 13. April 1944 starteten.[3] Bereits wenige Tage danach, nämlich in der Nacht vom 16. auf 17. April erfolgte bereits das nächste Bombardement Budapests und schließlich am 4./5. Mai der dritte Luftangriff durch die RAF innerhalb von etwa 3 Wochen. Insgesamt mußten die Budapester 29 Bombardierungen über sich ergehen lassen.[4] Diese anglo-amerikanischen Luftangriffe gegen die Zivilbevölkerung Budapests forderten eine besonders hohe Zahl von 6500 Gefallenen. Rechnet man die Opfer der Angriffe auf die damaligen Vororte Budapests (Kispest, Pestszenterzsèbet und Csepel), die nach Eingemeindung heute den XIX., XX. und XXI. Stadtbezirk bilden, dazu, dann erhöht sich die Anzahl der Toten auf 7742. Darüber hinaus können keine weiteren Angaben über die Luftkriegsverluste Budapests gemacht werden, wie der äußerst gewissenhafte und exakte Luftkriegshistoriker Dr. Iván Pataky schreibt[5]: „Alle weiteren Angaben würden zu falschen Folgerungen und Fehlschlüssen führen, denn vom November 1944 bis zum 13. Februar 1945 dauerte die Schlacht um Budapest, der Krieg zwischen den Häusern. Die Bombenangriffe auf Budapest dauerten bis November 1944 und die Belagerung folgte auf dem Fuße. Sämtliche Nachkriegsstatistiken bringen nur die Gesamtschäden, ohne Unterteilung nach Erdkampf- und Luftkriegsschäden. Die Gesamtzahl der Kriegsopfer Budapests betrug 20500 Ziviltote."

Auf der folgenden Seite bringen wir die uns von Dr. Pataky freundlicherweise zur Verfügung gestellten Ergebnisse seiner Forschungsarbeit, die wir in eine Verluste- und Schadenstatistik zusammengefaßt haben,[6] zum Abdruck. Danach folgt der Abdruck einer ebenfalls von Dr. Pataky erarbeiteten und uns überlassenen Ungarnkarte mit allen vom Luftkrieg der Alliierten betroffenen Städten und Ortschaften. Die Numerierung dieser Städte und Ortschaften wurde mit den Eintragungen in der Verluste- und Schadenstatistik abgestimmt.

Ungarn erlitt im Zweiten Weltkrieg 19000 bis 20000 Personenverluste[7] durch anglo-amerikanische Luftangriffe (berechnet nach den Staatsgrenzen vom 1. Januar 1944. Die Bevölkerungszahl betrug damals 14500000).

1 Ploetz, „Geschichte...", a.a.O., S 117 f
2 Peter Gosztony, Endkampf an der Donau 1944/45, Wien-München-Zürich-Innsbruck, MTV-Molden-Taschenbuch-Verlag, 1969, S 110
3 L.G.S. Payne, a.a.O., S 244 ff. Die erste Bombardierung Budapests durch die 15. USAAF war bereits am 3. April 1944 erfolgt, als 450 B-17 und B-24 Viermots die ungarische Hauptstadt, sowie Knin, Brod und Drnis in Jugoslawien angegriffen hatten, siehe „The Army Air Forces...", S 308
4 Gemäß Eintragung zur „Aufstellung der Verluste und Schäden Budapests" vom 1. April 1986 durch Dr. Iván Pataky
5 Bemerkungen zur „Aufstellung der Verluste und Schäden Budapests" vom 1 April 1986 von Dr. Iván Pataky
6 Unter Mitarbeit von Gerald Ziegelbecker
7 Gemäß Brief von Dr. Iván Pataky vom 6. April 1986 an den Verfasser

## Ungarns Luftkriegsverluste und -schäden

| lfd. Nr. | Gemeinde / Stadt | Zahl der Luftangr. | Tote beurkundet – Zivilpersonen | Tote beurkundet – Soldaten (einschl. Deutsche) | Tote beurkundet – Summe | Tote geschätzt – Zivilpersonen | Tote geschätzt – Soldaten (einschl. Deutsche) | Tote geschätzt – Summe | Gebäudeschäden – total | Gebäudeschäden – schwer | Gebäudeschäden – leicht | Gebäudeschäden – Summe | Wohnungsverl. – zerstört | Wohnungsverl. – % | Wohnungsverl. – zerstört u. beschädigt | Wohnungsverl. – % | abgew. Bomben – Anzahl | abgew. Bomben – in Tonnen |
|---|---|---|---|---|---|---|---|---|---|---|---|---|---|---|---|---|---|---|
| 1 | Budapest | 29 | | | | | | 6 500 | | | | | | | | | | |
| 2 | Kispest (Budapest XIX) | 16 | | | 295 | | | | | | | 316 | | | | | | |
| 3 | Pestszenterzsébet (Budapest XX) | 16 | | | 660 | | | | 502 | 770 | | | | | | | | |
| 4 | Csepel (Budapest XXI) | 14 | | | 287 | | | | 970 | 1270 | | | | | | | | |
| 5 | Debrecen | 7 | 1582 | 600 | 2182 | 1404 | 177 | 1581 | | | | 2 600 | | | | | 5 950 | 626 |
| 6 | Szolnok | 12 | 291 | 177 | 468 | | | | | | | 2 100 | | | | | 3 547 | 486 |
| 7 | Szeged | 6 | | | 122 | | | | 143 | 119 | 544 | 806 | | 1 | | 6 | 946 | 193 |
| 8 | Hatvan | 1 | | | 495 | | | | | | | | 181 | 5 | 771 | 22 | | |
| 9 | Békéscsaba | 5 | | | 184 | ≥184 | ≥30 | ≥214 | 200 | 200 | 100 | 500 | | | | | >607 | |
| 10 | Miskolc | 2 | | | | | | 600 | 200 | | | 679 | | | 250 | | | |
| 11 | Nyíregyháza | 11 | 80 | | 80 | | | | | | | 331 | | | 272 | 3 | | 270 |
| 12 | Győr (Raab) | 11 | 689 | | 689 | | | | | | | 1 255 | | | 637 | | 4 717 | 701 |
| 13 | Sopron (Ödenburg) | 4 | | >1100 | 2 200 | | | | | | | 1 941 | | | | | 1 500 | 375 |
| 14 | Székesfehérvár (Stuhlweißenburg) | ~15 | ≥714 | | ≥714 | | | | | | | | | | | | | |
| 15 | Szombathely (Steinamanger) | 3 | | | 450 | | | | 813 | 2 788 | 4 241 | 7 842 | 792 | 10 | 7 700 | 99 | 1 771 | 449 |
| 16 | Nagyvárad (Großwardein/Oradea) Rumänien | 1 | | | 50 | | | | | | | 1 340 | | | 201 | | | 66 |
| 17 | Kolozsvár (Klausenburg/Cluj-Napoca) Rumänien | 1 | 150 | 21 | 171 | | | | | | | 420 | | | 218 | | | 90 |
| 18 | Kassa (Kaschau/Kosice) Tschechoslowakei | 1 | 32 | | 32 | | | | | | | | | | | | 30 | 1 |

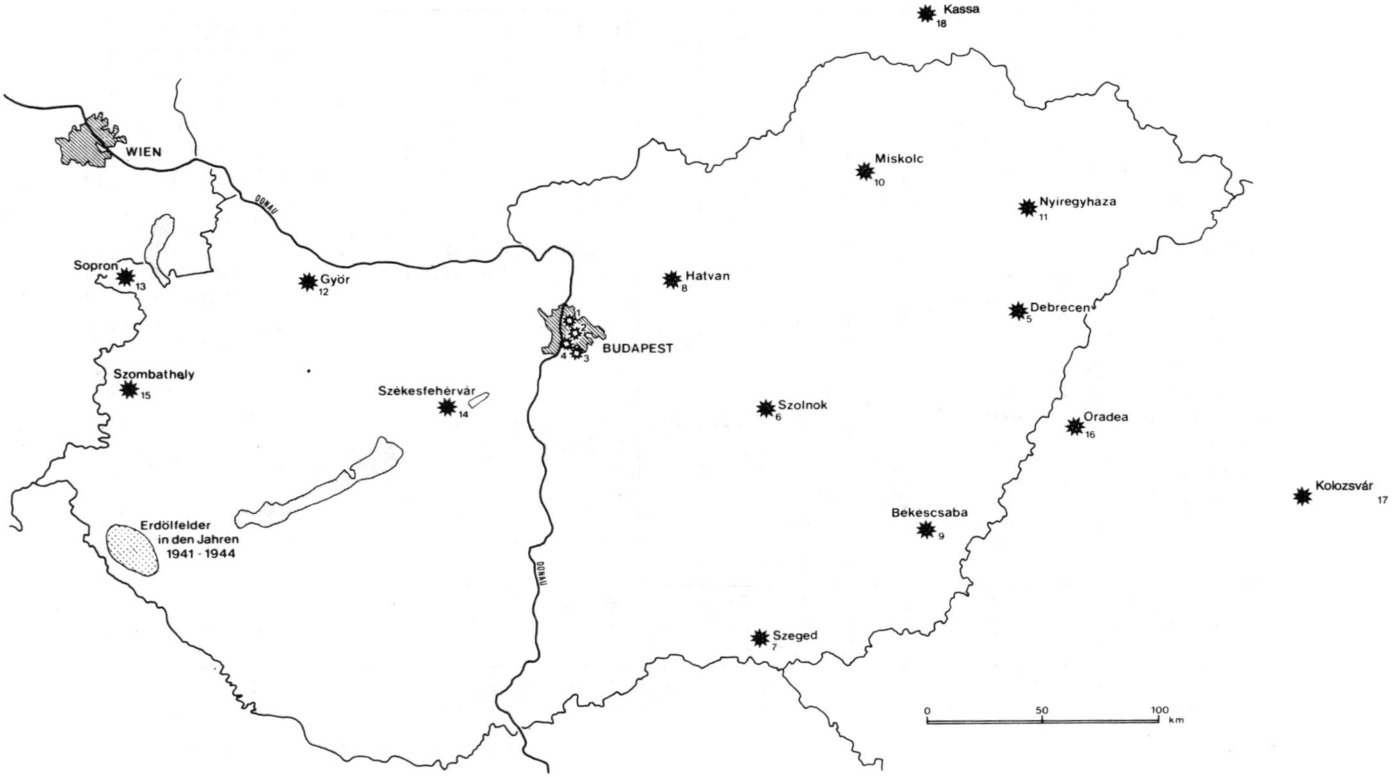

Kolozsvár 17

Kassa 18

Nyiregyhaza 11

Oradea 16

Debrecen 5

Miskolc 10

Bekescsaba 9

Szolnok 6

Szeged 7

Hatvan 8

BUDAPEST 4 3

DONAU

Székesfehérvár 14

Győr 12

Szombathely 15

Sopron 13

WIEN

DONAU

Erdölfelder in den Jahren 1941 - 1944

100 km

50

0

# 13. BELGIEN

## Völkerrechtswidrige Luftbombardements auf Belgien im Zweiten Weltkrieg[1]

Am 10. Mai 1940 hatte die Deutsche Wehrmacht den von Hitler erhaltenen Befehl zum Einmarsch nach Belgien in die Tat umgesetzt: Ersten Luftangriffen durch STUKAS waren viele belgische Soldaten zum Opfer gefallen[2]. Am 27. Mai 1940 sah sich die belgische Regierung, militärisch gegenüber den vordringenden Deutschen in einer mittlerweile völlig aussichtslosen Lage, dazu gezwungen, zu kapitulieren[3]: Der belgische König Leopold III. erklärte die alliierte Sache für verloren und sah nicht ein, warum er ihr weitere belgische Zivilisten opfern sollte (wozu es ja zwangsläufig gekommen wäre, hätte man belgischerseits den Kampf gegen die Deutschen fortgesetzt).

Von Juni 1940 bis in den Spätherbst 1944 blieb Belgien deutsches Besatzungsgebiet. Während dieses Zeitraumes wurde sein Staatsgebiet zumindest zeitlich begrenzt in den sich intensivierenden anglo-amerikanischen Bombenterror gegen das benachbarte Frankreich und insbesondere gegen Deutschland mit einbezogen: Ein besonders ruchloser Fall völkerrechtswidriger Bombardierung der Zivilbevölkerung traf *Antwerpen* am 6. April 1943. Hier forderte ein Flächenbombardement anglo-amerikanischer Fliegerverbände mehr als 2000 Tote, 800 Verletzte und 120 Vermißte[4]: „Die Zahl der Toten von Antwerpen stellt ein Drittel der Zahl der während des 18tägigen Feldzugs von 1940 gefallenen belgischen Soldaten dar. Die anglo-amerikanischen Piloten haben also in einer Viertelstunde sechsmal soviel Menschen getötet, wie Soldaten im Laufe eines ganzen Tages gefallen sind. Dieser einfache Vergleich, der sich auf amtliche Ziffern stützt, ist beredter als jeder Kommentar."[5]

Bei diesem Luftangriff auf *Antwerpen* hat es sich zweifelsfrei um Luftterror im Sinne des wahllosen Flächenbombardements einer großen und einwohnerreichen Stadt gehandelt. Anglo-amerikanische Propagandaquellen sprechen im Gegensatz dazu von äußerst erfolgreichen Zielbombardements militärischer Objekte und loben die Exaktheit der alliierten Bombenabwürfe[6]:

> „Wie sah diese ‚Genauigkeit' aus? In der Knabenschule der Eggstraat zerriß ein Treffer während des Unterrichts zwei Etagen des Schulgebäudes, 23 Schüler wurden tot geborgen. Von der St.-Ludgard-Schule blieben nur Mauern und Balken übrig. 58 Kinder mußten ihr Leben lassen. Die Schule St. Vincent wurde am schwersten betroffen und völlig zerstört. Nicht weniger als 97 Kinder – alle im Alter von zehn bis elf Jahren – wurden bis zur Unkenntlichkeit zerfetzt unter den Ruinen hervorgezogen. Drei Lehrerinnen teilten das furchtbare Schicksal ihrer Pfleglinge. Eine Kinderkrippe wurde restlos zerstört. Alle 18 Kinder von einem bis zu fünf Jahren waren von einem englischen Volltreffer zerschmettert.
> Wenige Beispiele für viele. Endlos schien die Reihe der kleinen grauen Holzsärge, in denen die Opfer zur Identifizierung standen. Viele, zu viele: mehr als 300 Kinder erlebten den Abend dieses Sonnabends nach dem angelsächsischen Angriff nicht mehr".[7]

„Das waren die industriellen Ziele der Engländer und Amerikaner"[8], deren wirkungsvolle Zerstörung sie so beredt in ihren Nachrichtenmedien verherrlicht hatten!

Weitere anglo-amerikanische Flächenbombardements, begleitet von Tieffliegerangriffen auf Personenzüge, ackernde Bauern, einzelne Radfahrer und flanierende Passanten, brachte das Jahr 1944: Betroffen davon waren die belgischen Städte *Brüssel, Gent, Charleroi, Löwen, Kortrijk* und *Mecheln*[9]. Eine – leider nur nach Provinzen aufgeschlüsselte! – *GESAMTBILANZ* an belgischen Luftkriegstoten zwischen 1940 und 1944 weist 15 729 Personen aus[10]; dazu kommen noch 15 942 Schwerverwundete und 12 590 Leichtverwundete infolge von Luftangriffen unter der belgischen Zivilbevölkerung[11]. Diese Zahl umfaßt auch die Opfer jener Beschießungen durch V 1- und V 2-Waffen der Deutschen, denen belgische Städte, unter ihnen insbesondere *Antwerpen* im Jahre 1944 und in den ersten vier Monaten des Jahres 1945 ausgesetzt gewesen waren. Das belgische Außenministerium kommt hier nach Berechnungen auf eine Gesamtzahl von 8661 V 1- und V 2-Bomben, die in belgischen

Städten einschlugen und insgesamt 6448 Tote und fast 23 000 Verletzte verursachten.

Dieser von den Deutschen getätigte Einsatz von V 1- und V 2-Waffen entsprach nicht den grundsätzlichen Bestimmungen des Kriegsrechtes. Da die Streuung der Geschosse schon nach den Testergebnissen in *Peenemünde* als sehr hoch diagnostiziert worden war – die Streuung der V 1 betrug etwa 15 km –, hätte diese Waffe nur gegen solche militärische Objekte eingesetzt werden dürfen, die ein besonders großes Flächenziel darstellten. Bei den von der Deutschen Wehrmacht ausgewählten Zielräumen – etwa beim Hafen von *Antwerpen* – war dies jedoch nicht der Fall, denn in allen Zielräumen befanden sich ziemlich viele belgische Zivilpersonen. Somit stand der Einsatz der deutschen V 1 und V 2 gegen belgische Festlandsziele eindeutig im Widerspruch zum herrschenden Kriegsrecht, da noch dazu das von den Deutschen besetzte Belgien sich keinerlei Verletzung völkerrechtlicher Abmachungen in bezug auf Deutschland hatte zuschulden kommen lassen. Alles in allem forderte der mehrmals wiederholte Beschuß beispielsweise *Antwerpens* durch deutsche Vergeltungswaffen – wobei der Einsatz der *flugzeugähnlichen* V 1 vor allem von am Boden befindlichen Abschußanlagen (etwa im Gebiete der Kanalküste), die Verwendung der *raketenähnlichen* V 2 hingegen von sie abschießenden Flugzeugen aus bewerkstelligt zu werden pflegte[12] – insgesamt 4152 Todesopfer[13], unter ihnen anscheinend auch etliche Kombattanten und Quasikombattanten, also nicht allein belgische Zivilisten.

Kriegsrechtlich ist die Einsatzproblematik dieser deutschen Vergeltungswaffen V 1 und V 2 eindeutig geklärt: Solange derartige Geschosse kein einwandfreies und genaues Zielen gewährleisten, solange es demnach nicht sicher ist, daß an Kriegshandlungen unbeteiligte und schuldlose Zivilisten durch solche neue Waffensysteme zu Schaden kommen, stehen ihrer grundsätzlichen Verwendung gegen begrenzte militärische Objekte ganz wesentliche Bestimmungen des herrschenden Kriegsrechtes entgegen. Unbeschadet dieser manifesten Verletzung des Völkerrechts gelangten V 2-Waffen bis zum 5. April 1945 gegen belgische Städte wie *Lüttich*, *Antwerpen* und *Brüssel* zum Einsatz.[14]

Betrachtet man resümierend nochmals die Gesamtzahl ziviler belgischer Kriegstoter im Zweiten Weltkrieg in der Höhe von 15 729 Personen, so geht die eine Hälfte davon mit Sicherheit auf das

Konto deutscher völkerrechtswidriger V 1- und V 2-Bombarde-
ments, die andere Hälfte hingegen auf das Konto anglo-amerikani-
scher Luftangriffe (sprich Flächenbombardements und Tieffliegerangriffe), unter denen eine Reihe belgischer Städte zu leiden hatte.

### *Übersichtstabelle der belgischen Luftkriegsverluste im Zweiten Weltkriege (Zahlenangaben)*

*Luftkriegsopfer*

| (Zivilisten) | Tote | Verletzte |
|---|---|---|
| | 15729 | etwa 35000 |

*Luftkriegsschäden*

| Zerstörte oder schwer-beschädigte Wohnhäuser oder Wohnungen | 464527 | (aus einem Gesamtbestande von 2173031 Wohnstätten im Jahre 1939) |
|---|---|---|

| Hauptsächlicher Zeitraum des Beschusses belgischer Städte durch deutsche V 1- und V 2-Waffen | 16. Dezember 1944 – 7. Februar 1945 (total 8661 gezählte Bomben) |
|---|---|

| Verluste unter der Zivilbevölkerung durch V 1 und V 2 | Tote | Verletzte |
|---|---|---|
| | (6448) | (22524) |

1 Unter Mitarbeit von cand. phil. Gernot Meigl, Graz.
2 Vgl. dazu Cartier, Der Zweite Weltkrieg, a.a.O., S. 92 f.
3 Vgl. hierzu ebda, S. 143 f.
4 Vgl. dazu Der Anglo-Amerikanische Bombenkrieg, a.a.O., S. 67.
5 Ebda.
6 Ebda.
7 Ebda.
8 Ebda.
9 Ebda.
10 Nach einer schriftlichen Mitteilung des belgischen Ministeriums für auswärtige

Angelegenheiten an den Verfasser des hier vorliegenden Buches vom 9. August 1985.

11 Ebda.

12 Vgl. dazu Kriegstagebuch des Oberkommandos der Wehrmacht (Wehrmachtführungsstab). Band IV: 1. Januar 1944 – 22. Mai 1945. Eingeleitet und erläutert von Percy Ernst Schramm. Erster Halbband IV/7. Herrsching: Manfred Pawlak (1982), S. 971.

13 Vgl. diesbezüglich Spetzler, Luftkrieg und Menschlichkeit, a.a.O., S. 326 (unter Hinweis auf Churchill, Der Zweite Weltkrieg, Bd. VI/1, S. 76).

14 Vgl. hierzu Kriegstagebuch des Oberkommandos der Wehrmacht (Wehrmachtführungsstab), Erster Halbband IV/7, a.a.O., S. 972.

# 14. NIEDERLANDE

## Luftkriegstote und -verluste in den Niederlanden im Zweiten Weltkrieg[1]

*„De donkere kamer van Damocles"*
*(W. F. HERMANS)*

„De donkere kamer van Damocles": So und nicht anders empfanden die meisten Holländer die Zeit der Besetzung ihres Landes durch die deutschen Truppen in den Jahren 1940 bis September 1944, als der Süden des Landes von den einrückenden alliierten Truppenverbänden befreit wurde, bzw. März und April 1945, als der Norden und Osten des von den Deutschen besetzten Staatsgebietes von diesen „gesäubert" wurde. So lautet denn auch der Titel eines von einem Holländer namens W. F. Hermans verfaßten Romans über die Leiden, die seine Landsleute im Zweiten Weltkrieg zu ertragen hatten, nämlich fremde Besatzung, Hunger, Judenverfolgungen, allfällige Repressalien gegen die Zivilbevölkerung bei Handeln gegen die Befehle der deutschen Zivilverwaltung, Bombardierungen durch Flugzeuge, vor allem durch die der Alliierten, etc.; Hermans hat das alles in Einzelheiten beschrieben.

Das Martyrium der Holländer im Zweiten Weltkrieg begann mit dem Angriff der Deutschen Wehrmacht auf ihr Staatsgebiet am 10. Mai 1940: „Schlag aus heiterem Himmel auf Holland... [!] Seit Tagesanbruch regnete es Fallschirmjäger über Rotterdam, Den Haag und auf der Insel von Dordrecht bei der großen Brücke von Moerdijk"[2]. Wie schon im Norwegen-Feldzug brachten die Deutschen auch im Westfeldzug Fallschirmjäger und Luftlandetruppen in großer Zahl zum Einsatz, um den Gegner rasch niederzuwerfen:

> „Der Angriff auf die Festung Holland mit den Landungen bei den drei wichtigsten Brückenpaaren von Moerdijk, Dordrecht und Rotterdam und die Gewinnung des Flugplatzes Waalhaven bei Rotterdam für die Nachlandungen der 22. Infanterie-Division gehörten zu den wichtigsten und überraschendsten Einsätzen des Zweiten Weltkrieges."[3]

Im Laufe der Angriffshandlungen der deutschen Truppen gegen die Festung Holland kam es am 14. Mai zum verhängnisvollen Luftangriff des KG 54 auf die von holländischen Truppen verteidigte Stadt Rotterdam zur taktischen Unterstützung der dort kämpfenden und in Bedrängnis geratenen deutschen Fallschirmjäger. Wir berichteten darüber ausführlich im Kapitel „Frankreichfeldzug". Hinzuzufügen ist die neueste Angabe über die Menschenverluste, die der deutsche Luftangriff verursachte. In dem bereits zitierten Werk „Luchtgevaar von A. Korthals Altes, Amsterdam, 1984" wird diese Verlustangabe mit 650–900 Getöteten (holländisch: omgekomen) angeführt. Auch dieser Angabe ist die genaue Zahl an Zivilpersonen, Kombattanten und Quasikombattanten nicht zu entnehmen. Aber auch die übrigen Verlustangaben sind ungenau, das Buch von A. Korthals Altes scheint keine Anzahl der Verletzten und der Wohnungsverluste sowie der Gebäudeschäden zu enthalten. Dies gilt nicht nur für Rotterdam, sondern auch hinsichtlich aller übrigen durch Bombardements mehr oder minder stark in Mitleidenschaft gezogenen Städte und Orte der Niederlande.

Der britische Premierminister Winston Churchill benutzte die Teilzerstörung Rotterdams zu einer der größten Propagandaoffensiven des Zweiten Weltkrieges. Dabei verwendete er, ohne auf die taktischen Umstände und die völkerrechtsgemäße Begründung des deutschen Bombardements auf Rotterdam auch nur am Rande einzugehen, die Verlustzahl von 30000 „umgekommenen" Zivilisten entweder selbst oder ließ diese unwahre Behauptung, ohne jemals eine Richtigstellung vorzunehmen, von seinen Mitarbeitern in der psychologischen Kriegführung benützen. Wie schwer eine derartig millionenfach verkündete Geschichtslüge aus dem Wortschatz von Zeitungsschreibern, aber auch sogenannter seriöser Bearbeiter von Lexika entfernbar ist, haben wir angeführt.[4]

Die Jahre 1941, 1942 und 1943 brachten den Holländern nicht das Inferno des Bombenkrieges, von dem zur gleichen Zeit beispielsweise die Deutschen nicht ausgespart geblieben sind: Lediglich *Rotterdam* (am 3./4. Oktober 1941 sowie am 28./29. Januar 1942), *Geleen* (am 5./6. Oktober 1942), *Eindhoven* (am 6. Dezember 1942), abermals *Rotterdam* (am 31. März 1943), *Haarlem* (am 16. April 1943), *Amsterdam* (am 17. Juli 1943) und *Enschede* (am 10. Oktober 1943) wurden Bombardierungen ausgesetzt, und zwar ausschließlich Bombardements der Alliierten, wobei insgesamt etwa 1200 Personen den Tod fanden[5]. Diese Ziffer läßt sich leider nicht näher in Nichtkombattanten und/oder Quasi-Kombattanten aufschlüsseln, da die uns zur Verfügung stehenden holländischen Quellen hier keine Einzelheiten liefern. Auch sind die eigentlichen Angriffsziele der alliierten Bomberverbände dort nicht näher angegeben: Man weiß also nicht, ob die RAF und die USAAF primär Zielbombardements militärischer Objekte im besetzten Feindesland oder Flächenbombardements vornehmlich von Wohnvierteln durchgeführt haben. Eine völkerrechtliche Bewertung der zitierten Luftangriffe auf holländische Städte steht uns demnach nicht zu.

Ebenso verhält es sich mit den im Jahre 1944 intensivierten Luftangriffen auf holländische Gebiete: Auch hier läßt sich nicht annähernd feststellen, ob sie militärischen oder nicht-militärischen Zielen gegolten haben und ob sie Personenverluste primär an Zivilisten oder aber an Quasi-Kombattanten hervorgerufen haben. Fest steht lediglich, daß beispielsweise die holländische Stadt Nimwegen am 22. Februar 1944 ein schweres Bombardement durch die USAAF hinnehmen mußte, bei dem fast 800 Personen den Tod fanden[6]. Weitere Städte der Niederlande, die von den Bomberverbänden der USAAF in diesem Jahre heimgesucht wurden, waren *Hengelo* (am 6. Oktober 1944; etwa 100 Tote), *Maastricht* (am 18. August 1944; etwa 90 Tote), *Wolfheze* (am 17. September 1944; etwa 90 Tote) und *Roozendaal* (am 31. Mai 1944; etwa 70 Tote)[7], während die RAF *Westkapelle* (am 5. Oktober 1944; zirka 150 Tote), *Zutfen* (am 14. Oktober 1944; etwa 70 Tote) und *Dordrecht* (am 24. Oktober 1944; etwa 70 Tote) angriff[8]. Das Jahr 1945 schließlich brachte die alliierten Luftangriffe auf *Den Haag* (am 3. März; mindestens 520 Todesopfer), *Montfort* (am 22. Januar; etwa 180 Tote), beide Male durch Bomberverbände der RAF, weiters auf *Goor* (24. März; zirka 80 Tote), *Nijverdal* (23. März; 72 Tote) und abermals in *Enschede* (22. März; 65 Tote), jeweils geflogen von Bombern der USAAF. Wen oder was diese alliierten Luftangriffe auf holländische Städte genau betreffen sollten, wissen wir leider nicht, ebensowenig wie wir eine Aussage darüber machen können, ob sich die Zahl der angegebenen, bei den Luftangriffen umgekommenen Toten aus „reinen" Zivilisten und/oder Quasi-Kombattanten zusammensetzt. Die Möglichkeit, daß es sich bei diesen Luftangriffen der Alliierten auf holländisches Gebiet zumindest zum Teil um Flächenbombardements von Wohngebieten gehandelt hat, ist allerdings nicht von der Hand zu weisen.

Den vielen von uns zitierten alliierten Luftangriffen auf holländische Städte und Dörfer haben die Deutschen nur das schon diskutierte Bombardement von *Rotterdam* am 14. Mai 1940, ferner einen Angriff durch die Luftwaffe auf *Eindhoven* vom 19./20. September 1944 – dem 180 Personen zum Opfer fielen[9] – und zuletzt eine ·Bombardierung der Außenbezirke von *Nimwegen* am 2. September 1944 – gezählte 93 Personen fanden dabei den Tod – entgegenzusetzen. Durch diese beiden Luftangriffe sollten offenbar die Aufmarschpläne der inzwischen in Europa gelandeten Alliierten, wenn schon nicht vereitelt, so doch wenigstens durcheinandergebracht werden. Zum Zeitpunkt der beiden genannten Bombardements Eindhovens und Nimwegens durch die Luftwaffe waren diese Städte schon in der Hand der alliierten Truppenverbände.

Fassen wir *Hollands Luftkriegsverluste* zusammen, sowohl die *Personenverluste* als auch die durch Fliegerbomben eingebüßten SACHWERTE (etwa zerstörte Wohneinheiten, ausgebrannte Schulen, verwüstete Kirchen, zerbombte Krankenhäuser etc.) *während des 2. Weltkriegs,* so müssen wir leider sagen, daß wir bislang an Zahl nur geringe, qualitativ viele Wünsche offen lassende Unterlagen über jene durch Luftangriffe auf holländische Städte verursachten SACHSCHÄDEN erhalten haben: Eine diesbezügliche Statistik findet sich nur in „*Der Aufbau*" vom Jahre 1951, S. 109:

Während der Feldzugsjahre 1940 (Rotterdam) und 1944/45 sowie durch anglo-amerikanische Bombenangriffe erlitten die Niederlande folgende Verluste:

| Art | zerstört | schwer beschädigt | leicht beschädigt | hiervon in Rotterdam |
|---|---|---|---|---|
| Wohnungen | 82 600 | 40 700 | 386 000 | 25 000 |
| Kirchen | 200 | 700 | 1 000 | 21 |
| Schulen | 250 | 1 400 | 1 800 | 69 |
| Krankenhäuser | 5 | · 240 | 200 | 3 |
| Bauernhöfe | 7 750 | 6 000 | 33 000 | – |

In dem von uns auf den vorangegangenen Seiten bereits des öfteren zitierten Werk „Luchtgevaar" von Korthals Altes ist keine Aufstellung über Sachschäden in Holland aufgrund von Luftbombardements zwischen 1940 und 1945 enthalten: Man findet in diesem Werke lediglich eine *Statistik über die Zahl der LUFT-KRIEGSTOTEN*, nicht aber über die Zahl der durch Fliegerbomben Verletzten, welche die Niederlande im Zweiten Weltkrieg zu beklagen hatten, und zwar eine Statistik im Sinne einer Reihung holländischer Städte nach der Anzahl ihrer Luftkriegstoten in der Zeit 1940 – 1945 (ob sie allerdings vollständig ist, können wir nicht sagen; wir möchten dies aber stark bezweifeln: Die vom holländischen Autor erstellte Statistik hört nämlich, wie jeder sehen kann, bei einer Zahl von 65 Luftkriegstoten (in Enschede am 22. März 1945), auf; wir möchten aber annehmen, daß es eine ganze Reihe von holländischen Ortschaften mit weniger als 60 Luftkriegstoten, die hier nicht aufgelistet worden sind, gegeben hat. Diese Statistik – ob und wie viele Kombattanten und Quasi-Kombattanten in der Zahl von bei Bombardements umgekommenen Personen enthalten sind, geht aus ihr allerdings nicht hervor! – möchten wir hier wiedergeben:

*Appendix II*

BOMBARDEMENTEN INGEDEELD NAAR ORDE VAN
GROOTTE VAN AANTAL DODEN

| nr. | datum | doel(en) | omgekomen | door luchtmacht |
|-----|-------|----------|-----------|-----------------|
| 1 | 14–05–1940 | Rotterdam, binnenstad | 650–900 | Luftwaffe |
| 2 | 22–02–1944 | Nijmegen, stadsdeel | maximaal 800 | USAAF |
| 3 | 3–03–1945 | Den Haag, Bezuidenhout | minimaal 520 | RAF |
| 4 | 31–03–1943 | Rotterdam, Tussendijken | circa 400 | USAAF |
| 5 | 11–09–1944 | Breskens, havenbuurt | 199 | RAF |
| 6 | 17–07–1943 | Amsterdam-Noord | 185 (158) | USAAF |
| 7 | 21/22–01–1945 | Montfort L., dorp | 183 | RAF |
| 8 | 19/20–09–1944 | Eindhoven, stad | 180 | Luftwaffe |
| 9 | 10–10–1943 | Enschede, stad | 151 | USAAF |
| 10 | 5–10–1944 | Westkapelle, zeedijk | circa 150 | RAF |
| 11 | 6–12–1942 | Eindhoven, rond Philips | 138 | RAF |
| 12 | 3/4–10–1941 | Rotterdam | 106 (130) | RAF |
| 13 | 6–10–1944 | Hengelo, stad | circa 100 | USAAF |

| 14 | 2–10–1944 | Nijmegen, omgeving Waalbrug | 93 | Luftwaffe |
| 15 | 18–08–1944 | Maastricht, stadswijk | 91 | USAAF |
| 16 | 17–09–1944 | Wolfheze, gesticht/dorp | 87 | USAAF |
| | | | | |
| 17 | 16–04–1943 | Haarlem, stad | 85 | RAF |
| 18 | 5/6–10–1942 | Geleen, stad | 83 | RAF |
| 19 | 24–03–1945 | Goor, centrum | 82 | USAAF |
| 20 | 24–03–1945 | Haaksbergen, centrum | 75 (50) | USAAF |
| 21 | 14–10–1944 | Zutfen, wijk bij Ijssel | 73 | RAF |
| 22 | 31–05–1944 | Roozendaal, buurt station | 73 | USAAF |
| 23 | 23–03–1945 | Nijverdal, centrum | 72 | USAAF |
| 24 | 28/29–01–1942 | Rotterdam/Schiedam stad | 71 | RAF |
| 25 | 24–10–1944 | Dordrecht, Merwestein | 69 (52) | RAF |
| 26 | 22–03–1945 | Enschede, stad | 65 | USAAF |

LEGENDA   USAAF = United States Army Air Force
RAF = (Britse) Royal Air Force
tussen ( ) = aantallen uit verschillende bronnen
ad 7. = betreft optelling 2 dagen tactische luchtsteum aanvallen frontlijn
A-20 = Douglas Boston
B-17 = Boeing Vliegend Fort
B-24 = Convair Liberator
B-25 = North American Mitchell
B-26 = Martin Marauder

Korthals Altes läßt in seiner Statistik keinen Zweifel darüber – und er sagt dies auch ausdrücklich –, daß es die meisten Luftkriegstoten infolge schlampiger Recherchen vor dem Ausklinken der Bomben, schlampiger Zielangabe und Fehlidentifikation „gegeben" hat. Addiert man die Zahlenangaben des holländischen Autors, um so zu einer ungefähren Gesamtziffer der holländischen Personenverluste infolge von Luftangriffen durch die RAF, USAAF und LUFTWAFFE zu kommen, dann gelangt man zu einer Zahl von weit über 5000 Luftkriegstoten. Kalkuliert man ferner ein, daß die Statistik des holländischen Autors unvollständig ist, daß also im Klartext viele Angaben über kleinere holländische Städte und Dörfer mit weniger als 65 Luftkriegstoten in jedem einzelnen Falle fehlen, so kommt man möglicherweise auf eine *Gesamtzahl von 8000 Luftkriegstoten* in den Jahren 1940–1945. Diese Zahl ist, wie schon gesagt, eine ungewisse Größe, keinesfalls eine fixe Ziffer, da sie ja bekanntlich auf einer annähernden Schätzung beruht.

1 Mitarbeiter Gernot Meigl, Graz.
2 Cartier, a.a.O., S. 91.
3 Franz Kurowski, Generalfeldmarschall Albert Kesselring, S. 64.
4 siehe S. 177 ff.
5 Korthals Altes, Luchtgevaar, a.a.O., S. 332.
6 Vgl. dazu ebda.
7 Vgl. hierzu ebda.
8 Ebda.
9 Ebda.

# 15. LUXEMBURG

*Völkerrechtswidrige Luftbombardements in Luxemburg im Zweiten Weltkrieg*

Das gleich Belgien und Holland bereits in den ersten Maiwochen des Jahres 1940 von der Deutschen Wehrmacht in der ersten Phase ihres Westfeldzuges gegen Frankreich („Fall Gelb") überrollte und von Mai 1940 bis September 1944 von den Deutschen okkupierte *Luxemburg* hatte, wie seine Nachbarstaaten auch, einen (allerdings verhältnismäßig geringen) Tribut an Luftkriegstoten dem Kriege als „Vater aller Dinge" (Heraklit) zu entrichten. Ein akribisch erstellter und mit interessanten Details versehener, traktähnlicher Bericht von E.T. Melchers[1] gibt dem informationshungrigen Leser diesbezüglich Aufschluß.

Jene Luftkriegstoten, die Luxemburg während des Zweiten Weltkrieges zu beklagen hatte, resultieren vornehmlich aus drei Luftangriffen der alliierten Bombenarmada auf das Bahnhofsviertel der Stadt Luxemburg am 9. Mai 1944, am 11. Mai 1944, am 6. August 1944 sowie aus einem insgesamt dreizehnmaligen, sogenannten V 3-Beschuß[2] („einer dieser rätselhaften ‚Wunderwaffen' Hitler-Deutschlands"), innerhalb eines Zeitraumes vom 30. Dezember 1944 bis 11. März 1945. Die drei alliierten Luftangriffe auf das oben zitierte Bahnhofsviertel – von denen die beiden ersten den Rangier- und Güterbahnhof mit den dazugehörigen Stellwerken, Güterschuppen, Lokomotiv-Rundbauten und Betriebsanlagen zum Ziele hatten, während der letzte den Personenbahnhof mit den großen Reparaturwerkstätten verwüsten sollte – dienten vor allem dazu, die Infrastruktur der beiden erwähnten Bahnhöfe zu vernichten, sie „gehörten einem Schema an, das von der US-amerikanischen Kriegsführung aufgestellt worden war, um die Operation ‚Overlord' vorzubereiten. Wie schon mehrmals hervorgehoben, dienten diese Angriffe dem Zweck, das Verkehrsnetz auf dem kommenden Kriegsschauplatz lahmzulegen"[3]; dabei wurde aber, wie Melchers expressis verbis schreibt, „ein Areal getroffen, das in keinem Verhältnis zu den beschränkten Verkehrszielen in Luxemburg stand"[4]. Mit anderen Worten: Die alliierten Bombenangriffe auf das Bahnhofsviertel der Stadt Luxemburg zogen nicht nur die dortigen Betriebsanlagen einschließlich einer nicht unbeträchtlichen Anzahl von Quasi-Kombattanten (= Bahnbedienstete und Werkstättenarbeiter) in Mitleidenschaft und töteten sie zum Teil, sondern auch die Wohnhäuser jener an das Bahngelände unmittelbar angrenzenden Straßen mit den sich dort aufhaltenden Zivilisten (Hausfrauen etc.). Das Ausklingen der alliierten Bomben zog sich zeitlich so sehr in die Länge, daß der Streubereich dementsprechend groß war und die daraus resultierende Bombenfläche sich weit über das luxemburgische Stadtgebiet ausdehnte. Summa summarum fielen den alliierten Bombenteppichen anläßlich der drei anglo-amerikanischen Luftangriffe auf das Bahnhofsviertel der Stadt Luxemburg im Jahre 1944 ungefähr 140 Zivilisten zum Opfer; weitere 100 erlitten zum Teil schwere Verletzungen[5].

Soviel zu den durch grobe Fahrlässigkeit der alliierten Angreifer auf Luxemburg während des Zweiten Weltkrieges verursachten Verluste (außer den unter der luxemburgischen Zivilbevölkerung aufgetretenen Menschenverlusten wurden auch viele – genaue Angaben fehlen leider – Wohnhäuser zerstört oder beschädigt).

Und nun zu den wiederholten Beschießungen Luxemburgs im Winter 1944/1945 durch eine deutsche „Wunderwaffe" (Ferngeschütze), die von Autor Melchers auch als V 3-Granaten bezeichnet wurden. Die dreizehnmalige Beschießung, wobei jeweils zwischen zwei und 23 Einschläge erfolgten, verursachte unter der Luxemburger Zivilbevölkerung und unter der US-amerikanischen Besatzung empfindliche Verluste[6]. Die Zivilbevölkerung beklagte 16 Tote und 48 Verletzte; über die Verluste der US-Truppen gibt es – wie üblich – keine genauen Angaben. Demgegenüber waren die materiellen Schäden sehr gering, es kam nicht einmal zur Zerstörung eines Gebäudes, weil die „Wunderwaffe" nur einen unbedeutenden Sprengsatz von 5 kg besaß. Die deutsche Beschießung, ob aus der Luft durch eine Wunderwaffe oder vom Boden durch Ferngeschütze galt offensichtlich der von den US-Amerikanern verteidigten Stadt Luxemburg[7], mögen auch viele Geschosse „zu kurz" gelegen und in den östlichen Vororten der Stadt explodiert sein. Die US-Besatzung Luxemburgs bestand seit Oktober 1944 aus General Bradley's vorgeschobener Befehlsstelle der 12. Heeresgruppe und seit Dezember 1944 aus dem Hauptquartier der III. Armee von General George S. Patton. Die Stadt Luxemburg bildete im Zeitraum der Beschießung den linken Eckpfeiler des deutschen Einbruchsraumes im Rahmen ihrer Ardennenoffensive und stellte für die US-Armeen ein wichtiges Nachschubzentrum dar. Demgemäß erscheint das deutsche Störfeuer auf die Stadt Luxemburg um so verständlicher, weil es gegen militärische Ziele einer verteidigten Stadt, die jederzeit unmittelbarer Kämpfe ausgesetzt werden könnte, gerichtet war.

Aus der uns von Melchers vermittelten Tatsache, daß am 16. Januar 1945 eine „V 3-Granate" das Obergeschoß des alten Turms der Kathedrale in Luxemburg getroffen und schwer beschädigt hat, kann geschlossen werden, daß die Deutschen bei dieser Art von Beschießung ihrer Schutzverpflichtung gemäß Art. 27 HLKO nicht nachgekommen sind. Da ein großer Teil der Störbeschießungen bei Nacht stattfand, konnte eine Rücksichtnahme auf zu schonende Gebäude und geschichtliche Denkmäler deutscherseits nicht einmal beabsichtigt gewesen sein.

Luxemburg war aber auch in der Zeit vom 15. Oktober 1944 bis 15. Januar 1945 insgesamt 25 Beschießungen mit der V 1 ausgesetzt[8]. Den V 1-Beschießungen fielen zwei getötete und drei verletzte Zivilisten zum Opfer. Wieviele Kombattanten der US-Truppen gefallen sind, ist offensichtlich wiederum „top secret", wohl aber berichtet Melchers von zahlreichen verletzten Amerikanern. Hinsichtlich der kriegsrechtlichen Beurteilung der Bombardierung Luxemburgs mit der deutschen V 1 ist in Analogie die im Artikel „Die deutschen V-Waffen" erfolgte Einstufung der „Vergeltungsraketen" heranzuziehen (siehe Seite 429).

1 E.T. Melchers: Bombenangriffe auf Luxemburg in zwei Weltkriegen. Luxemburg: Sankt-Paulus-Druckerei 1984.
2 Ebda. S 436 ff. Es dürfte sich bei dieser „rätselhaften Wunderwaffe" eher um den Beschuß von Ferngeschützen gehandelt haben. Melchers bezeichnet den ansonsten als V 3 benannten Urheber der Beschießung auf S 438 selbst als „unheilvolle Fernkampfartillerie". Die V 3 stellt gemäß Rudolf Lusar „Die deutschen Waffen . . .", S. 159, eine Fliegerabwehrrakete namens „Schmetterling" dar (mit einer Sprengladung von 40 kg, bei Melchers hätte sie nur eine solche von 5 kg haben sollen), die – wenn überhaupt – kurz vor Kriegsende nur mehr in ganz geringer Anzahl hergestellt wurde.
3 E.T. Melchers, S 407
4 ebda., S. 380

5 ebda., S 379 ff. Leider fehlt bei Melchers eine Statistik über die Gesamtverluste und über die Kultur- sowie Gebäudeschäden Luxemburgs im Luftkrieg 1940–1945
6 ebda., S 438
7 E.T. Melchers, S 437 ff.
8 Ebda., 346 f.

# 16. DEUTSCHLAND

*Alliierte Bomberflotten zerstörten mit einer Million Tonnen Bomben 58 deutsche Großstädte und zahlreiche Mittel- und Kleinstädte*

> „Als sie (die Alliierten) an Aachen herankamen, verlangten sie von der Besatzung die übliche bedingungslose Kapitulation. Und da sie darauf nicht die erwartete Antwort bekamen, zerbombten sie erst einmal die Stadt. Nach einigen Tagen zog ein Haufen Landser in zerrissenen und staubigen Uniformen ab in die Gefangenschaft. Ihnen entgegen kamen Greise, Frauen und Kinder, die unter der weißen Fahne in die Stadt, in ihre Stadt, heimkehren wollten."
> DR. HEINRICH DRIMMEL
> Österreichischer Zeitgeschichtler[1]

Im Herbst 1944 gerieten viele westdeutsche Städte in den taktischen Luft- und Landkrieg der Alliierten. Wie im gesamten Feldzug seit der Invasion in der Normandie erledigte das anglo-amerikanische Oberkommando den taktischen Luftkrieg zur Unterstützung der angreifenden Erdtruppen auch in Westdeutschland *mit* seiner überstarken strategischen Bomberwaffe. Besonders hart trafen die US-Amerikaner nach Aachen die an der Eisenbahnlinie Richtung Köln liegende Stadt Düren. Bereits seit dem 15. September 1944 war Düren unter dem Beschuß US-amerikanischer Ferngeschütze gelegen, bis der Nachmittag des 16. November die völlige Zerstörung der einst so stolzen und traditionsreichen Stadt brachte. Offensichtlich warfen mindestens 1000 schwere Bomber[2] mehr als 70 000 Spreng- und Brandbomben ab, auf Häuser, Straßen, Plätze und auf die 22 000 *noch* in der Stadt lebenden Menschen. Das alte Düren sank in Schutt und Asche. Die Verluste der Zivilbevölkerung waren außerordentlich hoch und entsprachen in keinem Falle dem völkerrechtsgemäßen Verhältnismäßigkeitsgrundsatz von militärischem Vorteil und ziviler Beeinträchtigung. Die Zahl der beurkundeten Ziviltoten dieses Luftangriffes auf Düren vom 16. November 1944 betrug gemäß Mitteilung des Stadt- und Kreisarchivs[3] aufgrund einer Umfrage vom Jahre 1954 insgesamt 3127. Zuvor hatte der Stadtinspektor von Düren am 15. April 1953 bekanntgegeben, daß man bis zum Jahre 1953 insgesamt 3475 Opfer geborgen und auf einem Friedhof begraben habe[4]. Noch weiter zurückliegend, nämlich am 14. Februar 1945, hatte der Bürgermeister der Stadt Düren in einem Bericht an den Regierungspräsidenten in Köln bekanntgegeben, daß mit schätzungsweise 6420 Toten und Vermißten zu rechnen sei. Schließlich wird im genannten Bericht des Stadtinspektors vom 15. April 1953 erwähnt, daß man die endgültige Zahl der Toten auf mehr als 5000 schätzt. In einer von Franz Decker etwa im Jahre 1966 redigierten Schrift der Stadt Düren wird von „schätzungsweise 5000 bei diesem Angriff ums Leben gekommenen Menschen" gesprochen[5]. Einer mündlichen Aussage eines Magistratbeamten im Dürener Rathaus etwa im Jahre 1972 an den Verfasser zufolge bewegen sich die Schätzungen der getöteten Menschen bis zu 20000. Diese Schätzung dürfte allerdings die Toten aller 45 alliierten Luftangriffe auf Düren enthalten, möglicherweise auch die bei den späteren Erdkämpfen gefallenen Soldaten und Zivilisten. Letztere Verlustzahl kann allerdings wiederum nicht sehr hoch gewesen sein, weil die Stadt Düren nach ihrer Zerstörung am 16. November vom Rest der Zivilbevölkerung völlig geräumt werden mußte. Ein Weiterleben der Zivilpersonen im zerstörten Düren war auch deshalb unmöglich, weil die Stadt vom 17. Dezember 1944 bis zum 25. Februar 1945 im Mittelpunkt der Hauptkampffront lag[6]. Sieht man sich das Bombenkraterfeld an, das die Fläche der ehemaligen Mittelstadt Düren bedeckte[7], dann glaubt man jener Bekanntmachung sofort, derzufolge am 25. Februar 1945, als die US-Truppen das Kraterfeld Düren einnahmen, dort sage und schreibe noch vier Zivilpersonen „lebten". Da war es fast ein Wunder zu nennen, daß von den ursprünglich 6431 Wohn- und Geschäftshäusern überhaupt noch 13 Häuser[8], das sind 0,2 %, die totale Zerstörungswut des Kriegsgottes Mars in Form von Bomber- und Geschützkonzentrationen geschichtlichen Ausmaßes überstanden haben.

Die bis in Einzelheiten geschilderten Zusammenhänge beim Recherchieren der Verluste der deutschen Stadt Düren sollten dem

Leser beispielhaft die Schwierigkeiten schildern, denen sich der Luftkriegshistoriker auch bei seiner Forschungstätigkeit im deutschen Raum gegenübersieht. Die sprichwörtliche deutsche Beamtengenauigkeit scheute sich des öfteren selbst in jenen Fällen, in denen die Menschenverluste in den chaotischen letzten Kriegswochen einfach nicht mehr identifizierbar waren, Schätzungen schriftlich zu fixieren (siehe die oben erwähnte Mitteilung eines Magistratbediensteten im Rathaus von Düren). In solchen Fällen müßte der Verfasser auch die ihm mündlich bekanntgemachten Schätzziffern berücksichtigen *und* aufgrund jahrzehntelanger Beschäftigung mit dieser Materie die vorhandenen Verlustziffern gegeneinander abwägen. Die Einbeziehung der geschätzten Totenzahl in die unten abgedruckte Aufstellung über die Luftkriegsverluste von 58 deutschen Großstädten erwies sich als notwendig, weil die beurkundete Totenzahl allein über die tatsächliche Zahl der deutschen Gefallenen im Luftkrieg 1940–1945 ein falsches Bild ergibt, wie dem Schreiben einer deutschen Stadtverwaltung zu entnehmen ist[9]: „Die Bilanz der Umgekommenen wird kaum jemals befriedigend abgeschlossen werden können. Soviel aber steht fest, daß die Zahl der amtlichen Beurkundeten weit hinter der der tatsächlichen Verluste zurückbleibt."

Als der britische Luftmarschall Harris seinen Vorsatz, alle deutschen Städte mit mehr als 50 000 Einwohnern mittels Flächenbombardement zu zerstören, als undurchführbar aufgeben mußte, konzentrierte er sich auf die Auslöschung aller deutschen Großstädte mit über 100 000 Einwohnern. Dies allerdings gelang dem Bomberchef fast programmgemäß, wie Dr. Max Domarus in „Der Untergang des alten Würzburg" Luftmarschall Harris berichten läßt[10]:

„Bis zum Dezember des Jahres 1944 hatten wir 80 % von allen Städten in Deutschland mit einer Bevölkerung von mehr als 100 000 Einwohnern – vor dem Krieg gerechnet – entweder vollständig vernichtet oder sehr ernstlich zerstört. Die noch übrigen von diesen Städten, besonders im Osten Deutschlands, sollten noch im Jahre 1945 vernichtet werden."

Wie wir bereits wissen, gelang dem britischen Bomberchef 1945 auch die Zerstörung der restlichen 20 % deutscher Großstädte, wie Dresden, Würzburg, Chemnitz, Potsdam und Plauen.

Der Verfasser kann dem Leser mit der unten abgedruckten „Aufstellung über die Luftkriegsverluste der 58 deutschen Großstädte im Zweiten Weltkrieg" eine ziemlich vollständige Verluststatistik unterbreiten. Wo die Verlustangaben nicht vollständig sind, ist dies auf mangelhafte oder fehlende Bekanntmachungen der betreffenden Stadtverwaltungen zurückzuführen. In Ausnahmefällen wie von den Städten Stettin (heute unter polnischer Verwaltung) und Königsberg (heute russisch: Kaliningrad), Erfurt und Halle (DDR) wurden die wissenschaftlich fundierten Anfragen des Verfassers nicht beantwortet. Desgleichen blieben die Ersuchen um Mitarbeit an die Städte Bielefeld, Frankfurt/Main, Wiesbaden und Wuppertal in der BRD unerledigt. In den letzteren Fällen konnten jedoch statistische Angaben dem Buch „Das war der Bombenkrieg" von Rumpf und dem „Statistischen Jahrbuch deutscher Gemeinden 1949" entnommen werden.

Für die Nachlieferung bisher fehlender Angaben – gekennzeichnet durch „——" in der jeweiligen Rubrik – sind Autor und Verlag sehr dankbar. Sie verpflichten sich, diese Nachträge, ebenso wie Verbesserungen, in der nächsten Auflage entsprechend zu berücksichtigen.

Neben den Luftkriegsverlusten der 58 deutschen Großstädte kamen auch jene einiger deutscher Mittelstädte wie Düren zum Abdruck.

1 Dr. Heinrich Drimmel, Gott mit uns – Das Ende einer Epoche, Amalthea, Wien–München, 1977, S. 367.
2 Kit C. Carter und Robert Mueller. „The Army Air Forces...", S. 498 berichtet mit Datum 16. November: „1200 schwere Bomber der 8. USAAF gemeinsam mit Flugzeugen der 9. USAAF und der RAF griffen taktische Ziele ostwärts von Aachen (Düren liegt genau 25 km östlich von Aachen, der Verf.) an, zur Unterstützung der Offensive der 1. und 9. US-Armee. Hans Dietrich Nicolaisen, Die Flakhelfer, a.a.O., S. 285: 16.11.1944, Luftangriff auf Düren mit 1188 angreifenden Flugzeugen und einer Bombenabwurfmenge von 2703 Tonnen.
3 Schreiben vom 15. November 1980 an den Verfasser.
4 David Irving. „Von Guernica bis Vietnam", S. 128 und S. 198.
5 Franz Decker, Titelseite der erwähnten Schrift nicht vorhanden, S. 10,11.
6 Ebda., S. 10, 11.
7 siehe Foto im Bildteil.
8 Franz Strecker, wie oben.
9 Hans Rumpf, a.a.O., S. 110.
10 Max Domarus, Der Untergang des alten Würzburg im Luftkrieg gegen die deutschen Städte, 1969, S. 198 ff.

## Deutschlands Luftkriegsverluste und -schäden 1940-1945

| Gemeinde/Stadt | lfd. Nr. | Zahl der Luftangriffe | Gefallene beurkundet oder geschätzt | Gefallene je 1000 Ew. | Gebäudeschäden zerstört und beschädigt | total zerstörte Wohnungen | v. H. des Bestandes 1939 | Anzahl der abgeworfenen Bomben | Bemerkungen lt. Brief u. „Aufstellung der Verluste …" vom …. 2. Auflage des Buches „Nie wieder Krieg gegen die Zivilbevölkerung" |
|---|---|---|---|---|---|---|---|---|---|
| Aachen | 1 | 74 | 6 500 | 40 | 12 035 | 25 700 | 48 | 223 747 | Stadtarchiv v. 2.5.1985 u. 11.4.1986, sowie 2. Auflage |
| Augsburg | 2 | 17 | 1 499 | 8 | 10 540 | 12 400 | 24 | 457 500 | 2. Auflage |
| Berlin | 3 | 389 | 60 000 | 11 | 70 654 | 500 765 | 32 | ~3 823 428 | Landesarchiv Berlin v. 18.4.1986 |
| Bielefeld | 4 | | 1 349 | 10 | | *10 300 | *26 | | Von Stadtverw. keine Unterlagen erh. |
| Bochum | 5 | 147 | 4 095 | 13 | 19 021 | *47 500 | *52 | 553 420 | Stadtarchiv v. 2.4.1986 |
| Bonn | 6 | 18 | 1 564 | 15 | 9 907 | 7 323 | 24 | | Stadtarchiv v. 15.4.1986 |
| Braunschweig | 7 | | | | | 27 000 | 52 | | |
| Bremen | 8 | 173 | 4 350 | ≥9 | ≥30 000 | 65 000 | 62 | 889 388 | Staatsarchiv v. 24.4.1986 |
| Bremerhaven | 9 | 52 | 1 142 | 10 | 7 076 | *11 700 | 56 | 426 933 | Stadtarchiv v. 17.4.1986 |
| Chemnitz siehe Karl-Marx-Stadt! | | | | | | | | | |
| Darmstadt | 10 | 36 | *12 800 | 107 | 13 490 | 10 350 | *62 | 342 789 | Stadtarchiv v. 14.4.1986 |
| Dessau | 11 | 20 | 1 437 | 12 | | 12 933 | 42 | | Rat der Stadt v. 16.8.1985 |
| Dortmund | 12 | 105 | 7 000 | 13 | | 46 500 | 29 | ~1 868 328 | Stadtarchiv v. 14.5.1986 |
| Dresden | 13 | 10 | 250 000 | 317 | | 75 000 | 60 | | Rat der Stadt v. 11.10.1961 |
| Duisburg | 14 | ≥300 | >25 000 | 57 | | 82 000 | 65 | | Stadtverwaltung Amt 12 v. 29.4.1986 |
| Düren | 15 | 45 | 10 000 | | 6 418 | *12 380 | 99 | 226 800 | aus: „Die Flakhelfer" von Hans-Dietrich NICOLAISEN |
| Düsseldorf | 16 | 243 | 7 163 | 11 | | 86 500 | *51 | ×1 163 532 | Stadtverw. Amt 10/8 v. 11.4.1986 |
| Erfurt | 17 | | | | | | △5 | | |
| Essen | 18 | 242 | 7 500 | 11 | 50 000 | 100 000 | 51 | 1 439 116 | Stadtarchiv v. 7.4.1986 |
| Frankfurt | 19 | | 5 559 | 10 | >2 000 | 80 575 | 54 | | Von Stadtverw. keine Unterlagen erh. Buch „Bomben und Legenden" von UEBERSCHÄR/WETTE |
| Freiburg i. Br. | 20 | | >3 000 | 27 | ≥2 950 | 9 900 | 34 | | |
| Gelsenkirchen | 21 | 184 | *3 092 | 10 | 17 880 | 12 021 | 13 | 418 526 | Stadtarchiv v. 23.4.1986 |
| Hagen | 22 | 104 | 2 000 | 13 | 5 311 | 9 650 | 21 | 275 940 | Stadtarchiv v. 16.5.1986 |
| Halle/Saale | 23 | | | | | | △5 | | |
| Hamburg | 24 | 213 | >55 000 | 26 | ≥54 574 | 277330 | 49 | ×3 425 900 | Buch „Feuersturm über Hamburg" von Hans BRUNSWIG |

| Gemeinde/Stadt | lfd. Nr. | Zahl der Luftangriffe | Gefallene beurkundet oder geschätzt | Gefallene je 1000 Ew. | Gebäudeschäden zerstört | beschädigt | total zerstörte Wohnungen | v. H. des Bestandes 1939 | Anzahl der abgeworfenen Bomben | Bemerkungen |
|---|---|---|---|---|---|---|---|---|---|---|
| Hannover | 25 | 125 | 6 782 | 14 | | | 75 400 | 52 | ×984 950 | Stadtarchiv v. 2.5.1986 |
| Heilbronn | 26 | ≥27 | *7 500 | 96 | | 8 900 | 13 424 | 53 | >204 623 | Stadtarchiv v. 12.6.1985 |
| Karl-Marx-Stadt (Chemnitz) | 27 | 11 | 4 000 | 12 | 10 843 | | 27 000 | 25 | ~1 402 000 | Rat der Stadt v. 19.6.1986 |
| Karlsruhe | 28 | 57 | 1 754 | 9 | 17 219 | | 3 405 | 35 | 554 000 | Stadtbibliothek v. 22.4.1985 |
| Kassel | 29 | 46 | 13 000 | 60 | ≥15 880 | | 40 900 | 64 | ~1 512 000 | Amt für Kulturpflege v. 1.3.1984 |
| Kiel | 30 | 90 | 2 838 | 10 | 16 008 | | 33 889 | 40 | 553 508 | Stadtarchiv v. 27.3.1986 |
| Köln | 31 | 262 | 20 000 | 26 | 60 133 | | 141 188 | 56 | ×>1 520 487 | Historisches Archiv v. 29.2.1984 |
| Königsberg | 32 | | | | | | | | | |
| Krefeld | 33 | 149 | 2 177 | 12 | 18 840 | | 27 800 | 50 | ~500 000 | Buch „Krefeld im Luftkrieg" von Hans VOGT |
| Leipzig | 34 | 30 | 6 600 | 9 | 25 836 | | 37 522 | <30 | ●1 170 000 | Stadtarchiv v. 4.9.1986 |
| Lübeck | 35 | 2 | 452 | 3 | 12 751 | | 3 887 | 8 | 25 805 | Buch „Als Feuer vom Himmel fiel" von Albrecht SCHREIBER |
| Ludwigsburg | 36 | 17 | 133 | 5 | ≥166 | | 160 | 2 | 20 500 | Stadtarchiv v. 8.5.1985 |
| Ludwigshafen a. Rh. | 37 | 124 | 1 778 | 12 | 22 646 | | 11 375 | 27 | 890 500 | Stadtarchiv v. 17.4.1986 |
| Magdeburg | 38 | 60 | 16 000 | 47 | ≥234 | | 40 674 | 38 | 635 000 | Rat der Stadt v. 22.5.1985 |
| Mainz | 39 | 31 | 2 654 | 17 | | | 21 600 | 54 | 715 000 | |
| Mannheim | 40 | 127 | ≥1 881 | 7 | | | *41 800 | *49 | >79 770 | Stadtarchiv v. 22.4.1986 ohne Stadtteil Rheydt |
| Mönchengladbach | 41 | >78 | 1 267 | 10 | | | ≥16 000 | 42 | | Stadtarchiv v. 14.4. |
| Mülheim a. d. Ruhr | 42 | 160 | 1 094 | 8 | | 9 200 | 12 554 | 30 | 509 000 | Stadtarchiv v. 9.4.1986 |
| München | 43 | 66 | *6 155 | 7 | | ≥10 600 | 82 000 | 32 | | Buch „Ruinenjahre" v. R. BAUER |
| Münster i. W. | 44 | | *1 595 | | | | 13 200 | ≥44 | | |
| Nordhausen | 45 | 2 | 8 800 | 262 | | | 6 200 | 48 | | Rat des Kreises Nordhausen v. 22.7.1985 |
| Nürnberg | 46 | 59 | 8 081 | 19 | 27 087 | | 68 647 | 51 | 2 995 468 | Stadtarchiv v. 16.5.1986 |
| Oberhausen | 47 | | 2 300 | 12 | | | 16 400 | 31 | | |
| Pforzheim | 48 | >24 | 17 600 | 223 | 7 127 | | 16 058 | 66 | ~>145 300 | Stadtarchiv v. 15.5.1985 |
| Plauen | 49 | >1 | 2 000 | 18 | 7 522 | | | △50 | | |

| Gemeinde/Stadt | lfd. Nr. | Zahl der Luftangriffe | Gefallene beurkundet oder geschätzt | Gefallene je 1000 Ew. | Gebäudeschäden zerstört und beschädigt | total zerstörte Wohnungen | v. H. des Bestandes 1939 | Anzahl der abgeworfenen Bomben | Bemerkungen |
|---|---|---|---|---|---|---|---|---|---|
| Potsdam | 50 | >1 | 3 578 | 26 | 4 405 | | *20 | ~151 200 | Staatsarchiv v. 9.5.1985. Buch von Hartmut KNITTER |
| Remscheid | 51 | 26 | 1 455 | 20 | 12 401 | 11 639 | 40 | >86 008 | Archiv der Stadt v. 15.4.1986 |
| Rostock | 52 | 15 | 493 | 4 | ≥8 986 | 15 000 | 25 | | Rat der Stadt v. 16.6.1986 |
| Saarbrücken | 53 | 33 | 1 234 | 9 | 15 910 | 25 093 | 69 | 743 536 | Stadtarchiv v. 22.4.1986 |
| Solingen | 54 | 84 | 2 075 | 15 | 14 255 | 7 085 | 14 | ~27 203 | Buch „Solingen als Kampfgebiet" |
| Stettin | 55 | | | | | | | | |
| Stuttgart | 56 | 53 | 4 562 | 10 | 39 125 | 52 000 | 35 | 1 312 000 | Buch „Stuttgart im Luftkrieg 1939/45" v. Heinz BARDUA |
| Wiesbaden | 57 | | | | | 12 300 | 22 | | |
| Wilhelmshaven | 58 | 100 | 564 | 5 | 6 079 | 10 800 | 29 | ~168 570 | Stadtarchiv v. 18.4.1986 |
| Wuppertal | 59 | | 7 000 | 17 | | 54 400 | 39 | ○545 567 | |
| Würzburg | 60 | 14 | >5 000 | 47 | ≥11 200 | 21 062 | 76 | >307 906 | Buch „Der Untergang des alten Würzburg" v. Max DOMARUS |

Mitarbeiter: Gerald Ziegelbecker, Graz

**Zeichenerklärung:**

~ rund

> mehr als

≥ mindestens

< weniger als

* aus 2. Auflage übernommen

× ROSSIWALL: Luftoffensiven und Ihre Problematik. ÖMZ Nr. 1/1966

○ Werner WOLF: Luftangriffe auf die deutsche Industrie 1942-45

● GROEHLER: Tod im Morgengrauen

△ RUMPF Hans: Das war der Bombenkrieg

*Luftkriegsopfer*

Deutsches Reich

Die Luftkriegstoten des Zweiten Weltkrieges im Deutschen Reich nach dem Gebietsstand vom 31. 12. 1942:

|  |  |  |
|---|---|---:|
| Gefallene | | |
| Zivilpersonen | | 570000 |
| Polizei und Wehrmacht | | 26000 |
| Kriegsgefangene und Ausländer | | 39000 |
| | zusammen | 635000 |
| Verwundete | | |
| Zivilpersonen | | 885000 |
| Polizei und Wehrmacht | | 38000 |
| Kriegsgefangene und Ausländer | | 32000 |
| | zusammen | 955000 |
| | | |
| darunter an Verwundungen Gestorbene | | 76000 |
| Verwundungen ohne Todesfolgen | | 879000 |

In dieser Gesamtübersicht sind die aus den deutschen Vertreibungsgebieten auf der Flucht befindlich gewesen Personen (Flüchtende) enthalten.

Für Dresden wurden unter den Gefallenen lediglich 60000 einbezogen.

## Eine Übersicht der deutschen Luftkriegsverluste

| Luftkriegsverluste | | | Gebietsstand, |
|---|---|---|---|
| Art | Anzahl | Bevölke-rung Bestand | Literaturnachweise Hinweise |
| **Luftkriegopfer:** <br> **Tote** (Gefallene, an Verwundung Gestorbene und Vermißte) **der Zivilbevölkerung,** einschl. Flüchtende | 570 000 | 0,63 v. H. | Deutsches Reich v. 31. 12. 1942 (ohne Protektorat Böhmen u. Mähren) mit rund 90 Mill. Einwohnern |
| **Tote der Zivilbevölkerung, Wehrmacht, Polizei und Aus-länder** | 635 000 | 0,71 v. H. | wie oben |
| **Verwundete** insgesamt | 879 000 | 0,98 v. H. | wie oben |
| **Anteil** der Gefallenen an der Ge-samtzahl der **Kriegstoten** (ohne Vertreibungsverluste) | — | 9,79 v. H. | Lit.: Erich Hampe, Der zivile Luftschutz im Zwei-ten Weltkrieg, Frankfurt, 1963, S. 141 f. |
| **Altersmäßiger Anteil** der Luft-kriegstoten: | | | |
| unter 14 Jahren | — | 13 v. H. | D.R. vom 31. 12. 1942 |
| von 14 bis unter 20 | — | 5 v. H. | (ohne Flüchtende) |
| von 20 bis unter 65 | — | 63 v. H. | |
| 65 und älter | — | 19 v. H. | |
| **Anteil** der Luftkriegstoten an der **Einwohnerzahl** von: | | | |
| Pforzheim | — | 22,3 v. H. | Zugrunde gelegt sind die |
| Darmstadt | — | 10,7 v. H. | Einwohnerzahlen der |
| Heilbronn | — | 9,6 v. H. | Volkszählung v. 17. Mai |
| Kassel | — | 6,0 v. H. | 1939 |
| Würzburg | — | 3,9 v. H. | Lit.: Hampe a. a. O., |
| Hamburg | — | 3,2 v. H. | Rumpf, S. 110, |
| Köln | — | 2,6 v. H. | Dokumente deutscher |
| Wiener Neustadt | — | 2,5 v. H. | Kriegsschäden, S. 105 |
| Linz | — | 1,4 v. H. | |
| Berlin | — | 1,1 v. H. | |
| Frankfurt | — | 1,0 v. H. | |
| Graz | — | 1,0 v. H. | |
| München | — | 0,7 v. H. | |
| Wien | — | 0,5 v. H. | |
| **Anteil** der in den Fabriken ge-töteten Arbeiter an der Gesamt-zahl der **Fabrikarbeiter** | | 0,2 v. H. | Lit.: Hampe, S. 175 aus: Bericht d. Internat. Komitees für d. Studium europ. Fragen, 1946 |
| **Verhältniszahlen** der Luftkriegs-toten zu **Bombenmengen:** | | | |
| Feldkirch, Vorarlberg (1 Luftangriff) | 123 Tote / 10 t Bomben | — | Lit.: Amt der Stadt Feldkirch |
| Pforzheim (1 Luftangriff) | 110 Tote / 10 t Bomben | — | Luftschutz sinnlos? Wien, 1962/63, aus: Veröffentl. |

## Eine Übersicht der deutschen Luftkriegsverluste

| Luftkriegsverluste | | | Gebietsstand, Literaturnachweise Hinweise |
|---|---|---|---|
| Art | Anzahl | Bevölke-rung Bestand | |
| Stuttgart | 1,6 Tote / | | d. schweiz. Bundes f. |
| (53 Luftangriffe) | 10 t Bomben | — | Zivilschutz; zum Ver- |
| Durchschnitt Deutschland | 3,6 Tote / | | gleich: Japan durchschn. |
| | 10 t Bomben | | 50 Tote/10 t Bomben |
| **Obdachlose** | 13 700 000 | 15,2 v. H. | D.R. 31. 12. 1942 |
| **Luftkriegsschäden:** | | | |
| **Trümmermenge** (unaufge- | | | D.R. 31. 12. 1942 |
| lockert) in cbm | 445 000 000 | — | Lit.: Hampe, S. 188 ff. |
| Total zerstörte Wohnungen | 2 750 000 | 14,5 v. H. | D.R. 21. 12. 1947, Lit.: |
| schwer beschädigte Wohnungen | 1 300 000 | 6,8 v. H. | Stat. Jb. deutscher Ge- |
| Wohnungsverluste insgesamt | 4 050 000 | 21,3 v. H. | meinden, S. 368 |
| **Zerstörte Wohngebäude** | 654 000 | — | D.R. 31. 12. 1942 |
| **Kirchen und Kapellen:** | | | |
| zerstört | 1 200 | — | Lit.: Hampe, S. 188 ff. |
| schwer und mittelschwer besch. | 2 300 | — | |
| leicht beschädigt | 8 200 | — | |
| **Baudenkmäler** und kulturhisto- | | | Eine genaue Schätzung |
| risch-künstlerische **Profanbauten:** | | | der Gesamtverluste ist |
| Frankfurt mindestens | 1 000 | — | unmöglich, sie gehen in |
| Köln | 440 | — | die Tausende |
| **Krankenhäuser,** zerstört | 950 | — | G. D. R. |
| Verluste an Krankenbetten | 130 000 | 20 v. H. | D. R. 31. 12. 1937 |
| hiervon Ausfall in | | | |
| sechs Großstädten | — | 26 v. H. | |
| | | b. 82 v.H. | |
| **Zerstörte große Theaterbauten** | 98 | — | |
| in 38 Städten zerstört | | | ermittelt in 48 von 52 |
| und beschädigt | — | 79 v. H. | Städten der BRD |
| **Zerstörte Naturkundemuseen** | — | 45 v. H. | |
| **Durchschnittliche Verluste des** | | | |
| **deutschen Kulturbesitzes** | — | 20 v. H. | Lit.: Hampe, S. 530 |
| **Schulgebäude** | — | — | |
| zerstörte u. beschädigte Schulen | | | Eine Feststellung der Ge- |
| im Land Hessen | 228 | 7,7 v. H. | samtschäden liegt nicht |
| **Verluste** der wissenschaftlichen | | | vor |
| **Bibliotheken** in Bänden | 25 000 000 | 33,3 v. H. | Lit.: Hampe, S. 194 ff. |
| hiervon Verluste der technischen | | | |
| Bibliotheken | — | 53 v. H. | |
| Im einzelen haben verloren: | | | |
| Universität Frankfurt | 550 000 | 82 v. H. | |
| Universität Gießen | 530 000 | 95 v. H. | |
| Universität Münster | 360 000 | 72 v. H. | |
| Techn. Hochschule Danzig | 146 000 | 100 v. H. | |
| Techn. Hochschule Karlsruhe | 120 000 | 60 v. H. | |
| Staats-, Landesbibliothek | | | |
| Darmstadt | 500 000 | 75 v. H. | |

## Eine Übersicht der deutschen Luftkriegsverluste

| Luftkriegsverluste | | | Gebietsstand, Literaturnachweise Hinweise |
|---|---|---|---|
| Art | Anzahl | Bevölkerung Bestand | |
| Staats-, Landesbibliothek Karlsruhe | 360 000 | 95 v. H. | |
| Staats-, Landesbibliothek Kassel | 350 000 | 88 v. H. | |
| **Verluste im Verkehrswesen:** | | | |
| Zerstört und beschädigt: | | | Vereinigtes Wirtschafts |
| Gleise in km | 3 500 | — | gebiet |
| Weichen | 13 000 | | |
| Eisenbahnbrücken | 2 472 | — | |
| Lokomotiven | 4 700 | 35 v. H. | |
| Stellwerke | 1 500 | — | |
| Personenwaggons | — | 60 v. H. | |
| Güterwaggons | — | 25 v. H. | |
| **Industrieschäden:** | | | Die Wirkungen der Luft |
| **Verluste an Soll-Arbeitsstunden** | | | angriffe auf d. Industrie |
| der Industriearbeiter im Sommer | | | sollen in Form v. Einzel |
| 1944 durch: | | | darstellungen über d. Ver |
| Krankheit, Urlaub u. a. | — | 12,5 v. H. | luste an Arbeitsstunden |
| Aufräumungs- u. Instand | | | u. den Rückgang von Pro |
| setzungsarbeiten | — | 2,1 v. H. | duktionsmengen darge |
| Fliegeralarme | — | 1,5 v. H. | legt werden |
| gegnerische Lufttätigkeit | — | 0,4 v. H. | Lit.: Hampe, S. 211 |
| Fliegerschaden i. eigenen Betrieb | — | 0,2 v. H. | |
| **Einbuße der Gesamterzeugung** | | | |
| im Jahre 1943 | — | 10 v. H. | Verfasser, S. 122 |
| **Einbuße der Rüstungsproduktion** | | | |
| Mitte 1944 | — | 15 v. H. | Lit.: Hampe, S. 208 ff. |
| **Produktionsausfälle in der Stahl** | | | |
| **industrie** durch: | | | |
| Luftkriegsschäden 1943 | — | 3,8 v. H. | |
| 1944 | — | 9,4 v. H. | |
| Fliegeralarme 1943 | — | 2,8 v. H. | |
| 1944 | — | 3,7 v. H. | |
| **Rückgang der Stickstoffproduk** | | | Lit.: Ploetz, Gesch. des |
| **tion** vom Jahre 1942 bis 1944 | — | 30 v. H. | 2. Weltkriegs, S. 17 ff. |
| **Rückgang** der Erzeugung **an** | | | hierfür neben Luftkriegs |
| **Mineralölen** vom Januar 1944 | | | wirkung u. a. der Ausfall |
| bis Dezember 1944 | — | 64 v. H. | von Ploesti maßgebend. |
| bis März 1945 | — | 80 v. H. | |
| **Rückgang** der monatl. Produk | | | trotzdem noch d. Produk |
| tion an **synth.** Kautschuk von | | | tionsmenge von 1940 ent |
| März 1944 bis Februar 1945 | — | 73 v. H. | sprechend |
| **Rückgang der Stromerzeugung** | — | 15 v. H. | Lit.: Rumpf, S. 118 |
| **Verluste der Elektroindustrie** | | | Produktion trotzdem |
| bis März 1945 | — | 30 v. H. | ausreichend |
| **Verluste an Volksvermögen** | 100–110 Mrd. RM | 20-22 v. H. | Lit.: Hampe, S. 243 |

In 1042 Städten des deutschen Reiches von mehr als 3000 Einwohnern sind Luftkriegsschäden in folgendem Umfange entstanden: (es ist unmöglich, hier zwischen den Schäden, die die RAF und jenen, die die amerikanischen Luftflotten verursacht haben, zu unterscheiden – doch geht das Gros der Zerstörungen eindeutig auf das Konto des Bomber Command):

in 696 Städten zwischen  1 bis 10% der bebauten Fläche
in  95 Städten zwischen 11 bis 20% der bebauten Fläche
in  85 Städten zwischen 21 bis 30% der bebauten Fläche
in  62 Städten zwischen 31 bis 40% der bebauten Fläche
in  42 Städten zwischen 41 bis 50% der bebauten Fläche
in  62 Städten zwischen 51 bis 97% der bebauten Fläche

# 17. TSCHECHOSLOWAKEI

Der Vollständigkeit halber[1] bringen wir im folgenden die vom Militärhistorischen Institut Prag[2] noch knapp vor Drucklegung dieses Buches eingelangten Luftkriegsverluste:

| Gefallen in | Böhmen | | Mähren (Schlesien) | |
|---|---|---|---|---|
| 1943–1945 | Männer | Frauen | Männer | Frauen |
| | 1830 | 1563 | 1843 | 1220 |
| | | | zusammen 6456 | |

Der hohe Anteil der gefallenen Männer dürfte darauf zurückzuführen gewesen sein, daß die tschechischen Männer nur im Polizei- und Zivildienst standen, aber keinen Militär- oder gar Fronteinsatz leisten mußten.

Die schwersten Luftangriffe hatten Böhmen und Mähren (die Slowakei damals als souveräner Staat und das Sudetenland, das einen eigenen Reichsgau bildete, bzw. die südlichen Teile an Bayern und Ober- sowie Niederdonau „verloren" hatte, sind hier nicht berücksichtigt) am 15. November 1944, am 14. Februar und am 25. März 1945[3] zu erleiden. Beim Angriff am 14. Februar 1945 wurden in mehreren Prager Bezirken 701 Personen, darunter 92 Kinder, getötet und 55 Häuser zerstört sowie 2875 Häuser beschädigt. Beim Bombenangriff am 25. März 1945 auf Prag und andere Städte wurden 90 Häuser zerstört und 1300 Häuser sowie 60 Industrieobjekte beschädigt. Der Betrieb der staatlichen Eisenbahnen verzeichnete durch Bombardierungen einen Verkehrsausfall bis zu 60% und einen Maschinenverlust von 15%.

1 Unter Mitarbeit von Walter Seidel, Graz, und Dipl.-Ing. Jan Vybiral, Prag.
2 Gemäß Schreiben des Vojenský Historický Ústav an den Verfasser vom 8. 9. 1986.
3 Siehe C. Carter und Robert Mueller, a.a.O., S. 608: 650 schwere Bomber der 15. USAAF treffen verschiedene Anlagen von Prag und Eger (Cheb) im Sudetengau.

# D. SCHLUSSBETRACHTUNG UND AUSBLICK

*Die Machtmittel, die die USA an die Fronten warfen, waren gigantisch: 290 000 Flugzeuge, 25 000 Panzer, 17 Millionen Gewehre, 300 000 Kanonen, 40 Milliarden Schuß Munition und Tausende von Schiffen und Truppen, die mit allem ausgerüstet waren, was sich denken ließ ... Der Zweite Weltkrieg dauerte sechs Jahre. Es siegten das amerikanische Kriegsmaterial und das Corned beef, der russische Winter und die unerschöpflichen Menschenmassen Moskaus, Lisa Meitner und Wilhelm Canaris.*

Joachim FERNAU
*Zeitgeschichtlicher Erfolgsautor[1]*

Während die kontinental-europäische Kriegsauffassung in Ablehnung der im Altertum und im Mittelalter üblichen barbarischen Kriegsmethoden bereits im 18. Jahrhundert zum Grundsatz der Kriegsführung von Staat gegen Staat gelangte, verblieb die anglo-amerikanische Kriegsauffassung bei dem auf der britischen See- und Kolonialkriegspraxis beruhenden Standpunkt der Kampfführung von Volk gegen Volk.

In den dreißiger Jahren schien sich, allerdings nur in der Luftkriegsliteratur Englands, aber auch des europäischen Kontinents, eine weitgehende Hinwendung zur anglo-amerikanischen Kriegsauffassung anzubahnen: General Hugh Trenchard, Großbritannien, mit der Schaffung von Flüchtlingswellen zwecks Demoralisierung der Zivilbevölkerung und General Giulio Douhet in Italien mit der geplanten Luftkriegsführung gegen Wohngebiete ohne Rücksichtnahme auf die Zivilbevölkerung.

Bereits im Jahre 1936 kam es in England zur Organisation des Bomberkommandos, „mit dem einzigen Zweck der Bombardierung Deutschlands, sollte es unser Gegner werden" (wir berichteten). In demselben Jahr wurde von der RAF der britischen Rüstungsindustrie der Auftrag zum Bau viermotoriger, strategischer

Bomber gegeben. Die erste deutliche Hinwendung zur erwähnten Kriegsauffassung erfolgte, als nach dem Abgang des „Appeasement" Chamberlain am 10. Mai 1940 Winston Churchill die Regierung in London übernahm. Eine der ersten Entscheidungen, die das neue Kriegskabinett noch am 10. Mai traf, war die Freigabe der Bombardierung des deutschen Hinterlandes. Da man damals schon erkannt hatte, daß die britischen Bomber nur bei Nacht wirksame Flüge unternehmen konnten, war kein kleineres Ziel als eine relativ große Stadt möglich. Dies bedeutete bereits eine starke Beeinträchtigung der Zivilbevölkerung, weil ein militärisches Objekt bei Nacht angesichts der damaligen Navigationsmöglichkeiten – abgesehen von einem Zufallstreffer – nicht direkt getroffen werden konnte[2]. Da die deutschen Luftangriffe in der „Schlacht um England" im Sommer 1940 nur gegen militärische Ziele wie Flugplätze der RAF gerichtet waren, vertraten damals viele britische Offiziere die Auffassung, daß auch die RAF in Deutschland nur militärische Objekte angreifen sollte, um die Verluste unter Zivilpersonen auf ein Mindestmaß zu beschränken. Offensichtlich konnten sich diese Offiziere weder bei ihren Vorgesetzten noch viel weniger im politischen Bereich Gehör verschaffen, denn die nächtlichen Luftangriffe auf deutsche Städte durch die RAF nahmen ihren Fortgang.

Die politische Führung Großbritanniens versuchte von Anfang an, diese RAF-Bombardements deutscher Städte als Vergeltungsschläge zu rechtfertigen. Der tatsächliche historische Vorgang scheint sich jedoch immer mehr durchzusetzen, wie Walzer schreibt, „daß Churchill die deutschen Angriffe auf London durch die Bombardierung Berlins bewußt provozierte, um den Druck auf die Einrichtungen der RAF, die bis zu diesem Zeitpunkt das wichtigste Ziel für die Luftwaffe waren, zu vermindern."[3]

Eine weitere Maßnahme im Rahmen der anglo-amerikanischen Kriegsauffassung setzten die „Casablanca"-Beschlüsse Roosevelts und Churchills Anfang 1943, wovon einer, nämlich an die alliierten Luftstreitkräfte die Direktive zu erteilen, durch die uneingeschränkte Bombardierung deutscher Städte die Moral des deutschen Volkes zu untergraben, nur die Bestätigung einer früheren Entscheidung des britischen Kriegskabinetts auf Durchführung des „area bombing" vom Jahre 1942 bedeutete.

Während die von Roosevelt und Churchill erteilte Direktive an die alliierten Luftstreitkräfte von Anfang 1943 in den nächsten zwei Jahren für Millionen Menschen in 16 europäischen Ländern Schrecken, Vernichtung und Elend bedeutete, sollte der zweite Beschluß der beiden Regierungschefs, nämlich auf die bedingungslose Kapitulation des Deutschen Reiches, Japans und Italiens noch viele Jahre nach dem Krieg weiteren Millionen Menschen Tod und Verderben bringen.

Da selbst nach der anglo-amerikanischen Kriegsauffassung die Vornahme von Luftangriffen zur Terrorisierung der Zivilbevölkerung jedenfalls überwiegend abgelehnt wird und nur diejenigen Mittel zur Schädigung des Feindes angewendet werden dürfen, die zur Erreichung des Kriegszweckes als vital anzusehen sind, widerspricht die uneingeschränkte Luftkriegsführung der Alliierten spätestens ab der verheerenden Bombardierung Hamburgs mit der Entfachung des Feuersturms, welcher die beabsichtigte Bevölkerungsausrottung ganzer Stadtviertel zur Folge hatte, sogar der eigenen Kriegsauffassung.

Die Anglo-Amerikaner setzten mit dieser Art von Luftkriegsführung aber auch den Großteil der von Präsident Roosevelt am 6. Januar 1941 proklamierten „Vier Freiheiten" außer Kraft, welche in die am 14. August 1941 – vier Monate bevor die USA überhaupt in den „Europäischen Bürgerkrieg" eingetreten war – von ihm und Premierminister Churchill verkündeten Friedensziele (Atlantik-Charta) übernommen wurden. Noch nie seit Menschengedenken waren vor allem die Freiheit von Angst und Not in einem solchen Ausmaß im geplagten Europa mißachtet worden, wie in den Jahren 1940–1945, als die alliierten Bomberflotten Millionen Menschen von Norwegen bis zu den Pyrenäen und von der Nord- und Ostsee bis zum Schwarzen Meer in Angst versetzten und eine bis dahin nicht für möglich gehaltene Not verbreiteten: Rund zwei Millionen Menschen getötet, verwundet und vermißt, 15 Millionen obdachlos, weit über fünf Millionen zerstörte Wohnungen und über 500 Millionen m$^3$ Trümmmermenge[4], verursacht von fast 2,8 Millionen Tonnen Bomben[5], die auf Tausende europäische Städte und Ortschaften abgeworfen wurden, davon 955 000 Tonnen Bomben allein auf Deutschland abgeleert bei Nacht und Nebel von der britischen RAF.

# Kriegsrechtliche Gesamtbeurteilung des alliierten Luftkrieges

Die kriegsrechtliche Beurteilung des strategischen Luftkrieges, den die Anglo-Amerikaner in den Jahren 1940 bis 1945 gegen 16 Länder des Festlandes führten, ergibt eindeutig eine Verurteilung des gegen die friedliche Zivilbevölkerung Kontinentaleuropas gerichteten Terrorbombenkrieges. Bei dieser Art der Luftkriegsführung gab es nämlich für das offensichtliche Nichtbeachten der Kriegsregeln, wie der allgemeinen Grundsätze des Kriegsrechtes, der dezidierten Bestimmungen der HLKO über die gebotene Achtung und Schonung der Zivilbevölkerung und ihres Privateigentums, der Kirchen, Lazarette und historischen Denkmäler sowie des Genfer Protokolls 1925 keine Berechtigung. Es handelte sich weder um Repressalienhandlungen noch um Bombardierungen belagerter Städte oder einzunehmender Orte, wenn man von einigen Ausnahmen während des alliierten Vormarsches auf West- und Mitteldeutschland absieht. Doch auch bei diesen taktischen Luftangriffen, die mit der strategischen Bombenwaffe zum Beispiel gegen die Stadt Aachen geführt wurden, ist zu überprüfen, ob der Verhältnismäßigkeitsgrundsatz von militärischer Notwendigkeit und unerläßlicher Beeinträchtigung der Zivilbevölkerung beachtet wurde.

Desgleichen konnten sich die Alliierten nicht auf eine unmittelbare Bedrohung der Existenz ihres Staates oder auf eine militärische Notwendigkeit berufen, in welchen Fällen sie solche, dem Kriegsrecht entgegenstehende Bombardierungen als letzten und einzigen Weg zur Abwendung der Gefahr oder zur Erreichung eines schnelleren Kriegsendes durchführen hätten dürfen. Wie wir gesehen haben, stellte das Gebiets- und Terrorbombardieren überhaupt keinen Weg zur schnelleren Beendigung des Krieges dar, sondern führte im Gegenteil zur Verlängerung desselben.

Dieser Erkenntnis trug die alliierte Führung schließlich etwa ab März 1944 selbst Rechnung, indem sie zur strategischen Luftkriegsführung gegen das tatsächliche deutsche Kriegspotential und gegen die Verkehrsanlagen in den mit Deutschland verbündeten und von deutschen Truppen besetzten Ländern Europas überging.

Die nach diesem Zeitpunkt dennoch und sogar in verstärktem Maße fortgesetzte Einbeziehung der europäischen Zivilbevölkerung in unmittelbare Luftkriegshandlungen konnte daher weder kriegsrechtlich noch militärisch gerechtfertigt werden.

## Die schwächsten Glieder: Zivilpersonen und Kriegsgefangene

Dieses Buch ist den Opfern völkerrechtswidriger Flächenbombardements gewidmet. Nicht vergessen werden darf aber, daß auch Millionen Zivilisten durch andere Kriegsverbrechen um Leben, Heimat und Besitz gebracht wurden und Mißhandlungen und Vergewaltigungen erdulden mußten. Ebensowenig darf vergessen werden, daß auch Kriegsgefangene oft nicht gemäß den Regeln des Kriegsrechts behandelt wurden. Dazu nur ein vielleicht weniger bekanntes Beispiel:

Als die 150.000 deutschen und österreichischen Kriegsgefangenen und Kapitulierten, die zwischen Rimini und Cervia in Italien primitivst auf Wiesen und Feldern gefangengehalten wurden, über ihre militärische Einstufung (Kriegsgefangene, Internierte oder sonst etwas) Bescheid wissen wollten, ließen sie durch den Kommandierenden General des „Deutschen Hauptquartiers Bellaria" (einen solch pompösen Titel für einen gefangenen General gab es wirklich!) beim britischen Feldmarschall Alexander um eine schriftliche Stellungnahme anfragen. Wider Erwarten erhielten die deutschen Gefangenen folgende Antwort[6]:

A/260
28. Juni 1945

1. Sie haben keinen rechtlichen „Status".
2. Der Ausdruck „bedingungslose Übergabe" meint genau, was er sagt, nämlich, daß deutsche Staatsangehörige, Soldaten wie Zivilisten eingeschlossen, alle die für Deutschland kämpften oder am Kriege gegen die Alliierten teilgenommen haben, keinerlei Recht oder irgendwelche Ansprüche haben.
3. Es steht ganz im Belieben der Alliierten, ob Sie als Kriegsgefangene oder als Angehörige der Truppenteile behandelt werden, die die Waffen streckten, und Ihre rechtliche Stellung kann sich je nach Wunsch der Alliierten von Zeit zu Zeit ändern.

4. Die Genfer Konvention kommt nicht in Anwendung noch steht Ihnen irgendeine schützende Macht zu, noch erfreuen Sie sich der normalen Vorrechte eines Kriegsgefangenen.

5. Das Alliierte Hauptquartier hat obiges bestätigt.

Obwohl das Kriegsrecht im allgemeinen nur gegenüber Staatsbürgern von gegnerischen Nationen wirksam wird, sollte es auch an den Bürgern des eigenen Landes anzuwenden sein. Dies zeigen jene widerrechtlichen und unmenschlichen Maßnahmen, die von den USA mit der Festsetzung von Japanern mit US-Staatsbürgerschaft, von den Engländern mit der Inhaftierung von Mosley[7] Anhängern und vor allem von Deutschland mit der Einlieferung von hunderttausenden System- und Kriegsgegnern in Konzentrationslager ohne gerichtliche Verurteilung ergriffen wurden.

## Ausrottung oder Frieden: CAVEANT CONSULES

Im Zweiten Weltkrieg war den Verantwortlichen auf allen Seiten jedes Maß abhanden gekommen, Kriegsverbrechen nahm man immer nur bei den anderen wahr.

So besichtigte der britische Stabschef im Jahre 1945 die japanischen Kriegsgebiete. General MacArthur führte Lord Alanbrooke durch Tokio und Yokohama. Man sprach über die Opfer Tokios im Luftkrieg und untertrieb wie üblich: „Achtzigtausend Tote." Tatsächlich war dies die Zahl der Toten allein in der Nacht zum 24. auf den 25. Mai 1945. Dann sprach MacArthur über die Russen. Lord Alanbrooke überliefert[8]: „Er hält die Russen . . . für völlige Barbaren –, wie das Beispiel eines Befehlshabers beweise, der den Soldaten befohlen habe, jede Frau zwischen 16 und 60 Jahren zweimal zu vergewaltigen." Das ist aufschlußreich, kommentiert Hochhuth: „Beiden Generalen kommt angesichts der Trümmer (Tokios, der Verf.) nicht einmal der *Gedanke,* barbarisch sei auch die von ihnen angeordnete Verbrennung Zehntausender von Frauen."

Ein anderes Beispiel: Schon 1936 (!) packten die Briten gemeinsam mit den Amerikanern Milzbrandsporen in eine herkömmliche Bombe. Die zu Testzwecken verseuchte schottische Insel Gruinard konnte erst 1990, mehr als 50 Jahre nach dem Versuch, nach umfangreichen Entseuchungsmaßnahmen wieder frei-

662

gegeben werden. Nach einem Bericht des österreichischen Wochenmagazins „Profil" plante der britische Premierminister Winston Churchill den Einsatz von Milzbrandbomben über deutschen Städten. Die Militärs rechneten damals mit 17 Millionen Opfern. Nur die Angst vor einem gleichartigen Gegenschlag der Deutschen verhinderte eine ökologische Katastrophe unvorstellbaren Ausmaßes. Denn Milzbrandsporen bleiben 700 Jahre virulent. Deutschland – wie Österreich – wäre noch heute unbewohnbar.[9]

Im Zweiten Weltkrieg haben Churchill und Roosevelt Deutschland bekriegt, um das deutsche Zwillingsübel, die Hitlertyrannei und den Militarismus, auszurotten. Hitler führte Krieg gegen die Sowjetunion, um die Weltpest Bolschewismus auszurotten, Stalin führte gegen Deutschland Krieg, um den faschistischen Landräuber auszurotten (1945 nach der Vereinnahmung von halb Ostpreußen und anderen Gebieten galt für ihn das gleiche Prädikat) und alle zusammen führten Krieg, um der Menschheit den ewigen Frieden zu bringen. Das Ergebnis kennen wir: Nicht einmal den Vereinten Nationen gelang es, auch nur einen wesentlichen Teil der Kriege nach 1945 zu verhindern. Wohl aber könnten die verantwortlichen Staatsmänner im Dritten Weltkrieg die ganze Menschheit ausrotten. Mögen die Weltverantwortlichen daher wenigstens zur zivilisierten Kriegsführung zurückkehren, damit sie, wie der König von Preußen am 11. August 1870 an das französische Volk die Zusicherung folgenden Inhalts gegeben hat, die gleichen Worte im Sinne unserer alten kontinentaleuropäischen Tradition sprechen könnten:

„Ich führe den Krieg mit den französischen Soldaten und nicht mit den Bürgern Frankreichs. Diese werden demnach fortfahren, eine vollkommene Sicherheit ihrer Person und ihres Eigentums zu genießen, und zwar solange, als sie mich nicht selbst durch feindliche Unternehmungen gegen die deutschen Truppen des Rechts berauben, ihnen meinen Schutz angedeihen zu lassen."

Uns bleibt nur noch eines zu tun übrig, rufen wir den Machtträgern unseres Erdballs zu: CAVEANT CONSULES – DIE STAATSOBERHÄUPTER MÖGEN ACHTGEBEN!

Lassen Sie mich zu Abschluß unserer gemeinsam erarbeiteten Luftkriegsgeschichte des Zweiten Weltkriegs die Bitte aussprechen, überall mit dem Ihnen nunmehr übergebenen Rüstzeug warnend und aufklärend im Sinne der Aufrechterhaltung des für die Menschen unserer Erde so wichtigen Friedens zu wirken. Und zuletzt möchte ich noch einer Mutter das Wort überlassen, das wohl für alle Mütter der Kriegsgeneration unserer Erde gesprochen wurde:

„Für die Welt war er nur ein Soldat,
für mich die ganze Welt.!
Spruch einer englischen Mutter am Gedenkkreuz im alliierten Soldatenfriedhof von El Alamein, Ägypten.[10]

1  Joachim Fernau, Halleluja – Die Geschichte der USA, München-Berlin, 1977, S. 289f.
2  Michael Walzer, Gibt es den gerechten Krieg? Stuttgart, 1984, S. 367: Sogar 1941 konnte nur ein Drittel der bei Nacht angreifenden RAF-Flugzeuge seine Bomben innerhalb eines Radius von fünf Meilen um den Zielpunkt abwerfen!
3  Ebda., S. 365.
4  Hellmut Diwald, Geschichte der Deutschen, Berlin, 1979.
5  Siehe Diagramm „Abgeworfene Bombenlast (t) in Europa (insgesamt)", S. 428, 955.000 t durch RAF, siehe Rumpf, S. 191, jedoch 755.000 t Bomben lt. US Strategic Survey, S. 5.
6  Helmut Wolf, Zur Geschichte der deutschen Kriegsgefangenen des 2. Weltkrieges – Die deutschen Kriegsgefangenen in britischer Hand VII. Italien, Griechenland, S. 81 f. und eigenes Erleben des Verfassers.
7  Sir Oswald Mosley hatte 1932 die „British Union of Faschists" gegründet, die dann im Jahre 1940 verboten wurde. Siehe Paul Serant, S. 202f.
8  Rolf Hochhuth, Krieg und Klassenkrieg, Studien, Reinbek bei Hamburg, 1971, S. 110.
9  Profil, Wien, 21. 1. 1991
10  Bekanntgegeben von Frau Ingeborg Poglitsch, 8020 Graz.

# E. Anhang

# Luftkriegsstatistik

*Gliederung, Stärken und Aufmarsch der
deutschen Luftstreitkräfte Ost am 31. August 1939*

Übersicht:
Oberbefehlshaber der Luftwaffe
Luftflotte 1
Luftflotte 4

Der Aufmarsch der deutschen Luftstreitkräfte Ost vollzog sich
getarnt in Form von Übungsverlegungen, anscheinend unbemerkt
von den Polen. Falls es nicht zum Polenkrieg kommen sollte, war an
ein großangelegtes Manöver von Heer und Luftwaffe aus dem
östlichen Raume gegen die ehemals tschechischen Grenzbefesti-
gungen des Sudetengaues gedacht. Die Vorbereitungen hierzu, die
ganz laut und offen von Breslau aus betrieben wurden, mochten
wohl auch zur Tarnung des deutschen Aufmarsches beigetragen
haben. Der am 24. August 1939 mit Sowjetrußland geschlossene
Vertrag entband von Maßnahmen gegen Sowjetrußland und Litau-
en. Bis zum 31. August abends unmittelbar vor Kampfbeginn waren
alle fliegenden Verbände der Luftflotte 1 in Pommern und Ostpreußen, jene der Luftflotte 4 im Raume um Breslau auf ihren Ab-
sprunghäfen einsatzbereit.

*Gliederung der Luftstreitkräfte Ost am 31. August 1939
Angriffskräfte*

Oberbefehlshaber der Luftwaffe: (Wildpark – Werder)
Generalfeldmarschall Hermann Göring
Chef des Generalstabes: General Jeschonnek.

    2 Aufklärungsstaffeln . . . . . . . . . .   18  Flugzeuge
    1 Nachtbombergruppe . . . . . . . . .   20  Flugzeuge

*Luftflotte 4:* (Reichenbach/Schlesien)

Befehlshaber: General der Flieger Löhr.
  3 Aufklärungsstaffeln
  8 Kampfgruppen
  4 Stukagruppen
  1 Schlachtgruppe
  2 Zerstörergruppen
  2 Jagdgruppen
  Einsatzstärke . . . . . . . . . . . . . . 676 Flugzeuge

*Luftflotte 1:* (Stettin-Henningsholm)
Befehlshaber: General der Flieger Kesselring.
  5 Aufklärungsstaffeln
  13 Kampfgruppen
  4½ Stukagruppen
  3 Zerstörergruppen
  3 Jagdgruppen
  Einsatzstärke . . . . . . . . . . . . . . 824 Flugzeuge

*Insgesamt:*
  10 Aufklärungsstaffeln
  21 Kampfgruppen
  8½ Stukagruppen
  1 Nachtbombergruppe
  1 Schlachtgruppe
  5 Zerstörergruppen
  5 Jagdgruppen

*Einsatzstärke insgesamt.* . . . . . . . . . . . . 1538 Flugzeuge

Dem Heere unterstellt:
  6 F-Aufklärungsstaffeln
  22 H-Aufklärungsstaffeln

*Gliederung, Stärken und Aufmarsch der Slowakischen Streitkräfte
am 28. August 1939.*
  28 Aufklärer
  26 Jäger

*Oberbefehlshaber der Luftwaffe (Wildpark-Werder)*
Generalfeldmarschall Hermann Göring.

Unmittelbar unterstellt:
      Ln.-Abt. (mot.) 100 (Köthen)
      Aufklärungsstaffel 8. u. 10./L. G. 2 (Werder)*
      Wettererkundungsstaffel
      Ln. Rgt. Ob. d. L.
      Fliegerdivision 7 (Gm. Student)
      Fallschirmjägerregiment 1
      Kampfgruppe zur besonderen Verwendung 1
      Kampfgruppe zur besonderen Verwendung 2
      Kampfgeschwader zur besonderen Verwendung 172
im Flughafen-
bereich
Liegnitz


## Polens Luftwaffe zu Beginn des Krieges 1939

(Die Daten entstammen dem „Orientierungsheft Polen" Stand
1. April 1939, R. d. L. und Ob. d. L. Genst, 5. Abt. Nr. 4900/39 geh.
[IV. B1]; dem „Beitrag zum Erfahrungsbericht I. Teil bis 30. Juni
1940, Rüstungsinspektion im Gen.-Gouv. geh. 66 K 15 [Archiv Nr.
222]" und Aussagen von gefangenen polnischen Fliegeroffizieren.)
    Im Sommer 1939 bestand die polnische Fliegertruppe aus zwei
Luftgruppen, und zwar Nr. 1 und Nr. 3, zu je drei gemischten
Fliegerregimentern.

      *Luftgruppe 1*        Warschau
      Fliegerregiment Nr. 1 Warschau
      Fliegerregiment Nr. 5 Lida und Wilna
      Fliegerregiment Nr. 6 Lemberg
      *Luftgruppe 3*        Warschau
      Fliegerregiment Nr. 2 Krakau
      Fliegerregiment Nr. 3 Posen
      Fliegerregiment Nr. 4 Thorn

---

* Über 8. u. 10. (F)/L. G. 2 liegt kein Schrifttum vor.

Die Seeflieger waren in der Marinefliegergruppe PutFzig zusammengefaßt und bestanden aus

>    3 Jagdstaffeln
>    1 Kampfstaffel
>    2 Aufklärungsstaffeln
>    1 Bildstaffel

Ein Fliegerregiment war im allgemeinen folgend gegliedert:

>    – Regimentsstab,
>    1–3 Verbindungsstaffeln,
>    3–6 Jagdstaffeln,
>    3–6 Aufklärungsstaffeln,
>    2–4 Kampfstaffeln,
>    1 Schulgruppe.

*Flugzeugbestände*

*Frontflugzeuge Land:*

| | |
|---|---:|
| Jagdflugzeuge | 275 |
| Kampfflugzeuge | 167 |
| Mehrzweck-Fernaufklärer | 175 |
| Heeresnahaufklärer | 190 |
| Verkehrsflugzeuge | 14 |
| | 821 |

*Frontflugzeuge See:*

| | |
|---|---:|
| Jagdflugzeuge | 33 |
| Kampfflugzeuge | 10 |
| Fernaufklärer | 20 |
| Nahaufklärer | 16 |
| | 79 |

Die Iststärke der Regimenter blieb weit hinter der Sollstärke zurück. Die Iststärke eines Regiments betrug kaum mehr als 60 bis 70 kriegsbrauchbare Flugzeuge. Die im Kriege geflogenen Typen waren rein polnischer Erzeugung. Das Flugzeugmaterial war dem deutschen technisch wohl unterlegen, doch nicht in jenem Ausmaße, das man erwartet hatte. Die modernsten polnischen Jäger – wohl an Zahl gering – waren den deutschen ebenbürtig.

Die polnische Flakartillerie bestand aus Flak-Regimentern und selbständigen Abteilungen. Ihre Gesamtstärke betrug Mitte August etwa 500 Geschütze, und zwar:

Schwere Flak 161 neuzeitliche
168 veraltete
Leichte Flak 140 neuzeitliche
30 veraltete.

Hierzu kamen noch 172 Fla-MG.
Eine Luftnachrichtentruppe gab es nicht.

## Die polnische Luftfahrt-Industrie

Die polnische Luftfahrtindustrie, seit 1926 in Entwicklung, hatte bis 1939 beachtliche Erfolge erzielt. Im Europa-Rundflug 1935 war ein polnisches Flugzeug der Staatlichen Flugzeugwerke siegreich.

Bei Ausbruch des Krieges 1939 arbeiteten in Polen für die Luftwaffenindustrie insgesamt vierzig Werke, und zwar:

5 Werke für Flugzeugzellen
8 Werke für Zellenzubehör
6 Werke für Zellenausrüstung
4 Werke für Flugzeugmotoren
5 Werke für Flugzeugmotoren-Ausrüstung
7 Werke für Waffen, Bomben und Zubehör
5 Leichtmetallwerke

Die Zündkerzenfabrik in Kielce, das Zellenwerk in Mielec und das Flugmotorenwerk Rzeszow hatten den Betrieb eben aufgenommen.

Die Kapazität der monatlichen Erzeugung konnte im Kriege nur auf

65 Flugzeuge verschiedener Art,
145 schwere Motore
54 leichte Motore

nach einer längeren Anlaufzeit veranschlagt werden.

## 9. Feindeinsatz der deutschen Stuka-Staffel 2/186
## im Frankreichfeldzug
## (Auszug aus dem Kriegstagebuch)

14.5.40:  9.Feind=Einsatz:

Auftrag:  Zerstörung feindlicher Panzer, die im Raum "Le Chesne" -
"Tannay" - "Stonne" nach NO vorrücken, durch I/186

Einsatz:          A: Mahlke   Baudisch
                  B: Heimlich Irrgang    X: Martinz   Skott
                  C: Viertel  Schleicher Y: Mürgner   Pollak

                  D: Herbst   Kollmitt   G: Skapbraks Lohmaier
                  F: Ebertz   Küstner    K: Strehler  Hüsch
                  E: Dietze   Prange      Z: Reuss     Hecht

Durchführung:  2/186 flog als Schlussstaffel und konnte nach dem Start
nicht ganz auf den Gruppenverband aufschliessen. Staffel in
sich geschlossen. In Höhe Florenville erfolgte ein Jagdan=
griff durch etwa 20 Spitfire. Die Staffel wurde durch
5 Spitfire angegriffen. Bei dem ersten Angriff wurde die
3 Kette zersprengt, da der Kettenführer wegen Motortreffers
zum Sturz wegdrückte. Der Rest der Staffel schloss mit 8
Flugzeugen eng auf und bewirkte dadurch starkes Abwehrfeuer
auf die von hinten angreifenden Jäger. Durch Bordfunker
A (Uffz.Baudisch) wurde eine Spitfire in Brand geschossen
und kippte nach unten ab. Aufschlag nicht beobachtet wegen
weiterer Angriffe und der erforderlichen Abwehr. - 1.und
3.Staffel drehten ab auf Rückflugkurs. 2.Staffel blieb zu=
nächst auf Kurs und erhielt kurz westlich Florenville gut
liegendes Flakfeuer, woraufhin die Jäger sofort abdrehten.
Da weiterhin keine Jäger zu sehen waren wurde der Auftrag
fortgesetzt, zumal da beim Abdrehen zum Rückflug die Staffel
erneut in die Jäger hineingedreht hätte, die die Spitze auf
dem Rückmarsch verfolgten.

Zerstört wurden Panzer auf und neben der Strasse "Brieulles
- "les Petites Armoises". Mehrere Treffer nach Augenbeob=
achtung auf Panzer und Strasse. Hochabflug, kurz nach dem
Sturz zur alten Formation gesammelt zum Rückmarsch.

Gegnerabwehr:  Angriff von etwa 20 Spitfire auf Gruppe, davon 5 auf
2.Staffel. Die zum Schutz der Gruppe eingesetzten Jäger,
Me 109, hatten Luftkampf mit etwa 30 Spitfire, wobei 5 abge=
schossen wurden, jedoch nicht verhindert werden konnte, dass
die feindlichen Jäger sich dem Kampf entzogen und die Gruppe
angriffen. - Gut liegende mittlere Flak bei Sedan.

Verluste:  K: Feldw.Strehler - Ob.Gefr.Hüsch vermisst.
           Z: Uffz.Reuss - Uffz Hecht: vermisst.

671

## 68. Feindeinsatz der Stuka-Staffel 2/186
## in der Luftschlacht um England
## (Auszug aus dem Kriegstagebuch)

16.8.194⁰: 68.Feindeinsatz.
=================================

Auftrag:   Zerstörung der Anlagen Flugplatz Lee on the Solent
           8.Staffel Zerstörung der Funkstation Ventnor an der
           Südwest-Küste der Insel Wight.

Einsatz:   -J- Ska braks - Lohmaier      -D- Heimlich - Irrgang
           -F- Kathe - Wieschniewski     -K- Dietze - Irange
           -I- Hirgner - Pollak          -X- Wiesnet - Jungmayer
                          -0- Viertel - Zeulner
                          -B- Reuß - Hilberger

P          Start Falaise:         Landung Piceauville:
           Start Feindflug:       Landung Piceauville:
           Start Piceauville:     Landung Falaise:
                    Angriffszeit:

Durchführung:

           Stuka-Geschwader 1 ging von Cherbourg aus mit 4 Jagd und
           1 Zerstörer-Geschwader auf Kurs ostkante Insel Wight.
           Hier zweigte sich die 8. Staffel ab mit Kurs auf Vent-
           nor.Anflughöhe 3 800 m ,Starker Bodendunst, über Küste
           und Ziel. Wolkenbänke zwischen 1000 - und 1500 m über dem
           Ziel. Staffel mußte durch die Wolken stürzen. Eine 500kg-
           Bombe direkt neben dem Sendehaus, das zerstört wurde. Einige
           Aufschläge direkt an den Funkmastfüßen. Masten blieben je-
           doch stehen. Nach dem Sturz wurde sehr schnell gesammelt und
           in 50 m abgeflogen.

       Gegnerabwehr:

           Angriff durch 2 Hurikane vor dem Sturz wurde durch einen
           Schwarm Me 109 verhindert.

       Einsatzbereitschaft:

           9 Besatzungen, 8 Maschinen.

672

| Name | 1 | 2 | 3 | 4 | 5 | 6 | 7 | 8 | 9 | 10 | 11 | 12 | 13 | 14 | 15 | 16 | 17 | 18 | 19 | 20 | 21 | 22 | 23 | 24 | 25 | 26 | 27 | 28 | 29 | 30 | 31 | 32 | 33 |
|---|---|---|---|---|---|---|---|---|---|---|---|---|---|---|---|---|---|---|---|---|---|---|---|---|---|---|---|---|---|---|---|---|---|
| Hptm. Mahlke P.F | x | x | x | x | x | x | x | x | x | x | x | x | x | x | x | x | x | x | x | x | x | x | x | x | x | x | x | x | x | x | x | x | x |
| Oblt. Herbst P.F | x | x | x | x | x | x | x | x | x | x | x | x | x | x | x | x | x | x | x | x | x | x | x | x | x | x | x | x | x | x | x | x | x |
| Oblt. Skomborahs P.F | x | x | x | x | x | x | x | x | x | x | x | x | x | x | x | x | x | x | x | x | x | x | x | x | x | x | x | x | x | x | x | x | x |
| Lt. Martins P.F | x | x | x | x | x | x | x | x | x | x | x | x | x | x | x | x | x | x | x | x | x | x | x | x | x | x | x | x | x | x | x | x | x |
| Lt. Heimlich P.F | x | x | x | x | x | x | x | x | x | x | x | x | x | x | x | x | x | x | x | x | x | x | x | x | x | x | x | x | x | x | x | x | x |
| Fhr. v. Viertel P.F | x | x | x | x | x | x | x | x | x | x | x | x | x | x | x | x | x | x | x | x | x | x | x | x | x | x | x | x | x | x | x | x | x |
| Fw. Strehler P.F | x | x | x | x | x | x | x | x | vermisst | | | | | | | | | | | | | | | | | | | | | | | | |
| Fw. Bartsch P.F | | | | | | | | | | | | | | | | x | x | x | x | | | | | | | | | | 1 | | | | |
| Egertz P.F | x | x | x | x | x | x | x | x | x | x | x | x | x | x | x | x | x | x | x | x | x | x | x | x | x | x | x | x | x | x | x | x | x |
| Ufz. Dietze P.F | x | x | x | x | x | x | x | x | x | x | x | x | x | x | x | x | x | x | x | | | | | | | | | x | x | x | x | x | x |
| Ufz. Mätzner P.F | x | x | x | x | x | x | x | x | x | x | x | x | x | x | x | x | x | x | x | x | x | x | x | x | x | x | x | x | x | x | x | x | x |
| Ufz. Reuß P.F | x | x | x | x | x | x | x | x | vermisst | | | | | | | | | | | | | | | | | | | | | | | | |

| Name | Marks |
|---|---|
| Uffz Banacker HB | × × × × × × × × × × × × × × × × × × × × × × × × × × |
| Uffz Lohmaier Bf | × × × × × × × × × × × × × × × × × × × × × × × × |
| Uffz Phillipp Bf | × × × × × vermisst |
| Uffz Hecht Bf | × × × × × vermisst |
| Schreiber Bf | × × × × × × × × × × × × × × × × × × × × × × × × |
| Uffz Kozzmit Bf | × × × × × × × × × × × × × × × × × × × × × × × × |
| Schillinger Bf | × × × × × × × × |
| Skott Bf | × × × × × × × × × × × × × × × × × × |
| Pollak Bf | × × × × × × × × × × × × × × × × × × × × |
| Prange Bf | × × × × × × × × × × × × × × |
| Frisch Bf | × × × × × × × vermisst |
| Uffz Frging Bf | × × × × × × × × × × × × × × × × × × |
| Unt. Rache Bm | × × × |
| Uffz Wäscher Bm | × × × × × Bemerkungen |

Kopien aus dem Flugbuch Nr. 12

des Obstlt. Schalk über seine Einsätze

gegen Korinth und Kreta 1941

| Lfd. Nr. des Fluges | 1. Führer | 2. Führer, Flugzeugbemannung, Fluggast usw. | Flugzeug-Type Eintragungs-zeichen | Art des Fluges | Abflug | | Flug | |
|---|---|---|---|---|---|---|---|---|
| | | | | | Ort | Tag | Tageszeit | |
| 106 | Schalk | | Bf-110 3U+BN | Einsatz (Kreta) 69. | Argos | 21/5. | 09.15 | |
| 107 | | | | 70. | Malmi | | 1040 | |
| 108 | | | | 71. | Argos | | 1-45 | |
| 109 | | | 3U+YA | 72. | | 24/5. | 0640 | |
| 110 | | | | 73. | | | 1546 | |
| 111 | | | 3U+BN | 74. | | 21/5. | 07.15 | |
| 112 | | | | 75. | | | 1545 | |
| 113 | | | 3U+BN | 76. | | 23/5. | 0507 | |
| 114 | | | | 77. | | 24/5. | 0804 | |
| 115 | | | 3U+ZA | 78. | | 1/5. | 0940 | |
| 116 | | | 3U+YA | 79. | | 26/5. | 0835 | |
| 117 | | | | 80. | | | 1685 | |
| 118 | | | | 81. | | | 1545 | |
| 119 | | | | 82. | | 21/5. | 09.20 | |
| 120 | | | | 83. | | | 1955 | |
| | | | | | | | 1040 | |

| Landung | | | Flugzeit: Min. Kilometer | Bestätigung | | Anmerkung |
|---|---|---|---|---|---|---|
| Ort | Tag | Tageszeit | Übertrag | Flugleiter | Flughafeninspekt. | |
| | | | 128.046 | 172.??? | | |
| *(unleserlich)* | | 08.30 | 135 | *(unleserlich)* | | *(unleserlich)* |
| | | 1443 | 85 | | — / — | |
| | | 1805 | 170 | *(unleserlich)* | | *(unleserlich)* |
| | | 1730 | 140 | *(unleserlich)* | | *(unleserlich)* |
| | | 1210 | 144 | | — / — | |
| | | 0955 | 130 | *(unleserlich)* | | *(unleserlich)* |
| | | 1245 | 150 | *(unleserlich)* | | *(unleserlich)* |
| | | 1120 | 135 | *(unleserlich)* | | *(unleserlich)* |
| | | 1113 | 128 | *(unleserlich)* | | *(unleserlich)* |
| | | 1205 | 140 | *(unleserlich)* | | *(unleserlich)* |
| | | 1055 | 140 | | — / — | *(unleserlich)* |
| | | 1850 | 145 | | — / — | |
| | | 1240 | 135 | *(unleserlich)* | | *(unleserlich)* |
| | | 1045 | 85 | | — / — | |
| | | 1320 | 85 | | — / — | |
| | | | 340 | | | |
| | | | 342 | | | |
| | | **Summe:** | **1905** | **880** | | |

# Die fliegenden Verbände der Luftflotte 4 (Wien) am 5. April 1941 abends, am Vorabend des Balkankrieges 1941

| **Deutsche Luftwaffen-mission in Bukarest:** | **Luftgaukommando XVII:** |
|---|---|
| III./J. G. 52 Bukarest | Ergänzungs-Jagdstaffel 27 Götzendorf |
| | Ergänzungs-Staffel St. G. 2 Graz |

*a) Der Luftflotte 4 unmittelbar unterstellt:*
4. (F)/121 (Seyring)

| | | |
|---|---|---|
| K.G.2 | Zwölfaxing | (Do 17 R) |
| I./K.G.2 | Zwölfaxing | (Do 17 R) |
| III./K.G.2 | Zwölfaxing | (Do 17 R) |
| III./K.G.2 | Münchendorf | (Do 17 R) |
| II./K.G.4 | Aspern (Heinkel 111 P 4) (Minengruppe) | |
| K.G.51 | Wr. Neustadt | (Ju 88) |
| I./K.G.51 | Wr. Neustadt | (Ju 88) |
| II./K.G.51 | Wr. Neustadt | (Ju 88) |
| III./K.G.51 | Schwechat | (Ju 88) |

*b) Fliegerführer Graz:*
Kommodore St. G. 3

Stab II./J.G.54 Graz (Bf 109)
II./St.G.77 Graz (Ju 87)
Stab St.G.3 Graz (Ju 87)
I./J.G.27 Graz (Bf 109)

*c) Fliegerführer Arad:*
Kommodore St. G. 77

III./J.G.54 Arad
St.G.77 Arad
I./St.G.77 Arad (Ju 87)
III./St.G.77 Arad (Ju 87)
4./J.G.54 Arad (Bf 109)
I./Z.G.26 Szeged (Me 110)
J.G.77 Deta (Bf 109)
II./J.G.77 (mit 5./J. G. 54) Deta (Me 109)
III./J.G.77 (mit 6./J. G. 54) Deta

*d) VIII. Fliegerkorps: Stab: Gorna Djumaja*
2 (F)/11 Do 17 (Sofia-Filipovci)

|  |  |
|---|---|
| St.G.2 | (Stab mit Stabsstaffel) Belica Nord |
| I./St.G.2 | (Ju 87) Belica |
| III./St.G.2 | (Ju 87) Belica |
| I./St.G.3 | (Ju 87) Belica |
| I./St.G.3 | (Ju 87) Krainici |
| J.G.27 | Belica |
| II./J.G.27 | (Bf 109) Sofia-Vrba |
| III./J.G.27 | (Bf 109) Belica |
| I./L.G.2 | (Bf 109) Sofia-Vrazdebna |
| I./L.G.1 | (Ju 88) Krumovo |
| II./L.G.2 | (2 Staffeln Bf 109 1 Staffel He 123) Sofia – Boshuritsche |
| 7/L.G.2 | (Me 110) Sofia – Vrazdebna |
| 10/L.G.2 | (Hs 123) Krainici |
| II./Z.G.26 | (Bf 110) Krainici – Vrazdebna |
| Seenotstaffel 7 | Varna |
| IV./K.G. z.b.V.1 | Krumovo |

**Insgesamt:** 8 Kampfgruppen, 7 Stukagruppen, 8 Jagdgruppen, 2 Zerstörergruppen, 1 Schlachtgruppe, 3 Fernaufklärungsstaffeln

Dem VIII. Fliegerkorps war der Raum südlich der Linie Lim – Uvac – Uzice – Bela Crkva, den übrigen Teilen der Luftflotte 4 der Raum nördlich davon zugewiesen. Den Einsatz des X. Fliegerkorps, das auf Sizilien lag, gegen Küsten- und Seeziele – insbesondere im ägäischen Raum – befahl Ob. d. L. unmittelbar. Für den 6. April waren vorerst 2 Kampfgruppen in Aussicht genommen. Der jugoslawisch-albanische Küstenstreifen war im allgemeinen der italienischen Luftwaffe vorbehalten. Fallschirm-Rgt. 2 in Bahntransport auf Plovdiv.

## Decknamen

*ABC = Airborne Cigar* Britischer Bordsender zur Störung der deutschen Jägerleitfrequenzen.

*Boozer* Radar-Warnempfänger in den RAF-Bombern.

*Berlin* Deutsches Nachtjäger-Radar, gegen Kriegsende eingeführt.

*Carpet* US-Bordsender – später auch in den RAF-Bombern – zur Störung des Feuerleitradar *Würzburg*.

*Corona* Verfahren, mit dem irreführende Sprüche auf der Frequenz der deutschen Nachtjäger-Bodenkontrolle von England aus gesendet wurden.

*Egerland* Flak-Feuerleitradar, welches bei Kriegsende eingeführt werden sollte.

*Flak* Fliegerabwehrkanone.

*Flensburg* Radar-Empfänger, der auf die Impulse der britischen Heck-Radarwarnanlage *Monica* ansprach und den deutschen Nachtjägern das Anpeilen ermöglichte.

*Freya* Deutsches Frühwarnradar.

*Gee* Britisches Navigationsverfahren mit Leitstrahl.

*Helle Nachtjagd* Deutsches Nachtkampfverfahren, bei dem Suchscheinwerfer zur Beleuchtung der Bomber

(oder einer Wolkenschicht unter den Bombern) eingesetzt wurden.

*Himmelbett* Deutsches System des Nachtkampfes, bei dem die Jäger vom Boden aus durch Radar geleitet wurden.

*H2S und H2X* Britisches und amerikanisches Bordradar für den Blindabwurf.

*Jagdschloß* Deutsches Jagdflugzeug-Radar.

*Jostle* Britischer Hochleistungs-Störsender für den Einsatz gegen die deutschen Funksprechkanäle.

*Korfu* Deutsches Radar-Peilgerät, welches auf H2S ansprach.

*Lichtenstein* Deutsches Nachtjäger-Bord-Radar.

*Mammut* Deutsches Frühwarn-Radar.

*Mandrel* Britischer Störsender zur Bekämpfung der deutschen Frühwarn-Radargeräte.

*Monica* Britisches Heck-Warnradar.

*Naxos* Deutsches Boden- und Bord-Peilgerät, welches auf H2S ansprach.

*Neptun* Deutsches Nachtjäger-Radar, welches bei Kriegsende eingeführt wurde.

*Oboe* Britisches Gerät für den Blindabwurf, welches mit

englischen Bodenstationen zusammenarbeitete.

*Perfectos* Britisches Bordgerät, mit dem die Fernkampf-Nachtjäger die Positionsmeldungen der deutschen Jäger anpeilen konnten.

*Schräge Musik* Die nach oben feuernden Kanonen der deutschen Nachtjäger.

*Serrate* Britisches Bordgerät, mit dem die Radarimpulse des Gegners geortet wurden.

*SN-2* Deutsches Nachtjäger-Bordradar.

*Tinsel* Verfahren, bei dem mit Hilfe der Bomber-Funksender die deutsche Jägerleit-Frequenz überlagert werden konnte.

*Village Inn* Feuerleit-Radar für den Heckstand der Bomber.

*Wassermann* Deutsches Frühwarnradar.

*Wilde Sau* Deutsche Kampftaktik, mit der einmot. Jäger im massierten Einsatz Bomber über dem Zielgebiet angriffen.

*Window* Britischer Name für Metallfolien (deutsche Bezeichnung: Düppel), die zur Störung der deutschen Radaranlagen diente.

*Würzburg* Deutsches Meßradar für die Feuerleitkontrolle der Flak, für Suchscheinwerfer und vorübergehend auch für Nachtjäger.

*Würzburg Riese* Deutsches Jägerleitradar

*Y-Gerät* Gerät an Bord deutscher Jäger, mit dem über spezielle Bodenstationen die Feindverfolgung aufgenommen werden konnte.

*Zahme Sau* Deutsches Verfahren zur massierten Heranführung von Nachtjägern an den Bomberstrom.

*Die Schweiz im Zweiten Weltkrieg:*

## 6500 Luftraumverletzungen

6501mal wurde während des Zweiten Weltkrieges der eidgenössische Luftraum durch alliierte oder deutsche Flugzeuge verletzt. Weiters wurden 107 ausländische Maschinen zur Landung gezwungen. Bei Luftkämpfen schossen die eidgenössischen Militärpiloten 25 Flugzeuge ab. Vorwürfen, die Schweiz unternähme zuwenig gegen die Überflüge der jeweils anderen Seite, hielt die Schweiz diese Erfolgszahlen entgegen.

*Das schwer getroffene Siegestor in München.*

*Kassel am 22. Oktober 1943: Das waren erwachsene Menschen,*
*so verkohlten sie,*
*so wurden sie geborgen,*
*so wurden sie bestattet.*

*Das zerstörte Dresden vom Rathausturm gesehen.*

*Die erste Gedenkstätte für die Luftkriegsopfer im Heidefriedhof in Dresden.*

*Die neue Gedenkstätte des Heidefriedhofs in Dresden (1984). Wieviele starben? Wer kennt die Zahl? – An Deinen Wunden sieht man die Qual – der Namenlosen, die hier verbrannt – im Höllenfeuer aus Menschenhand.*

*Das Leben geht weiter. Die deutsche Bevölkerung machte sich bald nach Beendigung des Krieges an den Wiederaufbau ihrer zerstörten und beschädigten Wohnstätten und hatte ihre Städte und Dörfer nach 15–20 Jahren größtenteils wieder aufgebaut, wenn auch manche total zerstörte Straßenzeile als „Baulücke" belassen werden mußte.*

*Kinder spielten auf den Trümmern.*

*Ihre Mütter bauten wieder auf.*

Die Schweizer sind auch in Friedenszeiten nicht gerade zimperlich, wenn es um die Verletzung ihres Luftraumes geht. Das bekam auch eine Maschine der sowjetischen Gesellschaft „Aeroflot" zu spüren, die vom geraden Weg abkam und im Schweizer Luftraum ihre Kreise zog.

Prompt wurde sie abgefangen und zur Landung gezwungen. Wie die „Wochenpresse" berichtete, durfte die russische Maschine erst weiterfliegen, nachdem die Sowjets ein paar 1000 Fränkli Buße hingeblättert hatten.

*Schweden im Zweiten Weltkrieg:*
## 4667 Luftraumverletzungen

Schweden behauptete auch während des Zweiten Weltkrieges seine Neutralität in der Luft. Insgesamt wurden von 1940 bis 1945 4667 Luftraumverletzungen registriert. In 610 Fällen wurde auf die einfliegenden Maschinen gezielt das Feuer eröffnet und 20 davon abgeschossen.

Keine Zweifel ließ Schweden an seiner Neutralität, die im Gegensatz zur österreichischen oder Schweizer keine völkerrechtlich verankerte, sondern eine faktische ist, aufkommen: Was die schwedische Neutralität ist, wie sie geschützt und gehandhabt wird, bestimmen allein Schweden und seine Interessen! Diese mutige Haltung der Schweden beruhte auf ihrer Bereitschaft, diese Neutralität mit allen Mitteln auch in der Luft zu schützen.

# Einsätze der deutschen Fallschirmtruppe im 2. Weltkrieg

**Taktische Zeichen**

| | |
|---|---|
| Armee | ■ |
| Korps | ✕ |
| Brigade | ▲ |
| Division | ▲ |
| Regiment | ▮ |
| Bataillon | ▮ |
| Kompanie | ▯ |
| Sprungeinsatz | ☂ |
| Seglereinsatz | ⊀ |
| Eingeflogen | ✈ |
| Panzerdivision | ▲ |

**Anmerkungen:**

1. Die 7.Flieger-Division (Fl.-Div.7)
   - Tarnbezeichnung der ersten Fsch-
   Einheiten - wurde im März 43 um-
   benannt in 1.Fsch.Jg.-Division.

2. Aus dem XI.Flieger-Korps
   - Tarnbezeichnung - bildete sich
   im März 44 das AOK der
   1.Fallschirm-Armee

3. Die Panzerdivision Hermann
   Göring gehörte ab Febr 44 zur
   Fallschirmtruppe und nannte
   sich fortan "Fsch.Pz.Division
   Hermann Göring", ab Okt 44
   Fsch.Pz.Korps Hermann Göring.

IRLAND
Dublin ○

GROSSBRITANNIEN
London ○

Sturm-Abtlg.Koch
10.5.40
Eben Emael, Alb.Kanal

▮ F.JR 1 ▮ F.JR 2
(3 Batl.) (2 Batl.)
Hollandeinsatz 10.5.40

☂ 7.Fl.-Div.

▲ 1.F-ARMEE
Sept 44-Mai 45
2,6,7,8.FJD,FJR 6
Belg, Holland, Deutschl.

K.Gr.v.d.Heydte
▲ Ard.-Offensive 17.12.44

○ Berlin
F.-Pz.Korps H.G.O
Ostfront Okt.44-Mai 45

▲ 9.FJD Febr-8 Mai 45
Pommern,Oderfront,Berlin

NORWEGEN

☂ 3./FJR 1
Stavanger-Sola
9.4.40

☂ 1./FJR 1
Dombas 14.4.40

Oslo-Fornebu ○

▯ Stab FJR 1
▯ 1./FJR 1
▯ 2./FJR 1

Aalborg ○
DÄNEMARK

☂ 4./FJR 1
Storstrømbrücke 9.4.40

9.4.40

Stockholm ○

SCHWEDEN

☂ 1./FJR 1
Narvik ab 14.5-8.6.40
Die K.Gr.Diet besetzte von See her
Narvik am 9.4.40 Im weiteren Verlauf des Norwegenfeldzuges kam
es zur Einschließung der K.Gr.und
zum Fallschirmeinsatz.

FINNLAND

Helsinki ○

☂ 7.Fl.-Div.

▮ FJR 1 ▮ FJR 3
▮ II./ST.RGT. ▲ III./ST.RGT.
Leningrad, Schlüsselburg
(Petruschino, Wyborgskaja)
Sept.-Nov 1941

▮ FJR 2 ○ Wolchowfront
▲ IV./ST.RGT. Apr.-Juni 42

○ Moskau

☂ 7.Fl.-Div.
Juli-Okt. 44

▮ FJR16 ▲ 1./F.Pio.R. 21
Wilna 7.7.44, Memelbrückenkopf,
Ostpreußen-Schutzstellg.

☂ 7.Fl.-Div.
Raum Smolensk
Okt.42-März 43

▲ III./FJR 4
Rschew/Wjasma 42

☐ Stab Lt-St.Rgt./Mendl
Juchnow Jan.-Febr. 42

▲ I./ST.RGT.
Schaikowka Febr 42

R U S S L A N D

Warschau
P O L E N

○ Breslau

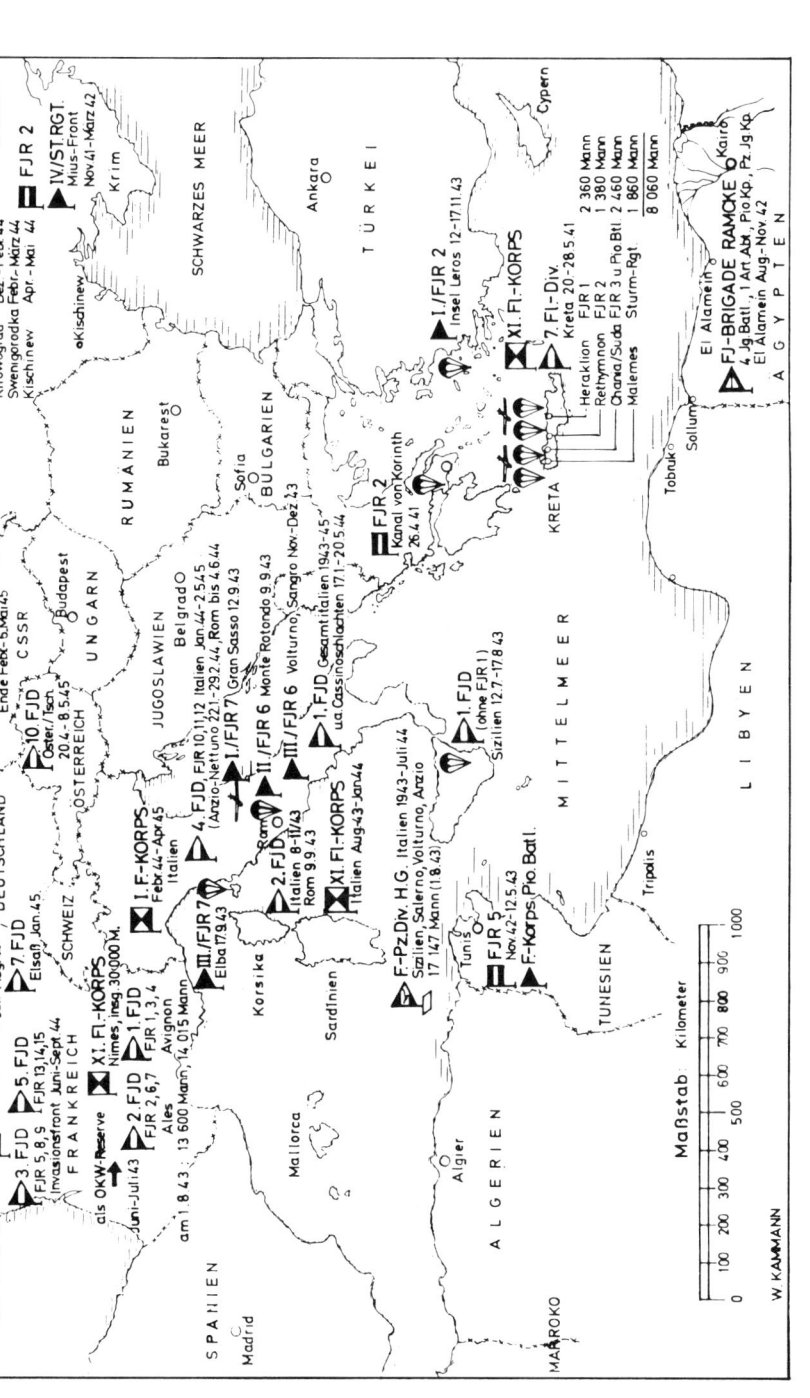

Juni-19 Sept. 44

3. FJD
(FJR 5,8,9
Invasionsfront Juni–Sept. 44
FRANKREICH

Juni–Juli 43
als OKW-Reserve

5. FJD
FJR 13,14,15
Elsaß Jan. 45

7. FJD
Elsaß Jan. 45

10. FJD
Öster./Tsch.
20.4.–8.5.45
Ende Febr.–5.Mai 45

Kirowograd     Dez.–Febr. 44
Swengrodka  Febr.–März 44
Kischinew       Apr.–Mai 44

Stalino

FJR 2

IV/ST.RGT.
Mius-Front
Nov 41–März 42

Krim

SCHWARZES MEER

o Kischinew

TÜRKEI

Ankara o

BULGARIEN

Sofia o

RUMÄNIEN

Bukarest o

UNGARN

Budapest o

CSSR

ÖSTERREICH

SCHWEIZ

DEUTSCHLAND

2. FJD
FJR 5,8,9
Ales
am 1.8.43
13 600 Mann,

1. FJD
FJR 1,3,4
Avignon
14 015 Mann

XI. Fl.-KORPS
Nimes, insg. 30 000 M.

I. F.-KORPS
Febr. 44–Apr 45
Italien

4. FJD, FJR 10,11,12 Italien Jan. 44–2.5.45
(Anzio–Nettuno 22.1.–29.2.44, Rom bis 4.6.44

I/FJR 7  Monte Rotondo 9.9.43

II/FJR 6  Volturno/Sangro Nov–Dez 43

1.FJD Gesamt Italien 1943–45
u.a Cassinoschlachten 17.1.–20.5.44

III/FJR 7
Elba 17.9.43

2. FJD
Italien 8–11/43
Rom 9.9.43

XI. Fl.-KORPS
Italien Aug 43–Jan 44

F.-Pz.Div. H.G. Italien 1943–Juli 44
Sizilien, Salerno, Volturno, Arzio
17 147 Mann (1.8.43)

1. FJD
(ohne FJR 1)
Sizilien 12.7–17.8.43

JUGOSLAWIEN

Belgrad o

Korsika

Sardinien

Mallorca

SPANIEN

Madrid o

FJR 5
Nov 42–12.5.43

F.-Korps Pio.Batl.

F-Korps Pio. Batl.

Tunis o

TUNESIEN

Algier o

ALGERIEN

MAROKKO

LIBYEN

Tripolis o

MITTELMEER

FJR 2
Kanal von Korinth
26.4.41

I/FJR 2
Insel Leros 12–17.11.43

Cypern

KRETA

7. Fl.-Div.
Kreta 20–28.5.41

XI. Fl.-KORPS

Heraklion    FJR 1        2 360 Mann
Rethymnon  FJR 2        1 380 Mann
Chania/Suda FJR 3 u.Pio Btl   2 460 Mann
Maleme       Sturm-Rgt    1 860 Mann
                                        8 060 Mann

ÄGYPTEN

Kairo o

El Alamein

El Alamein

Sollum o

Tobruk o

FJ-BRIGADE RAMCKE
4. Jg Batl , 1 Art Abt, Pio Kp, Pz Jg Kp
El Alamein Aug–Nov 42

Maßstab: Kilometer

0   100  200  300  400  500  600  700  800  900  1000

W. KAMMANN

*Statistik zum Einsatz der deutschen Luftwaffe*

Die Gesamt-Flugzeug-Produktion deutscher Flugzeuge 1939 – 1945 betrug:

| | 1939 | 1940 | 1941 | 1942 | 1943 | 1944 | 1945 | ins-gesamt |
|---|---|---|---|---|---|---|---|---|
| Bombenflugzeuge . . . . . . | 737 | 2 852 | 3 373 | 4 337 | 4 649 | 2 287 | — | 18 235 |
| Jagdflugzeuge . . . . . . | 605 | 2 746 | 3 744 | 5 515 | 10 898 | 25 285 | 4 936 | 53 729 |
| Schlachtflugzeuge . . . . | 134 | 603 | 507 | 1 249 | 3 266 | 5 496 | 1 104 | 12 359 |
| Aufklärungsflugzeuge . . | 163 | 971 | 1 079 | 1 067 | 1 117 | 1 686 | 216 | 6 299 |
| Seeflugzeuge . . . . . . | 100 | 269 | 183 | 238 | 259 | 141 | — | 1 190 |
| Transportflugzeuge . . . | 145 | 388 | 502 | 573 | 1 028 | 443 | — | 3 079 |
| Kampf- und Lastensegler . . | — | 378 | 1 461 | 745 | 442 | 111 | 8 | 3 145 |
| Verbindungsflugzeuge . . | 46 | 170 | 431 | 607 | 874 | 410 | 11 | 2 549 |
| Schulflugzeuge . . . . . . | 588 | 1 870 | 1 121 | 1 078 | 2 274 | 3 693 | 318 | 10 942 |
| Strahlflugzeuge . . . . . . | — | — | — | — | — | 1 041 | 947 | 1 988 |
| | 2 518 | 10 247 | 12 401 | 15 409 | 24 807 | 40 593 | 7 540 | 113 515 |

*Aus: Jakobsen „Dokumente", S. 546/47*

## II. Wichtige Bestimmungen aus dem Abkommen betreffend die Gesetze und Gebräuche des Landkrieges vom 18. Oktober 1907 und der Anlage zu diesem Abkommen, der Haager Landkriegsordnung

### I. Das Abkommen betreffend die Gesetze und Gebräuche des Landkrieges vom 18. Oktober 1907.

Allgemeine Inhaltsübersicht:
Präambel:

Hievon sind besonders hervorzuheben:
Präambel

In der Erwägung, daß bei allem Bemühen, Mittel zu suchen, um den Frieden zu sichern und bewaffnete Streitigkeiten zwischen den Völkern zu verhindern, es doch von Wichtigkeit ist, auch den Fall ins Auge zu fassen, wo ein Ruf zu den Waffen durch Ereignisse herbeigeführt wird, die ihre Fürsorge nicht hat abwenden können;

von dem Wunsche beseelt, selbst in diesem äußersten Falle den Interessen der Menschlichkeit und den sich immer steigernden Forderungen der Zivilisation zu dienen;

in der Meinung, daß es zu diesem Zwecke von Bedeutung ist, die allgemeinen Gesetze und Gebräuche des Krieges einer Durchsicht zu unterziehen, sei es, um sie näher zu bestimmen, sei es, um ihnen gewisse Grenzen zu ziehen, damit sie soviel wie möglich von ihrer Schärfe verlieren; haben eine Vervollständigung und in gewissen Punkten eine bestimmtere Fassung des Werkes der Ersten Friedenskonferenz für nötig befunden, die im Anschluß an die Brüsseler Konferenz von 1874, ausgehend von den durch eine weise und hochherzige Fürsorge eingegebenen Gedanken, Bestimmungen und Feststellung und Regelung der Gebräuche des Landkrieges angenommen hat.

Nach der Auffassung der hohen vertragschließenden Teile sollen diese Bestimmungen, deren Abfassung durch den Wunsch angeregt wurde, die Leiden des Krieges zu mildern, soweit es die militärischen Interessen gestatten, den Kriegführenden als allgemeine Richtschnur für ihr Verhalten in den Beziehungen untereinander und mit der Bevölkerung dienen.

Es war indessen nicht möglich, sich schon jetzt über Bestimmungen zu einigen, die sich auf alle in der Praxis vorkommenden Fälle erstrecken. Andererseits konnte es nicht in der Absicht der hohen vertragsschließenden Teile liegen, daß die nicht vorgesehenen Fälle in Ermangelung einer schriftlichen Abrede der willkürlichen Beurteilung der militärischen Befehlshaber überlassen bleiben.

So lange, bis ein vollständigeres Kriegsgesetzbuch festgestellt werden kann, halten es die hohen vertragsschließenden Teile für zweckmäßig, festzusetzen, daß in den Fällen, die in den Bestimmungen der von ihnen angenommenen Ordnung nicht inbegriffen sind, die Bevölkerung und die Kriegführenden unter dem Schutz und der Herrschaft der Grundsätze des Völkerrechts bleiben, wie sie sich ergeben aus den unter gesitteten Völkern feststehenden Gebräuchen, aus den Gesetzen der Menschlichkeit und aus den Forderungen des öffentlichen Gewissens.

Sie erklären, daß namentlich die Artikel 1 und 2 der angenommenen Ordnung in diesem Sinne zu verstehen sind.

Die hohen vertragsschließenden Teile, die hierüber ein neues Abkommen abzuschließen wünschen, haben zu Ihren Bevollmächtigten ernannt:

(Angabe der Bevollmächtigten)

welche, nachdem sie ihre Vollmachten hinterlegt und diese in guter und gehöriger Form befunden haben, über folgende Bestimmungen übereingekommen sind:

Artikel 1
(Verpflichtung)

Die Vertragsmächte werden ihren Landheeren Verhaltungsmaßregeln geben, welche der dem vorliegenden Abkommen beigefügten Ordnung der Gesetze und Gebräuche des Landkriegs entsprechen.

## Artikel 2
### (Allbeteiligungsklausel)

Die Bestimmungen der im Artikel I angeführten Ordnung sowie des vorliegenden Abkommens finden nur zwischen den Vertragsmächten Anwendung und nur dann, wenn die Kriegführenden sämtlich Vertragsparteien sind.

## Artikel 3
### (Verantwortlichkeit der Vertragsparteien)

Die Kriegspartei, welche die Bestimmungen der bezeichneten Ordnung verletzen sollte, ist gegebenenfalls zum Schadenersatz verpflichtet. Sie ist für alle Handlungen verantwortlich, die von den zu ihrer bewaffneten Macht gehörenden Personen begangen werden.

## Artikel 4
### (Abkommen vom 29. 7. 1899)

Dieses Abkommen tritt nach seiner Ratifikation für die Beziehungen zwischen den Vertragsmächten an die Stelle des Abkommens vom 29. Juli 1899, betreffend die Gesetze und Gebräuche des Landkriegs. Das Abkommen von 1899 bleibt in Kraft für die Beziehungen zwischen den Mächten, die es unterzeichnet haben, die aber das vorliegende Abkommen nicht gleichermaßen ratifizieren sollten.

Für folgende Staaten ist dieses Abkommen samt der beigefügten Ordnung der Gesetze und Gebräuche des Landkrieges verbindlich.[1]

Äthiopien (seit 5. August 1935), Australien (27. November 1909), Belgien (8. August 1910), Bolivien (27. November 1909), Brasilien (5. Jänner 1914), Ceylon (22. November 1909), China (10. Mai 1917), Dänemark (27. November 1909), Deutschland (27. November 1909), Finnland (9. Juni 1922), Frankreich (7. Oktober 1910), Großbritannien (27. November 1909), Guatemala (15. März 1911), Haiti (2. Februar 1910), Indien (27. November 1909), Irland (27. November 1909), Japan (13. Dezember 1911), Kanada (22. November 1909), Kuba (22. Februar 1912), Laos

1 Vgl. Hinz, Nr. 1503, S. 1, nach dem Stande aus dem Jahre 1957.

(7. Oktober 1910), Liberia (4. Februar 1914), Luxemburg (5. September 1912), Mexiko (27. November 1909), Neuseeland (27. November 1909), Nicaragua (16. Dezember 1909), Niederlande (27. November 1909), Norwegen (19. September 1910), Österreich (27. November 1909), Pakistan (27. November 1909), Panama (11. September 1911), Philippinen (27. November 1909), Polen (8. Juli 1925), Portugal (13. April 1911), Rumänien (1. März 1912), Rußland (27. November 1909), Salvador (27. November 1909), Schweden (27. November 1909), Schweiz (12. Mai 1910), Siam (12. März 1910), Südafrikanische Union (27. November 1909), Ungarn (27. November 1909), Vereinigte Staaten von Amerika (27. November 1909).

*2. Anlage zum Abkommen, Ordnung der Gesetze und Gebräuche des Landkrieges. Vom 18. Oktober 1907. (Haager Landkriegsordnung)*

Allgemeine Inhaltsübersicht:

*1. Abschnitt*
Kriegführende

1. Kapitel
Begriff des Kriegführenden

Art. 1 Heer, Milizen, Freiwilligen-Korps
Art. 2 „Levèe en masse"
Art. 3 Kombattanten – Nichtkombattanten

2. Kapitel
Kriegsgefangene

| | |
|---|---|
| Art. 4 Abs. 1 Unterstellung | Art. 8 Abs. 3 Frühere Flucht |
| Art. 4 Abs. 2 Behandlung | Art. 9 Befragung |
| Art. 4 Abs. 3 Eigentum | Art. 10 Freilassung gegen |
| Art. 5 Unterbringung | Ehrenwort |
| Art. 6 Arbeit, Arbeitslohn | Art. 11 Keine Verpflichtung |
| Art. 7 Unterhalt | Art. 12 Folgen der Verletzung |
| Art. 8 Abs. 1 Anzuwendendes | Art. 13 Gefolge |
| Recht | Art. 14 Auskunftsstelle, |
| Art. 8 Abs. 2 Flucht | Personalblatt |

*Erster Abschnitt[1]*

*Kriegführende*

1. Kapitel
*Begriff des Kriegführenden*

Artikel 1
(Heer, Milizen, Freiwilligen-Korps)

Die Gesetze, die Rechte und die Pflichten des Krieges gelten nicht nur für das Heer, sondern auch für die Milizen und Freiwilligen-Korps, wenn sie folgende Bedingungen in sich vereinigen:

1. daß jemand an ihrer Spitze steht, der für seine Untergebenen verantwortlich ist;

2. daß sie ein bestimmtes, aus der Ferne erkennbares Abzeichen tragen;

3. daß sie die Waffen offen führen und

4. daß sie bei ihren Unternehmungen die Gesetze und Gebräuche des Krieges beobachten.

In den Ländern, in denen Milizen oder Freiwilligen-Korps das

Heer oder einen Bestandteil des Heeres bilden, sind diese unter der Bezeichnung „Heer" einbegriffen.

## Artikel 2
### („Levèe en masse")

Die Bevölkerung eines nicht besetzten Gebietes, die beim Herannahen des Feindes aus eigenem Antrieb zu den Waffen greift, um die eindringenden Truppen zu bekämpfen, ohne Zeit gehabt zu haben, sich nach Artikel 1 zu organisieren, wird als kriegführend betrachtet, wenn sie die Waffen offen führt und die Gesetze und Gebräuche des Krieges beobachtet.

## Artikel 3
### (Kombattanten – Nichtkombattanten)

Die bewaffnete Macht der Kriegsparteien kann sich zusammensetzen aus Kombattanten und Nichtkombattanten. Im Falle der Gefangennahme durch den Feind haben die einen wie die anderen Anspruch auf Behandlung als Kriegsgefangene.

## 2. Kapitel[2]
### *Kriegsgefangene*
### Artikel 4 bis 20

## 3. Kapitel[3]
### *Kranke und Verwundete*

## Artikel 21
### (Genfer Abkommen)

Die Pflichten der Kriegführenden in Ansehung der Behandlung von Kranken und Verwundeten bestimmen sich nach dem Genfer Abkommen.

### *Zweiter Abschnitt*[4]
### *Feindseligkeiten*
### 1. Kapitel

Mittel zur Schädigung des Feindes, Belagerungen und Beschießungen

## Artikel 22
### (Beschränkung)

Die Kriegführenden haben kein unbeschränktes Recht in der Wahl der Mittel zur Schädigung des Feindes.

## Artikel 23
## (Verbote)

Abgesehen von den durch Sonderverträge aufgestellten Verboten, ist namentlich untersagt:

a) die Verwendung von Gift oder vergifteten Waffen;
b) die meuchlerische Tötung oder Verwundung von Angehörigen des feindlichen Volkes oder Heeres;
c) die Tötung oder Verwundung eines die Waffen streckenden oder wehrlosen Feindes, der sich auf Gnade oder Ungnade ergeben hat;
d) die Erklärung, daß kein Pardon gegeben wird;
e) der Gebrauch von Waffen, Geschossen oder Stoffen, die geeignet sind, unnötige Leiden zu verursachen;
f) der Mißbrauch der Parlamentärflagge, der Nationalflagge oder der militärischen Abzeichen oder der Uniform des Feindes sowie der besonderen Abzeichen des Genfer Abkommens;
g) die Zerstörung oder Wegnahme feindlichen Eigentums außer in den Fällen, wo diese Zerstörung oder Wegnahme durch die Erfordernisse des Krieges dringend erheischt wird;
h) die Aufhebung oder zeitweilige Außerkraftsetzung der Rechte und Forderungen von Angehörigen der Gegenpartei oder die Ausschließung ihrer Klagbarkeit.

Den Kriegführenden ist ebenfalls untersagt, Angehörige der Gegenpartei zur Teilnahme an den Kriegsunternehmungen gegen ihr Land zu zwingen; dies gilt auch für den Fall, daß sie vor Ausbruch des Krieges angeworben waren.

## Artikel 24
## (Kriegslisten)

Kriegslisten und die Anwendung der notwendigen Mittel, um sich Nachrichten über den Gegner und das Gelände zu verschaffen, sind erlaubt.

## Artikel 25
## (Unverteidigte Städte)

Es ist untersagt, unverteidigte Städte, Dörfer, Wohnstätten oder Gebäude, mit welchen Mitteln es auch sei, anzugreifen oder zu beschießen.

## Artikel 26
### (Ankündigung der Beschießung)

Der Befehlshaber einer angreifenden Truppe soll vor Beginn der Beschießung, den Fall eines Sturmangriffes ausgenommen, alles, was an ihm liegt, tun, um die Behörden davon zu benachrichtigen.

## Artikel 27
### (Schonung der Kirchen, Kulturgut

Bei Belagerungen und Beschießungen sollen alle erforderlichen Vorkehrungen getroffen werden, um die dem Gottesdienst, der Kunst, der Wissenschaft und der Wohltätigkeit gewidmeten Gebäude, die geschichtlichen Denkmäler, die Hospitäler und Sammelplätze für Kranke und Verwundete soviel wie möglich zu schonen, vorausgesetzt, daß sie nicht gleichzeitig zu einem militärischen Zwecke Verwendung finden.

Pflicht der Belagerten ist es, diese Gebäude oder Sammelplätze mit deutlichen, besonderen Zeichen zu versehen und diese dem Belagerer vorher bekanntzugeben.

## Artikel 28
### (Plünderung)

Es ist untersagt, Städte oder Ansiedlungen, selbst wenn sie im Sturme genommen sind, der Plünderung preiszugeben.

### 2. bis 5. Kapitel
### Artikel 29 bis 41
(siehe obige Inhaltsangabe)

### *Dritter Abschnitt*[5]
### *Militärische Gewalt auf besetztem feindlichen Gebiete*
### Artikel 42
### (Besetztes Gebiet)
Ein Gebiet gilt als besetzt, wenn es sich tatsächlich in der Gewalt des feindlichen Heeres befindet.

Die Besetzung erstreckt sich nur auf die Gebiete, wo diese Gewalt hergestellt ist und ausgeübt werden kann.

### Artikel 43 bis 45
(siehe obige Inhaltsangabe)

Artikel 46
(Grundrechte der Bürger)
Die Ehre und Rechte der Familie, das Leben der Bürger und das Privateigentum sowie die religiösen Überzeugungen und gottesdienstlichen Handlungen sollen geachtet werden.
Das Privateigentum darf nicht eingezogen werden.

Artikel 47 bis 56
(siehe obige Inhaltsangabe)

## III. Das Genfer Protokoll betreffend das Verbot der Verwendung von erstickenden, giftigen oder ähnlichen Gasen sowie allen gleichartigen Flüssigkeiten, Stoffen oder Verfahrensarten im Kriege vom 17. Juni 1925

In der Erwägung, daß die Verwendung von erstickenden, giftigen oder gleichartigen Gasen sowie allen ähnlichen Flüssigkeiten, Stoffen oder Verfahrensarten im Kriege mit Recht in der allgemeinen Meinung der zivilisierten Welt verurteilt worden ist,

in der Erwägung, daß das Verbot dieser Verwendung in den Verträgen ausgesprochen worden ist, an denen die meisten Mächte der Welt beteiligt sind,

in der Absicht, eine allgemeine Anerkennung dieses Verbots, das in gleicher Weise eine Auflage für das Gewissen wie für das Handeln der Völker bildet, als eines Bestandteils des internationalen Rechts zu erreichen,

erklären die unterzeichneten Bevollmächtigten im Namen ihrer Regierungen:

Die Hohen Vertragschließenden Parteien erkennen, soweit sie nicht schon Verträge geschlossen haben, die diese Verwendung untersagen, dieses Verbot an. Sie sind damit einverstanden, daß dieses Verbot auch auf die bakteriologischen Kriegsmittel ausgedehnt wird, und kommen überein, sich untereinander an die Bestimmungen dieser Erklärung gebunden zu betrachten.

(Die übrigen Bestimmungen des Protokolls beziehen sich auf den Beitritt anderer Staaten, auf die Ratifizierung und auf die Hinterlegung der Ratifikationsurkunden.)

## V. Der Briand-Kellogg-Pakt vom 27. August 1928

Nach der Präambel des Vertrages geht ein Staat, der den Pakt verletzt hat, der Vorteile des Paktes verlustig. Die anderen Staaten sind dem verletzenden Staat gegenüber in der Folge nicht mehr an die Bestimmungen des Paktes gebunden. Eine andere Rechtsfolge kennt dieser Vertrag nicht.

Im Artikel 1 des Vertrages[6] erklären die Vertragsstaaten „feierlich im Namen ihrer Völker, daß sie den Krieg als Mittel für die Lösung zwischenstaatlicher Streitfälle verurteilen und auf ihn als Werkzeug der nationalen Politik in ihren gegenseitigen Beziehungen verzichten".

Der Vertrag verbietet den Krieg daher nicht schlechthin, sondern nur „als Werkzeug der nationalen Politik". Aus dem Notenwechsel zwischen dem französischen Außenminister Briand und dem US-amerikanischen Staatssekretär Kellogg, aus dem der Vertrag hervorgegangen ist, ergibt sich, daß die Kollektivmaßnahmen der organisierten Staatengemeinschaft nicht darunterfallen, da diese nicht ein Werkzeug der „nationalen" sondern ein solches der „internationalen" Politik darstellen. In dem erwähnten Notenwechsel wird auch das Recht auf Selbstverteidigung ausdrücklich vorbehalten.

Das neuere Völkerrecht kennt im allgemeinen drei Arten des Kriegsbeginns, nämlich die Kollektivmaßnahmen der organisierten Staatengemeinschaft, den Verteidigungs- und den Angriffskrieg. Die Kollektivmaßnahme der organisierten Staatengemeinschaft wird heute von den Vereinten Nationen ausgeführt (gemäß Art. 42 der Charta der Vereinten Nationen). Einen Verteidigungskrieg führt ein Staat zur Abwehr eines gegenwärtigen oder unmittelbar bevorstehenden militärischen Angriffes eines anderen Staates. Die Führung eines Angriffskrieges unternimmt ein Staat dann, wenn er einen Krieg „als Werkzeug der nationalen Politik" gegen ein bestimmtes Land beginnt, ohne von diesem durch einen gegenwärtigen oder unmittelbar bevorstehenden militärischen Angriff bedroht zu sein.

In Auslegung des Briand-Kellogg-Paktes gibt es nun zwei Formen des Angriffskrieges, den verbotenen und erlaubten Angriffskrieg. Einen im Sinne des Briand-Kellogg-Paktes *verbotenen* Angriffskrieg führt ein Staat dann, wenn er einen Krieg „als Werkzeug der nationalen Politik" gegen einen anderen Staat beginnt, ohne von diesem durch einen gegenwärtigen oder unmittelbar bevorstehenden militärischen Angriff bedroht zu sein. Einen im Sinne des Briand-Kellogg-Paktes *erlaubten* Angriffskrieg führt dagegen ein Staat, der mit Waffengewalt gegen jenen Staat, der den Pakt verletzt hat, vorgeht, ohne von diesem durch einen gegenwärtigen oder unmittelbar bevorstehenden militärischen Angriff bedroht zu sein (aufgrund der oben erwähnten Bestimmung in der Präambel des Vertrages sind nämlich die übrigen Vertragsstaaten dem verletzenden Staat gegenüber nicht mehr an die Bestimmungen des Briand-Kellogg-Paktes gebunden und brauchen diesem gegenüber in der Folge auch nicht mehr auf die Führung eines Krieges „als Werkzeug der nationalen Politik" zu verzichten).

Der Briand-Kellogg-Pakt wurde mit Ausnahme von einigen südamerikanischen Staaten von den meisten Staaten der Welt, darunter befanden sich alle damaligen Großmächte, ratifiziert.

1 wurde durch das VI. Genfer Abkommen vom 12. 8. 1949 zum Schutze von Zivilpersonen in Kriegszeiten (vgl. Art. 154) ergänzt.
2 wurde durch das III. Genfer Abkommen vom 12. 8. 1949 über die Behandlung der Kriegsgefangenen (vgl. Art. 135) ergänzt.
3 siehe I. Genfer Abkommen vom 12. 8. 1949 zur Verbesserung des Loses der Verwundeten und Kranken der Streitkräfte im Felde.
4 wurde durch das IV. Genfer Abkommen vom 12. 8. 1949 zum Schutze von Zivilpersonen in Kriegszeiten (vgl. Art. 154) ergänzt.
5 wurde durch das IV. Genfer Abkommen vom 12. 8. 1949 zum Schutze von Zivilpersonen in Kriegszeiten (vgl. Art. 154) ergänzt.
6 Die wesentlichen Bestimmungen des Vertrages sollen hier in zusammenfassender Kurzform wiedergegeben werden.

# Menschenverluste in zwei Weltkriegen[1]

Mein Volk, vergiß es nicht:
Es trägt ein jeder Toter
des *Bruders* Angesicht.

. Zweimal innerhalb einer Generation hat der Tod eine Ernte gehalten, deren Folgen vor allem in den geburtenschwachen Ländern West- und Mitteleuropas lange Zeit sichtbar bleiben werden. Dieser Verlust hat nicht nur die einzelne Familie, sondern *das gefährdete Abendland als Ganzes* betroffen. Daß die Schwächung im Kampf gegeneinander erfolgte, muß als besonders tragisch empfunden werden.

Die deutschen Verluste können nur im Vergleich und in der Gegenüberstellung mit den Verlusten der übrigen Welt gewogen werden.

| | |
|---|---:|
| Verluste der deutschen Wehrmacht 1914 bis 1918 . . . . . . . . . . . . . . . . . . . | 1 936 897 Tote |
| Vermißte der deutschen Wehrmacht 1914 bis 1918 (als tot anzusehen) . . . . . . . . . . | 100 000 Tote |
| Verluste der Wehrmacht der übrigen Welt 1914 bis 1918 . . . . . . . . . . . . . . . . . | 7 200 000 Tote |
| Verluste der Zivilbevölkerung der Welt 1914 bis 1918 . . . . . . . . . . . . . . . . | 500 000 Tote |
| Menschenverluste im Ersten Weltkrieg . . . . | 9 700 000 Tote |
| Verluste der deutschen Wehrmacht des Reichsgebiets[2] 1939 bis 1945 . . . . . . . . . . . (einschl. der seit 1939 als verstorben anzunehmenden Vermißten und Kriegsgefangenen)[3] | 3 050 000 Tote |
| Zu übertragen: | 3 050 000 Tote |

1 Die Zahlen beruhen zumeist auf Schätzungen nach den neuesten Quellen.
2 Reichsgebiet = innerhalb der Grenzen vom 31. 12. 1937.
3 Dem Kriegsgefangenen-Ausschuß der Vereinten Nationen wurden zuletzt im August 1953 namentliche Unterlagen über 1 272 896 *Wehrmachtsvermißte* und 117 529 *Kriegsgefangene* vorgelegt, von denen allein 102 958 Kriegsgefangene in der Sowjetunion und weitere 9309 in anderen östlichen Ländern bekundet waren. Diese Zahlen haben sich inzwischen nur durch die Entlassung von rund 10 000 Gefangenen, vornehmlich aus der Sowjetunion, seit Ende September 1953 verringert. Mit lediglich etwa 14 000 der obengenannten Kriegsgefangenen in verschiedenen Ländern besteht derzeit Verbindung. Über den Verbleib der restlichen fast 100 000 Gefangenen fehlt bisher jegliche Nachricht. Von diesen entfallen auf die Sowjetunion rund 86 000. Das Deutsche Rote Kreuz hat am 29. 12. 1953 bekanntgegeben, daß die Hoffnung, ein großer Teil der Vermißten lebe (in Schweigelagern) noch, unbegründet sei. Vielmehr müsse mit dem Tod der meisten Vermißten gerechnet werden.

| | |
|---|---|
| Übertrag: | 3 050 000 Tote |
| Verluste der deutschen Wehrmacht an Volksdeutschen (ohne Österreich) 1939 bis 1945 . | 200 000 Tote |
| Verluste der deutschen Zivilbevölkerung (Wohnbevölkerung der späteren vier Besatzungszonen) durch Feindeinwirkung (vor allem Luftkrieg)[1] . . . . . . . . . . . . . . | 500 000 Tote |
| Verluste der deutschen Zivilbevölkerung der Ostprovinzen des Reichsgebiets durch Vertreibung (einschl. der Luftkriegstoten)[2] 1944 bis 1946 . . . . . . . . . . . . . . . . . | 1 550 000 Tote |
| Verluste der Volksdeutschen[3] durch Vertreibung 1944 bis 1946 . . . . . . . . . . . | 1 000 000 Tote |
| Verluste der Deutschen (einschl. der deutschen Juden[4]) durch polit., rass. und rel. Verfolgung 1939 bis 1945 . . . . . . . . . . . | 300 000 Tote |
| **Deutsche Verluste insgesamt** . . . . . . . . | **6 600 000 Tote** |
| Verluste der Wehrmacht Italiens und Österreichs (diese in der deutschen Wehrmacht) 1939 bis 1945 . . . . . . . . . . . . . . | 560 000 Tote |
| Verluste der Zivilbevölkerung Italiens und Österreichs 1939 bis 1945 . . . . . . . . . | 190 000 Tote |
| Verluste der Wehrmacht der westlichen Alliierten (ohne die Vereinigten Staaten) 1939 bis 1945 . . . . . . . . . . . . . . . . . | 610 000 Tote |
| Verluste der Zivilbevölkerung der westlichen Alliierten 1939 bis 1944 . . . . . . . . . . | 690 000 Tote |
| Verluste der Wehrmacht der ost- und südosteuopäischen Länder (ohne die Sowjetunion) 1939 bis 1945 . . . . . . . . . . . . . . | 1 000 000 Tote |
| Verluste der Zivilbevölkerung der ost- und südosteuropäischen Länder (ohne die Sowjetunion) 1939 bis 1945 . . . . . . . . . | 8 010 000 Tote |
| Zu übertragen: | 17 660 000 Tote |

1 Nicht eingerechnet sind die 750 000 im Osten verschleppten deutschen Zivilpersonen.

2 Der Angriff auf die mit Flüchtlingen überfüllte Stadt Dresden am 13. 2. 1945 forderte allein etwa 250 000 Tote.

3 Über die Verluste der „umgesiedelten" Wolgadeutschen u. a. geschlossener Volksgruppen deutschen Ursprungs in der Sowjetunion liegen keine Schätzungen vor.

4 Die Zahl der umgekommenen deutschen Juden wird mit 170 000 angegeben.

|  | Übertrag: | 17 660 000 Tote |
| Verluste der sowjetischen Wehrmacht[1] . . . . | | 13 600 000 Tote |
| Verluste der Zivilbevölkerung der Sowjetunion . . . . . . . . . . . . . . . . . . | | 6 700 000 Tote |
| Verluste der Wehrmacht der Vereinigten Staaten von Nord-Amerika[2] . . . . . . . . . . | | 229 000 Tote |
| Verluste der Wehrmacht der übrigen Welt, insbesondere Ostasiens, 1939 bis 1945 . . . . | | 7 600 000 Tote |
| Verluste der Zivilbevölkerung der übrigen Welt, insbesondere Ostasiens, 1939 bis 1945 . . . . . . . . . . . . . . . . . . | | 6 000 000 Tote |
| Vermißte des Zweiten Weltkriegs, soweit als verstorben anzusehen[3] . . . . . . . . . . | | 3 000 000 Tote |

| Menschenverluste im Zweiten Weltkrieg rund | 54 800 000 Tote[4] |
| Menschenverluste zweier Kriege . . . . rund | 64 500 000 Tote |
| Vermißte des Zweiten Weltkriegs (Schicksal ungewiß) . . . . . . . . . . . . . . . . . | 2 000 000 Vermißte |
| Kriegsbeschädigte des Ersten Weltkriegs . . . | 21 100 000 Verletzte |
| Kriegsbeschädigte des Zweiten Weltkriegs[5] . . | 35 000 000 Verletzte |

In beiden Weltkriegen standen 170 000 000 Menschen unter den Waffen (60 200 000 bzw. 110 000 000 Einberufene, davon 13 250 000 bzw. 20 000 000 Deutsche); von ihnen fielen mehr als 36 000 000 (9 240 000 und 26 850 000). In der gleichen Zeit hatte die Zivilbevölkerung über 25 300 000 Tote (500 000 und 24 840 000). 5 000 000 Soldaten und Zivilisten, von denen mehr als die Hälfte als tot anzunehmen ist, sind noch vermißt.

1 Nach den Angaben des Obersten Kalinow:
    gefallen oder vermißt 8 500 000 / an Verwundungen gestorben 2 500 000 / in Kriegsgefangenschaft verstorben 2 600 000
Die vom Sowjetaußenminister Molotow am 1. 2. 1954 auf der Berliner Konferenz und vor ihm von Stalin bereits am 13. 3. 1946 genannte Zahl von 7 000 000 Toten der Sowjetunion kann sich trotz dem Zusatz „Verluste in Kämpfen und durch Deportation" nur auf die zivilen Verluste beziehen.
2 Davon 174 000 auf dem europäischen und nordafrikanischen und 55 000 auf dem ostasiatischen Kriegsschauplatz.
3 Die deutschen Vermißten, soweit als tot anzusehen, sind in dieser Zahl nicht mehr enthalten.
4 In den jeweiligen Totenzahlen der Zivilbevölkerung sind die durch nationalsozialistische Maßnahmen umgekommenen Juden enthalten.
5 Verwundet oder dauernd kriegsbeschädigt wurden 2 010 000 deutsche Zivilpersonen.

Zitiert nach DEUTSCHLAND HEUTE, Hsg. von Presse- und Informationsamt der Bundesregierung, Bonn 1955. Mit einem Geleitwort von Konrad Adenauer.

## Relation der Verluste an Kriegstoten zwischen Militär und Zivil

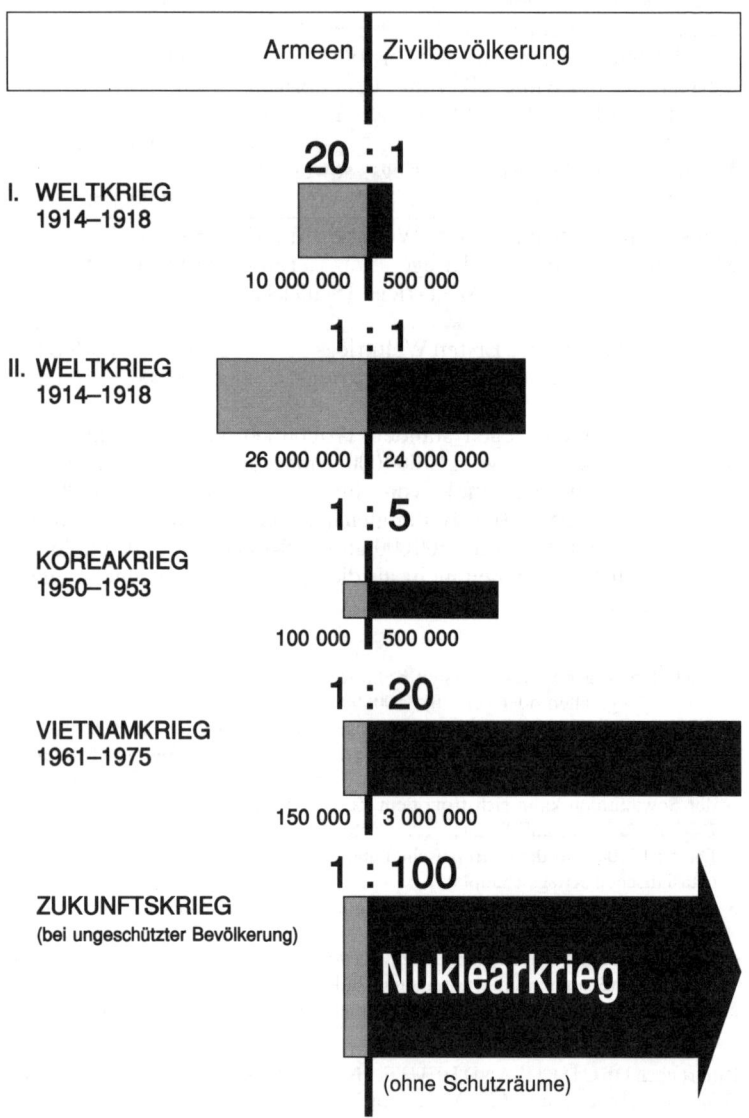

| | Armeen | Zivilbevölkerung |
|---|---|---|

**I. WELTKRIEG**
1914–1918

**20 : 1**

10 000 000 | 500 000

**II. WELTKRIEG**
1914–1918

**1 : 1**

26 000 000 | 24 000 000

**KOREAKRIEG**
1950–1953

**1 : 5**

100 000 | 500 000

**VIETNAMKRIEG**
1961–1975

**1 : 20**

150 000 | 3 000 000

**ZUKUNFTSKRIEG**
(bei ungeschützter Bevölkerung)

**1 : 100**

Nuklearkrieg

(ohne Schutzräume)

# Die wichtigsten Bombertypen

Schwerer strategischer viermotoriger US-Langstrecken-Tagbomber

## *Boeing B 17 G Flying Fortress* (Fliegende Festung)

Mit 8.680 Maschinen war die Serie „G" die am meisten gebaute Variante.
Daneben erlangte die Serie „F" mit 3.400 gebauten Einheiten noch an Bedeutung.
Insgesamt wurden 12.677 B17 Bomber gebaut, davon gingen bei
Kampfhandlungen 4.688 Maschinen verloren, weitere rund
2.500 Flugzeuge gingen bei Flugunfällen verloren.
Der Preis einer Maschine betrug 1944 204.370 Dollar, die B17
flogen im 2. Weltkrieg 291.508 Gesamteinsätze, sie
warfen eine Bombenmenge von 640.036 Tonnen ab.

Die technischen Hauptdaten der B17 G:

| | |
|---|---|
| Spannweite: | 31,63 m |
| Länge: | 22,78 m mit Cheyenne-Heckturm 22,65 m |
| Flügelfläche: | 141,92 m² |
| Motore: | Wright R-1820-97 Neunzylinder luftgekühlte Sternmotore |
| Leistung je Motor: | 1.200 PS in 7.620 m Höhe, ausgezeichnete Höhenleistung durch Turbolader Type General Electric B 22 |
| Max. Treibstoffüllung: | 2.810 US-Gallonen (Winchester-Gallone) = 10.635 Liter oder 7.450 kg |
| Max. Bombenlast: | 4.360 kg |
| Max. Geschwindigkeit: | 462 km/h |
| Reichweite: | Mit 2.730 kg Bomben und einer Flughöhe von 3.000 m einer Marschgeschwindigkeit von 293 km/h war diese 3.200 km |
| Dienstgipfelhöhe: | 10.500 m |
| Leergewicht: | 16.390 kg |
| Abfluggewicht: | 24.950 kg von einer Graspiste |
| Abfluggewicht: | 29.710 kg von einer Betonpiste |
| Besatzung: | 10 Mann |
| Bewaffnung: | 13 überschwere Maschinengewehre „Browning M 2" Kaliber 12,7 mm mit 5.900 Schuß (Soll) |

Beurteilung:
Sehr robuste Konstruktion, konnte noch mit einem Motor unter Umständen Höhe halten. Konnte schwerste Beschädigungen ertragen, war leicht zu fliegen, Reichweite für europäische Kriegsschauplätze ausreichend. Sehr gute Höhenleistungen, in Kampfverbänden (Combat Wings) fliegend gut geschützt durch schwere Bewaffnung.

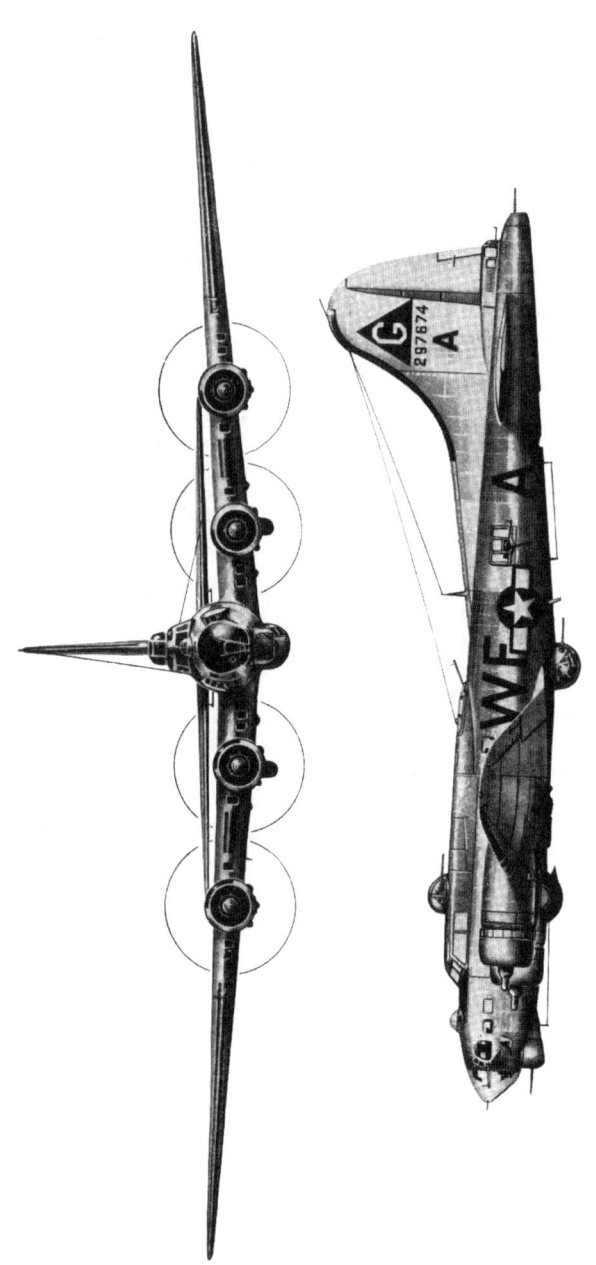

*Boeing B 17 G Flying Fortress*

*Boeing B 17 G Flying Fortress*

Schwerer strategischer viermotoriger US-Langstrecken-Tagbomber

# Consolidated Boeing B 24 J Liberator (Befreier)

Mit 6.678 Maschinen war die Serie „J" die am meisten gebaute Variante. Daneben erlangten die Serien „D" mit 2.728 Maschinen, „H" mit 3.100 Exemplaren, „L" mit 1.667 Flugzeugen und die Serie „M" mit 2.593 Einheiten große Bedeutung.
Der Liberator wurde damit das in größter Stückzahl produzierte Flugzeug der USA.

| | |
|---|---|
| Insgesamt wurden | 19.256 Einheiten gebaut, davon 18.188 bis |
| Kriegsschluß | 3.626 Maschinen gingen bei Kampfhandlungen verloren, weitere rund |
| | 2.150 bei Unfällen. |
| Der Preis einer Maschine lag 1944 bei | 215.516 Dollar, geflogen |
| wurden im 2. Weltkrieg | 226.775 Einsätze und sie |
| warfen dabei eine Bombentonnage von | 452.508 Tonnen ab. |

In der Zweitrolle wurde die B 24 verwendet als:
Aufklärer, Seekampfflugzeug zur U-Bootbekämpfung, Transporter. In allen diesen Einsätzen war das Muster erfolgreich.

Die technischen Hauptdaten der B24 J:

| | |
|---|---|
| Spannweite: | 33,53 m |
| Länge: | 20,47 m |
| Flügelfläche: | 97,36 m² |
| Motore: | Pratt u. Whitney Twin Wasp R-1830-65 14-Zylinder-Doppelsternmotore |
| Leistung je Motor: | 1.200 PS in 7.620 m Höhe, ausgezeichnete Höhenleistung durch Turbolader Type General Electric B 22 |
| Max. Treibstoffüllung: | 2.364 US-Gallonen |
| Max. Bombenlast: | 5.800 kg für Kurzeinsätze |
| Max. Geschwindigkeit: | 480 km/h |
| Reichweite: | Mit 2.270 kg Bomben und einer Flughöhe von 3.000 m sowie einer Marschgeschwindigkeit von 295 km/h war diese 3.500 km |
| Dienstgipfelhöhe: | 10.500 m |
| Leergewicht: | 16.560 kg |
| Abfluggewicht: | 29.500 kg |
| Abfluggewicht Überlast: | 32.200 kg |
| Besatzung: | 10 Mann |
| Bewaffnung: | 10 überschwere Maschinengewehre „Browning M 2" Kaliber 12,7 mm mit 5.000 Schuß |

Beurteilung:
Sollte die B 17 ersetzen, dies gelang jedoch nicht, somit lief die Produktion beider Muster den ganzen Krieg über parallel. Weit weniger robust als die B 17, strukturelle Schwächen, in großen Höhen schwer zu fliegen. Jedoch durch Hilfstanks in den Flügeln von je 800 US-Gallonen große Reichweite, schwere Bewaffnung, gut geschützt in engen Kampfverbänden.
Im Mai 1944 wurden von 5 Fabriken 985 Liberators gebaut, dies ergibt eine Tagesrate von rund 32 Maschinen.

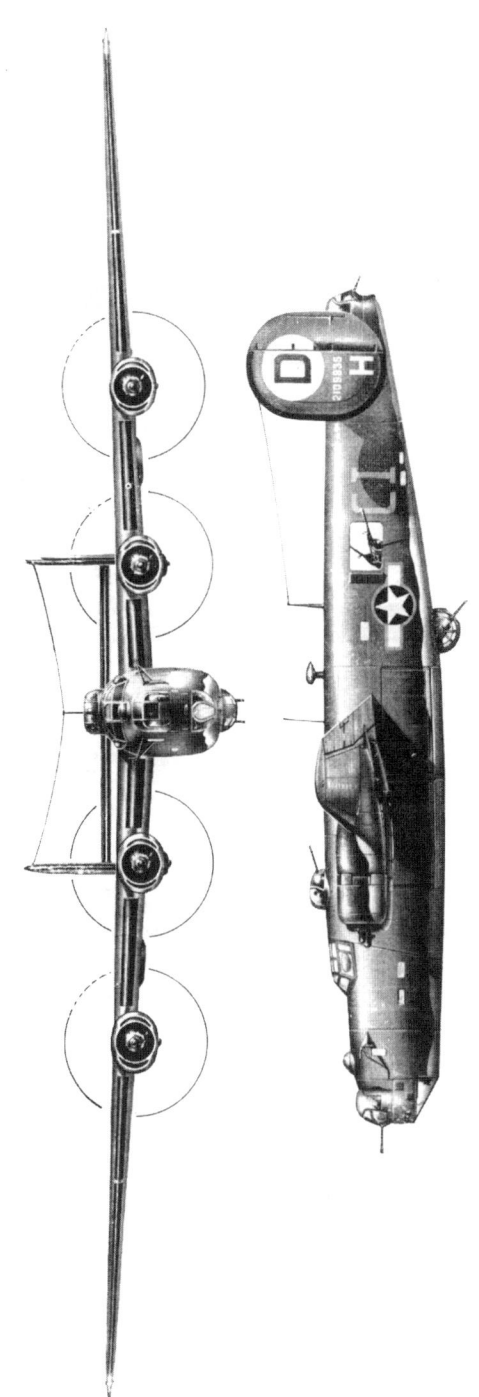

*Consolidated Boeing B 24 J Liberator*

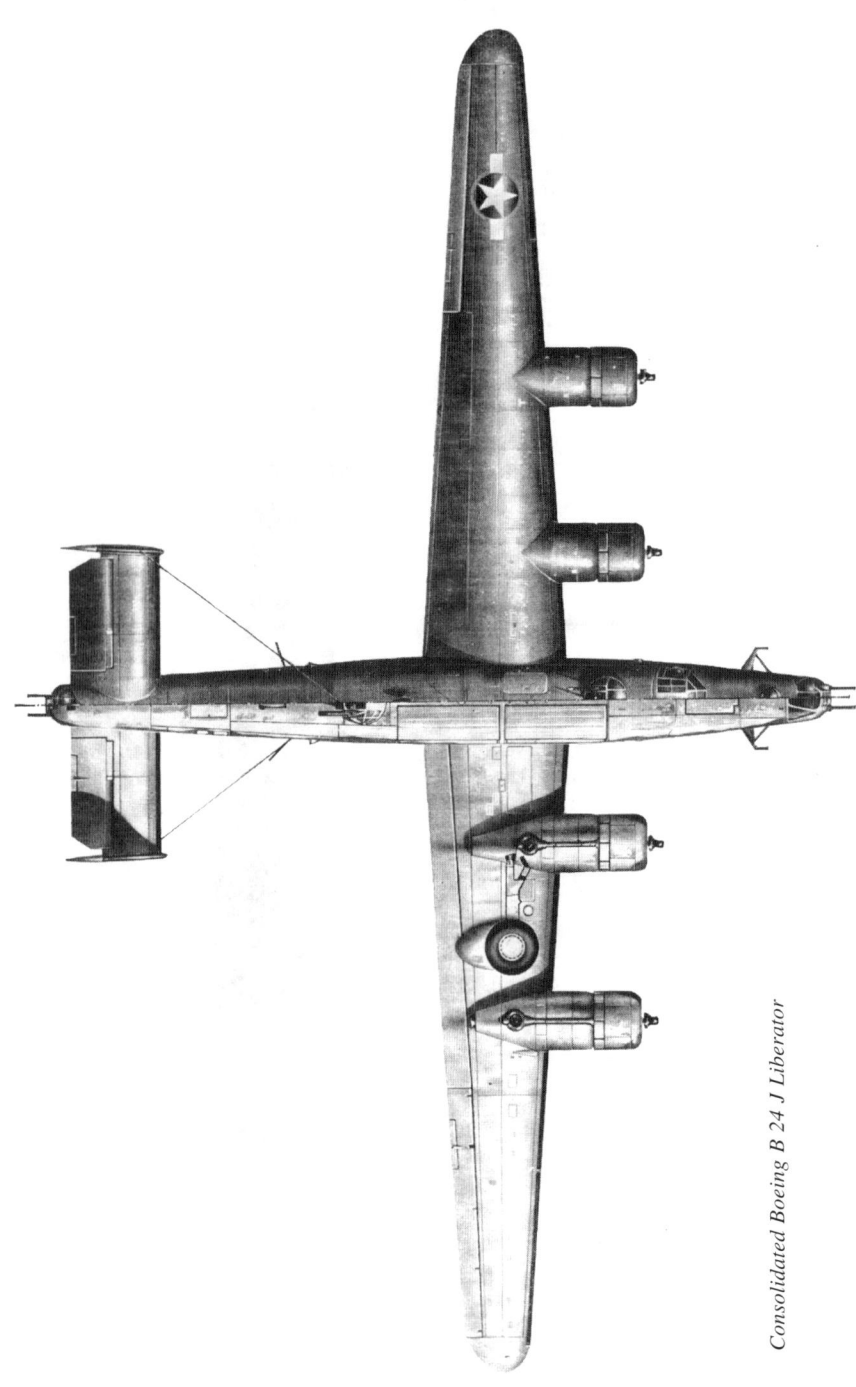

*Consolidated Boeing B 24 J Liberator*

Schwerer strategischer viermotoriger britischer Langstrecken-Nachtbomber

# Avro Lancaster Mark III

Insgesamt wurden zwischen den Jahren 1941 und 1946 7.366 Lancaster Bomber gefertigt, dabei erreichte die Variante Mk I mit 3.431 Maschinen den größten Anteil. Sehr hoch auch die Stückzahlen beim Modell Mark III, es waren dies 2.990 Bomber. Mk I und Mk III waren vollkommen ident, Mark I hatte englische original Rolls-Royce-Motore XXs, XXIIs oder XXIVs, Maschinen des Modells Mk III jedoch in den USA in Lizenz gefertigte Motore Packard V-1650-1, sie waren mit dem Original vollkommen gleich. (Von diesem Supermotor wurden im 2. Weltkrieg 150.000 Stück erzeugt). Die weiteren Lancaster-Serien Mk II mit 301 Maschinen sowie Mk IV, V, VII (180 Maschinen) oder X (400 Maschinen in Kanada gebaut) erlangten keine herausragende Bedeutung.

Die Lancaster-Bomber flogen im 2. Weltkrieg 156.000 Einsätze.

Die technischen Hauptdaten der Avro Lancaster Mk III:

| | |
|---|---|
| Spannweite: | 31,09 m |
| Länge: | 21,11 m |
| Flügelfläche: | 120,49 m² |
| Motore: | Packard/Rolls-Royce 28 oder 38 wassergekühlte 12-Zylinder-Reihenmotore |
| Leistung je Motor: | 1.390 PS Startleistung |
| Max. Treibstofffüllung: | 2.154 Imperial-Gallonen = 9.800 Liter oder 6.860 kg |
| Max. Bombenlast: | 6.340 kg |
| Max. Geschwindigkeit: | 435 km/h in 5.800 m Höhe |
| Reichweite: | 2.770 km mit 5.440 kg Bomben bei Marschgeschwindigkeit |
| Dienstgipfelhöhe: | 7.400 m |
| Leergewicht: | 18.600 kg |
| Abfluggewicht: | 31.750 kg |
| Besatzung: | 7 Mann |
| Bewaffnung: | 8 Maschinengewehre 7,7 mm |

Beurteilung:
Bester britischer schwerer Bomber, große Bombenlast, Mk I auch in verschiedenen Modifikationen für Aufnahme von Spezialabwurfwaffen, wie Rollbomben (Angriff auf Staudämme), Aufnahme der „Tallboy" – Bombe mit 5.600 kg oder der „Grand Slam" mit 10.000 kg. Die meisten Lancaster jedoch ohne Sicht und Schutz nach unten. 7,7 mm Maschinengewehre nicht sehr wirkungsvoll. Größter Schutz war eine stern- und mondlose Nacht.

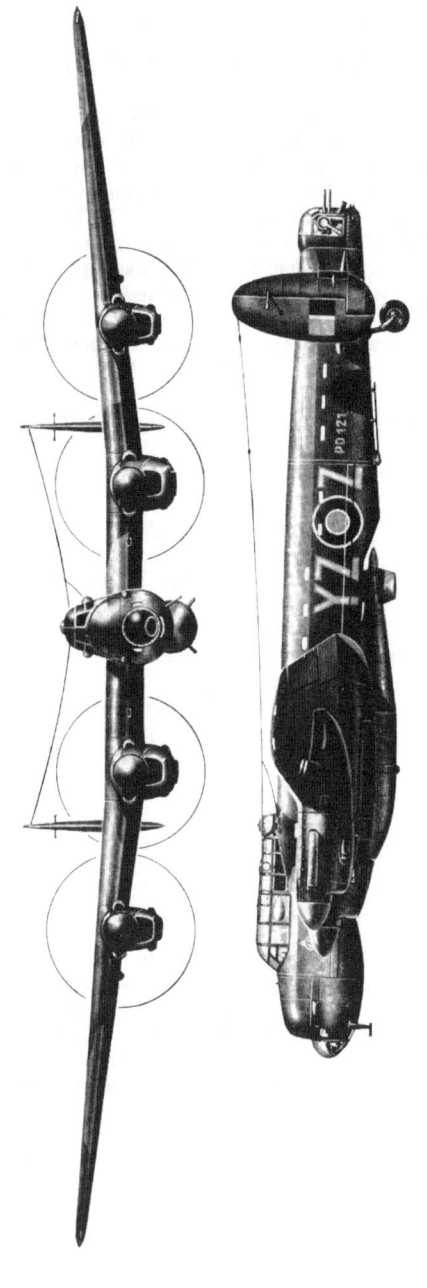

*Avro Lancaster Mark III*

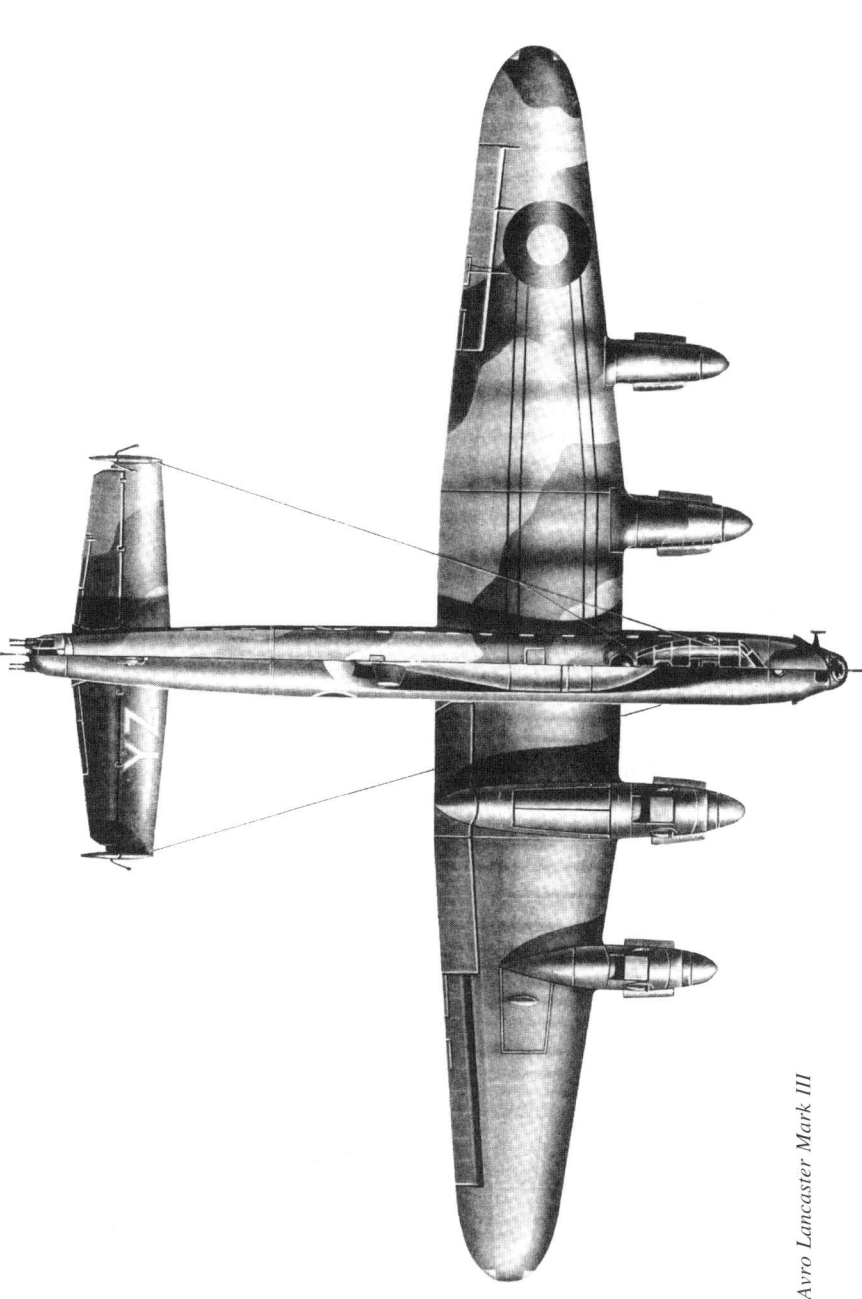

*Avro Lancaster Mark III*

Britisches Mehrzweckflugzeug

# De Havilland Mosquito Bomber Mk IV

Die verschiedenen Einsatzrollen der Mosquito:

Bomber, Schnellbomber, Höhenbomber mit Druckkabine, Aufklärer, Pfad-finder, Nachtjäger, Jagdbomber, schwerer Tagjäger, Störbomber, Schlachtflug-zeug, Transporter von VIP-Personal, Transporter von kriegswichtigem Material (Kugellager aus Schweden).

Hier wird die Bomberversion B Mk IV besprochen.

Insgesamt wurden im 2. Weltkrieg 6.710 Mosquitos gebaut, 1.071 weitere Maschinen nach Einstellung der Kampfhandlungen in Europa. Von der B Mk IV wurden 263 Einheiten gebaut, davon wurden 56 modifiziert zur Aufnahme einer 1.800 kg-Bombe. Ein Höhenbomber war die B Mk IX mit 2 Rolls-Royce Merlin-72- Motoren, sie erreichte Höhen bis 11.000 m. (Merlin 72 waren Höhenmotore mit 1.290 PS Startleistung, sie gaben in großer Höhe jedoch 1.680 PS ab). 54 Maschinen wurden gebaut, die 8 Mk XVI war ebenfalls ein Höhenbomber, jedoch mit Druckkabine, 378 Maschinen wurden hergestellt.

Die technischen Hauptdaten des Bombers Mosquito Mk IV:

| | |
|---|---|
| Spannweite: | 16,51 m |
| Länge: | 12,34 m |
| Flügelfläche: | 40,41 m² |
| Motore: | Rolls-Royce-Merlin 21, 23 oder 25, 12-Zylinder wassergekühlte Reihenmotore |
| Leistung je Motor: | 1.260 PS Startleistung |
| Max. Treibstoffüllung: | 788 Imperial-Gallonen intern sowie 2 abwerfbare 80-Gallonen-Zusatztanks |
| Max. Bombenlast: | 1.800 kg |
| Max. Geschwindigkeit: | 612 km/h in 5.180 m Höhe |
| Marschgewicht: | 600 km/h ohne Bombenlast |
| Leergewicht: | 6.150 kg |
| Abfluggewicht: | 9.500 kg |
| Gipfelhöhe: | 11.000 m |
| Besatzung: | 2 Mann |
| Bewaffnung: | keine als Bomber |
| Reichweite: | mit 1.800 kg Bomben und 643 Gallonen 2.200 km, 3.000 km maximal |

Beurteilung:

Das „Hölzene Wunder" wurde für die deutsche Abwehr zum Alptraum, die Mosquito war dank ihrer Höhenleistungen kaum zu fassen. Einmal pro Woche wurde ganz Deutschland fotografiert, unangenehm auch die Störangriffe, Mil-lionenstädte und deren Bewohner wurden um Ruhe und Schlaf gebracht. Im Zusammenhang mit dem elektronischen Zielfindersystem „Oboe" bombardier-ten Mosquitos sogar einzelne Gebäudekomplexe, durch eine geschlossene Wol-kendecke, aus Höhen von 10.000 m. Erst durch Neukonstruktionen wie die He 219 und die Düsenjäger bekam man dieses Problem einigermaßen in den Griff.

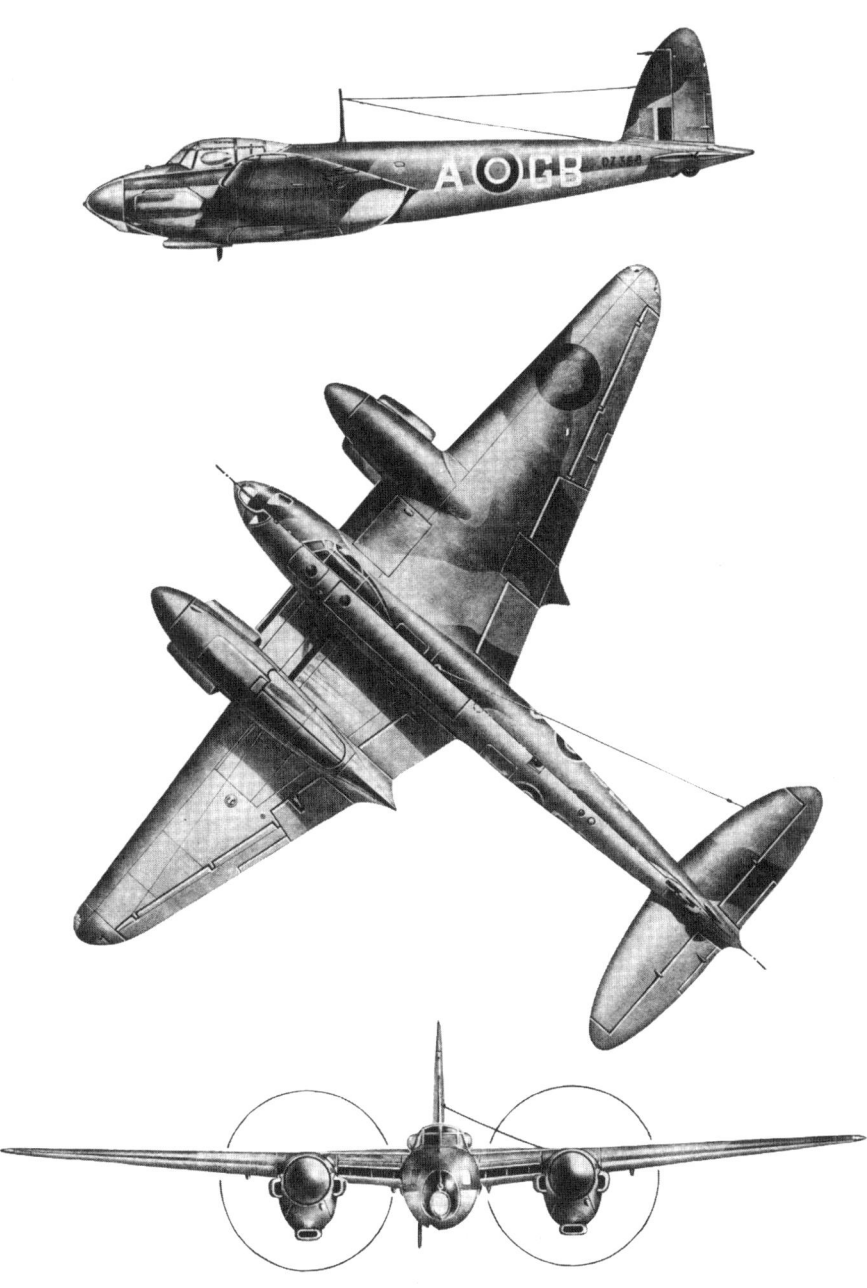

*De Havilland Mosquito Bomber Mk IV*

Schwerer strategischer viermotoriger britischer Langstrecken-Nachtbomber

# Handley Page Halifax Mark III

Insgesamt wurden zwischen den Jahren 1939 und 1946 6.176 Halifax-Bomber gebaut. Erstflug schon am 25. 10. 1939, in vielen leicht geänderten Varianten hergestellt. Halifax B Mk I, B Mk I Serie II, B Mk I Serie III, Halifax B Mk II Serie I, Serie IA, Halifax B Mk III, Mk IV, Mk V, Mk VI, Mk VIII, Mk XVI.

Die Halifax-Bomber flogen im 2. Weltkrieg 75.532 Einsätze.

Die technischen Hauptdaten der Handley Page Halifax Mk III:

| | |
|---|---|
| Spannweite: | 31,75 m |
| Länge: | 21,83 m |
| Flügelfläche: | 118,45 m² |
| Motore: | Bristol Hercules XVI luftgekühlte 14-Zylinder-Doppelsternmotore |
| Leistung je Motor: | 1.615 PS Startleistung |
| Max. Treibstoffüllung: | 2.688 Imperial-Gallonen = 12.230 Liter oder 8.560 kg |
| Max. Bombenlast: | 5.890 kg |
| Max. Geschwindigkeit: | 454 km/h in 5.300 m Höhe |
| Marschgewicht: | 305 km/h |
| Reichweite: | Mit 1.150 Gallonen und 5.900 kg Bomben 1.650 km. Mit 1.986 Gallonen und 3.200 kg Bomben 3.200 km |
| Dienstgipfelhöhe: | 6.900 m |
| Leergewicht: | 17.360 kg |
| Abfluggewicht: | 29.510 kg |
| Besatzung: | 7 Mann |
| Bewaffnung: | 5 oder 9 Maschinengewehre 7,7 mm (9 wenn oberer Abwehrturm installiert war) |

Beurteilung:
Weit weniger effektiv als die Lancaster, bei den Besatzungen nicht sonderlich beliebt. Jedoch große Bombenlast, Gipfelhöhe oft unterschritten, Leistungen durch Verwendung verschiedenster Motorentypen stark differenzierend. Die geringeren Einsatzzahlen gegenüber den US-Bombern erklären sich so, daß die Royal-Air-Force in den Jahren 1940 bis 1944 weitere Bombertypen zum Einsatz brachte.

Es waren dies:

| | | |
|---|---|---|
| Short Stirling | 4-motorige Bomber | 2.375 gebaut |
| Vickers Wellington | 2-motorige Bomber | 11.461 gebaut |
| Handley Hampden | 2-motorige Bomber | 1.388 gebaut |
| Bristol Blenheim | 2-motorige Bomber | 4.422 gebaut |
| Whitworth Whitley | 2-motorige Bomber | 1.824 gebaut |

Alle diese Muster wurden strategisch genutzt und flogen Nachteinsätze gegen Deutschland.

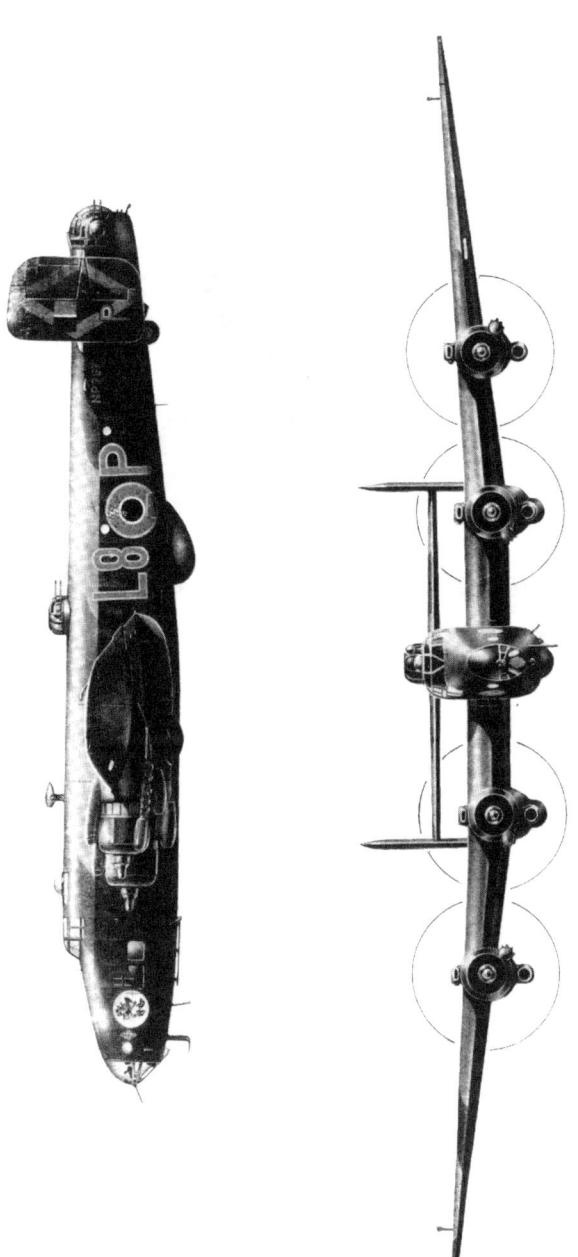

*Handley Page Halifax Mark III*

*Handley Page Halifax Mark III*

# Literaturverzeichnis

Absolon, Paul, Dr.
Mein Kriegstagebuch 18. November 1939–19. März 1946, Manuskript

Adorno, Theodor W.
Minima Moralia. Reflexionen aus dem beschädigten Leben. (Frankfurt/Main:) Suhrkamp (1978). (= Bibliothek Suhrkamp. 236.)

Albrich, Fritz
Passau gegen Potsdam – Eine Mahnung an das Weltgewissen – Ein Kapitel aus der Geschichte des menschlichen Herzens, Verlag „Neue Heimat", Linz, 10. Juli 1949

Anglo
Anglo-amerikanische Bombenkrieg, Der, Tatsachen und Stimmen, 1944, Bibliothek des Auswärtigen Amtes, Bonn

App, Austin J.
Der erschreckendste Friede der Geschichte, Hellbrunn Verlag Salzburg, 1947

Aron, Raymond
Frieden und Krieg. Eine Theorie der Staatenwelt. (Paix et Guerre entre les nations). Übers. von S. von Massenbach. Frankfurt/Main: S. Fischer (1963).

Aschenauer, Rudolf
Krieg ohne Grenzen – Der Partisanenkampf gegen Deutschland, 1939–1945, Druffel-Verlag, Leoni, 1982

Balke, Ulf
Kampfgeschwader 100 „Wiking", Motorbuch Verlag Stuttgart, 1981

Banny, Leopold
Krieg im Burgenland „Warten auf den Feuersturm" – Vom Beginn des Luftkrieges 1943 bis zum Beginn der Kampfhandlungen Ende März 1945. Verlag Nentwich/Lattner, Eisenstadt, 1983

Bardua, Heinz
Stuttgart im Luftkrieg, Verlag Klett-Cotta, Stuttgart 1968

Bartz, Karl
Als der Himmel brannte, Adolf-Sponholtz Verlag, Hannover 1955

Ders.
Die Tragödie der deutschen Abwehr, Pilgram Verlag, Salzburg, o. J.

Bauer, Josef Martin
So weit die Füße tragen. Rowohlt Taschenbuch Verlag. Reinbek bei Hamburg, Dezember 1963

Ders.
Unternehmen Elbrus – Tatsachenbericht, Heyne Buch Nr. 5522, Heyne Verlag, München, 1977

Bauer, Richard
Ruinen-Jahre – Bilder aus dem zerstörten München 1945–1949

Baumbach, Werner
Zu spät? Aufstieg und Untergang der deutschen Luftwaffe. Richard Pflaum Verlag, München, 1949

Baur Hans, Flugkapitän
Mit Mächtigen zwischen Himmel und Erde, Verlag K. W. Schütz, D 4994 Pr. Oldendorf, 1971

Beer, Hugo
Moskaus As im Kampf der Geheimdienste. Die Rolle

Martin Bormanns in der deutschen Führungsspitze, Verlag Franz v. Bebenburg, D 8121 Pähl, 1983

Beer, Siegfried · Der strategische Luftkrieg der westlichen Alliierten gegen Graz, 25. Februar 1944 bis 2. April 1945. Separatum aus: Historisches Jahrbuch der Stadt Graz, Band 16/17, 1986

Bekker, Cajus · Angriffshöhe 4000 – Die deutsche Luftwaffe im Zweiten Weltkrieg, Heyne Verlag, München, 1980

Benoist, Méchin Jacques · Der Himmel stürzt ein, Frankreichs Tragödie 1940, Droste Verlag Düsseldorf, 1958

Berber, F. J.
Randelzhofer, Albrecht · Völkerrechtliche Verträge, Deutscher Taschenbuchverlag, Nr. 5031, München–Berlin, 1983

Bergander, Götz · Dresden im Luftkrieg – Vorgeschichte – Zerstörung – Folgen, Wilhelm Heyne Verlag, München, 1977

Bernardis, Hannes · Stuka im Angriff: Frankreich–England–Metaxaslinie–Korinth–Kreta, Manuskript, 1972

Berthold, Will · Der Sieg, der vor die Hunde ging – Der Luftkrieg 1939–1945, Wilhelm Goldmann Verlag, 1981

Blohm, Erich · Hitler-Jugend – soziale Tatgemeinschaft, Naturpolitischer Verlag H. F. Kathagen-Witten, 1977

Boehme, Manfred · Jagdgeschwader 7 – Die Chronik eines Me 262-Geschwaders 1944/45, Motorbuch Verlag, Stuttgart, 1983

Böhme, K. W. · Die deutschen Kriegsgefangenen in Jugoslawien Bd. I/1 von 1941–1949 und Bd. I/2 von 1949–1953, München 1962 Verlag Ernst und Werner Gieseking, Bielefeld, Prof. Dr. Erich Maschke, Wissenschaftliche Kommission für deutsche Kriegsgefangenengeschichte. Die deutschen Kriegsgefangenen in britischer Hand – Ein Überblick von Helmut Wolff, München 1974, Verlag wie zuvor.

Borodajkewycz, Taras · Saint-Germain – Diktat gegen Selbstbestimmung. Ekkartschriften Heft 31, Wien, Juni 1969

Bosl, Karl · Das Jahr 1941 in der europäischen Politik, R. Oldenbourg Verlag, München–Wien, 1972

Böttger, Gerd · Narvik im Bild – Deutschlands Kampf unter der Mitternachtssonne, Gerhard Stalling Verlag, Oldenburg I. O./Berlin, 1941

Boudier, André · Dieppe et la Région à travers les ages. 1952

Boveri, Margret · Der Verrat im 20. Jahrhundert, Band I: Für und gegen die Nation. Das unsichtbare Geschehen. (Hamburg) Rowohlt Taschenbuch Verlag 1956. (= rde. 23.)

Brandenburg, J. P. Dr. · Verwaltungsbericht und Statistik der Stadt Pforzheim 1945–1952, Das Stadtgeschehen 1939–1945, Herausgegeben von der Stadtverwaltung o. J.

Brandweiner, Heinrich, Prof., Dr. · Die Pariser Verträge, Akademie Verlag, Berlin, 1956

Brockdorff, Graf Alexander, Dr. · Es begann 1914 – Von Chauvinismus, Kriegsschuld und deutscher Regierungspolitik Faksimile Abdruck einer Dokumentation aus dem Jahre 1932 durch den

| | |
|---|---|
| | Arbeitskreis „Das Reich", Freudenstadt-Frutenhof |
| Brockhaus | Der Volksbrockhaus A–Z, 14. Auflage F. A. Brockhaus, Wiesbaden, 1971 |
| Brogan, D(enis) W(illiam) | Die amerikanische Art Krieg zu führen. In: D. W. Brogan: Der amerikanische Charakter. (The American Character). Übers. von H. Müller-Payer. Wien: Gerold & Co. (1947). |
| Brunner, Heinz | Geblieben aber ist das Volk – Ein Schicksal für alle geschrieben. Leopold Stocker Verlag, Graz und Göttingen, o. J. |
| Brunswig, Hans | Feuersturm über Hamburg, Motorbuch Verlag, Stuttgart, 1979 |
| Buchner, Alex | Gebirgsjäger an allen Fronten – Berichte von den Kämpfen der deutschen und österreichischen Gebirgsdivisionen, Adolf Sponholtz Verlag, Hannover, 1954 |
| Bundesdenkmalamt der Republik Österreich | Verzeichnis der bei den Luftangriffen vom 7. Februar bis 15. März 1945 entstandenen Schäden an Bau- und Kunstdenkmalen in Wien (Manuskript) |
| Caidin, Martin | Die Me 109, Moewig Band Nr. 4305, München–Rastatt, 1981 |
| Ders. | A Torch to the Enemy: The Fire Raid on Tokyo, Ballantine Books-New York, 1966 |
| Camus, Albert | Der Mensch in der Revolte. (L'Homme Révolté). Übers. von J. Streller. 6. Auflage. (Reinbek bei Hamburg:) Rowohlt Taschenbuch Verlag (1974). (= rororo 1216) |
| Carell, Paul | Unternehmen Barbarossa – Der Marsch nach Rußland, Deutsche Buchgemeinschaft Berlin–Darmstadt–Wien, 1963 |
| Ders. | Verbrannte Erde – Schlacht zwischen Wolga und Weichsel, Ullstein, 1966 |
| Carell, Paul-Günter Böddeker | Die Gefangenen – Leben und Überleben deutscher Soldaten hinter Stacheldraht, Ullstein – Berlin 1980 |
| Cartellieri, Dr. | Rom als „Offene Stadt" – Kriegstagebuch des OKW 1944–1945 – Teilband I, S. 501–507, Bernhard & Graefe Verlag, München, 1982 |
| Carter, Kit C./ Mueller, Robert | The Army Air Forces in World War II Combat Chronology 1941–1945 Office of Air Force History – Headquarters USAF 1973 und Albert F. Simpson Historical Research Center Air University |
| Cartier, Raymond | Der Zweite Weltkrieg, Erster und zweiter Band, R. Piper Verlag, München, o. J. |
| Castrèn, Erik | The present Law of War and Neutrality Helsinki 1954 |
| Chamberlin, William H. | Amerikas zweiter Kreuzzug, Kriegspolitik und Fehlschlag Roosevelts, Athenäum Verlag, Bonn–Frankfurt, 1952 |
| Churchill, Winston | Der Zweite Weltkrieg, Bd. I–VI, Hamburg–Stuttgart, 1950–1954 |
| Closs, Karl | Air Raid Precautions – Der englische Luftschutz im |

| | |
|---|---|
| | Spiegel der amtlichen Veröffentlichung und der Presse Teil I: Text Pan-Verlag Rudolf Birnbach/Leipzig, 1942 |
| Clostermann, Pierre | Die große Arena – Erinnerungen eines französischen Jagdpiloten in der RAF |
| Czesany, Maximilian | Nie wieder Krieg gegen die Zivilbevölkerung – Eine völkerrechtliche Untersuchung des Luftkrieges 1939 bis 1945, Eigenverlag, Graz, 1964 |
| Ders. | Der Luftkrieg gegen Wiener Neustadt in den Jahren 1943 bis 1945 – Vor 20 Jahren begann der Luftkrieg gegen Österreichs Zivilbevölkerung, Sonderdruck aus: „Nachrichtenblatt des Verbandes der Bombengeschädigten-Kriegssachgeschädigten", 7. Jg., Jänner/Februar/März 1963 |
| Dahl, Jürgen | Über Schaulust und Dabeisein. Die Grausamkeiten des Hinsehens. In: *Scheidewege* 6. (1976), S. 481–505. |
| Dahl, Walter, Oberst a. D. | Ehrenbuch des deutschen Soldaten FZ-Verlag, München 1986 |
| Dahms, Hellmuth Günther | Der Zweite Weltkrieg, Rainer Wunderlich Verlag Hermann Leins, Tübingen, 1960 |
| Des, Griffin | Wer regiert die Welt? Verlag Diagnosen, Leonberg und C. O. D. E.-Verlagsanstalten, Vaduz, Liechtenstein, 1986 |
| Diakow, J., Oberst | Generaloberst Alexander Löhr – Ein Lebensbild, Verlag Herder KG, Freiburg i. B., 1964 |
| Dierich, Wolfgang | Kampfgeschwader 51 „Edelweiß", Motorbuch Verlag, Stuttgart, 1975 |
| Dietl, Gerda-Luise/Herrmann, Kurt, Oberst a. D. | General Dietl, Münchner Buchverlag, München, 1951 |
| Dingemann, Rüdiger | Bewaffnete Konflikte seit 1945, Econ Taschenbuch Verlag, Düsseldorf, 1983 |
| Diwald, Hellmut | Geschichte der Deutschen, Propyläen-Verlag, Berlin, 1979 |
| Domarus, Max | Der Untergang des alten Würzburg im Luftkrieg gegen die deutschen Großstädte. Eigenverlag 1969 Auslieferung: Franz Teutsch, D 8723 Gerolzhofen |
| Douhet, Giulio | Luftherrschaft, Drei Maskenverlag, Berlin, 1935 |
| Doxiades, Konstantinov | Die Opfer Griechenlands im Zweiten Weltkrieg, Athen, 1946 |
| Drewitz, Ingeborg | Städte 1945 – Berichte und Bekenntnisse, Eugen Diederichs Verlag, Düsseldorf–Köln |
| Drimmel, Heinrich | Gott mit uns – Das Ende einer Epoche, Amalthea-Verlag, Wien–München, 1977 |
| Düren, Stadt | Wenn Sie Düren besuchen, Herausgeber: Stadt Düren, Amt für Wirtschaft und Verkehr, Düren, Rathaus |
| Ermacora, Felix, 1974 | Die Selbstbestimmungsidee – Ihre Entwicklung von 1880–1974, Eckartschriften, Heft 50, Wien, im Juni 1974 |
| Esser, Heinz | Die Hölle von Lamsdorf – Dokumentation über ein |

| | |
|---|---|
| | polnisches Vernichtungslager, Laumann Verlagsgesellschaft, D 4480 Dülmen, Postfach 1360, 1977 |
| Ethell, Jeffrey L. | Messerschmitt KOMET – Entwicklung und Einsatz des ersten Raketenjägers, Motorbuch Verlag, Stuttgart, 1980 |
| Ethel, J./A. Price | Deutsche Düsenflugzeuge im Kampfeinsatz 1944/45, Motorbuchverlag, Stuttgart, 1981 |
| Faerber Hanns Adam/ Ronicke Martin, Generalmajor a.d./Dr. Burda Franz | Der Zweite Weltkrieg im Bild Band I: Von Nürnberg bis Stalingrad, Band II: Von Stalingrad bis Nürnberg, Burda Druck und Verlag, Offenburg (Baden), 1952 |
| Farrar-Hockley, A. H. | General Student – General der Fallschirmtruppen, Moewig Band Nr. 4334, Rastatt, 1983 |
| Fernau, Joachim | Halleluja – Die Geschichte der USA, Wilhelm Goldmann Verlag, München/Berlin, 1984 |
| Feuchter, Georg W. | Geschichte des Luftkriegs, Athenäum Verlag, Bonn–Frankfurt/M., 1954 |
| Folttmann Josef/ Möller-Witten | Opfergang der Generale, Die Verluste der Generale und Admirale und der im gleichen Dienstrang stehenden sonstigen Offizieren und Beamten im Zweiten Weltkrieg. 3. Auflage und abschließende Bearbeitung, Verlag Bernhard & Graefe, Berlin, 1957 |
| Ford, Brian | Die deutschen Geheimwaffen, Moewig Band Nr. 4307, Moewig Taschenbuchverlag, Rastatt, 1981 |
| Forster, Karl, S. J. | Friede und Gemeinschaft – Enzykliken, Radiobotschaften und Ansprachen Papst Pius XII. Wiener Dom Verlag, Wien, 1949 |
| Förster-Helmert-Schnitter | Der Zweite Weltkrieg – Militärhistorischer Abriß, Militärverlag der DDR, Berlin 1974 |
| Frankland, Noble | Die Bomberoffensive, Moewig Verlag, Taschenbuch Nr. 4345, Rastatt, 1984 |
| Frühbeißer, Rudi | Im Rücken der Amerikaner – Deutsche Fallschirmjäger im Kommando-Einsatz, Helmut Cramer Verlag, Lohmar 1977 |
| Fuhrmann, Franz, Dr. | Der Dom zu Salzburg, Verlag St. Peter, Salzburg, 1978 |
| Fuhrmann, Walter, Dr. | Kriegsschädenrecht für jedermann, Reichshilfe bei Fliegerschäden, Verlag Dipl.-Kfm. Erwin Müller, Berlin–Wien, 1944 |
| Fuller, J. F. C. | Der Zweite Weltkrieg 1939–1945, Humboldt Verlag, Wien–Stuttgart, 1950, und Die entartete Kunst, Krieg zu führen, 1789–1961, Verlag Wissenschaft und Politik, Köln, 1964 |
| Galland, Adolf | Die Ersten und die Letzten Jagdflieger im Zweiten Weltkrieg, Heyne Buch Nr. 129, München, 1976 |
| Galli, Ludovico | Incursioni aeree su Brescia e provincia 1944–1945. Atenec, Di Brescia: 1975. |
| Giese, Friedrich, Dr. und Menzel Eberhard, Dr. | Deutsches Kriegsführungsrecht – Sammlung der für die deutsche Kriegsführung geltenden Reichsvorschriften, Carl Heymanns Verlag, Berlin, 1940 |

| | |
|---|---|
| Girbig, Werner | ... im Anflug auf die Reichshauptstadt – Die Dokumentation der Bomberangriffe auf Berlin – stellvertretend für alle deutschen Städte, Motorbuch Verlag, Stuttgart, 1977 |
| Ders. | Mit Kurs auf Leuna, Motorbuch Verlag, Stuttgart, 1980 |
| Göllner, Hans Otto | Die Katastrophe des Südostdeutschtums, Das Schicksal der südostdeutschen Volksgruppen im Zweiten Weltkrieg. Alpenlandbuchhandlung Südmark Graz, 1957 |
| Gosztony, Peter | Endkampf an der Donau 1944/45, Molden-Taschenbuch-Verlag, Wien–München–Zürich–Innsbruck, 1969 |
| Götzel, Hermann | Generaloberst Kurt Student und seine Fallschirmjäger – Die Erinnerungen des Generaloberst Kurt Student, Podzun-Pallas-Verlag, Friedberg 3, 1980 |
| Grabert, Herbert, Dr. habil. | Das Geschichtsbuch als Umerzieher, Veröffentlichungen des Instituts für deutsche Nachkriegsgeschichte, Nr. 3 Verlag der deutschen Hochschullehrer-Zeitung, Tübingen, 1966 |
| Grabul, August, Fw. | Tagebuch über den Einsatz der 4.(schw.) Kp./Gebirgsjägerregiment 139 in Narvik |
| Greiner, Heinz | Kampf um Rom – Inferno am Po. Der Weg der 362. Inf. Div. 1944/45. Neckargemünd: Vowinckel, 1968 |
| Grenfell, Russell | Bedingungsloser Haß? Die deutsche Kriegsschuld und Europas Zukunft. (Unconditional Hatred). Übers. von E. Heymann. 31.–45. Tausend. Tübingen am Nekkar: Schlichtenmayer (1956). |
| Ders. | Das Ende einer Epoche, Verlag Fritz Schlichtenmayer, Tübingen, 1955 |
| Grimm Friedrich, Professor, Dr. | Mit offenem Visier – Aus den Lebenserinnerungen eines deutschen Rechtsanwaltes, Druffel-Verlag, Leoni am Starnberger See, 1961 |
| Grimm, Hans | Warum – Woher – aber wohin? Klosterhaus-Verlag, Lippoldsberg, 1954 |
| Groehler, Olaf | Geschichte des Luftkrieges 1910–1970, DDR – Berlin, 1975 |
| Gundelach, Karl | Kampfgeschwader „General Wever" 4, Motorbuch Verlag, Stuttgart, 1978 |
| Hagen | Schicksalhafte Zeit in Hagen – Letzte Kriegswochen – Die Besetzung – Beginn des Wiederaufbaus, Westfälische Verlagsanstalt, Hagen, 1948 |
| Hampe, Erich | Strategie der zivilen Verteidigung, Studie zu einer brennenden Zeitfrage, R. Eisenschmidt-Verlag, Frankfurt/M., 1956 |
| Ders. | Der Zivile Luftschutz im Zweiten Weltkrieg, Dokumentation und Erfahrungsberichte über Aufbau und Einsatz, Bernhard & Graefe Verlag für Wehrwesen, Frankfurt am Main, 1963 |

720

| | |
|---|---|
| Hampe, Herbert und Mauter, Horst | Jahrbuch des Märkischen Museums VIII/1982 |
| Dieselben | Jahrbuch IX/1983, DDR Berlin |
| Hart, Liddell | Deutsche Generale des Zweiten Weltkrieges – Aussagen, Aufzeichnungen und Gespräche, Verlag Buch und Welt, 1964 |
| Haupt, Werner | Kriegsschauplatz Italien 1943–1945, Motorbuch Verlag, Stuttgart, 1977 |
| Hedin, Sven | Amerika im Kampf der Kontinente, F. A. Brockhaus, Leipzig, 1943 |
| Heimlich, Adolf | Kriegstagebuch a) Allgemeine Führungsvorschrift, b) Feindflugeinsätze der Stuka-Staffel 2/186 von Mai bis August 1940 (Frankreich und Luftschlacht um England) |
| Heiseler von, Bernt | Versailles – Gespräch über einen Unfrieden. Eckartschriften Nr. 30, Österreichische Landsmannschaft, Wien, 1969 |
| Hellmer, Oskar | 50 Jahre erlebte Geschichte, Verlag der Wiener Volksbuchhandlung, Wien, 1957 |
| Helmdach, Erich | Täuschungen und Versäumnisse – Kriegsausbruch 1939/1941, Vowinckel Verlag KG, Berg am See, 1979 |
| Helmreich, Jonathan E. | The Diplomacy of Apology. U.S. Bombings of Switzerland during World War II. In: *Air University Review*, Jg. 1973 |
| Henkels, Walter | Eismeerpatrouille – Als Kriegsflieger in der Arktis, Wilhelm Heyne Verlag, München, Heyne-Buch Nr. 01/6039, 1983 |
| Henning, Wolfgang | Zeitgeschichte in Zitaten – Höhepunkte historischer Darstellung, Türmer Verlag, Berg-Starnberger See 3, 1977 |
| Herington, John | Air War against Germany and Italy 1939–1943 – Canberra Australian War Memorial |
| Herlin, Hans | Der Teufelsflieger – Ernst Udet und die Geschichte seiner Zeit, Heyne-Buch Nr. 5032, München, 1974 |
| Heß, Rudolf | Der Fall Rudolf Heß – Bewertung des völkerrechtlichen Gutachtens zum Fall Rudolf Heß, erstattet von Prof. Dr. Dieter Blumenwitz, Lehrstuhl für öffentl. Recht, Völker- und Europarecht der Universität Augsburg. Herausgegeben von der „Hilfsgemeinschaft Freiheit für Rudolf Heß" |
| Heuer, Gerd | Deutsche Geschichte in Stichworten, Landser-Bibliothek Band 4, Dokumentationen zur Geschichte der Kriege, Erich Pabel Verlag, Rastatt, 1981 |
| Hillary, Richard | Der letzte Krieg, Edition Sven Erik Bergh im Econ-Verlag, Düsseldorf-Wien, 1972 |
| Hinz, Joachim, Dr. | Kriegsvölkerrecht – Völkerrechtliche Verträge über die Kriegführung, die Kriegsmittel und den Schutz der Verwundeten, Kriegsgefangenen und Zivilpersonen im Kriege, Carl Heymanns Verlag, Köln-Berlin, 1957 |

| | |
|---|---|
| Hinze, Rolf, Dr. | Plenni dawei – Nachkriegsdrama hinter Stacheldraht – Ein Dokumentarbericht, Verlag K. W. Schütz KG – Preuss. Oldendorf, 1974 |
| Hirrlinger, Karl | Die Bombardierung von Stein am Rhein am 22. Februar 1945 und ihre Zusammenhänge (=Heimatblätter von Stein am Rhein, Historischer Verein, 6. Jahrgang 1982) |
| Hnilicka, Karl | Das Ende auf dem Balkan 1944/45 – Die militärische Räumung Jugoslawiens durch die deutsche Wehrmacht. Musterschmidt Verlag Göttingen–Zürich–Frankfurt |
| Hochhuth, Rolf | Krieg und Klassenkrieg, Studien, Rowohlt Taschenbuch Verlag, Hamburg, 1971 |
| Hochhuth, Rolf | Soldaten – Nekrolog auf Genf – Tragödie, Rowohlt, Hamburg, 1967 |
| Hoggan, David L., Prof. Dr. | Der unnötige Krieg – 1939–1945 „Germany must perish", Grabert-Verlag – Tübingen, 1974 |
| Hoggan, David L., Prof. Dr. | Der erzwungene Krieg – Die Ursachen und Urheber des Zweiten Weltkrieges, Verlag der Deutschen Hochschullehrer-Zeitung, Tübingen, 1962 |
| Holey | Merks Wien. Edelste Bauwerke fielen dem unseligen Krieg zum Opfer, Wien, 1947 |
| Honsik, Gerd | Fürchtet euch nicht, Eigenverlag, Vertrieben durch die Knut-Hamsun-Gesellschaft, 1040 Wien, Schelleingasse 12/8, 1982 |
| Hoster, Joseph | Wegweiser durch den Kölner Dom, Greven Verlag, Köln |
| Hove, Alkmar von | Achtung Fallschirmjäger, Druffel Verlag, Leoni am Starnberger See, 1954 |
| Hubatsch, Walther | Hitlers Weisungen für die Kriegsführung 1939–1945, Dokumente des Oberkommandos der Wehrmacht, Deutscher Taschenbuch Verlag, München, 1965 |
| Ders. | Kriegswende 1943, Wehr und Wissen Verlagsgesellschaft, Darmstadt, 1966 |
| Hüttner, Erwin, Dipl.-Ing. Dr. | 50 Jahre österreichische Luftstreitkräfte 1935–1985, Verlag Erwin Hüttner, A-1190 Wien |
| Irving, David | Von Guernica bis Vietnam – Die Leiden der Zivilbevölkerung im modernen Krieg, Heyne-Taschenbuch Nr. 5961, München, 1982 |
| Ders. | Der Untergang Dresdens, Heyne-Taschenbuch Nr. 5485, München, 1977 |
| Ders. | Hitler und seine Feldherren, Verlag Ullstein GmbH, Frankfurt/Main–Berlin–Wien, 1975 |
| Ders. | Und Deutschlands Städte starben nicht – Ein Dokumentarbericht, Schweizer Druck- und Verlagshaus, Zürich, o. J. |
| Ders. | Der Nürnberger Prozeß – Die letzte Schlacht, Wilhelm Heyne Verlag München, 1979 |

| | |
|---|---|
| Ders. | Mord aus Staatsraison – Heyne-Buch Nr. 5567, Wilhelm Heyne Verlag, 1979 |
| Jablonski, Eduard | Doppelschlag gegen Regensburg und Schweinfurt, Motorbuch Verlag, 1975 |
| Jacobsen, Hans-Adolf und Dollinger, Hans | Der Zweite Weltkrieg in Bildern und Dokumenten, Siebter Band: Krieg an allen Fronten 1943/44, Verlag Kurt Desch, München–Wien–Basel, 1968 |
| Jalta | Die offiziellen Jalta-Dokumente des US State Departments, Wilhelm Frick Verlag Wien–München–Stuttgart–Zürich, 1955 |
| Käfer, Hermann | Österreich – Einheit-Freiheit-Unabhängigkeit, Zwanzig Jahre Zweite Republik – Zehn Jahre Staatsvertrag, Österreichischer Bundesverlag, Wien und Verlag für Jugend und Volk, Wien, 1965 |
| Kämmerer, Robert | Die Konferenzen von Malta und Jalta, Department of State USA – Dokumente vom 17. Juli 1944 bis 3. Juni 1945, Verlag für politische Bildung, Düsseldorf, 1956 |
| Karner, Stefan | Die Steiermark im Dritten Reich 1938–1945, Aspekte ihrer politischen, wirtschaftlichen, sozialen und kulturellen Entwicklung, Leykam Verlag, Graz, 1986 |
| Kehrl, Hans | Krisenmanager im Dritten Reich – 6 Jahre Frieden – 6 Jahre Krieg – Erinnerungen, Droste Verlag, Düsseldorf, Dezember 1973 |
| Keilig, Wolf | Rangliste des deutschen Heeres 1944/45, Podzun-Pallas-Verlag, Friedberg 3, o. J. |
| Kemper, Bernhard | „Pater Leppich spricht", Bastion-Verlag, Düsseldorf, 1955 |
| Kieser, Egbert | Danziger Bucht 1945 – Dokumentation einer Katastrophe, Heyne-Buch Nr. 01/6340, München, 1984 |
| Kimche, Jon | Kriegsende 1939? Der versäumte Angriff aus dem Westen, Deutsche Verlags-Anstalt, Stuttgart, 1968 |
| Kinder, Hermann/ Hilgemann, Werner | dtv-Atlas zur Weltgeschichte, Band II: Von der Französischen Revolution bis zur Gegenwart, Deutscher Taschenbuchverlag, München, 1969 |
| Kipp, Heinrich/Mayer, Franz/Steinkamm, Armin | Um Recht und Freiheit, Festschrift für Friedrich August Frh. v. d. Heydte, Dunker & Humboldt, Berlin, 1977 |
| Klöss, Erhard | Luftkrieg über Deutschland 1939–1945, Nach den „Dokumenten deutscher Kriegsschäden", herausgegeben vom Bundesminister für Vertriebene, Flüchtlinge und Kriegsgeschädigte, Deutscher Taschenbuchverlag, München, November 1963 |
| Klöss, Erhard | Von Versailles zum Zweiten Weltkrieg, Verträge zur Zeitgeschichte 1918–1939, Deutscher Taschenbuch Verlag, München, 1965 |
| Klusacek, Christine | Dokumentation zur österreichischen Zeitgeschichte 1938–1945, Jugend und Volk Verlag, Wien–München, 1971 |

723

| | |
|---|---|
| Knabe, Konrad | Das Auge Dietls – Fernaufklärer am Polarkreis, Druffel Verlag, Leoni am Starnberger See |
| König, Friedrich | Die Geschichte der Luftwaffe von 1910–1945 in Text und Bild, Rastatt/Baden, Erich Pabel, 1980 (=Landser Bibliothek 3) |
| Korthals, Altes | Luchtgevaar – Luchtaanvallen op Nederland 1940 bis 1945, Verlag Sijthoff, Amsterdam |
| Krivinyi, Nikolaus | Kriegsvölkerrecht für die Truppe, Truppendienst-Taschenbuch Band 1, Verlag Carl Ueberreuter, Wien, 1968 |
| Kühn, Dieter | Luftkrieg als Abenteuer – Kampfschrift, Fischer Taschenbuch Verlag, Frankfurt/Main, Februar 1978 |
| Kurowski, Franz | Der Kampf um Kreta – Der erfolgreichste Sturmangriff aus der Luft, der je geführt wurde, P. Efstathiadis und Söhne, Athen, 1977 |
| Ders. | Der Luftkrieg über Deutschland, Econ Verlag, Düsseldorf–Wien, 1977 |
| Ders. | Luftbrücke Stalingrad – Die Tragödie der Luftwaffe und der 6. Armee, Kurt Vowinckel-Verlag, Berg am See, o. J. |
| Ders. | Balkenkreuz und Roter Stern – Der Luftkrieg über Rußland 1941–1944, Podzun-Pallas-Verlag, Friedberg, 1984 |
| Ders. | Der Panzerkrieg, Moewig Verlag, 1980 |
| Ders. | Generalfeldmarschall Albert Kesselring – Oberbefehlshaber an allen Fronten, Kurt Vowinckel-Verlag, Berg am See, 1985 |
| Kurz, H. R. | Die Fliegerzwischenfälle vom Mai/Juni 1940, In: *Der Fourier* 57. (1984), S. 171–176, Bern |
| Kurzinformation | über Wien – Magistrat der Bundeshauptstadt Wien – Stadtbaudirektion – Mai 1958 |
| Lang, Jochen von | Krieg der Bomber – Dokumentation einer deutschen Katastrophe, Verlag Ullstein, Berlin–Frankfurt/M., 1986 |
| Leiwig, Heinz | Mainz 1933–1948 – Von der Machtergreifung bis zur Währungsreform, Verlag Dr. Hanns Krach, Mainz, o. J. |
| Lenz, Adolf | Der Wirtschaftskampf der Völker und seine internationale Regelung, Verlag Ferdinand Enke, Stuttgart, 1920 |
| Leyh, Georg | Katastrophe und Wiederaufbau der deutschen Bibliotheken in „Libri" 1951, S 219–237, International Library Review Seperatum Ejnar Munksgaard, Copenhagen |
| Liddell Harts | Geschichte des Zweiten Weltkrieges Band I und II, Econ Verlag, Düsseldorf und Wien, 1972 |
| Lindbergh, Charles A. | Kriegstagebuch 1938–1945, Verlag Fritz Molden, Wien–München–Zürich, 1972 |
| Loesch, Karl C. v. und | Zehn Jahre Versailles – III. Band, Die grenz- und |

| | |
|---|---|
| Boehm, Max Hildebert | volkspolitischen Folgen, Brückenverlag, Berlin, 1930 |
| Lohausen, Heinrich Jordis | Strategie der Entspannung, Eckartschriften, Heft 72, Österreichische Landsmannschaft, Wien, 1979 |
| Ders. | Strategien des Überlebens, Eckartschriften Nr. 80, Österreichische Landsmannschaft, Wien, 1981 |
| Lusar, Rudolf | Die deutschen Waffen und Geheimwaffen des 2. Weltkrieges und ihre Weiterentwicklung, J. F. Lehmanns Verlag, München, 1958 |
| Lutz, Hermann | „Verbrecher-Volk" Im Herzen Europas? Die Wahrheit in der Geschichte ist unteilbar wie Deutschland, Verlag Fritz Schlichtenmayer, Tübingen am Neckar, 1959 |
| McKee, Alexander | Dresden 1945 – Das deutsche Hiroshima, Paul Zsolnay Verlag, Wien–Hamburg, 1983 |
| Ders. | Der Untergang der Heeresgruppe Rommel – Caen 1944, Motorbuch Verlag, Stuttgart, 1978 |
| Ders. | Entscheidung über England, München, 1960 |
| Mackiewicz, Josef | Tragödie an der Drau oder die verratene Freiheit, Bergstadtverlag Wilh. Gottl. Korn, München, 1957 |
| Maclean, Fitzroy | Eastern Approaches, Jonathan Cape, London, 1950 |
| Magnini, Dante | Questra nostra storia, Editrice Volumnia Perugia, 1974 |
| Malaparte, Curzio | Die Haut. (La Pelle.) Übers. von H. Ludwig. 3. Auflage. (Frankfurt/Main), Fischer Taschenbuch Verlag, 1982, (= Fischer Taschenbuch 5044) |
| Manaresi, Franco | Le incursioni aeree su Bologna. In: *Stunna Storice Bolognese* 1973, S. 169–205 |
| Mansion, Gustave | Agonie d'une Ville – Lorient 1940–1944, Edité par l'Université de Temps Libre de Lorient |
| Mason, Herbert Molloy | Die Luftwaffe – Aufbau – Aufstieg und Scheitern im Sieg, Wiener Verlag, Wien, 1973 |
| Mathioulakis, Chr. | Kreta – Reiseführer Kretas, Verlag: D. & I. Mathioulakis, Athen, 1981 |
| Mehner, Kurt | Die geheimen Tagesberichte der deutschen Wehrmachtsführung im Zweiten Weltkrieg 1939–1945, Band 12: 1. Januar – 9. Mai 1945, Biblio Verlag, Osnabrück 1984 |
| Meissner, Hans-Otto | Der Fall Sorge – Roman nach Tatsachen, Deutsche Buchgemeinschaft, Wien |
| Melano, G./Pesati, C. E. | La Guerra Aerea su Torino, Anuario statistico della Cittàdi Torino 1943/1946, ed. Accame, ed. S.A-.T.E.T., Torino |
| Melchers, E.T. | Bombenangriffe auf Luxemburg in zwei Weltkriegen, Sankt-Paulus-Druckerei, Luxemburg, 1984 |
| Mende, Erich | Das verdammte Gewissen – Zeuge der Zeit – Jugend und Zweiter Weltkrieg, Bastei-Lübbe-Taschenbuch, Band 61080 |
| Menkens, Harm | Atomkrieg im Mai? „Anzeige wegen Verdachts eines unmittelbar bevorstehenden dritten und nuklearen |

| | |
|---|---|
| | Weltkriegs auf deutschem Boden..." und Empfehlung der Strahlenschutzkommission des Bundesministers des Inneren, Bonn, 1977 |
| Menzel, Eberhard | Der anglo-amerikanische und der kontinentale Kriegs- und Feindbegriff, Zeitschrift für öffentliches Recht, Wien, 1940, Bd. 20 |
| Meyer, Alex | Völkerrechtlicher Schutz der friedlichen Personen und Sachen gegen Luftangriffe, Ost-Europa-Verlag, Königsberg und Berlin W 35. 1935 |
| Meyers | Großes Taschenlexikon in 24 Bänden, Meyers Lexikonverlag, Bibliographisches Institut Mannheim/Wien/Zürich, 1981 |
| Middlebrook, Martin | Die Nacht, in der die Bomber starben – Der Angriff auf Nürnberg und seine Folgen für den Luftkrieg, Ullstein Buch Nr. 3296, Frankfurt–Berlin–Wien, 1976 |
| Miller, Russell | Die Sowjetunion im Luftkrieg, Time-Life Bücher, Amsterdam, 1984 |
| Milward, Alan S. | Der Zweite Weltkrieg – Krieg, Wirtschaft und Gesellschaft 1939–1945, Deutscher Taschenbuch Verlag, München, 1977 |
| Moll, Karl F. P. | Ludwigshafen in Trümmern, Ein vergleichendes Bildwerk, Archiv Stadt Ludwigshafen, Mannheim, 1949 |
| Morselli, Guido | Licht am Ende des Tunnels, (Contro-passato prossimo). Übers. von A. Giachi (Frankfurt/Main), Suhrkamp Taschenbuch Verlag (1980), (= suhrkamp taschenbuch 627) |
| National Archives Washington | Final Reports of the United States Strategic Bombing Survey 1945–1947, Micro Film Serie 1013 |
| Nicoll, H. Peter, M.A., B.D., Reverend | Englands Krieg gegen Deutschland – Die Ursachen, Methoden und Folgen des Zweiten Weltkrieges, Verlag der deutschen Hochschullehrer-Zeitung, Tübingen, 1963 |
| Nicolaisen, Hans-Dietrich | Die Flak-Helfer – Luftwaffenhelfer und Marinehelfer im Zweiten Weltkrieg, Ullstein, Frankfurt/M–Berlin–Wien, 1985 |
| Nowarra, Heinz J. | Luftwaffeneinsatz „Barbarossa" – Rußland 1941, Podzun-Pallas-Verlag, o. J. |
| Nowotny, Rudolf | Walter Nowotny-Berichte aus dem Leben meines Bruders, gesammelt und erzählt von Rudolf Nowotny, Druffel-Verlag, Leoni am Starnberger See, 1975 |
| Nowarra, Heinz | Luftschlacht um England – Verlorener Sieg, Podzun-Pallas-Verlag, Friedberg 3, 1978 |
| O'Donnel, C. J. | Weltherrschaft – Das Britische Reich, die Vereinigten Staaten und Deutschland, Amalthea-Verlag, Zürich–Leipzig–Wien, 1928 |
| Oertzen, F. W. | Die Menschheit in Ketten – Kräfte und Mächte im Dunkeln, Kultur- und Aufbau-Verlag, Oldenburg i.O., 1935 |

726

| | |
|---|---|
| Payne, L.G.S., Air Commodore | Airdates, Frederick A. Praeger New York, 1957, Library of Congress Catalog Card Nr. 5712275 |
| Peball, Kurt | Conrad von Hötzendorf – Private Aufzeichnungen – Erste Veröffentlichungen aus den Papieren des k. u. k. Generalstabs-Chefs, Amalthea Verlag, Wien–München, 1977 |
| Pemler, Georg | Route Nationale No. 7, Druffel-Verlag, Leoni am Starnberger See, 1985 |
| Peritsch, Heinrich Dr. | Geschichtliches über die Landeshauptstadt Graz, Steirische Heimathefte „Was die Heimat erzählt" von Franz Anton Brauner, Graz, o. J. |
| Petersen, Dieter Hans | Ernst Udet ... fliegt für Deutschland, Reihe „Fliegergeschichten" Nr. 111, Arthur Moewig Verlag, München, o.J. |
| Piekalkiewicz, Janusz | Die Schlacht von Monte Cassino, Bastei-Lübbe-Taschenbuch, Band 65044, 1984 |
| Ders. | Schweiz 39–45, Krieg in einem neutralen Land, Motorbuch-Verlag, Stuttgart, 1978 |
| Ders. | Luftkrieg 1939–1945, Südwest-Verlag, München, 1978 |
| Pitsch, Erwin | Die Fliegerhorste des Bundesheeres in Krieg und Frieden, Bundesministerium für Landesverteidigung/ Heeresgeschichtliches Museum, Wien, o. J. |
| Ders. | 1945, 1. Teil, Vorgeschichte und Ursachen der Niederlage, Eckartschrift Nr. 93, 2. Teil, Das Kriegsende – Die Besatzungszeit – Die deutschen Kriegsgefangenen – Die Vertreibung – Die Folgen des Krieges für Deutschland, Eckartschrift Nr. 94, beide Teile Verlag „Österreichische Landsmannschaft", Wien, 1985 |
| Ploetz | Geschichte des Zweiten Weltkrieges – Eine erweiterte Sonderausgabe aus der 25. Auflage von: Ploetz, Auszug aus der Geschichte, Teil I: Die militärischen und politischen Ereignisse. Bearbeitet von Prof. Dr. Percy Ernst Schramm u. a., A.G. Ploetz, Würzburg, 1960 |
| Pohl, Brigitte | Fastnacht der Dämonen – Erlebnisse einer Wienerin, Druffel-Verlag, Leoni am Starnberger See, 1963 |
| Ponsonby, Arthur | Absichtliche Lügen in Kriegszeiten – Eine Auswahl von Lügen, die während des Ersten Weltkrieges in allen Völkern verbreitet wurden, Buchkreis für Besinnung und Aufbau, Seeheim a. d. B., 1967 |
| Possony, Stefan T., Prof. Dr. | Jahrhundert des Aufruhrs – Die kommunistische Technik der Weltrevolution, Isar Verlag, München, 1956 |
| Posch, Fritz | Geschichte des Verwaltungsbezirkes Hartberg – Erster allgemeiner Teil – Zweiter Teilband von 1848 bis zur Gegenwart, Verlag Steiermärkisches Landesarchiv und Bezirkshauptmannschaft Hartberg Graz–Hartberg, 1978 |

| von Preradowich, Nikolaus/ Stingl, Josef | „Gott segne den Führer!" – Die Kirche im Dritten Reich – Eine Dokumentation von Bekenntnissen und Selbstzeugnissen, Druffel-Verlag, Leoni am Starnberger See, 1985 |
| --- | --- |
| Price, Alfred | Handbuch Deutsche Luftwaffe – Führung – Organisation – Ausstattung, Motorbuch Verlag, Stuttgart, 1979 |
| Ders. | Der härteste Tag – Die Luftschlacht um England – 18. August 1940, Motorbuchverlag, Stuttgart, 1979 |
| Ders. | Luftschlacht über Deutschland, Motorbuchverlag, Stuttgart, 1985 |
| Pust, Ingomar | Titostern über Kärnten 1942–1945 – Totgeschwiegene Tragödien, Herausgeber und Verleger: Kärntner Abwehrkämpferbund, A 9020 Klagenfurt, Karfreitstr. 14, Klagenfurt 1984 |
| Raddatz, Fritz J. | Genie, Scharlatan, Müllfigur? Ezra Pound. In: F. J. Raddatz: Eros und Tod. Literarische Portraits. (Frankfurt/Main:) Fischer Taschenbuch Verlag (1983), S. 237–251. (= Fischer Taschenbuch 6487.) |
| Ramcke, Hermann Bernhard | Fallschirmjäger damals und danach, Verlag K. W. Schütz – Preußisch Oldendorf, 1973 |
| Rauchensteiner, Manfried | Krieg in Österreich 1945, Schriften des Heeresgeschichtlichen Museums in Wien (Militärwissenschaftliches Institut) Band 5, Österreichischer Bundesverlag Wien, 1970 |
| Ders. | 1945 – Entscheidung für Österreich. Eine Bilddokumentation, Verlag Styria, Graz–Wien–Köln, 1975 |
| Ders. | Der Luftangriff auf Wiener Neustadt am 13. August 1943, Militärhistorische Schriftenreihe Heft 49, Österreichischer Bundesverlag Wien, 1983 |
| Rausch, Josef | Der Partisanenkampf in Kärnten im Zweiten Weltkrieg – Heeresgeschichtliches Museum/Militärwissenschaftliches Institut, Österreichischer Bundesverlag, Wien 1979 |
| Reichenberger, Emmanuel J. Father, Dr. h. c. | Wider Willkür und Machtrausch – Erkenntnisse und Bekenntnisse aus zwei Kontinenten, Leopold Stocker Verlag, Graz und Göttingen, 1955 |
| Ders. | Europa in Trümmern, Leopold Stocker Verlag, Graz–Stuttgart, 1985 |
| Reitsch, Hanna | Fliegen – mein Leben, J. F. Lehmanns Verlag, München 1973 |
| Rendulic, Lothar, Generaloberst a. D. | Glasenbach–Nürnberg–Landsberg, Ein Soldatenschicksal nach dem Krieg, Leopold Stocker Verlag, Graz und Göttingen, 1953 |
| Ders. | Gekämpft – gesiegt – geschlagen, Verlag „Welsermühl", Wels–Heidelberg, 1952 |
| Richter H. und Kobe G. | Bei den Gewehren – General Johann Mickl – Ein Soldatenschicksal, Bad Radkersburg, 1983 |
| Riesmann, David | Die einsame Masse. Eine Untersuchung der Wandlungen des amerikanischen Charakters. (The Lonely Crowd. A Study of the Changing American Charac- |

| | ter). Übers. v. R. Rausch. Darmstadt/Berlin-Frohnau/Neuwied am Rhein: Luchterhand (1956). |
|---|---|
| Riess, Curt | Das waren Zeiten. Molden Verlag, Wien 1977 |
| Ring, Hans | Luftkampf zwischen Sand und Sonne, Luftkampf über Afrika 1940–1942, Motorbuch Verlag Stuttgart, 1969 |
| Ring, Hans/Girbig, Werner | Jagdgeschwader 27, Motorbuch Verlag Stuttgart, 1971 |
| Ringel, Julius | Hurra die Gams – Ein Gedenkbuch für die Soldaten der 5. Gebirgsdivision. Leopold Stocker Verlag, Graz und Göttingen, o. J. |
| Ritter, Gerhard | Die Dämonie der Macht. Betrachtungen über Geschichte und Wesen des Machtproblems im politischen Denken der Neuzeit. Sechste, umgearbeitete Auflage des Buches „Machtstaat und Utopie". München: Leibniz Verlag, 1948 |
| Rodenberger, Axel | Der Tod von Dresden – Ein Bericht über das Sterben einer Stadt, Franz Müller-Rodenberger, Frankfurt/Main, 1966 |
| Rossiwall, Theo | Die letzten Tage – Die militärische Besetzung Österreichs 1945, Verlag Kremayr und Scheriau, Wien, 1969 |
| Roth, Heinz | Wieso waren wir Väter Verbrecher? Auf der Suche nach Wahrheit. Selbstverlag, D 6301 Odenhausen/Lumba, Postfach |
| Ruef, Karl | Odyssee einer Gebirgsdivision. Die 3. Gebirgsdivision im Einsatz. Leopold Stocker Verlag, Graz–Stuttgart, 1976 |
| Ders. | Gebirgsjäger zwischen Kreta und Murmansk. Die Schicksale der 6. Gebirgsdivision. Leopold Stocker Verlag, Graz und Stuttgart, o. J. |
| Rudel, Hans-Ulrich | Trotzdem, Buchhandlung und Verlag J. Mader, Gmunden – Bad Ischl, 1951 |
| Rumpf, Hans | Das war der Bombenkrieg – Deutsche Städte im Feuersturm – Ein Dokumentarbericht, Gerhard Stalling Verlag, 1961 |
| Ryan, Cornelius | Der letzte Kampf. Droemersche Verlagsanstalt Th. Knaur Nachf., München–Zürich, 1966 |
| Sanning, Walter N. | Die Auflösung des osteuropäischen Judentums, Grabert Verlag Tübingen, 1983 |
| Saunders, Hrowe H. | Forum der Rache – Deutsche Generale vor alliierten Siegertribunalen 1945–1948, Druffel Verlag, Leoni am Starnberger See, 1986 |
| Schärf, Adolf | Erinnerungen aus meinem Leben. Verlag der Wiener Volksbuchhandlung, Wien, 1963 |
| Schickel, Alfred | Deutschland und die USA – Vom Ersten Weltkrieg bis zum Dritten Reich, Blaue aktuelle Reihe, Bd. 4, Mut-Verlag, D 2811 Asendorf, 1984 |
| Schliephake, Hanfried | Wie die Luftwaffe wirklich entstand, Motorbuch Verlag Stuttgart, o. J. |
| Schmidt, Paul, Dr. | Statist auf diplomatischer Bühne 1923–1945. Erlebnisse des Chefdolmetschers im Auswärtigen Amt mit den |

| | |
|---|---|
| | Staatsmännern Europas, Ullstein Verlag Wien, 1952 |
| Schmitt, Carl | Die geschichtliche Struktur des heutigen Welt-Gegensatzes von Ost und West. Bemerkungen zu Ernst Jüngers Schrift: „Der Gordische Knoten". In: Freundschaftliche Begegnungen. Festschrift für Ernst Jünger zum 60. Geburtstag. Frankfurt/Main: Klostermann 1955, S. 145–176. |
| Schmitt, Carl | Land und Meer. Eine weltgeschichtliche Betrachtung. Stuttgart: Reclam 1954. (= Reclam Universal-Bibliothek. Nr. 7536) |
| Schnee, Heinrich, Dr./ Draeger Hans, Dr. h. c. | Zehn Jahre Versailles II. Band – Die politischen Folgen des Versailler Vertrages, Brückenverlag Berlin, 1929 |
| Schönborn, Erwin | Soldaten verteidigen ihre Ehre, E. Bierbaum Verlag, 6 Frankfurt am Main 56 |
| Schramm, Percy Ernst | Kriegstagebuch des Oberkommandos der Wehrmacht (Wehrmachtführungsstab) in 8 Bänden: Band I/1– Band IV/8 1940–1945. Bernhard & Graefe Verlag, München, 1982 |
| Schultheß | Europäischer Geschichtskalender 1940. Herausgeber: Ulrich Thürauf C. H. Beck'sche Verlagsbuchhandlung, München, 1942 |
| Schwarberg, Günther | Angriffsziel Cap Arcona, Stern Buch im Verlag Gruner + Jahr AG & Co, Hamburg, 1983 |
| Schwarzenberger, Georg | Machtpolitik – J. C. B. Mohr (Paul Siebeck), Tübingen, 1955 |
| Schweiz | Bericht des Kommandanten der Flieger- und Fliegerabwehrtruppen an den Oberbefehlshaber der Armee über den Aktivdienst 1939–1945, o. O., o. J. |
| Dies. | Heimatbuch Dübendorf 1974 (28. Jahrgang) |
| Schwisow, Otto | Gegen Lügenpolitik und Geschichtsfälschung, Orion-Heimreiter-Verlag, Heusenstamm, 1978 |
| Sérant, Paul | Die politischen Säuberungen in Westeuropa am Ende des Zweiten Weltkrieges, Gerhard Stalling Verlag, Oldenburg und Hamburg, o. J. |
| Shawcross, William | Schattenkrieg. Kissinger, Nixon und die Zerstörung Kambodschas. (Sideshow – Kissinger, Nixon and the Destruction of Cambodia). Übers. von I. Arnsperger und E. Duncker. Frankfurt/Main und Berlin: Ullstein (1980). |
| Smith, Arthur | Churchills deutsche Armee, Bastei-Lübbe-Taschenbuch Band 65050, Bergisch-Gladbach, 1983 |
| Smith Jr., Myron J. | Air War Bibliography 1939–1945. English-Language Sources, Military Affairs/Aerospace Historian Pablishing, Manhattan, Kansas, 66506, USA |
| Snow, C. P. | Politik hinter verschlossenen Türen – Wissenschaft und Staatsführung. Deutsche Verlagsanstalt, Stuttgart, 1961 |

| | |
|---|---|
| Spaight, J. M., C. B. | Air Power and War Rights, Longmans, Green and Co., London–New York–Toronto, 1947 |
| Speer, Albert | Erinnerungen, Propyläen Verlag, Berlin, 1969 |
| Spetzler, Eberhard | Luftkrieg und Menschlichkeit, Musterschmidt Verlag, Göttingen, 1956 |
| Springenschmid, Karl | Die Männer von Narvik – Das große Abenteuer in der Arktis, Leopold Stocker Verlag, Graz und Stuttgart, o. J. |
| Steinert, Marlis G. | Die 23 Tage der Regierung Dönitz, Econ-Verlag, Düsseldorf–Wien, 1967 |
| Steinkamm, Armin A. | Die Streitkräfte im Kriegsvölkerrecht, Holzner Verlag, Würzburg, 1967 |
| Steinmetz, Rudolf | Soziologie des Krieges. Zugleich 2., vollständig umgearbeitete und erweiterte Auflage der „Philosophie des Krieges“. Leipzig: Barth 1929. |
| Straka, Manfred | Untersteiermark – Unvergessene Heimat, Eckartschriften Heft Nr. 76, Wien, 1980 |
| Strasser, Otto, Dr. | Ministersessel oder Revolution? Eine wahrheitsgemäße Darstellung meiner Trennung von der NSDAP. Historische Faksimiles: Reprint für Forschungszwekke, Faksimile-Verlag/Versand, D 2800 Bremen 1, Postfach 101420 |
| Sündermann, Helmut | Hier stehe ich... Deutsche Erinnerungen 1914/45. Aus dem Nachlaß herausgegeben von Dr. phil. Gert Sudholt, Druffel Verlag, 1975 |
| Ders.: | Die deutsche Frage – Von Hitler bis heute. Druffel Verlag, Leoni am Starnberger See |
| von Suttner, Bertha | „Rüstet ab“, Stiassny Verlag, Graz und Wien, 1960 |
| Sweetman, John | Schweinfurt: disaster in the skies, Ballantine Books Inc., New York, 1971 |
| Taege, Herbert | Wo ist Kain? – Enthüllungen und Dokumente zum Komplex Tulle und Oradour und Tulle und Oradour – Eine deutsch-französische Tragödie von Otto Weidinger, Askania-Verlag, Lindhorst, 1981 und 1985 |
| Tansill, Charles Callan | Die Hintertür zum Kriege, Droste Verlag, Düsseldorf, 1957 |
| Taylor, A. J. P. | The Origins of the Second World War, London, 1961 |
| Taylor, J. F. | Der 20. Juli 1944 – Anatomie einer Verschwörung, Thersal Verlag, Bremen–Bochum, 1968 |
| Theil, Edmund | Kampf um Italien – Von Sizilien bis Tirol 1943–1945. Langen-Müller, München–Wien, 1983 |
| Theobald Robert A., Konteradmiral a. D., U.S.N. | Das letzte Geheimnis von Pearl Harbor. Washingtons Anteil an dem japanischen Angriff, Schnitter-Publishing-House, New York, 1963 |
| Tieke, Wilhelm | Der Kaukasus und das Öl – Der deutsch-sowjetische Krieg in Kaukasien 1942/43, Munin Verlag, Osnabrück, 1970 |
| Tippelskirch, Kurt, v. | Geschichte des Zweiten Weltkrieges, Athenäum Verlag, Bonn, 1951 |

| | |
|---|---|
| Tocqueville, Alexis de | Über die Demokratie in Amerika. 1. Band. Stuttgart: Deutsche Verlags-Anstalt (1959). |
| Toliver, F. Raymond/ Constable J. Trevor | Das waren die deutschen Jagdflieger-Asse 1939–1945, Motorbuch Verlag, Stuttgart, 1977 |
| Tolstoy, Nikolai | Die Verratenen von Jalta – Englands Schuld vor der Geschichte, Albert Langen – Georg Müller Verlag, München, 1978 |
| Topitsch, Ernst | Stalins Krieg – Die sowjetische Langzeitstrategie gegen den Westen als rationale Machtpolitik, Günter Olzog Verlag, München, 1985 |
| Tuider, Othmar | Die Luftwaffe in Österreich 1938–1945, Herresgeschichtliches Museum Heft 54, Österreichischer Bundesverlag, Wien, 1985 |
| Ders. | Die Wehrkreise XVII und XVIII 1938–1945, Österreichischer Bundesverlag, 1983 |
| Üeberschär, Gerd R./ Wette, Wolfram | Bomben und Legenden – Die schrittweise Aufklärung des Luftangriffs auf Freiburg am 10. Mai 1940 – Ein dokumentarischer Bericht. Verlag Rombach, Freiburg, 1981 |
| UNO | Die Charta der Vereinten Nationen und das Statut des Internationalen Gerichtshofes. Herausgegeben von der Informationsabteilung der Vereinten Nationen, o. J. |
| US | US-Strategic Bombing Survey (siehe unter: National Archives . . .) |
| Veale, F. J. P. | Der Barbarei entgegen – Wie der Rückfall in die Barbarei durch Kriegführung und Kriegsverbrecherprozesse unsere Zukunft bedroht. Karl Heinz Priester Verlag, Wiesbaden, 1962 |
| Ders. | Verschleierte Kriegsverbrechen. Mit einem Vorwort von Lord Hankey, Verlag Karl Heinz Priester, Wiesbaden, 1959 |
| Verrier, Anthony | Bomberoffensive gegen Deutschland 1939–1945, Bernhard & Graefe Verlag für Wehrwesen, Frankfurt am Main, 1970 |
| Verdroß, Alfred, Univ. Prof. | Völkerrecht, Springer Verlag, Wien, 1955 |
| Vogt, Hans/Brenne, Herbert | Krefeld im Luftkrieg 1939–1945, Ludwig Röhrscheid Verlag, Bonn, 1986 |
| Walendy, Udo | Wahrheit für Deutschland – Die Schuldfrage des Zweiten Weltkrieges, Verlag für Volkstum und Zeitgeschichtsforschung, D 4973 Vlotho/Weser, 1965 |
| Walter, Armin | Die Bombardierung Schaffhausens 1. April 1944. Dokumente und Tatsachen. Schaffhausen: Unionsdruckerei, 1944 |
| Waltzog, Alfons | Recht der Landkriegführung – Die wichtigsten Abkommen des Landkriegsrechts, Verlag Franz Vahlen, Berlin, 1942 |
| Walzer, Michael | Gibt es den gerechten Krieg? Klett-Cotta, Stuttgart, 1982 |

| Weber, Theo | Die Luftschlacht um England, Verlag Flugwehr und Technik Huber & Co., Frauenfeld, 1956 |
|---|---|
| Webster, Charles, Sir and Noble Frankland | The Strategic Air Offensive against Germany 1939 bis 1945, London, 1961 |
| Wegerer, Alfred, v. | Die Widerlegung der Versailler Kriegsschuldthese, Verlag von Raimar Hobbing, Berlin, 1928 |
| Wegweiser | Wegweiser für Fliegergeschädigte, Graz, 25. 8. 1943 |
| Weidauer, Walter | Inferno Dresden – Über Lügen und Legenden um die Aktion „Donnerschlag", Dietz-Verlag, Berlin, 1966 |
| Weißbuch | Englands Alleinschuld am Bombenterror, Volksausgabe des 8. amtlichen Weißbuches, Verlag Eher Nachf., Berlin, 1943 |
| Werth, Alexander | Rußland im Krieg 1941–1945, Droemer Knaur, München–Zürich, 1965 |
| Wiener, Friedrich, Dr. | Partisanenkampf am Balkan – Die Rolle des Partisanenkampfes in der jugoslawischen Landesverteidigung, Truppendienst Taschenbuch Band 26, Verlag Carl Ueberreuter, Wien, 1976 |
| Ders. | Gefechtsbeispiele aus dem Zweiten Weltkrieg, Arbeitsgemeinschaft Truppendienst, Truppendienst-Taschenbuch Band 16, Verlag Carl Ueberreuter, Wien, 1971 |
| Wiesbauer, Toni | In Eis und Tundra – Drei Jahre an der Lapplandfront, Kurt Vowinckel Verlag, Neckargemünd, 1963 |
| Wilhelm, Hans Hermann | Ohne Stein und ohne Namen – Aufzeichnungen aus stalinistischen Todeslagern in Deutschland, Druffel-Verlag, Leoni am Starnberger See, 1974 |
| Willer, Jakob | Der amerikanische Traum – Weg, Macht und Ohnmacht der Deutschen in den USA, Arndt-Verlag, D 2300 Kiel, Postfach 3603, 1983 |
| Winterbotham, Frederick | Aktion Ultra – Deutschlands Codemaschine half den Alliierten siegen, Moewig Taschenbuchverlag, Rastatt, Moewig Band Nr. 4340, Übersetzung ins Deutsche 1976, Verlag Ullstein, gedruckt in BRD 1984 |
| Wolf, Werner | Luftangriffe auf die deutsche Industrie 1942–45, Universitas Verlag, München, 1985 |
| Wöss, Fritz | Der Fisch beginnt am Kopf zu stinken, Paul Zsolnay Verlag, Hamburg–Wien, o. J. |
| Wuescht, Johann | Jugoslawien und das Dritte Reich. Eine dokumentarische Geschichte der deutsch-jugoslawischen Beziehungen von 1933–1945, Seewald Verlag, Stuttgart, 1969 |
| Zayas, Alfred M. De | Die Wehrmachtuntersuchungsstelle – Unveröffentlichte Akten über alliierte Völkerrechtsverletzungen im Zweiten Weltkrieg, Wilhelm Heyne Verlag, Heyne Buch Nr. 5929, München, 1981 |
| Zentner, Kurt, Dr. | Illustrierte Geschichte des Zweiten Weltkrieges, Südwest-Verlag, München, 1963 |
| Ziesel, Kurt | Und was bleibt ist der Mensch – Ein zeitgeschicht- |

| | licher Roman, Buchgemeinschaft Donauland/Wien, 1951 |
|---|---|
| Ders. | Dankt das Abendland ab? Ein Vortrag, der in Wien nicht stattfinden durfte. Eckartschriften Heft 11, Wien, Juni 1963 |
| Zimmer, Arthur, Dr. | Gas über Österreich – Schutzmaßnahmen und ärztliche Hilfeleistung gegen chemische Kampfstoffvergiftungen mit einem Vorwort von Generalmajor Alexander Löhr, Kommandant der österreichischen Luftstreitkräfte, Verlag Hans Fleischmann, Wien, 1935 |
| Zischka Anton | Krieg oder Frieden – Die Chancen des Friedens in unserer Zeit, C. Bertelsmann Verlag, 1961 |

# Literaturverzeichnis zur dritten Auflage

| Adolph-Auffenberg Komarow, Helwig (Hg.) | Die besten Soldaten der Welt – Die Deutsche Wehrmacht aus der Sicht berühmter Ausländer, FZ-Verlag, München 1994 |
|---|---|
| Albrich, Thomas Gisinger, Arno | Im Bombenkrieg. Tirol und Vorarlberg 1943-1945, Haymon, Innsbruck 1991 |
| Balke, Ulf | Der Luftkrieg in Europa – Die operativen Einsätze des Kampfgeschwaders 2 im Zweiten Weltkrieg, Teil 1: Das Luftkriegsgeschehen 1939-1941: Polen, Frankreich, England, Balkan, Rußland, Bernhard & Graefe, Koblenz 1989. Teil 2: Der Luftkrieg gegen England und über dem Deutschen Reich 1941-1945, Verlag wie oben, 1990 |
| Banny, Leopold | Dröhnender Himmel – Brennendes Land – Der Einsatz der Luftwaffenhelfer in Österreich 1943-1945, Österreichischer Bundesverlag, Wien 1988 |
| Battel, Franco | Die Bombardierung. Schaffhausen 1944, Verlag am Platz, Schaffhausen 1994 |
| Beer, Siegfried Karner, Stefan | Der Krieg aus der Luft – Kärnten und Steiermark 1941-1945, H. Weishaupt, Graz 1992 |
| Bertram, Mijndert | April 1945. Der Luftangriff auf Celle und das Schicksal der KZ-Häftlinge aus Drütte, Hg. Stadt Celle 1989 |
| Blank, Ralf Sollbach, Gerhard E. | Dortmund – Bombenkrieg und Nachkriegsalltag 1939-1948, Lesezeichen Verlag, Hagen 1996 |
| Blauensteiner,Robert | Die dunkelsten Tage in der Geschichte Wiens, Selbstverlag, Purkersdorf 1994 |
| Bohl, Hans W., Schröder, Karsten (Hg.) | Bomben auf Rostock, Verlag Reich, Rostock 1995 |

| | |
|---|---|
| Böhm, Helmut | Der Tag der Tränen – Attnang-Puchheim im Bombenhagel, Welsermühl, Wels-München 1988 |
| Boog, Horst, Dr. | Luftwaffe und unterschiedsloser Bombenkrieg bis 1942. Vortrag auf der „Internationalen Wissenschaftlichen Tagung: Luftkriegsführung im Zweiten Weltkrieg – Ein internationaler Vergleich", 1988, Manuskript, Militärgeschichtliches Forschungsamt Freiburg i. Br. (jetzt Potsdam) |
| Borneff, Karl F. | Dresden 1945-1960, Borneff, Coburg 1986 |
| Bornemann, Manfred | Geheimprojekt Mittelbau – Vom zentralen Öllager zur größten Raketenfabrik im Zweiten Weltkrieg, Bernhard & Graefe, Bonn 1994 |
| Bracke, Gerhard | Melitta Gräfin Stauffenberg – Das Leben einer Fliegerin, Langen Müller, München 1990 |
| Braun, Lucien, Prof. Wahl Alfred, Prof. u.a. | La Guerre totale – 1943 – Saisons D'Alsace, Revue Trimestrielle, Editions La Nuée Bleue/DNA, Strasbour 1993 |
| Brunner, Walter | Bomben auf Graz – Die Dokumentation Weissmann, Leykam, Graz 1989 |
| Ceike, Felix | Historisches Lexikon Wien, Bd. 2, Kremayr & Scheriau, Wien 1993 |
| Czesany, Maximilian | Die Entstehung der Vernichtungsstrategie im Europäischen Bürgerkrieg 1939-1945, – eine Chronologie des Luftkrieges, Manuskript, Graz 1990 |
| Ders. | Zwölf Quellenangaben zum Beginn des Luftkrieges gegen die Zivilbevölkerung Deutschlands vom 10./11. Mai bis 15. Mai durch die RAF (Royal Air Force), Manuskript, Graz 1993 |
| Dierich, Wolfgang | Kampfgeschwader 55 – Greif, Motorbuch Verlag, Stuttgart 1994 |
| Doose, Conrad u.a. | Jülich vor und nach dem 16. November 1944, Hg. Förderverein „Festung Zitadelle Jülich", Jülich 1994 |
| Dornberger, Walter | Peenemünde, Dokumentation Moewig, Bd. 4341, Berlin 1984 |
| Dunkhase, Heinrich | Würzburg, 16. März 1945, 21.25 – 21.42 Uhr – Hintergründe, Verlauf und Folgen des Luftangriffs der No. 5 Bomber Group (Film). Beziehbar über: Hans Jörg Wohlfromm, Würzburg, oder Stadtbücherei Würzburg. |
| Eichhorn, Ernst u.a. | 3 x Nürnberg – Eine Bilderfolge aus unserem Jahrhundert, A. Hofmann, Nürnberg 1988 |
| Engau, Fritz | Frontal durch die Bomberpulks, 1944, Reichsverteidigung – Normandie-Invasion, Deutsche Jagdflieger in ihren schwersten Kämpfen, Hg. Hoppe, Graz 1997 |
| Fingado, Eberhard Maier, Hannes | Mannheim im Jahre Null – Film. Beziehbar über: Stadtarchiv Mannheim. |
| Folz, Erwin | RAF-Film über die brennende Stadt Ludwigshafen nach den Luftangriffen vom 5. auf 6. bzw. 23. auf 24. September 1943. Beziehbar über: Erwin Folz, Ostring 64, D 67069 Ludwigshafen |

Gerhartl, Gertrud, Dr.  Wiener Neustadt – Festung – Residenz – Garnison, 740 Jahre Priv. Unif. Wiener Neustädter Bürgerkorps, Hg. Mag. der Stadt Wiener Neustadt, Wiener Neustadt 1972

Golücke, Friedhelm  Schweinfurt und der strategische Luftkrieg 1943, Schöningh, Paderborn 1980

Gosmann, Michael (Hg.)  Vor 50 Jahren – Möhnekatastrophe – 17. Mai 1943, Heimatbund e. V. v. Stadt Arnsberg, Arnsberg 1993

Grassmann, Ilse  Ausgebombt – Hamburg 1943-1945, Thalacker, Braunschweig 1993

Griebl, Helmut  Österreichs Staats-Bahnen – Ein Blick zurück, EK-Verlag, Freiburg 1995

Groehler, Olaf  Zielort Pforzheim – Alliierter Bombenangriff 1945, Hg. Kulturamt d. Stadt Pforzheim 1992

Grote, Eckart  Target Brunswick 1943-1945 – Luftangriffsziel Braunschweig – Dokumente einer Zerstörung, Heitefuss, Braunschweig 1994

Haberfellner, Wernfried  Wiener Neustädter Flugzeugwerke Gesellschaft m.b.H.

Hahn, Oswald, o.Univ. Prof.  Dokumentationen zur Zeitgeschichte: Generaloberst Alexander Löhr – Gedenken zum 100. Geburtstag am 20. Mai 1985. Sonderdruck der Südostdeutschen Vierteljahresblätter, Folge 4/1985, München

Heimreich, Bernhard  Hören Sie, ich bringe jede Nacht Tausende um. Ein Denkmal für „Bomber-Harris". In: Frankfurter Allgemeine Zeitung (FAZ), *** Freitag, 28. Februar 1992, Nr. 50/Seite 3

Hentschel, Georg  Die geheimen Konferenzen des Generalluftzeugmeisters. Ausgewählte und kommentierte Dokumente zur Geschichte der deutschen Luftrüstung und des Luftkrieges 1942-1945, Bernhard & Graefe, Koblenz 1989

Hermann, Hajo  Bewegtes Leben – Kampf- und Jagdflieger 1935-1945, Motorbuch Verlag, Stuttgart 1984

Hillek, Wilhelm  Deutsche Soldaten Mörder oder Helden? Die Wahr-
Oberst a. D. (Hg.)  heit über das deutsche Soldatentum, FZ-Verlag, München 1997

Hillgruber, Andreas  Chronik des Zweiten Weltkrieges – Kalendarium
Hümmelchen, Gerhard  militärischer und politischer Ereignisse 1939-45, Gondrom, Bindlach 1989

Hoffmann, Hans  Aachens Dom im Feuersturm, Droste Verlag, Düsseldorf 1984

Hoffmann, Joachim  Stalins Vernichtungskrieg 1941-1945, Verlag für Wehrwissenschaften, München 1995

Höllhuber, Ivo  Der Todesschlaf Europas – Mit einer Einführung von Alfred Schickel, v. Hase & Koehler, Mainz 1993

Irving, David  Der Feuersturm von Dresden – Eine sensationelle Dokumentation unter Zugrundelegung der neuesten, geschichtlichen Erkenntnisse. History Films – Filme zur Zeitgeschichte, Scala Video Vertriebs GmbH, Schlüchtern

| | |
|---|---|
| Kabus, Ronny | Ruinen von Königsberg, Husum, Husum 1992 |
| Katriel, Ben Arie | Die Schlacht bei Monte Cassino 1944. Hg.: Militär-geschichtliches Forschungsamt. Verlag Rombach, Freiburg im Breisgau 1986 |
| Köhn, Gerhard | Bomben auf Soest, Westfälische V.-B., Soest 1994 |
| Kotzur, Hans u.a. (Hg.) | Mainz – 27. Februar 1945. Zeitzeugen berichten, H. Schmidt, Mainz 1995 |
| Kratzert, Rolf | Vom k.u.k. Offizier zum Ritterkreuzträger – Politische Gedanken und Betrachtungen in wechselvoller Zeit, Eigenverlag o. O. 1991 |
| Kurowski, Franz | Das Massaker von Dresden und der anglo-amerikanische Bombenterror 1944/45, Druffel, Berg 1995 |
| Leiwig, Heinz | Deutschland Stunde Null – Historische Luftaufnahmen 1945, 2 Bde., Motorbuchverlag, Stuttgart 1988 |
| Lötje, Walter, Militärpublizist | Die letzten 150 Jahre, Manuskript, Sisseln (Aargau, Schweiz) 1978 |
| Marx, Erich u.a. | Bomben auf Salzburg. Die „Gauhauptstadt" im „Totalen Krieg", Pustet, Salzburg 1995 |
| Masson, Philippe | Die deutsche Armee – Geschichte der Wehrmacht 1935-1945, Herbig, München 1996 |
| Meyer, Heinz | Luftangriffe zwischen Nordsee, Harz und Heide, Buchverlag Sünteltal, Hameln 1983 |
| Mihan, Hans W. | Die Nacht von Potsdam. Der Luftangriff britischer Bomber vom 14. April 1945, Vowinckel, Berg 1997. |
| Moessner-Heckner, Ursula | Pforzheim – Code Yellowfin – Eine Analyse der Luftangriffe 1944-1945, 2 Bde, Jan Thorbecke, Sigmaringen 1991 |
| Müller, Werner | Die schwere Flak 1933-1945, Podzun-Pallas, Friedberg/H. 1993 |
| Nadler, Fritz | Ich sah, wie Nürnberg unterging... Tatsachenberichte und Stimmungsbilder aus bittersten Notzeiten, Edelmann, Nürnberg 1995 |
| Neubronner, Eberhard | Ulm in Trümmern. Bilder einer vergessenen Zeit, Alfons Endres, Pfaffenhofen 1994 |
| Neumann-Neander, Ernst | Tagebuch der Zerstörung. Düren im November und Dezember 1944, Pendragon, Bielefeld 1994 |
| Pataky, Ivan u.a. | Legi Haboru Magyarország Fellet Else Kötet, 2 Bde, Zrinyi Kiadó Verlag, 1992 |
| Permooser, Irmtraut | Der Luftkrieg über München 1942-1945 – Bomben auf die Hauptstadt der Bewegung, Aviatic, Oberhaching 1996 |
| Pitsch, Erwin, Oberst | Italiens Griff über die Alpen – Die Fliegerangriffe auf Wien und Tirol im 1. Weltkrieg, Karolinger Verlag, Wien 1995 |
| Ders, | Die Fliegerhorste des Bundesheeres in Krieg und Frieden, Bd. 2 der Reihe Die Kasernen Österreichs, Hg. Heeresgeschichtliches Museum, Wien 1982 |
| Ders. | 50 Jahre österreichische Luftstreitkräfte 1935-1985, Hg. Erwin Hüttner, Wien o. J. |

| | |
|---|---|
| Ders. | Alexander Löhr – Dem Schöpfer der österreichischen Luftwaffe zum Gedenken. Manuskript 18 S., 13 Bildtafeln und Fotos. |
| Ders. | Beiträge zur Geschichte der Militärluftfahrt in Österreich. In: Austroflug 1,2,3 u. 4/80; Truppendienst 2 u. 3/82. |
| Pottkämper, Jörg | 16. November 1944 – Als das Feuer vom Himmel fiel. Die Zerstörung der Städte Düren, Jülich und Heinsberg aus Sicht der Alliierten, G. Mainz, Aachen 1994 |
| Puntigam, Josef Paul, Obst. | Vom Plattensee bis zur Mur – Die Kämpfe 1945 im Dreiländereck, Hg. Hannes Krois, Feldbach, 1993 |
| Pust, Ingomar, Ing. | Österreicher im Feuer – Tragödie der Tapferkeit, Druffel, Berg 1988 |
| Rohloff, Lieselotte | Der Bombenangriff auf Swinemünde am 12. März 1945, Manuskript, Kiel o. J. |
| Rossiwall, Theodor, Obst. | Der strategische Luftkrieg 1942, 1943, 1944. In: Truppendienst, Zeitschrift für Führung und Ausbildung im österreichischen Bundesheer Nr. 5/1967, 5/1968, 6/1969, Wien |
| Rüther, Martin (Hg.) | Köln, 31. Mai 1942: der 1000-Bomber-Angriff. Hg. NS-Dokumentationszentrum d. Stadt Köln, Janus, Köln 1992 |
| Saft, Ulrich | Das bittere Ende der Luftwaffe, „Wilde Sau"-Sturmjäger-Rammjäger-Todesflieger- „Bienenstock", Militärbuchverlag Saft, Walsrode |
| Saft, Ulrich, Obstl. a. D. | Krieg in der Heimat – Das bittere Ende zwischen Weser und Elbe, Militärbuchverlag Saft 1996 |
| Schmidt, Klaus | Die Brandnacht. Dokumente von der Zerstörung Darmstadts am 11. September 1944, Reba, Darmstadt 1985 |
| Schmoll, Peter | Luftangriff. Regensburg und die Messerschmittwerke im Fadenkreuz 1939-1945, Mittelbayerische Druck- u. V.-G., Regensburg 1995 |
| Schön, Heinz | Die Cap Arcona Katastrophe – Eine Dokumentation nach Augenzeugen-Berichten, Motorbuch Verlag, Stuttgart 1989 |
| Schreiber, Jürgen, Dr. Generalmajor a. D. | Waren wir Täter? Gegen die Voksverdummung unserer Zeit, Türmer, Berg 1991 |
| Schroeder, Walter | Entstehung, Aufbau und Niedergang, Weishaupt, Graz 1993 |
| Schwarzecker, Josef | Hptm. Egon Troha – Österreichischer Flugzeugführer in der Luftwaffe 1938-1945. In: öfh, Informationsblatt der österr. Flugzeug-Historiker Nr. 4/95, Wien |
| Schwinge, Erich | Bilanz der Kriegsgeneration – Ein Beitrag zur Geschichte unserer Zeit, Universitas, München 1997 |
| Sollbach-Papeler, Margrit | Mönchenglagdbach und Rheydt 1939-1945. Alltag unter Bomben, Lesezeichen Verlag Dierk Hobein, Hagen 1997 |
| Supf, Peter | Der Luftkrieg in Polen – Ein Bildwerk, Junker und Dünnhaupt, Berlin 1941 |

738

| | |
|---|---|
| Suworow, Viktor | Der Tag M, Klett-Cotta, Stuttgart 1995 |
| Thäuser, Günther | Hanna Reitsch – Eine deutsche Patriotin, Verlag Werner Symanek, Bingen/Rhein 1996 |
| Thomann, Heinz | Zwei Weltkriege, eine Ursache – Eine etwas andere Analyse, Eigenverlag, Graz 1993 |
| Uhse, Beate | Mit Lust und Liebe – Mein Leben, aufgezeichnet von Ulrich Pramann, Ullstein, Frankfurt/M., Berlin 1989. Dazu auch in Jet & Prop 6/95: „Beate Uhse – Jeder Deutsche kennt sie, doch nur wenige kennen ihre fliegerische Seite" (sie flog u.a. FW 190, Me 109 und 110 sowie Umschulung mit der Me 262, lt. Flugbuch 20.1.–20.4.1945.). Heinz Nickel Verlag, Zweibrücken |
| Uphoff, Rolf | Als der Tag zur Nacht wurde – und die Nacht zum Tage. Wilhelmshaven im Bombenkrieg, H. Holzberg, Oldenburg 1992 |
| Werner, Winfried | ... oder Dresden. Fotos, Dokumente, Texte – Zerstörung einer Stadt, Grohmann, Dresden 1991 |
| Wiesinger, Günter | Die österreichischen Ritterkreuzträger in der Luftwaffe 1939-45, H. Weishaupt, Graz 1986 |
| Wilhelmsmeyer, Helmut | Der Krieg in Italien 1943-1945, Leopold Stocker, Graz-Stuttgart 1995 |
| Winkelnkemper, Toni, Dr. | Der Großangriff auf Köln – Ein Beispiel, Berlin 1943 |
| Woche, Klaus R. | Deutschland und die Kriegsursachen – Ist nur der Besiegte schuldig?, Türmer, Leoni 1990. |

# Personenverzeichnis